国家社会科学基金重点项目"习近平关于红船精神的重要论述研究"
（项目编号：18ADJ007）
浙江省高校重大人文社科攻关计划项目"红船精神的深刻内涵、历史地位与新时代意义研究"
（项目编号：2018GH031）

列宁主义在中国早期传播史料长编
（1917—1927）

（中）

嘉兴学院中国共产党革命精神与文化资源研究中心
嘉兴学院红船精神研究中心 编
浙江省中国共产党创建史研究中心

康文龙 主编

武汉大学出版社

目 录

一九二二年 ·· 723
1. 《俄国的新经济政策》 ··· 723
2. 《第三国际对民族问题和殖民地问题所采的原则》 ·· 727
3. 《俄国革命纪实》 ··· 729
4. 《俄国共产党党纲》 ·· 729
5. 《列宁传》 ··· 730
6. 《共产党礼拜六》 ··· 755
7. 马克思学说研究会通告 ·· 769
8. 《革命的文学》 ·· 771
9. 《劳农俄国之电气化》 ··· 774
10. 《近代社会主义及其批评》 ·· 775
11. 《劳农政府之成功与困难》 ·· 781
12. 《关于中国少年运动的纲要》 ··· 804
13. 《今后中国的青年应当怎样的运动？》 ··· 807
14. 《在国际青年共产革命运动之下，我们中国青年应有的觉悟》 ························ 809
15. 《赤俄底实业现状》 ··· 811
16. 《劳农俄国的新政策——李宁采取资本制度的用意》 ···································· 815
17. 《平和中之劳农俄罗斯》 ··· 819
18. 《劳农俄国的文化设施》 ··· 820
19. 《罗素新俄观的反响》 ·· 827
20. 《第三国际议案及宣言》 ··· 829
21. 《中国社会主义青年团纲领》 ··· 834
22. 《俄国革命之马克思主义基础》 ·· 837
23. 《俄国的革命诗歌》 ··· 842
24. 《苏维埃俄国的过去与现在》 ··· 844
25. 《苏维埃俄罗斯底过去与现在(续)》 ·· 852
26. 陈独秀给共产国际的第一份报告 ··· 861
27. 《俄国的新经济政策》 ·· 862
28. 《列宁辞职后共产之内争》 ·· 866
29. 《俄国为什么改行新经济政策》 ·· 867

1

30.《中国共产党第二次全国代表大会宣言》…………………………873
31.《关于"民主的联合战线"的议决案》…………………………882
32.《中国共产党加入第三国际决议案》…………………………883
33.《中国共产党章程》…………………………886
34.《劳农俄国研究》…………………………889
35.《劳农俄国研究》广告…………………………889
36.《告少年》…………………………889
37.《赤俄最近之经济状况》…………………………897
38.《过渡时代之俄罗斯》…………………………901
39.《饿乡纪程》…………………………903
40.《新俄国游记》广告…………………………903
41.《革命的战略》…………………………904
42.《马克斯主义的根本思想特别注重其与布尔塞维克之关系》…………………………910
43. 俄国革命纪念号…………………………915
44.《俄罗斯十月革命》…………………………916
45.《一九一七年十一月七日》…………………………921
46.《劳农俄国问答》…………………………922
47.《俄国革命之历史的两大教训》…………………………932
48.《第三国际与远东民族问题》…………………………933
49.《俄国革命纪念日杂感》…………………………940
50.《赤俄的工人大学》…………………………940
51.《苏俄的近况》…………………………941
52.《无产阶级革命的俄罗斯》…………………………943
53.《俄罗斯革命中的不朽》…………………………946
54.《十月革命和共产国际第四次世界会议》…………………………948
55.《俄罗斯革命的教训》…………………………950
56.《俄国革命是失败了么?》…………………………953

一九二三年…………………………957
1.《红俄罗斯的最近》…………………………957
2.《五年来劳农俄国外交之变迁》…………………………958
3.《新俄游记》…………………………963
4.《新俄游记》广告…………………………964
5.《马克思主义辩证法底几个规律》…………………………965
6.《什么是无产阶级专政?》…………………………967
7.《谁是苏维埃俄罗斯的统治者?》…………………………970
8.《国际共产党党纲底草案》…………………………972

9.《马克思主义的道德观》	981
10.《李宁之病》	984
11.《伍豪致小(湛小岑)、山(李毅韬)的信》	985
12.《社会主义浅说》	988
13.《马克思——共产主义创造者》	997
14.《马克思学说与中国》	1000
15.《一九二三年之俄罗斯》	1008
16.《劳农俄国的解剖》	1008
17.《俄罗斯革命之五年》	1013
18.《新青年之新宣言》	1019
19.《评罗素之社会主义观》	1022
20.《共产主义之文化运动》	1023
21.《东方问题之题要》	1030
22.《关于东方问题的总提纲》	1037
23."新青年社——举行大廉价"广告	1043
24.《历史要走到无产阶级专政》	1044
25.《离开政治的性质》	1045
26.《苏维埃联邦宪法》	1048
27.《饯——赴赤俄的同志们》	1061
28.《俄国经济界之复兴》	1063
29.团粤区委报告(第五号)	1073
30.《苏俄的民律》	1074
31.《俄国农业的复兴》	1080
32.《俄罗斯革命第六周年纪念》	1081
33.《教育宣传问题决议案》	1082
34.给团中央的信	1084
35.《俄国革命史》	1086
36.《社会主义之思潮及运动》	1086
37.《社会主义之思潮及运动》广告	1089
38.《妇人和社会主义》	1089
39.《俄罗斯之妇女》	1090
40.《中国国民革命与社会各阶级》	1091
41.《列宁论》	1097
42.《自民治主义至社会主义》	1102
43.《俄国的新经济政策》	1118
44.《俄罗斯之妇女》	1118
45.《俄罗斯之妇女》广告	1119

46. 《俄国大革命记略》 1119
47. 《劳农俄国之考察》 1119

一九二四年 1120

1. 共产国际致东方各国和殖民地的兄弟人民 1120
2. 《悼列宁》(《向导周报》,1月22日) 1120
3. 《吊列宁》 1122
4. 《列宁略历》 1122
5. 《世界平民革命前驱之列宁突于二十一日逝世》 1124
6. 《苏俄领袖列宁逝世》 1125
7. 关于列宁逝世的演说 1127
8. 《苏俄领袖列宁氏之略历》 1127
9. 褒义的"列宁主义"出现报章 1128
10. 《各【界】昨日遥祭列宁》 1129
11. 《全俄哀悼 列宁今日举行国葬》 1130
12. 《纪北大遥祭列宁大会》 1131
13. 《列宁虽死其成绩永存 国葬礼之伟大》 1132
14. 《专件——加拉罕致列宁遥祭会书(译文)》 1134
15. 《遥祭列宁大会纪》 1136
16. 《列宁死后之俄国共产党》 1137
17. 《全世界一致哀悼列宁》 1137
18. "列宁特号" 1138
19. 《列宁之死》 1138
20. 《列宁之思想》 1139
21. 《列宁的政治主张》 1142
22. 《列宁与中国的革命》 1145
23. 《列宁年谱》 1147
24. 《北京人追悼列宁大会》 1154
25. 《国民党代表大会哀悼列宁纪详》 1154
26. 《李宁和威尔逊》 1156
27. 《李宁及其后》 1157
28. 《李宁的死与其事业》 1158
29. 《李宁死时》 1161
30. 《李宁传略》 1162
31. 《诸名家的李宁观》 1170
32. 《著作家的李宁》 1177
33. 《李宁在巴黎时》 1179

34.《李宁轶事》	1183
35.《十月革命的领导者——列宁》	1185
36.《列宁之死与中国青年》	1188
37.《列宁逝世后之俄国》	1189
38.《两个广东工界的大会》	1189
39."纪念二七并追悼列宁号"刊发	1190
40.《列宁死后之世界》	1190
41.《列宁传略》	1192
42.《威尔逊与列宁》	1194
43.《有诚意敬悼列宁吗?》	1195
44.《列宁碑》	1196
45.《追悼列宁详情》	1196
46.《世界与列宁及列宁主义》	1198
47.《列宁特刊》出版	1199
48.《历史的工具——列宁》	1199
49.《马克思主义者——列宁》	1200
50.《告今日追悼列宁者》	1203
51.《列宁与新经济政策》	1204
52.《列宁略传》	1206
53.《各公团追悼列宁大会纪》	1209
54.《列宁追悼会纪》	1210
55.《合作事业与新经济政策》	1210
56.《列宁氏之脑髓 致死病源之确状》	1214
57.《军事共产与共产主义》	1214
58.《列宁的精神——清扬在列宁追悼会中的讲演》	1216
59.《李宁与社会主义》	1218
60.《苏联宪法与共产主义》	1222
61.《列宁纪念册》	1227
62.《列宁小传》	1227
63.《宣言》	1228
64.《列宁死后之世界的哀悼》	1229
65.《列宁不死》	1232
66.《同志列宁》	1233
67.《马克思主义者——列宁》	1237
68.《读列宁传》	1238
69.《列宁哀歌》	1241
70.《悼列宁》(《列宁纪念册》,3月30日)	1242

- 71.《歌列宁》 1244
- 72.《列宁与世界》 1244
- 73.《列宁与苏俄》 1245
- 74.《苏俄革命的特质》 1248
- 75.《共产主义社会底进化》 1250
- 76.《敬告追悼列宁者》 1255
- 77.《农税的意义》 1256
- 78.《列宁评传》 1257
- 79.《阶级斗争和阶级意识》 1280
- 80.《列宁的精神——青年们！你有没有？》 1281
- 81.《全俄共产党大会中之报告》 1283
- 82.《列宁》 1284
- 83.《苏俄现状之一斑》 1288
- 84.《赤都心史》 1290
- 85.《列宁经济学》 1290
- 86.《少年共产国际》（目录） 1292
- 87.《少年共产国际》（发刊词） 1293
- 88.《列宁之死》 1293
- 89.《没有列宁了！》 1296
- 90.《改造世界的伟大人物》 1297
- 91.《列宁与中国》 1299
- 92.《东方被压迫者之哀悼》 1300
- 93.《德国之无产阶级革命》 1301
- 94.《革命的第六年》 1308
- 95.《共产主义教育》 1312
- 96.《对于中国社会主义青年团的意见》 1319
- 97.《中国社会主义青年团和中国的学生》 1323
- 98.《少年共产国际是什么》 1326
- 99.《六个月的进步》 1329
- 100.《美国少年共产主义的运动》 1334
- 101.《少年共产国际前队中的德国的共产主义青年团》 1336
- 102.《安南的少年》 1342
- 103.《远东少年共产主义运动》 1344
- 104.《唯物史观对于人类社会历史发展的解释》 1346
- 105.《马克思与俄国共产党》 1356
- 106.《社会主义苏维埃共和国联邦条约及宣言》 1356
- 107.《列宁的智慧》 1357

108.《"帝国主义"的意义》 …………………………………………… 1360
109.《各地蜂起之反"帝国主义文化侵略"实际运动》 ………………… 1361
110.《"反帝国主义"和"义和团"》 ……………………………………… 1362
111.《"反抗帝国主义"·当从何处下手》 ……………………………… 1363
112.《帝国主义侵略中国的方式》 ……………………………………… 1365
113.《社会进化史》 ……………………………………………………… 1367
114.《列宁与义和团》 …………………………………………………… 1368
115.《十月革命》 ………………………………………………………… 1370
116.《一九二四年的苏维埃俄罗斯》 …………………………………… 1372
117.《苏俄与世界革命》 ………………………………………………… 1376
118.《列宁与十月革命》 ………………………………………………… 1379
119.《苏俄与中国革命运动》 …………………………………………… 1381
120.《覆友人孙中山与列宁比较的信》 ………………………………… 1382
121.《十月革命与列宁主义》 …………………………………………… 1384
122.《俄罗斯十月革命与中国最大多数人民》 ………………………… 1385
123.《十月革命第七周年之苏俄与资本主义世界》 …………………… 1387
124.《十月革命与弱小民族》 …………………………………………… 1391
125.《马克思主义与暴动》 ……………………………………………… 1394
126.《中国战争》 ………………………………………………………… 1397
127.《亚洲的醒悟》 ……………………………………………………… 1400
128.《革命后的中国》 …………………………………………………… 1401
129.《落后的欧洲与先进的亚洲》 ……………………………………… 1402
130.《列宁主义之民族问题的原理》 …………………………………… 1403
131.《东方革命之意义与东方大学的职任》 …………………………… 1408
132.《第三国际第二次大会关于民族与殖民地问题的议案》 ………… 1413
133.《民族与殖民地问题——列宁在第二次国际大会之演说》 ……… 1418

一九二二年

1月
15日(星期日)

1.《俄国的新经济政策》(《先驱》第一、二号,1月15日、2月5日)

至2月5日,《先驱》第一、二号,刊登李特(李达)的《俄国的新经济政策》,此为国内第一篇评论新经济政策的文章①。全文如下:

> 自从俄国在去年四月五月六月之间发布许多法令采用新的经济政策以来,激起各国论坛上无数讨论。"俄国改变了以前的政策了","他们放弃共产主义了",这些呼声,不断的从资产阶级和小资产阶级的报纸中传出。然而说俄国改变政策的,同时又是反对俄国现在政府最激烈的人,由他们的反对看来,似乎俄国还保存着与资本主义不相容的共产主义的原素在那里一样。他们似乎也不相信他们自己的话了。
>
> 俄国改变了以前的政策么?他们放弃了共产主义么?我们要从三方面研究这问题;第一俄国共产党最初执掌政权时代所预定的政策与现在的政策的比较;第二从他们所信的主义上观察现在政策的基础;第三这政策实行以后的利害。现在先讨论第一问题。
>
> 一、俄国共产党执政时代预定的政策与现在政策之比较
>
> 俄国现在的政府在四月五月之间所颁布的法令是农业征税,允许自由贸易和奖励私人生产事业。其实这三件事已经是十一月革命②期内所预定的计画而且在俄国共产党执政的第一年(一九一八年)内已实行过或准备实行的。现在的改变,不过回复到以前的地位罢了。因为种种外面环境的压迫,使他们在一九一九年至一九二〇年中间不得不采取离开他们原来计画的方法,战争以后他们才有机会注意及国内的形势,他们才能取消战时的非常手段而回到以前的正路。至于他们推翻资本主义,建设无产阶级在政府上经济上的专政到完全实现社会主义的时期,恢复为世界战争所破坏的世界革命运动和俄国国民的经济的计画,他们以前是如此,他们现在也是一样,他们何曾丝毫改变呢?
>
> 依着一般小资产阶级,资产阶级的意思,布尔札维克的政策要像以下那样,才可谓之为不改变,就是(一)凡是生产事业都应收归国有;(二)完全禁止私人贸易,虽至合作社,亦只能隶属于粮食管理部之下,担任分配的职务;(三)国家完全专有农

---

① 在此前后瞿秋白自苏俄发回的通讯报道了有关苏俄新经济政策的消息。
② 即俄国十月社会主义革命。

村经济的生产物。但这可惜不是布尔札维克的党纲了。布尔札维克所需要的只是国有大工业及运输工业。在一九一八年的初期他们下令停止由地方或中央的机关将一切生产事业收为国有的动作。同年的六月，他们又规定资本在五十万卢布（按照当时卢布的价格）以下的均停止没收。小手工业，家庭的和小资本的工业他们均未丝毫惊动。他们的目的何曾是没收各种生产事业呢？

至于私人的或合作社的贸易，可说劳农政府从未想过废止，而且认为这是为维持几百万小生产事业所绝对必要的。他们不但不废止私人的贸易，而且在一九一八年十一月发布法令允许从前封闭的工厂复业，规定国家的任务，只是经营国有的大工业生产业的贸易，至于手工业和家庭工业的生产品的贸易他们完全放任，由私人或合作社经理。由此看来，他们也没有禁止私人贸易的意思了。

再就征收农业税观察，这也是一九一八年的年底规定了，而未能实行的。那年的十月三十日通过农民须征收物税的法令，并附有详细的实行方法，虽因为战争的原故未能实行，但因此也可见劳农政府后二年来采没收农民除自给以外的一切物品的政策是出自不得已的了。

由此看来，俄国共产党自执掌政权以来，他们的政策与现在是一样的。中间虽然经过变更，如小资产阶级和资产阶级所想象的那样，但这是他们所未及料，不惟对于他们无益，而且很有妨害。至于他们为甚么在一九一九年至一九二〇年变更他们的政策呢？那就是因为受环境压迫的原故了。环境的原因约分为二种：

一由于一般小资产阶级的怠工。在一九一八年劳农政府已经许可私人经营事业了。但当时的小资产阶级预料劳农政府是必倒的，所以都取怠工的手段。因此法令虽然存在，而一般工厂则仍旧封锁。他们当时标语是"让我们等他们倒罢；但不要连累及我们"。劳农政府在那时不得已而自身同时担当尽商人的职务和组织小工业的事业，虽然那工厂只有十数工人。只有在一九二零年秋季以后，兰格尔打败了，劳农政府稳固的观念打入一般小资产阶级的脑中，才渐渐由私人组织小生产事业，以减轻政府的职务。

二由于国内战争的持久。俄国在瓦解的经济组织的基础之上已举行三年半的战争了。他养着五百万的军队。在一九一九至一九二〇年间，军火的工业是全国唯一的工业。一切需要都以他是否为战争所需要为评判的标准。因此大部分的粮食都以之供给军队和城市中军火工业的工人。但他不能由和平方法取得，所以迫而采用残忍的方法征发农民的剩余粮食了。农民因反抗地主的反革命运动，不得不与劳动阶级携手，所以在那时亦忍受此牺牲。但战争时期过去，农民知道再无反革命发生的时候，他们就不能忍受这种征发。而劳农政府由战争入于和平，必须解散一半军队，使从事田间工作，所以也不像以前那样的严厉了，所以重新采用以前所定的政策，以增加农民的生产量，以缓和农民的反感。

由上看来，在这过去二年之内，俄国政策的改变，实非出于本心，完全由环境所迫而然的。但俄国共产党不是相信马克斯主义么？马克斯主义不是主张劳动阶级专政，收生产工具为国有，实行社会主义么？现在布尔札维克许私人贸易，实行国家资本主义，不是抛弃他们的主义而专与环境妥协么？关于这一层，我们就要研究俄国现在改变政策的马克斯主义的基础。

二、俄国新经济政策之马克斯主义的基础

俄国现在实行的经济政策，无论他是原定的，或是改变的，都是含着意思与农民妥协。允许自由交换商品，就是允许自由贸易，允许自由贸易就是回复到资本主义。这不是对农民退让么，这不是对农民妥协调和么？调和是马克斯主义者认为正当的么？我们先讨论这一问题。

妥协与调和，在马克斯和因格尔斯看来有时是必要的。关于这一点我们用因格尔斯的话证明。因格尔斯在批评"布浪基派共产主义者的纲领"里边说：

"'我们是共产主义者'"，布浪基派的共产主义者在他们的宣言里说，'因为我们想直接达到我们的目的，不在这行程中间的站驿停留，反对任何的妥协，这种妥协只是展缓我们胜利的时日，延长我们的奴隶境遇'。

'德国的共产主义者是共产主义者，因为——要经过这些站驿和调和，这些站驿和调和不是他们创造的，而为历史的发达的行程的所造成的！他们清楚的看见而且永久的追寻一个最后的目的！废止阶级和创造一种使无有私有财产、土地和生产工具的余地的社会制度。三十三个布浪基派的共产主义者是共产主义者，因为他们想像着他们能跳过一切站驿或调和，而且他们坚信有一日事情'起大掀动'，大权会落于他们之手，'共产主义即可实行'。所以若是这不能立刻实行，他们就不是共产主义者了。"

"我们看这是如〈何〉婴孩的简单啊，——要像如此的不耐思索！"

我们看这一位科学社会主义的创造者的教训，就可以知道妥协和调和只要不是卖主义的，只要是为环境所迫，也是可以许可的了。再就日常经验而论，经过许多次罢工的无产阶级，也知道当罢工之时，他们或因缺乏经费，或因疲困之极而外面无援助者，有时毫无所得的上工，与他们最恨的压制者妥协。俄国的革命在工业不十分发达，农民占五分之四的国家成功，他们因维持政权起见当然要与这占大多数的农民妥协，所以采用许多过渡的方法，以缓和农民的反感。他们的这种精神何曾违背马克斯主义的原理呢？

至于他们所采用的方法，也是无背于共产主义的。无产阶级革命对农民问题的态度，在俄国革命未起以前，已经过无数的科学社会主义者的讨论了。考茨基，当他未变节还是马克斯社会主义者的时候，对于无产阶级革命对农民的态度也说或者无产阶级革命时，须使农民中立使其不助第三阶级。因格尔斯也说将来无产阶级对于大地主须剥夺其财产，对于中等农民或须加以扶助。俄国共产党党纲本着这原则也规定了竭力与"殷富农民奋斗，不扰及中等农民，扶助穷苦农民"，这正是本着马克斯主义而与农民的妥协。他们不扰及农民的财产，自然须许可农民自由营业，自由交换商品。由此看来他们的方法又何曾违背共产主义呢？

其次便是国家资本主义问题了，据马克斯的教义，无产阶级专政，收生产工具为国有，实行社会主义。现在自称马克斯主义的布安[尔]札维克，他们何以实行国家资本主义呢？

怀疑布尔札维克的这种方法的人，实在毫未理解马克斯主义。马克斯在《哥达纲领批评》里，曾说过在共产主义与资本主义之间，必有一过渡的时期，这时期就是无产阶级专政。过渡是什么意义，他不是说，用在经济学里，是说在那种制度之中，有一部分是资本主义的原素，有一部分是社会主义的原素么？马克斯并未详细叙述在这过渡时期的经济怎样，他是故意如此的。因为各国经济进化的程度不一，所以在无产阶级专政的时期内，资本主义和社会主义的原素的比例亦因之不同。他所认为重要而坚持的，即是无产阶级专政，至于经济上的设施，完全〈由〉应由各国的社会主义者考查各国的情形而决定。俄国当未经过十一月革命的时候，他们考查俄国的经济状况的结果，就知道俄国有实行国家资本主义的必【要】了。（见列宁一九一七年九月所著的《危迫的大灾祸与如何战他地》①）他们在革命后一年即准备实行国家资本主义（见列宁在一九一八年所著小册子），虽然因战争的阻碍延缓二年，但俄国的实行国家资本之有益，已是毫无可疑的了。

或许有人对俄国，因为要实行国家资本主义，俄国的中产阶级就很够了，为甚么要布尔札维克执政呢？这种反对，我们只可怜他做了名词的奴隶，而不考查实际的事情。俄国现在是谁的国家〈谁〉是中产阶级的呢？还是劳动者的呢？若是他为中产阶级所有，邢[那]么国家资本主义便是压制劳动者武器了，若是他为无产阶级所有，那么国家资本主义便是反抗家庭工业手工业、小资产阶级的唯一武器，便是速加到社会主义的过程（因为实行社会主义的唯一条件就是要有大工业，国家资本主义便是准备这种大工业）的工具，那有什么可反对的呢？人人都知道现在俄国在国内的敌人完全不是资本主义，而是想做资本家的小资产阶级和农民。为防止他们的私人企业得着势力起见，必定先要发展国家的大工业。于是就有租让政策，于是就提倡合作的资本主义了。租让政策是以一部分不重要的实业租与外国资本家开发，同时又由外国取得大机械自己开发本国实业。合作的资本主义，且兼鼓动合作的精神为将来社会主义的预备。总之俄国苏维埃政府是极力想在无产阶级专政时期内引导那不可避免的资本主义的发达，向着国家资本主义的道路，而且预备在近的将来将他变为社会主义的，不懂这个的人他只是做了一定的公式的奴隶罢了。我们现在讨论新经济政策实行开放的利害。

三、俄国新经济政策实行以后的利害

上面说过，允许私人贸易是对于俄国农民的妥协了，但这种妥协不危及苏维埃政府的生存么？农人有剩余生产的，可以私自买卖，那么富的农民可以屯积了，可以贮存资本雇用贫民做工人劳动者了。资本制度不将重现于俄国么？并且农民得这机会，可以多多收获，他的境遇特较工人为优善，俄国工人多半是从田间来的，他们或者被引诱而抛弃工厂生活向田间去。俄国是以农立国的国家，若仅靠输出农产物与西方商品交换，即可以存活。俄国的无产阶级专政是工厂劳动者的专政，劳动者被引诱向民

---

① 即《大难临头，出路何在？》。

间去，这些都是俄国政府的难题，他们将如何解决呢？不更失却他自己的根基么？

关于第一层，俄国政府是有法防止的。因为与外人通商的结果，国家的工业可以借输入机器恢复，而且亦可得着很多工业生产品。以这些商品交换农民的生产品，农民所剩余的就很有限了。即以他所余来振兴小工业，但小工业的势力是不敌大工业的，俄国的实权不仍在国家的手中即无产阶级的手中么？政府的事业只是国有大工厂矿工业，铁路轮船运输工业，断不致国有及于小船厂，花坞和装饰铺子。聪明的无产阶级专政是在他能懂得如何利用，并且如何使别的阶级的有组织的经济能方[力]随着主要经济的潮流流动。在现在的时候，引导国家的经济生命的是属于那所有运输工业，大工业和有政权在手中的人物呢，还是属于造鞋子的，造马鞍的，几百万种不同的家庭工业中呢？不待言自是前者引导国家的经济生活了。所以即令由自由贸易而发生私人的资本主义，但他的势力微小，只于增加生产力有益，而万无危及苏维埃政府存在的危险。

再就第二层讨论。这问题也是不重要的。若政府只征收农业税，则农民因有许多粮食可以贮蓄的利益，也自然乐于耕种极多的土地了。因之农业的税收亦形增加，工厂劳动者的供给亦不虞缺乏。何至有到田间去的思想呢？而且除农业税之外，更可以享有工业生产品及农业生产品，自然劳动者底生活不亚于农民，更无去工厂而往田间的可能了。况且运输工业和政权都在苏维埃政府手中，一切通商都由政府代表，他们可以以农业产物交换大机器，农民只限于地方的自由交易，他们何能专断输出农产品只交换西方的商品呢？

但是新经济政策的实行，便毫无危险么？那又不尽然的。如若国家不能供给充分的工业生产品，那么农民便有机会大肆屯积了。若是铁路工人饥饿，农民〈的〉给与他一部分的粮食，使铁路供其使用，那就国家的运输就发生大纷乱了。还有一层，农民或者藏匿一部分的粮食，因之少纳税收，这都是俄国的危机。尤其又怕的便是俄国共产党或者容得渗入小资产阶级的分子引起本党的堕落。总之，倘若世界的他一国不起无产阶级革命，俄国的政策，也许是一失败了。各国的无产阶级呵，俄国的同胞，四年来为主义为世界无产阶级奋斗，已经显露他们的英勇，历尽各种艰辛支持危局了，你们还不起救援他们么？你们还不起来推翻你们国内的资产阶级，援助俄国，兼以援助你自身么？社会革命的存亡了[关]键就在你们身上了。

(《先驱》第一、二号，1922年1月15日、2月5日，署名 李特)

2.《第三国际对民族问题和殖民地问题所采的原则》(《先驱》第一号，1月15日)

《先驱》第一号发表 G. S. 的《第三国际对民族问题和殖民地问题所采的原则》，全文如下：

记者按：这是第三国际在一九二〇年七月十七日到八月七日第二次大会中所议决的第三国际对民族问题和殖民地问题的方针。去年的第三次大会，据报上的记载，对于这些原则毫未变更并且主张严厉实行。本刊以其与东方问题有关故译载于此。

（一）就中等阶级德谟克拉西的根本特性论来，他对于一班的殖民地问题，惯以抽象的，形式的态度应付。对于民族平等诸问题更是如此。他在人类平等的假面具之下，鼓吹其有产阶级和无产阶级，以及掠夺者，被掠夺者之间的形式的，法律的平等；因此大大的欺骗被压阶级。又借口于人类绝对平等的饰词，讲平等的观念——平等本身不过是因商品生产所引起的一切关系的反映罢了——变为对抗"阶级废除"的一种武器。但是要求平等的真义乃根据在"阶级废除"Abolition of Classes 的要求之上的。

（二）为适合□攻击中等阶级德谟克拉西和揭破他的谎言知诈压的重任起见，有阶级觉悟，了解无产阶级为解放运动而奋斗的意义的共产党，万不容再提出关于民族问题的认何抽像的和形式的原则，以施诸民族，但是必须第一步分析历史的和最要的经济状况，第二，必须将受制阶级，劳力者，被掠夺者的利益和普通概念所承认的国家利益！这实在是统治阶级的利益——明白分开。第三，当同样分开被压迫和屈服的民族与得势的民族，这种分法要与第三阶级的诳语——隐藏着极微小的少数的先进的资本主义国家奴隶着地球上大多数人民——这是银行资本与帝国主义时代所特有的现象——的事实的诳语——相对抗。

（三）一九一四年的帝国主义的战争，很可以向世界各国和各被压阶级，极清楚的表明中产阶级德谟克拉西的语句是欺诈的了。双方当初都假国家自由，民族自决的虚□标语以继续战争。然而，一面竟有布列士里陶伟斯克（译者按即反德媾和之地点，俄国在此次和约中失地最多）和布喀列斯（译者按即德国与罗马尼亚媾和地点）的和议，一面又有凡尔塞和圣日尔曼的和议，以表示中等阶级如何按照着他们自身的经济利益树立"民族的疆界"，"民族的疆界"在中等阶级看来，也不过是同市场上的商品一样罢了。所谓国际的联盟——也不过是各胜利者对于他夺品互相担保的一种保险政策罢了。中产阶级所们的掠汲汲于国家的统一和一重新联合被异族占领了的土地的改造，也不过是被战胜者想重整旗鼓作新的战争的准备罢了。被外面武力所强迫而分裂的民族要重新统一起来这是与无产阶级的利益有关，但是欲建造真正民族的自由和统一，只有靠无产阶级以革命的争斗推翻第三阶级才能成功，国际联盟和大战以后的帝国主义的政策不可靠越发清楚的证明这个，先进国里革命的争斗因之越发激烈，殖民地和属国里的劳动群众因之更受刺激，而且驱除了在资本主义下中等阶级的国家提携，国家平等的可能的迷梦了。

（四）依照上而所述的根本原则，国际共产党对民族和殖民地问题的大政方针是：联合世界各民族各国家的有产阶级和劳动群众为一起，同力□事于革命的争斗以达到推翻资本主义的目的；不如此，民族平等和民族受压制是不能消除的。

（五）现在世界政治状况中，无产阶级的独裁制问题，占了重要的地位，世界政治中所有的事件都集中在一点——这就是中等阶级反抗苏维埃俄国的争斗，因为各国从事苏维埃运动的工界先锋军,以及各殖民地各臣属国民族的解放运动都集聚到俄国来了,这些殖民地及臣属国,经过痛苦的经验教训,他们说在无产阶级、革命的联合的方法,和苏维埃势力战胜资本主义以外,想为臣属国,殖民地谋解放之道,是万万不能的了。(未完)

(《先驱》第一号,1922年1月15日,署名 G. S.)

1 月

3.《俄国革命纪实》[著作(目录,译者"例言"),1月]

人民出版社出版,托洛次基著,周诠译的《俄国革命纪实》。全书小32开,27节,共127页。目录:1. 革命中的中等阶级知识分子;2. "对于多数派"的攻击 3. 七月一日的攻击;4. 七月;5. 七月以后的事件;6. 各劳农会之间的冲突;7. 民主的会议;8. 避不脱的权力斗争;9. 彼得格勒守备队底冲突;10. 民主的劳农会和临时议会;11. "社会革命党"和"少数派";12. 脱出临时会议,战线底呼声;13. "彼得格勒底劳农会议日";14. 革命开始;15. 决战的一日;16. 人民委员之组成;17. 新制度底最初期;18. 十一月十一日士官生底暴动;19. 克伦士基进攻彼得格勒;20. 克伦士基底计划失败;21. 内部的□□;22. 选举会底运命;23. 民主主义底原理和无产阶级底独裁制;24. 和平交涉;25. 外交人民委员底演说;26. 第二次战争与和平约签字;27. 结论。

《俄国革命纪实》译者"例言":

一、俄国革命,大家都知道是有两次,一是三月革命;一是十一月革命。这本书不是记述三月革命底进行发展,乃是记述十一月革命底进行发展的。换句话说:就是不是记述推倒沙皇的事实,乃是记述推倒黄色的克伦士基政府,和"多数派"政府成立底经过的。所以这本书也可以叫"多数派"革命记。

二、这本书的原文为 *From October to Brest Litovsk*。

三、这本译本所依据的英译,乃是纽约 The Socialist Publication Society 一九一九年所出版的。

4.《俄国共产党党纲》[著作(目录),1月]

人民出版社出版《俄国共产党党纲》,希曼(张希曼)译,共40页,定价1角。目录:一、总纲;二、普通政治范围;三、民族关系的范围;四、军事范围;五、裁判范围;六、人民教育范围;七、宗教的关系范围;八、经济范围;九、乡村经济范围;十、分配范围;十一、货币和银行事业范围;十二、财政范围;十三、居住问题的范围;十四、社会安全劳动保护的范围;十五、人民健康的保护范围。

5.《列宁传》[著作(目录,全文),1月]

人民出版社出版《列宁传》,是我国出版的第一个列宁生平的单行本,日本社会主义者山川均著,张亮译,全书共72页,定价2角。目录:第一章:列宁之出生——兄之处刑;第二章:学生时代——思想的背景;第三章:彼得格勒时代——劳动运动底组织者;第四章:西伯利亚流刑——"危险人物";第五章:"火花"(笔者注:今译"火星")运动——"应该做什么?"(笔者注:今译"怎么办?");第六章:社会民主劳动党底分裂——多数党的起源;第七章:1905年革命——最初的劳兵会;第八章:反动时代——为学者、为著述家;第九章:复活底曙光——列宁底议会政策;第十章:欧洲大战——"第二国际"底破灭;第十一章:"第三国际"底勃兴——秦麦华德会议底列宁;第十二章:瑞士底亡命生活——住在靴匠底楼上;第十三章:列宁回归俄都——"德探列宁";第十四章:革命之前日——"一切权力都归劳农会!";第十五章:克历姆灵宫底生活——暗杀者底枪弹;第十六章:俄罗斯革命和列宁。

全文如下:

第一章 列宁之出生——兄之处刑

世界中最被憎恶最被爱敬的人莫如尼古拉列宁(Nikolai lenin)。世界上无论什么地方,都可以听见列宁的名字在那里震响着。可是列宁底本名乌拉地弥尔意里乌里诺夫(Vlybim□),恐怕知道的人就不多了。那个迫害无产阶级运动的余波——他底变名,反遮掩了他底本名。俄国无产阶级底革命,虽在获得胜利之后,也仍由那个做"迫害和反抗底纪念"的"尼古拉列宁"之名来象征。

列宁于一八七○年四月十日生于西姆比斯克(Simbirsk)省。此省位置在俄人最亲热的慈母禾尔加(Mother Volga)河岸上。他底父亲虽出自农家,然因做了西姆比斯克政厅底参议官,所以就得着贵族底称号。他底父亲,死于一八八七年。他底母亲名叫马丽阿列克山达洛华(Marir Alexandrevna)在卡站(Kazan)有点小土地,丈夫死后,永受了一份养老年金。

列宁底父亲,做过小学底管理者,在禾尔加地方底教师们和村民间,有很大的声望。他是一位很热心的教育家,他的热心,有子女五人——三男二女——来报答他。他们一家人都能各精一艺,或善于音乐,或善于美术、文学、科学等。他们底家庭,俨然自成一个小的大学校。照这样个个都有趣味,自然生出一种亲热的家庭精神来,兄弟姊妹互相亲爱,并都亲爱他们父母,感情异常深厚。

可是从这个温暖的家庭底窗子里一望出来,就看见那里有几百万悲惨的民众在专制政治□面呻吟着。于是列宁底兄弟姊妹,"随着对于智识的热情,对于民众的热情也渐渐兴起来了。热情一天一天地增加,最后遂使他们献其一身做劳动者和农民的解放事业及教育事业"。

一八八七年，发生了一场大悲剧，给少年列宁以一个很深的印象。什么悲剧呢？就是此年五月二十日，他的长兄亚历山大（Alexander）在狩尔塞尔布格（Sohloseelbuig）牢狱里处刑了。一八八一年三月一日暗杀亚历山大二世成了功的恐怖主义者地秘密结社"民意党"，在更反动的亚历山大三世和朴皮德诺斯却夫执政之下，失去许多党员。民意党在这时候，实已被粉碎，最后的领袖赫尔曼罗巴金，当时也被捕入狩尔塞尔布格牢狱里了。但是恐怖主义者的精神，却还在当时智识阶级青年间活动着。当刚在暗杀亚历山大二世第六年上，及一八八七年三月一日，有一团恐怖主义者，要想在内斯基大街上暗杀俄皇亚历山大三世，主谋者即列宁之兄亚历山大。

亚历山大同十四个同志一同被捕，他为援救别的同志起见，什么都自己承受，极力为同志解脱。后来裁判的结果，有同志五人受死刑的宣告；其中一人就是亚历山大。从前俄皇对于这死刑执行书比准盖印过的冬宫的一室，现在已被当时十七岁的少年列宁在里头执行劳农政府的事务了。列宁也许有时忘记了阿哥亚历山大。但黎穆笃鲁鬓斯却这样说："我每次到从前做过皇官的那个房屋里去访问列宁，他没有一回不想起这个处刑和由这样处刑所给与他的印象"。他又说："我看列宁的自然的趣味，很像那个西姆比斯克政厅的参议官——他的父亲；但看他的思想的倾向，却又令我想起那被死刑的他底兄弟面影"。

亚历山大被处死刑之后，列宁的母亲，自然倾全心之爱于列宁，以慰伊那伤悲的心了。列宁也从心坎里爱这可怜的母亲。季诺维埃夫（Zinovefi）说："同志列宁，虽在被'沙'（俄皇）政府追放出来营亡命生活的时候，也常抛弃一切忙碌的事，特意到瑞典去访问母亲，以愉快伊的晚年。"他的母亲，是于一九一三年死的。

第二章　学生时代——思想的背景

列宁曾进过西姆比斯克中学。这中学的校长费德克伦斯基（Fedor Kerensky），就是那临时政府的总理克伦斯基（Alexander Krrensky）的父亲。"这位乡下的校长先生自然没有想到自己的儿子后来竟登过俄国最高的地位。至于乌里诺夫家一少年——这平静诚实的少年，他年竟变成意志如铁的列宁，从自己儿子的手里夺去权力，以全世界资本阶级为仇敌，来指导全俄罗斯的运命，并企图全世界的社会革命：这样的事，尤其是他所梦想不到的。"

一八八七年，列宁毕业于西姆比斯克中学，毕业后就进卡站大学法科。这是因为他是大逆犯人底兄弟，不能进首府底大学之故。列宁在卡站大学所过的学生生活，为时极短。他在一个月终了。就因参加学生底革命运动，从大学里驱逐出来了。

一八九一年，列宁才从乡间到彼得格勒，进彼得格勒大学，学习法律和经济，得法学士的学位，做了律师。列宁虽做了律师，但法庭上却只到了一次。季诺维埃夫（他是"第三国际"的议长）说："法律家的事情，一点也引不起同志列宁的兴味。他把他先前偶然到法庭实习了的前事，时时当作笑话谈的。同志列宁的使命，完全在别一方面。他是倾心于革命运动的人"。

当时列宁的思想，立在成为民意党的革命运动而出现的民众派的思想和马克思主义的新思想之境界上。民众派相信：俄国不必经过像西欧诸国那样资本主义发达的残酷的过程，就能够达到万人幸福的新社会。他们把俄国农民间所遗存的原始土地共有制度，以及随这制度而生的共产主义的本能及习惯，看做斯拉夫民族特有的东西；主张爱护这宝贵的制度和本能，不经过资本主义发达的阶级，就能够在这制度上面建设起完全共产主义的社会。尼古拉米哈罗夫斯基，就是这一派的代表的学者。他反对马克斯的唯物史观，排斥那主张"农民的无产阶级化，是进化到社会主义的过程"的马克斯派的思想。

可是。到了一九〇〇年代，马克斯的思想，就大大地输入俄国了。资本主义，也来游俄国了。虽有民众派对于那斯拉夫民族所"特有"的美妙的制度和尊贵的本能，表示热烈的爱护□面俄国也渐渐资本主义化了。因之，农民也渐次无产阶级化了。这资本主义化的苦恼，不久就反映在思想上面，米哈罗夫斯基等民众派和普列哈诺夫（plekhanov），斯茨尔夫等马克思派之间，就起了非常激烈的争论。但是到了后来，就是米哈罗夫斯基自己，也不能不承认：实际生活上的事实，已足以证明虽在俄国，资本主义发达的阶级，也到底是不可避免的事了。到了列宁投入这论争的旋涡当中而出现的时候，许多民众派，多少已经受了马克思主义的影响了。就如列宁的兄亚历山大，虽属民意党，也已在某点上容受马克思主义了。在三月一日事件（暗杀亚历山大三世的阴谋）未起以前，他同柯尔托夫有发行社会主义业书的计划，第一册就预定翻译马克思关于黑智儿哲学的论文。

当时的民众派运动，余波及于后年的"社会革命党"和"劳动派"（也有人叫做民众派社会主义）。社会革命党，由比较富裕的农民和智识阶级组成，以"土地问题"写唯一政纲，一直到三月革命后，都主张给与相当的赔偿，把土地收归国有。劳动派起于第四国会劳动派议员的一团，代表智识阶级，事务员，小店主，消费组合指导者，保守的农民等，差不多没有社会主义的色彩，可说是国家主义的一小团体。这一派的思想的代表者，是别守姆诺夫。却可夫斯奇。在三月革命的时候，克伦斯基领率过这派议员。这两派承继一九〇〇年代米哈罗夫斯基对普列哈诺夫的论争，一直到革命当时为止，都同马克思派的"社会民主党"对立。到了革命之后，他们差不多统统集合在社会革命党的旗帜下面，其中革命的分子，再分离而成社会革命左党，同共产党（即旧多数党）提携；那包含克伦斯基，捷尔诺夫，布列司可夫斯加亚等的社会革命党右翼，则同旧社会民主党右翼少数党提携，而同共产党对立。这社会革命党右翼的中心人物，现在多亡命在国外，乞怜于英法资本家之前，求其帮助军费，以颠覆劳农政府。

一九〇〇年代的俄国，在经济生活上，是资本主义化开始出现的时代；在思想上，是反映这个事实的民众派和马克思主义的思想的分化开始实现的时期。这时，列宁也卷入这旋涡中。季诺维埃夫说："同志列宁，曾经立在旧的民众派的革命家和新的革命的马克思派的境界地带上。同志列宁，虽然参加过学生的民众派团体，但这个时候，他已经有一只脚踏实马克思派的阵营上了"。

列宁在后年，同社会革命党决过生死的战斗。可是那为社会革命党前身的当年恐怖主义者的革命运动，却有其兄亚历山大的鲜血系着。列宁原没有做过民意党的一员，也没有奉过民众党的学说。列宁最初出现于世，乃是在同民众派的论争之后在学说上面，他和米哈罗夫斯基，完全立在反对的极端。虽然如此，列宁对于初代民众派的运动，是表示多大尊敬的。恐怕他也一定为那种勇敢的革命精神所鼓舞。季诺维埃夫说："他最初戴社会主义者的桂冠的，正是因为对于民众派主义的斗争。虽然如此，但像列宁那样，把尊敬这些最初反抗专制政治的斗士这件事教导劳动者的人，却还没有过"。

"由列宁的眼光看来，像柴里仆夫和苏菲亚赫罗夫斯珈那样的运动者——在俄罗斯变成了'国民的监狱'时，在一切自由的朋友都被窒息，而俄罗斯劳动者才初成为一阶级的时候（从一八七○年代之终，到一八八○年代之初），揭起反叛旗子。对于皇帝投掷炸弹开发手枪的那些运动者——都是灿烂辉煌，品格高尚的人。而列宁是一点也不客气地，挺身继承他们的遗业的。他曾经说过这样的话：'这个遗业，是我们的东西。真是我们专有的东西。我们的任务，就是把柴里仆夫所做的事情，格外扩大起来。那个为劳动阶级的朋友，初提出社会主义的革命问题的柴里仆夫，实际上是多数党，是共产主义者。我们为要在新的社会状态下面实行柴里仆夫的事业，不可不做一个革命的马克思主义者'"。

列宁又很欢喜那个木匠而且是最初伟大的劳动阶级指导者哈尔起林。列宁屡次这样说："像哈尔起林那样的劳动者，已经不是对付那一个一个的怪物而用炸弹或手枪去对付的孤立的斗士了。这种人做多数劳动者的先锋的时候，就是'皇帝支配'灭亡的时候，同时也是'有产者支配'灭亡的时候"。

第三章　彼得格勒时代——劳动运动底组织者

一八九一年，列宁到彼得格勒不久，就发表了一篇关于马克思主义的论文。威廉说："那彼成为俄国社会主义之父的普列哈诺夫，读了这篇文章，说'这位青年他日必为危险人物'，这真是又识见的预言。在十五年后，列宁就从这位老战士手里，夺取社会民主党指导的地位；二十五年后，竟把他逐出劳农大会之外了"。

这一举而定列宁名声的论文，是什么呢？季诺维埃夫说："列宁不久，就在论坛上同民众派的老指导者米哈罗夫斯基交战"；又说："列宁用'意灵'这变名发表了许多很好的经济学上的论文，他因了这些论文，忽然就成为有名的人了"。我们看了这些话，可以推想而知：列宁这些论文。为王的是从马克思主义的立场去批评民众派的文章。民众派的营盘。遇着列宁这些文章，就立刻动摇了。季诺维埃夫说道："有一个很伟大的人，把小绅士阀的水池搅乱了。水流动了。地平线上现出新人物了。沈滞的空气已被激动了。那里已有新的风吹来了……"

列宁从卡站大学逐出来未到彼得格勒来的时候，居在沙马拉地方，那时就已经感染着马克思主义了。于是一到了彼得格勒，就立刻去找马克思主义者；然因当时还是民众派思想全盛时代，所以就一个同志也没有找到。——不过过了不久，列宁的周围，就集着少数劳动者和马克思主义者，形成一个小团体了。二年之后，他们就在彼得格勒组成一个"劳动者解放斗争同盟";列宁就代表这个团体,组织起最初的劳动者的同盟罢工。同时他做了一本说明彼得格勒劳动者的经济上的要求的小册子,接着又做了一本题为"罚金论"的小册子,也秘密出版了。《罚金论》是一本最平易明白把马克思学说通俗化了的小册子。

这时的列宁,已被警察注意,无尽无夜地在劳动者窟里过活了。他的周围,不过只有很少的同志朋友,而这时所谓革命的智识分子,差不多都仇视他。

列宁在这时候,对于劳动阶级,已经非常爱好了。对于有什么才干的劳动者,列宁,尤其表示尊敬和亲爱。列宁常常推赏一位劳动者巴布守金,说他是难得的战士;无论当时在彼得格拉开始运动也好,初做劳动者团体也好,初组织同盟罢工也好,组织《火花》(Iskla)杂志也好,列宁都同他一同干。巴布守金,于一九〇五年革命,也曾有过大活动;后来列宁于一九〇七年被追放于西伯利亚的时候,偶然从追放者之一人那里,听说他在西伯利亚被林内康普将军射杀,就非常痛惜。

列宁又爱一个劳动者舍尔诺夫,如兄弟一样。这舍尔诺夫,在彼得格勒劳动阶级之间,非常有名,称为勇敢的战士。列宁在同志之间,推赏这二人为同志所该学的模范,为劳动阶级的真正指导者。

"就是现在,也常有这样的事。那些现在做西伯利亚或乌拉尔地方的劳农会的委员长或做地方运动的指导者的劳动者,他们一到了人民委员会或全俄劳农大会里来,就到同志列宁那里去,说起这样的话以唤起他的旧记忆:你'还记得吗?在九十年代之初,你不是在这里那里为我们发行过秘密小册子,组织过同盟罢工吗?'同志列宁,大概忘记他们了。他的进路,所遇到的人太多了。可是他们(劳动者)却都还记得列宁。他们知道列宁是他们的教师,是最初给与'共产主义之光'于他们的人。他们知道列宁是他们的朋友,真指导者。"

第四章 西伯利亚流刑——"危险人物"

普列哈诺夫说"他日成为危险人物"的人,从官厅的眼里看来,那时已经是"危险人物"了。一八九〇年之末,列宁被捕,系于彼得格勒监狱甚久;一八九七年一月二十九日,由勒令被追放于西伯利亚。以后一直到一九一七年其二十年间,列宁大半营亡命者生活。

就是西伯利亚荒野,于他也不仅是沉默,无聊,积雪而已。列宁居在司沈司可(Sushenskoy)的村落里,不绝地且读且作。这个不断的努力,就是用"意利起"(Iyich)"意灵"(Ilin)"提林"(Tyline)"列宁"等变名,发表了许多小著作。其中最中最初的小册子,是"俄罗斯社会民主党诸问题",论议俄国社会主义运动并应该采取的一般方针。当时俄国马克思派社会主义者之间,关于下面这个问题,也难给与决定的回答。什么问题呢?就是劳动者对于皇帝的"政治的斗争",和无产阶级于有产阶级的"经济的社会主义的斗争"这两者应该立在怎样的关系上。列宁对于这个问题,主张如此:俄国无产阶级,应该不待获得政治上的自由之日,就立刻起来组织劳动者的"阶级的党派",同时同专制政治及资本制度斗战。在这一点上,列宁的主张,大体是取普列哈诺夫的见解的。俄国社会民主主义的首倡者普列哈诺夫，阿克塞尔路德，察斯利器等，这时已经过了十五年亡命生活，当时正在瑞士组织一小团体活动着；列宁的小册子一落在这一团的手里，他们就立刻看见俄国社会主义运动底地平线上，已现出一颗新鲜的明星了。特别认这一位青年为俄国劳动阶级的真正指导者，不惜加以一切赞辞的人，就是后年为这青年的劲敌的阿克塞尔路德。他替列宁的小册子做序，赞说列宁是"普列哈诺夫以来，第一个出现的劳动阶级运动的指导者。"

列宁在西伯利亚追放中所做的重要著书，还有一本"俄国资本主义的发达"。列宁在这本小册子当中，论证了俄国社会，通过资本主义发达的径路，也是一件不可避免的事实，以巩固普列哈诺夫的立场；同时就决定地驳到了民众派的主张。这一本书，就是绅士阀学者之间，也承认他的学术上的功绩。一九〇二年，当季诺维埃夫还在巴黎求学的时候，马克思西姆可华列夫斯基教授很推赏这本书，说列宁可以做一个很好的大学教授。季诺维埃夫批评这话道："不错，同志列宁，的确能够做一个很好的教授。但是他现在却已做了劳动者共产社会的指导者了。我想这个比有才能的教授中的最有才能者还更伟大"。

从西伯利亚流刑以前，通过西伯利亚居留中，列宁又对于别一方面，也不绝地继续论战。当时渐渐抬头的有产阶级的自由主义者，为了对于专制政治的斗争，就感着得"社会的地盘"的必要。他们除了新兴劳动阶级以外，没有别处能够发见这个地盘。那否认资本主义发达的民众派，自然不能为这目的用使用。于是他们就着自于马克思主义了。他们要想从马克思主义里去了那"革命的精神"，再而他来指导劳动阶级。

"反映"这种社会的形势的，就是那由巴拉诺维斯基（Micaliel Tugan Babanovsky），斯秃夫（Peter Struve）等所代表的什么"合法的"马克思主义的思想。列宁一方面同民众派的思想战争，同时他方面又看级有同这"合法的"马克斯主义战争的必要。斯秃夫本来是同志的一人，社会主义运动的有功者；然而他那批评米哈罗夫斯基学说的有名的著作一公布，普列哈诺夫和列宁，就都各试批评。列宁看出斯秃夫的思想及于社会主义运动的危险，所以用了一个变名，毫不客气地论破了他的立场。斯秃夫的书，用这样一句话结果："我们要自己承认我们教养不足呵！我们要做资本主义的徒弟去学呵！"列宁看了这话，就预言斯秃夫一定不止于做资本主义的徒弟，还要进而做资本家的徒弟，到末了还要和劳动者相别的。斯秃夫以后所做的事情，不幸竟使列宁成了先见之名。他后来弃了社会主义，奔入立宪民主党，成了一个立宪君主政治的赞美者。

第五章 "火花"运动——"应该做什么？"

西伯利亚刑期终了回来，因官厅不许他在住在大都会，工业地或大学所在地，所以他就去了俄罗斯而亡命于西欧。他在西欧最初的活动，就是创办有名的"火花"杂志。

一九〇一年，他同普列哈诺夫，马尔托夫（Martov），阿克塞尔路德（Axelrod）等亡命者一团,发行一种杂志,名叫"火花"。可是这"火花"运动,是常以列宁为中心在那里活动的,所以普通叫做"列宁之'火花'"。不久,这(火花)不仅成了亡命社会主义者运动的中心,而且成了通全俄国的社会主义宣传的中心点及策源地,在俄国革命运动史上扮演了极重要的任务。"火花"杂志,有普通版和特别版两种。普通版用普通纸印刷,专供瑞士及其他欧洲各国的人阅览的;特别版用很薄的纸印刷,五十册一束,藏在皮箱的二层底板之下,秘密输入国内的。封面上的标语是"火花的焰正在炎炎向上了"。

列宁在这"火花"杂志上所发表的最初的重要论文,是《应该从何着手?》这篇论文,已组成俄国共产党纲领及战术的基础,后来多数主义的精髓,都可以在这小论文里发见。第二年,列宁再把这论文扩充,题为《应该做什么?》,重行公布。这小册子,是投掷巨石于俄国社会主义运动大池中的东西,成了其后十数年间波澜的中心。二年之后,社会民主党分为"多数党"和"少数党"两派;十五年之后,更成为无产阶级独裁主义和反革命主义的对立;这都在那最初的分歧点已种其根的。列宁的小册子,就是最初分歧点左派的代表者。

季诺维埃夫说:"凡是列宁所著的东西,无论何时,都成为热烈争论的种子。无论是谁,对于他所做的东西,都不能无关心。诸君可以憎恶列宁,也可以爱好列宁。但是诸君不能取中立态度。列宁在《应该做什么?》那本书中,根据革命的精神论述当时运动上一切难问题,一一解决了。多年之间,这本书成为挑战的思想,热情底中心,争论底主题,是后就分裂为不可调和的二大阵营。"

《火花》对于社会革命党,也行了猛烈的挑战,当时社会革命党尚创立未久,其中心人物,包含"民意党"底分子,以比《火花》一派还更革命的团体自任。可是列宁却一点也不徇情,嘲笑他们"革命的冒险者",痛骂"社会革命党底绅士诸君,不过是小绅士阀底代表者"。当一九〇二年〇三年之时,列宁已经看破社会革命党底真相了。列宁又据着《火花》杂志,同时所谓"经济主义"挑战。经济主义,专□视劳动阶级底"经济的斗争",对于触及国家权力的"政治的斗争",闲置不问。这个思想,一方面成为失了革命精神的组合运动或消费组合运动,他方面而同后年少数党底思想融合。

《火花》不仅做思想上的战争,同时也成了团体运动底中心。入一九八〇年代,俄国形势,才有组织劳动阶级党派底希望,所以《火花》同志,就特别设立"组织委员会",着手组织。列宁在笔上,做《火花》及研究杂志"察尔亚"底主义,同时又为"组织委员会"活动底中心。

列宁底妻克鲁普斯珈(Nadezhda Consiantinova Krupskayr),兼任《火花》干事及"组织委员会"干事。伊尝用尽精力腾写那些用看不出的化学药水写的暗号通信,几至毁坏了伊底健康。季诺维埃夫说:"为吾党组织者的同志列宁底一切事业,得克鲁普斯珈底帮助很大。"

这时列宁,已为全欧警察所追逐了,有时迁到茂尼希,有时迁到不律塞,有时迁到巴黎,有时迁到伦敦,最后乃定日内瓦为永住之地。

第六章　社会民主劳动党底分裂——多数党底起源

俄罗斯社会民主劳动党，成立于一八九八年。一九〇三年，该党在不律塞及伦敦，开了第二次大会。在这有名的大会里，该党分裂为多数党和少数党两派。关于大会分裂底直接原因，有种种说头。有的说因为关于管理机关新闻编辑的问题，有的说因为关于党底组织应否中央集权的问题，但都不是很重要的问题。阿尔大诺夫（他是属于"劳动派"的人，劳动派后年□立宪民主党提携，图谋反共产党的大团结，他也曾做过阿尔漠格尔斯底反革命政府底一员），在他所著的《列宁论》里，嘲笑当时社会民主党底分裂，有如下的话：

"……这样两次大会底光阴"，都化费在讨论党纲第一条里。列宁所主张的条文说："……凡承认本党纲领，亲自参与本党所属团体或以物质上的资力维持本党者，都看做本党党员；而与彼相对的少数党底领袖马尔托夫所主张的条文说：'……凡承认本党纲领，以物质上的资力维持本党，从本党所属团体底规定，亲为正规的协力者，都看做本党党员'。列宁，普列哈诺夫，马尔托夫，托洛次基，阿克塞尔路德，马尔起诺夫等，打了二日间的口舌官司，继续了二年间的笔墨官司，就是这事。世人把这个讨论看做同那个君士坦丁堡底罗马教会里讨论一样：'子像父呢？还是同一物呢？而父神应该叫做造主呢？还是应该叫做天地底造主呢？'"

俄国社会党底诸指导者，在这二日和二年之间，是否像论父子异同那样悠久，我们不知道，纵使惹起这次分裂的问题，一见不是重要的问题，我们也不该把这小喷口火底底里有更大的火燃烧着那件事看落。季诺维埃夫，就是没有看落这地层下底猛火的人。他说：

"我想同志列宁，是一个专挥外科医生坐底刀子实行根本疗治为能事的人，他对于破坏无产阶级底一致团结，是毫不顾虑的。但在第二次大会，根本分裂之兆开始发现的时候，首先倾注全力防止的人，却就是同志列宁。列宁实在非常知道：劳动运动底一致应该□何尊重。"

"但是这个'一致'，一定非以'为社会主义的斗争'做目的的'一致'不可。社会主义底思想，在他是比什么都宝贵的。第二次大会底马尔托夫，阿克塞尔路德等底意见相异，决不是些小偶然的相异：昔日的投机主义底倾向，已在新旗帜下面复活起来了；曾经在九十年代之终由列宁攻击过的'合法的'马克思主义，也重新抬起头了；一同营过亡命生活的亲爱的旧友马尔托夫，已渐渐软化了；向来表示很大尊敬的普列哈诺夫，也已渐渐放弃马克思主义，感染投机主义，不久竟成了投机主义者了；这些形势，都非常明白了。列宁，于这些形势，都已看明了。他乃断然决意道：'纵使我一个人，我也决不卸下革命的马克思主义底旗子！'于是，他就同普列哈诺夫分别了"。

季诺维埃夫，这时是一个青年社会主义者。住在外国，有一天同两个朋友去访见普列哈诺夫。普列哈诺夫在这三位青年面前痛骂列宁。甚至于说？"列宁对于我，对于察斯里起，对于独伊茨基，都已经倡起叛□了，但是都不能成为敌手，他在离开劳动者解放同盟底指导者的我们的那一瞬间,已经是死了的人了"。读了《应该做什么》,而表同情于列宁的青年当中,对于普列哈诺夫底话,也受有多少的印象。季诺维埃夫看见普列哈诺夫那样动气痛骂,一时非常恐怖。季诺维埃夫把这话告诉列宁,列宁安慰他说:"最后笑的人才算会笑的人。我们不可不从此奋斗。我们且看劳动者究竟服从谁?"

久居法兰西的俄国有名的社会主义拉扑扑尔,在他所著的《列宁回想记》中,回想当年分裂情形,有这样的话:

"……列宁乘着仅少的多数(的确是一票或二票),决行了这个分裂。这就是多数党底起源。多数主义,照字号解释,不过是'多数'底意义。我那时是调和一致底主张者,所以既不属多数党,也不属少数党。……其后我看见有机会,就同样的为努力调和,声明同普列哈诺夫提携。但我所谓'一致',是以左翼底主张为基础的'一致'。"

据拉扑扑尔说,调和运动,在某程度是收了功的,一时表面上好像一致。不过实际上面,种种倾向底对立,反越发鲜明:"党内机关报底编辑会议,随时都成为两方底实际战争,一方是列宁和季诺维埃夫,他方是马尔托夫和铜姆"。因此,"这种多数党和少数党两反对要素底结合,在爱好明白的透明关系的列宁看来,是顶难堪的羁绊。于是他就再破坏党底一致了"。拉扑扑尔,本是反对这个分裂的。他很可惜:列宁同普列哈诺夫一同抛弃党底指导者的现在地位。就是今日为列宁底朋友的托洛次基(Tdotzky),卢那查尔斯基(Lunachebsky)等,当时也同拉扑扑尔抱同样意见。列宁底态度是错误的吗?至少拉扑扑尔自己,在相隔十七年的今日,也不能不佩服当时列宁底先见了。我们且看他说:

"可是其后底经过,却明明表示出两个倾向怎样不可调和了。一方面排斥一切妥协,极力主张实行阶级斗争说。他方面有一派,虽然口里说着一切花言巧语,然而在实际上,却实行阶级妥协,放弃社会主义了。一九一七—八年底革命历史,把这两种倾向明明白白地表现出来了。少数党底大多数,已经同立宪民主党联合,完全在克伦斯基(按克伦斯基属于社会革命党右翼)底鞭下受立宪民主党底支配了。列宁底战术,不是把对立和分裂隐蔽着,乃是把这两者弄鲜明了的"。

列宁关于党底分裂问题,于一九〇四年,公布了一本题为"进一步,退两步"的小册子《进一步,退两步》,的确是当年少数党底态度。他们从纯经济运动主义变做《火花》一派的运动,是进一步;可是从《火花》运动再堕落到"合法的"马克思主义,自由主义的思想,就是退两步了。列宁对于这种堕落情形,毫不假借地加以攻击。党的分裂,同时《火花》杂志归少数党手中;因此,列宁就发行了一种新闻式的小机关,名曰《前进》(Forward)。这《前进》就是多数党的最初的机关。当时除了《火花》杂志落在少数党手中,普列哈诺夫等有名望的先辈都徘徊那边以外,从党的中央委员会起,一切机关报等,都在反对者方面。列宁仅仅据了一个小机关铳《前进》,同少数党对抗,炮击他们的城垒。但是一九〇五年时候,无产阶级的活动分子,悉数加入多数党的一件事,已非常明白了。

这时列宁公布了一部题目叫做《经济论集》的书,幸而在本国销场很好,所以他能用这书的收入,充作发刊《前进》的费用。列宁编辑《前进》,有卢那查尔斯基,波达诺夫(Boebanov),福尔夫斯基(Vorovsky)等人的帮助。

第七章　一九〇五年革命——最初的劳兵会

一九〇五年,俄罗斯社会民主劳动党在伦敦开第三次大会,这就是多数党的最初的大会;同时少数党,也在日内瓦开协议会。

在未开大会以前,伯伯尔(August Bedel)以德意志社会民主党中央委员底名义写信给列宁,请求做多数党和少数党底争议的仲裁。伯伯尔信里底一节,有这样的文句:"孩子们讲和了好不好?我伯伯尔请求做你们和少数党底仲裁。这个分里究竟为什么事?你们所说的理由,不愿一听我们仲裁裁判所底裁判吗?……"列宁把这封信提出大会讨论;大会声明如下:"我们对于同志伯伯尔,是表示尊敬的。不过关于我国应该怎样对于皇帝及资本家实行斗争,却希望由我们自产底见解去实行。而且希望容许我们:对于少数党,给以适合资本家底代办者的待遇"。这种对于万国社会主义运动先辈伯伯尔的"傲慢"态度,实在使他发生不少的惊异。伯伯尔是劳动阶级的天禀的指导者,是列宁表示很大尊敬的人;然而就是伯伯尔,也非难列宁反对普列哈诺夫。我们由这一段插话,可以推知当时各国社会党之间,一般同情,也是倾向于差不多包容一切社会主义运动先辈的少数党的了。与这同时,阿克塞路德等,也就非难列宁,说他是一八六〇年代无政府主义者内查柯夫的抄袭者,他对于先辈的反叛,毕竟不过是个人的野心。

一九〇五年的大会,刚是俄国起第一次革命的时候;所以两大会对于这次革命的态度,使多数党和少数党的实际上的主张的差异,更加弄鲜明了。列宁在这次大会里,把他后日做劳农政府的领袖时应该解决的一切问题都决定了。这些问题,就是无产阶级独裁,没收资本,彻底实行革命的行动,做社会主义的世界革命的序幕等。列宁在这次历史的会合里,就已经主张我们在将来革命的时候,不可以实现资本家共和国就为满足了。这个时候,列宁已经明说了欧洲社会民主党的议会政策的腐败。这个时候列宁就已经取"将来的革命,是立在资本家的革命和社会主义的革命的境地上的"见解了。

一九〇五年的革命后,列宁以大赦得归久别的故国。不久革命惨败,反动又起,又再做亡命之客。一九〇六年在芬兰,七年往瑞士,八年到巴黎。

列宁于一九〇五年革命,虽没有在表面上出头,但实际上却演了很重的任务。彼得格勒的最初的劳动代表委员会,虽然为主的是成于少数党,然而实际上的行动,反多从多数党的指导。革命运动一达高潮,劳动者就觉悟:组织劳兵会,在事实上就是为掌握国家权力而奋斗。于是劳动者在事实上就成为多数党了。

革命失败,少数党就批评这次革命误谬,混乱,疯狂。因此他们就把这次失败的罪过,归在劳动者要求过大那件事上去。总而言之,少数党是认这次革命倒是照多数党的主张进行的;他们把劳动阶级服从多数党的指导一件事,看做革命失败的原因。

列宁回答他们道：

"诸君不能理解这次运动的意义。这是伟大的革命，决不是混乱。这不是因为有了十月三十日的宣言（发布宪法）才算伟大，也不是因为资本家出动了，才算伟大。这次革命，虽未成功，却也有莫斯科劳动者的'武装的反乱'，也有一月之间，彼得格勒劳兵会出现在世界无产阶级的眼前。因为有这种事，所以这次革命是伟大的革命。看呵：革命还要起的呵！劳兵会甦醒了要占胜利呢……"

对于莫斯科的武装的反乱，普列哈诺夫只非难民众拿上武器一件事。但是列宁却抱着完全同他相反的见解。我们且看季诺维埃夫怎样说：

"在列宁看来，通这革命的全历史，以莫斯科的武装的反乱为最有光荣最可尊贵。他第一搜集了同这事件有关联的材料。他要想把一切状况，一切技术上的详细，以至于及细小的事情，都弄明白。他要想知道参加这次反乱的一切人的传记。他又去质问同这次反乱有关系的一切军事上的专门家。就是其他有关系的人，他也去请他解释：莫斯科反乱，是怎样在劳动积极和全世界之前准备，以怎样的理由失败的。列宁为什么这样做呢？因为他已明白看出：莫斯科的反乱，是无产阶级对于有产阶级世界的最初的白兵战。他认识了这次莫斯科反乱的世界历史的意义。因为这是劳动阶级对于这进步最后的国家的专制政治及资本主义的最初的有光辉的反叛。"

当时列宁躲在彼得格勒一家人家，没有公然现在表面。在劳兵会的中央委员会里，由波达诺夫代表多数党出席。在自由经济协会所开的劳兵会的集会，列宁也曾经有一二次私下坐在洋台上面来看。那时的劳兵会，在列宁眼里映成什么东西，我们原不能知道我们不能不暂听季诺维埃夫的推测以为满足。季诺维埃夫说：

"在一九〇五年，他不过仅仅看了一两次劳兵会。虽然如此，但我却确信：当他从洋台的座位上观看这最初的劳动者议会的时候，他的心里，一定已发生劳农会国家的观念了。恐怕当时他已经如梦一样地，先见了他年一日树立起劳农会国家，这为社会主义国家的原型的劳农会，有成为俄国的唯一权力之日罢。"

推测列宁在一九〇五年，已否把劳农会国家在心里描写出来一事，或者是一种无益的空论。不过列宁在当时，已经教人说："劳兵会既不是今日出现明日消灭的那种暂时的组织，也不是有几分近于劳动组合的日常普通的组织，乃是在万国无产阶级的历史上，在全人类的历史上，开一新页的东西"这却是实在的事实。

一九一六年，列宁住在瑞士：当时彼得格勒的革命机运已渐渐成熟，同志之间，也就随着有主张组织劳兵会的人。这时列宁已在书信或杂志论文上，屡次警告他们说："劳农会的组织，是一句伟大的标语，不可以乱用的。这句标语，只有在劳动者表示最后斗争的决心，实行真正的无产阶级革命的那一瞬间——即宣布已到了可以掌握一切权力的瞬间那个时候，才可以说的。这个时候，只有这个时候，才可以说劳农会。为什么呢？因为劳农会是只有劳动者掌握一切权力的时候才能存在的，这是无产阶级国家的形态，劳动阶级的一致的支配"。列宁又警戒彼得格勒的劳动者道："诸君已准备好了吗？诸君已有充分的实力了吗？诸君不可不把这两件事反复自问问看。将飞之前，不可不先顾虑周到。组织劳农会，就是实行最后战争的意思，是同有产阶级宣战的意思,是开始实行无产阶级革命的意思"。我们单由这一件事,也可以窥知列宁对于这个制度如何重视了。依当时少数党及社会革命党的见解,劳农会不过是一个劳动者在资本制度下为要求经济上的权利而斗争的机关罢了。列宁把劳农会看做不是日常普通的组织,就是反对他们那种见解的。据列宁的见解,劳农会是从初就以掌握国家权力为目的的特殊组织。

当时列宁等人在国内因为有严酷的检阅,所以出版的自由就完全被剥夺了。而且一般新闻杂志及出版业者对于他们,事实上也都实行"婆哀考脱"(Boycott);所以他们就是要知道对于当年革命的批评,也只能依靠一些秘密的小出版品,不然就只有依靠外国的出版品。

第八章 反动时代——为学者,为著述家

接着革命失败,一九〇六年以来,反动如沉滞的时代就来了。劳动阶级从这惨败的革命当中,得了好多次教训。列宁于一九〇七年亡命于瑞士。季诺维埃夫及其他同志于一九〇八年之秋出狱,出狱后就到列宁那里去。

这时列宁同季诺维埃夫等,在日内瓦发行了两种杂志:一名《社会民主党》,是宣传用的报纸,一名《无产阶级》,是稍了研究性质的杂志。一九〇八年,暂时迁居巴黎;后来他同他的同志,定居于嘉利奢的山地克拉科。因为克拉科同俄国国境相近,联络国内革命运动便利之故。

当时俄国的革命运动,在斯托利宾的反动政策下面,几乎完全手足无措。就是在亡命的革命家中,一般也都意气销沉,毫无振作。季诺维埃夫说:"在革命的旗帜下面,那些成了白发的旧指导者,已经没有什么确信了。游荡气质,在一切文学上都现出了。变节者的精神,弥漫于我们之间了。"

当时列宁,除了过非常穷迫的生活以外,又为疾病和营养不良所苦。尤其是在巴黎亡命之时,他的生活,非常悲惨。虽然如此,他还毅然勇敢地守住有光荣的地位。只有他一个人,专苦心去征集有为的战士,随时用这样的话安慰同志:"我们不可失望。这黑暗已过去了,浊浪已拂去了。再过五六年,我们又可以趁着机会再起无产阶级的革命了"。当时亡命者中,多数为少数党,他们是仇视列宁一派的。就是巴黎一般社会,对于多数党,也常摒斥、攻击的。当时多数党怎样不合世论,我们可由下面一事推测而知。当时有一种滑稽杂志,登了一个滑稽的广告,说:"有人能于列宁,季诺维埃夫,康米诺夫(Kamenof)三人之外,找出第四个多数党,即赏与王国之半。"

列宁除了暗中宣传之外,在这销沉时代,对于无产阶级,也有伟大的贡献。列宁关于马克思和恩格斯的著述,从最初一字起到最后一字止都体会过了。季诺维埃夫说,就是在通晓马克思、恩格斯这一点,列宁也可算是世界中二三人之一。可是他却不仅通晓马克思而止。季诺维埃夫说:"列宁是:能够发展马克思的学说,更加以新要素,使其得适合于新时代的新状况的极少数人中之一人。"

在一九〇八年到一九一〇年这沈滞时代,列宁的精力,自然只有向着研究学理的

一方面。列宁曾有一点新的东西附加在马克思学说上。但是这伟大的事业，为主的实是巴黎二年间的事业。列宁一面是热烈勇敢的战士，但又有一面是冷静的学者。维尔科克司（Wilcox）关于伦敦亡命中的列宁，有下面一段话：

"他同马克思一样，以在英国博物馆探检宝物时为最幸福。他很热心赏赞这个图书馆。一谈到这个图书馆，他便眼光四射。兴致勃勃，住在这博物院的附近，是他最快乐的梦。他求精神上的休息，就是这个地方。"

列宁在巴黎时，也是如此，季诺维埃夫说："列宁在巴黎的国立图书馆过了二年。他从这里借来的书，是多得可惊的。就是非难列宁的哲学上的研究的绅士阀教授们，也要惊异的说：仅仅两年之间，一人如何能够读这许多书！"

拉扑扑尔说："这个时候，列宁一派当中，有卢那查尔斯基，波达诺夫等一团，要想把马克思主义和叶鲁斯脱妈哈的教理调和起来。列宁看出这种办法是损伤马克思主义的纯洁的，而且有累及战术上的危险。这时列宁已经四十岁了，专埋头研究哲学。他读过一切哲学上的著述，做了好些哲学上的论文，对于朋友的误谬，毫无忌惮地指摘出来。要是知道研究哲学的困难的人，大概能够理解这为保全社会党的学理上的完全而自己成了哲学者的列宁事业罢。"

这个可惊的努力的结果，就是一九一〇年所刊布的《唯物哲学和经验的批评哲学——反动的哲学之批评》。列宁在这本书中，同一切取最微妙的最狡猾的形式的"资本家的影响"斗争。最有教养的资本家的辨护者和某种降伏于资本家辨护者的社会民主主义者，都为此书所征服了。因此，唯物史观说底拥护，就得着胜利，而共产主义底基础，也就随着唯物史观而确立了。

我阅读了这段插话，往往联想到马克思底逸话。当马克思著《资本论》第二卷的时候，遇到了关于俄国的问题。但是要研究这个问题，势非一读俄语的原书不可；于是马克思就开始学习俄语了。这时很有名的逸话。凡是遇到一个问题，非彻底研究一番不止——这种忠实研究的精神和学者的良心，马克思和列宁都有：所以他们在这一点上很相像。

被许多人只认为冷静的理论家的马克思，在文艺方面，也有丰富的趣味。他特别爱读狄更底作物，有时即席扮做狄更作物中底人物，使用马克里地爷底科白，使朋友大笑。"铁的意志"所有者的列宁，对于文艺，也有许多兴味。一九〇五年——八年之间，列宁做日内瓦底回览文库底会员；当时他所借的书籍当中，有不少纯文艺的作品。例如莫泊三底作品好像他也做过有秩序的研究。此外借阅的关于文艺上的书籍也不少。

至于德国底书籍，他在一九〇八年中，除了借出黑智儿底著述以外，还借出沙罗美底《德意志政党的纲领》孟嘉底《人民政治》麦尔卿底《俄罗斯底未来》等书。

关于历史、地理上的书籍，也借出不少；其中有斯尼德底《世界底形成》一书。就是关于朝鲜、中国、日本的书籍，他也借出来看。此外机械学，心理学，教育学上的书籍，也是看的。可是这些书中，列宁最爱读的，却是关于法兰西革命，《共产团》（Commune），和法兰西文学的著作。日内瓦回览文库底名簿上，曾记有"乌拉地弥尔，乌里诺夫(列宁原名)，一八七〇年生，著作家"等字样。

第九章　复活底曙光——列宁底议会政策

到了一九一〇年，新鲜的风儿吹来了。这年莱那·戈尔德斐茨工场底罢工劳动者底虐杀，在俄国社会主义运动史上，实开了一个新页。到了第二年，即一九一一年，劳动运动底复活，已很明显了。此时列宁一派，在彼得格勒有名为《星》的公开报纸；在莫斯科有题为《思想》的月刊杂志。就是在国会里，虽极少数，然也有一团劳动议员为同志。

这些机关报纸里，主要的也是列宁亲自执笔的。同时他又把革命的议会政策，教导国会底少数劳动者议员。关于这策略，季诺维埃夫如此说：

"彼得格勒底朴素的劳动者(巴达益夫等)，到我们这里来这样说：'我们想从此参与重要的立法上的事情。不论是豫算，或各种议案，或立宪民主党所提出的什么案，我们都想加以修正。我们现在为这些事来同你们商量'。这样一说，同志列宁就从肚里笑出来了。他们看见，稍为有点不爽快，就再问究竟怎么办。于是列宁就这样回答巴达益夫道：'先生！豫算，修正，议案，这些东西是做什么的？你是劳动者呵。国会是为支配阶级而设的。你只要登上演坛，用容易懂得的话，把劳动阶级底生活及苦痛告诉全俄就好了。你只要叙述资本家支配底凶暴可怕，向劳动者鼓吹革命，在这反动的国会之前面骂'议员们是恶棍是掠夺者'就好了。……你要提议案，可以提这种议案；即：我们从今起以三年为期，把一切资本家及地主诸君，都捉来吊在往来的电报柱上。这就是真实的议案'。"

巴达益夫初听见列宁底话，只是似懂非懂。他们走进陀利达宫议事堂里去，看见穿着礼服的绅士们并坐着。各大臣也装出死威严坐着，于是就狼狈了。可是这个时候。他们也就渐渐地理解列宁底话了。于是不过一个机器工的巴达益夫，就登上陀利达宫底演讲坛上，向罗查科，鄂尔孔斯基等人，堂堂演说从列宁那里学来的事了。

到了一九一二年，新生活就开始了。到了能够在彼得格勒公然出报的时候，列宁等就为接近彼得格勒起见，从巴黎移到嘉利奢底克拉科(Cracow)了。这年一月，多数党在普拉格开协议会，严整本党阵容。列宁和季诺维埃夫，受新选举的中央委员会底命令，留居克拉科；他们在这里接待从彼得格勒，莫斯科及其他都市来的同志，成了全俄通信联络底中枢。这时同彼得格勒通信，也确实无妨了，所以机关报《普拉达》上面，每号都载有列宁底论文。《星》和《普拉达》，实在是告"共产主义之春"将近来了的最初的燕儿。列宁在这些报上，把左右敌人都打倒了。不多时，《普拉达》就成为当时一切问题底响板了。所以能如此此者，实赖列宁底论文，列宁的助言，以及他寄到彼得格勒的私信。季诺维埃夫说："因为我们底机关已经非常完全了，所以常能于未开劳动组合或其他劳动团体底重要会合以前，先在中央委员会底彼得格勒和克拉科底本部之间开协议会"。

季诺维埃夫为表示当时列宁如何支配着俄国无产阶级底精神，说了下面的一段话:〈。〉我记起一件事了,就是一九一三年所开的彼得格勒金属工底最初大会。我们底候补者,在当选了组合委员会(这在当时,是非常成功的事)二点钟之后,同志列宁,已收到由金属工发来的祝电了。同志列宁,这时住在数千里的远方,然而他底精神,却是彼得格勒无产阶级底精神。一九〇六年—【一九〇】七年之际,同志列宁住在芬兰底柯喀拉的时候,也同这一样。当时我们每周一回,特为到柯喀拉去,求他底助言。他在事实上,实在是从芬兰一小村落里指导彼得格勒的劳动运动的。现在他居在克拉科,正做着同样工作。所不同者,只是这次范围比前次广,不仅指导彼得格勒,实指导全俄国的多数党运动罢了。

第十章 欧洲大战——"第二国际"底破灭

当欧洲战争勃发的时候,列宁还仍旧住在克拉科。有一天,季诺维埃夫向列宁说:德国社会民主党,恐怕决不反对军事费,只是弃权罢。列宁不相信这话;他说:"不然,无论怎样,他们决不是那样卑怯的人。不用说,他们或者无力反抗战争;但为宽宥自己良心及避免劳动阶级反抗起见,军事费一定是反对罢"。于是两个人就赌输赢了。只有这一回,列宁弄错了。直到登载赞成军事费底消息的德国社会民主党机关报《福尔凡茨》(*Vorwarbs*)寄到的时候,列宁还不相信有这回事。"不会有这样的事。这一定是假的。这一定是德国资本家为欺骗我们反背'国际'特为发行了《福尔凡茨》这种伪版的"。列宁这样说了。他原知道欧洲社会民主主义底堕落。但他对于国际社会主义,却还有很大的信念的。但这个信念,同事实不对了。社会党赞成军事费的事实确实了,这时列宁动口而出的话就是:"第二国际"死了!

从这一瞬间起,列宁就以欧洲爱国社会主义者为敌了。那些反叛万国无产阶级,参加资本主义的帝国主义战争的,"第二国际"领袖底名字,到列宁耳里,就变成了同"资本家"一名同样的憎恶了。

在这时以前,一九〇七年,国际社会党(即第二国际)在德国斯特加尔特(Stutt-gaort)开第七次大会时,曾通过一件决定万国社会党对于国际战争的态度的重要议案。这次大会里,有一场有名的关于军备问题的激烈论战,这论战以非军备主义□先锋黑尔维为中心,伯伯尔,柔列,汪德尔特等都是重要分子。列宁当时也被选为这次大会底一员,而且又被选为"军国主义及国际战争委员会"底一员;但拿当时的议事录来看,通过五次委员会,他只发过一次言。(当为起草这问题底决议案而设特别委员的时候,俄国代议员,把在特别委员会里一切事都委托卢森堡)。然在这大会里,列宁也同卢森堡协力,为使大会采取"在帝国主义的战争发生的时候,可以'革命'来对付"的那个议案,很尽了大力。"使国际间资本主义的战争变成国内底阶级战争",这是现在劳农俄国所采取的政策,那时列宁已主张过了。于是列宁就同卢森堡,马尔托夫,用三人底名义,在第四日的委员会里,提议对于伯伯尔案加以数处修正;根据这修正案的特别委员会底成立案,遂在大会通过了。决议案底最后两节,是可以看破决议中底精神的重要部分。但这两节,伯伯尔底原案里是没有的,是由列宁底修正附加上去的。决议案是以如下的话结束的：

"在开战危险紧迫的时候，诉于一切可用的手段，尽全力防止战争，这是战争关系国底劳动阶级及其议会里的代表者底义务。不过这些手段，是依阶级斗争底切迫如何及一般政治上的形式如何而相异而发达的。"

"如果在战争已经勃发的时候，他们就有为使战争迅速终了及利用由战争所生的经济上政治上的危机去促进资本制度底灭亡，该尽全力于最深刻的鼓吹民众一事的义务"。

社会党对于资本的帝国主义的反对态度，已由一九〇四年的阿姆斯特坦(Amsterdam)大会的决议案表明了。在斯特加尔特大会里所提出的伯伯尔的决议案，不过把前次大会的决议案更加弄明确罢了。就是把万国社会党对于军国主义和帝国主义的战争的见解——"帝国主义的战争，毕竟是资本制度不可避的归趣"这种见解，更加弄显明了。可是伯伯尔的决议案，只不过说明对于军国主义和帝国主义的战争的一般原则而已；至于万国社会党对抗他的实际的行动，却一点也没有说到。伯伯尔的决议案，由列宁所修正的这最后二节，才由抽象的思想变成了确立"具体行动的原则"的纲领。然这决议案的最后二节，也不是列宁所充分满足的，不过把他的思想用很婉曲的话表现出来罢了。当时列宁关于决议案的文句，几次同伯伯尔交换意见，伯伯尔当终赞成了列宁的思想，但他主张在适当时期未至之内，要用婉曲的文字，使敌人不惊骇。

可是帝国主义的战争，开始成为事实了。列宁就反复申说斯特加尔特特的决议案了。

他问"第二国际"的领袖先生们提出伯伯尔的决议案了。可恨那些先生，竟睬也不睬，不要脸地趣赞助政府的军费了！

列宁原早已看破堕落于"合法主义""议会政策"的欧洲社会民主党的无气力。可是他相信无产阶级的胜利而不疑，对于这立在无产阶级运动的阵头的欧洲各国的"同志"的信任及期待，总不能完全抛弃。何况这时还有柯祖基、柔来、喀特、范鞍、汪德尔特、普列哈诺夫等人的"第二国际"在全世界资本阶级眼里，尚映成很伟大的东西呢。万国社会党，此时尚隐然成一敌国；各国资本家政府，一直到开战那一瞬间，还迷着"万国社会党之恶梦"。可是到了欧洲大战的血风一吹的时候，还留着什么！"利用由战争所生的经济上政治上的危机以促进资本制度的灭亡呵！"这万国社会党的旗子，已如枯叶在暴风之前不知飞散到那里去了！他们不把帝国主义的战争变成阶级战争，反把资本主义的战争变成阶级妥协了！伟大的"国际"，已如暴风之后的死鼠一般了！"第二国际"已死了！！

一九一五年到一九一七年之间，列宁住在瑞士，过了隐避人目的生活。季诺维埃夫说："战争和'国际'的崩坏，给他以一个极深刻的影响。从前知道他的许多人，从战争以来，都惊异他已成了别个人一样了。他对于资本家，就是从前，也决没有好意；不过从战争以来，对于资本家额憎恶，却格外利害凝固，锐如匕首了。就是面孔，也变过了。"

第十一章 "第三国际"底勃兴——秦麦华德会议底列宁

开战后的列宁,起初居在瑞士柏恩,不久就迁居齿利希。他从这战争的热狂当中,努力收集革命的分子。季诺维埃夫说:"开战以来,同志列宁的活动,是完全没有比类的。他是最初着手纠合国际主义者的人。他在瑞士怎样以不挠不屈的精神尽力于这件事,实在是可惊的"。

当时瑞士的社会民主党,正浸染着投机主义和爱国主义;只不过有很少数的劳动者,围绕着列宁。然列宁却一点也不灰心,为了要仅仅使十八或二十人齿利希青年劳动者团结起来,费了很多的时间和精力。这时季诺维埃夫也同居在瑞士的一市;列宁在齿利希还不过组织了一个仅仅七人的青年劳动者团体,就欢喜得了不得,写信告诉季诺维埃夫,如小孩子一样。

瑞士社会民主党,本不欢喜列宁的活动。他们非难列宁,说他是一个破坏劳动阶级团结的人,瑞士政府,有时也想驱逐列宁,后来因列宁和季诺维埃夫送了一件文书,说"居在瑞士时,定当温和做事",才免了驱逐。后来瑞士政府,把这一件文书算做历史的文书,命博物馆保存起来,这真是一件有趣味的事。季诺维埃夫听见了这种话就嘲笑的说:"惯于拿本国山水一人一佛郎的卖给外国游客的瑞士资本阶级,把列宁亲笔写的一信供人观览每人收看钱五佛郎,也不算什么怪事!。"

"第二国际"虽死,而万国社会主义的精神却未灭。各国社会党,虽一时卷入战争漩涡中,然而少数革命的国际主义者,却在这期内渐渐恢复其气力了。不但如此,就是各国社会党当中,如俄国社会民主党,意大利社会党,米国社会党,及其他塞尔维亚,匈牙利,罗马尼亚等国社会党,是始终反对战争的。在开战第二年,还想恢复"社会主义运动底国际关系"的运动,就已经萌芽了。例如意大利及瑞士社会党在鲁加诺开的协议会,美国社会党底华盛顿大会底计划。中立国社会党在科伯哈格开的会议?一九一五年三月在柏恩所开的国际妇女社会主义会议,都是这种企图底表现。

可是这些企图,多少都和"第二国际"底国际事务局有关系,直到一九一五年九月,才有完全脱离旧"国际"的反战争社会主义者底国际运动出现。这就是那有名的秦麦华德(Zimmrrwald)议会。

秦麦华德会议,从俄罗斯,意大利两国社会党算起,除了英美二国之外,差不多一切国的社会党(或少数反战争派)都参加。列宁同阿克塞尔路德,仆布罗夫等,一同列席这次会议,托洛次基后到,只参加了最末日的会议。不过这秦麦华德会议,还不过是广义的反战争社会主义者的会议,算不得纯粹革命分子的会议。其中分子很复杂:有意大利莫地格里那,俄国阿克塞尔路德等中央派;右翼则有英国独立劳动党那样纯粹平和主义的社会主义者;左翼则有由德国莱德蒲儿所代表的一派。而列宁则为其中的极左派。

列宁在这会议里,也极力主张把帝国主义战争变成阶级战争;同时又力说有宣告"第二国际"死灭,组织新"国际"的必要。可是这时欧洲社会民主主义者还很沉滞,很闭息,谁都没有斗战的准备。他们已习惯"合法的运动"和"议会政策了"。那些旧领袖,都已信赖法律,陷入"法律崇拜"圈内了。因此,要在秦麦华德会议诸君上面,给以什么印象,也要非常的努力了。

就是那位代表秦麦华德会议左翼的莱德蒲尔,也同列宁发生过激烈的冲突,莱德蒲尔甚至于说:"你现在居在外国,叫国内起乱,的确是好的。但我要知道:如果你在俄国你就怎么办?"列宁很冷静地回答道:"马克思当起草共产党宣言的时候,也住在外国。因此责备他的,只有那些偏[褊]狭的伪善者。我正惟因为受了俄国劳动者的命,所以现在居在外国。但是时候一到,我就知道我们应该怎样处在那种地位的"。季诺维埃夫说:"我们的同志列宁,的确无异于这句话。……如果莱德蒲尔还记得当时的话,恐怕一定要惭愧无□罢。"

秦麦华德会议,列宁等极左翼的决议案,以十九票对二十票失败了。然而在六月后开的金塔尔会议里,形势就大变了。秦麦华德会议的宣言,只不过攻击"资本主义的帝国主义"的罪恶,为"和平"和"社会主义"呼号万国无产阶级团结起来罢了。他的基础,是"无赔偿无并合的即时和平"和"国民自决";要之,不过是以"现状"为基础的平和罢了。可是金塔尔的宣言,却更进一步,声明反对"资本家的平和主义"。"以政治权力的征服和资本归人民所有"——"社会主义的胜利"为"平和"的唯一条件;又极力非难"第二国际"的□□□务局的行动。这样,秦麦华德的平和的社会主义,变成了金塔尔的革命的社会主义了。列宁很显明地成为胜利者了。但是那个"即时组织'第三国际'"的主张,在这次会议里。还仍旧是少数。然而到了一九一七年九月斯□克霍姆会议,形势就一变了。这会议明白决议了创立新"国际"(这新"国际"就是第三国际),也就是"国际共产党",为现今万国无产阶级的唯一的革命团体)。列宁终成了最后的胜利者。

那有名的秦麦华德的宣言,就是万国社会主义运动复活的第一声,使欧罗巴权力阶级战栗的东西。可是列宁等极左派,却还不满足这次决议。他们很气愤这次宣言的软弱。因为这次宣言,只不过非难资本制度,要求在现状上的平和而已。列宁和托洛次基的要求比这广大。他们同他们的同志,起草了革命的提议。他们主张"真正的社会主义者,是没有国民的防卫□"。列宁要想立刻创建"第三国际"。

托洛次基虽也在极左派,但不像列宁那样猛进的。参加这次会议的法国金属工联合的干事梅莱姆说:"这次会议,有很激烈的论战。列宁发表的意见,托洛次基完全不赞同。他们是正相反对的"。托洛次基在这有名的宣言里,没有署名。同梅莱姆一同由法兰西来参加这次会议的蒲鲁特龙,在C·G·T(劳动总同盟)的里昂大会里报告,说列宁和托洛次基,都没有加入这次宣言的投票;然而在《维乌扶利》报上所发表的上述宣言书上,却明明有列宁的名署着。列宁究竟有没有在这次宣言书上署名,我们现在虽不明白,不过有一件事,却是很实在的:这宣言书,在欧洲资本家看来,或者以为是最左翼的文书,然而在列宁们看来,却还不过是一些极温和的说话。

第十二章　瑞士底亡命生活——住在靴匠底楼上

"一九一六年——七年之际,瑞士的社会党图书部,还设在齿利希市的查列格拉边街，这时常有许多在国际社会主义运动上做过重要任务的人来访。列宁也是其中之一人。……他是一个在移住民中最有学识的非常人物。他的样子是很谦逊的，对于谁都没有傲慢的事。凡遇到什么关于社会主义的问题，他总于未说自己意见以前，先从各方面试行研究。他不欢喜妥协；他为劳动阶级要求一切当取的东西。……列宁在做朋友上，无论哪里都和善的……

"当时瑞士社会党开大会。大会有意不欲左倾，所以列宁心里，多少总有不快。是他却很热心地注意这大会的经过。那些投机主义者的决议，是他所憎恶的。这些决议，是□害，防遏立在自觉的主义上的无产阶级计划。于是列宁就想在社会党及劳动组合的内部，组织急进的左翼一团……

"列宁每天在社会党图书部里化费午前两点钟和午后两点钟。他以非常的兴味研究国际社会主义的文书，为通晓瑞士社会主义运动的精神的产物，用了很大的苦心。他这些研究的唯一目的，在于要对于政治上经济上的问题，决定明确的态度。

"除了少数例外，瑞士社会党的领袖，对于列宁，都没有加以大注意。……瑞士劳动运动指导者的大多数，当列宁住在齿利希的时候，也没有认识他们的重要。他们只想着小小的自己国里的事，对于他并不注意……"

列宁在齿利希，租借贫穷街的靴匠的楼上，住在一间很狭小的房子里。

"列宁□□所住的□披□□格拉第十四号，在一个极狭的街里。他们住在此家楼上的一室。他们只有很少的家具，就是一张桌子，一支洗濯□，二张粗糙的椅子，一个小火炉，以及寝床，睡椅，和煤油灯等等而已。楼板的漆灰未扫，纸都没有糊。壁板突出，极其□□。床上只敷设着一些廉价的旧东西。进到房子里去，非通过黑暗的廊下不可。那个楼上，还有其他三间房子；其中二间，住有两组家庭；其余一间，为三家共同的厨房。他的不断的伴侣，唯一的书记，很好的助手妻君，在这厨房里调理质素的食事，搬进自己住的那间房子里来。

"列宁对于这间房子，每月付三十八佛郎。合美金六元六角。"

说什么"列宁住在瑞士的战争中二年间，生活非常奢侈，常有不知出所的巨金；后来才知道那金钱是由德国银行拿来的"，以及什么"列宁经过德国回俄，就是为德探的证据"等风说，一时非常流行；由对于这种风说的好奇心特为跑到瑞士去看的伊萨克，马克蒲拉独，关于当时列宁的生活，写有这样的话：

"齿利希地方知道列宁的许多人，都对我这样说：'列宁好像只愿意同劳动阶级的人接触。他的亡命的朋友们，以列宁决不同智识阶级的改良论者空费时间这件事，为非常可夸示的事。他的时间的大部分，都化在瑞士劳动者的聚会里。他不肯随便同人谈话，演说尤少。可是俄罗斯人在齿利希所开的会，他就常常演说了'。

"他的收入，是从俄罗斯社会党的新闻杂志的稿费里得来的。他在起身回俄之前，齿利希银行请求决算，受回贮存的残金；那金额只是二十五佛郎（十元左右）。"

在齿利希以前，他曾住过柏恩。关于他居柏恩的事。马克蒲拉得也有这样的话：

"列宁在柏恩时，借了两间房子。我遇见过他那时吃饭的人家的女主人。据伊所说，列宁住在柏恩的时候，伊只供给他和他的妻以及妻母三人的书饭；饭钱每人八十

'珊起姆'，即大略十六仙。据伊所说，列宁一家，早饭和晚饭，都是自己弄的。

"柏恩某处，有一咖啡店。这咖啡店底主人，对我这样说——我很记得列宁。我记得他常来吃咖啡。他或读新闻，或同'小使'谈天。他什么时都形容枯槁，衣服垢敝。

这些人们当中，没有一个人想过列宁是自己以上的伟大人物。他们尽以为列宁是他们同□底一人。实在，列宁是他们同□底一人。……"

第十三章　列宁回归俄都——"德探列宁"

一九一七年四月四日之夜，列宁回归彼得格勒了。

三月革命的结果，产生了克伦斯基政府；瑞士一切社会主义团体（除了爱国社会主义者）都，为帮助俄国亡命者底归国，共同组织了一个委员会。这个委员会，替归还者募集旅费，又向法国，英国，瑞士诸政府，请求许可他们通过亚尔汉格尔还彼得格勒；可恨联合国政府，竟拒绝他们底要求。于是瑞士的社会主义者，只得同德国政府商议；商议的结果，以允许归还同数的在俄国做俘虏的德国非军事员为交换条件，承诺他们通过德国国境。

于是三百俄罗斯人，就坐着火车通过德国而归还俄国了。七月又有三百人通过德意志□□国了。这就是那有名的列宁坐"封印的客车"归回俄国的议论。这里有一件有趣味的事，就是这些归还者当中，有许多少数党及克伦斯基政府底拥护者。尤其有趣味的事，就是那猛烈反对列宁的阿克塞尔路德和马尔托夫二人，也同列宁坐在一个车子上，一同通过德意志回国。不过据季诺维埃夫说："那些少数党和社会革命底先生们，起初是反对这个提议的，后来却同意了"。他又说："在列宁看来，问题是简单的：资本家政府都是盗贼。我们没有选择底自由。我们不能用别的方法归还俄国"。

"实际，列宁对于德国的帝国主义，也同对于其他各国的帝国主义一样抱激烈的憎恶。在开战的当时列宁曾为奥大利政府所捕，在嘉利奢留置监里坐两星期。当他通过德意志的时候，谢致孟一派社会党名士，进列车里来表示欢迎之意。列宁对于这些绅士们，很无礼地回答道：我们不愿意同通敌者开口：要接近我们的，请干净一点"。

为急于干故国的革命，通过帝国主义的德国和通过帝国主义的联合国，在列宁是不成问题的。可是外国却因列宁通过德国国境，发生了一种列宁是德探的风说。关于这个风说，当时德国派尔·汉茨泰，法国安利·基尔保，波兰布龙斯基，瑞士普雷丁四人，有共同署名的辨明书发表。这辨明书，后来由六名社会主义者署名证实；即斯脱克霍姆市长林脱哈格，瑞典社会民主党斯茨罗姆，劳动组合评议会委员长喀列孙，《博利奴有》杂志主笔富列。纳尔曼，《斯籴克列肯》报主笔起尔邦，挪威海萨是。

这样，离三月革命一个月后，列宁同季诺维埃夫等，都回归俄国了。他那锐敏的眼光，在这革命的烟雾当中，第一件看出的是什么东西呢？从此以后，列宁的传记，就编入革命史里去了。

第十四章 革命之前日——"一切权力都归劳农会"

列宁从瑞士归来不久，就开多数党和少数党的联合会议。列宁这时的演说当中，有说"抛弃欧洲的德谟克拉西那种污秽的衣服的时代已到了"；主张这次革命有进到无产阶级革命的必要；而且主张俄国一起无产阶级革命，全欧都将起而响应的。这种议论，当时很使大家惊骇。列宁回归故国，在革命的烟雾当中，看出了谁也不能看出的东西，就是这点。季诺维埃夫说："由无产阶级掌握政权是必要的这件事，在他是在革命当初那一瞬间就确定了的，剩下来的问题，只是捏拿适当的时机一件事"。

可是在一九一七年之春，就是许多多数党人，也都把这次革命，看做单是有产阶级对于专制政治的政治革命。所以列宁在上面所说那个联合会议里地演说，就是在本党之间，也有非常的反对。列宁演说了之后，多数党中如蒲尔藤蒲尔，斯铁克罗夫等人，就很猛烈地批评他的演说。这时完全赞成列宁主张的人，传说只有一位郭伦泰夫人。

七日，彼得格勒起了反乱；然当时共产党（这时还称为多数党）底中央委员会里，也全体一致地反对即时掌握政权。季诺维埃夫说："这时列宁也抱同样意见。可是到了七月十六日，民众的反抗热度愈加增高了，于是列宁就决定了。那天列宁，托洛次基和我三人，在□里德宫的休息室里商量。列宁一面笑一面对我们说：'现在干起来不好吗？'，接着就说：'不然，现在掌握权力没有方法。而且没于[有]用处。战线上的兵士还大多数立在反对方面，他们要回头向彼得格勒进军，虐杀劳动者呢'……。实际上，二三月后成熟的形劳，在七月还没有成熟。那时若动手掌握权力，一定只有失败。列宁比什么人都先明白知道这件事。总之，列宁对于这次革命中无产阶应否掌握权力的问题，早已没有一点踌躇了；他所踌躇未决的，只是一个问题，就是：这时机能否早一刻到来的问题。……"

同是十六日之夜，列宁只是一个人拿着稿子到《普拉达》报的编辑所来。过了三十分钟之后，宪兵就闯入《普拉达》报的编辑所，实行搜索家宅。十八日早上，季诺维埃夫被黎倍儿带到参谋部里去，谈判前夜发生的事情。过了一点钟之后，于是就实行多数党大检举了。

列宁和季诺维埃夫，起初打算被捉去，因为党的中央委员不许，所以他们二人都躲避了。这时列宁们还信用少数党及右翼社会革命党，所以一时打算受逮捕；可是在一星期之后，"同志列宁对我这样说：一时信用这些东西，要想受逮捕，这是何等呆笑呵！我们此后只有断然决斗之一法……"季诺维埃夫这样说。

七月反乱失败之后，克伦斯基政府的反动色彩，越发浓厚了。列宁的生命，为反动主义者所觊觎了。于是，列宁只得再亡命芬兰了。

柯尼洛夫的反乱以来，尤其是从九月底起，列宁才对劳动者申说"掌握权力"的必要。

不久彼得格勒开民主大会；这时列宁才发表了一篇题为"妥协"的论文，向少数党和社会革命党作最后的劝告：劝告他们同有产阶级断绝提携，抛弃反叛无产阶级的政策，为对抗柯尼洛夫的随从者，从新同劳动阶级结好。可是这两个党派，已经腐烂到不堪了。他们已经卖掉灵魂了，所以终不能容纳列宁的忠告。

于是列宁就从芬兰亡命地，寄急书到共产党的中央委员会，主张：现在已经到了不许一点犹豫的时期了，应该决然包围全俄民主大会的会场亚历山大剧场，用"威力"扫荡一切妖氛，即时掌握权力。

可是这个时候，共产党的中央委员会，还没赞成列宁的意见。差不多全体中央委员会都还相信太早。因为他们都以为此时少数党和社会革命党尚占优势。然而列宁，却以为一刻也不能犹豫了，就不对什么人商量，急急忙忙地从芬兰回归彼得格勒了。季诺维埃夫说："这时克伦斯基和亚布克信却夫，已经着手做逮捕列宁的令状了。而列宁这方面，则躲在秘密人家，准备反乱，同踌躇未决的人争论，向逡巡不进的人叱咤，极力宣传应该立刻起事。"

十月之末，彼得格勒自然的起了一大示威运动。于是共产党中央委员，就讨论"即时蹶起"的问题了。二十三日之夜，继续开了彻宵的会议。这个会合，党内一切智识分子，领袖，彼得格勒劳动者代表者和卫成兵代表者，都列席会议。智识分子当中，只有列宁和托洛次基两个人赞成"武装的蹶起"。就是军人，那时也还反对的。到了投票表决的时候，主张反乱说者失败。

这时有一个粗暴的劳动者突然站起来了。他的面孔，愤激异常。他用很锐利的语调这样叫道："我代表彼得格勒劳动者说话。我们赞成蹶起说。诸君可以随便做。可是诸君如果傍观劳农会被破坏，则我们已用不着诸君了"。这样一说，就有几个兵士应和着。于是就再投票了。投票的结果，反乱说得着胜利了。列宁终究成功了。

可是李查诺夫、康米聂夫、季诺维埃夫等所领率的多数党右翼，还依然反对武装的反乱。十月三十一日早上，在《拉博起，普脱》报上，有一篇列宁的《与同志书》出现。这篇论文，实在是"世界中空前的最大胆的政治的宣传文书"。列宁在这片公开书中，用很得意的平易明快的有力的笔法，指出李查诺夫、康米聂夫等的误谬，猛烈地非难他们的立场。他这样写□——我们应该抛弃我们的标语'一切权力归劳农会！'。不然，我们就应该立刻起事。这两者之间，决没有中间的道路！"

这时，"多数党极力在彼得格勒兵营里和劳动者所在地宣传'一切权力归劳农会'这件事。黑暗的势力，因为杀戮犹太人，商店主，和社会党的指导者等，已逼迫人民蜂起了。一方面有唆使用流血来镇压的王党的报纸；一方面又有列宁的咆哮——"武装的蹶起"！

十一月三日，多数党的领袖们，在一间锁闭的房子里，开那历史的会合。列宁在这会里这样说：

"十一月六日，嫌太早。我们的蹶起，不可没有全俄的基础。六日，全俄劳农大会的代议员还没到齐。但是十一月八日，又嫌太迟。这个时候，大会已经组织好了。在包容多数人民的一大组织体里，是很难收神速果断的手段的。我们不可不在开大会的七日起事。我们不可不向大会说：'这里有权力。诸君对于他取怎样的态度？'……"

季诺维埃夫，回顾当时的事，有这样的话：

"到了现在，谁也承认列宁所主张的是最正当的了。那是完全简单明了的问题。如果我们那时不掌握权力，则我们一定为苏英科夫及巴尔庆斯基所粉碎了。历史已经明明白白而且一点不暧昧地把这个问题提出我们面前了。不是我们这样干，就是他们这样干。不是'对于劳动者恐怕，憎恶的有产阶级独裁'，就是'毫无假借地扫荡有产阶级的无产阶级独裁'。

"现在固然大家都明白了。可是那个时候，卷入事件的漩涡当中的时候，主张'不能等一星期——现在动手，还是永久不动手？'那样的事，实在需要列宁的精确的眼光和他的天才及直观力。同时为冲破一切障碍物，在豫定的一时期开始实行空前的大革命，又必要列宁的不可屈的意志力。

"列宁并不是不知道当劳动者获得了权力的时候，要遇到非常的困难。他对于这些困难，从一到十，一一知道。他从到了彼得格勒的那一天起，就以周到的注意观测越弄越甚的经济上的荒废。他尽力利用同一切银行事务员相识，去明白银行事务的详细。……他知道除了十一月所走的那条路以外，劳动阶级再没有可进的路了。

"不管关于银行国有问题，食粮问题，或是军事上的政策，给与决定的话的，都是列宁。在十一月七日以前，关于这些问题，详细做出实际上的计画的，只有列宁一个人。明确，精密，具体的，这就是列宁著述底主要的特色……

"如果劳动阶级没有在列宁的指导下面于适当的时机掌握权力，则我们在一星期之后，一定就看见最残虐最狂暴的有产阶级独裁出现。这件事情，现在已如青天白日般的明白了。……同志列宁，实在正正确确地算定了这一瞬间的……"

季诺维埃夫这样说了之后，再追想当时同康米聂夫等反对列宁底蹶起说的事，接着如此说："如果我底生涯当中有该忏悔的事，那不是出在十五年间我在同志列宁指导下面的事，是我以为列宁太性急，错误，不能不反对他的那十一月底几天之间的事。"

第十五章　克历姆灵宫底生活——暗杀者底枪弹

"列宁把社会生活里所适用的严格的规律，同样地应用于自己底生活上。蔬菜的汤，薄的黑面包块，茶，粥，这是斯穆尔尼（共产党本部所在处）的人们的火食，也同样是列宁和列宁的妻君及妹子的常食。斯穆尔尼的革命家，每天工作十二点钟或十五点钟；而列宁每天的工作，则从十五点钟到十八点钟。他自己写几百封信。当他埋头做事的时候，非常专心，什么事情都因之忘记。就是吃饭也忘记了。所以他的妻君，常常伺着他同人家谈天的时候，拿着茶去，叫说："同志，不要忘记，请喝茶罢"。列宁所受领的食粮分配额，同一般人民一样；所以茶里大抵都不放糖。兵卒和传令者，住在四坠大露的兵营般的房子里，夜里睡在铁床上；列宁夫妇，也是这样。他们非常疲倦了，就倒睡在粗糙的睡椅上。因为恐怕或许什么时要发生急事，所以常常不脱衣服。列宁所以忍受这种苦痛，也非因于禁欲的冲动。他这样做，不过实行了共产主义的第一原则罢了。

"共产主义底一个原则，就是信奉共产主义的职员底报酬，不许超过普通劳动者的报酬以上。他们规定每月最高额为六百卢布。因为后来一般劳动者的工钱也增加了，所以现在在列宁每月领受二百美金。

"我曾经住过国立旅馆；当时列宁住在楼上一间房子里。……从前那些奢侈的菜单都已经废止了，现在只有汤和肉或是汤和粥了。不问人民委员长或是菜馆的小厮，所吃的都只有这点东西。为什么如此，因为共产主义者底信条上写着：'在没有到了一切人都有面包的时候，什么人都不能有点心'。有时连为供给人民的面包都不够。虽在这种时候，一切人民，也还都能受同列宁所受相等的分量。甚至于有时竟连日没有面包。可是这种时候，列宁也是同样没有面包的"。（威廉姆斯）

共产党的领袖，常有生命的危险。不用说，有产阶级的刺客，第一个要想动手的，定是列宁。

"我们曾经问过五个共产党人，列宁究竟知不知道这危险？他们这样回答：'他原十分知道。可是他却一点也不担心。什么事情都不能烦恼他的心'。这话真不错"。（威廉姆斯）

反革命党和外国的帝国主义者，要想暗杀列宁也不知道有多少次数，可是没有一次不失败的。一九一八年八月末日，几乎要成功了。这一天列宁曾在弥赫尔孙工场，向一万五千劳动者演说。演说完了，出了工场，刚一坐在自动车上，就有一个姑娘儿，手里拿着什么字条，要想提请愿书的样子，很快地跑到列宁这里来。到了列宁伸手要接的那一刹那，又有一个姑娘儿（即独拉·加普浪）出现，对准列宁连发三枪。其中两枪，不幸正打中列宁。当时他就倒在铺石上了。于是就有人把列宁放在自动车上，送他到克历姆露宫去。那时出血很多，非常可怕；可是他却不很知道，还要主张自己登上踏步。他的伤害，比他所想的要利害很多。在那二三星期当中，他几乎要死。威廉姆斯说：

"反动的黑暗势力，毙杀了'民众的自由和憧憬'的符记的人物，自然激起民众的愤怒，用'赤色的恐怖'去报复资本家和王党。为赎还'暗杀人民委员和企图暗杀列宁'，自然不能不支付许多资本家的生命。如果列宁不向民众诉求宽恕他们的罪恶，恐怕还要丧几百条资本家的生命罢。在这热狂当中，俄国中最冷静的人，我敢说是列宁。"

列宁在危笃状态的时候，医生命他摄取一种滋养物，但是这种滋养物，在规定食粮票上是得不到的。这种滋养物，只有到市场里向投机商人购买之一法。可是列宁，虽经许多朋友尽力劝导，也一点不听，凡是在规定食粮额以外的东西，断断不肯上口。

就是到了后来大体恢复了的时候，实也还有营养之必要，因为列宁总不肯受定额以上的面包，所以他的妻君和妹子，都担心起来，于是就想出一计了。什么计呢？就是列宁平日都把面包放在抽屉里的；等到列宁外出的时候，私下进他的房子里去，把别的面包放些在抽屉里。这么一来，因为列宁每天只知道热心做事，不觉得抽屉里面包增多，所以他就不知不觉地吃了定额以上的面包了。

"列宁寄欧美劳动者的信里，有这种话写着：'俄罗斯民众，从没有苦过像今日这样由联合国的军事的干涉所发生的悲惨过，也没有经过今日这样饥饿过'。然而写这封信的时候，列宁也是同一般民众忍受同样的苦痛的。"（威廉姆斯）

我们常常听见有人说，列宁为其谬误的共产主义，把俄国民众供其试验，但是事实，却如威廉姆斯：他不仅把共产主义在俄罗斯试行，就是把自己身上也同样地试行的。

第十六章　俄罗斯革命和列宁

"如果在革命的时候，也能够承认一个人的作用！实际上是不能不承认的，在这种承认一个人的作用的范围里，则十一月革命，十分之九是列宁的事业。"（季诺维埃夫）

如康米聂夫，季诺维埃夫那样共产党的领袖们说"十一月革命成功不可能"的时候，列宁独主张是"失败不可能"。后来大家都知道列宁的主张不错了。共产党的领袖一触，资本家政府，就如枯叶般的飞散了。当时共产党的领袖们又主张：纵使掌握权力，也不能维持。列宁回答道："每天有新的势力加入我们里面来"。这也是列宁的主张不错的。

可是在列宁看来，那"一九一七年十一月的插话——那劳动者获得政权的惊目动魄的光景，还不一定是革命。只有到了'这些民众自觉他们的使命，进而为有规律的行动，现出他们的伟大的创造力和建设力'的时候，那才是革命"。（威廉姆斯）

"起初的时候，劳农共和国究竟能否长生，列宁也不明白。他这样叫道：'再过十天，我们就有同巴黎共产团相同的日子了'。他在彼得格勒第三次全俄大会的演说词里，开口就这样说：'同伴哟！想一想巴黎共产团继续七十日间的事咧！我们已经比他们多两天了！！'"

如果说成就十一月革命的人是列宁，则救回这次革命的人，也是列宁。在一切人都反对普列斯脱·利秃斯克条约的时候，只有列宁一个人主张调印。这时，也是列宁的主张对的，诚于列宁的先见那样，俄罗斯那时就是更严酷的条约，也是不得已要调印的。

"在那当记忆的普列斯脱·利秃斯克（同德意志开讲和谈判）的时候——那个苦痛失望的日子，怎么样呵——在那种形势下面，给与一个决定。是怎样苦难的事呵！假使那时没有列宁，不知道究竟弄成怎么样了——这种情景，我竟连想像不来——除了列宁，还有什么人能够取'反对劳农会大多数的意见，反对共产党多数的意见，甚至于一时反对共产党中央委员会的大多数'的行动，把这种可怕的大责任负在一身上！只有一个列宁，能够把这种极大的责任背在双肩上。只有一个列宁，能够统率许多踌躇逡巡的人。所以有可以救彼得格勒，救莫斯科，救共产党，救革命的运动的人，是列宁"。（季诺维埃夫）

"当一九一八年的春天，全世界都正嘲笑着那些以为德意志要起革命的人。当时凯萨的军队，正破坏了法兰西的战线。这时列宁就说：今年之内，凯萨要灭亡，那是绝对真确的。九个月之后，凯萨果然蒙尘了。

"成就这种事业的人，有获得永远生命的权利，就是为此。为他所给与的打击，当做由一切人所给与自己的打击而愿受的,就是为此。托洛次基在莫斯科说:'当同志列宁负重伤,同死奋斗的时候,我们的生命都好像是无益的东西,多余的东西',这话是极确当的。……现在我们的指导者,正负伤倒卧着。他已经几天之间,同死奋斗了。他终征服了死,现在还活着。这就是象征我们底革命的。我们底革命,有时好像负致命的伤。可是同尼古拉·列宁渐渐回生那样,我们的革命,也渐渐回生着。暗云散灭,我们一定征服一切仇敌"。(季诺维埃夫)

这样,俄国无产阶级底共产团,就能够比七倍"七十日"还要更长生。我不禁要叫道:无产阶级革命万岁!

6.《共产党礼拜六》[著作(目录,全文),1月]

人民出版社出版,列宁著,王静译《共产党礼拜六》(今译《伟大的创举》《共产主义礼拜六》),全书共36页,定价大洋1角6分。目录:一 "共产党礼拜六"底历史;二 某日的"共产党礼拜六";三 无产阶级之使命;四 "共产党礼拜六"之意义;五 共产主义底萌芽应当爱护;六 共产主义者之任务。

全文如下:

一 "共产党礼拜六"底历史

共产党中央执行委员会关于带革命性质的事业而发出的公文,对于共产主义和他们的团体,给了一个大刺戟。一般的热诚,鼓动铁路工人的共产主义者向战线去了。但是一切劳动者不能一个个都到战线去,所以大多数不得不留在元来的地位去寻求为革命而工作的新方法。莫斯科卡站铁路底共产党支部人员,依地方的报告知道了退伍底缓慢和官僚的方法底流行,他们就注意到铁路底管理机关了。为什么呢,因为当时劳动者缺乏,生产力太低,凡是紧急的命令和机关车修理底急务,都延搁不能办理。于是(一九一九年的)五月七日,这支部底共产党员和他们的友人开一总会,讨论了"我们要战胜柯尔恰克,就应该怎样把我们的说话好好的在行动上表现出来?"的问题。讨论的结果,得了下列的决议:

"共产党员,鉴于我们和我们阶级的敌人作战而产生的危险形势,决议各人每日抛弃一小时的休息时间——换句话说,各人每日加工一小时。这些多余的劳动时间——合计六时间——拿来总合起来,作一次在礼拜六工作。我们相信:做共产党党员的人,为支持革命,应该牺牲健康和生命去工作,这时候多做这一点无报酬的工作,实是我们最少的工作。所以这'共产党礼拜六',通各支部全体都应该照办,直到完全战胜柯尔恰克为止。"

讨议终了,这决议就经大会一致通过了。

于是五月十日底礼拜六晚间六点钟,都着起军队的服装开始工作了。他们毫不客气就在管理者所指定的地点作起工来了。

这个"革命的工作"底种类和分量,列表说明如下。

场所	莫斯科中央机关车工场	莫斯科客车库	莫斯科	伯洛瓦中央机关车场	合计
工作种类	PEROWO, MUROM, ALASYR 及 SYSRAN 等地车辆及机关车修理用材料之装载	托洛兹基列车及其他列车之修理	客车修理	车辆修理 礼拜六 礼拜日	合计
劳动者数	四八 二一五	二六	一二	四六 二三	二〇五
劳动时间 一人	五三四	五	六	五五	
劳动时间 合计	二四〇 六三二〇	一三〇	七二	二三〇 一一五	一·〇一四
工作成绩	装载七·五〇〇俄斤 起货一·八〇〇俄斤	机关车一辆半之修理	三等车十二辆	有盖货车十二辆月台两个	修理机关车四辆及货车十六辆，装卸九·三〇〇俄斤之物

这些工作底总价值，依普通工钱率估计，值五百万卢布，这是时间以外的工作，（依劳动法）应增加一倍半。

货物装载的工作，比普通的增高二十七成。别的工作，差不多也是同样的增加。

紧急的命令，在以前因为劳动底缺乏，和工作方法底迟缓，搁延一礼拜以至三月之久的，到现在因为上述的方法却能把这迟延的事避去了。

而且这些工作都是用不完全的工具作的。这些工具要修理起来也不困难，只是每逢修理一次，全体的人就必须停止三十秒至四十秒的工作。

又如要使这些人充分的继续工作，这种管理也是一件难事。有某老工头，说"共产党礼拜六"所做的工作，比那无智识的，不注意的劳动者做一礼拜的工作还要多，像这种话或者也不是夸大之辞。

参加了这种工作的人，只是一些劳农会底拥护者。将来别处共产党支部仿照莫斯科卡站铁路底共产党劳动者的实例，实行"共产党礼拜六"底办法，必更有多数人参加的希望。

我于是为供参考起见，要依据地方底报告，陈述详细的事实。

参加这种劳动的共产党员有十分之一是有一定的雇工，其余的是在铁路上及其他局所里占有重要位置的人、委员会的委员和劳动组合底职员等人。

在工作中表现出来的协力和热诚，颇为显著。劳动者和职员之间，并无一点轧轹。他们当着转运为客车用的汽笛的时候，觉得共同工作的愉快，并且非常相信劳动阶级一定得胜利的。他们觉得：世界底掠夺者不能打败劳动者，而国内一班举行同盟怠工的人无论如期待，柯尔恰克亦不能抬头的。

当他们作完了工的时候，旁观的人，看见了一种令人不能忘怀的景象。约有一百名的共产主义者，他们作工虽然做疲倦了，而眼目中却含有一种愉快，唱起庄严的《国际歌》，庆祝他们的工作已经完了。这祝胜利的凯歌的音波，浮动于莫斯科的墙壁，真可以起顽而振懦。

五月二十日 PRAVDA 报，登载了一篇署名 I. R. 的可惊的实例——可摹仿的实例——的文字。他说：

这类的事也没有什么稀奇。电气工作上和各处铁道上都做过同样的事情。

在尼古拉铁路上，共产党员因为使出轨的机关车复原，接连几夜做了通宵的工。在北部铁路上，共产党员和他们的友人因为扫除铁轨上的雪，也接连几个礼拜六，做过整日的工作。又在许多有货物的停车场，共产党支部因为防止有人偷窃货物，曾经派人巡夜的。只是这些事都是暂时的，不是有组织的办理的。至于永久的有组织的从事这类工作而注入这种活动的精神的人，确是卡站的同志。卡站同志曾经发出了"直到战胜柯尔恰克之日为止！"的呼声。这种事业的意义就在这个地方。他们在战争期内，把劳动时间足足延长一小时，并且同时显出生产的工作底实例。

这个实例早就得到了仿效的人。而其影响也继续的愈益扩大了。亚历山大铁路底共产党员和他们的友人开了一个总会，鉴于军事的形势，决议了下列两事：一，从五月十七日，在该铁路上实行共产党礼拜六；二，共产党员必须做出一个实例表明应该怎样的做成工作，表明用现代的工具和材料，就能够收到怎样的效果。

依卡站同志的记述，他们的实例给了一个大印象，以后的礼拜六，有可以得到多数共产党以外的劳动者加入作工的希望。当着写几行文字的当时，亚历山大铁路底工场中共产党员底志愿工作，还没有开始。但是后来单单的无报酬作工的报告，就在共产党以外的劳动者间惹起了很大的刺戟。"只要我们知道了，就同你们一起去作工的"，"下礼拜六我们一定去"，这类话，无论从什么方面都听着有人说的。共产党员给一般劳动者的印象实在不少。

一切共产党支部，都要仿照卡站人的实例才好。不单是莫斯科的地方共产党员，通全俄国共产党的团体都要仿照这实例做去才好。

共产党员就是在农村中也要率先代赤卫军底兵士耕种土地并扶养他们的家族才好。

卡站同志已经唱着"国际歌"，做完了第一个"共产党礼拜六"了。若是合全俄国一切共产党团体都仿照卡站同志的实例，确实的做完他们的任务，那么，俄罗斯劳农共和国所遭逢的困难，在近的将来可以克服了。于是这《国际歌》在全国到处的工场都可以听见了。"共产党的同志呵！大家做工呵！"

一九一九年五月二十三日底 PRAVDA 报，载称五月十七日是亚历山大铁路上第一个"共产党礼拜六"。这一天有九十八名的共产党员和他们的友人，遵照总会底决议，作了五小时的无报酬的工。但是他们有第二次的食事时间，他们做了苦工，多得了半磅的面包。

虽然准备还不充分，工作的编制还不完全，而生产却超过了二倍，有时超过了三倍。今举二三实例，譬如辘轳部比以前增加了二十一成三分。四时间之内，二十个不熟练劳动者，运搬了重百二十六磅的货车的弹机七十个，和二万一千六百磅的细屑，共计运搬了三万四百二十磅。计生产增加了三十成。

据同志的说明,生产所以照这样增加的理由,因为以前作的工多是不愿意作的,他们到了现在爱作工而且是用热心来做的。而且他们也以为"共产党礼拜六"的生产而不如平日,是一件可耻的事,所以努力去做的。

二 某日的"共产党礼拜六"

有许多不属于共产党的劳动者,也表示在礼拜六帮助作工的志愿。"机关车队"也愿意在每礼拜六从病院中运出发动机,加以整顿,以便应用。

WIASMA 铁路开始实行了"共产党礼拜六"的通信也到了。

同志狄亚倩哥(DIATSCHENKO)在六月七日的 PRAVDA 报纸上,发表了一篇《某日的共产党礼拜六》的文字,说明"共产党礼拜六"底工作怎样进行的话。那文字上的主要部分上说:

"我和别的同志遵从本党的决议,很欢喜的出去作礼拜六一天的工作,……我跑进去,遇着的都是熟面孔。彼此问候,略为笑谈了几句,人数共计三十人。……摆在我们面前的,是一个机关车底汽锅,很有六七百卜特的重量。这个汽锅必须运转四分之一至三分之一基罗密达之远。这种重物能够移动么?我们正在踌躇着"。

"但是我们立即从事工作了。同志们把滚木放在汽锅之下,系上两根绳就向前拉起来了……汽锅是不愿动的,但是也动起来了。我们一同欢喜起来了。我们的人数少……差不多三倍的人拉了将近两礼拜没有拉动,一直等到我们来才拉动他。……我们一同在职工长底指挥之下,拼命的拉了一点钟。汽锅也渐渐的向前进了。但是不知为什么没有弄得好。快拉了一下,一排的同志滑跌了,绳就弄断了。……略略停了一会,我们就系上了别的绳……天渐渐黑了。我们还要爬过一个小山,爬过了那个小山,我们的工作就完事。手掌弄得红了,身体也弄热了。我们推一推,就向前进行了。管理人对于我们的成功非常欢喜,有时还援助我们……一个赤卫军兵士,手拿着一个拉琴(HARMONICA),只是望着我们。他想着什么呢?他心里必定想:"这是些什么人?礼拜六个个都在家里休息,他们为什么作工呢?"……我就解释他的疑惑,并且对他说:"同志!请再吹一个有趣的调子给我们听,我们不单是劳动者,而且是热心的共产党员呢。你不是亲眼看见我们怎样做成了我们的工作吗?我们不是懒人,我们是做苦工的劳动者"。于是那赤卫兵士把那拉琴收藏起来,并且跑进我们队里,和我们一起拉起绳来了。

"同志 W 君,用他的嘹亮的次中音唱起了劳动歌,我们也一同和起来了。

"我们的筋肉因为做这没有做惯的工作弄疲倦了,肩和背都弄得疼痛了,但是,明天有一天休息。睡一晚,我们就可复起原来。我们的目标近了。再奋发了一次,这汽锅就载在台上去了。安置好了,随时都可以使用了。

"我们于是回到俱乐部。室内弄得很光明,壁上贴了许多告白,放了许多来福枪。唱了《国际歌》之后,就吃茶,吃糖酒,吃面包。支部同志替我们预备的饮食品,在我们做了苦工后吃着很适意的。我们于是辞别同志,整队出来了。革命歌底响声,步伐整齐底足声,把夜间底沉寂都冲破了。

"一礼拜已经过去了。我们底腕和肩已经惯于劳动了。我们去到隔离九基罗密达的地方，从事建造货车的工作。同志们愉快的跑到列车的顶上，快活的唱了《国际歌》。大家都倾耳静听，并且都显然的惊动了。客车辘辘的开了，来不及攀上车顶的同志，就紧握着车心底棒。列车停了，我们到了目的地。委员底同志G. 君出来欢迎我们。

"工作多得巧，但是做工的人太少！人只有三十个，要修理的货车非常多。车库中充满了车辆和空货车在那里转着。同志们！我们快快的把他修理起来！

"工作于是着手进行了。我和五个同志运动杠杆。重六七十卜特的轮圈，由一轨道运到他轨道。将废物放置在戽斗内，用起重机运到轨道之外。铁锤底声音在黑暗里响出来。同志们忙得和蜜蜂一样，把损坏了的车辆修理了。细木工，遮盖，涂漆等事，由这个人手里传到那个人手里，不停的去工作。但是渐渐的我们需要起锻工来了。幸而轻便的锻铁场，还要弯曲的铁片。不一会儿这铁片燃红了。依我们一个有经验的同志底指导，这铁片经过我们巧妙的打击就复为原形，拿来镶进适当的地方，打了两三下，就很合用了。工作进行中，天渐渐黑了，火把照耀得很光明。一会儿工作完了。有些同志跑到偏僻地方喝热茶去了。五月的晚间天还冷，新月悬在空间，谐谈，笑语同时起来了。

"同志G. 君！货车十三辆弄好了。够不够呢？但是G. 君说还不够。

"茶喝完了，我们就唱起胜利歌离开了……"

共产党礼拜六底运动，不单是莫斯科一处。据PRAVDA六月六日底报告说："五月三十一日有百二十八名共产党员在TWER地方，举行了第一个共产党礼拜六。在三个半钟头之内，装载了十四辆货车，修好了三辆机关车，锯了十四KLAFTER（立体容器）的木材，还做了别的事。共产党劳动者底生产力比普通劳动者要增加十三倍。"

六月八日的PRAVA报上，也有下列的一段。

"共产党礼拜六——撒拉托夫（SARATOV），七月五日——决议应莫斯科同志底檄文，为谋生产增加，每礼拜六无报酬的作工五时间"。

三　无产阶级之使命

以上我把共产党礼拜六底报告详细述过了，这是显出改造事业底一方面的。这一方面的事务，我们底报纸也没有充分注意，也没有人了解他的真价值。

今日的紧要事，宜少谈政治的冗谈，多注意关于共产主义改造事业的明白而且重要的事实——从民众日常生活中去搜集，由民众日常生活来试验的事实。我们之中，无论是著作家，或是宣传者，或是组织者，都要牢记这个标语。

在无产阶级革命刚刚实行之后，我们第一的而且最紧要的事业，在粉碎那有产阶级底反抗，镇压那反革命的阴谋（例如"奴隶底所有者"阴谋将彼得格勒交给反革命党），这个阴谋，自BLACK-HUNDREDS党为始以至于立宪民主党，少数党，社会革命党等人都曾加入了的。对于这个，还要加上一个不得不办的事业，即是建设新经济的组织，树立新社会的秩序。

无产阶级专政——譬如我在五月十三日彼得格勒劳农会演说时常常主张过的——不单是对于剥削者而用的力。而且在本质上也不一定是力。力之革命的使用底经济的基础，即力之革命的应用之继续与成功底保障，在于：无产阶级创造比资本制度更高级的，劳动底社会的组织底形态。这才是伟大的事业。这才是力底渊源，才是共产主义底终极的，完全的胜利底保证。

在奴隶制度时代，劳动底社会的组织，是拿鞭子来维持的。劳动者完全处在无智识的状态中，被少数的主人所剥削。资本主义的劳动组织底基础，立在"饥饿"之上。就是在那进步的，文明的而且民治的共和国中，大多数的劳动者都是被少数资本家所剥削的工钱奴隶和受压迫的农民。共产主义底劳动组织——社会主义向前进的第一步——以脱离地主和资本家底羁绊的劳动者自身底自由自觉的规律为基础。

这个规律，不是由天而降的，也不是由好意产出的。这乃是由大资本主义生产底物质的条件涌现而出，而且也只是由这个涌现而出的。而预定利用这些物质的条件的力，是一个由资本主义所创造所组织所训练的，历史的阶级。这即是无产阶级。

"无产阶级专政"底意义是怎样解释呢，若是把那拉丁式的，科学的，历史哲学的衣服脱下来，把单纯的用语来表现他，其意义就是：只有某个阶级，即是只有工业劳动者，尤其是只有大工厂底劳动者，能够指导被剥削的民众，为完结资本家底剥削行为而战。在打破资本主义的实际的历程中，在保持并固结这个胜利底时期中，在创造新的社会主义社会底秩序中——简单说，就是在为完全废止阶级而斗争的一切范围中，能够担任指导的人，就是这些劳动者。这里还有要注意的一事，社会主义和共产主义间科学上的差异，就是：社会主义是从已倒坏的资本制度到新社会的第一步，而共产主义是指以后更进步的程度说的。

拍恩黄色国际底谬误，就在下述的事实中，就是：那些领袖们在"语言"上固然承认阶级战争，而且也承认无产阶级有指导这战争的资格，但是却不敢达到那为资本阶级所不欢喜却又绝对不能逃避的论理上的结论。殊不知无产阶级专政是阶级战争必须经过的一时期，在阶级存在的时候，不能逃避，而且他的形式有许多变换，而在革命刚实行之后，尤其是特别激烈的。这种地方，他们不能理会。无产阶级即在已掌握政权后，也不会即时宣言阶级战争已告终了的。他们在阶级未消灭以前总要继续行阶级战争。只不过这时候的战争要用别的形式和别的方法来实行罢了。

"阶级底废止"，究竟是什么意义？凡是自称社会主义的人，都承认以阶级底废止为社会主义终极的目的。但是他们完全不懂得这目的底真意义。我们所说的"阶级"，就是指着人民底大集团说的；而这人民底大集团，在历史的决定的社会生产组织中，是依他们所占的地位，依他们所有的生产机关底比例，依他们在社会底劳动组织中所扮演的脚色，依他们自由支配的，社会生产的财富底种类和分量，而互相区别的。而在阶级的社会中，就有一种集团，因为在那社会组织中占了有利的地位，可以领有他集团底劳动底结果。

为图谋阶级底完全废止，不单是要打破地主和资本家底权力，剥夺他们底所有权，而且连他们于生产机关有关联的一切私人的利益，都要打破。而且手的劳动者和头脑的劳动者底对立，也要废止。这本是困难的事业，若使这种废止成为可能，生产力底发达就必要有一大进步，就要打破那成为反抗力的小规模生产底许多遗物（多是受动的反抗力，最为顽硬而难于制服）；而且要运动那为习惯和冷淡的强硬的锁链所束缚的多数民众。

"一切种类的劳动者，都能够履行这些事业"，这种理论，不是空谈，便是马克思以前的社会主义底幻影。为什么呢，劳动者这种能力，并不是偶然发生的，乃是从大资本主义的生产底物质的条件发生出来的。从资本主义移到社会主义的初期，有这种能力的，是无产阶级，而且也只是无产阶级。而且处在能够做这种伟大而又重要的事业底地位的，也只有这个阶级。为什么呢，第一，因为只有这个阶级是文明社会中最有力的，而且进步的阶级。第二，因为在最进步的各国中，只有这个阶级占居多数。第三，因为在俄罗斯这种后进的资本主义国家中，多数人民都是无产者和半无产者——即为资本家底企业所雇用而度悲惨的生活者。

从"自由"，"平等"，"民治"等一般的概念（尤其是民治底概念）出发，而希望解决从资本主义过渡到社会主义的问题的人，不过是暴露他们是一个小资本阶级和俗物的根性。这类人底模范的代表者，就是柯祖基，马尔托夫及其他像奴隶般依附资本阶级底心理的柏恩黄色国际中各位英雄。这个问题底正当的解决，只有彻底的观察那掌握政权的阶级——无产阶级——和劳动界非无产者及半无产者底群众之间的特殊关系，方能做到。然而这些关系底构成，并不是空想的或独断的形式，乃是由制胜那狂妄的资本阶级底各种反抗的斗争条件而决定的。

一切资本主义国家——俄国也是其中之一——中大多数的民众，尤其是大多数的劳动阶级，在他们自己身上，在他们最亲近的人底身上，都经历了那和资本主义不能分离的各种剥削和侵蚀。为决定英德两国的那一个资本应该握有剥削世界的优先权，而屠杀了千万人的帝国主义战争，把这些罪恶弄得更大更明显了。像这种事，实是逼迫大多数民众，尤其逼迫大多数劳动阶级不得不表同情于无产阶级，当着他们打破资本主义底权力，而创造使剥削者无存在之余地的，新社会制度的时候。

小资本阶级底疑心最大，而对于旧资本阶级秩序底热望也显明，因此，非无产阶级和半无产阶级底群众，当然也不会看落那精神上和道德上底力是属于无产阶级的。无产阶级，不仅是推倒了剥削者，并压伏了他的反抗，而且已经创造了更高级的，社会的团结底结合，创造了社会的规律，这规律是有阶级觉悟的而且有团结的劳动者底规律，除了自己底意志以外，无论什么权力都不承认的。

四 "共产党礼拜六"之意义

为谋社会主义底实现，既实现之后再谋维持的方法，无产阶级就有应做的两重任务。这即是无产阶级要取勇敢的行动，对于资本主义行革命的斗争，因此领率劳动者和被剥削者的全体民众，组织他们，并且指导他们打破资本阶级，打破一切反抗。又，无产阶级，又要指导全体劳动者和小资本阶级，开始举行社会底经济的改造事业；同时创造新社会的结合底纽带，树立新劳动规律，编制新劳动组织。而这些事业中，可以利用科学上最新的发明和资本主义底技术上的长处。照这样做去，有觉悟的劳动群众，就可以巩固的结合起来，成就大规模的社会主义的生产事业了。

后面的任务，更为困难，因为这不是勇敢的行动和一时的狂热所能办到的事情。

这种任务要求民众底日常工作上有很能持久的，坚忍的勇气，方能成就。而且，这种任务比前一种任务，更为紧要。为什么呢，因为无产阶级唯有坚忍耐久的勇气做事，方能够保持那镇治资本阶级的最大的权力底渊源，方能够得到那使这胜利能持久能安全的唯一的保障，方能够废除资本家的或小资本家的生产制度，而采用社会主义的大生产制度。

因为这样，所以"共产党礼拜六"有深远的历史的意义。这是证明劳动者自觉的，自然的创造活动，要在到新劳动规律的过渡期内，增进劳动底生产力，而造出社会主义的生活条件和劳动条件的。

亚可比（J. JAKOBI），他是德国中产阶级民主主义者底一分子，经过一八七〇—七一年底战争之后，他还没有走到爱国主义或国民的自由主义那一方面去的，他曾经说：一个劳动组合底创立，比 KONIGGRATZ 战争，尤有大的历史的意义。他的话真不错。那个战争，不过是决定德奥两资本主义国家中，究竟那一国应该做德意志资本主义国家底指导者罢了。至于创办一个劳动组合底事业，却是向着无产阶级全世界的胜利底第一步——虽然是短距离的一步。同样，一九一九年五月十日莫斯科卡站铁路工人所组织的最初的"共产党礼拜六"，比一九一四年到一九一八年的帝国主义战争中兴登堡（HINDENBURG）武阿克（FOCH）或英国的任何胜利，尤有更大的历史的意义。世界战争的意义，不过是为英美法等国谋利益，屠杀了几百万的劳动者，而表示濒死的资本制度底凶恶罢了。至于莫斯科卡站铁路工人所组织的"共产党礼拜六"，却是能够从资本主义底羁绊中解放地球上一切人民而永远废止战争的社会主义底新社会的萌芽。

资本阶级和他的奴仆——少数党和社会革命党也在其内——自然要努力轻视我们共产党底事业的。他们信口指摘：说加入"礼拜六"作工的人少，说偷窃的人多，说生产底弛缓和减少，说原料浪费及其他种种事实。……

我们现在再具体的考察一下。历史上究竟有没有一个实例，记载着新生产方法底树立，不经过许多失败和过失能够一口气做成功的吗？俄国自解放农奴以来，到现在五十多年了，而地方上许多旧制度底习惯还依然存在。美国自解放黑奴以来，到现在也五十多年了，而有色人民底地位，还依然在半奴隶的状态。资本阶级智识分子——少数党与社会革命党——当着为资本主义效力而彻底使用下述的不诚实的战斗方法的时候，他们真不愧是资本阶级智识分子底模范。他们所使用的战斗法就是：在革命以前，攻击我们是空想家；在革命以后，又逼迫我们即时破坏一切旧制度底遗物。

但我们不是空想家。我们现在知道了资本阶级底"议论"底价值。我们也知道在推倒旧社会制度之后，那旧制度底许多痕迹在某时期内依然存在的。而且当着新的刚发生的时候，那旧的在某一定时期内比新的力量还要大。这种事实，在社会生活方面往往如此，也和在自然界的相同。智识分子底轻率的嘲笑和浅薄的怀疑，往往被资本阶级利用以为反对社会主义而拥护资本主义的战争底武器。我们底义务，就是要爱护要培养这些新社会底萌芽。但是我们虽然尽义务，也不免有许多新萌芽要枯死的，所以"共产党礼拜六"在将来的社会底发达上必能够担当很重大的事务，这是我们可以断言的。

新秩序底萌芽都能成长与否，我们没有询问的必要。适于生存的东西，自然要被选拔出来，时候一到，花就会开的。譬如日本有一个学者，他因为要发明治疗梅毒的方法，竟能够忍耐到成功的那一天，研究了六百零五号的性质，征服资本主义的大事业，正和这一样，干这种大事业的人，也要试用种种方法，直等到发见了适应这目的底最好方法为止。

"共产党礼拜六"，是劳动者自己组织的，而且是在不便的状况之下组织的，所以有很重大的意义。"共产党礼拜六"，是从事各种不同职业的劳动者组织的，不熟练的也和熟练的一样。现在已发生的生产衰败的根本原因，不单是俄国，就是全世界也是一样，这一点在无论何人都很明了的。这些原因，就是帝国主义的战争和疾病和饥馑所招致而来的荒废和贫乏。饥馑，是一切中最可怕的东西。饥馑这名词，表明着一切的恐怖。因为要防止饥馑，就要增进农业，运输，及其他一切产业底劳动生产力。说到这里，我们就陷入循环论理了。因为要增加劳动生产力，所以要免除饥馑。因为要免除饥馑，所以要增加劳动生产力。但是，我们只有调和这个矛盾，方能从脱离这个循环论理。民众底感情，现在急剧变化了，有某一团体和别的许多团体，现在采取创造的行动，利用这个感情底变化，干起决断的任务来了。莫斯科铁路上底人员——他们是劳动者，并不是投机的奸人，也不是那白卫军底乌合之众底标本——都是属于过极贫生活的阶级的人。他们底命运很穷，度营养不良的生活，在一九一九年夏天未收获以前，食粮底状态极其重大，差不多濒于饥馑底境遇。然而在那时候，创设"共产党礼拜六"，不受报酬的在规定时间以外作工，努力要谋大大的改良劳动生产力的人，却是这些挨饿的劳动者——是被那班资本阶级，和少数党，和社会革命党底无良心的反革命的煽动所包围而挨饿的劳动者。这不是最高的英雄的行动是什么？这不是有世界意义的变化底创始是什么？

劳动底生产力，是新社会制度得胜利的最重要的要素。资本主义，发达了农奴时代所不能想像的劳动底生产力。而资本主义之所以能够推倒而且将要被推倒的，也是因为社会主义能够产出更高的生产力的原故。这是长期的苦闷的过程。但是这个过程现在已经开始了，而且是很重大的事情。若在一九一九年底夏天，经过了四年间可怕的帝国主义战争更加上六个月更可怕的内乱之后，莫斯科挨饿的劳动者，能够着手创办这种事业，那么，到了我们克复内乱，征服外敌的时候，必定能够显出更大的发达的能力来。

共产主义要比资本主义造成更大的生产力，因为在共产主义之下，有不受拘束的，有觉悟的，有团结的劳动者底团体，利用他们底最有进步的专门的技术。共产党礼拜六，是共产主义实际上底创始，很有价值的。共产党礼拜六，能使我们进到一个地位，即是我们底党纲上所说的"从资本主义推移到共产主义的第一步"，已经进行了，所以共产党礼拜六实是很有用的东西。

共产主义发轫的地方是：人民底公平困苦的工作，在努力增加财富底生产，蓄藏谷物和石炭和其他种种必要品，而这些事业，并不是为生产者自身和他们底"至亲近的"人做的，却是为一班疏远的人做的，即是为社会全体做的，为数百万人类做的，这些人类，在最初各住在各社会主义的国家之内，到最后结合在一个无数劳农共和国联盟之内。

马克思在《资本论》中，曾经非笑了那资本阶级民主主义底大宪章（MAGMA CHARTA）上所说的自由和人权底虚幻；非笑了那万国虚伪者口头上所说的自由，平等，博爱底空谈，这种空谈，就是现在还正在眩惑着那破落的柏恩第二国际中那班破落的英雄。马克思对于这个堂堂正正的人权宣言，却采取了无产阶级专政底单纯的思想。依法律缩短劳动时间一事，就是一个模范的实例。马克思学说底根本的真理，在他自身所显现的，比无产阶级革命所发达的还要明了。共产主义底纲领和那柯祖基，少数党，社会革命党，以及他们所爱好的柏恩国际底"小兄弟们"口头上说得天花乱坠的诳话，是不相同的，其不同的地方，就是一切都要追溯到劳动条件的一事。我们对于"民治"，"自由"，"由人民行政"等事，不愿作无意义的空谈。今日有阶级觉悟的劳动者和农民，很能够容易的在这些文句之中，看出智识阶级底虚伪；同时，实行家也不难在那"豪华之子"底华美的装束背后，看出他底行诈的心理来。

少空谈，多做工！那受苦的劳动者和农民所要的石炭和小麦，不是可以用资本家的方法弄到手的。如要得到手，只有照莫斯科卡站铁路工人那样，从事公平无私的志愿的劳动，做纯粹的财富的生产者方能成就。

五　共产主义底萌芽应当爱护

我们大家都要努力揭破资本阶级民主主义底本质。我们底报纸，现在还没有充分的和那民主的过去底破坏的遗物奋斗；并且也没有充分的说明共产主义创始底单纯的谦逊的而且重要的意义。

譬如我们把妇人底地位说出来看一看。当最近十年之中，在世界中最进步的资本阶级共和国内，无论什么民主的党派，能够做到像我们取得政权后第一年所成就的事业底百分之一的，一个也找不到。在我们国内，凡含有屈辱的意味的法律，譬如拒绝妇人权利，妨害自由离婚，处罚私生子等法律，都照文字上所说的一样，现在都废止了。而这等法律现在多行于文明各国，这事对于资本阶级与资本主义实是可耻的事实。我们在这一方面所成就的事业，觉得有可以自夸的资格。但是，我们越是把旧法律旧制度扫除净尽，就越发显明得我们在从事实际的建筑事业之前，首先要准备地面了。

就现在说，妇人也和在压制的法律未经废止以前一样，依然是家庭的奴隶。伊依然从事家政的琐事，而且为家政的琐事所愚弄；育儿和庖厨等事依然束缚伊，伊依然从事不生产的而且不健康的劳动。妇人底真的解放，真的共产主义，唯有在无产阶级掌握着国家权力，指导民众和小家政制度奋斗，而推移到社会主义的大经济组织的时候，方能开始实现的。

然则我们在实际上能够真实的握住了我们在理论上所认为重要的问题吗？这是决没有握住的！又，我们现在能够充分的留心这已在地面上现出的共产主义的萌芽吗？不是，万万不是的！公共食堂，托儿所，幼稚院等等，都是重要的过程的创始，这种过程若是充分的发达了,才会解放妇女的。而这种过程,依了除去性的不平等一事也会要废除妇女以前在社会生活上所已经担任的任务——和伊以前在生产界已经成就的相似。

这些方法,在现在并不是新的。这些方法——和社会主义一切根本的概念是实在的一样——是发达到了高度的资本主义创造出来的。但是在各资本主义国家中,这些方法在最初不过是满足好奇心的东西,而且后来也流为——没有价值的——商务的事业,附带着一切投机,射利,欺骗,虚伪等必然的附属物,不然,就流为有觉悟的劳动者虽然轻蔑亦属正当的"资本阶级的博爱底出产品"为止。

我们将来更要有这种制度,而且这些制度正在改变其性质的,这是无容疑虑的事情了。劳动者和农民阶级底妇女,正在发展伊们底组织的才能。确实的事情,他们对于多数劳动者,对于多数消费者,都有成就很重要的计划,做出很好的成绩的才能,而且无须要弄怎样大的辨[辩]论,无须就立案和方式为无益的谈话和争辩——这是智识分子和半熟的"共产主义"者底通弊。然而不幸这种能力底征候表现的时候,我们却没有注意他的。

我们再从资本家方面举一个例看看。资本阶级对于有利害关系的事情,不是很善于了解那宣传底价值吗!资本阶级底新闻,常常赞美资本家的"模范"事业。他们把那可耻的事情,也说做是国民应该夸耀的东西。至于我们底新闻却不然了,凡对于影响于民众幸福的问题,并不充分考虑的。民众食堂和托儿所要怎样办才最好的话,他们并不怎样充分的去议论的。又由共同的努力和卫生的改良而自然发生的劳动底节俭,不单是增进民众底幸福,而且可以从现在许多的苦工中把妇人解放出来,而我们的新闻对于这种事实不充分的去说明的。又如这种共产主义的事业,若普及于全国,必能为社会全体增加利益,而这种事实,我们的报纸却不肯多费纸面去指摘的。

组织得很好的生产制度,计划周到的"礼拜六",就是每两面包底分配和取得也用细心的注意和诚实来处理,模范食堂和劳动者底住宅和街市底清洁——这等类的事情,不单是报纸,就是劳动者和农民的团体,也要比现在还要注意些才好。这一切施设,都是共产主义底萌芽,爱护这些萌芽,是我们第一的任务。

关于食粮供给的形势,固然是重大的,而在共产党治下的十八个月间这个问题底进行中,全线底进步都可以了解的。谷物的出产额,在一九一七年到一九一八年八月的一年间为三千万卜特(POOD 俄国衡量名,合英国三十六磅),从一九一八年八月以到现在,增到一亿卜特了。蔬菜底出产额也增加了,荒田也减少了。运输系统,虽然燃料难于取得,并且有别的障碍,但是徐徐的改良了。在这种状态中,并且用无产阶级国家去鼓舞奖励,那么,共产主义底萌芽可不枯槁,并且要强健的成长起来,到后终能膨胀而成为完全的共产主义。

所以我们因为要理解从这个大创造(GREAT INITIATIVE)的行动中应当学习的实际课程底重要,就必须说明"共产党礼拜六"底意义。

六 共产主义者之任务

一般的支持这种创造的行动,是第一重要的事情。所谓"共产团"一个名词,现在的人也过于轻轻的使用了。凡是共产党所着手办理的，或者参预的一切事业，就即刻当做"共产团"来鼓吹。大家都忽略了这种尊贵的"共产团"底名称，只有依据长期忍耐的工作才能得到的，只有依据在实际共产主义的建设上所成就的实际上的结果才能得到的。

所以在我的意见看起来，共产党中央执行委员会决议取消劳农共和国经济委员关于"消费共产团"的命名底命令一事，实是完全正当的。名称不要吹得太大，第一步新组织事业底过失和烦扰，不要加在"共产团"上头，共产党员当然要负这个责任。所以与其不注意的使用"共产团"这个名词，不如从日常的言语中把"共产团"这句话除掉。

"共产团"这个名词，应当用来称呼真的共产团。真的共产团，要用实际的行为表现他们确实的共产主义基础上建设的知识和才能，而且周围的民众异口同声的承认他们具有这种的资格。所以我们首先要表示欢喜为社会做无报酬的工作的意志，要表示履行"革命的事业"底，增加劳动生产力底，建立各方面底高的标准底能力。到这时候，我们才能够要求使用"共产团"这个名词的权利。

但是这个批评，与"共产党礼拜六"没有关系，因为莫斯科卡站铁路底人员，业经表明做共产党员的能力，已经由这种创造的行动，博得了"共产党礼拜六劳动者"的名称了。

从此以后，我们就可以看见那自命他们的事业或经验为共产团，而他们底行动却不能用勤苦的工作和实际的结果表示他们有真共产主义底性质而站在真共产主义基础上的一类人，必会被人揭破他们是骗子，或者嘲笑他们是愚人。

"共产党礼拜六"这种伟大的创造的行动，也可以利用于别的方面——即是廓清共产党。在革命刚刚实行之后，野心家和"丑类"潜入重要地位底事实是难免的。所以在那班为资本阶级所统率的"懂道理的"人——譬如含有少数党和社会革命党的智识分子——对于劳农会底事业举行同盟怠工而献媚于资本阶级的事实，也是不能免的。若没有这种现象，革命自然不会有，而且也不能有了。所以站在重要地位而为社会上最有力最进步的阶级所援助的共产党，现在处于可以扫除不良党员的地位了。

在这一方面的事业，本来早已着手办理过了，但是现在还要无间断的无屈挠的去继续办理才好。共产党员底军事的动员，在某种意义说，是廓清党员的一助，因为每经一次的调遣，那些懦夫就离开本党而去了。这种人快快去罢！党员数目中这种人员底减少，其实际的意义就是权力与权威底增加。所以我们要充分的利用"共产党礼拜六"的创造的行动，继续着这种淘汰的作用。入党底许可，须经过半年的"试验期"（TESTING TIME），在这试验期中须做"革命的工作"。凡是一九一七年十月二十五日以后加入共产党而又未曾借特殊工作和某种功劳证明他们底绝对的信念和忠实的人，都要用同种方法证明他们底健全与否。

在真共产主义的行为底要求愈益增加的方面，廓清共产党一事可以改良国家管理底机关，可以促进农民和革命的无产阶级相结合的作用。

"共产党礼拜六"，在别的事情中首先把无产阶级专政之下的国家机关底阶级的性质弄明白了。共产党中央执行委员会关于"革命的工作"的问题，发出了一个通告书。这个问题经十万至三十万的党员考虑过了。有组织的劳动者都即时采用了这种思想。俄罗斯和乌克兰有组织的劳动者约四百万。他们用压服的大多数，宣言拥护无产阶级国家底权力——无产阶级专政。

二十万对四百万，说起来就是二十万的齿轮，运动这社会组织底大车轮。其次有四百万的农民。这四百万农民分为三类。第一是最占多数的，最类似无产阶级的，即是半无产阶级或贫农阶级，其次为中产阶级；最后为少数富裕的放债人和农村的资本阶级。

在有可以乘谷物底买卖和饥馑而占利益的余地时，农民是半劳动者又是半投机者。在这种状态存在的期限内，无产阶级专政最为紧要。农民而为投机者，就可以当做无产阶级权力底敌人看待。他们动辄要和那赞成资本阶级和谷物的"自由贸易"的寄生虫携手。农民而为劳动者，他们就是无产阶级国家底友人，是对于地主和资本家而斗争的劳动者底真同志。和数百万劳动者支持农民一样，仅仅数十万共产党员依数百万有组织的劳动者底援助而指导而运行的国家机关，是由有组织的劳动者构成的。

有真实的意义的国家底机关，在以前是没有的，就是和贫穷人和被剥削者的民众密切的结合的国家，在以前也是没有的。

唯有共产主义的思想——"共产党礼拜六"是他的符号，而且是因此才能实现的——方能够唤醒农民，方能够得到他们对于无产阶级国家的感动和尊敬。我们现在有应做的，最重要的事业，即是使农民晓得我们主张底正当，晓得共产主义底合理。其结果就可以使他们变成我们底真同志，其意义就是完全解决食粮问题，而对于食粮的生产和分配问题，得以完全收到共产主义克服资本主义的胜利。这才算是共产主义底具体化。

莫斯科，一九一九年六月二十八日

附录：人民出版社通告

近年来新主义新学说盛行，研究的人渐渐多了，本社同人为供给此项要求起见，特刊行各种重要书籍，以资同志诸君之研究。

本社出版品底性质，在指示新潮底趋向，测定潮势底迟速，一面为信仰不坚者祛除根本上的疑惑，一面和海内外同志图谋精神上的团结。各书或编或译，都经严加选择，内容务求确实，文章务求畅达，这一点同人相信必能满足读者底要求，特在这里慎重声明。

▲马克思全书

马克思传	王仁译
工钱劳动与资本(已出版，定价一角八分)	袁让译
价值价格与利润	李定译
哥达纲领批评	李立译
共产党宣言(已出版)(定价一角)	陈佛突译
法兰西内乱	孔剑明译
资本论	李漱石译

剩余价值论 刘英译
经济学批评 李漱石译
革命与反革命 李漱石译
自由贸易论 吴智译
神圣家族 钱润译
哲学之贫乏 黄式遵译
犹太人问题 胡琰译
历史法学派之哲学的宣言 张九思译
▲列宁全书
列宁传(印刷中) 张亮译
国家与革命(印刷中) 康明烈译
劳农会之建设(已出版,定价一角六分) 李立译
无产阶级革命 张空明译
现在的重要工作 成则人译
劳工专政与宪法会议选举 成则人译
讨论进行计划书(已出版,定价一角) 成则人译
写给美国工人的一封信 孔剑明译
劳农政府之效果与困难 李墨耕译
共产主义左派的幼稚病 张空明译
帝国主义,资本主义的末局 罗慕敢译
第二国际之崩坏 孔剑明译
共产党礼拜六(已出版,定价一角二分) 王静译
列宁文集 孔剑明译
▲康民尼斯特业书
共产党计划(印刷中) 布哈林著 张空明译
俄国共产党党纲(印刷中) 张西望译
共产主义与无政府主义 布哈林著 彭成译
世界革命计划 胡友仁译
共产主义入门 布哈林著 罗雄译
共产主义 鲍尔著 张松严译
创造的革命 鲍尔著 李又新译
到权力之路 柯祖基著 孔剑明译
第三国际议案及宣言 成则人译
共产主义与恐怖主义 托洛兹基著 罗慕敢译
国际劳动运动中之紧要时事问题(印刷中) 李墨耕译
▲其他
马克思学说理论的体系 布丹著 李立译

空想的与科学的社会主义	恩格斯著　陈佛突译
伦理与唯物史观	柯祖基著　张世福译
简易经济学	阿卜列特著　张空明译
多数党底理论	波斯格特著　康明烈译
俄国革命记实	托洛兹基著　周诠译
多数党与世界和平	托洛兹基著　周诠译
马克思经济学	温特曼著　杨寿译
家庭之起原	伯伯尔著　张空明译

以上各书，已有十种付印，其余的均在编译之中，预定在本年内完全出版。购读者请直接寄函本社接洽。寄售处全国各新书店。

广州昌与马路二十六号人民出版社启
注意　本社书价概无折扣

2月
6日（星期一）

7. 马克思学说研究会通告（《北京大学日刊》，2月6日）

《北京大学日刊》刊登"马克思学说研究会通告"，里面包含有列宁的著作，通告全文：

本会现已有英文书籍四十余种，中文书籍二十余种。兹报于下：

社会主义丛书

Communist Manifesto	(Marx and Engels)
Socialism, Utopian and Scientific	(Engels)
Ethics and Materialistic Conception of History	(Kautsky)
Essays on the Materialistic Conception of History	(Labriola)
Socialism and Philosophy	(Labriola)
The Theoretical System of Karl Marx	(Bondon)
The Books on Socialist Philosophy	(Engels)
Some of the Philosophical Essays of Joseph Dietzgen	
The Poverty of Philosophy	(Marx)
Anarchism and Socialism	(Plechanoff)
The Origin of Family	(Engels)
Bolshevik Theory	(Postgate)
The Infantile Sickness of《Leftism》in Communisn	(Lenin)
The Proletarian Revolution	(Lenin)
The Collapse of Capitalism	(Hermanin Cahn)

Militarism	(Liebknecht)
Two Pages from Roman History	(Daniel De Leon)
共产党宣言	(陈望道译)
阶级斗争	(恽代英译)
马克思资本论入门	(李汉俊译)
马克思经济学说	(李达译)
社会主义史	(李季译)
社会问题详解	(李季译)
社会问题概论	(周佛海译)
到自由之路	(雁冰、凌霜、崧年共译)
工团主义	(李季译)
共产党底计划、政治理想、社会结构学	(太柳译)

经济丛书

Boehm-Bawerk's Criticism of Karl Marx	(Rudolf Hilferding)
Capital Today	(Herman Cahn)
Progress and Poverty	(Henry George)
The Evolution of Banking	(Robert H. Howe)
Socialization of Money	(E. F. Mylluis)
Wage, Labour and Capital	(Marx)
High Cost of Living	(Kautsky)
The Evolution of Property	(Lafargue)
Solution of Trust Problem	(Leon and Berry)
工钱劳动与资本	(袁让译)

劳动问题丛书

Unity	(Leon)
Woman's Suffrage	(Leon)
Industrial Unionism	(Leon)
Industrial Unionism	(Leon and Lebo)
Lincoln Labour and Slavery	(Schluter)
Violence and Labour Movement	(Robert Hunter)
Reflection on Violence	(Sorel)

历史丛书

History of I. W. W.	(Bussendon)
General History of Civilization in Europe	(Guizot)
Revolution and Counter-Revolution	(Marx)
The Civil War in France	(Marx)
An Introduction to Middle Ages	(Emerton)

The Ancient Lowly	(Suole)(Wars)
History of Economic Doctrine	(Gide and Rist)
Lenin, The Man and His Work	(Albert Rhyo and Williams)
中国近时外交史	(刘彦著)
中日交涉史	(刘彦著)
欧战之教训与中国之将来、战后之世界、欧战史要	(黄郛著)

东方问题丛书

The International Relations of Chinese Empire	(2 vols.)(Morse)
Democracy and Eastern Question	(Millard)
Foreign Financial Control in China	(Overlach)

俄国问题丛书

Reminiscences of Russian Revolution	(Philip Price)
The Russian Workers Republic	(H. roel Brailford)
劳农会之建设	(列宁著)
讨论进行计划书	(列宁著)

杂志报章

Soviet Russia(苏维埃俄罗斯)
Asia(亚细亚)
Weekly Review of the Far East(米勒评论)
The Communist International(国际共产党)

大陆报	共产党	新青年
先驱	工人周刊	劳动周刊
济南劳动周刊	长沙劳工周刊	晨报
民国日报	时事新报	申报
广东群报	时事月刊	妇女声

以上个[各]书，或系会有，或系私有，皆有符号。归众共览。尚有四五会员出金购买一百四十元之英德文书籍，当不久可到。并告。

(《北京大学日刊》，1922年2月6日)

15日(星期三)

8.《革命的文学》(《今日》第一期，2月15日)

《今日》在北京创刊，社址北京慈慧殿5号，由北京新知书社①发行。创办人胡鄂公、

---

① 新知书社是北京大学与北京教育界同人所组织，1919年开业，主要营业：一是编印教科书及各种有价值之图书杂志；一是承印欧美、日本各种书籍；一是经售国内有价值之图书杂志，以及代售教育用品。地址北京东城弓弦胡同6号，在南池子大街设立分发行所、门市部。

熊得山和邝摩汉,主编熊得山。《今日》原计划为月刊,一年两卷,一卷六册,实际并未按月出版,现在所见到的有3卷共10号,最后一期第三卷第二号,1923年8月25日发行。值得注意的是,《今日》刊发了一批用马克思主义文艺观点指导的理论文章,成为我国最早马克思主义文艺理论的成果。

创刊号,刊登樊晓云《革命的文学》,文中指出:革命的文学"是供给他们革命事业的滋养料的,替他们播下革命种子的"。全文如下:

> 绚彩灿烂的俄罗斯,竟成了新时代的宠儿。他的成功,不待说是革命的成功。可是无论什么革命事业,决不是一朝一夕所能爆发的:他是经过了长时期的预备和酝酿,并且受过了思想的淘洗和人心的测量,这是毫无可疑的。我们试一回想,便知道俄国得到今日的光荣,今日的胜利,预先一定有些东西立在他的民族背后,去唤醒他们,指导他们,鼓励他们。这些东西,就是他的最近二百年来诞生的新文学。因为这种文学是供给他们革命事业的滋养料的,替他们播下革命种子的,所以就叫做革命的文学。这种革命的文学,不只是俄国新近有价值的产物,并且在世界文学史上另辟一新纪元,占最高的位置,所以大胆的提出来讨论。
>
> 什么是革命?革命是进化的意义,是求"真理"和"实在"的向上的努力。人生因为求真实,遂对于社会上一切虚伪的制度和习俗,不得不用批评的方法去怀疑他,破坏他。所以怀疑和破坏,就是革命方法的第一步。平常的人,只见到他的破坏的一方面,遂以为革命是一种盲目的暴烈的行为,不但不敢仿[做],并且不敢说。其实我们细看现实的宇宙,无一非由革命递嬗而来;新陈代谢,暑往寒来,都是宇宙革命的过程;烈风暴雨,星坠雷鸣,都是宇宙革命的表现;宇宙的进化,简直可以说是无限革命的缩图呵。人生的进化,何莫不然?人生是寄在那些公道和自由之情操里,从有世界以来,我们人数为了这些情操去奋斗,牺牲没有已时。马克斯(Karl Marx,1818—1883)在共产党宣言上说的好:"人类全部的历史,都是一种阶级斗争的历史"。换一句话说,历史就是从古至今人生革命的记录。依这样看来,革命是自然的,进化的,有目的的,宇宙和人生,都脱不了他的活动,又有什么可惊可怕呢?
>
> 什么是文学?文学是人生的表现和批评(Jnterprotation and Criticism of Life)这个定义,是现代文学家所公认的。上面曾经说过,批评是革命之始,革命是批评之成:文学既是批评的学问,也就是革命的学问了。从前我们中国人,对于文学的观念,不十分清楚,或以为雕虫小技,壮夫不为,或以为"弄月吟风,聊以自娱";太史公且说:"文史星历,近乎卜祝之间,固主上所戏弄,倡优所蓄,而流俗人之所轻也"。这些真是大错而特错了。因为他们有这种误谬,所以文学竟成为贵族的消遣品,文人亦成为君主的弄臣了。
>
> 现在我们既然承认文学是人生的背景,是革命的学问,所以现代文学的精神,是现代人的精神,是对于社会永不知足,永不满意,永久怀闷,永久不决的精神,是时时刻刻与罪恶分子,龌龊分子宣战的精神。而现代文学家唯一的职务,也就在以深刻的观察,锐利的笔锋,把人生的苦痛,社会的罪恶,赤裸裸的暴露出来,使人读了惊

心动目，引起无量的同情，流出真挚而悲悯的眼泪来；同时阳光煊赫，鼓吹着杀伐的风气，而激励人心之希望的光明。俄国文学家屠格涅甫（Tourgeniev，1818—1883）说道；"我在前面并不见有别的道路。我不能呼吸于一种空气里，而与我所嫉恶的共存……我必须从我的仇敌那里退开后来，使我能远远的一鼓作气施猛烈的攻击。在我的眼睛里这个仇敌有一个样式，一定的名字，此敌为何？——就是农奴制度。我在这个名义底下集合我所有力量，我决定和他奋斗到底——这口愤气是我发誓不肯平销的"。屠格涅甫这一段话说的是何等痛快淋漓！真足以代表革命文学家的精神呵。

历来社会组织压迫人心最厉害的时候，就是革命思想最流行的时候；革命思想最流行的时候，就是革命文学最发达的时候。例如俄国的农人被征服在农奴制度底下，如同暴风雨前的小鸟一般，其痛苦真是"不堪言状"，所以当时的文学，不由得不趋向于描写农人艰苦的生活与攻击农奴制的罪恶二方面了。再就我国历史上看来，如当战国的时候，社会上可算是纷乱达于几点了，所以当时老庄杨墨的学说，无一个不带革命的性质，无一个不是时代思潮的产儿。这个缘故，就是因为社会愈纷乱，生活愈痛苦，生活愈痛苦，人心愈不安；因不安而怀疑，因怀疑而破坏，于是各人以其个性的观察，借文字的描写，冲决旧社会的网罗，要求未来的新生命。因之字里行间，都包含着无量的痛苦，无量的待决问题，一面深□了忧□的，悲悯的，□□色彩，一面又渲染了热烈的，兴奋的，赤的色彩，而形成革命的文学。由此，可见革命的文学，是冲破网罗的文学，是生命流动的文学，是真的文学，是活的文学。

俄国的社会革命，能够成功，从表面上看去，好像是列宁（Lenin）杜洛斯基（Trotsky）他们的功劳。其实细致起来，就知道替他们作开山祖师的，还是那一般革命的文学家。因为那些文学家如：郭克里（Gogoli，1809—1855）别林斯基（Bielinski，1810—1848）屠格涅甫托尔斯泰（Tolstoy，1828—1910）道司托也央司基（Dostaevsky 1821—1881）等老早就本他们慈悲的心肠，奋斗的精神，坚苦的志趣，犀利的笔锋，把俄国的农奴制度，独裁政治，攻击得"体无完肤"，使一般平民早已明白生活痛苦的原因，而萌了革命的动机，等到列宁登高一呼，他们就自然的会响应起来了。俄国文学批评家沙洛维甫（Solovyov，1866—1905）曾说过："俄国人对于文学的兴趣，是欧洲人所及不到的——为着这个他们奋斗了好几世纪，为着这个他们赴汤蹈火，上断头台有所心甘"。这话是很对的。所以我国革命的成功，我以为就是一般文学家不惜赴汤蹈火，上断头台所换来的呵。

总结以上所说的话，就知道革命与文学的关系了。诸位：试看我们中国现在的社会，是不是恶贯满盈的社会？黑暗的制度，传统的道德，专横的政治，紧紧的把人生束缚着，压迫着，我们果能安心立足吗？要不然，想改今日的中国应该用怎样的态度呢？

文人呵！

你们从前所走的路，都是平平坦坦的；

从前所学的事物，都是歌功颂德，粉饰太平的；

但是现在呵，

要洗清你们的耳朵,提起你们的心灵,去听那些悲惨苦恼的呼声!

鸡叫了!

长夜的帐幔揭开了!

鲜红的太阳,从东方慢慢的升起来了!

那些贪婪,横暴的恶魔,不能再做地球上的主人翁了!

可爱的清晨呵!

庄严呵!

灿烂呵!

有生气呵!

(《今日》第一期,1922年2月15日,署名樊晓云)

25日(星期五)

9.《劳农俄国之电气化》(《东方杂志》第十八卷第四号,2月25日)

《东方杂志》第十八卷第四号刊登了W的《劳农俄国之电气化》,摘录如下:

李宁尝谓俄国共产主义之实现,在于全国工业电化告成之时。故此种工业电化计画,实大足引人注意。劳农政府现为办理工业电化事务,专设一电化委员会,以工程师奇茄诺夫斯基(Krzijancvsky)为会长。其职权与他国总长相当。现定计画,在十年以内,在欧俄建筑大电站二十七所,在西部西伯利亚及土耳其斯坦建筑大电站三所,其中二十八所之电站,须具有百五十万启罗华德之电力,一百万启罗华德用水力发动,五十万启罗华德则用燃料发动。然后由此等诸电站,发送电力于各地,供工厂农场之用。此种大规模之电化计画告成以后,经济改造事业,始颠扑不破矣。考俄国在革命以前,久已有工业电化之提议,惟彼时土地尚属私有。各地瀑布,势难尽量使用,故于建筑上极多困难。迨广义派革命告成后,进行始极顺利。

一九八年,莫斯科与彼得格勒间第一大电站告成,全仿欧式建造。此外已经勘定预备建筑之电站,已有八处云。

工业电化对于俄国国民之经济生活,甚有关系,而最关重要者,则为运输问题。俄国之燃料、石油、煤斤出产地,距消费中心地大都隔二三千俄里。因此运输事业,极感不便,嗣经劳农政府选派专家考察,结果主张将自北贯南之莫斯科库尔斯克铁道(Moscow-Kursk Railway)用电气运输,又将横亘东西之南桐纳兹(South Donets)铁道,亦用电气运输。此两大干路电化以后,则燃料与食物之运输,可不至复感困难矣。

目前业已扩大者,则为站前所遗之国家电站(State Electric Station)。现在新设一五千启罗华德之旋转输,复添设汽锅及其他必要之装置。此电站向仅具一万启罗华德之电力,至目前则增至二万启罗华德。实为各国所稀有之大电站也。此外如削吐尔斯加耶(Shaturskaya)喀西尔斯客华(Kashirskava)等处电站,亦正在进行中。大概俄国工业之电化，不日当可见诸实现。惟现在所缺乏者，则为应用机械，苟俄国与协约国和议告成，则此种机械，亦可得适最之供给矣。

（《东方杂志》第十八卷第四号，1922年2月25日，署名W）

10.《近代社会主义及其批评》（《东方杂志》第十八卷第四号，2月25日）

《东方杂志》第十八卷第四号刊登潘公展的《近代社会主义及其批评》，全文如下：

一

一年以来，社会主义底思潮在中国可以算得风起云涌了。报章杂志底上面，东也是研究马克思主义，西也是讨论鲍尔希维主义；这里是阐明社会主义底理论，那里是叙述劳动运动底历史：蓬蓬勃勃，一唱百和，社会主义在今日的中国，仿佛有"雄鸡一鸣天下晓"的情景，这未始不是好现象哪。然而仔细考察一下，究竟真正懂得社会主义的有几个？懂得社会主义而能抱定一种主张者有几个？抱定一种主张而又能研究在中国着手于实际运动底方法者有几个？想到这里，又未免令人失望。原来我国人常有一种习性，就是喜学时髦：前清末年，有人唱君主立宪，有人唱种族革命，那时候这两种论调算最时髦，一般"学士大夫"都趋于此；到了民国成立，国民参与政治，于是法政一科就成了时髦的学问，到现在竟有厌恶法政底反响；袁氏执政，复古潮流，弥漫全国；近两三年来，自文学革命，思想革命底声浪传播全国以后，社会主义就相因而起，成了很时髦的一种"口头禅"。其实，既然拿一种学问或一种主义当作时髦，便是并不真正领悟，真正了解，所以只要有人提倡，就可"如响斯应"；从来没有看见过一篇反对的文章或听得过一番批评的议论，就算有的，不是出之于顽固不化者之口，拿非圣无法来作持论底护符，就是出之于油腔滑调者之笔，拿诙谐百出的态度来讥骂学理。所以，真正可怜，无论什么主义，到了中国总要蒙头盖面，失去真相，这就是中国人没有批评的眼光底缘故。

社会主义到了中国，也不能跳出上述的通例，要求几个根据了学理和事实去加以批评的人真是少数。批评社会主义，是一种方法，就是用"批评的"方法。至于批评者底态度呢，则赞成社会主义也好，反对社会主义也好，修正社会主义也好，总要有一个宗旨算数。外国人不大肯盲从，无论有什么新主义发生，他们总先要自由研究，自由批评，故不信从则已，等到一信从了，便从事实际运动以促其主义底实现，直有"死生以之"的气概。我国人刚巧相反，最会"盲从"，而最不是"信从"，俗话说"随口瞎答应"，便是中国人对于无论什么主义的惟一态度；惟其是"盲从"，所以当主义盛行的时候，确有"铜山东倾，洛钟西应"的景象，而并没有人说一个"不"字；惟其不是"信从"，所以盲从底兴味一过，时髦底机会一去，便丢了这个固有的主义而又去盲从新的了，到末了无论什么主义断没有在中国真正实现底一天。这个恶习性若然不设法救治，中国便很危险；要救治他，只有惟一的方法，就是要养成一般人底批评的眼光和能力。

养成批评的眼光和能力,这句话是不容易说的。单就社会主义讲,我们要对于社会主义有批评的眼光和能力,须先要把社会主义加以分析的,比较的,综合的研究,然后可以着手;换一句说,须用科学的方法研究了社会主义,则所下的批评方可不背于理论和事实。然而这种批评的著作,在今日中国是很少很少,所以我草这篇的意思,就想把勃拉索尔(Boris L. Brasol)《社会主义和文明》(Socialism vs. Civilization)一书里批评近代社会主义底议论择要介绍一些,以贡国人底参考。我们也可因此看出,人家要批评一种主义是用什么方法的,借此药除我们国人盲从底痼疾,也是好事。至于勃拉索尔底批评社会主义,是取反对的态度,这本来是不妨的。无论我们对于社会主义现在是还在研究底时期,就使我们已经确信了社会主义,也不妨拿反对者底持论来切磋修正;所谓自由研究,自由批评,正是这个意思。所以与其说我是介绍他反对社会主义所持的议论,不如说我介绍他批评社会主义所用的方法。

二

勃拉索尔所著《社会主义和文明》这本书,是去年二月出版的,到了三月就印再版。哈佛大学政治经济学教授加浮(Thomas Nixon Carver)说,这位著者对于马克思主义有很深切的研究,马克思主义在各国宣传底方法,他也是"如数家珍",所以他讨论这个问题——社会主义和文明底关系——是很适宜的。这书共有六章,我现在所要介绍的是他底第一和第二两章。第一章是叙述近代社会主义底理论和目的;第二章是对于马克思主义的批评。

在讨论什么主义之前,先该明白凡是一种主义总是因了社会的现象而发生的。有了某种社会现象,才有某种主义出来矫正他,另外造成一种新的社会现象。所以勃拉索尔在这本书底序言里说:"经济的理论对于经济的状态底关系,与其说他是原因,不如说他是结果。社会的构造逐渐发展,新理想因而发生,这种新理想又是造成一种根基,使人对于社会生活更有新的科学的概念。同时,我们可以断定,某种经济的理论对于各国社会的构造和经济的立法,是发生直接的,有力的影响。"

拿上面所述的定例来看社会主义底发生,也是这个样子。劳动界底不安,在社会生活中是一种现象,这种现象是一天显露一天,才有社会主义发生出来。反过来讲,近来的劳动运动大概是受着近代社会主义底影响。近代社会主义底理论,就是马克思(Karl Marx)底理论。马克思生于一八一八年,死于一八八三年;他在一八四七年时,曾同英哲尔士(Engels)发布《共产党宣言》说明他底理想;他底最著名的著作是《资本论》——勃拉索尔所据以批评马克思主义的,就是这本书。从事实上讲,马克思底《共产党宣言》差不多成了劳动阶级中底急进分子所固守的信条,他们作战的口号是"各国底工人合而为一"。虽则在马克思以前,已有各种社会主义底传播,如巴布(Baboef)主张无检束的共产,傅利亚(Francois Fourier)提倡"法郎鸠"(Phalanges)以及圣西门(Saint-Simon)、罗保奥温(Robert Owen)、蒲鲁东(Proudhon)之徒,都有所主张,然而他们对于劳动运动终无实际的影响。所以马克思在《共产党宣言》中所提出而在《资本论》中所阐明的理论,实在是近代社会主义底中坚;就使社会主义者中间有派别的不同,也不是因为他们和马克思底观察有所反对,不过是各派对于马克思底理论下了不同的解释罢了。譬如,俄国底鲍尔希维克和孟希维克底争论,只因为他们解释马克思唯物哲学底真意义有不同的见解;德国社会民主党底两个领袖李勃克耐希(Wilhelm Liebknecht)和卞斯天(Edward Bernstein)底论战,也只为了他们对于马克思积聚资本于少数人之手底理论有不同的解释。所以,要对于近代社会主义的运动底性质有一个明确的概念,不可不先彻底明白马克思理论底体系。

我们既然明白了近代的社会主义就是马克思主义,可以进而研究他底理论和目的了。

三

勃拉索尔在他这本书底开端,就提出三个问题:

"马克思所说明而为今日社会主义者所阐发的社会主义,究竟是什么?

"社会主义底目的何在?

"使社会主义获得胜利,是采用什么方法?"(第一页)

要解答这三个问题,我们看他下面所叙述的大概。他说:"马克思所示以方式而为全世界最近的社会主义者底领袖所阐发的近代社会主义,确认自古至今人类社会底历史不过是阶级斗争底历史。这些领袖更确认现在的生产制度——就是他们所谓资本制度的——是根据于资本阶级和劳动阶级中间底斗争。这种阶级斗争底发生,是因为资本家对于劳动者或无产阶级的人掠夺而虐待。他们说虽则劳动者是财富底唯一生产者,却是财富反为那些并不生产而实在没有主权的人所享用。这样,社会主义已经创造了一种理论,就是说,工人自己所生产的财富已经被人家强夺去了。"(第一和第二页)就这一点看,社会主义底惟一方法,就是鼓动阶级斗争。他又说:"社会主义底目的,在乎打破私有的财产,扑灭资本阶级,打破有产者底家庭,破除国家主义和宗教。"(第二页)社会主义既然有这种目的,他底入手方法是用严厉的手段倾覆现存的社会制度,就是破坏社会秩序也有所不惜。

上面所说,不过把社会主义底破坏性质略述出来;究竟社会主义有否建设底计画呢?照勃拉索尔看来,社会主义颠覆了旧有的社会制度以后,并不确定要把什么制度去代替他底位置。所以俄国底鲍尔希维克,自有他鲍尔希维克的政策。另外有一种社会主义者,主张"产业底国家化",由国家经营一切产业,而本来的所有者当把一切权利移交于国家,不能取得报偿。还有一种人,他们主张不但把产业底主权交于国家,并且应由无产阶级管理生产和分配。正统派的社会主义者,都以国家经营产业而报偿从前的所有者这种办法为不能满意;大多数的社会主义者都赞成由无产阶级管理一切产业,而排斥其他的阶级。所以,虽则社会主义没有一定的建设计画,却是他们有一个大纲,就是推翻了现存的社会制度,由无产阶级掌握一切财富底生产和分配底机关。这种大企图,虽不能说是"绝后",却可以算得"空前"。以下,勃拉索尔就把他们底理论和目的,一点一点详叙出来,我且节述其大概。

四

马克思学说底根据是立于他底唯物史观,而在他底唯物史观里所下肯定的断案就是"阶级斗争"。共产党宣言里说,"凡以前存在的社会底历史都是阶级斗争底历史",我们看到这句斩钉截铁的话,就可见一斑。要明白"阶级斗争"底意义,须先了解什么叫做"阶级"。"阶级"是一种社会的"集团(Group)",这个集团里的各分子,为了他们生活于同一经济现象之下而且在经济的生产底历程中占据一个鲜明的位置,大家团结而为一。照马克思底观察,现存的社会是分为两种阶级:(一)有产阶级(Bourgeois Class),凡自己掌有生产工具而用工银雇佣劳工的人都属这一类;(二)无产阶级(Proletarian Class),凡自己不握有生产工具而不得不把工作力出卖的人都属这一类。马克思以为这两种阶级底冲突,就是成为经济的竞争,由经济的竞争更进而为政治的竞争,直到那建在阶级对抗上面的经济的组织自己进化,发现了一种新变化才止。所以拿唯物史观去考察政治上的变动,实在都是经济的阶级斗争所形成的;譬如,一七八九年的法国大革命,马克思以为是拥有土地的贵族阶级和那"方兴未艾"的中级势力所谓"有产阶级"者中间底斗争;又如,一八四八年二月间的法国革命,他以为是由那些"大的有产阶级"和"小的有产阶级"(包括耕种的农民及其他从事农业的人)中间的利害冲突所爆发的。

"阶级斗争"已经成为近代的社会主义者所共守的惟一信条,且举几个例证在下面:

德国社会民主党在一八九一年召集大会于欧弗(Erfurt)柯茨基(Karl Kautsky)曾草定党纲,宣布下述的原则:"社会革新不是单单求无产阶级底自由;却是求全人类底自由。然而只有劳动阶级能够使社会革新其他一切的阶级,虽则他们底利益也有冲突,然而他们底存在都是根据于生产工具底私有,所以他们有一个共同的动机去维持现存的社会制度底原则。劳动阶级对抗资本阶级底掠夺而斗争,不得不认为一种政治的斗争。劳动阶级若没有政治上的权力,就不能发展他底经济组织,也不能力行他底经济战争。劳动阶级若不先获得政治上的权利,就不能使生产工具的主权转移于社会这个事业完全成功。使觉悟的一致的工人都从事于斗争,使大家注目于这个大目的——这就是社会党底宗旨。"

在美国一方面,这阶级斗争底原则也是为一般社会主义者所信守。一九一六年的《美国劳动年刊》载着,世界产业劳动同盟(I. W. W)在他底宣言里说道:"劳动阶级和雇主阶级没有一点是相同的。在这两个阶级底中间,斗争一定是向前猛进,直到全世界的劳动者组成一个阶级,占有地球和一切生产底工具,废除工银制度,斗争方可罢休。……打破资本制度,是劳动阶级底历史的使命。"美国社会党底一个领袖裴伦伯(David P. Berenberg)也说过:"我们须把利益制度及一切相关的事根本铲除。我们须把土地和资本底私有制度根本铲除,自己做我们底主人。……倘使我们联合,我们能够做到这一层。……那不可少的手段就是,劳动阶级应当使用握在他手里的政治上的权利。劳动者果同心协力,无论何种选举都可获胜。从前劳动阶级自身因种族宗教底不同而分裂了许多时候。我们应该不要想着我们底异点,须牢牢记取我们有一个公敌——就是资本。"再看国际产业劳动组合(Worker's International Industrial Union)底宣言里也说道:"劳动阶级和雇主阶级没有一点是相同的。几百万的劳动者饥饿贫乏,少数的雇主阶级中的人物养尊处优；这种情形一天不变，就没有一天和平。在这两个阶级中，斗争是一定要向前猛进的，要不斗争，除非那些劳动者一起在一个革命的政党底鲜明旗帜之下得到政治上的地位，依劳动者底阶级利益而支配，同时在一个大产业组合底旗帜之下得到产业界的地位，取得而握有一切生产和分配底机关，为一切财富生产者底利益而处理。"

俄国方面，更不消说得，自鲍尔希维克崛起，阶级斗争底结果已经有了具体的眉目。土地，森林，矿产，河流及其他一切生产机关，都是收归国有；有产阶级底势力完全消失，由无产阶级底劳兵会议掌握国家一切的政权；实行阶级斗争到这个地步，可以算得把马克思底理论尽量发挥的了。

以上所说，都是证明近代社会主义底着眼所在只是"阶级斗争"，以为后来批评底张本。

五

社会主义者所持阶级斗争底理论，是根据于"工作力底掠夺"（The expleitation of labour）这一种观念。资本是掠夺工作力的：这又是马克思所定的一种公式。要明白他所持的理论，不可不把他对于资本和价值的论据研究一番。

马克思以为投于某种产业的资本（以 C 字代表），是由两部份合成的：一部份投于生产底工具里头（以 c 字代表）；一部分用在工价里头（以 V 字代表）。这样，c 是包括原料，房屋，机器，和器具底用以生产者，马克思称他为"不变的资本"（Constant capital），因为这部份的资本并不经生产的历程而有所加增。至于 V 所代表的一部份，马克思却称他为"变的资本"（Varied capital）。为什么用在工价里头的资本是会变动的呢？可以拿实例来讲。起先，$C = c + V$。譬如 C 为五百元，其中不变的资本（c）为四百元。变的资本（V）为一百元。马克思以为当生产底历程终止以后，$C = c + V$（\$400+\$100）这个公式已经不适用了，应当改为 $C = (c+V) + S$。这中间的 S 是代表某种的"剩余价值"（Surplus Value）——就是由生产底历程所得的结果。假使 S 为一百元，则 C 本来值五百元的，现在变成六百元了。这个"剩余价值"，从什么地方产生的呢？马克斯以为这是由工人底工作力产生出来的。原来寻常一件货物底交换价值，总等于制造这件货物所用去的工作；就使拿"工作力"当做货物看待，则"工作力"底价值就是等于培养工作力的工，换一句说，就是等于工人所必需的生活品底价值。譬如，一个工人底每日的必需生活品，平均只要费六小时底工夫，就可产生，那么，他如果每日作工六小时，便已产出他底生活品底价值了。但是现在普通的劳动者所卖给资本家的工作力，往往超过于六小时，在这个超过的时间中由劳动者底工作力所创造的生产品便是"剩余价值"，便是资本家底纯利益。资本家越是多规定工作底时间，剩余价值便越多；资本家越是多投"变的资本"，剩余价值也越多；资本家越是提高工作底"出产能力"，剩余价值也是越多。那便是马克思所谓"资本掠夺工作力"底一端。

还有一层，马克思和近代的社会主义者又以为资本自身底价值是代表包含于资本中的工作底数量。所以分资本为"不变的"和"变的"两种，实在是无关紧要。那"不变的资本"(c)看起来固然是些固定的东西,其实也不过是"结晶化的工作"(Crystallized labour)也不过是工作价值底物质的化身;至于那"变的资本"(V)更不过是些流动的工作罢了。老实说,所谓"资本",骨子里都是工作而已。资本既然都是工作,那便该由劳动者掌有;然而生产底工具——即所谓"不变的资本"——都由人家用了强力从劳动者一方面夺去了。劳动者既然失去了生产底工具,就变成了一个无产者,于是不得不把他底工作力出卖于市场。

剩余价值底理论,是近代社会主义底经济学方面的基础,犹之乎阶级斗争说是近代社会主义底社会学方面的骨轴。自从马克思刊行《资本论》以来,剩余价值底理论虽经过许多变更,然无论何派的近代社会主义总依然认他为根本的原则。柯茨基论资本底性质时,明白指出,以为工人底工银决不能高到同他底生产品底价值相等,因为惟其不相等才可以有剩余价值。他又以为资本家所以购买工作力,全是希望着剩余价值;所以他底结论是:"在资本制度底下面,随便怎样提高工人底工银,决不能使工作力丝毫不为人所掠夺,那是很明白的。"这样看来,社会主义者要使工人底工作力不被掠夺,在乎废除工银制度。

资本家要扩大剩余价值,所以要延长工作底时间;劳动者反对剩余价值,所以要缩短工作底时间。故减少工作时间底运动,实在根据于剩余价值底理论。从前工人底理想,是八小时工作,八小时睡眠,八小时游戏。到现在英国职工组合所要求的是七小时的工作。美国有几个劳动团体还不以英国工人所要求的为满足。一九一九年费拉特尔斐亚社会主义宣传委员会发表一种宣言,里面有几句话说:"工人啊!要免去饥寒贫乏底妖魔,我们应该怎样做?我们必须把一切产业,矿产,和天然富源收归自有,为我们公共的善而不为私利去处置他们。这样一来,个个人都有一种职业,只要每天做四五小时的工作,便能使每个工人有安适的生活了。"至于俄国工人受社会主义底理论浸染很深,要求每天的工作不过于四小时。这种减少工作时间底要求,宗旨就是要使资本家减少他们所得的剩余价值,也就是要使工人底工作力少被资本家所掠夺。

六

上面所说的两层理论——"阶级斗争"和"工作力底掠夺"——是马克思主义底基础。近代社会主义底信条都是从这两点发展出来的;换一句说,近代社会主义底其他理论,都是由这两个根本的原则演绎出来的推论罢了。且把那些重要的推论略举出来。

第一种推论是"资本集中论"(Concentration of Capital)。这个推论,是可以圆满他们底说数。原来马克思以为近代的社会是大体可以分为无产阶级和资本阶级,前者是被后者所用以创造剩余财产的人。但是,近代的社会除了资本阶级和无产阶级以外,其实中间还有一个阶级;马克思也是承认的。这个阶级名为"小的有产阶级"(Petty Bourgeosie)以严格论,他们既不是马克思所谓的资本家,也不是无产者;凡须自己工作维持个人和家庭底生活而又不必出卖工作力于市场的人都属于这一级。像那些自己握有生产工具的技工,自有田地而不雇用佃工的农民,从事自由职业的人,这一类都是归于小的有产阶级。一方面,社会上有这个中间阶级底存在是不可以否认的;一方面,社会分为两阶级而互相敌视这层理论又是要坚持的:这便是马克思底理论所要解决的一个难题。为了要解决这个问题,便有"资本集中论"出现了。

资本集中论何以能调和这事实和理论中间底矛盾呢?他们说,现代的资本制度确定以后,社会上的生产品集中于大企业,并且使社会上的资本集中于少数人底手里;那些企业的人互相竞争,互相角逐,利用机器,利用分工,扩大生产底范围,提高生产底能力,以致供给多而消费少,引起市场上经济的恐慌;经济恐慌,便是资本薄弱的小企业家所以淘汰底原因;经济恐慌循环不已,社会内的中等阶级(就是所谓小的有产阶级)就逐渐消灭,只剩那些势力雄厚的大资本家可以站立得住,操纵社会的生产,而其余社会上多数的人只是迫卖工作力以谋生活。这样说来,小的有产阶级终必至于消灭,社会上就只有无产阶级和资本阶级继续相争的了;那便和"阶级斗争"底根本理论并不冲突。

有了资本集中论,不但可以使阶级斗争底原则不致因中间阶级底存在而生摇动,并且可以使这个原则更觉得确凿有据。因为资本集中,小企业家都不消免灭,大企业底组织便越完全,计画也越周到,利用机器引诱许多向不作工的人也来工作,造成"过剩的工人"(Surplus labour Population)以便他们底压迫操纵。马克思自己说过:"所以,一方面是财富聚集;同时在另一方面,——在生产自己底生产品而化为资本这一个阶级方面——艰难,困苦,虐待,愚昧,残忍,心智的堕落也都聚集起来了"总之,资本家方面财富越是聚集,一般的社会状况越是堕落,而建筑在私有制度这个根基上面的社会制度也渐有根本动摇之势。劳动者因不堪忍受他们底艰难困苦,而出于阶级斗争底一途,以谋团结力量去夺得生产底工具,恢复经济的自由,也实在是多少由于"资本集中"所酿成的。所以,"资本集中论"是由"阶级斗争"说演绎得来的,那是无疑了。(未完)

(《东方杂志》第十八卷第四号,1922年2月25日,署名 潘公展)

2月

11.《劳农政府之成功与困难》[著作(目录,全文),2月]

人民出版社出版,列宁著《劳农政府之成功与困难》(今译《苏维埃政权的成就与困难》),墨耕(李梅羹)译,共61页,定价4角。目录:第一,劳农会之普遍的发展;第二,论胜利对于全世界的标准;第三,必要的权力;第四,卜列斯登和约之意义;第五,各地劳动界之勃兴;第六,谁是强有力者——我们或是协约国? 第七,世界革命之必然;第八,赤色军队之建设;第九,战争底困苦之于劳农俄罗斯;第十,我们的空前的发展和苦战的胜利;第十一,关于军事专门家问题;第十二,利用那些被资本主义所恶化了的,但甚监牢的东西为建设社会主义之材料;第十三,吾党斗争之结果;第十四,谁是劳农制度底乡村柱石;第十五,猾奴利用饥荒从事煽动;第十六,对于饥荒之斗争;第十七,对于救济方面之切望；第十八，禾尔加河流域和他处之粮食贮蓄；第十九，顿河流域——一个粮食的源泉——赤军之战胜；第二十，我们以歼灭敌人为成功。

全文如下：

第一　劳农会之普遍的发展

现在，我们重建革命的国际党——共产主义的国际党底目的，是已经达到了；现在，劳农会制度之运动，是已经自动的完全变为第三国际党底学理的和实用的纲领，且此种纲领又在极短时间内完成了——现在来回想劳农会之普遍的发展，也是很合时宜的。什么是劳农会？这种制度，非由某人所想出，乃由群众所造成的，究竟有什么价值？

据我的见解，只有从这一点分析起来，始能把这种事务的价值，批评正确；这种事务之萌芽，已是早在我们之前，早在无产阶级夺得权力之前，并且这种事务之实行，近年以来，我们也在俄罗斯无产阶级独裁政治之下试办过，毕竟也就通行了。

我们只有从劳农会之普遍的作用，他的普遍的意义和他在世界历史的发展上之位置上着想，始能明白我们所处的是何种地位，所以我们除了这样再没有旁的可以批评他；而且可以用一种回顾底方法，来检查我们的手段之正确或不正确。

当现在的时候，一种这样普遍的，总括的，阔大的见地，对于我们，尤为加倍的重要，因为此刻在俄罗斯有好些党人，往往因倍尝苦难，于是对于他们的工作，就表示不充分，缺点和不满足的结果，由此惹起种种错误，竟将那迫切的，经常的，燃眉的，届期的管理事务——负于劳农政府之肩胛上的实用的施行，看得很轻，甚至搅乱，对于我们的一切努力，都反抗起来——但对于这些活动条件之反抗，完全没有发生效力——而专注意于管理底琐细事体，却忘了无产阶级专政底普遍的发展之在全世界的标准，却不知把他的发展，用劳农政府或者最好是用劳农会运动，用无产的群众之往来于劳农会内部——这种种方法都是我们已经实行过且忘了的——用这种种手段，来在劳农会内部实现独裁政治。

我们要向可能一方面走，来把那班实际上与劳农会的工作表同情的人之注重管理琐事的弊病，稍为去掉一点，并且使之认识，究竟我们还剩下何等重要的手段，应该要干：这种责任，固为我们应要负担的，是很困难的，但是也要明白这是通常的事务，我们的注意力应该及到的——我们乃是无产阶级的世界军队之一部分。

第二　论胜利对于全世界的标准

就全世界的大势而论，要想得到一个完全的最后胜利，单独一个俄罗斯是断然做不到的；至少也须在各先进国家或少数大一点的先进国家里，其无产阶级之胜利，已经得到手之后，方能说到这一层。然后我们也才能十二分的担保说，无产阶级之事业得了胜利了，我们的第一个目的——推翻资本主义，已经达到了。

这个目的单就我们一国说起来，算是实现了，却又发生第二个事务。若是在一个国家里，有产阶级已经倒了，劳农政府已经实现了，于是所谓第二个事务，就是：按计画在国际间从事斗争，这个斗争底方针自然不同，这是在资本主义的国家中间，无产阶级的国家之斗争。

这是一个极新而极困难的情形。

但是就他一方面说来，若是有产阶级底权力已倒，则建设组织底事务，又变为主要事务。

第三　必要的权力

现在在伯恩（BERN 瑞士首府）开会的黄色社会主义者常抱此种意思，把我们当作地位很高的外国人，来拜访我们，而其特别最喜欢说的，就是，"布尔雪维克相信权力万能"这句话。要知这句话，可以证明是出自常人口中，这种人多半带有革命的斗争之热忱，而又完全被有产阶级底权力所压倒（我们可以参看德意志各种情形），却不知将那必要的权力之战术，赋予其无产阶级。

有的地方，这权力是必要的且是有用的；也有的地方，这权力之促进，是决不会发生效果的。这个分别自然不是人人能够懂得，无论如何，也要举个例，来说明他。当十月的时候，我们借劳农政府，利用旧政府之崩坏和革命的权力，来把有产阶级推倒；权力已是促成一个很光荣的结果了。

为什么呢？第一，因为群众在劳农会里，已经有了组织；第二，因为我们的敌人——有产阶级，经过自二月至十月长期的政治时期，大半是分裂了，零落了，好似一块春水之冰，内部早已完全失其效力了。所以我们的十月运动（DIE OKTOBERBEWEGUNG）——大约可与现在德意志的革命运动相比——才能如此容易得到一个革命的权力之完满的光荣的胜利。

试问如果没有如此的条件，人可不可以预定这个斗争底方法和形式，能实现这革命的权力之便宜的胜利呢？

一个这样的假定，恐怕就要发生极大的谬误。并且这在一定情形之下成功的革命的胜利愈显明，则危险之发生亦愈多，这是由于我们把这个胜利底意义弄颠倒了，且对于他没有平心静气去再三思量，究竟要在何种情形之下，才是可能的。

当我们把克伦斯基（KERENSKI）政府，米尔若可夫（MILJUKOW）联合内阁，如断纤丝一样的推倒了；当我们把"他在这各方面的集合体内，怎样能安于其位"这个问题，实验过了；当我们把他招待过了——把这内阁的玩戏，由右至左，由左至右，由下而上，从上而下的演完了：于是就可以证明他是一个"任如何迁就其坐位而求利益，终无半点效果"的东西，然后好像长了羽翅的一般，从他的席上飞去了。

当这种事体之横于我们的目前，和现在当作实际事务的世界帝国主义之横于我们的目前者，是否宛然相似呢？一定是不相似的。

第四　卜列斯登和约之意义

由这点看起来，那末，在外政底范围上，卜列斯登和约底问题（DCE FRAGE DES

BRESTER FRIEDNNS）又惹起了如此的困难。群众运动底特长，就在此地，来战胜他。

但是一部分的同志们，对于这个和约之承认，认为是我们的一个无限大的犯罪：此种谬误之起源，究竟在什么地方呢？且现在国民中，还有一种如此特出的怪物，只知纸上谈兵的乱说，一心一意谋个人的利益，迷信有了经验，忠告可以解迷惑，如此等类，无所不为；一竟到了现在，还确言这是一个同德意志的帝国主义同意的表示。

不错，当我们与"沙"（俄皇）一致的时候，当我们进入反对的复古的帝国国会，且从内部去破坏他的时候，也曾是一个这样同意的表示。

试问在这些帝国主义的国家里，没有无产阶级底相应的发展，想单用权力去推倒世界的帝国主义，人能不能够算定呢？

若是将此问题，这末一提出来——我们马克思派的社会主义者是常常知道这个问题，必定要这样，且只能这样提出来——那末，强权政治底应用在此处，好像是一种蠢到十分的无意识的行为了，好像是对于这些条件——在这些条件之下，强权政治是一定能有效果的——之理会力都完全没有了。

这是我们现在可以看明的。我们是由经验而变聪明了。

时候到了，于是我们在卜列斯登和约的时期内，搜集我们的力量，在极大困难之下，把一种新的军队——赤色军队底基础，来好好地建妥；这个基础在这一个国家里，似乎世界上再没有旁的国家能用武力推翻他，打破他。——时候到了，于是我们于一九一八年上期和下期开始之际，把那纯正的社会主义的赤色军队之基础，一步一步的建立起来，同时其他各国之帝国主义，因为内部之分裂，抗议之膨胀：内部空虚而实力就弱下来了。

且在德意志，革命的权力，转瞬间就获了胜利，亦是因为在这个国家里面，斗争底数月之久的发展，把帝国主义掩埋了。现在这种同样的事实，在一定程度之内——在一定程度之内，并非包括一切而言——按照协约国之情形，一定是可以拿来重演的。

近来有一位美国人，他对于西欧各国之优胜，曾经很注意的，直接的且毫无偏颇的观察过，和我说道："现在对于法兰西最迫切的，最可能的事务，即解释他的迷惑，破除他的空想，因为人家总是以履行条约去诃谇法兰西人——常常这么说，你们是战胜了。"加以全法国之国民素具旧的爱国的感情，且有一八七〇年遭人蹂躏之余愤，而又经此四年苦战，民穷财尽，处于疲困状态之下——凡此种种都是最容易为有产阶级所利用，而引其入于偏[褊]狭爱国主义（CHAUVINISMUS）一途的，"我们是战胜德意志了，我们的荷包将要充满了，我们将要休息了"。但是那位清醒的，以商业行为去观察各种事体的美国人说道，"德国人是一定不能交付的，因为他实在没有法子了，能够拿出这笔赔款来"。

因为最后一瞬之和会快将出现，快有得到完全胜利之希望了，所以刚才人家总是用践约那一类的笑话去诃谇全法国的国民。但是和约底意义，竟能使少数几个从这个血海里面逃出来的，折手断足的生存者之一切希望，归于破产，然此种痛苦是能够解脱的。不过在这个旧的资本主义之下的世界上，可说毫无解脱之余地，因为战争之结果，在资本主义的全世界之上，已经积成资本主义的犯罪之一个这样汹的危机，和一个无限大的破坏；所以若不将这个危险物去掉，那就真的没有活动之可能了。

虽说那班人——那班非革命者，不相信革命的人，对于革命害怕的人，常常从理想一方面去讨论这一点，然而由这次大变故之经过和帝国主义的战争之结果将会证明出来，确定出来，在这个世界上，除了革命，再找不出别的出路了。

我重提一遍，这些情况底价值，已经使我特别注意，陷我于惊奇状态之下了，那位美国人之论这点，不过出自商人眼光，他对于什么阶级争斗自然是没有究研过，对于一切的爱国热忱，都认为很荒唐，尚且能以一言，即关系于百万人之休戚，而知早为之计，设问自答：人家将会交出赔款或不至于？——再从他一方面，用纯粹经商的打算为着力点，答道："并没有半点东西在那里，能把什么东西拿来交赔款！二十个'柯皮肯'（KOPEKEN）想换一个'卢布'（RUBEL），是当然没有这一回事的！"

第五　各地劳动界之勃兴

在各协约国中，因为劳动者根本上是表同情于劳农制度（DRE SOWJETFORM）的，所以在各地早就有一种很有势力的，很堪注意的，蓬蓬勃勃的气象：这种状况，是我们所能见到的。

譬如巴黎的群众，较之他国民众是容易受感动些的，这是因为他在巴黎身受了优良的教育，实行了屡次的革命的缘故——这种最容易解发的群众，对于无论什么演说家的欺骗言论，概行反对，对于那班敢说反对"布尔什维主义"（BOLSOHEWISMUS）的人，尤其排挤得很；并且我们对于这种样的群众，不说什么假话，就在数月之前，若是有人向他说"布尔什维主义"怎样好，怎样有利益的话，那就马上就要弄出多少讥刺的话语和冲突来哩。

因此巴黎的有产阶级反对"布尔什维主义"的全部欺骗，诽谤和阴谋底计画，布满了全城。但是这有什么价值，有什么意义，我们却全知道了，因为我们布尔什维克者，当一九一七年的时候，对于纯粹有第三阶级的新闻纸之挑拨，已经实行过。那班有产的先生们，总以为能在欺骗和诽谤底纲中，把布尔什维克捕缚到手，谁知对于我们匪特完全失望，且给我们以多少良好的机会；他们攻击我们，破坏我们愈利害，结果，愈是表示一种无能力的样子给我们看，且愈是唤起后进的劳动者之注意："若是资本主义者对于布尔什维克愈骂得利害，则布尔什维克之攻击资本主义者亦愈加显明！"

于是我们认为卜列斯登这种极残忍的，极野蛮的和极受屈服的和约之经过，是我们的一个唯一正确的政策。

并且我相信，再把这个政策拿来实行，亦不为无益，据现在的情形看，协约国政府具有同样之性质，其全副精神，都用在那暴虐的要求上，把他的债务，他的苦难，他的灭亡，通通推往俄罗斯，用来掠夺俄罗斯，抵制俄罗斯，以为防止本国劳动界发生暴动之计。

第六 谁是强有力者——我们或协约国？

若是我们不存成见去观察事体，我们应该明确的说，若是我们不愿欺瞒自己，又不欺瞒他人——对于一个革命家，这是一种有害的行为——我们也应该说，就是据帝国主义的势力一方面看，协约国是强过我们。

但是如果我们就事体底发展上着眼，那我们亦能十分明确的说，亦能根据一种证明——不仅是根据我们革命家的见解，亦且根据经验的——来说，就是这些协约国的权力，将会没有长期存在之余地；因为他是直接立在国民心理一个强烈的变迁之前。

他们以诃谇法兰西的劳动者的笑话，同样的去诃谇英国劳动界："我们将要掠夺全世界了，然后你将得饱暖"。这差不多全是从第三阶级的新闻纸上呼出，用来训练未发展的群众的。

到不了几个月之后，他们既不死战沙场了，他们自然会讲和；这是有好些的真实的先兆，摆在我们目前。我们容易明白的。但是若是协约国方面打胜了来讲和的话，那就无须彼此哗辩，无须彼此争论，而这个和会马上就会发生破裂，因为法兰西，其小麦的生产额，已加倍的减少，生产力既完全消灭，眼见得就要起饥荒：这种空前的债务和猛烈的破坏，都是他们急急于要谋救济的——要知道他们实在没有救济这些困难的能力。

第七 世界革命之必然

若是大家对于各种事体，用合理的眼光去观察，那末，大家一定要承认那种批评底方法是一天一天促进将来世界革命实现的；那种方法是在俄罗斯革命之价值上，已经表现一个如此正确的模范了。我们是知道的，排水路的力量一天一天加大起来，将会把协约分子，资本主义，帝国主义那些冰块，一片片远送他方。

一方面，协约国是强过我们，但是他方面，他们对于他们内部的情形，实在没有法子，能够维持长久。

外交上极复杂的问题，就在这种情形里面发生出来——这个问题，我们自然要在极短时间内去解释他；虽说我对于这个问题底各方面，没有充分的指示，然而也是我应要说明的；首先最重要的一点，就是这个意思：要把外交上委员会活动范围内之经验，向各位同志们，解释解释，使各位同志们有一个明了的精确的概念。

卜列斯登和约就是我们实在的经验。这个和约就委员会底各项外政论，要算是极实在的。我们应要候一候，宽容宽容，我们的方策应要权变一权变，低心下气来把这个极受屈服的和约签好了，然后始能保守这点可能，来对于新的社会主义的军队建立新基础。并且一到我们将这个基础打妥之后，毕究我们的强有力的和暂时万能的敌人，已经是表现一种疲惫不堪的样子了。

关于这点，其发展之势力，亦渐普及于全世界，并且这是极重要的，极根本的教训，为人最容易深记的，最容易明白的；对于外交上极复杂的，极困难的，极错综的问题，这样做去，一定没有错的——在委员会议，中央委员会和劳农政府之前，早晚之间，这个问题定会发生的。

有了这种暗示，我暂时把这个外交问题搁开，来讨论几个其他的，极要紧的问题。

第八　赤色军队之建设

各位同志的朋友们！若是说到军事上的活动，那末，当一九一八年二月和三月——一年之前——的时候，我们并没有军队。我们大约有一千万的武装劳工和农民，也就将旧式军队扑灭了，将旧式军队完全驱散了；且有了十二分充足的准备和勇气，再来出发，前进，无论如何，总是百战百胜的。

当时这种情形在俄罗斯，都视为是非常特别的。人家总以为：俄罗斯人是素来缺少忍耐性和组织力，这种事体断非俄罗斯人所能成就，只有德意志人或有成就之希望。

人家对于我们的批评，既经这样相反。但是我们现在有眼可见：数月之间——所谓德国式军队之组织，关于教化，工艺，纪律以及对待病者伤者的人道的条件和休暇等类，都是远出吾人之上，而不可同年而语的，毕竟亦在此地有同等样的军队产生出来。血浴——长年的血浴一出现，就是最有文化的和最有纪律的群众，亦是担负不了的，到了一个绝对破坏的时【候】，就是最高尚的德国军队，亦是不能阻挡的。

这是明明白白不仅对于俄罗斯，即对于各国，亦有一定的限度。这个限度就各个不相同的国家而有分别，但是有了一个限度，那末，若是出了这个限度之外的话，那就任凭你怎样，终是不能对向资本家底利益宣战。这就是我们现在所观察的。

德意志的帝国主义底假面具，已是自行揭破，现出其强盗的真面目来了。最重要的，就是：无论在美利坚或法兰西——在这些大名鼎鼎的"德谟克拉西"里面（门塞维克和社会革命党这些倒运的人，这些社会主义之逆贼，常自称社会主义者而喋喋于德谟克拉西），在这些世界上最先进的"德谟克拉西"里面，在这些帝国主义底共和国里面，其无耻之相，层见叠出，差不多无时无地不表现其野兽，肉食兽之天性。他们掠夺世界，彼此斗争，彼此防备，未尝或息也！

这是不能长久隐藏住的。总是在此大战正酣之时期内，可以隐藏着，一旦战梦过去，和会迫近，在此"德谟克拉西"里面，任凭你如何隐瞒，这个强盗行为的战争，终会被群众看出来。多数"德谟克拉西"的共和国恰似一个肉食兽的化身；这个极残忍的，极无耻的肉食兽之用意，无非想以数千百万人之生命，作清偿债务之代价品，换句话说，就是作清偿资本家和帝国主义的先生们底债务之代价品，所以他们，才能如此大发慈悲，一一割断其咽喉。这种欺骗，都是一天一天会被群众发觉的。

在这种情况之中，这样的政治运动是可能的；如英国极富足的，极有政治经验的有产阶级的大报馆"泰晤士"一位战时通信员对于这桩事体之批评如下："全世界之陆军自行瓦解：只有一个唯一的国家，其军队正在建设——这个国家就是俄罗斯。"

这是一种事实，为有产阶级应该承认的，就是以军国主义的眼光看去，有产阶级是强过于"劳农会布尔什维主义"，然而我们对于这种事实，其价值应全在这一年来劳农会运动之结果上。

一个革命底目的，我们是已经达到了；这一千万的军队多半逃的逃了，再不能负担这个猛烈的战争了，并且认此种战争为犯罪了，于是着手建设社会主义的军队来代替他——这种千万的社会主义的军队，一个个都自己明白，他们为什么而斗争；他们负担了这个极大的牺牲和限制，虽远过于"沙"的时代，然而他们很愿意，他们明白；他们保护的是他们自家的事体，他们自家的土地和产业，他们工厂里的自家的权力；他们保护的是劳动者底主权，并且其他各国的劳动界之活动，虽说很难很慢，然而总是一天一天醒了过来的。

这是一种这样的状态，由这种状态就可以确定劳农政府底一年来的经验之特点。

第九　战争底困苦之于劳农俄罗斯

战争之对于劳农俄罗斯，实有无限的困苦；战争之对于一个——已经忍受四年之久的帝国主义的战争恐怖的——民族，实有无限的困苦。战争之于劳农俄罗斯，实在是一个无限大的重荷。

但是我们的强有力的敌人现在已经自己承认他的军队是自行瓦解，同时我们的军队正在建设。究其原因，是因为在历史上，这种军队算是第一次接近——第一次的不可破裂的接近；人能说，劳农会的不可破裂的结合是由军队而建设的。劳农会结合各种劳动者和被掠夺者——军队之建设，则全以社会主义的防御和认识为基础。

十八世纪的时候，一位普鲁士的君主说过几句聪明的话："若是我们的兵士有了这一个'我们为什么而斗争'的观念，那末，人家对于我们，简直没有宣战之余地了。"这位古代的普鲁士的君主自然不是愚人。若是我们把我们的情况来和这位君主比较一下，那我们现在尽可以说：我们能够宣战，因为群众都明白他们为什么而斗争，因为他们都不顾各种空前的重荷，很愿意斗争（我再说一句，现在，战争底重荷，比之处于"沙"的治下时，还大得多）。虽然，他们知道这种牺牲是很大，这种战争是很苦，而他们总是为保护社会主义的事业和其他各国劳动界的利益而斗争——这些劳动界都是各自分散的多，但现在也渐渐回醒过来，渐渐明了我们的位置了。

有种蠢如鹿豕的东西，还对于赤色的军国主义悲叹起来；还是政治的欺骗者，表面上现出一种很特别的样子，好像相信这是无意识的举动，并且百般设法，专心去寻找该种样的错处，因此利用其辩护士的法术，创造一些荒谬绝伦的议论，视群众如"眼中钉"似的。譬如门什维克和社会革命党所常叫："看呵！看呵！人家用赤色的军国主义来代替你们的社会主义呵！"

其实说起来，何等可惊的犯罪！全世界的帝国主义已猛烈的攻击俄罗斯共和国了，要来窒杀他了，且我们着手建设一种军队，是历史上的第一次，他为什么而斗争？他为什么而牺牲？要知有了他，才能抵抗多数的敌人，有了一月一月的抵抗，才能在此至今尚未成功的情形中，来速成世界上的革命——如此，才算得是赤色的军国主义！（ROTER MILITARISMUS）

我重提一遍——这种人或是蠢然一物，于政策上没有丝毫价值的，或是政治的欺骗者。

这种战争是先开罪于我们，这是人所共知的；一九一八年之初季，我们才算把旧的战争结束了，并没有新起战端；各位都知道，西部，南部，东部的白卫军借协约国之援助，进逼我们，因为对于军用品和准备——这些军用品全是帝国主义的战争所剩下的，聚集在各先进国里面，运来援助白卫军的——都有充分的把握，于是彼此号召，用作声援；这是什么缘故呢？各位要知道，因为这些百万家财千万家财的人，他们也明白了，在此地他们的命数将尽，他们自己快要灭亡，若是他们不快些起来压迫我们。

第十 我们的空前的发展苦战的胜利

社会主义的共和国做了空前的努力，他拿了牺牲，换了胜利；若是我们当此一年内乱之结局的现在，把地图拿来观察：什么是一九一八年三月间之劳农俄罗斯？一九一八年七月间，他的情形又是怎么样？在卜列斯基和约底直线上，西有德意志的帝国主义者，乌克兰是在德意志帝国主义者压迫之下的，东至卡站（KASAN）和西门贝斯克（SIMBIRSK）则在被英法所收买了的捷克斯拉夫（TSCHEOHO-SLOWAKEN）统治之下，但是现在把地图拿来一瞧——然后我们可以看见：我们有了空前的发展，我们有了苦战的胜利。

这是当然的情形，据此种情形看来，只有那班极污秽的和极卑贱的政治的欺骗者，才用得着很高慢的言辞，才能归罪于我们的赤色军国主义。

革命这种事业，若是把夺取一步做完之后，即把他藏在口袋里面，然后就认事业为已满足，这是历史上从没有的一回事。若是谁认此种革命为可以料到的，那末，他不仅不是革命家，且为劳动阶级底极恶劣的敌人。并且从来没有一回这样无意义的革命，即如第三阶级的革命，其目的固是在把少数人手中的权力拿到其他的少数人手中来，然而还是找不出一个这样的革命。对于这个，我们有一个最好的例子！譬如拿法国革命来作例题，这是很恰切的，十九世纪之初，一切旧政府都出阵来反对他，破坏他，因为他们明白用大规模的民众活动来保护他们的夺取，所以这些民众始终将全世界底总攻击打退了；他们的一个最大的功绩，也就获得了。

革命这种事业，在实行上，斗争上，火线上，必须有一番真实的试验。若是你受了压迫，受了掠夺；若是你想革命，你想推倒掠夺阶级底权力；若是你已经拿定了主意，始终来干倾覆他的事务——那末，你就应该知道，你一定会惹起全世界掠夺阶级底攻击；若是你已经决意去迎击这种攻击，并且不顾一切的新牺牲，来成立这个争斗，于是你才算得是一位革命家，否则你将会被人践踏，被人蹂躏。

讲到这个问题，可以用一切革命底历史为一模范。

我们的革命之实际的经验，就是：我们以一个这样后进的国家，而权力之夺取，劳农会制度之管理以及劳动者和被掠夺者底权力之夺取这些事业，都比别的国家实现的早些。但是我们亦能至少在其他各国的群众开始活动的时间以内，把他保持坚固么？若是我们没有能力，施行我们所主张的新牺牲，那末，可以说这个革命，在历史上是不合法的。话虽如此说,然而文明各国底如狼似虎的民主主义者(DEMOKRATEN),在此大多数强盛的自由的共和国里面,如在美国,对于百数之布尔什维主义者之出见,还是异常害怕;这就可以表示其传染力之大了!且这些新从饥荒的破乱的俄罗斯移来的民众,为数不过一百——但亦将在该处高谈布尔什维主义——以之与这大多数民主主义者对抗斗争上似乎是很困难!要知群众底同情心是在我们这一方面的!至于有产阶级之所恃以为助者;不过是:在他们手中的武器,在他们手中的大炮,尚未失掉之时期内,他们可以用这种大炮准向劳农俄罗斯射击。然劳农俄罗斯之受他们的压迫,至久亦不过几个月的事体,因为到了后来他们失其所恃的时候,他们一定没有能力可以压迫俄罗斯了。这就是我们现在所处的地位,这就是这一年来国民委员会议对于战争政策所取之方针;我们既将各种事实,各种结果,都指示出来了,所以我们可以说一句公公正正的话:我们只有照这样做去,始能通过这关试验,且这些经过战争而非常疲倦的劳动者和农民,虽处于这些更加苦痛的条件之下,但有一鼓新鲜豪勇之气,来创造这个新的军队。

简括言之,就是劳农政府底政策之结论,是专在军事的范围内。现在在此地,我还有几句话,对于一宗事体要说,就是在战争问题内的政治与他种问题的政治及经济的政治,有什么关系——我先说军事专门家底问题。

第十一 关于军事专门家底问题

这个问题惹起了怎样的争论,这大概是你们大家所知道的,即如有好些的同志,他在布尔什维克派共产主义者中间,算是极尽忠的,极信仰的,对于我们利用旧的军事专门家——"沙"的军官和将校,来建设赤色社会主义的军队,曾经极力提出异议,以为这班人既尽职于"沙主义"(ZARISMUS)又往往有惨杀劳动者和农民的污点。

这种异议之发生,是彰明较著的;那种样的不愿意,本也难怪。但是不利用"沙主义"的军事专门家之帮助,怎样能够建设社会主义的军队!

不用说,这是显而易见的,我们建设社会主义的军队,只能采用这种方法。并且若是我们对于现在摆在我们眼面前的这个问题,仔细想一想,这也不是十分难懂得的,即建设一项,只有按照这个法子,始能说到"可能"二字。这个问题之于我们,不仅是一个军事上的职务,即在国民生活和国民经济底各种范围上都是利害相关的。

那些旧的"乌托邦"的社会主义者妙想天开,以为可以利用别种样的人来建设社会主义,以为第一步就在养成一班勇敢的清高的有好学问的人,然后再从这班人里面,使其变为社会主义者。我们对于此点,是常常讥笑过,解释过,因为这是一种傀儡戏,这是对于社会主义底女子中学生一种消闲解闷的说法,并非真实的政策。

第十二 利用那些被资本主义所恶化了的,但甚坚牢的东西为建设社会主义之材料

我们想用那些被资本主义引诱了的,恶化了和正在恶化的,且为资本主义底争斗所锻炼了的人,来建设社会主义。有的是无产者,他们的锻炼程度有这样子,他们的

牺牲能力,比之各种军队还要大一千倍;有的是一大部分被压迫的农民,这些农民虽说无学识,无组织,但是若是无产阶级能进行一个敏捷的战术,来同他们联合做斗争上的事体,是很能干的。

然后有的是科学底和工艺底专门家,这些专门家都是完全深染了第三阶级的世界观的,有的是军事专门家,这些专门家都是在第三阶级的关系之内受过教育的,并且与其说在第三阶级的关系之内,不如最好是说在那地主制度,手杖政治,奴隶制度底关系之内,领过教的。

至于讲到国民经济一方面,那末,各种农业家,技师,教授通都是出自富豪社会;他们并不是从天上掉下来的!而手掌机器之无产阶级和手握锄犁之农民,就无论在札儿尼古拉(ZAREN NIKOLAI),或什么共和国的大总统威尔逊之下,都是没有能力入大学。科学与工艺之在此地,只能合宜于富者,贵者;资本主义只能给文化于少数人。但是我们应该要由这种文化来建设社会主义。除此以外,我们再没有旁的材料。我们想马上就利用那些材料——那些由昨日的资本主义遗留到今日给我们的材料,来建设社会主义;现在是这样,凡是吹牛拍马的工夫,可以不必多做,我们不一定先要养成一班勇敢的清高的有学问的人,然后才能建设社会主义。我们只有第三阶级的专门家,此外别无所有。我们没有旁的石块,我们不能有旁的法子去建设他。社会主义是应该要占胜利的,那末我们社会主义者和共产主义者由实验上就应该明白,我们实在能够利用这些石块,这些材料来建设社会主义;我们实在能够利用无产阶级,利用第三阶级的专门家,使无产阶级在这极少数人中享受文化——用这种法子,来建设社会主义社会。

并且若是你们不能利用这些材料来建设共产主义的社会,那你们就真是无底的牛皮家和饶舌家。

果然照这种说法,岂不在世界资本主义底历史的遗产上,又要发生问题!岂不当我们握得权力之后,当我们把劳农会的设备得到手之后,迎着我们,也要发生具体的困难!

关于这点乃是事业底一半,事业底一大半。劳农会的设备,意在使劳动者这样团结起来,使他们用他们的群众结合底势力来压倒资本主义。原来资本主义也压迫了他们,且资本主义之压迫是贪而无厌的。我们应将那资本主义所留下的文化握得后,再利用他来建设社会主义。我们应把全部的科学,工艺,一切的知识和艺术等,都拿到手中来。不然的话,那我们就没有能力能够建设共产主义的社会之生活。但是这些科学,工艺和艺术,通在专门家的手里面和脑子里面。

这么一来,好像因为全部资本主义是矛盾的,就在各种范围上发生此种事务——一种十分矛盾的事务,一种非常困难但能通行的事务。并非在这个共产主义者的第一时代,因为想避免各种污点和咎责,就打算以二三十年的工夫来养成一班身家清白的共产主义的专门家;这话完全不是这样说的,我们应该要容恕一点,我们如何等得二十年的工夫?!眼前两月间,就要整顿一切,来抵抗全世界底有产阶级,来与全世界的第三阶级的科学和工艺奋斗。此地我们是应要得胜利的。我们用我们的群众势力来强迫第三阶级的专门家,替我们做工固然是很难,但是也能够做得到的;并且若是我们这样做去,那我们就可以得胜利。

近来托洛次基同志(GEN. TROTZKI)报告我说,我们强迫那些军官来任我们这一方面的军事职务,成就的为数已有数千之多,于是我由此有一具体的意见,即我们利用数人底秘诀,就在此地;但是我们怎样始能强迫那种分子——我们的敌人——来建设共产主义,且利用那种已经被资本主义所指使来反抗我们的石块来创造共产主义的社会!旁的建筑材料我们是没有的。总之我们强迫第三阶级的专门家,在无产阶级底支配之下,由这种石块来建设我们的建筑物是应该的。不错,这是很困难,但确有胜利底担保品在该处!

在此种新而且困难的途径上,于我们自然会发生许多失策的事体,发生许多不利益的事体;人人都知道多数一定的专门家对于我们,已实行了有系统的反叛,专门家作工底一种恶意的行为和恶意的"怠工"(SABOTAGE)我们是常常要在工厂里,在农事上,在管理上遇着的。

我们明白这是一个无限大的困难,并且这种困难,单靠权力是不能战胜的……我们自然不是反对权力者;我们是常常耻笑那班人——那班对于无产阶级专政取否认态度的人,并且说,这是一个蠢如鹿豕的东西,究竟应该归无产阶级专政或有产阶级专政去统治,去支配,他们是全不懂得的。谁要那末样说,那他真不失其为蠢牛或政治的欺骗者之资格,若是有人还让这种蠢牛在一个集会上,或甚至站在演说台上,那种人也该自愧的了。什么威权,什么掠夺阶级底强暴的压迫,都有能力,能够对于最高尚的劳工首领李卜克内西(LIBKNECHT)和卢森堡(LUXBMBURG),大胆施其杀害的手段;总之,谁要作正当方法的梦想,他就是我们的极有害的和极危险的敌人。现在的问题,即在这点。既然如此,那末,若是我们说到利用专门家一层,人家也应该在此地,对于一年来劳农会政治底经验,加一番注意;在这一年间我们已经打倒了,战胜了掠夺阶级,现在我们就可以解释这利用第三阶级的专门家底问题了。对于此点,我再重述一遍,即单用权力是一定不能做出多少事体来。必须在权力得胜之后,再以战利的无产阶级之道德的感化,训练和组织,而为权力之辅助,以便一切第三阶级的专门家在无产阶级支配之下,与其工作上发生关系!

人人能够说:列宁是推举道德的感化来代替权力。但是若是说一种新的经济和工艺底组织之问题,能于建设共产主义的社会之际,单用权力去解决,这仍不失为盲目的信仰。无意识!若果我们真能在此一年来之劳农会的工作上,稍有心得,那就无论党也好,群众也好,我们对于群众,尽可预先训戒,我们也可以放心,断不至陷于此种糊涂境界之内。

第三阶级的资本主义的社会底全部设备之利用——这种事务不仅是要靠权力底有效的应用,他所必需要的,除这项以外,还有:群众中之组织,训练,如朋似友的训练;无产阶级底组织对于其余一切民众之感化;一种新的群众的关系之创造,使第三阶级的专门家在此关系之内看了,明白对于他是没有出路了,不能再回到旧的社会去了,他不能不加入共产主义者一方面来干他的工作了;这些共产主义者是立在他旁边,为群众之指导,且对于群众享有绝对的信用,并且所以这样往下经理,都是因为明白这第三阶级的科学和工艺之果实——这数千年来文明发展之果实,实在是一切劳动者底私有产业,并非使少数人利用他来出世,享幸福利己的东西。

这是一种极困难极困难的事务,数十年来就有人想利用他,想用种种法子去解决他,但是能是能够解决的,不过我们先要创造一种权力,一种训练,一种如朋似友的训练,一种劳农会的训练,一种无产阶级的训练,用来不仅揭破有产阶级底反革命者之尸体,且须要包围他,使他不留残渣,压服他,使他依我们的方法,服我们的职务。

我再重述一遍,我们无论在军事的和经济的建设上,或在每一次国民经济会议以及工厂委员会和国有的工厂之活动上,天天都遇着了这种事务。并且在这过去一年里面,难有特别的一礼拜,这种事务,不是这样或那样,不是以此种方法或那种方法被我们去解决,被我们去决定。我曾担保的说过,在俄罗斯这一年中之劳农会的活动上,从没有一个特别的工厂委员会,一个农业共产团,一个劳农会的管理和一个局部农事的分区,不是着了这个事务十数次的。

当时,事务上之困难,亦是一个样,但亦幸亏这种事务,所以我们始能在现在——在此无产阶级的革命权力昨日推倒了掠夺阶级之后,来干我们的一切的事体。我们破碎了他们的反抗,这是很重要的;但是重要的事体,又不仅唯此一点,还须要用劳动者底新组织,如朋似友的组织之力量去压服他们,使他们替我们做事,我们应该疗治他们旧有的毛病,我们又应该防止他们回到他们旧有的掠夺者的习惯上去。他们都是有产阶级的化身,兼任将校的职务,且坐在我们的军队底司令部里,他们都是工程师和农业家——这些旧的有产者自称为门什维克和社会革命党。名称上无容更改他,总之,按照他们的世界观,按照他们的习惯上看起来,从头至尾,无处不表现他们是有产阶级。

然则这样一来,我们可不可以轻视他们,放弃他们呢?我们千万不能轻看他们,放弃他们!并且假使我们这样做去,我们定会自寻失败。我们除开这种材料——这种由资本主义所造成的材料以外,我们不能再有旁的材料来建设共产主义。我们不应该放弃他们,但我们可以一步一步的考察他们,破坏他们的反抗,无论如何,均不使他们有何种政治的特权,时时关心他们,使他们与无特性的民众接洽。文明人之所以陷入有产阶级底关系和政治这一途的缘故,即因为他们的全部文化,全是由第三阶级的关系,经过第三阶级的关系得来的。因此他们容易步步失足,而反革命的有产阶级便得到政治的特权。

一个共产主义者那么说:凡人不应陷入一个这样的态度,凡人不应污秽了他的手,因此他应有纯洁的共产主义者的手,因此他可以用纯洁的共产主义者的手,来建设共产主义的社会,无须再利用那些卑鄙的反革命的第三阶级的合作派的人——这完全是一个无底的吹牛家,因为这种重要,是向利用专门家底反面而发的。

实际上说起来,现在最重要的事务,即是:利用那班受了资本主义的教养来反对我们的人,来替我们做事,且对于这种人,时时加以严密的监督,在共产主义的组织关系之内，安置他于劳工委员会，以切断其反革命的阴谋，同时我们可以由这班人，学得种种专门学问。

我们最好是来整顿煽动者，宣传者和那班由一个工厂劳动者或饥饿的农民底地狱似的困难的命数所锻炼了的人之学问——一种这样的学问；他以持久耐劳的方法教授我们，他以强硬斗争的方法指导我们，到如今他亦曾经救过我们；这些通是很重要的；但是这未必就算满足了，单用这种方法我们是不能得到胜利的；我们还应该把资本主义底一切无价宝——全部科学家和文化，拿到手中来，如此，或者可以得到完满的，最后的胜利。

但是这种科学和文化，我们应从何处取来？我们应该向他们——向我们的敌人去学习；我们的开明的农民，我们的有阶级觉悟的劳工应该在他们的工厂里，在他们的局部农事分区所，向第三阶级的农业家，工程师和其他种种人去学习，以便取得其文化底果实。

第十三　吾党斗争之结果

由这点看起来，吾党一年来之斗争，获了非常的效果；这种斗争惹起了不少的利害的冲突，但是没有这样的冲突也就不成其为斗争；并且我们对于一个未曾发生过的问题，已经得着实际的经验，然而，假使没有这个问题，则共产主义之实现，还是不能成功。例如胜利的无产阶级革命同第三阶级的文化，同第三阶级的科学和工艺——从来属于少数人之私有财产的——之联合这种事务——我再重提一次，这种事务是很困难的。劳动群众的上层之组织和训练，在此地算是关系重大。倘使在俄罗斯没有城市劳动者底一个开明的阶级，来作这几千万数之不安心的，黑暗的，纯粹单独工作而全无能力的，百年来被地主所压服了的农民之指挥——这个开明的阶级是与这种农民相接近，且为他们所了解，所信仰，认为同是一个与他们自己相等的劳动者——倘使这个组织没有成立，来固结一般劳动群众，来使他们确信这种强夺，输入，解决全部第三阶级的文化的事务之重要，那末，共产主义底事业就无希望了。

我说出的这些事体，并非根据抽象的一方面，乃是根据这一年来之日常经验的一方面的。倘若在这些经验之中有许多琐碎事体，能在某暂时内发生不愉快，那我们只要于各种情形之中，对于这些琐事，稍为深看一点，我们就应该懂得这些活动上的琐事，这些工厂委员会和技师间之冲突，这些赤色军队和那些第三阶级的将校，这些农民和那些第三阶级的农业家——在这些矛盾，抵触和琐碎的事体内，包含有一个不可测量之深的内容。我们是已经战胜了这种偏见——这种抛弃第三阶级的专门家之偏见。我们把这种暂时活动很坏的机器拿了来，我们不要去作空的理想；这种机器一步一步的停滞，一步一步的发生毛病，一步一步的陷于万丈深壑，我们就一步一步的再把他提出来，一俟他照常活动，我们就好引导他往正路上走。这样并且只有这样我们才可以从这个颓惫，灭亡，寥落，穷困，饥荒，可怕的困难之无底的深渊里面，来完成我们的事业；且战争既陷我们于困难之地，而各国底帝国主义者就正想在这种困难之中，来陷害我们，压迫我们了。

我们着手来解脱这种困难，这就是第一步。

一年的劳农会活动给了我们许多教训，使我们在工厂区域和农民作工区域之每一个特殊的情形中，明了此种活动且认之为我们的特有的责任。这就是这一年里面劳农政府底极大的成功。我们对于这个事体空费了一年之光阴，并无甚害处。我们不能和从前一样，以普遍的学理来讨论第三阶级的专门家和无产阶级的组织之意义了，我们要把我们的经验，一步一步来应用到任何一个工厂委员会和任何一个农村组织里面去。若是我们把赤色军队底基础打好了；若是我们有了一个小小的根基了；若是有了国家化的企业，在此种企业里面，劳动者明了他们的事务并且已经开始利用第三阶级的专门家之帮助，来提高工作的生产力，慢慢地想法子使这些第三阶级的专门家重新改过，同时劳动者底群众组织仍是压迫他们，使他们与劳农政府同一步骤而进行——照这样，才算是劳农政府底极大的成功。这种活动多属无形的，且没有什么光彩可见的；若是我们想鉴定他的完全的意义，这是很难的事体，但是我们的运动之进步明明白白指示出来：我们是已经由掠夺阶级底单简的压迫之单简的事务进而为这种事务，就是我们要一面自家努力，一面教训群众，以便利用资本主义的建筑材料来建设共产主义，且强迫第三阶级的资本主义的专门家来替我们作工。只有照这个法子，我们方可得到胜利。现在我们可以知道，若是我们按照我们从来所走的这条旧路往下走，我们就一定有获得胜利之一日。

同志的朋友们，我现在要讲下面的问题了，因为我的说话已经过于延长，但我对于这个问题，无论如何，也要在极短时间内，去阐明他——即处置一望平原的乡村底问题。

现在，我把"强迫的工作"，"独裁政治"和"利用第三阶级的专门家"这些问题，通都说过了，于是在此地关于共产主义的建设又发生一个新而且利害的困难。

若是在一个国家里，其权力已经移到无产阶级底手中来了，但城市的无产阶级占少数，大多数是农民，而这些农民又都是惯于各自经营，且深染了这种散碎生活底积习，像这样又怎样办呢？

第十四　谁是劳农政府底乡村柱石

不过这些农民中之大多数，亦因苦于地主和资本家之压迫，摧残和掠夺的原故，所以是很愿意为无产阶级之助的。只要城市的劳动者能有觉悟，且任事果敢而有人性，不以利禄首领之心惹起他们的有理的憎恶；只要城市的劳动者能以伸张公理人道之心，来同这些农民相接近，那末，城市的劳动者就可以得着他们一种极亲爱的信仰和极完满的援助。这是我们都知道的。这就是劳农政府底乡村柱石。劳农政府亦必须要在这大多数的劳动者一方面得有极诚实的援助，始能支持下去。我们是已经得着此种援助了，因为城市的劳动者千方百计，于我们意料之外，已经与那些穷困的乡村民众，有了结合。

国家权力从前者曾经阻挡此种事务，但是现在就极全力来援助此种事务了。并且亦幸亏这个举动，劳农政府始得成功，而胜利之担保品就在该处。

刚才我所说的最困难的一点，就是这些农民惯于各自工作，自由耕种，并且他们的心目中，认为这是一件合法的事体。他们的判断所以如此，因为他们总以为："我——我作了工，得了面包，这些面包都是我费了许多血和汗换来的，我拿这种东南西我自由出卖，我难道没有道理么？"这种态度是农民的通病。

但是我们从俄罗斯发展底全部经验上，可以知道，所谓自由买卖者，无非是饲养自由的资本家；并且若是一个国家闹了大饥荒，变成"赤地千里，哀鸿遍野"的状态，还来讲什么自由买卖，那就为一片面包的小问题，将会无所不为，甚且降而为奴隶牛马，所以在一个闹荒的国家来讲自由买卖，可以说是摧残多数人来增加少数人之幸福。

在一个闹荒的国家里面，第一种事务，就是救济农民，这是我们应要指示出来的；不过因为这些农民都是分散的，零碎的，他们又惯于独自生活，独自工作，所以救济的法子，只有把这些群众联合起来。

对于这个困难的事务之实现，表面上是不会发生什么阻碍的；至于要用权力去办理这桩事，也是已经很显明不成问题的；我们断不抛弃权力底应用；我们知道，在农民之中定有乡村重利盘剥者，来实行反抗我们，同时且组织白卫军的暴动；但是这并不适合于农民底全体。富农是在少数方面的；但亦用得着斗争，再一次的斗争；他们是应该压迫过人家的了，我们亦必要压迫他们；但是在乡村里面，这个压迫掠夺阶级的事务，从胜利一方面的解释，又要发生一个问题，非是用权力可以解决的；这一点也是和我们其余一切的事务一样，在农民之中，只有用群众的组织，用城市的无产阶级之继续的教育的感化去解决他。

我们能不能把这种事务，实现出来呢？——是的，我们对于此点，由经验上就可以知道；并且只因为这大多数之农民相信劳工的政府，于是方可在这种信仰底经验上，对于劳动者来设立基础，此种基础之设立是已经着手且必须继续进行，不过继续进行是一定要有友谊上的感化和训练的。

这种具体的事务，实实在在是摆在我们目前的。

当我们设立救贫委员会，当我们与乡村实行货物交换之际，我们这种努力，并非为维持富裕者的货物起见，第一个目的实在是想由城市交出一部分之货物，来维持贫民的生活，所以这样，我们才可以一面救济贫民，一面利用他们的帮助来战胜那班富农，来夺取其剩余之粮食。

在一个极大的国家里，交通又极不便利，农民又非常散碎，要求解决这个民众需要面包的事务，是有无限大的困难；这种事务是费了我们许多心血的。若是我把委员会议底一切开会，回想起来我应该说，劳农政府再没有旁的唯一的事务，比这个事务更为繁杂，更多费过周折的。我们既然处在这种情形之下，农民这样散碎分离，又有极重的习惯和无学识，且爱作农村的独自生活，此际，粮食自由买卖之禁止是很困苦，且同时一定有政治的欺骗者，各种样的社会革命党和门什维克乘机而起，来刺激农民并且和他们说："人家掠夺你们了。"

第十五 猾奴利用饥荒从事煽动

不错，有一班这样的猾奴，但自从经过一年劳农会的活动之后，且经过贫民救助底劳工出来证实：我们最近一月给了乡村四二.〇〇〇货车（WAGGONS）之生产物，而我们所收得之粮食，为数仅三九.〇〇〇货车之后，虽然就有一些猾奴出来叫喊："农民，劳农会政府掠夺你们了"，也是白费事的。

当城市的劳动者身疲力竭，而城市和俄罗斯其他不可耕种的地方所闹之饥荒又无可比伦；当农民占领了一切的土地而夺得了粮食；当多数农民——我们知道这个——在劳农政府底第一年内，不是替地主，也不是替商人，只是替自家工作，而改良了他们的生活；到了这样一个时期，一国之荒象，转而盘旋于城市和不可耕种的区域之中，各种资本主义者利用饥荒，尽力来破坏我们——在这样的时期内，有一种人穿着门什维克的，社会革命党的或其他的蠢牛的衣服出现，且敢宣言："人家掠夺你们呵！"这是资本主义底走狗，我们将要并且定要不以他种方法而以资本主义底走狗去对待他们。

到了那个时候，劳农政府视饥荒问题为他的主要的困难，则每一个劳农委员底责任，就在拿一切剩余的粮食来给与荒民。这是很显明，很了然的，这是为一般聪明人所容易懂得而没有反对的余地的。不过此地常有欺骗和政治的阴谋，来颠倒，曲解，蒙蔽这一个单简的，明白的，了然的真理！

这种真理底柱石就是城市的劳动者。因为此种真理如此昭彰，所以城市的劳动者就从事他们的无限困苦的工作。到如今他向贫苦的农民说了："我们和你们一块儿构成劳农政府底真实的柱石"。为达此目的起见，就要创设救贫委员会，创设货物交换底组织和消费组合底义务的引诱，来把那全部的民众联合起来。各种已经颁布了的关于农业范围的布告，都深含了此种根本观念，各种对于城市劳动者的通告，都是这样宣读出来："你们快和贫苦的农民结合起来，不然，你们就不能解决这个极重要的和极困难的问题了——面包问题。"但是我们对于农民就这样说："或者你和城市的劳工结合起来，那末，我们就会得胜利；或者你迷信那班带门什维克色彩的资本家或资本家底走狗，奴仆之教训和匡正，这班人常劝你们说，'你不要受城市的掠夺了，还是经营你的自由买卖罢；谁是富裕，也是他理有应得的，至于那班饥饿而死的人，与你甚么相干'。那末，你就会自寻灭亡，你就会变为资本家底奴隶，来推倒劳农会俄罗斯"。只有资本主义时代的人就是这样想："我经商，我图利，凡人均为己，上帝为万民"。因为资本主义之结果是这样，所以才发生战争，所以劳工农民才永世为乞丐，富豪财主才永世为特殊阶级。

现在的事务就是：我们应该怎样在实际的工作上，来与农民接近，我们应该怎样把贫民和农村的中等分子组织起来，以便唤醒他们，一步一步改良他们的守旧的癖性和自由贸易的企图，以便反驳或治理他们的固有的"自由的"努力。"自由"这个名词是一个好名词；人人都说"自由"：什么经商自由，贩卖自由等类。并且门什维克，社会革命党那班欺骗者是惯于拿"自由"这个美丽的名词，乱七八糟在各种报章上，演说上去发表；但是这是资本主义底无底的淫妇和骗子，他是从消极一方面来破坏民众的。

第十六　对于饥荒之斗争

在这个最后的时期内，在这个最后的一月和一星期内，防御会议和国民委员会底会议之最关心的一点和主要的目的，就是最后来同饥荒斗争。

现在值此春季，饥荒之于我们，实在是一个利害的苦难；我们的极困难的时代，就是眼前的春季了。和上年冬季之末，春季，夏季之□那个困难的时期一样，我们今年又碰了现在这一个困难的时期。那班白卫军，地主和资本家现在又有再一次活动之希望，不过，虽然他们尚有一次利用饥荒的机会，但他们始终是没有能力能在公开的斗争中，来战胜劳农政府。

还有一班人自称为门什维克和社会革命党——右或左——每当求救的程度愈利害，饥荒愈迫近的时候，他就匿迹群众之中，宣言为劳动民众底同党，希图利用饥荒来煽动民众反抗劳工与农民底政府，他们并不明白，上年东部社会革命左党姆那耶夫（MURAWJEW）之反叛，同白卫军在战争中断送了万数劳工和农民之生命，所以现在这种饥荒底利用和煽动，也是社会革命左党一种同样的政策用来利用劳工的，这种政策除直接援助白卫军以外，并没有其他的意义。每经一次这样的煽动，则抵抗白卫军之牺牲愈为浩大。当上年姆那耶夫开始反叛之际，他将全线散开，竟得着一个全军覆没的结果了。

因此之故，所以我首先必须要用极简括的形式，来谈各种具体的事实。

第十七　关于救济方面之切望

倘若我们现在的情形，关于粮食一项，又和上年春季一样复身变恶了，那末，现在我们最迫切的希望不仅战胜这个困难而已，且将要比上年好好的来脱离这个困难。这种希望，根据东部和南部底实情看来，是很可乐观的，并且东部和南部乃是俄罗斯的主要的谷源。近日来，经过国防会议和委员会议底切实的商议我们已经精密的确定了，在卡站（KASAN）到萨拉多夫（SARATOW）一带，在禾尔加布古马路线上（WOLGA BUGULMABAHN），从莎马拉（SAMARA）以东，在禾尔加河（WOLGA）底那边，已经堆聚有九百万"普特"（PUD，俄国重量名约合四十磅）装妥帖的粮食。

最大的困难，最大的危险就是：我们的交通事务既如此之不便，而机关车之缺乏又如此其大，故是否我们能够把这些粮食输运出来，我们是不能断定。这就是近来我们的活动上最要注意的地方，因此我们就采用了一个这样的方法，从三月十八号起到四月十号止实行完全停止旅客的运输。

我们知道，这是很困难。一定会有煽动者来援助白卫军大声呼叫："看呵，看呵！国民遭了饥荒，还要把客车没收去，就不能得到面包了！"这类的煽动家是所在皆有的。但是我们自家说一句，"我们处于各种困难之际，对于诚实的劳动者之意见，是算定了，他们是会站在我们这一方面的"。

据铁路人员底报告，事实上这种运输之停止，实在空出两百个车头来了。此种运客的车头之气力，比之运货的车头是要弱些，但是我们算计了，在这个时候，他亦能运出三百五十万"普特"的粮食给我们。不然的话，若以一部分的奸商与饥民接洽，此来彼往，在此际来把粮食私自交换，那末，至多也不过输出五十万"普特"罢了。凡是有经验的铁路人员，凡是曾经到过阿瓦运线并亲眼看见这些粮食往往直接堆在雪上的人，莫不认这种事实为真确。装粮食的布袋是能够腐烂，而没有布袋的粮食是潮湿的；至于若是洪水一来，这就更糟糕了。但是我们已经决定采用这种困难的方法，并且证明：人家实在不能把此种事实瞒着大多数的劳动群众，社会革命左党底煽动者实在没有能力诱惑他们，而此种事实是一定可以成功的。

停止旅客运输这一个这样困难的方法本可以输出几百万"普特"的粮食。我们应该将那些"什么停止旅客运输是有害的"欺骗，虚伪和笑话去开，并且说，以彼得格勒，莫斯科和 IWANOWO - WOSNESSENSK 底劳工之救助，亲自到南部去运粮食，实在可以得到充分的面包的。

我顺便说一句罢，简直没有旁的一个城市出了这样多的力量来做贫民救助底组织事业(DIE ORGANISATION DES VERPFLEPNUOWESENS)像彼得格勒的；所有他的好力量都已经用到工作上去了；因此凡属立在头一等的城市之劳工也应该出来经理才是。

社会主义的革命没有劳工阶级是不能成就的；若是在劳工阶级没有聚集许多的力量，仍是不能实行社会革命，因为只有劳工阶级始能指导那大多数的，被资本主义践踏了困倒了的，不识字的，散碎的乡民。进一步说，这种乡民也只能受极开明的劳工底指挥。不过良好的力量是已经用尽了，没有了，此时我们就应该以普通人和少年人之活动，来补充他。他们是最容易有错误的可能性的——但是只要他们经过无产阶级之锻炼，而能够尽忠于劳动者底事业，这是不甚要紧的。

第十八　禾尔加河流域和他处之粮食贮蓄

我们是已经采取这一类的方策，打算派许多能干的人到禾尔加布吉马一带去。卑尔若卡洛夫大将(GEN BRJUCHANOW)是已经同一部分劳工往该处去了。至于其他一带的地方我们也派有一部分的军队和劳工，我重提一遍，迫切的希望就在这里，我们将会得到面包了。这半年是很困难的，但是下半年亦将依然如此困难，因为代替一个很利害的敌人，我们还有一个敌人，不过这个敌人是会自行瓦解，而各国劳农会运动就一天一天增大起来。

我们经过郑重的考虑和计算底许多次的试验，根据这个原故，我们就下一个解释，旅客运输之停止将会给我们以可能，来运出这几百万"普特"的粮食，来利用这东部和南部底丰富的谷源。在这个苦难的半年里面我们将会战胜我们的主要敌人——饥荒；并且除此以外，我们现在的情形实在比上年要好些，因为我们对于粮食有了预备。

当上年的时候，捷克斯拉夫(TSCHECHO-SLOWAKEN)进逼至卡站(KASAN)和沁卑尔斯克(SIMBIRSK)，乌克兰(DIE UKBAINE)是屈服于德意志之足下，克拿斯洛夫(KRASSNOW)又以德意志的金钱，组军队于顿河流域(AM DON)，于是南部完全与我们隔断了；但是现在的乌克兰是已经脱离了德意志帝国主义者底羁绊，而德意志帝国主义者心想从乌克兰运出六千万"普特"的粮食，但是他只运出了九百万"普特"，并且在这九百万"普特"粮食中间，他连带运去一个这样的附加物，这个附加物是为他所不能消受的——布尔什维主义。德意志帝国主义者是已经被布尔什维主义驱走了，倘而英法的帝国主义者依然如此极力向俄罗斯内部进逼，那末，他们也是会被布尔什维主义所驱逐的。

现在，我们有一个劳农会的乌克兰，但是乌克兰劳农政府要这样方能与我们互相并立，当面包问题发见之际，不故意表示其商人根性而抬高物价，不为那班投机者或某种的农民一样的投机事业，这些投机者说，"饥民对于粮食之需要甚大，我来做一番国家专利的事业，若是国民闹了饥荒，要来赈救的话，他就会多给钱，于是我可以赚得厚利"。一班乡村的有产阶级，富农和投机者都是这样着想，而各种热心粮食垄断的人和染有"自由贸易"习气的人无非是"助桀为虐"，换句话说，就是增高富农之自由，于劳农者底自由全无补益，甚且饥饿而死。不过乌克兰的政府已经说了：第一个事务就是援助闹荒的北部。若是那被饥荒所困的北部保持不住，则乌克兰亦没有保持的希望；若是乌克兰来援助闹荒的北部，则乌克兰的确可以保持住，的确可以得胜利。

粮食贮蓄之在乌克兰是非常之大。想一次完全拿来是不可能的。我们是把我们的优秀的劳农分子派到乌克兰去了并且已经得着如下的一致的报告："粮食的预备是很足，但是想做一次完全运出，是不可能的，因为缺乏运输机关。德意志把乌克兰蹂躏到了这般田地，所以要在此处来着手组织一种机关；现在此地秩序混乱到了万分。我们的穷困的时期，当我们十月革命(DIE OKTOBERREVOLUTION)后之一星期我们坐守斯莫尼大街(SMOLNY)来和灭亡奋斗的时候，简直比不上现在我们在乌克兰所处的这个困难。"因为缺乏人数，因为没有人在那里能够建设劳农政府，因为绝对的没有设备，因为找不出无产阶级的中枢像彼得堡或莫斯科的，因为乌克兰无产阶级之中心点还在敌人手里，因为在基辅(KJEW)没有无产阶级的中枢(PROLETARISCHES ZEUTRUN)，因为那被饥荒所困的都雷资卑根(DOUEZBEOKEN)还没有解脱哥萨克(KOSAKEN)的羁绊——因此从劳农同志(SOWJETGENOSSEN)底口中发出一种呼声："快来帮助我们，北部的工友们呀！"

我以我们用乌克兰同志们底名义向彼得格勒的工友说——我们知道彼得格勒的工友们所尽的力是已经比旁的任何城市都要多些，"劳你们的驾，再费一次你们的大力！"因为这块地方已经是受了无限的苦难，田园寥落，气象荒凉，在此地来建设劳农政府底机关是很合宜的，这也是我们现在能够并且应该援救乌克兰的同志们的！

我们在吾党底中央委员会里面已经讨论过此种情形，决议的事务，即，首先在乌克兰之活动均以一切建设机关为焦点，一俟活动稍有奏效，而我们手中有了武器，且设备又已完全，那个时候到了六月初一，我们就可以得五千万"普特"的粮食。

至于这个事务能否完全实现，我不愿意绝对担保。我们通都知道，我们对于我们的事业，即如许多已经成就了的事业，都是不能定期去完成的。不过无论如何，我们总可以做到这个事务底一部分。更且你们应该知道明白，在这个困难的日子里面，若是饥荒逼迫我们愈利害，若是我们对于东部和南部的全部救济机关之活动愈充分，那末，我们就有这点可能，马上得着南部之帮助来改良我们的位置。

第十九　顿河流域——一个粮食的源泉——赤色军队之战胜

除乌克兰以外，我们还有一个其他的源泉——顿河流域（DAS DONGEBIET）。在该处赤色军队已经得着一个可惊的胜利。前几个礼拜我们的情形是处于与主要敌人克拉斯洛夫（KRASSNOW），与将校哥萨克战争中，哥萨克始初则被德意志，落后又被英吉利和法兰西的大批金钱所收买，英法现在仍是继续援助他——前几个礼拜我们的情形是很紧急的；现在我们已经以加速度的速力，在顿河流域之一段，不仅进占到了查利青（ZARIGYN），更且由查利青一直往南侵入了。克拉斯洛夫和一些顿河流域底反革命党是溃散了，而帝国主义者之一切援助他的计画也无能为力了。

这现在可有什么举证呢？我们可以说，我们对于石炭和粮食之需要是已经得到了，没有石炭和粮食我们就会失败，因为缺少石炭而铁路和工厂即将停顿，因为没有面包而城市的劳动者和大部分不可种植的地方之民众即将身受饥饿底苦难。

顿河流域底粮食贮蓄亦和乌克兰是一样的富足，并且在该处我们除了缺乏设备以外，也是没有旁的困难可说；在每一个队伍里面，都有一个共产党的组织，都有一个由劳工阶级组成的委员会和贫民救助底劳工团体；主要的困难，就是：因为白卫军之退却，各种桥梁都毁断了，因为这个原故，所以这两条主要铁路中，没有一条可以使用的。

国防会议和国民委员会底会议之最后一次的开会，我们于是就变了方策，实行任用专门家并且探问他们，看怎样才可以取得修缮路线之材料，怎样才可以至少恢复其中之一条，以济眉急。在国防会议最后一次开会中我们可以断定，一个猛烈的努力之结果，不仅能取得合宜的材料，且有我们的从该处而来的同志之担保，担保这两条路之修复，虽有春水骤涨，亦难为患。这两路交通之恢复，其价值大概也不弱于许多次之战胜哥萨克，并且我们可以就可能二字说道："我们应该还要努力度过这几个月底困难，打起精神来拥护依万洛瓦瓦斯雷逊斯克（IWANOWO-WASNESSENSK）的，彼得格勒的，莫斯科的劳工之救助"。除开运输稍难之东部以外，除开粮食贮藏丰富而缺少设备之乌克兰以外，我们尚有那赤军战胜了的顿河流域。我们详察铁路上的和做救助事业的专员之多数报告，所以我们能够预先见到，能够根据一种精密的计算来说，我们实在是居于一种极真实的，极稳固的安全地位，不仅和上年一样我们可以度过这个难关，实际上我们的位置还有变好的可能性。

第二十　我们以歼灭敌人为成功

我们的敌人内部已自行瓦解，而国外的敌人亦将无长久存在之余地。同志的朋友们！因此在此地那些由外国的同志所传来的消息，我们可以确信无疑了，近来我们和那些国外的同志在莫斯科建设了国际共产党。在巴黎，则一切的演说家在国民会议席上攻击布尔什维主义者，都由讲演台上被驱逐下来了。是了！我们是会得胜利的！帝国主义者能够吸饮数千万劳工之血肉，又能够杀害一个卢森堡，一个李卜克内西和其他数百之国际党底优秀代表，更能够在英吉利，法兰西，德意志，意大利底监狱里面，满拘大多数社会主义者，但是，——这是挽救不了的！胜利是在我们这一方面！因为"什么是劳农会"，"什么是劳农政府"，这个问题都已经被各国的劳工知道明白了，虽然有许多虚伪，有许多黑暗的潮流，也是无能力阻挡他们的。并且各国底资本家实在没有出路可找。我重述一遍——当媾和之际，他们是会起争论。法兰西已经是攻击意大利，日本亦准备对付美利坚，他们这种赃物是分不清楚的。他们把这个无限大底战时债务，这个空前的负担，都往国民身上推。而国民几无处不遭战争之涂毒，无处不缺乏生产物，无处不闹饥荒。协约国图谋本国安全之不暇，犹口口声声援助反革命党。并且无论在巴黎，伦敦纽约其劳动界都已经把"劳农会"这个字译成他们的文字，他们要使每一个劳动者都明白这个字，因为他们知道，那种老的第三阶级的共和国是全无补于事实，只有工人的政府才可以救他们，才是他们的救星。

所以俄罗斯劳农政府所积之困难愈多且利害，实为世界上各个极有准备的极强盛的国家底强权政府倾覆于俄罗斯手中之先兆。但俄罗斯劳农政府之所注意者固不仅在此，还须要取得全世界劳工之感情，敬意和道德的援助。我们毋庸夸大其词，亦不必缄默不言，无论在德意志或其他各国总免不了要牺牲许多劳工底血肉，要残杀许多社会主义底优秀首领——这是我们所知道，并且这也不是盲目——但是根据这种全世界劳工之感情，敬意和道德的援助，我们可以断定：胜利，完全的胜利是在我们这一方面的，因为各国底帝国主义者已经有好些是被屈服了，因为劳动界是要战胜那种醒醉和欺骗底状态了，因为劳农政府是已经得到全世界劳工之敬意了；无论何处人人都只希望劳农会之建设，其希望之目的，都在劳动者夺得政权。

若是劳动者——无论是未发展的或在一个后进国家里面组合的劳动者——明白，于取得政权之后，创造一种力量来抵抗全世界底帝国主义者；若是劳动者完成了这种事业，已经由资本家手里夺得了工厂，已经由富农手里夺得了土地，若是这种真理已经灌入各国底劳动群众的脑子里去了，那末，我们可以明明白白用充分的证实再一次大声说道，根据世界大势看来，我们是一定要得到胜利的，因为有产阶级是陷于动摇状态了，因为他们没有能力再来欺负劳工了，因为各处劳农会运动之根基也深固了，于是我们马上可以看见，和一九一七年十月二十五号我们的劳农共和国之产生一样，和前几天第三国际共产大会之产生于莫斯科一样，快有国际的劳农共和国出世了！

译者按：此书系一九一九年三月十三号列宁(N. LEIN)在彼得格勒一个集会上作的讲演，原名(ERFOLGE UND SCHWIERIGKEITEN DER SOWJETMACHT)。

附录　人民出版社通告

近年来新主义新学说盛行，研究的人渐渐多了，本社同人为供给此项要求起见，特刊行各种重要书籍，以资同志诸君之研究。

　　本社出版品底性质，在指示新潮底趋向，测定潮势底迟速，一面为信仰不坚者祛除根本上的疑惑，一面和海内外同志图谋精神上的团结。各书或编或译，都经严加选择，内容务求确实，文章务求畅达，这一点同人相信必能满足读者底要求，特在这里慎重声明。

▲马克思全书

马克思传	王仁编
工钱劳动与资本(已出版，定价一角八分)	袁让译
价值价格与利润	李定译
哥达纲领批评(印刷中)	李立译
共产党宣言(已出版)(定价一角)	陈佛突译
法兰西内乱	孔剑明译
资本论	李漱石译
剩余价值论	刘英译
经济学批评	李漱石译
革命与反革命	李漱石译
自由贸易论	吴智译
神圣家族	钱润译
哲学之贫乏	黄式遵译
犹太人问题	胡琰译
历史法学派之哲学的宣言	张九思译

▲列宁全书

列宁传(已出版，定价二角)	张亮译
国家与革命(印刷中)	康明烈译
劳农会之建设(已出版，定价一角六分)	李立译
无产阶级革命	张空明译
现在的重要工作(印刷中)	成则人译
劳工专政与宪法会议选举	成则人译
讨论进行计画书(已出版，定价一角)	成则人译
写给美国工人的一封信	孔剑明译
劳农政府之成功与困难(已出版，定价一角二分)	李墨耕译
共产主义左派的幼稚病	张空明译
帝国主义，资本主义的末局	罗慕敢译
第二国际之崩坏	孔剑明译
共产党礼拜六(已出版，定价一角二分)	王静译
列宁文集	孔剑明译

▲康民尼斯特丛书

共产党计划(已出版,定价三角)	布哈林著,张空明译
俄国共产党党纲(已出版,定价一角)	张西望译
共产主义与无政府主义	布哈林著,彭成译
世界革命计画	胡友仁译
共产主义入门	布哈林著,罗雄译
共产主义	鲍尔著,张松严译
创造的革命	鲍尔著,李又新译
到权力之路	柯祖基著,孔剑明译
第三国际议案及宣言(印刷中)	成则人译
共产主义与恐怖主义	托洛兹基著,罗慕敢译
国际劳动运动中之紧要时事问题(已出版,定价三角)	李墨耕译
共产主义与妇女	王觉编译
俄国革命与社会革命	张亮译

▲其他

李卜克内西纪念(已出版非卖品)	同人
马克思学说体系	布丹著,李立译
空想的与科学的社会主义	恩格斯著,陈佛突译
伦理与唯物史观	柯祖基著,张世福译
简易经济学	阿卜列特著,张空明译
多数党底理论	波斯格特著,康明烈译
俄国革命记实(已出版,定价三角五分)	托洛兹基著,周诠译
多数党与世界和平	托洛兹基著,周诠译
马克思经济学	温特曼著,杨寿译
家庭之起原	伯伯尔著,张空明译
太平洋会议与吾人之态度(已出版非卖品)	漱石著
劳农俄国问答	张亮译

以上各书,已有十余出版,其余的均在印刷和编译之中,预定在本年内完全出版。购读者请直接寄函本社接洽。寄售处全国各新书店。

广州昌兴马路二十六号
人民出版社启

4月
1日(星期六)

12.《关于中国少年运动的纲要》(《先驱》第五号,4月1日)

《先驱》第五号,为"国际青年共产运动号",发表了《关于中国少年运动的纲要》《今后中国的青年应当怎样的运动?》《在国际青年共产革命运动之下,我们中国青年应有的觉悟》等重要文章,是中国共产党人初步将列宁东方革命理论与中国革命初步结合的成果。

《先驱》第五号,发表《关于中国少年运动的纲要》。全文如下:

中国经济的状况,可依性质分为两种:一为在内地乡村的,还是一种旧式农业的和家长制的状况;一为在边境各口岸的,则已是一种近代资本主义发展的状况了。列强在中国所施行之帝国主义政策——侵略政策——已使中国完全经济的奴服了;这样所产生的结果:一方面是大部分农民被倾覆而驱迫入都市去找工作,于是开始形成了一部分无产阶级;一方面是手工工业不足与资本国机器工业竞争,渐渐归于毁灭。

中国政治的状况,亦可分为两种:在北方是大权操在封建式军阀的手中,他们是替日本实施其在中国的侵略政策,日本资助他们内争来扰乱中国,贫弱中国。所以日本军阀现在可在中国操纵一切,无异乎做了中国"太上政府"。在南方是大权操在方兴的有产阶级的手中,他们正预备一个战争去推倒北方封建式的军阀,在这个战争是美国资助着他们的。

经济的和政治的状况,影响了中国阶级战争,使他分成两段程途。第一段是大的和小的有产阶级起来推倒封建主义的战争,第二段是新起的无产阶级起来推倒有产阶级的战争。因为中国的无产阶级还没有强壮,第二个战争现还在刚萌芽的时代;在这个时候,他所表显的,只是"组成工会"和"罢工运动"。

为了要使我们的事业得到胜利,中国劳苦的群众,应分两步去做:第一步是完全倾覆封建主义,促成中国真正独立;第二步是推翻有产阶级的政治,把政权掌在自己手中。

中国少年运动问题中,必须有一个是教育少年男女工人和学生使他们有革命的精神,这样他们才可在这个战争中果敢的前进。为了这个理由,这种运动,必须具个群众的性质,他当收集少年的工人和农人以及少年的智识阶级在他旗子下面。社会主义青年团现在应从事普遍的做争自由的运动(如出版言论集会等等自由)。但同时又要给群众们解释道:"现在的政权,是握在有产阶级的手中呢。'国家'是他们压制无产阶级惯用的武器;所以有产阶级存在一天,我们无产阶级便一天得不到完满的自由。"

在形式上这种运动的组织,须纯是少年,参加的人要在二十五岁以下;所运动的事业,也应当限定是为少年的。他应当是以革命的态度,来保护和发展少年工人农人及少年智识阶级的利益的。只有纯粹的少年事业,才可以吸收大群的少年们,万勿要变成少数人自修的组合。

社会主义青年团的事业,应具个政治教育的性质。他不仅仅应当教育团内的人,对团外少年的群众,也应当教育,以便引起他们来参加普遍革命性质的运动。这样事情的进行:在团内应当时常分组研究和演讲,团员们应格外努力做科学的革命训练;在团外应当时常用激烈的议论,做口实的和文字的(如小册子,定期刊物,报纸等等)宣传。

关于少年经济利益保护的事业，现在要做的是要使少年工人劳动得着一定的保护和规定。为了这个事业，社会主义青年团须要和工会亲密的接近。禁止"夜工"，"越龄作工"，每天做六小时或八小时以上的作工，并增加工钱——社会主义青年团应为少年工人要求这些。还应要求：将学徒的待遇改良，并为学徒结一种有利的契约。

关于教育革新的方面，少年团体要加以十分的注意。这样的成功须预先施他们以教育的工夫，且常替他们想法改良经济地位，普通总要了解这些少年们所需要的是些什么，且能替他们去作出这些需要。

社会主义青年团现应着手去做些专门事业，以便吸收少年女子加入团结，这种事业就是以一种解放女子的意思，使伊们脱开家庭的压制，使伊们得着和少年男子同等的权利。如认为必要，女团员可在团内组成一部。少年团要向群众说明："现在女子奴属的地位，是封建制度和私产制度社会一定的结果，只有劳动阶级掌握政权的时候，伊们才可得到实在的解放。所以这种运动须要女子同来参加；伊们独立的组织'女子团体'争'参政权'，争'遗产权'，是不适当的。"这样才可使我们的事业和那些妇女'自由团体'所做的有所区别。

关于这样组合的组织，须要十分注意，少年团体应当组织坚固的全国总部及各地分部，来替代旧日各自独立而须互相报告的形式组织；——就是说：每省应有个大会举出一个全省委员会；各省应再举出委员来组织一个中央委员会。各地方分部须服从中央委员会的指示。在工厂工会及学校里，少年们应组织社会主义青年团分团。

青年团与别的各种青年团体的关系，应当是：一方面攻击那些反革命的团体；一方面要使人加入那些不属政党的团体——如学生联合会及抵制日货同志会等——从里边找出一些同志来，组织在这些团体中的社会主义青年团小组，设法占到这些团体的领袖地位，以指挥一切，使这些团体跟我们社会主义化。中国社会主义青年团运动，第一期只不过吸收一些忠实的青年社会主义者在自己旗下，他们所从事的大部是为了研究马克思主义。这样——且因为缺乏全国集中组织的缘故，所以过去的团结只不过是很少的人数，即人数不少，亦不过像"一盘散沙"实在没做出几件具体的事业来。这第一期应当过去了，因为自身研究的工具已经够了，现在所需要的是着手去从事些新的事业，用新的方法解决。

大会觉得现在中国少年运动的形式还不甚圆满，因为他并没有完成他的目的。他需要进而为"大群的组织"和"纯粹少年事业的运动"，因为只有这样做，我们才能吸收大群的少年们来做运动，大会很信：中国少年社会主义的运动，一定要接近各国劳苦的少年们的运动，全世界革命的劳苦的少年们亲密的联合，就是争自由奋斗确能得到胜利的一个预示。

所以大会承认国际青年共产党为中国青年社会主义者运动的领袖。

这是本年一月间在莫思科东方少年革命党会议议定的大纲。希望全国少年们特别注意。记者

（《先驱》第五号，1922年4月1日）

13.《今后中国的青年应当怎样的运动？》(《先驱》第五号，4月1日)

《先驱》第五号发表《今后中国的青年应当怎样的运动？》，全文如下：

一

在这老大中国底社会中，青年运动是很不多见的。自从"五四"以后，青年方渐渐为社会所注意，青年运动也方渐渐地开始。但是，过了不久的时候，少少地经过几许的挫折，一般青年便心灰意丧起来。到了现在，又复沉寂起来了，"好好的念书，不要管闲事"的呼声又复起来了。我以为这种态度是大错而特错的。以前的青年运动有许多缺陷，我们是承认的；但我们不能因为这些错误，就否定青年运动。老人的世界已经过去了，将来的世界是需要我们青年来创造的。我们青年们的责任小吗？这个责任，除了我们青年人，还有什么人能担，更有什么人配担呢？中国底青年们哪！起来呀！用我们的力量创造一个新的天地呀！

二

以前的青年运动的误点非常之多。因为有这许多误点，反使人不信任青年运动了；所以我们不想运动则已，如想运动是非把这些个误点去掉不可的：

1. 忽略了政治　以前青年运动的一个大错误之点就是忽略了政治。学生运动的大旗子是"力争外交不干内政"。新文化运动也是不谈政治的。其实，政治问题不解决，什么问题也是很难解决的。在提倡不干政治的人们固然也有他们的一番苦心，但是"因噎废食"，反使一切运动同归泡影。现在的政治是非常之坏。现在的谈政治者也是非常之坏。但是，惟其因为现在政治，谈政治者都是非常之坏所以我们才不能不谈政治。政治是万恶的。但是你不管他，他就要管你，使你什么也不能作。由太平洋会议，我们可以知道欲求外交上的胜利，非先解决政治问题不可。由吴佩孚的封禁工会，赵恒惕的惨杀黄庞的种种事情，我们更可以知道，不唯是外交，一切问题都是要受政治底牵制的。这样大的力量的东西而我们听着他为盗贼所运用，我们的手段有多么拙呢！但是我所说的谈政治并不是让青年们都去运动文官议员去；也不是让青年们去找研究系，交通系，为他们作走狗去。我们的谈政治是离开现制度而谈的政治，也就是我们的谈政治不是和现在的政客唱同调的而是要用一根打狗棍把他们逐出政治的门外的。青年们！试想一想，我们运动不受政治压迫吗？我们可以忘了这社会上最有势力的政治吗？

2. 误听了零碎解决　以前的青年运动者误听了零碎解决，忘记了社会上几个大问题的牵引力底伟大。一般优秀的青年，都以为社会上的各问题可以一个一个解决，一点一滴地改造的。其实，社会上有几种大问题如若不先解决，其余的就无从解决。反之，这几个问题解决了，其余的小问题也就随之而解决了。譬如政治，经济问题解决了，什么女子解放问题，婚姻问题……也就都解决了。甚低下的迷信神佛的最小问题，如若经济问题解决了，人人没有金钱的渴望，恐怕叫他们去焚香拜佛，他们也是不愿意办的。所以我们以后的青年运动应当把力量集中到政治经济的大问题上，不要再蹈以前的覆辙。

3. 迷信了绝对的自由　中国的青年真是不得了，"扶得东来西又倒"。你告诉他"自由"，他就迷信了绝对的自由。这纯是由于东方民族非科学的，玄想的……劣根性的结果。甚而至于由迷信绝对的自由把一切组织上所必需的规律与强制都不赞成了。信口的大吹其宇宙革命的空炮，尽力描写空中楼阁的极乐世界，把现在的，目前的一切急于应用的手□都不想一想，这种疯人的态度，我们青年千万不要再被他们骗了。自由是可贵的，但可贵的自由不能以之给与盗贼。为团体不能不少牺牲个人的意志。为前进不能不受领袖的指挥。领袖在现在的中国青年运动中是不必免的，也是不能免的。

三

我们由以前青年运动的经验可以知道以后运动的大目标是要先解决政治经济的大问题。现在中国在经济上的问题自然是贫乏了。但是这贫乏是生于外国资本家的侵掠与本国生产力的薄弱。要解决这个问题，就是要想法打倒外国资本家与开发实业。要打破外国资本家唯有联合全世界的劳动者，也就是用国际共产党的力量才能有效力。要开发实业，用资本主义，由西洋以往的经验看来，社会将益形纷乱；并且按照资本主义大并小的原则上也是不可能的。所以要开发实业，非用社会公共经营的共产主义不可。至于中国现在的政治实在是受外国资本家底利用的。外国资本家时而援助这一个军阀，时而援助那一个军阀，以阴图中国的利益，所以才把中国闹到这样纷乱的状态。以往的安福与日本，袁世凯与德国……都是很明白的例子。所以我们要解决政治问题，也非打倒外国资本家不可，也就是非借国际共产党不可，也就是非采用共产主义不可了。

四

我们已经知道以后的青年运动是共产主义的运动了。但是要作共产主义的运动，非有几种必备的要素不可：

1. 革命的　要行共产主义，第一步，就是'革命'。在旧社会的躯壳中，在旧人物全权在握的时候，一切运动是非常迟缓的。要想长足的发展，惟有破坏的革命。一般人以为革命是可怕的。不错，破坏不是和平的一件事情，但是你要和平就不能改革。

2. 铁的　革命是用一种强权以打破现制度的一种手段。他的本身就是强制的。并且我们对于反对党，资本家军阀，尤其非需要一种铁的强制不可。姑息足以养奸。自由可贵，不可轻与于使人不自由者，所以今后青年运动要用'铁的手腕'。

3. 武装的　自从'军国主义'四个字不时髦了以后，武装两个字久不为人所道了；并且许多的青年很不愿意听见'武装'两个字。我们要知道：'唯有强权方能打破强权'。'唯有枪才能制服枪'。我们要解除资本家，军阀们……的武装，我们非先自己武装起来不可。我希望我们青年要练习怎样的开枪，怎样的进攻……我们在这青年运动中要高唱一声，'武装青年'！

五

青年运动的目标，要素，我们都知道了，但是眼前从什么地方下手呢？我以为我们第一步就是"组织"。我们要联合同志组织在一块，由种种的小组织起来进而为地方的，全国的大组织。现在俄国共产党到处都有极小的单位组织，叫作"牙卡依忌"。一盘散沙是什么事也不能作的。

组织之外，现在所必须作的就是"宣传"。我们无论在文字上，口头上，无论何时何地，都要把共产主义尽力地去宣传，以求主义的普遍。

现在"社会主义青年团"已然是同志们底地方组织了。但是，我们还不能就以此为满足。我们一方面应当有基础的小组织，一方面更应当进而为全国的组织，更进而与国际青年共产党携手。如此，在经验上，实力上，一定可以得很大的帮助。

在以上三方法之外，还需要农工底交结。共产党底骨子是劳动者，劳动者是将来社会底主人翁。将来社会上的人都应当是劳动者。劳动者是最有势力的。所以我们要到民间去，深入农工社会中，宣传指导以促进革命。

中国底工场劳动者很少，很难完全借劳动者之力以完成革命事业，所以尤其须运动军队，使军人都沾染共产主义，变成共产党，不为资本家之助，则革命事业自是容易了。

这几种预备工夫都作了，我们的力量充实了，便可以爆发而为暴动的革命。把阿猫阿狗们由政治舞台上逐出去，我们自己跳上台去，把他们用以压制我们的工具拿过来，运用起来，以没收他们的财产，监督他们的反动，强迫他们工作。我们再把资本集中了，由公家来开发实业，同时，各国的劳动者或先或后的，一定也打倒他们国内的资本家，如此共产主义不就实现了吗？现在的苦痛不就没有了吗？

青年们！我们看一看穷困阶级的苦有多么大呀？我们看看军阀，财阀的专制有多么大呀？我们不是有觉后觉的责任？我们不入地狱谁入他狱？"杀身成仁"！"舍身取义"！青年们！老人的世界过去了！将来的责任都在我们一肩承荷呢！青年们！可敬的青年们！起！起！运动起来呀！

一九二二，三，十三。署名 红彩

（《先驱》第五号，1922年4月1日，署名 红彩）

14.《在国际青年共产革命运动之下，我们中国青年应有的觉悟》
（《先驱》第五号，4月1日）

《先驱》第五号发表《在国际青年共产革命运动之下，我们中国青年应有的觉悟》，全文如下：

二十世纪初叶，正是被压迫，被侵掠的民族互相联络，互相携手作世界无产阶级革命底初期。资本主义底基本已经拱把而立了，社会主义底屋角石也要竖起了——这是欧战终了,苏俄给立以后,日常发现的事实所能告慰,所能证明成我们的,只要我们留心观察这个。向我们风起云涌而来的有两个怒潮——国际帝国主义底侵略,世界共产革命底运动——一个是奴隶我的,一个是自由我的。

可敬爱的兄弟姊妹啊!帝国主义的经济侵略是我国与外人接触以来,身受的痛苦;我不信聪明有志的青年竟茫然不知!国内的军阀财阀,那一个不是帝国主义的侵略孕育出来管理,侮辱,压榨我们的——这自然是很不明了的观念,但是我们仔细想想,可又不错;他们那一个不与外国资本家发生关系,他们那一个不受资本主义国家底支配,作人家底走狗,以成为人家侵略工具之一种。日本之于袁世凯,段祺瑞是已往的证据;近数年来,供给北京武人以穷兵黩武之具,以造成危机的,正不只日本。简直可以说,这个七零八碎的国家是国际帝国主义经济侵略底猎场。现在情形,比较以先更坏,打破势力范围……门开户放直要把这个民族弄得万劫不复了!我们观望前途真要不寒而栗:资本发达,生产屯积底销场,除了睡着不醒的东方民族之中国,尚有何处!

帝国主义的侵略我们有何法抵制呢?封海口吗?筑长城吗?我想无论何人决不作如是想,但是坐而待毙又非吾人所安;然则提倡单纯的爱国主义,拥戴第三阶级政府,向资本主义的国家借债以开发财源,不可以自救?"不……不……"是这个问题唯一的回答,借债度日是现在乌政府底能事;其借债底产儿就是连年内争,养兵成匪,造成无量数挺而走险流寇式的无产阶级……真令人言之心悸。即使能利用借债开发财源,也不过新生些国内资本家,引入些外国资本家;无产阶级的兄弟姊妹之福利是永远得不着的,我们不看看资本主义国家劳动们!爱国主义更是资本主义的政府用来羁縻伊底臣服的人们一种呓语。由帝国主义侵略冲突而发生的欧洲大战,更因爱国主义之鼓惑而延长。更使许多无产阶级的先锋堕落,失节!在两个潮流——帝国主义的侵略,世界共产革命——涤荡中的中国,中国的青年犹梦想以促成资本主义国家之形成,引入国际帝国主义侵略之加厉,而捉眉哄眼地认爱国主义……为自救之法,真太可怜了!我们要爱国要爱共产主义的国家,我们要为我们底子孙创造共产主义的祖国。青年啊!不要酣睡,我们应当觉悟,我们是被召的我们更愿望我们都是被选的;共产主义底潮头,已经溅湿了我们底衣襟,国际青年共产革命运动之呼声与无产阶级底哭泣声凑成很谐和的音调,好似鼓励出征战士的,吹入我们底耳鼓。可敬爱的兄弟姊妹啊!打倒国内军阀,财阀和打倒国际主义侵略是革命的民族自决也是无产阶级革命过程中一种战略;与世界与无产阶级,国际青年共产党,第三国际并其他种种革命的团体携手连根拔去资本主义底独一门径也是国际共产大组合组织底开始。诸君不愿吗?中国是资本主义运用的最后一块土,也必是国际共产大联合底发祥地。以地理关系,及居国际共产大联合历史第一章地位俄国而论,我说的也许有几分可靠,努力啊,诸君!努力……

一九二二,三,十五日,丁燕
(《先驱》第五号,1922年4月1日,署名 丁燕)

10 日（星期一）

15.《赤俄底实业现状》(《东方杂志》第十八卷第七号，4月10日)

《东方杂志》第十九卷第七号刊登了史纲的《赤俄底实业现状》，全文如下：

这篇底著作家——Ernst Peipers——是一个很有名望的机械师，他在南俄的大工厂做了八年的技师，从一九一四到一九二一。当他给苏维埃政府服务的时候，他遍历全俄，所以有这篇贡献于世。译者识

在去年八月，我离了南俄的以克脱林洛斯拉夫城（Ekaterinoslav），我在那儿已经服务了八年了。从革命以后，俄国的钢铁业却日渐退步，现在情形是最坏。这个退步一半是由于矿业底失败；这不但是伏尔加（Volga）一处，也延到南方各部份，那儿是以前俄帝国底铁矿中心点。

在大战以前，每日端纳齐（Donetz）煤矿底煤的平均产额是一五〇，〇〇〇，〇〇〇布特（Pood）。在一九二一年，却减少到二五，〇〇〇，〇〇〇布特。虽然政府想在一九二一年底增加到四〇，〇〇〇，〇〇〇布特；但是在一九二一年的八月里，只有一三，〇〇〇，〇〇〇布特。因为矿里要用一二，〇〇〇，〇〇〇布特，那自然没有剩余供给工厂及家庭的燃料了。

在铁路上，这个煤荒最容易看出，虽然是经过煤区的火车，也是用树木做燃料。

火油的出产稍许好些，并且有很好的管理。每月从乌克兰（Ukraine）运出火油的火车有三千辆，还有特别专车运到消费的地方去。因为要免掉车辆的不敷用，所以运到以后，立刻要拿油车出空。出空了以后，车长立刻拿油车接在任何一次车上运到油井那儿去，总是愈快愈妙。有了这个燃料，有几个工厂复活了。在开夫（Keif）底邻近的糖厂就是用火油做燃料。在八月底，火油贮蓄在以克脱林洛斯拉夫（Ekaterinoslav）的有二〇〇，〇〇〇布特。我们必定要注意，高加索底火油只有夏季可以运来。现在已经造了一个很大的水门汀贮蓄室，可以贮藏十二万布特的火油，这都是预备过冬的。

造这个贮蓄室，苏维埃政府第一次不依着订约底旧制。承办者直接和工人订约，并且许工人们照着市价买足够的粮食，这是供给他自己和他的家族的。结果，不到三个月，这很大的贮蓄室就造好了。倘若用了共产党所行的劳动律，恐怕要废了许多年才能够造成呢。

但是火油和石脑油底产额却仍旧比大战以前少。所以只有几个工厂是有出产品；照现在的消耗率，却是毂的。因为大的镕铁厂却没有用火油的机器，他们就在汽锅下面烧火油，这是很费的。

在南俄的面粉厂里，火油却有很好的成绩。他的平均量，一布特底火油可以磨十到十五个布特底米谷。但是用了达赛尔（Diesal）的火油发动机，那却可以磨五十到六

十个布特底米谷，因为赤俄缺少煤，而火油却有丰足的产额，所以大众都说火油发动机将要在俄国有一个很好的市场。

在南俄只有一个熔铁厂——Yusovka 熔铁厂——是一九二〇年开工的。这只出产些生铁；因为缺少焦炭，却又停了几个星期的工。钢铁厂等类也预备开工了，但是缺乏燃料，还不能毂成功。

在一九二〇年的夏季，苏维埃政府强行一种很严重的工价表，这算是酬报工人的；莫斯科的工会很小心地监视，使以后各工厂里都依着这个表格付给工价。这个政策受苦最利害的就是工人和工厂。转订合同和这类相同的条约是不允许；但是工资是受着罗恩律(Rover System)的限制，那是无赏无罚的。每一个雇工，每天给他自己一磅半的面包；他的家族，每个人每天一磅面包。但是政府里每年只能够供给几个星期。有时他们每天只拿着一磅，或者一个星期一个月里丝毫不能毂领得。在这种时期里，理想上以为他们可以拿工资去买食粮，但是他用了一日的工资去买食粮，却只够吃一两天。因此他们只能够自己去找别的生活方法，就不到工厂里来了。有许多工人们自己立了一个小店，制造钓鱼钩，针，刀，火石和许多日用品；这些却变了一个很兴盛的实业。各工厂底工人却拿这些算是他们的正业，也只注意这些。这桩事情鲍尔希维克的报纸上也议论过，说不久就要有一个新的酬报底条例，这却可以使这私自制造的事业停止。还有许多偷卖了工厂里或店里的生财，去供给自己。无论什么，他们都要拿：窗格，用具，齿轮，筲，畜牲。就是抽水器上的铁链条，他们也要的；这是因为政府不供给他们，才迫着他们走这条路，因此工厂也关闭了。当他们离了工厂，各人干自己的事，再也不想回来，所以工厂里招工是一个人也不来，知道了这种事情，你们可以猜着现在的工厂底情形了。

因为燃料底价值特别的昂贵——一个布特，或三十六磅的木头值六千个卢布，这是在以克脱林洛斯拉夫两天的工值——这种情形，人们只能迫着自己偷燃料了。在工厂里的木箱，木橱和许多器具，早就已经烧完；到了现在，房屋底栋梁和地板等类也烧了。

一九二〇年的夏季，他们都觉得将要有灾荒，而当时的政府又很显明地不能够供给工人的食料；于是一个根本的改革实现了。最紧要的就是只要得着一个机关底允许，就是国立的工厂底工人也可以直接地向农民买食料。以前呢，譬如要买一个齿轮，必定要经过五个鲍尔希维克的机关才能够到手。这却要废掉几个星期；并且机器上缺少了一个齿轮也不能工作。因为这个不便，就有许多人到野外设了一个小熔炉，制造这类的小件的东西。

新的改革已经拿这些改掉了。譬如一个人要买一个农具，或是一个齿轮，可以直接地买得；并且这些都有一定的值，一半是钱，一半是农产物。虽然工人们吃了许多苦，但是从革命以后，却有许多满足的条件，可以使工界得着一个新生活。大战以前俄国的工资很少，很难养活自己，更不必谈到养活全家了。现在赤俄的情形却比以前好了许多，所得到的酬报却可以使家族和自己得到一个安适的生活。

在一九二一年的五月里，南俄却又闹钱荒了。那时正是可以自由买卖底开始和苏维埃政府底官员加薪的时候。那时的纸币却常常不够流通；所以决定发行一万卢布的纸币，但是他们常常多印，竟印了二万五千个卢布的纸币。印了这许多，理想上必定以为够应用；但是从五月底到九月初，除了几个例外以外，薪俸和工资都仍旧欠了未发，这可以看出利害的钱荒底程度了。

因为一九二〇年的熔铁厂却没有出品，所以现在的铁业只造些铁丝和其他小件的日用品。倘若熔铁厂再不开炉，那生铁也要完了，这些也不能够造了。

在中俄和北俄，那儿苏维埃政府已经管辖了四年，大概的情形要比着常常受着内乱底蹂躏的南俄好些。现在有一个例子，像我住在那儿的以克脱林洛斯拉夫，在这四年里已经变换了四个政府；每一次政府的成立，都是赖着战争的。那儿惨景触目皆是。河上的桥毁掉，许多房屋都烧毁掉。毁桥的计划是麦克洛（Macnuo）实行的，他就是所说的无政府农人党的领袖；房屋底毁坏大半由于台尼金的哥萨克兵（Denikins'Cossacks）。南俄的许多城池，却都有这种惨景。

这个毁坏底结果，就是居民没有房屋足够的可以居住。尤其坏的是鲍尔希维克的官员封了所余剩的房屋，做他们自己的办公处。

莫斯科的情景却很好，也没有很利[厉]害的破坏。比较起来，街上行人们的衣服也要稍许好些。赤军也训练得很好，也可以看见很时髦的长官。倘若一个人从南俄到了莫斯科，对于苏维埃政府必定有一个新的感想。他必定也觉得莫斯科的街道比较的清洁些，并且还有汽车来往。再进一步讲，莫斯科有许多开火的工厂。那儿有一个炼钢厂是用了生火油做燃料的，每天却有八点钟的工作；此外再乌喀（□）也有一个，这也是用生火油的。在一九二一年的九月以前，我所知道的，在全俄只有两个炼钢厂。

在南俄，铁路也管理得很不好。在紧要的路线上，每礼拜只有一次客车，并且都是用木头做燃料的。这个区域里的交通底断绝，还因为有凶猛的盗贼的存在。他们常常劫掠火车，并且最喜欢抢客车。当他们抢客车的时候，旅客的东西都被抢光；倘若他们发觉了共产党人，当地就杀死他。因为这个原因，苏维埃政府的官员或军官总是坐武装火车，或者是一辆武装火车挂在寻常的火车后面。在革命的时候，武装火车是常见的；现在还有许多，都在苏维埃政府管辖之下。这种车辆底建造却是很好，并且很有效力；上面可以载七吋半口径的炮，有几辆并且装着十五吋口径的海军炮。倘若抢劫的盗队没有大炮，无论人数怎样多，见了武装火车必定立刻就逃，否则定无生理。武装火车最后的一辆有一尊很大的炮，那可以阻止后面的袭击。

从楷珂夫（Kharkof）到莫斯科，每星期有四次客车。那些车头都用生火油做燃料。每次可以拖五十辆车，并且有很快的速度。从彼得格拉到莫斯科，每天有三次客车。这条路上的车头，和许多别的经过深林的车头一样，都是用木头做燃料。但是彼得格拉的环城铁路是用生火油的。因为所有可以用的舒服的客车都是政府里的官员和军人专利着，所以现在的普通客车都是货车底车辆了。

现在要讲最紧要的建设问题了；有许多人说苏维埃政府成立一日，这椿事情就一日不能够谈到。那是很不对的。因为在台尼金推翻苏维埃政治的地方，费了许多时光，仍没有做出一桩对于国内有益的事情。并且在台尼金治理之下，比着苏维埃政府，更加贿赂公行，危险，和不平安。除此之外，在苏维埃政府治理之下，各种事业却渐渐地振兴，并且食粮也日见便宜。而现在的苏维埃政府也已经稍许改变了他的政策，许商品的自由买卖，承认有限制的私产权，工人底动作也更加自由些；复兴是可以立待的。因为国外的商业仍旧是政府专利，那恐怕要稍许迟缓些。现在所最需要的就是国外机械底输入，这可以修好或替代旧的机器使出品增加。

再进一步讲，倘若知道国家的需要和急务，必定要实行政府的改良。苏维埃政府应当减少他的军队，无用的官员和别的寄生的职员，并且要使他们努力于生产事业。现在苏维埃很明白独个儿地立国的艰难，很希望友邦推诚地援助。

这是自然的，有许多国都把俄国域外的领土抢去，这是对于农产物和食粮上很大的阻碍。他以前的友邦，见了他们这种主义，好像很怕和他们接触，所以只是反对他们，并不援助他们。而一般鲍尔希维克党，他们却有很稳固的治理权，他们镇压各种反对他们的动作，真是铁面无情。双方各走极端，各自行自己的主义，却不互相帮助。所以现在赤俄到这个地步，实在是因为不愿撤掉他本有的主义，和友邦不相助并且干涉的原因。在莫斯科的有势力的人们，都很明了各种情形；他们曾经和我谈过，说增进赤俄的现状，非渐渐地弃掉些本来怀抱的乌托邦的理想不可。同时他们也坚执地说，他国的干预他们，只是使各种事情变坏。俄国的政府虽号称为劳动政府，但是在工厂里的工人，却再苦没有了。倘有外国雇主，到俄国去，使他们有用忠实的服务支持安适的生活底机会，这些工人，正是很得用的人呢。

现在的先决问题就是：恢复俄国，应当从什么地方做起？虽然农业上的机械是急需的，但是你若建一个厂去造农业上的器械，却大误了；因为原料缺少，工厂也不能觳开工。我们必定要从根本上设想。所以最紧要的是增加煤和焦炭底出产。尤其紧要而且最难的是有充足的食粮供给工人；倘若食粮从国外输来，这又是办不到的事情，就是有也很贵。所以应当给外国人以充分的租借地，使他可以用租借地的收得供给工人的食粮。

在南俄地方，已经有一个德国的农业公司，这公司的前途很有希望。但是这必须和苏维埃政府有一个了解，就是豁免他每年供给粮食于官厅的义务，而且在耕地以内不驻屯军队。因为耕田的佃户没有各种必须的器具和畜牲，那公司里应当供给他们，到了收获以后，再使农户赏值。在大战以前，每一个德国的农民在南俄和他的孩子们耕种，并没有雇工，每年可以得五千到一万筹（Bushel）的麦。那儿的土地仍旧和以前一样，现在所需要的就是使他产出同量的收获罢了。

那公司受了租借地以后，给与各个工人的工值，应该一半是流行的钱币，一半是需要的东西，像粮食，衣服，鞋袜和这类相同的。从前苏维埃政府所给与的日粮，每人都有一定，自然不应再蹈覆辙；因为这是要减少他们的勉励的。我所主张设立的煤矿公司和制造焦炭厂，必定要和政府和当局商量好，任他有一个完全处理各种事情底自由权。现在，煤和焦炭底价值都很贵，因为缺少燃料，不能够制造，而市场上只有偷来的燃料。我亲自知道一桩事情，有一个面粉厂底主人，他愿出了一磅小麦换三磅的无烟煤。

在赤俄工厂底工人和矿工底缺少是实情。有许多工人是已经死在战场上，又有许多死在疫病里。还有许多工人是波兰人和莱多尼亚人，他们全部已经回国了。倘若要开一个工厂和开矿，好的机器和工人是同样的难得。还有，就是有了工人，还没有房屋给他们居住。除外苏维埃政府所需要的就是运输的车辆。这些东西都要在建设工厂和开矿以前办好。倘若煤矿已经开了，焦炭已经做了，熔铁厂也可以开工了，各种急需的机械器也可以造了，那实业可以日见兴盛。总而言之，做事情总要一步一步地，依着逻辑的顺序，才可以见效。

(《东方杂志》第十九卷第七号，1922年4月10日，署名 史纲)

16.《劳农俄国的新政策——李宁采取资本制度的用意》(《东方杂志》第十八卷第七号，4月10日)

《东方杂志》4月10日，刊登了朔一译，日本布施胜治著的《劳农俄国的新政策——李宁采取资本制度的用意》，全文如下：

一

劳农俄国因为产业的荒废和连年的饥馑，经济上陷于困穷，于是中止共产主义的实行，而再回复资本主义，已成为不可遮掩的事实了。多数的人，都从这目前的事实推察，批评李宁等的试验成绩，为"破坏及第而建设落第"。

然而所谓社会革命和经济革命本是一个历史上不曾见过前例的人类大试验，这及第和落第，难道是单纯的问题么？

李宁等的试验，不用说，现在还在继续的途中；其及第落第的决定，还不得不等待几多的岁月。若是勉强要将现在的成绩下一批评，那么，不论破坏方面建设方面，李宁等都可说是一半及第一半落第的。

二

李宁等的事业，先在破坏方面，倾其全力。他们所坚守的信条是："要建设新房屋，不可不先破坏旧房屋。"他们乘着这信条，挥破坏的大锤，一往无前的猛进。在革命当初，米利可夫和克伦斯基等，推倒俄皇的专制权，非常辛苦努力的时候，李宁等立在反对方面，企图从根本的倾覆旧房屋，终于得到成功。"在战线与德兵交欢""去掉陆军肩章"等的煽动，无形中扰乱那世界无比的大军队，同时，在国内宣传"打倒资本家""逐出地主"等，把各种旧制度，彻底的破坏。以后政权在握，只手挥着破坏之锥向前冲进；同时，又用别一只手，持大扫帚，把破屋的余迹，扫除尽净。土地国有令，银行国有令，工业国营令，国债废弃令，银行安全存款征发令，相继权废止令，临时革命税令，铁道船舶国有令，都市不动产征发令，私有骨[古]董品征发令等，继续不绝的发出。劳农政令，实是李宁等所挥破坏锥，施扫除帚的主要东西，因此筑了数百年的"极大旧房屋"只在三四年之间，弄得连遗迹都不剩了。

这几年来，俄国资产阶级的运动，最好的是逃到外国作"世界的浪人"。留在国内的或归附于李宁政府，或深隐远避而受饥馑之苦，命运最坏的，就遭杀身之祸，这四项的运命，无论如何，终要遇着一项。俄国的资产阶级，完全不能存在，资本制度，将从根本的覆没了。"革命本是疾驰的机关车"，凡在他进行途上的一切东西，都被弄的粉碎，所以他破坏力的绝大，不必说的。李宁等确是破坏试验的及第者，不论什么人，对于这彻底的破坏，终不能说他失败。恐怕就是李宁的老师马克思若是还活着，看见弟子的成绩，也要非常吃惊的了。

然而以上只是他在物质方面的破坏成绩，至于精神方面的破坏，却又是另一个问题。李宁在"物质上所有权"的破坏，虽是成功，然而"人类所有欲"的破坏，也能一样成功么？"建筑于地下的旧房屋"虽已颠覆，然而"人类心中的旧房屋"果然也能打得粉碎么？能够把旧制度旧组织破坏扫除的李宁等，果然能够颠覆旧思想旧道德，不使稍留片影么？

三

李宁执政的当初，便高唱"人们只各为自己，惟神是为大众"的话儿。并——主张要做新共产世界的人类，先要脱却所谓"他的东西""你的东西"的旧思想，不论什么事，都应该存着"我们大家的东西的观念"。以破坏所有欲的"人类心中的旧房屋"为急务。

过激派把他们独有的武器的宣传，用在许多旧思想的破坏上，虽然收不少的效果，然宣传总觉不能彻底。筑在心奥里的旧房屋，不是容易破坏的。李宁等晓得所有欲在人心中是非常的强固，并不是"破坏锤"和"扫除帚"能够一气把他攻破的，必须用教育或艺术等文化力，向人心的堡垒，为持久的正攻，方可克服。

他们对于教育，尤其是初等教育，用向所未有的大努力，从事于"先从没有染过旧思想的少年头上着手使他们精神的赤化"，以养成"社会主义祖国的第二国民"，这不可不说是远大的计画；但养成这"第二国民"，只改善学校教育的本体，不是不彻底，必须先谋旧中产阶级式家庭制度的破坏，把亲权夫权颠覆，这事虽不免过于粗暴，但在他方面，不用他们却也拳打脚踢的暴力，而用闲雅文士的诗歌，或浓艳俳优的妙技等，作旧思想破坏的工具，这种巧妙的手段，真不能不使人惊叹哩！

然而应用这种文化力的破坏具，他力量所及的地方，只限于都会和近郊，至于无限广漠的农村地方，却不容易下手。这无际涯的俄国农村地方，像柯尔基叹为"教育和艺术的力量不能看出怎样效验"般的暗愚顽固的众民阶级却占俄罗斯国民的大部分。

众民等在逐出地主的时候，曾经变做过激派，然一朝有了几分的土地，便对于这土地起执着心，发生最卑劣的所有欲，有想自作地主的意思，把共产主义置之脑后了。在扫除少数大地主的农村里，无数的小地主，便簇生起来。他们和精神的赤化的都会，不相胶合。因此都会与农村逐日离反。农村不肯给谷物于都会，都会要用武力对待农村，各地的叛乱乃起来了！而李宁所最怕的地方，是农民与都会劳动者的离反，实不啻蹈法兰西革命覆辙。他曾经叹息道："我们当面的敌人，是支配农村的小中产思想。这种敌人,比柯尔却克台尼金宇登民三支军队并合起来还要可怕。"

我说李宁等破坏试验的及第,只在物质方面,至于精神方面,则不能及第。"人类的所有欲,到底不是十年的功夫所能拔去,因此不得不等到数十年,甚至孙曾的时代了。"李宁曾为这样赤裸裸的布告。"疾驰的历史的机关车"遇了执着小小的土地的农民的中产思想便陷于停滞的状态。这就是李宁等破坏成绩,半及第半落第的缘故了。

四

李宁等"旧房屋"破坏的进一步,就在着手于"新房屋"的建筑。他们大呼建设"新共产世界",高高的竖起红旗来。收取全俄国的土地财产,作为"我们大家的东西",即归为国有,将生产分配集中于政府的一手,试行所谓"合理的经济组织"。其初不论什么事物,都改成新的样子,好像用"机关车式的大速力",极顺利的从事建设的试验。劳农政治的第三年时——正是著者到俄的一九二〇年,实是最顺利的时期,当时的劳农俄国,使人人都觉得在地球上真正造成别个新天地。然而到了后来,便起种种的障碍。预期与现实发生许多龃龉。都会工业的生产,骤然减退;农村耕地,继续荒废。工业品农作品日告缺乏。特别不如意的尤其是农村在受小中产思想支配的农村,不但不能产出谷物,而且连年荒旱,没有收成。称为"俄罗斯之母"的伏尔加河流域,不但不能产出一粒的麦,自己却反成为饿鬼地狱,"劳农的天下",现在举国陷于饥馑。这样那里还能成为合理的经济组织呢!李宁深悔自己实行共产制度的太早,大胆的宣布道:"我们错了!"现在鼓动"改过的勇气",急速使资本制度复活,倒退到旧制度上来。一日锁闭的银行,再行开设;国有的各工场,再移转为个人的经营(给旧工场主以优先权);关着门的商店,急急复开。茶店餐馆等一切带中产气息的营业,像雨后春笋的簇生出来。在将来的基诺亚会议,李宁将亲自出马,与他们平素抱着无限厌恶的资本主义帝国主义的各国做对手,从事妥协的交涉。这不用说,是建设事业大失败的暴露,然李宁等是建设试验的落第者,难道因此可决定了么?

李宁等既然不能在"旧房屋"破坏的遗址上,造起异想天开的"新房屋",而且还要想恢复旧房屋,他们当然是建设试验的落第者,应该在斥逐之列。然而他们现在还依然居克来姆林官主人公的地位;没有人有可以逐出他们的力量,嫌他们如蛇蝎的英意及其他各国,竟也进行以劳农政府为对手的交涉。盖因李宁等在建设的试验上,已经有不能闲却的大成绩。就是他们造好了最重大的土台,树立了可为共产房屋的基础的苏维埃政权。编制优势的红旗军,组织有可怕的怪力的劳农警察,在这上面,更树立了李宁等所自夸的坚固如铁的"中央集权"。把克伦斯基时代离散崩溃的俄罗斯领土的重要部分,居然统一。至于苏维埃政权的巩固,自劳农政府树立以来,政府里的主要人物,从李宁起,始终没有换过一人,这种情形是不论那一国政府所未有。不过建在这基础上的房屋不能造成,柱脚已经竖起,只是没有屋顶罢了。这屋的不能造成,是为了屋顶和墙壁的材料不足,虽然有了材料,但没有制作材料的技师,没有机械,所以不能不更有合理的大规模。建造这共产的大房屋,须要有极大的材料和精巧的技术,但在俄国的试验场上,却不能十分筹集;实在却因为这试验场,是建设共产制最为不便的农业国的缘故。我们要批评李宁等人，不可不注意到俄国是农业国等的情形上。

五

李宁对于先辈所谓"俄国是农业国，所以革命也应该是农民本位"的主张尽力反抗，特翻新旗帜，以为"俄国工业也已经兴盛，资本主义也很发达，因此革命，也应该以资本阶级为中心。"在前半生流浪海外的李宁，只管回望故国，翘首以待工业的发达、资本主义的勃兴。屈指数着，莫斯科彼得格拉洞河 Don 流域等地方烟突的数目。看到资本家造成做革命原动力的无产阶级军队的势力增大，常常暗笑。

一九一七年革命的放火者，果然以劳动者做中心。见了此事凯旋归国的李宁，便被他们推做领袖，演乾坤一掷的大活跃，而夺取政权。树立苏维埃政府；把帝国主义、资本制度的一切，从根本上颠覆。然而俄国资本主义发达的结果只能击破帝国主义与资本主义，却不足树立劳农政权，养成四百万的无产阶级军队。

俄国的资本主义，还没有发达到像李宁等当初所期待的可以做"共产制度实施的准备"。过激派还不能广张那工业之纲。然而"共产的建设，只限于工业发达的国家"，这是马克思主义的原则。而且共产主义的建设，尤须有比资本主义的建设更完备的技术及组织。详细的说，譬如富豪的邸宅，不过是为少数者而造。但是要造大规模的整备的大建筑物，可以把多数的民众容纳于一堂，使均一的营共同的幸福生活，便须有更精巧的机械，更熟练的技师，更发达的工业。然而俄国的资本主义，向来所兴的工业，只以主要都市为限，至于无限广漠的田间，走了几十里不通铁道，跑了几百里不见烟突，在那里只有持锹锄的农民，营以前的旧式农业罢了。而且不但放在此等农民手中的田地荒芜着，就是他们头脑里的田地，也不曾耕种。两者都是时代后的情形，不论怎样的事情，凡是新的，在他们都是憎恶的，所以建设的试验与破坏的试验，在这等农村里，同样要受顿挫，李宁执政四年，终于不得不对他的先辈米哈罗夫斯基劳罗夫，俯首作"俄罗斯究竟是农业国！""哎！我们错了！"的苦告白了。

六

李宁等的试验，在破坏方面，建设方面，遇着所谓"小中产根性的农民"与"无工业的农村"的难题，受了顿挫，但他们将怎样解答这种难题呢？

柯尔基以为要教化暗愚固陋的农民变成"专为大众的神"不是容易的事，米哈罗夫斯基等也以为要把"永久农业国的俄国"，变成烟突林立的工业国，是非常难的事。李宁等如果不能答出这两个难问题，他们在共产建设的试验，到底不能及第的。然而富于自信力的李宁，断无垂头丧气的罢手之理。于是他在马克思主义所谓"共产主义的实现限于工业国"的原则上，加入"苏维埃政权加产业的电化等于共产主义"的新定义。

劳农政府，收集国内的电气专门家，与以高禄，郑重待遇，而使作电气化计划的研究。研究的结果，愈加明白救出劳农经济的方法，只有这电化计划。产业的电化，确是变农业国为工业国的捷径，要根绝俄罗斯全国的小资本思想，设施这合理的经济组织，也只有借这惟一的电气伟力。在那有电力的苏维埃政权前，不持锹锄的农民，结局只有屈服。所以电化计划，是李宁等解决农村与农民两个难问题的惟一器具。

然而要建造这伟大力的产业电化，仍旧要技术，要机械。在俄国本国断没有这样的自给力，不得不仰外国的援助，这是李宁亲自说的话。他们如果不能渡过这个难关，防退出试验场以外，没有别的法子。于是向来以资本主义为不共戴天之仇，而又长于"因敌之粮养我之兵"的兵法的李宁，抛开内外的非难攻击，断然一转劳农政治的舵，回到资本主义的路上去。以前海外流浪时代，终日回望故国，而希冀烟突增加，资本家肥满的，现在则从克来姆林高殿上，下看广漠的俄国原野，为望外国资本流入，电柱矗立如林，借可怕的电气力，从农民头脑里拔去中产阶级的根性，从他们手里夺取锹锄。这就是李宁等的新经济政策！是所谓"有屈曲自在的弹力性般活力"的新政策！

七

要之，已往数年间，竭毕生之力，以弄得破坏建设都一半及第一半落第的李宁等，现在暂时与资本主义休战，其间以敌人的粮，养我疲劳的兵卒，更以产业的电化为方法，然后可再来试验。等到把这遗留下来的农民与农村二大难问题解决，那共产试验，便能完全及格了。

（《东方杂志》第十九卷第七号，1922年4月10日）

25 日（星期二）

17.《平和中之劳农俄罗斯》(《东方杂志》第十八卷第八号，4月25日）

《东方杂志》第十八卷第八号刊登 W 的《平和中之劳农俄罗斯》，全文如下：

自南俄蓝格尔政府败灭后，劳农俄罗斯四境战事，均已停止。白党势力，已不足为李宁政府之患。目前克朗斯太海军虽起叛变，然未几即被压平。上月英俄商约，实行签字。其余各大国，亦渐对劳农政府表示好意。今后苟无意外事变发生。则社会主义之俄国，固不难脱离患难，日即康乐之境矣。

欲知劳农政府最近外交之成功，及内政之进行，可一阅数月前之李宁演说。去年十二月二十二日全俄苏维埃第八届议会开会，李宁出席演说。报告一年来外交内政之经过状况，并陈述未来之方针。其时值蓝格尔败灭之后，红军胜利，达于顶点。故李宁颇有志得气扬之概。此项演说辞，至本年三月十二日，始在美国"Soviet Russia"报上发表，兹节述如下。藉以窥红俄罗斯现状之一斑也。

李宁首述苏维埃政府之外交胜利，蓝格尔既已溃败，波俄和约，亦不久可以签字。其他比邻小国，鉴于过去之经验，亦已不敢与俄开□。例如莱多维亚与俄国几至断绝外交关系，然未几即因双方之了解，重修旧好。俄国与莱多维亚之经济关系，现在已日益密切而不可分离矣。

去年劳农俄国东方政策，亦非常成功。巴哈拉（Bokhara）与阿才倍疆，均模仿俄罗斯，建立苏维埃政府。此足证苏维埃制度不仅适合于工业发达之国家，且亦适合于未开发之农业国也。俄国与波斯条约之签字，尤为李宁外交之一大成功。阿富汗与土耳其等国，不久亦将与俄订约云。

劳农政府将国内某种富源之开发权，让与美国资本家。此举最为世人之所属［瞩］目。李宁辩明此举，谓"租让契约，决不含有将共产俄国卖与外国资本家之意义。此种契约，不过欲使俄国之农工劳农者减轻生活之困苦而已"。李宁于述及经济状况时，谓目前最急要之问题。在俄国经济生活之基础及小农制度之基础之重建是已。目前之急务，要在令劳动组合中之各分子，均从事工作，以谋生产之增加。而尤要者，则在使从事农业之民众咸晓然于国家征集食粮之必要。凡一切从事宣传事务之人员，一切国家机关，一切教育事业，均当注其全力，使大多数农民明白目前之情势。以农产物之一部分供献于国家，以养活其他之工业劳动者。吾人在目前对于农民负有债务，固为吾人所稔知。吾人以纸币换取农民之生产物，固属不当。然此种债务。吾人将来必须偿还之，偿还之日。当在吾国工业建立之后，而欲求工业之建立，则不能不取农民之过剩的生产物，以应目前之急也。

最后李宁述及工业电气化之计画。其言曰，"共产主义者。苏维埃政府加全国工业电气化之谓也。吾人之最后胜利，必在于全国电气化之后。盖至其时，则吾国工业农业运输皆可立于大规模组织之上矣"。全国电气化计画，现在积极进行中。最高公共经济局现聘有专家百余人。专办此事。此百余专家考查之结果。现已刊成一大册之报告书。"此报告书将成为吾共产党之第二党纲，盖无电气化。则吾党之建设计画。将无从做起也。……吾人之目的，将使全国各工厂各电站，成为光明之洪炉。凡生活之幸福，皆出发于此。将来电站及大规模之工场。布满于全俄罗斯，密如蛛网。则吾国之共产的经济制度，可成未来欧亚各社会主义国之模范矣。"

（《东方杂志》第十八卷第八号，1922年4月25日，署名W）

18.《劳农俄国的文化设施》（《东方杂志》第十八卷第八号，4月25日）

《东方杂志》第十八卷第八号刊登幼雄译日本山川菊荣的《劳农俄国的文化设施》，全文如下：

一 拥护艺术宣言

一九一七年十一月，俄国劳农政府成立。其时教育人民委员卢那却尔斯基（Lunacharsky）忽接一个报告，说鲍尔希维军，虽已得占领克来暮林，却把那里宫殿和所有宝物一概纵火烧毁了，一时痛惜不已，斥为暴举，想提出辞职，后来打听得消息不确，才放下心来，发表一种宣言，其中有一节是：

"诸君是俄国的少年主人，很有作为；该思考的事情很多，所以对于艺术的科学的宝物，应该竭力的拥护才好。

"在这激烈的破坏的战斗之中，教育委员的职务，格外繁重；我们所希望的，是那更优秀的文化渊源之社会主义得着胜利，所以保护人民艺术上的富庶，实是我们最大的责任……我恐怕不能贯澈主张，要待辞去教育委员之职，争奈旁的各委员苦苦相留，不得不权时担任……从前我只道克来暮林宫遭受巨大的损害，现在晓得没有这事，我很觉欣幸呢。

"诸君当援助我……当为诸君自己及子孙保存俄国的美，当为人民财产的拥护人！"

"快！要很快的去觉醒那阻滞在无智中最愚昧的人民，使他们了解艺术是'欢喜''力'和'智慧'的'泉源'。"

要谋新文明的建设，同时必须破坏旧制度旧文化而起革命，因此惹起扰乱的现象，实出于万不得已。这个时候，那般素来沉溺于无智卑屈中，不知美与艺术为何物之民众，因憎恶专制君主与支配阶级之故，兼及其一切所有之物，亦势所必然。又依几千年来私有财产之习惯及观念，一旦制度崩坏后，旧支配阶级之遗产，变为民众之共有物，而多数人民则以其思想为习惯所支配，仍视为得以私有，因起攘夺的心意者亦有之。俄国自克伦斯基政府倒坏至劳农政府完全掌握政权之期间，此种混乱状态所在皆是。劳农政府却能扫除此弊，维持严正秩序，自皇室及贵族富豪阶级所没收的一切财产，均为人民公有之物，犯之者即以侵犯人民财产论罪，委革命裁判所严行审理。卢那却尔斯基自身为艺术者，同时又以艺术之拥护者自任，根据其宣言之理想，尽力于艺术的拥护。占领冬宫时的情形，就是明白的举例了。

十一月七日，红军既占领冬宫，公开为全俄人民之财产，供人民自由观览；然以一般民众，毫无自治的习惯，常常盗窃宫内贵重物品，于是政府，召集美术家及古物学者组成"美术保护委员会"，为编制《冬宫财产目录》故，自十一月十六日起，暂时封禁，同月下旬，改名为"民众博物馆"再行开放。其监理之权，则归美术保护委员会。此外凡俄帝之官殿与行宫，有美术的价值者，均改为国有博物馆。富豪贵族私有的美术品美术馆，亦一并收为国有，移置公共美术馆，受适当的保护。

当俄政府倒坏的时候，皇宫以内及富豪邸宅，藏有高价美酒，劳农政府恐兵士酗酒肇祸，概行毁弃，不稍留剩，同时下禁酒令，不准酿造或贩卖各种酒类。若有违反命令隐匿酒类之酒家发见之时，则又遍发布告，切实劝戒。卢那却尔斯基对于外国的批评，亦有下之答词：

"美国新闻有许多记述，诬蔑我劳农政治，说我们破坏历史上重要的纪念物，及有最高艺术价值的美术馆、宫殿、富豪的邸宅等。这种妄言，我们无庸承认。我们保护此等纪念物，已收显著的功效，竟可自信。在俄国革命进行期间，虽不能使各种艺术，全不破坏，但这也是大战乱中出于无奈的情形。就使那'最文明的'中产阶级各国的军队，在大战时，对于其占领地所施财产的破坏，恐怕还不能和俄国比例，他们帝国主义者更要损坏的利害呢。"

"……美国新闻诬我们为不秩序，掠夺皇宫，若使一睹现在此等宫殿的情形怎样，我料着他们不知要愉快到怎样田地……宫殿全然变为美术馆了。撒尔斯可舍罗的宏大客得林殿及附近亚历山大皇宫，尤其庄严无比。把专制时代的历史，在此处设法开展，一般劳动者与青年从彼得格勒远来参观者，络绎不绝。然观览人虽多，而于墙壁、器具各种美术品，甚至嵌宝牙床，丝毫不肯损毁……在革命旋[漩]涡中之国家，其民众对于帝皇及支配阶级，憎恶正深，欲像我国施行这些事业，怕不容易。我们不但堰塞破坏激流，保护艺术品物，且在博物馆的模型物中，创造出'美'来，于不知不识间，得以慰藉劳动者……将旧时世家所住居的府第宫殿，加恳切的保护，使改为多数观览者的公有物，这是我们的要举啊。"

劳动者推翻帝国主义者和资本主义者的文化，从新建设无产者的文化，情形怎样，一看俄国的现状，就可晓得。

二　艺术部与其活动

劳农俄国文教之中枢，为教育人民委员会，因谋科学与文艺方面教育的发展，保护及奖励，特设艺术局，文艺出版局，科学局各部。地方苏维埃，亦各有专属的教育局，其中也设置艺术部。艺术部的主要任务：

一，艺术的社会化与民众化。艺术在资本主义的社会，专为有产阶级的玩弄品装饰品，与民众不生关系，若在社会主义的社会，则"美"也和他种的财富一样，不可不为社会所共有。使艺术成社会化的方法，其一为都市的美化。不但使他成为田园的都市，公园的都市，花园的都市，而且用壮丽的建筑物，优美的纪念碑，修饰起来，使成为美术馆的都市，这就像莫理士所梦想的"乌有乡的新闻"中的伦敦市一样。莫斯科之建设五十架纪念碑，纪念世界革命之先驱者，及苏维埃之建造马克思纪念碑，都是这项计划的发端。尚有一种方法，是以音乐，装饰，演剧为主，而为革命告成之祝贺，使民众日亲近于音乐家美术家的艺术。

二，纯粹民众艺术的勃兴，即将绅士阀社会的思想道德之代表人物，及无产阶级对于绅士阀之悲壮战斗，细细描写，以表示旧文明的空虚颓废；一方则协助艺术之可以鼓吹社会主义文化的理想者，使之发达长成。因此俄国的民众会馆，劳动俱乐部，剧场等处，常常有音乐，演剧，朗读等各种行动。

三，民众的艺术教育。劳动者处于资本主义之下，仅足图谋衣食，在美与艺术的世界完全不能涉足。社会主义的俄国欲救此弊，日常演讲，利用活动影片，说明古今名画及雕刻的时代与其各派之特点，使社会环境俱感艺术的影响。引导劳动团体至美术馆，使观种种陈列，施以美的教育。更采集俄国及欧洲各国名画雕刻，尤以描写劳动者与农民的生活之作品为主要，重行复制，装潢美丽，钉成袖珍小品，廉价出售。并拟在各地方苏维埃艺术部，设置地方美术馆与美术图书馆，但尚在计划中。

四，要使民众不仅为美术的赏鉴者与批评者，兼且设法刺戟其创作欲，为发达创造才能之准备。所以设立绘画，雕刻，朗读，演剧各种学校，以期养成新艺术的创作者。

因此种种的任务，在苏维埃艺术部，设有都市美观委员，全国祝祭演技委员，音乐会及演剧委员，并组织委员会，专管出版，讲演，图书馆等事物。为其会员者，俱属劳动团体的代表及美术家，俳优家，美术史其专家等。

三　美术馆美术品之保护及其民众化

劳农俄国凡画家，雕刻家，建筑家，音乐家，俳优，文学家，都认为有利社会之劳动者，各以其职业，组织劳动协会，互相拥护；又协助苏维埃艺术部，努力谋艺术的民众化，与民众生活的艺术化。在莫斯科彼得格勒且由此等协会中选出代表，另组艺术委员会，为市民艺术生活的指导者。现在把莫斯科艺术委员会之目的记述如左[下]：

一、普及全国的艺术教育之组织：
(1) 应新俄国的需要，设立技术工场(Atelier)，
(2) 宣传民众艺术。
二、谋与世界艺术的中心接触。
三、谋艺术的进步：
(1) 试验竞争由国家组织，
(2) 由劳动组合组织互相扶助的团体，
(3) 组织装饰美术家委员会与舞台艺术劳动者的团体。
四、保存过去现在的艺术品及保护未来艺术品之艺术委员会，为补救绘具缺乏，另办绘具工场，设有特殊的实验室。

劳农政府解散帝制时代之官立美术院，将其附属的美术学校，分离独立，其中美术馆亦收为国有，受教育委员会之管理，院内各项财产，一概拨归艺术教育上使用。

一九一八年五月教育委员会之一部，又设博物馆监理，及美术骨[古]董品保存局，专以发展博物馆，保存美术馆骨[古]董品为主要目的。此局之紧要事务，为扫除旧式的博物馆，改组新颖式样；增设新博物馆，定准各馆之目的，使得有独得的意见与特征；在一定方针之下，去统辖全国博物馆的事业。每年又根据全国博物馆之报告及申请，考察国家的利益，加以若干修正，而提出所编制的预算。各美术馆于所定预算范围内，得有单独购买美术品的权利；惟恐各美术馆各欲多藏佳作，遂起争竞，故又有"全国美术馆基金"之制度，用此基金购得的作品。特设展览场，供公众观览，候公众批评。此局为谋美术品购买的便利，分设通报系买入系二种，通报系亦如市场一样，将竞卖作品的价格，及搜集他种美术品必要的事项，调查清楚，报告局内；买入系则担任购买的事务。总之此局的设立，主旨在破除从来美术馆不统一不协调的情形，给与明白显著的个性特征。又有一种计划，设置各种美术馆，其集取东洋美术的精华者为东洋美术馆；只收雕刻者为雕刻美术馆；只收近代画者，为近代美术馆；而以地方美术馆尤为注意。各美术馆附设图书馆，藏有参考书，并设商店，售卖照片，复制片制本等。劳农政府严禁优良美术品之输出，盖因无产阶级的民众，往往趁着革命风潮，盗窃美术馆所藏的公有物，高价售给外人，所以为防备名画珍宝的遗失起见，对于转卖密运的人只好严厉干涉了。政府将美术馆所藏物品编制科学的明晰的目录，无论公有私有各美术馆总归苏维埃严密监理，或命税关官吏防美术品输往国外。这些事情，现在正在考究方法，切实进行，有某夫人把所藏薄梯且里的名画输运外国，被政府得悉，即行没收，加入美术馆的陈列品中，此种证例正复不少。又寺院，

殿堂等优秀建筑物及其画壁，亦谋修理保存，不肯毁灭。

克来暮林宫之美术陈列室，是从来不许人民窥觑的，那知其中排列形式，异常混乱，只把古今绘画，挤满架内，许多图画，为了室内气压不均，已经霉坏变色。所编目录，亦毫不适用，荷兰派的画家，竟误为意大利的巨匠，把第二流的作品，混入第一流中，不能辨析。艺术委员会煞费苦心，将其中有价值的作品挑选出来，加以修理，陈列于鲁米安得在夫美术馆而供民众之观览。

旧俄国纺织业者衣文莫罗沙夫搜集大战前现代的名画有一节谈论，说道：

"我收集了四百三十幅的俄国画，二百三十幅的法国画，都没有受损的。送置美术馆中，托其保存，和我的工场一样，一并算作国有，称为'第二西欧美术馆'……政府已请有名雕刻家白里斯台尔诺为斯任监理之职，令我协助。特辟馆中三室，摆这绘画，此事颇能扩张我的计划……在此无产阶级独裁时代，政府承认美术家是从事有益事业的人民。能促成人民的进步。从一九一八年至一九一九年冬季，属于最左翼的艺术委员会已开过十多次展览会……得罗克夫人为委员会长……目录中半世纪以上的美术品，还很多很多，指导公众启发公众的设备也极完善。"

劳农政府，为谋美术馆的民众化，发行平易的美术书，及写真板复制板等，同时组织美术馆巡览队，查阅各地的美术家，使受专门家的指导。

一九二〇年一月，由彼得格拉苏维埃发起，设立革命博物馆。凡关于俄国革命运动的记录与纪念品，及十二月党员之肖像，并所有革命进行历史中殉难各人的事实材料无不网罗收藏，以纪念无产者解放的战事，俾得万古不朽。卢那却尔斯基曾说，俄国帝政时代全国美术馆，其数只三十一所，劳农政府成立以来，已增加至百十一所；且其组织亦都变更，内容大加扩充。如欧洲颇颇有名的大博物馆即彼格得拉之爱尔米多齐馆还扩张到一倍半呢。

四　演剧及音乐

演剧及音乐的民众化，也是劳农政府所苦心筹划的事情。教育人民委员会特设演剧部。全国遍设演剧学校受其监督。国立及私立的演剧学校，分普通高等二种，普通校教授演剧初步的技术，高等校为各教师的研究所，而为高级的训练。此等学校，依着演讲及实验的需要，教授一般科学上的知识。现在尚拟设立高等演剧学校，从理论上去讨论演剧学问。演剧部又设舞台艺术研究所，养成舞台监督，舞台美术，器具及电气布置员等各专门人材。研究练习的地方大概在苏维埃的演剧部及可谟弥行所属国有的剧场内，期间约两个月，教师都系专门家，听讲者，概行免费。

剧场的建筑物，归政府，苏维埃，或可谟弥行监理，一经许可，即得应用。观剧券分配劳动者，观者限于无产阶级，适与旧时相反。

莫斯科苏维埃的艺术部，因为附近人民询问所演何剧，及音乐的种类，忙于回答。乃特设开演目录委员会。以编制地方剧场与各工场附属剧场的目录，为其任务。其选定戏曲标准：一认为有第一流的艺术价值者；二有鼓舞振兴民众革命精神的性质者；三有乐天的精神者。至今所选定的戏曲，是顾谷儿，陀斯妥夫斯基，托尔斯泰，都介涅夫，乞呵甫，库普林，高尔基，舍模推斯，萧伯讷，罗曼罗兰，马立阿尔，席娄，易卜生，惠尔哈林，郝卜特曼的作品。

委员会的委员编纂戏曲的摘要，说明其戏曲的中心思想，登场人物的分配，舞台布景的写生画，及服装等，招贴分布；又关于舞台装饰衣服，演剧与戏曲，及关于他剧的问题，亦编就书籍，到处发行。

普通在工场与农村，则设农民劳动者之剧场，政府于一九二〇年春季，预定三十二县剧场的支付款项为二千五百万卢布。又于一九一九年十一月在莫斯科讨论关于农民及劳动者的演剧问题，开一次大会，各地方代表到者数百人，其议题为"艺术活动的全国民组织""无产者剧场的目的""于剧场中共产主义创造的活动"等。尚有演剧列车，为提示人民优秀艺术之用，车中备有舞台，另辟二室，乘坐俳优，装载器具；此车巡回全国，供红军及沿途民众观览。红军内部，亦有专门俳优队，常有演剧会，音乐会，活动影戏举行。俄国自入劳农时代后，剧场顿增，法国的民众剧场，全国不过一百十九所，而俄国则每省已过四百，全国合计，已达三千所了。

音乐一项，亦与演剧同时，从民众化的方向进行。莫斯科苏维埃之艺术部，于短时间中，曾开二百次的音乐会。又组织音乐评议会，凡音乐界重要人物悉数出席，其会议结果，著名各音乐家另立团体，讨论音乐上问题的解决与其计划。其人数定三十名，内十五人由音乐家选出，十五人则由无产者团体中选出，惟其中二人乃为音乐学生之代表者。

目下俄国音乐学校虽未增加，然其办法则焕然一新，学生人数，骤行增加，最近调查十六岁以上的音乐学生，已有九千人了。

瑞典社会主义者，怀来牛斯，一九一九年由俄国通信，其中一节述新俄国的艺术活动如下：

"俄国对于艺术，极力奖励；剧场林立，所有俳优，俱系名角；莫斯科的艺术座，可称为世界一大剧场。雕刻家事务繁忙，展览会中及各处建立雕像，不可胜数。画家亦着着进行。不论音乐或何种艺术，都受革命的感应，人人舍却古来惯例的奴隶的道德而试行最新颖的试验。其效果亦颇显著。艺术自此已向解放之途。三角派及未来派各抱热心探求真理。且许多作家还能脱去其探求的状态，而实现其理想，这却是现在俄国创造艺术的特征了。"

五　文学及出版

劳农政府，既如上所述，向美术及演剧方面活动，同时亦锐意谋文学上的民众化。一九一七年十二月十三日教育人民委员会有文艺出版局之会议，议定创立一委员会，监理十一月革命以后收为国有的各处印刷工场。此会由出版局代表者与国内印刷工组合及国有印刷工场代表委员会合组而成。

一九一八年三月，以出版局与印刷业代表者之热心努力，即得有多种著作物之出版。凡沙洛维夫，巴枯宁，柏林斯基，迦尔洵，黑逞，顾谷儿，陀斯妥夫斯基，刘梦多夫，内克赖沙夫，布雪金，托尔斯泰，都介涅夫，乞呵甫等及其他五十余人有名著作的发刊，素为国家的独占事业，今则半年以内，已印行三百万至六百万部之多，均以廉价出售，所恐者，只是国民于文学书类的消化力有限罢了。

通俗科学书类之出版，亦设有委员会，分为社会科学及自然科学二部，会员均俄国第一流之学者。一九一八年前半期出版局之经费支出金额计一千二百万卢布，下半年更至二千万卢布。在劳农治下教育普及的情形，民众读书的能力，已很为发展，人民最爱读的，为诗集，及文艺上的杰作，及通俗科学书等，但低级的通俗小说，则殆绝迹于市场中。

然政府以经济封锁的结果，原料不足，财政困难，其出版能力，大受制限，欲无限的刊行良书，势所不能；不得已从书店收买或从旧富家书库没收书物聊充学校图书馆及一般图书馆的应用。但书籍虽少，而图书馆却反增设至众，如多惠尔省等，已有三千余的图书馆。其他各省，亦均不在一千以下。三十省之图书馆总数，于一九一九年计一万三千五百所，至次年十月，已超过三万七千。小规模的读书室，尚未算入。图书馆看书的人数，亦骤然增加，这就是因为不识字者的减少与教育普及的缘故。

怀来牛斯的信，其后就述俄国民众文化的增进：

"莫斯科苏维埃之干部，为文化事业特设俱乐部；政府给与一所官殿并二万卢布的基金。遂立即进行。此俱乐部中室间廊下，充满着部员与莫斯科的无产者劳动者。我曾参观数次，确信新俄国的教育事业，已经获得很大的效果。"

"此俱乐部的第一进房屋，与别的俱乐部并无差异，不过是会话，集合之所；但一入侧室，即见长发黑眼的音乐家，旁边围着许多青年劳动者，教授音乐讲义，传导演奏方法；主要的乐器，是'排赖赖伊'，晚间则练习提琴。第二进屋，是唱歌的考古室；其旁一间，是朗读室；转至一边，又有读书室，算学的考古室，及教授英语法语德语各室。不论教者与受教者，都觉着热度沸腾，欢忻无比。"

"最特别的是劳动者发表其作品一事……一劳动者演说，他劳动者加以批评。其次又由其教师为之指正。我所听到的演说，很能明晰的表现他自己的意见……又有一老妇劳动者朗诵其一九〇五年即第一革命后所作的诗。这首诗，形式素朴，意义完成，使人印象深切；且其朗诵时声浪，亦悠扬顿挫，出于自然。几世纪来沉默抑郁的无产民众，至此始得发露其思想感情，而开无数道路，满足其自由的热望。在演讲室中，吟自作之诗，唱自作之曲，其快乐荣幸之情，实无以复加了。"

传说俄国科学家艺术家文学家大受迫害之说，至今始信其妄。劳农政府希望他们能增进职业协助文化，敬慕推爱，出自衷心。自高尔基以下，不论为共产党员与否，凡为科学艺术家者，于政治上的意见虽少发表，然皆热心赞助劳农政府的文化事业，且不但科学家与艺术者若此，即宗教家亦颇得自由。虽因国家制度所限，把宗教废撤，寺院没收，然所有僧侣，仍和他种民众一样，只求其能任劳役，就得保障生活。而教会存在，礼拜，列行等举动，并不干涉。故教会僧侣，仍得维持少许势力。总之，无产政府所最忌者，只在学者艺术家宗教家等与中产阶级结合希图为反革命的内乱而已，除此以外，凡属国民，不论其职业为何，无不有平等自由的快乐。

俄国现状，正在多难之秋，尤以资本主义国的封锁侵略，致今生产力不足为最，国民因物质穷乏，不得不极度容忍。乃无产者关于精神的文化的建设，还能积极进行,这到是很难得的一件事情哩。

中产阶级的文化,是与全人类的幸福和生活隔离的一种赘瘤物,至于平民阶级的文化则将劳动与艺术融和一体,而以生活的艺术化与艺术的生活化,为其生命所系。人民为劳动者,同时亦为艺术家,故决没有像生活与艺术分离时,那种不平不满的现象发生。

俄国伟大的中产阶级文化,既为平民阶级所破坏,以后平民阶级的文化,能成全其功业否,当审万国无产者的态度而后可知。但是俄国的革命则已成功了,万国无产者的能否解放,还须看他们自己的决意怎样啊!

(《东方杂志》第十八卷第八号,1921年4月25日)

19.《罗素新俄观的反响》(《东方杂志》第十八卷第八号,4月25日)

《东方杂志》第十八卷第八号刊载了愈之的《罗素新俄观的反响》,全文如下:

▲第三国际书记的驳论　　▲贵族生活的极端讥刺
▲权力集中政策的辨明　　▲罗素哲学和驴子故事

去年罗素先生来我国之前,曾到俄国去游历过。他回国之后,便在伦敦《国民周刊》上面,发表了几篇论文,陈述游俄的一切感想(曾译载本志十七卷十九、二十两号)。以后他又把这几篇文字,加上了别的几篇,汇刊了一书,叫《鲍尔希维主义的理论和实际》。他在我国各处讲演俄国现状,其中的话,大旨也和上述几篇论文相同,读者大概都已听到。罗素先生的议论,对于俄国革命的因果及其内容,阐发得非常出透,凡是关心俄事的人,看了没有不佩服的。但同时罗素在《国民周刊》上所发表的论文,却又引起多方面的反响。罗素对于李宁政府的策略,大概可以说是赞同的,只是有几种情形,却不能使他满意。罗素是个平和主义者,那便莫怪他对鲍尔希维派的革命的专断政策很有微辞了。因此凡是表同情于苏维埃政府的,对于罗素的新俄观,都很反对。罗素的文字,在《国民周刊》发表后,非难的人很多,都说贵族式的罗素是不会懂得平民的俄罗斯的内情的。美国出版的"Liberator"甚至于替罗素上了一个徽号,叫做"Communist but……"(因罗素文中,多自称共产党,惟下文往往加有"But"等字),急进共产党的不满于罗素,由此可见了。现在单把俄人赖台克(Carl Radek)的辩驳,介绍于下。赖台克是鲍尔希维派一大健将,当德国革命时,曾赴德鼓动斯巴达克团,谋推翻爱倍尔政府,现在俄国任第三国际书记。去年十月二十四日鲍尔希维政府的机关报"Pravda"里,载有他的文字,题曰《罗素先生的感情的旅行》,对于罗素在《国民周刊》上所发表的论文,竭力攻击。罗素是社会改造运动的明星,赖台克却是正在试验中的劳农政治的指导者。罗素的新俄观是我们所钦佩的,那么和他反对的论调,自然也是我们所乐闻的了。

赖台克先讲许多游俄的英国人。像Tom Shaw是英国有名的机会主义者,Dr.

Guest 是个假冒的劳动代表,他们本来是冒了劳动阶级的名义,替英国资产阶级,到俄国做间谍来的。那么莫怪他们回国之后,在英国黄色报纸上,大施其污蔑手段了。这些人的议论,没有辨明的价值。但罗素先生是因唱[倡]导非战论被英政府下过监狱的人,《国民周刊》又是英国著名的自由报纸,所以这几篇论文,并没有存着偏私的见地是很信得过的。他对于俄国共产党人,竭力恭维,说他们不肯宽纵别人,也不肯宽纵自己,每日做十六小时的工作,连假期都不休息,而且自待也极菲薄不想求个人的权利,专心在于建造一个新社会。他从这种事实下一个结论,是说俄国共产党很像克伦威尔时代的英国清教徒。但以后他又说:"现在俄国的生活,和清教徒时期的英国相同,有许多地方,都违反人类的本能。鲍尔希维派要是最后终于失败,一定和清教徒失败的原因相同的便是当人民觉得快乐和安闲比清教徒所能供献的一切都要好,那时便是失败的时候了。"从这几句话可见罗素是抱博爱主义的。便是他的一生事实,也足以证明罗素是个博爱主义者。只是他还未能舍弃安乐的家庭;静静的读读书,逛逛乡景,听听戏,以及一切安闲的事情,凡是垂灭的资本社会所能供给一个富人的,罗素先生都还未能忘情。所以他住在革命的俄国——虽然有特设的宾馆和安适的设置供给他——不上两星期,就很不耐烦了,很觉着这样的革命社会,是不可耐了。

罗素的原文里有一段说:"俄国共产党讲到'专断'这字,倒和本义相合;讲到"劳动"这字,却不是一定指'劳动'了。他的意思是指'阶级自觉'的劳动者,就是共产党。他把不是劳动者而有正确思想的人(像李宁、姬采林之类)归入劳动之内。确是工钱劳动者而没有正确思想的,却把他屏除,称之为资产阶级的走狗。"这一段话,赖台克也用了上节的讥刺态度,攻击罗素。他说罗素只要把自己在英国的社会地位,细忖一忖,便并不为奇了。罗素是贵族出身,那当然是属于资产阶级的。但在战时因他反对战争,不顺从资产阶级的意旨,资产阶级便下他于狱把他当作资产阶级的仇敌了。又如英国的工党领袖韩徒生(Henderson)他本来是出身于劳动者,但自从入阁之后,便变了资产阶级之友,反和劳动者互相仇视了。这样看来,阶级的区分,全然是以志趣及利害为标准。在阶级斗争中,扶助我们的便是同志,陷害我们的便是仇敌,这是不成问题的了。

反对武力革命〈,〉和权力集中是罗素社会思想的核心。所以他对于俄国最不满意的,也便是这两层。我们现在再看赖台克怎样地非难他:

"罗素先生声明他反对共产主义是和主张平和论同一原因,内战,和别种战争一般不免绊起无穷的苦痛和不幸,而他的好处,却在于不可知之数。而且在斗争中,人类文明大有灭亡之虑。这话是不错。我们因此知道罗素先生对于引起四年大战的现代文明,是何等地看重了!

"要克服一切,是非权力集中不可,但无论那种权力集中,都是不免于产生罪恶的。罗素先生把权力集中分为两种范式。第一种是英国及协约国资本政府所采用的,其结果使全世界互相残杀。现在却还在继续着毁灭世界的幸福和安宁,这是罗素先生所反对的,他嫌恶路德乔治,尤其嫌恶邱吉尔。至于罗素所反对的第二种权力集中,那便是俄国劳农政府了。这一种权力集中的政策,是想尽力把不幸的人们,从资本制度所造成的多种不幸中,挽救出来。他们所干的,是想把社会组织根本改造的一种勇敢的企图。但要想打破全个资本世界,单单小战一场,是不会成功的。因此不能不组织红卫队,组织大规模的粮食供给机关,实行一切经济的集中支配。但是罗素先生又说这个不对,因为这样便要造出私人特权来了;便像劳农政府人民委员——虽然是极谦和的——可以有汽车、电话、戏馆票子的种种权利了!

"徘徊于这两种可怕的政治之间,罗素先生怎么办呢?他要想挑选那一种呢?他从他的感情的旅行,回去之后,洗了个浴,坐在火炉前面——英国的火炉何等暖呵!这是无疑的,虽然他不是个人民委员,虽然伦敦贫民屋里的人冻得要死,但是他屋子里,是不会缺少柴木的。于是罗素先生换了拖鞋,着了寝衣,起首诵读欧洲的忧患的新闻〈。〉……当他读报的时候,心底里便起不快的感想。一个又好又聪明的富人,他见了别人受苦,自己怎么会快活呢?于是罗素先生便在《国民周刊》上声明道:'我虽不鼓吹世界革命,却不能不断定各大资本国政府之所作为,都是要促成世界革命的。'

"资本政府何等坏,罗素是何等好呀!他第二次的下狱,许是要有的事;我们只希望仗着他出身于贵族,政府所施行罚,不至于十分利害罢!我们自然极希望他平安无事,要是不然,这样无意义的牺牲,实在太不下算了。"

再看赖台克在结尾的一段,骂罗素是何等刻厉:

"总之罗素先生的哲学,使我们想到《伊索寓言》里驴子的故事,那驴子眼前放着现成的燕麦和干草,他想先嚼了那一样好呢,讨论了好久,终于没有决定,临了竟至于因此饿死。拿他和蠢笨的驴子相比,我们对罗素先生自然是很抱歉的;但是我们拿了忠厚诚实的劳力者,和这样地麻木不仁的小资产阶级的'哲学家'相比,我们对于驴子,也很觉得对不起了。"

但是以上赖台克所辩的各节,还不算十分重要。在罗素的游俄感想中,有几段攻击劳农政治,要利害得多:如对于苏维埃选举制度的失望,投机事业的兴盛,食粮分配的不当,赖台克都未置辩,大概他做那篇文字的时候,只在《国民周刊》上见了罗素所作的一二两节,续登的几节,想他都未见到罢。

(《东方杂志》第十八卷第八号,1921年4月25日,署名 愈之)

4月

20.《第三国际议案及宣言》[著作(目录,全文),4月]

人民出版社出版《康民尼斯特丛书》第4种:《第三国际议案及宣言》,成则人(沈泽民)翻译。全书小32开,共203页,共十一节:国际共产党底法典;国际共产党的根本事业;加入国际共产党的诸条件;共产党在无产阶级革命中的任务;共产党与议会主义;劳动组合运动；工厂委员会与第三国际；在什么时候，在什么情况下，方应组织劳农工代表的劳农会；关于民族问题与殖民地问题的议案；农民问题的议案；第三国际共产党第二次大会宣言；附录第三国际第一次宣言。对中国革命直接具有巨大指导意义的是《关于民族问题与殖民地问题的议案》，约8页，共12条，将列宁的东方革命战略理论的核心部分传播到了中国。全文如下：

A. 议案

一　中产阶级民主政治总把抽象的或形式的态度对付一般的殖民地问题，而对于民族平等问题则取分别办理的态度。在凡属人类都当平等的大题目之下，中产阶级的民主政治宣有产阶级与无产阶级掠夺者与被掠夺者底形式上或法律上的平等，借此就把被压阶级欺蒙过去了。中产阶级伪言人类的绝对平等，就利用平等的理想——这本来是商品出产所引起的关系反射——以为反对废除阶级的武器。但是实在的平等的根基却在废除阶级。

二　共产党为反对中产阶级的民主政治，抉破他们的诡计起见，必不可对于民族问题取抽象的与形式的态度，必须（一）分析历史的与经济的情形，而经济的尤为重要，（二）必须把被压阶级被掠夺阶级的利害和民族的一般利害（因为这实在是治者阶级的利害）分别清楚，（三）必须照样的把被人压制的民族的利害和压制人的民族的利害分别清楚，因为在资本主义和军国主义的时代，常常有许多弱小民族的中产阶级受强民族的资本家的压制与掠夺。

三　一九一四年的帝国战争，已经把中产阶级民主政治的诈伪极明白暴露出来给一切民族看，给世界的一切被压制阶级看了。当开战的时候，两方的交战国，都揭出民族自由与民族自决的大招牌来。但是后来，一方面的 BREST LITOVSK 和约与 BUCHARKST 和约，他方面 VESSAILLES 和约与 SAINT GERMAIN 和约，都是中产阶级为谋自己的经济利益而力争国疆。所谓"国疆"，还不是中产阶级的商品市场么？后来的所谓"国际联盟"实在只是列强互尊重其所得权与互保其掠夺物的保险政策。有产阶级一方面所急要举办的什么恢复国际关系，什么"恢复国际联防"，实在只是养精蓄锐，预备第二次的大战。从前被人工分裂的民族，现在重又联合起来，在表面上，这也是为了无产阶级的利益，但是真正的民族自由，惟有用革命手段推翻有产阶级，方始成功。看见战后的国际联盟和帝国主义国家的政策，愈觉得这方针（用革命手段推翻有产阶级以求真正民族自由）的不错，愈使得工业发达的国家里的革命风云愈逼愈紧了，愈使得殖民地以及被压制的小国的劳工们都趋向革命，不再相信中产阶级所说力谋世界和平的危言巧语了。

四　由上述诸原理以推论，国际共产党对于民族问题与殖民地问题的政策必须先把一切民族一切国家的无产阶级与劳工连合为一大团体，共谋革命，以倾覆资本主义，否则，民族平等不能实现，民族被压制永无废止之日。

五　现在世界政局的第一件事情就是无产阶级专政的问题，一切世界的政治作用显然都集中于一点，就是全世界的中产阶级连合了来反抗俄罗斯劳农会共和国；俄国的四周有一切国一切殖民地一切民族一切受压制民族的劳工的劳农会运动，他们都在此次得了痛苦的教训，知道若非连合革命的无产阶级而以劳农会权力战胜帝国主义，则他们永不得自由。

六 我们一定不可仅仅宣布各民族劳工的连合，就自满足，我们必须决定一个怎样使一切民族的自由运动和劳农会俄罗斯关系一天密切一天的政策，我们并须随时按照各民族间的共产主义运动或后进国与被治民族的自由革命运动的发展已到什么程度，而后决定彼此连合的形式。

七 联盟也是向一切民族的劳工的完全连合那路上底一个过渡办法。他的效力，已经由俄国与其他各劳农会共和国（如往日的匈牙利芬兰莱多民亚（LATLISH）以及现在的阿才培强（AZERBEIDJAN）与乌克兰等）的联盟而有了实地的证明。

八 在这点上，国际共产党的责任，不但推广发展而已，并且要考察这些从劳农会运动起来的联盟。既认联盟是走到完全连合的一个过渡办法，我们必须把联盟的关系更看得而细些，我们先须记着，（一）如果一个劳农会共和国处于强有力的帝国主义民族的围绕中，仔不会和别的劳农会共和国有密切的连合，那就无法维持，（二）各劳农会共和国间必须有密切的经济关系，否则就不能恢复那被帝国主义所毁坏的生产力，（三）努力进行世界经济总同盟，以世界一切民族的无产阶级为办理人。这个倾向，在资本主义之下已经露些头绪，将来社会主义得势一定更要发展而且完全。

九 讲到国际的关系，国际共产党的国际政策并不限于仅仅口头上宣布承认民族间的平等而已，这也不像中产阶级民主党而自称社会主义者的仅是口惠。民族平等的继续被妨碍，以及一切资本主义国家不顾民主主义精神，而实际上损害小民族的权利的举动，国际共产党必须极力活动宣传，使人民知道。同时并须，（一）说明只有劳农会政治能给各民族以真的平等，（二）援助被压制民族或殖民地人民所起的革命运动（例如爱尔兰与美国黑人等等）。

没有上述最后一条的重要条件，则凡援助已失独立的民族或殖民地人民以反抗压制等等话头，以及承认凡民族皆有独立权等等宣言，都不过是引人入迷的揭牌，例如第二国际所挂的。

十 不但是第二国际的中心党，其他党亦是一样的有个习惯，就是在字面上认识世界主义这名词，贸然就宣传起来，并且实际活动，而这所谓世界主义实在是混进了小中产阶级的民族主义和调和主义了。即如现今自称为共产党的人，也很有些人信奉这假的世界主义。

这些恶行，以及那根深蒂固的小中产阶级的民族主义的偏见（此有许多形式，例如种族的憎恨，民族冲突主义，反犹太阿拉伯主义等等），必须首先反对，极力反对，因为要把无产阶级专政的局面从民族的基础上（这就是说，无产阶级专政的局面只限于一国，不能影响及全世界的政治）。移到国际，就非先破除这种民族主义的偏见不可。（这就是说，无产阶级专政至少已有几个大国，就可以影响全世界的政治了。）小中产阶级的世界主义的意思，只承认民族的平等权，而纯然保守民族的自私主义。无产阶级的世界主义则不然，他要求（一）无产阶级作战时应以国际利害为前提，以一民族的利害为次要；（二）凡已战胜其本国的中产阶级底民族应时时准备实行最大的民族牺牲以推翻全世界的资本主义。

凡在已有十分发达的资本主义的国家内，握有巨数无产阶级中人的劳动组合，必以斥逐那些淆乱世界主义的理想与政策的投机主义者及小中产阶级的调和论者为最先最急之务。

十一　至于那些后进国或民族而有绝多的农民做社会底层的，必须记好下述的数条办法：（一）一切的共产党必须给与革命运动以实在的活动的助力，并由驻在该地的共产党（如果有的话）相度实在情形而决定帮助应以何种形式出之。这种实际帮助的义务先须加于该地的劳工，这些劳工至少须是该地经济生活所仰赖的。（二）当然也须对于那些富有反动思想的牧师，基督教的传道，以及其他同类的事，加以反对和攻击。（三）又必须反对那些大以色列主义（PAN-ISLAMISN）大亚细亚主义以及其他相类的运动，这种运动是以加强土耳其和日本的帝国主义者贵族以及大地主等等的势力为目的而反对欧美的帝国主义的。（四）在未开发的国里，最重要的事就是去帮助农民的运动，以反抗剥削农民的大地主等；我们尤须努力使农民运动一天一天近于革命性，把农民和一切被掠夺者，编进劳农会里，这样，就把西欧共产主义的无产阶级和东方的农民运动更连合得密切些了。（五）对于那些假冒的共产主义革命，也必须以坚决的战争行动去反对他。国际共产党的责任是帮助各殖民地与后进国里的革命运动，他的目的是在连络将来可为无产阶级大党的各分子，相机施行训练，这就是说，教他们在自己的特别国情内想法反抗中产阶级的渐归民主主义化。国际共产党必须和殖民地或后进国的革命运动暂时有关系，或者竟去和他们连合，但却不要和他们合并，虽然那革命运动是胚胎时代，也当保持他的无产阶级运动的独立性。（六）继续在后进国的一般苦役者中间宣传，揭破帝国主义者的假面具，揭破他们承受别的强国的主意来组织政府掠夺平民的阴谋，这也是很要紧的。最好的例，莫如犹太人想在巴勒士丁——犹太人最多的地方——建立犹太国家这件事。在巴勒士丁宣传犹太主义的犹太人，名为再建自己的国家，实在已经把所有的犹太工人都卖给英国资本家了。在现今的国际情形下而要免除受卖的危险，惟有一法，就是和劳农会共和国连络。

十二　殖民地和被奴辱国的一般人民对于帝国主义的强国有一种憎恨，这是因为他们（殖民地和被奴辱国）受强国的虐待太久了的缘故；并且他们对于强国的无产阶级也有不信任的意思。这种感情作用，当一九一四——一九一九年的时候，被大多数无产阶级领袖官的卑策略更弄得深些了，那时的社会奸细出来大喊保护祖国保护有产阶级的"权利"，这所谓权利，就是奴辱殖民地的，掠夺殖民地的权利。这种感情作用，可以连根拔去，只要先进国废除帝国主义，并且把后进国内的经济生活加以澈底的改造。由此观之，亦须得许多时候，方能完全消灭这种偏见了。各处的已有阶级觉悟的无产阶级应该负疏通之责，须得极谨慎地设法消灭尚被压制的民族的这种感情作用，使其不再增加，并且可以表示必要的特别让步或好意，以冀更快的除去这种不信任心与偏见。如果一切民族的无产阶级不能完全一致，互相信任，关系密切，便不能完全克胜资本主义而达到最后的目的。

B. 附加议案

一　第三国际第二届大会里所要决定的那些事中，最重要的是国际共产党和那被资本主义的帝国主义所征服的国家里的革命运动，例如中国与印度。世界革命的历史现已到一个时期，在这时期里，上述关系的了解已是不可免避的了，欧洲大战及其结果，很明白地显示，凡属非欧洲种族而受压制的国家，已经和欧洲的无产阶级运动有了密切的关系，这本是世界资本主义集中后必然的结果——例如，战时派送殖民地步兵及大队的劳工到前敌等类的事。

二　欧洲的资本主义的力量的来源大部分是从那些殖民地与保护国来的。没有了殖民地的大市场，和太掠夺场，欧洲的资本主义势力不能有一刻的存在。帝国主义大本营的英国，早在一世纪前就起了生产过剩的恐慌。但是幸而有巨大的殖民地以销纳他的多余的生产品，并且做他的生料的来源地，故得以保持他的愈大的工业，然而将来日子久了，英国的资本主义躯壳总有一天因为重量太大而把自己压碎了。因为有数千万的亚洲人非洲人代做最苦的奴隶，所以英国的帝国主义到现在还能勒住大不列巅三岛的无产阶级使安于有产阶级管辖之下。

三　现代的资本主义全靠从殖民地得来的高利息做主要的支撑——只要那殖民地还能贡给高利息，欧洲的劳工阶级就不客[容]易把资本家推翻。幸而殖民地的人工地力都足当欧洲资本家的榨取，故而欧洲的资本主义民族尚能不即破产。因为有殖民地的人民做代替的被掠夺者，欧洲帝国主义者对于本国的劳动界的贵族，处于不得不逐渐让步的地位。一方面，欧洲的帝国主义者想要使本国无产阶级的生活程度低些，便要从殖民地运进来许多廉价的工人，可是他方面，又不舍得放弃从殖民地所得高利息，若把殖民地的廉价工人运到本国，利息就减少了。

四　殖民地帝国的破裂，加之本国的无产阶级革命，欧洲的资本制度就会推翻了。由此观之，国际共产党的活动范围现在必须推广了。国际共产党必须和那些在殖民地属地从事于推翻帝国主义的革命派发生些关系。这两种势力一经携手共进，世界革命的成功可以预料。

五　国际共产党是世界的革命的无产阶级意志的结晶，他的使命就是为了推翻资本制度改建共产主义而组织全世界的劳工阶级。第三国际是一个能战的团体，他必须把连合世界各国的革命派这件事办成功。从前第二国际里虽也有许多政治家并且也利用了中产阶级的文化，但没有人想到殖民地问题是极重要的。他们以为除欧洲而外就没有世界。他们见不到欧洲革命运动和欧洲以外革命运动底连合是件必要的事。第二国际里的人不把道德上以及物质上的援助给殖民地，自己反变成了帝国主义者了。

六　外国的帝国主义阻碍东方人民使【其】不能发展，正和他阻碍西方的人民一样。因为帝国主义的政策阻碍殖民地的工业发展，所以直到最近，殖民地上还没有严格意义的无产阶级。帝国主义国家内大工业的出产品把手工业破坏了以后，还嫌生产过剩，结果就有大部分的出产品运到殖民地去，从那里换了米粮与原料来。但在他方面，殖民地上一定有极快的土地集中的现象出来，所有土地都集中在一二个大地主的手里，或在大财阀的手里，这样就造出了大批的自己没有方寸土地的农民来。因此大部分的居民全是无知无识的了。这政策的结果，就是殖民地的革命精神只能显现在少数的受过教育的中等阶级里。

殖民地的社会力不能自由发展，完全是受了强国管辖的障害；所以殖民地革命的第一步就是脱去强国的管辖。所以，若帮助殖民地的人民去谋独立，并不是扩大他的民族主义，乃是为该地的人民开一条到无产阶级的路。

七　工业已发达的国家里常有两种相反的运动愈趋愈远。一个是中产阶级民主主义的民族主义的运动，他的宗旨是赞助中产阶级执政，要求本民族的政治独立；又一个是穷苦而无智识的农人与工人要求解放一切掠夺的运动。前者常要制伏后者，而且时常有些成功，但是国际共产党及其有关系的政党却一定要奋力反抗这种制伏，而且帮助殖民地的劳工去发展他们的阶级觉悟。但是殖民地于推翻外国资本主义的时候（那是向无产阶级革命的第一步），和中产阶级的民族主义革命合作，却亦未为无益。

但是最紧要的事还是成立共产党以组织农民与工人而引他们向革命以及建设劳农会共和国的路。这样，工业未开发的国家也可不经过资本主义的发达而就直达到共产主义，但是仍须由资本主义已发达的国家内的有阶级觉悟的劳工来引导他们。

八　殖民地的自由运动底真力量不会常久限在中产阶级民主主义的民族主义者的范围里的。许多的殖民地里，已经有有组织的革命党极力和劳工们拉拢。（国际共产党和各地殖民地的革命运动的关系，亦惟有靠这些革命党做中间人方能实现，因为在他们本国里，他们实是劳工阶级的先锋。）这些革命党，现在不但是大党，并且是群众愿望的反射，群众将跟他们同向革命。凡在各帝国主义国家里的共产党必须和这些殖民地的无产阶级派携手连合，并且以他们为中间人，把一切的道德上和物质上的援助给与一般的革命运动。

九　殖民地革命的第一幕，不会就是共产主义的革命。但如果幸而革命首领是共产党党员，那就应该引着群众直向共产主义前进，依照着社会革命发展期内所必经的各种经验，一一按步做去，决不可引群众向别条路。有些东方的国家，想完全采用共产主义的原理来解决农业问题，这未免不对。殖民地革命的第一幕必须用点手段，采用小中产阶级的社会改良政策的那些成语，例如土地分有等等。但是这不过是手段而已，革命的首领应该并不因此而就被中产阶级的民主主义所围困。不但不受困，无产阶级的党派还须以全力鼓吹劳农会思想，并且按秩序地去组织农民与工人的劳农会，能怎样快就怎样快。这些劳农会将和工业先进地的劳农共和国连合，共任推翻全世界资本主义的大责任。

5月
5日（星期五）

21.《中国社会主义青年团纲领》（会议文件，5月）

至10日，中国社会主义青年团第一次全国代表大会在广州举行，出席大会的有全国

15个地方团组织，共有代表25人。中共中央书记陈独秀、青年共产国际代表达林出席指导。大会通过了《中国社会主义青年团纲领》《中国社会主义青年团章程》《关于政治宣传运动的决议案》等4个文件，并作出了加入青年共产国际的决定。大会选举方国昌（即施存统）、张太雷、高君宇、蔡和森、俞秀松等5人为团中央执行委员，方国昌为书记。大会正式宣告中国社会主义青年团成立。

《中国社会主义青年团纲领》是年幼中国共产党通过文件的形式，体现了列宁东方革命理论的精神成果。全文如下：

在最近十年间的世界情形，完全为欧美资本帝国主义所威胁。这可惊可怕的欧美资本主义大企业日益扩张，其出产品的大部分并不销售在欧美自己的国内，而输出于欧美以外的国家。

结果，每个资本主义的国家都想日日扩张自己的市场，以销售己国过剩的出产品；一方面又从欧美以外消费国中收买原料及半制品。因为要不断的争夺及保护这些市场，所以资本帝国主义的列强对于弱小民族就不得不用武装的侵略和竞争；现今他们竞争最烈的大市场就是亚洲。因此印度、中国和高丽等国就特别受世界资本帝国主义的压迫。

一九一四年到一九一八年惊天动地的世界战争，其发生的原因完全由于英法德奥互相争夺市场。战争的结果，瓜分了德国殖民地，毁灭了德奥保加利亚的经济基础，使德奥保加利亚成为英法的殖民地，并且把世界的经济秩序完全破坏了。资本帝国主义的列强先后在巴黎华盛顿及日诺瓦会议中貌为和平，心实争夺宰割世界。此等会议中互相冲突的暗礁，又将为第二次世界战争的导火线。

日美战争既为最近期间必不可免的趋势，而英法冲突又将相见于疆场，所以将来第二次资本帝国主义的世界大战爆发起来，其猛烈凶残必较新近完结的大战为尤甚。

华盛顿和日诺瓦会议，不过苟延将来必不可免的大战时期之一种方法：一方面彼此借此稽延期间充分作战争的准备；他方面又可借此稽延期间，尽量吸收弱小国和殖民地底精液如原料劳力等，以补偿其在大战中的损失，并准备第二次大战的经济基础。

上次大战的结果，使英国日本对于东方各民族的侵略愈加厉害，如英国侵略印度，每年约有百万印度劳苦人民死于饥饿；日本侵略高丽，更是一口吸收其所有精液一滴不漏。

资本帝国主义的列强，对于侵略中国又另取一种形势，中国最是为资本帝国主义在世界上贪婪掠夺的写照。各资本主义的国家，都以中国有广大的肥美土地，多量的贱价原料和多数的消费人口是一块肥美之肉，各想夺取比较他国更优越的权利，遂至互相争夺，而造成中国现今在国际上的特殊状况。

资本主义的列强欲达到其侵略的目的，自然要努力破坏中国的独立和自强，扶植督军武人使之互相争斗，以收渔人之利，同时又因为列强间的互相竞争，各自特别扶植其势力所及的督军武人使之互相争斗，以获得特别的权利；在这种国际资本的支配及竞争之下，遂使中国四分五裂，内政无从整理，于是列强更为借口实而谋瓜分中国或共管中国；所以中国国内的特殊状况，也是国际资本势力造成的。

中国的分裂和内乱既是由国际资本的扶植，加之又有一班由国际资本养成的外国资本家走狗，汉奸，卖国党，在现在和最近的将来更能把中国一切的经济生命尽卖给外国资本家，例如种种权利之割让，最廉价的原料之输出，最廉价的劳力之供给等都是。

国际资本的压迫日甚一日，中国农民与无产阶级之失业和贫困也就跟着日甚一日。他方面，大都会里又产生了欧化的资产阶级，这种资产阶级也采取外国资本家同样的形式用资本压迫中国的无产阶级。

在最近的中国，这种欧化的资产阶级虽有相当的势力，但仍未得着充分发展的机会；而组织中国社会的最多数最重要的分子，还是农人，小商人小工厂主或工厂主以及智识者等小资产阶级。这种小资产阶级，受了国际资本和国内武人两重压迫，日在恐慌崩坏之中，于是其中的开明分子为自身生存与发展起见，遂发生反抗外国资本帝国主义的侵略和反抗本国封建武人的压迫这两种愿望。一九〇〇年至一九〇二年义和团事件，正是资本帝国的势力压迫中国，使中国人民心情狂乱而反动的表现。一九一一年武昌革命事件，正是资本帝国的势力压迫中国，使中国人民起来直接反抗封建帝政以划除革新障碍，间接革新内政以反抗国际资本帝国势力的外患之表现。

这种反抗封建的民主革命战争，在政治和经济进化之历史的过程上有重大的意义。具体说起来，这种革命战争终局的胜利，是在能够得着对外的民族独立和对内的言论出版集会结社自由及普通选举各种权利。

这种革命战争现时正在奋进途中，鉴于中国政治经济的现状，我们无产阶级和穷苦的农民都应该援助这种革命的争斗，造成无产阶级的真实力量，不应该取旁观或反对态度使封建制度延长生命。但同时我们要知道民主革命的胜利，我们无产阶级虽可以得着些自由与权力，然而不能得着完全的解放，因为民主派的小资产阶级战胜以后，他们马上就会变成大资产阶级，而与无产阶级间的资本主义关系——即支配的关系——依然存在。所以接着民主的革命成功，便会发生无产阶级对抗资产阶级的革命运动，这种革命的目的是在采用劳农制度，即是将政权归诸无产阶级；这种革命实现之迟速，乃依世界状况及中国无产阶级组织能力和战斗能力之强弱而定。

中国社会主义青年团，为中国青年无产阶级的组织，即为完全解放无产阶级而奋斗的组织，换句话说：就是要建设一切生产工具收归公有和禁止不劳而食的初期共产主义社会。

中国社会主义青年团，一方面为改良青年工人农人的生活状况而奋斗；并为青年妇女青年学生的利益而奋斗；一方面养成青年革命的精神，使向为解放一般无产阶级而奋斗的路上走。

然这种奋斗的道路并非直径的，所以现在中国社会主义青年团特规定下列现时的方针，以期达到最后的目的。

政治方面

(1)铲除武人政治和国际资本帝国主义的压迫。(2)工人和农人在各级议会和市议会中应获得无限制的选举权。(3)言论,出版,集会,结社,罢工,应有绝对的自由权。

经济方面

(1)十八岁以下的青年工人,每日作工时间不得过六小时;十八岁以上的青年工人,每日不得过八小时;但应争得平均的工值;禁止十二岁以下的青年作工。(2)每星期至少应有连续三十六小时的休息;一切节日停止工作。(3)禁止厂主与艺徒私自缔结契约,应制定保护艺徒的法律。(4)改良工人卫生,禁止十六岁以下的青年作有妨害健康的工作。(5)男女工人待遇平等,女工在分娩期两月中应停止工作,并须照常发给工资。

教育方面

(1)关于社会教育,社会主义的青年,应为所在地方的青年无产阶级组织俱乐部,学校讲演会以发展他们的智识和社会觉悟,并发刊通俗的日报,月报小册子。对于青年农人尤应特别注意。又使应年长失学的青年受普通教育。(2)关于政治教育,社会主义的青年应宣传社会主义于大多数青年无产阶级,其方法或集会讲演,或刊行出版物和小册子,并特别讲述中国政治情形及其它种种情形,以启发并养成青年无产阶级的政治觉悟及批评力。(3)关于学校教育,社会主义的青年应运动改革学校制度使一般贫苦青年得受初步的科学教育,并极力运动建设普遍的义务教育和学生参加一切校务管理,取消宗教关系地方关系一切不平等的待遇。

中国社会主义青年团对于各种运动当协同中国各种青年团体共同工作。协同各青年团体反抗各种迷惑青年阻碍青年思想进步之政治或宗教运动。

中国社会主义青年团承认对于解放无产阶级和被压迫民族的问题为世界问题,要达到社会主义的目的,非全世界无产阶级和被压迫民族共同起来革命不可。

(《中共中央青年运动文件选编》,北京:中国青年出版社,1988年,第18~23页)

22.《俄国革命之马克思主义基础》(《晨报副刊》,5月5日)

《晨报副刊》刊登"竞人"(刘仁静)的《俄国革命之马克思主义基础》,指出"布尔札维克的战略和施设,都完全根据马克思主义"。全文如下:

大凡一次革命,他的发生,必包含两个要素:第一是他的革命的物质的环境,第二是一派学说思潮的势力。徒有前者,无知识的引导,容易流于无结果的暴动。徒有后者,无革命的环境,则如清溪浪费于沙漠。必二者结合才能产生革命。一七八九年的法国大革命是由受封建势力的压迫,和卢梭、孟德斯鸠、福禄特尔等学说结合产生的。一八七一年的巴黎空团(Pairs Commune 即巴黎共产团)是由普法战争的压迫和第一工人国际的分子的思想的鼓动。俄国一九一七年的革命也包含这两个要素。

俄国在未革命以前,他的民生的困苦不堪,真可算欧洲第一了。农业的封建制度的遗迹，尚未为十八世纪的欧洲中产阶级革命扫除的，直到一九一七年还压在农民的身上。协约国和同盟国的数年的大战，摧残俄国的工业，将俄国的工业几乎完全典质在外国银行，俄国几失去他的独立了。工业界的无产阶级，在这两大同盟的帝国主义者之战争之下，连他们以前的奴隶生活也不能维持，反日见低落。有这样的困苦的物质环境，劳动者与农民希望和平的心理因以发生。这种心理经协约国的帝国主义者和俄国本国的资本的过制阻止，便造成俄国革命的群众心理了。

但是仅有革命的群众心理是不够的，假使他没有主义和计划的引导，他不过酿成骚扰和暴动，徒为反动党复辟的利用。所以俄国的革命，除去物质的环境外，还有一种学说的势力也是同等的重要的。

我们要了解这一派学说的势力，须回溯至十九世纪最后数十年，俄国的专制政治，虽然入于衰微时代，还压威临人民服从的时候。在这时期以前，俄国的一般了解他们国内同胞的困苦与堕落的人们，都因无力反抗，潜向抽象的思想界寻索去了。他们在文学的浪漫派中，音乐，美术，神秘的思想中寻求安慰。布希金 Pushkin，波罗丁 Borodin，多斯托夫斯基 Dostoieffsky，各人都是代表俄国的知识阶级，受封建的专制政治所压迫，想在各方面寻得他的才性的出路。那些敢于到政治界中的也为贺米亚可夫的神秘的大斯拉夫主义，虚无主义者的自己刻苦或者 Narodinks 的中世纪的共产主义所吸收了。只有极少数的人敢于与"沙"主义斗争，像早年的社会党和恐怖主义者一样的。然而这些人对于历史上的个人都有一种极神秘的信仰，却迷信的惧怕根据于粗鲁的物质的本能的民众运动。

但在十九世纪的后十余年，俄国的北部即发生大变化。工厂制度和由西方资本的输入即刻将俄国资本主义化了。近代的工厂的无产阶级亦由之而生。在知识阶级中间发生了一派新的学说，这种学说在劳动者所结的会社和社会主义者的刊物里面都变结成了一定的内容。主张阶级斗争和群众自己努力救自己的学说，在各处都能听见了。马克斯主义的经济进化论，工团主义的群众运动的思想，改良主义者的议会主议的观念都蓬蓬的兴起了。各种政党都因此组织了。但最能领袖民众力争自由的便是代表城市的无产阶级的先锋连的社会民主劳动党。他们信仰的即是马克斯主义。

俄国是世界上马克斯主义能保存本来面目而发达又最迅速的国家。当各国社会主义者将马克思主义随意割裂，将他的最精的教义磨灭的时候，他的教义却还是本来面目的在俄国宣传。他的发达又是可惊的。资本论最初的译本即为俄国。在一八六二年巴枯宁将共产党宣言译为俄文。其余如 Mihailovskii、Jobaev 等有名的学者，都应用他的学说研究历史、文学。马克斯的学说在俄国受极大的欢迎，得极广的传播。虽在仇恨俄国的马克斯自身，他的学说被人家如此传播而且尊敬的事实，也常常引起他的注意了。

马克斯主义在知识阶级中既经相当时间的宣传，遂进而为相当的组织。社会民主党在一八八三年成立。他又在一九〇三年分裂成布尔札维克（多数）和门雪维克（少数）二派。前者代表纯正的马克斯主义，不与中产阶级妥协。后者代表社会改良主义，主与中产阶级提携。但前者是在俄国无产阶级中最有势力的。我们只消看布尔札维克在劳动阶级中党徒之多，便可知马克斯主义在俄国劳动阶级中占有极大的势力了。

俄国工业的发达是极迅速的。他又在欧洲资本主义的成熟时期以后勃兴，所以他能避免欧洲资本主义所变的一些损失，能采用欧洲最新的机械技术，而同时劳动阶级呢，受掠夺较西欧各国为深，随以能有深刻的阶级的觉悟，他们不像法国，中了德莫克拉西和议会主义的毒，又不像英国之有职工组合主义，所以马克斯主义在各国须尽无数力量战胜这障碍的，在俄国直是长驱直入，受一般无成见的劳动阶级欢迎。

马克斯主义在俄国唯一的敌人是社会革命党。后者是不主张政治行动的，专以暗杀重要人物，实行无组织的破坏为宗旨。他们的大本营是在农民阶级。自然，这是已经为工厂制度所组织训练了的无产阶级不能容的，又加以马克斯主义的宣传，于是劳动阶级的组合自始即以政治运动为号召了。在他们中间的教育活动，和政治文化的提高都得着可惊的进步。从一九零一年起到一九零九止，中间经过一九零五年的大革命，他们始终在马克斯主义引导之下从事政治运动。他们所求得的政治经验便是一九一七年革命的引子。他们对全世界政治和社会的活动的观察，直比一般自由主义者还要超过些了。

马克斯主义既在俄国劳动阶级中有十余年的运动的历史。所以他在一九一七年能以极少的损失握得政权。但据马克斯的理论无产阶级革命是在资本主义最发达的国家暴发的，何以在资本主义不进化的俄国暴发？马克斯主义的革命的历程，是先有第三阶级的革命而后有第四阶级的革命，何以俄国革命不经过资本阶级的掌握政权？岂非俄国的布尔札维克完全非马克斯主义者，而马克斯主义的学理完全不适用于俄国的革命么？

这样的误解马克斯主义，迷信社会革命一定要在工业最发达的国家发生，若在五十余年前这些"马克斯主义者"，一定会拿法国的产业不如英美发达的理由来反对马克斯自己赞助巴拿空冈的社会革命了。

马克斯虽然在资本论序言中说过"实业发达较高的国家向着发达较低的国家指示他自己将来的影像"，我们由这句话似乎可以推论社会革命是先在产业发达的国家中发生。但马克斯在一八八二年，就是在资本论出版后十五年，当他替俄国出版的共产党宣言作序的时候，他也曾说"若是俄国革命若得着西方劳动阶级革命的响应，因此互相成就，那么俄国土地的集合所有制，正可成为俄国发达共产主义之出发点"这一句话。明明他是预测俄国的革命在先的。但马克斯的资本论序言中一语和共产党宣言的序中一语并无矛盾。因为前者是指的和平发达的时代而言。在国际革命的时候，国与国间的界限都变成无意义了。一切国家都变成一个国家。产业发达落后的国家卷入社会主义改造的旋涡，正为产业发达国家的农业区域（例如德国）与产业集中的城市中同受改造一样罢了。

我们再研究俄国产业集中的情形。俄国自前世纪八九十年间亚历山大二世以来，在"沙"的政体之下，工业以人为的力量促进以来，他的发达真是一日千里。虽然他的工业发达状况比英美幼稚。但他的工业，是集中于极少数的大城市中。加特尔和托拉斯各机关都逐渐增加。所以俄国的资本的集中比德国或其他欧洲各国都快得多了。有许多学者甚至指出俄国与美国的经济发达许多相似之点出来。所以就俄国产业情形看来，虽然他不及英美，然他不是毫无产业。而且因为他产业后进的原故，他的资本集中，使无产阶级亦得集中，能同受训练，其结果反增加了无产阶级革命的速度了。

在俄国一九〇五年的革命以前，俄国的马克斯主义者，考察俄国产业状况的结果，他们已证明，因为俄国中产阶级势力薄弱不能单独革命的结果，俄国可以不须经历第三阶级的民主主义。我们试研究俄国三月革命以后具体情形，也可以得到同样的结论的。

在三月革命以后，看许多门雪维克的"马克斯主义者"，都以为依照马克斯的理论，俄国只到第三阶级革命便可止息了。他们于是咒诅布尔孟雪维克派主张劳动阶级掌握政权。但是真正的马克斯主义也在革命之际，必要真实的估量其时期的特点必要最精确的分析阶级间的关系，他决不是背诵以往的公式，炫耀博学，逆阻革命潮流。俄国的革命据门雪维克的推论即以为第三阶级的革命开始尚未完结，所以第四阶级革命是早熟的。他们抱着以前的理论，闭眼不看当前的事实。他们不知道，第三阶级的革命是早已在极短的期间完成，已逐渐移转到无产阶级的革命了。

普通的革命的历程是由第三阶级革命到无产阶级革命。第三阶级的德莫克拉西的终止即是无产阶级专政的起头。但是俄国革命，大体上是依照此秩序，而亦有其特殊情形。俄国的三月革命虽是资产阶级的革命，但是他完全是由劳动者的苏维埃与资产阶级纽力完成的。依马克斯的理论，资产阶级掌握政权不仅由于他们施用暴力，而且由于无产阶级缺乏阶级觉悟和民众缺乏组织，不能独立的，自动的有自己的政治经济要求。但是俄国革命因工业在"沙"时代集中的结果，无产阶级已有组织的参加革命了。"平和，面包，土地"已成为他们的政治的要求了。他们在革命后，将政权让渡于资产阶级，是他们尚未十分相信自己的能力，但有一种事实不可争论的，是无产阶级专政，已有一部分实现了。资产阶级的统治已与无产阶级革命的独裁同时并言了。所以此时进一步而要求由劳动阶级掌握政权，不特是十分合理，而且十分可能的。

这便是极聪明的，极灵活的应用马克斯主义。根据一种原理考察出大体趋势，而同时又能明了各地政治的经济的差异，以求得适当的应付的政策。

然而革命是有两方面的，破坏的方面，与建设的方面，我们知道俄国马克思主义者已极聪明地应用马克思主义于推翻克伦斯基政府了。然总有破坏，而无建设，只是使社会更加纷乱。所以布尔雪维克在建设方面如何应用马克斯主义也是我们应当研究的。

在距今七十三年以前，在一八七一年，无产阶级革命初次出现于法国巴黎了。这便是世人所称的巴黎空闵。这次革命，只支持有七十二日之久（一八七一年三月十八到五月二十八日）即被反革命势力打倒。虽然这时期是很短促，他都留不了不少的教训。马克斯所以在当时观察的结果著成一本书说明。这书即是今日所称的《法兰西的内乱》。

在这书里，马克斯将他所观察的巴黎空闵的经验及其教训告诉我们。巴黎空闵的最大教训是什么？第一在他的打破，毁灭旧式国家的机关。旧式国家的机关包含官厅政治，Bureaucracy，常备军，巡警，议会等制度。资产阶级是必须此种国家的，因为他们居国民中之少数。他们为维持他们的优越权利起见，为防止国民的反抗起见，不得不募集常备军和巡警官吏，为他们的工具，保护他们，不受被压阶级的侵害。因此官厅政治和常备军构成资本主义社会的寄生阶级。劳动阶级反抗愈强，资本阶级国家的压制手段愈大，他的政府的组织愈为完密，于是寄生者也越加多。欧美几十年的资本主义发达史的重要形势是官厅政治和常备军的组织日臻完善，不劳而食的阶级亦是日日加多。

至于议会也是资本主义政府的特色，我们看任何国的议会，由美国到瑞士，由法国到英国，挪威，日本，等等。那一国的真正的政权是在议会中决议？那一国的机密，重要的政事不是在议会的背后各部决定的？议会是专门为"议"，为欺骗平民的机关。他完全是为资产阶级的丑行尽遮掩之义务的机关。

所以旧式的国家机关，虽然有许多改良主义者，对他有很大的留恋，然而他是极腐败的机关。无产阶级执掌政权之后，他固然要压制少数的掠夺者，但因为他也是人民的大多数，所以特别的武力、常备军和警察是不必要的了。他也无需少数地位优越的人来压制资本家，国民多自身即可实践这种工作了。实践这种工作的责任愈加于民众之上，国家存在的必要也愈觉减少了。国家现由多数人民掌握政权，为大多数谋幸福，所以议会欺哄平民也可不要了。

马克斯由他数十年的研究，更辅以由巴黎空闵所得的无产阶级将来政体的雏形，在他的法兰西内争中预示将来无产阶级革命之组织是当如巴黎空闵一样的。巴黎空闵的特色，第一是在他废去议会、常备军、巡警等制度。空闵是一实际的团体。立法行政都由他兼任。空闵的第二特色是在一切行政官吏都由民人选举，也可以自由撤回。他的第三特色是他的一切官吏的俸金与工人的工银相等，这样便可免责官獗□，竞争选举之弊害。空闵虽不幸早殇，然而他诒示将来的是很大的了。

俄国一九一七年的十一月革命的建设方面，又可以说完全根据这种遗制。本来俄国苏维埃的组织与空闵是极相似的。所以他在执掌政权之后的施设，可以极容易的模仿空闵。他的执政的立法的高机关是人民委员会议，这是由全俄苏维埃大会选举出来的。他的人民委员，如美国 A. R. Williams 所说，他们薪俸是与工人相等的数目。他们随时都可以被撤回的。总之在大体说来，马克斯观察空闵指出的教义，都为布尔札维克所采纳了。

由上看来，我们知道布尔札维克的战略和施设，都完全根据着马克斯主义。这些战略和施设的当否自是另一问题。但是考茨基，斯巴戈，努力想站在马克斯主义的立足点上攻击马克斯主义是徒劳的。因此我们也可以知道中国跟着考茨基和斯巴戈的鹦鹉，学着他们立在马克斯主义基础上攻击俄国革命，也是徒劳的了。

记者按：尚有守常先生的《马克思与第一国际》一文，因为篇幅所限，改在明日登出。

（《晨报副刊》，1922年5月5日，署名 竞人）

10 日（星期三）

23.《俄国的革命诗歌》(《东方杂志》第十九卷第九号，5月10日)

《东方杂志》第十九卷第九号刊登了愈之的《俄国的革命诗歌》，全文如下：

革命以后的俄罗斯文学，是关心于文艺思潮的人们所最注目的一件事情。在无产阶级专政的制度下，是否适宜于文学艺术的发展？在过去时代有光荣的历史的俄国文学，经过社会革命后，怎样发展他们的新运命？我们因为从俄国所得的消息不多，所以都无从知道。最近伦敦"Mercury"报的驻俄通信员米尔斯基（Prince D. S. Mirski）的通信，供给我们不少的研究资料。以下就是从米尔斯基的通信里节译出来的。

如果鲍尔希维派不能创造出有声有色的想像文学来，那么他们对于动力诗（Dynamic Poetry）和哲理诗（Philosophical Poetry）的尝试，总不能说是全然失败的。俄国小说的光荣时代，已成了过去的泡影了。中兴的时期尚未到来。在散文方面，新俄国的创造力，确有衰竭的样子，但在诗坛可就有不同了。在苏维埃俄罗斯内至少有两部诗歌是有伟大的艺术价值的：这就是伊凡诺夫（Vyacheslav Ivanov）的《冬日短吟》（Winter Sonnets）和希批厄斯（Zenaido Hippius 即批评家 Merejkovsky 的夫人）的《彼得堡日记》（Petersburg Diary）了。《彼得堡日记》是大战和革命的时期内的诗歌体的日记；这一部杰作也许将成为俄国的永久的名著罢。

有许多俄国作家都和鲍尔希维主义有关系，但说他们是共产党却又有些不对。就像高尔基，他是确信马克思社会主义的，但不能说他是苏维埃政府的拥护者。威尔士在新著的《影阴中的俄国》（Russia in Shadow）里也说："高尔基不过是和我一样的一个共产党罢了，他信仰共产主义未必更深于我。"现在这一位无产阶级的文学家，忙着办那赈济的事情，对于创作事业差不多停顿得许久了。

最可惊异的就是最急进的文学艺术——像未来派（Futurists）和想像派（Imaginist）却不能见容于急进主义的俄国。梅耶戈夫斯基所领袖的想像派文学（参看本志第十九卷第四号《俄国新文学的一斑》）因受政府的迫压现在已有萧瑟的气象，有许多最新派的诗人和著作家都被捉进牢狱里去。代之而兴的便是无产阶级的诗人。这一派诗人，多半是共产党党员受政府的保护和补助，他们也很替政府尽力，成为共产政治的看守者和歌舞师。其中的领袖是卜列乌沙夫（Bryusov）。此一派里的诗人，都是些纯正的劳动者。他们都受过博雅的卜列乌沙夫的教导。但是他们的诗歌都脱不掉鲍尔希维克的宣传的影响，而且也少有脱却常套的。

和鲍尔希维主义最接近的俄国诗人便要算色什亚派（Scythians）了。色什亚派就是左翼社会革命派，这一派里除了他们的老师伊凡诺夫赖仁尼克（Ivanov-Razumnik）之外，要算白洛克（Alexander Blok）和贝莱（Andrey Bely）两个是最大的领袖了。听说白洛克最近已去世(参看本志十九卷四号《俄国新诗人白洛克》),贝莱也就要死了。

这一派革命诗人的共通点是一种空泛的非宗教的神秘主义;对于殉道的饥渴;对于他们的国家使命的世界性的信仰;受那感情的幻象的强烈的引诱;对于民族的苦闷与神的苦闷的一致的趋向。他们不但爱好俄国的政治的堕落,而且也爱好俄国的道德的堕落——就是陀斯妥也夫斯基小说中所描写的加拉麦曹夫(Karamazof)模样的性格。这种堕落者的性格是一种肥料,经这肥料的培壅,神秘社会主义的百合才放出洁白的花来。

色什亚派的诗人,对于鲍尔希维克倒也不是看作神圣的样子。贝莱在他的著书"Christ is Risen"里说:"我们都是强盗和流氓。"他描写鲍尔希维克的胜利道:

"勃朗宁手枪带着红笑,在空中爆了。一个血污的铁路工人的身体,横倒在雷霆下面。他被两个恶汉扛去了。有个人被谋杀了。但是那汽机回答着号哭和眼泪,而且在骚扰下歌颂人民的友爱。"

除开色什亚派以外,俄罗斯的神秘哲学又在一部伟大的新诗集里显示出来,这就是鲍洛洵(Maximilian Voloshin)的《神圣俄罗斯》(Holy Russia)。鲍洛洵是一个具有旷大的文化观念的人,他感得俄罗斯历史的精灵,俄罗斯神秘主义的神髓。他得成为一个伟大诗人,真是出于望外的。在四年前,鲍洛洵还是憎恶俄国的民族性的,在他的一首祷告诗,他说俄罗斯应当为了他们的罪恶而受罚,他叫道:"叫日耳曼人从西边侵来罢,叫蒙古人从东边侵来罢。"但在《神圣俄罗斯》的结尾中,完全是另一种态度了,他说:"我敢向你丢一块石子吗?我对于你的感情的狂乱的火焰,永不会了解吗?我不应该跑在你的面前,对着泥土,祝福你的光赤的脚印吗?你——无家可归的沉醉的俄罗斯,你那基督的愚人。"

他对于俄罗斯民族的灵魂是何等崇拜啊!

劳农俄罗斯的智识阶级的生活情形,不适于文艺的出产。但有两部诗歌是值得注目的,是直接受着"Sovdepia"的灵感的。一部是伊凡诺夫的《冬日短吟》。这里边的短诗,都有悲戚的严峻的几乎是禁欲主义的风格。作者并不想指出一个特殊的时期。作这些诗没有日期且也没有地点。诗中所描写的,大概以人与冬日的害敌——寒冷,饥饿,黑暗——的奋斗为主体。在历史的末期的人类却退处于半开化的环境中,写人力与自然的斗争,非常悲戚。却又庄严而且简单,所以是希有的名作了。

希批厄斯女士的《彼得堡日记》和这相反,却是一个战斗者和政治家的作品了。在这里充满着忿怒和激奋。这是用了心的血写的,所以绝不拘一切文学的规制。米尔斯基说:"这书也许不能给国外人读,但对于我们俄国人,格列戈夫斯基夫人(即希批厄斯)却真的把我们的最秘密最深奥的感觉都写出来了。"

(《东方杂志》第十九卷第九号,1922年5月10日,署名 愈之)

6月
10日(星期六)

24.《苏维埃俄国的过去与现在》(《东方杂志》第十九卷第十一号,6月25日)

《东方杂志》第十九卷第十一号刊登了朱枕薪的《苏维埃俄国的过去与现在》,全文如下:

一

我做这文,我有二种困难:

(一)不懂俄语;

(二)在那里时日不久。

第一种的困难,能够妨害我底考察。我从前在上海的时候,虽则学了几点钟的俄文,几点钟俄文的学习,究有什么用呢?到了那边之后,俄文文法艰深,变化复杂,一时不易学会,所以我就丢掉不学了。况且,假使我学会了俄文,于我也没有什么用处。俄国和欧洲各国比较起来,本是一个后进国。自从大彼得(Peter the Great)改革以后,才有一些文化。到了十八世纪,始在欧洲著名;然而这也不过是她底一些愚笨的武力罢了。到了十九世纪,文学渐渐在欧洲方面著名起来。及至十九世纪之末,文学竟闻名全世界。有人说,十九世纪底文学,全是俄罗斯人底文学。布雪金(Puskin),托尔斯泰(Leo Tolstoy),都介涅夫(Turgneff)等人,世界上知道的人很多。然而我志不在研究文学;别的学术,俄罗斯是说不上的。幸亏他们会讲英语的人还多,不致有什么隔膜的毛病。就是他们十月革命——照俄历是十月二十四,世界通历是十一月七号,所以也有人把他叫做"十一月革命"的——后,国家所出版的书籍,十之九是有英译的。他们革命后出版什么书籍,往往用四种文字——英德法俄——同时发表。中央执行委员会(Central Executive Committee)驻在彼得格勒,俄人齐诺弗夫(Zinoviev)当执行委员会底委员长的第三国际(Third International)——国际共产党(The Communist International)——所出版的杂志,《国际共产党》(The Communist International)每月都用四种文字发行。俄国人很注意于学习语言,伊尔库次克大学(Erkursk University)底语言科,学习的人很多。现在俄国人能讲外国语的,往往二种或是三种,这是并不有什么希[稀]奇的。像李宁(N. Lenin),他是俄国现在人民委员会底委员长——苏维埃俄罗斯底人民委员会,就是苏维埃俄罗斯底政府,委员会差不多就是总统——他能讲三国语言。陆军委员会长——即陆军总长——脱洛斯基(Trotsky)听说能讲四国语言,齐诺弗夫也然。俄罗斯人现在能说德文的很多,好像香港或广东底中国人能说英语一般。车夫,茶房,侍役等人,他们有的也能说几句不照文法底德文。说英文的人并不多。他们是这样的,说德文的最多,法文次之,英文又次之，这恐是地理上的关系。

第一种的困难，所以倒还没有什么阻碍。

至于第二种困难，也是没法想的。我虽则在那边住了四个多月，火车里的生活，倒消磨了一个多月。在西伯利亚处的日子多，在他们现在的京城莫斯科——这本是他们从前的故京，后来因为遭了拿破仑(Napoleon)底蹂躏，所以就迁都到圣彼得堡去了。圣彼得堡就是彼得格勒，彼得格勒的故名，叫做圣彼得堡。——只住了半个整月，在彼得格勒只住了几天。所见不多，所闻也不多。这篇简单的报告，只是照所见所闻的略略的写些出来罢了。中国人明白俄国现在真相的实在很少，有的茫无所知，有的还说俄国还是个共产主义的俄罗斯(Communist Russia)，或是个社会主义的俄罗斯(Socialist Russia)呢。自从一九一七年二月革命(三月革命)之后，俄国这几年的变化很快很利害，因要讲到俄国的现状，这些过去的情形，也不能不稍微讲到一些。

Harold Williams 有几句很圆滑的话(见 The Nineteenth Century No. 527 Jan，1921)，他说："俄罗斯现在差不多在不可捉摸的状态之中。事情转移得非常急速，她四周围着深雾，人家不容易见到她底内部。人家要去说定她是怎样，这是不行的，因为她现在正在那边自己设法去决定她自己呢。至于预料这种以发展民意为目的底竞争结果怎样，这也是不能的。就是竞争停止之后，人民将用什么一种新的制度去代替旧的，这仍是没有人能够说得出的。"他所说的，原是指俄罗斯国的战争的时候而言。在那时，他的话实在是很对的。现在好了，俄国的情形，我观察之后，觉得她在最近的二三年内，大概再没有什么大变化了。所以就毅然决然来写这篇文章。我是今年二月底边离开苏维埃俄罗斯的，这文或者可作苏维埃俄罗斯最近的现状看。还有一层，我是要郑重声明的。就是我这篇所写的，都是本于良心，毫无偏见，述明她现状的说话。我现在不是个什么主义者，不是无政府主义者，也不是共产主义者，我胸内毫无成见，既不为苏维埃俄罗斯说大话，对于她也不横肆攻击。我这文里，没有什么批评她的话。读者看了我很忠实的报告，读者或者可以自己去批评她一下。至于详细记载，以后拟发行专书。

二

俄罗斯在帝政时代，俄皇(Tzar)十二分的专制，社会底情形非常黑暗。由黑暗中产生了一种恐怖的社会主义运动；一八八一年(我记不清楚了，手边无参考书)俄皇竟为虚无党人(Nihilists)所杀死。一颗炸弹，竟惊动了全世界。至于农业上面，自农奴解放(The Emancipation of Serfs)之后，地主又是暴戾非常，农民很是困苦。俄罗斯受了欧洲其余各国文明底影响，渐渐引进了些工业，并且也和别国一样，工业发达，产业界便发生了一个大问题——劳动问题。俄国底农民，虽则占了人口全数底十分之八，然而农民运动是散漫的，劳动运动是团结的，一九一七年底十一月革命，大半还是靠着城市里的劳动者呢。

俄国专制时代，人民底思想，不便公然表出，常常寓意在文学、音乐、艺术之中。布雪金，勃洛定(Boroedin)，陀斯妥也夫斯基(Dostoieffsky)，都是此中有名的代表。

二十世纪初叶至今二十多年间，俄罗斯政治上的竞争与变化，都是很利害，很剧烈的。欧战前九年中，人民因为"革命"（Revolution），"立宪"（Constitution），"复古"（Reaction）三问题，政治起了绝大的波澜，闹成了一种三角形的竞争。Harold Wiliams 说："此前后十五年内——三角形的竞争九年，欧战三年，国内战争三年——俄罗斯辽阔的大地，竟一变而为激烈的政治活动底舞台。"这话是很对的。他们竞争得非常凶猛，然此胜彼负，使俄罗斯由一方面完全统治之后，是决不能终止的，因他们没有一些调和性故。好了，现在共产党（The Communist Party）战胜了，非共产党的党派在苏维埃俄罗斯境内是没有了，国内可以暂告平稳了，政治上的剧烈的竞争可以终止了。于是，我这文至少也有了一些暂时的价值。

三

自俄罗斯加入欧战三年之后，国内于一九一七年三月内，突然起了一种民主主义的革命（Democratic Revolution），断绝了罗曼诺夫（Romanoff）朝代底社稷，逼令俄皇退位，一变君主国而为民主的俄罗斯。这种事情，大家知道的很多，无庸我来多说。"求果求因"，现在就说他的原因吧。

俄罗斯一九一七年三月革命底原因，可以说是由以下四种缘故所致。

（一）俄国一派智识阶级的思想底影响；

（二）俄国群众物质生活状况底不良；

（三）俄皇底专制与暴虐；

（四）欧战前敌底失败。

俄皇底专制，世界上知道的人很多。死的不计外，每年流到西伯利亚的实在不可胜数。譬如像李宁、脱洛斯基等人，都曾在西伯利亚底伊尔库次克过过监狱的生活。文学家因为攻击当时的政府，揭破社会的黑幕；被流到西伯利亚的也不少。就像俄国现在的大文豪高尔基（Maxim Gorky），新近做了一本《托尔斯泰底回忆》（Reminiscences of Tolstoy）他本是反对多数党（Bolsheviki）的——十月革命前的多数党，就是现在的共产党——革命后，他一变反对的态度而为赞成人，《国际共产党》杂志上，他也做过几篇文章，第一期就登了他一篇叫做《今日与明日》（Today and Tomorrow）——或译《现在与将来》的文章，他曾坐过监狱，好像也被流至西伯利亚的，我记不清楚了——我在俄国的时候，我本要去访他，只因时候来不及，他已先我而去德国了。他有一段轶事，这里也不妨说一说。H. G. Wells 于一九二〇年曾和了他的儿子去过俄国和李宁有很长的辩论。他返来后，做了一本《俄罗斯底暗影》（Russia in the Shadows），说李宁为"皇宫里的梦想家"（The Dreamer of Kremlin），他十四岁本是个马克思主义者，他现在却不是，他现在是个集产主义者（Collectivist），所以他更要做本书，书名就叫《剃马克思的胡子》（The Shaving of Karl Marx）。他在俄时，他就住在高尔基家里，他说高尔基只有他身上穿的一身衣服，没有别的衣服替换。这在中国，本是件好笑的事情。但在俄国现在的情形还是这样。有二身衣服的人很少，物质缺乏已极，带领子的也少，大都不带领子。

因俄皇的专制，虐待人民，人民敢怒而不敢言已非一日了。加以群众物质生活状况底不良，尤以无产阶级（Proletariat）——工厂底劳工——为甚，就是半无产阶级（Semi-proletariat）——农工，共产党称农工为半无产阶级，好与无产阶级的劳工有区别——的物质生活也不好。因此，就想改善他们的生活，发生了一种反对俄皇的思想。又感受了法国圣西门（St. Simon）、卢梭（Rousseau）、德国马克思（1818—1883）等人思想的影响，产出一种极大的政治革命的潮流。这当然属于智识阶级，不消说是大学生做中坚了。马克思本是个经济学者，他的名著《资本论》（Das Kapital）竟被人称作"社会主义底圣经"（Bible of Socialism），他是科学社会主义（Scientific Socialism）的鼻祖。因其如此，所以此次革命还未能满足一般社会主义者底欲望，日后还得发生经济革命——社会革命（这事待后说）。

现在且说他们有了这几种重大的原因，遇到前敌着着失败的消息，更加食物发生恐慌，人民就好像触了导火线一般，立刻爆发出来；多年的酝酿，竟至一发而不可收拾。祸来仓卒，致俄皇没有挽回的机会。于是人民就一反从前"敢怒而不敢言"的态度，而为敢怒敢言的人了。

M. Philips Price 是英国 Manchester Guardian 驻俄的通信员，他目睹革命的事实，在《俄罗斯革命底回忆》（My Reminiscences of the Russian Revolution）一书，劈头一句，就是：

"三月革命突如其来，如夜里的小贼一般。"三月革命本由仓卒的兵士示威运动，猝然而成，并未流血。俄皇退位后临时政府从彼得格勒通电到各处去，说是已经革命了。他处的人，也未知道革命底真值何在。Price 在俄听到革命的消息，就从高加索（Caucasus）赶到莫斯科去打听。既到了莫斯科，问人革命是怎样来的；人家都瞠目不知所对，简直没有人知道革命是什么一回事。人家都这样答他，我们是听了彼得格勒打来的电报的，京都发生食物恐慌，波罗的海军底水兵暴动。于此，我们可以明白三月革命底真值了。

三月革命成功得很容易，大半的原因，就是人民本是很恨俄皇的。"推倒俄皇的心理，举国一致，所以这就成为一件很容易的事情。"（美国 Beatty 女士的话，见《俄罗斯之赤心》——The Red Heart of Russia）革命后，人民大家都高声欢呼道："斯服朴大（俄语自由）我们是自由了！"

俄罗斯人从此真自由了么？他们更说：

"给工人自由，

给农人自由，

给女人自由，

给犹太人自由！"

在一九一七年三月至十一月里边几个月份内，俄国底人民倒很自由，各种的人都自由。在政治上党派自由竞争得很利害，只要旁人不真的拿武力来革掉临时政府的命，临时政府是不会去干涉他们的。七月里多数党底反动，第一次实行公开的暴烈的政治革命，才遭 Korniloff 将军的打击。

俄罗斯在帝政时代，街上开会（Street Meetings）是从未听见过这个名字的，革命后，街上时开会议，民间久未泄露的怨恨，至是都尽情吐露出来。所以空气中全都充满了不安的现象。

四

三月革命后，他们发生了二个重大的问题：

（一）面包（Bread），

（二）和平（Peace）。

详言之，就是：

（一）怎样去得到面包？

（二）怎样去停止战争？

在那时候，各人心理，都被这两个问题盘据住了。盘据住了，并且还恳切的需要答案呢。这两个答案很难，究竟怎样去解决呢？欧战已三年了，面包怎得不发生恐慌？人民怎得不想法去停止战争？虽则如此，然而那时人民还受了俄皇专制影响的余毒，还没人欢喜公然讨论这两个问题。但是那时人人都知道，这一千五百万的陆军，都要俄国的农民去种给他们吃，工人去做给他们用，长此以往，俄国底民脂民膏，将被他们吸尽，这也是在理想中的。一九一六年耕地（Cultivated area）较从前少了十分之一。一九一七年春，更要较一九一六年少。在那时，有几个大城市里的工人已有好几天没有面包吃了。西伯利亚的面包，有了火车头与货车，也是运不过来。怎么呢，因为铁道差不多完全为军用了，运输、载客的功用，早已丧失殆尽。这些问题，都是与战争有连带关系的，加以三年的战争，俄人早已精疲力竭。所以也无怪他们在革命后，就发生这样两个重大问题了。

我们现在可以看一看人民对于这两个问题——面包与和平——的意见怎样？

M. P. Price 对此有节很好的记载，他写在《俄罗斯革命的回忆》中第一章；他说：

"一群穿了很好的皮衣底人们，围着两个适才从前线返来的兵士，他们后边的地方，就是斯屈拉斯脱那耶方场（Strastnayer Square）与布雪金纪念碑（Puskin Nounment）那里；在那里底下，他们谈话道：'什么！不要去打仗，因为我们没有丰足的面包故！但是德人就要来这里了，我想，这会是革命底终止呢。''恐怕他们不会来罢'，一个兵士答道，'假使我们去解释给他们听，就是我们是预备单独的离开他们了'。'但是我们一定要从奥国的囚笼里，去解脱在辫立雪（Galicia）的斯拉夫人——我们底弟兄们，我们更要从德国人中去解脱那些波兰人呢'，一个穿好衣服的人说，他呢，他从书上去料想，他做了爱国的军官已四年了。'这是他们底事情，不是我们底事情'，兵士毫无惧容的答道。有一个军官，他说他自己已受了好几次伤，说些关于君士坦丁（Constantinople）底话，又给了一些经过靻靼尔（Dardanelle）一个商业出口底必要的话。说完之后，兵士并不受他底感动，兵士看上去也不去想他所说的这件事了，他们就开始谈到军人的食粮——食粮已经减少了——请假的延长，退伍后生活的方法等等问题上面去了。普鲁士的军国主义与他们是没有什么关系的；只有实际上能影响他们的事情，他们是知道的。"

于此我们可以知道那时兵士的一般心理了。在那时，民意沸腾。"俄罗斯底精神实是跃动了。""俄罗斯底一个新纪元,就在眼前了。"

我还能讲件事给诸君听听,以证俄罗斯人民对于此项革命的热望:

M. P. Price 说:"在脱维埃斯喀亚街(Tuerskaya street——译者志,我曾到过那条街,这是莫斯科唯一的大街,书铺差不多都是在那边)的许多书店,都陈设了红簿面的法国革命史。戏院里也扮演'马赛戏'(Marseillaise)——译者注:法国革命时,更歌唱了《马赛歌》,就是俄国十一月革命时也然。俄国现在自己更做了一首新《马赛歌》,我曾听过他们合班唱了一遍。觉得声调抑扬,我虽则不懂俄文,然而我也不得不赠他一句'美妙无比'的话了。音乐之风很甚,国际歌简直人人会唱。家里路上,常常能够听到歌声。至于戏院里,那就更流行了。就是平常的咖啡店里,大率都有一只钢琴,人家家里,有风琴的也很多。——人人都是手舞足蹈,鼓跃若狂。"

五

总之,面包问题系由战争而起。这"面包""和平"二个问题,老实说来,只是一个问题,就是:

"战争与和平"的问题。

更明白言之,就是:

"现在还是延长战争呢,抑是为和平而停战呢?"

既然发生了一个问题,那么,对于这个问题的意见,当然有正反二方面,这次也逃不出这个公例之外。他们对于这个问题的意见,可以分成二派:

(一)主张延长战争的,

(二)主张单独媾和的。

执政者取好于协约国,要借协约国的势力维持自己地位的永久,俄皇和他们所结的密约,于是继续有效,所以他们就不得不主张延长战争了。一般中等阶级的人民,贵族,学生,官吏,议员都居于赞成人之列。他们出于纯粹爱国思想的固然不乏其人,然而专为保全自己目前的地位与维持将来地位的永久计的,我们也不能说是"没有"。

在另一方面,与他们反对,而主张单独媾和的,大率是以下几种人:

无政府主义者(Anarchists),

多数党(Bolshevik Party)党员,

社会革命党左派(Left Wing of the Social Revolutionary Party)党员,

波罗的海底一般海军人员,

前线上的兵士们,

工厂里的工人,从事小工艺手工业的人。

他们以为"战争实在快要终止了,但是这仍旧不能改善他们底境遇"。

他们于是进而讨论"怎样去得到和平的问题"。

"假使我们受了命令,我们就应该到前敌去打仗么?"

"战争的目的,究是什么呢?"

"他们真有密约么?"

"我们现在能不能用信用来停止战争呢?"

以上四个问题,时常听见兵士们在那边讨论着。"战争呢,和平呢?"确是那时初革命后的大问题啊。这与后来十一月革命的原因,是很有关系的,所以这里不得不略略地说一说。

俄国的"战争呢?和平呢?"这个问题,上面不是说过是因食物恐慌而起的么?因其要解除面包的恐慌,所以就须讨论到这个问题。但是现在又因为要谋这个问题善后的完全,所以便要讨论到土地问题上去了。

俄国的兵士差不多全是农人,现在在外面从事战争,固有的土地,几全数为地主占去。他们说:"我们不久要回家了,回家后我们就要很多的土地来耕种。我们为了我们的故土,拿了枪刀去打仗,我们一定要等到得着故土之后我们才能把枪刀放下来呢。"

面包——和平——土地,这三个问题当中,以第一个问题,为最重要。无他,一个人一天活着,总不能一天不吃面包啊。他们对于这个最重大的问题,实在想求个实际的解决。此外二个问题,不过抽象的讨论讨论罢了。

李宁(N. Lenin)于一九一八年做的一本《革命的事迹》(Lessons of Revolution)上面说:

"人民在那时发生了一个问题,'这次革命是安全的么?'"

"因此,苏维埃(Soviet)就应运而产生了。"

李宁以为苏维埃是俄国三月革命底新创造,我更以为苏维埃是十一月革命底先导。就是李宁,他也以为苏维埃是:

一、革命底指示者;

二、革命底寄托者;

三、革命底实现者。(见《革命的事迹》)

李宁的见解,许多人一向是很佩服的,他这个说法,我更赞同。

苏维埃成立后,会场中充满了跃跃欲动的民气。一般人弭兵的心理,因米立郭夫(Miliukoff)与克伦斯基(Kerensky)主战的缘故,至是不得安慰。不久,米立郭夫因一般人不满意他们底政策而辞职,克伦斯基就由内务总长一跃而为内阁总理而兼陆军总长了。

克伦斯基政府告成后,这政府的态度,仍是故我依然。面包依旧恐慌,战争依旧延长,土地问题,依旧没有解决。一般民意的共同要求,他亦拒而不纳。李宁说这时人民因此又发生了一个问题,就是:

"谁是朋友,谁是敌人?"

人民认清了朋友与敌人之后,又发生了一个问题就是:

"怎样去打倒敌人,怎样去扶持朋友?"(我手旁无参考书,一切书籍,都在俄国,不能带到中国来。我不知他的话是不是这样的。乞读者原谅。)

要求这个问题的答案,便发生了七月暴动的事情。缘此次多数党欠缺预备,他们还没有多大力量,结果失败了。"失败是成功之母",七月暴动底失败,我以为就是十一月革命成功的先声。

总之，此时革命的空气，弥满于欧俄方面，人民渴望极端自由的心理，时常溢露出来。人民在此时的重大目的有三：

（一）面包（Bread），

（二）和平（Peace），

（三）土地（Land）。

明白言之，就是：

（一）得到丰足的面包；

（二）无条件的单独媾和；

（三）处分土地。

克伦斯基执政之后，几月的功夫，这三个目的，一个都没有达到。初革命后的人民，骤然除去了锁链，正如久在笼里的小鸟，出笼后总有些"放浪不羁"的样子。他们底欲望既不满足，那肯就此"安居乐业"呢？

六

到了十月里的一天——二十四——十一月七号——忽然霹雳一声，多数党起来实行社会革命——经济革命——了。震动全世界的共产革命，不多几天，竟能大告成功；使协约国恐怖到了不得了。

十九世纪的法国革命，二十世纪的俄国革命，大家在历史上互放光彩，我要赠他"相映成趣"这一句话。

法国底革命，日后竟影响到全世界，各国继之而起的，大率都已成功了。至于俄国底革命，在现在看起来，继起的不知怎样竟失败了。德国只有三天功夫，匈加利也不过几天模样。至于英文报纸称蒙古为苏维埃蒙古（Soviet-Mongolia），我看这也不过是个名词。至于墨西哥那边，这也不过有一处是实行共产制度的。我在莫斯科的时候，我曾和片山潜（Sen Katagama）谈过。他刚从那边考察过来，他说那边的情形很不好，不久即要塌坍的。然而我们也不能说他不能影响到世界，试看去年——一九二一年——国际共产党开会的时候，差不多含有世界各国的代表。这样，也可见她的魔力了。

闲话少说，现在且说他们革命成功的原因罢。

上面不是说过人民在那时所希望达到的三个目的么？多数党在未革命之前，就以这三者——

一、面包；

二、和平；

三、土地。

——应许了人民，博得群众的信仰，所以成功独易。然而我以为多数党革命成功底主要原因，还是：

（一）大战的继续延长；

（二）三月革命后民气的沸腾。

路德乔治（Lloyed George）说："这是战争。这就是反乱。"（见 The Nation）他底意思，就是说反乱的事情往往都是因战争而起的。我们看了俄国的革命而益信，我们可以把他俩互相证明，他俩真是相得益彰呢。所以我更要说："这边是战争，那边就是革命。"

三月革命与十一月革命是很有关系的，齐诺弗夫说："三月革命是十一月革命底先导，他俩好像闪电后的雷声一般，我们早知十一月革命是不可避免的了。"（见他对三千军官演说文《军队与人民》Army and People 的书中）俄国自三月革命后，全国民气沸腾，为人民代表的苏维埃，往往不能行使职权。于是多数党就大声疾呼"全权归于苏维埃"（All power to the Soviets）的话。多数党既有了这个鲜明的旗帜，革命哪有不告成功之理。除了这个唯一的口号之外，他们还有以下几种鲜明的旗帜，

"宣布种种密约！"

"要求不割让土地的和平！"

"推翻资本主义的十总长！"

"……"

既然如此，民意所归，众望所属。不几日，俄罗斯社会主义联邦苏维埃共和国（Russian Socialist Federaion Soviet Republic——缩写成 R. S. F. S. R. 俄文缩写为 P. C. YC. P.）的名词，竟夸耀一世而出现了——这是协约国所料想不到的，真是出人意表的了。（未完）

（《东方杂志》第十九卷第十一号，1922 年 6 月 10 日，署名 朱枕薪）

25 日（星期日）

25.《苏维埃俄罗斯底过去与现在（续）》（《东方杂志》第十九卷第十二号，6 月 25 日）

《东方杂志》第十九卷第十二号刊登朱枕薪的《苏维埃俄罗斯底过去与现在（续）》，全文如下：

观察后的简单报告

七

现在讲多数党底由来与主义及其理论。俄国早先有"民意社"，由民意社一变而为"土地与自由社"。这都是虚无主义者与无政府主义者的结合，土地与自由社里的著名人物，就是巴枯宁（Bakunin）。后来，由此转辗变化，俄国社会主义的团体成立了二个：

（一）社会革命党（Socialist Revolutionary Party）；

（二）社会民主党（Social Democratic Party）。

社会革命党，现在可以不去说他，单说社会民主党，成立后于一九〇三年在伦敦开会，讨论实行的手段与方法。社会民主党向以马克思的科学社会主义相号召，这次讨论实行的手段与方法，不问而知是讨论实行马克思主义(Marxism)底手段与方法了。讨论中曾有剧烈的辩论，一面主张取缓和运动的方法，实行议会主义(Parliamentalism)，为公开的政治活动，以达实行马克思主义的目的。这派主张的人，以泼来加诺夫(George Plechanoff)为首领。另一方面以李宁为首领，极力反对这一方面的政策，主张社会革命(Social Revolution)，以无产阶级专政(The Dictatorship of the Proletariat)的方法，而实行马克思所主张的共产主义(Communism)。不主张公开，而主张秘密活动。绝对的要消灭有产阶级，废除资本主义，决不与有产阶级妥协。

以这种相反的二种倾向，怎么能够调和呢？于是，社会民主党就分成二派，立表如下：

社会民主党：一、多数派(Bolsheviki)；二、少数派(Mensheviki)。

(Social Democratic Workmen's Party 应译为"社会民主劳工党"，因太生疏，就从众省译为现在这个名词。)

他俩后来各行其是，虽有二年的合并(一九〇五——一九〇七)，然而功效仍等于零。到了一九一七年十一月里，二派的水火益深，积不相能。——这事待后讲。现在单说他们所抱的主义与理论。

社会民主党多数派既然以社会民主主义(Social Democracy)命名，那么，他所主张的不言而知是马克思主义了。关于马克思社会主义的解释，我手旁有本书叫做《经济学原理》(Principles of Economies)，上面有几节把他说明得很清楚，很浅显。这书是席权(Henry Rogus Seagu)著的，他说(P626—627)：

"欧洲于一八三〇年开始实行政治革命之后，第二步就跟来了社会主义的运动，这就是一般人所谓的革命的社会主义了。路易布兰(Loui Blance 1813—1882)是法国这种新运动的领袖，在这种运动中，大部份是加尔马克思(Karls Marx 1818—1883)底势力，他不朽的名著《资本论》(Das Kapital)被人称作"社会主义底圣经"(Bible of Socialism)，是很不错。马克思是二个文明犹太人的儿子，他在大学里学过法律和哲学，他那时对于民主主义的运动，就很表同情了。后来，因为他主张激烈，思想深刻，就被德国政府放逐出境，所以他一生的大半，常在伦敦过活，他在那边，发表了他的学说，日后，人都称之谓'科学的社会主义'。

"这种学说底根本原理，就是'唯物的历史观'，或称'经济的历史观'(简译作'唯物史观'或'经济史观')。马克思以为各个历史上时代的制度与原则，都要由经济组织，如生产与分配的经济关系来决定。产业革命后，发生了一种有资本的雇主与工钱劳动者间的利害竞争。雇主持有生产的器具，劳动者却要靠着资本家，才能有机会做工。这种阶级竞争(Class Struggle)，因为'资本制度生产'的缘故，将愈演愈烈，一面产业渐渐集中，一面被掠夺的劳动者亦渐渐受苦，产业愈集中，劳动者愈痛苦。他以为这样竞争的唯一可能的结果，就是一种社会革命。工钱劳动者(无产阶级)，始终总能发展他们的势力，从压迫者底手中取得生产机械的，于是，社会主义底国家就能出现了。他底意见,更以为社会主义底实现,是不可避免的。他相信把他底学说传播到人心里去之后,就当组成一无产阶级,他们担负达到社会主义国家的责任,就是将来社会主义国家底管治权,一定也要付托在他们手上的。

"马克思底学说,除了唯物史观,阶级竞争,与不可避免的社会革命等三说之外,还有赢余价值(Surplus value)论,与生产过剩论二种,这好像是他学说中更深的原理。他采用英国经济学家李加图(Ricardo)底意见,就是必须商品的生产制度实行之后,才发生了价值说,价值是要和劳动力相等的。然而这很明白,由现在的生产制度看来,产业上生产底价值,因为要报偿他们劳力的缘故,只有一部份是归给工人的,所以资本制度的生产,常能掠夺工钱劳动者底劳动力,他们所接受的他们生产的价值,仅仅只够他们底衣食住;剩下的'赢余价值',悉被雇主拿去,无他,实在因为雇主管治土地,资本的货物,与生产的器具故。如果没有上面三件东西,工钱劳动者恐怕还不能得到他必需的衣食住呢。

"马克思的危机论,就是不规则的竞争,能使贪利无厌的雇主常常增加生产额,把这许多生产物拿到市场里去竞卖,但是群众所得的工资有限,就是他们底消费是亦有限,于是生产就常常多过消费了。结果则卖不掉的货品堆积起来,发生种种危险物价下跌,使将来的生产不能得利。如果货品又是消不掉,那么,便要有许多人失业了。此时,小而弱的雇主发生恐慌,清理债务之后,就得加入无产阶级里面去。像这种事情,一次过了又是一次,层出不穷,这种危险能使没有失败的雇主——资本家——与无产阶级底鸿沟更深,而不可避免的社会革命底实现,与社会主义国家底创立亦更快。"

多数派所根据的理论。就是上面译文里所说的话。

他们要劳动者自己实行革命,所以极力联络工人。"在工厂里的工人中做宣传工夫",他们是很注意这件事的。

"劳动者除掉他们自己的锁链以外,余的就一无所失。"——《共产党宣言》中的话。他们拿来就大声疾呼,鼓动工人革命。

"各国底工人们,联合啊!"——《共产党宣言》中的话。

他们也拿来做口头语,希求工人组织。

八

十一月七号(一九一七年),多数党的机关,军事革命委员会(Miltitary Revolutionary Committee),得了由工厂里来的红卫军(Red Guards)与一部份驻防兵底帮助,就立刻实行了革命。他们先占据了电话、电报、邮政、银行等机关,后更占据了冬宫(Winter Palace)与士官学校。克伦斯基乘汽车逃亡,他们就把总长们都捉住了。革命的初步,于是总算告了成功。

当天下午,他们就召集第二次全俄苏维埃大会(Second All Russian Soviet Congress),多数党底代表,和少数党、社会革命党的代表,起了冲突,结果,则他俩退席。他们退席后,李宁即登台演说,他底结论是:

"我们对英、法、德的同志说,我们要他们学我们底榜样,使工人们去推翻资本家的政府而得和平。我们相信，加尔马克思出世地的国家（译者志，这指德国），是不会不听我们底话的。"

他先又说"人民委员会"（Conneil of People's Commissary）已选成，委员会现在对大会提出三个议案：

（一）前敌停战，做构结和约的一种先声。

（二）使农人社会底土地委员会（Land Committees）获得地主财产底暂时所有权，以待法律底决定。

（三）给工厂工人以控制雇主与经理种种行动的管治权。

隔了二天，到了九号，革命之情势已大定。彼得格勒底行政大权，确已移至军事革命委员会底手中，不过以第二次全俄苏维埃大会底名义而行事罢了。市面亦平静如常，绝不见有恐慌现象。

但是，不久彼得格勒即有人组织了一个"国家与自由之保护委员会"（Committee for the Pefence of the Country of Freedom）与斯马而内苏维埃（Smolny Soviets）及军事革命委员会对抗。当是时，外面克伦斯基已带了哥萨克兵来进攻了，谣传他有二万人，并且已进至沙斯哭也雪洛（Tsarskoye Selo）的地方了。然而结果则多数党全胜，克伦斯基败退，国家与自由之保护委员会，亦敌不过斯马而内苏维埃。

后来，他们要想以立宪会议（Constituent Assembly）来解决国是——解决俄罗斯十一月革命后国家的基本原理。但是失败了，立宪会议亦解体了。

到了一九一八年，正月底第三个星期，第三次全俄苏维埃大会开会，于是就拿他做为解决国是的大会（Great Convention），于正月二十七号通过一案，题是：

《作工的平民与被侵掠的权利宣言》。内容译述如下：

（一）俄罗斯现为——工、兵、农苏维埃共和国，中央与地方底行政全权，全都交付于苏维埃。俄罗斯苏维埃共和国，是自由民族底一种自由结合，也是一个民族的联邦共和国。

（二）因为有以下的几种目的，如消灭人对人的侵掠，废除社会上种种阶级的区分，削平一切的侵略者，建设一社会主义底社会团体，与夫保证社会主义在各地的胜利等等，所以大会（Great Convention Third All-Russian Soviet Congress）现有下列的宣言：

（A）因为要实现土地底社会化，废除一切土地私有权，使俄罗斯共和国底领土，成为全国人民底财产，根据一切平等的使用权，可以把俄罗斯共和国境内的土地，没代价的交给作工的人民。一切的森林、水道、天然的财富，以及家畜农具、田园、农场等物，悉都归为国有，算为国家底财产。

（B）把工厂、矿产、铁路，以及别的生产与分配的器具，完全交付给工人农人，共和国所有的第一步手续，就是关于工人治理（Workmen's Control）与公众经济最高会议（Supreme Cunncil of Public Economy）的法令，这种法令，我们这里是认可了。

（C）从资本主义的束缚中而解放工人群众底一种条件，就是把一切银行，都交为工人农人的苏维埃共和国所有，这我们也承认了。

（D）要消灭社会上的寄生性质，要使产业组织筑在公众的基础上，所以各个公民底义务工作是要的。

（E）因为要保全劳工群众底完全权力，要消灭侵略者恢复政权的种种能力，所以要使工人武装，要在工人农人之外，成立一种"红卫军"（Red Guard），更要完全解除资产阶级的武装。

（三）因为要从资本主义与帝国主义的爪牙中去救济人类，因他们能造成万恶的战争使人类流血故，所以大会赞成并认可下列苏维埃委员会（Sovie Commissars）的行动：

（A）废除种种密约，组织军队中现在互相反对的工人农人间的友谊团体，一种民主主义和平的一切代价，是要由工人自己去付的，只要没有割让与赔款的和平，只要根据用革命方法的民族自决。

（B）要完全破坏资本制度文明社会底野蛮政策，这种政策，就要使几个特出民族中的侵掠者执有政权，但是他的代价，却是奴隶了几万万亚洲殖民地，与各种小国的劳工群众。

（C）承认芬兰底完全独立，撤回俄国在波斯的军队，并承认亚美尼亚（Amenia）底自决权。

（D）废除俄皇政府从外国银行与国内资产阶级手中所借来的一切借款，这是对于国际间的银行与资财家底第一声打击。

（四）末了，"大会"相信，就是，现在已是和侵掠者决斗的时候了，因为各行政机关中，他们现在都是没有位置的。政权现在是一定要完全，悉数握在劳工群众与他们底代表机关——工、兵、农代表的苏维埃（The Soviet of Workmen's, Sodiers, and Peasants, Deputies）手中的。

上面那篇宣言，如果从历史的眼光看去，他和法国底《人权宣言》以及美国底《独立宣言》，是属同一的重要的。至是，"俄罗斯社会主义联邦苏维埃共和国"之国基乃大定。

九

他们根据了上面一篇宣言，为要"实行"起见，所以国内就有下列的种种事实：

（一）收土地为国有，农人可以自由耕种，不分什么性的区别。

（二）一切矿产、森林、家畜、农具、田园、农场、工厂、银行，以及交通机关，都收为国有。

（三）人人劳动。

（四）组织"红军"（Red Army）。

（五）废除私有财产。

（六）禁止经商。

（七）儿童公育。

（八）其他……

更为谋"实行"底便利起见，就实行"无产阶级专政"的方法，以做达到共产主义社会的第一步——见《国际共产党底章程》中。

一切有产阶级的团体，都须强逼解散。就是革命的团体，如无政府党、社会革命党左派，后来也被禁止。凡是苏维埃政府所认为有妨碍苏维埃政府存在的团体，悉在禁止之列。……

十

现在讲十一月革命后，新经济政策（New Economic Policy）实行前的社会上大概情形：

这时候社会上旧有的经济组织，悉被多数党破坏无余，一切生产机关，完全收归国有，资本家大半都逃到外国去了。牢不可拔的资本制度，现在竟连根带叶的扫除净尽。萧伯纳（Bernard Shaw）以为强盗阶级——资产阶级——的成立，是商业制度发生后必然的结果，所以苏维埃政府（Soviet Government——有人译作劳农政府，无奈意有未尽，所以我就译音了）就下令禁止商业，停止私有贸易，于是钱币亦归无用。政府把硬币都收去存库，改发苏维埃俄罗斯底纸币。作工的给以食券，设有公共食堂，衣服亦归政府发给，房屋亦归政府分配，街上冷落异常，店家都已关门了。巴柴尔（俄人呼市场为巴柴尔，这种市场，各样东西都有出卖，和上海城隍庙与苏州玄妙观的情形差不多，不过没有娱乐的场所罢了）亦杳无人迹，"四顾茫然"。

初革命后人民的生活状况，谈来很痛苦，M. P. Price 关于这种事实，有段很有趣味的记载，他说：

"我起初每天只领半磅（约合中国六两重）面包，后来降到三分之一，后来又降到四分之一，最后竟降到八分之一。白糖亦降到每月只有半磅了，牛油亦只有一小块，却还没有半块洋钱那么大。我于是就走到巴柴尔去寻买东西，听说有人从乡间带来了一袋面粉，要在这里私下出卖，于是我就想买他，我还想买些熏鱼呢。我寻了大半天，一些也买不到，没法想，只得饿肚子了。由此我日里想食物吃，夜里也想食物吃……"

商业虽被禁止，私下贸易仍是不能禁绝。这时，各人的钱财，当然是被搜去了。就是各人底日用品，如大衫等物，除了他自己的必须之外，余的都要交政府，大衫每人只能穿一件，不能多有。有人把东西藏了起来，政府就派人四处搜索。幸而没被搜索去的，他们因所领食物底不够吃，就拿他去和旁人交换他所要的东西。物之交换至今西伯利亚底小镇上，还有此种现象呢——我从伊尔库次克去莫斯科的时候，在西伯利亚道上，下车去买东西，有几个小站，竟不要我身上所带的苏维埃俄罗斯纸币，而向我要肥皂、洋火、衣服等物去交换。

现在社会上的一切情形，都和从前迥异。总之，社会上一切"私有"的东西，现在都变为"公有"的了。私家的报纸，也停版了。社会上所有的报纸，都收为政府或共产党底出版物——多数党革命后改名为共产党，党员骤增——直至现在，情形仍是如此，不过添了几家工会与农会的报纸罢了。

余外一切戏院、学校、美术院、博物馆等，也都完全收为国有了。

人民对于这种事情有反对的，那么，就须受非常委员会（Extraordinary Commission）

底处置与责罚。

　　Harold Williams 在《俄罗斯国内战争底意义》(The Meaning of Civil War in Russia) 一文中说道:"这时各样的自由都没有了……苏维埃政府所不能破坏的公共机关,只有教堂(Church)一种了。"(P. 54 The 19th. Century. Jan. 1921.)

　　总之,在这时候,个人有什么活动,是不准的。所谓"武装共产主义"(Military Communism)的俄罗斯,就是指那时而言的。

　　我常说,"与其说俄国十一月底革命是政治革命。不如直截爽快的说他是经济革命——社会革命",多数党所根据的学说,就是马克思的经济学说。他们不过想以"政治革命底方法"实行"经济革命"的目的罢了。

十一

　　我们从历史上看革命底事情,觉得无论什么革命,总须要有一种代价。这代价是什么呢?——一字以蔽之,就是一个"血"字。"革命","流血",这不过是一个名词底二种说法罢了。苏维埃政府本来成立得太容易,然而得以维持到今日,其中当然要经过种种艰难的——当然是要流"血"的。

　　苏维埃政府起先和乌克兰(Ukraine)与芬兰(Finland)发生战事,不久就跟来了许多国内反抗他们底事情,如彼得格勒与莫斯科的反动,社会革命党在服而加(Volga)的运动,郭尼洛夫(Komilov)与亚来克雪夫(Alexeiv)余下在哥萨克底小义勇队的暴动,以及捷克斯洛伐克底反动,事后,高尔却克(Kolchak)又在西伯利亚组织军队,与他们开战,西方台尼金(Denikin)亦响应而至。这是他们国内东西二方面的冲突,他们国外亦和波兰以及波罗的海那边的几个国家打仗。然而结果,反多数党(Anti Bolsbeoiks)都失败了,到一九二一年春已完全肃清。就是国际间的战争,他们亦早已媾和了。这也不算称他不流"血"了。

　　还有一件可记载的事情,就是因多数党主义激进之故,又因他对德单独媾和的事情,协约国就非常的愤怒与恐怖,竟派兵把她封锁了。然而这不能危及苏维埃政府,苏维埃政府反而因之安固了。国民因外来之压迫,就一致对外,无暇计及国内的事情。就像反多数党的少数党与社会革命党,他们也有这样的表现。

　　但是到了一九二一年春,协约国兵已撤尽,反多数派亦已肃清,加以国内饥荒。至是,而苏维埃政府底难机到了。

　　至于灾荒的原因,现在亦可以一讲其大概。自多数党执政之后,欲励行其实现共产主义底政策,不得不先实行无产阶级专政底方法,既名"无产阶级专政",那么,他对于人民,当然有些"强迫"的事实。

　　十一月革命后,次年,他们要征收农民的粮食,农民的面包,除掉他个人或他家族所需的之外,余的须完全交给政府。俄国的农民,本来就很顽固,叫他们瓜分地主的土地,他们是乐意的,叫他们拿剩余的粮食交给政府,他们就不愿了。征收粮食委员会没有法子想,后来只得实行"强迫"手段了。农民于是大大地不满意,然而没法和政府对抗,只好遂所欲为。翌年,农民就聪敏了,他除掉他个已所需的而外,余的都不种了。弄得田野荒芜,加以战争频仍,怎么会不发生饥荒呢?这是人事方面的原因。

还有，天时不好，收成欠缺。"天灾"，"人事"，两者同时相遇，遂发生亘古未有的俄罗斯绝大饥荒。

俄罗斯人底物质生活，由是更加苦痛。白面包没有了，黄面包也没有了，俄罗斯底人民，几全数都吃黑面包——我在俄罗斯底时候，我也吃"黑力哀勃"。俄人叫黑面包做"黑力哀勃"——衣服破了，也很难去得到新的。除面包、衣服之外，其余的生活必需品，因外国兵力的封锁，也非常缺乏。普通一般人感于现状底不满足，遂迁怒于政府，平民怨恨政府的，实在很多很多。如伊尔库次克大学里的学生，总数有二千人至三千人，学生中属于共产党的只一百〇二人。俄罗斯人现在一般的普通称呼，不用从前的"角斯巴金"——先生——而用现在的"毒法立喜"——同志。我也顺从他们普通的习惯，叫人总是把"毒法立喜"一字说在前面。我曾碰到几个人说"爷纳毒法立喜"的话——我不是同志——亦可见人民怨恨政府的一般了。

现在要讲些很关重要的话。俄国底人民委员会（Conucil of People's, Commissaries），就是俄国现在的政府。人民委员会底委员长。就是俄国现在的总统。委员会好像是由宪法会议产出的，我记不清楚了。至于全俄苏维埃底中央执行委员会，就是现在俄国底国会。革命后直到现在，人民委员会底委员长，只是李宁一人，并没换过旁人。

十二

新经济政策于一九二一年四月里（记不大清楚），由第十次全俄共产党大会通过，内容有三特点，记得其大概如下：

（一）恢复商业制度，特准私人贸易。
（二）恢复产业有限制的私有制度，除交通等机关外，小工厂能由个人自己经营。
（三）设立合作社，谋城市与乡镇物品交换的便利。

新经济政策大概是在五月内由苏维埃政府颁令实行的。实行后得了很大的效果，且待我慢慢地分说在下面罢。

十三

新经济政策下令实行后，社会上一切情形，渐渐恢复旧状。巴柴尔渐渐有人在那里互相买卖了，商店也渐渐开门了，私人开工厂的也渐渐有了。总之，一切都渐渐复回原有的故态了。

我到俄时，新经济政策已实行了好几个月了。现在就把我亲眼所看见的，写些在下面：

我初到伊尔库次克的时候（大约在一九二一年十一月里），马克思街上的商店，寥寥无几，十之九是饮食店（马克思街是伊尔库次克的唯一大街）。巴柴尔虽然有东西出卖，但不十分热闹。这时已没有公共食堂，或者有一二处也说不定。工人每月发给些面粉、牛肉、钱币等物，钱币发得是极少的。

苏维埃俄罗斯底钱币，现在尽是纸币，从前的金币、银币，除掉流到外国去的一部分外，余的都被政府收去。所以现在纸币充塞，绝不见有硬币的踪迹。因之物价飞涨，几天就涨了一倍。我住在伊尔库次克的时候，有一天，农民因不信任纸币的缘故，相约把面包藏了不卖。于是巴柴尔顿现冷落之象。几天之后，面包的物价，固然不消说是涨了一倍多，就是旁的物价也和他一般的涨了。

伊尔库斯克有个政府所办的咖啡店，我初到的时候，每壶只卖二千五百卢布，我离伊去莫——莫斯科——的时候，每壶就要卖六千了。隔了一个月，等到我由莫返伊的时候，每壶竟涨至一万二千了。

再拿黑面包一项来讲，在一九一八年的时候，每磅大约卖一二个卢布，但是现在，他却要卖五六万一磅了。

我总说，我出世以后，我从没有看见过物价涨得这样迅速的。这样，未免令人太惊慌了。

因物价的继续高涨，苏维埃俄罗斯底卢布，现在真是"不值钱了"。无论买什么东西，他们开口总是几千，几万。我们钱币的单位是"一"，他们钱币底单位是"千"；现在或者要以"万"算单位了。

苏维埃政府今年发行一种新纸币，以"一万"作"一"；今年的一个卢布，就是往日的一万卢布。听朋友说，他们还想发行金币、银币呢。我怕这做不到，俄罗斯金币流到外国去的实在太多了。

俄国底房屋，现在也收房租，房租听说很贵。

俄国缺少物质，我上面早已说过。新的衣服，在俄国买起来，实在很不容易。就像身上所穿的外衣、外衫，在欧俄方面现在还能设法买到几件新的。至于在西伯利亚一带，那就完全是旧的了。

苏维埃俄罗斯境内的火车，现在亦要售火车票了。有些地方，一定要拿了共产党所发给的证书才能去买票否则钱虽多，他们也是不卖的。

伊尔库次克很冷落，一些也不热闹，地方亦不见得十分广大。莫斯科和彼得格勒的情形就不同了。二处都有电车；谁都可乘车，谁都要买票。二处商店复业的，几及全数。巴柴尔底热闹，固不必说，就是马路上，也是很热闹的。莫斯科的"南京路"脱维埃斯喀亚乌利义，虽没有上海那么样繁华，但行人也不少。

我到了莫斯科，住了半个月，社会上的一般情形，我始终找不出和上海不同的地方。不过这原是外面的观察，至于内部的组织怎样，我却没有机会去考察了。

十四

娼妓问题，有人说是资本制度社会底自然产物。不知怎的；俄国现在的公妓当然是没有了，但是因是生活底牵制，私娼非常之多。更有朋友们和我说，在新经济政策实行之前，宿娼只须面包与白糖，钱是不要的。

这种现象，殊令人不解。我不是想暴露他们底丑态，我不过据实记载罢了。这是我到俄后最深刻的印象，故特标而出之。

十五

我这篇文章，随便写成，草毕后亦没有复看一过。错误之处，自知不免，希望熟悉彼地情形的指教。

我又要声明一句,这篇文章,原是我游俄后最简单的报告。读者幸勿怪他的短小。

补遗:一九二二,四,八。

苏维埃俄罗斯自实行新经济政策之后,国内之情形大变。他们对外,也比较从前圆通了。为要和外国通商起见,现已承认交还外债了。至于国际间的通商问题,英、法、日,几国,都已和她作非正式的通商了。

他们十一月革命后国际间联络的最大成绩,就是国际共产党底组成,去年开第三次大会,世界各国几都有代表列席。并且在中央执行委员会里,附设妇女部,妇女国际共产党大会亦已开过二次会了。详情容后介绍。(完)

(《东方杂志》第十九卷第十二号,1922年6月25日,署名朱枕薪)

30日(星期五)

26. 陈独秀给共产国际的第一份报告(文献,6月30日)

中共中央执委会书记陈独秀给共产国际的第一份报告,与《新青年》有关的内容如下:

B、政治宣传

1. 关于华盛顿太平洋会议之运动如左:

Ⅰ、译印第三国际对于太平洋会议宣言(五千份)。(引者注:见《新青年》第九卷第五号)

Ⅱ、译印山川均及堺利彦批评太平洋会议论文(各五千份)。(引者注:见《新青年》第九卷第五号)

Ⅲ、印陈独秀论太平洋会议论文(五千份)。(引者注:见《新青年》第九卷第五号)

Ⅳ、印李汉俊批评太平洋会议小册子(五千份)。(引者注:见《共产党》月刊第六号)

下略

6. 中央机关设立之"人民出版社"所印行书如左:(引者注:见《新青年》第九卷第五号)

马克思全书二种

Communist Manifesto,(引者注:中文书名《共产党宣言》)

Lohn Arbeit and Kapital,(引者注:中文书名《工钱劳动与资本》)

列宁全书五种

Lenin's life,(引者注:中文书名《列宁传》)

Soviet at Work,(引者注:中文书名《劳农会之建设》)

讨论进行计划书

Erfrlge und Schwiergkeiten der Sowjetmalht,(引者注:中文书名《劳农政府之成功与困难》)

共产党礼拜六(引者注：中文书名《共产党星期六》)
康民尼斯特丛书五种
共产党计划(布哈林)，
俄国共产党党纲，
国际劳动运动中之重要时事问题，
第三国际主义案及宣言，(引者注：书名《第三国际议案及宣言》
Trosky's From October to Brest Litovsk(引者注：中文书名《俄国革命记实》)
(附注)以上书十二种各印三千份。
(《中共中央文件选集(1921—1925)》，北京：中共中央党校出版社，1982年，第27~29页)

7月
1日(星期五)

27.《俄国的新经济政策》(《新青年》第九卷第六号，7月1日)

《新青年》第九卷第六号，刊登雁冰译、布哈林演讲的《俄国的新经济政策》，如下：

"以下乃布哈林的演讲，当一九二一年六月八日的第三国际世界大会在莫斯科开会时所讲。"

要明白我们现在所采用的新政策，必须知道他和去年春天我们所经过的经济的和社会的生死关期底连带关系。

俄国革命的经验指出我们从前的革命程序观念完全是痴人说梦。从前即使是最正派的马克思主义者也以为无产阶级只消抓住政权便可充分管理生产机关了——当然的先要锄去那些高一级的有产阶级。但是经验告诉我们，简直不是这样的。每个革命包含一次复杂的社会改组。而一个无产阶级的革命所包含底社会的改组，比从前过去的中产阶级的革命所包含的，更要复杂得多。一个无产阶级的革命不但需要人民去抓得政府而改组之，并且要去抓得整个社会的生产机关而改组之。在实际上，后者尤为重要之事。

现在我们且看在资本主义的国家里，这生产机关的性质是怎样的？第一，我们先看见一个资本主义的阶级制，一级压一级的制度——最高的是富有的资本家；其次是亲理各项事务的经理；又次是专门人材，又次是熟练的技手和机器手，这一级和上一级是差得很利害的；又次即是底基了，便是普通的劳动者。当你开始要去改组这个社会，你可就扰乱了他们各级中间的平衡了，你把他们中间的连带关系割断了。劳工们开始用罢工用暴动来攻击政府。兵士们尚服从他们长官的时候，军队革命不能起来。劳工们尚服从他们的工头和雇主的时候，工业革命亦不能起来。但是一日你把他们各级中间那些联带关系一割断，革命自然能起了，生产事业却也就停止了进行。如果劳工们罢工，或是派人守街起堡垒来，工作也就停止了，如果熟练的工程师和科学专门人材怠工起来，出产就缩少了。

守旧的社会主义者像柯祖基（Kantsky）与巴尔（Baueo）之流，每说，同时不间断生产，同时起革命；他们这些话简直是废话。这犹之说兵士要反抗他们的长官而同时又要服从长官。有革命即不能不暂时阻滞生产，若要生产事业照常过去，便没有革命。你要一个革命，不能不付些代价呵！你不能不拿出一些代价就安然转换到较高式的生活。我们应该不怕我们的物质繁华暂时的有些破绽呵。你不打破鸡蛋，怎样做成蛋糕呵。

我们大家都知道，如果社会中别的阶级底反抗力愈强，则我们的革命底代价，便必须愈高；而且我们又都明白知道，第一个实行无产阶级革命的国家，其所出的代价必定最高。在我们俄国，阶级战争不但是内国的，还有对外的战争。当内国政变发展成为战争以抵抗国外的强有力的政府的时候，革命的代价真是不可数计了。我们底可怕的贫乏，其主要原因不外乎此。我们不得不把我们那一些枯渴的物力底四分之三都用在供养红卫军，我们不得不如此的原因，除了疯子，没有一个人不知道的呵。

人类要生活，缺不了面包。面包问题是革命时最难解决的问题。在那种危机时期所必不可免的经济的紊乱，也把城市和乡村的连络割断了。当无产阶级在城市奋斗时，城市里的工作全然停顿，城市和乡村的关系也就中止了。大地主和富农人觉得团积操纵是行不去了。农民组合就此破裂。城市出产品和乡村出产品停止交换了。记账交易制被打得粉碎，非用现钱不可了。城市既然不肯和乡村通融，乡村当然也不肯和城市通融了。城市居民和乡村居民间有无相通的办法便也全然消灭了。

因为城里人即使是在革命时候也是不能不生活的，所以我们必须筹画出特别方法来喂他们。第一，聚积在城市里的先必把来用完。第二，我们能用强迫手段从农人手里拿出米粮来。第三，农民对于无产阶级的同情，也帮助了我们，因为农民知道无产阶级的政府是保护他们反抗他们从前的地主以及其他的掠夺者，他们应得报答的。

当我们尚在锄削内乱并且抵抗国外的反动派与他苦战的时候，上面所述三者中的最后一个，在农民中施行重要的作用。当我们用强迫手段时，我们还是根据在这感情上，每个马克思主义者知道：我们的反对派说的什么农民是布尔札维克派的仇敌，我们的权力全恃枪尖来维持，等等的话，全是废话。如果真照反对派的说法，便是俄皇的根深柢固的政府也要维持不下的。我们用武力，因为我们背后有农民的信仰做后盾，农民信仰再没有第二个政府能保护他们不受大地主的伤害。我们已把俄国大田地的百分之八十二给与农民，而且农民们亦不是愚子，肯把到手的东西放弃。他们很聪明的计称到将来的生活会要好些，只要手里得的田地不被收回去；因为将来他们的收入是稳定的了。就因为这些缘故，他们原谅我们的不得已办法，而且也正因为这些缘故，我们给他们个例外，在我们的经济社会内（就是说允许农民私有田地）。在我们脚下，我们的根据是坚牢的。

资本家的政府已经从经验中知道了：有几种在平时万万不能见诸施行的经济管理法，到战争时是可以强迫施行的。我们当时的情形正和这个一样，俄国的一切阶级，造那些小有产阶级也在内，都觉得当战争时候是不论怎样的牺牲是只得牺牲的。我们应用"狄克推多"的方法，可以依靠这种感情。

但是战争完了以后，对于我们的设施而起的反对是一定不免的呵。他的最初的表现是在抗拒我们的管理制度，和农民中间底无政府的暴动。从经济学上讲来，这是很明显的，若我们取尽了农人的生产赢余，他们增加生产的动机便没有了。剩下来的唯一的动机便是：他们深信必须扶助那些都市的劳动者，好让他们来帮着使他们不再落于大地主之手。等到那些武装的仇敌都被我们打倒了以后，连这个动机就也变成很微弱了。我们立刻看出来，田地渐渐荒废了。这个，固然一部分是由于我们抽调农民入军队的缘故，一部分也是由于牲畜和器械渐渐缺乏的缘故，但农民的不复愿意耕种也是一个原因。因此我们现在就逢着一个农业上的危机：快要发生饥馑之灾了。

这是自然的趋势：农产匮乏，城市生产也衰颓了。有人说，我们的工厂和制造场多半是毁坏到不堪设想，这不是真的。在许多炼钢的和制造金属品的大工厂里面，我们还有看上好的机器，但是最大的问题却是如何去使得城中的人有得粮食吃。我们的工人都枵腹做工，城市和乡村之间的生产和制造又周转不灵。

这种经济状况发生了种种社会的结果。我们的工厂既然停顿，工人就四散觅食去了。例如，他们在制造金属品的工厂里留着，但是为他们自己制造了每天要用的小金属品。由是他们便不像个无产者的样子。他们方才晓得他们已经有了营业的自由，于是得到了小有产阶级的许多心理状态。于是我们便有了无产者变为小有产者，而且具备有产者的种种坏脾气的事情发现了。一般无产者不绝的向乡村间散去，而去经营的小规模的独立工业了。

社会混乱的程度愈甚，这种无产阶级的堕落愈快。

无产者的阶级势力本是这样的被我们的经济状况弄成衰弱，加之在战争中间他们里面的精英渐次丧失，这倾向就加倍的利害起来了。我们的大小军队都是由参差不齐的农民，加以共产党员和非党员的在上指导而成的。我们有许多最好的无产阶级指导者，在他们同件的"工厂手"的中间，享着最高度的尊敬和信仰的人，都这样丧失了，我们的损失极大。并且我们不得不派出许多最好的人到乡间和别处去推行政府的事业。你在农业国的地面上组织一个无产阶级的狄克推多制度，你必须像走棋一样地把你的人员派在全国，像在棋盘上一样的巡转，方可以指导农民做事。所以，你立刻就会明白，无产阶级在工厂中的力气是削弱到如何的程度了。那边只剩了些最没用的分子。劳动阶级分崩的现象因此而入于我们眼帘之下，

那便是目前最大的危机。

农民未尝不受苦，但是他们的苦却不及无产阶级所受者之甚。从经济的立脚点，却不是政治的立脚点，看来，他们已经比人民中任何别个阶级，得了更多的利益。物质生活上，农民是比无产阶级好些，虽然那后者是执着政府的大权。农民们都觉得他们是比从前不论何时更强有力了。此外我们还曾目睹过几种次一等的结果。农民在军队里学了不少政治的智识，他们从战场上回来的时候，已经换了一个人似的不同了。他们的智识，他们的阶级意识，都有进步，他们的脑筋也灵活了许多。这时候，他们已经很懂得政治了。他们对自己说："我们是这国中真有权力的人呵。我们不愿再被人当作家庭中间的小儿子看待。我们不是不愿意喂养那些工人，可是我们是长子呀，

我们先得要求我们的权利呢。"

农民们一旦脱除了战争的束缚，立刻就提出要求了。他们喜欢做小本生意。他们是回复自由买卖制的先锋队，是实行政府管理制和生产品社会化的仇人。他们的需要是大家都知道的，而且在西伯利亚、泰晤勃夫（Tembov）等处，他们已起暴动，来反对我们。那边的情形，并不像外国报纸上登载说的那么样坏，但是扰乱恐不能终免。

他们发明了一句政争的口号，表示他们的经济政策的大纲。他们宣言："赞成布尔札维克，但是反对共产党！"这句话初看是不通的。但是其中自有理由。当十月革命时，和在，十月革命之前，我们一党屡次忠告农民："杀你们的地主，拿他们的田地。"以此布尔札维克党得了好人之名。布党把一切都给了农民，并不要回一些。然而近年来，我们一党却变为不给农民一些东西而向他们要回各种东西。所以农民们都诅骂共产党，说他们要了许多东西去，回报都没有。

他们第二句口号是："赞成无党派的苏维埃，反对党派的专政。"既然共产党中尚有不明白为什么一个阶级只能给领袖人去支配管理，难怪农民不能懂得这个了。同样的观念也被刚才我所说的那些堕落而成小有产阶级的无产阶级保存着。有好多次，五金工人为求自由做买卖而向共产党宣战，说赞成阶级专政，却不赞成政党专政。

这样，无产阶级与农民中间的平衡是被扰乱了，而危及无产阶级专政制的全体的情形也起来了。当克朗思泰（Kronstodt）暴动的时候，这危机正高到极度。我们后来找得了文书，证明帝制派的阴谋家也参加在这一次暴动里工作。但是这克朗斯泰暴动同时纯然又是小有产阶级反对产业社会化的叛乱。

俄国的水手大半是农家子，而且他们有许多是从乌克兰来的。乌克兰的小有产阶级气味比中部俄罗斯要利害许多。乌克兰的农民像德国农人，不像俄国农人。他们恨俄皇。但是他们于共产主义是没用的。那时我们的水手告假在家，他们自然染了家里人的思想，这就是那次暴动的起因。

你们知道我们的动作很敏捷，我们派了三分之一的同志去抵抗乱党。我们丧失了许多人，但是倒底把乱事镇定。虽则如此，我们的胜利尚未把那个问题解决。我们不得不修改我们的党纲。如果那时德国革命已经成功，我们便可从德国运进无产阶级人来，实行外科手术的补创法了。但是德国未曾革命，我们只得自来修补。有一件事是无条件的。我们必须保护的"迪克推外制"，不问出何等的代价。事情是明明白白的，如果我们不对农民让步一些，我们难免要蹈匈牙利的覆辙。虽然事实上，数年之后，也许我们仍能握得政权；但是当我们得这机会以前，有产阶级也会试手来做改组的事。一个国家的经济改组是困难而重大的事，谁也不能预先见到究竟会不会出乱子。

我们一天把着政权的舵，我们便能驶着他向右向左。舵儿离了我们的手，我们所取的路径便可以不必谈起了。所以我们抱定这个信条：不可一刻离开舵；经济的让步是必须多少就让多少，政治上可一点不放松。我们的反对党都在想：我们起初在经济上让步，过些时，政治上也要让步了。但是我们却实在是因为要免去政治上的让步，才作经济上的让步。凡类似于协同政府的东西，那怕像允许农人以与工人同等政权之类，我们都不喜欢。我们所有过的让步从不损害我们的狄克推多制的阶级性质的一丝一毫。一个工厂主对他的工人让了步,并不见得厂主就变了工人。

我们在这些让步中所含的社会的和政治的目的,是要使得那些小有产阶级的群众变成温和,变成中立者。从我已经对你们说过的话中,他们晓得,我们的主要的经济困难是缺乏那种鼓励人们去生产的动机。把某种的税则代替了摊派制度以后,我们已经创造出一个动机来了。一般农民现在知道,若是他生产得多,他必须拿出得多,但是同时,就是他可以私有得更多。我们从经验中知道,这是他们计算利益的方法。自从我们决定了这个新章以来,被耕治的土地增加了,他已经达到了一九一六年,甚或至于九一五年时的状况了。

政治也从此得了太平。农民的反叛差不多消弭尽了,连在乌克兰都是这样。马克诺的许多军队(Mochnog Bands)都遣散了。

当然的,这种对于小有产阶级的让步,要防人误会。有些人或者要反对,说,照这样,资本是又要渐渐的累积起来,而自变成工业的资本了。一九一八年春天布兰斯德·列托夫斯克的条约初成以后,德国资本主义一涌而前,几乎将我们一口吞了下去,不是"前车之鉴"么?然而这个,却全然要看时势如何再定的。我们的意思是:目前我们刚刚缺乏的是粮食和太平的农事;没有这个,我们要站不住了。劳动者自己也要起来反叛他们自己的政府,假如他们得不到东西吃。但是有我们在此掌权,资本主义若要复活,恐非短时间所能办到的罢。一切大的制造业建筑和煤矿,和铁路,都在我们手里。农民要变成资本家,也须得整个的历史时期来让他们变,这才行呵。我们想像着,以为这种资本主义是会在暗中慢慢地发达的,但是主要的财源却在我们手里呢。我们要粮食来复活我们的工厂。这一步做到了以后,我们就有力量去进行我们其余的计划了。无产阶级可以免涣散而成为小的独立生产者。我们可以从国外招进人工来。我们可以应用技术上的新改良,把全俄国通起电流来。做到了那一步,我们再来对付那些小有产阶级就绰绰乎有余裕了。农民居然受了我们的电光和电力供给,他实际上就成为政府的一分子,他的经济独立的情感能成什么事。

假如资本主义的发展竟比我们的工业改良更快,那么单就我们讲,是糟了。但是我们希望他不会这样,我们希望我们的希望能实现,而我们路中的经济的障碍能这样的被扫开去。

(根据 Living age 四〇二四号英译文译出)

(《新青年》第九卷第六号,1922年7月1日)

8月
10日(星期四)

28.《列宁辞职后共产之内争》(《顺天时报》第六千六百卅四号,8月10日)

《顺天时报》第六千六百卅四号刊登《列宁辞职后共产之内争》,全文如下:

哈尔滨电俄报论列宁可以退职并述退职后之状况，该报嗣俄国反对革命党对于列宁之因病辞职一事均表赞成，盖依赖一二英□即可左右天下之治乱，此系昔年之政治，但现时天下之事总以民众之意为□。列宁如果在职□□不去，则反对革命党之目的决难达到。彼等□早知此等形势，然五年以来稍慰空想者不过宣言而已。列宁位在首领，排斥党内之群议主张经济界之大革命，但共产党反对此种改革者亦多。列宁一帮共产首领之地位必因共产党内反对派之跋扈，故未知劳动政权之存在与否，且联合国囊与劳农政府，希望□□列宁乃以反抗之态度，对□今列宁退职后之内争自能与外力之影响并发，必招致复杂之重大结果云。

（《顺天时报》第六千六百卅四号，1922年8月10日）

29.《俄国为什么改行新经济政策》（《东方杂志》第十九卷第十五号，8月10日）

《东方杂志》第十九卷第十五号刊登了林可彝的《俄国为什么改行新经济政策》，全文如下：

李宁数年来的治俄政策，大抵取法于马克思的"非妥协"政策。他常把革命比做"疾驰的机关车"。追溯他自一九一七年十一月革命成功的翌日所发布的土地国有令，及其后陆续发布的银行国有令、工业国营令、国债废弃令、银行存款征发令、继承权废止令、铁路船舶国有令、都市不动产征发令、私有骨董品征发令等等；大刀阔斧，把旧有的法律制度，一一斫断，仿佛像疾驰的机关车，望前迈进，不稍顾却的样子。这种"非妥协"精神，我们只有惊叹！然李宁实在是一个非常慧敏活泼的机关车技手。他一瞧前途障碍，势难冲破的时候，就要立刻回转车头，向后退却。不惮把服膺弗失的"非妥协"政策，枉曲下去。我们统计李宁当国以来，枉曲"非妥协"政策已经三度了。第一次，为一九一八年不顾大多数共产党人的反对，决然对德实行 Brestlitovsk 和约。第二次，为一九二〇年，和不共戴天的资本国，缔结商约。第三次，则为去年三月公布，九月实施的所谓新经济政策。这新政策的内容，究竟如何？简单说来，承认农民和小工人自由交易其农产物和制造品，并对外设定"租借地"罢了。

凡是社会主义者，莫不反对商业行为，因为商业总免不了绞取行为。而自由交易制度，亦徒使资本人工，许多浪费。故俄国一九一七年十一月革命成功时，除国营商店以外，旁的买卖，大概禁止。只要是劳动者，欲多少东西，尽可无代价向国家去领取。比方要房子，去找房屋理事会便是。要衣服，去找衣服委员会便得。然自新经济政策实施后，形势一变；每个都市里面，总是站满摊子，大的篷帐相接，长达数里。还有店铺，规模较大。几乎一返普通资本国自由交易的形态。所以属于第二国际党的改良派社会主义者，一闻俄国改行新政策，就说这是共产主义见解错误，其主张难以实行的证据。属于左翼共产主义者，则说现在苏维埃政府，已不算是无产阶级政府。

也有说俄罗斯的光荣,已属过去。至于一般反对社会主义的人,更欣欣有喜色而相告说,这是共产主义不能行,无产阶级降伏的表示。究竟俄罗斯实行这种新经济政策,可遽断为共产主义的错误否?可遽断为无产阶级的降伏否?欲明白这个问题,要先明白俄罗斯的国情,苏维埃政治的特质,李宁决行此种政策的怀抱,如何。

凡"一国社会革命的实现,一定要其产业发达到了或阶段以上",这是马克思和他的朋友恩格斯时常主张的。马克思根据这个道理,所以推测世界社会革命,将先起于盛行"托拉斯"的美国。恩格斯亦谓俄国若实现社会革命,只有扩充村落中的 Mir 制度,或是等到全欧革命成功以后。然一九一七年的农工政府,竟首先实现于俄国是什么缘故呢?Hyrhit 说:"俄国这一次革命成功,实基于战争的异常状态。"Russell 也说,"先进国的技术的和经济的条件,极于社会革命有利,而产业未发达或部分的发达之后进国,则政治的条件反于社会革命为有利"。这样看来,一九一七年,俄罗斯实现农工政府,实在没有什么奇怪的了。

李宁纵然反对许多社会主义者"俄国系农业国,社会革命,应该以农民为本位"的主张,他认俄国现在之工业,已经旺盛,资本主义也很发达,社会革命,不妨亦以劳动阶级为中心。他岂不知俄国工业发达,只是莫斯科彼得格勒顿河流域诸局部地方?他又岂不知共产制度,建设在农业国家上面,加倍困难?然他竟力主不妨以劳动阶级为中心的缘故,比方要建设新房屋,不可不先破坏旧房屋,他是欲利用局部有组织力、有团结力的工人,作破坏旧房屋的工匠。他打算破坏成功之后,用国权来开发产业;用电气来使农民工业化,而求渐进于共产组织国家。所以李宁在一九一七年没革命以前的克伦斯基时代,就主张"国家资本主义和社会主义,不生冲突,且以为是社会主义物质上的准备或过程。国家资本主义,更进一步,便到社会主义"。一九一八年一月十三日,革命政府稍稍就绪,他即发布废止征发农民谷物的旧制,改课人民生产物,按定比率,缴纳租税的新法,可惜当时因战争状态,这种布告,不及实施啊!所谓战争状态,一直到一九二〇年一月 Denikin 战败,二月 Archangel 归入农工政府统治,十月俄波休战条约成立,十一月蓝格尔完全击破,列强明白农工政府不是武力可以推翻之后,才算终了。战争状态终了的翌年——即一九二一年三月,适全俄苏维埃大会开会,李宁政府马上又提出和一九一八年一月十三日布告同样的议案——即废止谷物国家独占制,许农民的生产物,除去租额以外,可以在市场自由买卖。又曾经国家没收的事业和工厂的一部分,贷付私人,或团体去经营。又设法把一定资源或区域,租借外国资本家去开发。这就是新经济的基本政策。江亢虎先生说,俄国自实行新经济政策之后,各地资本制度的产出,仿佛雨后春笋,一看过去,和十七世纪的中欧都市一样。然则新经济政策,即回复资本主义的前驱吗?以坚决富于自信力的李宁,不及数载,就不惮把毕生的主张,年来励行的政策,一旦豹变吗?

必不然!必不然!假使李宁是德国人,一九一七年的十月革命,起于德国,我们相信李宁必不发布如此的新经济政策。因为德国产业已经发达,许多大生产皆集中于国家或几个私人手里,差不多配得上马克思所谓"发达到或阶段以上"的产业国。俄国呢,除了几个都市以外,几乎没有大工业。国内人口百分的八十几,其生活全靠农业和小工商业，而农业尤为俄国国民底经济的基础。所以农民问题，是俄国政治上最重要的问题，农民问题未解决，所有政策都是落空。只消读过 Tolstoi，Turgenieff 小说的人，都懂得全俄耕地，大半属于少数地主所独占，农民千年来，莫不在愤郁不平之中。就是一八六一年有名的"农奴解放"，农民分得耕地，仍旧无多。嗣后人口激增，更形减少。因此农民的不平，一向不曾稍杀。故俄国历来革命，均以土地和自由为号召。三月革命的假政府，纵然也打着"土地自由"的旗帜。可是他的三月十五日布告，除把前此隶属于皇室的四百万亩土地，移归国有以外。关于土地政策，只有四月二十一日任命一回"土地委员"罢了，他对于一般农民的要求，只有请他们自由谅解（Freiwillige Verstandigung）四个字。李宁看破这样微温的政策，不能博农民的满意，就另提出"土地分配给农民"（Der Boder den banern）的新方针。所以十月革命，极得农民的援助，竟成厥功。若照共产党精神说，他是主张"农业社会化""耕地国有化"的，自然土地生产，皆归国家，再由国家分配给一般小百姓。可是俄国农业技术，太为幼稚，许多地方，还是粗放的经营。所以十月革命以来，除小部分土地适于共同的社会主义利用外，十分之八以上的没收地，为便于利用起见，只得分给农民。名义上说农民只有土地使用权，实际不啻其家族的私产。

顽固保守的农民，不能了解什么叫做共产。他们当初因为土地欲，和对地主恶感，附和赞同土地国有。及受了土地分配之后，立刻要变做土地国有的反抗者，因为他们脑海里头，总以为自己的使用机关，自己的劳动所得，当然归着自己的自由处分。十月革命后的李宁纵然能把中产阶级许多制度，一一打破，大多数农民的小资产心理，是打不破的。资本主义的列强，又不惮以许多资金、军器、将士，直接间接援助白党，去胁迫农工政府。二年前的农工政府，为防御内忧外患故，不能不养育数百万的赤军，一切军需，自惟农民是赖。且都市里头，许多国有工厂所需的原料品、半成品，亦不能不取给于农民。假使国有工厂的生产品，够和农民交换食物，及其他原料品，那末，富于私有欲的农民，还许愿意。可惜俄国经过此期的战争，都市工业，完全破坏，益以外国封锁，无法收买机械，以图恢复。于是只得采用非常手段，向农民强制征收谷物，和其他生产品，把纸币作为代价。纸币日落，几乎等于废纸，农民更不愿意，谨愿的除本身和家族所需外，不肯生产，顽强的不是把产物，贮藏起来，就要挺身反抗。然因为在战争状态时期，他们目击被白军占去的地方，前此由农工政府得来的土地，一一夺还故主，连空洞的使用权，都被毁灭，尚肯容忍牺牲，顺应粮食委员的征发。迨到一九二〇年，形势大变，反革运动，逐渐湮灭。对外通商，逐渐开始，农民对于征发制度，就不肯再缄默了。我们只要看一九二〇年十月十五日的农村苏维埃会议，三千名农民代表，同声要求明确限定农民的义务，而力持对待农民政策急加变更，与夫 Kronstadt 水兵的叛乱，可以明白一般农民的心理了。

谷物征收条例，自一九二一年以后，在势断不得续行；李宁亦认为系属于战时共产主义（Kriegs Kommunismus）的一种特殊政策，只限于极端穷乏时期，为给充军队及劳动者需要，一时不得已而行使，决不是适合于无产阶级经济的任务的措施。他说，无产阶级专政底下所实现的正当政策，实为谷物和农民必要工业制品的相互交换。从前李宁政府，因为专意于内忧外患的抵御，没有旁的力量去讲究这种正当政策。到了一九二一年，内忧外患均告肃清，自然转而努力从事建设计画。然而承农村荒废，工业破坏之余，电气化计画，断非短少时期，可以成就。采购外来的机具物品，又乏资本。则谋增加生产力，只有降而对内奖励私人的企业心，对外诱引外资的输入。所以李宁第四周年纪念论文里面说：“现在我们要设法停止前此社会的及经济的秩序，商业，小农经济，小企业的资本主义之破灭，且进而图商业，小企业资本主义的复活。慎重且渐次使他能够掌握在我们手里，纵使不能，至少也要维持可以置诸国家管理下的可能程度。”他又说：“我们现在要找出一个正确的法子，来引导不可避免的资本主义的发展，到国家资本主义一条航路去，最简单的就是租借(Concession)……承租者，纵然是到资本主义的路上去，可是用这个形式，去行使国家资本主义，实在很有便宜的地方。因为我们虽对他蒙有限的牺牲，给他必须的利益。而他既因此而增大工业生产量，就能巩固我们国家受小资产阶级的经济的攻击，我们又容易监督他……我们若根据有利的条件，和欧西进步的文明的资本主义国家，订立条约，而又预知将来收回的情形，最多不过几十年，这站在进步资本主义水平线上的大企业，将完全归于我们手里。所以从租借到社会主义，是由小生产变成大生产。"此种对资本家的妥协态度，固然系迁就事实，究不能说李宁主张的豹变呵。

至于承认农民和小工人的农产物及制品的自由交易，则商业复活的结果，自然货币制度也要改正，银行也要开设，国营事业，也都要征收用金。所以一九二一年十一月纸币二十二号的新纸币制度，四月十三的国立银行开设布告，其他邮政，电信，电车，铁道的用金征收布告，都算是伴随变化的政策，没有什么可以疑议的了。

总结说起来，社会革命是劳动阶级对资本阶级的革命。马克思分析社会阶级，只有资产阶级劳动阶级二个，这二个阶级两相对立。马克思纵然也承认有所谓中间阶级，但他又说：“资本集中的结果，中间阶级，多半陷入于无产阶级，少数则表同情于资产阶级，所以过去的资本主义历史，只是二个对立阶级的斗争历史。"后来马克思《资本论》末卷一章，变更前说，谓社会有赁银劳动者、资本家、地主三阶级。惟此章未及完结，他就去世。所以他晚年的阶级观如何，我们无从知道。李宁因为俄国革命经验的结果，发见社会阶级于上述两种以外，还有一种有力阶级，即小中产阶级。这种阶级，是资本阶级倾覆之后，无产阶级专政之前，新发起的。此阶级里头，大半是农民。他们不依赖地租生活，也不受赁金的驱策。他是满想以自身财产的收益，充自身生活，不绞取人，亦不被他人绞取的。社会革命进行中，如何对付这种阶级，马克思未曾论及。考茨基主张要使中立。第三国际党，鉴于俄国最初革命的经验，亦主张要求中产农民的中立。李宁起初虽也想用非妥协的态度去对待他们，可是他的土地政策实施之后，见了一般农民，分领没收大地主的土地，都变做小资产阶级，其总数竟占全俄人口的最大多数。小所有权的运动，就一天烈似一天，农村和都市劳动者间，逐渐次乖离，将酿巨变，即觉悟这种政策不可继续行下。所以一九一九年五月的共产党大会，他就提议分给农民十万农业机械，以和缓农民的感情。并且和脱洛斯基发表公开状，说明中产农民不是苏维埃政府的敌人，决不稍加压迫。当时虽对于中农谷物自由买卖的要求，因为战时状态，且虑其将助长人民的私有欲，徒牺牲多数而供少数的富足，不表示赞同，然俄国战前工业的生产大部分，统属小工业者，而十一月革命后的主要大工业，虽悉充国有，而占国民四分之三的小工业生产品，实际上未曾禁止私营。这只看一九一八年六月十八日农工政府的产业国有化布告说，"凡工业资本之时价，在五十万卢布以上者，均归国有"，和同年十一月二十一日的供给机关布告说，"政府只从事于大工业的交易，小工业生产品，协社和私人尽可自由买卖"，即可明白。不过事实上因长年战争，和国际间封锁的结果，国营工厂，因机械原料品的辅充困难，加以交通破坏，大半锁闭，私人及协社小工业，有的因资本困难，不能开业，有的则拒绝开业，以为可以促进李宁政府的坍台。而在战时状态之下，大行征收制度，更使私的营业，不敢公然设定。江亢虎先生告我说，"政府的食料和其它必要品的分配，屡屡不继，有受一等分配的，只给二等分配，其受三等分配的许多站了一天，还领不到手。若私人买卖，全然不行，俄罗斯国民的生命，必定不能够支持到现在"。可见俄国对于手工业、家内工业、其他直接必要的生产物，一向未曾十分禁止交易。惟一九二〇年之秋，蓝格尔全灭，政府鉴于小资产阶级们经济的铁路运输妨害之苦，突于十二月布告，"凡使用十人以上劳工的企业，皆归国有"。此种布告，比较一九一八年六月十八日的产业国有化布告，制限较严。然不及三月而有此次新经济政策的决定。这样看来，新政策的效果，不是取消所谓战时共产主义的征发令，而代以课税法。因而农民的谷物和小工的制品，敢公然买卖，营业的范规遂较前为广，规模亦较前为大了。李宁说，"许多人对于新政策，怀抱惊叹，以为我们施政，乃急激变化如此，其实这种政策，全包含于我们本来的思想中。我们对德议和时，曾着手平和的建设，那时候就已觉到农民经济生活的必要，议采用国家资本主义。只以内乱勃发，驱我们只得向共产主义的生产与分配一途去进行。然于此短少时间的经验，已够使我们深信非经过先行社会主义的管理，连这共产主义的最低发达，亦不可能"。布阿巴斯金说，"一九一八年若没有激烈内乱，三年后的今日所采用的政策，三年前早已实行"。俄罗斯现在只能说是共产主义的准备国家，不能就说是共产国。现行新政策，只能说是共产主义的退却，不能说是共产主义的抛弃。

以坚决不挠，勇往迈进的李宁，那里甘心采用此退撄政策？当他取得政权时，因内忧外患的关系，采用战时共产主义的特殊政策时，就想借俄国的地盘，或者促进世界的无产革命。一方面他又努力于全国电气化的设施，他以为二者有一成功，俄国共产国家，都可成立。然而事与愿违。莫斯科的世界无产革命宣传部，差不多把全俄前此剩下来的实币，用得净尽，其结果，只是掀动欧美各国劳动界许多回无结果的罢工、暴动。其间最使他们失望的，就是匈牙利的共产党革命。好容易成立农工政府，被列强压迫，不可复振。和德国合同共产党革命，损失了几百万运动费，还不算事，而死亡许多重要党员，实在使他们难堪呵。既然全世界革命，帮助俄罗斯共产国成立的希望，不能不断念，李宁政府完成俄罗斯共产国家的惟一希望，只有电气化一策了。电气化政策，须要什么时候才可以成功呢？据 Kehishanowski 的论文，和他的第八回《全俄电气工学大会感想录》，又俄国电化委员会发行的《俄国电化计划图》看来，虽不能说电化成绩不算良好。然李宁所谓十年或十五年成功之说，恐怕在此期间内，要实现其半，尚不容易。电气化事业，既非一朝一夕，可以成功，又没有临时急救有效的方剂，可以解脱农民的小资产思想之迷梦，自然对此占有全俄大部分人口的小资产阶级的农民利益，不能不稍为顾虑，稍为专重些。退却一步，撤废前此实行过的强制手段，以改良手段去代替他，自是迫不容已的办法。李宁说，"改良是革命的阶级斗争中的一个副产物，无产阶级未全胜以前，不能不应用此副产物"，即是此意。

且社会主义完全胜利以前，资本是很重要的。若是没有资本，就是电气化计划，恐怕也不会成功，或是成功，一定也极其疲缓。至矿山的开发，森林的利用，农业的恢复，自然非资本不行，那更不用说了。以穷到极点的俄国现在，除非输入外资，何处取得资本，所以"开发特许""食料特许"的设定，以为诱导外资之投入之计，当然系一时应急所不容缓的方策了。

现农工政府正在那里励行新政策了，虽成效如何，我们尚未得精确的报告。然对于新政策的实施，无论对外对内，都很有限制的一定范围，且其范围，都很明确。譬如他布告农产物全部解放，任从一般自由交易，然土地所有权，仍旧归国家独占，不准农民自由让渡，则资本时代的大农压倒小农，大地主吞并小地主的弊病，决难恢复。又如他布告解放中小工业国营之把来贷付私人，而允许其相互买卖，然大工业仍旧由国家保持、管理，而又力谋其开发。那末，大工业吸收小工业，系必然的趋势，凡手工业、家内工业等等，决难永久存在。至于他的租地方法，虽然引诱外国资本家向国内绞取，然限定区域，严加监督，使资本家在租借期间以内必须遵守国家劳动条例。期间一到，即由政府收为国有。这样看来，农工政府，对于国内小资产家的让步，不是如先进资本国那样对于大资本主义的让步，乃是对于农民，和其补足物的手工业，家内工业，其它制造业等许多小资产主义的让步。对国外资本家的让步，则所谓"因敌之粮，养我之兵"的一时权宜政策。他纵然资粮于敌，而他决不许敌人深入的。这种政策，固然免不掉资本化的危险，最少也要延长资本主义的寿命，实是无可讳言。惟经过或期间的突贯战，未见成功，且反陷于危地，变更作战计画，转而采用迂回的、渐进的、熟虑的包围战，冒相当危险，以求最后的胜利，自是迫不得已，而且只有这一条法子的呵。李宁所谓"一步退却，二步前进""吾党政策有屈曲自在的弹力性般活力"，就是这样说法。

反对者以为"此种退却政策，不久将由第二防线，败退到第三防线，即由国家资本主义，进而转陷入个人资本主义"。我觉得不足虑。何以呢？无产专政底下的国家，暂时忍诺小资产家的自由买卖，毕竟是为促进无产独裁政治底下的国家资本主义的实现。无产独裁政治，乃保障劳动者权力的政治，他们所行的国家资本主义，自然不是资本主义确立的意味，而为社会主义过渡的意味。所以除非无产专制制度破灭，总不至于不久将由国家资本主义，再败退到个人资本主义去的道理。俄罗斯农工政府基础极巩固，无论赞成方面、反对方面，均所承认，则退却复退却，当是必无之事了。比方莫邪干将，是个危险物，盗贼携去，则将行劫，义士携去，可以救人。用的人不同，用的结果自相反。无产专政底下行的国家资本主义，其支配国家经济势力，可以无产阶级的意志为左右。无产阶级意志，不用说是欢迎共产制度，所以我们极信俄国新经济政策的实施，决不会再至退让到现限度以外。李宁老早说，"我们今日的退却，止于必要的程度，此种退却，不久即可终了"。他三月前因为基诺亚会议将开，更明示其施行新政策的程度，在第十一次共产党大会里头，作退却中止的宣言说："吾人依退却所追求的目的，已经贯彻了。今乘时势的改变，将更进出他的目的了。此改变获得的结果，即巩固主权的掌握，与共产国家之创造。阵地一固，行将组织国家的支配，以与资本主义争最后的胜败。"云云。六月二十七日，莫斯科真理报也说，"农工政府采取新政策，乃应付各方面的空气办法，早有成竹在胸，决不至被资本家所征服"。退却一步，前进二步，我们对俄罗斯的前途很抱乐观的呵。

（《东方杂志》第十九卷第十五号，1922年8月10日，署名 林可彝）

16日（星期日）

30.《中国共产党第二次全国代表大会宣言》（会议文件，8月）

至23日（星期日），中国共产党第二次全国代表大会在上海举行，陈独秀、李达等12人，代表全党195名代表出席会议。大会根据列宁关于民族和殖民地问题的理论，结合中国革命的实际，通过了由陈独秀、张国焘、蔡和森负责起草的《中国共产党第二次全国代表大会宣言》，并讨论通过了《关于世界大势与中国共产党的决议案》《关于"民主的联合战线"的议决案》《关于工会运动与共产党的决议案》和《中国共产党加入第三国际决议案》等9个决议案与《中国共产党章程》。大会选举了由陈独秀、李大钊、张国焘、蔡和森、高君宇组成的中央执行委员会，陈独秀担任委员长。中共二大作出了具有里程碑的历史贡献：正确地考察了中国特殊的社会结构，明确提出反帝反封建为中国民主革命的主要任务，制定了党的最高纲领和最低纲领、最高纲领；确定了以中国国民党为主的资产阶级民主派建立反帝反封建的统一战线的方针；正式成为第三国际的成员；制定了第一个中国共产党党章；从而成为揭开早期马克思主义中国化序幕的标志。

文件一：《中国共产党第二次全国代表大会宣言》：

一 国际帝国主义宰制下之中国

（一）

欧美资本主义的发展，多半是靠掠取非洲和亚洲做大市场和大掠夺场。在最近一世纪内，资本主义侵略的积累，造成二十世纪血染遍了的世界资本主义巨大骨干；那些资本帝国主义者由竞争掠夺而出于战争，把他们自己造成的骨干从根本上加以损毁；损毁之后，又想用原法巩固而且扩大资本主义的建筑物，同时他们新的损毁事业又正在准备进行中——这种循环式的趋势，是近代资本主义发展进程中的必然现象。在现今这般资本主义进程中，全世界有十二万五千万的殖民地和被压迫国的人民（还有资本主义国家里万万数数的无产阶级)辗转就毙于伦敦、巴黎、纽约、东京等处极少数银行家工业家和他们政府重压之下。除非把世界资本主义的组织完全铲除，这种惨酷的现状是决不会消灭的。这个现象最值得弄个明白，因为个个中国人(不但是劳动阶级)都应当知道他自己受痛苦的原因。

世界上的个个资本主义国家都必须获得最大的市场，来销售他过剩的商品，吸收他需要的原料，而世界上可供掠夺的市场，只有印度、中国、土耳其、摩洛哥、埃及、波斯、高丽、墨西哥、安南、南洋群岛、南部和中部的阿非利加洲等地方，因此夺取那些市场的竞争是免不掉的。竞争的结果，便须诉诸战争。一九一四年到一九一八年的世界大屠杀，便是发源于英德两系资本帝国主义国家争夺近东市场的冲突。

上次世界大战的成绩，即是屠杀了数千万的劳动群众，瓜分德国的殖民地，毁灭德奥等的经济基础使他们变为英法的殖民地，并把全世界的经济秩序破坏无遗。战后，那些帝国主义的国家又企图恢复战前经济原状，来挽救资本主义根本覆灭的厄运，便想将战争的巨大损失取偿于全世界的劳动群众；因此，他们先后在巴黎、华盛顿、柔鲁①等处开分赃会议，假借"和平""正义"等名词以掩饰全世界被压迫阶级的耳目，但那争夺宰割世界而引起剧烈冲突的真相，已暴露无余。他们那些不可消灭的利益冲突，便是第二次更猛烈的帝国主义战争的导火线。

帝国主义者开多少次的会议，都不能免去日美在最近将来的战争趋势和英法非相见于疆场不能解决的冲突；不过他们常常被逼着去救济资本主义无法挽回而日见扩大的世界经济恐慌，冀图免避社会革命的锐利锋芒，故不得不借此种会议的分赃妥协行为，牺牲弱小民族的利益来掩盖他们中间的裂缝，以苟延此不可免的大战时期。同时并可在此苟延期间之内，加劲劫夺殖民地和弱小国家的富源和劳力，一方可以勉强按住他们本国的无产阶级使之不能即时脱离羁轭，俾得从容补偿前次大战的损失，他方便做第二次世界大战之经济的和军事的准备。

许多年来，东亚各民族被踏在英美法日等国铁蹄压迫之下，上次大战以后，帝国主义侵略东亚各民族又更加厉害。美国勒住菲律宾群岛，一面用假装慈悲的态度，一面继续他的经济侵略，不稍放松。英国扼着印度的喉颈，刚柔并用的压倒印度独立运动，以维持每年一百万印度劳动群众死于英国资本家的长爪之下的现状。安南农民更是奴伏在法兰西帝国主义压迫之下，牛马一般的种出米谷来供法商的榨取，安南尽可每年饿死多少万种米的农民，但何时都缺不了法国米商成千万石的米粮输出。日本榨取高丽人民的血汗，更是横暴无比，日货尽量的输入，米粮强迫的输出，使二千万高丽农民处在饥饿而死的境遇。

帝国主义的列强历来侵略中国的进程，最足表现世界资本帝国主义的本相。中国因为有广大的肥美土地，无限量的物产和数万万贱价劳力的劳动群众，使各个资本主义的列强垂涎不置：你争我夺，都想夺得最优越的权利，因而形成中国目前在国际上的特殊地位。

---

① 意大利地名，今译热那亚。

（二）

帝国主义列强侵略中国开始于一八三九年英国舰队的攻击。这次攻击实是资本主义最著名的卑污强盗行为，因为他的起因是由于英国政府和商人要强迫把鸦片毒害中国民众。从一八五八年英法联军攻打大沽直到一九〇一年议[义]和团反抗"洋人"的暴动促成八国联军占领北京这四十三年间，乃是资本主义国家宰割中国的流血时期，也是中国人在历史上受最大痛苦和侮辱的时期。二十世纪的开始，已是到了列强因掠夺而互相冲突的形势。一九〇四年的日俄战争，为的是争夺满洲，战争的损失，又挖取中国人的血肉去填补。

帝国主义的列强在这八十年侵略中国时期之内，中国已是事实上变成他们共同的殖民地了，中国人民是倒悬于他们欲壑无底的巨吻中间。帝国主义者掠取了中国辽广的边疆领土、岛欤[屿]和附属国，做他们新式的殖民地，还夺去许多重要口岸，做他们的租界，并自行把中国画成几个各自的势力范围圈，实行其专利的掠夺事业。在中国自己领土之内，三分之一的铁路为外国资本家的所有物，其他的铁路也是直接或间接由外国债权主人管理；外国的商轮是在中国的海口和内河里面自由行驶；邮电是受严密监督；关税也不是自主的，是由外国帝国主义者协订和管理的；这样，不但便利于他们的资本输入和原料的吸收，而且是中国经济生命的神经系已落在帝国主义的巨掌之中了。那些外国资本家还在中国占据了许多矿山，并在上海天津等商埠开设了一些工厂，鞭策百万的中国劳工在那些矿山工厂里，做他们生利的奴隶。同时又加上外国商品如潮的输入，漫说布匹纸张之类，旧有的针和钉都几乎绝了种，因此生活程度日渐增高，三万万的农民日趋于穷困；数千万手工业者的生活轻轻被华美的机器制造品夺去，而渐成为失业的无产阶级。中国因为每次战争都要被索去一批现金赔偿，加上鸦片和商品的吸收，现金日见减少，又加上二十万万外债连本带利不断的盘剥，更加上上海北京天津汉口广州几个外国银行家的操纵，国家和民众的经济生活都陷在极恐慌的状态之中。帝国主义者还贿赂中国的官僚政客，派遣许多的顾问牧师，出版报纸，设立学校——这是企图更顺利的达到他们贪婪掠夺的目的。同时为防止中国民众的反抗起见，帝国主义者的列强又掠得实际统治中国人的领事裁判权，并派遣军队警察军舰驻守于中国领土之内。

（三）

一九一四年世界大战起后，欧美各国无暇东顾，日本帝国主义者便利用此千载一时之机会，夺取德国在山东的权利，占领胶州湾，并用恐吓贿赂等外交手段以最著名的二十一条压迫中国，意在使中国变为他独占的殖民地，从此事实上日本帝国主义的势力就侵入了中国各种行政、财政、军事、外交及其他一切政治机关的血管里面，控制中国经济生命，自由指挥北京政府，以完全实现他的侵略政策；这样虽然填满了日本帝国主义者的欲壑，但是却引起了美国帝国主义者的嫉妒，日美两帝国主义在中国争夺的冲突于是起了很深的一道鸿沟。

到了大战告终，所谓巴黎和会，便是分配德国的殖民地和从新画定资本主义国家在近东和远东〈的〉势力范围的分赃会议；在那次会议席上，日本既是先行获得中国的利益太多,美国帝国主义者又难于迁就,冲突无从调和,关于中国问题遂搁置而不能为平均分配的解决。

然日美互争掠夺中国的强盗行为,已是表现得极其明白了。

美国既不能在巴黎和会上与日本调和关于中国的冲突,相互获得平均利益,便企图组织新银行团——国际帝国主义的托辣斯,想用经济优胜势力,尽量把资本输入中国,以达到掠夺中国的优越地位,做完全管理中国经济的主人翁。但日本却已占得中国领土的最大部分做他专利的势力范围,又岂肯轻于让步,所以新银行团的计划未能即时实现。

在这样日美冲突状态之下,形成中国的特殊政治状况。日本帝国主义者先后扶助安福部、张作霖、新旧交通系等当权的北京政府,为的是要利用北京政府为实现日本侵略计划的工具。英国便站在吴佩孚派的督军后面,为的是要借此巩固他在长江一带的权利和势力范围的推广。美国却勾结中国新兴的资产阶级和知识阶级分子,想用掩眼法来实现他国际托辣斯的经济侵略政策。但是这种步骤不一致的侵略方法,究不能即时发展美国帝国主义的侵略,而处于利益冲突日甚的地位。

(四)

英国在战后的欧洲市场日被排斥,生产过剩,经济恐慌,故以发展远东市场为救济的唯一道路,而又陷于与日本冲突日见紧张的地位,同时又发生一个重大的问题:英国还是继续与日本同盟来垄断远东的权利呢?还是和美国联合来实现共同侵略远东呢?在这种纷纠之下就产生了华盛顿会议。华盛顿会议为的是要从新分配他们在远东的市场,希图调和那不可免的日美和英美的两种冲突。远东问题在英国帝国主义者看来,是他许多掠夺殖民地问题中间之一个,所以英美战争,或许可以久延时日,但是在日本乃只有这个唯一的大市场,在美国也只有这个唯一可供发展的大市场,所以日美冲突万难减轻,而战争必在最近期间内爆发无疑,华盛顿会议那能为力呢?不过他们在爆发之前,拿远东——特别是中国——的丰富物产和劳苦群众,搁在各国集于华盛顿的外交家银行家的晚餐席上,平均各个的贪欲,从新宰割一次罢了。

华盛顿会议所以【标】榜减轻军备,完全是要欺骗在军备负担底下呻吟而将起来革命的劳动阶级。军备是资本主义国家的柱石,资本主义国家不但需要他来侵略弱小民族,且需要他来镇压本国劳动阶级的反抗,因此资本主义国家裁减军备是不可能的事情。在他们讨论这个问题的时候,那些主力舰吨数比例和陆空军备保持的竞争,愈现出帝国主义者怎样准备第二次世界大战和计划压迫劳动者的阴谋。

华盛顿会议中之主要问题——中国问题,是在美国胁制之下解决的,结果,他们承认日本在满蒙和东部西伯利亚独占的掠夺,将中国置在他们共同侵略的"开放门户"政策之下。美国之所以采用海约翰①以来的旧调,完全是要借着这个"开放"来打破日英在中国的优势,让他自己插足进来,操纵中国的经济生命;"开放门户"政策的采取,显然是美国侵略中国的第一步成功。多少年来驾御中国的英日同盟虽是废

---

① 时任美国国务卿。

了，但这次成立英美日法的四国吸血同盟——虽然他的根基极不稳固——却要做比他加倍有力的侵略。美国所领袖的新银行团，从华盛顿会议算是加了一层保障，将要使农人的中国变成国际托辣斯进贡的藩属，从此中国的贫苦农民要纳租税给那些外国的银行，中国所有的实业要归为外国银行的私产了。

华盛顿会议给中国造成一种新局面，就是历来各帝国主义者的互竞侵略，变为协同的侵略。这种协同的侵略将要完全剥夺中国人民的经济独立，使四万万被压迫的中国人都变成新式主人国际托辣斯的奴隶。因此最近的时期，是中国人民的生死关头，是不得不起来奋斗的时期。

（五）

所有上述那些事实，都是帝国主义的列强怎样必须侵略中国怎样宰割中国和剥夺中国工人和农人的贪婪的写真。

帝国主义者们还口口声声唱什么民族平等、民族自决和人类平等等好听的名词，想把资产阶级掠夺无产阶级的资本帝国主义的强国压迫弱小民族的行为，轻轻隐瞒过去。但是中国人民受了这九十年被压迫的经验，却最易了解帝国主义者所宣称的平等和自决是什么意义。而且也容易了解只有打倒资本帝国主义以后，才能实现平等和自决。

但是被压迫的中国劳苦群众最要明了现今世界大势，才能从受压迫的痛苦中加快的救出自己来。最近世界政治发生两个正相反的趋势：（一）是世界资本帝国主义的列强企图协同宰制全世界的无产阶级和被压迫民族；（二）是推翻国际资本帝国主义的革命运动，即是全世界无产阶级的先锋——国际共产党和苏维埃俄罗斯——领导的世界革命运动和各被压迫民族的民族革命运动。大战以后，英国生产力停滞，法国经济破产，美国生产力过剩，而帝国主义者简直没法恢复战前经济原状。他们所组织的"国际联盟"用意是互相尊重其所得权利互相维护其掠夺物的相互保险政策，结果又被他们自己拆散了。

华盛顿会议把日美冲突弄得更明显，柔鲁会议英法背道而驰，已是回复到比大战以前的形势还更危险；大战的"破坏"既然已将资本主义的墙脚掘掉了一大半，他旦夕有发生塌倒之可能，还能说及恢复和再造吗？这便可证明世界资本主义的命运已离他的末日不远了。在另一方面工人和农人的苏维埃俄罗斯——全世界劳苦群众革命势力的柱石——不断的从根本上打击全世界的资本主义，经了五年的奋斗势力日见巩固；德国和中欧各国无产阶级革命的火焰，已达到极烈的顶点，英美法意等国常常发生极可怕的罢工运动，已摇动了资本主义的老巢穴；就是日本无产阶级的革命运动，也是声势浩大的兴盛起来，至于印度埃及爱尔兰高丽等被压迫民族，受了前次大战和俄罗斯革命的影响，独立革命运动日见有组织日见紧张，业已惊得帝国主义者心神不宁了。这就是反对帝国主义的革命势力迅速伸长的确证。

而且这两种反资本帝国主义的革命势力——无产阶级革命和民族革命——的联合日趋密切，这个联合的革命势力必定会把世界资本主义的枯骨架推到资本主义自己掘成的坟墓里去。最近数十年之内，中国人反抗帝国主义压迫的势力，已是大有进步，而且还会增长起来。但是中国的反帝国主义的运动也一定要并入全世界被压迫民族的革命潮流中,再与世界无产阶级革命运动联合起来,才能迅速的打倒共同的压迫者——国际资本帝国主义。中国劳苦群众要从帝国主义的压迫中把自己解放出来,只有走这条唯一的道路。

二 中国政治经济现状与受压迫的劳苦群众

(一)

帝国主义的列强既然在中国政治经济上具有支配的实力,因此中国一切重要的政治经济,没有不是受他们操纵的;又因现尚停留在半原始的家庭农业和手工业的经济基础上面,工业资本主义化的时期还是很远,所以在政治方面还是处于军阀官僚的封建制度把持之下。军阀们一方受外国资本帝国主义者的利用唆使,一方为自己的利益把中国割据得破碎不全:张作霖之占据东三省,便是一个最显明的例。这样的情形,即是中国政治上一切纠纷内哄的复杂基础。

中国目前政治状况又另开了一个新局面。这个新局面一方便利于帝国主义的列强实行华盛顿会议所决定的共同侵略政策,一方延长中国的纠纷情势。最近的奉直战争,在吴佩孚方面,英美帝国主义者站在他的后面,为的要协助吴佩孚打倒日本在北京的优势,达到他们自己把持中国政治中心的欲望;在张作霖方面,自然是日本帝国主义者为其后盾,希图维护著名亲日派张作霖所栽培的交通系内阁,以保持他对于北京政府的优越地位。这次战争的结果,吴佩孚扫除了张作霖在北京的势力,但是张作霖在满洲的势力并未失坠,仍足为日本帝国主义利用做专心掠夺满蒙的刽子手。吴佩孚战胜以后,北京政府渐渐落在亲美派的官僚手里,这是美国实现对华政策一个绝好的机会。但是美国并不愿意吴佩孚——是一个较进步的军阀——制造一个统一的政府,因为吴佩孚所主张废督裁兵如果实现的统一,是与中国资产阶级以极大的利益而易于发展,与外国资本帝国主义的侵略进行是极不利的。美国帝国主义者便转过头来,与日本强颜携手,企图共同利用张作霖曹锟和其他顽固的军阀官僚(如安福系交通系等),以免日美互相掣肘而造成一个可以共同利用的中国傀儡政府。英国更又赞助暴露了反动行为的陈炯明,铲除孙文派在广东的民主势力。这样,他们利用军阀,阻挠中国资产阶级的发展,造成军阀势力下之有名无实的统一政府做英美日的共同工具的计划,已是显明极了。即使中国现在能出现一个所谓统一政府,但列强的压迫不去,军阀的势力不除,中国是万难实际统一的,而且内乱还会不止呢!民国成立十一年,几于年年都有战争,不是军阀压迫民主主义革命战争,便是军阀内哄,如直皖战争和奉直战争等。现在那些督军间的冲突,无处不现出严重的形势,加以帝国主义者无穷的操纵,因此内乱是有加无已的。真正的统一民族主义国家和国内的和平,非打倒军阀和国际帝国主义的压迫是永远建设不成功。因为中国还是军阀把持和割据的时代,故在现今"统一"呼声之下,发生两种矛盾的现象:一派军阀假联省自治的名义实行割据,同时他派军阀假统一的名义压迫南方的民主革命和蒙古的自治,以增长自己的威权。两派所假借的名义虽然不同,而其各想延长武人政治的命运,则是一样的。但是本部各省(东三省在内)经济上绝无根本的不同，而民国的历史，若以十年来武人政治所演出的割据现象便主张划省为邦，以遂其各霸一方的野心而美其名曰地方分权或联省自治，这是完全没有理由的；因为十年来，一切政权业已完全分于各省武人之手，若再主张分权，只有省称为国，督军称为王了。所以联邦的原则在中国本部各省是不能采用的。至于蒙古、西藏、新疆等处则不然：这些地方不独在历史上为异种民族久远聚居的区域，而且在经济上与中国本部各省根本不同：因为中国本部的经济生活，已由小农业手工业渐进于资本主义生产制的幼稚时代，而蒙古、西藏、新疆等处则还处在游牧的原始状态之中，以这些不同的经济生活的异种民族，而强其统一于中国本部还不能统一的武人政治之下，结果只有扩大军阀的地盘，阻碍蒙古等民族自决自治的进步，并且于本部人民没有丝毫利益。所以中国人民应当反对割据式的联省自治和大一统的武力统一，首先推翻一切军阀，由人民统一中国本部，建立一个真正民主共和国；同时依经济不同的原则，一方面免除军阀势力的澎涨，一方面又因尊重边疆人民的自主，促成蒙古、西藏、回疆三自治邦，再联合成为中华联邦共和国，才是真正民主主义的统一。

（二）

那些帝国主义者，本来想完全毁灭中国旧有的经济构造，代以完全由他们掌管的新式资本主义的经济建筑，但是他们毕竟没有完全毁灭的本领。他们曾经百端阻挠中国经济自动的改进：如他们不让中国人民自己建筑粤汉铁路、沪杭甬铁路及川汉铁路，强迫清政府借他们的款子来兴工，以及他们夺取汉冶萍公司之类。但是这样阻挠的结果，曾激成剧烈的反抗，对他们经济的垄断政策加以打击。而且外国资本家初到中国的时候，究不能独立经营，只好借助中国商人和雇用中国账房、买办、经纪人之类，做掠夺勾当的中间物。这么一来，中国资产阶级就渐渐完成他们的初步积累阶段。大战期内，欧美商品不能顾及中国，日本商品又遭抵制，遂造成中国资本家发展的最好机会，如是中国资本主义也渐渐在扬子江流域一带兴旺起来了。

但是压迫在世界侵略的资本主义极大组织之下的新兴的中国资产阶级，那能自由发展和自由竞争而达到独立的地位，只不过做世界资本主义侵入中国的中间物罢了。而且外国资本主义为自己的发展和利益，反扶助中国军阀，故意阻碍中国幼稚资本主义的兴旺。中国幼稚资产阶级为免除经济上的压迫起见，一定要起来与世界资本帝国主义奋斗。

中国幼稚的资产阶级，已能结合全国的力量，反对外国帝国主义和北京卖国政府，如一九一九年的排日运动。国民党所组织的广东政府，更是中国开明资产阶级的民主主义的运动。广东政府现在虽然倒了，但是小资产阶级民主主义运动在中国是不会消灭的。还有一层，中国的智识阶级，商业的和工业的资产阶级，要自己能够避免美国的愚弄，他们的民主运动才能依正轨进行。

中国三万万的农民，乃是革命运动中的最大要素。农民因为土地缺乏，人口稠密，天灾流行，战争和土匪的扰乱、军阀的额外征税和剥削，外国商品的压迫，生活程度的增高等原因，以致日趋穷困和痛苦。近来农民更可分为三种界限：（一）富足的农民地主;(二)独立耕种的小农;(三)佃户和农业雇工。第一种占最少数,第二第三两种的贫苦农民至少也占百分之九十五。如果贫苦农民要除去穷困和痛苦的环境,那就非起来革命不可。而且那大量的贫苦农民能和工人握手革命,那时可以保证中国革命的成功。

自从外国商品充斥中国市场以来,手工业者小店主小雇主也是日趋困苦,甚至破产失业,加以本国资本主义的发展,又增加了手工业者无产阶级化的速度。这个大量的群众也势必痛恨那拿痛苦给他们受的世界资本主义,加入到革命的队伍里面来。

中国劳动运动已是在第一个阶段中发展起来,香港海员和其他工人为经济要求的罢工运动,足够证明工人们的伟大势力,工人们的组织近来亦见迅速的扩大。而且工人们处在中外资本家的极端压迫之下,革命运动是会发展无已的。发展无已的结果,将会变成推倒在中国的世界资本帝国主义的革命领袖军。

(三)

各种事实证明,加给中国人民(无论是资产阶级工人或农人)最大的痛苦的是资本帝国主义和军阀官僚的封建势力,因此反对那两种势力的民主主义的革命运动是极有意义的:即因民主主义革命成功,便可得到独立和比较的自由。因此我们无产阶级审察今日中国的政治经济状况,我们无产阶级和贫苦的农民都应该援助民主主义革命运动。而且我们无产阶级相信在现今的奋斗进行中间,只有无产阶级的革命势力和民主主义的革命势力合同动作,才能使真正民主主义革命格外迅速成功。

三 中国共产党的任务及其目前的奋斗

(一)

无产阶级去帮助民主主义革命,不是无产阶级降服资产阶级的意义,这是不使封建制度延长生命和养成无产阶级真实力量的必要步骤。

我们无产阶级有我们自己阶级的利益,民主主义革命成功了,无产阶级不过得着一些自由与权利,还是不能完全解放。而且民主主义成功,幼稚的资产阶级便会迅速发展,与无产阶级处于对抗地位。因此无产阶级便须对付资产阶级,实行"与贫苦农民联合的无产阶级专政"的第二步奋斗。如果无产阶级的组织力和战斗力强固,这第二步奋斗是能跟着民主主义革命胜利以后即刻成功的。

(二)

中国共产党是中国无产阶级政党。他的目的是要组织无产阶级,用阶级斗争的手段,建立劳农专政的政治,铲除私有财产制度,渐次达到一个共产主义的社会。

中国共产党为工人和贫农的目前利益计,引导工人们帮助民主主义的革命运动,使工人和贫农与小资产阶级建立民主主义的联合战线。中国共产党为工人和贫农的利益在这个联合战线里奋斗的目标是:

(一)消除内乱,打倒军阀,建设国内和平;
(二)推翻国际帝国主义的压迫,达到中华民族完全独立;

（三）统一中国本部（东三省在内）为真正民主共和国；

（四）蒙古西藏回疆三部实行自治，成为民主自治邦；

（五）用自由联邦制，统一中国本部、蒙古、西藏、回疆，建立中华联邦共和国；

（六）工人和农民，无论男女，在各级议会市议会有无限制的选举权，言论、出版、集会、结社、罢工绝对自由；

（七）制定关于工人和农人以及妇女的法律：

1. 改良工人待遇：（甲）废除包工制，（乙）八小时工作制，（丙）工厂设立工人医院及其它卫生设备，（丁）工厂保险，（戊）保护女工和童工，（己）保护失业工人……等；

2. 废除丁漕①等重税，规定全国——城市及乡村——土地税则；

3. 废除厘金及一切额外税则，规定累进率所得税；

4. 规定限制田租率的法律；

5. 废除一切束缚女子的法律，女子在政治上、经济上、社会上、教育上一律亨〔享〕受平等权利；

6. 改良教育制度，实行教育普及。

上面的七条，是对于工人农民和小资产阶级都有利益的，是解放他们脱出现下压迫的必要条件。我们一定要为解放我们自己，共同来奋斗！工人和贫农必定要环绕中国共产党旗帜之下再和小资产阶级联合着来奋斗呀！

但是工人们要在这个民主主义联合战线里，不至为小资阶级的附属物，同时又能为自己阶级的利益奋斗，那么工人们要组织在共产党和工会里面是非常重要的；所以工人们时常要记得他们是一个独立的阶级，训练自己的组织力和战斗力，预备与贫农联合组织苏维埃，达到完全解放的目的。

中国共产党是国际共产党的一个支部——现在他向中国工人和贫农高声喊叫道：快聚集在共产党旗帜之下奋斗呀！同时，向中国全体被压迫的民众高声喊叫道：一齐来和集在中国共产党旗帜之下的工人和贫农共同奋斗呀！并又高声喊叫道：一齐来和全世界的革命伙伴们并肩前进呀！只有"全世界无产阶级和被压迫民族的联合"是解放全世界的途径呀！前进呀！共同前进——

打倒军阀！

打倒国际帝国主义！

为和平而战！

为自由而战！

为独立而战！

和平、自由、独立万岁！

受压迫群众之解放万岁！

---

① 指丁税及漕粮，田赋税目的名称。丁指丁口，即成年男子，中国历代对丁口征收赋税，称为丁税，亦称丁赋、身丁钱，清代以后，丁税并入田赋。漕指水道运粮，中国历代政府规定一些地方按期由水运上交京师的粮食称为漕粮，为一种实物税，民国以后，改以货币代粮交纳。

中国共产党万岁！
国际共产党万岁！

中国共产党第二次全国大会

（《中共中央文件选集（1921—1925）》，北京：中共中央党校出版社，1982年，第64~79页）

31.《关于"民主的联合战线"的议决案》（会议文件，8月）

文件二：《关于"民主的联合战线"的议决案》：

人类经济的及政治的进化，自然造成阶级的战争，封建时代与民主时代间，因为经济的及政治的大变动，资产阶级对于封建的战争，是不能免的；民主时代与共产时代间，因为经济的及政治的大变动，无产阶级对于资产阶级的战争也是不能免的。

人类现在的历史，正在阶级战争的奋进途中，不但无产阶级对于资产阶级的战争大部分还未得着胜利，即民主对于封建的战争也并未终了，尤其是东方产业幼稚的国家，不但在社会习俗上，即在国家统治权上，封建的势力仍然大部分存在或完全存在。在这种封建势力统治的国家，人民的生命财产都握在武人手里，法律和舆论都没有什么效力，所以为人民幸福计，民主派对于封建革命是必要的，无产阶级倘还不能够单独革命，扶助民主派对于封建革命也是必要的；因为封建武人是无产者和民主派公共的仇敌，两派联合起来打倒公敌，才能得着出版集会结社的自由，任何阶级都必须得着这几种自由方有充分发展的机会。民主派打倒封建以后，他们为自己阶级的利害计，必然要用他们从封建夺得政权来压迫无产阶级，这时他们压迫的程度和无产阶级能够抵抗的程度，乃看无产阶级在民主的战争期间所发挥的组织能力和战斗能力至何程度而定。

中国名为共和，实际上仍在封建式的军阀势力统治之下，对外则为国际资本帝国主义势力所支配的半独立国家，在这种政治经济状况之下的无产阶级，在这种内外两层压迫之下无法得着自由而又急须得着自由的无产阶级，更有加入民主革命运动之必要，我们要知道：无产阶级加入民主革命的运动，并不是投降于代表资产阶级的民主派来做他们的附属品，也不是妄想民主派胜利可以完全解放无产阶级；乃因为在事实上必须暂时联合民主派才能够打倒公共的敌人——本国的封建军阀及国际帝国主义——之压迫，不如此无产阶级便无法得着为自己阶级开始团结所必需的初步自由，所以在民主的战争期间，无产阶级一方面固然应该联合民主派，援助民主派，然亦只是联合与援助，决不是投降附属与合并，因为民主派不是代表无产阶级为无产阶级利益而奋斗的政党；一方面应该集合在无产阶级的政党——共产党旗帜之下，独立做自己阶级的运动。

我们共产党不是空谈主义者，不是候补的革命者，乃是时时刻刻要站起来努力工作的党，乃是时时刻刻要站起来为无产阶级利益努力工作的党；在中国的政治经济现状之下，在中国的无产阶级现状之下，我们认定民主的革命固然是资产阶级的利益，而于无产阶级也是有利益的。因此我们共产党应该出来联合全国革新党派,组织民主的联合战线,以扫清封建军阀推翻帝国主义的压迫,建设真正民主政治的独立国家为职志。我们应该号召全国工人农人在本党旗帜之下去加入此种战争。我们须告诉他们:此种战争虽不能完全解除工人农民的痛苦,却是解除工人农民的痛苦使工人农民到权力之路的第一步。同时又须告诉他们:无产阶级加入此种战争,不是为了民主派的利益,做他们的牺牲,乃是为了无产阶级自己眼前所必须的自由而加入此种战争,所以无产阶级在战争中不可忘了自己阶级的独立组织。

中国共产党第二次全国大会认定中央执行委员会所发表民主联合战线的主张,是能够应付时势之急迫的要求的,今后更应扩大此主张,并规定进行计划如左:

(A)先行邀请国民党及社会主义青年团在适宜地点开一代表会议,互商如何加邀其它各革新团体,及如何进行。

(B)运动倾向共产主义的议员在国会联络真正民主派的议员结合民主主义左派联盟。

(C)在全国各城市集合工会农民团体商人团体职教员联合会学生会妇女参政同盟团体律师公会新闻记者团体等组织"民主主义大同盟"。

(《中共中央文件选集(1921—1925)》,北京:中共中央党校出版社,1982年,第37~39页)

32.《中国共产党加入第三国际决议案》(会议文件,8月)

文件三:《中国共产党加入第三国际决议案》:

无产阶级是世界的,无产阶级革命也是世界的,况且远东产业幼稚的国家,更是要和世界无产阶级联合起来,才足以增加革命的效力。现在代表世界的无产阶级为世界无产阶级革命大本营的,只有俄罗斯无产阶级革命后新兴的第三国际共产党。第三国际共产党,是和一方面利用无产阶级,一方面供资本帝国主义利用的第二国际,正立在对抗的地位。中国共产党既然是代表中国无产阶级的政党,所以第二次全国大会议决正式加入第三国际,完全承认第三国际所决议的加入条件二十一条,中国共产党为国际共产党之中国支部。

附:第三国际的加入条件①

(一)每日的宣传和运动须具真实的共产主义的性质,并遵守第三国际的纲领和决议。党的一切机关报,均须由已经证实为忠于无产阶级利益的忠实共产党编辑,不要空空洞洞说成"无产阶级专政"为一种流行的烂熟的公式,应当用实际的宣传方法,把每日的生活事实系统的清解于我们报纸上面,使一切劳动者,一切工人,一切农

---

① 本文为译文,原附印于《中国共产党第二次全国代表大会决议案》中的《中国共产党加入第三国际决议案》之后,译文有许多混乱费解甚至错误之处。请读者参阅1958年8月出版的《列宁全集》中文版第31卷,第181~187页,不一一作注。

人，都觉得有无产阶级专政出现之必要。

一切定期的或其他的报纸与出版物，须完全服从党的中央委员会，无论他是合法的或违法的，决不许出版机关任意自主，以致引出违反本党的政策。

凡属第三国际的党众，无论在报纸里面，公众集会里面，工团里面，合作社里面，不仅要系统的，严刻的攻击资产阶级，并且要攻击与他通气的各色改良派。

（二）凡要加入国际共产党的组织，必须一律的系统的从一切工人运动的重要地位中（如党的机关编辑部，工团，议院团体，合作社，市议会）排除一切改良派和中央派而代以证实的共产党——在起初的时候，不要顾惜以初出行伍的劳动者代替经验富足的战士。

（三）阶级争斗，差不多在欧美各国家中，已入了内乱时代，在这样情形之下，共产党就不要以适合于资产阶级的法律为能事了，他应该到处创造与合法机关平行的违法机关，以便在决定的时候，完成他对于革命的职务。在施行戒严令或非常法律的国家，共产党一切行动不能合法发展时，合法行动与违法行动同时并进为绝对必要。

（四）在军队中传播共产主义的理想，必须引起一种坚忍的系统的宣传与运动，若因非常法律，公开的宣传困难时，就应当在里面做违法的工作；假使不肯这样进行，便是违背革命的责任而不能加入第三国际。

（五）系统的合理的宣传，在乡村是必要的，工人阶级，若是至少得不到乡村劳动者（农业的雇工和极贫的农人）一部分赞助或至少不能使一部分落后乡村在政治上守中立，他是不能胜利的。故共产党在乡村的工作在今日占非常重要的位置，他应当使共产主义的工人常常与乡村相交接；假若拒绝这种工作，或委托这种工作于可疑的半改良派之手，那就等于抛弃无产阶级革命。

（六）凡愿意属于第三国际的党，应该告发一切爱国社会主义，和平社会主义的虚伪与错误；应该普遍的指教劳动者使其知道除了由革命推翻资本主义外，国际联盟所标揭的甚么国际仲裁，宿［缩］减军备，民主主义的改造，一点也做不到，并且绝不能救出人类于帝国主义无穷的战杀之中。

（七）凡愿意属于国际共产党的党，必须承认与改良主义和中央派的政策有完全的确定的分裂之必要，而且必须在党员与组织之间宣传这种分裂。共产党一致的行为，惟有付了这个代价才为可能。

国际共产党命令的，不许讨论的要求这种分裂应在一个极短期间即行成就。国际共产党不能容许著名的改良派屠拉第，考茨基，伊尔辉登，郎格特，马克它兰马，老列尼辈有权自命为第三国际党员，及到这个里面来演把戏。假使这样一来，他们又要飞速的把第三国际弄成为第二国际一样的。

（八）关于殖民地与被压迫民族的问题，凡在资产阶级私有这些殖民地或压迫其它民族的国内的党，应该具一种特列［别］显明的方针。凡愿意属第三国际的党必须严厉告发"他的凶恶帝国主义者在殖民地的威压"；对于殖民地的解放运动不但口头赞助，而且要在实际上赞助他，要求驱逐帝国主义者于殖民地之外，使本国劳动者对于殖民地的劳动人民与被压迫民族发生真实的友爱感情，而且在宗主国军队之中，维持一种继续的运动,反抗其对于殖民地人民的一切压迫。

(九)凡愿意属于国际共产党的党,在工团、合作社、及其他一切工人群众的组织里面,必须从事一种坚忍的系统的宣传运动,应以坚忍的工作在其中组织一些共产党的核心,使一切工团都共产主义化。他的责任又应时时刻刻揭破爱国社会党的叛逆和中央派的犹疑。一切共产党核心,应当完全受党的节制。

(十)凡属于国际共产党的党,都应努力坚忍的攻击亚姆斯德登的黄色国际工团,他们都应坚忍的在工团内部传宣[宣传]与亚姆斯德登黄的[色]国际必须分裂的思想,并应以一切势力拥护加入于国际共产党的红色国际工团。

(十一)凡愿意属于国际共产党的党,应审他的议院团体的构造,排除一切可疑的分子,使议院团体,不在口头上而在实际上,服从党的中央委员会,务令一切共产党议员将其一切活动,隶属于革命的宣传和运动之真正的利益之下。

(十二)凡属于国际共产党的党,必须建筑于德莫克乃西的中央集权的原则之上。在现在内乱激烈的时候,共产党惟靠极集中的组织,铁的纪律(即采用军队的纪律)和全体战士一致给中级[央]机关以广大的权力,过余的信任,使得执行一种不可抗辩的威权,才能成就他的职务。

(十三)凡在共产主义可以合法争斗的国内,共产党必须定期的洗刷自己的组织,淘汰一些模棱的和小资产阶级分子。

(十四)凡愿意加入国际共产党的党,必须以全力拥护苏维埃共和国与反革命作战。他们必须不懈的鼓吹劳动者拒绝为苏维埃共和国〈的敌人〉运送军火军需,并须在派去攻击苏维埃共和国的军队中,努力从事合法的或违法的宣传。

(十五)一切至今还保守在社会民主党旧政纲上面的党,必须立刻根据国际共产党的精神,参酌他们国内的特别情形,建立一个共产党的新政纲。照例,凡属于第三国际各党的政纲,必须经过国际共产党大会或他的执行委员会批准,如某党政网[纲]不及执行委员会批准时,该党有请愿于国际共产党大会之权。

(十六)国际共产党大会一切决议及他的执行委员会一切决议,有强迫加入国际共产党之各党一律遵行的权力。当兹内乱激烈的时代,国际共产党与他的执行委员会,自应计算各国争斗的不同情形才通过各种普遍的决议并且审定其可能才至强迫执行。

(十七)按照以上一切设定,凡加入国际共产党的党,应一律改变他们的名称。凡愿意加入国际共产党的党必须命名为某国共产党——第三国际共产党支部。名称问题不准[仅]是形式问题而且是个重大的政治问题。国际共产党业已不客气的向资产阶级旧世界和一切黄色的旧社会民主党宣战,所以最要紧的,是要把共产党与旧社会民主党及冒了工人阶级旗帜的官僚社会党之不同,在全体劳动者眼前,弄得极明白。

(十八)各国共产党的中央机关报,必须刊布国际共产党执行委员会一切重要的正式文件。

(十九)凡已经加入及表示愿意加入国际共产党的党必须于尽快的短期间内——至迟不得过国际共产党第二次大会后的四个月——召集非常大会说明这些条件。各党的中央委员会应把国际共产党第二次大会的一切决议宣传一切地方组织完全了解。

（二十）凡现在愿意加入第三国际而还未根本变更其旧方略的党，必须由在第二次大会前已公然宣言加入第三国际的同志，预先在党的中央委员会及一切重要中心机关中，获得党员三分之二的多数。例外的事须经国际共产党执行委员会核准，才得行使国际执行委员会对于第七条所载的中央派的代表，保留行使例外之权。

（二十一）凡排斥国际共产党一切条件和原则的党员，必须开除出党，非常大会的代表同样处理之。

（《中共中央文件选集（1921—1925）》，北京：中共中央党校出版社，1989年，第36~72页）

33.《中国共产党章程》(会议文件，8月)

文件四：《中国共产党章程》：

第一章 党员

第一条 本党党员无国籍性别之分，凡承认本党宣言及章程并愿忠实为本党服务者，均得为本党党员。

第二条 党员入党时，须有党员一人介绍于地方执行委员会，经地方执行委员会之许可，由地方执行委员会，报告区执行委员会，由区执行委员会报告中央执行委员会，经区及中央执行委员会次第审查通过，始得为正式党员；但工人只须地方执行委员会承认报告区及中央执行委员会即为党员。

第三条 凡经中央执行委员会直接承认者，或已经加入第三国际所承认之各国共产党者，均得为本党党员。

第二章 组织

第四条 各农村各工厂各铁路各矿山各兵营各学校等机关及附近，凡有党员三人至五人均得成立一组，每组公推一人为组长，隶属地方支部（如各组所在地尚无地方支部时，则由区执行委员会指定隶属邻近之支部或直隶区执行委员会；未有区执行委员会之地方，则直接受中央执行委员会之指挥监督）。每一个机关或两个机关联合有二组织以上，即由地方执行委员会指定若干人为该机关各组之干部。各组组织，为本党组织系统，训练党员及党员活动之基本单位，凡党员皆必须加入。

第五条 一地方有两个干[支]部以上，经中央执行委员会之许可，区执行委员会得派员至该地方召集全体党员大会或代表会，由该会推举三人组织该地方执行委员会，并推举候补委员三人——如委员因事离职时，得以候补委员代理之。未有区执行委员会之地方，则由中央执行委员会直接派员召集组织该地方执行委员会，直接隶属中央。区执行委员会所在地方得以区执行委员会代行该地方执行委员〈会〉之职权。

第六条 各区有两个地方执行委员会以上，中央执行委员会认为有组织区执行委员会必要时，即派员到该区召集区代表会，由该代表会推举五人组织该区执行委员会，并推举候补委员三人，如委员因事离职时得以候补委员代理之，中央执行委员会认为必要时，得委托一个地方执行委员会暂时代行区执行委员会之职权，区之范围，中央执行委员会规定并得随时变更之。

第七条　中央执行委员会由全国代表大会选举五人组织之，并选举候补委员三人，如委员离职时，得以候补委员代理之。

第八条　中央执行委员会任期一年，区及地方执行委员会任期均半年，组长任期不定，但均得连选连任；干部人员由地方执行委员会随时任免之。

第九条　中央执行委员会执行大会的各种决议，审议及决定本党政策及一切进行方法；区及地方执行委员会执行上级机关的决议并在其范围及权限以内审议及决定一切进行方法；各委员会均互推委员长一人总理党务及会计；其余委员协同委员长分掌政治、劳动、青年、妇女等运动。

第十条　大会或中央执行委员会议决之各种议案及各地临时发生之特别问题，区及地方执行委员会均得指定若干党员组织各种特别委员会处理之，此项特别委员会开会时，须以各该执行委员会一人为主席。

第三章　会议

第十一条　各组，每星期由组长召集会议一次；各干[支]部每月召集全体党员或组长会议一次；各地方由执行委员会每月召集各干部会议一次；每半年召集本地方全体党员或组长会议一次；各区，每半年由执行委员会定期召集本区代表大会一次；全国代表大会每年由中央执行委员会定期召集一次。

第十二条　中央执行委员会认为必要时，得召集全国代表临时会议；有过半数区之请求，中央执行委员会亦必须召集临时会议。

第十三条　全国代表大会或临时会议之人数，由中央执行委员会临时定之。

第十四条　凡一问题发生，上级执行委员会得临时命令下级执行委员会召集各种形式的临时会议。

第十五条　中央执行委员会得随时派员到各处召集各种形式的临时会议，此项会议应以中央特派员为主席。

第十六条　中央及区与地方执行委员会，均由委员长随时召集会议。

第四章　纪律

第十七条　全国代表大会为本党最高机关；在全国大会闭会期间，中央执行委员会为最高机关。

第十八条　全国大会及中央执行委员会之议决，本党党员皆须绝对服从之。

第十九条　下级机关须完全执行上级机关之命令；不执行时，上级机关得取消或改组之。

第二十条　各地方党员半数以上对于执行委员会之命令有抗议时，得提出上级执行委员会判决；地方执行委员会对于区执行委员会之命令有抗议时，得提出中央执行委员会判决；对于中央执行委员会有抗议时，得提出全国大会或临时大会判决；但在未判决期间均仍须执行上级机关之命令。

第二十一条　区或地方执行委员会及各组均须执行及宣传中央执行委员会所定政策，不得自定政策，凡有关系全国之重大政治问题发生，中央执行委员会未发表意见时，区或地方执行委员会，均不得单独发表意见，区或地方执行委员会所发表之一切言论倘与本党宣言章程及中央执行委员会之议决案及所定政策有抵触时，中央执行委员会得令其改组之。

第二十二条　凡党员若不经中央执行委员会之特许，不得加入一切政治的党派。其前已隶属一切政治的党派者，加入本党时，若不经特许，应正式宣告脱离。

第二十三条　凡党员若不经中央执行委员会之特许，不得为任何资本阶级的国家之政务官。

第二十四条　本党一切会议均取决多数，少数绝对服从多数。

第二十五条　凡党员有犯左列各项之一者，该地方执行委员会必须开除之：

（一）言论行动有违背本党宣言章程及大会各执行委员会之议决案；

（二）无故联续二次不到会；

（三）欠缴党费三个月；

（四）无故联续四个星期不为本党服务；

（五）经中央执行委员会命令其停止出席留党察看期满而不改悟；

（六）泄漏本党秘密。

地方执行委员会开除党员后，必须报告其理由于中央及区执行委员会。

第五章　经费

第二十六条　本党经费的收入如左各项：

（一）党费党员月薪在五十元以内者，月缴党费一元；在五十元以外者，月缴党费按月薪十分之一计算；无月薪者及月薪不满二十元之工人，每月缴费二角；失业工人及在狱党员均免缴党费。

（二）党内派捐。

（三）党外协助。

第二十七条　本党一切经费收支，均由中央执行委员会支配之。

第六章　附则

第二十八条　本章程修改之权，属全国代表大会，解释之权属中央执行委员会。

第二十九条　本章程由本党第二次全国代表大会（一九二二年七月十六日—二十三日）议决，自中央执行委员会公布之日起发生效力。

（《中共中央文件选集（1921—1925）》，北京：中共中央党校出版社，1989年，第93~98页）

8月

34.《劳农俄国研究》[著作(目录),8月]

上海商务印书馆出版,山川均著,李达译述的《劳农俄国研究》,共377页。目录:第一章 俄国革命小史;第二章 劳农政治底特质——无产阶级专政与民主主义;第三章 劳农制度研究;第四章 劳动组合之组织与职分;第五章 农民与革命;第六章 劳农俄国底劳动者;第七章 农业的社会主义化;第八章 劳农俄国底教育制度;第九章 文化底设施;第十章 妇女之解放。

35.《劳农俄国研究》广告(《新俄游记》书末广告,1923年2月)

《劳农俄国研究》广告:

是书专述俄国劳农主义经过之原委,对于俄国革命之历史,劳农政治之特质,【组】织之纲要,社会文化设施的方法,解放妇女之原由等,均叙述甚详。读之不仅明白劳农制度之现状,且可了解劳农主义的宗旨之所在。

(《新俄游记》封底广告,1923年2月)

9月
1日(星期五)

36.《告少年》(《少年》第二、三、四、五号,9月1日,10月1日,11月15日,12月15日)

《少年》第二至五号,连续刊登列宁的《告少年》,全文如下:
(续前号)

无产阶级的文明

当我们谈到无产阶级文明的时候,必须不忘记下边的事。假使我们不晓得为创造这种文明必须去认识,利用所有从人类旧时进化结出来的文明成分,那我们将永远一无所得。

无产阶级的文明不是已经做成了,他也不是从无产阶级文明的专门家脑子里涌现出来的。要是这样想,一定是很蠢。无产阶级的文明必须是从资本主义和封建式的重轭之下被人类得到的知识的自然结果。

这些都是已经领着并且正继续领着向无产阶级文明的道路,正像被了马克思所改变的经济学已经指示出了人类社会的将来终点和阶级争斗与无产阶级革命的长期预备。

事实之批评的研究

当我们屡屡听见有些少年人的代表或是新教育方法的拥护者攻击旧日学校说他不发人聪慧，只是想闭塞人脑筋的时候，我们当回答他们，事虽是这样，但旧日学校中所有好的东西还必须借过来用。

我们固不当仿效那些人；他们总以十分之九是无用而其余是弄错了的知识、过分的重量来塞在少年人的记忆中；但这也不是便说我们知道些共产主义的结论或心里记得共产主义的几句话，便可认为认满足。要那个样子，我们将永不能达到共产主义。要变成一个共产主义者，必须将所有人类蓄积的科学宝库用来丰富他的脑筋。

我们用不着机械般地填塞，但我们仍旧必须运来重要的事实，好发达完成每个学生的记忆，因为倘若他不承受一个融会贯通了的知识十足数目，共产主义将会减成像一个空洞的扁[匾]额，共产主义者也将要是个不按实际而说大话的人。这些知识你不仅必须去融化，且更当将他放在你的批评之下，使你的脑筋中不只充满了杂乱而无用的东西，而使你的脑筋中增多了所有事实的科学，假若没有这些事实，在我们这个时代，也还没有沐过文化的人呢！

【一】个共产主义者如只因脑子里装了些现成的事实，而并未作过那种分析和批评所有事实的很严重，很紧要，并且很困难的功夫，便自说是共产主义者，他必是一个极昏聩糊涂的共产主义者。这样虚浮肤浅的态度是最可悲。

倘若我知道我自己知道无多，我总将强制我自己多知道一点。然如一个人自号为共产主义者，且他自以为将无须再学什么，那么从他那里将永远产生不出像一个共产主义者的东西来。

自觉的纪律

旧日的学校造出资本家需要的训良奴仆；他们变那些科学家成为傀儡听命于资本家的私意去著书立说。这便是告诉我们必须摆脱这些。但是当我们必须加以抑止摧残的时候，我们不须将人类聚积所有用的东西占据么？我们不是必须将资本主义已经用过的和共产主义将要使用的事物加以区别么？

我们在那个资本社会用来反抗大多数意志的强练地方，放进工农自觉的纪律，使那坚固的决定和那联合组织他们力量以便创造出一个统一意志的科学，连结到他们很旧社会的心里，这个统一意志的创造是要将在我们的国里无限的广大中成万成兆杂乱，破碎而又散漫的意志统一起来，因为要没有这种意志，我们的失败将不可避免。要没有这个结合，要没有这个工农自觉的纪律，我们的主张将遏无望。要没有这个纪律，我们将不能达到全世界资本家和贵族的末路。我们且简直要不得设立新共产社会的基础，更不要说是他的全部建设了。

正当责备旧日的学校时候，正当养成一种为反对他生出绝对必要而且合法的很恶时候，正当珍视我们破坏旧日学校的愿望时候，我们必须知道，在旧书本子研究和旧日强练的所在，必须放进把人类所有知识的总和调和起来的方法，须知你们的共产主义不应该是几件学的东西，而是你们自己想的东西，如同这个结论对于我们今日沐过文化的人是必然而出的。

参加到经济生活

这就是论到学共产主义时怎么必须提出这个问题。

为把这事说得更明白一点，同时为预备"怎样学？"这个问题的解决，我可取一个实例为喻，你们大家都知道在军事问题之后，在防护住这个共和国之后，现在我们所须处置的就是经济问题了。

我们知道不恢复工业和农业，是不能建设共产社会的，而且也不可用他们旧日的方法，这必须按着现代科学最后的法子来图恢复这最后的法子，你们不要忽略了，就是电：必到全国所有各门工业农业都归于电的那一天，必到你们达到这个伟大的电化计画的头儿的那一天，你们乃能建设起前人所不能建设的共产社会，但早一天也不成。

那么，你们的责任就在增高全国的经济水平线，按着新进步改组农业和工业，这种进步是靠着近代科学工艺的，一言以蔽之，就是唯电是赖。

但是你们当很知道这个工夫无知人是作不来的，并且他的关系也绝不是几个粗浅的概念。仅仅知道电是什么东西是不够的，必须知道怎样把他应用到工业上、农业上，和工业农业的各专科上。这都须自己去学，并须教给所有劳动的少年。

所有自觉的共产主义者，所有自视为共产主义者的少年，他们的责任就在于此：即帮助吾党和所有少年人来建设我们的共产社会，更须知道为建设这个社会，一定要以现代科学为出发点，而且倘若你不承受这个科学，你的共产主义不过是一个空名。

共产社会的建设

我们这辈子人的职务，仅仅在推翻有产阶级。批难有产阶级，发扬群众中已有的仇恨有产阶级的感情，懂得聚集阶级的力量：这就是我们最先要做的。

你们这辈新起的人，放在你们的前头的，却有一个更复杂的责任。因为你们的责任并不是仅仅在联合起所有你们的力量以维持劳农的政府反抗资本家的攻击。这固然是你们必须做的，并且你们已非常懂得这个，像所有共产党人应当懂得的一样。但这终是不足的。

你们的职务，是在建设共产社会。在许多地方，这个工作的前半部，已经做完了。旧世界已经照他分所应然地被摧残了；但这不过仅是一部分的毁坏，照其事实上可以缩成的地基已被清除了，并且在这个地基上共产主义的少年必须来建设共产社会。

对于你们，问题乃在建设，并且为解决这个问题，你们必定得承受那所有最新的科学，这必须懂得要变换现成公式的共产主义，变换成方的共产主义，变换死板板条文和计昼［划］的共产主义，成为一个总理你们目前行动和为你们实际工作的指南的活的共产主义。

这就是你们的使命，当你们要教导、训练和援引少年人的时候所必须自律的就在于此。你们必须加入成万成兆的建设者中，所有少年男女都须来到此。倘若你不招呼所有劳农少年的群众来作这个建设共产主义的事业，你将永不能造成一个共产社会。

共产主义的道德

我于此自然要论到我们必须怎样教共产主义和什么须是我们教法的特性的问题。

但在此以前我将先论论共产主义的道德。

你们必须将共产主义的教育从自身做起。少年共产团的目的是在做一种实际上的行动，以使他在学习上，在组织上，在团聚上，在争斗上把他的团员和所有认他为指南的人去做成真正的共产主义者。所有现代少年的教育，训练和养成，这总不外学习共产主义的道德。

但是还存在一个共产主义的道德么？还存在一个共产主义的德律么？诚然！人家时常以为我们是没有道德的。资本家阶级屡屡反对我们，反对我们彼此共产党人，说我们不承认所有的道德。这实是一种扰乱思想和迷蔽人民眼目的诡计。

我们反对道德和德律究是在那一方面呢？

我们反对他是在有产阶级的方面，在那个方面德律是由于天命的。我们很肯定地说我们不信上帝，并且我们知道很清楚，用上帝的名义，实际上是主教的人和些地主与资本阶级在那里说话，用来防护他们掠夺者的利益。或者就不假托天命去造道德，而从理想家半理想家的话头里抽出来，其实这种话的结局与天命是一样的。

凡是从外乎阶级或人类的观念弄来的德律，我们都不承认。我们敢说那种德律正是为资本家、地主的最大利益来骗工人和农人的，并正是束缚他们思想的。

我们的德律是完全属于无产阶级的利益，并属于这阶级争斗的紧迫之秋。我们的德律是由于无产阶级的阶级争斗的紧迫引出来的。

旧社会是建设在所有工人和农人所受地主资本家的压迫之上，我们必须来把他破坏掉，我们必须将压迫人的人弄下来，并且因为这个必须使劳动者的联合得势起来。没有一个宗教的道德或是哲学的道德能够创出这个联合来的。

且这个联合是仅能从受过教育，从近百年来总数中选拔出的无产阶级中生出来的。这仅是当于这种阶级被组成的时候，群众运动遂开始起来，正其所行动之得见于今日的，换言之，就是在所有国中一个微弱的国家已得见到革命的胜利，他已经为反抗全世界资本阶级而支持独立至三年之久了。

我们看见无产阶级革命在世界上扩大起来。凭着我们的经验，我们现在可以宣言，仅仅是无产阶级自身才能造出一个联合而又连结的力量，足以使他吸引起散乱而又碎破的农人阶级。并且他已经抵挡所有掠夺者的袭击了。仅仅是无产阶级才能够帮助劳动的群众来自己联合，来自己团结，来战胜，来坚持，最后乃得来完成发扬共产的社会。

所以我们说：为我们，在人类社会以外取来的德律是不存在的，是一个谎话。我们的德律对于我们是属于无产阶级争斗之利益的。

阶级争斗

那么，这个阶级争斗究竟何在？他即在于推翻沙（俄皇专兄），推翻资本家，并消灭资本阶级上头。但普通什么是阶级？他就是那准许社会里一部分人来私有别人的工作出产的。

设使社会里一部分人私有所有的土地，我们就有了地主和佃户两个阶级。设使社会上一部分人据有了工厂、工作股票和资本，可是别的人却在工厂里边做工，我们就有了资本家和无产阶级。

除掉沙，已经不是难事，几天的工夫就够了。排斥斗地主也已不很难我们在几个月内就做完了，甚而赶走资本家都已经不太为难。但是要消灭阶级，却无限地棘手；工人和农人间的分别至今还是存在那里。农人当他在一块地上立了家，当他私有了对于他和他的牲口所不必须的余粮，而别人却正在那里缺少面包，那个农人便已经是一个掠夺者了。他愈是将麦子看作他个人用在那上他愈可得利，若是有别人饥饿着，他便愈可决定："他们越饿，我把我的麦子越要卖地贵。"

必须使所有人的根据公共的计昼[划]，在公共的土地上来工作，按着公共的规则，在公共的工场中来工作。这是很容易实行么？你们自己看见了，这个解决是比赶走"沙"，赶走地主或赶走那些资本家还要无限地棘手。欲作这个必须使无产阶级改造他本身的教育，改造农人的教育，并且将劳动的农人拉到他们一起，以便于摧残那就别人的困厄以自肥的富农的反抗。

一句话说，在赶走"沙"，赶走地主，赶走资本家以后，无产阶级的争斗离完事还远呢；我们所谓的无产阶级专政的制度，乃正开始作起他的职务来。

阶级争斗仍是继续着下去的；他仅仅换了一个样子。他现在的目的是在防止从前掠夺者的复现和联合无知识农人阶级的散碎，群众聚到一个紧密的同盟中。阶级争斗正继续不辍着，我们应该以所有都来从属于这个争斗的急迫。

所以我们乃以我们共产主义的德律归宿于他。我们说："德律就是用来破坏旧日掠夺的社会，和聚积环集于无产阶级的所有劳动者来创造新的共产社会。"

财产欲

共产主义的德律，是为阶级争斗用的，是为聚集所有的劳动者去反抗各类的掠夺和各类的小业主，因为小私产制是将全社会的劳动所创造出的东西付给于一人的。

土地在我们本是共有的产业。假使我从这共有的产业中取得一部分，用他生产出比我所需要多两倍的麦子，更把多下来的收获卖给投机家，那将有如何情状呢？假使我计算着挨饿的人越多，我的卖价越好，那又将有如何情状呢？我这样子的作法，是不是共产主义者的行事？

岂但不是共产主义者，我这样子的作法，简直成了掠夺者了，简直成了私产者了！对于这个，我们是必须反抗的。

假使照这些情况继续下去，我们必将又向后跌退，如历次的旧式革命似的，朝着资本家有产阶级的政治退去。为避免这种堕落，我们必须禁止其开始必须提防损人以自肥的事情，办到这层，劳动者们不得不都聚绕于无产阶级而组成共产社会。

这就是共产主义少年团应当担任的职务的主要性质。

旧社会原是建立在次之原则上的，即：不是你劫掠你的邻近，便是你的邻近劫掠你；不是你为他劳动，便是他替你工作又则不是你指挥个奴隶，便是你自己是奴隶。

很易明白生长在这样社会中的人实随着吸娘乳已吸进一种心理,许多习惯,许多思想;因这种心理、习惯、思想遂致不为主人便为奴隶,或则为小产者,为小用[佣]人、小衙吏,一句话便是成一种人只求自己所必须而不管他人。

假使我耕种我的一份田亩,旁人便与我无关;假使邻人饥饿,更妙,我便对他越高抬麦价。我如有了医生、工程师、校长、雇员等类的小位置,旁人怎样,与我何关?或者在谄媚权贵时,觉得我不但可以保全我的位置,我还可从此腾达起来,也成为一个有产阶级中人。这种心理这种态度便完全是与共产主义者不相容的。

当工人和农人们已经表明我们能够由我们原有的方略来保障我们自己并且创造出一个新的社会,同时共产主义的新教育也正产生出来,此教育便是成于反抗掠夺者的争斗中的,成于反抗私利者和小产业家,反抗那嚷着"我只谋我的利益,其余的我全不管"的心理和习惯的无产阶级联结中的。

这就是我对于"少年人怎样应当学共产主义"那个问题所回答的。

反抗掠夺者的争斗

为学共产主义,少年人必须时常将他的训练,教育和养成与反抗旧日掠夺社会的无产者和劳动者不停的争斗相联合。

如言德律,我们便可说:"在共产主义者,德律乃完全在于此种联合中,在于有纪律的联带责任中,在于反抗掠夺者的群众有意识争斗中。我们不相信一成不变的德律,我们要揭破所有沿着习俗来欺骗人的德律。"

德律是用来把人类向上提高的,用来免除工作的掠夺的。

为要达到这种目的,我们必须要有下辈子新人,他们在反抗有产阶级的剧烈而有纪律的争斗中,已正起首变成自觉的成年人了。只这个争斗乃能造成真的共产主义者,少年人们必须把所有的活动都隶属于他。少年的训练,教育和养成也都须照他而规定。

施行少年教育,并不是向他们贡献些温和的演说,或是些德律的条规。不是的,这并不是教育所在。

当人已觉得他们的父母在私产家资本家的重轭之下这生活的时候,当他们自己领会了那第一次参加到反抗掠夺者的战争中的人的痛苦时候当他们目击那为保障已经得到的胜利和继续争斗的牺牲时又目击着残暴的敌人是私产者和资本家时——这些人便成为真的共产主义者了。

共产德律的根基就是为达到共产主义建立巩固的争斗,这同时也正是共产主义,教育,养成和训练的根基于此对于"怎样学共产主义"这个问题,我算回答过了。

共产主义少年团

假若训练和教育终被置于学校之内,被污于生活扰攘之中,我们终不会对他相信。但令工人和农人们仍被私产者资本家压迫着,但令学校仍掌握在私产者资本家手中,少年人必永远盲目而无知。

居于我们的学校,必须给少年人以科学的基础,必使他们自己能陶冶自己的共产心行,必须造出些有教化的人。这些学校必须利用少年经过的光阴,把他们都造成为脱离掠夺者羁绊的争斗参加之人。

共产主义少年团，为不辱其名，为真是共产主义少年一辈人的同盟，必须把所有他们的教育、训练和养成，都根据他们在所有劳动者反抗掠夺者的公共战斗中听应担任的职分而规定。不消说，你们都明白现在俄罗斯，是唯一的工人共和国，旧有产阶级制度尚存在于世界中其余各处；我们是比较他们弱的，我们是常被新的打击来恐吓；为争斗胜利，为安定和取得最终的成功，我们必须学会保存住我们的联结和一致。

这样，要作共产主义者，意思就是组织联合起所有的少年人，于争斗中给以教育和纪律的范则。只有这样，才能创始，才能引导到共产社会建设的终点。

什么是一个共产主义者？

为使更加明白起见，我将举例来说，我们是自命为共产主义者的。什么是一个共产主义者呢？

"Communiste"这个字是从拉丁文"Communis"而来，义训：公共（Communi）。共产社会即是土地工厂，工作，一切共有。这就是所谓共产主义。

假使人都各自开拓他自己的田亩，于此能有公共的工作么？工作共有不是骤然能创设的，不是从天上掉下现成来的。他乃是长期努力长期忍受的结果是在争斗的过程中渐渐创造出的。陈籍是无所目的，是没有人信他的。需要的乃生活中的个人经验。

当高尔恰克和台尼金从西伯利亚，从Don向我们前攻的时候，农人还是向着他们。布尔什维克主义尚不能为其所喜，因为布党人是照税征收麦子的。但是自从西伯利亚，马克兰受了高尔恰克和台尼金的重轭以后，农人们已悟到于此实没有选择了；或者是重新恢复起将使他们在陷入于为地主奴隶中的资本制度，或者是向着工人方面来，工人们虽还没有各类好事；且还于凶门中要求一个铁律和一种刚强的毅力，然而他们却将大家从资本家地主的奴隶圈中解放出来了。当着农人们，以至于极愚昧的农人们，都已从他们本身的经验中，懂得并且感觉出这个真理之时，于此艰难的习练以后，他们也成了自觉的共产主义者了。共产主义少年团必须放在所有他的活动的基础之上，便是这种经验。

我已经回答过两个问题，即：我们须学什么，我们须从旧日学校旧日科学中取些什么。我并且也说过，须用什么方法学到那一切东西，那方法即是要时时刻刻把少年的训练、教育和养成，和所有劳动者反抗掠夺者的争斗不可解的联结起来。

共产主义的工作

从各种少年组织中借来一些成例，我要让大家晓得共产主义的教育须如何从事。

如今都说减除不识字人，很明显的是在不识字的人地方，建设共产社会乃为不可能的。但仅是苏维埃政府下一道命令，或是党中出一个口号，或是有一部分最好的战员（党员）为此事而牺牲，是不足的。必须少年一辈人也来共同努力。

共产主义实在凡属于少年团的青年男女都说：这是要我们作的工作，我们要团结起来，我们到乡村去教不识字的人念书，好使以后的人再没有不识字的。我们愿意所有青年的进取心都用在这上头来。

你们应晓得想把蒙昧不识字的俄罗斯在几个星期内便变成开化启明的俄罗斯，这是不可能的；然而假使少年团肯于此尽力，假使所有的少年都尽忠于此公共的利益，则此成团的四十万青年男女便不愧名称为共产主义少年团了。少年团的目的不但要自己得知识，自己得了知识以后还要用以教导那些不能自教，不能自祛蒙昧的人。

为少年团的分子，就是要把自己的工作自己的力量都为公共利益而牺牲。此乃是真的共产教育，此乃能使青年男女成为一个真实的共产主义者。假使能从他的行动中得到些实验的效果，则他必将是共产主义者了。

如今再取我们城市四围的菜园来做个例。这不是一个为共产主义少年的工作么？人在工厂中饥饿着，大家也都挨饿，要救济我们，必须发展园艺的耕种，只可惜这种耕种尚是用的旧式。因此必须要最有意识的份子来从事工作，然后你们才得见着蔬菜的长大，地面的扩充，收藏的改良。对于这种事情，共产主义少年团中，都须作出一个活泼的职务。一切组织以此为眼前的责任。

共和主义少年团须成为冲击的团结，在所有范围内都来协助，都来开创。这个团须使不管什么工人看见少年团员，纵然主义上他们或者不能理会，思想上他们或者不能立即相信，但知团员的真实工作和操行确是能指示出这些人是来指引真实道路的。

共产主义少年团员的组织

假使共产主义少年团不能够在所有范围内作出上边所说这种行动，则必是他已走入旧日有产阶级的远途中了。

我们的教育须不可解地与劳动者反抗掠夺者的争斗相联结，好来帮助劳动者解答从共产主义教养中传下来的一些问题。

少年共产团员须贡献所有他闲暇的时间，去耕种菜园，去到工厂里设立少年团等等。

我们想以我们贫困的俄罗斯做成一个富足的地方，为此必须要共产主义少年团能联结他的养成，他的训练和他的教育到农工人们的劳动上头，并且，要他不徒开在学校中埋头伏案地去空念共产主义的书籍和小册子。

只有同着工人和农人共同工作才能成为真的共产主义者。

必须使大家都见共产主义少年团员是有训练的，同时且是能工作的。等到大家看出我们已经从旧日学校中将专制的训育扫荡过去，换上有意识的纪律，看出我们少年人参加到"共产党的礼拜六"，看出我们少年人会利用所有的闲空来为民众服务，那么人将对于我们的工作另眼相看不比旧日一样了。

共产主义少年必须自愿地在他的村庄他的街坊中尽所有可能的服务：例如分配粮食或保持清洁等事。

在资本制度下这些是怎样呢！人各为自己做工绝无人关心到是不是有人老废或疾病，或是不是一切家务都放在一个可怜的奴隶的积压□的妇人身上。

现在谁来战斗这些呢？——便是少年团，他必须说：我们将改变所有，我们将组织些少年人的分队去帮着扫除，帮着分配食粮，并且要有条理地去访问人家，要为大家的利益去工作，公正地平分力量并指示出工作必须是有组织的工作。

未来属于少年

现时五十岁以上的那辈人是不能希望看见共产社会了。他们将死在共产社会实现之先。

但今天还在十五岁左右的这辈人将能看见他共产社会，并且还要从事于他的建设。这辈人须知道他毕生□的不外这种社会的建设。

在这社会中，工作是属于各个分属的家产的，是无人来□□，假使没有些地主资本家民众的压迫者的话。反之，在我们则当把所有工作，都加以组织，不管他是怎样污秽；怎样艰难，都把他组织得使各个工人各个农人都说：我是工作大队的一份子，没有地主，没有资本家，我也能过我的生活，我并能把共产制度建立起来。

只有照这样，我们才能希冀我们自己所定的目标可以达到。

我们计算着为要使全国电化，为使我们残的俄罗斯能够利用些最新的科学成绩，至少也要十年工夫。

现在十五岁再等十年至二十年将生活在共产社会中的这一辈人，必须定出他的教育计画，天天都在各村庄或城市中实际地来解决共产工作的问题，不管怎么微细，怎样简单。

共产主义成功的保证就在实现这个教育计画的方法中；就在发达健全的共产主义进取心的方法中；就在少年表示其联合努力的能力中。

共产主义少年团的团员必须时时从成功的见地省察自己一举一动，必须时时自问是不是有负联合而自觉的劳动者之名。必须如此，共产主义少年团乃能团集起他半兆份子成为一大工作队，而当得起一般的敬重。

（《少年》第二、三、四、五号，1922年9月1日，10月1日，11月15日，12月15日）

37.《赤俄最近之经济状况》(《少年》第二号，9月1日)

《少年》第二号刊登允常的《赤俄最近之经济状况》，全文如下：

世人对于赤俄之一切能设，始终用一种封锁政策去对付——资本家政府在政治上，商业上去封锁，智识界中人则索性图干净，遇着苏维埃的事件，把眼睛闭着，耳朵塞着，开始骂他是强暴的过激党，最近从眉睫缝儿透进一点消息，见着俄国大闹饥荒，而赤俄政府的使员又往来于日诺，海牙之间，与资本家政府商议条件，便都议诮赤俄政府之无能，甚至蔑视共产主义不能实施。真好像，欲振兴俄国，非按资本主义的老套儿从头再干不可的样子。我如今不必多费闲辞去为共产主义打先锋的赤俄朋友们辩护，我且借一点现在有名的经济学者瓦伽 Eugine Vanga 的论证，并还引一点切实的事实来给大家看。

瓦伽最近著有一篇论文，题为"俄罗斯经济之恐慌"La panique dans L'économie nusse，最初登在国际共产党通信上，后又被转载于本年八月十日巴里《人道报》上。

他先说俄国近来经济上恐慌,有重要的数种原因。第一由于战前俄国境内农业工业上生产机□工具的腐败。"在和平时代,俄国国家的产出大多耗在预备军事上头,在农上,虽然有肥沃的土地,而没有注意到土壤之请求,加之农民的愚而无知,因之所出物产比较欧美各国差少很大。在工业上,也是有同一原由,因俄旧政府欲与欧美列强争为雄长,遂注全力于军械的制造。本来俄国工业是极幼稚的,这么一来,工业上的生产更不堪想了。"

瓦伽还特别指明说,像这样幼稚的经济是不能和帝国主义战争的雄心相应的,所以在大战中的列强,最先崩倒的是俄国。"读列宁所著的《怎样才能修补危急的灾害?》一书,我们当晓得在克伦斯基治管下的俄国崩坏程度之如何深了。"

第二由于全世界资本家政府的封锁和他的阴谋,暗助反革命党在内捣乱。这些连三接四的战争使得布尔札维克政府,为自卫起见,不能不驯养多数军队以御外侮在这儿当有重要事实不可忽略的,那是因为各国的封锁,使俄国不能得着国际间分工的利益,因俄国颇需要入口货,封锁政策实使俄国大伤元气。

第三由于"无产阶级专政"联带所及的影响。在说明这个原因时,瓦伽有一段重要的话说:"如果否认这仲事实那是不诚实的。凡一种革命,开始时,常生出工作纪律上的怠弛以致减少生产。初创一种无产阶级专政的工作纪律,那是很需时候的,因旧观念尚还存在人心,大多数人民不能即时懂得资本主义利益和全社会利益的分别。因此工作的减少,在无产阶级专政初期,是难免的。"他还指明当时俄国有一班懂得社会利益,能够做群众榜样的工人,又为战事要求着去和白军打仗,生产事业多操在愚昧无知的工人手中,这也是一件重要事实。然而这还仅仅是工业上的说法,还有农业呢,那个原因,便稍为复杂了。

在俄国三千万农人中,个个都是他们田地的管耕人,苏维埃政府,为全部利益上,为把田地一概收过国有,在条件上,本来政府应要用工业出品去偿还农民的出产,这事在开始两年曾实行过。但是后来受经济上的恐慌,使得政府无能为力,似必要拿农民白供给麦子了。因此农民除耕种他所需要之外,不甘再多生产,所需的用品,也由他们用极旧的手工方法去自制,这么一来,个人的生产和协作的生产起了莫大的冲突,城市与乡村乃断绝了交通。

俄国经济上恐慌的原因,照瓦伽意思,已如以上所述。其中最重要的是第一和第二两种,因为若在苏维埃政府执政以前,元气不像那样坏,又若在苏维埃政府当权以后,没有万恶资本家政府在俄国外边四面包围,在内鼓动反革命党捣乱,使他不得用全力去建设一切并促进生产,那么第三种困难,是可以免除,至少都可以减至极不关重要的程度;而为共产主义的实行者,为全世界无产阶级向光明路的朋友们的成绩,必不止如今天一样。然而那些又将成过去的事实了,自年来赤俄政府,变更经济政策以来,俄罗斯的景象,又一大变。那些闭着眼睛,塞着耳朵的先生们还在他走过的遗迹上头,议论他的成败,那知他老早已驾着新式飞行机前进了几许路程了。但他那变更经济政策究竟是怎么一回事呢?瓦伽还约略的告诉了我们。据他说俄国变更经济政策有两个法子:1. 用完实物税的方法以鼓励农民耕作,这即是说归还农民的田地，用他生产所得的几分之几纳实物为税(如麦子之类)于国家，余下的归他自己所有。2. 按照本国的经济力量不能不采用自由交易。这是与□项有关系的，因如果没有自由交易，农民所有将无所用。有了这两个法子，便把以上第三种困难全免掉了。

"按这两个法则的解释，修改了些国家的身分。在共产主义作战时，国家经济在原则上要顾到一切人民。一切人民作工为国家，从他的方面国家也供给人民的需要。"

最后瓦伽对着俄国新经济政策的要点说："个人的经济被吸收在国家社会经济里头。在新的经济学里，国家生产者站在私人经济，如同资本制度的对面他用纳税的方式要求人民工作的生产一部分他管买、卖、运转，和经营商务。为使国家完成他的责任，乃有一种新组织。他的效果如下：a)由立一种，以作工多少为比例的工钱制度；可以减少人位增加工作。国家只维持真能生产的劳动者，其他应由自己去另找生活。b)采用商品和供给品的价格于生产品的价值上。在交易场中，回家的经营如同私人经济一样，自由买卖找寻最高的利息。c)联合经营者适应他们的经济利益于国家托辣斯上。这个法子，可避免他们方针上的一概官样的桎滞，并使他能够适应交易场中情况的需要。"

以上就是根据瓦伽论文所说的俄国经济恐慌的原委并他的由变更经济政策而改良的方法如今再来瞧瞧赤俄内部最近的经济实况。

近来有一件最足令人注意的事实，就是在日诺和海牙会议中，协约国用尽种种方略——其中以法国为最蛮悍——想将极苛酷的条件加到俄民身上，并想于无形中取消赤俄政府的实权；而俄国代表始终以极坚决公正的态度拒绝资本家政府以前用强力封锁攻击所不能得，今乃转用阴柔手腕的野望。始终保持由劳动者从资本家手中所已夺得的最高特权。虽然共产主义的道德，极足以维持赤俄朋友们在艰苦中的勇气，然在实事方面，亦足以使苏维埃政府自信其经营之进步，并深知现在是全世界的经济恐慌，其影响于俄国者，还不是十分重要，而协约国方面内部的忧苦却比俄更深。俄国经济实况的改善，除开近来报章连载本年农产收成极佳外，还有比较详细的材料是足以告慰我们的。本年七月二十四日莫斯科国民经济最高会议的地方局开会议时，委员长 Bogdanou 报告全俄经济状况，其内容大约如下：

(一)燃料——当 1918 年俄国工业上的燃料已缩至完全需用木材，木材燃料难于运转而且生热(calauque)极弱，现在这个弱点已将完了，以前专去掠伐森林的工夫，现在已变为开采石油和煤炭了。在 1921 年四月所取木材达三千二百万斯的(stine)，本年四月只用一千三百万斯 Donely 地方所出的煤炭在 1921【年】开始，个月能供给 140,700,000 ponds，1922 年用一时期已增至 183,100,000 ponds。每月所出早均达 30,000,000 以上，还没有计入其地。由农民开采的小矿产的出品。虽然在春期遭遇大饥荒，Bogdanou 计标煤炭出产已达到战前的百分之四十二，在 1921 年仅有 31%，1920 年则仅有 27%。足见是逐渐向上的了。在 Bokou 地方的煤炭出品可如下表：

1921	九月	11,600,000 ponds
	十二月	15,200,000 ponds
1922	正月	15,400,000 ponds
	三月	16,100,000 ponds
	五月	16,400,000 ponds

在 Gnogny 地方的所出则如下表:

1921	九月	6,000,000
	十二月	6,300,000
1922	正月	9,100,000
	三月	9,700,000
	五月	9,400,000

至于石油的出品,本年第一季已达到战前的百分之四十三,当1921年在 Bakou 和 Gnotyny 两处地方平均每月出不过 19,800,000 ponds,在 1922 年已是平均每月 22,700,000 ponds 了(俄国一波特 pond＝中国 27 斤强)。

（二）金类制造——为调查这一类工业的兴替,即须计其所需炉的多少。我们看下表便知道他更是从低而高的。

1922	正月	11 haut-Founncaux
		（高炉）
		20□Martin
		（马尔丹蒸烧电）
		43□□
		（摇机）
	二月	13 haut-Founnuau
		24 Ronu Martin
		52 □□
	三月	16 haut-Fouuncaux
		24 □Martin
		52 Lanu□□
	四月	14 haut-Founncaux
		23 □ Martin
		49 □□

在这四个月期内的出品占 1921 年头一季的出品比较,已增加 13% 的展金品,31% 的锉铁,40% 的槌金类（Metal Martin）。这类工业的进步,特别是在南方（乌克兰）的工场,在此处每月的出品超过 146,000 以至 313,000 ponds 了。

（三）矿场——在南部工业的进步,可述者尤其是矿业开铁矿的工作,从 1918 年到 1920 年已经完全停了工；在 1921 年重新开掘,并掘锰矿（Manganese）骸炭矿（coke）的制造已由 1920 年的 4,000,000 ponds 而达到一九二一年的 7,000,000 ponds 了。

（四）其他实业——俄国盐务的改善近已有绝好的成绩，在1921年的盐产达到战前百分之二十八；本年则有战前百分之五十五了。其他如电事业，织造事业等亦有惊人之进步。在1922年的年头，计算有1000公共电局供给400,000 Kilowatts（瓦特watt为电力单位）。至于织业，只拿棉纱来做例说，从1921年103,000 ponds的每月出品，本年已增到每月200,000 ponds了。

苏维埃的工业有一些时，受农产收成恶劣的影响，颇起恐慌，现在□年的收成已有满足之希望，那么前此资本家报纸的□议，也可以无劳过虑了。最后Boydanov还引一件极显著的事实，足以证明俄国经济状况之渐次复原的；便是俄币卢布得了平衡的地位，并物价已渐次低落。在本年五月第三个礼拜物价有一次低落后，保持了平衡的态度，及到七月的第一个礼拜，又复从新再跌，在莫斯科的菜蔬价格又减少百分之五，面包和肉减少百分之四，杂物减少百分之二，而同时在市场中用来换十个卢布的纸币已很觉得他减消。这些都是现时明显的事实。

由以上所引述的种种，可知俄国自苏维埃政府成立以来，劳农政府只有改善经济状况，促进生产的功绩，他并不负担经济崩溃的责任，这个责任是当由前俄皇室和现存万恶资本家政府与一般无聊的反革命党所负的；更可知这共产主义的第一个实验所是能适应环境，从经验中逐渐得着优胜的战略，为全世界无产阶级开艰难的途径，更指引被掠夺的人们向着光明道上走的。他终有一日使一班闭着眼睛，塞着耳朵的朋友，解除他们的封锁来领略福音。围绕到红旗下来，然而这并不是说，我们资本家的掠夺者，便可"袖手旁观"，希图因人成事，现在赤俄的经济虽然稍为改善，但是世界大部分还被资本制度笼罩着。在这笼罩内生产事业，只有倾下，再不能向上发展的，除非各国的无产阶级多多的觉悟，群向资本制度下总攻击，单任赤俄的孤军转战是不成功的，而且这也是极可耻可羞的事！

一九二二，八月，十三日
（《少年》第二号，1922年9月1日，署名 允常）

3日（星期日）

38.《过渡时代之俄罗斯》(《晨报副刊》，9月23日)

《晨报副刊》刊登江亢虎演讲，王嗣顺记录的《过渡时代之俄罗斯》，文中把新经济政策理解为"恢复资本主义"，提出"社会主义是资本主义的进化，资本进化是有小而大，又私而公。我们要打破资本主义，不过是把资本的所有权，从个人或少数人移到社会全体就是了"。江亢虎思想的乌托邦色彩可见一斑。全文如下：

我去年三月赴俄国，今年三月始出来，整整的一年。俄国的情形虽不敢说十分了然，但过渡时代所经过的事实，考察甚详，请为在座诸君略述之。

俄国自经两次革命以后，社会的情形大为改变；考俄国社会民主党的成立已经三四十年,在帝制时代常破政府干涉;言论,出版,集会皆不自由。一千九百零三年时,党中代表逃出英国伦敦开会议,出席的人很多,当时分为两派:第一派主张政治活动普通选举;第二派主张武力革命劳工专政。第一派占少数,第二派占多数,少数党首领克连斯岂(Kerenstsy)就是一九一七年三月革命后的大总统。多数党首领列宁(Lenin)就是同年十月革命后的总理。第一次革命政府中人不全是社会党人。那时候欧战四年,俄国生命财产牺牲的已不少,而政府为协约国所操纵,使战事延长,又不能立时采用均田制度,所以人民多不满意,不到半年又革命了。

俄国全人口中农民占百分之八十以上,但土地概为大地主占有,农氏不过为大地主的农奴;所以革命以后,人民希望平均地权,自己有田可耕。少数党运动革命时,原是许人民有自由耕种权的,但是许了不能立刻实行,反失了信用,激成自动起来,好像前清政府许了人民立宪,偏要预备九年,这九年的功夫,正是预备革命了。多数党人有见及此,所以第二次革命一成功,第一就对德停战,忍辱和议;第二就实行均田,自由耕种,然后贯彻他们原来的主张,劳工阶级人专揽政权,并用武力去实行共产制度。土地,房产,食品,衣物一概由国家没收,然后再分配于人民,有反抗者,以军法从事。如此过了三年半,俄国已到了山穷水尽的地步,不能不改弦更张,倒转过来提倡资本主义。列宁有一篇演说,大致谓,世界经济进化,是由私人资本主义而国家资本主义,而国家社会主义,由此更进才是共产主义。他又说,他又说,他从前所已行的,是战时共产主义,所以可以一蹴而跻;将来所要行的,是平时共产主义,所以应循序渐进,这就是过渡时代的意思。

就我的观察,俄国共产主义所以让步,实有两个原因:第一是因为农民消极抵制,农民们收获的除了自用,都由政府强迫没收,并派红军执行,军民冲突,互有死伤,后来农民竟不肯耕种了,广日自荒,赤野千里,弄得大家没有饭吃。第二是为世界革命失败,俄国共产党热心希望世界大革命,四出运动,极力鼓吹;又因俄国与德国关系最为密切,俄国若得德国之资助,料想全世界的大革命可以成功的,所以对德国特别注意,派约非(Joffe)为驻德的代表,两国的外交秘密,我也不便说出来。不幸德国共产党内部分裂,功败垂成,一切计划付之流水。俄国经此大打击,起了大觉悟,自知陷于孤立之境,不能不力图自卫之策。于是想出一个新经济政策,恢复旧资本主义之一部,以买大多数人民的欢心。但是原有的主张,已经牺牲不少了。

他们自己常说,从前有许多错误,我想方法上的错误,手续上的错误,用人行政上的错误,说也说不尽的。但是学理上的错误,只有两点,最为要紧,所谓差之毫里,失以千里,这是我们应当特别注意的。

(一)社会主义或共产主义,无论赞成者与否认者,然总以于社会主义与资本主义于相反的地位,要实行社会主义,非打破资本主义不可,凡资本主义所产出,所遗留的,都要破坏净尽,才能讲到社会主义的建设,这种见解,似是而实非。我的意思,社会主义是资本主义的进化,资本进化是有小而大,又私而公。我们要打破资本主义,不过是把资本的所有权,从个人或少数人移到社会全体就是了。至于资本主义所产出所遗留之物件如分工实效(Effiency)与物质文明(Comfort),都是应当保存并且应当增进的。若以感情用事,所有历史上的成绩〈品〉一概抹杀了,像俄国前三四年许多无代价的牺牲,无意识的破坏,现在要修补,已经难上加难,恐非四五十年不能恢复原状。

(二)共产主义主张劳动阶级专政,人多误会智识阶级和资本阶级的人都是与劳动阶级的人反对的,所以他们很排斥智识阶级;死的死亡,逃的逃了,有的幽囚起来,有的藏着不出。智识阶级的人用消极的态度抵抗他们,这实在是很不好的现像。现在俄国政府中人,已大改前非,很优待重用有学问有经验的人,这也是吃了大苦得来的教训。但是他们恢复资本主义一部,我仍是不赞成;大资本主家固然不好,小资本家也是无恶不作,其罪有时更甚于大资本家,况且小资本家也可渐渐结合为大资本家。私有财产不去,社会主义是不能行的。俄国初采用新经济政策时,私人的工厂定章只准用二十人,现在扩充为五十人,从前禁止私人对外贸易,现在也开了禁了,这真是其进者锐其退速了。

我个人在俄国过渡时期所感受的事实如此,我不能不有几句总批评,做我今天讲演的结论。俄国共产革命是为全世界牺牲的;无论何事,纸上空谈,不足为凭,要去试验,才知道事实与学理差在何处。俄国实行共产主义,就是一种学理试验,试验的结果,给全世界一个大教训。俄国人肯牺牲生命财产,做共产主义的试验,这种精神,不能不令人佩服。俄国的试验虽有许多错误,但不经他们试验,我们还不知道这些错误;发见[现]了这许多的错误就是俄国大革命的大成功。

(《晨报副刊》,1922年9月23日)

9月

39. 《饿乡纪程》(著作出版信息,9月)

《饿乡纪程》,亦名《新俄国游记——从中国到俄国的记程》,"文学研究会丛书"之一,由商务出版社出版。这是瞿秋白的著名散文集,写于1920年10月至1921年10月,作者以《晨报》记者身份赴苏,本书即为自哈尔滨至莫斯科的游记。后半部分记述从北京到莫斯科途中的风光、见闻,反映苏俄在政治、经济、文化等方面的变化。是中国最早报道十月革命后苏俄生活的报告文学作品。

附序言、跋等。

40. 《新俄国游记》广告(《新俄国游记》书末广告,1923年2月)

《新俄国游记》广告,如下:

瞿秋白著,一册定价3角5分。

瞿君抱了积极的宗旨,冒风雪饥饿的苦困,奋往莫斯科,考察新俄罗斯之新气象。凡途中经过的见闻思想随感之论理等，汇为是记。凡有志于赤都实际者，不可不置一编，以资参证。

(《新俄国游记》书末广告，1923年2月)

10月
1日（星期日）

41.《革命的战略》(《少年》第三号，10月1日)

《少年》第三号，刊登允常节译，托洛斯基著《革命的战略》，如下：

革命的物质前提

　　朋友们，马克思主义的理论已经将历史进化的条件及其法则先定出来了。说到革命，马克思的理论也由他的亲笔，在他的著作，关于政治经济批评的通信(Contritution à la, critique de lieconomic nolitique) 的序中，立定了差不多像下述的论据：
　　——没有一个社会制度能在其生产力发达至这个制度之所能及的最高度以前，消灭过去，并且没有一个新社会制度能够实现出来，假使在旧制度里，没有预先得到必要的经济条件。
　　这个真理实是政治革命的基本，也是为我们今天保存着不可拒辩的公准价值。但是，不止一次，常有人了解马克思主义带有机械的，简单的，更是错误的式样。即在上边所举的论据中人也能引出不对的结论。马克思说，一个社会制度当到生产能力在自然力上面的人的权柄和技术，再不能在这个制度下发达的时候必当消减了。在马克思主义见地上，历史的社会者为造成一个人类的集合组织，他的目的是在增长他们对于自然界权力。这种目的当然不是由外界强迫，乃是人类自己，在他们的进化过程中争斗着以求达到好适应环境中的客观条件并逐渐加增他们在自然界原动力上面的权力。为着一个革命——为着一个社会的革命，深切而不是为一次不管怎样残酷的政变——为着一个变换经济制度的革命有些必要条件，根据这个论据只发生在一个时候，即当旧社会制度开始束缚生产力发达的时候。这种论据决不是说旧社会制度，当他在经济见地上成了守旧的东西也就是从他开始束缚人的技术能力发展的时候，他自己才会自然而然不能幸免的崩倒下去。因为那是没有的事情，虽是生产力足以构成历史进化的发动能力，然而这个进化却不产生在人类的外面，乃是由于人类本身的生产力的蓄积，换言之，社会的人在自然界上面的权力的蓄积，实不属于个人各自的意志，乃只属于今日人们的普遍意志；因为技术是代表出一个已经蓄起的资本，他是从过去遗赠给我们的，他或者推促我们向前，他或者，在某种景况下：抑住我们不进。
　　然而，当这些生产力，这个技术开始在奴役制度或是有产阶级制度下觉着狭窄时，又当着社会形式的变换，为人类权力向前的进化成了必要时，那么这个进化便不是他自己和日出日落一样会产生出来，乃是要赖于人类的行为，赖人们联合于阶级中而争斗来的。指导旧社会变成反古守旧的社会阶级，应当被新的社会阶级来替代，新的社会阶级带着新社会制度的图案，符合于生产力发达建的需求，并且他也准备着来实施这种图案的。但是一个用来废黜生活旧主人，用来开辟新社会关系道路，有充分意识，有组织而且健全的新阶级，恰恰发现在旧社会制度尚余残生而成了守旧复古时候的事情，并不常常遇着。因此，他乃不当自从前造。反之：在历史上遇着却不止一次，一个旧社会已经衰颓了——举例说，便如同罗马的奴隶制度，和在他以前的亚洲古代文明，其中的奴役制都已经阻滞生产力的发达了——在这个灭亡的社会下，却没有充分强有力的新阶级去贬逐旧主人而建设新制度，只不过封建式的家奴制度，比他以前的奴隶制度算是进一步罢了。到了封建式的家奴制度，也并不是常常存在，在必要的时候，新的阶级（有产阶级）又出来准备着去打倒封建主而来开历史进化的道路，且在历史上更遇着不止一次，一个某种社会，一个国家，一国国民，一种民族，与那生活在同一样历史景况下的几种国民或国家，在原来经济制度之下（古代奴隶制度或封建式的家奴制度），均自处于无能向前发达之势。然而，当着还没有一个新阶级存在可以指引他们向新路上走的时候，这些国民，这些国家，便自己崩溃了；一种文化，一个国家，一个社会便也停止其存在了。所以人类的进行不常是自低而高总跟着一条上升的线路的。他常接触在停滞和向野蛮方面崩颓的长久时期中。有些社会已经升起，到了某一种水平线上，但不能够停顿在高头……人类是不能停在一个地方上的；由于阶级及国家的战斗，他的平衡是不固定的。设使一种社会不能上升，他便当倒下；又设使没有一个阶级能存在着向上走，他便会自己崩解并开了向野蛮方面的道路。

朋友们，要懂得这个极复杂的问题，是不能满足于我以上对你们讲的抽象的解释。必须要一般少接触这个问题的少年朋友们去研究历史的著作以便习熟各国、各民族的历史，特别是经济的历史。仅能够这样，以后才能完全明白社会里面的机械作用，为合切马克思对于战术的理论，即是说阶级战斗的实用，必须要懂得这机械作用。

革命战术的问题

涉及无产阶级的胜；有些朋友们把事物描写得太简单了。在这个时候，不光是欧洲，是全世界，在马克思主义的见地上用极正确的说法，我们有一个如此的形势，即是：有产阶级制度已经达到发达终点了。生产力已不能在有产阶级社会里再向前发达了。在结果上头，我们可以看见在最近十年内的情形只是崩颓，只是资本主义人类的经济根基的崩解和以前蓄积财富的机械毁坏。我们现在处在经济极恐慌的时候他实是一种惊人的恐慌，在世界历史上没有遇过，而且不是简单的，现在到了他的时候了，在资本主义制度下生产力的发达，这种情形是"寻常"而不能避免的；这个恐慌今天正指出有产阶级社会里生产力的崩毁和离散来了。他自己或者能有高有低，但是就普通而论，则和一月半以前我在这同一所中对朋友们所陈说的经济发达倾向的曲线表一样（注一），经过所有的起伏□动他是向着低处不是向着高处的。然而那就是说有产阶级的终局会自然而然机械般的到了吗？一点儿也不对，有产阶级是活的阶级，他是成立在限定生产的和经济的基础上面的，这个阶级不是一种经济发达的被动产物，乃是一种活动而有生机的历史力量。这个阶级自己尚余残生，也即是说他成了历史进化上极可怕的索锁。但这毫不是说这个阶级正准备着成为历史上的自杀，也不是说他正准备说："进化科学的定理已经认定我已成为守旧复古的了，我离开这剧场去了。"很明了的这是不成问题的，别一方面，共产党人也不能满足于徒然认识有产阶级应当要受铲除的罪。因此缘故，无产阶级的胜利便算已安定了。那是不对的，必须还要把有产阶级克服投掷下去！

假使在有产阶级的社会中，还有继续发展生产力的可能，就普通而论，革命便将无能为力。但是在有产阶级的社会中，将来的生产力的发展已是不再可能，在这一点革命的根本条件便已成土了。"革命"已经从他的本身上解释为现存阶级的争斗。有产阶级已完全与历史进化的必要相反；但他尚是在社会中为极强有力的阶级。再则还可以说，在政治见地上；有产阶级已达到他的权势的最高度，和他的力量与方法集中的最高度，且其政治上军事上的方法乃为造谣的，强暴的及煽动的，换言之，即在他极恐慌失掉社会地位的时候，他的阶级战术的发展确到了极点。战争就是这种可怕的结果——战争是不能避免的，生产力已再不能在现存的有产阶级社会下向前发达了——我说，战争和其结果已将他的恐吓的危险在有产阶级面前发现出来了。这个事实推进他的阶级保存的行动到了最高点。阶级和个人一样，危机越甚，他在争斗中为他保存的元力的伸张也越利害。再不要忘记那有产阶级，得到了最大的政治上的经验以后，已与致命的艰险对了面了。有产阶级早先曾开创了并折毁了各种制度。他发育在种种时代中如绝对独裁政治，君主立宪，议会专政，民主政治，拿破仑式的专政，天主教的国家，耶稣教的国家，政教分离的国家和虐待教会的国家等等的时代。这些极富足且极变幻的经验，已深嵌入有产阶级的血管和神经中枢里头，使得他今天用高的代价来保存他的权势。并且他举动的聪明，识巧和残暴恰能趋过他趋势所认识的恐吓危机。

假使我们在表面上分析这件事实，我们将于此找出一种矛盾来：我们在马克思主义的法庭之前，曾经判断有产阶级，换言之，我们曾经用历史进步的科学解析，深知他自己已经成了残生了，然而他却还可显出那庞大的活动力。其实，这一点儿矛盾也没有；在马克思主义中，这是人家所叫做论辩法（dialectique）的。事实是各方面历史进步的歧异：经济、政治、国家和工人阶级的推进不能相并，不能平行的发达起来。工人阶级不能一点一滴和生产力的扩张平行发达，而有产阶级随着无产阶级增加；巩固的时候又一点儿也不衰颓下去。历史的进行本是别一样的。生产力常是跳跃的发展；有时他极迅速的前进，有时他却退后。有产阶级，在他的范围中也是跟着跳跃而发展；工人阶级也是一样。当资本主义的生产力撞着墙壁，不能前进的时候，我们见着有产阶级在他的手里联拢起军队警察、科学、学校、教堂、议会、言论机关、白卫军，努力的向前面射击，并且他暗中指着工人阶级说："是的，我的地位是危险的。我看见一个大深渊张开在我的足下，但是我们看是谁先跌下这深渊里去，或者在我死以前——如果我真是该死——我能把你先投掷下去，呵！工人阶级！"那是怎样解释呢？极简单的，欧洲的文明一齐毁坏就是了。假使在历史的观点上应被处以死刑的有产阶级，他觉得自己在最近的可怕战争中还颇具精力，颇有权势去征服工人阶级，那么，欧洲是要判入于经济的和文化的解体中，如同旁的地方的国家和文明早先遇着过的一样。别一方面说，历史已报给我们一个时候，当此，为欧洲及全世界的福利，无产阶级的革命已绝对是不能避免。历史已给我们提供革命成功的根本前提，照这意义即是说我们的社会再不能依靠有产阶级的基础上去发展生产力了。但是历史是不担任为工人阶级，工人阶级的政治家和共产党人来解决这个问题的。他像似向工人的先驱说（我们暂时表现历史以一个人的模样，安置在我们的高头），他对工人阶级说："你必须要明白，假使不推翻有产阶级，你将死在文化倒坍的灰烬之下。去试一试，解决那问题罢！"这是现在的事情啊！

我们要晓得在欧洲，大战以后，工人阶级近于无意识的去试寻这个问题的答案，这答案是历史对他出的。实际的结论是照下边说法：

攻打有产阶级全不是像那样容易那样简单的，虽然历史对他已定下了罪案。对于这个结论，当世界大战后三年中，欧洲和全世界现在所经过的时代，一方面，是有产阶级社会生产力的解体，他方面是有产阶级反革命的战略，发达至于极点。明白了解此事乃是所必须从来反革命的战略，即是说反抗无产阶级争斗之术，借助于种种可能的方法，自教士们和教师们温和的讲演以至机关枪连排的击射，从来没有达到像今天这么高的程度。

美国前国务卿蓝辛先生在他的凡尔塞的和平书上记述路易乔治先生不懂地理、政治、经济等等。我们是当相信的，但在相反方面却没给我们一点疑窦，这还是路易乔治先生，满脑子旧习惯去欺骗残虐劳动者，起首用极识巧、极奸诈的手段，终结则极惨酷；这是由于他采取英国从前历史上的经验，并且他能在近年来骚扰的经验中改良他的方法。路易乔治先生是在他一类当中，一个被历史恐吓失势的有产阶级的杰出战将。我们实在不能不说，便不减少了还这么幼稚的英国共产党的现在价值和将来功绩，英国的无产阶级也尚未有这同样的战略家呢。在法国，共和总统米勒朗以前是属于工人阶级的，现在也做得很好的政府首领。从前在工人中宣传总统同盟罢工思想的白利安先生，现已为有产阶级的利益效力，挂着出名反革命派首领的头衔了。一切法国有产阶级的富足政治经验，全由他自己亲身在无产阶级的营寨中吸取出来的。在意大利，在德国，我们很当心的看着，有产阶级从当中推出一些人和一些团体当他们的重要分子，这些分子为有产阶级和他的发展，他的财富，他的强力和他的保存，都聚集了所有阶级争斗的经验。

革命战略的学校

工人阶级的责任，在欧洲和全世界一样，实成立于反抗那有产阶级用来达到最终战线的反革命战略之上，且用他自己的革命战略，也可一样达到终点。为这目的，应当最先明了的是：徒然以为有产阶级是被历史定了军状，无意识的，极呆板的去攻打他，这是不成功的。在欧治战争的困难战场上，我们看见，一方面有产阶级使用他的全势和所有的方略，别方面，工人阶级使用他的各类活动，他的情感，他的各种发达的程度，同时更须冒着共产党。共产党是永久争斗着来反对别的党派和别种组织以留发展工人群众中势力的。共产党，在欧洲渐渐居于工人阶级前头了，他必须在争斗中善于运用，有时前进，有时推促，有时坚固他的权势，有时征服新的地位，直等到那一种极利便的时机到来好打倒有产阶级。我再说：这是个复杂的战略问题，最近国际会议中曾为他提出全个的轮廓。在这观察点上，共产国际第三次会议已经是革命战略的高级学校了。

第一次国际会议正开在大战以后，那时共产主义在欧洲刚起手动作，由某种推理，人人希望工人阶级初步的突进，可以推翻有产阶级因为战后有产阶级或还没有时候找着新方针并他的新立足点。从这样的情感，这样的希望上大部分在客观上可自认为合于当时的情状。有产阶级被他自己战争政策弄怕了，那也是由于他自己的地位迫而出此，我前此已经在我的世界局面的陈述中说过，此地不再重赘了（注二）。无论如何，在第一次国际会议时（1919），我们都希望——有的甚一些，有的轻一些——工人阶级和农民群众初步的突进可以在最近的将来把有产阶级推翻。在结果上，攻打已算是利害，牺牲的数目已经很大了，但是有产阶级已支持了这种初步的突进，并且藉此他把他的阶级地位弄得更形坚固。

在1920年第二次国际会议开在危险的期中（参看注二）；人已经觉着单用几个礼拜或是一、二、三个月的攻击，已不能打倒有产阶级，确需要一种政治的预备和极严密的组织，同时局面又非常困难。你们当还记得，当红军迫近瓦尔梭（波京）时，计算那军事的行动，因看到德、意和别处革命的地位，于其本身乃没了意义，此行动且曾组有最高权力，引入于欧洲战力之中，但亦因此将决议的一时革命，冰消瓦解了。那些是不成功的了。我们已被人推开。

在共产国际第二次会议以后，极复杂的革命战略的必要，已渐渐明白表现于工人阶级之中。我们看见劳动群众在战后已得着严密的经验，他自己向着这方向进行，由这种情状中共产党乃到处扩张起来。在第囗个时期，数百万工人于德国委身于旧社会的打击，几乎没有注意到斯巴尔达库斯团（德国共产党前身）。那是怎么解释呢？战后，好像在工人群众中，只消请求得权利恢复，施行一种压力，求得最多的夺取，否则完全改变了。你看为什么数百万的工人们相信着无须费精力来组织共产党。然而在去年的经过（1920），德国和法国的共产党，在这两个最重要的欧洲大陆国内，已从以前的小食堂内交换过来，在机关中住了数十万的工人了；大约在德国有400,000，在法国十二万以至十三万，这个数目于法国已算很大。此种景况为我们证明这些工人群众已感觉到在那个时期，没有一个特殊机关，使工人阶级能分析他的经验并从而得着结论，一句话便是：没有一个集中政党的方针，那全是不能战胜的。为此缘故在最近时期遂成就了一个很重要的结果是：群众共产党的建设，在那里头还要加上捷克斯拉夫的一党，他有350,000党员（在他和德国人的共产机关融合以来，捷克斯拉夫共产党人在一千二百万人口中得有400,000党员！）

有时或者错以为这些初建立的新共产党已经学会了革命战略，去年的战事经验已证得很明了了。第三次国际会议便是照会在这个问题对面。

这最后的国际会议，假使我们把他来说得极概括，可发表于两个问题之上。第一个是在以前和现在都要来清理工人阶级，在这里也包含有我们自己共产党的一列，有些份子不愿意争斗，他们心里害怕而又隐瞒，常假借某种普通理论，他们意欲不争，他们内里的倾向且更愿与有产阶级联合，聚在一起，来清理工人运动，尤其要紧的是在共产党队中，屏蔽改良分子，中央党，半中央党，此实含有两层特性：遇到有意识的中央党，成功的协作派和半协作派，应该简单的驱逐他出共产党和工人运动队中；然而若使我们有意于无定见的中央党，我们当施行一种直接的不折不挠的威势牵引那不切定的分子走入于革命争斗中来。这样是国际共产党的第一个责任，来清楚工人阶级的政党中一些不愿争斗，并且使无产阶级争斗麻木了的份子。

但还有一种别的责任也是紧要的，即是：学争斗之术，此术不是天赐的礼物会自己掉下来给工人阶级与共产党的。人只能从经验中，从批评中和自动批评中才学得革命争斗与战略之术。我们在第三次国际会议里对新共产党人说："朋友们，我们不是单要奋勇的争斗，我们所要的最重是胜利。"我们在最近数年中，在欧洲特别是在德国，曾经过多次奋勇的战事。我们在意大利曾见过有一次革命的大战斗一次内乱死了些不可避免的牺牲者。自然，那些战事都未得胜利。失败是不可免的，但是必须使失败的罪过不由党中做出。然而，我们曾见着不止一种形式一种方法的战争，总是得不着胜利，并且也无从得之于其内，因为被一个无忍耐性的革命指挥总比有思想的政治指挥为常。由这件事实第三次国际会议已将他决定成争斗的意义了。朋友们，我应当来解释一下：这个争斗不容有一点粗燥的脾气，也不容有分歧的争斗。反之，我们在会议里却有了极热烈庄严的气象，我们的争斗意义又全有了法则，并且同时有了换上客观意见的特性。

我们的会议是一个工人阶级的革命的，政治的大劳动会议（苏维埃），在这苏维埃里头，我们各国的代表立其基础于各地已得的经验上边，我们在一方面，观察过，更再审议过一回，于清除工人阶级中的不愿争斗而且无能争斗的份子的必要上，我们的标题是利便而明醒的了；别一方面，我们为第一次于他的全幅员，和他的充分利害中，也立定了一个问题：革命的战斗，为着权力有他的法则，他的方法，他的计谋和他的战略；谁不懂得此术，将永远不能得着胜利。

——以上三节是从托洛斯基的"Nowvelle Etape"一书中择译出的。Nowvelle Etape 这部书，朋友 R 已在本刊第一期中介绍过。大家晓得这书分两部：第一部讲 1917 至 1921 世界的通性，用经济的观察把大战以后各国的经济状况极清晰的描昼出，更用种种事实证明在现在资本制度下生产不能再向上发达，欲求世界文明不崩颓，只有无产阶级起而革命；第二部是说革命的战略，大要已在译文中，他的第二种方法的结论是要极力在劳动阶级中宣传，培养实力，不主张愤而一击的办法。我本有意把此书全译，一时没得工夫，只从第二部中译出头三节藉以此引起读者去看"全豹"的异趣。

（注一）参看原书 43，44 页
（注二）参看原书 13 至 16 各页，有产阶级自安一节。

（《少年》第三号，1922 年 10 月 1 日）

13 日（星期五）

42.《马克斯主义的根本思想特别注重其与布尔塞维克之关系》
（《晨报副刊》，10月13—14日）

至15日，《晨报副刊》连续刊登"矛尘小冯"合记，日本福田德三博士的演讲《马克斯主义的根本思想特别注重其与布尔塞维克之关系》（《北京大学日刊》10月25日、26日转载），全文如下：

北大学生诸君：

我对诸君有讲演的机会，且居然能够来讲，很觉得荣幸的。不幸我讲演时不能用诸君所能懂的中国语，极为抱歉。我在十三四岁时，已读中国的古书，如四书五经之类，比诸君要早二三十年。即中国近代的文学，因我对他有兴味，也读了不少。但因为中日语言的发音不同，不能用极有趣味的中国语来讲。幸而有陈惺农先生为我翻译，故敢在诸君之前大胆的用日语来说我所要说的话。但我很觉歉仄，还望诸君原谅。

因言语不通的关系，往往发生种种误解。即如中日国际间的关系，因为言语的不同，而以小事发生大变动者，不乏其例。这也不只是中日，即各国也都如是。在种种误解之中，关于学术的尤为重要。因学术的误解，往往引起世界上大不幸之事。今天所要讲的马克斯主义，即为世人所误解的一种学说。我现在就想把他的真相披露出来。

关于马克斯主义误解的很多，然犹不如对布尔塞维克之甚；此由于后者格外新鲜之故。因有这种的误解，使世上发生许多不幸。对于布尔塞维克的误解，可举一例以为证。在美国通晓马克斯主义的学者，论理应该了解布尔塞维克主义了，而其实不然。他们一方研究马克斯主义，一方误认布尔塞维克主义为世上最危险的思想。如美国学者司派哥（John Spargo）便是一例。他著书很多，最著名的一种叫做《布尔塞维克者的心理》，书中有许多误解之处。亦许他未曾不懂布尔塞维克主义，因为要顺着普通一班人走，故意说他是危险的思想。除他之外，美国学者之间和他有同样的误解的也颇不少。我们仔细研究起来，他们的误解也是有原因的。布尔塞维克最率直的大胆的攻击资本主义，所以就容易招人误解了。但从我们的眼光看来，世上最危险的东西，不是马克斯主义，也不是布尔塞维克主义，而是资本主义。

资本主义虽然有许多方面，大概可分为对内的资本主义与对外的资本主义底两种。刚才所说对于世上最有危险的资本主义非指对内的资本主义，而是指对外的资本主义说的。对内的资本主义除社会主义之外在人类社会中要算是最好的一种东西了。罗素曾在我们所办的《改造》上登过一篇《在未发展国家中之社会主义》（Scoialism in Undeveloped Countries），就中国的情形立论，把我刚才所说的意思——对内资本主义在社会中是一种好东西——说得很明白的。

现在再举一个具体的例,就是实行劳农主义的俄国,自去年四月以来,李宁说罗司基等都主张对内的资本主义是恢复国内经济状况很有用的手段。这个很可以证明我刚才所说的话。

我们人类的历史是一步步进展的,不是跳得走的。拉丁文中有句话说:Natura non locit Saltime(自然不飞跃)。我们从历史上研究起来,确是很有道理的。我们现在可以从历史上证明的是:对内的资本主义为经济史上必经的阶级。

刚才说社会的经济生活是不飞跃的,而政治生活却可以飞跃。因为他能用革命的手段变更各种的组织。但一方面也受经济生活的抑制。英国培根说:"欲制天须顺天"(Nature to be Commend must be obayed)。我们要改变政治生活,必须顺从经济生活的抑制。这种"自然不飞跃"说,便是我今天所要讲的马克斯主义的根本思想。布尔塞维克主义既是马克思主义的一派,自然也遵守这"自然不飞跃"底条件的,而一班人对他竟有许多误解。推测一班人所以发生误解的原因,是由于布尔塞维克主义主张第四阶级的专制。他人即此便认他是飞跃的不是遵定"自然不飞跃"的定理了。

刚才所说的马克斯主义的根本思想,用特别的形式来组织便叫做唯物史观。然这个与哲学上的唯物观完全不同,即和哲学上的命运主义也是各异的。唯物史观说:人类一切的事业的发达变迁,均以经济为原因;而经济之发达是有一定顺序的,不能一步跳跃的。至于顺序发达时所经历的时间则颇不一致。有的国家经历的时间很长,有的经历得很短,故顺序不能变而时间则可以斟酌。但马克斯派决不主张在经济状况发达的阶段中可以省去一节。详细说,就是欧洲的资本主义自十六世纪起到现在这样的发达共经过了四百年左右,别国有只经过了一百年的。但世界纵然有长短,决不能把经济发展的阶段省去。马克斯主义者都是这样主张。因此李宁虽在劳农的俄国,也说不经过资本主义的阶段而到共产主义是办不到的。所以他想出一种把资本主义发达的时期缩短的方法,便是全俄的电化。

李宁说:用电化的方法,确信可把欧洲各国数百年所经历的阶段,在俄国几十年即可通过。我亦以为这个方法并不是空想,只要做得好是做得到的。所可怕的是在俄国正在努力从事于电化时,而欧美亚各国对俄来施行对外的资本主义;全俄电化的举动怕要受他们的影响;这真是最可怕的一件事了。

刚才所说对劳农俄国有危险的,也对于德国的社会民主主义有危险,对支那有危险。这种有共通性的危险物,就叫做"对外的资本主义",亦可叫做资本的侵掠主义,又可称为经济的帝国主义。依马克斯主义说,经济的发展有一定的顺序,却有法使他缩短;所足为害的即资本主义他方面的对外的资本主义。

马克斯和他的朋友恩格斯就资本主义最发达的英国来观察,都说资本主义快要告终了。而布尔塞维主义乃是对于资本主义萌芽未发的俄国来行马克斯主义。因此从表面上看来,马克斯主义和布尔塞维主义似乎相差很远,而事实上则不然。我们所以看得马克斯主义和布尔塞维主义似乎不相同,是因为适用之处不同。但我们所谓适用不同乃指政治的而言,非指经济的。换句话说,即从政治方面观察,其适用不相同呵。

马克斯和恩格斯就资本主义已成熟的国家下观察,故对于政治方面不甚注重,把他看作经济的附属品。他们以为经济状况发达到那个地位,政治的革命自然会跟着来的。

马克斯与恩格斯对于英德法等诸先进国的第四阶级,劝他们联合起来,从经济上抵抗第三阶级。而在未进化的国家,与其叫他由经济上革命,不如叫他在政治上斗争:这层马克斯亦不反对。但因为其不甚注重,故不十分主张。而俄国的李宁和脱罗斯基,就把马克斯以为不重要的认为非常重要。这是因为他们要缩短资本主义的时期,非把政权放在第四阶级的手中不可。所以他们很注意这一方面。

但是李宁和脱罗斯基却把所要缩短的时间算错了,虽然就主张马克斯主义的立场说,不能说他的根本思想有错误。即使假定他并没有算错,如有对外的资本主义要加以种种的破坏,其计画亦不会成功的。即就实行社会民主主义的德国而论,在他国内的经济很困难的情形之下,如有对外的资本主义加以破坏,其实行社会民主主义的目的也不会达到的。再就中国说,一切事情的进行所经过的时间都是很长的,别国一百年可发达完全的,在中国则需三百年。如我们这样缓慢的发展时,有对外的资本主义来破坏,就是这种缓慢的发展也不会达到目的。故我方才说对德对中的改革的共同的仇敌,即由同一根源发生出来的对外的资本主义。这亦是我所要说的马克斯主义的根本思想之一。

说到这里,我要对于马克斯主义下批评了。马克斯主义的观察都着眼于资本主义发达的国家,没有注意到资本主义未发达的国家。因此对外资本主义的势力和危险,在马克斯书中没有十分说到。布尔塞维克主义便对于马克斯主义的这一方面加以一种补充,但照我个人的见解,他这种还觉得不够。因为他们都是主张"资本主义之自然崩坏论"的;他们以为资本主义势力的延长是一时的现象,让他下去,不久自然会崩坏的。但我看是错的。他们的学说既建立在这错误的基础上,自然就不很充分了。

马克斯曾说,生产受消费的支配,不消费的东西是不会生产的。简单说,即未有不消费而能生产者。我则以为这是根本错误的。在日本主张此说的是河上肇教授,常和我笔战。但从反对派方面说,可说这是消费〈这是〉对于马克斯的一大反动的思潮。关于无消费即无生产说的反动,今日限于时间,不能详说。总之,因为他这方面错误了,所以对外的资本主义在他的书中没有详细说到。

马克斯虽说,决没有不消费而生产的。但以现在生产社会的情形来看,并非是雇到怎样消费以后才生产的,生产是盲目的;马克斯因此说这种情况只可暂时的弥缝,经久就要破裂。其实这还是因为马克斯把经济社会看错了的说法。现代的经济生活,消费是生产之后的,有了生产以后才来学怎样的消费。如果生产无限,消费也是无限的,不过生产比消费先走一步,这一步是非常的长而且宽的。这就是所谓"资本的储积"。倘若要来放任资本主义,以为他自身自然的就会破灭,这也未免太乐观了。资本储积的时间可以很长,自然的崩裂也很难期待,也许是不会的。

即让一步的说:资本主义固然自己一时走了绝路;但是须经过一段很长的时间的,河上肇教授也承认这句话。而问题的要点亦在于此。

当资本主义要走到末路时,外来的资本主义要是浸入了,就要发生一种很不好的结果;即不很长,而外来的资本主义倘若乘机浸入,又任其自然的发展,也要发生一种极大的障碍的。尤其是在中国——历来任何事的发达也比别国的远，自然外来的资本主义容易浸入，且也容易使这些恶草支蔓。

在最近的时期中，中国还没有把外来的资本主义的危险看破，然而劳农政府的俄罗斯和社会民主主义的德意志，已经都看出来资本主义的危险来了。这因为马克斯曾在其书中约略的说过，所以他们能看出来。

马克斯说："真的社会革命，一定不可不世界革命。"世界革命就要打破对外的资本主义；关于这一点马克斯和布尔塞维克主义根本是相同的。所谓世界革命，并不是要来推翻一个君主或是政府，来另换一个；是要来打倒外来的资本主义，俄国的布尔塞维克主义就是建立在这思想上。但要世界革命，不只是一个俄国就够，是要全世界的。所以我们一说到俄罗斯，或说到布尔塞维克，就以为是宣传；所谓宣传，就是想要来世界革命。因此我们想到布尔塞维克时，也就想起对于世界革命的宣传来了。

在现世中的不论那一国，若只要经济的或政治的革命，是没有什么意义的。倘若因为了革命，而遭外来资本主义的限制，很快的就可以使你恢复到革命以前的状况的。

德国现在很困难；虽然十分的不愿意，但仍不能不受外来资本主义的支配。劳农的俄国与德国处在同一的状况之中。因其如此，故无论怎样，都不能不希望世界革命快点到来。

我自己对世界革命是向来竭力反对的一个人；但在现在社会之中，一方面有对外资本主义的侵略，一方面有被侵略者的对愚，虽然不愿意，也是不能够的了。想□除世界革命，在现世中是不可能的，纵然我们竭力的来防止。

倘使要想来免除或防止世界革命，根本的方法当先来免除或防止对外资本主义的侵略；这一点或者可以把马克斯的误点改正，而且可以刷净了被马克斯的误点所蒙蔽的一切。

现在对于世界有危险的，并不是马克斯主义，或者布尔塞维克主义，最危险的便是对外资本主义的侵略；我是这样主张的。若问对外资本主义究竟是什么，我们可以拿马克斯的一个根本思想来说明；就是马克斯所说的："除剩余价值掠夺（绞取，横领）。"

虽然，我对于这一点仍不能不加以批评。马克斯只承认资本家与劳动者之间有"除剩余价值掠夺"的关系，我以为这是一个不充分的理由。实际资本家未必都是掠夺者，而掠夺者也未必都是资本家，仔细看我们的产业组织怎样，就可以看出这一点来。若说资本家完全都是掠夺者，固然不对，即反过来说非资本家即非掠夺者，这话也是错误的。这很可以拿中国的情形来证实的。即除中国以外的各国，一面是内阁中的人物，或者是做知事，军人的，在一面当掠夺者的也很多。

马克斯说人类的历史是阶级争斗的历史，我却以为人类的历史是掠夺的历史；这话在亚洲欧洲以及美洲都可以寻到很显朋的例来证实的。真的社会改良，就当先来废止"掠夺"，而且非如此不可。倘只把经济界中的"剩余价值掠夺"废止，是小事；国与国之间的掠夺才是大掠夺呢。欧洲诸国能如今日般的发达者，都由于侵略别国而成。

从欧洲诸国看来，固然都是掠夺者，亚洲的各国多半是被掠夺者的民族，虽近来也有防了欧洲想来掠夺的，然在亚洲仍是有大半的国家是居于被掠夺者的地位的。

马克斯说："要废劳动者，必须先废被掠夺者。"(The abolition of the exploitateures must be aocompanled by the abolition of the being exploited)，因为有甘心受掠夺者的存在，所以要来废劳动者就当现先来废止掠夺者。倘若想把劳动者废止，要没有了被掠夺者才行。如果要废止被掠夺者，须先改良社会状况；想做到这地步，非实行社会革命不可。

如果要来废止，从法理学上着眼，这便叫作"劳动全权之恢复"(Recovery of the right of the whole produce of labour)。即关于对外资本主义的一层，我也想用"劳动全权之恢复"来说明他；就是要使各国都能收回"劳动全权之恢复"。

详细的说，劳动者劳力的结果，因特殊的关系，往往为把持劳动者所掠夺，同时劳动者就成了一个被掠夺者；这只就个人与个人间的关系而说。即在国际间也是如此的：如借外债，物品的输出和战后的赔偿等等，一方面居于掠夺者的地位，一方面就是被掠夺者，正和个人与个人间的关系一样。这是因为掠夺者的国家与被掠夺者的国家存在的缘故。

资本家掠夺了掠夺者以后，固然发生很不好的影响，然而资本家或可得到好的结果。国际间的掠夺。不只是被掠夺者受害，即掠夺者也蒙害的。这种掠夺的存在，对世界人类都有极大的害处。对外资本主义的掠夺，以借款为最显著；虽借款时说的天花乱坠的很好听，但借给了以后，承借者总是处处受债权者的束缚的，结果非把承借者的一切权利都剥削完了不止。

这种掠夺的状况，在欧洲自一八六〇年以后为最甚，因此际正是铁血时代，只要能掠夺，别的都可以不显。在十九世纪前半叶，不是铁血时代，是"棉花时代"，所以掠夺的不十分利害。以后是钢铁时代，一切和从前都不一样。

在十九世纪的前半叶，是和平时代，自由贸易时代；自六十年以后，便成了角逐时代，而且都采保护政策；一方面借款，一方面输入机械，对外的资本主义即于此时发生。最明显的就是铁路之建设。例如为别国来建设铁道：卖给他钢铁，卖给他机关车，更把工程师雇给他；但等到路成以后，这铁路就成了抵押品，无异于卖给他的了。而且他对于政治和财政都要监督，车务管理也得让他，路债一日不还清，这种情形一日也不能停□的。虽然等借债以后，也有因不得已而如此的，但的确有先设了种种计画来希望这样逐渐掠夺的。

今天因限于时间，不能详说。总之，马克斯主义和布尔塞维克主义虽不无缺点，大体是可以承认。而对外的资本主义，即为世界上最危险的东西。世人对于马克斯主义和布尔塞维克主义则加以压迫，对于对外的资本主义则加以欢迎；把没有危险的看作危险，把危险的看作不危险：真是反乎常理，本末倒置了。

我前在日本主张劳农俄国是实行对内的资本主义，有许多人反对我；但现在赞成我的很多了。对于德国，在他未和日本开战时，我主张不能和他开战，即夺青岛一事我亦不赞成；当时无人附和，现在同意于我的也渐多了。然而在日本主张对外资本主义的愚蠢的人们至今还很多。中国人所认为奇耻大辱的二十一条要求，并非日本多数人民要求政府做的，不过是日本少数的政府中的人为贪□自己的功名而如此做的，却使我们国民不得不分担一分责任，言之殊□痛心。

我们要学马克斯主义，但不只以马克斯主义为限，还要更进一步：这就是说不但注重国内的资本主义和劳工间的关系，还得加进注意国际间的掠夺。我们要为正义而战争。这就是我在民国七八年和许多博士共同发起黎明会的原因。诸君正居于被掠夺的地位，一方面很不幸，一方面也是很侥幸的，因为正可比马克斯主义更进一步，把国际间的掠夺来打破；我想这是将来一定可以达到的。

（《晨报副刊》，1922年10月13日、14日、15日）

11月
7日（星期二）

43. 俄国革命纪念号（《晨报副刊》，11月7日）

《晨报副刊》开辟了俄国革命纪念号，发表李大钊的《十月革命与中国人民》，李俊的《俄罗斯十月革命》等文章。

《十月革命与中国人民》，全文如下：

在十月革命的火光里，诞生了劳农群众的国家和政府！这是全世界劳农群众的祖国，先驱，大本营。

十月革命喊出来的口号是颠覆世界的资本主义，颠覆世界的帝国主义。用这种口号唤起全世界的无产阶级，唤起他们在世界革命的阵线上联合起来。

受资本主义的压迫的，在阶级间是无产阶级，在国际间是弱小民族。中国人民在近百年来，既被那些欧美把长成的资本主义武装起来的侵略的帝国主义践踏摧凌于他的铁骑下面，而沦降于弱败的地位，我们劳苦的民众，在二重乃至数重压迫之下，忽然听到十月革命喊出的"颠覆世界的资本主义"，"颠覆世界的帝国主义"的呼声，这种声音在我们的耳鼓里，格外沈痛，格外严重，格外有意义。

这个在历史上有重大意义的十月革命，不只是劳苦民众应该纪念他，凡是像中国这样的被压迫的民族国家的全体人民，都应该很深刻的觉悟他们自己的责任，应该赶快的不踌躇的联结一个"民主的联合阵线"，建设一个人民的政府，抵抗国际的资本主义，这也算是世界革命的一部分工作。

我们在这严肃的、伟大的、壮烈的、仁慈的纪念日，要提议一件我们全国人民应该注意的事．就是对俄外交问题。

我们有几句重要的话要外交当局仔细听着：

要即日无条件的承认劳农政府。

要即日无条件的开始中俄会议!

不许一味仰承资本主义国家外交团的意旨来办理对俄外交!

不许沿用媚强欺弱的帝国主义式的无耻的外交手段来办理对俄外交!

我们要严重的监视外交当局的对俄外交!

(《晨报副刊》,1922年11月7日,署名 李守常)

44.《俄罗斯十月革命》(《晨报副刊》,11月7日)

《晨报副刊》刊登李骏的《俄罗斯十月革命》,全文如下:

(一)十月革命底背景

俄罗斯十月革命在人类历史上占最重要的位置,是无人可以否认的。这次革命底中心人物,与以前的几次革命的大不相同;他们是被压迫的劳工,农民,起而反抗并推倒资本家与地主,他们是要摧灭旧制度底全部政治与经济组织。取得土地,实业及国家底管理权之后,他们就进而为本阶级之利益而奋斗,决不再受任何掠夺者底淫威了。

大凡一种革命之爆发,事前必有极深博极惨苦之酝酿。这种酝酿底起因,多因当时的社会发达情形与政治及传统习惯相冲突;以后越冲破彼此间的和谐性越小罅隙越大,最终就是一声爆发了。此等事实在历史上是数见不鲜的。所以我们在考察十月革命之先不能不注意到十月革命以前的俄国社会和一九〇五年及一九一七年二月底革命事实。今请先述当时社会之实业情形:

二十年前的俄国都市状况,处处表现出矛盾情形。比如御巴黎最新式衣服的士女,与终年穿皮衣的农人同行于泥深没径的大街上;本城有直接通电报到欧洲各大城市之便利,而寄信给邻邑反因缺乏之邮局之故阻碍不行。乡村居民百分之八十不能看书不能写字,而地主贵族宴会之时争尚法语。可是资本主义一临俄国,此庞然大地与西欧文明间底堵墙被打破了。乡村人口尽向城市迁移,企业勃兴年年有极堪惊异的进展。煤铁石油等实业其发展度数可比英、美。因企业勃兴之结果,实业人材在新社会上占极重要的地位,可是俄国习惯工商界决不能同贵族地主比肩而议大事,因此实业阶级打倒专制政治迟早是不可避免的事实。实业一天一天地发达,膨胀。他要有迴旋的余地,可是这种余地在旧式政治之下准是找不著的。这是革命以前第一件显著的事实。随著实业的发展而起的自然是劳农阶级:

这个新兴的阶级常附带著骚动与不安的现象。刚才已经说过城市企业勃兴之后,农人多弃其所业入城寻找较高的生活。据一八七九年统计俄国工厂矿山工人共三百万,以后逐年激增。既入城市之后他们的知识一日高似一日。但是生活情形却竟直连牛马都不如。工资最高每月不过十元,甚有月挣四元四角的工人!他们底住处每每聚数十人于一室,就寝于条凳之上,工厂对于卫生的设备绝对不肯讲求。国家法律罢工是有罪的。工人不能再忍了，如是常起暴动。政府见杀戮威吓都不收效，有时也用缓和的手段。可是工人知识日高，团结日固，他们觉得身受的苦痛只有革命可以拯救。所以劳动又是革命原因之一。与工人受同一痛苦的还有俄国乡村底农人：

他们是地主底家奴，自己绝无一寸土地。在一八六一年解放农奴令未颁以前，俄国乡村农田尽属地主，他将自己所有的土地分为二部：一部仍属自己，另一部给与农村公会由公会按口再分给村人。村人有先耕地主之田的义务，有听地主命令的义务。及至解放农奴令既颁之后，农人生活更苦，因为这种法律利于地主而不利于农人。他让农人将所耕地还一部分给地主，其余的纳过高的租税。天灾数年必降一次，降则影响几年的收成。由是农人每死亡枕藉，坐以待毙了。至终他们底"我们要土地"底呼声偏于全国，而暴动时闻了。这是俄国几次革命底最重要原因之一。

由资本主义之引入俄国发生了新经济生命。由这种新经济生命与旧政治传统之冲突产生出革命的酝酿。工人农夫是它底躯干，而智识阶级是它底灵魂了。披览俄国智识阶级团体底历史，我们只觉得有苦的愉快，与悲不自胜的灵感冲纸而出。他们挺立着如沙漠中的火柱。他们底声音好像从监狱中发出的美妙之歌。在四周为黑暗所统治著的时候，他们瞧着了晨光了。当一切还是无情抑压的时候，他们底呼声激动了，响澈了青年灵魂底深处。

我们不能不叹息俄国智识阶级生不逢时了：当西欧各国推行德谟克拉西政制时，俄国人民还处于积威的独裁政治之下。他们一方面深受西方文明的影响，一方面眼睁睁地瞧着祖国的黑暗，满腔积愤，尽发为文章，打杀流逐就是他们所得的报酬！

以上种种：实业问题，劳动问题，农村问题，实业组织，劳动组织，罢工，阶级战争，农民暴动，智识阶级抗议，社会一般的不安，皆属于社会民众一方的事。我们再看另一方面的俄罗斯独裁政治：

它是与近代文明近代生活完全相反的。在理论方面在实际方面皆是：天上有一个上帝，人间有一个"沙"。所以一切权力皆附属于皇权之下。由国家大法到一钱之罚。由首相到边境小吏，皆由皇帝制定，皇帝任免，皆向皇帝负责。皇帝底意志即是国家底意志。在实施政权方面，皇帝乘拱无为，僧侣贵族属德国系者挟之发号施令。其余大小官僚佐之为恶。专制政治到俄罗斯算是达到极顶了。百数十年来俄国国民屡次血祭之结果，卒因日俄之战底机会而有一九〇五年一月革命底惨剧发生。本年以前也曾有过英雄持手枪炸弹与治者阶级相肉搏，可是牺牲决没有这次伟大而烈。日俄战争之结果极不利于"沙"底地位，但是工人却从工业与政治方面组织起来了，无情的政府自然是以刀剑相向。本年一月，著名的血星期日示威运动在彼得格勒举行，成千成万的工人，半途中被军警邀击。血溅坚冰，死伤枕藉。此事激起极大的反动。产业组合到处增加起来，而本年十月第一次劳动苏维埃亦组织成功。政府怕了，一方面用恐吓一方面用调和手段希望打败势力渐张的暴动。"沙"使人民招集杜马（Duma）会议，同时惨杀极多的工人。一九〇五年底民众运动竟直是沈浸在鲜血中：一万五千工人被杀，十余万工人远戍。这种苦况更深入革命的无产阶级心理。从一九〇五年到一九一七年十余年间，虽说人民还是不断地奋起，而反动的黑潮布满朝市，到了欧战既起，俄国农人与工人被迫入伍，从事于资本主义的战争。他们底军械不完备，饥饿至半死程度，且常为军官所愚。让这种军队与德奥的武装精利的军队相战，自然是死亡枕藉了——战争期内俄国所死伤人数，多于协约国与联盟国所死伤者相加之和。出征者与居守者在战争期间所遇境况更恶劣。人心终是不能长此忍耐下去，遂成一九一七年二月革命而为十月革命之先导了。俄历（比公历早十三日）二月十二日彼得格勒 Putilif 厂工人为反对食料减少事而举行大示威运动，以后罢工继起，全城骚然，政府不能干涉。最后军队与人民合同一致推翻"沙"底劳力。由是独裁政治与俄罗斯长别。这次革命绝为流血。

"沙"政府既倒之后，每个主要政团，总想握着政权，有机会以试验也们底政纲。第一次执政的就是立宪民主党。他们仍然继续资本主义的战争，并想侵略君士坦丁堡以遂帝国主义的私图。他们被人民推倒了。布尔札维克党要求革命口号之实现："面包，和平，自由。"第二次政府为有产阶级与社会党所组织之混合政府。其政策同第一次的一样。不久就让渡给社会革命党克伦斯基了。他组织一个新混合政府。

人民要求和平，他却组织大规模的军队与德奥战；人民要求面包，他却逮捕企图没收贵族土地的农人，并帮助资本家攻击城市工人底产业组合；人民要求自由，他却尽力摧残苏维埃，窘逐布尔札维克党，而使资本家入阁。结果德奥军队长驱直入，人民暴怒了，十月革命非起来不可了。

（二）十月革命和十月革命以后

五年以前十一月七日（俄历十月二十五日），彼得格勒底工人和军士，为布尔札维党所领导，推翻克伦斯基派底有产阶级政府，而宣告苏维埃政府成立。彼得格勒城无产阶级底胜利之获得，极为容易，几乎未流血。革命的军队，赤劳动卫军，波罗的海舰队之亦海军底派道队，占据了本城底各重要区域，围攻临时政府所匿迹的冬宫，因革命的巡洋舰"亚若那"号之助，冬宫被夺得了。临时政府底各阁员被拘而送之于彼得兴保罗□台。全俄第二次苏维埃大会，在本城举行，多数会员是布尔扎维克党，宣布他们自身代替克伦斯基政府而掌握政权。克伦斯基个人由彼得格勒逃至战地，因哥萨克队伍的助力想回复政权再得彼得格勒。在著名"沙"派的克那萨诺夫将军之下的军队向彼得格勒进攻。然而彼得格勒城底武装工人，虽说缺乏军式训练及严密组织，可是打败了哥萨克军队，将军且自身为阶下囚。彼得格勒无产阶级既占胜利，克伦斯基氏就不名誉的逃跑了。

在莫斯科城工人与军士底胜利之获得，不像在彼得格勒城的那样容易。此地有产阶级军队的势力以及旧式政府底信徒甚大甚多。可是至终他们还是在克米林宫被围，而强迫缴械投降了。由是莫斯科底政权也入于苏维埃政府之手了。

俄国其余各地因为有过去革命奋斗的成绩，所以并不因这次革命而有惊慌失措的举动；而只觉得这是二月革命后必有的现象，他们早已预备容受了。有些地方甚至于在这次革命以前，种种大权实际上已归入工人手中，而临时政府底代表机关绝不能施行政权。一到彼得格勒革命消息传到之后，各地劳动、军队、代表苏维埃，立刻从克伦斯基政府地方委员会手中夺来政府而建立极坚固的苏维埃政府。临时政府在劳动群众眼中只是无能，被轻视，而在实际方面，他们也毫无抵抗能力。

全俄苏维埃第二次大会宣布俄国为苏维埃共和国，并且发布最重要的三道命令，即是，和平令、土地令，及企业底劳动管理令。

前线军士，疲于三年的资本主义战争，以极端的热忱欢迎和平令以及与德国休战的建议，官吏与长官底反抗，立时克服，而总司令职权由被暗杀的道克荷宁将军移入布党同志克利仑珂底手中，后者是苏维埃政府派遣的。反革命派使未受教育的军士抵抗无产阶级革命底计画失败了。前线劳动群众皆左袒革命。

由土地令，一切土地属于地主的在平均使用土地原则之下，归入农人手中。这是农人数百年来的怀抱，而社会革命党所多方想法靳而不与的了。在布尔札维克党执政之下，一日之间此问题即告解决。

最后一切工厂制造厂皆在工人管理之下，要是工人稍为熟习工厂管理，立即可以代替从前的厂主执政了。

这是一九一七年之末，工人、农人、军士怎样联合一气地打倒资本家与地主的简单历史，虽说这种战争在彼时还没有完毕。以下我们就得注意十月革命以后的情形是怎样了。我们首先述苏维埃政府之奋斗与赤卫军：

十月革命之后，资本家与地主一时不及想到抵抗之法，可是不久他们就联合起来一致作推倒苏维埃政府的活动了。他们在偏远省分，尤其是在哥萨克区域，组织起来。所以一九一七年之末，伊尔库次克，顿，乌拉等地反革命军群起。开始之时苏维埃政府大占胜利。旧党领袖 Alexeyev 将军纠合一切旧时军官与哥萨克军队盘踞于顿河流域，Kornilov 将军移动他底野蛮队伍猛扑彼得格勒。由莫斯科、彼得格勒及多勒治所组织成之劳动赤卫军，虽说没有军事的训练，可是在几次激剧战争之后，将沙政府所遗的军队之精华击碎无余。其他各地劳动者所组织的卫军，攻击一切反革命军队，尽占胜利。要是外国资本主义武器不为地主与资本家之助，苏维埃俄罗斯底工人与农人戡平乱事必致绝不费力了。

但是十月革命是第四阶级底革命世界上底第三阶级政府，尤其是西欧的各资本主义国家，决不能容它存在。一九一八年春季，旧党与资本家主义的外国所攒结的事件完成，苏维埃政府开始受敌。赤俄军队被迫退出乌克安，其地归地主与"沙"时代底军官统辖，背后有德国资本家为助。东方因英法之助捷克斯拉夫人，赤俄被其攻击。北方英国陆战队在亚琴格尔登陆与白卫军联合，攻击莫斯科。顿河流域又为旧党所占领。阿仑堡哥萨克首领多塔夫也起而反对苏维埃政府。捷克斯拉夫军队在西伯利亚与白卫军联合，占领阿木斯克乌拉尔省等地。窝瓦河流域底捷克斯拉夫人占领萨马那，妥姆必失克，克会等地。

一九一八年夏为稚弱的苏维埃政府最危险困难的时期。因敌人四起之故，国家财政底收入与物质底供给异常缺乏。另一方面整个国家又为白党所四分五裂底蹂躏不堪。有一时白卫军夺得亚罗斯扶夫，预备与在北部攻击的英国人联合，进取莫斯科城。这时苏维埃政府在种种仇敌攻击之下，必倒颓无异了。然而命运却不如此安排。致死命的危机反倒强迫工人配取新生能力的武装。那就是赤卫军底组织成功。一九一八年夏季以前俄国政府因兵士疲于大战之故，没有颁强迫征兵令。所有一切抵抗反革命派的队伍，都是自愿兵组织起来的，而这种自愿兵都是劳动阶级充任的。此时这被征入伍。此事在莫斯科与彼得格勒进行成功之后，各尊照着一致进行。旧日的军官要是自告奋勇，也可一样被征。于是苏维埃俄罗斯加增了强有力的军队了。除此以外，共产党征发成千成万的党员入伍，"共产党到前线去！"成了普遍的口号。共产党最精锐的军队一齐开向窝瓦，乌拉，南方去。在乌拉方面战胜了捷克斯拉夫人与白党。在北方赤海军与赤卫军打败英国与白党军队，最后一切生力军在克会集中由托拉斯基指挥，将克会夺回。此役关系极大，此后萨马那，妥姆必失克等尽皆克服。

以后乌拉方面于高尔恰克崛起，顿河方面有但尼金继与，但尼金败后兰格尔代之，他们皆有外国资本家政府为援，武装饷粮极为充足。所以一九一八年与一九一九年之间，苏维埃俄罗斯曾受过极大的困难。但是因工人阶级底觉悟，共产党措置得宜，每次转危为安，而苏维埃政府一日比一日坚固。他们于危急之际征发农人入伍，征发全国壮丁入伍，由共产党员躬人指挥，皆有极大的成功。于是乌克安，立陶宛，亚索里亚，皆复入于和平之域，全境又安。波兰在一九二〇年之春因法国之助与俄国开战。以后连战皆败，终至因小胜与俄国讲和。从此西欧底资本主义国家无能为役了。我们考察十月革命后俄国人民底奋斗精神，觉得在历史上不算"绝后"也能说是"空前"。今请更略述在积极方面的苏维埃建设工作：

世上决没有政府能够在苏维埃政府所受的困难之下维持至三周之久。沙与克伦斯基政府所遗留的境遇太坏太糟了。没有一个工厂，一枝铁道，一种企业，不是失其组织或濒于倾颓的。所存储的原料尽已用去，新的供给绝不能来。机械毁去新材料不能取得，面无一人注意及此。

取得政权的工人一手执枪一手执锤。枪是对抗有产阶级的掠夺与迫害的，锤是从事工作的。苏维埃政府一方面打倒一切反革命派的军队以及帮助这些军队的外国资本家，同时在另一方面却努力于实业之复与与发展。燃料在实业方面之重要正如面包对于人的关系一样。在克伦斯基政府之下燃料出产与存储的情形日劣一日。十月革命之际全国铁道存煤不足十日之用，不久就存煤足持月余之需。铁路在克伦斯基政府情形之下也糟不堪言，十月革命后才逐渐改善。钢铁业，纺织业在苏维埃政府管理之下，经过多少困难，才是日有进步。

由十月革命我们看得出几处要点来：第四阶级革命是全世界所不能免的，虽说资本主义在现代还有权威。不论从事那一种政治活动，政党组织必须完备。十月革命以后的政治活动分子不消说得是布尔扎维克党——俄国共产党——了，他们在革命前的活动与革命后的努力处处皆足为我们借鉴。可是他们的党员只七十余万而俄国人民总数在一万万人以上（布党底组织以后另文详述），可以想见他们底组织底计画是怎样的完密了。所以我们可以说十月革命之成功完全是布党组织的成功。

一九二二、十一、三、晓。

(《晨报副刊》，1922年11月7日，署名 李骏)

45.《一九一七年十一月七日》(《先驱》第十三号，11月7日)

《先驱》第十三号，出版了纪念十月革命第五周年的特刊"苏维埃俄罗斯五周年纪念号"，发表了《一九一七年十一月七日》《劳农俄国问答》等文。

《一九一七年十一月七日》，全文如下：

"十一月六日，嫌太早。我们底跃起，非有全俄的基础不可。六日，全俄苏维埃大会底代表还没有到齐。但是十一月八日，又嫌太迟。那时大会已经组织好了。在包容多数人民的一大组织体里，是很难取神运果断的手段[段]的。我们非在开大会的七日起事不可。我们必须向大会说'这里有权力。诸君对于他取怎样的态度？'……"

这是全世界无产阶级最伟大的指导者列宁于一九一七年十一月三日在历史的会议上对俄国共产党领袖们论决革命日期的话，俄国共产党议决这十一月七日为获得政权——"一切权力归苏维埃！"——的日子，领率着几百万彼得格勒底劳动者和兵士在这一天占领了冬官，推倒了克伦斯基政府，将一切权力握在自己手里，而全世界无产阶级底祖国——苏维埃俄罗斯，即于是日宣告成立。

苏维埃俄罗斯自从一九一七年十一月七日建立以来，到了今天，已有五个周年了。他在这五年当中，为了全世界无产阶级底解放，战胜了里里外外无数的困难无数的压迫，保住这全世界无产阶级革命底大本营、策源地，以与国际资本帝国相抗争。这种伟大的精神，灿烂的功业，是我们今天首先要纪念的。

苏维埃俄罗斯，他不仅是全世界无产阶级底先锋，并且是全世界被压迫民族底同志。他帮助全世界被压迫民族脱离国际资本帝国主义的压迫，其热心与协同全世界无产阶级反抗国际资本帝国主义的压迫一样。我们中国是一个被压迫的民族，我们中国底无产阶级受压迫比任何国底无产阶级还利害；所以我们这被压迫的民族和被压迫民族中的无产阶级，对于国际资本帝国主义的压迫亟欲解除的志愿和热忱，当然非常发达。但是解除国际资本帝国主义的压迫，非一国之力所能成功，更非我们这贫而且弱的中国单独之力所能成功，须要联合全世界无产阶级和被压迫民族，才是可能。所以我们应该在这全世界无产阶级底祖国——苏维埃俄罗斯成立之日，表示我们底决心，用实力与全世界无产阶级和被压迫民族联合起来——即统一于第三国际之下——协力去做打倒国际资本帝国主义的大工作。苏维埃俄罗斯，他是打倒我们底共同敌人——国际资本帝国主义的先锋队，所以我们应该在今天——他的五周纪念日，做一种反对国际资本帝国主义的运动来纪念他。

在一九一七年以前的俄罗斯，在俄皇极端专制统治之下的俄罗斯，外受国际资本帝国主义的压迫，内受本国军阀、官僚、大地主、资本家底压迫，人民困于水深火热之中，与现在中国差不多。但是因为俄国无产阶级和农民有阶级觉悟，共产党指导得法，所以就能于一九一七年十一月七日推倒新旧支配阶级，将一切权力收归劳动者、兵士及农人手里。这是我们最好的榜样。我们应该从今天起觉官成就"历史的使命"——打倒国际资本帝国主义，建设无产阶级国家——是我们无产阶级底责任；担负这责任的先锋，尤其是我们青年无产阶级底义务。全中国无产阶级，都应该团结在中国共产党旗帜之下，亦即团结在第三国际旗帜之下；全中国青年无产阶级，都应该团结在中国社会主义青年团旗帜之下，亦即团结在少年共产国际旗帜之下。我们须用这两个武器去打倒国际资本帝国主义，建设共产社会以完成历史的使命。在目前，我们更须联合一切革命团体去打倒封建式的军阀，以获得无产阶级发展的机会，如同俄罗斯无产阶级和资产阶级联合的三月革命一样。

中国底工人们、农人们、兵士们、学生们和全体被压迫的人们呵！人类过去的历史，是没有比今天还有光荣还有意义更值得纪念的！我们应该清清地认明今天——这全世界无产阶级祖国□□的今天！我们要在今天——苏维埃俄罗斯五周纪念日振起我们的精神，鼓起我们的勇气，下了我们的决心，定了我们的方向，随同俄罗斯底先觉同志和全世界无产阶级，奋力向国际资本帝国主义和国内军阀去斗争，以期打倒他们而达到全世界无产阶级和被压迫民族的完全解放！

我们今天谨在这里高声大呼：

全世界无产阶级底祖国——苏维埃俄罗斯万岁！

承认苏维埃俄罗斯！

打倒国际资本帝国主义和本国军阀！

全世界无产阶级和被压迫民族团结起来！！！

(《先驱》第十三号，1922年11月7日)

46.《劳农俄国问答》(《先驱》第十三号，11月7日)

《先驱》第十三号发表光亮(施存统)译《劳农俄国问答》，全文如下：

第一章　劳农俄国底政治

"俄罗斯现在的政府，叫做什么政府？"

俄罗斯现在的政府，是世界中最初出现的劳动者底政府。这个政府，是劳动者组织的，劳动者支配的，拥护劳动者底利益的。话句话说，现在的俄罗斯，是"产业共和国"。

"这劳动者底政府，是几时组织起来的？"

是一九一七年十一月七日组织起来的。

"俄罗斯底京都，在什么地方？"

在莫斯科。劳农政府，就在莫斯科底克历姆灵悟。克历姆灵官，是帝制时代最雄壮最美丽的宫殿之一。这宫殿底一廊里，有建筑狠好的寺院，有伟大好看的塔，有绿色及金色的圆屋顶，有狠大的钟及大炮，有美术馆。这些东西，都互相争妍斗丽，以求知者。克历姆灵宫，是俄罗斯人以之自夸的东西。他们常说："莫斯科之上，有克历姆灵宫；克历姆灵宫之上，只有星儿"。可是现在呢，那克历姆灵宫之上面，却已经飘荡着新产业共和国底赤旗了。

"俄罗斯底政治组织，是怎样的呢？"

就是苏维埃（即劳农会）底联邦政府。

"苏维埃是怎样组成的呢？"

苏维埃，不是由选举场选出代表组成的，是由工厂或劳动组合选出代表组成的。比方说：军需品工厂，每有职工五百人，选出代议员一名。此外一切工厂，如制靴工厂、制衣服工厂、玻璃工厂等，也同样地每有职工五百名选出代议员一名。各种劳动组合，也用一定的方法选出代议员来。兵士，水兵，也设起组合，选出代议员来。教员、事务员、技师等人，也同样地设起组合，选出代议员来。

"听说苏维埃底选举没有给与一切人以选举权，是事实吗？"

现在是事实。劳动底榨取者，靠利息吃饭的懒惰者、旧皇族、犯罪的人及疯狂的人——这些人都没有选举权。"做工的都有选举权"，是苏维埃底标语。俄罗斯大概不久就要做到无论何人都靠做工吃饭的状态。到了那个时候，自然十八岁以上的男男女女，个个都有选举权了。就拿现在来说，那号称民主主义最发达的美国，有选举权的人民，还不过百分之六十五；而俄罗斯有选举权的人民，却已达百分之九十五了。

"俄国苏维埃，在哪一些地方？"

都市，乡村；省，道；到处都有。

"人民要苏维埃底代议员实行自己底意志，用什么方法？"

佢们常常聚会拢来，向代表说明自己底要求，使代表知道佢们底意思。如果代表不合选举人底意思，就可以撤回那个代表，另派别人。比方：一九一七年七月，彼得格勒有一家报纸登载一段[段]"多数派是德探"的记事的时候，那些在工厂里做工的职工们看见了这段[段]新闻，就立刻罢免那些在苏维埃里做代议员的多数派代议员底资格。而改选少数派为苏维埃底代议员。可是后来却知道这种新闻记事都是捏造的了，所以劳动者就不但再选原旧的多数派代议员，而新的代议员，也多从多数派中选出。

"地方底政治，大概已明白了。不知道俄罗斯全国底政治，是怎样的呢？"

各地方底苏维埃，每三个月或四个月，派一次代议员到全俄苏维埃大会里去。这全俄苏维埃大会，在莫斯科开会。代议员底数目，统计有一千五百人。

"这些劳动者、农民、兵士、水兵们，在全俄大会里做些什么？"

佢们所做的事情是：决定战争及讲和，议决土地底处分及国内外通商，以及取决其他一切重大的国家问题。在休会期中，则委任执行委员会，执行政务。这执行委员会由二百五十名委员组成。

"执行委员会，做些什么事情？"

执行委员会底主要事务是：根据全俄大会底议决案而发布各种法律及命令，任免及监督人民委员会(与别国内阁相当)。

"俄罗斯底人民委员会和美国底内阁，在什么地方不同？"

其不同处：美国底内阁，是由大总统任命的；俄国底人民委员会，是由人民选出来的。

"苏维埃政府底委员，每月领受多少薪水？"

苏维埃政府底职员，普通薪水，每月只有六百卢布(约百二十圆)。

从前俄罗斯政府底官员，领取很大的薪俸。他们每一礼拜所领的薪俸，已超过现在苏维埃政府委员全年所领的款额。共产党主张：劳动者政府职员底报酬，不能超过普通劳动者底报酬；不当一方面有领取高贵报酬以营奢侈生活的人，他方面有领取仅足维持生活的工钱的人。佢们又说：政府职员，如果领取劳动者以上的报酬，就会产生新官僚政治，这是很不应该的；官僚主义，总非极力排斥不可。"没有做到一切人都有面包吃的时候，谁也不该吃点心"——这是共产主义底原则。所以苏维埃政府委员(与别国总长相当)底薪水，每月只有百二十元；如有不能劳动的家族，则每有一人增受二十元。列宁底妻君，在教育部里办事，故列宁每月只受百二十元；托洛茨基底妻君不能做事，并有两个小孩子，故托洛茨基每月领受百八十元。

当苏维埃政府从彼得格拉迁到莫斯科的时候，即搬在"国家旅馆"那个大旅馆里。他们搬在这旅馆里第一件所做的事，就是全废那些很需经费的奢侈的菜单。无论何人底饭食，都只有两样东西，即：不是汤和肉，就是汤和粥。不用说，茶是有的。

"苏维埃底政治组织，在哪些地方胜于美国国会？"

苏维埃组织，比美国国会好的地方，最显著的，共有四处：

(一)美国底国会议员，是由每二年或四年，六年偶然聚集在选举场里的各种各色的人选举出来的。这些选举人之间，平常一点关系也没有。而苏维埃底代议员则不然，佢们是由平素自然结合成的团体(如同工厂，劳动组合那样)选举出来的。

(二)美国底国会议员和选举人之间，除了投票日投一次票之外，就没有一点关系，也没有一点接触。而苏维埃底代议员则不然，他们常同选举人一同在工厂里或组合里生活。

(三)美国底国会议员，充满法律家，资本家，政客，官僚等大人先生。而苏维埃底代议员则不然，他们在大体上，都是由各种职业选举出来的。所以他们当中，很多有实际智识的人，例如知道矿山事情的矿夫，知道机械事情的机械工，知道教育事情的教师。

(四)美国底国会，是高谈阔论底机关，政党政治家底游戏场；而俄国底苏维埃则不然，彼是各种理会自己工作的人底会集所，国家事务底中心地。

第二章　苏维埃所做的事业

"苏维埃政府，到今天为止所做的事业中，为主的是哪些？"

简单说来，就是下面几件：

（一）森林·矿山·水路，以及其他一切自然的富源，已经全归人民所有了。

（二）土地已经给与农民了。每个家族，都已获得足够耕作的土地了。因此，农民就非常幸福，很欢喜帮助苏维埃政府了。

（三）为对抗内外敌人，拥护革命发见，已组织起赤军了。

（四）从前专制政府和外国资本家政府间所缔结的秘密条约，已经把彼葬在历史底灰皿中去了。

（五）已经使德意志起大革命，使德皇及其军阀丧失权力了。

（六）已经开设了许多学校，许多图书馆，许多劳动者戏馆，许多报纸，许多邮政局了。

（七）已经把工厂、制造厂及矿山等物给与劳动者了。这些东西当中：有的归国家经营，有的已直接归劳动者管理了。

"劳动者管理，指的是什么事？"

就是劳动者所选举出来的委员来担任经营工厂这件事。

"管理"这事，是说不是为个人底利益，是为社会全体底利益，去监督那个工厂是否好好运转底意思。比方资本家为要陷劳动者于饥饿之境，或要使劳动者屈服，或拿不能获得利润做理由，来闭销他底工厂，我们是不许他这样做的。只要那个工厂是生产必需品的工厂，则虽在得不到利润的时候，也仍旧不能不运转彼。如果资本家闭销了彼，那就立刻将彼充公。在这时候，劳动者所选出的委员会，就代替资本家而担当经营之任。

"再者，'管理'这名词是把那个公司底一切账簿及书件都公开，不使有一点产业上的秘密底意思。如果某个公司发明了优良的生产方法或机械的时候，就该将彼教给其他同种类的工厂。这样一来，社会全体，就能够立刻获取由那发明而生的最善的利益了。"托洛茨基，如上地说。

"劳动者把工厂，矿山弄到手的时候，有没有做出各种错误呢？"

他们起初的时候，因为缺乏经验和技术，以致演出种种失态。可是他们却很快地学会了彼，不多时，许多工厂，都比从前更生产得多了。

有一个时候，我同一个共产党领袖并立在一块小山上俯视眼底的工厂。他倾耳而听从山谷间起来的起重机及返□底声音。

"你底耳朵，好像听优美的音乐一样呢"，我这样对他说。

"是的。从前的革命家，用炮弹做出大音响，是常有的事情。我们此刻所听见的声音，就是新革命家为造出新社会制度而发的声响，所以我很欢喜听彼"，他这样回答我。

"苏维埃为使人民得到好房子住，曾经做过什么？"

在从前的时候，俄国有几百万人民，住在卑陋黑暗的小房子里。而别一方面，却有极少数的贵族，大富豪，住在几千设备极完全的官殿和很多庄丽的房屋里。可是现在却不然，苏维埃政府，已经把这些很大很好的房子都改为劳动者底住屋了。

"苏维埃政府对于教会和宗教，取怎样的政策？"

宗教上的信仰，是一概自由的。不管旧教徒哪，新教徒哪，犹太人哪，都一样地给佢以信仰和礼拜之自由。不但如此，就是传布各人所信的宗教，也是自由的。不过有一件事情，与从前大不一样，就是：从前教会能够占有广大的土地和丰富的财产；现在却绝对不行。因为这个缘故，所以牧师也要做社会的必要劳动，否则他就没得吃。

"苏维埃对于妇女解放，做过什么？"

劳农俄国底妇女，有同男子同等的政治上，经济上及社会上的权利。政府对于妇女，给与伊产前产后各六礼拜的自由休养。在过了产后六礼拜再做工的时候，每天也只要做四点钟的工。俄国底妇女，有同男子一样的离婚权，在工厂里也处在同男子同等的地位。从前的时候，男女都是奴隶；现在却男女都成为自由人了。

"俄国的刑罚，有怎样的改变？"

现在俄国底刑罚，是极简单的。从前俄国底法律，是一种极残酷极无道的恶法，所以苏维埃政府不能不将彼全部改订过。在这新法律尚未制定的时候，不得已只得设立了一个裁判一切事件的革命裁判所。这革命裁判所，是一种一时的非常的机关，现在已经将彼撤废了。现在的裁判机关，叫做人民裁判所。一切裁判上的手续，是极其简单的；完全用不着律师；人民可以自己辩护自己，或者朋友出来替他辩护也可以。指导裁判所底裁判的，并不是烦难无理的法律上的专门智识，只是"是非正邪"底原则。

"苏维埃做过一些什么娱乐的设备？"

各地办有"劳动者戏馆"，作演很好的戏剧给劳动者看。设在彼得格拉的"人民戏馆"，归高尔基底夫人在那里经营。现在的俄罗斯，比任何过去时代都还要更多好音乐。从前那些归上流社会所独占的戏馆，音乐，现在统统开放给民众了。

"这样说来，苏维埃俄罗斯，是地球上底黄金时代罢？"

那又决不然的。一九一七年十一月底革命，是破坏那些阻碍向地球上乐园进发的妨害物的工作；今天俄国底劳动者，正在拼命地做建筑新社会的工作。今天的俄罗斯，还不过踏出向共产主义社会进发的第一步。当那俄罗斯劳动者把俄国从大地主及资本家手里夺回了的时候，已因五年间的战争，将俄国弄得几乎破产了。工厂因战争而荒废，铁路因战争而破坏。加之：各资本主义国家，实行经济封锁政策，食粮及机械底输入都因之断绝；国内底反革命派，由外国资本家帮助军费和弹药，不绝地活动。因此种种原因，所以俄罗斯劳动者，一面与国内外敌人战，他面又与凶寒烈饿战。有许多婴儿，都因没有牛乳而死了。可是这些事情，并没有使他们对于苏维埃政府抱不满，反使他们越发激增其拥护革命的热心。现在反革命的运动，差不多已经没有；所以俄罗斯底劳动者，已经渐渐用力于建设新社会的工作了。

"苏维埃政府，是不是俄罗斯人民最希望的政府？"

是的。苏维埃政府，是俄罗斯人民为彼而战为彼而死的惟一政府。何以见得呢？我们且举一个例看：一九一九年七月，乌拉奇鄂斯脱地方举行选举。这个时候，无论是谁，都只以为是立宪民主党和温和社会党底竞争；因为他们都想象：当时共产党方面，首领们都被关在监牢里，报纸又都被封禁，当然不能获得多数投票。可是开票底结果却不然；立宪民主党得四千票，温和社会党得五千票，共产党则得一万二千票。共产党所得的票数，比其他十六个党派合并拢来还要多。

第三章　苏维埃所遇的困难

"苏维埃所做的事业，没有困难吗？"

不，佢们遇到非常可惊的困难。举其大者则如左：

（一）俄国人民；已被几百年专制政治底压迫和威吓弄得非常疲困，非常贫乏了。

（二）欧洲大战争，差不多把俄罗斯完全弄荒废了。俄罗斯人民，为这次战争所牺牲的，非常可惊；即：有三百五十万战死者，四百万负伤者，三十五万孤儿，二十五万残废者。实在俄罗斯所受的损失，比比利时，法兰西，意大利及美利坚四国合拢来的损失还要大。

（三）铁路被破坏了，矿山被浸水了，食料燃料差不多没有了。

（四）赤克得了联合国底帮助，把从西伯利亚来的供给食粮底道路断绝了。德国和奥国，把从乌克莱拿地方来的粮道断绝了。

（五）一千二百万兵士，忽然解除队伍归来了。

（六）旧政府底官吏，有产阶级，及专门家，对他们实行同盟怠工；联合国对他们实行非资同盟；德意志给他们以军事上的致命伤。

"有产阶级底人，为使俄罗斯惹起混乱，做过什么举动？"

他们给从前的官吏，银行员以极大的金钱，叫他们停止办事。他们以为劳动者没有经营事业的充分智识一定非靠他们不行；哪里知道：兵士，水兵，都不依靠他们而自己直接去执行政府及银行底事务。

"此外，他们要想用怎样的手段去推翻苏维埃政府？"

他们希望人民饿死；而苏维埃政府却供给人民食品。

他们希望恶疫流行；而苏维埃政府却组织卫生委员会以防恶疫。

他们要想把都会底人民弄醉，叫他们去杀人，放火；所以要把匿藏着的酒室开放出来给那些要吃酒的人尽量去吃。于是苏维埃政府就出来防止，把这种同样的四百个酒室一律破坏，把酒丢弃到江河里去。

他们又到俄罗斯边疆去组织了一大军队，叫前皇帝时代底将军担任指挥。

"苏维埃政府为击退内外敌人，练有怎样的兵士？"

练有两种兵士：

一是赤军。这是正规的兵士，月薪约六十元。

二是赤卫军。这赤卫军，由工厂劳动者及耕作地农夫所组成。一旦遇到缓急之际，他们就要放开犁锄；抛弃工具，拿上枪弹去防御。

敌军一侵入国内，那种"社会主义底祖国已濒于危机"底警报，就立刻传到各村落各工厂里去。于是到处都有手拿武器的农夫及劳动者出来，立刻就组织成赤卫军。他们精神很活泼地向前进发，或唱着革命歌，或唱着民谣。他们虽然只备有很贫弱的武装，享有很贫弱的食物，也仍一点不怕，很勇敢地向前去迎击武装整齐，训练完备的敌人。不论赤军或赤卫军，从正规的国民军底训练看来，都处劣等的地位。可是他们都有一种很可宝贵的精神。这种精神，是敌人所缺乏的。我曾经有好几次同不以风雨饥寒为意而扎野营于小山麓几个礼拜的农民及劳动者谈过天。我问他们为什么到这里来，又为什么停留在这里；他们都异口同声地回答道："我们这几百万逃匿者，从前曾经不能不替俄皇出去死战；现在我们如果不替自己们底政府出去死战，那就是表明我们都是卑怯者"。

"苏维埃政府，已经把内外敌人统打破了么？"

已经统打破了。

"苏维埃政府底敌人，究是些什么人？"

共有四种：

1. 要想从农夫手里夺取土地的地主；
2. 要想从劳动者手里夺取工厂或银行的资本家；
3. 要想从兵士手里夺取军队支配权的旧军官；
4. 要想从人民手里夺取政权的帝政派。

可是这些反革命派，不得外国资本家政府底援助（资金或弹药），一点也不能反抗劳动者。

第四章 六种对于苏维埃的非难

第一

"听说苏维埃政府杀死狠多官吏·地主·富豪等人，是不是真的？"

事实却正与这个相反；杀死的人，是极少数。将来我们大概总要问："怎么这种大革命，仅仅杀了这么少数人就成就了？"关于牺牲者底数目，从来有许多妄说流传着。但是事实却如此：在革命底第一年，被杀的人数，尚不到四万。而被杀人底多数，反是共产党员。这就是为拥护苏维埃；反抗反对派底无理攻击而被杀的人。俄国有一亿八千万人口。所以在这次内乱中被杀的人，只占全人口四千分之一，就是每四千人被杀一人。美国独立战争底第一年；被杀的人占全人口三百分之二，就是每三百人被杀一人。我们把这两者比较一番，就知道苏维埃政府杀人并不算多了。

不但如此，美国底独立战争，南部地方有几千亚美利加土人，成了永久奴隶制度底牺牲。劳农俄国，现在并非为使那些不正和犯罪继续存在而战，是为建设自由社会而战的。

"可是我在报上看见，说共产党杀死司披里特诺和普来细柯夫斯那种革命妇女，究竟有没有这事？"

那种事完全是谣言。那是有产阶级报纸上所行的罪恶。有产阶级报纸，为离间共产党和人民的底起感情起见，已经将伊们在笔头上杀了不知多少次数了。可自现在，伊们两位都还活着。司披里特诺现在正协助劳农政府建设新社会。

"所谓赤色的恐怖,是什么意思?"

凡暗杀苏维埃底委员,或做暗杀计划,或企图颠覆苏维埃政府而再返于资本家和大地主世界的阴谋,或串通外国资本家军阀而行反革命运动的人,都一概要逮捕。逮捕到了,就交革命裁判所审问;革命裁判所认为有罪的时候,或者投到监狱里去,或者处以死刑。有产阶级底报纸,就叫彼为"赤色的恐怖"。可是这种事情,行在资本家国里,他们却叫为"维持秩序"。派往俄国去的美国红十字会委员汤姆生大佐,对于这件事会有这样的话:"行于极少数有产阶级上面的恐怖政策,同行于多数劳动者和农民上面(使他们寒[害]怕回复旧社会去)的反革命派底恐怖政策相比较起来,真是微乎其微的了。"

"那么报纸上面满记载着俄罗斯盛行掠夺,暗杀,虐杀等事,是什么缘故?"

那是因为报纸都是有产阶级底机关之故。有产阶级和无产阶级底利害,是常相反的。他们这样造谣,因为苏维埃俄罗斯是无产阶级底国家之故。

"听说共产党要想杀尽上流阶级,有没有这回事?"

没有这回事,他们只不过要叫上流阶级也来劳动罢了。

第二

"苏维埃政府,不是把俄罗斯全国陷在混乱和无秩序的状态里吗?"

正是混乱和无秩序底反面。苏维埃政府,是将俄罗斯从混乱和无秩序中救出来的的制度。莫斯科或彼得格拉底街路,纵不能说比纽约或芝加哥底街路还要安全,至少总可以说有同样的安全。各方面都秩序井然,并不混乱。可是联合国底干涉一起,情形就有变动:死伤了几万人民,烧毁了许多村落,破坏了好些遂道和架桥,毁坏了五千哩铁路路线;又据人传说,鄂姆斯克政府,夺取了约三十七万石小麦——三十万为饥饿的俄罗斯人所必要的小麦。彼底报酬,就是用这小麦造酒,以作醉昏人民之用。

第三

"苏维埃政府,不是拒绝偿还国债吗?"

是的。因为联合国取敌对的态度,所以苏维埃政府对于这些资本主义国家,宣言废弃国债。

一九〇六年至一九一〇年之间从法兰西和英吉利那里借来钱的人,不是俄罗斯底人民;是俄罗斯底皇帝。俄国皇帝,把这笔钱拿来大大扩张军备以压迫劳动者。他用这笔钱,把三十万男女小孩投到可怕的西伯利亚底矿山和监狱里去。于是俄罗斯底社会主义者们,就豫先宣告:如果到了我们一旦掌握政权的时候,我们决不偿还这笔用来压迫我们,杀害我们,叫我们坐监牢的金钱。现在他们果然这样做了。

第四

"听说劳动者底苏维埃,不信用智识阶级及上流阶级,是不是真的?"

他们不信用所谓"支配阶级"。劳动者和农民,都这样说:"从前我们辛辛苦苦地奴隶般地劳动,把社会里一切事情都随你们底意思去做。但是你们所造成的世界,究竟是什么世界呢?那不是充满"斗争""残虐""贫民窟","可怕的贫乏"的世界吗!

在专制政治·官僚政治·军阀政治未倒以前——一九一七年三月革命以前,智识阶级,曾做过劳动者底朋友。可是一到了革命渐渐带了"劳动阶级底社会革命"的性质,他们大多数就反对革命了;从学者,专门技术家算起,到医生,看护妇止,都反抗劳动者底政府;就是资下级反抗的人,也消极地行"怠工手段"以妨害劳动者底政府。但是智识阶级中少数革命家,却是始终同劳动者协力,担当革命事业的。

第五

"苏维埃政府解散'宪法制定议会',不是无理的事吗?"

那是因为只有这种办法可以救得"俄罗斯"和"革命"底缘故。亲眼看见当时情形的观察者,差不多都如此说。在宪法议会成为死活问题的时候,为拥护彼而行示威运动的人,仅仅不过一万五千人。这件事实,拿来当作宪法会议不合人心底证据,比什么都好。从反面说,如果彼是苏维埃底死活问题,恐怕就有几百万民众为拥护彼而起示威运动。不,决不仅如此,他们一定为彼而战而死。

第六

"苏维埃政府,不是同德意志帝国讲了和吗?"

俄罗斯底劳动者,告诉德意志底劳动者们说:不要向新俄罗斯劳农共和国底领土进军。几千德意志劳动者,因为拒绝进军而被上官射死;德意志底主力军,又向着莫斯科及彼得格勒进军。加以德意志政府又声明:在苏维埃政府未调印于蒲拉斯脱·利特富斯底平和条约以前,决不停止进军。形式紧迫了,此外没有第二条路可走了。列宁也说过:那是"可耻的"平和,"盗贼的"平和,"杀人的"平和。然而结果,苏维埃政府终不能不调印于这种可耻的平和条约。于是俄罗斯底劳动者就愤然而起地说道:"从前的军队,已经没有了。现在我们要组织新的赤军。我们要努力使德意志起革命。如果半年或一年当中不起革命,我们就要向德意志进发我们底赤军"。他们说了,他们就着着组织起新的强的赤军。可是德国,却不待他们使用赤军而就是革命了。

第五章 劳农俄国底代表人物

(一)列宁

列宁生于禾尔加河岸底西姆比斯克,时在一八七〇年四月十日。他是贵族底子弟。他十七岁时,他底哥哥就因图谋暗杀俄皇而被处死刑。哥哥被处死刑之后,列宁更非常爱那可怜的母亲。季诺维埃夫说:"同志列宁,虽在被'沙'(俄皇)政府追放出来□亡命生活的时候,也当抛弃一切忙碌的事,特地到瑞典去访问母亲。以愉快伊底晚年。"他底母亲,死于一九一三年。

列宁曾进过西姆比斯克中学。这中学底校长,就是克伦斯基底父亲。后来他进彼得格勒大学,得学习法律和经济,得法学士底学位,做了律师。他虽做了律师,但法庭上却只到了一次。不久,他发表了好些关于马克思主义的很好的论文,就忽然成了有名的人。此后他底生活:或者被流放于西伯利亚荒野;或者在巴黎学言语学;或者亡命于瑞士著述政治上经济上的书籍;后来又到了伦敦而做了多数派(即现今的共产党)底首领。一九〇五年革命底时候,他急急地跑归彼得格勒,不幸忽然就遭了流刑底惨境。在欧洲大战勃发的时候，他正在奥大利向劳动者努力宣传。

一九一七年四月四日，列宁回归俄国了。他底火车一到了彼得格勒，彼得格勒底民众就大大地欢迎。他向劳动者和兵士叫道："你们已经干了这回革命了，那是你们底东西，你们不可让彼被人家横领了去。你们要将权力拿在自己手里。"到了资本家已经显示无力运用俄国政府之后，工人·兵士·及农民，就都听从列宁底忠告，将政府拿在他们自己手里了。他们推举列宁做他们底首领，以至于今日。

列宁恐怕是全世界最被憎恶同时又最被爱敬的人。多数民众，对他都表示非常的亲爱；从前的贵族，地主，资本家，对他都表示非常的憎恶。那些憎恶他的人，几次想用炸弹手枪去弄杀他。暗杀者底子弹加在列宁身上已经两次了。可是他却仍旧活着，一面微笑一面宣传社会革命及其工作底福音。他每天做十八点钟的工，非常热心。他这样热心刻苦地工作，为的是要想替民众创造一种万人幸福的新社会。到了达到那种新社会，劳动者底工作时间就可大大减少，每天四五点或二三点钟就够，多余的时间可以利用在精神生活上去，如音乐，美术，科学或旅行等。

列宁相信这种时代离今不远而且不久定可实现。他现在正为实现这种时代而努力。

(二) 托洛茨基

一九〇〇年，托洛茨基监禁在奥兑沙底牢狱里。监禁底原因就是因为他招集劳动者在森林中要想组织劳动组合。刑期一终了，他又做他原来要做的事。这一次，就流放到西伯利亚去了。他脱逃了两次监狱，有一时候他驱使驯鹿踏过北极冰雪之间至五百里。他是一个友敌惧怕的人。奥尔亨关于他的事有如下的话："他在挪威所住的房屋，是同贫民所住一样的房屋。他底房屋比一礼拜赚十八元的美国劳动者还更贫弱，连娱乐所必要的家具也没有置备。托洛茨基一生，是在贫乏中过活的"。但是他底精神，却常常丰足，很热烈地燃烧着。就是在俄罗斯密探从这国追到那国的时候，他底精神也决不沮丧一点。一九一六年他到了纽约。革命一发生，他就动身回故国了。英国政府在哈里法克斯捉住了他，但他终达到彼得格勒，受了劳动者的大欢迎。

他行到蒲拉斯脱·利特富斯，在德国将军面前骂他们为盗贼，为杀人者，为帝国主义者。他对他们说："你们是用剑写在活国民底躯体上的。你们虽已伏着铳剑之力使这平和条约调了印；但你们要小心，总有一日要由我们底赤军或德意志国内底革命军而使你们倒灭"。

托洛茨基底话是不错的事，实已经验了。他现在正做陆军人民委员。

(三) 鲁那查士基

鲁那查士基是俄国著名著作家之一人，也是著名文学家之一人。他说："我们最大目的是启蒙事业。教育费不可不使他多"。今天俄罗斯的小孩子，都已在公立学校里受教育了。私立学校，已经废止了。

关于教育事业帮助鲁那查士基的，有俄罗斯最大小说家之一人高尔基。鲁那查士基，现在担任教育人民委员底职务。

(四) 郭伦秦

郭伦秦出自旧俄罗斯名家。伊从小就参加革命运动，以致被追放出国，漂浪国外，就是在美国也居过数年。伊底学问多从自修得来。伊底教养是极深而且很广的。伊能够自由操十三国语言，可算在第一流的雄辩家当中。伊在十一月革命后，就担任社会事业人民委员底要职。以后每天做十六点钟工作，非常刻苦劳动。伊底手腕和精练，都很使人惊异。伊是俄国有名的社会学者，著了许多关于母亲和儿童的书。伊现在担任俄国社会事业人民委员。

（五）齐趣林

齐趣林是俄国外务人民委员。他生在旧俄罗斯外交家底家里。他虽做了俄罗斯底驻英大使，因讨厌那种纵横捭阖的旧式外交，故抛弃职务而加入布尔色维克。

"列宁·托罗茨基·鲁那查士基·郭伦秦·齐趣林等人，属于哪种党派？"

他们属于普通叫做"布尔色维克"的共产党。

"布尔色维克是什么意思？"

布尔色维克，在俄国是多数派底意思，是对孟雪维克（即少数派）而用的话。布尔色维克，今天差不多已成为得了全体劳动者援助的党派；他底真党名叫做"俄国共产党"。

"俄罗斯底劳动者，为什么拣共产党做他们底指导者？"

别的政党当中，雄辩家也有，学者也有，就是真实的人也有。可是他们对于人民所要的东西（即土地·平和·工场），却只嘴上说说给与人民罢〈;〉了而布尔色维克则不然，他们实实在在将这些东西给与人民了。其次，别的党派都想同资本阶级妥协以施行政治，而共产党则不然，他们已将一切权力归劳动者和农民底代表苏维埃了。又其次，别的党派对于资本家和大地主都主张任其存在，对于劳动者和农民底生活只想稍微改善一点；而共产党更不然，他们已将资本家和大地主底阶级完全废除了。以此之故，俄罗斯底劳动者就推选共产党为其指导者了。

(《先驱》第十三号，1922年11月7日)

47.《俄国革命之历史的两大教训》(《晨报》，11月7日)

《晨报》刊登涓泉的《俄国革命之历史的两大教训》，全文如下：

俄国国庆日感言

自有史以来，人类之政治的，经济的，艺术的生活，受影响之最深且大者，厥唯法兰西与俄罗斯二大革命而已。法兰西革命为推翻帝皇政治，建设民主政治而生；俄罗斯革命为打破阶级的民主政治，实行全民的民主政治而生。二者在历史上之价值，本无轩轾。即由人类进化史上言之，法国革命为俄国革命之先导，俄国革命为法国革命之后果。不有法国革命无以创俄国革命之局，不有俄国革命无以完法国革命之业。盖人类思想本随时代而进化，而其进化之迹，又有一定之程度，不能躐等而求，此吾所以举一者相持而并论之也。

溯自法国革命以还，世之迷信阶级的民主主义者久矣。凡国之遭遇政治改革者，极奉法为圭臬。以为法之政治，登峰造极，蔑以加之矣。迨俄革命之后，宛如青大霹雳，始知向之所谓民主政治者，不过为一阶级独揽之政治，而其他阶级则蛰伏于此支配阶级之下，听其统治，任其宰割，莫敢撄其锋而批其鳞，以视曩日之帝皇政治，其相去特百步五十步耳。此俄国革命所以于今后人类之政治的，经济的，艺术的生活，有重要之意义也。

俄国革命之方法，及现时之设施，虽有为吾人所不能赞同者，然其实行全民政治之主张与夫勇往迈进之精神，诚不能不使人心折也。吾今请略述其历史的两大教训，俾读者咸了然于俄国革命之价值与意义，而知所取舍焉。

俄国革命之结果，使吾人深刻感觉现代社会组织之缺陷。现代社会组织，以金钱为中心。"金钱即正义"，凡有金钱者，便可参与政治，运用政权，虐使他阶级之劳力，以增殖其本阶级之利益，钳制他阶级之言论，以保持其本阶级之势力。使社会上一切制度，悉纳诸金钱支配之下。曰教育，曰婚姻，曰艺术，亦莫不受其指挥。金力愈厚者，权力亦愈大。而吾灿烂堂皇之社会，遂一变而成为铜臭世界矣。俄国革命以来，人人知金钱决非人生终极之目的，一国政治决非有金钱者所能独揽。一扫数千年来崇拜金钱之心理，推翻一切以金钱为中心之组织。此实与法兰西革命打破帝皇偶像，推翻贵族政治相似。特俄之理想，较法尤近于真理耳。此俄国革命之历史的教训一也。

现代社会，向有贱视劳工之习。人人以工作为最下流最可耻之事，驯致养成今日无数高等游民之怪象。凡一社会之能否健全发达，当视其分子能否通力合作为断。譬如一家，父兄勤劳操作，而子弟嬉游度日，则其家未有不败者。试问以大多数之游民，寄食于少数之劳工阶级，则其社会尚有发达之望耶？俄国革命首树"劳工神圣"之职，使人人知工作为天赋的义务，非有工作不得食。不工而食，不独为道德上之罪人，且受法律上之制裁。于是人人对于工作之观念为之一变。由此以往，"劳工神圣"之信仰愈深，则工作之范围愈广。而昔日不正常之寄食，皆将绝迹矣。此俄国革命之历史的教训二也。

右述仅举其荦荦两大端而已。而二者皆为今日社会之根本的缺陷，此而不图，则改造无望矣。故吾特举以告读者，若夫俄国实现此理想之方法之是非得失，则非兹篇为所能论及也。

(《晨报》，1922年11月7日，署名 涓泉)

8日（星期三）

48.《第三国际与远东民族问题》(《向导周报》第九、十、十一期，11月8日、15日、22日)

至15日，《向导周报》第九至十一期，发表了共产国际东方部部长萨发洛夫在远东劳动人民大会的报告《第三国际与远东民族问题》，对列宁的东方革命理论与远东实际作进

一步的诠释。全文如下:

同志们,全世界的资本制度是再没有比现在更飘摇的了。

一九一四年到一九一八年的这场帝国主义大战,凡作壁上观的或只略为参加的都收了渔翁之利。这番大战,一方面固然毁坏了欧洲一大部分,把欧洲资本制度的根基都摇松,一方面在美国和日本,却因为欧战的缘故,工业上大大的得了发展。查一查日美对外贸易统计表,就可以知道。大战期内,日美资本主义工业莫不突飞猛进,没有人不相信他们确实能享用胜利的果实,而确实是帝国主义大战中的胜利者。可是慢慢的,危机来了。一九二〇年三月,日本的全工业界就起了恐慌。对外贸易突然低落,重要的银行,破产的无数。这恐慌是从日本的缫丝工业中起首的,立刻蔓延到北美洲的合众国。于是资本主义最兴盛,原料最丰富,生产力最强大的美国,第一回看见他自己拥了六百万失业的大军队。据最近的报告,美国的经济情形仍是一点也没有进步。

帝国主义战争既把欧洲资本主义经济的基础掘空了,所以日美帝国主义不得不连带着下水。全世界资本主义的经济业已失掉平衡。一方面是无限制的生产,而一方面,因为欧洲颓败,有多少市场可以给美国销售货品。如是资本制度的基础算是狭小得多了。第三国际第二次大会曾议决一个关于民族和殖民地问题的特别决议案,这决议案清清楚楚的说,欧美帝国主义政策不但摧残全劳动阶级就是农村小资产阶级也会遭蹂躏的,而且资本主义必定也要维持劫掠的殖民政策,设法征服未经发展的大陆,争夺新殖民地。

既然帝国主义的大战和战后的资本主义危机先后把资本主义生产的基础弄小,殖民地问题就不得不变成帝国主义的世界政策之最重要的问题,远东诸民族既然足供帝国主义竞争和抢夺,自然众目睽睽,都注视到远东来了,为的要利用远东贮藏丰富的天产和低廉的劳动重建他们在政治上经济上的帝国主义的威权了。资本主义这样的危机,是从来没有过的,资本家这样贪得无度亟图抢掠也算无以复加了。

第三国际第二次大会的决议案,直捷[截]了当的说,资产阶级德谟克拉西的一切民族形式平等的口号,所谓各国民族不问是工业先进国或工业后进国或独立国,殖民地,一律平等的观念,简直是一种诳语,第三国际的决议很指摘这些诳语,揭破那用伪德谟克拉西语调遮盖的诡谋。

本会远东各国代表报告他们国内状况的时候,和讨论季诺维夫同志的报告的时候,各位同志已经很深刻的把资产阶级德谟克拉西的所谓一切民族平等的口号,是个什么东西,描写得明白极了。各位同志已经说得很清楚,民族平等在资产阶级社会中,是怎么一回事。在资产阶级的统治下面,〈在资产阶级的统治下面,〉决不会有民族间的平等,因为强大的资产阶级国家常常想去臣服被压迫的民族,就是强大国家的资本家常常想掠夺工业后进国,以后进国的廉价劳力,略[掠]取后进国的天然富源。而尤其要紧,不可不在本会中格外提及的,更要促起大家注意的一桩事实:就是去把[巴]结全世界资产阶级和把[巴]结帝国主义强国的法门,并不是救助被压迫民族和半殖民地的道路。诸位中间有好多人,一年或十八个月以前,曾信赖巴黎和会,盼望这班帝国主义强盗中的一派或那派去帮助他们的，现在都到我们这里来了，他们现在已经觉悟向这般强有力者呼吁求助的无用了。我们要知道，凡压迫他民族的民族，自身也决不能得到自由；希望一个资本家或地主的政府能够把像日光，面包，空气一样重要的自由，给与[予]被压迫民族，那是没有的事体。

同志们，国际共产党素来与资产阶级的政客们处在对抗的地位，也与欧美资产阶级列强处在对抗的地位，现在向被压迫的民族宣言说：只有你们自己能解放你们。但是你们要得解放，就非和国际无产阶级并肩前进不可。国际无产阶级正在争夺他自己的社会自由，他们彻底明白，要打破全地球上资本主义的圈套，要在全地球上建立起无产阶级专政的政府，现在的力量还不够办到，非把人类中最后进的一层人，最不觉悟的无产阶级，最后的人类生力军，都唤醒过来，加入这争自由的大斗争不可。世界的帝国主义已经把日本，中国，高丽，蒙古，满洲的运命和利害连锁在一起了，要是不与国际无产阶级连络着来共同作战，这些国家没有那一个能够独力得到自由和独立的民族发展。要明白这一层，我们须先把这些国家中的现状审察一番。

远东各国，大多数是工业后进国，在资本主义发展的路上不过才走最初步。还顶着外国的压力在外族战胜国鞭策之下走这资本主义路途上的初步。这些国家中间的大半是农业现状，是小作农私有制度。忽然外面闯进来了一些海盗，到他们国里去，要剥削他们。那些后进国里又有一种习惯，经过多少世纪的传袭，已把所有劳苦人们的手脚都缚住了，又把他们一切自由和独立发展的机会都阻抑了，简直不能发出一种自觉的势力。工业先进的资本主义便利用中国，高丽，和其他远东各国的中世纪式封建制度去剥削他们的天然富源，多量劳力和原料，以为肥润他们自己的用处。把远东被压迫民族的社会和经济发展的步趋弄个明白，是个个共产主义者，个个革命家，个个诚实的德谟克拉西派的责任。

第一：中国本国的资产阶级不过在欧洲资本和本国市场中间做一个媒介物。中国商人是一种买办，欧洲资本家靠他们在本国人中间，在无知无识的农民中间去经营商业，去帮着破坏维持几百兆人民到现在的本国工业。外国的资本，像一种太上制度，威压在无数后进人民和后进劳动群众之上。来参加讨论的中国南方代表，曾告诉我们，中国的国外资本怎样逐渐地括尽劳动群众根本的生存之源。那位代表曾给我们各种工业的详细报告，并且说明他们被外资摧残到了何等地步。外资捉住了一个工业后进国并在那里巩固他的威权后，一种分工就出来了，贵族的欧洲人的工作和后进的本国劳动群众的工作，简直有天壤之别。中国人将永远成为牢缚在土地上的农奴，他把最后的所有物送给村上的盘剥者，由这盘剥者再把他的血汗送给外国资本家。本地的手艺人必须丢弃他的手艺，他那原始的器具要和欧美大市场中的制造家竞争是不行的，因为这是资本主义社会的法则。这些手艺人，这些破产的农民，于是失掉他们经济上的根本，只得过一种穷苦无告的生活，成为一种半无产阶级，成为一种在欧洲帝国主义宰制之下不能改良他们的贫苦人们。

欧洲资本，把重要的海港，重要的内地交通，重要的政治中心都握在手里，他的权力已经遍处皆是。要证明这种资产阶级的宰制，我们是不妨举出那些在中国根据于所谓治外法权而演成的种种割让来做例子。外国帝国主义把可攫取的都攫取去了，一切政治上经济上机要的权利都被他们攫取去了。外国资本已经把受压迫群众的命运操在手里了，要强迫他们照了他自己的意思去工作。资本主义在外国是尽了一个极大的促成革命的作用，他把散漫的群众聚到工厂里，教他们尽力操作，把他们组织起来，把革命的精神染给他们，然后教他们为自己的利益作战起来；但是在被压迫的民族则不然，资本主义并不开发后进国的工业，不过处处注目在把他们永远监在这种不开发的境地而尽量吮吸他们的原料。在欧洲，资本主义曾把农民变成无产阶级，但是在殖民地，他夺去了他们的生计，使他不得做有用的工，只得流为盗寇，靠劫掠所得去奉赡他的身家。在高丽，在中国，这种情形是实在而且普遍的。从这里面，正可完全暴露出欧美国际资本主义的自私心呵。他们的目的，不是在发展未开发国的工业，反而是在用种种方法阻碍这些国家的工业的发展，丧失大【批】群众的生命膏血，使他们劫掠利益永远继续。所以当这些国中资产阶级民治主义革命党的代表希望在巴黎和会和其他同性质的会议中得到帮助的时候，他们是没有一次不遭过厌恶，藐视，并对于他们利益的完全不了解的。他们的所以不被了解，因为组织这些会议的代表，正是从一个只知道侵略这些国的阶级中选出来的。中国现在的情形就是这样：几个政系维持了一个封建的无政府局面，这情形是从一九一一年起直继续到今日的。中国封建制度取一种军阀官僚组织的形式，这种组织，统治一种家长式的小农经济制度。他们常常内讧，外国的资本主义就故意挑拨，鼓动这些国内战争，好把中国弄得四分五裂而在战争中及战争后取得利益。

日本政府的对华政策是一种不知羞耻的强盗政策。要晓得这种公开的武力政策，很可以把帝国主义大战开衅以前日本"黑龙"党内一个黑白爱国团所发出的公文为例证。日本有名的帝国主义政策领袖们在这公文里不要脸的公开说着："我们必须立刻设法使中国的革命党，帝制派和无论那种的不满的分子发生扰乱，扰乱起来，就可以推翻袁氏政府。"

"同时，我们必须在中国人民的上级人物中间，选出一个最有势力的人来，帮助他平定内乱，建立一个新政府。要做这件事，我们非用自己的军队不可，假如我们的军队能对中国人民的生命财产秋毫无犯，那么要他们承认一个愿与日本联盟的政府是不难的事。"

"要挑拨内乱，现在正是一个机会。现在我们缺少的只有经费。但是日本政府假如肯利用这机会拨出一笔款来，那么暴动立刻就会起来的。以后，我们底政策就可以进行，就很容易达到目的了。可是欧洲风云日紧，开衅在即，要做须赶紧做了，因为这种机会真是所谓千载一时，坐失了是不会再来的。"

"在研究中国政府的现在形式，我们必须考虑共和式政府适合于中国人民的需求到什么程度。从民国成立到现在，我们只听见处处的失望怨恨这共和的政治。就连那些起初赞成共和的，现在也承认他们自己错误了。所以将来假使维持这种现在的政府，中日亲善的目的是难于达到的。其理由如下：自从民国成立以来，一切共和的根本原则，一切道德，一切社会目的都和君主立宪的根本原则和目的相冲突。一切法律一切行政都是不同的性质。所以如果日本利用现在的机会，中国势必改组他的国家组织，模仿日本的样式，只有这样，远东问题才能达到完满的解决。假如这样，那么平定了中国内乱之后，不但建立了一个新中国政府并且在亚东大陆上建立起一个大陆帝国来，而且这帝国是处处和日本的现行制度相合的。日本对华政策，是求中日两国的永久结合，果能达到以上所说，岂不是一举两得的事么？"（Der Neue Orient. Vol. V. No. 7/8. Pages 234-235.）这些人，说话倒是很老实的。他们底侵略政策还不曾实地经营，或者不如说，还不曾大规模的布置起来，已经把心里的话说出来了，于是把日本政府和日本帝国主义的计划披露出来了：怎么去引起扰乱，怎么去阻止一个有规则的经济发展的一切可能性，并且怎样去取得这受压迫国家里的天然富源。以后出来的事，便是这计划的直接结果了。他庇护中国民族中的渣滓——强盗分子——和督军，使他们延长内乱，造成民国的破坏。国民党的代表有一句话是把中国北方一九一七年忽兴忽灭的那个北京政府描写得很好的。他说："这些人，什么事也不做，只晓得坐坐汽车，借借外债。他们的第一件事，是卖国，一点一点的卖给外国强盗；他们的第二件事，是每天，每小时，每分钟，他把自己卖给外国强盗"。

自然用不着说，扰乱中国的军阀强盗后面，有外国资本家像走棋一般地在那里把他们搬弄，日本帝国主义用我上面所引的那样老实那样不要脸的公文表出他自己的意思，也是不足怪的。日本帝国主义的利益驱使着他们做出来。由日本到中国的输入，一九〇八年是五十二兆（一兆等于一百万）两，一九一七年增到二百二十一兆两。一九〇六年，由日本输到中国的货价等于全输出量百分之十四，到一九一七年，增加到百分之四十二，差不多增了三倍。一九一七年以后，日本对华输出更是增加不已的。这是趁着其他各国的强盗顾不到的时机，赶快在满洲，在中国北部，建立日本的势力范围，也无非是日本的帝国主义有许多烂货销不掉，要来趁趁机会。欧战兴起，日本本想牵着中国加入战争（？）过一刻，说是嫌中国贫弱，便老实不客气代中国来担任那个高贵的使命，说是为保护中国的利益，对德宣战，实在不过是一种帝国主义侵掠的外交诡计罢了；便是这诡计的证实。占据山东。

外国资本主义侵入工业后进国——如中国，便造成惨酷的劳动状况，在工厂里面，在各种工业里面，本土工人的待遇，惨酷到极点。譬如一九二〇年在两个雇用六千工人的最大铁路工厂里面，有百分之三的工人死于肺痨症，矿工之死于肺痨症的达到百分之九。看了这样的事，人总要以为日本资本主义和其他的同类既然在工业后进国中造起了这样不人道的劳动状况，那么对于他们本国的劳动者总要待遇好些了。岂知不然：在日本，每一千妇人中每年有二百六十六件肺结核案，和二百十七件其他的结核菌病案发生。在丝职[织]工业中，每千人中有三十四件肺结核和四十七件其他结核病菌案；在纺织工业中，肺结核者有二百一十；其他结核有二百八十。在麻丝工业中，肺结核有一百十四，其他结核也有一百十四。可见那些从中国劳动群众中括去的血汗并不是拿去润益日本的农民和劳动者的，全归到日本资本家和地主手里去了，他们是打劫别国肥润他们自己的，而且从这肥润之中使他们更能用更野蛮的手段去剥削他们自己的工人和农人的。现在，日本的工人和中国的工人中间，死亡率渐渐增加到可惊的程度了。看到这样，我们又要想起马克思描写初期资本主义聚敛时代所引述的话了。

现在生原料这样缺乏，全世界都喘息在穷乏下面，尤其是金属工业方面一无所有，自然怪不得英美法日的资本主义都要看着中国眼红起来。我把全世界存煤总数念给你们听听：美洲的合众国，存煤有3,838千兆吨；坎拿大有1,234千兆吨，中国有996，德国有423；英国本部有189千兆吨。可见数国之中，若专拿煤讲，美国是最富。同时，你从表上可以看出，一个中国所藏的煤比全欧洲还富两倍。英国做了几十年供给欧洲工业的煤矿，德国因为产煤富，能在工业场上突飞猛进，但是这两个所共有的煤却不过中国的一半。而中国呢，产煤事业刚在开始，而用的又是原始的方法。一九〇〇年，产煤额止[只]达五百万吨，一九一七年才有二千万吨。中国工业，只是现在才开始建设。

一九一三年，采一点西法的工厂和作场，数目止[只]有一千九百十三个；雇用的劳动者，只有630,962名。在21,713件企业之中，有347个是装着机器的，其中298个用的是蒸汽机；此外用电力摩托的有一百四十一个，用各种其他发动机的事业有二百一十二个。男的劳动者数目是478,000，女的劳动者数目是212,000。到一九一三年末了，公司可以说是经营实业的，有三百六十五个了，投资总数是69,857,000元，1,857,000元的后备费在外。据最近的统计，中国的工厂和作场企业可以分作以下几支：

农 具 厂	六、〇三〇家	雇用工人	三四、七四五
纺 织 业	四、六五二：	…………	二四九、三二四
食 物 业	六、一七五：	…………	一八一、七三九
纸及印刷业	二、一三四：	…………	六四、三五二
金 属 业	一五八：		四、〇四九

(Der Neue Orient, Vol, 11 No2. Page1o)

这些工厂中间，凡属本国人开的，用的大概是手艺人。凡属大规模的工业都在外国资本家手里。假如我们由经济的观察点来观察中国，我们不得不说他，在工艺的发展场上，前途有无限的希望。世界上没有一个别的国有这样的天然富源，世界上没有一个别的国像中国一样人口繁密，更没有一个别的国家像中国那样惨酷的被掠夺，除非除开印度。美国和英国的资本主义，对于抢掠中国的资产原料是一样的关心；可是对于发达中国的实业都是一样的没有关心。例如，华盛顿会议和会议中成立的四国同盟，不但是我们共产党人，就那是[是那]中国资产阶级派出来的代表和资产阶级民治派，也不能在那一方面有半点希望。中国的工业和中国的资本主义是不能靠外国的资本主义和美英日的资本主义的扶助来发展的，因为这件事不是这些强国的利益所在，因为这正是和他们的殖民地政策及资本主义的利益相反的。

我们现在还是来打算打算那些放在中国劳动群众前面的事罢。放在他们前面的第一件事便是免去外国人的束缚。凡是中国的政客，若有和无论那一个帝国主义携手的形相暴露时，不但共产党人有严加攻击他们的责任，个个有良心的中国民主主义者都有这个责任。同志季诺维埃夫说得不错，中国政治家中现在有不少亲美派。他还有一句话也说得不错的，就是中国的资产阶级也没有想靠英美日资本主义的帮助挤到列强位置的心思。因为尤其是美国资本主义，他的利益所在只是把中国利用作一个劳动蓄积地和原料取汲场，所以这种希望是成立不起来的。中国现在的第一件要事就是举行一个有力量的争斗去推翻那些在国内支持着封建式无政府状态的势力。一切中国的民主主义者必须联合为中华联邦共和国作战，而且他们决不可以只在上级社会——就是所谓智识阶级——中活动为满足，他们必须直入群众中间去，在一个能减低生活费的民主主义政府的标语下鼓吹，活动。无论那一个钻营谋利者都是想抢劫中国的农民，中国农民是被外国资本家，日本官吏，中国督军和地方上放债人抢掠剥削。现在第一件要事就是去唤醒这一班群众，他们是中国人民的主要成分，他们是中国的柱子，若不唤醒这班农民群众，民族的解放是无望的。假如不唤醒农民群众，不告诉他替代这些毁坏国家的并为未来中国人民掘着坟墓的苛政重税而设立一种一律的税则并且设立被人民选出和为平民负责任的政府，单是几个劳动小团体和资产阶级民主主义急进分子是成不得什么事的。假如不这样决不能希望什么结果。中国的农民渐渐也在欧洲人所有的耕植地上受欧洲人的剥夺，在本国地主的田地上的，是受地主的剥夺，他们利用他们的土地所有权，来剥夺农民佃户。我们必须提出土地国有和重征外国租借地的租税等呼声。这不但是共产党的呼声，凡属真想替这广大群众做一点事唤起他们来革命的民主主义者都应该主张的。资产阶级民主主义者应该知道不由这种呼声博得【广】大群众的同情，要革命，要推倒外国人的统治是永远不成功的。在这一件事上，是不该有疑问的，是必须充分了解的。现在中国劳动群众和群众中进步分子——中国共产党——当前的第一件事便是把中国从外国的羁轭下解放出来，把督军推倒，土地收归国有，创立一个简单联邦式的民主主义共和国，采用一种单一的所得税。他们必须为那一面做督军们的牺牲者一面被当做炮灰的中国农民【广】大群众建立一个联邦的统一的共和国。

  中国的劳动运动是正在学步的时候，我们不在最近的将来造空中楼阁。我们不希望中国劳动阶级立刻就得到那日本劳动阶级所能在最近的将来得到的指挥地位。但是青年的中国劳动运动是在一天一天长大起来了。现存那些根据于同业偏见或各方面都显出旧行会组织的团体必须重新组织——使他们成为纯正的无产阶级的团体，这是第一课。我们必须极力反对用工头制的旧式掠夺方法，因为他已成为资本主义掠夺勾当之直接先锋。同时我们必须明明白白的说：中国的劳动运动，中国的劳动者必须踏稳他们自己的脚步，不可和任何民主党或资产阶级分子混合。推开窗子说亮话，我们十二分知道，在最【近】的将来，我们和这些在民族革命组织中组织起来的资产阶级民治[主]份[分]子决不会有若[任]何激烈的冲突的。然而同时，我们必须告诉这些资产阶级民主主义分子说：若果他们要想抑制中国劳动运动，若果他们想利用中国的工会去遂他们零零碎碎的政治活动，想把这些工会限制在旧式手艺组织的精神上或宣传劳资两阶级融洽的论调——在这些范围以内，我们对他们决不饶让。我们是帮助无论那种民族革命运动的，但是也只看他不致向损害无产阶级运动的方向走去，才帮助他。我们定要说：谁不帮助民族革命运动的，是一个共产主义无产阶级革命的蠹贼。

但是同时也要说：谁和无产阶级运动的觉醒为难的，也是一个民族革命运动的蟊贼，谁阻止中国无产阶级站在他自己的脚点上说他自己的语言的，也是一个中华国民的蟊贼。我手里有一张广东中国机器工会的报告，那报告是这样结束的："罗素说：假如有人问我中国怎样可以不用资本主义开发实业，我就要首先答他除非实行国家社会主义"【。】这个工会的代表，本报告的作者，也和这有名的英国哲学家同具一个见解。罗素是腐败的社会调论的和社会主义的代表，我们知道的，中国劳动者必须拒绝欧洲殖民家这种腐败的调和的社会主义的倡导者所指出来的路，而去走全世界劳动者所走着的路——共产主义。我们知道的，不把中国变成一个真真的共和国而在中国谈什么国家社会主义，不过是一种欺骗。劳动阶级决不可自己与中国农民阶级隔离。他非去和他们携手，给他们光明，教育，和共产主义的观念不可。当然的，中国眼前未必能起社会革命，也未必有立刻组织苏维埃的要求，但是同时，苏维埃理想是适合于民众革命争斗和革命民众去压服民治主义势力的最好组织的福音，必须宣传。因为苏维埃是个个国家中劳动群众手里的最好武器，无论他是工业劳动者的国家还是农民的国家。这是近东和中央亚细亚的几次革命运动的经验所能最确信地证明的，这种经验决不能经过远东而不留丝毫影响。

（《向导周报》第九、十、十一期，1922年11月8日、15日、22日）

49.《俄国革命纪念日杂感》(《晨报副刊》，11月8日)

15日（星期三）

50.《赤俄的工人大学》(《少年》第四号，11月15日)

《少年》第四号，刊登《赤俄的工人大学》，全文如下：

在所有"文明"国中享受大学教育是富人的特权。高等修业的年限要如许长，所需费用又如许大，一般无产阶级少年们，他们虽有求学的志愿和才质也是被扰于外的。照这样所有民治派的人乃得将生产阶级贬黜到昏愚的境地。俄国革命因此第一便着手使劳动者得受着高等教育。为这个目的，除开一些共产大学（他的特殊职务乃为造成战斗的人才）外，又有工人大学的创设。

这种大学——普通照俄文"Ralvtak Fakovct"的简笔字称"Ralvtak"——已在九月十七日开过一次三周年纪念会。当一九一八年时，共产主义学生们的活动，在《高等学校直接无产化》的口号之下极其发展，他们且曾建议容纳工人们进入大学。朋友维基锐夫（Vikliev）是这个意思的第一个首唱者。

在那年之末，莫斯科的共产主义学生曾因朋友遂尔（Ter）的建议和指导得有一百个工人学生进入商业学院，于此乃遂创生出"工人大学"。

此后不久工人大学便归入教育委员会的治下，并在一九一九年九月十七日起朋友保克洛夫斯基(Poklovsky)为工人大学的组织及他的进行给了一些规昼。这位老马克思主义学者用极大的注意继续着指挥无产阶级的新高等学校,而创始者维基锐夫也留在那儿做指导者和不懈的建设者。他并曾说:

"为所有的生产部分,养成有教育的劳动者;改变大学听座中的社会组织,无产化了那高等教育。"

这就是"Ralvtak"的责任:"工人大学□□的学生,大概是工厂中的工人,因为没有革命的学问,没有赤化的专门家,无产阶级的权柄将不能在苏维埃制度的社会主义建设工作中巩固着的。"

在我们的见地,事实上给我们预备升大学的中级学校,几乎可说没有。要等他来养成工人学生,那就要长时期的放弃这革命所急需的无产教育计昼的设施。因此工人大学在劳动界中乃收容一些具有粗浅预备的学生。

现在他们的功效已表著出来了,而且更足表彰的是:开创仅不过少数的发起者,他竟能在长时期天灾内乱中发达起来,这些时期,党的机关和国家都忙于保护革命,几乎对这种创设毫无维持的助力,但大家可看下列的数目却说得这么响亮,已指示出Ralvtak增长的迅速了:

年别	校数	学生数
1919	9	2,149
1920	45	14,372
1921	92	40,224
1922	63	29,000

照上表,一九二二年的校数和学生数的减少是由于缺乏经济的缘故。

在工人大学学生当中的工人百分比例,当一九二一年是51.6%,一九二二年是60.5%,其余大概是从田间来的。只要是共产党主义者来进"Ralvtak",不管他们在社会中出身是怎样。到现在"Ralvtak"已有六千学生入高等学校,其中百分之五十五入专门学校;百分之十七升入农业学院;百分之十八入医科;百分之六入社会学科;还有百分之八则入其他诸科。

预计本年"Ralvtak"的升班学生又约有八千人。现在二万九千学生中,有二万五千是由国家供给费用的,四千人是做二合给,上夜课的工人大学享受着极大的名望,照朋友维基锐夫说平均有六个候补的学生等着一个缺额。

照这种情形,我们实在不妨大胆说,在教育领域内,工人大学可算是俄国革命创造事业中的一件为用极大而又极新奇的事了。

(国际通信77号)

(《少年》第四号,1922年11月15日)

51.《苏俄的近况》(《少年》第四号,11月15日)

《少年》第四号刊登《苏俄的近况》,全文如下:

收获——去年苏俄用境内收成不旺和饥荒的影响，他的经济生命颇受了重大的打击，恢复的希望，一时本难实现。所幸今年：收获尚居不恶，计其总数，除去家庭消费外，还可盈余数万万普特（1pood＝16kg）；持此与去年的收获相较，则今年不仅收获好得多多，即一切分配，也因运输机关的进步，随之改善不少，不晓过比之寻常状态；终还稍有逊色。

物税——新经济政策中最重要的事件之一是"物税"。此税在今年收入甚旺，苏俄政府颇信收集这些丰富田地的农产物后，足可用以补充饥荒未复之区域的缺乏。因此，经济的压迫，乃得逐渐战胜，一切增加的活动，乃能给工业上以绝大之助力。

商业——今日苏俄商务上的关联乃在工业。第一他们曾经奢望立他的基础于合作事业上，但既现在他们已走入张六的商业主义之中。从任何方面，都可找出商务的痕迹。政府机关司理买卖，并且讨论和别人交易的权利，规定商务，最后还为国内商务立一特别委员会，包含有最高经济委员会。议和协作苏维埃的代表。有两件已经实施的商业事件须特为注意的是：Nul☐I Nowgoid 展览会和一商业会议。Nul☐I Nowgoid 展览会收效极大，苏俄国家工业会社，许多企业家和近东的商人，特别是波斯人均曾与会。依现在情况，扩充俄国市场事本极难，但展览会和商业会议对此已启发不少光明。此后特须注意的事件，乃便为运输机关问题了。

卢布——卢布的不稳定与商务的进步妨碍极大。在过去的数月中；卢布已进为相对的稳定。政府曾施行许多方法以图保护，如减少新券印行，规定赋税，使预算出入相抵等皆是，但实在的稳定，还须有赖于普通经济地位的改良。

就全体论，我们可以说苏俄的内部状况，自从去年以来已大见进步，新经济政策已与以无限希望，但无论如何，我们一方也应承认许多政治上的危险为列宁所曾预料到的确已发现过了。其最善的救济方法乃为坚持社会化的生产政策，即亦而国有资本主义。

工联——苏俄工联运动的经济要素已因经济的复苏兴起。自从新经济政策实施后，八月中共产党会议曾将工联活动第一期的表格排列出来，其结果颇称满意。因自愿加入工联的踊跃，其地位益发扩大，其所失仅居极少数目。去年组合员，今年取得党证的现已居百分之九十至九十五。工联必成为共产主义学校与工人保护机关。他们对于工资价格的安定，劳动保护方法和社会保证尤为重视。

协作——协作事业在苏俄颇不能满足公众希望，或者因大家于其开始时希望过奢所致。实在说，他确已做出许多进步来了。其在工人与农夫中间的关系，已由消费协社为之保证，为之联结起了。当共产党最近合议未开之先，有些朋友曾要求工人协社与普通协社分离，结果则党中竟另决一议以为：工人协社必须影响于全部协作运动，在现状中消费协社与农业协作社实足引起吾人全部的注意。

俄共产党最近的会议——在会议中俄党颇重新经济政策实施后所发生的有产阶级的发展问题；于此，党中曾加界说为"我们得到经济之凯旋后，仍当续造为政治的攻击。"这并非说他们仍将重循旧道，新环境当求得新式方法。小资产阶级份子已从中作怪，他们想借着武力推倒劳动会议制度，以求得到立法活动上的可能利益，门赛维克(社会民主党的少数派),社会革命党等全希望新经济政策将转使有产阶级国家复活。他们的能力颇足使人惊异,工人阶级为抵抗他们起见,很器重地保护此政治事业的趋向,并主张置其首领于理谕的领域。季诺维埃夫(Zinoviev)于大会时亦曾提出各种实行的办法,其中,社会主义学院的活动,有革命思想的中央图书馆,大学红色教授的养成,新闻机关的改善,党校的增进,马克思主义研究会之工作的扩大(特别是在乡中)等等皆是。至关于苏俄政府可以用以抗小资产阶级中的有智识的代表的压制方法尚未除外,因为他们的反革命运动实在危险。最近他们中的多一部分人非出亡在外,便多窜入北部各省。

社会革命党人的审判——此审已坚执其恐怖的问罪方法于公共意见之前。在有产阶级与改良派的新闻机关中亦颇能表示因此审判反革命的社会主义者与有产阶级两方竟有被迫而成统一前敌之势。现时社会革命党人背后的真实力量纯在巴里。

俄国教会的改良——自从反革命的僧侣和长老为其自身的缘故,托辞开发灾荒实欲收回庙产而会和后,其结果适得其反。活着的教会的会议已指明俄国宗教再生的道路本来很多的主教都是来自华贵之家的;但现在的活着的教会却都是些小僧侣和些农人。他们已不能再用古来神话的传说来兴风作浪了,且他们在会议中也有几个重要决议,如要求教会的最高管理权成为僧侣的民主化,僧院移作劳动会馆等等,最后此活着的教会又复取消托尔斯泰的破门令。在会议中,也曾显著地分出两种倾向,不久或更将分裂。不过无论如何,从他们这种迁就乞怜的行为上看来,已知他们于反革命运动中,实无能为力了。

(《少年》第四号,1922年11月15日)

12月
1日(星期五)

52.《无产阶级革命的俄罗斯》(《少年》第五号,12月1日)

《少年》第五号,刊登"伍豪"的《无产阶级革命的俄罗斯》,全文如下:

世界革命的钟声自从在北欧之野响起来后,到现在整是五个年头了。在这五年中,俄罗斯无产阶级努力创始的功绩和孤军转战的精神,很值得我们与以极大之注意。现在我们当这五周纪念声里,特将往事追论一番,此盖不仅能使我们知而生敬,且更将闻风兴起,好来完成这世界革命的伟大工程。

十月革命[①]

十月革命的使命

在过去历史中,革命的事件本屡见不一,最大的如法兰西革命,美利坚独立,也

[①] 十月革命乃指俄旧历十月二十五日说,是日在西历便为十一月七日。

颇能震动一时，各有其历史上的相当价值，但一持与俄国十月革命相较，则广狭远暂的不同，又不难立见。前二者革命的范围只限于谋各个民族的有产阶级的利益，而后者便转向全世界无产阶级身上来了。有产阶级的革命，他对内要推倒封建制度或君主独裁政治而建立民主主义的代议政治，垄断资本，运用工业革命后的科学能力来图私利，对外和侵略的政策，以维持其本阶级在国际间的优越地位。如此情形，支持了一百多年，现已□入到他的崩溃期了，过去四年多的大战，近四年的世界破烂情形，便是他的实证。恰巧在这期中，俄罗斯的无产阶级革命便应时而起，这个革命所负的使命整个与民主革命相反，在历史上只有一八七一年巴里共治团能取来与他相比，只是巴里共治团不过是无产阶级革命史上的一朵昙花，稍现即灭，而俄国十月革命确为全世界的无产阶级奠定了革命始基了。再，十月革命之所以能与旧日革命相异的，乃因其立足之点在于全般的社会革命，而非仅限于一国一种一阶级的革命．无产阶级革命起首，本含有阶级争斗重大意义，且因其发动于一种民族，战国力的运用，也正不可缺少，但他的革命进程，却决不以此自封，且不得以自封．共产社会完全实现时，人人都是无产者，还有什么阶级界限可说？世界革命完成时，全世界的无产者都联合起来，他们还要什么国和政府？这样子一个革命，经济和政治革命实做了全社会革命的先锋两翼，除掉无产阶级外，谁能担当起来！俄罗斯十月革命实在是负有重大使命，不过他才做得世界革命的起首罢了！季诺维埃甫（zinoviev）说得好："在俄国并不是一个共和问题，只是一个革命问题。"

"俄罗斯革命的不朽之功事实上在他为世界革命的起首啊！"

革命的原因与其成功之道

一个革命的爆发，其内幕总要含有生产状况变动和阶级争斗的重大意义在内：这本是马克思的唯物史观和革命学说所尝诏示我们的。俄国十月革命之先有三月革命，此两个革命的来源甚远，从产业观点上看来，十九世纪的农奴制和其后的地主制，与工业发达后的生产力变化和外资竞入全与有极大关系。其在阶级观点上，则俄国历来的政权都只是操于俄皇和贵族高僧之手，中等阶级和小资产阶级除掉依附权贵，阿其所好外，很少能崛起自组成一雄厚的有产阶级以与俄皇贵族对抗的。农民虽是占全俄人民的最大多数，但他们因产业情势和大地主的压迫终不能有什么组织，不过他们反抗地主的心却总是热烈的。至劳动阶级则自工业盛兴以来，他们的组织和活动能力，的确是日见进步，外方更加以俄皇专制的压力与他们以种种练习反抗的机会，他们的战斗力遂益加伟大，终成为俄国各阶级中的最强阶级了。此两点既明：我们再归论到革命近因，则俄皇穷兵黩武，劳民伤财，三年大战实与以直接影响。俄皇室的亲德嫌疑，在民族间的憎恶性上又适足以增其助力，三月革命本此遂抢得民主革命的一时胜利。惟是另一方考之实际，当俄皇尚未宣告退位之时，彼得格勒实已有劳兵苏维埃的兴起，继之者为莫斯科苏维埃。三月革命告成后，各地苏维埃蜂起，于四月中旬便开成全俄苏维埃会议，自是革命临时政府的举动乃常为苏维埃的向背所转移了。五月初Crown city苏维埃宣言承认临时政府，克伦斯基（kerensky）遂据之入阁而为陆长。其后，yekaterinburg苏维埃开始反对战争，农民会议赞助苏维埃，Crown city苏维埃亦继起不服从临时政府,民主革命的根基乃见动摇。至七月,彼得格勒的工兵先后声言"政权归苏维埃",形势更见紧迫,克伦斯基显出他的反革命本领,捕获些多数派的首领,镇压一时空气,更改组了内阁,他改坐在第一把交椅之上。但这种情势终是不稳的,接着便是莫斯科工人为反抗民治会议而罢工,九月中彼得格勒苏维埃更接收了多数派抢夺政权的动议,黑海舰队继着有同样的主张,至十月北方劳兵苏维埃和莫斯科苏维埃又相继响应,最后乃由彼得格勒兵工发动,于是政权终归苏维埃了。

这种劳动阶级组织和活动的发展情势,与农民兵士赞助之功,在三月革命至十月革命中间我们既已找出如许痕迹,惟其成功之因,尚不止此,尚有更远的肇端可说。在一九〇五年的俄国革命中盛称的赤星期日便是俄都造船工人的血染成的,同时接着起的各地骚扰,造船所的破坏,彼得格勒等城和波兰诸市的兵工血战,Baku 煤油矿工的大规模同盟罢工,十月底八十万铁路邮电工人的大罢工,十月立宪令发布后的普选运动,殆没有一事不是劳动阶级为之主的。且苏维埃的制度;也是;时创生的,兵工联立的情势也由那次黑海舰队的变动而立其始基。彼时革命骚扰,差不多延长到一年之久,事虽未成,但其与人心上的刺激和旧势力的打击,已给一九一七年的革命暗伏下不少助力了,其中自更以无产阶级所得之教训为最大。总这十三年前后三番革命的因果关系来看,我们当知俄国革命中含的阶级争斗意义至为明显了,且每次革命都是劳动阶级为其中的主动力,农兵从旁赞助,而中等阶级和小资产阶级既无真实力量又无团结训练,以致宪运动民主革命均无建树,国力政权终落到无产阶级手里,使十月革命独著其功勋了。

十月革命与马克思学说

当十月革命成功后世人尝说共产革命不先出现于工业发达的英美,而首见于俄国,乃是马克思学说上所未曾料到的事;但这是只见其一未见其二的话,也可说人还未懂得将马克思唯物史观和阶级争斗两说打成一片来看。一般工业发达的国家,他的资本制度已不能再与生产力适合,崩坏之期本已很近,但是他国中一般有自觉性有组织力的有产阶级却不甘束手待毙,他必要千方百计来救济这个恐慌,过得一时算一时。他方,无产阶级在这决战期中,困于种种情势,一时也还未能取胜,然而这决不是无胜之可望,只是暂时的相持不下。俄罗斯虽是个工业后进国,惟他生产状况的变动已不复能与君主独裁,地主专横的制度相适合,于是乃必然地需要一个革命。恰巧应这革命而起的阶级,只有劳动者是富有阶级争斗性较有训练的战士,他们眼看着这资本战争的惨祸从恐惧的自觉中,乃终能一跃而握住了政权,造成无产阶级专政的局面,超过了欧美先进国中兄弟们向来成就的纪录。但这样,不过仅是一个革命的起首。我们当知工业发达之国共产革命虽难,革命之期实短,半开化之国则革命易而革命期长,换句话解说,便是:共产社会的真实完成总是要先见于工业发达之国的。但,这话却不是说工业后进国必须等到资本主义将国内实业发展够了的时候才去革命,我们一方也当知道在共产革命期中以无产阶级专政的国家资本来发展实业,其成效当超过有产阶级竞争的资本主义万万;后进的许能赛过先进的早成为工业极发达之国,且一方也不当忽视易于革命和无产阶级易于握得政权的时机,因此才更易促成全世界资本制度的崩坏，全世界革命的实现。俄罗斯现在已是这样地一个领路者了，工业后进之国焉得不从而效法？又焉得不看清马克思学说的真实价值？

十月革命中的一个忠实的指导者

十月革命成功之因已如前述了，但我们还当追想下俄国三次革命既都是劳动阶级为其中的主动力，为什么偏等到十月革命才成功呢？这不难回答，并且是很简单的回答：这是因为有了多数派——共产党——在其中做了忠实的指导，唯一的指导。俄罗斯的劳动阶级中也实只有共产党称得起他的忠党，这不独俄国为然，各国的劳动阶级中也无不皆然。当着一九〇五年的俄国革命，立宪党人也多是运动中的参与者，但等到俄皇《十月敕令》下了之后，他们便都弃了劳动阶级，眼巴巴等着次年的国民议会召集了。一九一七年的三月革命成了功后，社会民主党和少数派又复卖尽劳动阶级，大踏步地走入联合内阁，讲起民主共和来了。剩下来的只有多数派他始终是百折不挠，以无产阶级的利益为他自己的利益，一九〇五年，他的党员也多参加在运动中，托洛茨基且做了一时的劳兵会长，惜因人少势弱，终归失败。他们饱受了这种经验，加以十余年亡命国外时的奔走，三月革命一来，他们便极力注意到劳动阶级的指导和苏维埃制度的运用上头。革命初起时，各地苏维埃内部政党派分子还很复杂，四月中列宁初归，便向社会民主党提出革命中无产阶级的任务以清党略。自此后，各地苏维埃的会议中，遂渐渐增加了多数派从中指导的分子，最显著的倒是七月一日彼得格勒工人示威运动中所发出的"一切权力归苏维埃"口号，那确为多数派取得胜利的象征。这个口号且立时传遍了全俄，克伦斯基着了忙，竟诬多数派为德探机关，赶走了列宁，擒获了托洛茨基及其他党员。但这种压迫终无效果。九月十七日托洛茨基出狱，次日彼得格勒苏维埃便接受了多数派《抢夺政权》的动议，因是执行委员会辞了职，再选举，多数派变成多数，他开始宣布"抢夺政权"的时候已经来到。接着，列宁、季诺维也夫被选为彼得格勒苏维埃赴民治会议的代表，要求政权归诸苏维埃。十月俄都市政选举，多数派又获多数，托洛茨基做了彼得格勒苏维埃的会长。从此，革命的酝酿日熟，各地苏维埃的响应也均以多数派之动议是从；最后红旗一挥，无产阶级专政之局开始，多数派忠实指导的功勋乃得大白于世，十月革命遂得在历史上建了不朽之功了。

(《少年》第五号，1922年12月1日，署名 伍豪)

53.《俄罗斯革命中的不朽》(《少年》第五号，12月1日)

《少年》第五号刊登 L 译、季诺维埃甫著的《俄罗斯革命中的不朽》，全文如下：

当巴里共治团期中，最重要的定期刊物之一"共治"（La Convmune），曾以对于巴里共治党人叛动的考证说过：这不是一个"共和"问题，但是"革命问题"，这诚是一个非常敏锐的观察，且这话写在一八七一年三月底，正当叛动的起首两个星期之后，实很见精确。诚然，那不是"共和"，但是"革命"；不是一个有产阶级共和的兴起，但是无产阶级革命的开始。在他的深处，在他的历史真意中，这实是第一次为这个革命名词显出价值的运动。

设使对于巴里"共治"团的观点是真的了，那么，以此来注意我们俄罗斯的革命，乃更见真实。当我们□信苏维埃权威起首五年的结□□□必会自豪地将□□□是期刊物的话放到我们的革命上头；于我们在俄国实不是一个共和问题，但是革命问题……

……

在巴里共治团和俄国革命中间的差异乃类于婴儿和成人【。】巴里共治团活了七十二天，死在他最好的儿女们血泊之中。在俄罗斯，胜利的革命正庆祝他的五周纪念，在一个完全保证最苦的时候已成过去，工人阶级的胜利已经确定的地位之中。

……

革命的大风雨已经吹走了伏在下层群众眼中的国权秘密神说的所有残迹。俄罗斯工人群众已用了他们自己的眼睛，看出一国是怎样做成，一个政府是怎样立起。旦[但]在这五年中，无论有如何困难命运付与我们工人群众，在他们总有一个活的而且不变的意思存着：群众觉着他们自己是要成新权威的创造者，如同这国权的主人而非仅是他的从属。

但俄国是没有苏维埃的！——我们常听见少数派和有产阶级的属员在大街角上这样嚷着——你们的苏维埃仅是虚构！

我们是没有苏维埃么？他们说这是给我们的，因为我们的苏维埃不像有产阶级的国会。那里是没有苏维埃么？他们说那是给我们的，其实在这苏维埃权威的第五年，苏维埃已透入人民血肉中了。

那里是没有苏维埃么？

士大夫们可看看彼得格勒苏维埃的最近选举，在这个最大的元气正回复的无产阶级城中，那里是没一个单独工人，没一个单独工女，每一个单独做零活的工人，没一个单独厨妇，没一个孤独童工，在苏维埃的选举中没有一个地位或那种参与的。

……

在各个劳动运动先进国，在欧洲，在美洲，工人本是比着我们俄国工人多受点教育，站在较高点的文化水平线上。但是在这苏维埃权威的第五周年，我们俄国无产阶级却已胜过他们的兄弟，世界上的其余工人。这个胜利是我们工人占有第一次无产阶级革命的实验经验。他们不仅看见革命是怎样做法，并且自己也做过了。于这个意识中，我们乃站在一个首领地位，高过世界上所有其余的工人……

……

谁服役于谁？苏俄役于世界革命啊，抑世界革命役于苏俄？还是苏维埃权威役于共产国际，或是共产国际役于苏维埃权威？我们的仇敌在这个问题中，永不会止住对他们的兴趣，有些人很细心这个论题，多少有点诽谤的意思，别一些便是简单的愚钝了，你们有聪明的头脑？究竟那个服役于那个？一所房子的基础和房顶，或是房顶和房基，考虑过这个谜么？

……俄国无产阶级革命，无论怀疑者和不信从者都可说，已活在全世界的工人心里，这是他们的样式，告他们去夺斗的召呼，他们的希望和领路的明星。

简单地说，俄罗斯革命中的不朽，事实上乃存在于他是世界革命的起首啊。

(《少年》第五号，1922年12月1日)

54.《十月革命和共产国际第四次世界会议》(《少年》第五号，12月1日)

《少年》第五号刊登托洛斯基著、"飞"译的《十月革命和共产国际第四次世界会议》，全文如下：

世界革命

此处有一个朋友给我一个问题："从共产主义之利的观点上；那一国革命最为有益？"我稍想一下便回答道，从这个观点上，革命最有益处是在美国。这个国在经济性上是最独立的国。农业和工业的相互均衡能使他在一个残酷的封锁事件中得到一充分独立的经济生命。且他在世界中是最富足的国，并且在他的处置上有最好的工业技术和差不多世界之半的金子供给。

因此，假使这个国的无产阶级能略取了政权，则物质的根基，和为社会主义建设的组织和技术的先决条件都是最有利的。

在这条线上的第二国便是大不列颠，俄国在这点上虽不是占有最后的地位(因为还有亚洲和非洲)，但无论怎样也占有在欧洲境内的最后地位。惟我们若考察现实的情势。我们便不得不说，这个最有权威最能领导的资本主义国中的政治先决条件，便是说为要制造一个切合的阶级政党的先决条件，还最缺乏。在我们国中，历史已展开了革命的卷纸，并且在这五年中我们已被逼着在经济先进国用以死敌我们的资本的继续优势之下，来工作经济落后国的社会主义的建设。

这是一个根本的事实，而且从这上乃起了我们内乱的恐怖苦难。

俄罗斯革命的教训

假使我们愿谈俄罗斯革命的教训，我们在第一位中须自豪地举出我们的政党来，他对所有国的无产阶级已给了最宏大的式样，关系于怎样使为权力而奋斗和怎样权力被最严密的方法来保护着——用着所需要的最很最无宽恕的专政制的帮助——且对着这个要保持国权在无产阶级手中的问题，此方法用来毁坏有产阶级的伪善实无用其踌躇。

所有国的工人必须在最近几年内学得俄罗斯革命的教训。无论我们在内乱中曾经做过些错儿或是没有做过(假如有人去我，一定能找出错儿来)，我们现在总已离开在我们后边的革命活动的古典部分了。如对我们经济活动，我们常说这些必须让步的错儿。

一个大的让步便是新经济政策……

……让我们且忘掉一会儿以前我们顺着所谓的"我的共产主义主义"(Wan Communism)之路所进行的，和以后回转到我们现在的地位。让我们且比：现在的地位同一九一七年十月二十五的地位。假使我们外国友人和欧美的同伴们问起我们这个问题，我们当能回答如下：铁路，矿山，工场，制造场和多一部分的土地在当时全在私人手里。现在呢，所有铁路，大多数或至少是所有重要的制造场和工场，所有有价值的矿源是全在国家手中了，在这国里工人阶级得着农人群众的帮助来治理着。这正是在我们统治五年后我们看见的结果。我们前经过，后退过，但结果工业中最重要的生产方法和一部分有考虑的农业生产方法全已立在工人国家的直接管理之下了。

无论如何，什么是退却的原因呢？这个问题是很重要的，因为凡是计算这个退却的事实多是遮蔽了远近的。对你们自己，你们是怎样想像国有生产方法的程序和组成社会主义的程序。我们先生们在所有我们的旧书中，我们也在。我们自己的书中，都反覆说过骂过工人阶级当取得国权之后，要一步一步地实现这国有的程序，而开始于最紧要的生产方法。这个规律在今日还有力量么？在将要考虑共产党纲领的第四次会议中；无论工人阶级当他在英国或是法国取得政权之后，将能毁坏了商业技术方法的组织器械，而代以有利益的普遍方法，这个问题在消极方面总须要被回答的。工人阶级必须使用有产阶级支付和计算的方法，兑换和银行的方法，并且仅能渐渐地按着他的技术力量和能力渡入一个社会主义的经济制度。

于此，乃有个界乎俄国无产阶级革命和未来无产阶级革命（例如美国）中间最大的差异。在那里工人阶级直到略得国权时止，须要打胜很大的困难，但当政权已经夺得之后，在所有边界为我们曾经奋斗过的压力反要较少了；因为在我们国中含有一个很强壮的小资产阶级和一般很强壮的农民，对于革命乃有别的先决条件：并且因为我们的革命是于有产阶级冷不提防中发生的。我们不仅解除了有产阶级的武装于十月念五之前和二十五六两夜，且更在十目念五的后三年中。有产阶级，地主们和些官吏们在十月念五之后，始才看出真实的地位，于是乃依着欧洲资本的助力掀起反抗我们的战争。在欧洲这个程序是要十分有异于我们。在欧洲反革命力的组织和军事——同着共产党为这个争斗的预备相并而行——现在正前进着，并且这个争斗也将更利害——但都不是在十月念五之后，只是在他之前。

社会主义当他可以比资本主义为能供给劳动权力以较大量的生产来满足他的社会需要时，一定地要接收他的实验的辩解如同接收他的理论的辩解一般。并且苏俄是最贫乏的国家之一也是一件事实。法国代表在日诺亚以其主张厚着脸皮来非难我们，说欧洲已无所掌于我们，因为俄国已成一完全荒废之国，意思便指我们应给欧洲表现出一个比一九一七年我们所取得的更高的经济。那真是出了问题。然而这却是我们偿付于革【命】的价谊。没有一个单独革命不使其国中的经济水平线减低的，并且有产阶级守旧的历史家泰思（Taime）也曾声言法国革命后八年，法国人民是□过革命以前，那实是真的。

所以我们看到我们的国，这时候资本主义的毁坏乃正多过社会主义的建设。时候经过的还是很短。在共产国际第四次会议中，我们须要再发挥一次。在这贡献于用社会主义代替资本主义工作的五年中，我们起首来建设社会主义于最落后之国（法国大革命是爆发于大陆上最先进的国家，其地位高过所有其余国家，惟英除外），最大的历史革命实不能充足引起我们社会生活的必须变革。

朋友们，这些结论是：我们以我们党的名义将列席于第四次会议，在那里我们将要问我们欧美的朋友和我们自己，什么是□欧洲世界革命发展的地位和形势，再完全说清楚点便是：什么是□对于一个有考虑的范围将依赖在欧美革命发展上的我们较远的建设速度的地位和形势。

（《少年》第五号，1922年12月1日）

55.《俄罗斯革命的教训》（《少年》第五号，12月1日）

《少年》第五号刊登"P"的《俄罗斯革命的教训》，全文如下：

十月革命与世界革命

我们很相信季诺维埃夫所说的俄罗斯革命乃是世界革命的起首。要证明此言真实，我们只须要拿过去的历史和今后的趋势来看。十月革命过去的历史所给与吾人的教训，不仅在他与一八七一年巴里共治团革命有成人婴儿之别，要紧的是他的坚强的革命实力乃筑在阶级争斗严格意义之上的。在一九一七年三月革命中，我们知道，指导俄国无产阶级革命的多数党不是不予革命以援助的，但他们最大的努力还是向下，还是极力去做苏维埃的活动。克伦斯基政府他们不来参加，共和政体的决定他们不予以是字，他们唯一的口号只是"所有权力归苏维埃"。时机是不可失的，推倒"沙"终胜于在专制政□讨生活，这个他们深深知道，但他们决不肯以推倒"沙"实现民主政治为满足，他们知道民主政治是与无产阶级无利的，是仍然要增加国际纠纷延长资本主义寿命的，于是他们还是继续为革命努力。结果俄国各大城的苏维埃先后成立，多数接收了他们的口号，农兵的苏维埃也齐愿加入革命援助，七月暴动一试未成，十月再试，遂终于开了无产阶级专政之局，民主政治遂不复再见于俄罗斯。革命成功后，苏维埃俄罗斯所努力的事业更无一件不是为世界革命披荆斩棘的。大工业，银行国有，土地与农民耕种，废遗产制，这是绝资本主义大地主制孳息的活路。破坏旧日军事组织与信条，编制农工阶级的赤军，行红色恐怖，内制反革命派，外御资本国家的封锁和侵犯，血战三年，方始坚牢了无产阶级的壁垒。对外援助弱小民族独立，鼓吹被压制民族的联合和反抗，指导各国无产阶级团结活动，对内更聚积无产少年施以无产教化，革命精神遂益加普遍。行新经济政策，以舒缓世界上唯一的无产阶级国家的经济急迫之气，好使工业落后的状况渐将易了旧观。凡此诸事，皆是在世界政治上经济上开了一个新的局面，而这个新的局面更是与帝国主义的侵略政策，资本主义的掠夺行为永远立于反抗敌对地位的。进言之，这个革命精神是世界的，不是偏向于一国一种的，是立于阶级争斗意义上而将为全人类的，不是以全人类为农人的号召而永远为一个治人阶级增助力的。我们本看这个见地来说俄罗斯的十月革命是世界革命的起首，谅谁也不能否认。

俄罗斯革命与各国

十月革命既是世界革命的起首了，但经过五年的奋斗，世界革命依然还是没有多大动静，还是让俄罗斯的无产阶级在那里孤军转战，其中底情我们仔细地研究下可分两项来说。

第一，我们先看一看一般工业先进国的内部情形。当十月革命方发生后，各国的无产阶级颇思乘机活动，但因战事的压迫，谁也不肯继着俄国为此我首，时机延缓，终于让美国生力军一队队增加过来，西战场生了变化，德墺革命方始爆发起来。德墺革命开始后，德国斯巴达卡斯团颇能极力从事于无产阶级抢夺政权的指导，但内因社会民主党背叛工人阶级，外因协约国胜利的压迫，英法劳动界的坐观成败，不为响应，终于使最具有十月革命精神的李卜克内西突、卢森堡遭了惨杀，巴威邦的苏维埃成了昙花一现之局。墺国是看德国行事的，德事既败，其后匈牙利苏维埃遂也独力难支；崩倒在罗马尼亚的侵占和社会民主党人的背叛上头了。从此，德墺遂成为协约国的俎上之肉，战胜的疯狂心理更弥满了协约国的人民心中，意大利虽经过了一时的赤色倾向，但终敌不过反古派的气焰，最近残杀劳工的捣乱派且更握得了政权，要皇帝和国会保证他们的长久地位了。法国劳动界本是充满了不问政治空气的，大战后此风渐革；新的统一总工会已和赤国际工联携手，只是他们缺少政治运动上的适当首领，旧的变节卖党已将他们吓够了，新的还没见出现。最守旧而圆滑的劳动首领要算是在英国了，他们利用工人的组织，工人尚未自觉的好管政治心理，来图私利，于是工业先进国的英国劳动者转瞬也将来上德国劳动者现在正上着的当了。上月选举，英国劳动党不已经握得了议院的次多数么？劳动奸细马克多那德不已经领袖了全党么？德国的社会民主党，爱勃耳脱总统不是他们未来的目标么？美国的情形更混沌了，资本主义的势力在那里足以雄视全球，失业的工人和罢工的风潮虽可增他们的内雇之忧，但东亚南美商场的抢夺，老朽劳动首领的保守方略，很能够延长他一时的寿命。日本的劳动运动尚在开始，军阀官僚勾结的连锁还系着很紧，一时自难说到革命。总起这各方情形来看，大战所给的复古潮流与压迫影响要算是最重。次之，便是无产阶级群众中缺少阶级觉悟和革命精神，一方又被叛卖劳动阶级的社会党人领错了路，致使欧洲经济恐慌到了这种程度，社会革命还是延缓着未能生出。俄国革命的成功，在于有产阶级的冷不提防和领导无产阶级的多数党继续不辍的革命活动，同样的情形在工业先进国中是不易具有，不曾具有的。托洛斯基说欧洲反革命和革命派的争斗只是在"十月念五"之前，非在"十月念五"之后，此话可谓知言。本着这个见地，列宁于这次共产国际会议中遂说，"我们（指俄国）是在一个普通意义中来学，他们（指各国）必须要在一个十分特殊意义中来学，以求真实地吸起革命工作的组织，建设，方法和实质。"这实是全世界无产阶级所应牢牢记着的一句话啊！

第二，我们再看经济落后各国的情状如何。十月革命起后，环大俄罗斯而居的各小民族，差不多全相继而起来试行苏维埃政治，但中间经过了各反对派的骚扰和熻惑，到现在尚复以苏维埃共和国名的，便多是小资产阶级势力；不甚雄厚赤色恐怖力所能及的区域了。芬兰和波罗的海诸洲，□民族的差异，工业交通较为发达，工商阶级的反革命力渐知团结，所以他们的局势遂多变迁。此外各种被压迫的民族当欧战过后，只知震动于"民族自决"的虚声，而不悟国际间资本主义的政治作用，于是波兰独立乃做了法国的傀儡，中欧小协约国一方欺凌墺国，一方更淹仰□协约国的经济做他们耀武之资。为争一片地不惜用兵多□，数年不决，而国内的经济恐慌却无法能求解脱，做了英国傀儡的希腊现状正是如此，几十万的败兵和商人现都没了生路。其中较为奋发的要算是土耳其的国民党人，多年的战斗最后他们有赖于俄国的指导，算是将胜势确定。但势塞恩(Laulanne)会议开了，英法意本将携手来宰割近东，念美国因米索不达美亚煤油矿问题又欲联法以制英。巴尔干诸国因对土而联络。土耳其在这种连横合纵的情势下，能不能脱其操纵，这须看他的革命精神如何为定。换一句话说，便是能不能从民族主义见地上改入社会主义来衡断一切。日诺亚海牙两次会议中的俄罗斯，华盛顿会议中的中国，孰得孰失，须由他自择了。总起来说，弱小民族不图独立，不图自存则已，否则唯一的榜样和□乎只是俄国。时机是不可忽的，革命是不可止的，变化是不可忘的，知此乃能言世界革命。

俄国革命与中国

我们知道人类历史是不重复的，各国情形是不尽相同的，俄国革命所能给与中国人的教训，并不是取他的历史重来排演，乃是要从他走过的痕迹中找出胜败之道，好让我们有所去取。

在俄国三月革命以前，君主独裁政治的权力足以笼罩一切，国会虽有若无。工业固已渐渐振兴，但多一半资本家势力尚不雄厚，且因君主的索取与役使，一时也难得有余力来图团结，另一方外资输入只占其半，这也是单薄国内资本势力的一个关键。俄国又是农业国，农业难得有像工业国中的组织，大地主因榨压农民，更不得不倚靠皇家军队皇家法律来巩固他们的地位，于是他们更成了皇室的忠仆而不暇自觉。但是生产力发展了，旧经济组织不能应其所需，一个新的变化必将产出。在这变化酝酿期中，再加以政治黑暗，官僚贪婪，人民不得自由，学问家少发展机会，生产机关多用作军械制造，种种激动，一个革命的大团结遂乃伴着生产变化成为不解之势。普通的下层阶级是这种团结的同情者，真实的活动份子还多是智识界中人和一部分有自觉性的劳动阶级与小资产阶级中人。他们运动的目标是立宪运动，一九一五年和一九一七年三月两次革命都是应此目标而生，不过程度的深浅略有不同罢了。

同样的情形我们拿到中国来证，颇有些相类似处，只是辛亥革命我们不能认他为类于俄国的三月革命。俄国的三月革命虽也曾存留了一些旧皇室的军力，经旧朝贵族来组织内阁，但不久克伦斯基当政，终表现出些民主政治的气派。至中国则辛亥革命民主派的势力伸过长江以北，便与袁世凯苟和，让他挟着北洋正统来中国。二次革命失败，北洋铁骑更渡江而南，直逼湘粤。其后袁死黎继，冯去徐来，民主派始终未能突出湘粤，破北洋派已成之局。及至最近，则南方新军阀又都成势，起与北洋军阀呼应争衡，因是群雄割据，争为雄长的形势在中国遂益发开展起来。这样的情形只能说是军阀政治从旧日君主专制政体中孳乳发长起来，决不能认为民主派共和革命的结果。革命十一年了，民主派所以不能抬头的根本原因有二：一是由于辛亥革命建筑在排满的感情成分上较多,建筑在民主革命的意义较少。故革命的对象乃多重在满洲驻防军,而忽略了隐于河南的袁世凯所领率的北洋军队。一是由于帝国资本主义的压迫。辛亥革命本含有因生产状况变化须急图自强的经济上重大意义在内,惟正因其如此,所以列强才不容此销费的大商场生产独立起来。捉住了这两个关键,我们当易懂得同样的事实表现,在俄国三月革命造出那样的果,在中国竟尔如此,都因为此事实中具有的条件不尽相同啊!

贪婪是可恨了,但因为袁世凯利用他来笼络官吏,政客和武人,军阀都传了他的衣钵,列强更藉此而来勾结卖国贼,于是人民遂受了万重的剥夺。自由是民主国民应得的东西了,但一般有智识的人竟在袁世凯治下要自由,遂要了一部治安警察法出来。捧着上边压有两重压力——军阀和列强——的国会造宪法,结果只有弄到解散,不则便是白纸,留供他日军阀扶以争雄之资。在军阀治下讲联省自治,结果是赵恒惕,唐继尧和陈炯明的替身陈席儒做了民选省长,黄□遭了害,云南遍种了烟土,广州城抢掠一空。学术不张是可恐惧了,但一般教育家却只想在列强和军阀治下来建立个好政府,结果王宠惠组了阁,好政府算是凑一色(胡适之评王内阁语)了,财政教育的椅子全被好人占了,但终不免罗文干的被捕,国内八校依然无钱发薪。发展实业是必须了,但一般军阀刮钱来办实业,大小资本家勾结外援来办实业,则结果不是工场倒闭使聚到城市中的工人失业,便是工场主权完全落到外人之手。

情况如此,如何可以图苟安,如何能自认为在中国民主革命亦已成功?真正民主派人如相信民主主义可以内倒军阀,外抗列强,则只有努力革命,方能实现。我们共产主义者对此革命也自应与以无限努力,不过我们所努力的革命,须要有我们的意义。在某种情况中援助民主革命原是可以的,但我们对他无大希望,且不应忘记俄德两国革命前后的事实。一九零三年俄国社会民主党的分裂,一九〇五年革命和一九一七年三月革命中多数派的活动,他们立足在何种阶级之上,定念在何种主义之前,其后十月革命,更成功在何种方法之中,我们均须仔细与以考量。且尤其令我们难忘的是德国革命的失败记录。我们当深知道社会民主党之所以能造成今日的局势,乃因其违背主义,叛卖劳动阶级与斯巴尔达卡斯团发生太晚之故。历史既是不重复了,覆辙更不应再蹈,从事革命活动的朋友们,我们终当自慎!

切实说来,在中国现在并不是什么共和民主问题,但是一个革命问题!这个我们须牢牢记在心中。

(《少年》第五号,1922年12月1日,署名P)

15日(星期五)

56.《俄国革命是失败了么?》(《少年》第六号,12月15日)

《少年》第六号,刊登伍豪的《俄国革命是失败了么?》,全文如下:

"质工余社三泊君"

在九月号的"工余"上有三泊君一文,名"俄国共产主义失败之原因及其补救的办法"。此文题及其内容颇能感昧于俄事之人于一时,本志对【此】似不可不一加驳论。

在三泊君文题中最足感人的便是"俄国共产主义失败"八字□俄国自从革命后直到今日纯是在共产主义革命中讨生活这谁也不能否认。取例来说,大产业,银行,铁路等收归国有,土地共给能自种的农人耕种,废除遗产制和土地占有权,消减有产阶级遗留下的恶制……凡此种种,全是过去五年中俄罗斯无产阶级以革命的活动换得来。因此活动,所以才引起内部皇党,有产阶级,自私的农人的反革命结合和国外资本主义国家的压迫行为。并且他们更互相勾结起,继续不断地来图捣乱,而各国的无产阶级又因困于情势,都按兵不动,于是俄国无产阶级的革命遂不得不独自地持续下去了。革命事业本是要经长期努力长期奋斗才能保住成效的。一国一种的民主革命,如法国革命,美国独立都是经过极长期的血战争斗才得使共和奠定,更何况无产阶级的共产革命,须全世界劳动者联合起来世界革命呢!我们若因要急观事的成效,便□掉革命的时效,或更忽视了四周反革命的空气则只能怪我们性急,若硬加俄国以"共产主义失败"之言是不当的。且俄国今日实行无产阶级专政劳动会议掌握政权,从阶级争斗的根本见地来解共产主义只有说他是成功,何得反谓之失败?我们应知俄国现正在从资本主义走向共产主义的过渡期中,换言之,便是正处在共产革命期中。

在革命期中,最初建设是要少过破坏的,五年来苏俄的努力多一半是用在铲除旧毒,内防叛乱,外拒强敌的工作上头。我们若肯平心静气地研究研究俄罗斯五年革命的记录则知他们并不是不图建设的,也不是没有建设的,只是旧势力的反动迫得他们不得不在破坏上多下功夫。且他们从事破坏,又岂无意义?扫除了旧的障碍,新的制度方得逐渐实施。未来共产社会的实现,须要有共产制度为他做保障,俄国无产阶级今日的努力,乃正因要立此保障之基,所以他们的破坏才非盲目。

明乎此,乃知三泊君"俄国共产主义失败"一言,是极不合于事实的闲话。

三泊君既错立了题目,因是他开宗明义第一句便是以俄国施行新经济政策为"共产主义在俄国试验失败"的左证,这真太背事理。俄国之施行新经济政策,其在事的根据上实有极重要的来源可说。1. 俄国在革命前工农业上的生产机关和工具都太腐败。2. 大战发生后,生产运输机关的破坏和壮丁的损失更是直接地增加经济恐慌。3. 十月革命过后,反革命派的骚扰,一方既使大战中的情状愈加延长,方更使无产阶级无瑕修补此危急的灾害。4. 全世界资本主义政府所与的压迫。5. 愚昧工人在工作纪律上的急驰。6. 政府因经济的恐慌,无法供给农民以工业品。7. 无知识而只图私利的农民不仅不肯供给麦子并且还因受反革命派的煽动要图反抗。总此诸因,生产状况遂呈现出一个极大的不稳,最后且更激出皇冠城(Kronstadt)和太包夫(□□)省的农军暴动,于是新经济政策乃在这种事实的要求上势所必至地产生出来。

事实是不可悔了,我们且再转向理的根据方面来看。在新经济政策中最受世人非难的要算是重建私人间小工商业一事。他们常爱以废除私有制一义来反证俄国今日共产主义已经失败,其实他们却未来尝明白俄国今日尚是在共产革命期中,□着共产制度的全部建设尚属很远。私人间小工商业的恢复在共产社会中自然是不容留；容留了便是还没到共产社会，但在共产革命过渡期中，遇了相当的情形，有□却不足为惧，新近英报访员兰沙末（Ronsome）曾问列宁，说有了这般小商人，他们不将觊觎政权么？并且买卖兑换的利大，握在商人手中，国家多管些无利的事件，此无论从资本主义或共产主义的见地上，全可看出有后退之虞。列宁回答他的大意是说这些小商人犹之伦敦市上在市的小贩，买卖虽极好，究离着政治很远。若说他们利大，则未免忘了俄国尚是个农业之国。本年政府收入，粮税乃为大宗，农业丰收，更影响到罗布价格近来的安定，轻便工业已多振兴，国家银行近又有余裕可计，行将用他来振兴机械工业。这样情形，不仅从资本主义见地看来可以乐观，便是从共产主义见地看来，也可抱同样乐观，因为现在俄国的政权固握在工人阶级的手中啊！后退是不可能了，俄国今日已决不能走回"封建专政"之局，他只是要以国家资本主义来领路好走向共产主义（□列两人的问答，全文见满切斯特守卫报十一月二十二日份）。列宁此言很可指明新经济政策在理论上也决不会妨害共产革命进行的，并且就一年多实施的效果看，也的确可以增加无产阶级国家的财富。□政策中，征收农民粮税是与农民合种其地据为己有相呼应的，若农业共治团之以产业归公，则其组织自与国有的工场相同无所图其粮税了，对外通商是现状所必须，且大权握在苏维埃政府之手，更无所恐慌于资本主义国家的诱惑，承诺，海牙两会议的结果与乌尔圭哈突（□……□）对英商约的延签，不已明示我们了么？

以上的事理我们皆根据于经济状况的必然性和共产革命的可能性而来断定新经济政策决非能作三泊君所谓的"俄国共产主义失败"左证。且不但不能为其左证，我们更信这是完成共产革命促进共产主义的一条捷径呢！三泊君也肯研究此事实么？

上述两点既明，三泊君文中一切论点遂多失了根据，其所谓乐观派的话，我们既可置诸不论，便是悲观派之言，也多受了各国有产阶级蒙蔽，社会党人欺骗而后发出来的"杞忧"，其实俄国今日的劳动阶级岂真是"除了换过几个统治者外实际上一无所获"么？凡稍注意俄事的人，当皆知其谬！

三泊君□也是赞成阶级争斗的人，严格说来，既赞成阶级争斗，则因缘而生的无产阶级专政与专政期中一切必然的设施，有何可以反对呢？除非他是站在"有智识的人仍然多居于资本阶级"的地位来说话。

三泊君所最批难俄事之点是"中央集权"与"产业国有"。中央集权为无产阶级革命期中所必不能免的事实，这是凡稍懂革命战略的人都知道的。且全俄苏维埃所集的是什么权，各邦苏维埃所分的又是什么权，我们若不加以实在考察细心地研究，便笼统地以"集权"二字来反对，亦嫌未当，至说权力集中是多数党争权的结果，不是革命的必要条件，尤居武断。多数党当三月革命方发生后，便力嚷所有权力归苏维埃，十月革命是全俄苏维埃应着这个口号而起的，要说争权，便是俄国无产阶级未与有产阶级争权，要说无政府党社会革命左党不赞成无产阶级专政，退出联合，那是他们的昧于阶级争斗之义，却怪不得多数党。

"产业国有"是生产集中的必然现象，俄国这几年的经济恐慌正□为他生产运输机关的集中还未做到十分好处,不是因为他不能碎分产业而生出的反动结果,此就经济现象与原理看来,都能证其无误。依三泊君意,总以"饥则耕而食,寒则织而衣,劳则筑而居"的自由境界与产业国有相反,此话说来何尝不好听,其实就生产趋向说,历史是不重复的,如要硬来碎分生产机关,返之上古部落生活状况,则因实质的条件难合,必要引起更大的经济恐慌。如此人必有不得食,不得衣,不得居的了,更何从言其自由?

此外三泊君还有许多不考实际蒙蔽事实的话,许是他错信了□……□的记载而吐发出来的我现在无须多加辩正,因凡是留心俄事的人,都能知其不然。

(《少年》第六号,1922年12月15日,署名 伍豪)

一九二三年

2 月

25 日（星期日）

1.《红俄罗斯的最近》(《东方杂志》第二十卷第四号，2 月 25 日)

《东方杂志》第二十卷第四号刊登了化鲁的《红俄罗斯的最近》，摘录如下：

从今年一月一日起，俄国的国名已改为"社会主义劳农共和国联盟"，不再被称为"俄罗斯社会主义联邦劳农共和国"了。这个大联盟的建立，是根据于一九二二年十二月三十日在莫斯科签字的联盟条约。加入这联盟的除劳农俄罗斯本国外，还有乌克兰社会主义劳农共和国，高加索社会主义联邦劳农共和国和白俄罗斯社会主义劳农共和国。这是红俄罗斯统一运动的最大的成功了。这联盟条约名义上虽系联盟性质，在实质上已成为单一国家。联盟设立中央政府，把海陆军，外交，对外贸易，经济富源的配置，经济生活的管理，财政，赋税，交通机关，主要法律的制定，最高司法权，最高警察权，都集中于中央政府。此中央政府以联盟劳农议会，联盟中央行政委员会，联盟人民委员会（即内阁），联盟最高法庭代表之。各联盟国在条约上虽保留自由退出联盟的权利，但在实际是不可能的；因为各联盟国在经济上都有相互倚赖的形势，所以一经联合之后决不至再行分裂。从此红俄罗斯的疆域，北至北冰洋，南至小亚细亚，西至波兰边境，东至太平洋，除波罗的诸省外，前俄罗斯帝国的版图已完全恢复。

根据联盟条约的"红俄大帝国"的议会现在已经选出：计俄罗斯代表二百七十人，乌克兰代表六十八人，高加索联邦代表二十六人，白俄罗斯代表七人，不用说，联盟政府的政权仍落在俄罗斯共产党手中。因统一的告成，领土的扩大，鲍尔希维政府的势力自然也比前更加巩固了。

在欧亚俄罗斯统一告成之后，全俄建设的元勋李宁却有痼疾不起的传说，如果这消息是确实的，那真是俄国人民的不幸了。李宁的旧病自从去冬治愈后，至今年二月间忽又复发。据路透电传病势已经绝望，俄国官报虽然否认此说，然对于李宁症象的严重，却也并不讳言。无论如何在最近时期内李宁大概不能继续治事；现在俄国政权，据说是在史丹林（Stanlin）脱洛斯基（Trotzky）喀美纳甫（Kamenov）仇仁斯基（Djerzinsky）鲁谷甫（Rvkov）五大首领的手中。

(《东方杂志》第二十卷第四号，1923 年 2 月 25 日，署名 化鲁)

2.《五年来劳农俄国外交之变迁》(《东方杂志》第二十卷第四号，2月25日)

《东方杂志》第二十卷第四号发表幼雄的《五年来劳农俄国外交之变迁》，摘录如下：

一、劳农俄国的外交方针

俄国自一九一七年十一月过激派革命成就苏维埃政体建设以来，倏忽已过了五年；这五年中，无日不在内忧外患之中：起初是因为列强采用经济封锁政策，饱尝了物质缺乏的苦楚，去年又值年荒岁歉，饿死了整几百万的灾民。但他竟能继续奋斗，不屈不挠，一面整顿内务谋全俄的统一，一面联合德士，与列强相对抗；到现在居然百事就绪，进行顺利，国基渐固，势力大张，这虽由于俄国人民能忍痛耐苦，不怕艰辛之所致，但他在外交上能够审察时宜，随机应变，也不可轻视呢。

俄国既是实行共产主义的国家，他的国策自然在谋全世界的共产化。他的外交上的根本计画，也自然在引起资本主义国家的革命，企图苏维埃政治的普及。他为达到这个目的起见，不惜牺牲多数金钱，以从事宣传运动，特组织"第三国际"为宣传之机关，据《共产国际报》(第三国际的机关报)上齐诺维夫(G. Zinoviev)所报告：在一九二一年二月一日以前已有二百九十八种以二十四国语言发刊的共产主义定期刊物受第三国际的补助金。全世界共产党员的总数，已在三百万以上。这可见俄国宣传运动的效力了……

劳农俄国用了种种手段，谋全世界的革命，已如上面所说了。但是这件事情，非常重大，断非几年工夫就能达到目的。若是他自己的地位不能稳固，国防不能坚实，那么他这种世界计画，就没得到一个稳健的基础，非特难以进行，反而要被资本主义国家破灭的。所以他一面运动这个世界革命，同时，更要设法巩固自己国际地位才好。要巩固国际地位，第一层就是要求各国承认劳农政府，第二层更须图谋国内的经济安定。图谋国内的经济安定，却又非订结商约容，受外资，增加国富不可了。

但是我们细想，他第一个目的——世界革命，实和第二个目的——地位巩固，不能相容，因为各国的畏惧共产主义，止和畏惧鼠疫、黑死病等传染病一般，他们岂肯贸然承认他的劳农政府呢？至于容受外资一层和共产主义大相矛盾，更不待说。俄国处这两难之间，一面现要保持自己的主义，一面又要巩固国际的地位，并无两全的方法，因此他在外交上的策略，实非常棘手。只好审酌时事，权量利害，在后取决态度了。我们明白了这个情形，方可说劳农俄国五年来外交上的变迁。

二、由苏维埃联邦至全俄统一

巴黎和会所产生的国际联盟，从共产主义者的眼光看来不过是资本主义的妥协的产物罢了。他们以为这样的国际组织，断不能确立人类的平和。真正的平和唯有把全世界改造为许多苏维埃共和国联合起来才行。因此劳农政府首先以自己为表率，高唱民族自决主义，承认边境诸民族的独立，主张组织苏维埃联邦。在俄国宪法第二条上规定:"苏维埃俄国是由各民族的苏维埃共和国联合而成。"但是他所采用联邦组织,却有几个用意,并逃不出世界革命和安定国基的两个方针。第一是因为苏俄领内诸民族,常起分离运动,俄国在中央权力不曾巩固以前,只好顺自然的趋势,表面上对于各民族的分离运动给予同情,获得他们的信仰,在后缓缓把实权收回。第二是劳农政府承认边境各民族独立以后,他可以免得与强大国直接交界,得到缓冲国的效果,如远东共和国,及高加索三共和国都是。第三他便借着民族自决主义的声调,激起大国属领如蒙古朝鲜印度的反叛。有这三种原因,他自然愿意高唱民族自决主义,承认诸民族的独立了。

……

现在劳农政府自称苏维埃俄国已包含二十八个苏维埃共和国。但经莫斯科政府正式承认的,实只有前述的七国。此外各国都没有外交上的独立权,不过是在一种自治共和国,或半自治产业区域的地位罢了。除此以外,尚有一个远东共和国政府的地位,更为显明。远东政府原是劳农俄国为对待日本的便利起见,所设置的缓冲国家,这是人人皆知的。所以表面虽蒙着民主主义的假面,暗地里实全受莫斯科的指挥。劳农政府虽承认他的独立,虽不把他并入苏维埃联邦之内,但他们两政府之间缔结了经济同盟条约,在(去年二月十六日签字)事实上是全然不会分离的。所以也早有人料到,若是设置缓冲国的目的除去,这远东共和国一定是要与劳农俄国并合的。果然到去年十一月,日本实行撤退西伯利亚驻兵,该地白党势力,又悉数除去,远东共和国更无存在的必要,于是十一月十四日先由赤塔国民议会议决与莫斯科政府合并,劳农政府便承认赤塔议会的决议,声明远东地方是劳农俄国不能分离的一部分了。

劳农俄国对于远东共和国的设置和取销固然是视他们政策而定了,便是他所采用的联邦制度,又何独不然。去年夏季,便有人传说劳农俄国现在正在计画,想废去联邦制度,改为单一国家,后来十一月间果然决议实行了。何以他又要把联邦组织改为单一国家呢?第一,莫斯科政府的权力,经过这五年的施设以后,已渐渐稳固,边界异民族,都肯对他表示同情,他和强国之间现在更没有设置缓冲国的必要。第二,他在经济复兴和外交刷新上,这个联邦组织实有许多障碍。譬如他和德国所缔结的赖卜罗条约在适用地域上,很感受痛苦,就是一端。第三,俄国重要利源大都在乌克兰高加索这些联邦内。他们若是独立成为联邦,外国资本家可以直接交涉,于劳农俄国诱引外资的政策,非常不便。这一层自从劳农政府实行新经济政策以来更为显著。因此之故,俄国统一运动实成为自然的趋势。于是劳农政府机关报先为统一主义的宣传。一般舆论,大体同意,尤以乌克兰白俄更为热心。经劳农政府审定大纲如预备在莫斯科设置全俄苏维埃中央执行委员会,统管军事外交财政交通以及国外贸易种种事项。于去年十二月二十日便开全俄大会讨论,今岁一月一日就把这个统一劳农民国的提案通过了。

俄国统一的问题,在国际上颇有重大的影响。当巴黎讲和会议时,协约国早经把俄国的全俄主义,和小邦分立主义细细讨论,其中各国因利害关系不同,意见也有分别。如波罗的诸州对俄国宣告独立,英国是很表同情的,这因为小邦分立,便容易扶植自己的经济势力，对于英国很有利益的缘故。但其中也有几国，不愿英国发展势力，免得自己受着威胁。所以反而认全俄统一造成一个大大的缓冲国于自己为有利益。现在劳农俄国既把联邦改为统一，那么各国的对俄外交，也许更改一下了。

三、劳农俄国之对欧外交

劳农俄国的国体制度，因便利起见，由联邦而改为统一，已如上述，他的对欧外交，年来也大有变更。当过激派革命告成之日，他本来想把全世界革命的一件大事，一气呵成。所以他第一着便和德国单独媾和，脱离所谓资本主义的战争。其次他宣布所有秘密公文否认国际债务使西欧诸国民心动摇互相猜忌。次又组织第三国际极力宣传鼓吹各国的政治革命。这样一来，很有几国受了他的影响。如德国革命，巴爱伦社会主义政府出现，匈牙利政变等等，一时中欧地面，大有红色化的情势。他又组织红军，号称百五十万，一则是为破灭协约国对他的经济封锁政策，二则是侵略接壤诸国，强迫他们红化。当时如波兰等国，也很受红军的威胁，陷于危急。但是这种情势，不过是一时的变动。在现在的世界，资本主义已经深深印入人民的心中，一时要他改革，怎能成就？就使俄国红军勇猛，也断敌不过许多资本主义国联合的抗争。所以没有多少时候，这中欧红色化的倾向早已销灭，仍然还到他原有的状况了。劳农俄国这才知道急进，是无益于事的，施用武力是不能达到目的的。于是他变更政策，愿和邻邦媾和，开始与各国交涉通商及承认二个问题。从一九二〇春季以来，依次与爱沙尼亚，乔治亚，莱多维亚，芬兰，波兰缔结讲和条约，一方又与英，德，意，瑞典，瑙威，捷克斯洛伐克缔结通商条约，今将此种条约列表于左：

国名	条约性质	签字日期
爱沙尼亚	讲和条约	一九二〇年二月二日
乔治亚	同上	同上五月八日
立陶宛	同上	同上七月十二日
莱多维亚	同上	同上八月十一日
芬兰	同上	同上十月十四日
波兰	同上	一九二一年三月十八日
英国	通商条约	同上三月十六日
德国	同上	同上五月六日
脑威	同上	同上九月二日
瑞典	通商假条约	一九二二年三月一日
意大利	通商条约	同上五月二十四日
捷克斯洛伐克	同上	同上七月十五日

以上除意俄通商条约为劳农政府所拒绝，俄瑞通商假条约为瑞典议会所否认，其

余条约都已经实施了。

四、新经济政策之意义

劳农俄国因为急切不能达到世界革命的目的，所以和各国交涉通商，徐图进行，这是他态度变化的一端。但他的变化态度还有更甚于此的，就是去年三月公布九月实行的新经济政策。所谓新经济政策，简单说来就是承认农民和小工人自由交易农产物和制造品，并对外国设定租借地是了。

然则俄国实行这新政策已抛弃了共产主义吗？这却不然，他不过是为便宜起见退却一步罢了。第一，因为俄国是农业国，农民头脑简单，不知什么叫做共产。他们以为辛苦所得的谷物，既然要收归国有，倒不如减少生产，只要本身和家族够用就算。这么一来，俄国的生产力，岂不大减！所以李宁一想这不是好处。他才改变过来，实行这个政策，奖励农民增加生产，这是新经济政策对内的用意。第二，俄国自革命以后已穷到极点，没有外国资本的援助，他要开发矿山，利用森林，恢复农业……什么都做不来。所以他不得不议定"开发特许""食料特许"的规则以为诱引外资投入之计。正所谓"国敌之粮，养我之兵"的一个恶计策呢。

而且他实行新经济政策，还可以利用着去诱发列强间的抗争。自从去年基诺亚会议海牙会议之后，列强对俄意见，不相融合，早已无可讳言。他们从此只好舍却共同交涉的方法，由各国资本家单独和俄国商议，以便回复私有财产，获得各种新利权。俄国呢，正要列强分离，他乘此时便利用新经济政策，提供各种利权，以劳农政府与外国资本家合办的形式，承认外国个人的企业权。于是和英国有埃克哈德克拉辛的契约，和美国有让给辛克拉耶公司的北库页岛石油利权的契约，和意国有租借抡安地方耕地的契约。但是这些契约，劳农俄国并不诚心履行，屡屡取消，可见他的居心，实在想把这些利权做一个饵物，引起列强间的抗争罢了。

五、俄德条约关系的重大

俄国既用了各种手段巩固他的国际地位，增进他的国家生产，但是协约国却也顽皮不过，很不容易落他的圈套。所以俄国所要求的承认劳农政府问题，借款问题……虽然经过许多交涉，却还没有解决。俄国的国际地位，终于不免孤立，国家生产，仍然不免迂滞。在这时候，他希望得到一个切实能够帮助的兴国，实至为重要。恰巧西邻的德国正和他同病相怜，倒是一位可共患难的好朋友。德国有的是人材机械，俄国有的是人口来源，若他们两下里互助起来，恐怕世界上无论何国都敌他们不过；况且德国现在的情形，受协约国束缚得不能动弹，也非得有俄国帮助，无以自存。再加德国革命以来政体改为共和，又和俄国合得拢来，所以俄德两国的联合，早成为自然的趋势。一九二一年五月，他们先缔结通商条约，去年基诺亚会议中四月十七日一天遂又有俄德赖卜罗条约的订结。（条文见去年第十页《世界新潮》）当时传说他们还有秘密军事协定，究竟有无，我们不得而知。但两国结合的坚固，已人人明白。如今年法国占领鲁尔矿区时，俄国便下动员令，宣称只要德国主张积极反抗，他就全力帮助，即可窥见一斑了。

这俄德条约的成立，影响之大，自不消说。他们已造成联络欧亚的一个中心势力,此后协约国的对德俄计画,至少也要有点顾忌了。这可说是俄国外交上最大的成功。

六、劳农俄国之东方政策

劳农政府视东方亚细亚大陆,为世界革命的策源地。所以他用尽手段,着着进行。先说宣传方面:一九二〇年夏第三国际第二次大会鉴于亚细亚各地虽有各种政治的社会的运动却多缺少组织,不能统一,而且和共产主义不相联络,因此他决定统一宣传事业,同年九月便有东洋诸民族会议在伯克开会。结果参加者决议对于全世界的资本主义势不两立,特组织一个干部会往东洋各国宣传,使与第三国际执行委员会,及在东洋的过激运动者互通声息。其次说他的外交武力方面:劳农政府在一九二〇年注全力于近东中东。中东方面第一着眼的是阿富汗。阿富汗自一九〇五年成为英国的保护国。一九二〇年四月正在和英国为修好条约的交涉,劳农政府却遣派红军帮助着阿富汗士兵侵犯印度国境,于是英阿的修好交涉为之中止。次年二月二十八日阿富汗乃和俄国在莫斯科订就修好条约。这条约中英国在阿富汗的保护权全被剥夺:劳农政府承认阿富汗独立,在接近印度各地,劳农政府得有设置领事馆的权利。那时的阿富汗仅可说是在劳农政府势力之下了。

其次是印度。劳农政府视印度为革命运动的发火点。所以他大兴军事,图谋侵略。特在土耳其斯坦训练军队,更在阿富汗募集兵勇。并在萨买尔康特设立宣传学校——去年夏季就有九百印度人,和五百阿富汗人毕业——又有红军在阿富汗设备输送机关及联络机关,他们对于攻袭印度一事差不多已完备周密了。但是不幸他这个假道阿富汗攻击印度的计划,终于不成。这因为一九二一年夏季以后,国内发生饥荒,并且有多种事务牵制他不能专心于东方政策,遂致失其在阿富汗的势力;同时英国对印度的政策,大大缓和,阿富汗回教徒的反英运动势力大减,英国遂得重新回复他原来在阿富汗的地位。到一九二一年十一月英阿修好条约成立,承认了阿富汗的独立,同时约定印度国境地方,不许俄国设置领事。这样一来,劳农政府在印度的计划,就告失败。

阿富汗又是对于波斯土耳其的前进地。劳农政府用兵力,宣传二法,引诱波斯革命,颠覆他亲英主义的政府。结果由赛特谢(Seid Zia)组织内阁,破弃英波条约,于一九二一年二月二十六日在莫斯科缔结俄波修好通商条约。在这条约中俄国放弃了若干在波斯的主权,换得一种军事同盟。但是波斯现政府是全仗资本阶级和商人维持的,他们的反英态度,也不过是从通商上的见地而来。所以劳农政府现在对于波斯还感到许多的不安。

第三是土耳其了。劳农政府对于安哥拉政府,素来接近,一九二一年三月十六日缔结修好条约:允许他供给武器弹药,教他在小亚细亚方面驱逐列强的势力。去年安哥拉打胜希腊,受俄国的协助不少。最近洛桑会议,俄国又帮助土国和列强对抗,列强倒也有一点顾忌。这样说来俄国在土耳其方面的政策,总算成功的。但是凯末尔的国民运动,实在偏于宗教的色彩,缺少共产主义的倾向,俄国想把土国红色化的希望恐怕一时不会达到罢。

七、劳农俄国的远东政策

劳农政府在近东中东的活动成绩，不甚出色。所以自一九二一年春季以来，一转而注力于远东方面。先承认远东共和国的独立，订结同盟关系，同时获得勘察加的让与权。这事的用意，一来可以借着领土权的名义，保留大小洋问题的发言权；二来把这方面的利权，提供美国资本家，使美日惹起葛藤。其次又因为日本驻军西伯利亚，处处援助白军和红军抗争，所以他一面教赤塔政府提出抗议，一面由姬栗林通电全国，非难日本。及去年十月日本撤退驻兵，西伯利亚白军全数扫清，劳农政府，始把远东共和国并合，上面已经说过。

最后讲述劳农俄国对于我国的政策。在一九二〇年当我国靳云鹏秉政之时，劳农政府便和我国商议友好关系，成就了三种结果：（一）俄领土耳其斯坦与我国属领的土耳其斯坦间的通商条约；（二）我国否认旧俄国公使的资格；（三）我国派就军事外交使节至莫斯科。但是我国与俄国的通商条约，虽经交涉几次，到现在却还不曾订结。这有多种原因，但是大约不外二种：（一）俄国曾和蒙古活佛订就条约，想使他脱离我国，宣告独立；（二）我国在西伯利亚所受损失，俄国不允赔偿。这二事和我国主权有关，不能让步。所以交涉不谐通商不成。现在劳农政府，对待我国，也是三种手段并用。暗地里拨下巨款，往我国内地宣传，派遣代表再和我国当道交涉。据最近报载：劳农政府派定齐谢拉夫将军率同俄军入蒙曾在库伦召集俄蒙要人，宣布外蒙独立，并由三路进兵，攻击新疆内蒙满洲，决定于四月间三路同时内犯。并袭击中东路。蒙满情势，日益危急，正不知我国当道如何抵敌呢！

新闻纸常用名词释义（四）

白俄罗斯（WhiteRussia）即俄罗斯西境与波兰及立陶宛接壤之地，其人种面色较为白皙，与大俄罗斯略有不同，故别称为白俄罗斯。现为苏维埃俄罗斯联邦国之一。

白党系指反对鲍尔希维克革命之反动派而言，包有王党，军阀及守旧党等，与现在俄国秉政之红党相对待国内报纸有译作"白俄"者，实系大误。

（《东方杂志》第二十卷第四号，1923年2月25日，署名 幼雄）

2月

3.《新俄游记》[著作（目录，自叙），2月]

商务印书馆出版江亢虎撰写的《新俄游记》，共175页，定价大洋7角。目录：自叙；哈尔滨旅况；中东铁路（一）（二）；外蒙失守追述；满赤道中；赤塔见闻杂记（一）（二）（三）；第一赤塔游记；西比利亚道中（一）（二）；莫斯科皇宫；第三国际第三代表大会；莫斯科华侨及领事；红工团联合会；代表横死葬仪；莫斯科工厂；莫斯科大学；第三国际大会后之结束；远东大会之动议；韩党人之不平；各国赈灾近闻；俄国要人之会见；彼京道中；彼京街市；大彼得海港；记游科学院；记游人类博物馆；记游冬宫；记马辛哥尔基之谈话；记彼京两大教堂；记游俄皇村；记白党阴谋；记华工之言；记市场拘人；记旅馆新章；记华侨家庭及俄妇；记外交部与领事馆失窃事；记华工会会长被刺事；记中国五共产党事；记俄国共产党淘汰事；记韩国共产党分争事；记共产党演说会事；记外交部共产党诘问事；记托洛次岂阅兵事；中央行政委员会开会事；蒙古政府代表到俄；莫斯科雪景；俄美通商先声；俄人对联合救灾会决议之愤慨；美国救灾会之进行；波兰对俄之阴谋；大剧场观剧记；英俄通商之盛况；葡匈两国革命之所闻；记赈灾展览会；参观公学记；记母子养育院；参观两幼稚园记；俄国承认旧国债之提议；国庆大赦记；远东民族大会预记；蒙古独立后之所闻；英俄交责；智识阶级之复活；资本制度之复活；记全俄苏越特第九次大会事；记俄国新旧年节事；记物价飞涨事；记莫斯科市苏越特大会事；记东方共产革命大会开幕事；记历史博物馆；记农民工艺品展览会；记油画院；记未来主义戏剧；记美国救灾会儿童食堂；记军官学校；记俄国西界出境情事；附录 国民三十节在俄京感言；游德感想记；荷兰五日记；游法感想记；与某君书追述援蒙事；俄事演说词（一）（二）（三）；回国宣言；新民主主义新社会主义说明书。

自叙，全文如下：

读者苟知下列诸情况者，或能原谅吾书之不周备矣。此次冒险旅行，原意就新俄政治经济各设施，实地调查，具体报告，搜集资料，分别部居印件盈箱，译稿累尺，拟勒专著，用中英文刊行。出境时，俄外部以沿途检验綦严，属将所有文书封交特别机关代递。迄今半载，消息杳然，仅此零星琐屑汉文通信稿以怀挟而通过。时当忌讳，地处嫌疑，书不尽言，言不尽意，隐约而已。且通信四十余次，而得达者仅十一次，余均误于洪乔。幸余铅笔原稿尚未尽佚，校补可得太半。阙者即亦不复记省。计每次登《申报》《新闻报》《商报》三分，别一分代家书寄家，合原稿共五分。写时以炭纸四夹白纸五，秉铦锋铅笔，一落笔而透九纸。且构思，且落笔，不得易稿，并不得易字。故文理文气乃至词句，疵类稠叠，兹本悉存其真，通信署名天我。于吾自身事多不载，载亦用第三人称，付刊时乃改为第一人称。语意间有不融贯处，又前后事隔经年，标目体裁未从一律。凡此诸节，皆不能惬作者之心，知无以餍读者之望矣。《申报》《新闻报》主人怂恿重刊单行，史量才君并督饬誊清，敦促上版，可感亦可愧也。

（民国第十一双十节江亢虎）

4. 《新俄游记》广告（《俄罗斯一瞥》书末广告，1925年4月再版）

《新俄游记》广告：

劳农俄国之现状，频年封锁，真相罕传。江亢虎先生去年冒险入俄，参与国际大会，接晤共产党要人，受俄政府国宾待遇。居留亘一年之久，彼中情事，如数家珍。此编汇集通信四十余通，附件十余则，皆极有关系文字，与寻常所见闻者迥殊。

（《俄罗斯一瞥》书末广告，1925年4月再版）

3月
1日

5.《马克思主义辩证法底几个规律》(《少年》第七号,3月1日)

《少年》第七号,刊登 V. Adoioloky 著,石夫节译的《马克思主义辩证法底几个规律》,(1924年《新青年》季刊第三期转载该文章),全文如下:

I

思想是由生存底条件决定。这就是说,在介乎人与人之间的真实的关系中,实在的实际是一件东西,而这些关系(即实际)底意识又是一件东西。这个意识不是先天的,他是由真实的社会的构造和人民一切生存条件决定的。此后人只在研究事实之社会的关系,勿以这些关系与人有这些关系底观念,与人们共同表现这些关系底形式相混。

这地方应该是两层的事实,已经一步一步地在历史上为我们证明了。我们常在历史中看见已成熟的社会关系,人们还没有一点意识。人们不能详细地了解他们所做的。社会的关系往往总是先成熟而后才成为意识的。

到了一八八〇年,资本主义在俄国已经是一个确乎无疑的事实了;但人还发表很多小册子,证明俄国有一个资本主义是错误。到了一八九十[〇]年,平民党人和马克思主义者还讨论这个问题:有一个资本主义在俄国么?

资本主义入了他的发展底最后一段了(帝国主义)。数年间,民族互相残杀。人已处在一个进退维谷之中,除在无产阶级专政之下,实行社会底全部的改造,决没有别的出路,但还有很多人相信资本主义复生。

工业的资本主义已存在有一百五十年了,而许多经济学家还不能领会他的本质和他的法则。意识受生存条件决定,有时人可看见承受这个决定非常迟缓。

这个原理底结论是:有可视为根本的重要底地方,不是思想;是生存底条件。所以我们应该拿极大的注意力接触物质的关系——实在的实际,不让意象学迷惑了我们的观察力。

像这样除开一切抽象作用,观察实际,是很不容易的。在俄国革命之初,很少人懂得于今已成的工作:实行无产阶级专政。在一九一七年九月,都还难说凡是我们同志都懂得取得政权的时期到了。同样的,在一九一八年三月,Bust-Litousky 议和底必要,也不发觉于我们全体政治家。但在这些机遇中,列宁都看到了。

在别人,难以看到实际,甚至于看不着,都由于种种意象学底影响。

唯物主义辩证法底第一个规律就是毫不要以流行在社会关系上底观念与这些关系底实际相混;就是看社会的实际是怎样就是怎样。

II

唯物主义辩证法底第二个规律,需要在实际底全部中研究实际,除开一切抽象作用，一切意象学。举凡所有都应该取来注意，取来作完全的精密的研究，人要切记着，实际是构成一个统一的全体，他的部分是一个牵连着一个不可分离的。人底资材都在时间和空间中都有限制，实际自不能完全适合地反映到他的意识中，往往总是那一方面显现过甚，别一方面还留在阴隐中。马克思主义辩证法要我们的思想笼罩复杂矛盾的实际在他的全部中。虽然这不是完全可能，但我们应该要达到这里。

在政治上，这个规律要我们不仅注意到一国的情形，注意到各国的情形。马克思主义者应该在全国中和全世界底大势中观察阶级争斗底发展和事变。

III

辩证法底方法又叫我们要全在运动中研究。研究事变底发生、发展、消灭。决不要忘记这个运动，应知道除开表面的现象，没有什么是固定的。应用心追随现象底转变 即由这一程次到那一程次的经过。应追究反面势力底争斗，并记着，冲突绝不是出轨的，冲突正是实际底本身。这些观念是在马克思和昂格尔著作底基础上该透彻的。

在现代历史和政治中，主要的冲突就是无产阶级和有产阶级底冲突。时刻记着这个冲突，研究他的发展，以他作我们政治底基础，并为建立具体的工作，注意到时时变迁的情境——马克思主义方法所需要的就是如此，列宁在这地方从未失败过。他亦绝不忘记：由经济对抗所发生的问题，从资本主义实际底精确的研究之唯一的解决，就是由无产阶级推翻有产阶级和从有产阶级的社会上坚固一个社会主义的社会。这个重大的工作，只能以长期阶级争斗底代价来成就。

当一九一四年世界大战开始时，帝国主义底坚强稳固仿佛是无限量的，列宁发出这样的标语：帝国主义的战争变为内乱。这个大胆的革命的肯定，足使那般向来亲近马克思主义底人都轻视他，议笑他。事变已处处将列宁底诊断证实了。

在革命当中，列宁对着现今社会根本的冲突决不会失了见地，紧跟着事变之循环转移，他指出及时的工作——事变变，工作也变——对着一个不可侵犯的目的走：无产阶级底胜利。

当一九一七年，他在苏维埃当中主持议和时；当同年七月事变发生后，他主张立刻暴动和取得政权时；当一九一八年，他指出方法给无产阶级底面包时；当一九一八年至一九一九冬季，他宣告要组织一个三百万人底军队时——这些都是机遇，举凡这些连贯的工作，都是由阶级争斗底科学的研究得来。

IV

革命的马克思主义不许理论与实行分离。我们不应只在认认环绕我们的环境：我们应改变环境。我们不应只观察争斗，思索争斗，我们应加入争斗中，从争斗里吸取教训。马克思曾说过："哲学家只描写种种不同的世界；殊不知只在要改换他。"没有实行，即没有真实的认识。而且认识是必须于行动的，否则他即是无用的东西。

列宁是决未放松革命的辩证法的。他会以工人阶级战士底行动连[联]合于社会现象底科学的精密的研究。地方也是马克思底大材能之一。

人能从他自己废除空想主义，唯心主义和小资产阶级思想之最后的遗迹，只有直接参加无产阶级底组织的行动，将自己的命运紧紧地付托于无产阶级地命运上。

V

最后还有一个马克思辩证法底规律，就是没有抽象的真实，凡真实都是具体的。这规律是自前几个来的，特别的是第三个。因为若真实是在运动，即没有永不变的真实。

在列宁生平，人发现很多这个规律底应用。例如政治底标语，应该与情境转移。若是不可变的，他立刻即失了提醒和训练群众意识的作用，成为一些欺骗和暧昧底方法。智慧的也成了无意义的；好的也成了坏的。

列宁曾说过：马克思主义要我们用最大的客观性和最可能的精确，注视表现于每个历史时期上的阶级势力底关系。我们波尔失维克党人，按照我们政治底科学的基础，时时在这种里面努力。马克思和昂格尔常说："我们的方略不是一个经典，是计昼行动底一个总和。"马克思和昂格尔时常议诮研究公式和背诵公式——这些公式在最好的机遇中可指出大概的工作；但这工作又应该在每个历史的时代中，随经济和政治的状况改变的。马克思主义者追随者生活和明确的事实，而不抓住昨天的理论——所有理论至多不过指出复杂生活底大概。

(《少年》第七号，1923年3月1日)

6.《什么是无产阶级专政?》(《少年》第七号，3月1日)

《少年》第七号刊登 Logousky 著、石人摘译的《什么是无产阶级专政?》，全文如下：

有一个问题时时为革命工团主义者底弊端，并阻止他们加入红工团国际，这个问题就是无产阶级专政。为工团主义者，无产阶级专政仿佛是一个不可思议的怪物。无政府工团主义者流行的标语，就是打倒"任何"专政，但是假使他们也不否认资本主义的世界是在有产阶级专政之下存在的，他们否认"任何"专政，实际上即是反对工人用暴力推翻有产阶级底权利，换言之，即是反对工人阶级做社会革命底权利。这点原理粗看是抽象的，然而在实行的争斗中操一个重要的作用。我们须完全从实行的见地来研究这个问题，看看无产阶级专政底概念在革命工团主义者是作何解释，而这个专政的实际又是怎样。

我们暂且假定如法国工团主义者仇视无产阶级专政，高唱工团独立的一班人们达到了他们的目的，推翻了有产阶级。假定一切经过都一如统一劳动总会中底无政府工团主义的首领所推测，共产党总是妨害的，未曾参与，工团主义者是完全独立的工人阶级奋发起来，流血的冲突经过了，把有产阶级所组织的警察和其他弹压队不独逐出了巴里底工人寨，并逐出了其他各城镇的工人寨。塞纳工团组合成为革命事变底中心，这时攻击有产阶级第一重大的战斗中，有些什么工作摆在这班得胜的组合面前呢？有三个工作：(1)在国内攻击反革命的争斗；(2)用武力保护法兰西工团共和国，抵抗那班想来恢复旧状态的英吉利、意大利、西班牙以及其他各国底军队；（三）生产和生产分配底组织。

攻击反革命的争斗是怎样讲呢？他要创立一些机关，可以一致地、严厉地攻击那想恢复旧制度的一切明或暗的团体。得胜的革命要占据银行、工厂、制造场以及各种商业，他会以富人底房屋供给无产阶级居住，因之逐惹起举凡认这种手段与他们有妨害的人民底猛烈反抗。我们知道，有产阶级会使用武器，他懂得军事学，他的少年多是运动家，在一般的机关办事人员中都有他的很多党羽，这将是在一切事业中明或暗的怠工。复古派的一般党徒将实行团结，他们将以文明，文化，《德莫克拉西》以及法兰西大革命底不朽的原理等名义，愿牺牲一切来收回被充公的房屋，资本，工厂，制造场。若塞纳工团组合不集中他的注意力在攻击反革命的争斗上，他将在一个或两个礼拜内即被反革命底波涛扫荡了。他应该创造某种机关，专门应付这个争斗。他应该有一个特别的工人守卫队供他指挥。他应该给工人的枪，炮，□，飞机以保守所有取自有产阶级的东西，并到必要时向他的敌人进攻。

一定的，工人底武装，创造一种民军或一种特别的工人卫队，以武力反抗有产阶级的争斗，这些都会惹起所有反革命报纸底奋激的仇恨和恶烈的攻击。塞纳工团组合会被控告为暴厉，为专政，若他对这种控告稍松一松手，或是讲究礼貌，刹那间放弃暴力，工人即失败了，有产阶级底暴厉和专政即跟着又来了，无产阶级为他自己的防御，必须成立一个铁面无情的制度，对待所有想恢复就状态，想争回他们已失去的特权的人民。这时应该要□到报纸底自由了，大概要占据□□□□□□□等华丽的大报馆，并就这些报馆来印刷革命的文字。一定的，若塞纳工团组合底首领决定照这样做了，他马上即被人待为可恶的波尔失维克，专政者，背叛自由者等等，但是，除非这种欺骗底大本营（有产阶级底报纸）将革命轰散了，他们是不能别样做的。打铁趁热，争斗一声开始，就应该一直做到底。

所以人可看见，攻击反革命的争斗，□令一切要占据政权的工人团体拿出铁面无情的手段对付他们的阶级底敌人，但是若无产阶级底世界主义还没有一个充分的势力，有产阶级底世界主义还代表一个很严重的分量。在法国的革命会惹起邻近有产阶级国家一番猛烈的仇恨。已经失望不能收回他曾经放在法国的资本，并且失去这些资本底利息，德莫克拉西的美国会输送他的巡洋舰放在法国的水中。西班牙的有产阶级亦然，他将要兴师出境。凡法国邻近的国家都会个个认压服一个暴动的无产阶级是他们的生死的问题。在巴里共治市府之前，德国的毕士马克和法国的□即容易站在同盟底地位

在这些状况中，革命又如何应付呢？他应该迅速地训练一个工人的速成军将工人的军队，下无产阶级全体动员令，号召一切劳动者和一切被压迫者准备武装，成立一个严重的纪律，拿起一个集权的争斗对付敌人底侵犯。虽然在无政府工团主义的原理很可宝贵，然而到这时，很简单的理由会逼使一切革命者集中他们的抵抗力，以便到必要时能乘敌人之危攻击敌人，所以人要创造一个工人的革命军，以保护革命底胜利

在经过这对内对外的争斗中，同时人要来对付小有产阶级和小地主。人应该抵御一切残余，一切过去的成见，一切数百年遗传下来的承袭制。在法国工人阶级是占少数，他会有一部分农民反对他。因为富人无利益希望成立社会主义，所以应该坚强地把持所有取自有产阶级的东西，拒绝一切想将已充公的财产还给旧主的用意。为这个，又应该借助于暴力。应该枪毙危险的反革命党，但是不能人人都给他枪毙了，又应该利用有产阶级所建设的监狱，给一部分反革命党禁锢起来。一定会有一些笨重的理想家要说："为什么革命以后，我们还使用暴力，还给人进监狱呢？"我们答道："是的，一旦掠夺者底反抗不完全破碎，我们是要借助暴力，是要有监狱的。若你们不给他们送进监狱，他们即会给你们送进去。"打战就要像个打战的样子呀！但是此地我们又遇着一些困难为工团主义者所决不曾梦想到的。我们试想，倘在法国由革命的劳动总会或他的执行机构下一道堂皇的命令，宣告所有工厂制造厂，生产工具都没收为公共财产，一般无政府主义者立刻会拿起个人的行动反抗公共的利益。这班先生们将宣言他们极鄙弃劳动总会底决定，他们愿取他们的所需。说了就做他们即占据存在银行的钱财，取用公共贮藏的生产品，无论无政府主义者底学理怎样高妙，恐怕无人能有意许可他们这样享受公共财产。若这班无政府主义者使用武力，势必也要使用武力才能使他们服从事理。所以人可看见，由事物底必然的步度，逼迫工团要创造压服反革命的机关，创造抵御外敌的机关，抵抗所有拿无政府主义或其他原理来违犯无产阶级底纪律，和侵害无产阶级底利益。

但是工人阶级的工作，如上面所说就算完了么？社会革命之后，马上生产组织和分配底大问题即全般摆在那里。什么是生产呢？他的成分是些什么呢？生产有人力，工厂，制造场，管理合技术的机关做因数。当先一着，就是要组织人力，这将是工厂工人委员会底工作。但人可以组织工厂用这样的形式：每个工厂都行使他的所好么？工业的经营，需要一个一定的统一的中枢输送原料。我们知道，法国是未具备所有他所必须的原料的，假定他应该从外国运棉花进来；很明显的，每个制造场不能因他的所好，单独从外面运棉花进来；这棉花一定是预算各个制造场底需要，按照一个普遍的计昼运进来的。所以为分配，一个集中的分配机关是不可免的。而且也还要一个生产底集中机关；因为有时全国底利益，需要关闭一些工厂：例如到争斗最利害的时候，法国缺少了食料合原料；因为哈丁总统德莫克拉西的巡洋舰封锁他的海岸，他势必要关闭一些工厂和制造场。这时就是要决定那个制造场应该关闭，这个问题又非由一个集中的机关不能决定。因为有个集中，机关彻底认清全部生产状况，注意到全国底公共利益，不少工人阶级某一群或某一组合底利益。

然则这些问题底解决应该由那个机关呢？由劳动总会么？则是劳动总会这个机关，应该致力于生产，分配，内外底治安，攻击反革命的争斗，组织公共教育，与同胞共和国发生关系。这时很明显的，他本身决不能成就所有这些工作。因此，法国底工团，若推翻了有产阶级，他们势必要创造一个专门行政机关，一个专门生产机关；他们应该创立"工人国家"——即是在无政府工团主义者看起来仿佛不过是一个木偶的"专政"。

但是我们又听见工团主义者告诉我们："我们毫不反对个人团体底专政，我们只反对党底专政。"这是什么话呢。我们只须问：在什么条件之下，人才能够引导争斗同时向各方面攻击，得到适当的结果呢？那是在能够在行动中实现最高度的统一，能够有一个统一的意志执全国底指挥权——能够使新创立的机关放在一群有一个共同思想，承认同样的行动纲领，同样的了解工人阶级底工作，有共同的战略的人们手中；这群人总称之就是一个党。纵使这个党号为工团主义的党，我们看也没有什么不妥——不过我个人的意思，我们相信他会号为共产党——但是，不管他的名称如何，他总是一个党，一个为工人阶级所应施行的专政底保护机关。有产阶级直到现在都是由他的掌握政权的党，由他的行政机关，由他的大学，由他的报馆，施行他的专政。无产阶级，为使外界服从他的法则，他应该处处施行他的专政。

所以仔细研究底结果，我们可以看见，因为否认无产阶级专政和工人国家，法国革命工团主义者即不自觉地否认了革命。这是由于完全不明了社会争斗底实在性所致和对于阶级争斗这个事实只有一点抽象的（并带有玄学的）概念底结果。阶级争斗不是一个无影无踪的自然力，他有一个一定的形式。他应该获得具体的功效，并且一旦工人阶级得了胜利，他应该固定这个胜利在一些一定的组织的形式中。这些组织的形式即是我们所称为的工人国家或过度时代底国家。一旦阶级废除了，掠夺者底反抗不见了，压迫底机关自己也消灭了，所留存的不过生产和分配机关。于是我们才进入真正的共产主义的制度。

请看这就是有产阶级被推倒了，无产阶级专政所要做的。上面所说，我们还是假定法国工团主义的团体到了占据政权，不幸俄国革命底成例仿佛直到现在还没有使他们学到什么，他们仍继续在攻打"任何"专政，他们对有产阶级是毫没有危险的。无政府主义的玄学，毫没有使有产阶级生惧怯的地方，我深怕我的假定（无政府工团主义者推翻了有产阶级，和不得不建设工人国家）永远成为假定，因为无政府工团主义者底战略，有好多机会不是引出无产阶级底胜利，是引出无产阶级底失败。

[译者附注]此篇译自《无政府工团主义者与红工团国际》论文中底一段，原文载在第二十一期《共产国际》杂志，一九二二年七月出版，在作者作这篇文章时，法国统一劳动总会虽是革命的工团，尚未脱尽无政府工团主义的思想，尚在固执不肯加入红工团国际；但现在他已加入了，除少数分子还守着落后的思想未肯即刻放弃外，大多数都已将浪漫的无政府工团主义空想完全打破了。

（《少年》第七号，1923年3月1日）

10日（星期六）

7.《谁是苏维埃俄罗斯的统治者?》（《东方杂志》第二十卷第五号，3月10日）

《东方杂志》第二十卷第五号刊载了化鲁的《谁是苏维埃俄罗斯的统治者?》，全文如下：

革命后的俄国政府常自称为奉行马克思所预言的"无产阶级专政"，就是农工业劳动者的专政。但是世人对于这"无产阶级专政"的招牌都加以诽议。有许多人说，现在俄国实际上是少数革命的智识阶级的专政，有许多人是说兵士和警吏的专政，又有许多说是代表极少数民意的共产党的专政。那么苏维埃俄罗斯的统治者究竟是谁呢？

最近在劳农俄罗斯全国举行苏维埃选举的结果，可以给我们一个明确的事实的证据。据俄国人民内务委员所发表选举结果的统计报告，把全俄县、省、市苏维埃选举的当选人，依照性别、职业别、政党别的百分比例分列如下：——

	县苏维埃选举	省苏维埃选举	市苏维埃选举	统计
男子	九九·一	九九·四	九五·一	九九
女子	〇·九	〇·六	四·九	一
工人	三〇·六	四〇·八	五三·七	三三
农民	二六·四	一一·八	七·三	二四
技术师	一·三	四·一		一·六
医生	〇·六	二·五	四·九	一
法律家	〇·一	一·三		〇·三
教员	六·一	九·九		六·八
伙友	二五·九	二一·七	一九·五	二五
兵士	二·四	一·六		二·一
自由职业者	〇·七	〇·三		〇·五
学生	三·三	二·五	一二·二	三·三
其他职业者	二·二	三·五	三·五	二·四
共产党	八一·七	八九·一	六·一	八二·五
其他政党	〇·一			
无党籍者	一八·二	一〇·九	三九	一七·五

照上表看来，可见苏维埃俄国的统治阶级农民和工人实过半数。此外中产阶级——伙友、教员、医生、技术师——也占一部分的势力，至于兵士的权力却非常细微。全俄的苏维埃执行委员曾可以说全落在劳动阶级的手中，并不像外间所猜疑的那样。不过共产党在实际政治上占最大势力这都是真实的。共产党人数不多，可是很受人民的爱戴。例如苏维埃制度是以乡村苏维埃为基础的；乡村苏维埃代表选出县苏维

埃代表，县苏维埃代表选出省苏维埃代表，省苏维埃代表再选出全国苏维埃代表。全俄的乡村苏维埃代表共有一百万人。而共产党党员合计不到五十万人。可见在乡村苏维埃与共产党不过占少数，其余大多是无党籍的超然分子。但在选举高级苏维埃代表的时候，那些超然分子却都投共产党的票。所以共产党在高级苏维埃中竟能占大多数的位置。现在鲍尔希维政府势力日益巩固，统治阶级中的共产党势力大概是不容推翻了。

再从全俄苏维埃行政委员的教育程度统计起来，（乡村苏维埃除外）其中受大学教育的占百分之六·七；受高级学校教育的占百分之一六·五；受初级公立学校教育的占百分之六六·六；只受家庭教育的占百分之七·九；仅受极浅近的教育的占百分之〇·三。可见苏俄政府中办事人员的程度是很幼稚的。但这是自然的事情，因为俄国统治阶级既以工人及农民为中枢，而那工人农民在革命前，本来就缺乏受教育的机会。现在政府竭力普及教育，广设劳动大学，政党学校。使劳动者都有受大学教育的机会，那么在将来情形也许改变一点，中央及地方政府里便不至再闹"人荒"罢。

（《东方杂志》第二十卷第五号，1922年3月10日，署名 化鲁）

4月
1日（星期日）

8.《国际共产党党纲底草案》（《少年》第八号、第九号，4月1日，5月1日）

《少年》第八号、第九号，刊登布哈林著、石人译的《国际共产党党纲底草案》，全文如下：

I——资本主义的奴隶制

现今差不多全球都落在资本底统治之下。

这个统治是建立在个人的财产和商品底生产（或称为市场生产）上生产底方法专有，以及这商品分配的方法专有都放在资本阶级一群极少数人手中这种专有为这个阶级从数百万无产者身上巩固一个无限量的权力；而这般无产者因缺乏生产的方法，逼着不能不卖他们劳动力有产阶级用他的政治的统治——即将军力和其他所有物理的束缚底手段都放在他的绝对统治之下的"国家"的组织（□□□）——来巩固他的经济的统治，此外因教育部都落在资本家之手，他更用教育的专有在知智识界中施行他的统治。工人阶级在人民中日甚一日地成了多数是为略[掠]夺他的劳动的有产阶级一个取之不尽的利源。因为他在经济上是被侵蚀的从政治和知识的见地上□看他又是被压迫的，所以他遂成了资本□奴隶。

在他跟着剩余价值跑的道路中有产阶级不得□□的发展生产力和逐渐扩张他的资

本主义的统治,但是他已不能组织那日见可危的、定要引资本主义到死路上去的根本的毛病发现了。

个人的财产的统治,使生产盲目地、毫无统系地发展,不是由一个有意识的势力规划,遂产生生产底无政府。这种无政府的表现,一方面就是各种营业与各团体底营业家都打入猛烈的争斗中。这种竞争的结果,会浪费很多的材力;另一方面就是定期的危机,这些危机是关系生产发展底不可免的结果,都要连带一个生产力的破坏和使不可胜数的无产者陷于失工底地位。

在生产底无政府上更加上阶级的□对抗,资本主义的社会建立在以一个极少数略[掠]夺人民中多数的事实上,他遂分成两个对抗的营垒,阶级争斗充满了他的历史。资本主义为最高权的争斗是资本主义的"国家"(LETAT)与"国家"竞争底一个特别形式;他的最后表现即是战争与经济的危机和歇工齐名,也是资本主义重要特性之一。

因他建设在生产力的发展上,资本主义经济的进步结果遂迫令落后的资本家底经济势力,因竞争消灭;一部分农民阶级破产;小工匠渐次消灭。小的或中等的资本之经济的失败,殖民地底吞没或残酷的略[掠]夺这种经过,一面生出资本的堆集和资本集中在几个个数百万豪富手中;另一方面生出一个可怕的无产阶级增大——这个无产阶级是从资本主义的冷酷的学校中陶冶出来的所有他的生活条件都成为有产阶级和有产阶级现状底死敌。

资本的集中和资本主义制度底扩张逐渐的并且在一个日见增广的领域中显出资本主义底根本的毛病。小资本家与小资本家竞争代以大资本家与大资本家竞争;静止,互相唤起百万豪富底奇大团体和他们的各人的政府出来包括几个地方底危机,成了世界底危机;当地的战争代以联盟底战争或世界的战争;阶级争斗不止限于一群一群的工人底散乱的行动;他成了一个全国的争斗。最后更是世界的无产阶级底国际的争斗以反抗世界的有产阶级。

阶级间关系之必然的刺激会使每个对待的阶级都聚合他的势力。一方面资本主义的有产阶级组织会或联盟,以巩固他的"国家"权力;另一方面,工人阶级——也是由资本主义生产底机械关系联合和凝结起来的——创造一些有力组织早晚要□。无产阶级底阶级争斗底工具,以反抗有产阶级和他的大本营:"国家"的权力。

所以资本主义底发展一定要增大他所有内部的冲突,直到最后,使他的生存不可能。无产阶级是推倒有产阶级的生力军;在解脱他的千年缰索时,他即废除资本制度而组织合理的社会主义的经济——这合理的社会主义的基本条件也是由资本主义本身造成的,使正在要接替资本主义的新社会底形成是有生机的条件,就是:生产方法底集中;资本主义的技术非常发展;团体的劳动(特别化身于无产阶级本身上)科学(资本主义的产儿)底发展,工人组织的扩大,——这些工人的组织是组织新社会的初步的核心。

最近数十年资本统治底显著的事实,就是极端加重他的内部的冲突和扰起一九一四年世界战争底大危机。

资本主义成了世界的,他成了一种经济的形式,要从全地面上征服一切别的经济的形式。

无数的私人营业家因竞争互相争斗互相吞没过去了,一般受银行制度打击的工业大王之惊人的联盟(工团和托辣斯)显出头角来了。在这个资本的新形式中,银行资本与工业资本合并,得银行之介绍,土地的大财产与大工业联起盟来;在这里面的实在主人只是几个个奇富的分子——半承袭的银行的少数垄断(aligarchies)这种资本的新形式带一个极清楚的专有的性质,代替封建的专有的自由竞争,于今自己成了银行资本底专有。

这种根本上是专有的资本底组织渐次将□属于经济地位不同的有产阶级的小团体联合起来,使竞争的形式彻底改变,往时只在低减价格底旧方法渐渐地代以凶猛的势力——这种凶猛的势力,在每个地方内面所表现的,就是威逼和其他种种压制;在国际关系中所表现的,就是成立高的保护主义关税率,采用禁止的标准以达到真实的关税战争,和在两对敌的国家中使用兵力,极端激发国际的经济的竞争的,即是两个最有力的重要事实:大资本主义的国家互相瓜分殖民地和继续不断地输出资本,结果势必要使用武力占据资本所灌注的土地。

在这(这)种情形中,"国家"和他的军力为有产阶级占一个特别重要位置,银行资本的政策,自始至终即是一个抢掳政策。这种抢掳政策,为达到他的目的,应该借助于奇异地发展军队、海舰、飞艇,以及所有的破坏方法,所以军国主义底进步,也就是使国际的竞争更加厉害的理由之一,他的结就是可怕的屠杀底战争。

资本集中到了世界的程度于是各国资本家底强大的托辣斯形成了,资本主义的银行资本的几大强也形成了,这几大强,在不可胜数的无产者,半无产者,农民等大众中看起来,正是压迫略[掠]夺,抢掳,奴服等底世界底营寨,凡是次等的,向他乞怜以图存的有产阶级的"国家"都直接或间接附属于他们。至于具有数万万被略[掠]夺的劳动者的殖民地更是成了他们的资本主义"国家"所臣服之一个抢掳场。

反抗着这个银行资本底强大组织的势力,竖起两个主要的势力:一方面是资本主义国家底工人;另一方面是屈伏在外国资本枷锁之下的殖民地。但是这个根本的革命的倾向一时竟被欧美一重要部份底无产阶级受人贿赂的事实所麻痹了,因抢掳殖民地和半殖民地获得一额外的剩余价值帝国主义国家底有产阶级遂利用这额外的剩余价值来加增本国工人底工资,奖励他们去剥削殖民地,并将他们蓁成为帝国主义祖国"效忠的奴仆"这种通行的贿赂特别的发现于工人贵族中,于工人阶级的领袖中,于已经成了有产阶级用具的社会民主党和工团中。

资本主义的几大强,为殖民地争夺的紧张,遂激起了一九一四年底大战。这个战争在某点上已将资本主义经济基础动摇了。他已加重工人阶级底境遇,打破无产阶级中之帝国主义的虚幻——他已开□一个新纪元:资本主义经济组织底破坏。

在一九一四至一九一八底大战中,生产力底破坏是历史中从来所未有的;无限量的生产方法和最生产的人工都消去了。此外,因有大部份有用的势力专为制造毫无消费价值的物品,遂枉费一些精力丧失好多财富。各国资本家的托辣斯,努力以改组织底势力(将所有私人的营业家底联盟附属于国家,换句话即是国家底资本主义)来弥补这个浪费,结果只有使"国"与"国"争斗更加强。

国际的交通和国际分工底体系破坏,私人间或"国"与"国"之间的财政规例混乱。汇兑的(底)不平均,惊人的国债:举几这些战争结果都只是使世界资本主义经济底破坏更加重。

因为有殖民地乘"帝国主义国家"底衰弱的机会,获得一个很大的经济的独立,帝国主义的经济的体系受重大的变更。这就是颠覆了资本家在殖民地发财的基础,而更加重普遍的危机。

所有从战争时和战后引证出来的根本的事实,都在一个国家收入的低减里发现出来。这国家收入的减退,为他的分配,又扰起在各个互相竞争的银行的垄断(aligarchies ginamcieres)间,殖民地与主国(métropole)间。有产阶级和无产阶级间,一个剧烈争斗。这时社会中更有一部份中间分子,特别感受战争的痛苦的与无产联盟。

在他的总和中,战后资本主义底地位最显著的就是在一切生活界中无论是经济的,政治的,社会的,以及知识的和文化的,都呈现一个极端的动摇;实在,在普遍危机底底部已发现有产阶级底意象学一个根本破裂底最著显的标记了:回返于宗教,神秘,幻术等,正是明白□报告有产阶级文明破产来得迫切。

当大战时已经开始的阶级争斗之猛进竟使帝国主义底统一的前敌从他的最可痛的部份——俄国——破裂了。一九一七年俄国无产阶级所发动的革命,幸遇特别顺利的情形,已将有产阶级的制度推翻竖起世界革的基础了。

接着俄国革命之后,有一些无产阶级的暴动,有些经过暂时的胜利。因无产阶级失败遂中止了(芬兰、匈牙利、巴维尔),有些因反对革命的共产主义的社会民□党背叛,遂半途停顿了(奥大利、德意志)。但这些暴动都带有共产主义革命底浓厚的势力,他们是世界革命基础发展中之一些程次,经过这些程次底教训,无产阶级对于有产阶级的虚的是消灭了。而且共产主义革命的力量已集中了。

所以苏维埃俄罗斯是全球无产阶级运动之创造的中心,他的存在,在地球上有一个格外的重要他成立一个根本上与资本主义制度相违犯的制度,直不啻在世界的资本主义的体系上砍一个大伤痕,另一方面看,他又是无产阶级运动之最坚固的队伍,因为在俄国工人阶级将所有"国家"底方法和资材都放在他的安排之下。

在世界革命底运动中,社会民主党及他领导的工团,都成了反革命的最重要的因子。他不仅仅在大战时维持他的帝国主义的政府,背叛工人底利益;他已维持强盗的条约(Baest-Lilavsk Veriailles),他当无产阶级受残酷的压服时,已给官变做一个很有力的助手(taste),他已用武力攻击第一个无产阶级的共和国(俄罗斯)他已卖了已到政权的无产阶级(匈牙利),他已入了名为"国际联盟"底强盗会(Chomias),他已公然与主人打在一傍,反抗殖民地的奴隶了(劳动党),所以社会民主党即是有产阶级社会最后的后援队,最坚固的壁垒。

工人阶级中帝国主义的迷惑消灭,使无产阶级免了社会民主党底影响,而为各国共产党运动开辟一个便利途径，这些共产党由争斗底经验联合成一个革命工人底大团体：国际共产党。这国际共产党应该将人类从混乱中，悲伤中，以及在现今资本主义解体的时期，用人类所陷入的可怕的破坏中，解放出来。

他应使人类免了癫狂奇异的新战争，有产阶级正准备在这些新战争中捣毁人类所余的一切文明，他引人类上一个新的道路，除开这个道路，只有死与残败。

II——劳动的解放和共产主义的制度

国际共产党所抱的最后的目的，就是以共产主义的制度代替资本主义的制度。共产主义的制度，由全部经济进化准备成的，是为人类唯一的出路，因为只有他是铲除那引人类到死路的资本主义制度之根本的毛病。

在废除生产方法底私有，共产主义的制度即以他的合理的有系统的组织代替自由竞争底散乱的自然的劳力和社会生产底无统系的发展。在消灭经济的无政府和竞争时，他同时，即消灭了战争。生产力底不可思议的浪费和社会底暴乱的发展代以有才法地使用一切资料，和和平地、循序渐进地发展经济。

共产主义亦废除社会底阶级底区分，这就是说在废除经济的无政府时，他即废除了社会的无政府。一个反抗一个的阶级代以劳动者大团体。在分成阶级的社会中，人与人争斗所引起的无限的不生产的耗费这些事情消灭了，由此解放出的精力是以开拓自然和发展人类的能力了。

废除个人的财产和阶级，即废除了所有人与人之间的略[掠]夺。劳动从此不是为别人辛苦的；没有了穷人，也没有了富人。同时阶级统治底机关和站在第一位上的"国家"都废除了。"国家"是一个阶级底化身阶级渐渐消灭，"国家"亦跟着消灭了，并且这种消灭会连到所有束缚都逐渐消灭。

因阶级废除教育专有也废除了。一切学问，纵然是高等的学问，都可接近于人人。在这种情形中，所有这一群人统治那一群人的事都成为不可能。人类成为在一切文明底领域中陶养技士和英才的一个大养成所。

生产力底增加，不再为任何社会的阻碍所妨害。个人的财产商标，发明底特许证，利益的计算，保持民众的不开化，绝大的不生产的浪费，举囗这些，没有一个存在共产主义的社会中。

技术与科学的联合，生产的科学的组织一个建设在统计上的公共的簿记，利用所有的经济的可能性（适合于土壤的栽培、集中、自然力底最大量的应用），都为劳动保证最高度的生产量，并由此留出一个很大的部份的精力来发展科学。

生产力底发展将为人类在新社会中放开一个广大的可能性以增加他的福利，并因此可以达到一个文明底程度为历史从来所未有。在这文明底新纪元内，所有的国界既已废除，人类毕竟第一次统一起来了。这个文明底新纪元是建设在人与人底鲜明和实在的关系上。他将使神秘、宗教成见、迷信等都烟消云散，而给一个强有力的冲动，于理性的材能底发展，使人得以战胜自然。

III——有产阶级底倾覆和为共产主义的争斗

在共产主义的制度到资本主义的制度之间须经过一个长时期。在这长时期中充满了无产阶级底争斗、得胜和失败。这是一个资本主义崩颓底时代，内国战争底时代，殖民地暴动底时代，资本主义的国家或用武力或用"和平的"手段与新生的社会主义的国家竞争底时代；这是一个需要在相反的经济制度中有一些暂时的调和和决最后死战的时代。最后，无产阶级完全胜利了，从争斗和艰难困苦中所得到的世界的权力巩固了，建设底时期即继着而起。革命经过底情形不同，形成新关系底式样不一致，是在这长的过渡时期中不可抗议地特别的事实。这只是当他已成就了他的历史的使命这过渡底社会才开始转移为共产主义的社会。

所以转移资本主义的社会为共产主义的社会之必不可免的条件，人类后来进步所倚赖的出发点，就是以革命倾覆有产阶级的国家和由工人阶级取得权力，这后者第一任务就在破碎他的敌人和巩固新制度。所谓无产阶级专政就是社会进步底根本的枢纽。

由无产阶级取得权力不是别的，就是以无产阶级争斗底机关破坏有产阶级的"国家的器械"和由无产阶级组织无产阶级的新权力。

按照普通的法则，无产阶级的国家最合理的形式，如匈俄的革命（这两个革命已经大扩□(le esiscrlurce de pari)的经验）已经证实了，是苏维埃的形式。这是直接由群众运动中产生的苏维埃组织□□保持这些群众底最大的行动，国家遂保持最后胜利底极多的机遇。

苏维埃的国家是与有产阶级的德谟克拉子极端相及的。这有产阶级的德谟克拉西时时总是有产阶级专政底一个假面具的形式。在有产阶级专政之下，工人大众底组织在最好的情形中只是宽恕的，在无产阶级的德谟克拉西□宁他们处处是主要的倚仗并且是无产阶级国家底各部机关。

与有产阶级的德谟克拉西不同，苏维埃的国家站在人民中大多数人底利益上明白地承认他的阶级底性质，和明白宣告压服略[掠]夺者。

有产阶级的德谟克拉西祖护资本阶级在生产方法和所有几个重要地方底富源上专有遂将工人底权利缩小至于无；至于苏维埃国家，第一就在要从物质条件上巩固工人阶级底自由和工人组织，运用底最大量以实现这些权利底条件。

无产阶级的德莫克拉西，第一次产生于世界实现所有人民底平等；无男女、种族、宗教、民族等区别。这个平等不存于任何资本主义的国家中的。

要从劳动者底社会中实现最广大的德谟克拉西，所以无产阶级的德莫克拉西和他的各部机关极与群众相密接务求劳动者可以参加国家底行政。有令代表服从改选和撤换他们的权，执法和立法权联合，选举的方法不是立在地域的单位上，是立在经济的单位上（工厂、制作场……）举凡这些，是有产阶级议院的共和和无产阶级的专政之一个根本的不同点。

工人阶级——是其他劳动大众（第一是农民阶级）底向导和前驱在最初几时期内一定要用他自己所赋与他自己的一些特权来巩固他的指挥。这些特权是应与其余的劳动者和跟随者的别的人民都渐渐转移到新社会关系底基础上，而渐渐消灭的。

由工人阶级取得权力之重要部份即是破坏有产阶级对于军器的专有和将这些军器

集中于无产阶级手中。有产阶级底解除武装和无产阶级底武装应该是无产阶级反对他的敌人的争斗底坚固的基础。

同样的，军力底组织——建设在一个严重的革命的纪律上的组织——应该施行在共通于所有构成无产阶级专政的阶级的原则上；为工业的无产阶级保持支配的作用。

胜利的无产阶级利用他所取得的权力一方面以压服他的敌人底反抗和抹杀有产阶级底攻击巩固工人阶级的统治；另一方面，他以这个活的工具来做充公的事业，这就是说来以革命的手段先改造经济的关系，后改造一切别的社会的关系。这种充公是取没收底形式，将生产底办法让与国家。

在这种情境中，国际共产党首先即放置以下的根本的标准：

1. 将工业的大营业，交通机关，传运机关（邮电，电话），电气机关等充公；

2. 将大的财产收为无产阶级的国家所有，这些大财产应该是交与无产阶级专政底各机关，移交一部份土地与农民，特别是佃户和半作者这般农民所耕种的土地。这种交一部土地与农民阶级在阶级的见地上看，是一个合理的方法，他亦是由于农民阶级之社会和政治的重要，必须要使他中立来的；

3. 将银行收为无产阶级的国家所有。将所有储金，股本，存款，等……都移归无产阶级的国家。保证小存款者底利益。将银行集中，以所有大银行都附属于共和国中央银行；

4. 将大的商业收为国有或县有；

5. 废除国债；

6. 对外贸易专有；

7. 最重要的印刷局和报纸都为无产阶级所专有；

在应用这些标准中一定要注意以下的原则：

收为国有照普通的规例，不应该闯，□□到小的和中等的财产。第一因为无产阶级——权力底主人——在他的专政底初期将不能有这个组织的力量可以将小的和中等的生产单位底关系都组织好，第二因为无产阶级不应该使社会上几部份中间分子背离。胜利的无产阶级应该分别：有几派人是安于集中的和有规则的指挥的；有几派人，只有用死力压服才可调度他们。这后几派人应该放在特别的待遇上。

资本主义到社会主义的经过不是一举手就可成就的。所以在最初几时期内，如奖励个人劳动，论工给值优待制付工钱，照资本主义的形式筹划和计算等——这些表面上资本主义的形式及资本主义的管理和组织底方法不独是可以的并且有时是不得不然的。

无产阶级对于城市与乡村的关系这个问题应特别地注意清楚，切莫挑起农民个人行动底动机。

充公者为充公争斗，我们应很明了地计算到这争斗底所有的分子。

大的有产阶级和大地主以及次等的和高等的官吏都是工人阶级的不可减轻的敌人：工人阶级应该以一个不可调和的争斗攻击他们。让社会上这股人可以使用组织底势力，只在无产阶级专政巩固了和略[掠]夺者的阴谋和暴动都压服了以后。

有专门技能的知识分子也是无产阶级革命中一个最重大问题。坚决地压制所有出自这般知识分子的反革命的行动，但同时要注意到利用这些专门家底材能是绝对的必须，所以无产阶级应小心避免所有妨害知识分子——特别是已经很感受战争痛苦的——底经济的利益。

对于农民阶级，共产党底任务就在获得一大部份农民在他的利益上。从各部份的农民中立起一个严格的区别，并计算到这些小团体每个的重要点，胜利的无产阶级应该用种种的方法维持农民阶级中穷苦的和半无产的分子，将地主底土地分一部份与他们，保护他们反对重利的资本等。无产阶级应该缓和站在中等地位的人，将他们的土地，牲畜，栽培底工具都让给他们为个人财产，严格地拒绝所有与大地主打在一起的富农底起事。在这种争斗中，若是在农业的工钱劳动者有很大的数目地方。无阶级应依靠在由农业无产阶级所主持的穷农底团体上。

城市的小有产阶级时时徘徊于最恶劣的反动和无产阶级之间，亦应该在可能底方法中使他中立。人一定要将他的所以让给他，给他经济的自由，帮助他反抗重利的债项等。

在所有这些范围内，无产阶级的各种组织（合作社工团……等和党）都应该切实地为无产阶级权力底机关。这一定是在这些组织完全把住他们的权力和赋有一个阶级的统一的意志。这一定是在无产阶级有党主持，然后无产阶级才能在人类历史最复杂的时代成全所有社会底创造的功用。

在从资本阶级夺取生产方法底专有时，工人阶级又应从有产阶级夺取教育底专有，这就是说占据所有的教育，连高等教育都在内。

无产阶级底一个最重要的工作，就是在工业中（如工程师、技士、制造家计算人，等），在科学中，在军学中……预备自己工人阶级中提拔起来的专门人材。这是继续不断地从他的本身抽出一辈新人材出来，无产阶级才真正创造新社会的势力。

此外，国际共产党应该担当升高无产阶级大众文化的责任，他应该给他们政治的教育升高他们的学术的程度，使他们学习于共同的劳动，在他们当中攻击所以尚有有产阶级成见的人，等。

攻击有产阶级的成见和迷信的事一定牵及到一个及宗教的传播；这反宗教的传播应该要相机行动，特别是在宗教毒已种到根深劳动者当中。

几个奇大帝国主义的国家底主要的依靠就是勉强从殖民地和半殖民地，帝国主义主国的国家和属国的国家中成立一些人为的关系。所以在资本主义制度破坏中如社会主义制度底建设中是一样，殖民地和民族的问题操一个最重要的作用。

在这里也同在别的地方一样，国际共产党根据一个与有产阶级和社会民主党极端相反的政策主持下列根本的主旨：

1. 民族自决权，竟使这些民族有完全可以与他们已加入多年的国家分离权。这个原则在有产阶级的国家中是用作反对帝国主义的工具，他是强迫的，应该作为要求底根据在无产阶级专政制度之下，他是当作战胜前数世纪有产阶级制度生下来的民族的不信任一个方法；

2. 殖民地底解放和维持殖民地反抗资本主义的运动。若一个无产阶级底国家备有前制度遗留下来的殖民地，这些殖民地有权可以与他分离；

3. 多数苏维埃共和国的联合首先是采用联邦的形式。

若由无产阶级取得政权不是在各地方或几个重要地方同时实现。一些无产阶级的国家对着一些有产阶级的国家存在；在无产阶级国家底外交上人应该许可并且有时应认为必然的就是与有产阶级的国家缔结条约（对外贸易、借贷、特让参与普通会议以及其他协定底形式——包括军事协定在内）。

这种政策，层次由必须适应的事实指示出来，但于根本上和平主义毫不相同。而且国际共产党完全承认无产阶级的共和国有权来帮助被略[掠]夺者和被压迫者的。

保证祖国底问题决不能与大战初，即尚未成立一个无产阶级的国家时，□保护祖国底公式来领会。第一各地无产阶级应该保护这无产阶级的国家，并设扩大这个国家以扩大世界革命底基础。次之，如无产阶级的国家与几个有产阶级的国家结成军事联盟以攻击别的有产阶级的国家在原则上是完全许可的，则对着战争应守的态度问题关系当时各个特别情形礼应按照适应情势原则来决定。至于普通争斗底战略他应该是由国际共产党修成。

Ⅳ——到无产阶级专政之路

一个为无产阶级专政争斗底有效的条件，就是要有一个根基稳固习于作战，有纪律的，集权的共产党。为达到无产阶级专政，第一件事要做的就是用一切方法巩固共产党。这共产党应该处处指挥无产阶级大众底争斗利用所有的可能性使工人大众受他的影响并扩充这个影响于农民阶级的劳苦群众和城市的小有产阶级。

在争取群众中最重要的工作就是获得工团，使工团免了社会民主党底意象学的影响。若人未取得大多数工团分子，想实现无产阶级专政是不可能的，对于少年工人和女工人也应该加以特别注意——无论是在争夺这个专政的期间或在这个专政底初期，很多的地方关系女工人底行动。

聚合群众在共产主义旗帜之下，应该借着所有重要问题来实现，第一位就是反对帝国主义和军国主义中，在反对新帝国主义战争的危机中等。

共产党也应该在反对战争时和战争后所表现的危机底经济的结果（生活昂贵失工，延长作工时间增高赋税等）——这种争斗中联合无产阶级。

组织专为拥护苏维埃俄罗斯的机关，这个机关就是在强健这苏维埃俄罗斯和联合群众环绕这反资本主义的组织底中心。这个机关是世界工人阶级手中一个组织的坚强的工具。

为分配这些行动最有秩序地指挥这些行动国际的无产阶级需要一个国际的纪律——这个纪律得在共产党底行伍中第一要遵守的。这个国际的共产主义的纪律之施行应该是以运动底一部份的利益附属于共通的和永久的利益并严格地施行所有国际共产党指挥机关底决议。

(《少年》第八、九号，1923年4月1日、5月1日)

9.《马克思主义的道德观》(《少年》第八号，4月1日)

《少年》第八号发表了石夫的《马克思主义的道德观》，全文如下：

有一个很流行的反对论攻击马克思主义。就是人说马克思主义否认道德，因之站在马克思主义见地的共产党人，主张用武力革命，主张阶级争斗，主张无产阶级专政，遂更被人控告为暴动——为不道德。

有时，从在觉悟的无产者当中，也不免有未脱尽有产阶级意象学的迷惑而认马克思忽略了道德的。一天我在本□(□)参与一个马克思主义夜校，有一位同志拿起一本著名的《共产党宣言》在手中说：这个宣言，我已研究过三四遍，马克思所说的确是不错，但内中我不出有研究道德的地方，可惜马克思确是忽略了道德问题。

哈！若说马克思否认道德，在某点上说是可以的，因马克思是一个革命家，他的革命不是自道德观念出发的。若说马克思忽略了道德问题，这就是大错，我们可以大胆地说："只有马克思第一次真正完全认识了什么是道德！"

我们在历史中也可以看见，道德是时常变迁的，若从改造社会的见地上去看，道德是不能够作我们的任何凭借。因他是精神现象，不是永久常存的自然律，一个社会有一个社会的道德，这个社会底道德移到那个时候去，是不适用的，一时代有一时代的道德；现在的道德拿到历史的过去，是不合是事物的实际的；因此他亦无资格可以凝结社会的将来。

君为臣纲，父为子纲，夫为妇纲，在中国从前是至高无上的道德，现在也崩坏了。崇拜祖先和三年之丧，在中国也是至高的道德，然在欧洲因工业发达，将家庭打破，早已没有这回事了，奴隶制，人人都知道，这是不道德的，然在某一时期，生产方法不完备时，所有民族都应采用奴隶制，从人类最大天才之一的亚里斯多得，在他的时代也不由得不相信，自然特别创造一种人专做奴仆，男女平等，现在我们知道，是道德的；然在中国，这种道德观念依然是少数知识阶级中人底谈论的资料；即在欧美也只盛倡于大战以后，因经过这一次大战，将妇女更从家庭赶出来了。最□绝对自由的如卢梭在他的时候，仍不能承认，女人是供男人娱乐的。

然则道德究竟以什么为归宿呢？哲学家、宗教家、伦理学家、道德家，谁有这个天才，能创造一种道德底规律，贯通时间和空间，使人类永远有所依归呢？

在马克思主义者，或共产主义者，对道德底问题如对一切社会的问题一样，他们总是时时抱着两个重要的认识。

第一个认识就是唯物主义的认识，这就是说道德是以经济为归宿的经济是所有社会制度底基础。因经济的生产而发生社会的关系，由社会的关系而形成，道德的观念。所以人说道德是社会的上部结构(□)，是经济生产底反应；他是紧跟着经济一在下面，一在上面，由这一世纪到那一世纪，平行的转变，他的经济的基础变迁了，他却不能不跟着变迁。所以在历史上每遇新旧交替的时代所有旧的道德观念都如雪山上滚雪球一般一个个地滚下去了，一般道德家眼巴巴地望着莫名其妙，徒叹"道德沦亡，人心不古"。

在一般道德家或唯心论者他们以为感情或正义，平等底绝对的观念可以支配社会的运动，因此他们处处以道德观念出发，以为要改革社会，先改革人——先将人人灌以哲学或道德的教义。他们研究社会问题，不从当时社会问题的真实关系下手，他们从脑子里去挖取公式。

马克思主义者不然要改革人，只要改革他的社会的环境，将社会的环境改革了，一下子即将人的风俗习惯、道德、感情等都改革了，他们研究社会问题，不研究哲学的公式，他们只研究经济的现象，回溯他们的起源，追究他们的发展，观察他们在家庭和改革政治的形式中作用，然后即毫不迟疑的抽出结论来。

第二个认识是阶级的认识。所有人类底历史直到现在都是阶级争斗史，因此有史以来的人类社会都是阶级组成的；都是支配阶级和被支配阶级组成的，社会既是直到现在都是支配阶级和被支配阶级组成的；那么，支配某一个时代的道德观念，然就是这时代底支配阶级底观念，我们若不明白这个见地，而动口说：普遍的道德，无论是有意识的或无意识的，都时时是拥护支配阶级底统治权而帮助他压迫被支配阶级的。

试举实例来说：自由、"平等"在现代社会中为一般学者称道不已，凡无人敢否认他们不是道德的，其实，所谓自由，即是自由贸易，自由竞争，是对待封建的专有说的，在中世纪末，有产阶级因经营工商业在自由都市中已占得重要地位，当然要起来反抗当时□拥有爵位的封建的特权阶级，而要求：只要谁有资本，都应该自由营业，不应为任何世袭的优先权或行会(□)所束缚，国家不但不应当阻止，并且应加以奖励或保护，有产阶级卒因此而先从经济上取得重要地位，于今呢？有产阶级仍可自由竞争自由掠夺自由组织强大的托辣斯，自由做化学的和空气的战争，无产阶级呢？他可以自由组织大公司开□工厂□？他可以自由饿死吗？□！

所谓平等，也是有产阶级向封建时僧侣贵族要求的，凡是有钱的人都应同样的受教育，有材能的人都可干预政治，不应因门户而有所限制，所以发生。天赋人权说，有产阶级以此将僧侣贵族的特权打倒，将他们的财产瓜分，将政权握在自己的手里，于今呢？有产阶级将无产阶级的劳力剥夺下来送到市场去卖。无产阶级在社会上处处与他享同等的待遇么？无产阶级底儿子可以有幸运入中学大学，或其他专门□□么？这是决莫有的啊！

人人应该劳动，这仿佛是社会上应有的道德，然在现在资本主义的社会中，劳动工具都为一阶级所备有，劳动者终日劳动并未为社会增加福利，只是为资本家增加资本，劳动者愈勤劳，资本愈堆积，扰起社会的灾害愈大，所以"人人应该劳动"这句话，在现社会中只可成为一阶级命令，一阶级命令语！你要好好地工作，我才收留你，并且多给你几个工钱，否则立时要你站在工厂门外去！□□□□□□□□。

个人的财产应该人人尊重，这是现代有产阶级社会最重要的道德。可以说所以有产阶级社会的法律都自这一点出发。当劳动者还是直接的生产方法和工具，自己为自己生产时这种道德观念还可以用的。因为这时侵犯他人底财产,实是侵犯他人应有的生存,于今个人的财产十之九都被资本鲸吞了,而自己也资本化了,大多数人是没有个人的财产可以以尊重的,那末所谓尊重个人的财产即是尊重资本家底资本,资本是掠夺劳动者底血汗和压迫殖民地底凶器,资本膨胀会扰起经济的危机和战争的危机。

还有,国家的防御也是曾经在历史上成一个很重要的道德。国家防御底道德观念所以成立本是因番国屡次侵犯的刺激,某一地方底民族遂能纠合民众底势力以防敌人之侵入虐待或蹂躏。在某时期间,被支配阶级也有相当便利的。于今呢?资本主义发展已将世界的经济关系打成一片,国与国相依为命,不能独存,只因还有有产阶级存在,要维持他的私有财产,他的统治权,仍然要从地球上划分此疆彼界,国际间一切纠分和危机都由是而起,无产阶级是资本主义的牺牲品,资本主义发展成了世界的,无产阶级也跟着成了世界的;法国的无产阶级同德国的、英国的、美国的,以及亚洲的无产阶级,都是一样的。都是一无所有,卖劳力生活的,无产阶级者仍受掠夺和他的有产阶级底欺骗为防御祖国去牺牲不独增加国际间的危机,直是保护和扩张他的敌人的统治权而增加自己的枷锁。此外,马克思主义对于道德还有一个重要的认识。这个认识,是由第二个来的,就是有史以来的社会是阶级组成的,道德的观念就是因有产阶级对抗底事实发生的,若共产主义革命以后,因生产力发达的原故社会的阶级废了,阶级对抗的情□没有了,而道德的观念也不存在了,这个观念乍说出来,一定大为成见所不许,其实仔细研究起来并不奇怪。

比如再拿上面所举的例子来说,"自由"罢,阶级争抗废除了,即没有压迫束缚等事,换言之即没有不自由的事,没有不自由的事,即没有要求自由的事,没有自由的要求,那有自由的道德观念呢?"平等"也是如此,没有平等的要求,也即没有平等的道德观念。

再说,人人应该劳动罢。在分成阶级的社会中劳动总是一阶级强迫别一阶级的,才有人不愿意劳动。若阶级对抗废除了,劳动□□化了,无人不劳动,因之劳动也不成为道德的观念了。"他如个人的财产应该尊重","国家的防卫"等,在共产主义革命后,不待说,更是没有的。

这种事实并且在人类社会上已经找到了例证。有一位英国律师梅纳(Maine)曾经证明在印度共产村中,关于我们对于正义,权利,责任这些观念人毫不懂得,为什么呢?因为在共产团当中,没有冲突的利益,换句话说就是因为所有□达到个人即施之于团之全体,又因为利益是公共的,不是像在我们□社会中利益是冲突的;所以不需要什么改□的权力或官吏以矫正个人的错误。

以上三个道德的认识,在《共产党宣言》上也明明说过,宣言上说:

这岂是需要一个很大的敏锐才能够懂得人的意识,如见地,意想,概念等是伴着自他的生活条件,他的社会的关系,他的团体的生存中来的变换而变换么?

思想史证明什么?不只是精神的生产随着物质的生产而转变的么?所有支配一个时代的观念,曾未有不是支配阶级的观念。

常人说，革一个全社会的命的□念，诗人只□发表这个事实：在旧社会的怀中一个新社会的元素已形成了，旧的观念瓦解，与□的社会关系的瓦解并行。

当古代社会到了他的末日时，旧的宗教被基督教战胜了，当十八世纪，封建的社会与有产阶级——这时是革命的——决了最后一站时，基督教的观念，□让□与哲学的观念；宗教自由和信仰自由这些都只是在知识的领域中□布□自由竞争即位。

曾有人说不错，宗教道德哲学、政治裁判等的思想，是在历史发展的路程中改变的，但宗教道德、哲学、政治、法律经过这些转变，他们的本身总遂时时保存在的。

"有很多永久的真理，如自由、正义等，是共通于一切社会的条件的，乃共产主义废除永久的真理，他不给宗教道德一个新的形式，而给他们废除，这是违反所有以工历史的发展。

"这个，攻击应该用什么来压服他呢？所有社会底历史直到现在可概括在阶级对抗中——在各个时代而被有各个不同的形式的对抗中。

但是无论这些对抗所被的形式是怎样，社会底一部份略［掠］夺别一部份，这是有史以来的一个共通的事实，所以历代的社会的意识，虽然极分歧极不同都在某一些共通的形式上变换其皮毛，这是毫无疑义的，这些意识低共通的形式，只会与阶级对抗完全消灭而完全消灭的。

"共产主义的革命是与旧有的财产关系最彻底的决裂，若他在他发展的途径中，与旧有遗传的观念有最激进的决裂，也是毫无疑义的。"

(《少年》第八号，1923 年 4 月 1 日，署名 石夫)

10 日（星期二）

10. 《李宁之病》(《东方杂志》第二十卷第七号，4 月 10 日)

《东方杂志》第二十卷第七号刊登了志的《李宁之病》，全文如下：

李宁之病，半由于政事过劳，半由于陈创复发。

因为劳农俄国的政治季节，一般的也在年末年初。各种重大会议——如苏维埃大会、共产党大会、职业组合大会，——都在这时召集。所以负担全苏维埃政治责任的李宁，自然也在这时最为忙碌。尤其是在去年年头，平空又添出许多烦恼：如新经济政策，亟待实行，而共产党党员意见不一；基诺亚会议，即将开会，而俄国代表，未易派定。因此李宁忧虑过度，废寝忘餐，遂致一九一八年八月所受创伤，乘虚作痛，病倒床褥了。

一九一八年八月，李宁胸际肩端，连受二弹，当时胸际一弹，即经取出，而肩端一弹，却尚留存，直至病发，才施了最大手术，替他取去，但一时伤痕难愈，不得不去开政事，往田野疗养。到去年十月，渐次痊愈，他便再回克利姆林宫，每自规定时间，处理政务。但是到了年末，又遇到政治季节，李宁责任心重，性又好胜；顾不得医生劝告，每日竟操作至十余小时之久。于是未及数日，病势急变，四肢麻木，言语模糊，新年盛传李宁病势危笃，就是为此。

苏维埃政治，全仗李宁双手维持；如果李宁一病不起，俄国内政，即不致起重大变化，亦将一时陷于混乱状态。但据最近电报。李宁实尚有再起之可能云。

(《东方杂志》第二十卷第七号，1923年4月10日，署名 志)

15 日(星期日)

11.《伍豪致小(湛小岑)、山(李毅韬)的信》(天津《新民意报》副刊《觉邮》第二期，4月15日)

天津《新民意报》副刊《觉邮》第二期，发表伍豪(周恩来)1922年3月致小(湛小岑)、山(李毅韬)的信(节录)。全文如下：

方才得到二月初你们从上海来的信，我看完后，高兴的程度到了十二分。我饭也没有吃饱，便忙匆匆地提笔要来回你们的信。本来在前数天我看山姊给念吾①的信，便知道不久可以得到你们的信。不过山的信上说得很要紧，我以为一定是封长信，打开看后，自然不免有点失望。但现在这个观念消灭了，因为你们两个人的精神已经从你们的信中活活地表现出来了，使我能得到十二分快乐！

你们知道我现在已到柏林了么？念吾也来了，不久——七天后——奈因②也要来此过春假。我们预备开一个三人会议，讨论一些社的事情。本来你们的来信，我应当给他们看了，有了筹划，再答复你们，不过我现在要急于表现我现在一个人的直觉，要在这极匆迫——仅五十分钟——的时候，将我的感想写出，免得过时飞去。你们须知这种感想是不易得的，尤其是我这个"多畏多虑"的人所难能的，望你们也用十二分的速度、极敏锐的眼光来看阅好了。

我现在在此一个人很静，并且来柏林尚未久，一切思潮还没感受多少德意志的影响，所以写出来的大半要算我一年来居法的积感。以后有变化没有，固不敢说，但现在确是如此，望你们看完我的信后，如有感想，也请赶快地相与讨论才好。

劈头要说的便是：你们现在所主张的主义，我是十二分表同情，差不多可以说没有甚么修正。觉悟社的信条自然是不够用、欠明了，但老实说来，用一个 Communism (以下简作 C. ism) 也就够了。施珊说，用 Anarchism (以下简作 A. ism) 的精神参加到 C. ism 里去(原文不如此，这是我意会你的话)，这诚然是一种周全之策。不过 C. ism 也并非没有 A. ism 所采取的精神的。就普通现象上说来，C. ism 总是对于经济制

---

① 念吾，刘清扬的化名。
② 奈因，觉悟社赵光宸的化名。

度和社会组织看得十分重要，别的人生问题和心理上的现象常常看为次要，这是 C. ism 易于受人批评的地方，所以有许多人说 C. ism 太唯物了。但就我想，经济制度、社会组织之必须被重视，正犹之人生许多问题和心理上的现象之必须被重视也一样。C. ism 并未尝不重其他人生问题和心理上的现象，但他却知道纯机械的经济组织和社会制度能够用一种较有程序的革命方法来改造，而属于精神上的人生问题和心理上的诸现象，不是可以用死板板的方法来替代的，是要用教育的启发功能而导入自由发展之途的。因此 C. ism 对于人生道德问题不用一种方式来主张，不注重处也是注重。这与 Aism 所主张的自由正同一用意。不过 A. istm 的自由作用太无限制，处在这样旧势力盘据的社会里，而要解放一切强迫，解放一切束缚，所以便容易流为空谈了。追究他的病根，便是物质与精神的关系没能分得清楚的缘故。在欧洲的 A. ist①，其势力渐渐等于零，固然，法国的 Syndicalism（以下简作 Sdism）②是发源于 A. ism 的思想，而在那 C. ism 势力笼罩的赤俄，Aism 居然也在内中能稍稍活动，这全可说不是 A. ists 灭亡的表征。不过在现在旧经济势力资本主义极兴旺的欧美，要想 A. ists 的鼓吹能动摇人心，这不免等于梦呓。A. ism 的思想在人心中是会常常发现的，但要拿它当解渴的水、救饿的面包看，则急切不能得用了。法国 Syndicat③ 近来已改变了很多态度，而所谓 C. G. T.④ 的大多数派大半都已倾向于第三国际与国际赤色工联了。

英国的 Guild Socialism⑤ 近已见衰，并且这种在英国始终也没大兴盛过。他们的机关报 Cuild Socialist（去年改名的）既不见甚么大精采，而鼓吹的人也就是 Cole 一人出点大力，但 Cole 个人近来也有点赤色的同情了。英国人本来太保守，几个工业国家，C. ist⑥ 的势力，数在英国最小，党员不过一万来人；机关报仅一周刊 The Communist；鼓吹劳动教育的 Pbbs 月刊常常帮他的忙。此外还有两个月刊为 The Communist Review 和 Labourer Monthly，前者是党中出的，后者则属于国际。新近俄国商务机关在伦敦出了一种月刊名叫 Russian Information and Review，我还没买到看，想施以也许见着了。The Young Communist 是月刊，为少年共产党人出的，Worker's Dreadnaught 周刊和 Data 月刊，也还表革命共产主义的同情。英国的共产党出版界是如此，鼓吹的效力可说不甚大，小册子也出得不多（英、法、德三国比较起来，自以德为首，法次之，英则尚后于意、瑞【典】、捷、波诸国）。总之，谈劳动革命而期望于英国，未免近于妄想，从前马克思和克鲁泡得金全看到了。

法国劳动界的组织不如英、德多，屡次 C. G. T. 大罢工全失败，每次败后退出 Sydicat 的工人总日见其多，这是一个顶可忧的事件。病原多在太受旧日 Sydicat 会议

---

① A. ist，即英语无政府主义者一词的缩写。
② Syndicalism，中译"工团主义"。
③ Syndicat，中译"工会"。
④ C. G. T.，即英语"法国总工会"的缩写。
⑤ Guild Socialism，中译"基尔特社会主义"，或"行会社会主义"。
⑥ C. ist，即英语"共产主义者"或"共产党员"的缩写。

的拘束，他们活动的范围太狭了。不闻政治，固然也有好处（法国社会党人吃党的太多，朝三暮四的更不用说了），但政权在资产阶级手中握着，生死的运命既由他们操着，工人那有成功的希望呢？现今法国工人似乎也有点觉出旧日 Sdism 不尽可恃了。所以去岁 C. G. T. 的大会，便有 C. G. T. 的革命派主张联络国际共产党与赤色工联。今年春，因去年末 C. G. T. 的左派已占了多数，他们越发要改变色彩了。法国的共产党自前冬与社会党分裂后，独立为共产党，近来已大行发达。去岁末马赛大会，尤其见出他们的精彩。法国本来是 A. ism 思想支配的地方，而现在 C. ism 差不多可说要起而代之了。将来西欧如有万一希望，还须从法国动起，其要因由于现时欧洲的政权差不多全在英、法手里拿着；英、法彼此争雄，遂搅得全欧不安。德国及中欧诸国全处在被制裁地位；他们实难于发难。意、比、意存观望，没有揭旗而为赤俄继的胆量。因此西欧的情形全看法国如何而定了。二月初，法、德共产党有个联合的宣言，正是为此目的而作。最近传闻赤俄与法政府有所联络，如果属实，想必又是列宁的一种策略。列宁真可爱！他是无孔不钻，只要于共产主义将来的发展有利，一切全可牺牲，一切舆论全都不顾。共产党的步骤已变，连列宁自己也承认的。老实说，俄罗斯要没列宁、托洛斯基、金诺维夫等几个人，一九一七年的革命也早塌台了。德国的共产党号称三十万人，党势自较法为进步，只是他们现在处于被制地位，欲动不得。可以说德国共产党一有活动，法国莱茵河上的军队便可借口长驱直入。而德、法民族的观感又不象俄、德，所以德国共产党也没托洛斯基那样的人说托洛斯基那样的大话，持列宁对待德国的同一见解。德、法民族间的感情真太坏，除少数共产党与左派社会党人外，差不多彼此仇视的心理还都很甚。德人报复之念与法人惩之心时时在那里颤动。不但德、法如此，以至于英、法间，法、意间，德、波间，法、奥间，意、塞间，希、土间，法、希间，法、西间，荷、比间……都闹得一团糟。最可惧而最可厌的便是那些中产阶级的人，他们本没有象资本阶级的人有那样利害关系的冲突，而他们也赶着起哄，因此欧洲国际间，比旧日春秋战国时还闹得热闹。张申甫说："西欧近几年内未必有甚么大变。"这句话也可以说半对了。我再替他下个转语，便是"西欧革命的机会在最近的几年确是很难，但法国工人同军队一旦能联络起来，这事便有了希望。"

唠唠叨叨地说了一大堆，在你们看也许嫌为词费，因为你们或者也知道了，也想到了，我写出未免后时了。

总之，主义问题，我们差不多已归一致。现在再郑重声明一句，便是"我们当信共产主义的原理和阶级革命与无产阶级专政两大原则，而实行的手段则当因时制宜！"其余的也不必谈了，我们大都可以心会，古人所谓"莫逆我心，相视而笑"，我们现在当对信一笑了。

我以前所谓"谈主义，我便心跳"，那是我方到欧洲后对于一切主义开始推求比较时的心理，而现在我已得有坚决的信心了。我认清 C. ism 确实比你们晚。一来因为天性富于调和性，二我求真的心又极盛，所以直迟到去年秋后才定妥了我的目标。

不过我要谢谢你们的，施以的思想实在与我以许多反映，其功并不在石遗①、衫时②下，而施珊③的一封信，也引起我探求主义不少的兴味，再提要说一句，便是前年北京的"全武行"于我也非常有帮助，不知施珊是否也由那次打出来的影响。

你们现在是讲实际运动了，惭愧我们得很！我们在此，不但感财力、才力薄弱，并且也极感同志稀少。你们须知我们在此应当作的事也很多，如研究主义、调查欧洲劳动运动状况、翻译小册子、同他们通点声气；而现在我们在此，可说是一事无成，真惭愧得无以自容。我前信——给施以、二八④的——说："若放我在国内，以同石逸在国外，其变动就许大些"，这是我就各人力量说，实在是句真话，你们或不这样想罢？（下略）

施以按：伍这封信同下一封信是去年三月写的，两星期前才得收到。伍君到德后，对于主义的宣传，甚为尽力，除组织旅欧东方少年C. P. (?)外，又出版《少年》半月刊，成绩很好。

（天津《新民意报》副刊《觉邮》第二期，1923年4月15日，署名 伍豪）

4 月

12.《社会主义浅说》[著作（目录，例言，全文）]

教育研究会出版梅生编著、星五校的《社会主义浅说》，共88页，定价1角2分。至1924年2月已出4版。目录：（一）导言；（二）社会主义底定义；（三）社会主义底理论；甲、马克司主义，乙、修正派社会主义，丙、工团主义，丁、无政府主义，戊、基尔特社会主义，己、布尔雪维克主义。

全文如下：

例言：

一、本书字数虽少，但关于各方面之社会思想，大都已择要采入，无闲深究者，读此可得大概。

二、我在南洋义务学校担任教务事，常觉同学们缺乏社会思想的常识，因于去年春假赵康君细校一次，给我不少帮助。

三、我对于社会学说虽极喜研究——但时间不多，至今还是一知半解。此编之成，实很不自量力，错误之处望读者指正。

一九二三，二，四，梅生于松江

---

① 石遗，觉悟社社员薛撼岳的化名，又名石逸。
② 衫时，觉悟社社员郑季清的化名。
③ 施珊，觉悟社社员李毅韬的化名。
④ 二八，觉悟社社员李震动沄的化名。

(一) 导言

现在社会上一般人，对于社会主义，有种种很可笑的误解。这不但在普通一般人的谈吐中可以听见，就是在官吏的公文中，议员的提案中，也常常可以看到。中国人没有常识至于如此，想起来实可寒心！我现在不惮辞费，要校正这些误解。诸同学是受过普通教育的人，我希望不要和他们一般见识，去闹这种没常识的笑话！

一，他们以为社会主义，就是均贫富主义。不错，社会主义的目的，固然在打破贫富的阶级；不过用以达到这个目的的手段，却是有远大的目光和周到的计划的。然而一般人心目中的均贫富主义，却是很短视的；以为就是把富人的财产拿出来分散给贫民罢了。所以有人做了一篇挖苦社会主义者的小说，说"有一个人，手提一个皮包，上台演讲社会主义，讲毕下来。就有人问他'你何不把皮包中的银钱均分给众人呢？'那演讲的人面红耳赤，一句话也答不出来，只好支吾着逃去。"他以为这样挖苦社会主义者，社会主义者就开不得口了。那知社会主义岂是这样的短视的吗？若然照他的说法，不谈社会主义则已，一谈社会主义，便自己先要饿死，因为在社会主义的社会还没有实现的时代，个人独自把私有财产废止将怎样的维持生活呢？况且区区一个皮包内的数目，也怎样可以平均分散给大多数的贫民呢？再进一步讲，就是把全世界富人的财产，一齐没收，把来分散于全世界的人，社会主义也不是那么简单。所以我们要知道，第一，社会主义是一种根本解决的策略，非把现在的经济组织全部推翻，少数人是不能去实行的，所以不能责备信奉社会主义的人，叫他把生活所以需的资产散掉，正如我们不能鼓吹相信社会主义的穷人，在社会主义未全部实现以前，单独去夺富人之财而有之。第二，社会主义的目的，固然在均贫富，但他的方法，是要把种种生产要素，如土地、工场、机器、资本等一概归之公众，谁去使用他们，谁便能管理他们，并且享用其生产的结果，不使一部分人去垄断，就是使用他们的人，也只是为公众生产，不能据为己有。其生产的结果，也须归公众享有，而自己享用其中的一部分；也不能把自己所生产的据为己有。社会主义的派别虽多，但上述的差不多是各种社会主义普通的涵义，所以社会主义，并不是像一般人所想的那么短视，只是把富人所有的金钱分散给众人，就算了事的。

二，他们有一句排斥社会主义的口头禅，说社会主义提倡公妻共产。社会主义主张共产，那是实在的。但公妻一句话，不知是那里来的。然而这句毫无常识的话，却有许许多多人说，许许多多人相信。甚至外国报纸上攻击俄国劳农政府也有妇女国有的污蔑话，其实这句话，正是一班老顽固不当妇女做人的"以己度人"的心理。要知社会主义者，主张一律平等，妇女也是人，不是物，既不是物，便不能说为什么所有，既不能说为什么所有，便那里可以说公不公和国有不国有呢？从前有些毫无常识的报纸，说陈独秀在广东主张公妻，陈独秀当即辩白，说公妻一语，只有蔑视女子人格的狎妓的人才说得出，而且正在实行，至于他自己，正是绝端反对此种人的此种行为的。没后说，"流言止于智者，劝大家不要太没有常识的相信这种话！"然而可叹，我觉得社会上很少"智者"，所以这种"流言"竟不能"止"了！不知可以"止"于我们的同学么？

三、他们以为盗贼就是社会主义者。社会主义对于这种被现经济制度逼得无路可走，才挺而走险的盗贼，固然表示充分的怜悯和同情，在现在大盗横行的时候，"窃国者侯，穷钧者诛"的现象，尤其怀抱不平。但决不因此便承认盗贼的正当。因为冤有头，债有主，受经济压迫的人的冤头债主，是现在经济制度的全部，社会主义者所主张的，是努力把现经济制度全部推翻，却不是以为被这种制度剥削穷了的人，便有权利去"打劫木匠的家财，诱拐裁缝的妻子"——这是吴稚晖先生的话——这样我们也可以明白社会主义与盗贼是不可并为一谈的了。

四、他们以为社会主义是很危险的，是专从事于破坏的，是以手枪炸弹为前提的，其实社会主义只不过要使大家能得到平等的幸福罢了，这种幸福，就是最怕社会主义的富人，只须不要自居于富人，社会主义者也不吝使他们同享的，进一步讲，现在的富人的穷奢极欲的生活，并非真是幸福的生活，加以由他们的穷奢极欲所造成的盗贼诈骗等等的恐怖，常常使他们不安，而不得不想种种的方法去防备他们，譬如养一部分被剥削的人——此部分人即成为军警——去防备其他一部分被剥削的人，所以他们一方面固然造成了许多人生活的痛苦，而他们自己的生活，也未尝不痛苦，社会主义者便要消除两方面的痛苦，使个个人得享幸福的生活。这样看来，穷人不必说，就是富人，如果能够欢迎社会主义，非但于他们毫无害处，而且很有益处，而社会主义者也决不要去迫害他们，他们又何必见了社会主义恐怖呢？若然他横梗在社会主义进行的路上，既不能认识自己的真实幸福，又无视他们的幸福，那社会主义者为多数人的幸福起见，便只好老实不客气，不得不用激烈的方法打发他们走"清秋大路"，不过这是他们自取其咎，也怨不得社会主义的。

以上各种误解已解释完了，此外他们对于社会主义还有几个疑问：

一，他们以为现在的世界，是靠竞争进步的，将来社会主义实行了，私产废止，无论智愚，将受同样的报酬，大家岂不都要贪懒不肯竞争了麽？其实竞争的心理，并非为了要多得报酬才有的，这是人类进取的本能，是天然生成的。而且现在人类的竞争，也未必全是为他一人增殖私产起见，或为一家，或为一团体。将来社会主义实行之后，一区的财产就是全社会的财产，全社会的财产也就是他一区的财产，所以他们不为一区私产起见，也必定为全社会增殖财产起见，兢兢业业的互相竞争，以求战胜自然了。

二，他们以为现在的种种工作，苦乐大有悬殊，将来社会主义实行之后，那劳苦污秽的工作——如开矿，挑粪等——叫什么人去做呢？其实社会主义实行之后，在极短时间内，必能用科学的方法把种种工作改良，使都成为极愉快的劳动。至于在这个短时期内呢，那便只有提倡社会主义的人去担任这种工作。"先天下之忧而忧，后天下之乐而乐"，是社会主义者应有的报负！此外还有用时间的长短来分配均匀的方法，譬如劳苦污秽的工作，规定的劳动时间便可以短一些，这样看来，这个问题，也不是不可以解决的了。

上面一篇东西是我友侯绍裘君在松江景贤女子中学校底一篇演讲稿，现在放在这里，做我这本小册子的导火线罢。（编者）

(二)社会主义的定义

社会主义究竟是什么？这是很难解答的，因为他的历史很长，变迁很多，内中的派别，更是多的不了，所以要我出一个真确的定义，不是一件容易的事。他们有主张变更现社会的，经济组织的。有主张完全破坏现行的政治组织，也有主张把现时政治组织缩小或扩大的。

社会主义从经济上分起来有共产主义 Communlsm 和集产主义 CollectIvIsm 两派，从政治上分起来有国家社会主义 Notional Socisalim 和无政府主义 AnaRcHlsm 两派，就中无政府主义又分两派，一派是共产主义的无政府主义，(CommunlsTlc AnaRchism) 一派是个人主义的无政府主义，(IndiyiduAlistic Anarhism) 不过后派重视个人看轻社会，是与社会主义完全相反的。

社会主义的派别既然这样繁多，所以很难立刻下个定义，现在先把各家的学说引在下面，然后再立个普遍的定义。

密尔(Tohn Stua☐t MIH) 说"社会主义的特质，在社会全体共握各种生产机关及其要件；并且照社会的公律，共同分配那一切生产物"。

基克卜(Thomas Klrkud) 说"现在社会产业，是由资本家一手经营，劳动者不过得少许的工资而已，将来生产机关，归为公有，一切产业，必当由组合经营。"又说"今日的产业状态虽在互相竞争的资本制度之下，依工银劳动经营，但在将来非由共同资本而又以公平分配为目的的劳工组合经营之不可，这是社会主义的精髓了"。

伊里(Richard Kly) 说："凡社会制度关于生产上物质的大机关，撤废私有制度，代以共有制度，主张生产为共同的经营，社会的收入分配于社会，社会的收入大部分作为公有财产"。

沙沸尔(A. T. Shaffle) 说："社会主义的全部，就是把互相竞争的私有资本，变为一国的共同资本"。

华勒斯(Craham Wallace) 说："社会主义的主张，就是把生产要件，归社会所有，把消费要件，归个人所有"。

柏拉迷 Edward bellany 说："把社会主义下一个严密的定义，就是产业的自治(Industrai Selt-Govcrnmcnt)"

克拉克 William Clarke 说："社会主义主张将生产上必要机关，不归属于个人，或团体；而归属于社会"。

勃里施 W. D. P. Bliss 说"社会主义种类繁多，而其最切要的，就是土地资本应併归社会管理，而为谋社会全员平等福利起见，行协同的经营"。

以下再把欧洲社会主义者团体的意见，说一些：

英国的社会民主同盟 Social Democracic Federaton 的宣言说："(一)生产分配和交换条件，皆该社会化。(二)全社会利益应由民主国家经营之。(三)使劳动完全脱离资本制度，和地主制度的羁绊。(四)男女之间，应该有社会的和经济的平等。"

英国的社会主义团体联合委员会的宣言说："……以适当的方法，使有产者阶级的生产，和分配的各团体各要件，归为共有，谋人类的平和亲睦，除去民众的憎恶。

所以社会主义者的目的,就是把运输交通机关、物品制造机关,和矿山土地都归社会全员所有和经营。所以我们想藉此扑灭工资制度,灭除阶级差别。要在健全的基础上,建设一个国民的及万国的共产制度"。

我们看了上面许多名言,总可得些头绪了,虽则是各成一派,内中很有分别,但我们把他们所说的定义中,找出一个共通的、普遍的性质,做我们的定义,是不会不合理的。在这个定义中读者看了,或者就可明白社会主义到底是什么了。我们的定义:社会主义,就是一种主义以增进社会全员自由幸福为目的。实行将生产机关归为共有,将生活上和享乐上各种资料"公平分配",使得任何人不能掠取旁人的"劳动利益"。

(三)社会主义的理论

社会主义的思想,起的很早,希腊倾儒柏拉图(Plato)亚利斯多德(Aristotle)等都是社会主义者,不过那时是空想的社会主义。到了十九世纪中叶,马克司(Kayl Max)主张科学的社会主义之后,社会主义才能完成一个科学的体系。"科学的社会主义"这名词也永久地传下来了,所以马克司是社会主义的鼻祖,不知马克司的,就不能讲社会主义。

(甲)马克司主义

马克司的学说,大概可从三方面观察,就是哲学方面,社会学方面,和经济学方面。哲学方面的马克司学说,就是唯物论,社会学的方面的马克司学说,就是唯物史观;经济学方面的马克思学说,就是剩余价值说。

社会主义得了马克司,把哲学,社会学,经济学三方面打定了基础,放了不少的光明。人类全体得了马克司也收获到许多利益,所以马克司不但是社会主义的鼻祖,还是人类的功臣。

马克司的学说是以科学做立脚地的,所以他的学说不是希望论,不是运命论。空想的社会主义不是架空的发明,马克司的社会主义是着实的发见,因此马克司的社会主义,可以说不是发明,乃是发见。

马克司以为社会主义的胚种,存在现代资本主义经济组织之内,所以资本主义是达到社会主义路径。科学文明愈发达,经济组织就在资本制度中慢慢变化,这种变化的结果,就是打破资本主义,发生社会主义。马克司用科学的方法断定说,这种现象都是必然的运命。

现在先将"唯物史观""剩余价值说"和"阶级战争"来说明一下。

(1)唯物史观

唯物史观的大要,是以为生产关系是决定经济社会变化的惟一法则的,换言之,就是生产条件决定人类底意识,不是意识决定人类底生存。社会上物质的生产法则,进步到了相当的程度,必与既成的生活状态冲突。社会革命,因此便发生了。革命的结束,不但则有的经济基础要动摇,就是社会上其他一切之物制度建筑也免不了要破坏,不过生产法原,在旧社会内,必当十分滋长发育,达到相当程度,方能代旧制度而勃兴,绝不是一朝一夕的现象。

马克司底唯物史观,我们又可分做两个要点来说明彼:(1)关于人类文化经验的说明。(2)社会组织进化论。

(1)什么是人类文化经验的说明呢？就是人类社会的一切生产关系，构成社会底层"基础构造"——经济构造。凡社会上一切构造，关于精神方面的，如政治法则、论理哲学等，都跟着经济构造的变化而变化。我们可以称这些精神方面的构造为"表面构造"。表面构造常视经济构造为转移，但经济构造，却不受表面构造变化的影响，乃以彼内部的进化发展而促成最高原因，这就是生产力了。人类底意思，不能使彼受何种转移；而彼却可以决定人类的精神意识思想，使彼等非适应彼自己底行程不可。

(2)这是说生产法则对于社会组织有密切的关系，生产法则一有了变动，社会组织也一定跟着变动了。手臼产出封建诸侯底社会，蒸汽机产出产业的资本家底社会。生产法则发展到那程度，社会组织也就变化到那里。不过生产法则继续不断的前进发展，那社会组织常常有不能适应彼底程度。那时候的社会组织，非但不能给生产法则以相当的扶助，反倒束缚彼阻碍彼了。可是那生产法则虽在受束缚阻碍，而一方仍是向前发展不已。发展的效力愈大，那不能适应彼的社会组织和彼的冲突也更大，到了后来，那旧社会组织非至崩坏不已，这就是社会革命的所由生了。不过那生产法则，非在彼所活动的组织社会里发展到无可再容的程度，那社会组织是万万不能打破的；而在那旧社会组织内生长发育的新社会组织，非达到能自然脱离母胎，有了独立生存的能力，也万万不能发生的。

因此我们明白，所以有唯物史观的名称，就是因为他说明社会上历史的变迁，注重在社会上物质底条件的变化。

马克司唯物史观的思想在他起草的共产党宣言里是历历可考的，所以我现在就把"共产党宣言"说一说，当时各国社会主义底人，在英国伦敦地方组织个"共产者同盟"推马氏为首领，并由他起草这"共产党宣言"，那时他还不满三十岁，做的是德文现在各国都有翻译了，在这宣言里有几段说：

"我们公然向世人宣言曰：我们能够推倒现时一切的社会组织，我们底目的，就可以达到，使我们权力阶级，在共产革命的面前要发抖，劳动者所丧失的东西是一条铁链，劳动者所得到的东西，是全世界，愿我们劳动者团结起来呵！"

"一切过去的历史是阶级争斗的历史，自由氏和奴隶贵族和平民，地主和农奴，同业组合的头儿和工人，简单说来，压制者和被压制者，从古以来，是互相反目的；或是明争，或是暗斗，他们底斗争，总没有停止这种斗争，到了全社会底革命成功，或是两阶级都倒了的时候才能终止。"

"封建的社会破坏以后，近世平民的社会成立以来，阶级底对峙还是没有废除，所得者不过新的阶级，用新的压制手段，以新的形式继续着斗争罢了。"

"到了我们底时代详细说来，就是到了有产者本位的时代。阶级的组织变了很简单，全社会要分裂成两个相敌视的大本营，两个相对峙的大阶级，这就是有产者阶级和无产者阶级。"

(2)剩余价值说

马克司底剩余价值说，不但在学理上放着不朽的光明，就是于实际运动上，也具有强固的势力,我们在介绍剩余价值说之前,先把他底价值论和劳动价值署说一说,或惹起劳动者无谓的竞争。所以基尔特社会主义,能使万人在经济上的目的和利害完全一致。

基尔特一面希望劳动报酬的平均化,但有特别组织发明的才力也给与适当的报酬,不令抱向隅之憾。不但如此,地[他]们除得工资之外,还得剩余价值。而各组合员之间,各尽保护之责。譬如今日在国家手中经营的养老年金各种保险、疾病津贴,和各种的设施经营,都可由基尔特任之。

基尔特社会主义是合集产主义和工团主义的要点而折衷之,所以基尔特社会主义,与集产主义和工团主义极为相似。但其中有不可看过的差点,我们不得不分别出来,使基尔特社会主义的真相得以了解明白。

集产主义,或国家社会主义,生产是由外部的管理行之,所以其组织为官僚的,而基尔特则自己掌理生产事物,上自总理下至仆役等职员,都由基尔特自行任命。并且对于他基尔特或国家有交涉事宜,亦系基尔特自当其冲的。基尔特虽不反对国家,但极力排斥集产主义或国家社会主义之变为"奴隶国"的生活。他们说,"国家社会主义有三大缺点(一)堕入官僚主义(二)实际是国家资本主义(三)是以消费者为本位,生产者利益不免为其牺牲。"所以基尔特社会主义主张必当以生产统制权,付与生产者,然后产业民主主义方能实现。像国家社会主义,要求生产机关集中于国家,实与民主主义精神相反,这点他和工团主义完全一致的。由此可见基尔特社会主义就是废灭资本制度,工钱制度,使以生产为本位的基尔特和保障消费者的自由国家,来共同支配实业的新社会制度。

工团主义,主张一切政治不必借重于国家,仅可由生产者的组合行之,然而基尔特社会主义,主张政治事务中,关于艺术、教育,或国际关系的处置,应有特殊的机关和组织,使各专其责;决不令生产团体的基尔特越俎代庖的,因之工团主义,不承认国家的干涉,而基尔派社会主义主张基尔特和国家并立,共营生产的业务;工团主义,是生产阶级的专制,所以代表各种生产团体的利害之中央委员会,就是代表社会全体利害的政府。而基尔特所欲与共事的国家是崇奉产业民主主义的国家,并不是经济上社会上代表征服阶级的国家;所以工团主义一味否认政治,而基尔特社会主义所想像的政治,则无论采用何种社会制度,大体均可存续。由此观之,基尔特社会主义,和工团主义的区别,就在于政治事务的执行,委于何人。

基尔特社会主义,是以工团主义为基础,而与国家社会主义妥协的。他以产业统制权,完全归于生产者的手中,主张产业上的自治,这点和工团主义,极为相似。

基尔特制度的设置是各地有各地的基尔特,全国有一个全国的基尔特。这个全国基尔特,是掌理品质的选定,商品的贩卖,和供求调节等各项事件。而各地方的基尔特,在一定范围内,是一个自治的团体。所以全国基尔特的中央机关,是生产者的最高权威。由各基尔特团员互选构成,和代表消费者最高机关的国家两相对立的。然而那个由国家代表者和全国基尔特代表协同组织的合同委员会,权力最为扩大,他们是使生产者和消费者互相接触,而实现双方协同利益的。

在基尔特制度之下，国家的收入，是从各基尔特得来的。国家就以此项收入，充教育及国际事务等之用。依此看来，基尔特主义的国家，不是中央集权，乃是地方分权，可以想见了。

这里再把基尔特社会主义的理论上的二大主张说一说。

他们的二大主张是：（一）废止工钱制度，（二）要求实业自治。

（一）废止工钱制度　工团主义者就有废止工钱制度之主张，所以这个主张，不能算基尔特社会主义者所创始的。社会主义者都承认贫穷是社会的大病，但贫穷是从什么地方起的呢？他们说是由于工资制度。工资制度，便是奴隶制度，奴隶制度便是资本制度的结晶。工资制度是把劳动看做商品，可以拿金钱买卖的，所以竟把劳动者看做一种物品，把他的人格根本取消了，因此便叫做奴隶制度。又因为劳动者只要工资，不要产业的管理权，生产组织都由雇主支配。所以这种制度，实在是资本主义的真髓，这种工资制度不废，劳动者便不能脱离奴隶的生活，劳动者不能脱离奴隶生活，社会的病症便没有方法可以医治。所以要社会全员个个得到自由幸福，便不得不废止工资制度。

（二）要求产业自治　工资制度既废止了，劳动者便不能单单生产，并且要自行管理生产和生产的结果。原来国家社会主义不但想生产工本收归国有，而且要把产业的管理权也收为国有；工团主义则想不要国家的干涉，全由劳动者自己支配。基尔特社会主义既不把一切都归国有，也不把一切都归生产者自己管理，却是生产者自己来管理他们自己的产业。这样一方使生产者得以自由，不致陷入官僚主义，资本主义，和消费者专制的弊病；一方又主张国家在一起限度以内得有发言权，借以调剂生产者过于专横的弊病。

（乙）布尔雪维克主义——多数主义

布尔雪维克主义（Bolshevism）的特征是要求劳动阶级的独裁政治。但他和工团主义的完全排斥政府，布尔特社会主义的主张权力分割，是不很相同的。可是他们苏维埃（Sovie）的组织，和基尔特很相似，纯粹劳动的革命主义，和工团主义相同；他又采用中央集权制，和马克司主义相同。

俄国自从马克司资本论翻成俄文后，他们国里的社会主义者就有社会革命党，亦叫激烈派（以暗杀为方法和社会民治党）（亦叫温和派）到了一九〇三年社会民治党又分为两派：一派以布来浩罗夫（Plechanoff）为首领，主张比较温和，叫做"斗雪维克"（Mensheviki）译言少数党；一派以列宁（Lenin）为首领，主张比较激烈，叫做"布尔雪维克"译言多数党。这两派都是马克司主义者，不过少数派信用议会政治，认定社会主义是政治的东西；多数派不肯和第三阶级和合，却想使劳动阶级来独裁政治，这便是这两派的分别。

布尔雪维克主义以改造社会为基础，第一要件，在建设劳动阶级的国家，他们的手段有二种：（根本政策和应急政策）根本政策就是使特权绅士阶级不干涉政治经济。但他们在社会改造途中，若能变为生产者，则许他们以劳动者资格，参加政治。因为由资本主义到社会主义的途程，不是一朝一夕所能做到的；所以在这个途程中，不得不用应急政策了，好像在那个途程中，非颠覆绅士阶级不可，不过这事并不使产业解体，而且反可增进生产力。

布尔雪维克主义特色有五（一）确立劳动阶级的专政国家（二）用直接运动以达目的（三）行中央集权制（四）国际主义（五）共产主义。

布尔雪维克第一个特色，就是要求劳动者的独裁政治。

他们把人类分为人民（他们所谓人民，不是人民全体，乃指劳动者而言）和所有阶级两种，所有阶级，不但不是人民！并且是人民之敌。所以他们绝对不肯和所有阶级妥协，也不肯和他共分权力；他们所要的国家，是劳动者的国家，是劳动者独裁的国家，不许所有阶级参加的。

世界上现在最能明白表示布尔雪维克主义的，就是俄罗斯共和国。他们把所有一切权利，都属于劳动者，不许分与所有阶级。所以他们的宪法上说，"依生产的和与社会有益的劳动，维持生计之人，和使这等人从事于生产业务的家政掌理人，对是佣用于工农商的全劳动者，被使用者，和不以利润为生产的目的之农民，和劳兵会海陆军兵卒，和属于这类市民，而毫无劳动能力，都有选举权，和被选举权，但是那为增进利益的目的，而雇用工资劳动之人和不劳动而有收入之人，（譬如有资本利益和财产收入之人）和私的商人，和一切宗教派的僧侣和僧职，都没有选举权，和被选举权。"

再说他的第二个特色——他们取政治的直接运动的。

他们虽是反对所有阶级的国家，却主张劳动阶级的国家。他们虽是反对议会政治，却欢迎劳动阶级的政治；换句话说，就是欢迎劳动者兵卒农民的会议，是无产者的会议中所有阶级当然除外的。总而言之，他们反对议会政治，不是因议会主义和社会主义不相两立之故；消极方面，是不愿与所有阶级与分权，而积极方面，是想以劳动者独裁政治直接达其目的，不靠国家之力，不靠所有阶级之力。

布尔雪维克第三个特色，是注重中央集权制。他们主张把一切权力移于劳兵会，并且集中于少数执政官之手。这层和无政府主义工团主义觉得很不同。他们主张以中央权力理产业，支配产业，即当然及要有国家，所以列宁说！我们"既然不是无政府主义者，末就不能不承认国家的必要了"。

布尔雪维克对于资本家在各国蔑视国境，并且要超越国境——营国际的生活，是竭力反对的。所以他们想建设个社会主义制度，极力反对资本阶级国际的行动而建一真正的共同的和衷共济的国际主义，这就是他们第四个特色了！

布尔雪维克最后的特色，就是采用共产主义，一九一八年列宁要想改称共产党，可见他们的共产色彩，比较其他社会主义，是特别浓厚的。

我们现在知道布尔雪维克是结合"自由""平等""博爱"三大理想来诅咒现代病的文明，诋排现代的宗教，而代改造社会的革新思想的。他们为世界劳动者、农民、兵卒，报仇雪耻起见，有时对于所有阶级，不惮施以残酷行为，这虽是一种，很暴戾的手段，于人道上似乎讲不过去，可是这也是一种自然趋势，没法可以避免的。总之，布尔雪维克是以社会主义为政纲，在俄国为有历史的政党，决不是临时凑合而成立的。他们是马克司派社会主义的分枝,我们不当仅视为俄罗斯特有的产物,把他一笔抹杀。

5月
1日(星期一)

13.《马克思——共产主义创造者》(《少年》第九号,5月1日)

《少年》第九号,刊登杜诺瓦(□)著、赤君摘译的《马克思——共产主义创造者》,全文如下:

> 马克思是共产主义的创造者。我们研究和实行共产主义的人,对于他的学说,应与以非常之宝贵、敬重,至他的生日——一八一八年五月五日——和死日——一八八三年三月十四日——我们应当纪念而且也值得纪念,又本志对于他的学说尚不曾为全部的叙述,现在趁此机会将《人道报》(□)纪念他的这篇文字译其大略,以表敬意;并使读者对于他的学说得知一斑。虽然这篇文字过于简略,但他的学说原来书卷浩繁,道理深邃,可供我们永远的研究,绝不是一篇大章一本杂志即能发表得出,故我们在此止不过介绍一个大概罢了。

——记者

少年时代

马克思于一八一八年五月五日生在普鲁士脱列发斯(□)地方的犹太人家庭中,他幼时学法律于波恩(□)继又转学于柏林,兼治哲学,尤喜好黑格尔(□)主义。到二十三岁得法学博士。他鄙视德国大学教授,而办莱因新闻未几,即迁居巴黎,在他与他已有七年婚约的真尼(□)结婚以后。

一九四三年,马克思在巴黎认识了蒲鲁东(□)巴枯宁(□)恩格斯(□)诸人。于时他和他的朋友,发行《德法年报》,其次又合办《前进》杂志。在此期间,他努力于社会主义的研究,他不独热心于空想的社会制度而尤注意于社会主义的实际。因此他发现,许多很重要的学理。

唯物史观

一八四四年,马克思和恩格斯著了一本《神圣的家族》反对黑格尔哲学,创立唯物史观(□或□,前者亦可译为历史的唯物史主义,后者亦可译为历史的唯物观念)就在这个时候,为说明人类的世界永久变迁的社会唯物史观,不是注重在纯理所发出的意象方面,乃是在实力在物质的势力,即是各种阶级方面而且集重心于各时代所实现的生产制度的周围。这个唯物观念鲜释历史的进化,不用哲学道德,和法律,而用政治的经济。另外的哲学、道德、法律等等反成为不可割分地接合着它。

一八四五年马克思为法政府所驱逐,往比京不律塞住□,他既与德国那般不承认经济的实在惯于作精粹的空想者辨难遇后,复来,与在法国研究经济学于哲学的思想或道德的思想中的蒲鲁东，论战。他著了一本《哲学底贫困》去答复蒲鲁东的《贫困的哲学》。马克思这书是一八四七年著的人称为科学的社会主义底第一本著作。一切马克思的重大原理，如唯物史观、阶级争斗、价值论、剩余价值论，都萌芽在这本书里。

共产党宣言

唯物史观是不主张把行动与理论分开的，马克思若只是一个纯粹的思想家，他就不会成一个适当的唯物论者。他在比京与在法京一样，都与那些左派人联络，并参加那改良派和革命派激烈的小有产阶级和共产主义的无产阶级互相冲突的民主党秘密会。但他是绝对的共产党人，绝对地与感情的和意象的共产党人分离，因为他们以为将来共产主义中无上的完成是属于正义或者要在工人中间传播一种新基督教的神秘说。他攻击他们逐渐战胜了他们而且使他们归依于他，以致一八四七年由旧的"正义同盟"变成"共产主义者同盟"来委托他和恩格斯起草宣言和党纲，《共产党宣言》(□)于是诞生。在他全部的著作中，它虽只有五十小页，但马克思仍一样地获着全世界工人阶级那不磨灭的追念。

宣言出版后几礼拜，一八四八年法国革命暴发了，马克思被逐于比，复入于法，最乃回德国。于时《莱因新闻》又出版，他因著作拒绝租税被控诉。结果虽被释放，但德国已不能立足了，乃逃往伦敦，从事于政治的经济的创造来解决社会上这一部份人富，那一部份贫，多数的群众为少数所掠夺的问题。

资本论

马克思一面著资本论(□)一面为美国的报纸作关于一八四八年法国革命的文章。这些文章，就是活用唯物史观的榜样。而他所作的《资本论》又是一部伟大的强有力的著作，要□述其大概，是很不可能的，此处就不必去尝试。

当马克思著这部大书时，他自身已经是位于旧派经济学者底领袖(亚丹斯密、利加图等等)底相同的地位上。在这里他们都相信自然的法则，因之是永久不变的。马克思却竭力指明只有历史的法则，所以是变化的。无所谓自然法制，但有些条例因着于一个已出现的经济制度之上，即资本制度，商品的生产者。

马克思在阐明这资本主义的秘密：怎么样一阶级——有产阶级——能生活于损害他一阶级——无产阶级——的利益上？怎么样一阶级能剥夺他一阶级？

价值论

在探求的途径中，他专注意于经济法则。他先由价值底定义上出发：一个生产品的价值不是别的，就是人的劳动所给予于它(生产品)的数量：劳动是价值的本体；社会所需要的劳动时间是价值的尺度。当一个生产品与他一个生产品交换时它(交换)的本身，不会使交换者的两方，都更加发财。每个人仅仅以给予在各种相异的生产品中相同的工作时间的数量来卖与别的一个人。这样，一个生产品的占有者如何卖它就可以获利呢？

商品底生产，需要工人，工人是怎么呢？他不□是只具有劳力，为生存起见，强延卖身于具有生产方法(工厂、机械、金钱等一言以蔽之就□资本)者一些人罢了。所以劳力(在资本制度□□)一种商品与旁的商品同样地在市场上(以一□代价钱)依据同的法则而交易。这就是说它(劳力)相交易为的是它的真价值也如一切商品一样，是以为生产它所需要的工作时间的数目来决定的，或者更明白说来，便是以为使每个工人能够保存他的劳力他的脑筋和筋肉的活动力所需要的生存方法的价值来决定的。

剩余劳动和剩余价值

工人将他的劳力，以真价值卖给资本家，这个真价值譬如四小时的工作算作十佛郎。但是工人日作十小时便是二十五佛郎了。所以劳力这种商品，除它自身的消费外，能在售价值上添新价值，于是就生出来了余剩额(□)这个余剩额属谁呢？是属于资本家——劳力的买主。

这个余剩额名为剩余价值(□)。工人在工厂所经过的时间，不是为赚东西来生活，只是为他的。"猴儿"发财这种劳动时间，名为剩余劳动(□)。每日的时间愈延长，"猴儿"便愈装满了剩余价值。

在一阶级手里资本屯集的根底上，在资本家的建筑的基础上，有许多千百许多百万没有给过工银的劳动时间。这些劳动时间，就是由若干可怜的劳动者身上强夺来的。有产阶级底财富，自来就是很简单地由无产阶级的穷困造成的。

资本家生产的秘密从此就被揭开了。买工人的价值是四小时的劳动或十佛郎，一个工人的气力，使它作十小时然后才卖其其生产品，这个价值是十小时的劳动也就是二十五佛郎！大家明白了么？

现在有产阶级社会里，分为两个对抗阶级。其中一个疲□剩余劳动，他个则充满了剩余价值。马克思给我们讲述怎么样有产阶级社会开始于中世纪之末。他一步一步地一世纪一世纪地追究这社会在它那狂热地对于剩余价值的追逐中，在它那进步的致富中。这种进步的致富，是建设于一种被资本家所掠夺并常常□加以致成群地向无产阶级深渊里堕落的工人逐渐扩张征服上面的。

资本底盛衰和死灭

在资本底由来上，马克思说最先有"直接生产者的资材没收，立基于所有者个人劳动上的财产权的解散"。换言之，就是有独立的小生产者(工匠、农人)和自治的小有产者这一阶级的破坏和没收。社会的和技术的发展到了某种程度时，旧制度遂自相矛盾起来，它起初是在它自身的内部使各种不可抵抗的势力活动；这种势力最后就把旧制度置诸死地。个人的生产方法生出集中的生产方法，而从许多小有产者里突然出来了一些大资本家。

小资本家征服了个人生产，大资本又征服了小资本。资本的生产逐渐集中，资本的羁主逐渐减少。但是贫困、堕落、奴隶，却于此时增加了工人阶级的反抗力不停止地扩大，并且逐渐地为资本家生产的机械主义所训练、所统一、所组织。劳动的社会化和物质机关底集中，到了它们不再能支持在它们的资本主义的发展中之那一点上来了。财产没收者到了在资本家被没收的输了上来了。这是有产阶级在历史上使命成了过去，而无产阶级在历史上底使命却表现出来。

第一国际

马克思不仅是《资本论》的著作者,还是"第一国际"(即"国际工人协会"由一八六四至一八七三年)的创始人。当他和恩格斯在一八四七年年底写出《全世界的无产阶级团结起来啊!》之后,才过十五年,无产阶级就答应了这个呼声。他被"协会"委托,起草章程,亦是用不可忘记的辞句作就的。其中有一句千诵、不辍的箴言就是"劳动者的解放,应是劳动者自身底事业!"

"巴黎共产自治府"(□)促成"国际"的末日,加之内部分裂,"国际"就破坏了。它的存在,不过九年,但如恩格斯说的,全世界无产阶级永久的同盟不止息地随它之后而成立,各国的社会党就要来继承它恢复它。

马克思与列宁

一八八三年三月十四日,马克思死于伦敦,与他的夫人合葬于高门(High gate)。马克思死了亦如未死,他留下了无数的苗裔。在世界各国中,他被尊崇为无产阶级革命的理论家和先驱,共产主义底报知人。

当他死的时候,那小小的乌拉地弥尔乌里诺夫(□为列宁的本名姓)——将来的列宁——恰恰才十三岁。马克思的真实继承者就是他。马克思把社会主义从空想方面渡过到科学方面;列宁(□)把社会主义从科学方面渡过到行动方面。或者更确切地说到革命方面。他曾经把无产阶级专政底马克思主义的神秘拿来作了一个实验的事体。所以想到俄国大革命于是就要令人三复老恩格斯在一八九〇年举行国际的五一纪念那天说的话:"为什么要使马克思不复在我们的旁边来看这个大事件呢?"

(《少年》第九号,1923年5月1日)

15 日(星期二)

14.《马克思学说与中国》(《新时代》第一卷第二号,5月15日)

《新时代》第一卷第二号,刊登李达的《马克思学说与中国》,全文如下:

一

中国共产党在去年曾经发表一个宣言,据那宣言看起来,他们共产党的目的是在于组织无产阶级,用阶级战争的手段,建立劳农专政,达到共产主义的社会,他们目前的政治主张是在于引导无产阶级帮助民主主义革命,和国内民主革命党派(如国民党之类)合作,共同推翻军阀的政治。

这个宣言出世以后,引起了各方面许多反响。这些反响,据我的见闻所及,大概可以分为两派。一为反动派,他们持反对的态度,说中国产业幼稚,刻下不应提倡社会革命,使中国紊乱不堪。一为社会主义派,他们赞成共产党的宗旨,却非难共产党目前的政治主张。关于这一点,《孤军杂志》《今日杂志》《向导周报》曾经反复辩论过,想读者都是知道的。

这样看来，马克思学说之在中国，已是由介绍的时期而进到实行的时期了。我们研究经济学说的人，对于这样重大的事实，似有慎重研究和考校的必要，所以在这里提出"马克思学说与中国"的论题来讨论一番。

本文范围内应该检讨的约分下列三项：

一，目前的中国可以应用马克思学说改造社会吗？

二，假使目前中国可以应用马克思学说改造社会，中国无产阶级应该怎样准备？怎样实行？

三，假使中国无产阶级能够掌握政权，应该采用何种政策？

二

欲研究目前的中国能否应用马克思学说改造社会，首先要晓得马克思所说的社会革命究竟是什么？究竟怎样实现的？究竟在什么时机实现？

什么叫做社会革命？据马克思唯物史观说：

"社会的物质生产力发达到一定阶段的时候，便和当时的生产关系相冲突，用法律上的术语说起来，就是和财产关系相冲突；然而社会的物质生产力，从前却是在这财产关系里面活动发展过来的。这些财产关系算是从生产力发展的形式变成生产力的桎梏了。从此遂进于社会革命的时代。经济的基础一经变动，那巨大的上部建筑的全部，或是徐徐的，或是急剧的，也就跟着变革了。"

由这段文字看起来，可知马克思所说的社会革命，就是使社会的组织完全解体的意思了。

社会革命怎样实现呢？据上述的原理剖释起来，社会革命乃是由无产阶级举行政治革命夺取政权来实现的。因为在资本主义的产业以前，是小规模的生产，劳动手段归劳动者自己所有，制造出来的物品也是归他自己所有的。到了机械工业发达以后，有产阶级便集中各个分散的手段，举行大规模的生产。这种集中起来的劳动手段本来是社会的，工厂中许多劳动者共同制造出来的产物，本来也是社会的。社会的东西应归社会所有，但当时的财产关系不是这样，这样集中的劳动手段以及制成的产物，却是归资本家所有的。简单说，社会的东西归个人所有了。有产阶级利用这种财产关系，大大的增加生产力，专以生产商品集中资本为目的。生产、交易、分配等方法果能调剂与否，是不过问的。经济恐慌，一次凶过一次，大多数工钱劳动者遂陷于贫穷失业不能自存的境地，中等阶级亦因大资本的压迫而降为无产者，于是社会划成有产无产两大阶级。到了这时候，资本主义生产方法的机器，为自己制造出来的生产力所压迫而不能运动，这便是生产力和财产关系相冲突的表现了。由是生产力和财产关系的冲突，遂变成有产阶级和无产阶级的冲突。无产阶级为自谋生存起见，就发生了阶级的觉悟；由阶级的觉悟演出阶级的斗争；斗争的结局，总是无产阶级得胜。无产阶级就利用政治的权力将一切生产机关收归社会公有，使生产方法、交易方法和分配方法都可得充分的调和；各个人的生存权和劳动权都可得充分的保障。这便是社会革命实现的过程。所以政治组织虽然随着经济基础的变动而变革，而政治组织的变革却较经济基础的变动早日完成。这政治组织变革的原动力实是无产阶级。

所以社会革命乃是由无产阶级实行政治革命，夺取政权来实现的。这是马克思的坚确的信念，他自始至终都抱定这个信念，并没有丝毫改变。读者不信，我可以举出许多例证来。

《共产党宣言》上说：

"共产党直接的目的也和别的无产阶级党派一样：（一）组织无产者成为一阶级，（二）推翻有产阶级权势，（三）无产阶级掌握政权。"

"无产阶级第一步事业，就是必须夺取政权，就是必须起来做国民的主要阶级，就是必须以自己组成一个国民……"

"我们默察无产阶级的大势，其初只是一些私斗，末后总要爆发起来，成了公然的革命，推倒有产阶级，筑起无产阶级权力的基础。"

"共产党最鄙薄隐蔽自己的主义和政见，所以我们公然宣言道：要达到我们的目的，只有打破一切现社会的状况，叫那班权力阶级在共产主义革命面前发抖呵！无产阶级所失掉的只有他们的铁锁，得到的是全世界。万国劳动者团结起来呵！"

马克思又在《新莱因新闻》上说：

"我们不晓得什么怜悯，若是我们的天下来了，断然要行革命的恐怖政治没有什么姑息。要缩短集中旧社会死去的苦恼和新社会诞生的流血的努力，其方法只有一个，便是革命恐怖。"

他又在《哥达纲领批评》上说：

"由资本主义社会到社会主义社会之间，有一个革命变革时期。和这时期相适应的又有一个政治的过渡期，这时期的国家只有劳工专政。"

我们看完上面所引用的几段文字，似乎可以看见杀人和流血的惨象，似乎可以听见阶级战争的呐喊声，枪炮声和铁锁声。社会革命历程中所必经的无产阶级政治革命，原来是没有妥协的余地的。

《共产党宣言》是马克思在一八四八年发表的，《新莱因新闻》所载的文字，是他在一八四九年作成的，《哥达纲领批评》，是他在一八七五年（在他死的八年前）写好，后来经恩格斯披露的。由此可见马克思对于"无产阶级借政治革命以实现社会革命"的根本主张，毕生没有丝毫改变。

由以上所述，我们可以知道：无产阶级欲促社会革命的实现，第一步事业便是组织起来实行政治革命。

三

现在我们再讨论时机的问题。

据《共产党宣言》考察起来，社会革命大概要经历三个时期。第一是准备时期：这个时期共产党的工作，首先要"宣传本党的意见目的和趋向"，其次是"组织无产者成为一阶级"。第二是劳工专政时期：这个时期共产党的工作是（一）"推翻有产阶级权势"，（二）"无产阶级掌握政权"。第三是发展产业时期：这个时期共产党的工作是，"无产阶级用他的政治优越权，渐次夺取资本阶级一切资本，将一切生产工具集中在国家的手里，就是集中在组织权力阶级的劳动者手里。这样做去，那全生产力就可以用最大的速度增加起来了。"这三个时期是社会革命必经的历程。各个时期的久暂，全靠各个社会的现状和产业的程度决定的。我们这里要讨论的，乃是第一个时期的久暂的问题。换句话说，就是无产阶级为实现社会革命而行的政治革命，究应准备若干年月的问题。据唯物史观说：

"一个社会组织当一切生产力在他里面还有可以发展的余地以前，决不会颠覆的；又新的比较高级的生产关系，当其本身上的物质的存在条件，在旧社会母胎里尚未成熟以前决不会产生的。"

照这样说，无产阶级要举行政治革命，实现社会革命，务须等待一切生产力完全发展的时候方可实行了。但是一切生产力发展的"余地"之有无，却不是用数学方法可以测量而出的。就是马克思自己对于当时社会的一切生产力有无发展余地的一点，也未能确实的测定出来。据他当时观察欧洲社会状态的结果，他断定社会革命的时机是已经到来了。《共产党宣言》上形容当时社会的经济状况说：

"有他的生活，交换，财产关系的近代有产阶级社会，就是惹起这般大规模生产和交换的社会，好像术士念咒召来魔鬼，现在却没有镇伏他的能力了。数十年来的工商史；只是近代生产力对于近代生产方法，对于有产阶级的生存和统治权的财产关系谋反的历史。证明这个事实，只要举出商业上的恐慌就够了：这种恐慌，隔了一定期便反复发生，一回凶过一回，常常震动有产阶级社会的全部。在这种恐慌的时候，不但当时现存的生产品大部分破坏，连从前造成的生产力也要同一破坏。……社会突然现出回到野蛮的景象，仿佛饥馑骤至，又仿佛举世大战衣食要断绝……这全是文明过度，衣食过度，商业过度的缘故。在社会指挥之下的生产力不能再促进有产阶级财产制度的发达了……"

这是一千八百四十八年当时的欧洲经济社会的情况。我们考察当时各国产业发达的历史大略可以说，英国已是纺织工业全盛的时代，其余法国、德国，还在纺织工业的萌芽时代，恐怕比现在的中国产业状况高明不多。但马克思认定当时社会一切物质生产力，已经没有可以发展的余地而主张即时革命了。照这样，中国的现在不是也可以举行革命吗？如无产业经济社会的进展，出乎马克思意料之外，资本主义竟得到别的避难所而延长生命了，我们追溯当时的景象，马克思的断定所以未中的原因，一是因为当时无产阶级还缺乏巩固的组织，革命战争的勇气未曾达到白热的高度；一是因为当时有产阶级热力谋海外的发展，夺得广大的殖民地和半殖民地，用文明方法把他们开拓为剩余商品的销场。因为这两个原因，所以当时资本主义竟能继续发展，由纺织工业而进于铁工业时代。假使当时无产阶级竟能实现其政治革命，那段由纺织工业到铁工业的历程，必在无产阶级社会之中进展无疑了。所以马克思那种"无产阶级借政治革命实现社会革命"的原理丝毫没有错误，错误的处所乃在于实际应用这原理的地方。托洛次基对于这一点有一个精确的解释，现在把他引在下边。

"无产阶级随有产阶级的成长而成长，并且增加力量。由这个见地说来，资本主义的发达，便是向农工专政前进的无产阶级之发达。但政权移到无产阶级的时日，不是由经济力的资本主义的发达程度如何所能决定,乃是由阶级斗争的关系,由国际的地位,以及种种主观要素(例如传说,能战的勇气和决心等)郑决定的。所以无产阶级在资本主义较未发达的后进国中,比之在发达到高度的资本主义国家中能够早日获得政治上的优势。若以为劳工专政在一国的技术的及生产的资源之间,有一种自动的相依的关系,便是用幼稚方法理解唯物史观了。这种想法,与马克思主义并无关系。"

这个解释很新颖,很透彻,真得了马克思学说的精髓。为社会革命而行的政治革命必须由这种要素决定的。因为这个理由,所以俄国共产党能够借无产阶级巩固的组织和决战的勇气,趁着欧战正酣俄国帝国主义将要解体的时候,蹶然而起,打倒本国组织薄弱的有产阶级,建立劳农专政的国家。英美等国社会革命之所以难于实现,并不是什么时机未到的原因,乃是因为无产阶级组织不健全,被黄色的领袖们引错了路,决战的勇气不甚强烈,而本国的有产阶级复利用国际的优越地位,尽量掠夺海外殖民地和半殖民地人民的血肉,延长孳乳资本主义的寿命,但是他的最后的坟坑是已经掘好了。

四

由以上所述看来,我们可以引出一[以]下的结论:

(一)无产阶级为谋社会革命的实现,必须准备着政治革命;

(二)凡是资本主义发达的地方,共产党必须组织无产者成为一阶级,准备政治革命;

(三)无产阶级政治革命爆发的时机,完全由国际的地位和阶级决战的勇气决定。

现在再分析中国经济的政治的情形。中国自二千年前以来,纯粹是农业经济时代,建筑在这个经济基础上面的是封建的政治。二千年间,在经济上没有发生重大的变化,所以政治上虽有换朝易代的波澜,而实质上都也是没有重大的变化。自鸦片战争以后,资本主义便渐渐侵入了中国的内地,中国固有的经济状况,全被破坏,遂发生了重大的变化。从此便进于产业革命时代。直到现在,国际资本主义商品畅销全国,本国产业的状况也进到纺织工业的萌芽时代,手工业大受摧残,大多数人民遂陷于工钱奴隶和失业的地位。

政治组织建设在经济基础之上,经济基础变化,同时政治组织当然不适于经济变化的进行。换句话说,经济上既然由农业经济而进到工业经济,同时政治上亦必由封建政治而进于民主政治。所以满清末年,民主革命党人乘机起来革命,要使封建政治移到民主政治去,以便工商阶级能够殖产兴业,而抵敌外国的侵略。但是中国小工商阶级因为国际资本阶级的压迫,不能发达而成为革命的资本阶级,所以国民党在当时虽然标榜资本阶级的民主革命,而国内起来响应的人却不是革命的资本阶级,乃是一班受了卢梭自由思想的印象以及仇视满清的人们。所以辛亥革命虽然能够爆发起来,而他的本身却是建在感情的基础上面,而不是建在经济基础上面的。感情是不能持久的东西,所以辛亥革命的目的,终于被袁世凯一派封建军阀阻碍了。自是以后,民主派愈欲革命,军阀派愈欲压迫,遂以酿成今日民主派和封建军阀对抗的现象。

其次再讨论国际帝国主义与中国的关系。最近八十年来，中国外交的历史，完全是帝国主义侵略的历史。全国的金融操纵在外国资本阶级之手，全国的铁路矿山森林水运交通以及许多企业，大半都归外国资本阶级掌握。加以几次的战役赔款以及许多投资的借款，重利盘剥，中国全国的经济生命，全被他们夺去了。此外在中国掠夺的种种政治权利，更是指不胜屈，北京政府间接就被他们支配。一言以蔽之，中国就是国际帝国主义的半殖民地而已。

所以我们由上述国际的国内的政治经济现状，可以把阶级对抗的形势，列表说明出来。

国际　压迫阶级(国际帝国主义者与少数中国军阀)⟹被压迫阶级(中国有产阶级与无产阶级)

国内　封建阶级 —已成熟→ 有产阶级 —正在形成→ 无产阶级 —正在形成→

代表各阶级的党派是：

北洋正统→国民党→共产党

由上表看来，可知中国无产阶级经济上受本国有产阶级的压迫，政治上受封建阶级的压迫；有产阶级直接受封建阶级的压迫；而两者又同受国际帝国主义的压迫，前者是三重的，后者是二重的。

中国无产阶级处在这样的经济的政治的情形之下，中国共产党乘机起来组织无产阶级，企图社会革命，在理论上在事实上并不是没有确实的根据的。

至于中国无产阶级对于目前的政治运动，究应怎样决定，这一点马克思在《共产党宣言》上并未为中国共产党筹画，若按照目前中国国情，参照马克思在一八四八年替波兰瑞士德国共产党设下的计划，也可以定出一个政策来。据《共产党宣言》说：

"在瑞士，共产党是帮助急进党的，但也要注意到这党是由法国式的民主社会主义者和急进的资本家两种相反的分子结合起来的。

"在波兰，共产党是帮助那用土地革命来做国民解放主要条件的党派。一八四六年，这党曾在 Cracow 发动叛乱。

"在德国，对于资本阶级有革命行动时，共产党要和他联合起来同专制的王政，封建的地主及小资本阶级战争。但一刻也不要忘记使劳动阶级明白感觉有产者和无产者敌意的对抗。必使劳动者准备利用资本阶级掌权时必然造成的社会及政治状况，来做对抗资本阶级的武器。也就是准备德国保守阶级一旦灭亡，就立刻和资本阶级本身开战。"

我们熟读上面所引用的文字，就可知道中国共产党联合国民党推倒军阀政治的主张，在马克思学说上也是有基础的。只是我在这里要促中国共产党注意的地方，约有下列二项：

一，中国国民党似乎是一个社会民主的党派，有资本家、知识分子及劳动者的三种党员，共产党至好是影响他们向左倾。将来民主革命成熟时，共产党至好引导到无产阶级革命去。不然,共产党应该单独的严整无产阶级的阵。①

二,共产党应注重"组织无产者成为一阶级"的工作,时时要保持独立的存在,免受他党所影响。

五

末了再讨论第一节所提出的第三个问题。

我的朋友李六如先生前天同我谈起一件事,他说:假使中国无产阶级能够掌握政权,该采用什么政策?这个问题也是我们研究经济学说的人所应当研究的,所以把他列入本文范围之内,说明一下,并质之李六如先生以为怎样?

我觉得一个国家的政策,总要根据当时产业的状况和文化的程度来决定,有产阶级的国家是这样,无产阶级的国家也是这样。马克思在《共产党宣言》上替当时各个进步的国家决定的政策是:

(一)废止土地私有权,将所有的地租用在公共的事业上。

(二)征收严重累进率的所得税。

(三)废止一切继承权。

(四)没收移民及叛徒底财产。

(五)用国家资本设立完全独占的国民银行,将信用机关集中在国家手里。

(六)交通及运输机关集中在国家的手里。

(七)扩张国有工场及国有生产机关,开辟荒地,改良一般土地,使适于共通计划。

(八)各人对于劳动有平等的义务,设立产业(尤其是农业)军。

(九)联络农业及制造工业;平均分配全国的人口,渐次废掉都会和地方的差别。

(十)设立公立学校,对于一切儿童施以免费的教育。废止现行儿童的工场劳动。连络教育和产业的生产等等。

以上十项政策,据马克思说,只有当时最进步的各国所能采用的,而且只有最进步各国无产阶级执政时所能采用的。若据我们用现在的眼光看起来,其中有些是社会政策,早已被现今各个资本主义国家采用了,而且实现了。但在当时,这些政策必须在无产阶级执政的国家才能实现,可知政策的决定,必须根据当时产业的状况和文化的程度来决定的了。所以马克思在《共产党宣言》发表之后的二十五年(即一八七二年)和恩格斯共著《共产党宣言》的序文里说:

"过去的二十五年间,事情已是大变了,但宣言上所阐示的一般原理,在大体上还是十分正确的。……至于这个原理的应用,无论何时何地,都依照现存的各种历史的事情而定,那第二节末了所提出的各种革命的方策,完全不足注重了。那里所说的在现在已有许多不对了。按照过去二十五年大工业伟大的发展,以及进步的无产阶级的政党组织,更按照二月革命和巴黎共产团——无产阶级开始执政两月——实际的

---

① 当时关于中国社会各阶级在民主革命中的地位和作用问题的看法,可参看中国共产党的"二大"和"三大"的宣言以及党的机关刊物《向导周报》在这期间的有关文章。

经验,这个宣言,现在已是陈腐了。"

由这几句话看来,可知马克思若在一八七二年时替各个进步国家的无产阶级决定政策,一定比一八四八年时所决定的要进步多了。所以他在一八七五年所著的《哥达纲领批评》上指摘德国劳动党所要求的各项是不彻底的。譬如"哥达纲领"关于"免费教育"及"单一的累进税"的要求,本来是和《共产党宣言》所要求的差不多相同,但二十八年以后的经济的发展,和文化的发达,已是大不相同,而且这类政策已被资本主义国家所采用,无产阶级的政党处在进步的境地作退步的要求,当然是不对的,无怪马克思要加以严格的批评了。

列宁分析俄国的经济进化的要素,别为下列五种:

(一)家长的,即程度最幼稚的农民生产;
(二)小规模的商品生产(出售谷物的多数农民亦包含在内);
(三)私的资本主义;
(四)国家资本主义;
(五)社会主义。

按照列宁的分析来分析中国的经济情形,中国的经济社会正是上述(一)(二)(三)三种经济的要素混合存在的状况,三种之中可以作代表的当然是私的资本主义。假使中国无产阶级能够掌握政权,当然可以利用政治的权力把私的资本主义促进到国家资本主义去。那么,将来采用的政策当然可以根据国家资本主义的原则来决定了。

现在试根据马克思学说的原则和中国的产业状况及文化程度,拟定几条大纲于下:

(1)不作工者不得吃饭;
(2)平均地权,开辟荒地;
(3)银行国有;
(4)交通及运输机关国有;
(5)对外贸易国有;
(6)大产业国有;
(7)废除一切税厘,征收严重累进率的所得税;
(8)有条件的输入外资;
(9)中学以下实行免费及强迫教育;
(10)立定保工法;
(11)工人及农人的无条件的选举权及被选举权;
(12)妇女在政治上经济上社会上一切与男子平等。

以上只是大纲,至于详细项目就不另举了。

本文所要说的都说完了。末了我还要附带声明的,本文是教室内研究的文字,只是陈述我一个人的意见,至于对与不对,还望海内外同志批评、讨论。

一九二三,五,一三

(《新时代》第一卷第二号,1923年5月15日,署名 李达)

6月
10日(星期日)

15.《一九二三年之俄罗斯》(《东方杂志》第二十卷第十一号,6月10日)

《东方杂志》第二十卷第十一号刊登朴之的文章《一九二三年之俄罗斯》,摘录如下:

苏维埃俄罗斯今年大进步了。他的经济地位日趋稳固,工业生产也较前增加了。一九二一年的九月到一九二二年的九月间出产的煤比一九二〇年九月到一九二一年九月间多一百万吨,要算一九一八年后生产最多的一年了。出产的油,达五十万吨。比战前增五〇%。铁厂里出产的块铁有一七〇,〇〇〇吨,比一九二一年多一三六%;碎铁三二二,〇〇〇吨,比上年多一七五%;钢二五四,〇〇〇吨,比一九二一年多一七九%。机关车比一九二一年多一四一%;铁矿多一二九%;棉织品多二二七%;毛织品多一五八%,麻织品多一八二〇%;橡皮制造品多八〇〇%,此外不胜繁举。

就大体言之,这种进步是由于工厂之精密的方法,但亦由于农业的进步。新经济政策的施行,使农民付了税后得自由售卖其谷米,得到善价,这与农民以莫大的奖励,不如去年农民袖手旁观,以致酿成灾荒。今年耕种的面积更为扩大,并因天时的适宜,以后的收成必更进步。俄罗斯现贮有九百万吨的谷可以等到明年收割的时候,虽大部份须留以赈济,但尚有五十万或一百万吨可运往国外。

这个生产力之复苏对于俄罗斯的财政地位上有莫大的功效。在一方面,猛烈的经济方法与征取工业税,增进国家收入的比例非常之大;(在正月征取总额的六十分之一,到七月征取总额的十分之一)。这种方法除苏维埃俄罗斯外是没有那国敢尝试的。同时,他的国际贸易也已经趋于相衡(二千万金卢布),七年长期革命战争内渐竭力的财力大有复苏之象了。

(《东方杂志》第二十卷第十一号,1923年6月10日,署名 朴之)

16.《劳农俄国的解剖》(《东方杂志》第二十卷第十一号,6月10日)

《东方杂志》第二十卷第十一号刊登日新的《劳农俄国的解剖》,全文如下:

俄罗斯和中国,是世界上两个最大的大陆国;并且国境毗连数千里,从古以来历史上地理上有极重大极密切的关系。不过自推翻帝政之后,俄罗斯的社会主义,骤然引起各国无产阶级的爆发,罢工风潮,此起彼应,使支配阶级受了致命的打击,所以资本主义的各国,视俄罗斯如毒蛇猛兽,用种种手段,打动人心,去反对社会主义的宣传,和苏维埃势力的扩张。又对于研究劳农俄国的人,不论他是否赞成社会主义,一概加以压迫禁止，所以一般人对于苏维埃共和国的现况和组织，至今犹多不明真象。我们中国，既与俄国立在不能脱离关系的地位，无论我们赞成他反对他，他的内容如何，我们极应当详加研究，才能免外交上通商上受意外的损失。前有熟悉俄国情状的某君，从莫斯科第三国际会议归来时，曾同余谈过大概；兹又参考日本驻波兰公使川上俊彦君在杂志上发表的游俄纪实，才成此篇，敢录为研究俄国诸君的一部分参考。

一　各共和国的机关

(a) 俄罗斯社会主义联邦苏维埃共和国大会议

俄罗斯社会主义联邦苏维埃共和国大会议，到现在已经开过十次会议，第十次的会议，在去年十二月二十四日至三十日之间，开了一星期之久。原来规定的是每年开会两次，自第十次会议以来，又改为每年一次。但临时大会议。则由中央执行委员会发起之。共和国全体住民三分之一以上的地方苏维埃大会议，则以俄罗斯全境的市府所选出的代表组织之。代表人数为：市代表可由选举权者每二万五千人中选出一人；县代表可由住民十二万五千人中选出一人；与联邦选举的制度相同。苏维埃大会议，是俄罗斯共和国最高的机关。该国宪法第十二条中有"国家之主权，属于全俄苏维埃会议"的规定；等[第]二十四条中有"全俄苏维埃会议，为俄罗斯共和国之最高权力"之语。换言之，就是立法，司法，行政等国家百般政务，全由此唯一的合议体去实行，可以说这是造成国家的唯一机关。所以选出中央执行委员会的权力，也是属于这个大会议。中央执行委员，又有把事物经过，一般政策和种种政务，完全报告于苏维埃大会议的义务，对于同会议负有完全责任的。

(b) 俄罗斯社会主义联邦苏维埃共和国中央执行委员会

俄罗斯社会主义联邦苏维埃共和国中央执行委员会，是由苏维埃大会议所选定的二百名（或可增加至三百名）委员组织成的，为俄国最高的常置机关。该国宪法中第十二条规定云："国家之主权，属于全俄苏维埃会议，该会议闭会期中，则属于中央执行委员会。"又第三十一条云："中央执行委员会为共和国立法行政及监督之最高机关。"详言之，就是中央执行委员会，可以有左列各种权利：

一、指导苏维埃政府和一切苏维埃机关的事务。

二、筹画立法和行政事务的调和进行。

三、监督苏维埃宪法的规定和实施苏维埃大会议的决议。

四、审议承认一切的政令和政府及各部部长提出的建议提案，并制定或发布一切政令法规。

但中央执行委员会对于共和国的一般行政事务，并不直当其冲，此外设有人民委员会，（政府）为执行机关，选任人民委员，（部长）以总理各部事宜。所以创设政府，任命部长，全是中央执行委员会的权力，但现在的情形，大多数执行委员的干部，皆被选为各部部长（即人民委员）。然而中央执行委员会和人民委员会（政府），纯系两物，有上级下级的区别，政府不过下级机关耳。譬如政府施行一般政务，可以发布必要的政令规定和训令，而且为政务执行上正确和迅速起见，可以有必要的自由处置；

但是有把这种政令和决议事项急速报告于中央执行委员会的义务，而中央执行委员会如有认此等政令或决议为不当的时候，无论何时，可得取消之，或中止其实施；并且有关于国政上意义重大的时候，政府又有预先将该政令和决议提出于中央执行委员会，请求审查承认的义务。所以政府对于苏维埃大会议和中央执行委员会，负有完全责任，各部部长又对于中央执行委员会和政府负有完全责任。他的组织，既然如是，我们可以知道苏维埃会议和中央执行委员会，是国家最高的两个机关，管理立法行政，政府则不过为执行一般行政的第二级机关。

此外，司法机关，有革命法院和人民法院二者。前者是处理关于社会革命的政治犯罪，就是专为裁判反革命的犯罪而设；后者是裁判一般民事和刑事的。不过他这个裁判，全是一审制度，可以说是特别出色的，虽不免有擅断主义之机，但是这个制度，恐怕是因为革命创国当初，为图谋裁判上的敏速果断才采用的。法院分为中央的最高裁判所和县的地方裁判所二者。最高裁判所的裁判官，是司法部长得中央执行委员会干部的认可而任命的；地方裁判所的裁判官，是由县苏维埃执行委员会选出，经司法部长加以承认和任命的。又按去年十二月第一回全俄联邦会议的决议，为尊重联邦领土内革命的法制和防止各共和国反革命的行为起见，另设最高法院。附属于联邦中央执行委员会，行使联邦的最高司法监督权。

统观以上所述，俄国立法，司法，行政的三权不窜由同一的机关执行，和立宪国的三权独立，三机关分立的制度，迥乎不同。所以"苏维埃政治"是一种专制政体，这是我们所应该注意的。

以上已将俄罗斯共和国的国家统治机关说完；其它的共和国，如乌克兰白俄罗斯共和国的国家统治机关说完；其它的共和国，如乌克兰白俄高加索共和国等的国家机关——苏维埃大会议和执行委员会——大体和俄罗斯共和国异曲同工，兹省略之。

二 地方的机关

地方苏维埃的机关，是各县、市、郡、乡、村的苏维埃会议和执行委员会。苏维埃会议是以各苏维埃内全部（下级）的苏维埃代表组织的合议体；县、市、郡每年开会二回以上，乡、村每三个月开一回以上，由当地苏维埃执行委员会的裁量，或因有全人口三分之一以上的苏维埃的请求举行。闭会中，由苏维埃会议选出的委员组织执行委员会，执行该苏维埃的事务，是为常置机关；委员数：县、市二十五名以下，郡二十名以下，乡、村十名以下。

苏维埃会议，是该管区域中的最高权利，闭会期中，以执行委员会代之。而此等地方的苏维埃会议和执行委员会，各服其上级苏维埃的指挥命令，且受其监督。地方苏维埃所管的事务，大略为左之四项：

一、实施高级苏维埃机关所规定的事项。

二、谋该地方的文化和经济的进步发达。

三、处理一切地方问题。

四、统一该地方苏维埃的行政组织。

三　政府和政党

(a)现在的最高干部

如前所述,俄罗斯政府(人民委员会)不惟和立宪国政府的位置不同,且在最高机关的中央执行委员会之下,而为第二级的行政机关。但照实际的情形看来,中央执行委员会和政府,不啻异体同心,此二者和苏维埃大会议,亦似异体同心。更进言之,谓此三者和共产党为异体同心,亦无不可。因为外形虽然变为种种机关,实际的正体,确是共产党,就说苏维埃会议,中央执行委员会和政府全属于共产党势力亦无不可。但其所以将苏维埃会议和中央执行委员会置为国家最高机关,而使政府在其下者,原为尊重人民(劳动者、农民、兵士)代表者所组织的机关,可以认为这是劳农政府购买劳工、农民、兵士三者好感的一种策略,不欲拿共产党的招牌出头,仅把政府立在表面,他们却在里面暗中活跃操纵。又把从前的政府和国务大臣等名称废除,改为人民委员会议和人民委员,这是因为他们的权限和从前的政府大臣不同,或者是从前的政府和大臣,往往流于横暴无道蹂躏人权,现政府嫌恶他们的罪恶历史,才不沿用他们的旧名称,也未可知。现在把统治机关和政党,人民的关系和现在俄罗斯共和国的各部职员详述于左:

各部会议议长联邦会议名誉会长兼劳动及国防会议议长

　　　　　　　　　　　　　　　　　　　　　　　　李宁(俄罗斯人)

李宁病中代理中央执行委员会干部	克米捏夫(犹太人)
联邦会议议长中央执行委员会议长	克里宁(俄)
最高经济会议议长	博古塔诺夫(俄)
警察部长	德尔金斯基(波兰人)
内务部长	同人
交通部长	同人
外国贸易部长	克拉新(俄)
邮电部长	包斗奥斯基(波)
外交部长	姬采林(俄)
司法部长	库鲁斯基(?)
劳动监督	邱尔巴(?)
民族事务部长	斯他林(俄)
教育部长	卢那欲尔斯基(犹)
革命军务会议议长陆海军部长	脱洛斯基(犹)
食粮部长	布流哈诺夫(俄)
卫生部长	赛马西耶库(?)
农务部长	亚古边库(?)
社会部长	维诺古罗夫(俄)
工务部长	包古达诺夫(?)
财政部长	苏格里尼古夫(俄)

劳动部长	西有米德(?)
国立银行总裁	西耶曼(俄)

(b) 行使实权的重要人物

但是实际掌握全俄的统治权和任命各部部长的中央执行委员会的主要干部，不外左列数人：

李宁(俄)　脱洛斯基(犹)　克里宁(俄)
德尔金斯基(波)　斯他林(俄)　布哈林(俄)
矶诺耶夫(犹)　克米捏夫(犹)

李宁是人人皆知的苏维埃政府的柱石，但俄国最高权力的联邦会议中央执行委员会的议长是克里宁，李宁是部长会议的议长，有如内阁总理的职分，并且兼着联邦会议名誉议长。克里宁原来是一个细木工人，现在为俄国最重要的人物，可是他的伎俩势望，到底不及李宁。脱洛斯基是有名的赤军统帅者，他的势力次于李宁，因为未亲身受过军事教育，所以入学于陆军大学；听说已经得到优等成绩的毕业了。德尔金斯基是高等警察的首领。因为实际上维持劳农政府的，是陆军和高等警察两者之力，所以他的声望和脱洛斯基并重。现在又把高等警察改称为警察部，仍然继续警察政治和侦探政治。他为此部部长外又兼任内务交通两部长。布哈林可称为过激派中的过激派常指摘李宁的立法和施政方针，不能贯彻社会共产主义的主义纲领，而反对之。矶诺耶夫也是共产党的重镇，现在彼得格勒一手经理，负完全统治的责任。总之，以上这些人，是现在全俄苏维埃共和国联邦的最高干部，出将入相，或舌或剑，全俄的势力，全在他们掌握。现在来往于中日间的越飞(犹)，也是苏维埃政府的主要人物，不过从事于远东交涉，未列在以上所述之中。

四　公民权的开放

现在有一般人传说："劳农政府，是犹太人的政府，支配俄国的就是犹太人，"这种风说，或是反苏维埃派宣传的力量。但照以上所列苏维埃政府重要人物中，固然有相当多数的犹太人，同时他们有很大的势力，也是不可争的事实。但因此就断定俄国已是犹太人的天下，却未免太过。况且建设苏维埃政府的共产党，就是所说的第三国际党，二者异名同体，以建设国际共产主义的社会为主义纲领。所以在俄国境内的各国民族，全受同等处置，苟抱社会共产主义，则无论何国人，皆可受一样的待遇，虽政府的干部，亦可开放于国际而不惜。劳农共和国的宪法第二十条中一部云："为期成万国劳动者的团结，凡在俄国境内居住的外国劳动者，给以与俄人同等的政权，故地方苏维埃可以不用何等手续，与彼等以俄国的公民权。"第二十二条更谓："俄罗斯共和国，不论人种民族之如何，皆认为有平等的各种权利，差别待遇，乃是与共和国的根本法规相违法的行为。观此则俄国国际限界破除的事实，又可以一目了然了。"

一九二三，五，二三于日本东京

(《东方杂志》第二十卷第十一号，1923年6月10日，署名 日新)

15日（星期五）

17.《俄罗斯革命之五年》（《新青年》季刊第一期，6月15日）

《新青年》以季刊的形式出版，确定为中共中央理论刊物，由瞿秋白主编（任职二期）。瞿秋白题写刊名，设计了封面。新封面是在外国一幅宣传画基础上修改而成的：封面的中心是监牢的铁窗，一只有力的手从铁窗中伸出，手中握着鲜红的、飘展的绸带。铁窗下写着一句话："革命党自狱中庆祝革命之声。"从本期开始，《新青年》编辑者为广州平民书社。

同期，发表列宁的《俄罗斯革命之五年》（此篇为列宁在共产国际第四次世界大会上之演说），全文如下：

> 诸位同志！我是预定的这一问题的主要报告者；可是你们都知道，我久病初愈，实在不能做很长的报告，只能做这一重要问题的绪言。我的题目范围很有限制。本来大会上所定题目："俄罗斯革命之五年及世界革命之前途"，其实非常之广大，绝不是一个人在一篇演说之中所能变的。所以我只取这一题目的一部分——就是"新经济政策"的问题。我故意取此一小部分，要与你们知道。现时这是最重要的问题——至少可以说，对于我是最重要的，因为我正在研究。
>
> 我要论及我们怎样开始行新经济政策，及因行新经济政策所得的结果。假使我以此为限，想必能道出这一问题的总观察及其总概念。
>
> 说道我们怎样想着新经济政策。我应当提及我在一九一八年所做的一篇论文。在一九一八年初期，我正论及对待国家资本主义的态度。我当时写的是：
>
> "对于现在苏维埃俄国的经济状况，国家资本主义却可为前进一步。假使在半年之中，我们能设立成国家资本主义，那就是很大的成功，而且可以确实保障再过一年之后，我们能绝对巩固，而社会主义亦能得最后的胜利。"
>
> 固然，写这篇文章的时候，我们还没有现在这样聪明，然而也不至于笨到不会考察此等问题的地步。
>
> 一九一八年时我的意见是，对于当时俄国经济状况，若能有国家资本主义，却是一大进步。听来似乎有些奇怪，甚至于有些蠢气，——因为我们当时的国家已经是社会主义共和国；正在赶紧实行种种经济办法，那些办法也实在不能说不是社会主义的，——当时也许太赶紧了。然而我们仍旧以为国家资本主义是俄国经济之一大进步。要说明这一层意思，我曾历属俄国经济组织中之根本元素。依我的意见，此等元素有五：（一）宗法社会的，即最幼稚的农业经济之形式，（二）小商品生产制度（此中包括大多数出卖谷物的农民），（三）私人的资本主义，（四）国家的资本主义，（五）社会主义。
>
> 当时的俄国，此等元素都完全具有。我就想分拆说明词等元素之间的关系，并且问一问，是否应当以其中"非社会主义的元素"之一。——即国家资本主义。——看

得比社会主义还要重些呢？说起来似乎真有些奇怪，——自称为社会主义的共和国，而看得非社会主义的元素比社会主义重要，这种议会很容易解除，只要知道俄国的经济组织不是单纯的，不是发展程度很高的；俄国之内尚有宗法社会此种环境内，当有何等作用？

其次，此等元素之中，那一个势力最大？当然，在小资产阶级的环境中，小资产阶级的元素为最有势力。于是可以论及对待国家资本主义之态度，当时我就说：国家资本主义虽为非社会主义的元素，而为俄国起见，恰比现在的环境为好。可见我们虽已行社会革命，并未遇过夸称社会主义经济的萌芽，亦未过于夸称社会主义经济的基础。我们当时就略有感觉，以为先进于国家资本主义然后及于社会主义为较妥。

我所以特别注重这一点，实因只有根据于此，方能解释现时的经济政策，而为共产国际，求得此实际经验中的结论。我亦并不要说，当时已有退守的计划。那篇论文决还不是退守的计划。其中对于国家资本主义有绝大意义的自由贸易问题，并未提及。然而始终已有不十分确定的总括的"退守"观念。

我以为这一问题，不但在俄国很可注意，俄国本是很落后的国家，就是在共产国际全体及西欧先进各国内亦当注意。譬如现在我们正要起草党纲，我个人的意见，以为应当先多加讨论，各人的草案多印出来，以便详细研究，而今年暂且不必表决。为什么？因为我们还没有能好好想过（我们还没有能好好想过）。我们还没有想透那"退守"问题以及"退守"之保障。同时必须评论世界改造，消灭资本主义，以及建设社会主义的种种困难问题。若是仅仅想着运动的方法，直接进攻以至于得胜——还是不足。革命期间往往有时机可乘，敌人忙慌失措，而我们能得胜利。然此种机遇并无意义，因为敌人若有精力可守，仍能预定计划，□行集中能力，他能及时挑战，而令世界退步数十年。所以我以为要预备"退守"之可能，不但理论上，就是实际上也非常之要紧，各国共产党都在积极预备进攻资本主义，就应当预计如何保障将来的退守，若是我们能好好的受这一问题的教训，以及我们革命中，其余一切教训，自然不但无害而且有益。

于此可见，我们在一九一八年已经指出国家资本主义是"退守"的可能办法，现在可以一论经济政策的结果。当时还只有十分不一定的观念而已，等到一九二一年，经过了国内战争的各种重要阶级，而有成功，我们却遇着苏维埃俄国内部政治上最大的危机，这一内部的政治危机暴露大多数农民甚至于工人的不满意。这是苏维埃俄国史上的第一次——农民群众起而反对我们，无一定意议[义]的，却仅是本能的情绪的骚动。——我希望他亦是苏俄历史中之末一次。

何以发现此等不好的现象？原因在于我们经济上的进攻太过，而后有保障充分的基础。群众当时已有感觉，我们却还没有明析的断定，然而经过了几个星期，我们就已承认：直接进于纯粹社会主义的生产及分配形式，实出于我们能力之外，假使我们当时不会"退守"不知以较易着手的职任自限，非败灭不可。

危机之发现在于一九二一年二月。当年春天我们就议决执行新经济政策，——当时意见并无□出人，现在一九二二年，已有一年半，很可以比较比较，结果如何？此

"退守"政策是否有利于我们，或者还不能说有一定的结果呢？我以为这一主要问题对于各共产党都有重大的意义，因为答案若是消极的，(若是新经济政策是差误的，)那就一切都防败灭。我想很可以安心说一年半以来这一难题目已经答复对了。

我现在且说一说证据，应当略略历叙经济事业的各部分。

首先就是财政制度，——妙不可言的俄国卢布，我想卢布真可以算妙不可言的了，因为单就数量而言，已经超过一千兆(quadrilllou)。这真是天文学上的数字。我想大家未必多知道，此种数字有何意义，以经济学上的观点看来，此种数字大有重要的意义，几百万几千万上的"O"我们可以去掉，这是无关重要的。这不过是一种办法，现在已经实行了，将来还要实行得多些呢。最重要的却是卢布价格之稳定(Stubilization)。这一问题，俄国最好的学者正在竭力研究，——于经济上大有关系，譬如我们能设法使卢布有较长期的稳定，以至于永久的稳定，那就是我们经济事业的第一步胜利。那时不管他数量上的几百万，几百亿，几百兆，都不成什么问题。(案：俄苏维埃卢布本名为计算券，为军事时期——欧战后国卢战争间所发，纯以为一种救急的财政政策，绝不兑现；现金流出国外，国内市场消灭，所以纸币价格低落，一金卢布值一千七百余万——一九二二年底；价格□低落，发行额不得不增加；于是以一百万为一万，至一九二三年又降为一卢布，——以前一百万数字上只六个"O"，已完全去掉；必须经济发展，我那工业品与农品对比得以相衡，方得渐渐发行金币，乘纸币价格稳定期间，重颁新币，自然能使金融流通入于正轨)。

我能指出很重要的事实出来。一九二一年间纸币价格稳定时期，没有能过三个月；一九二二年稳定时期已超过五个月。我想这一事实已经很够，固然，若说要科学上的证据，证明我们确实能解决这一问题，单这一事实必不足够，然而完全的证据，无论如何现在暂时决不能有。此处所说，止[至]少可以证实从实行新经济政策到如今，我们却已日有进步，已经学会了好些。假使我们不做出什么特别的错误，必定更能日见成功。

最紧要的还有商业，——此种商品流转为我们所必须。两年中所营商业，——虽尚在战争状态之下(海参威的占领，不过前几礼拜的事)，直到今日方能着手经营有系统的经济事业，——始终能令卢布价格之稳定自三个月延长到五个月，我想确亦可以满意了。我们真正是极力经营，资本主义国家亦没有肯借债给我们，——他们办经济事业真是"好"极了，他们也丝毫没有帮助我们。他们的《凡尔赛和约》弄得欧洲的金融一塌糊涂，他们自己莫名其妙。这种大国强国的经济尚且如此，那么，我们这样落后，这样没有教育，能得这一些成绩也就可以满意，——居然能增高纸币价格的稳定程度了。这不仅只是理论上的辩论，而已经是实际上的成绩，实践的具体事实，足证我们已能令经济生活适应稳定纸币价格的趋向，——对于商业，对于自由商品交易，对于农民及大多数的小生产者，有非常之重要的意义。现在再一述我们的社会上的目的。最重要的问题当然是农民。

一九二一年时，确有大部分农民非常之不满意。随后又是饥饿灾荒，又是农民最大的痛苦。当然"外国"的意见，以为旱灾是社会主义政策的结果。一九一八年时地主资本家，一面开始侵略俄国，一面就说国内的饥荒是社会主义政策的结果，实际上此种饥荒正是那国内战争的结果，他们却一字不提。饥饿真是非常之大的危险，非常之大的不幸，足以消灭我们一切革命事业，一切组织上的事业。

至于经过一九二一年的旱灾之后，实行新经济政策之后，允许农民自由贸易之后，又怎么样呢？答案已经非常之明了，人人都看得见。一年以来农民不但战胜了饥饿，而且还能交纳食粮税，——现时已得几千万铺德（俄量抵中国三十斤），并用不着强迫手段。一九二一年前之农民的反抗运动，已经完全消灭。农民已能满意现时的生活状况。此种证据强于一切统计的□籍，是俄国政治上很大的动力，现在对于我们决无反对。这话绝非夸大，农民可以不满意于政府行政的某一方面，然而他又能自由提出抗议。这本是有的事，而且也是不可免的，因为我们的国家经济还扮得很不周到。然而绝对的不满意于政府之心理，农民之中却已消灭尽净，一年的成绩有如此，也不算少了。

现在再说小工业。我们工业可以分为两部分：大工业与小工业，因为两者状况不相同。小工业确在兴盛起来，我暂不能引详细的统计。然总括而论，却有事实足以证明，小工业既在兴盛，所以彼得城及莫斯科工人的生活状况现在已有改善，其它各区工人生活改善较少，因为其它大工业居多，——可以不必混同而谈。彼得城及莫斯科工人生活状况之改善，却已绝无疑义，这两城中，一九二一年春工人之中曾有不满意于政府之心理，现时却已完全消灭。我们天天都在留意工人之生活状况及群众的情绪，绝不会说错的。

其次就是大工业。大工业的情形却还很困难，一九二一年时，大工业状况有一变更。我们可以希望在最近的将来，情形能渐渐好起来，我们已经收集了一部分资财以备进行。资本主义的国家里，若要振兴大工业非得借几千万外债不可。由资本主义国家的经济史上看来，已可见落后的国家必须要几千万长期的借款，方能振兴大工业。我们却没有借着款。现时所讨论的租借区，还不过是白纸上的黑字。最近尤其讨论的多，而租借区始终都没有成立。所以振兴大工业确是落后国家中之困难问题，因为我们决不能把富强国家的借款算在眼上。虽然如此，我们已经渐见状况之改善。我们的国家商业已经积聚了些资本。固然很少，——不过二千万金卢布有余。然国家商业（国立的通商事业等）能与我们以改善大工业之资本，我们还止可积极进行呢？

诚然不错，一部分须由人民担负；然而我们应当积极节省，缩小国家预算，裁减国家机关，我们对此，能节省多少就要节省多少。我们样样都要节省，学校经费亦可以有相当的节省，因为我们若不振兴大工业，必定要渐失无产阶级国家之独立，我们应当知道俄国的救星，不但在农业振兴，年感觉收，不但小工业兴盛，专为农民制消费品，而且必□大工业。这是好几年的事业。大工业必须有国家的补助费，假使没有，俄国不用说不能成为社会主义的国家，并不能成其为文明的国家，必至于败灭。我们积极进行，积聚虽只有二千余万，就应当用以振兴大工业。

我想，极简明的报告俄国经济状况，各部分都已略略的述及。可见现时已经可以说新际政策有积极的结果，我们无产阶级国家已经能经营商业，农业工业之中也能站得住，而努力进行。有实际的事业，足以证明。我们自然还有不少事应当学习。五年以来，我们执政，而且五年仅在战争状态之中，我们却已有成功；——因为农民赞助我们。农民赞助我们，实在是一件难事。他们知道白党之后有地主，——地主是他们所最恨的。所以当初他们非常之热心赞助我们。要农民反对战争，反对白党反对地主而行阶级斗争，多不很难。然而仅此不足，重要的问题乃在于政权之属于农民抑属于地主，农民现在却已经明白农工的政体。农民知道，我们取得政权以为劳工，具有凭此政权以行社会主义之目的，所以最要紧的是预备社会主义经济之基础。我们不能直接预备社会主义。所以有国家资本主义。我们的国家资本主义自成其为一种；不与通常的国家资本主义的观念相同。

土地属于国家，这是非常之重要的事实。我们的政敌以为无关紧要，是错误的。土地属于国家在经济上大有关系。一切将来的事业，都根据于这一范围。我们的国家资本主义，所以与通常国家资本主义不同。土地既属于无产阶级的国家，最紧要的工业亦属于无产阶级的国家。中小工业一部分出租，而其它仍留国家手中。至于大商业，我们渐□设立合资公司，其中一部分资本属于私人资本家，外国资本家，一部分属于我们。第一，我们因此可以学习商业，第二，我们必保证随时取消此等公司之可能。总之，我们绝不冒大险。我们在私人资本家处学习经营商业，考察工业的发展，自己审察所做的错误。

其次我再说几件比较小的问题。我们确实做了不少蠢事，将来也不免还要做，——这是的确无疑的。我看得最清楚。为什么我们做蠢事？这很明了：第一，我们是落后的国家，第二，我们国内，教育是很低的，第三，我们不得外来的帮助。——无论那一文明国家都不但不帮助，还在反对我们——第四，是我们国家机关的过失。我们重新改革的，本来是旧时的国家机关，——这是我们的不幸。

国家机关常常反□我们。一九一七年时国家机关的职员实行怠工，我们赶快请他们回来，他们回来了，也就是我们的不幸。我们有非常之多的职员，然而没有充分的教育智识，足以运用他们。常常上面的政府机关还能勉强供职，而下面的低级机关自由行动，实际上足以破坏我们的办法。以我所知道，不过有几千，止［至］多也不过几万自己的人；在下面呢，几十万俄皇时代的，资产阶级社会的官吏，他们有的是故意，有的是无意之中，都在破坏我们的事业。在如此之短的时期中，实在也没有办法。必得有几年工夫，逐步改良，造成新力量，新人材。我们办这件事办得很快，——也许太快了。现在有许多苏维埃学校，劳工预科，有几十万青年学习，——学习得也许太快了。然而这件事业已经开始，将来必定有成绩。假使我们能不十分慌忙，过几年之后，自有许多青年人材，足以大大改革我们的国家机关。

你说，我们做了不少蠢事。我也要说一说我们的仇敌。假使他们说："你瞧，列宁自己也承认布尔塞维克做了不少蠢事"，我可要回答他们"不错，你们可要知道，——我们的蠢事，始终比你们的要两样些。"

我们刚刚开始学习，然而很有系统，必定总有成绩。假使我们的仇敌——资本家级第二国际——要指摘我们所做的蠢事，我可以引一俄国著名的文学家的话来比较比较。我稍微变一变他的文调，就可以说，"假使布尔塞维克做蠢事，他是说的：'二加二等于五'。假使他的仇敌，——资本家级第二国际，——做蠢事，却是说的'二加二等于洋蜡烛'呢"。譬如美国、英国、法国、日本和歌尔察克所订条约，岂非是大笑话。（按，上引譬喻，本文杜介涅夫（Torgeneff）之译）。

天下还有比他们再文明的再强盛的国家没有？这种富强的国家又怎么样？他们答应帮助歌尔察克，也不曾算计算计，考察考察。真是奇事，不可思议的。

其次，再有一个实例，——《凡尔赛条约》。此等"光荣的"国家所成就的是什么事！他们怎能自己出此无意识的混乱状况？我想，拿我们的蠢事比一比资本界及第二国际所做的这些蠢事，真算不得什么事，所以世界革命的前途也确可乐观。若再加一种新条件，革命前途的形势，尤其要好。我再略略说一说，此种条件，——就是共产党之组织。

一九二一年共产国际第三次世界大会曾有一议决案，论共产党之组织方法及其运动进行之方法，这一议决案非常之好，然而纯粹根据于俄国经验。这是他的好处，也就是他的坏处。为什么坏呢？我新近重新看了一遍，觉得别国同志不能读，因为他俄国气味太重了，平常这种议案，别国同志回来不读。其次，这一议决案也太长，有五十多节，所谓俄国气味太重，并不是因为底稿是俄文的——各国文释本都还好；而是因为俄国革命精神太充满了全篇，别国同志不容易懂。即使懂了，也不容易履行。

我此次屡屡和各国代表谈论。更觉得这一议决案是大错误。我可以在这议决案五十多节之下，都署名赞成；然而我觉得我们对于别国同志，没有知道怎样利用俄国经验去请教他们，向此议决案，遂成白纸上的黑字。我们应当更切实际，否则寸步难行。

我想，经过了俄国五年革命的经验，俄国同志及别国的同志，都应当努力学习，我们呢，刚才得着学习之可能，我也不知道，资本主义国家能让我们安心学习多少时候。然而尚有可能必当利用。俄国现在无论何人，俄共产党全体都积极向学。别国的同志也应当努力学习，当然不是说学着读书，写字，读着书还要会懂他，——其实我们连这个也是要的。有人还争辩，这是不是无产阶级的文化，还许是资产阶级的文化呢？我却不知道。总之我们很要学习读书，写字，读着书还要懂他。别国同志却更要有大些的事业做：他们第一要明白，我们写了共产党组织法议决案，别国同志没念没懂就署名。这是不行的。必须要能履行才好。自然也决非一旦一夕之功。那一议决案，俄国气味太重：纯粹反映俄国革命史中之□□，所以别国的同志不能明白，他们决不能当他神像一般挂起来祈祷，就可以满意的。他们应当要迎受一部分俄国的经验。怎样就能得此种结果，我却不知道。也许，像意大利的"法塞派"对于我们却有些功劳。意大利有"法塞派"，正可以解释意大利人的"文化"程度还不够，他们国内还免不了绝端专制派的反动危险。这也许是有益的。我们俄国同志也应当稍稍尽力解释此种议决案的原理所在。不然，别国同志不能懂得。我想，现时不但俄国同志，就是别国同志，对于这一层意思，最重要的是学习。我们所谓学习包括一切而言的。你们的学习，则更有特别的意思，总要力求达到革命运动，及其组织，结构之种种方法。若是这事能有成功,我深信世界革命之前途,不但是好,而且非常之好呢。

(《新青年》季刊第一期,1923年6月15日)

18.《新青年之新宣言》(《新青年》季刊第一期,6月15日)

《新青年》季刊第一期刊登《新青年之新宣言》,全文如下:

"我将创造成整个儿的世界,
又广大,又簇新;请几万万人
终身同居住,免得横受危害,
只希望我自己的自由劳动……
我终看得见奇伟的光辉内
那自由的平民,自由的世界。
那时我才说:唉,'一瞬',
你真佳妙!且广延,且相继!
我所留的痕迹,必定
几千百年,永久也不磨灭。"
——葛德之浮士德(Goethe "Faust")

新青年杂志是中国革命的产儿。中国旧社会崩坏的时候,正是新青年的诞辰。于此崩坏的过程中,新青年乃不得不成为革新思想的代表,向着千万重层层压迫中国劳动平民的旧文化,开始第一次的总攻击。中国的旧社会旧文化是什么?是宗法社会的文化,装满着一大堆的礼教伦常,固守着无量数的文章词赋;礼教伦常其实是束缚人性的利器,文章词赋也其实是贵族淫昏的粉饰。一九一一年十月十日的中国革命,不过是宗法式的统一国家及奴才制的满清宫廷败落瓦解之表象而已,至于一切教会式的儒士阶级的思想,经院派的诵咒画符的教育,几乎丝毫没有受伤。如何能见什么自由平等!——可是中国的大门上,却已挂着"民国"招牌呢。

当时社会思想处于如此畸形的状态之中,独有新青年首先大声疾呼,反对孔教,反对伦常,反对男女尊卑的谬论,反对矫揉做作的文言,——反对一切宗法社会的思想,才为"革命的中国"露出真面目,为中国的社会思想放出有史以来绝未曾有的奇彩。五四运动以来,更足见中国社会之现实生活确在经历剧烈的变迁过程,确有行向真正革命的趋势,所以新青年的精神能波及于全中国,能弥漫于全社会。新青年乃不期然而然成为中国真革命思想的先驱。中国现时的旧社会,不但是宗法社会而已,他已落于世界资本主义的虎口,与世界无产阶级同其命运。因此,中国黑暗反动的旧势力,凭藉世界帝国主义要永久作威作福,中国资产阶级自然依赖世界资本主义而时时力谋妥协。于是中国的真革命,乃独有劳动阶级方能担负此等伟大使命。中国社会中近年来已有无数事实,足以证明此种现象,——即使资产阶级的革命亦非劳动阶级为之指导,不能成就;何况资产阶级其势必半途而辍失节自卖,真正的解放中国,终究是劳动阶级的事业；所以新青年的职志，要与中国社会思想以正确的指导，要与中国劳动平民以智识的武器。新青年乃不得不成为中国无产阶级革命的罗针。

新青年自诞生以来，先向宗法社会军阀制度作战，革命性的表示非常明显。

继因社会现实生活的教训，于"革命"的观念，得有更切实的了解，——知道非劳动阶级不能革命，——所以新青年早已成无产阶级的思想机关，不但将与宗法社会的思想行剧激的争斗，并且对于资产阶级的思想同时攻击。本来要解放中国社会，必须力除种种障碍：——那宗法社会的专制主义，笼统的头脑，反对科学，迷信，固然是革命的障碍；而资产阶级的市侩主义，琐屑的对付，谬解科学，"浪漫"，亦是革命的大障碍。因此种种，新青年孤军独战，势不均力不敌，——军阀的统治，世界帝国主义的统治，如此之残酷，学术思想都在其垄断贿买威迫利诱之下，无产阶级的思想机关既不得充分积聚人才能力之可能，又内受军阀的摧残，外受"文明西洋人"的压迫，所以困顿竭蹶，每月不能如期出世，出世又不能每期材料丰富。然而凡是中国社会思想的先进代表必定对于新青年表无限的同情，必定尽力赞助；新青年亦决不畏难而退，决不遇威而屈。现在既能稍稍集合能力，务期不负他的重任，所以在可能的范围内，重行整顿一番，再作一次郑重的宣言。

新青年当为社会科学的杂志。新青年之有革命性，并不是因为他格外喜欢革命，"爱说激烈话"，——而是因为现代社会已有解决社会问题之物质的基础，所以以发生社会科学，根据于此科学的客观性，研究考察而知革命之不可免；况且无产阶级在社会关系之中，自然处于革命领袖的地位，所以无产阶级的思想机关，不期然而然突现极鲜明的革命色彩。中国古旧的宗法社会之中，一切思想学术非常幼稚，同时社会演化却已至极复杂的形式，——世界帝国主义，突然渗入中国的社会生活，弄得现时一切社会现象繁杂淆乱，初看起来，似乎绝无规律，中国人的简单头脑遇见此种难题尤其莫名其妙，于是只好假清高唱几句"否认科学"的"高调"。独有革命的无产阶级，能勇猛精进，不怕"打开天窗说亮话"，应当竭全力以指导中国社会思想之正常轨道，——研究社会科学；当严格的以科学方法研究一切，自哲学以至于文学，作根本上考察，综观社会现象之公律，而求结论。况且无产阶级，不能像垂死的旧社会苟安任运，应当积极斗争，所以特别需要社会科学的根本智识，方能明察现实的社会现象，求得解决社会问题的方法。凡是中国社会之新活力，——真为劳动平民自由正义而奋斗的青年，不宜猥猥琐琐泥滞于目前零碎的乱象，或者因此而灰心丧志，或者因此而敷衍涂砌，自以为高洁，或自夸为解决问题；更不宜好高骛远，盲目的爱新奇，只知求所谓高深邃远的学问，以至于厌恶实际运动。新青年对于社会科学的研究，必定要由浅入深，有系统有规画的应此中国社会思想的急需。——"社会现象复杂得很呢，单是几个'新术语'尚且要细加细释，然后能令真正虚心诚意的革命青年及劳动平民知道'社会'是个什么东西！"

新青年当研究中国现实的政治经济状况。研究社会科学，本是为解释现实的社会现状，解决现实的社会问题，分析现实的社会运动；真正的科学，决不是玄虚的理想。中国新思想的幼稚时期已过。现在再也可以不用搬出种种现成的模型，勉强要中国照着他捏,——其实"中国式的新乌托邦家"不但不详悉他自己所荐举的模型,而且也不明了中国社会,正因不了解社会科学的方法,不能综观实际现象而取客观的公律,所以不是泥于太具体的事实,——说到中国政治,头脑里只有张曹吴孙几个大姓大名,就是力避现实,逃于玄想,——说到经济改造,满嘴的消费、生产、分配等类的外国新名词,不会应用于实际。新青年现在也要力求避免此等弊病,当尽其所有区区的力量,用社会科学的方法,试解剖中国的政治经济,讨论实际运动。

新青年当表现社会思想之渊源,兴起革命情绪的观感。社会科学本是要确定社会意识,兴奋社会情感,以助受压迫被剥削的平民实际运动之进行。所以对于一般的思想及情绪之流动,都不得不加以正确的分析及映照。一切文学艺术思想的流派,本没有抽象的"好"与"坏",在此中国社会忙于迎新送旧之时,新青年应当分析此等流派之渊源,指出社会情绪变动的根由,方能令一般的意识渐渐明晰,不至于终陷于那混沌颠顶等于飞蛾投火的景象,再则,现时中国文学思想,——资产阶级的"诗思",往往有颓废派的倾向,此旧社会的反映,与劳动阶级的心声同时并呈,很可以排比并观,考察此中的动象;亦可以借外国文学相当的各时期之社会的侧影,旁衬出此中的因果。却尤其要收集革命的文学作品,与中国麻木不仁的社会以悲壮庄严的兴感。

新青年当开广中国社会之世界观综合分析世界的社会现象。社会科学本无国界;仅因历史的关系,造成相隔离的文化单位,所以觉得各国有各国的"国粹"其实不过是社会的幻觉,泥滞于形式上的差别。中国受文化上的封锁三千多年,如今正是滚入国际舞台的时候,非亟亟开豁世界观不可。况且无产阶级的斗争本来就是国际的,尤其不可以不知道各国劳工革命运动的经验。因此新青年当注意于社会科学之世界范围中的材料,研究各国无产阶级运动之过去与现在,——使中国得有所借鉴。——从最反动的日本至赤色的苏维埃俄国,都应当研究。

新青年当为改造社会的真理而与各种社会思想的流派辨论。社会科学,因研究之者处于所研究的对象之中间,其客观的真理,比自然科学更容易混淆。因此,人既生于社会之中,人的思想就不能没有反映社会中阶级利益的痕迹;于是社会科学中之各流派,往往各具阶级性,比自然科学中更加显著。新青年是无产阶级的思想关机[机关]。无产阶级,于现代社会中,对于现存制度自取最对抗的态度;所以他的观察,始终是比较上最客观的。何况新青年在世界无产阶级的文字机关中,算是最幼稚的,未必有充分健全的精力,足以为绝对正确的观察。有此两因,都足以令新青年不能辞却与各方面的辩论:——一则以指出守旧各派纯主观的谬误,一则以求真诚讨论后之更正确的结论。于辨论之中,方能明白何者为无产阶级的科学结论,何者为更正确更切合于事实的理论。总之,为改造社会而求真理。

中国幼稚的无产阶级,仅仅有最小限度的力量,能用到新青年上来,——令他继续旧时新青年之中国"思想革命"的事业,行彻底的坚决斗争,以颠覆一切旧思想,引导实际运动,帮助实际运动,——以解放中国,解放全人类,消灭一切精神上物质上的奴隶制度,达最终的目的:共产大同。新青年虽然力弱,必定尽力担负此重大责任,谨再郑重宣告于中国社会:

新青年曾为中国真革命思想的先驱,

新青年今更为中国无产阶级革命的罗针。

新青年既为中国社会思想的先驱,如今更切实于社会的研究,以求智识上的武器,助平民劳动界实际运动之进行。而现代最先进的社会科学派别,最与实际的世界革命运动有密切关系的,就是共产国际。所以新青年新整顿之时,特以此"共产国际号"为其第一期。

(《新青年》季刊第一期,1923年6月15日)

19.《评罗素之社会主义观》(《新青年》季刊第一期,6月15日)

《新青年》季刊第一期瞿秋白的《评罗素之社会主义观》(参看一九二二年七月七日至十三日《北京晨报》):

罗素论先进国之社会主义说:"若大英欲恢复其从前独立之地位,并使其力量有时足以拒绝美国大资本家之要求,则必□合德俄两国之富力,缓欧洲列强互相反抗之态度,于匈牙利,南俄及美索波达美亚等处,另辟粮食接济之来源;更须力谋造成'欧洲之合众国'。凡此均为工党应取之正当政策,要知美国之资本主义,较任何地点均为强盛,故脱离美国羁绊,实为进化之第一要件。……吾人当考察工业文明之将来时,必视世界之阶级战争为文明之末路,而非新世界之门户也。……苟非美国对于资本主义之信仰动摇,而欲世界免于完全崩坏,直无希望可言。……"

固然,以工党政治上的标语而论,此策未始非在野工党所取,然而罗素要反对"阶级斗争"。其实"国际间的阶级斗争",若客观上既必不可免,则必有国内的阶级斗争,与之对抗,破坏方能较少。罗素不欲势工阶级独立执政,请问欧洲之"社会主义合众国"如何而有?其结果所得,至多是"以大英为中心之欧洲的国际帝国主义"。美国对于资本主义之信仰,尤其非以美国之"国内的阶级斗争"破之不可;既此也至少可截短美国以资本国之资格来攻击"无产的欧洲合众国"之战争;又必美国及各国无产阶级乘机取得政权,方能完全消灭世界之资本主义。并不是无产阶级格外爱斗争,而是资产阶级不容你不斗争。

今罗素并国内的阶级斗争而否认之,请问何以出此"末路"?伯讷萧①(Bernrd Show)说得好:"我怕我们'白色的私有者'(资产阶级)没有斗争,决不轻让;——就算劳动党在国会之中有六百票也没用"。工会势力如此之弱(参看本期第一二篇),劳动党的能力,难道能于未革命前,实行罗素的政策么?即使劳动党能执政,若不经阶级斗争而行无产阶级独裁制,资产阶级也决不容忍你们来从容不迫地行"社会主义政

---

① 伯讷萧(George Bernard Shaw,今译乔治·伯纳·萧,1856—1950)英国现代杰出的现实主义戏剧作家,世界著名的擅长幽默与讽刺的语言大师,1925年获诺贝尔文学奖。

策"，——历史的明证多着呢！你怕牺牲"世界文明"，资本阶级却不怕牺牲你呢。——请放眼看一看现在的国际形势，难道不是如此？

罗素说："美国之生产制度，大可付以国家资本主义之称，其异于社会主义，只有两点：一则此为贵族的，二则此制度之运用，系为操纵者的私人利益而非社会之利益。其与布尔塞维克派在俄国所欲创造之制，仅于此二点略有所不同而已"。诚然！美国之社会主义的物质的基础，确已成熟，只因有世界殖民地的泄气洞，所以此一蒸汽锅，尚未爆裂，"却不在他信仰不信仰！"若世界的经济有理想上之发展，则必先于殖民地上革命的劳动平民振兴其本国实业时，排斥美国资本家之投资势力，总则能作"世界的大翻"令无产阶级执政，而资产阶级受治。然后有世界经济互助之可能。或则美国的经渐[济]生活中，因无产阶级真能得阶级的觉悟，令群众心理变成物质上的能力，积极位成此国内阶级斗争之胜利，——不但美国，且波及各国，以至于殖民地。总之，只有"革命"，方能缩短此"社会主义婴儿"之难产时间而减少其痛苦。

罗素所论，固然也多精到处。然而他竟以为布尔塞维克所"欲创造之制"仅是国家社会主义——或国家资本主义，已是一大谬误。况且他既承认俄国现行之国家资本为平民的为社会之利益的。他却又否认革命。不知道，俄国之"平民国家资本主义"正由革命而得来。

俄国的国家资本主义，决非贵族的，而是苏维埃的；如知苏维埃之意义，便可以了解此政治上的"突变"之价值。至于社会主义经济上的完成，仍在"潜变"的过程内。故共产主义：（一）自阶级斗争至社会革命——以时，地之经济现象及阶级觉悟为标准，而定其急激之程度，——足为革命的原则。试问，无产阶级，以及一切劳动者，真觉悟自己的阶级利益时，当战争之际，资本家何从取得制造杀人工具之"牛马"，又何从取得杀人之"活工具"？那时何来国际间的一切战争？社会革命何至于绝对的破坏工业？（二）以无产阶级独裁制及有规画的经济——为政治上的原则。（三）以民主的集权制及联邦的自治制互相为用，——为行政上的原则。（四）以社会活力为社会运动，及振兴一切社会事业之原则。凡此都以各地各时之经济现象及阶级觉悟力为标准，而解决其实行时之一切问题，例如美国，难道还要待共产党来，方行国家资本主义！如中国，难道能立刻行无产阶级独裁制？本来决无死板的乌托邦玄想的梦魔；而有最终的一致不变的目的：——经"社会主义的城乡生产品之正当交易制"，至"各尽所能各取所需"。——至于俄国现行之国家资本主义，仅仅是经济上的过渡制度，无产阶级的独裁制，也仅仅是政治上的过渡制度而已。

(《新青年》季刊第一期，1923年6月15日)

20.《共产主义之文化运动》(《新青年》季刊第一期，6月15日)

《新青年》季刊第一期刊登奚浈女士译的《共产主义之文化运动》，全文如下：

社会改造的伟业不能没有精神上的文化能力来担负。况且共产主义本身就是文化运动，是最先进最普遍的文化运动。文化运动必定要能增进劳动群众之政治知识及政治党悟，使农工平民了解其所处之社会地位，自觉其政治能力，方才能行向社会改造，尽复与人类文化之天责。唯其如此，文化运动方能实际增加社会运动之内力；社会运动亦必有此，方能成其为文化的社会运动，共产主义派的社会运动及文化运动所以永不能相离，亦永不能不注意于"政治教育"，——宣传方法的研究；学理深入的讨论，其重要不在实际运动之下。共产国际第四次世界大会（一九二二年十一月），曾讨论及此一问题。兹取当时之教育回题委员德国代表项莱（Hernley）及俄国代表克鲁朴斯嘉（krupskaga 列宁夫人）之演说，译述如下，以见共产主义之文化运动的意义。

奚浈女士 志 一九二三年二月二十二日

一、项莱之演说

同志们，此次之教育问题委员会一致主张以为大会中所当讨论的教育问题，不是共产主义的教育政策全部中之计划，而仅限于共产党内所执行的教育问题——共产党中职员与党员之政治教育问题，及共产党中职员与党员施行政治教育于党外群众之问题。

共产党之政策比之于资产阶级和改良派之政策，非但宗旨不同，并且事实上亦有异点，因为共产党之政策是根据于科学的，而且由于细心分析历史情境及明白知道资本制度内的社会势力而定的，这种政策之方法，就是马克思主义的研究方法和历史的唯物主义，从这样看来，一切共产党之政策，必以严格的马克思主义为根据，方能做革命的无产阶级之领袖，以及一切受压制的民众之引导者。因为这层缘故，共产党应当给他党员和职员以一种精细的学理的训练，这是很要紧的。

共产党中需要政治教育，还有一层缘故在里边，就因为一切共产党均在幼稚时代；非但机关成立未久；而且党员之多数在政治上的经验又很少。现在许多共产党员，仍受小资产阶级及改良派的观点与理想之遗害。我们现在斗争的战阵，异常复杂，幼稚的共产党，虽然发展很快，始终觉着应接不暇，艰难万状。譬如现时"统一战线"的策略（见本期第二编），尤其要共产党中一般的党员都能敏捷适应，彻底思考，且须有一致不变的宗旨，——此种需要，不仅限于一党中少数的指导者。因此各国共产党中之共产教育必须从党员中进行起来，切不可只施于少数职员。盖共产党不像改良派，其重要事务不是少数领袖所执行，而是全体党员所参预的，共产党员决非仅享有选举权利，开会时到会，领有党证而已，更非盲从的群众，讨论时盲目投票而已；共产党员一定要担任党中职务的。因为必须服务，每个共产党员就至少须有一点最小限度的政治知识和"马克斯"主义的教育，再则须具些组织，演说与辩论之才能，学习公共会议之习惯法等，如此，方能组织各种机关内之共产党"小组"（Cell），议会中工会中之共产"系"（fraction）。

共产教育与改良派教育大不相同。改良派使工人相信，以为在资本制度之内，虽然无产阶级横受剥削贫困不堪，始终在知识及艺术方面还可以与资产阶级平衡，似乎在资本制度之下，所谓全人类平等自由的幻想，至少在精神方面可以实现！以此而令工人不注意于阶级斗争。再则改良派教育偏向于个人主义利己主义。或有工人藉一己之勤恳，常听通俗科学演讲，及受某几种科目之特别训练，而后乃超越侪辈，这样就是利用同伴中之费用而使他地位较优，共产教育简直与此相反，他的宗旨是在训练成一辈革命战士，训育各个工人之阶级的共同责任心，使党中之战斗力，鼓动力与组织力发展增高。从这样看来，改良派教育之结果是使工人依赖于资产阶级的理想，而共产派教育的宗旨却是使工人超脱资产阶级思想的"轮回"。共产派教育使工人明白一切理想均依赖于经济与社会之基础常屈于经济与社会现状之下，欲得精神上之自由是不可能的。总之，改良派之教育仅与工人以现成的结论，况且还是用的很坏的普及方法；或受以很平常而未必可靠的资产阶级的科学与艺术知识；人家的残羹剩肴，反当他是膏粱肥肉。反之，共产派教育使无产阶级知道资产阶级的科学及全部教育制度均有阶级性质，而决与资产阶级的科学、艺术、道德、宗教宣战。指明资产阶级的趋势，不但在社会科学与政治中有，而且在不关社会与政治之科学中及纯粹抽象的问题中亦有。如此批评资产阶级的科学、艺术、道德、宗教，即所以建立共产派教育的基础，以备创造无产阶级的社会主义的新文化及平民生活之新模范。只有批评资产阶级的科学艺术——只有为着无产阶级革命而批评，为着阶级斗争之伟业而批评，方能创造无产阶级的新文化，否则所谓"新文化"都是幻想而已。

现在无产阶级贫困，非但缺少物质的产业，并且也缺少精神的产业，因为精神方面不能有遗传的"宝藏"这就是无产阶级革命与资产阶级革命之重要异点。在资产阶级革命中，他们自己的有智慧者，当革命运动之际，便能于艺术与科学方面大放光明出来。他们所以能够做到这地步，因为在革命之前，资产阶级之衣食是充足的；况在资产阶级的政治革命之前，他们已享有物质与精神两方面的"生产手段"。无产阶级都大不然。无产阶级仅在取得政权之后，方能完全享有精神物质两方面的"生产手段"。虽然，最早的无产阶级的文化成绩，以历史的观点而论，却在幼稚时代，即能于斗争的过程中，锻炼出唯物史观的利器——督促马克思与昂格士二人建此伟大的马克思主义。

共产派教育之进行，既为专供奋斗之用，必须划有界限。设有一个经济竭蹶之党，又要做重大的政治奋斗，他所施的教育，决不能普及各种科学知识方面，而只能专限于有益于该党之科学。其他各派各种科学，固然很好，然而暂时并非直接有关于其运动的。相当的教育只能限于授几种直接有益于奋斗之科目，例如劳动革命运动之历史，马克斯经济学社会学之要纲，及共产国际之原则及策略，必须教导党员；若在民众尚受宗教影响很深的地方，更当进一步，教导他们了解自然科学及宗教之来源。若在无产阶级群众多不识字的地方，应当注意初等教育，至少令党员必须受初等教育，这样方能使他们做宣传者，鼓吹者及报告者，设使不授初等教育，他们就不能进行政治与革命的职务了。

试从这一层看来，可见共产党教育问题，首在于为党中增进鼓吹力与组织力的方法。

共产党一方面施行这样的普通教育于大众党员中，若欲完全其职务，对于职员之特别教育，亦当同时进行，因共产党在职工联合会、各种协作社、各种租户联合会，以及妇女与青年中都有事务执行，再则在国会及地方自治会等中亦有要做的事情，所以共产党之职员必须具有各种特别知识以备执行各种事务。担任这类职务，没有特别训练是不行的。因为一个人单有普通知识，不够办专门事业。共产党里若是没有勤恳的有系统有组织的教育事业，往往有危险发现，党员因无知识而不得不依赖其领袖，更因缺少必需的"民主主义的不肯轻信的精神"而不能监督和批评其领袖，和改良派一样。如此势必致于为虎头蛇尾的领袖所牺牲。但党员之普通教育及职员之特别教育，两种犹不足以尽共产派的教育。共产派教育一定应当发展到党外群众之间及与共产党表同情之人，尤当普及于改良派之工人，以至于漠视政治的普通民众之间。

共产党不应当只有普通的宣传鼓动，必须有马克思学说之根底，而同时必令群众明白了解，应用极浅显的说理方法。有一大哲学家曾经说过，天下最精之艺术，莫若用极简单之语言以述极深奥之事。大多数共产党之鼓吹者都要表同情于这句格言。这本来是极难的事：要用十分简单的普通语言以发表马克思主义的科学理论及其政治情势的研究，又要留心党外的漠视政治的群体之偏见及成见。应当从极普通的日常生活的利益上说到深切的伟大的目的，也确是一件最困难的事情。所以共产党必须时常开创宣传与鼓吹之新法，以感动民众而引起他们的兴味，吾们应当知道，资产阶级素来用图书、幻灯，及教堂中各种游艺以鼓惑民众；所以最好也要利用电影、幻灯、艺术宴会及戏剧表演等于共产党中为政治宣传等之工具，共产党对于这一类运动还向来没有注意。但现在我们应当循序而实行之，吾们又必须与党外赞成共产主义的平民教育机关贯通，这乐的平民教育机关差不多各国都有的例如德国有"无产阶级自由思想者"之组织（Pro'etarian Fruethmhers），在别个国里面这种运动有叫做"无产文化"的（Prulteanlt）英国则称之为"平民联盟"（Plebs leugues）这类组织内的共产主义者大半已有活动，然而他们的活动不受共产党指导的。要知道，一两个人在这种平民教育机关里单独的活动，与受共产党之指导而为协作的活动，这两方面有大不相同的地方。

有几个国中设立许多补习学校，有市立的有国立的，如"平民大学"之类。有时这种学校亦能助共产党革命事业之进行，这里面念书的学生，多数是工人；倘共产党不伸展势力到这些工人渴求学问的地方去，那就放弃他的重要职任了，所以共产党应当竭力在这种学校里操得指挥权，而后可以鉴定他们的功课。共产党应当保有势力于这种教育机关内，或有时可假手于地方自治公会等。那么可以引□慕渴的工学学生反对资产阶级的教授与讲师。这种学校里的教授法当采取自由讨论的办法，这样可使优秀分子参预讨论而引起其对于资产阶级的学术持对抗派（Oppussion）的态度。

当共产党取得政权之后，其教育问题自然又可以有另一形式，而范围亦要扩大了，到那个时候，共产教育问题，已非专为教育一辈党员、职员、组织者和宣传者等等。

那时，已不能以党内交换政治知识自足。无产阶级独裁制既已得胜之国，共产党之职任已决不止此：必须在各工厂、各种文化机关、各学校、各大学之中都有共产主义的精神，全国文化生活都受共产主义之指导。

共产派教育与资产阶级及改良的教育，于教授法方面，亦有不同。现在资产阶级所办的"平民大学"中之普通教授法，仍旧不过使学生领受现成的学问罢了，学生仅用默记的方法迎受讲义，绝对是消极的，这样的教授法完全不合于共产教育。因为我们的主意，第一要与学生以科学的方法，马克思主义的方法使学生能自动的分析实际的历史情景及经济政治状况。这个方法，预备学生能够对改良派及资产阶级政治家辩论，又能够在工厂中工会中自己解决一切问题，拟议一切提案，提倡一切行动。

共产教育中，应当弃除无味的讲演式，而代以师生间集合的思想，就是利用自由讨论方法以交换意见，不是授不消化的学问于学生，——令消极的迎受，一变而为积极的自动。

执行共产教育应当常以经验校正之，这种经验，是共产党在平日之奋斗与宣传中所得来的，所以共产教育应当与平日党中之宣传和奋斗有密切之关系，虽共产党之教育动作与政治动作无并行之情形，但是前者常附属于后者的，因此组织方面须注意一点，共产党执行教育事务之负责职员，不应当是一辈不著名的文人与美术家等等，以致讲不关革命之文化，但是必须是党中最优等的政务上指导者与奋斗者，这样是使全部教育事务附属于党中之政治奋斗里边，至于教育政策必须与政治经验相关连之理，在某几种情形中就可显明出、当共产党在紧急的时候，必须召每个党员出来合全力以奋斗，在奋斗之中，重要的运动在于街道与工厂之间，此等时期理论上的事务，当然暂退至第二等重要地位、当平静时，再从事于理论方面，以分析过去之经验而从胜负之中推出新教训出来，变这些新教训为一种新知识和新势力之根源，以备将来奋斗之用。

总括起来，今日共产党对于教育事业所当行的事情至少如下类几项；中央设立教育机关以教导全体党员，及特别训练职员，与一切鼓动宣传以马克思主义的及科学的解释，而附以真正通俗的宣传法和幻灯、音乐、戏剧等机械方法。

即使最弱的共产党，必能做这些事项，以训练一辈办理党务的人出来，这辈人能用马克思主义以训练其余党员，其实教导一切党员、候补党员，及与共产主义表同情之人，亦不必一定有十分深奥的科学教授法，凡一富有经验的同志能够对于缺少政治知识的新党员授以一切必须有的学问。在某几种情形内，甚至必须教这辈新党员，怎么样去读共产党报纸，及报里面对于工人之宣传文字怎样的去实际应用。

共产党不可让少数党员任意单独行动发刊教科书等，这件发刊的事情，必须也是中央主持而用共产党全党之联合力以执行的。

共产党中掌理教育事务之文宙股，须与党中之出版发行股连络，这样可以促进发刊对于教育事业特别重要之书籍，图书馆亦不可少的，因为工人日益贫乏，不能各自备重要之书，或竟无钱买最重要的马克思学说出版品，所以共产党的地方机关，应当设法补救这辈没有书看的工人，必当行的方法就是拿共产党的著作品放在工会的图书馆及公共的图书馆中，这样既可节省经费而仍能宣传重要的政治知识于党员及工人之中，共产党之中央出版部也应当找革命的美术家与著作家帮助宣传共产主义，要知道这类美术家与著作家各自单独行动，虽有宣传而无综合的计划其结果没有像群力会于一处而合作的好。

共产党之教育事业也应当包括少年工人及儿童之教育事业在其中，如共产主义的少年团体独自施行教育，共产党非但应当供给他们经费，又应当供给教师及书籍等，每个共产党青年当有许入，切共产党教育机关的权利，共产党又应当注意平民儿童之革命教育，这种教育已由各地共产党童子会的组织着手进行。

此次教育问题委员会呈建议于大会：共产国际执行委员会，应特设一部，组织、指导及监督各党之共产教育事业，以使共产教育机关成为国际的组织，并在莫斯科设立一社会主义学院，因该地为执行委员会所在之区，各国共产党聚集之处，最易研究国际的总运动，许多详细的情形容后再说，但我们决定各国必须遣多少具有初步学识的同志，到这里来受完备的马克思主义教育。因为西方各共产党，除俄罗斯共产党以外，所以受困的原因，是由多数党员缺少切实的马克思主义学识之缘故，设了一个马克思主义研究学校，就能满足这种需要了。

因然，以上所说的计划，依集中制度为原则而组织，作极有系统的文化运动。在各国应用起来，必各有不同，不能一致。因为有的党已能公开，有的却还在秘密状态之中；再则，大的党经济必较宽裕，小的党思想还没有稳定。所以此一有系统的文化运动，——学理的研究，假使能由共产国际执行委员会来员总指导之责，必定能大增各国共产党及共产国际之战斗力。

二、布鲁朴斯嘉女士之演说

同志们，我要在项莱同志所说之外再加几句，我们俄罗斯共产党，于鼓吹与宣传方面素有很多经验，吾党中之特色，就是每个党员必须活动，这是由于党中之情形使然，盖共产党从来算为一种不法组织，入党的人就要冒大危险，第一件危险事就是要被捕，党中无利益给党员而能使党员尽大责任，所以只有积极的份[分]子方来入党。然于理论上，此一问题早已十分明白。二十年前列宁同志所著的《怎么办》（"*What Must Be Done*"）一书中慎重说，每个党员必须担任党中职务。一九〇三年共产党第二次大会讨论党员资格问题，遂肇布尔塞维克（Bolsheviks）与孟塞维克（Mensheviks）两派分裂之源。列宁之提议，以为每个党员非但必须赞成党中之党纲，而且必须在党中某一机关服务。反之，马尔托夫（Martov）之提议，以为每个党员仅当承认党中之党纲，待受其指导而服务两派意见之分歧，初看似乎很小。当时有许多党员确以为这个争论中包含意义甚微，而并无利害的背景，但从共产党以后之历史证明出来，这一争论却有极重要之意义。吾党之得有影响于群众，而能占优胜地位，显然是党员都活动的缘故盖每个党员必须尽力党务，那么，党中之全部组织及鼓吹与宣传方面都受利益了，仅因与会所至而研究理论研究各种问题，是一件事，若因实际运动的需要而研究理论，求各种问题的深切的解决方法，却又是一件事。每一党员必任"鼓吹"的责务，或作宣传事业或从事于组织方面。我要先在"鼓吹"（Agitation）方面说一点共产党于鼓吹方法组织切当，所以能影响群众。鼓吹一法就是提起人的感情曾因用这个方法，而有许多人来入共产党，鼓吹问题之开创在经济运动发现之时第一期所鼓吹的，就是须奋斗以改善工人物质方面的生活状况，那时候在一千八百九十余年间，由是我们同志中有许多人对于这方面之奋斗过于注意，其结果遂发现一派，所谓"工人思想派"

(Rabotchesngslents！俄文）这派人过于看重群众无秩序的自生自灭的劳工运动。他们因鼓吹既能大得胜利，于是相信奋斗之进行，无需于理论之宣传，只赖工人之运动罢了，这一派人，甚至于说，工人自能达到社会主义，无需乎马克思与昂极士等。由是共产党对于这种趋势竭力奋斗，故此后又有一问题发生，就是"怎么样使我们的吹鼓力深入"。这个讨论发生于二十年前。我们同志中有一部分人主张以为我们不必增加鼓吹的力量，只要限于群众日常易晓的问题，当时群众只知道经济问题，于是这一部分党员主张，以为我们应当限于鼓吹这一方面的问题而不可出此范围。不要提高当时工人的程度。

这一派人就是所谓，"经济派""劳工事业派"当时此派之俄文报纸名劳工公事业（Rabotchec Delo）他们主张，不必加深鼓吹之程度，只须跟着工人阶级在后面追。当时之"火星派"（列宁等一派，"火星"亦报名，俄文为Iskrse）即极力反对，实因其有害于工人运动之进步。确是不错，假使全党都以"经济派"的观点为观点，决不能领导群众。

马克思主义助我们共产党正确审定"鼓吹"之值价。这件事我们那时怎么样做的呢？就是吾们时常分化吾们鼓吹之集中点。在九十世纪之末，经济的要求是吾们鼓吹之集中点，在一九〇五年，集中点就是工人政治上之要求，而后来到大战时候，战争就为集中点了，但是集中点不过是许多问题中汇集的一点。鼓吹员联合组织成"职员会"而讨论各问题之分配。在大战时候我们共产党之能成大事，因为从前吾们十分注意于一种鼓吹问题的缘故，至若讨论鼓吹之形式，我将先论口头的鼓吹，这种鼓吹之得胜，不十分凭借演说者之口才及其演说术之程度，而大分赖于鼓吹问题对于群众之兴味何如。

这层关系在各种情形中证明出来都是正确的，例如在战争的时候，一个不善于谈话的兵丁而能使群众受感动，这是因为他言语之间发表群众的感觉的缘故，这一种鼓吹应当特别注重，他若地方关系的鼓吹问题，现在我且不讨论，但是我要指出在战争时所常用的一种鼓吹，这就是用艺术方法的鼓吹，要知道工人之思想，偏于具体的形象较多，而抽象的推理很少。所以用书片音乐与戏剧等艺术以鼓吹，能发生大印像[象]于群众工人之脑中，若欲引起群众工人直接行动之时，则用艺术鼓吹。尤其有重要价值，关于这一方面俄国的经验实足以证明，此种形式之鼓吹确有重大的意义。

我们共产党里边相传下来的方法，非但鼓吹一种"宣传"（Propoganda）在吾党中也是重要职务。当我们的鼓吹起初感动群众之先，我们已行宣传于秘密的结社里。研究马克思主义的学者往往来党中念马克思与昂格士的著作，讨论日常生活中之问题。所讲的是文化史及经济学等。这种习惯入人很深，不但成年工人，而且少年工人都受影响。我曾亲见一偏僻的村庄中，幼年工人要求他们的女教员，教以从前他们在"工社"中所研究的科目——经济学与文化史，诚然不错，这种"工社"中的研究，为时往往很短——每因逮捕，而工人乃不得不于流成监狱之中"终其所业"。

我们俄国的习惯，几至于监狱或流成之地，自成其为一种学校，在这些"学校"中许多工人后来成了得力的职员——因为受了马克思主义的教育，那"劳工事业派"

都不明白宣传之重要。列宁同志同他们争论，指出昂格士的农民战争（"The Pensants, War"）之绪言中所说：工人阶级之经济运动，及政治斗争外，还有学理的训育，也有同样的重要。共产党对于鼓吹及宣传问题，从来不与其根本事业分开，盖鼓吹与宣传是共产党中之重要职务。

现在俄国共产党已成公开的组织，工人已经取得政权，而工会中之教育事业仍旧保存此好习惯。凡是从事于政治教育的职员，无论在什么地方，不论是成年人的补习学校，不论是图书馆，不论是联工联合会——人人都就其能力范围之内，尽其宣传之责任。现在正进行不懈呢。因为这种种缘故。我们造成这样的一种大势力，使马克思主义教育普遍全国，而少年人现在很勤恳研究这种学问，吾们欢迎这种倾向于理论研究的趋势。这一点在上次我国共产少年大会时尤其明显（一九二二年秋）。

综括的说来，我们现在却正在大变迁之交。当革命之初年，我们的注意大致完全在战场上及一般民众之间。现在我们进而经营经济建设事业，就更当作深入一层的功夫。现在大家对于马克思之理论及研究马克思主义，十分有兴味。我任职于"政治政育委员会"，每天我们得有许多接触，足以证实，如今群众实在渴求知识之增高。这个情形完全是当然之理。盖一九零五年之革命，鼓动群众，怒潮遍于全国。此后，反动随之，在这几年反动时期间，知识阶级灰心失志。他们以为革命的一切胜利已经完全丧失，无可挽回。然而群众却永没有忘记革命。一九一二年林纳（Lena）之役，（金矿工人罢工被残杀），立刻便激起群众，足证这几年间工人阶级有多大的进步。无形之中，这几年已经成就工人运动内部的事业不少。当时群众对于革命的感想，那几年来确已细细的经过一番"回味"，一番讨论；一九一二年的劳工群众，就已经比一九〇五年大不相同了。现在亦是这种过程。群众专意于修养，专意于建设物质的基础，来巩固革命之胜利，然而建设物质上的经济事业，却需要人才，需要更高的文化程度，要劳动之一切旧习惯的革新，要社会心理的变更。

现时我们正又经历一个时期，在此过程中，当有深沉的伏流的无形之中的伟大事业成就呢。俄罗斯的工人阶级、劳工青年，现在正发愤向学。一方面他们研究"生产"之定义，亦就是一方面自己发展能力，这正教我们能抱无穷的希望——将来世界革命一旦爆发之时，我们一定满有准备的了。

21.《东方问题之题要》(《新青年》季刊第一期，6月15日）

《新青年》季刊第一期发表共产国际第四次大会之决议案《东方问题之题要》。全文如下：

一、东方革命运动之勃兴

共产国际之第二次世界大会（一九二〇年），就已经根据于建设"苏维埃行政制度"于东俄诸民族之间的□□，又依殖民地民族革命运动之发达，议定于此帝国主义与无产阶级独裁制为长期间的斗争之时，对于"殖民地民族问题"的原则。

从此以来，各殖民地及半殖民地诸国，对于帝国主的压迫，屡起反抗运动，一天比一天急激，这就是欧战后帝国主义之与时俱深的经济政治危机之结果。

凡此种种反抗运动，由下列诸例可以看出：（一）□□瓜分土耳其的"塞维尔斯条约"（Seivres Trenty）已经完全破产，土耳其之民族的独立及政治的独立已有完全恢复之可能；（二）印度中国高丽埃及摩洛哥美索波达美亚诸国之民族运动猛烈的兴起；（三）日本帝国主义内部之不可免的危机，引起资产阶级民主主义的革命运动，而无产阶级亦已能进于独立的阶级斗争；（四）东方诸国劳动运动之勃兴，正如雨后春笋，而共产党的纸[组]织亦几乎各地都有。

由以上征引诸端，可知诸殖民地的革命运动之"社会的基础"有了变化。这种变化使反抗军阀的斗争，更形剧烈；且今已大非昔比，比[此]种斗争已非纯山[由]封建阶级所引起，——当初是此等国内的资产阶级还时有愿与帝国主义妥协之意呢。

因一九一四至一九一八年之帝国主义战争，以及随着此次战争而生的危机，（尤其是在欧洲，）列强在难民地所施用的强力乃大为减少。另一方面，亦因此等环境，而世界资本主义之经济的基础及势力范围缩小，致使殖民地上帝国主义的争更形剧烈，于是全世界帝国主义系统之均势局面也扰乱了。（小亚细亚英法之争煤油矿，太平洋上日美霸权之争雄等皆是。）

因此，各殖民地受帝国主义的压力稍轻，而列强彼此仇视的态度加甚，于是各殖民地及半殖民地之本地的资本主义易于发达，这都是帝国主义列强箝制之下的漏网。列强各国资本家向来在殖民地上，享有工商业，及租税的"超越利润"（excess profits）之独占权，故常力谋隔离此等殖民地于国际贸易之外。殖民地上之民族运动今乃起而要求民族的经济独立，实足丧失此等国家之资产阶级已有发展的需要，殖民地本地的生产力之发达与世界帝国主义之利益相矛盾，绝对不能调和，盖帝国主义的实质，本在于利用世界经济之各部分间有生产力发展程度之不同，方得达其独占"超越利润"之目的。

二、斗争的形势

诸殖民地上之落后程度，可于其反对帝国主义的民族革命运动之驳杂性中见之；此种驳杂性正可反映其自封建制度或自封建宗法制度进于资本主义之种种过渡形式。所以此等运动之理想亦自有那种驳杂性的痕迹。各殖民地的资本主义，一大半都先为"商业资本"，其发生发展既在封建制度之基础上，又在杂合，参半，过度的形式中，故此处资产阶级的民主主义欲离官僚地主而独立，必定经过极混淆极困难的途径，这最足以障碍那反对帝国主义的群众运动之成功，——因外国之帝国主义在落后的民族中无处不利用本地社会阶级之上层阶级，（封建的或半封建半资产阶级的）以为其统治权之代理人，（中国之督军、波斯之封建官僚、埃及之资本主义式的农场主、印度之贵族（Zimendaras）及地税包办人（Talnglars））。

因此，反对帝国主义的斗争若变成群众的革命运动，那殖民地及半殖民地的治者阶级，不但不能引导，并亦决不愿引导此等斗争。仅在封建宗法制度尚未崩败之处，其本地贵族尚未完全脱离群众，如游牧民族或半游牧民族之中，——此等贵族的代表人物，能积极为反抗帝国主义之斗争(如美索波达美亚，摩洛哥，蒙古)。

回教诸国间民族运动第一次的标语为"大回教主义"，各强国的外交家却止能利用此群众的偏见愚昧，以抗实际的平民运动(如英法之赞成国数国联合)。可是，等到民族解放运动勃兴扩大之后，宗教式的标语，"大回教主义"即为具体的政治要求所代。最近土耳其人要求"嘉李法脱"(Kaliphate 回教教主)脱离政权，即是一证。

一切民族革命运动大都在于要求民族统一及政治独立。而无论那一国里，这种问题的解决必须民族运动能吸引劳动阶级并绝对脱离封建阶级之关系，方着实际；这种运动纲领之中更须包含民众的社会要求。

共产国际知道代表一民族之争政治独立的意志者，于历史上的种种不同的情形中，可以是极不相同的阶级，——所以对于一切反对帝国主义的民族革命运动都与以援助。同时，决不可以疏忽：——只有一贯到底的革命方针，根据于群众积极的斗争，绝对脱离一切与帝国主义妥协以谋自保其统治阶级的地位者，——方能指导受压迫的群众取得胜利，殖民地本地的资产阶级若与封建的反动派相结合，足令帝国主义者充分利用此"封建的无政府状态"，——利用其各派各系首领间之冲突，利用其各宗族间之争竞，利用各地方各城乡之间的对抗，利用各教派各宗派之间的斗争等，致使民众运动之组织破坏(中国、波斯、若尔狄斯坦、美索波达美亚)。

三、农民问题

大多数东方国家里(印度、波斯、埃及、叙利亚、美索波达美亚)，农民问题确是反抗列强专制之解放运动中之第□最重要的问题。帝国主义既剥削落后民族之大多数的农民即令破产，自然使农民丧失其必要的生活费，同时却因工业不发达，仅散处于少数商镇之间，故尚未能容纳乡村的余剩人口，而此等人民又不能桥游[迁移]外国。于是此等农民乃穷乏不堪，留在乡间反变成农奴。先进各国，在欧战之前每以"工业危机"为其社会生产之"调节标准"，——而在殖民地此等，"调节标准"乃为饥馑。帝国主义既渴欲以最小耗费取得最大利润，所以竭其全力维持落后国家中"封建式的重利盘剥制度"以剥削劳动，有几国内，譬如印度，帝国主义将其本地封建国家之土地独占权，收归既已，于是地税一变而成封建式的债务，而印度贵族及"地税包办人"乃变成帝国主义之经纪。其他各国内，则帝国主义假手于其本地之大地主的机关收取田租，如波斯、摩洛哥、埃及等。因此，凡是要求脱离土地上封建式的债务以及一切封建制度的束缚，此等斗争亦有反抗帝国主义及封建大地主之民族解放运动的性质。(一九二一年印度之摩佛拉(Mophla)反抗英国人及地主之暴动；一九二二年之锡黑(Sikhs)暴动，即足为例)。

只有农民革命，以"没收大地主"为宗旨者，方能引起大多数的农民群众而兴反对帝国主义之斗争以极大的助力。资产阶级的民族主义派，怕提起农民问题中的标语(波斯、印度、埃及)——足见殖民地的资产阶级与封建地主或"封建资产阶级的"地主有密切的关系，即在政治思想上亦不能离之而独立。殖民地之种种革命份子，都可以利用此种资产阶级民族运动的首领之游移不定的态度，加以严格的有系统的批评，揭穿他们的"骑墙主义"。此等骑墙将主义最有害于劳动阶级的组织及团结，如印度人之不合作主义的策略之破产就是明证。

东方落后国家之革命运动,假使不能以大多数农民群众之行动为根据,决不能有成功。因此,东方各国革命党却应当明白规定其关于农民问题的党纲;——应当要求完全消灭封建制度,以及大地主制度和包办地税制度之遗迹。欲农民群众积极参与民族解放之斗争,必须提出彻底变更土地制度之要求;并当督促资产阶级的民族主义政党充分容纳此一革命的党纲。

四、东方之劳动运动

东方之幼稚的劳动运动最近几年其本地资本主义发展的结果。至今就是最主要的东方工人阶级也还只在罢工过渡时期,——正从小行会的工场过渡于资本主义的工厂之时。因为当初是资产阶级民族主义的智识者来引起工人阶级之反对帝国主义的革命运动,所以最初期的职工组织及职工运动,往往为此辈智识者所指导,最初一期中,此种运动往往不出于资产阶级民主派之所谓"全国共同利益"的范围。(印度、中国之罢工反对帝国主义者的官僚及管理员)。其则竟[竟]如共产国际第二次大会所说,资产阶级的民族主义派,仰慕苏维埃俄国政治上道德上的威信,并迎合工人阶级的心理,欲自掩其资产阶级民主主义的意向,往往号称"社会主义的","共产主义的",借此得以诱惑无产阶级的团体,令忘其自己"阶级组织"的直接职任,——这有时或是无意之中自然流露的现象。(土耳其之"埃喜尔部"Eshil. Ordu自称共产主义派,而实为"大土耳其主义";中国的国民党有几个代表自辩为"国家社会主义派"。)

然而东方落后国家中近年来劳动阶级,政治运动及职工组织确亦很有进步,譬如东方诸国,已无一处没有独立的无产阶级团体,就是显例,——固然这些团体大多数都应该经过改造,以免一切"闭关自守""狭义团体"等等弊病,共产国际最初即已注意于东方劳动运动的潜势力,——这是一件非常重要的事实,足以证明其实为共产主义旗帜之下全世界无产阶级的真正国际联合。至于第二国际及第二半国际至今没有于东方落后国家中得一同志团体,固为他们是欧美帝国主义的"仆御"。

五、东方共产党之主要职任

资产阶级民族主义派看着劳动运动,只当他是可以利用的工具;而国际的无产阶级却注意于东方幼稚劳动运动的"革命的将来"。东方落后国家处于资本主义之下,不出巨大的代价,——即不忍受列强资本家野蛮的剥削压迫,就决不能获得近代的文化与技术。东方劳动者当与先进诸国之无产阶级联合,不独因为要共同打倒帝国主义。且亦因为只有先进诸国无产阶级获得胜利之后,他们方能于开发生产事业之际得到大公无私的助力。东方劳动者与西方无产阶级联合更可以开出一行向世界苏维埃联邦共和国的途径。苏维埃制度是落后诸国从原始的简单生活进于最高文化共产主义之过渡方法,唯采此制则过渡期间之痛苦最少;可以代替全世界资本主义式的生产分配制度者本只有共产主义。旧俄帝国之下解放出来的殖民地,已有应用发展苏维埃制度的经验,足以为证。只有苏维埃制度方能保证农民革命之完成。譬如东方有几国农业的特别状况(人工灌溉),向来是以封建宗法制度的协作组织维持的,现在已经为掠夺的资本主义所毁坏;此种地方就确有必要:设立一种苏维埃国家制度,方能从事于有系统有组织的整顿办法，以应公众之需。因气候及历史的关系，东方"小生产协作制"确当在过渡时代占一重要位置呢。

殖民地革命运动之客观的职任，实超过于资产阶级民主主义的限度以外，亦就因为他的最后胜利绝不能与世界帝国主义之统治相容。当初则殖民地之资产阶级及资产阶级式的智识阶级确为革命运动之先驱，无产阶级及半无产阶级的农民群众自即加入此等运动；可是等到群众之社会利益刚占优势，那富的资产阶级及资产阶级式的地主就立刻脱离运动。殖民地幼稚的无产阶级始终为一长期的斗争所困，自成其为一整个历史时期，——此种斗争要反抗帝国主义的剥削，要反抗自己的统治阶级，——因为这些阶级力谋垄断一切实业利益以至于文化，而想使劳动平民永陷于原始状态呢。

无产阶级若能为取得农民中之同情而斗争，则必自成就其政治上的领袖地位。只有此类预备工夫，训练团结无产阶级并及于与之联合的各社会阶级之后，他方能进而反对资产阶级的民主主义，——此种主义，在东方落后国家之环境中，较其在西方，必尤为虚伪。

殖民地之共产主义者，若以"防卫"独立的阶级利益为名，固执"当单独反抗帝国主义之压迫"的意见，都是最不好的一种机会主义，足令东方无产阶级革命大失信明。藉口于怕"国民统一"，怕与资产阶级民主派行"国内和平"而竟至于实际上与工人阶级日常利益相隔离，这是最危险的事。殖民地及半殖民地之工人政党及共产主义者，有一双方的职任：——一方面，力谋对于资产阶级民主革命中的诸问题作更彻底的解决法，即直接取得政治上的独立；别[另]一方面，组织工人农民为其事阶级特别利益而奋斗，并利用民族主义的资产阶级民主派之间的矛盾，而自取其利。此种工人阶级的政党，既有其特别要求，自可兴奋无限的革命能力，决非资产阶级之自由主义的要求所能有。殖民地及半殖民地的劳动阶级应当知道：——只有扩大加深那反抗列强帝国主义的运动，方能令自己阶级处于革命领袖的地位。换一方面言之，唯有无产阶级及半无产阶级之经济组织，政治组织及其运动中之锻炼方能增长此反对帝国主义运动的力量。

东力[方]殖民地及半殖民地之共产党，多少尚在未发展的阶段中，尤当参与一切运动，务使时时得接近群众。同时，又应当竭力排除劳工组织之中的宗法制度，小行会制度以及资产阶级的势力，以此保障劳工组织，令勿受改良主义的传染，而使成群众的奋斗的组织。再则，当竭尽心力，组织最多大数的农民劳动者及男女手艺工匠，务以他们日常生活利益为根据。

六、反对帝国主义的联合战线

西方因在聚集已组织的精力时期，取"劳工统一战"的标语；而在东方则现时必须要有"反对帝国主义的联合战线。"此种策略在于积集革命的生力军以抗帝国主义。生力军之所以亟需征集，其重要原因在国内的治者阶级倾向于外国资本家妥协，漠视民众的根本利益；正如有"劳动统一战线"的策略，则在西方易于暴露社会民主派之不忠于无产阶级利益；有"反对帝国主义的联合战线"，则在东方亦易于发现某一资产阶级的民族主义派之态度不明，宗旨不完。这一标语，也是为发展革命意志之助,且使劳动群众的"阶级觉悟"更为确切,导[指]导人于实际斗争,不仅反对帝国主义,并亦反对一切封建制度的遗臭。

殖民地与半殖民地的劳动运动,第一当先在共同反抗帝国主义的战线内获得独立的重要的地位。当有独立的基础,且能维持永久的独立,方可与资产阶级民主派作暂时的结合,亦且必须结合。无产阶级应当特别提出要求:——独立的民主共和国;废除一切封建式的权利与特权,要求妇女之选举权及被选举权等等——这是因为照现时的情形,苏维埃制度还不宜提出来。同时要使农民,半无产阶级与劳工运动生极密切的关系。当向劳动群众明白讲解劳动阶级与国际无产阶级及苏维埃共和国有联合之必要,——因这亦是反对帝国主义联合战线中重要职任之一。殖民地革命而欲终得胜利不再败退,唯有与诸先进国无产阶级革命结合之一法。

半殖民地诸国(如中国、波斯)之资产阶级民族主义派与一帝国主义国家或数帝国主义国家相结合,其危险已至,或希望帝国主义国家之间的竞争,而自己获得政治的独立(土耳其亦有危险,——而且比殖民地更甚,此种结合,每每划分本国治者阶级与帝国主义者之间的权限,藉以保形式上的政治独立,而实际上将永使此国隶属于世界帝国主义之下。

劳工阶级明白承认,在此反对帝国主义之革命的斗争中,有欲得"息力"之处,每须为部分的暂时的妥协,确亦可以,且本不可免;然劳动阶级极端反对帝国主义者与国内治者阶级之间的妥协,瓜分权力,使治者阶级保持其阶级的特权。无产阶级要求联络苏维埃共和国,就是反对帝国主义联合战线的鲜明旗帜。再则,为铲除社会政治两方面反动份[分]子势力及保持劳工阶级自己的利益起见,常有极坚决的行动;要求组织上的自由权,以便劳动者的阶级斗争;要求更民主主义的政治制度,以扼制反动派去其政权;(如民主共和国、农田改良、税制改良、宽广的自治基础、劳工立法、童工保护、产母及婴孩保护等要求)。现在就是在独立的土耳其,劳工阶级并没有享受到组织的自由权,这可以当作一个好榜样,资产阶级民主主义对待无产阶级的态度是如此。

七、太平洋沿岸无产阶级之职任

反抗帝国主义的战线,一半是由于帝国主义国家间互相仇视滋长不已所促成。这种互相仇视的局面,今已可断定世界第二次大战,必在太平洋区域内爆发,不然就是国际革命兴起,方免此战祸。

华盛顿会议之召集;即在企图缓和这种危机;然而按之事实,这次会议只有使帝国主义彼此间的冲突,更为深广更形剧烈。最近中国张作霖与吴佩孚间之冲突,是日本与英美资本主义在华盛顿会议上并未真能调和利益之明证。第二次世界大战,蒙其害者不仅是日本、美国、英国,其他资本主义国家(法国、荷兰)也必同受波及,——损害之大必远过于一九一四年至一九一八年之欧战【。】

东方各国共产党所应尽的职任,乃是在群众之间广为宣传,警告他们来日大难,唤醒他们对于民族解放运动应当十分努力,告知他们只有苏维埃俄国是一切受压迫被剥削的民众之屏障,——尤其是太平洋沿岸诸地共产党应该努力。

各资本主义国家的共产党：美国、日本、英国、澳洲、加拿大等国，际此战祸危险之大，不仅应作反对战争之宣传，并应尽全力去净劳动运动中助长战争的动机，预防资本家利用"爱国"观念，"人种"观念。

此种动机为移民问题，有色人种劳动廉价问题。

契约劳动制为今日南太平洋植糖业召募中国人，印度人充当工人之唯一方法。这种事实，强迫帝国主义国家的工人要求政府颁布禁止移民律，以排斥有色人种，如美国，澳洲皆有此种举动。这种禁止移民律使有色人种与白色人种冲突日益加厉，更足破坏劳动运动的联合力。

美国、坎[加]拿大、澳洲共产党应该努力进行，作废止上述法案之运动，并须向本国劳动群众剖明，此种法律引起国际间的仇很[恨]，最终仍是害及本身。

另一方面，资本家亦反对上述的移民律，他们却因为一则可以使廉价的劳动自由输入，二则可减少本国劳动者的工资。要破这种毒计，只能竭力使白种劳动者之职工联合会吸收移入的黄种工人。同时，努力作要求有色人种与白种工人之工资一律的运动。

这种策略，一方面既可打破资本家的毒计，别方面又可表示国际无产阶级绝无种族的偏见。

为施行这种策略起见，太平洋沿岸诸国革命的无产阶级应集代表开一"大太平洋会议"，以便商定正确的进行计划，并组织一相当的机关，俾可联合太平洋诸种族之无产阶级。

八、帝国主义国家的共产党之职任

殖民地的革命运动对于世界无产阶级革命，有非常之重要的意义，所以必须格外的加紧在殖民地上的工作，帝国主义诸国的共产党尤其应当努力。

法国帝国主义在压抑本国和欧洲无产阶级革命运动时，用他殖民地的奴隶充任反革命的战卒。

英国和美国呢，既然剥削殖民地而得"超越利润"遂能略分余润与本国的"劳工贵族"（aristoraey of labour 案：即言，得有分外增加高级工人之工资的可能）如此从事赂买，因使劳动运动分裂，——至今还是继续行这种政策。

凡领有殖民地的国家，其共产党当格外努力援助殖民地之劳动运动及革命运动，与以物质上思想上的援助，并须定有系统的规画进行。殖民地上之欧洲工人有些俸给甚厚，其间遂流行一种"殖民地化"的伪社会主义的思想，凡共产党都应当竭力反对这种倾向。殖民地上的共产党工人当与其本地工人一致要求具体的经济改善办法，（白色人与有色人受同等的工资、同等的劳动保护、劳动保险法等等）。

埃及、阿吉斯（Algiers）等处欧洲工人特立组织共产派的团体，反足以助资本家张目。共产派组织而依国籍为标准，正与无产阶级的国际主义相冲突。凡属于共产国际的政党都应当向劳动平民宣传，说明颠覆帝国主义在落后国家内的统治权之必要。帝国主义国家的共产党都应当在他中央委员会之下，特设一殖民地委员会，专任其事。共产国际对于东方共产党的辅助，第一步就当为创办印刷所，以各地本国文字印行种种报章杂志。殖民地上尤其注意，各种欧洲人的工会及当地驻札[扎]的军队。各帝国主义国家的共产党,不应有丝毫疏忽,令政府、资产阶级及机会主义的社会党,得以对于殖民地行掠夺政策。

(《新青年》季刊第一期,1923年6月15日)

22.《关于东方问题的总提纲》(附录,《东方问题之题要》今译)

《东方问题之题要》(今译《关于东方问题的总提纲》)今译文如下:

一、东方革命运动的发展

共产国际第二次代表大会,根据东方苏维埃建设的经验和殖民地民族革命运动的发展情况,曾经提出了在帝国主义和无产阶级专政进行持久斗争时期民族和殖民地问题的一般原则。

从那时以后,在战后帝国主义政治危机和经济危机深化的基础上,殖民地和半殖民地国家反对帝国主义压迫的斗争得到很大的加强。

这一点可以从下列事实得到证明:1.旨在瓜分土耳其的色佛尔条约已经破产,土耳其有可能完全恢复民族独立和政治独立;2.印度、美索不达米亚、埃及、摩洛哥、中国和朝鲜的民族革命运动蓬勃发展;3.日本帝国主义无法解决的国内危机使得国内资产阶级民主革命因素迅速增长,日本无产阶级在目前转而进行独立的阶级斗争;4.东方各国工人运动兴起,几乎在所有这些国家都成立了共产党。

上述事实表明,殖民地革命运动的社会基础发生了变化。这种变化加强了反对帝国主义的斗争,而这个斗争的领导权,现在也并不完全掌握在准备同帝国主义妥协的封建分子和民族资产阶级的手里。

1914—1918年的帝国主义战争,以及随后发生的资本主义的长期危机(首先是在欧洲),削弱了列强对殖民地的经济控制。

另一方面,这种情况导致了世界资本主义经济基础的削弱及其政治势力范围的缩小,因而帝国主义争夺殖民地的斗争更加激化(争夺石油的斗争、英法在小亚细亚的冲突、日美争夺太平洋霸权等),从而打破了整个世界帝国主义体系的平衡。

正是由于帝国主义对殖民地控制的削弱,以及各帝国主义集团之间竞争的日益加剧,殖民地和半殖民地国家的民族资本主义才得以有所发展,并且已经冲破或正在冲破帝国主义列强统治下的狭隘范围。到目前为止,列强资本为了在商业、工业和税收等方面剥削落后国家,确保其取得超额利润的垄断权,乃力图使这些国家孤立于世界经济流通领域之外。殖民地的民族主义运动所提出的民族独立和经济独立的要求,乃是这些国家的资产阶级要求发展的反映。因此,殖民地本国生产力的发展同帝国主义利益有着不可调和的矛盾,因为帝国主义的本质,就是要利用世界经济各部分之间生产力发展的不同水平,来达到其攫取超额利润的目的。

二、斗争条件

殖民地的落后状况,表现在反对帝国主义的民族革命运动的多样化上。这种多样化又反映了由封建制度和封建宗法制度向资本主义过渡的不同阶段。这种多样化还使民族革命运动的思想体系受到相当深刻的影响。由于殖民地国家的资本主义是在封建制度的基础上产生和发展起来的，它具有混杂掺合的过渡形式，而且首先是商业资本占优势。因此，资产阶级民主制要想摆脱封建官僚和封建地主的束缚，往往要经过曲折而漫长的道路。这就是对帝国主义压迫顺利进行群众斗争的主要障碍，因为外国资本主义在一切落后国家里，都利用当地社会上封建的（有时是半封建的、半资产阶级的）上层人物作为其统治的代理人（如中国的"督军"，印度的土邦贵族和地产包税人，波斯的封建官僚和贵族，埃及的采用资本主义经营方式的大地主等）。

因此，随着反对帝国主义的斗争转变为群众的革命运动，殖民地和半殖民地民族的统治阶级，不仅不能领导而且也不愿意领导这一斗争。只有在封建宗法制度还没有瓦解到使本国贵族完全脱离群众的地方，如在游牧民族和半游牧民族当中，这些统治阶层的代表才可能积极领导反对帝国主义压迫的斗争（如美索不达米亚、摩洛哥和蒙古）。

在伊斯兰教国家里，民族运动最初从大伊斯兰主义的宗教政治口号中寻找思想武器。这就使列强的官员和外交家得以利用广大人民群众的偏见和愚昧来反对这一运动（例如英帝国主义者在大伊斯兰主义和大阿拉伯主义上所耍的把戏，英国把哈里发迁往印度的计划，法帝国主义所提出的"同情伊斯兰教"的空论等）。然而，随着国内民族解放运动的扩大，大伊斯兰主义的宗教政治口号逐渐为具体的政治要求所代替。不久前，土耳其发生的要求世俗权力脱离哈里发的斗争，就是证明。

一切民族革命运动运动共同的基本任务，就是实现民族统一和取得国家独立。要想真正而彻底地解决这项任务，就要看这个民族运动能够在多大程度上把广大劳动群众吸引到自己的行列中来，为此，这个运动就要切断同反动封建分子的一切联系，并在自己的纲领中体现广大劳动群众的社会要求。

共产国际清楚地认识到，在不同的历史条件下，体现本民族要求国家独立的代表人物，可以是各式各样的，因此，它支持一切反对帝国主义的民族革命运动。与此同时，它也没有忽略这一点，即只有彻底的、吸收最广大群众积极参予斗争的革命路线，只有同一切为了保持其阶级统治而不惜与帝国主义妥协的人物无条件地决裂，才能引导被压迫群众取得胜利。民族资产阶级与封建反动分子相勾结，就可以使帝国主义者广泛利用封建制度的混乱、各派系首领的倾轧、氏族和部族的纷争、城乡之间的对立、各阶层和各教派的斗争，以达到其分化瓦解民族运动的目的（如在中国、波斯、库尔德斯坦、美索不达米亚等地）。

三、土地问题

在大多数东方国家（印度、波斯、埃及、叙利亚和美索不达米亚）中，土地问题对于反对列强专制压迫的解放斗争，具有首要的意义。帝国主义对落后国家的大多数农民进行剥削，使他们破产，使他们丧失了基本生活手段。同时，由于工业不发达，国内只有零星的工业点，因而不能吸收过剩的农村劳力，而这些农村劳力又不能迁出国外。留在土地上的贫苦农民，便不断沦为农奴。

如果说，在先进的国家中，战前的工业危机起了调节社会生产的作用，那么，在殖民地起这种调节作用的就是饥馑。帝国主义为了以最小的资本消耗获取最大的利润，就在落后国家中尽最大可能保持封建高利贷的剥削劳动力方式。在一些国家中，例如在印度，帝国主义把该国的封建国家土地垄断权据为己有，并把土地税变为向大国资本及其代理人（土帮贵族和地产包税人）交纳的贡赋。而在另一些国家里，如在波斯、摩洛哥和埃及等国，帝国主义则通过各该国的大土地占有制来榨取地租。因此，反对封建的苛捐杂税和封建的束缚、要求解放土地的斗争，就是反对帝国主义和反对封建的大土地占有制的民族解放斗争（1921年秋在印度发生的反对地主、反对英国人的摩普拉起义，1922年的锡克教徒起义，就是例子）。只有以消灭大土地占有制为己任的土地革命，才能把对反帝斗争有决定作用的广大农民群众动员起来。资产阶级民族主义者（印度、波斯、埃及等国）害怕土地革命口号，并千方百计地取消这个口号，这说明民族资产阶级同大封建土地占有制和封建资产阶级土地占有制有着密切的勾结，而且说明它在思想上和政治上对这两种大土地占有制的依附性。一切革命派都必须利用这些犹豫不决和摇摆不定的事实，去系统地批判和揭露资产阶级民族主义运动领导人的不彻底性。正是这种不彻底性不利于组织和团结劳动群众，印度的"不合作主义"策略的破产就可以说明这个问题。

东方各落后国家的革命运动，如果不依靠广大农民群众，就不可能取得胜利。因此，东方各国的革命党必须明确制定自己的土地纲领。这个纲领应该提出彻底消灭封建主义及其残余的要求。为了使农民群众积极参予［与］民族解放斗争，必须宣布坚决改变土地所有制的基础，同时也必须强迫民族资产阶级政党尽可能接受这一革命的土地纲领。

四、东方的工人运动

东方年青的工人运动是近年来民族资本主义发展的产物。到目前为止，东方的工人阶级（连同它的基本核心在内）仍然处于过渡状态，即处于小行业作坊向资本主义大工厂过渡的状态。由于资产阶级民族主义知识分子把工人阶级的革命运动纳入反帝斗争的轨道，因而工人阶级早期的工会组织和工会活动最初是由这些知识分子的代表人物领导的。起初，工人阶级的活动，没有超出资产阶级民主制的"全民族"利益范围（中国和印度的罢工就是反对帝国主义、官僚和行政人员的）。正如共产国际第二次代表大会所指出的，资产阶级民族主义的代表人物，为了盗用苏维埃俄国在政治上和道义上的威望，为了迎合工人的阶级本能，往往把他们的资产阶级民主要求改头换面，使这些要求披上"社会主义"和"共产主义"的外衣（例如，在土耳其就有涂上共产主义色彩的大土耳其主义的"埃喜尔部落党"，在中国，某些国民党代表人物所吹嘘的"国家社会主义"），以便用这个办法（有时连他们自己也不知道）使第一批萌芽状态的无产阶级小组丢下其阶级组织的直接任务。

尽管如此，在落后国家中，近年来工人阶级的工会运动和政治运动还是大踏步前进了。几乎在一切东方国家都建立了独立的无产阶级政党，这就是一件了不起的事实，虽则这些党极大多数还需要大力整顿，以克服手工业习气、小团体作风以及其他许多缺点。共产国际从一开始就已估计到东方工人运动的伟大潜力，这是一件意义十分重大的事实，因为全世界无产者在共产主义旗帜下的真正国际性的联合，在这件事实上得到了鲜明的体现。第二国际和第二半国际至今在任何一个落后国家都找不到支持者，就是因为它们仅仅起着欧美帝国主义"奴仆"的作用。

五、东方各国共产党的共同任务

资产阶级民族主义者看待工人运动，是看后者对他们取得胜利有多大作用，而国际无产阶级看待东方年青的工人运动，则着眼于这个运动的革命前途。在资本主义制度下，落后国家如果不付出巨大的代价，如果不忍受列强资本的剥削和压榨，就不可能获得现代技术和文化的成果。落后国家之所以必须同先进国家的无产阶级结成联盟，这不仅是由于共同反对帝国主义的需要，而且是由于东方各国工人为了发展本国落后的生产力，只能从先进国家获得胜利的无产阶级那里取得无私的援助。同西方无产阶级结成联盟开辟了通向世界苏维埃共和国联邦的道路。对于落后民族来说，苏维埃制度是由原始的生活状况向共产主义高度文明过渡的最无痛苦的形式，而共产主义的使命，就是要在整个世界经济中取代资本主义的生产和分配方式。已经获得解放的、原帝俄殖民地所取得的苏维埃建设的经验，就可以证明这一点。只有苏维埃这种政体，才能保证彻底实现农民的土地革命。在一些东方国家里农业所具有的特殊条件（人工灌溉），在过去是靠封建宗法制度的专门协作组织来维持，而现在已被资本主义的掠夺所破坏，因而也需要有一种国家组织，以便能够有计划、有组织地为社会需要服务。由于特殊的气候条件和特殊的历史条件，东方各国的小生产者合作社势必要在过渡时期起重大作用。

由于殖民地革命的彻底胜利是同世界帝国主义的统治势不两立的，因而这个革命的客观任务也就超出了资产阶级民主的范围。如果说，最初民族资产阶级和资产阶级知识分子是殖民地革命运动的先锋，那么，由于无产阶级和半无产阶级的农民群众参加到这个运动中来，大资产阶级和资产阶级土地占有者就开始脱离出去，因为底层人民的社会利益已被提到首要地位上来。在整整一个历史时期内，殖民地各国年青的无产阶级还面临着一场漫长的斗争，它既要同帝国主义的剥削作斗争，又要同本国的统治阶级作斗争，因为本国统治阶级力图垄断一切工业和文化的发展成果，而且要把广大劳动群众置于原有的"史前"的境地。

这一场争取对农民群众施加影响的斗争，定能把当地无产阶级锻炼成为政治领袖。无产阶级自身以及与其联合的各社会阶层，只经过事先的锻炼，才有能力在落后的东方的条件下从事反对资产阶级民主制的斗争。在落后的东方，资产阶级民主制在形式上比西方更为落后。

如果殖民地的共产党人借口"维护"独自的阶级利益，而拒绝参加反对帝国主义压迫的斗争，这就是最坏不过的一种机会主义，这只能败坏东方无产阶级革命的声誉。应当承认，为了"民族团结"或者为了同资产阶级民主派实行"国内和平"，而企图放弃争取工人阶级日常的切身利益的斗争，这种企图也为害不浅。摆在殖民地和半殖民地国家的共产党和工人党面前的是双重的任务：一方面，它们要力争最彻底地解决资产阶级民主革命的任务，以求得国家政治上的独立；另一方面，它们又要利用民族主义的资产阶级民主阵营内的种种矛盾，把工人和农民群众组织起来，为实现他们的特殊阶级利益而斗争。共产党和工人党要提出一些社会要求，借以激励和策动那些在资产阶级自由派的主张中找不到出路的革命力量。殖民地和半殖民地的工人阶级应当坚信，只有扩大和加深反对帝国主义列强压迫的斗争，才能把它自己提到革命领袖的地位。反过来说，只有把工人阶级和半无产者阶层在经济上和政治上组织起来，并对他们进行政治教育，才能扩大反对帝国主义斗争的规模。

东方殖民地和半殖民地各国的共产党，目前或多或少地尚处于萌芽时期，这些党应该参加一切可以接近群众的运动。但是，也应当对工会中的宗法行会偏见和资产阶级影响展开有力的斗争，以便使这些处于萌芽状态的工会组织不受改良主义思想的影响，并使它们变为群众性的战斗组织。这些国家的共产党，应当尽一切力量把人数众多的男女雇农和男女手工业者组织起来，而这一工作要从维护他们的切身利益做起。

六、反帝统一战线

如果说在西方，在有组织地积蓄革命力量的过渡时期，曾经提出过工人统一战线的口号，那么现在，在殖民地东方，就必须提出反帝统一战线的口号。这一口号之所以适宜，是由于要对世界帝国主义进行漫长而持久的斗争，而这种情势要求把一切革命因素动员起来。由于本国统治阶级想要同外国资本妥协，并且不惜为此而牺牲人民群众的利益，这种动员工作就尤其必要。正如西方的工人统一战线口号，无论在过去和现在都有助于揭露社会民主党背叛无产阶级利益一样，反帝统一战线的口号，也将有助于揭露资产阶级民族主义的某些集团的犹豫和动摇。这个口号还将有助于发扬劳动群众的革命斗志，启发他们的阶级觉悟，使他们不仅站在反帝斗争的前列，而且站在反对一切封建主义残余的斗争的前列。

殖民地和半殖民地国家的工人运动，首先应在整个反帝战线中争取成为一个独立的革命因素。只有承认它的这种独立的作用，并保持它在政治上的完全自主，才有可能而且有必要同资产阶级民主派达成暂时的妥协。无产阶级应当支持并提出诸如建立独立的民主共和国、消灭一切封建权力和特权、实现男女平权等等局部性的要求，因为目前的力量对比还不允许把实现苏维埃的纲领作为当前的任务。同时，无产阶级就自己方面说，还应当提出有助于农民和半无产阶级群众在政治上同工人运动联合起来的口号。向广大劳动群众阐明同国际无产阶级和苏维埃共和国联合的必要性，是反帝统一战线的一项最重要策略任务。只有同先进国家的无产阶级革命联合起来，殖民地革命才能取得胜利，并保持其胜利果实。

在半殖民地国家（如中国、波斯）中，或利用帝国主义者之间的争夺而取得独立的国家（如土耳其）中，资产阶级民族主义同一个帝国主义国家，或几个相敌对的帝国主义国家相勾结，其危险要比殖民地国家大得多。凡是这种勾结，都意味着本国统治阶级在形式上独立的掩盖下，同帝国主义之间的权力划分极不均衡，而国家依然处于受世界帝国主义奴役的半殖民地缓冲国的地位。

为了在反对帝国主义的革命解放斗争中获得喘息机会，工人阶级认为局部的和暂时的妥协是许可的和不可避免的。但是，对本国统治阶级为了保持其阶级特权而或明或暗同帝国主义瓜分权力的企图，应作绝不调和的斗争。同无产阶级苏维埃共和国紧密团结的要求，是反帝统一战线的旗帜。此外，还应当为最大限度的政治民主化进行最坚决的斗争，以便摧毁国内政治上和社会上的极端反动分子的支柱，保障劳动人民的结社自由，以争取实现其阶级利益（要求建立民主共和国，实行土地改革和税制改革，在广泛自治的原则下建立行政机关，颁布劳工法，保护童工，保护妇婴等等）。甚至在取得独立的土耳其，工人阶级也没有结社自由，这就足以说明资产阶级民族主义者对待无产阶级的态度了。

七、太平洋沿岸地区无产阶级的任务

由于帝国主义竞争不断加剧，所以也必须建立反帝战线。现在，这种竞争已经达到这样尖锐的程度，以致于以太平洋为战场的新的世界大战，如果没有国际革命威胁的话，势将不可避免。

华盛顿会议本打算克服这个危机，但是，事实上反而加深和激化了帝国主义的矛盾。最近中国的吴佩孚和张作霖之间的战争，就是日本帝国主义与英美帝国主义在华盛顿协调彼此利益的政策遭到失败的直接后果。不仅日本、美国和英国将要卷入这威胁着和平的新战争，而且其他资本主义强国（法国、荷兰等）也要卷进来。这个战争将比1914—1918年的战争具有更大的破坏性。

太平洋沿岸地区的殖民地和半殖民地各国共产党的任务，就是要大力进行宣传，向群众说明当前的危险，号召他们积极地投入民族解放斗争，并坚决依靠苏俄这一切被压迫和被剥削群众的支柱。

美国、日本、英国、澳大利亚和加拿大等帝国主义国家的共产党，在当前面临危机的情况下，不应仅限于做反战宣传工作，而应尽一切努力消除这些国家中瓦解工人运动的因素，消除那些有利于资本家利用民族矛盾和种族矛盾的因素。

这些因素就是移民问题和有色工人的廉价劳动力问题。

契约劳工制至今仍是太平洋南部地区甘蔗园招募有色工人的主要方法。这些工人是由中国和印度招募来的。由于这个情况，帝国主义国家（美国和澳大利亚）的工人就要求制订禁止移民法和限制有色工人法。这些限制性的法令加深了有色工人和白种工人之间的对立情绪，从而分散和削弱了工人运动的团结。

美国、加拿大和澳大利亚的共产党，应当发起强有力的运动，反对这种限制性的移民法，并应当向这些国家的无产阶级群众指出，这种法令只能煽动种族仇恨，归根到底受害者还是他们自己。

从另一方面说，资本家也反对这种限制性的法令，他们的目的是要输入廉价的有色劳动力，并借以降低白种工人的工资。只消用一种办法就可以回击资本家的这种进攻意图，就是让移民工人加入现有的白种工人工会。同时，还应当提出要求，使有色工人的工资提高到白种工人的工资水平。共产党采取这一步骤，就可以揭露资本家的意图，同时也可以向有色工人生动地表明，国际无产阶级没有种族偏见。

为了实现上述步骤，太平洋各国的革命无产阶级代表，应当召开太平洋区域会议，制定正确的策略和采取适当的组织形式，以便实现太平洋地区各种族无产阶级的真正团结。

八、各宗主国共产党在殖民地的任务

殖民地革命运动对于国际无产阶级革命事业有着头等的意义，因此，各帝国主义强国的共产党首先必须加强殖民地的工作。

法帝国主义的如意算盘是，利用殖民地奴隶作为反革命的战斗后备力量，以镇压法国和欧洲的无产阶级革命斗争。

英美帝国主义则依然是分裂工人运动，其办法是拉拢工人贵族，答应由殖民地剥削的超额利润中给他们一部分好处。

这些占有殖民地的国家的共产党，都应当担负起这一任务：在思想上和物质上不断帮助殖民地的工人运动和革命运动。对于殖民地中某些待遇优厚的欧洲工人所具有的那种殖民者的假社会主义意向，必须进行坚决而有力的斗争。在殖民地工作的欧洲工人中的共产党员，应当尽力把当地的无产者组织在自己的周围，并通过提出具体的经济要求（把本地工人的工资提高到欧洲工人工资的水平、实行劳动保护和保险等），以取得他们的信任。在殖民地（在埃及、阿尔及利亚）建立独特的欧洲共产党组织，乃是一种隐蔽的殖民主义形式，这种做法对帝国主义有利。按照民族特征来建党的任何做法，都是违背无产阶级国际主义原则的。共产国际所属各党，必须向广大劳动群众不断地宣传落后国家反对帝国主义统治的极端重要性。为此，各大国的共产党，应当在中央委员会之下设立殖民地常务委员会。共产国际对东方各国共产党的帮助。首先应当表现在协助它们创办以本国语言出版的定期刊物和机关报。应当特别重视在欧洲工人组织中和在殖民地占领军中的工作。各大国的共产党不应当放过任何机会，以揭露本国帝国主义政府和资产阶级妥协主义政党所实行的殖民主义强盗政策。

（《共产国际、联共（布）与中国革命文献资料选辑（1917~1925）》，北京：北京图书馆出版社，1997年，第355~366页）

23. "新青年社——举行大廉价"广告（《新青年》季刊第一期）

《新青年》季刊第一期封底刊登"新青年社——举行大廉价"广告，其内容：

本社出版各种丛书以及新青年八、九两卷，自七月一日起至八月卅日止，大廉价两个月。凡在廉价期内以现款购书，一律照原价六折计算，外埠购买，寄费加一，邮费代价，十足收用。廉价以广州本社为限，与各埠本社代派处无涉。期满即照原价发售；爱读本社出版物的诸君，幸勿失此机会。兹将各书列表如下：

书目	原价	廉价	书目	原价	廉价
新青年 八九两卷每册	二角	一角二分	工钱劳动与资本	一角八分	一角一分
社会主义讨论集	七角	四角二分	马克思资本论入门	一角	六分
哲学问题	四角	二角四分	劳农会之建设	一角六分	一角
到自由之路	五角	三角	讨论进行计划书	一角	六分
欧洲和议后之经济	五角	三角	共产党礼拜六	一角二分	七分
工团主义	三角	一角八分	列宁传	二角	一角二分
阶级争斗	五角	三角	劳农政府成功与困难	一角二分	七分
共产党底计划	三角	一角八分	劳动运动史	一角	六分
俄国共产党党纲	一角	六分	俄国革命记实	三角九分	二角一分
国际劳动中之重要问题	三角	一角八分	两个工人谈话	一角	六分
第三国际议案及宣言	四角	二角四分	京汉工人流血记	二角	一角二分
共产党宣言	一角	六分	共产党月刊三期至六期每册	一角	六分

总发行所广州昌兴马路新青年社

(《新青年》季刊第一期,1923年6月15日)

7月
1日

24.《历史要走到无产阶级专政》(《少年》第十号,7月1日)

《少年》第十号刊登马克思著,石人译的《历史要走到无产阶级专政》,全文如下:

至于我,我并没有功劳在近代社会中发明阶级底存在和这些阶级底争斗。在我前好久,一些有产阶级的历史家即叙述这个阶级争斗底历史的发展;一些经济学家即叙述这些阶级底经济的分析。我所新加的,就是证明:

1)阶级底存在是关系于生产阶级发展底某一定的历史的条件;

2)阶级争斗必须走到无产阶级底专政;

3)这专政(Dictature)本身不是别的东西,就是到废除一切阶级和成立一个无产阶级的社会之一个过渡期间。

(按此段文字译自《国际通信》系从《法兰西内乱》摘下来的,如欲窥其全豹,请读原书,兹仍照《国际通信》译此一小段)

(《少年》第十号,1923年7月1日)

25.《离开政治的性质》(《少年》第十号，7月1日)

《少年》第十号刊登《离开政治的性质》，全文如下：

工人阶级不应该组织一个政党；无论如何借口，他不应该采用政治的行动。因为以争斗去反抗国家，便是承认了国家。这是违反永久的原理！劳动者绝不应该罢工，因为以争斗去取得工资底增加或反掠夺，便承认了工钱制。这是与工人阶级解放底永久原理冲突了。

若劳动者聚合在他们反对有产阶级的国家的争斗中为获得一些让与，他们遂签定一些和约，这又与永久的原理冲突起来！如英美的一般劳动者有不好的习惯所做的，人应抛弃所有政治的运动。劳动者不应该费他们的精力为争得一个工作时间底合法的限制，因为这会要与业主签一个和约，决定业主只剥削工人十时或十二时，不像往日十四时或十六时。同样的，他们也不应该努力争求禁止十岁以下的女子在工厂中操作；因为用这个方法，十岁以下的男孩子底掠夺，不能一下废除，这又做了一个新的妥协而又侵犯了永久原理底纯洁。

劳动者更要少要求国家(他的预算是安排在工人阶级底掠夺上的)，担保工人子弟底初步教育；因为初步的教育不是完全的教育。宁可使男女工人不知道读、写、计算，而不在国家底学校中接受一个先生底教授。宁可使无知和每天十六时工作麻痹了工人阶级；但这些永久的原理，还是应该要保全的。

若工人阶级底政治的争斗，带一个革命的形式，若劳动者成立他们的革命的专政(Dietorture)代替有产阶级底专政，他们即犯了违反原理的一个大罪；因为，为满足日常生活底需要——艰难的不神圣的需要——为破碎有产阶级底反抗，他们不放弃武器和废除国家，而给国家一个暂时的革命的形式。工人不应该组织工团，因为这将使分工永久存在，如他存在有产阶级社会中一样。这种分工使工人分散，不正是奴隶制的基础么？

一句话，工人应该抱起两个膊子，莫耗费时间来做政治和经济的运动。在一般实在的宗教的人们，他们轻视日常生活底需要，用一个深沉的信念呼号："不怕我们的阶级受苦，不怕我们的种族灭亡，只要永久的原理仍然纯洁脱除一切凡尘！"如笃信的基督教徒，他们应该信奉牧师底言词，轻视这世界上的福利专寻找天堂。只要在天堂上宣读社会的总清账——这个总清账是有一天在这世界某一隅上要实现的，但无人知道谁来施行，怎样施行——这一曲戏就莫唱了。

在等待这绝妙的社会的总清账中，工人阶级应该规规矩矩地保守着如一群饲养得好的肥羊一般；他应该让政府安静，应该惧怯警察，应该尊重法律，应该毫无顾惜地将他自己交付出来作抵当炮子的肉。

在每日的生活中，劳动者应该长此为国家最乖驯的奴仆；但是在他们的良心上，他们应该用最后的精力反对他们的现状。若读过几本研究废除国家的小册子，他们一定证实这理论的非常的可厌；他们应该用别的反抗来对付这资本主义的设施，不空空地夸扬将来的社会，说将来的社会中，这可恶的设施会消灭。

无人能够否认，若一般宣传谢绝政治的人明明白白地表现出他们的思想，工人阶级一定马上将他们拒绝在千里之外；他眼见是一般愚蠢的或聪明的有产阶级的学者和堕落的公子们在这些宣言中下一些攻击和凌辱使他们拒绝所有战斗底实在的方法，因为在现今社会中是必须借助于这些战斗底方法的，又因为这争斗底必然的条件不幸与一般意象学者底梦毫不相同——这些梦即是我们的社会科学博士以自由、自治、无政府等名义颂扬不已的。工人阶级底运动于今竟这样强有力，竟使一般读博爱的先生们不敢再诵读他们在政治上所宣布的大真理作经济的争斗。拿这些真理应用到罢工上、结社上、组织工团上、妇女和儿童底劳动法上、工作时间底限制上等，他们即无能为力了。

现在我们看在什么步度上，他们求助一些旧的沿袭的思想：荣幸、公平、永久原理。

初期的社会主义者（傅立叶、奥温、圣西门等）——社会主义在这时还没有发展到使工人阶级可组成政党——自然只在描写将来的社会和一定要拒绝工人，有改良他们的境遇的设想——如罢工、联盟、政治行动。但是，虽然我们无权否认这些社会主义底始祖，犹之乎现今的化学家视往日的炼金术者（alchimisces）为他们的前辈和先祖。我们应该谨慎不要再蹈他所已犯的错误，这些错误在我们这方面是不可原谅的了。

其后到一八三九年，当工人阶级底政治和经济的争斗在英国已经带有一个很强大的性质的时候，Bray（白锐）——一个奥温底学生即是一般在 Proudhon（普鲁东）前好久发现了互助论者之一——发行一本书：《劳动者的错误与其救济》（Labour Wrongs and Labou's Remedy）。

在一章论所有人可用在当时争斗中的解放底方法都无效中，他把英国工人阶级底所有的政治和经济的争斗，都做一个利害的批评。他责骂政治的运动：罢工，工作时间底限制，妇女和儿童底工厂底工作底规定。因为举凡这些在他看不特不是与社会底现状断绝关系，正是将工人与这社会底现状密接起来，使他进了更解不开的罗网。

现在我们要谈到我们社会科学的博士底领袖普鲁东了。虽然这位老师常明明白白地发些反对所有经济运动（罢工、结社等）的言论——因这些运动与他的互助论底自由的理论相抵触——但由他的文字上和他个人的做事上很鼓动工人阶级底政治的争斗，而他的门徒也不敢公然反对这种运动。在一八四七年时，当这位老师底大著《贫困的哲学》（Ler' philosophce de lamisèse 或名之为 Le système des contradictions économiques）出世时，我已得了机会驳论一切反对工人运动的妙论。但是到一八六四年，ollivies 法律已经给法国劳动者底结社权（不过范围还是很狭隘的）时，普鲁东在一个名叫《工人阶级底政治能力》（de la capacilé nolitiqure des classes oureies）底著作中，(这个著作是在他死后几日出版的）还是没变主张。

这位老师底攻击，备受有产阶级底欢迎。当一八六六年伦敦裁缝工人底大罢工时，竟使时报捧出普鲁东来，用普鲁东本人底言论来责骂罢工者。我们将去举出他的推论底几个榜样出来。

Rive des Gier 底矿工人罢工，兵士们跑去要他们听讲理由。

"命令（aulozilé）枪毙了矿工人是很不幸的，但他亦如老白吕矩斯（Brustus）一样。当老白吕矩斯处枉父底感情与总督底责任之间时，他应牺牲他的儿子以救济共和。白吕矩斯这样地毫不迟疑后世人并不敢责备他。"

决没有一个劳动者相信曾经看见过有一个有产阶级的人会迟疑牺牲他的工人以保护他的利益。请看像白吕矩斯这般有产阶级中人罢！

"没有一个结社底存在，只有一个聚敛权、强盗权剥削权和一个奸淫权存在！"

人应该承认一定有愚陋权存在。

但是这位老师所根据以发生他的咒骂的永久原理是什么呢？

第一个永久原理："工资底重心决定商品底价格"。

纵然是毫无政治经济常识而又不知有产阶级经济学者李嘉图（Ricardo）在他的《政治经济底原理》（Pcireipes Decomnuie Potilique，一八一七年出版）上已用一个很清楚的方式辨驳这种沿袭的错误的人们。我以为举凡在英国工业中所经过的也不会看不见的；英国卖他的制造品比任何别的国家底价格都要低些，然而工资在英国差不多比欧洲任何地方都要高些。

第二个永久的原理："允许结社的法律是完全不对的、反经济的，是与任何秩序和社会相抵触的。"一句话，"他是违反自由竞争底经济的权利的"。若这位老师不完全陷在狭隘的国家主义里，他应自问问如何在四十年前英国即颁布一个相类似的分明与自由竞争底经济权相冲突的法。为甚么工业渐渐发展和自由竞争也跟着发展这个破坏任何秩序和社会的法律迫令所有有产阶级的国家都要施行，好似一个不可免的必须。他或者即会发现这个，"权力"仅存在于基督教徒（fucès ignoràutians）所抄的有产阶级的经济学底稿本中，这稿本所包含的内容就是"财产是劳动底结果……"他们忘记在劳动前头加上两个字别人。

第三个永久原理："借口增高工人阶级底卑下的地位，人将完全挑动全体的有产阶级工头、业主、厂主等。人将煽动手工的劳动者底德谟克拉西。人将要求他对于这般中等阶级底可怕的谋逆者生仇恨和厌恶。宁可在工商业中争斗人不顾立法的限制；宁可阶级争斗人不顾国家底防御。"

为封闭工人阶级所有解放的方法，这位老师责骂结社。因为这结社会将工人阶级当着厂主业主、工商业家这般人之前竖起成对敌的阶级。为避免扰厌这可怕的阶级（厂主业主工商业家……）老好的普鲁东竟至以自由和竞争嘱咐工人等待互助的社会成立。在他，这自由和竞争虽有大妨碍，然而是我们的唯一的保证。

这位老师传播离开经济底范围以保持自由和竞争——我们的最低的保证：他的门徒又传播离开政治的本质，以保持有产阶级的自由——他们的最低的保证。如初期的基督教徒一样，他们亦传播不管政治但他们假借一个帝王底手来使他们自己由被残杀者变为残杀者近代宣传不管政治先生们不相信他们永久的原理，也迫令他们抛弃现世底幸福和有产阶级社会底暂时的权利。无论怎样，我们应该说他们用一个宗教的尽忠底禁欲主义忍耐这十四或十六时的工作，因为这十四或十六时的工作是加在工厂底工人身上。

马克思　一八七三年在伦敦
（《少年》第十号，1923 年 7 月 1 日）

8月
10日（星期五）

26.《苏维埃联邦宪法》（《东方杂志》第二十卷第十五号，8 月 10 日）

《东方杂志》第二十卷第十五号发表济之和亚权合著的《苏维埃联邦宪法》，全文如下：

（宪法全文及其制定之经过）

前俄帝国政府日以扩张领土，征服弱小民族为事。自十六世纪起即沿袭此种强制吞并政策，恃其兵力，迫文化言语习俗迥不相同之"非俄罗斯"民族，宛转呻吟，屈伏于暴皇专政之下。

数世纪以来因此种政策之结果，俄罗斯遂成为一庞大之国家，疆土日辟，人民滋繁，治二三十种异民族于一炉，浸具"民族国"之称。

据一八九七年之统计，俄国人民之总数计有一二八、九二四、二八九人，以各民族分配之，得表如下：

各民族名称	人数（以千人为单位）	人民全额之百分几
（一）大俄罗斯人	五五、六七三	四三·三〇
（二）乌克兰人	二二、四一五	一七·四一
（三）波兰人	七、九三一	六·一七
（四）白俄罗斯人	五、八八六	四·五七
（五）犹太人	五、〇六三	三·九四
（六）德人	一、七九〇	一·四〇
（七）立陶宛人	一、六五八	一·二九
（八）莱多维亚人	一、四三六	一·一三
（九）爱沙尼亚人	一、〇〇三	〇·七八
（十）毛尔达文人	一、一二二	〇·八七
（十一）瑞典人	三四〇	〇·二九

续表

各民族名称	人数(以千人为单位)	人民全额之百分几
(十二)鞑靼人	三、七三八	二·九一
(十三)基尔基慈人	四、〇八四	三·一八
(十四)伯司基雷人	一、四三九	一·一二
(十五)莫特瓦人	一、〇二四	〇·七九
(十六)处瓦西人	八四四	〇·六六
(十七)伏卡基人	四二一	〇·三三
(十八)柴莱米司人	三七五	〇·二六
(十九)乔治亚人	一、三五二	一·〇五
(二十)阿美尼亚人	一、一七三	〇·九一
(二一)莱慈基纳人	六〇一	〇·四七
(二二)柴成莱与柴尔开司人	四九一	〇·四二
(二三)萨尔退人	九六九	〇·七五
(二四)乌慈白基人	七二七	〇·五七
(二五)泰齐基人	三五〇	〇·三〇
(二六)库尔特波斯及其它波斯种人	二四七	〇·九一
(二七)土尔克孟人	二八一	〇·二一
(二八)图尔基人	四四〇	〇·三五
(二九)布里雅特人	二八九	〇·二二
(三十)雅古特人	二二七	〇·一七

(三)其它小民族

上表颇足证明俄国民族之复杂。但此数种被征服之民族，法律权利上既不能取得与大俄罗斯民族同等之地位，而又受俄政府所施政治上经济上种种之压迫。于是蠢然思动，反叛中央，以图独立之举遂层见叠出，书不胜载，其间如高加索民族之五十年独立运动，虽迭用武力荡平，而民众被逐，村落为墟；波兰，芬兰亦屡经反叛，均遭压抑；此外如虐待犹太民族，鼓吹民间起"反塞米脱族运动"，尤属日常屡见之事。

迨乎革命一起，苏维埃政府成立以后，遂一反从前帝政时代之压抑异民族政策，提倡民族平等主义，宣言各民族均有自决之权利，并废除一切民族上及民族宗教上之优权与限制，凡在俄国内居住之少数民族均得自由发展。为实行此项民族政策起见，劳农政府特设一"民族国民委员部"。

本民族自决制原则，劳农政府特于一九一七年十二月间承认芬兰有独立之权利。对于乌克兰，则劳农政府亦于一九一七年十二月三日宣言承认乌克兰国民共和国。不久乌克兰将民主政府推翻，组织苏维埃政府，与俄国缔结密切之同盟。

其时莱多维亚，爱沙尼亚，立陶宛与白俄罗斯诸民族亦相继独立。此四国初均建设苏维埃政治，但其后均行反正，仍改为民主政府矣。其中如白俄罗斯于俄波战争后一部分依附波兰，一部分仍组织劳农政府，而与俄国联合。

此外如波兰之独立，后高加索三国——阿才倍疆亚美尼亚及乔治亚——之联合。均系贯彻劳农政府此种民族政策之表现。

总之，劳农政府对于国体组织异己之民族国家，听其独立，如波兰、芬兰、莱多维亚、爱沙尼亚、立陶宛等国是，而对于同属苏维埃政体之国家，则竭力联络，缔结同盟条约，如乌克兰、后高加索、白俄罗斯等国是。

但俄罗斯自国境内尚有弱小民族居住。俄政府对于此种弱小民族予以自治之权，组织有自治共和国及自治区两种。兹将此种自治共和国及自治区列举如下：——

自治共和国　　　　　　　中央地点
一、伯司基雷　　　　　　乌发。
二、基尔基慈　　　　　　渥冷蒲尔格。
三、鞭鞑　　　　　　　　卡庄。
四、土耳其斯坦　　　　　达斯更特。
五、郭尔斯卡耶　　　　　佛拉其高加索。
六、达格司唐　　　　　　玛哈奇，卡拉。（又名彼得洛夫司克）
七、克雷米亚　　　　　　新非洛鲍立。
八、雅古特　　　　　　　雅古特。
九、布里雅特蒙古（注）　伊尔库次克。
自治区　　　　　　　　　中央地点
一、卡尔梅克　　　　　　阿司脱洛亨。
二、处瓦西　　　　　　　柴鲍克萨尔。
三、伏卡基　　　　　　　伊然夫司克。
四、玛丽　　　　　　　　红郭克莎司克。
五、郭米（再亮司克）　　乌司脱色骚立克。
六、渥拉脱　　　　　　　乌拉林司克。
七、卡白尔提诺，贝尔加　拿里奇克。
八、卡拉柴也渥，柴尔开司　白塔尔柏沈司克。
九、阿台格　　　　　　　阿乌，塔赫塔莫卡。
十、柴成莱　　　　　　　格罗慈涅意。
十一、卡莱尔劳动自治区　彼得萨伏特。
十二、伏尔卡流域德人劳动自治区玛尔司达脱。

（注）布里雅特蒙古本为自治区，最近方组成自治共和国。

上项自治邦不特其组织异常复杂且，且其与中央所确定之关系亦各不相同。详细情形容另篇叙述，兹不及焉。

俄国民族解放及联合政策大概已如上述。惟此项政策大半系实施于俄国内乱纷争之际，故多有未能十分贯彻之处。迨乎各地白党渐次失败，外兵均经撤退，各国封锁既已撤消，劳农政府乃感于国际及经济关系上有不能不将各民族国相互关系正式确定之必要。且俄国当时已进而与西欧各国开始外交谈判及通商之关系，则俄国与各民族国实际上虽经联合，但因法律上尚未确定，既标民族解放主义，不便遽行代表，故困难尤甚。

实际上此项问题系发生于派遣俄代表赴日内瓦会议之际。当时俄政府特召集各共和国代表会议，议决由各国共同组织一统一之代表团赴日内瓦会议出席，并经用特别文书确定此项议决。是为俄国与各小国正式确定联合关系之始端。

嗣后，俄国舆论遂渐起提倡组织联合各社会主义国为一国之言论。一九二二年后半年自日本军自沿海省撤退以后，远东共和国已无成立之必要，乃实行与劳农合并。至此劳农政府遂几尽行恢复前政府之版图，因之更生促进各社会主义国大联合之必要。

去岁第十次全俄苏维埃大会开会时会议及此项问题。斯坦林出席报告此事。据斯氏言，所以使各共和国促起联合者，其原因有三大类，约略述之如下：——

第一原因系与经济方面有关。据斯氏言，（一）俄国因食欧战及内乱之赐，普通经济之富源异常竭蹶；（二）在联邦之各国间历史上已组成天然之劳力分配，此项分配足使此经济区域与他经济区域互生关系，故在各区域分离独立之际欲求完全发展实属不可能之事；（三）交通于各国之发展上具有重要之关系，故交通之根本应予统一；（四）俄国财政艰窘，不得不设整顿及节制之方法。

第二原因系与对外政策有关。据斯氏言，（一）因俄国之军事地位，不能不使各社会主义国造成统一之阵地以对抗外敌；（三）因俄国对外贸易部与外国资本之关系，不能不联合各邦以防外界离间之策略。

至于第三原因，则斯氏以为劳农政府之组织本具国际性质，自当竭力贯彻劳工人民联合之理想。

因斯坦林氏演说之结果，第十次苏维埃大会遂全体议决批准组织社会主义共和国联邦之法案，并组织特别委员会起草此项联邦之宣言与条约，以便提交联邦苏维埃第一次大会讨论。

第一次联邦苏维埃大会于一九二二年十二月三十日召集，计到会议员属俄罗斯者一千七百二十七人，属乌克兰者一千二百二十六名，属后高加索者九十一人，属白俄罗斯者三十三人。该大会当经批准组织"苏维埃联邦"之条约，发出关于此事之宣言，并选出联邦中央执行委员会人员。

该条约全文仅二十六条，规定联邦政府之组织及权限，地方与中央之关系，同时并明定各联邦共和国均保存有自由退出联邦之权利。因该条约仅系规定联邦国成立之大纲，且其后在联邦宪法中此项大纲均经引用，或予变更，故本文内不加详叙。至于第一次联邦苏维埃大会之宣言，则全文载在宪法首篇，读后文自见，不愿于此再加絮述也。

联邦条约一成立，是苏维埃联邦（S. S. S. R.）法理上及事实上均已存在。至关于制定宪法一层，则当时第一次联邦苏维埃大会为尊重各共和国人民意思起见，特委托第二届联邦中央执行委员会办理。

关于联邦宪法起草之经过，特摘录叶奴基方氏向第二届联邦中央执行委员会报告之一段。以供读者：——

本宪法之一切根本原则，除关于"中央执行委员会"及其他问题外，业已于去岁十二月间取得批准。根据第一次联邦苏维埃大会之决议，条约与宣言均决定根本上加以通过，又因兹事体大，特交付各苏维埃共和国再行补充讨论，并委托联邦中央执行委员会征集各共和国关于此项条约之意见。中执会即根据此项意见及修正点草成新条文，议决后立即实行，同时并送交第二次苏维埃大会以作最后之批准。

其后联邦中执会主席部着手将苏维埃大会通过之条约及宣言发交各邦，征求意见，遂得采集极丰富之材料，并完全取得各邦之意见。

再中执会主席部为履行第一次苏维埃大会之议决起见，曾于本年一月十日组成十三人之委员会，凡各邦之代表均经加入。该委员会之任务即在于专门从事征集各邦关于条约及宣言之意见。再中执会主席部秘书应亦会将关于此项问题之一切材料发交各邦，并请其于一定期限内将自己之修改点送回。

自第一委员会征得各邦送来之一切材料，并明晰各该邦对于条约及宣言各条之意见以后，中执会主席部复行选组范围较大之委员会人数为二十五名，各邦代表，均行加入，其分配额：俄国方面十四人，乌克兰方面五人，后高加索及白俄方面各三人，且俄国代表中有五人系自治共和国所派之代表。如此，在该委员会内二十五人中有十六人系代表各联邦民族国之利益，仅有九人为代表俄国利益之人。该委员会之任务在于根据各邦送交之材料以起草根本法和宪法，送交本届中执会通过。

在该委员会未着手办事之先，主席部议决委托各邦代表先行根据所有之材料各自草拟草案，送呈委员会，然后将各种草案互相由各邦阅看。再行定期开委员会全体会，以便草成统一之宪法案。提交本届中执会之宪法草案即系依照此种手续编成者。

俄国代表团所提交之宪法案，五月三日即已发交各邦中执会。迨召集委员会全体会之时，——该会于六月八日起开会，至六月十六日终了，——白俄与乌克兰所拟之宪法草案，以及后高加索对于俄国宪法草案之修正案均已送到。当时该委员会将俄国宪法草案作为根据，再参酌各邦所提出之一切意见，注意及修正点，始得草成本宪法草案。故提交本届中执会之宪法草案并非单方面之文书。该草案业已于各邦委员会及中央扩充委员会内取到批准。且闻各邦中执会亦均已一致通过本草案。于此可见本草案业经各方面讨论取决，且曾经过多种慎重考虑之手续，其为缜密，不待言矣。……

第一届联邦中央执行委员会系于本年七月六日召集开会，即于当日将宪法案一致通过，并议决立即公布施行，惟尚须经下届联邦苏维埃大会一度之批准。

此外该届中执会复根据新宪法选出联邦国务院人员，并议决着联邦国务院从速组织各重要中央机关，以便施行政务。

此项苏维埃联邦新宪法业于七月七日在莫斯科政府公报上发表。因其为世界最新且最特别之宪法，特译其全文如下：

苏维埃社会主义共和国联邦（简称苏维埃联邦）宪法

苏维埃联邦中央执行委员会（简称苏邦中执会），为盛倡劳农政权基础巩固起见，为执行苏维埃联邦第一次苏维埃大会之议决，暨为遵照组织苏维埃联邦条约（该条约，为苏维埃联邦第一次大会，于一九二二年十二月三十日在莫斯科城所通过者）。起见，当经查照各联邦共和国中央执行委员会所建议应行修改及变更等事项，特行议决，将组织苏维埃联邦之宣言，暨组织苏维埃联邦之条约，制成苏维埃联邦根本法（即宪法）。

第一章　组织苏维埃联邦之宣言

查自苏维埃共和国组织成立以来，全球各国，遂分为两敌垒：一为资本主义者，一为社会主义者。

资本主义之营垒内为民族间之仇敌极其不平等，殖民地之奴隶制度，尽冷血之爱国主义，种族上之欺压与侵略，以及帝国主义之兽行与战争。

至社会主义之营垒内，则彼此互相信任与和平，人民之自由与平等，各种民族，同居共作，和睦融融。

此数十年来，资本主义之国家，欲用以人拓人之政策，与民族自由之发展相调和而解决民族问题；其结果与事实皆无补。甚而言之，且使民族上之反抗力，日甚一日；其影响所及，且有使资本主义，不能安然存立之势；中产阶级至，至此遂无力使民族合作之问题得以解决矣，惟苏维埃营垒内，以大多数平民专政为原则；民族上之压迫可以消除；互相信任，民族合作之精神，因以建设。

仅因此种情势，诸苏维埃共和国，始能扫除国内国外帝国主义之侵略，平定内乱，巩固立国之基础，与夫着手作平和的经济建设。

然连年兵燹，不无遗创；如田地荒废；工厂停业，制造能力之研丧，经济富源之穷乏，在在堪虞；故无论孰一共和国家，欲起而单独整顿经济事业，皆有能力不足之患；在各共和国单独成立之形势下，欲恢复国民经济，亦属不可能之事。

国际大势，尚未和协。将来之新攻击又甚危急，结合共同防守惟一之阵线，是则势不可免者。

查苏维埃政治，于其阶级之天性上，系属国际性质；一经组织，自能使其就联合之道，而成为一社会主义之家庭。

总观以上种种现象，若为善于防御外患，发达民族自由，暨图国内经济之增进起见，则各苏维埃共和国之结合而为联邦，实有莫大之要求力也。

察所有最近聚集于苏维埃大会之上，同声赞成组织苏维埃联邦之各共和国国民意志，可悉此种同盟，系同等民族，自由结合之表现也。而对于脱离同盟一层，各单独共和国，仍保有自由离出之权。而对于所有社会主义苏维埃制度之国家，无论其为现已成立者，或将来始发生者，皆开有广纳之门。查此民族合作同居之联邦，即一九一七年十月间种因之结果，即抵抗资本主义之中流砥柱，亦即联合全球劳动者，组织全球社会主义苏维埃共和国之坚决初步也。

第二章 条约

俄罗斯苏维埃联邦社会主义共和国（R. S. F. S. R.），乌克兰苏维埃社会主义共和国（U. S. S. R.），白俄罗斯苏维埃社会主义共和国（B. S. S. R.），后高加索苏维埃联邦社会主义共和国（T. h. S. S. R.），阿才倍疆，乔治亚，阿美尼亚等苏维埃社会主义共和国，共和联合，以组成一联邦政府，名曰"苏维埃社会主义共和国联邦"（简称苏维埃联邦）。

第一节 苏维埃联邦最高政治机关所执行事项

第一条 以下所载事项，皆由苏维埃联邦经其最高机关之手办理：——

(a)派遣国际间联邦代表机关；办理各种外交事务，暨与其他各国缔结政治或其他各种条约。

(b)联邦国界之变更，或联邦各共和国间之境界厘定问题。

(c)缔结新共和国，加入联邦之条约。

(d)宣战媾和。

(e)缔结苏维埃联邦之内外债，暨批准联邦中各共和国之内外债。

(f)国际条约之批准。

(g)对外贸易之管理，国内贸易制度之规定。

(h)规定联邦内国民经济之基本或普通计画，确定实业之种类，或确定与联邦有关各种单独实业企业之种类，缔结各种租借条约（关于联邦者或代表联邦中数共和国所缔结者。）

(i)管理交通暨邮电事项。

(j)苏维埃联邦武力之组织及管理。

(k)批准苏维埃联邦惟一国家预算案（各共和国预算案亦在该预算案组织之内，）规定联邦普通租税暨收入，因组织各共和国预算案决定并增减各共和国之租税及收入，又批准因组织各共和国预算案而施行之补加税或补加捐。

(l)统一币制，暨贷借制之规定。

(m)苏维埃联邦境内所有关于土地建筑，土地享用，及地下货财森林，领水等想用之规定。

(n)关于各共和国间，人民迁徙事项之联邦立法。及移民基本令之规定。

(o)联邦法院编制及诉讼法之基本规定暨联邦民刑事之法律编制之规定。

(p)关于劳动根本法之规定。

(q)规定国民教育之普通原则。

(r)规定人民卫生之普通计划。

(s)规定度量衡之制度。

(t)编制联邦之总统计。

(u)关于联邦人民国籍暨关于外国人权利之根本法律之制定。

(v)普及联邦全领土内之大赦权。

(w)取消违背本宪法之各联邦共和国苏维埃大会暨中央执行委员会之议决。

(x)解决联邦各共和国间之争执问题。

第二条 本宪法根本原则之批准或变更，纯属苏维埃联邦苏维埃大会之职权。

第二节 联邦各共和国之统治权，及联邦人民之国籍

第三条 联邦各共和国之统治权，仅在本宪法所指定之范围内，暨对于移作联邦办理之事项，受有限制。除此范围以外，各联邦共和国，得独立行使自己国家之权力。苏维埃联邦保障各联邦共和国之统治权。

第四条 对于每一联邦共和国，皆保有自由退出该联邦之权。

第五条 各联邦共和国之宪法，凡有违背本宪法之处，皆应一修改之。

第六条 凡未得各联邦共和国之允许，各联邦共和国之领土不得变更之。如欲变更暨限制，或取消第四条所规定者，亦须得所有各联邦共和国全体之允许。

第七条 各联邦共和国国民，以联邦之国籍，定为惟一之国籍。

第三节 苏维埃联邦之苏维埃大会

第八条 苏维埃联邦最高权力机关，系苏维埃大会；如苏维埃大会闭会之时则苏维埃联邦中央执行委员会(简称苏邦中执会)为最高机关。该苏邦中执会，系由联邦苏维埃院。暨民族院组织而成。

第九条 苏维埃联邦之苏维埃大会，由市苏维埃会及近市村落苏维埃会之代表(每选举人两万五千名选出一人)暨省苏维埃大会代表(每十二万五千居民选出一人)组织之。

第十条 苏维埃联邦之苏维埃大会议员，由省苏维埃大会选出。设无省组织之共和国，则该议员等，经由该共和国苏维埃大会，直接选出之。

第十一条 苏维埃联邦苏维埃大会常会，每年两次，由苏邦中执会召集之；至联邦苏维埃大会特别会，或根据苏邦中执会自身之议决，或根据联邦苏维埃院暨民族院之要求，且或根据联邦中两共和国之要求，以召集之。

第十二条 遇到有特别情形发生阻碍，联邦苏维埃大会，不能按期召集时，则苏邦中执会，有展期召集之权。

第四节 苏维埃联邦中央执行委员会(简称苏邦中执会)

第十三条 苏邦中执会，由联邦苏维埃院暨民族院组织而成。

第十四条 联邦苏维埃院，由苏维埃联邦苏维埃大会，准照各共和国人口多寡，自各联邦共和国代表内选出之，人数共为三百七十一名。

第十五条 民族院由联邦或自治之苏维埃社会主义共和国之代表(每国五名)，暨俄罗斯苏维埃联邦社会主义共和国各自治州代表(每州一名)组织而成。民族院全体之组织，由联邦苏维埃大会批准之。

(注)自治共和国如阿德亚利，阿布哈兹，暨自治州油革阿斯基亚等，于民族院内，各派代表一名。

第十六条 联邦苏维埃院暨民族院得审查所有由苏邦中执会主席部(简称苏邦中执主席部)及苏邦国务院或各部或各共和国中执会送交之各种法律命令及议决书；至

由联邦苏维埃院暨民族院所提议而发生者，亦得审查之。

第十七条　苏邦中执会得公布各种法律，法令议决，及命令等，总揽苏维埃联邦立法行政两方面之一切事务，并确定苏邦中执主席部暨国务院之职权范围。

第十八条　凡一切法令与议决，系具有确定苏维埃联邦政治经济之原则者，并或具有根本变更苏维埃联邦各政府机关，现行成例之性质者，皆须一律提交苏邦中执会求其审查与批准。

第十九条　凡中央执行委员会所公布之命令与议决，在苏维埃联邦领土以内，有一律直接奉行之力。

第二十条　苏邦中执会，有停止或废除苏邦中执主席部，各联邦共和国苏维埃大会，及中央执行委员会（简称中执会），暨其他苏维埃联邦领土以内各政治机关等，所发布之各种法令议决暨命令等之权。

第二十一条　苏邦中执会常会每年三次，由中执会主席部召集之；特别会根据联邦苏维埃院主席部，或民族院主席部之议决召集之；如经一共和国中央执行委员会之请求，亦可召集。

第二十二条　所有曾经苏邦中执会审查之法案，必须再经联邦苏维埃院或民族院之通过，使有法律上之效力；并用苏邦中执会之名义公布之。

第二十三条　遇有联邦苏维埃院及民族院之意见不合时，则所争执之问题，交由两院共组之和议委员会以解决之。

第二十四条　设和议委员会仍未得和解时；则该问题交由联邦苏维埃院暨民族院两院联合大会审查之；如开联合大会，遇有联邦苏维埃院或民族院之议员，大多数不出席时，则该问题因两院中某一院之要求，得提交苏维埃联邦苏维埃大会之常会，或特别会解决之。

第二十五条　为筹备开会暨管理院务起见，联邦苏维埃院暨民族院各组各院之主席部，每部七人。

第二十六条　当苏邦中执会大会闭会时，则国家最高机关，为苏邦中执会之主席部；该部组织共二十一人；而联邦苏维埃院暨民族院两主席部人员，亦全体加入，算入此数以内。

第二十七条　苏邦中执会，由该会主席部内，根据联邦共和国之数额，选出四人，充该苏邦中执会会长。

第二十八条　苏邦中执会，对于苏维埃联邦苏维埃大会，负有责任。

第五节　苏维埃联邦中央执行委员会主席部（简称苏邦中执主席部）

第二十九条　苏邦中执主席部，于苏邦中执会闭会时期内，为苏维埃联邦立法行政暨管理之最高机关。

第三十条　苏邦中执主席部，监督苏维埃联邦各机关，对于苏维埃联邦宪法之实施，暨监督各机关对于苏维埃大会，或苏邦中执主席部各种议决之执行。

第三十一条　苏邦中执主席部有停止暨废除苏邦国务院，各委员部，暨各共和国之中执会，国务院之各种议决之权。

第三十二条　苏邦中执主席部有停止各共和国苏维埃大会之议决之权。然当下次联邦中执会开会时，将所停止之议决，须提交大会审查。

第三十三条　苏邦中执会颁布各种法令议决案暨命令，并审查或批准由苏邦国务院，各委员部，或各共和国中执会，及该会等之主席部，或其它之国家机关所提交之法令或议决案。

第三十四条　所有中执会或该会主席部暨苏邦国务院之法令议决书等，用各共和国间流行文字刊印之。(俄文，乌克兰文，白俄罗斯文，乔治亚文，阿美尼亚文，图耳尔基鞑靼文。)

第三十五条　苏邦中执会，解决苏邦国务院与各委员部，(此方面)暨各共和国中执会，与该会主席部，(彼方面)相互关系之一切问题。

第三十六条　苏邦中执主席部，对苏邦中执会，负有责任。

第六节　苏维埃联邦国务院(简称苏邦国务院)

第三十七条　苏邦国务院系苏邦中执会之行政管理机关；为苏邦中执会所组成。其组织如下：——

苏维埃联邦国务院总裁；
副总裁；
外交国民委员；
海陆军国民委员；
对外贸易国民委员；
交通国民委员；
邮电国民委员；
劳农审计国民委员；
最高国民经济院长；
劳动国民委员；
供给国民委员；
财政国民委员；

第三十八条　苏邦国务院，于苏邦中执会所付与之权力内，暨根据苏邦国务院条例得颁布各种命令或议决等。该命令与议决，在苏维埃联邦领土以内，有必须奉行之效力。

第三十九条　苏邦国务院，得审查由苏维埃联邦各委员部，或联邦各共和国中执会，暨该中执会主席部，所提交之各种法令与议决。

第四十条　苏邦国务院所办理之一切事务，对于苏邦中执会。或其主席部，负有责任。

第四十一条　凡苏邦国务院之一切法令，议决与命令，苏邦中执会，或苏邦中执会主席部皆可停止或废除之。

第四十二条　联邦各共和国中执会，或其主席部，对于苏邦国务院之一切命令或议决，有不满意时，得向苏邦中执主席部提起抗议；然未解决以先，不得停止执行该命令。

第七节　苏维埃联邦最高法院

第四十三条　在苏维埃联邦领土以内，为确定革命法律起见，立有最高法院；其职权如下：——

（a）关于联邦之公共立法案各问题，得给各联邦共和国最高法院以各种解释。

（b）对于各共和国最高法院之决议与判决，因其违背联邦之立法，或侵害他共和国之利益，经苏维埃联邦最高法院检察官呈请，得加以审查，或向苏邦中执会提起抗议。

（c）因苏邦中执会之要求，对于各联邦共和国各种议决，得根据宪法观察，决定其是否合法。

（d）决定联邦各共和国间，关于立法上之争执。

（e）解决联邦内高级长官，被告职务上犯罪之案件。

第四十四条　苏维埃联邦最高法院组织如下：——

（a）苏维埃联邦最高法院全体大会。

（b）苏维埃联邦最高法院民刑诉讼评议会。

（c）军事暨军事运输评议会。

第四十五条　苏维埃联邦最高法院全体大会之组织共十一人，会长与副会长在此额内。各共和国最高法院之全体大会，共派会长四人；苏维埃联邦联合政治国防处代表一人；至会长副会长暨其余五人，由苏邦中执会任定之。

第四十六条　苏维埃联邦最高法院检察官暨其副检察官，由苏邦中执主席部任定之。其职务，则为判决一切苏维埃联邦最高法院应解决之案件，开庭时罪状之维持，以及遇有否认该法院大会议决时，得向苏邦中执主席部加以抗议。

第四十七条　凡关于第四十三条内所载各款之问题，欲送交苏维埃联邦最高法院大会审查者，必须经苏邦中执主席部或苏维埃联邦最高法院检察官，或各共和国最高法院检察官，或苏维埃联邦联合政治国防处等提议。

第四十八条　为审查以下各种事件，应由苏邦最高法院全体大会召集特别苏维埃联邦最高法院大会：——

（a）最紧要之民刑诉讼案件，其内容关系两共和国或两共和国以上者。

（b）苏邦国务院院员或苏邦中执会会员，应受裁判之案件。设苏维埃联邦最高法院每次受理此种案件时，必须据有联邦中执会或其主席部之特别议决。

第八节　苏维埃联邦各国民委员部

第四十九条　为分科办理苏邦国务院职权内一切国家事务起见，特设宪法第三十七条所载述之十国民委员部。该委员部等根据苏邦中执会批准之国民委员部条例执行各部之一切事务。

第五十条　苏维埃联邦国民委员部分列如下：

（a）苏维埃联邦普通国民委员部，——为苏维埃联邦独有者。

（b）苏维埃联邦联合国民委员部。

第五十一条　苏维埃联邦普通国民委员部如下：

外交；

海陆军；

对外贸易；

交通；

邮电。

第五十二条　苏维埃联邦联合国民委员部，有以下数种：

最高国民经济院；

供给；

劳动；

财政；

劳农审计。

第五十三条　苏维埃联邦普通国民委员部，在各联邦共和国内，派有全权代表，直接隶属各该普通国民委员部。

第五十四条　所有联合国民委员部之分机关，在各联邦共和国内实行自己任务者，即各该共和国内同名之国民委员部。

第五十五条　苏维埃联邦国民委员部，以国务院之国务员即苏维埃联邦各国民委员为首领。

第五十六条　在每一国民委员隶属之下，设一评议会；其会员由苏邦国务院任定之。

第五十七条　国民委员对于所任委员部所应管辖之各种问题。有独自解决之权；但必须将结果通知于该部评议会；如有不赞成该解决之时，该评议会或其会员一方不停止执行该解决，一方得于苏邦国务院声诉之。

第五十八条　分委员部所颁发之命令，苏邦中执主席部或国务院，皆可废止之。

第五十九条　设联邦委员部等所颁发之命令，显系与联邦宪法法令及某联邦共和国法令不合者，得由联邦共和国中执会或其主席部停止之；而各联邦中执会或其主席部，亦须将请求停止该种命令之事立即通知苏邦国务院暨该管委员部。

第六十条　各国民委员部，对于苏邦国务院，苏邦中执会，或苏邦中执主席部，负有责任。

第九节　联合政治国防处

第六十一条　为联合各联邦共和国之革命势力，以预防政治上经济上之反革命运动，暨阴谋党徒起见；在国务院隶属之下，设有联合政治国防处（O. G. P. U.）。其处长得出席国务院，并有讨论权。

第六十二条　联合政治国防处，于各联邦共和国国务院内，派有全权代表，以督理各地方分机关（政治国防处）之一切事务；该全权代表等，根据用立法手续批准之特别法规，执行一切事物。

第六十三条　苏邦联合政治国防处之行动合法与否，由苏邦最高法院检察官，根据苏邦中执会之特别议决书，监查之。

第十节 各联邦共和国

第六十四条 在各联邦共和国领土以内，最高政治机关，为各共和国苏维埃大会；若在大会闭会之期间，则为联邦共和国之中央执行委员会（简称联邦共和国中执会）。

第六十五条 苏邦最高政治机关，与联邦共和国最高政治机关间相互关系，以本宪法规定之。

第六十六条 各联邦共和国中执会由自己团体内选组中执主席部。在中执会闭会期间内，主席部即为最高政治机关。

第六十七条 各联邦共和国中执会组织自己之执行机关，——即国务院。其组织如下：——

国务院总裁；

副总裁；

最高国民经济院长；

农业国民委员；

财政国民委员；

供给国民委员；

劳动国民委员；

内务国民委员；

司法国民委员；

劳农审计国民委员；

教育国民委员；

卫生国民委员；

社会保障国民委员。

此外尚有苏邦外交，海陆军，对外贸易，交通，邮电等国民委员全权代表；该代表等于各联邦共和国中执会，解决某种问题时，有讨论暨议决之权。

第六十八条 各联邦共和国之最高国民经济院供给，财政，劳动，劳农审计各委员部隶属各共和国之中执会，与国务院。而执行事务时，各本各苏邦各委员部之训令办理。

第六十九条 关于司法行政机关所判决人民之大赦，特赦，暨恢复公权之权力，仍归各共和国中央执行委员会保有。

第十一节 苏维埃联邦国徽国旗及国都

第七十条 苏维埃联邦之国徽，系一铁镰，铁锤，交叉于地球之上，周围绕以禾穗，并用第三十四条内所述之六种文字，书有题词"各国平民互相结合""Proletarij vsehostran, soediniaetest"在国徽上部，并有五角星一枚。

第七十一条 苏维埃联邦旗，系用红色或深红色布匹一幅作成，上绘一国徽。

第七十二条 苏维埃联邦国都，设于莫斯科城。

苏维埃联邦宪法乃系世界宪法中最新颖，最特别之一种，其中如行政立法权之混合，中央执行委员会内联邦苏维埃院及民族院（欧洲报纸上称为新式的"两院制"）之设立，及普通国民委员部，联合国民委员部与各联邦独有之国民委员部之分别，均有足资研究之价值。惟该宪法条文中矛盾之处亦属不少究竟能否称为良好适用之宪法，诚属难测。且联邦各民族语言不同，文化相异，实际上各民族能否取得真正平等之权利，尤待研究。兹颇不愿轻加批评，惟望世之研究民族问题及宪法学者一加研究，是则草斯文之区区微意也。

（附言）本篇中"宪法全文"系亚权君手译，余则为不佞所草，特志出之。济之。

（《东方杂志》第二十卷第十五号，1923年8月10日，署名 济之 亚权）

15日（星期三）

27.《饯——赴赤俄的同志们》(《少年》第十一号，8月15日）

《少年》第十一号，刊登米索的《饯——赴赤俄的同志们》，全文如下：

> 晨光的祝福，
> 是敬礼——
> 是你们的使命。
> 请接受，
> 我的朋友！
>
> 长夜漫漫，
> 只赤星点点，
> 闪烁在广漠无垠的沙漠中，
> 故土，
> 世界？
> 被无情而阴森的
> 黑暗的血腥笼罩了。
> 不去吗！
> 光明之种，
> 移植怎能够？
>
> 红旗——
> 欢腾地在空中招手，
> 春，去！
> 快步，大步，稳步……
> □到最高峰，

□着旗儿，
指挥，向导：
革命之光呵！
愿你——
渲红了灰色的故土
渲红了灰色的世界

光明，平坦，
你们的前途。
但也须记取——
□昏昏的□露；
血腥腥的空气；
黑沉沉的海水；

犹是归来之路，
珍重呵！努力呵！
光明而平坦的
永久的担儿，
已紧紧地压住了，
在我们肩上！
我们肩上。

醉梦者沉酣，
迷途者徘徊，
朋友！
我们原是陷阵冲锋的
□先驱，
尽燃着"爱之□"罢！
尽敲着"心之钟"罢！

灯塔屹然海上；
表钟破晓，
可爱的将来呵！
拼将热血作代价，
遍易赤帜，
拍手高歌，
听日光，

亲密地拥抱着,
甜蜜地吻抱着。

请接受,
我的朋友!
晨光的祝福,
是敬礼——
是你们的使命

请接受,
我的朋友!
晨光的祝福,
是敬礼——
是你们的使命。

一九二三,二,十八
(《少年》第十一号,1923年8月15日,署名 米索)

10月
25日(星期四)

28.《俄国经济界之复兴》(《东方杂志》第二十卷第二十号,10月25日)

《东方杂志》第二十卷第二十号刊登了潘公展的《俄国经济界之复兴》,全文如下:

一 新经济政策之由来

俄国自一九一七年十一月革命以后,劳农政府厉行共产主义;所谓土地国有也,银行国有也,铁路船舶国有也,工业国营也,国债否认也,继承权废止也,诸如此类之命令,不一而足。资本主义之旧制度,经李宁大刀阔斧之破坏,时历三年之久,盖已荡然无存。然俄国者,农业国也,舍少数都市外,大规模之工业并不多见人民几泰半恃农业与小工业以为生,故农民生活问题无适当之解决,国本即有飘飘不定之虞。李宁政府所施行之土地国有政策,其影响于农民者果如何?全俄耕地,在昔固为少数地主所独占,尽力田野之小农,对此实愤不能平;李宁倡导革命,所以能一举而成功者,即以其"土地分给农民"之标帜,实足迎合农民之心理耳。李宁以为土地固属国有,而耕种之所得则不妨视为农民之报酬,故劳农政府之正当政策,应令农民出其谷物以交换其所必需之工业品。然李宁之理想虽如是,而事势实有所不许。反革命派之战争,资本主义国家之封锁,既辗转迁延至二三年之久,都市工业几已完全毁坏,工厂生产品殆如凤毛麟角，而数百万红军生活之所需，又不得不取给于农民，劳农政府遂下强制征发谷物之令。夫所谓强制征发谷物者，即迫令农民售其本身所需以外之谷物于国家，由国家付以纸币之代价云尔；纸币之价格既日落，农民遂不啻以辛苦耕种之所得交换无限之废纸。农民初固不知共产为何物者，见其辛苦经营化为乌有，则心必不甘，于是顽强者窃思有所抵抗，而懦弱者相率为消极之应付。所谓消极应付者何？即农民除供给其本身及家族所需之谷物外，不复尽力畎亩，多事生产。一人如是，十人亦如是；一邑如是，十邑亦如是。因此之故，素称天富之区之伏尔加河（Volga R.）流域，一九二〇年竟成饿鬼之地狱。而田野荒芜，全国饥馑之结果，遂使劳农政府不得不改弦而更张；此一九二一年三月新经济政策之所由来也。

俄国之新经济政策，本志前已言之，兹可不赘。其政策之大旨，不外三点：（一）准许农民与小工人自由交易农产物与制造品，然土地仍归国有，不许农民自由让渡，——此乃恢复商业行为而仍不背土地国有之原则者也。（二）准许私人资本经营中小工业，相互买卖，而大工业则仍由国家保持管理，——此则虽变通工业国营之原则，而国营之大工业仍有吸收私人小工业之可能者也。（三）以"租借"（Concession）之形式，准许外资输入，经营实业，而又订立条约，预备收回，——此则所谓"因敌之粮，养我之兵"者也。故李宁之新经济政策，在表面上似为对资本主义之让步，而实则为达到共产目的之过渡办法；此过渡办法，乃迫于环境，因势利导而出之，其影响于俄国之前途者甚巨，今请得而言之。

二　新经济政策实施后之金融界

新经济政策之实行，始于一九二一年九月，迄今几二年矣。此二年中，俄国之经济界顿见复兴之象，而尤以今年为甚。经济界之复兴，乃多方面的，而其枢纽则操之于金融业，故吾先言金融界。

当劳农政府初成立时，颁发银行国有之令，举凡私立银行尽被吸收于国家银行之中。迨一九一九年，国家银行易名曰"人民银行"（People's Bank），其职务亦仅限于为政府经理收支；盖商业行为既遭禁绝，则银行舍代理国库而外，实无他事可为，所谓金融业者早已名存而实亡矣。嗣后此人民银行及其所吸之私立银行相继破产经理国库之职务，遂由财政委员会（Commissariat of Finance）之豫算部执掌：而俄国遂成为无银行之国家。

俄国人民安于无银行之境况者逾二年，迨一九二一年颁布新经济政策后，人民得自由交易，积聚财产，于是工商界感于金融机关之不可缺，而苏俄国家银行（The State Bank of the Russian Socialist Federative Soviet Repulic）遂应运以生。是年十月十二日，苏俄政府公布法令，设立国家银行。须知此所谓国家银行者，与曩昔政府银行，人民银行，及其他公私银行了无关系，盖非继承一九一九年以前各银行之营业，而实为一完全独立之新法人也。自有此新国家银行，而后俄国货币之市价渐趋于固定，金融渐趋于顺利，故不可不一述其内容。

新国家银行之组织，以营业方面言，有下列各重要部分：（1）会计部，（2）管理部，（3）收支部，（4）存款部，（5）国外贸易部，（6）货品部，（7）放款部，（8）农业放款部，（9）调查部，（10）保证部，（11）证券部，（21）海陆转运部。现在董事部之董事长，为许乃门（A. L. S□heineman）；许氏为财政委员会中之重要人员，盖银行与政府间之媒介也。副董事长为薛为竹夫（A. I. Schvetzov），乃与俄国合作运动极有关系者。其他董事亦大率为财政界及银行界之名人，姑不缕举。

国家银行之总行设于莫斯科，全俄境内各大埠均有分行；二十阅月之中，分行成立者逾二百处。现在固定资本为五百万吉奉尼（Chervontz），吉奉尼者，俄国新定之货币本位，等于十金罗布，故五百万吉奉尼，嗣即无异于五千万金罗布，其价值略超过于美金二千五百万元，亦略等于华币五千万元，其资本之充实，可以想见。

当国家银行初成立时，只收罗布纸币存款，而罗布纸币之市价上下不定，故存款并不发达。嗣即改变计画，存户存入纸罗布时，可按当日市价合成金罗布之数额，提出存款时，则复按市价由金罗布合成纸罗布而支取之，如是，纸罗布市价涨跌之危险与存户毫无关涉；而银行放款时亦用此法，故银行自身亦不致受罗布跌价之影响。因是之故，积有纸币者，恐纸币价格之日趋下降，无不以存入银行为事，而银行之存夸逐激增。此一事也。

去年（一九二二）十一月间，国家银行发行金货担保之新纸币，即所谓吉奉尼者（参看卷首插图）；此项纸币之信用，几与英美金货同其坚实，故人民渐多以吉奉尼存入银行。截至本年（一九二三）七月一日止，总行及分行所收入之存款。达七、〇〇〇、〇〇〇吉奉尼，而同时发行之吉奉尼纸币则仅七、〇〇〇、一四四吉奉尼，是该行所已发行之吉奉尼纸币，殆已全数化为存款，足证人民信赖国家银行之深，已非昔比。此又一事也。

更就国家银行发行之新纸币言之，其保证信用，实出于吾人意料之外。该行保证部，每月于一日十六日分二次公布其资产负责表，故纸币之保证程度若何，可以一目了然。今将其最近八月十六日所公布之表录其大纲如左：

资产项下
(1) 金银硬货担保品
(甲) 金货
(子) 俄国金货（合成） 　　　七八八、五〇七・〇
(丑) 外国金货（合成） 　　　六、一九三、六〇八・三
(乙) 银货
俄国银币（合成） 　　　　　七二、九九七・一
(2) 外国银行纸币
英美银行纸币（合成） 　　　八九五、七一八・一
(3) 外国货币之汇票
英美汇票（合成） 　　　　　四〇〇、五五九・六
(4) 贴现期票（合成） 　　　　四、九九五、四〇七・四
(5) 保证放款 　　　　　　　　三、五八〇、〇〇〇・〇
合计 　　　　　　　　　　　一六、九二六、七九七・五

据上表以观，单就金银硬货及外国银行纸币两项担保统计，已达七、九五〇、八

三〇　五吉奉尼之多，与已发纸币一五、九〇〇、〇〇〇·〇吉奉尼相较，适当百分之五十。按俄国所颁发行纸币之法令，纸币保证金须有百分之二十五，今国家银行之纸币准备金盖二倍于此定律矣。此又一事也。上述数端，足见苏俄国家银行之信用昭著，业务发达，其有助于国际贸易，有裨于国家财政，固不待烦言。其他私家经营之商业银行，自去年以还，亦如雨后春笋之怒发；国内工业之勃兴，与夫国外贸易之发皇，亦不无赖其助力也。

三　新经济政策实施后之对外贸易

自劳农政府成立后，国内则反革命之战争蜂起，国外则协约国有封锁国境之举，故三四年中俄国绝无对外贸易之可言。迨新经济政策宣告实施，劳农政府乃力谋对外贸易之发展。一九二一年二月二十六日俄国波斯商约成，三月十六日英俄商约成，同日俄土修好条约成，五月六日俄德商约成，九月二日俄国挪威商约成，一九二二年三月一日俄国瑞典缔结商约，五月二十四日俄意缔结商约，七月十五日俄国捷克斯洛伐克商约成，而远东方面则对日对华磋商条约者亦不止一次。虽此种条约或成立或不成立，或实行或不实行，而苏俄竭力恢复国际贸易之企图则固昭然若揭也。其在国内，则有对外贸易委员会（The People Commissariat of Foreign Trade）之设立，而以克拉新（Krasin）总其成。劳农政府为管理对外贸易起见，最近曾有下列二种法令之颁布：

（甲）一九二二年十月十六日之法令　此项法令，条文有七，内容大旨如下：（一）对外贸易委员会在国外之权力，由苏俄贸易代表团行使之。凡苏俄在外国经营贸易之机关，均须受驻在该国之代表团之直接指挥与管理。（二）凡人民委员会及地方经济会议所承认之经济企业团，不问为国家的、中央的，或地方的，如能谨守国外贸易专利之原则，可以各由其自身之代表机关在国外经营贸易。（三）凡经济企业团或其代表机关，须将其贸易计画呈报对外贸易委员会或其就地代表团核准。（四）凡对外贸易委员会或苏俄贸易代表团所签订之对外契约，以及企业团体或个人所签订之对外契约而经全俄中央执行委员会或对外贸易委员会等所核准者，其义务由国家负之。至于其他国家的、中央的，或地方的经济企业团所签订之对外契约，国家或人民委员会概不负责。如企业团体之董事破坏本法令，即当处罚。

（乙）一九二三年四月十二日之法令　此项法令，计有九条，内容大旨如下：（一）苏俄在国外之根本的贸易机关，即为苏俄贸易代表团。（二）国家生产的企业团及其会社经济国外贸易时，只许售出其自身之生产品，亦只许购进维持其自身企业所必需之物品。至于向国外购买他种物品而转卖于国内，或由本国购买物品而转卖于国外，均须禁止。（三）国家生产的企业团与其会社，如为某种进口货之惟一使用者，可经保护劳工部之核准，对于运入该项货品有专利权。（四）国家贸易机关不准经营独立的进口业。（五）苏俄贸易代表团对于经营国外贸易之国家的生产企业团及其会社之关系，由保证劳工部特别规定。（六）俄国人民或官吏如破坏国外贸易专利法，当受法律制裁。以上两种法令之着眼点，即在保护国外贸易之专利；换言之，俄国对外贸易之全权，须操于对外贸易委员会及苏俄贸易代表团之手是也。对外贸易委员会促进国外贸易之宗旨，即在增加输出品而减少输入品。其减少输入品之手段，首先遏止国内可有大宗生产之物品再由国外输入,而奖励输入生产所必需之机械与工具,使俄国农工业可藉以急遽恢复。此项政策之实效,可于左列一九二二年冬季及一九二三年一二月间之贸易状况表见之。

货品	占进口货品之百分数				
	一九二二年	一九二二年十一月	同年十二月	一九二三年十一月	同年二月
粮食	三四%	二三·四%	一四·一%	一〇·八%	九·八%
五金即五金制造品	三〇·四%	三八%	四三·九%	四二·六%	三四·八%
化学品	六·三%	三·七%	一六·三%	一七·六%	二八·四%
棉织物				四%	九·六%

由上表以观,可知进口货中之粮食一项,自去年冬迄今年年初,已逐渐减少其输入之数额;即此一端,足证俄国农业之渐次恢复,而对外贸易委员会所持遏止进口货之方针亦已渐次收效也。

然俄国对外贸易之所当注重者,不仅在阻遏非必需品之输入,而尤在奖励输出。盖俄国之在今日,对外已无长期信用赊款之可言,俄国而欲向外国购入机械及生产所必需之工具,既不能尽量赊欠,又无充分现款可以支付,其势不得不有赖于出口货售价之抵偿,故俄国输出品之增加与否,输出能超过输入与否,实为俄国经济界能否复原之大关键,而今则已渐有成效可睹矣。当局对于奖励输出之计画,如整理运费、减免赋税等等,次第实施,而同时对于进口货则仍力为限制,故近来俄国对外贸易业已输出超过输入,今试将本年(一九二三)前五月之贸易状况,以金罗布为单位,列表如左:

月份	出口货 金罗布	入口货 金罗布	出超或入超 金罗布
一月	一七〇〇〇〇〇	八〇〇〇〇〇	(出)九〇〇〇〇〇
二月	一九二〇〇〇〇	六六〇〇〇〇	(出)一二六〇〇〇〇
三月	一〇六〇〇〇〇	一五五九〇〇〇	(入)四九九〇〇〇
四月	二四〇〇〇〇〇	二〇〇〇〇〇〇	(出)四〇〇〇〇〇
五月	三二八〇〇〇〇	一七二五〇〇〇	(出)一五五五〇〇〇
合计	一〇三六〇〇〇〇	六七四四〇〇〇	(出)三六一六〇〇〇

据右表以观,此五月间,惟三月份为入超;而五月统计,出超竟达三千六百十六

万金罗布之多,则奖励输出之计画,不可谓非已有一部分之成功。今为详细明了起见,试再将本年一月至三月间之出口货分别种类,列表如左:

货品	重量	金额 金罗布
皮毛	二七〇	一六六〇〇〇〇
化学品	一〇二八〇	五五〇〇〇〇
动物生产品	二八九〇	三四〇〇〇〇
麻类	四九五〇	三二八〇〇〇
木料	四〇五三〇	二九〇〇〇〇
食料	一三九三〇〇	一〇八七五〇〇〇
制造品	一二七八〇	二〇〇〇〇〇
生皮	一二九〇	七八五〇〇〇
油	五九八〇	七五〇〇〇
药料	一〇五〇	四〇〇〇〇
蒻草	五三六〇	三一〇〇〇
合计	三一七二八〇	四六八〇〇〇〇

右表中有最可注意者二项,即食料与制造品是也。食料除谷类而外,包含糖、蛋、牛油之类,三月间输出之数,等于出口货总额百分之二十三;此不但足以证明俄国逐渐恢复其战前之贸易,且可见俄国物价低于外国,故输出颇为顺利也。至于制造品一项之所以逐渐占其重要位置者,以俄国与波斯及其他东方诸国间之贸易渐告恢复,故俄国工业之产品为本国市场所不能容纳者,有此尾闾为其销售之场所。

关于出口货,尚有二点须注意者,即(甲)运往何国销售,(乙)由何机关经理是也。由前者可以考知俄国与何国间之商务为最大,由后者可以考知何种机关负俄国对外贸易之重任。今请将此三月间之出口货,再分列两表如左:

(甲)

运往何国	出口货之百分数
德国	二四·六%
英国	二〇·八%
莱多维亚	一七·二%
波兰	一一·三%
芬兰	七·五%
美国	七·七%
其他各国	一〇·九%

(乙)

何机关经理	出口货之百分数
国家机关及企业团	五九·一%
合作社	二五·%
俄国与外国合资公司	一一·%
私立公司	四·九%

今再一考俄国在本年首三月间之进口货，则知其总金额为三〇、一九〇、〇〇〇金罗布，与出口货四六、八〇〇、〇〇〇金罗布较，少一六、六一〇、〇〇〇金罗布。进口货中，棉花一项约占金布百分之四，运输材料（机关车最多），机械，及农业器具约占百分之一四·三，其余百分之四五·七乃五金材料，电气机械及器具等。试按出口货例，将(甲)何国运来，(乙)何机关经理之两项，列表于左：

(甲)

何国运来	进口货金罗布
英国	一一、二七〇、〇〇〇
德国	九、一〇〇、〇〇〇
波兰	二、〇七〇、〇〇〇
爱沙尼亚	一、九二〇、〇〇〇
莱多维亚	一、八八五、〇〇〇
波斯	一、四〇〇、〇〇〇
芬兰	一、二一五、〇〇〇
其他各国	一、三四〇、〇〇〇

(乙)

何机关经理	进口货之百分数
国家机关及企业团	八〇%
俄国与外国合资公司	一二%
合作社	四%
私立公司	四%

俄国对外贸易,去年已逐渐恢复,而今年则进步更速,此可于英俄间之贸易状况证之。俄国在英国之贸易机关,为亚各司有限公司(Arcos Ltd.),今将该公司本年一月至六月间与去年同时期之贸易,比较如左:

时期	购入 磅	售出 磅	贸易总额 磅	入超或出超 磅
一九二二年 一月至六月	二七三九八〇九	一五一一三六一	四二五一一七〇	(入)一二二八四四八
一九二三年 一月至六月	一一〇五四七三	三六二九一七九	四七三四四五二	(出)二五二三九〇六

据此表以观,其最显著之一点,即一年之间,俄国对英贸易顿改入超为出超;去年之六个月间入超一百二十余万镑,而今年之六个月间出超二百五十余万镑,相差至三、七五二、三五四镑之巨。其所以有此成绩者,一则俄国今年已不如去年之输入大批食料,一则俄国之出口业曾因奖励而大为发展故也。兹将今年六个月间之俄英贸易,分月录其购入与售出之数额于左,惟购入之中包含三二二、九四二镑之他国货物在内:

月份	购入 磅	售出 磅	总额 磅
一月	一〇五四〇一	四二九二三一	五三四六三二
二月	一七八四五一	七一八五六二	八九七〇一三
三月	二三三七四六	六七三五九四	九〇七三四〇
四月	四五一四二二	三六五八九七	八一七三一九
五月	二七一三三〇	七四五五一四	一〇一六八四四
六月	一八七八六五	六九六三八一	八八四二四六
合计	一四二八二一五	三六二九一七九	五〇五七三九四

观右表,可知此六个月间,除四月外,无一不为出超,而每月售出货品价值之平均数为六十万镑,与去年同时期间每月售出之平均数二十五万镑相较,盖增加已逾一倍矣。试再将今年六个月间俄国对英贸易之货品,分输入与输出两项,列表于左,以见其贸易转机之原因安在:

（甲）

本年输入品(以金额过五千镑者为限)	金额
煤	三九九〇八一
五金	二六八五九一
化学品	一七三九九九
皮	一六四二九二
普通机械	一二四〇六八
纺织机械	一五四九〇
采矿机械	七五六二〇
电气材料	九〇六九
农业渔业器具	一〇四八八二
橡皮材料	三八二九四
带	二〇六一八
运输材料	一三七八四
器具	八六九五
织物	五八三四

（乙）

本年输出品(以金额过五千镑者为限)	金额
皮毛	九九二九一六
木料	八一六九七九
麻类	四八九〇三七
油	三三四五六七
机器油	一二五九五二
猪鬃	六二一五〇七
生皮或熟皮	一九六八六六
谷类	一一七四一〇
茵陈精	九八三九〇
羊毛	三九一四七
化学品	三八五二六
钾炭酸	二八九六六
动物副产品	八四五七
柏油松节油等	六五四六

由以上两表观之，有一点足以引起吾人之注意者，即进口货中无食料一项，而出口货中之谷类竟达十一万七千四百十金镑之多。盖此六个月间，由英国输入食料，仅值七百二十三镑，与去年同时期间之输入数八十八万五千镑相较，不及千分之一，此为进口货减少之最大原因；而同时出口货中之谷类，大半乃在六月间输出者，已一跃而占重要地位，可见俄国荒歉之象早已不复存在也。

俄国自新经济政策实施后，对外贸易之发达，出口货品之加增，既如上述；而推其最大之动力，仍当归功于金融业之发皇。盖国家银行对实业界，大行放款，据苏俄人民财政府委员索廓尔尼柯夫（Sokolnikov）本年七月三日在全俄执行委员会席上之演说，该行自本年五月一日至六月十五日六星期间之新放款已达六千万金罗布，苟依此速率计算，本年度该行放款可达五亿金罗布之多。又截至六月十五日止，国家银行对实业界放款之总额达一亿金罗布，更加以实业银行放出之一千万金罗布，则实业界之受其资助已非浅鲜，而其他银行之放款尚不计焉。银行对实业之放款，直接所以助实业界，而间接即是增加输出，盖实业发达，则输出品当然加多也。不宁惟是，国家银行为流通金融计，对出口业之奖励，亦有不得不然之势。国家银行曾以巨款贷与俄国出口商，而当其成立之第一年尤特别注重于此，盖银行资本中有苏维埃纸罗布之一部分可藉此而易为巩固之外币与金货也。国家银行外币基金之增长，既直接基于对外贸易之扩张，则尽力放款，赞助出口贸易，亦其所认为有利于己之事业也。

四 结论

俄国金融业之重振旗鼓，对外贸易之逐渐发达，实为经济界复兴最大之征兆。当此经济复兴之时期中，俄国之财政状况何如，亦大有研究之价值。今节译财政委员索廓尔尼柯夫演说之要点于后，以见一斑。索氏谓："本年度（一九二二年十月至一九二三年九月）预算中，经常支出与特别支出有一鲜明之划界。预算全部支出为十四亿金罗布，其中十亿零六千万金罗布为经常支出，即国家行政经费、国防费，及教育费等，三亿五千万金罗布为特别支出，乃用以补助运输事业，某种工业，及农业者也。收入方面，经常收入约十亿零五千万金罗布，得之于现金或物品之税款及国家企业之盈余，略可充抵经常支出之费用，至特别支出之三亿五千万金罗布，势不得不发行纸币以抵补之。然发行纸币之权，须加限制。政府曾决议由财政委员会发行纸币，每月以三千万金罗布为限，并令继续施行限制之法，故自八月一日起，拟每月发行纸币减少至一千五百万金罗布。无论如何，吾人不愿步德奥波兰之后尘，再经一二年后，当可脱离目前之财政地位，即或不能，而一年以后财政必较今年为进步，则可断言。"观乎索氏之言，而更证以吾上述俄国经济复兴之事实，则俄国一二年后国家财政之渐趋巩固，当有可信者也。

（《东方杂志》第二十卷第二十号，1923年10月25日，署名 潘公展）

11月
9日（星期五）

29. 团粤区委报告（第五号）（文件，11月9日）

团粤区委报告（第五号）——广州、佛山等地庆祝俄国十月革命六周年的情况，全文如下：

中局通告已发至第二十号及各出版物等，完全收到。七日苏维埃俄罗斯社会革命成功纪念，此间已先三日预备庆祝，除S. Y. 同志由广州地方执行委员会知会外，并由"新学生社"通函各学校，工联会通函各工会，一齐庆祝。中局发下传单照印一万五千份，为是日开会后散派，并先寄香港、梧州、佛山、东莞、新会、香山、鹤山等处。是日借省教育会议事堂为会场，外门挂一白布横额，上书"俄国革命成功六周【年】纪念大会"两旁横衬三角小红旗一串，门内至会场路旁插纸作之小旗，如"俄国革命的成功，即世界革命的起点"，"无产阶级解放，全人类解放"，"中俄同盟是中国解放之唯一道路"，"承认苏俄"，"恢复中俄会议"，"被压迫的阶级联合起来呵"等等标语，场内并讲台上面共挂了三个斜十字形之红色旗帜，正中壁上悬大红旗一面。是日到会者除我们同志和"新学生社"社员全数外，其它签到团体有佛山工联会、辗谷工会、宣讲员同学会、铁路车务工会、自动织机工社、新会工会联合会、互助总社、广东油业工会、铜铁工会、机纺昭信工会、宏仁会、土木建筑工会、广东铜铁工会香山支会及佛山支会、广纱联合工会、酒业工会等共数十团体。十二时开会，啸仙主席，先全体起立大呼："俄国革命成功万岁"，"中国民族解放万岁"、"中俄联盟打倒国际帝国主义万岁"。旋宣布开会理由，略谓：吾人今日这般热烈的来庆祝，是为的甚么？因为中国内受军阀之捣乱，外受帝国主义之侵略，此两重压迫之下，中国最需要的就是打倒帝国主义，俄国乃抵抗帝国主义之先锋，而且已得着胜利者，我们庆祝它，就是庆祝中俄携手早日联络起来在同一战线上努力以完成自由独立之民主国家等语。次第三国际代表鲍罗延同志演说俄国革命之经过及中俄之关系。次驻粤委员卜世畸同志及谭平山同志相继演说（代表演词俟抄妥后拟在《新学生》发表，此里不另录），至四时二十余分钟散会。散派传单：由啸仙在台上饬各【同】志分东、西、南、北四路负责（河南施卜、孙律西，西关一带一中、甲工，永汉路以东法大、高师，永汉路及天字码头为区及地方执行委员）。特此报告。

又本区先期派佛山镇旅省工人回佛山举行纪念巡行，顷得梁复然同志报告：是日巡行有土木建筑工会，制饼工会，理发工会，药材工会，土遮工会等，人数达四百人以上。巡行时各人手执纸做旗帜，上书："打倒资本帝国主义"，"工人专政纪念"，"工人大联合"等标语。沿途并大呼："劳工神圣"，"被压迫阶级解放万岁"，"苏维埃俄罗斯万岁"，"承认苏俄"，"中俄联盟万岁"等，询[诚]好现象也。

香港、梧州、东莞、香山、鹤山、新会各地，本区亦先函知会举行庆祝，惟未接到报告，容后补上。

《团刊》第二号到——只五十份，不敷分配，以后每期请寄至一百五十份，亦补发前期不足之数，《中国青年》亦同。

仁静　育南　诸兄

粤区委员长　啸仙

秘书　瘦真

(《广东革命历史文件汇集》甲(1923年)，1984年内部印刷，第183~186页)

10日(星期六)

30.《苏俄的民律》(《东方杂志》第二十卷第二十一号，11月10日)

《东方杂志》第二十卷第二十一号刊登了钱江春译，Jacob Kontorovitc 著的《苏俄的民律》，全文如下：

一

苏俄的新民律，已在一九二二年十月间所开全俄苏维埃中央执行委员会第九届大会的第四次会议席上通过了。自一九二三年一月一日起，此项法典即为有效。以苏俄而采用此项保持及规定私产关系的法典，实可以认为他们政府党，已经放弃过去三年前中所作共产的试验的确证。为此项试验之故，他们曾在国内建设一种一切经济关系——无论生产或分配方面——尽行国家化的制度。在此种制度下，一切工商业，一切生产的工具，无论大小；一切不动产，无论为工商业上或住居之用；均脱离私人之手而为国有。一切品物，均完全归国家支配，此时的国家除为唯一的物权之主体外，拥有总理全国实业事务的权力。这种制度实施时，更不按照社会主义上国有两字的科学的意义，专许生产的势力和关系的社会化，而乃承革命的余威，以没收一切个人及家用所必须的私产，如家具、服用、国内外货币、饰物、图画、书籍等。凡超出了一定限度的(有时连限度也没有)，皆在没收之列。这样的制度一经实行后，在私产关系上，便无问题。因为私产既废，人民已失订立契约的能力，而私产关系上的两项基本原素——客体和主体——也便全行消灭了。为了打破私产关系甚至连通常所认为不能社会化的个人劳动制度，也一并打破。他们用那强迫劳动的方法，凡雇主——国家——与雇工间的一切关系，不受契据法而按劳动法典以受公法之约束，工价也由劳动委员会规定。

私产关系既不存在，保护私产的民法和民事诉讼自然也不需要了。不但不需要凡共产主义的理论和执行者更以为在一个共产的国家里当然不能有适用于一般案件的国定的民律，对于人民间的关系，只有各各按照不同的事实，由民众审判官(Peoples Judge)凭着他们无产阶级的意义和社会主义的权利观念，分别加以判断。根据了这一类哲学的基础,便试行了三年余的共产主义。因求共产主义的实现,又创设了一种使全国经济事务集中一处的特别制度,以适用于广袤的疆域中各色的人民和各色的经济关系上面。

这种制度的缺陷,不久便由共产党的领袖们明白的看了出来。结果便于一九二一年上,发表了那《新经济政策》,其中要旨,在认可资本制度基础的恢复,连带也承认了自由置产,自由分配及以个人的动机作工等。

他们一方施行此类计划,一方当然也有许多根据共产主义的理论而加以保留之处,但生活的要求,比理论的保留,更为切要。《新经济政策》在实际上遂渐渐冲破了一切共产主义的约束,而共产党也逐步退让。论终极结果,《新经济政策》所挟的资本化倾向,既以经济生活上的需要为后盾,它的势力,自必超过一切抽象的理论,但在此新式的经济生活上,不能不生私产关系,在私产关系中,更不能不有固定的规律,于是前此所有视法官意思为转移的法庭,便不能应事势的要求,而一种处置物权的固定而可供法官遵守的法典,遂为不可缓了。

以上述苏俄发生按照其他资本国家制定民律的需要的情形。此种法典的基本原则,遂于一九二二年之初,完全拟定,虽有共产党中左党的反对,但经略加修改后,仍为全俄中央执行委员会所采用。委员会又指令司法委员依据此项原则,草订民律,备于下届执行委员会常会中提出。此后国中攻击修订民律的呼声四起,除共产党外,报纸杂志也都提出专论以为将来民律必成法庭和人民的偶像,而危及苏维埃共和国共产制度的根本。但潮流所趋,谁也不能阻遏,中央执行委员会,认为有采用此项民律的必要,但留社会主义化的几处和资本主义化的民律不同而已。但此种不同之处,将来至民事关系上发生必要时亦必渐渐改去无疑。

既有了民律以后,更不能不有民事诉讼法。保护物权的实际法,没有相连的保护物权的手续法,是不能实现的。而手续法的实现,又与法院编制法庭和律师的组织,有相连的关系。目前从工人中举出而素无法律训练的民众审判官,当然不能胜解释此项精密繁复,须用法理的头脑去解释的法律的重任。这是显而易见的,民律既经制定后,审判官亦当改用有法律智识的人,此时虽非共产党人甚或中流社会,亦为在选用之列,正如现时各种实业上,只须专家,不问身世的情形一样。同样司法亦必恢复从前的独立,否则民律亦决不有公平施用之望。

二

苏俄民律共计四百三十五条,此外更有极简单的补充条例五条。这是各国现行民律中最简短的一部。苏俄新民律条文之少,第一,因有几种在别国民律上占重大地位的项款,如家庭关系,雇用契约,不动产法等,都不曾有;第二,由民律所规定的各种制度,半因立法者不大明白民事上此种部分法理方面的重要和他们所统管的现象的复杂,而未加以注意,半因故意使之简单而不限定,俾法庭应用法律时有伸缩之余地;所以都未有完全的定义。

至于共产化的民律中与一般资本化的民律分歧之点实在也只有两点:一点是关于不动产的,一点是关于继承法的。对于其余,共产主义都无所反对。若论契约法,是曾经近代法理学根据公定经济关系，限制契约自由的意志而加以许多变更的。但共产主义者编制苏维埃民律时，除了几处例外，竟绝未注意此种现行民律上的新潮流，只采用了旧式资本化民律的制度格式，并未将一点新原则加进去。

从大体论，苏俄新律是依据陈旧的俄罗斯民律草案的，此项草案在革命前虽有一时合用，但实是不完全的、琐碎的、不确定的，和自相矛盾的。常有普遍的原则中，杂以特殊的规定，公法的规定中，杂以私法，契约关系中杂以主权之处；在大体上更有许多脱略不全，使人发生疑窦和误解，而决非法官之力所能解释的地方。

三

苏维埃民律的要点，在《财产》的分别。这在民律中只占条文的一小部份。

第二十一条规定："土地为国家的财产，因此不能为私契约的客体。保有土地，只许取使用名义。土地私有的制度既已废止，动产不动产之分亦即撤消。"

除了土地以外，据五十三条之规定，脱离私人商业关系的，有矿产、森林、饮料，并有国营或市营的企业及其一切设备，铁路及其一切设备，国有船只，及国有或市有的建筑物等。这一类的财产，不能由主管的国家机关割让或抵押，也不受债权人的收除。国有或市有的企业，船只建筑物等，但可以依法出赁。此外如武器、爆烈物、军装、飞艇、电信及放射电信财产，作废的股票债权，溢出法定限度的烈酒，及剧烈的毒药等都不能由私人买卖。①

那么什么是私产的客体呢？第五十四条规定下列各项为私产客体：非市有的建筑物，贸易企业，薪工人数不逾特别法所规定之数的工业，生产的工具，金钱，商业上票据及其它有价值的物品（包括货币和国内外汇〈水〉等）家庭及个人消耗品，法律所不禁的商品，与其他一切不能脱离私人业务范围的物品。合作社较个人多享一种特权，就是可以经营不限定薪工人数的企业②其余政府特许的也可以享这种权利：他们私有财产的范围，可以概括不限定薪工人数的企业，及电信，放射电信，和其他公共事业。③

与其他资本化的民律相似，苏俄的民律，也认可享有物权者在法定范围以内，有占有、使用、及管理其财产之权，有权可以向违法占有者追还原物，也有权向妨害权力者要求赔偿。且即非绝对占有的，财产亦可行使此项权利。但对于此项普通的规定，却有一个重要的例外：凡所有人的财产，在一九二二年五月二十二日以前，按革命法律剥夺所有权，或已为劳工所占有者，不得再请追回。又一切家用物的原来所有人，亦不能向现时实际占有者追回此项产业；一九二二年三月十六日所发表允许此项权利的命令，至此重又取消。

就一般论，据全俄中央执行委员会对于实施新民律的决议，以前一切民事关系，至此为一结束：法庭和其他机关，不能受理发生于一九一七年十一月七日以前的讼

---

① 苏维埃民律第二十二、二十三条。
② 苏维埃民律第五七条。
③ 苏维埃民律第五五条。

案。凡发生于一九一七年十一月七日以后与新民律实施以前的私讼，须按当时有效的法律办理。普通以三年为期的时效，当为民律实施前所发生的一切财产关系而延长。①

为使历来所发表关于充公及没收的命令、决案，不与《新经济政策》相抵触起见，便宣布民律实施后，以前一切命令的完全作废，又制定法令以后，凡未经民律所规定者，不得充公或没收任何财产。在民律上充公的意义是：

"为公众必须故，国家有偿的强制私人或法人永久或一时的弃让其财产。"

没收的意义是：

"经民众法庭，革命裁判所，非常委员会（在有权宣判时）的判定，国家无偿的强制物权人弃让其财产，作为一种惩罚。"

因特许所得企业上的财产，可以全照特许证的规定而充公或没收。倘为没收时，执行没收的官吏，必须为所有者留出一切家用物，一切家庭手工业上必须的工具，专为谋生而不作借他人用物，一切家庭手工业上必须的工具，专为谋生而不作借他人劳力以利己的，以及足供受没收宣告者及其家属六个月用的食物。②

新律上又严密规定关于充公或没收时必须遵守的细则，于此特别注意的是税务官吏所执行的没收，海陆军队所执行的充公，及苏维埃联邦境内向为敌人或反革命党军队所占据的土地的充公及没收，对于当时愿退出或被驱逐出境而终又回籍的各个人的关系等。新律又重申一九二〇十一月十九日民众委员会所议定的决案：

"凡人民已经逃出共和国境，或至今藏匿无踪者，其所有动产，概归俄国社会党联邦苏维埃共和国所有。"

四

法律上和遗嘱上的继承权，是新律所承认的，但其间有两重限制：第一，关于遗产的数目，第二，关于依法继承的人物。

遗产继承的总额，除去死者债务后不得超出一万金卢布。倘超过此数时由法律上或遗嘱上继承人与国家——由民众财政委员代表——摊分。倘遗产的性质，按经济上见地不宜分裂时，可归继承人及国家共同所有，或归国家或继承人出资收买，但须视此项处置方法有利于国家与否为断。③

对于此项限定遗产价值的普遍的法则，也有一个例外，就是从国家机关与私人所订契约中而得的权利，如由租借、特许、或营造契约所得的权利等。这类权利，依法可以遗传，不限于一万金卢布。此外向与无遗嘱的死者同居的法定继承人，也特许免受此项拘束，除奢侈品不能超过定额外，一切家用品物，都可承继。

法律上或遗嘱上的继承人，限定是直系卑辈（儿女、孙儿女、曾孙儿女）生存的

---

① 苏维埃民律第二、三、七条。
② 苏维埃民律第六九条附件。
③ 苏维埃民律第四一六、四一七条。

配偶，及贫乏、无力，而曾受死者死前一年以上的完全扶助的人们。①

只有当所继人死时活着的人，或受胎于所继人死前而出生于死后的孩子，有权继承。遗嘱人得于法定继承人中指定几人接受他的财产。② 他可以任意指定由这几人中分配财产的方法。他也可以摒弃此类受遗人的一部或全部。倘遇此等情形时，遗产的一部或全部，收归国有。遗嘱人也可使继承人中的一个对其余各个或全体负一种责任，余人也可以根据遗嘱强制这人履行他的责任。法律更认可遗嘱人在遗嘱上另定一人，备先所指定的人，死在遗嘱人之前或不愿接受遗产时的替代，但这替代人必须于法定继承人中选择。③

所继人死后，民众法庭接到通知，即须执行保管遗产的手续，但不必用公告等方法通知继承人。法庭经理遗产，以有继承人出现时为止，但时间不得超过六个月。倘于发表支配遗产令后，已过六个月而无继承人出现，或出现而正式拒绝接受者，该项产业归国家法定机关所有，继承遗产的无论是个人是国家，所负清还死者——无论有遗嘱无遗嘱——债务的责任，以尽遗产所有为限。死者的债权人必须在支配令发表后六个月中提出清理的要求，否则债权便归消灭。④

遗嘱的形式，法律并无规定，第四百二十五条只规定遗嘱要由遗嘱人签名，更呈请登录司登记。由登记册上抄下的遗嘱，与愿遗嘱有同样效力。

继承资格是不必莅法庭证明的。继承人倘离开遗产所在地时，在支配令发表后六个月中可以由自身或由法律代理人，前来保有。⑤ 法律或遗嘱上的继承人，更可以请求民众法庭的法官发给继承权证书，

五

关于契约方面，新律与其他资本化民律相较时，凡革新之处，都不曾加入，上面已经说过。新律与他种民律的不同处，只在对于契约上有许多关系特重的地方，并未加以确切的限定。其中所规定的约契关系有下列几项：（一）地基租借；（二）抵押；（三）产业的租借；（四）买卖行为；（五）物品交易；（六）借贷；（七）营造契约；（八）保证；（九）法律上代理权；（十）合伙公司；（十一）保险。

以下我们可以把这几种契约中最重要的几种来一讲。

地基租借是一种租借城市中建筑用地基的契约。订约者的一方是市政局，一方是合作社，或其他的法人或私人。期限砖瓦建筑不得过四十九年，其他二十年，⑥ 建筑行为必须于订约后一年中起始。至少每五年征收租金一次，每次按照契约所规定而征收。此项建筑权可以由借地人转让或抵押。如遇借地人短付租金至一年以上，或违背

---

① 苏维埃民律第四一八条。
② 苏维埃民律第四一八条。
③ 苏维埃民律第二二至四二四条。
④ 苏维埃民律第四三一至四三四条。
⑤ 苏维埃民律第四三〇条。
⑥ 苏维埃民律第七一条。

契约上别项条件而约上本定有特权赔偿办法时，市政局可以按法定顺序，扣押建筑权，当众拍卖；倘无人承买，复归市政局所有。如发生此等情形，或按约年期期满时，租地人须于完好状态中将一切建筑物交付市政府，市政府须将交付时建筑物的价值付还建筑者。建筑物的价值，由估价委员会估定，此项委员会为市政府与劳农调查会代表所组织。委员会所估定价值倘建筑者认为不满意时，可以请求民众法庭的公断。

关于租借产业的契约，有各种阻止。租借的期间，不得超过十二年。期满后，可以延期重订契约。倘租借人为政府机关或企业，雇工或雇员，公立学校学生，仰给赤军的家属，劳工或废兵时，到期后可以不问出租人意思如何，自动的延长租借。又租借人倘为前项列举之人物时，租金的订定，不能高出于当时执行委员所定的限度。

买卖契约限制尤严。非市有的住屋，是可以出卖的，但第一买主本身，其妻、夫、或未成年的子女，不能同时占有两处房屋；第二卖主本身，其妻、夫、或未成年的子女，每三年内只能处理他们的财产一次。① 此外关于买卖契约，有下列几点必须注意：定数标的物的物权，于契约成立时，由卖主转归买主；不定数而必须权量的标的物的物权，于交付物品时由卖主转归买主。② 倘无特种约定时，意外损失的危险负担，随物权而转移③倘物品与约定的品质不符，或因损坏，致低减约定或照例用途的价值或便利时，卖主必须负责。遇此等损坏情形发生时，倘契约上无特定条件，买主提起诉讼时效，以一年为限。④

借贷的数目，可以用金卢布，也可以用苏维埃货币计算。若系用金卢布计算，偿还的数目，当按偿还时官定兑换率合算。国家银行有权可以收存一切存款，金银货币块条，或用原物归还之国外货币等，但利息用苏维埃货币交付。⑤

依据旧俄帝国的民律⑥苏维埃民律上关于营造契约方面，除普通的法则外，也附加关于国家特许契约一条，其中规定了多种有利于国库的特权。⑦

除因契约而生的责任外，民律上也规定无偿受益(Benefit without consideration)者的责任，负责者赔偿损害的责任等。

提起诉讼的时效，法律表示规定特种时期时，普通为三年。计算此项时期从控诉权发生之日起，若为请求即付的责任时，从订约时起。⑧

六

新民律普通时原则中，略含一二处类似宪法的规定。

一切私权，除反背社会经济原理者概受法律保护。除法律所规定外，不得侵夺或

---

① 苏维埃民律第一八二条。
② 苏维埃民律第六六条。
③ 苏维埃民律第一八六条。
④ 苏维埃民律第一九五至一九七条。
⑤ 苏维埃民律第二一〇条。
⑥ 俄罗斯帝国汇典第五卷第一章。
⑦ 苏维埃民律二三五条补充条例。
⑧ 苏维埃民律第四四、四五条。

限止【任】何人的私权。①

新律第四条条文如下：

"为增进国中生产力起见，俄罗斯社会党联邦苏维埃共和国以民事上能力(行使民事上权利义务的能力)授予一切未受法庭宣告限止私权的人民。凡男女、种族、国籍、宗教，或传统上分别，对于此项民事上能力，不生任何影响。"

民事上有行为能力而得享受权利，负担责任的年龄，规定为十八岁。②

新律上外国人的身分，极不确定。条文中并未提及外人，但在宣告民律有效时期的法令的第八节中，规定曾与苏俄订约国的人民的权利，依据约文而定。若条约中并未订定，且无别种手续议定者，此类外人在苏维埃联邦共和国境内旅行，营业，置产的权利受联邦政府执行部明令的拘束。

新律更认为对于俄国人民私权的范围，须确定一种限制，这也是很可注意的。以现时国事的趋向论，此种限制，必为暂时的现象。这就是其中的第十七条，规定凡俄罗斯社会党联邦苏维埃共和国境内的自然人或法人，经营国外贸易时，必须经国家之手，由民众外交委员作国家的代表。且只许在法律特别规定和民众外交委员会监察下经营国外市场上独立职业。

(《东方杂志》第二十卷第二十一号，1923年11月10日)

31.《俄国农业的复兴》(《东方杂志》第二十卷第二十一号，11月10日)

《东方杂志》第二十卷第二十一号刊登化鲁的《俄国农业的复兴》，全文如下：

最近在莫斯科开幕的全俄农业展览会，是较近俄国历史中的一件非常重大的事情；因为劳农政府谋改善全国农业，增进农民生活状况，这一次展览会便是这种企图的成功的起点。俄国农民大多数都是不识字的，对于共产主义不甚理解；劳农政府想教育这些农民，使能拥护政府。此外，政府更想改良农业生产方法；使俄国能自给自足，不至受资本主义国家对俄封锁的影响，这是革命后俄国政府所努力规画的，经六年的惨淡经营之后，到现在却已得到了些少成效了。

展览会开幕的那一天，全俄各机关一律休假一天。从莫斯科乡间到城内，行人填塞道途，大多是些农民赴展览会参观去的。整千整万的劳农会代表都执红旗，招摇过市，会场点缀，非常美丽。莫斯科全境秩序井然，绝不发生扰乱。开会日劳农政府领袖人物都有演说，而尤以里戈甫(Rykov)——人民委员会副议长，李宁的代理者——的演辞为更重要，大旨是如此："俄罗斯已造成了一个奇迹了，他已把一片广漠潮湿不适卫生的土地，改变成这么繁华兴盛的市镇。但这不过是四个月间的事呢！我们曾

---

① 苏维埃民律第一、六条。
② 苏维埃民律第七条。

经要求欧洲资产阶级国家协助我们从事经济改造的工作，他们都拒绝了。于是我们不能不靠着自力开发自国的富源，到了今日，全世界人当能估定我们的力量了。农民现在也已经知道共产党是替他工作，而且是他的好友。我们希望欧洲会得注意，知道俄国已入于改造的时期。"

莫斯科展览会的外国部比俄国部较迟一星期举行开幕。外国部的商品以德国为最多。开幕那天，外国代表，外交家新闻记者参与典礼的很多。加拉辛与姬采林都有演说，大旨趋重俄国与西欧合作的必要。又说俄国很需要欧洲的资本，俄国预备牺牲极大的利益以吸收外国资本。当时在座的欧洲商人颇为动容。我们从这里也可以看出俄政府现在的经济政策的倾向了。

(《东方杂志》第二十卷第二十一号，1923 年 11 月 10 日，署名 化鲁)

32.《俄罗斯革命第六周年纪念》(《共进》第四十九期，11 月 10 日)

《共进》第四十九期刊登《俄罗斯革命第六周年纪念》，全文如下：

一般人视为蛇蝎，视为洪水猛兽，视为抢到和大逆不伦的布尔塞维克(即共产党，亦可所谓"过激派")的巢穴的苏维埃俄国政府(即劳农政府)，至今年十一月七日已经成立满六年了。欧洲资本主义发展到崩坏的时期，资产阶级已无力再行维持社会秩序，劳动阶级便来破坏了旧的资本主义社会：社会的生产要社会公有，废除工银劳动，……；用社会主义的原则，创造一个新的共产主义社会。但在从资本主义社会到社会主义社会之间的过渡时期，劳动姐姐要在短时间内铲除资产阶级的基础，使人类的痛苦减少到最低限度，抵有有无产阶级专政是较有效力、较好的方法。俄罗斯十一月革命便把这种理论实现了。于是社会主义便由理论的时期到了行动的时期了。

资本主义社会崩坏，社会主义社会要代之而兴，我们用科学的态度认为这是"历史的必然"。而一个革命固然一方面要带着历史的使命与必然性，一方面也须看我们人类的努力。俄罗斯十一月革命，"人类的努力"占着较大的分数，所以俄国虽是比较经济落后的国家，无产阶级革命□先欧美各先进国而成功，俄国无产阶级更在过去的六年中做了可惊人的伟大事业。

俄国无产阶级在过去六年中，扫平许多反革命的内乱，杀死许多白党的主要人物，战胜日本、英、法、美、各列强封锁俄国的驻军，组成无产阶级专政的政府：以全力发展工业，普及教育核；……最近又与远东政府合并，组成苏维埃大联合，俄国无产阶级革命已出了危险时期，可以全力去做内部大规模的建设；同时也可以帮助如兄弟的全世界无产阶级和被压迫的各民族去反抗资产阶级最后的挣扎和国际帝国主义的侵略。

在这样可惊人的伟大事业中，俄国共产党、赤军、俄国少年共产团的工作，自然是最可钦佩的，他们为无产阶级的自由和利益，出死力保护苏维埃政府。俄国少年共产团员有许多人身上都有被枪弹打伤的痕迹，他们也很以此为快□，表示他们会对共产主义热诚的服务。对普及教育，他们也很忠实去努力。为灾区的食粮和儿童的食粮，俄国工人连黑面包都吃不饱，列宁虽有重病，也是一样吃不饱。俄国共产党更在每星期六下午去做不受酬的工作。俄国的一切组织和事业，几乎完全是创造的。现在已经很好了，无论资产阶级新闻纸如何造谣，俄国人的衣服、用具、食品，及一切生活必须品，已经够用，与革命初成功时有天壤之别了。

  这样创造的革命事业，自然必须这样艰难困苦努力奋斗。努力与奋斗的结果，俄国无产阶级的国家业已很稳固，然后即可以伸出她的可爱的手，给全世界无产阶级和被压迫的民族以有力的帮助，共同去打破旧的社会秩序，创造新的社会了。

  掉过头来看看我们中国吧。军阀、官僚占着统治者的地位，猪仔走狗遍中国。如此死的社会，几派反动的势力仍然互相消长，宰割全国人民。帝国主义经济的侵害，一方面使国内大工业不能发展，一方面供给军阀的借款和军械，助长反动的势力，使内乱不能息。在这种情形之下，我们青年自然负着特别重大的责任，我们更要去努力负担！我们绝不悲观决不去独善其身的做好人；我们要去为中国的大多数人民的自由和利益去革命，去奋斗！

  自然中国的问题与俄国的问题绝对不能一样，绝对不能盲目的说人家会怎样，我们也应当怎样。或者我们做的比俄国更好些。我们要去分析我们的环境，研究实际的问题，去求实际的解决。

  我们中国人在今天应诚恳的祝俄国十一月革命！纪念着俄国人的精神！纪念着俄国人为自由而奋斗而革命的至死不挠的精神！纪念着俄国人的伟大的组织力与创造力！

（《共进》第四十九期，1923年11月10日）

24日（星期六）

33.《教育宣传问题决议案》（会议文件，11月24日）

  本日至25日，中共中央举行第三届一次执委会会议，通过《教育宣传问题决议案》。全文如下：

  A. 宣传方针
  一、政治　最近期间可略偏重于下列几种政治上的及外交的宣传：
  1. 反对英美帝国主义之各方面的宣传。
  2. 中俄亲善及承认苏俄（以爱国主义为立足点之分数当加多：中国可以利用俄国抵制英美日；俄国实际上决不能侵略，而必须经济的政治的合作）。
  3. 国民党之改组（反对非政党说，提倡健全的国民运动的政党，当就现有的国民党着手）。
  4. 反对曹吴及外交系（当注全国目光于直系，对其他军阀不必与以同等之攻击；不可落于普遍否认的稚气，当以竭力求变更现状为宣传的最近目标）。

5. 反对研究系——宪法派(证明宪法非民众实力不能保证；研究系借"法律条文"投机与外交系借"西餐礼节"卖国有同等的罪)。

6. 各省的现实政治之批评(如省区及地方组织尤当注意如山东哈尔滨等有C.P.所能支配之新闻机关者)。

7. 地方自治之实际建设(如职业选举之类，当以能实行为前提：如哈尔滨市议会——中国、日本、俄国平民——之选举权等，都可借此相机引起中国商人，工人等的政治运动)。

8. 五权宪法的研究——(应当借革命的一权说，民党所谓五权宪法，不过组织上的问题而并非"权")。

9. 其他各殖民地及半殖民【地】的革命运动之宣传及介绍。

10. 近时德国革命形势之论述。

此中尤以反对英美及直系为最重要。

二、劳动　劳动群众中，除上述的政治外交问题当以极浅近的口号宣传外，并须特别注意下列几项：

1. 经济斗争(须有组织有步骤之坚决斗争，勿作孤注一掷)。

2. 经济斗争与政治及外交之关系(当取中国实际经验作例，如海员唐山京汉等)。

3. 自然及社会科学之常识，共产主义之浅释(当与工人以整个的科学的奋斗的人生观)。

4. 普通集会组织的方法。

5. 世界劳动运动史略及现势。

已有的《工人周刊》及《劳动周报》当尽力推销于工人及党员之间。凡能与工人接触之党员当尽力运用《前锋》《新青年》《向导周报》《社会科学讲义》等之材料，使用口语，求其通俗化(Popularization)。

当尽力编着通俗的问答的歌谣的小册子。

有可能的地方当设贫民学校。

三、农民　农民间之宣传大致与工人中相等，但材料当取之于农民生活；尤其要指明农民与政治的关系，为具体的经济改良建议之宣传，如协作社，水利改良等，尽可以用外国译语，只求实质能推广农民运动。

四、文化　文化思想上的问题亦当注意，这是吸取知识阶级，使为世界无产阶级革命之工具的入手方法。

1. 反对东方文化派(纯粹的东方派是幻想的退步的思想；纯粹西方资产阶级文化是个人主义，伪慈善主义；共产派当宣传为斗争而互助，斗争乃为将来全人类之互助；无斗争即无生活)。

2. 文学的及科学的宣传主义。

3. 反对宗法社会之旧教义。

4. 反对基督教的教义及其组织(如青年会)。

5. 健全的唯物主义的宇宙观及社会观及"集体主义"的人生观(反对个人主义；

各个人当择一宗旨,结为团体,服从其分配工作以达共同目的,亦即自己之目的;个人生活当然因此得一部分的满足,同时亦当自求生活保证,求身心的强健;结团体本是为着各个人的目的;个人的安全亦是为着团体的工作。既有团体(或社会)便有各团员间之相当关系(或新的习俗),非此不能维系;决不应以为共产主义便真是"过激主义"——蔑视一切个人私德)。

共产党员人人都应是一个宣传者,平常口语之中须时时留意宣传,在这一时期,大家都当以上述的方针为标准去实行。至于材料,可以取之于 C. P. S. Y. 之出版物。出版物及团体内的宣传教育方法亦另定暂时的办法,见教育宣传委员会的组织法。

B. 教育方法

甲、

一、各地方之政治讨论(每次大会由教育委员选择《前锋》或《向导周报》论文作材料)。

二、各小组之政治讲演(除现时政治问题外,最好每组以党纲草案为根据逐段讨论研究——此于新加入之同志有大益处)。

三、各小组之组织原理讲演(以章程为材料)。

乙、

四、国内劳动运动及各地现实的劳动生活,每小组均当加以讨论(以《工人周刊》等为材料)。

以上各种材料及讲演员之分配当由各地方教育委员负责——每月报告中央教育委员会。

各地 C. P. 及 S. Y. 各推一教育委员合作——可以共同报告——(但 S. Y. 所用材料当注重青年方面,如《中国青年》,《青平[年]工人》及 S. Y. 之章程纲领;C. C. P. 党纲却亦为 S. Y. 所必须研究,此为两团体之政治的共同精神)。

丙、

五、各地有可能时,设社会科学的研究会(任取何名,如哈尔滨之青年学院),大致可如下法组织:——(亦可利用其他学会,掺入自己材料)新青年,社会科学讲义,译著的关于主义之书籍为材料(党员的新译着随时报告中央);每月召集会员几次,预指材料及问题,或请人讲演或共同问答;结果若有疑问,可寄到名义上的"社会科学会"(即中央教育委员会)令答复。再则可令会员从事实际调查各种中国现实问题如劳动状况等。

根据一九二三年十一月三十日出版的
《中国共产党党报》第一号刊印

(《教育宣传问题决议案》,《中共中央文件选集(1921—1925)》,北京:中共中央党校出版社,1989年,第 204~208 页)

34. 给团中央的信(文献,11月24日)

李觉民就厦门集美学校活动的情况给团中央的信(节录):

钟兄①：

来信收到。兹将兄所指定三事分别答复如下：

(1)《独秀演讲录》，《社会主义讨论集》，《阶级斗争》，弟都有研究过，而且在集校代售了很多，至若"中青"和《向导周报》，每期弟至少要读两遍。

(2)此层弟想正式加入后——校刊和校费均办妥(和一切手续)——始把集校相信得过的不但相信主义而且能活动的校友的姓名、年岁、家庭状况、思想，详细报告。兄以为怎样？

(3)厦门学校的情形和工人生活等，似[俟]调查后再行报告。现在先把集美学校情形略为报告如下：

集美学校共分六部：师范、中学、水产、商科、男女小学、幼稚园，共有学生数二千人。中等学生占一千五百人，师范部近六百人，而且大多数是无产阶级。从前的集美学生的生活，每日只在功课上用功夫，有时看看《水浒》等小说，自弟代售我们的出版物以来，觉悟的分子就日渐增多了。师范部的大多数同学均阅《中国青年》(每间房间至少有一份，一百份《中国青年》均在师范部销售)。其余如《独秀演讲》、《工人流血记》、《新建设》……等亦销售不少。

再，此地的同乡会最发达——共有二十余团体——而且大多数发行出版物和回乡去演剧、演讲、组织义务学校。不过这些团体都是小部分的活动，是改良派罢了。此等团体若有学识和经验丰富的忠实于主义的人来引导他，效果必甚大。

现在把弟在集校运动的经过略为报告一下(和弟的家庭状况)：

弟是生长闽西，家里很穷，而且负了很多的债额。我的祖父是前清的童生，是无职业的，但他很要我读书，因为弟的上代祖宗立下了许多儒资。故弟的祖父虽竭尽心力，终不肯使弟辍学。后来听见闽南陈嘉庚兄弟毁家兴学，考得进的学生各费均免，于是我就到厦来投考(我家到厦约六七日路程)，一考考进了。我在集校第一二年，专于功课方面用功。但有暇时也很喜欢看报章杂志。每一看见社会主义的文字，我总要详细的研究，在那时候我最赞成无政府主义，后来看了马克思主义的书和《社会主义讨论集》等书(以及李、宁②等书)，我就下了决心相信列宁主义了；并知道从前信的无政府主义是没手段没方法的了。

弟已下决心相信列宁主义。那时弟以为研究主义贵在联络同志谋实际运动，于是弟一碰着机会就尽力宣传。但那时弟所接触的人都没看过主义的书，而且我的方法不好，因此那时没有半点效果。但我的态度很诚恳，而且我很愿意帮人家的忙，所以和我接近的同学个个都亲我爱我，而且我说话颇能动人(我懂得而且会说共有三种言语，一为国语，一为闽西语，一为闽南语)，因此，就缓缓的有些成绩了。

后来弟寄信给独秀先生，请他指导，后由仁静兄寄信来指教，而且常常与弟通

---

① 钟兄：中国社会主义青年团中央的代称。
② 指《李卜克内西纪念》等书。

信。弟在这通信中间，得到的知识不少。此时又由仁静兄介绍弟代销《中国青年》及上海书质的各种关于出义的书，从此以后同学中相信主义的人日益加多，而更深切了。

在没代售书报以前，弟完全以很诚恳的态度，用言语向同学宣传——俄国革命的成功和现状——到了代销书报时期，弟和同学接触的机会更多，于是弟就利用这机会多找新朋友，尽力宣传，因此，表同情的同学日益加多。

弟以为在这样大的学校中间，青年这样多的所在，要是有经验丰富的人从事引导，效果必甚大。可惜弟对于实际活动的知识太欠缺，方法太单调，因此，效果甚微。这要请兄切实的引导！

弟现联络了对于主义有研究的同志创办一种周报——《星火周报》——专鼓吹我们的主义。这种周报同学很欢迎，比《中国青年》销售更多，每次出版，一出即尽，对于同学的思想影响甚大。这也要请兄加以切实的指导！

（《福建革命历史文件汇集》（1923—1926年），1983年内部印刷，第6~8页）

11月

35.《俄国革命史》［著作（目录），11月］

上海商务印书馆出版共学社"时代丛书"，朱枕薪编译的《俄国革命史》，共109页，大洋3角5分。目录：三月革命；苏维埃之成立；联合政府之更迭；农民革命运动（一）；十一月革命之酝酿；十一月革命之爆发；十一月革命之经过；革命时代之骚扰（上）；革命时代之骚扰（下）；最高国民经济委员会；宪法议会；国是大会；土地法；革命后之党争；农间［民］革命运动（二）；苏维埃思潮进化之历程；作工的与被侵掠的平民权利宣言（附录一）；俄国苏维埃制度表解（附录二）；国际歌（附录三）。

11月

36.《社会主义之思潮及运动》［著作（目录、绪论），11月］

上海商务印书馆出版《社会主义之思潮及运动》(sociallsm in Thought and action)，美国"各校社会主义社"秘书列德莱（Laidler, Harry wellington, 1884—1970）着、李季翻译。全书678页，定价2元；共15章，上卷记述社会主义的学说与思潮，下卷描述社会主义之运动，特别是1914—1919年各国社会主义运动详尽无遗，正好与《社会主义史》相衔接）该书附15页英文书刊及"书目注释"，颇有价值。目录：绪论；上卷社会主义之思潮：第一章 社会主义者的弹劲一经济和人类的损失；第二章 社会主义者的弹劲二财富的不均；第三章 社会主义者的学说一经济观和阶级战争；第四章 社会主义者的学说二资本主义的发达和价值论；第五章 社会主义的共和国；第六章 行会社会主义和工团主义；第七章 倾向社会主义的趋势；第八章 社会主义的反对论。下卷 社会主义之运动：第九章 社会主义和国际主义；第十章 向着新国际党的趋势；第十一章 俄国革命；第十二章 中欧帝国的革命（德意志——奥大利——匈牙利）；第十三章 欧洲其余各国一九一四年以来的社会主义；第十四章 美洲和别处地方一九一四年以来的情形；第十五章 一九一四年以前的社会主义运动。

绪论：

我于一九一四年七月二十九日参预国际社会主义者在不律塞①（Brussels）所开的"反对战争之战争"大会，当时正在奥国向塞尔维亚（Servia）宣战之后。当那天下午，从欧洲各处来的社会主义的领袖，都集于劳动，社会主义，和协作，三部同盟的总机关民众住所（La Maison du People），决定国际社会主义会议（International Socialist Congress）的命运，这种会议原来是定于八月二十三日在维也纳（Vienna）开会的。各处的社会主义者对于这种会议已经抱一种很大的热望，因为他们已经预备于此次会议中庆祝第一国际党（The First International）的五十周年纪念，并且希望于此次会议中将社会主义运动进行时遇着迫在眉睫的战争所发生之最大的争议，加以讨论。在不律塞的代表决定将开会地点从维也纳移至巴黎（Paris）。将开会日期从八月二十三日改至八月九日，并且将战争问题作为议事录中主要的问题。

当那天晚上，国际社会主义的领袖当着好几千挤在王家戏院（The Royal Theater）的工人演说，力劝欧洲工人坚决反对目前战争的大爆裂。自这种会议之后，那些集合的群众，口中大呼"反对战争之战争"，（Guerre à la guerre），"扑灭战争"（A bas guerre），并且高唱马塞耶斯歌（The Marscillaise）和国际歌——"国际党即是人类"——他们向着植物园街前进，经过北车站，直到夜静更深，才各自散去。

到了第二天，我和法国代表浪辨（Jean Lenguet）同桌吃点心，他就是马克思（Marx）之孙。他曾努力寻找和巴黎通消息的方法。有人告诉他，他要用电话和巴黎通音问，总要费好些时候。同时用电报和书信通消息的人总是以千数计算的。参预不律塞会议之最后的代表团于这一天各自归国去帮助他们的国人，抵抗战争的潮流。大家希望在巴黎会议之前有种种互相接近的计划，并且希望在这种足以强迫他们的政府保持和平的会议中有一种共同协商的方略。当几天之前，法国的社会主义者已经决定，如果遇着势将爆发的战争，他们赞成举行总同盟罢工，以为抵制之计，不过中欧各国的社会主义者遇了这种局面，也当取同样的行动，并且只有遇着这样的危局，才出于总同盟罢工一途。他们希望在巴黎获得大家对于此事的同意。这桩事或者可以挽救当时的危局。

但是他们的希望毕竟成为泡影了。战争的现出竟和天上下来的闪光一样迅速。各国社会主义者自从不律塞集合开会以后，想要使二三国以上的人互通消息，在事实上简直是不可能的。在几天之内，欧洲各国的"伙伴"竟伏在战壕中，彼此相互残杀起来了。

---

① 不律塞，今译布鲁塞尔。

当时在各方面所听见的叫喊声是"国际党死了""社会主义歼灭了"。但是当这种话差不多还没有说完的时候，战争的火焰中就现出好些别的势力，将使社会主义变成一种远过从前的大势力。

许多年以来，社会主义者已经竭全力攻击自由竞争中的种种损失。他们的议论不大为人所注意。于是大战突发了。政府把好几百万人从经常的实业生活中转送到前敌去打仗，或使他们从事于和战争有关系的实业。数量极巨的财产都被毁灭了。要使那些仍然在实业中作工的人能够以充分的生活品供给社会，那么对于生产和分配必须筹出种种更经济的方法。在各交战国中，从前有许多人嘲笑集产主义，以为这种主义是不能收效的，此时为危急的时局所迫，自然转而应用集产主义的管理方法，并且把它看作一种减少损失和掠夺之最良的方法。因此各国的铁路、船舶、电报、电话、矿山、食物、军器、房屋，以及无数别的实业，都在政府管理之下。据经济学者霍布孙（J·A·Hobson）说，此次战争促起英国的国家社会主义（State Socialism）所达的限度，在平时需要半世纪的功夫，才能达到。

国家社会主义并不是一种民主主义的社会主义（Democratic socialism），后者是一般社会主义者正在力求实现的。他们想用民主主义的方法，管理社会必需的各种实业，并且将这些实业作为公有财产。他们以为现在的实业制度把劳力看做商品，并且滥予少数人以不劳而获的财富，故当把这种制度铲除。然他们对于这种战时的集产主义（War-collectivism）之重要。并不蔑视，在好些国内这种主义已经把旧式个人主义（Old individualism）根本推翻了并且已经使个人主义反对社会主义之争议确实转而为官僚政治的国家社会主义反对民主主义的社会主义之争议。

此次战争又将官僚政治的管理所生之种种弊端暴露出来了。这种管理已发生一种反响，英国近年来遂有实业公会，和店伴运动（Shop stewards' movement）的出现，而行会社会主义也愈加受人欢迎，劳动界在许多公共的实业部中之代表，也逐渐增加了。于是实业中民主主义的管理法——这是社会主义的哲学中一条原则——在我们的眼前渐渐地发展出来了。

还有一层，此次战争并亲见劳动运动和社会主义运动发展他们的势力和他们的社会的目的。当战争紧急之际，俄国从黑暗的专制政体变为一个苏维埃共和国（A Soviet Republic）匈牙利也跟着进行，不过因受协约国的武力之赐，又不得不回转去受哈朴斯堡（Hapsburg）朝暂时的统御；德国和奥国推翻他们强有力的君主政府，造成大多数社会主义者专政的共和国，而一般群众并时常要求国内实业的完全社会主义化。英国工党（The British Labour Party）当战争的末期，在国会中是第一个反对党，他对于现在的实业制度，主张完全改造，他于实业方面，并得到劳动运动的后援，而这种运动和从前比较，要更加统一，更加勇敢。就实际上讲起来，当欧战期内，在资本主义已经有了立脚地的国中，人民争实业的民主主义，争社会主义，继续得势，而各国的社会主义运动都有一种重要的变动，就是他现在所持的论调，比较战前，更加激烈了。

战时工联运动、协作运动，和妇女运动的发达，欧洲许多复旧派农民与近世工业的接触，研究战争缘因所生的刺戟，以及筹划和平出现后根本改正计划的必要——如果失业,住宅,生活费增涨各问题要有相当的处置,这种改正计划是必要的——这几点和好些别的要素一定将使大家对于社会主义的计划,加以更大的注意。

此次战争对于世界上某几种反动的势力也予以一种鼓励。他已经使那种掠夺产业不发达的国家之"大企业"欲望更炽了,并且使各国政府采用帝国主义(Imperialism)计划的野心更大了。他已经一时巩固了军事的机关,剥夺了人民民法上权利,促进了实业的集中运动并且使少数人的手中拥有巨额的财产使政治中的官僚掌握从来所未有的大权。在将来的时候,有两种东西可以集合民主主义的种种势力去维持社会主义:一种是战后抵抗上面这些守旧势力的反动力,还有一种是大家相信,只有借助于挟着社会主义见解的无产阶级运动,才可以遏制这些趋势所生的恶果。

37.《社会主义之思潮及运动》广告(《新青年》第八卷第六号,1921年4月1日)

此书为美国各校社会主义社的秘书列德莱博士(Harry W. Laidler Ph. D.)所著,系一九二〇年出版。书的内容,分为两部:第一部(即社会主义之思潮)叙述社会主义的学说,社会主义对于资本主义的批评,对于反对论的辩驳等等,非常透彻;第二部(即社会主义之运动)记载国际主义的源流,各国社会主义者在欧战爆发前后所持的态度,一九一四年至一九一九年年底各国社会主义的运动等等,详尽无遗。此书的第一部系罗列世界有组织的社会主义运动和社会主义大家的思潮,著者自己并未尝参以私见,故于各派学说,持论平允,绝无党同伐异之弊,这是赞成或反对社会主义的人所必读之书;此书的第二部与我所译的克卡朴《社会主义史》恰相衔接(克氏社史至一九一三年为止),尤足资研究大战后世界各国社会主义运动的人之考镜,故特译成国语,以飨国人。全书约二十四万字,现已脱稿,不日付印,特此预告。

十年三月十七日,李季白。

(《新青年》第八卷第六号,1921年4月1日)

11月

38.《妇人和社会主义》[著作(目录、绪言)11月]

上海商务印书馆出版山川菊荣著,祁森焕译《妇人和社会主义》,共127页,定价大洋4角。目录:绪言;山川菊荣传;第一 妇人运动的四潮流;第二 社会主义的妇人;第三 妇人劳动问题;第四 夫人劳动组合运动;第五 育儿制限和社会主义;第六 无产阶级之妇女运动;第七 劳农俄国的妇人;第八 回教国之妇人问题;第九 妇人的战术;第十 社会主义的妇人。

绪言:

这本小册子，是选集山川菊荣（Kikuye Yarnakawa）的论文（一九一三——一九二二年）中，关于社会主义的妇人运动诸作，计共十篇，译编而成。她的论文，是随时发表于各杂志——《改造》，《解放》，《表现》，《中央公论》……各有独立的一篇，今取而汇成一册，自不免有前后重复之处，故在不失其原意的范围内，从事节删，并为之厘订顺序，以期前后联成一气，以便阅者。现在先把此书的结构，为简括的说明：

第一篇是论现代妇人运动的主潮，分为四种，简明介绍，最后认定第四种，是能完成妇人解放的运动。第二是由唯物史观来说明妇人的悲惨，先说男女关系的过程，及社会组织的变迁，归到女子欲恢复自由，非改变社会的组织不可，以明社会主义为解决妇女问题的方法，而主张家庭劳动的社会化。第三论妇人劳动问题，指摘现在妇人兼任工资奴隶和家庭奴隶，应把家庭劳动，进化到工场劳动，工场劳动发达，则关于劳动条件等事，自必有劳动组合运动。第四篇即述妇人组合运动较迟的理由和各国运动的今昔。第五篇用社会主义者的意见，打破马尔萨斯的论据，知育儿制限，用为社会问题解决法〈，〉是无效的，但承认在社会主义的社会，育儿制限〈，〉是两亲的权利。第六篇是论世界无产阶级的妇人运动，较前三篇，更为深切。言妇人运动的中心，不是参政问题，已移到妇人劳动和母性保护了。第七第八两篇特为东西洋妇人运动的对照。第九篇则指明妇人怎样可以制胜，她们应取的战术。第十篇则特举出革命涡中的妇人——社会主义者四人，无政府共产主义者一人，——以为代表人物，觉得为无产阶级去奋斗，是吾人的责任，以结束全书。

要之，译编的目的，并非打算成一部妇女问题大全；亦非欲为学究的论述，乃是对于妇人运动家，欲与以一种的刺激和暗示，藉以备其参考罢了。

一九二二·一一·四·在日本·

11 月

39.《俄罗斯之妇女》[著作（目录、小序），11 月]

民智书局发行出版朱忱薪编译的《俄罗斯之妇女》，共 86 页，定价大洋 3 角。目录：俄国参与欧战的妇女；俄国革命中的女杰；苏维埃俄罗斯底妇女；俄国东方的妇女。

小序：

俄国没有女权运动——单独的女性一阶级的运动。俄国的妇女，简直就是男子，伊们的事业，可说就是人类的事业。伊们作事的动机，原以人类全体的幸福为目标，非专为伊们自己一阶级计。

惟其如此，所以俄国的妇女，与世界其他各国的妇女不同。西欧妇女运动的先驱所做的事，们伊［伊们］为之，都能胜任；伊们所做的事，不但西欧的妇女，我恐世界其他各国的妇女，都是望尘莫及的。

我要使中国人洞悉俄国的妇女能力之伟大与雄厚，我觉得有辑译此本小册子的必要。书中共有四篇短文。第一、第二两篇的作者，为美国妣妲女士，(Miss. Bessie Beatty)【。】伊是《旧金山公报》特派驻俄的战事通信员，这二文都从一九一八年出版的《俄罗斯之赤心》(The Red Heart of Russia) 一书内译出。第三文则为俄国哥伦泰女士 (Alexander Kollontai) 所著，伊是俄国政府的委员长之一，此文为伊近著，我旅俄时曾读得一过，读后即行译成中文，无奈归途中诸多困难，被劫后复被捕，不得已，遂将译文弃之于路；回国后承诺小岑君送我原书，我得再行译出，这是我要特别感谢谌君的。最后一文为惠尔斯(Hulet M. Wells)所著，四文的原著者中，只有他一人是男子。

JY——译者

12月
1日（星期六）

40.《中国国民革命与社会各阶级》(《前锋》第二期，12月1日)

《前锋》第二期，刊登陈独秀的《中国国民革命与社会各阶级》。文中指出："一九一七年俄罗斯的革命就是一个好例"。全文如下：

（一）

人类经济政治大改造的革命有二种：一是宗法封建社会崩坏时，资产阶级的民主革命；一是资产阶级崩坏时，无产阶级的社会革命。此外又有一种特殊形式的革命，乃是殖民地或半殖民地的国民革命。国民革命含有对内的民主革命和对外的民族革命两个意义。

殖民地的经济权政治权都完全操在宗主国之手，全民族之各阶级都在宗主国压迫之下，全民族各阶级共同起来谋政治经济之独立，这是殖民地国民革命的特有性质。半殖民地的经济权大部分操诸外人之手，政治权形式上大部分尚操诸本国贵族军阀之手，全国资产阶级无产阶级都在外国帝国主义者及本国贵族军阀压迫之下，有产无产两阶级共同起来，对外谋经济的独立，对内谋政治的自由，这是半殖民地国民革命的特有性质。

殖民地革命的对象是宗主国，固然无所谓民主革命；即在半殖民地，一方面因为工商业受外力之阻碍不能充分发展，资产阶级不能成功一个独立的革命势力，一方面又因为贵族军阀受外力之卵翼而存在，所以也不能形成一个纯粹的资产阶级的民主革命。

国民革命的性质虽然是资产阶级的革命，他的胜利虽然是资产阶级的胜利，然而革命运动中的形式及要求却只是一个国民革命，这种特殊形式的革命，本是殖民地半殖民地的政治及经济状况所自然演成的。

无产阶级客观的力量是随着资产阶级之发达而发达的，殖民地半殖民地的资产级既然不能成功一个独立的革命势力,无产阶级便是不用说了。

(二)

半殖民地的中国自然也没有例外。领土广大交通不便经济组织还是地方的社会组织还是家庭的文字组织还是半象形的中国,连国民革命完全成功也不是一件容易的事,我们断然不可怀丝毫速成的妄想。中国国民革命运动,可以说自甲午战败起,过去历史已将近三十年,此三十年中,第一期是戊戌前后的变法自强运动,第二期是辛亥革命运动,第三期是"五四"以来学生及工人运动。这三期运动之成织虽然都很微末,而加入运动的各阶级都以次扩大,这是不能否认的。第四期运动是什么?我们虽未能预断,而距运动成功的时期仍然甚长,及资产阶级渐渐明确的感觉国民运动的必要并显著的加入此种运动,这两件事是可以推知的。

(三)

经济落后文化幼稚的中国,各阶级还都紧紧的束缚在宗法社会的旧壳内,幼维[稚]的资产阶级,至今没有有力的政党,便是它幼稚之征验,他还未脱离利用敌人(列强及军阀)势力发展他自己阶级势力的时期,所以他时常表现出来爱和平怕革命的心理,这也是他势力薄弱之自然结果;若依据他目前心理之表现,遂一口武断中国资产阶级永远是不革命的,那便未免短视了。

商业工业资产阶级而外,在殖民地半殖民地,每每还有一种官僚资产阶级。他的势力原来是依赖外国势力(卖国)及本国贵族军阀政府,利用国家机关(盗国)而存在而发展的,他不但是不革命的,而且是反革命的;他不但不是真正资产阶级,而且是真正资产阶级——工商阶级发展之障碍;中国的新旧交通系即属此类。直皖奉直两次战争,固然是军阀间的战争,而因此打倒了安福部及梁士诒内阁,却算是扫除中国资产阶级发展路程上的荆棘,所以那时扬子江下游新兴的工商业家对于吴佩孚颇表同情;有人说吴佩孚打倒梁内阁是军阀阶级的胜利资产阶级的失败,这完全是梦话。

工商业幼稚的资产阶级,他的懦弱心理,自然不容易赞成革命;但产业发展到一定程度,企业规模超越了地方的而渐成为全国的,同时又遭遇军阀扰乱之阻碍或外货外资之竞争,经济的要求自然会促起他有政治革命必要的觉悟。所以资产阶级究竟革命不革命,当视其经济的历史的发展决定之,不当以其初步积累时懦弱心理决定其全阶级的终身运命。例如在欧洲前,全印度除了小资产阶级的知识者外,找不出半点革命倾向,反之,与大英帝国妥协的空气却充满了全印度的资产阶级;然而欧战后印度的工业得了发展的机会,有了外货外资之竞争,印度的资产阶级便渐渐有了经济政治独立运动的觉悟。中国辛亥革命时,有几个资本家听了革命二字不伸舌摇头,有几个资本家不安心信任北洋派军阀统治中国;然而欧战以来,扬子江下游新兴的工商业家得了一点自由发财的机会,便马上改变从前小视自身的态度,不再说什么"在商言商不谈政治"了,好像乡下土财主,子弟得了几层功名,便胆大起来不怕官府了;同时因为他们的开始发展,便遇着军阀扰乱及关税厘金外货输入原料输出等妨碍他们的发财自由,他们更不老实起来,公然出来做修改税则废止厘金废督裁兵理财制宪等运动,更进而组织民治委员会,反对军阀为总统,否认代表军阀阶级的现国会,上海、长沙之商联会更进而加入群众的国民示威运动,即此可以证明中国的资产阶级,已经由非政治的态度,发展到和平的政治运动态度,最近更发展到革命的政治运动倾向了。

他们以前非政治的态度,现在半和平半革命的态度,将来更趋向革命的态度,都不是他们主观上的意识决定的,乃是他们客观上的经济条件决定的。社会上每个阶级都有他阶级的利己心,他阶级的力量长养到非革命不能除去他发展之障碍时,他必然出于革命,愿意革命不愿意,始终没有这回事。

有人反对上海的民治委员会,说是希图组织商人政府,又说这是发达资本主义有害于中国社会。唱这种高调的人,他不明白他素所崇拜的美国正是商人政府;他不明白商人政府虽非极则,比起军阀军政府是进化的;他不明白资本主义在欧美虽功过参半,而经济文化落后的国家,却不是受了资本主义发达的害,正是受了资本主义不发达的害;他一面唱鄙薄商人政府与资本主义的高调,却一面拥护军阀,这种人全然不懂得人类社会历史的进化是怎么一回事。

在先进国纯粹的资产阶级的革命,虽以资产阶级为主力军,也不能不借助于他阶级的力量以扑当时的暴君及贵族,所以当时革命的口号往往冒称全民利益,不便公然宣告为他们阶级的利益而革命。至于殖民地半殖民地力量幼稚的资产阶级,阶级的分化本尚未鲜明,阶级的冲突亦尚未剧烈,各阶级的势力也都尚未强大,所以殖民地半殖民地的资产阶级更不能单独革命,他到了真要革命的时候,必然极力拉拢别的阶级,出来号召国民革命,以求达到他自身发展之目的。

殖民地半殖民地的各社会阶级固然一体幼稚,然而资产阶级的力量究竟比农民集中,比工人雄厚,因此国民运动若轻视了资产阶级,是一个很大的错误观念。

(四)

殖民地半殖民地一部分向上发展的大资产阶级固然可以趋向革命,而一部分向下崩坏的小资产阶级(手工工业家及小商人)亦可以趋向革命。小资产阶级固不及大资产阶级势力集中,然其企业因竞争而崩坏,生活不安,也足造成其浪漫的革命心理。

小资产阶级的知识阶级,他本没有经济的基础,其实不能构成一个独立的阶级,因此他对于任何阶级的政治观念,都摇动不坚固,在任何阶级的革命运动中,他都做过不少革命的功劳,也做过不少反革命的罪恶。

小资产阶级的中国,知识阶级特别发达,所谓居四民(士农工商)之首的士,有特殊的历史地位,他介在贵族与平民(农工商)间,恒依附贵族而操纵政权,所以有布衣卿相之说,其仕宦久而门阀高者,自身且成为贵族。他们在历史上操纵政权尤其自垄断教权的优越地位,比欧洲中世僧侣阶级有过之无不及。即以近事而论,在坏的方面:议员政客们都属士的阶级,没有强大的资产阶级来吸收他们,只得附属军阀作恶;在好的方面:戊戌前后的变法自强运动,辛亥革命运动,"五四"以来国民运动,几乎都是士的阶级独占之舞台。因西方文化输入之故,旧的士的阶级固然日渐退溃,而新的士的阶级却已代之而兴;现在及将来的国民运动,商人工人农民固然渐变为革命之主要的动力,而知识阶级(即士的阶级)中之革命分子,在各阶级间连锁的作用,仍然有不可轻视的地位；而且在无产阶级实行革命和他们阶级的利益当真冲突以前，他们是羞于放弃革命态度的。最近全国学生大会，不但议决了许多国民革命的议案，并且议决了几件为工人阶级利益奋斗的议案，这便是个明显的例证。正因为知识阶级没有特殊的经济基础，遂没有坚固不摇的阶级性，所以他主观上浪漫的革命思想，往往一时有超越阶级的幻象，这正是知识阶级和纯粹资产阶级所不同的地方，也就是知识阶级有时比资产阶级易于倾向革命的缘故。就是一班非革命的分子，他们提出所谓"不合作"、"农村立国"、"东方文化"、"新村"、"无政府"、"基督教救国"、"教育救国"等回避革命的口号，固然是小资产阶级欲在自己脑中改造社会的幻想，然而他们对于现社会之不安不满足，也可以说是间接促成革命的一种动力。

（五）

农民占中国全人口之大多数，自然是国民革命之伟大的势力，中国之国民革命若不得农民之加入，终不能成功一个大的民众革命。但是农民居处散漫势力不易集中，文化低生活欲望简单易于趋向保守，中国土地广大易于迁徙被难苟安，这三种环境是造成农民难以加入革命运动的原因。然而外货侵入破坏农业经济日益一日，兵匪扰乱，天灾流行，官绅鱼肉，这四种环境却有驱农民加人革命之可能。历年以来，各处农民小规模的抗税罢租运动是很普遍的，若一旦有了组织，便无人敢说连国民革命他们也一定不能加入。

有人见农民之疾苦而人数又如此众多，未曾看清这只是国民革命的一大动力，以为马上便可在农民间做共产的社会革命运动，这种观察实在未免太粗忽了。共产的社会革命固然要得着农民的同情与协助，然必须有强大的无产阶级为主力军，才能够实现此种革命的争斗并拥护此种革命的势力建设此种革命的事业，因为只有强大的无产阶级，才有大规模的共同生产共同生活之需要与可能，独立生产之手工业者及农民都不需此。尤其是农民私有观念极其坚固，在中国，约占农民半数之自耕农，都是中小资产阶级，不用说共产的社会革命是和他们的利益根本冲突，即无地之佃农，也只是半无产阶级，他们反对地主，不能超过转移地主之私有权为他们自己的私有权的心理以上；雇工虽属无产阶级，然人数少而不集中；所以中国农民运动，必须国民革命完全成功，然后国内产业勃兴，然后普遍的农业资本化，然后农业的无产阶级发达集中起来，然后农村间才有真的共产的社会革命之需要与可能。使目前即作此决不能实现的幻想，则所号召者不适于多数农民之实际的要求，便无法使农民群众加入实际的运动，便使目前所急需的国民革命受最大的损失。

（六）

在普通形势之下，国民革命的胜利，自然是资产阶级的胜利，工人阶级和学生农民不同，有他自己阶级的特殊利害，所以工人阶级在国民革命运动中取何态度，乃是一个极重大而复杂的问题。

工人是社会上有力的阶级，在物质上他的力量自然远不及资产阶级雄厚，而在心理上因为实际生活之压迫，往往易于促进他的决战态度，即在纯粹资产阶级的民主革命中，工人阶级一旦感觉得这种革命于自身亦有利益时，往往成为急进的先锋，况在国民革命，工人阶级更是重要的分子了。

但同时我们要知道：工人阶级在国民革命中固然是重要分子，然亦只是重要分子而不是独立的革命势力。概括说起来，是因为殖民地半殖民地产业还未发达，连资产阶级都很幼稚，工人阶级在客观上更是幼稚了。详细说起来，产业幼稚的中国，工人阶级不但在数量上是很幼稚，而且在质量上也很幼稚；此时中国工人阶级的理想，略分三类：第一，大多数还沉睡在宗法社会里，家族亲属地方观念还非常之重，这是因为不但多数手工业工人仍然在独立生产者的环境，有许多目前虽是近代产业工人，而他过去未来的生活，并未能与独立生产者（小手艺小商人小农等）的环境绝缘，不感政治的需要，并不脱神权帝王之迷信，产业之发达又多未成全国化，所以工人阶级的运动，犹多是支节零碎的地方的经济运动而非国家的政治运动，工人阶级的理想，犹是宗法社会的而非国家的，这也是当然的现象。第二，只少数有了国家的觉悟，有了政治的要求，这种觉悟，这种要求，只在最进步的海员及铁路工人罢工中才表现出来，其余多数罢工都不出日常生活的经济争斗。第三，真有阶级觉悟并且感觉着有组织自己阶级政党的工人，更是少数中的极少数；这极少数纯粹无产阶级分子，固然是将来无产阶级革命的唯一种子，即在各阶级合作的国民革命运动中，也是最勇敢的先锋队，这是拿今年京汉路罢工事件可以证明的。这极少数最有觉悟的工人，在质量上虽然很好，在数量上实在太少，其余的工人更是质量上数量上都还幼稚，所以不能成功一个独立的革命势力。

因此，我们可以知道：中国最大多数的工人，还没有自己阶级的政治争斗之需要与可能，而且连一般的政治争斗之需要甚至于连自己阶级经济的争斗之需要都不曾感觉的工人（如手工业工人），也并不是少数。我们还应该知道：在产业不发达的中国，工人自己阶级的单纯经济争斗，没有重大的意义；因为大部分产业管理权，不在外人手里便在军阀政府手里，工人经济争斗之对象，不是帝国主义的外国便是军阀，所以经济争斗稍稍剧烈一点，便是一个政治争斗。我们更应该知道：这种殖民地半殖民地的政治争斗，只是一般的政治争斗，即全国各阶级共同要求政治上自由的争斗，不是工人们自己阶级的政治争斗；因为掌握政权者直接的是军阀，间接的是帝国主义的外国，不是本国的资产阶级。所以中国的工人阶级，在目前环境的需要上，在目前自身力量的可能上，都必须参加各阶级合作的国民革命。殖民地半殖民地国民革命的意义，就是对外要求民族之经济的政治的独立，对内要求一般国民在政治上的自由。这种一般国民之政治自由，如集会结社罢工等自由，正是中国工人阶级目前至急的需要。

工人阶级若【不】参加国民革命运动，其结果是：（一）工人阶级在此革命成功时失去了地位；（二）工人阶级在此革命的争斗过程中，失去了自己阶级战斗力发展的机会；（三）不参加实际的行动，无论工人阶级有任何急进的主张，都不过是一个主张，实际还是站着一步不动；（四）自己阶级的政治争斗目前既不可能，又不参加联合战线，结果必是脱离了政治争斗的战线，躲到经济争斗的空招牌底下去睡觉。这种脱离政治的经济争斗，必然是支节零碎的，地方的，改良的，使工人阶级萎靡下去的；而不是根本的，统一的，革命的，使工人阶级强壮起来的。

或者有人以为工人阶级加入国民革命的联合战线，便易于发生紊乱阶级和改良妥协的倾向，是一种危险的政策。其实这个想头未免有些幼稚懦弱了。工人阶级的阶级觉悟是随着产业发达阶级分化而发生而强烈起来的，不是人力的提倡可以发生，也不是人力的否认可以紊乱可以消灭的。工人阶级的战斗力，只有开门出去参加复杂的争斗可以养成，决不是关起门来取寡妇处女式的防闲政策便可以免得危险。工人阶级只要有了独立的组织以后，只要知道一时期政治争斗的动作联合和经济争斗的主义妥协不同，勇敢的参加国民革命这种复杂的争斗，于工人阶级只有利益而决无危险。反之，关起门来不参加目前所需要而且可能的政治争斗之联合战线，倒有上文所说的危险呵！

（七）

中国社会各阶级都处在国际资本帝国主义及本国军阀两层严酷的压迫之下，而各阶级合作的国民革命，是目前的需要，而且可能。

败坏困苦的中国，须有各阶级群起合作的大革命，才能够依群众的革命热忱和创造能力涌现出一个独立的统一的新国家。这个新国家只有在全国大群众革命的狂热中，全国的制度文物思想习惯都受了革命的洗礼，才能够实现，决不是单靠军事行动可以侥幸得来的，更不是个人的暗杀可以成功的。暗杀只是封建时代义烈的行为，其结果不过报仇泄愤，决不能依此方法可以推倒统治阶级。单靠军事行动取得政权，这是墨西哥式葡萄牙式的军事投机，决不是法兰西式俄罗斯式的革命事业。

产业幼稚交通不便的中国，尚未完全达到以整理国家为一个经济单位的程度，地方的民众对于地方政府的革命，也是我们应该赞成的；因为这种地方的革命行动丰富起来，也自然要汇合成功一个全国的国民革命运动。但是非革命的省宪运动，简直是见鬼；因为没有革命的大群众所拥护之宪法，无论是国家的或是地方的，都等于废纸。

同时，我们也须明白产业幼稚文化落后的中国，目前也只有这各阶级群起的国民革命是可能的。若是贪图超越可能的空想，实际上不能使革命的行动丰富起来，以应目前的需要，不但在本国的革命事业上是怠工，而且阻碍了世界革命之机运。殖民地半殖民地之国民革命，形式上虽是一国的革命，事实上是世界的革命之一部分，而且是重大的一部分。因为压制世界全人类的国际资本帝国主义，乃建设在剥削本国工人阶级及掠夺殖民地半殖民地的弱小民族上面，制他们死命的，也正是他们本国工人阶级的社会革命和殖民地半殖民地的国民革命。而在殖民地半殖民地的经济状况，又只是国民革命是可能的，所以殖民地半殖民地的社会党人，万不可轻视了国民革命的重大意义！

国民革命成功后，在普通形势之下，自然是资产阶级握得政权；但彼时若有特殊的环境，也许有新的变化，工人阶级在彼时能获得若干政权，乃视工人阶级在革命中的努力至何程度及世界的形势而决定。一九一七年俄罗斯的革命就是一个好例。俄罗斯各阶级各党派的联合革命，本以推倒皇室为共同目标，只以工人阶级在一九〇五年之革命及一九一七年二月革命中特殊努力，又以当时资本主义的列强因大战而濒于破产，自救不遑，十月革命遂至发生新的政治组织。但是这种未来的机会我们没有预计的可能，也并没有预计的必要，现在只有一心不乱的干国民革命。

陷于半殖民地而且濒于完全殖民地之悲运的中国人，不首先解除列强及军阀之重重奴辱，别的话都无从说起！

(《前锋》第二期，1923年12月1日，署名 独秀)

20日（星期四）

41.《列宁论》(《新青年》季刊第二期，12月20日)

《新青年》季刊第二期，张秋人译，腊狄客著的《列宁论》，全文如下：

列宁之生长而成今日之"列宁"，正和小孩子长成大人一样。有一次，他看见我，适我正在浏览他方才出版的一九〇三年所做的文集，他笑着说："读一读我们从前是怎样的笨伯，倒也很有趣的！"但我并不要在这里把列宁十岁二十岁或三十岁时的脑经[筋]和他主席共产党中央执行委员会各种会议或人民委员会会议时的脑经[筋]相比较。这里，并不是把列宁当一个首领的问题，不过把他当个平常的人罢了。亚克谢勒罗德（Axelrod）——少数党底祖宗之一，切心刺骨地恨列宁，他和我的辩驳之中，有一次说到列宁第一次如何到外国去，他如何同他散步和洗浴。他曾想借此使我信服多数主义之有害，尤其是列宁。他说："在那时，我曾觉得这里有一个人，他将来会做俄罗斯革命的首领。他不仅是个学识丰富的马克思主义者，学识丰富的马克思主义者多着呢。而且他知道他要做什么和怎样地去做。他熟悉俄罗斯底国情。"亚克谢勒罗德是一个恶劣的政治家，因为他不懂国情。他只能在自己底研究室中推求理论，他一生底缺憾就是：在俄罗斯没有劳动运动的时候，他想出议论，以为应该有这样的劳动运动发生；若劳动发生适与他底议论不同，他就要老羞成怒了，现在，他还是向着这个不服从的小孩大发其怒呢。但是，人们往往批评别人，而所批评的，正是他们自己底缺点，所以亚克谢勒罗德说及列宁自以为聪明过人的地方，正是列宁所以能做首领的特点。

不知劳动阶级的历史，而做劳动阶级的首领，是一种不可能的事。劳动运动的首领，必须知道劳动运动的历史；若没有这种知识，便不配做首领。譬如近世的大将，他若不知将略的历史，他决不能以最少的兵力得胜的。将略的历史并不是一部如何能打胜仗的方法书，因为情形一经叙述过，彼本身并不能重演一番的。不过大将专心研究，烂熟胸中，能使他在战场上运用自如，并且他能看出那只凭经验不研学理的将军所不能看出的危险和可能罢了。劳动运动的历史并不告诉我们应做什么，不过使我们能够把我们的现状和劳工阶级所已经过的阵势相比较罢了。因此，在各种危急的时候，我们能认清我们底道路，看出将要临到的危险。

但是，我们若不彻底明白资本主义的历史及其在一切经济的和政治中的作用，我们便不能知道劳动运动的历史。列宁很知道资本主义的历史只有几个马克思派学者能赶到他。他不仅明白书上的字，且能想出从来有人想出的马克思底理论。我们且拿他在我们与职工联合运动冲突的时候的小册子来做个比方,在那书中,他称蒲哈陵(Bukharin)为工团主义者,折衷派,而且说他在许多别的事情上是罪魁。这本争辩的小册子也略略地说明互辩律(Dialectics)和折衷说(electic)之不同;所发的议论虽不引用任何唯物观的材料,但所说到的唯物史观,却多于比这小册子更大的书底全本。列宁独特地领会和想出唯物史观底理论,以至无人能及他的,因为他研究唯物史观所见到的事物,与当时激动马克思创立理论的事物是一样的。

列宁之投身于运动,具有革命的意志(Will to revolution),且他的研究马克思主义,资本主义之进化以及社会主义之进化,皆立足于革命的意义上。朴列哈诺夫(Plekhanov)也是一个革命家,但他不具有革命的意志。他虽是一个俄罗斯革命的重要教师,但他只能教革命的方式,而不能教革命的方法。列宁之所以由理论家而变为政治家,全在乎这一点。(注:原文谓朴列哈诺夫只能教"革命的代数"而不能教"革命的数学";意思是说朴氏只能说明抽象的方程式,而不能求得具体的答数。)

列宁把马克思主义与普通劳工阶级的战略相化合;他能具体地运用马克思主义于有关俄罗斯劳工阶级底运命的战略。我们可以说:列宁在军官学校里不仅研究克老史活兹(Clausewitz)毛奇(Moltke)等,而且同时也研究将来罗斯无产阶级战争的区域。这种研究,在俄罗斯找不出另外的人。列宁底奇才,全在于此:就是能够以全身的精力,服务于他所任的事业上。

我必须趁着机会辨明,当多数主义发轫的时候,何以像卢森堡女士(Rosa Luxemburg)这样聪明的人,也不能明白列宁底主张的正确。我现在且大略说一说:卢森堡不十分明白俄罗斯无产阶级的战争状况,——那是和西欧无产阶级的战争状况有经济上与政治上的不同的。因此,伊于一九〇四年倾向于少数主义了。我们依历史说起来,少数主义是小资产阶级智识者底政策,能使无产阶级底根基多与小资产阶级发生密切关系。依方法论说起来,少数主义是一种转输西欧底劳动运动到俄罗斯的舶来货。若我们读一读亚克谢勒罗德或马尔托夫(Martov)关于劳动阶级发展的独立论,——他们以为劳工阶级"不得不练习站立在自己底脚上";这种论调,凡生长在西欧劳动运动中的任何人听着,无不惊异赞赏。我很记得,当第一次革命的时候,我得读着俄罗斯社会民主党底辩论文,若我不十分熟悉俄罗斯底实情,决不会否认这种根本的真理。他们这种伟大的计划并不缺少甚么,可惜没有实行战略的预先应备品;到了今天,历史已给我们证明,少数主义者关于"劳动运动底独立"所发的言论,简直是俄罗斯底劳动运动有附属于俄罗斯资产阶级之必要的废话。

今天我们试翻开《共产党章程》(《Party statutes》)上底著名的第一节上的争论来读一读,便觉得很有趣味;因为这一节,曾使社会民主党分为多数派与少数派。在那时,列宁要求只把秘密组织的份子视为党员,——这桩事,大显他自立一派的样子。但究竟的争点是什么呢?是列宁想决定劳工党底政策,以免除某种知识者底混乱观念。在第一次革命之先,凡对于政府不满意的医生或律师偶然地读一读马克思,便自命为社会民主党人,究其实,不过一个自由主义者罢了。甚至于他们曾进一个秘密组织,甚至于他们曾毁弃小资产阶级式的生活,而历史仍然告诉我们:有许多知识者还存留自由主义于他们底心灵中。但是党章之限制："只愿属于秘密组织的人加入，要人人愿受秘密组织之危险。"已经可以减削资产阶级在劳工当中之优势底危险，并使革命的红光从劳动阶级发出，而射进党底组织里，虽然里面还有许多智识份子，也不要紧了。然而要能坚持这层意见，要能为这缘故而不惜分裂工党，则必须如列宁一样地根据俄罗斯底实情，而做有力的俄罗斯马克思主义者和俄罗斯革命家。若是许多好的马克思主义者在一九〇三和一九〇四年还不明白这一点，那末，当亚克谢勒罗德开始把那反抗俄罗斯资产阶级的无产者底阶级斗争与有名的田地运动（Agrarian campaign）混合起来的时候，就应该明白了。这件事就是：工人列席自由派的宴会，有二种用意：一，可以知道知道资产阶级，二，可以充满着怨恨而反对资本阶级；人人都知道他们除了这宴会上，从来没有见过劳动阶级；再，资本家可在这里得点教训，会觉悟到促进全国的共同利益底必要。

列宁之知道俄罗斯实情的方法又有一个特点，他与他们那些伸出手来讨那领导俄罗斯无产阶级底权势的人不同。他不仅知道俄罗斯底实情，而且非常明白，凡在党底历史变迁的时候，尤其在我们握得政权的时候一千五百万人民底运命系于党底议决案上，我往往惊骇列宁之储有英国人所说的常识。譬如现在我们谈论一个人，而我们相信这一世纪必不再有像他一样的人，他底常何值我们称赏？不过至于政治家而有常识，那就伟大了。当列宁要决定一个重要问题的时候，他不想到抽象的历史情况，也不想到地租，剩余价值，专制主义或自由主义。他想到德维里（Tver）省之沙伯格维支（Sobakevitch），建逊（Gessen），塞达尔（Sydor），浦帝老甫（Putilov）的工人，街上的巡察，他也想到那"乡下人"（Mujik）赛达尔和工人奥纳甫立埃（Onufria）底成效；他以为凡此种种，都是革命底柱石。

我永久不能忘记在白莱斯德（Brest-Litovsk）和会之前与列宁的谈话。凡我们所提出来反对白莱斯德和议的理由，都受他驳回，好像弹豆到墙壁上，受其反动而弹回一样。他用最简单的理由：战争不是一些好革命家底党便可指挥的，因为他们已经尽力控制自己底资产阶级的咽喉，所以不能与德国底资产阶级停止交易。"乡下人必定要进行战争"。——我当时说了这一句话；列宁就问我说："难道你不看见乡下人投票反对战争吗?"我说："他何时并且如何投票反对的呢?""他用他底脚投票的，因为他从战线上逃去了"。列宁就是这样地解决这件事。我们不能同德国帝国主义妥协，列宁知道这一点与别人一样；不过列宁赞成白莱斯德和议，为的是要休息一下子；——但是他主张和议时，并不在群众面前把接踵而来的苦难隐藏片刻。这件事的确无异于立即颠覆俄罗斯底革命；可是却能给我们一个希望之影，可以喘一时之气；若这休息只有几个月，那就当时确是一紧要关头。因为："乡下人"必定要先接受那革命所赐予他的土地；必定要他觉着土地有重新失去的危险，他才知有保护彼的必要。

我们再举当我在波兰战争中败退，磋商和议于里嘉（Riga）的时候来做个例。在那时，我要到外国去，未起程之先，去访列宁，因为要同他说一说我们对于职工联合会之关系所起的各种不同的意见。正如白莱斯德和议时一样。那略赞省（Riazan）的农民（乡下人）在他的测度中是战争中之重要人物，列宁便根据农民心理决定和议；所以

1099

当内争一变而为重建经济的问题底时候,他也同样地把自己站在一个朴素的工人底地位上,因为没有这位朴素的工人,就没有重建经济的可能。但是他如何问自己呢?党底会议上讨论职工联合会在经济事业中所应做的职务,工团主义者与折衷派都有不同的意见。但是列宁所看见的,是被宰割的工人,忍受着无人过问和不能形容的痛苦,现在却要来重定经济事业。重建经济是一桩非常重要的事,我们不得不汇集我们底一切力量,并且我们有权可以请求劳动阶级参预这种工作,凡此种种,于他毫无异议。不过有一个问题:我们应该怎样开始做此工作,我们应该怎样把几千好同志从他们已经习惯于军事指挥的陆军中撤回,送他们到工厂里去呢?采用这样的策略,必不济事的。所以列宁说:"他们必须休息,因为他们疲乏了"。这是列宁底重要理由。他看见在他面前真的俄罗斯工人,如他在一九二一年之冬季时一样,他知道那样可能,那样不可能。

马克思在他底《经济学的批评》底绪言中说:历史只能处置彼自己所能成就的工作。换言之,凡深察历史在某定期所能成就的事业,而且不为决意只为可能而战的人,就是历史底工具。列宁之所以成为伟大,在乎当实际情形变化之时,不会被任何预定的公式所蒙蔽,当公式稍有不合实际情形的时候,他有立刻弃彼于深山大海之勇敢。在我们未握政权以先,我们既是革命的国际主义者,所以有"平民间的和平!反对政府间的和平!"的口号。但后来我们突然地跑上劳农政府底地位,而四面围着的平民都还没有推翻他们底资本家政府。有许多同志都问:"我们如何能同德皇霍享差伦(Hohenzollern)的政府议和?"列宁带玩笑似地回答说:"你们简直不如鸡。一只鸡不敢走出粉笔所画的圆圈一步。但是鸡可以说:'这圆圈是别人画的'以自解。至于我们底公式,是我们自己底手画的;你们现在只见公式,而不见实际情形。我们之所以要有'平民解决和平'的公式,用意在乎唤醒民众反对军阀和资本家政府。现在你们却要我们走到颠覆的路上去,反让资本家政府假我们革命的公式底名义而得胜。

列宁之所以伟大,在乎照准实际的目标,在这实际中,他找着一匹强有力的骏马,彼会驮他到他底目标里去,而且他很相信彼。他永不空想。不仅如此。他底天才还有一种特性:他决定一个某目标之后,他还要从实际上找寻达到目标的工具;他不以决定了目标而知足,他还要具体地想出一切用以达到目标的不可少的东西。他不仅想出作战的方法,而同时想出作战的全部组织。我们底"组织家"——他们只是组织家——往往讥笑列宁当一个组织家。凡看见列宁在家里在人民议会里或委员会里如何工作的人,也许想:再也找不出比他更不如的组织家了。因为他不仅没有书记官替他预备材料,并且到如今他还不曾学会述给速记生默写的方法,而自己定睛望着速记生所写的笔,好像乡下人第一次看见汽车一样。但是我们全党中只有一人能够明白数十年内关于改革我们官僚主义制度的重要观念,若我们不要农民怨恨劳农政府,此种改革是必不可免的。我们都明白官僚主义制度,而且带着悦人耳目的口气在半官式的机报上说:"苏维埃制底小缺点",我们都大声反对同志斯脱克拉夫(Steklov《新闻报》底总主笔)所称为专闹笑话的事务国(The scanda lous state of affairs)。不过我们党底首领中,谁问过自己:新经济政策已创立了无产者与农民之同盟的新基础,我们如何阻止官僚主义恶习不破坏这种同盟呢？仅有俄罗斯无产阶级的大政治家，虽然因每天的作工而患病，总是想到国家的组织底重要问题，预先做出数十年斗争的计划。

我在这里所说不过是一个约略的草稿；详细情形，可以得之于年来所经过的事实。但是我们越对于这约略的草稿留意，越明白地看出列宁是一个伟大的政治家与伟大的政治组织家合而为一的人物。

这一切何以都会联合在他身上，只有上帝知道(请斯德凡诺夫 Stefanov 同志与反对宗教委员会原谅我说这一句话)。历史自有彼自己底机器去蒸馏白兰地酒，没有特别的侦探能侦查出来。譬如德国的资产阶级没有统一德国的力量，历史就在某处或一小田庄上放他底机器作起工来，得着上帝或魔鬼底帮助，造出一个俾士麦克(Bismarck)来，他就成功地统一的工作。若我们读他第一次的报告，一步步地跟着他底政策，我们不得不问问自己：一个地主如何能了解全欧底实情。

凡我们想党底历史，革命的历史和列宁的时候，亦有像上述的同样的思想发生。十五年以来，我们看见这个人战胜难题上之任何障碍，以反对最近二十五年来所发明的任何主义(Ism)自尾巴主义(Khvostism)以至经验的批评主义(Empiriocretism)。列宁以为凡这样的主义往往与真正仇敌联为一气，存在于别些阶级或劳动阶级之中，不过无论在什么地方，总是存在于实情中，这些主义都是用以知道实情的工具，他把这实情底全部吸收进去，加以研究、思索，直至最后的结果发现为止，并且显明他自己是一个最懂俄罗斯底实情人。从明白实情的革命家渡到政治家，历史再不能给我们第二个例了。这样的大理论家，政治家，组织家底特性的结合，使列宁做成一个俄罗斯革命的首领。他自己想使我们相信人需要绝对的真理；不过在易卜生(Ibsen)底个性主义的表式中，这种真理并算不得真罢了。真理对于许多人是死的；甚至对于许多阶级是死的，若资产阶级领悟真理本身，且透彻真理，则他们早已败了因为当那历史底真理告诉他们：他们不仅该定死罪，并且他们底尸体应该投于阴沟的时候，谁还敢去战？资产阶级不知他们自己底运命。但是革命的阶级必须真理，因为真理就是明白实情。若不知道真理，就不能明白实情。我们做成一部分实情，就是劳动阶级，共产党。若我们能鉴别到我们底力量和弱点，那末我们就能鉴别保险最后胜利的方法了。列宁以真理告诉无产阶级，并且只是真理，虽然失意，也不顾的。(所谓"苦的真理"也是要说—译者)。当工人们听他演说的时候，他们知道在他底演说中没有一句空话。他帮助我们以实情去告知我们自己。有一次，我同一个将死于肺痨病的多数派工人住在达华斯(Davos)。在那时，正在辩论自定国籍底权利，而我们波兰的共产党人反对列宁底意见。我所说的同志读完我底反对列宁的论文之后，说："你所写的，我完全信服，不过无论何时我反对列宁，到事过之后，往往总是我错的。"这是领袖党的职员们所想的，列宁之所以在党中有声望，也是这个缘故，但工人们并不如此想。他们很相信列宁，因为他曾有数千次的不错，若他偶然有一次错，或他所指导的事错误了，他立即公开地承认说："我们已经错误了，所以我们败的，这种错误应该怎样怎样地补救。"许多人曾经问他何以这样地公开地承认错误。我不知道列宁何以如此的，不过这种行为的结果是显而易见的。觉悟的工人决不至于因一小过失而不信他底救主的。当列宁承认他底错误的时候，他一点也不隐瞒，他引工人到他自己底思想的实验室里去，他使工人参预决定最后的议案，工人们看出他是个首领，代表他们底实验室——阶级斗争底结晶。一个本身需要绝对的真理的大阶级，必用全心去爱一个首领，这首领是爱真理和说实话的。有这样的一个首领，工人才能负担任何的真理，甚至最难的。人们相信他们自己，只在他们一点事情不隐瞒的时候；凡关于他们自己底事，他们都知道，甚至最不幸的可能，然而他们觉得可以说：不拘何事……列宁帮助劳动阶级知道一切有害于他本身生存底分子，使他在最后能说："朕，无产阶级，是将来的现实生活之主宰和创造者。"这是列宁底伟大之又一点。

我们底党不仅负有地球上六分之一底运命的责任，而同时也是世界无产阶级胜利之主要柱石，所以在这个党底二十五周年纪念日，俄罗斯共产党人和各国底无产阶级革命家都充满着以下的愿望：愿这个"摩西"（Moses）——他曾经把奴隶们从被囚的地方领出来——一定会和我们同到"应许地"（promised land）！

（此篇乃腊狄客为俄共产党二十五年周年纪念所作）
（《新青年》季刊第二期，1923年12月20日）

42.《自民治主义至社会主义》（《新青年》季刊第二期，12月20日）

《新青年》季刊第二期，发表屈维它（瞿秋白）的《自民治主义至社会主义》，摘录如下：

中国宗法社会的皇帝制度破败之后十二年，方才露出一些民治主义的可能性，然而已经处于世界社会革命的时代；中国"四海之内莫非王土"的国家观念受枪炮飞机潜艇新银行团①的恐吓，方才烟消序雪[云]散，想建立"民族国家"，然而欧美各大民族国家却已显然表露他们是"阶级国家"。中国民治主义和民族主义的开始，恰好在世界的民治主义和民族主义崩坏的时期。于是中国的社会思想和社会运动的倾向便有些"徘徊不定"不能自信的状况。实际生活要求民治主义，而思想的先驱却揭□着社会主义。民治主义和社会主义究竟那一个要实现，资产阶级和无产阶级究竟那一个能取得革命运动的领袖？

中国的"第三阶级"，诚然不错，要求革命了；然而他的目标只限于民治主义，他的力量只能做"无血革命"。天下的革命有无血的么？中国的无产阶级，确是幼稚；然而他的目的必然在于社会主义，他的力量却能彻底的扫尽旧统治阶级。然而现在的统治阶级去了，社会主义便能实现么？——天下的革命没有无血的；现在的统治阶级

---

① 新银行团，指成立于1920年10月的英、美、法、日新四国银行团，计美国银行加入的有三十六家，英国七家，法国九家，日本十九家；该银行团除了垄断对中国的行政与政治贷款外，还涉足工业贷款。

去了，社会主义也还不能实现。那么，无产阶级是否应当参加推翻现存统治阶级的运动，使无血的革命变成有血的呢？社会主义的实现是否有赖于这民治主义的革命运动呢？世界的社会革命对于中国的民治革命有何等影响，中国革命的最终胜利究竟是资产阶级的还是无产阶级的？

我们请细细的论一论这中国现时很迫切的问题。

———

先从无产阶级之革命策略的总原则说起。

无产阶级在资产阶级革命中的职任应当依社会进化中之客观的可能和必要而确定。资本主义是一种经济制度，由于所谓"国民经济"之自然的发展而成，——不管你心上喜欢不喜欢。况且只有资本主义的发展中能生出社会主义来，只有他能造成社会主义公有生产资料之技术上的基础，只有他能造出数量多而觉悟深的革命无产阶级。没有受大工业大都市锻炼集合的普通劳动者，或简直是游民，只能"穷人造反"，而不能革命。没有集中的资本和生产，只能均分（抢掠）而不能建设社会主义。中国历史上穷人造反的实例很多，而丝毫社会主义亦没有看见，便是明证。要知道：只有在资产阶级社会（民治主义）的基础上，社会主义的种子才能开始萌动，——那时资产阶级与无产阶级之间的矛盾才显然暴露。至于资产阶级和无产阶级共同出发反对君主封建制度的时候，阶级矛盾不期然而然隐匿掩藏不甚显露。在民治主义的资产阶级社会之中，无产阶级方才有活动之自由及广泛的政治运动之可能，——这是无产阶级的成熟及经验之必要的前提。因此，凡资产阶级社会还没成就的地方，"资产阶级还能做革命的进取"的地方，无产阶级应当和资产阶级联合而反对"君主诸侯及军阀"，同时亦就为工人阶级最近的目的和利益而斗争，——建立资产阶级的社会；无产阶级最高的目的固然是社会主义，而达到社会主义的途径上，随时有切近的目标和利益，——就是政治自由及经济改善。然而这种斗争之时，"务必时时刻刻使无产阶级与资产阶级之矛盾，确实深入于群众的意识"，又以备工人能利用资产阶级政治之下所发现的新式的社会政治关系，立刻就反对资产阶级。

马克思在资产阶级革命的初期曾经希望革命转向社会主义方面，然而他仍旧认政治斗争结社自由普遍选举是必要的。他论德国无产阶级在革命时代（一八四八年）的责任说：

"实际上，既然工人独立的出发还没有基础，还没有直接普选的制度，大大小小三十六个国家还在分裂德国；这时候除出紧随巴黎运动①之后（巴黎运动的胜败对于德国运动有生死的关系），在这个时候，除出与小资产阶级共同争政治权利（有这些权利再能行自己的斗争），此外无产阶级的政党还有什么可以做呢？"（《德国之革命与反革命》——马克思）

马克思自己在一八四八至一八五一年之间断然实行上述的见解于德国资产阶级革命之中。他和昂格士在德国革命初期，不到"资产阶级勉强发生只有口硬手软的市侩

---

① 巴黎运动，指1848年的法国二月革命。

和绝对还没开通的工人"之柏林去，而到莱因省城的柯仑，——那时是最开通的地方，已受法国革命的冲刷，旧国家的形式破坏，工业亦最发达，而资产阶级受新式社会生活的波动亦最甚。他们不像白恩(Born)等人(亦是共产主义联合会的会员)在这革命时期去专做所谓"纯粹的工人运动"，却以全力来办一资产阶级民治主义极左派性质的机关报《新莱因新闻》(罗兰霍尔斯德《论资产阶级革命中之马克思及无产阶级》)。马克思既然以无产阶级的观点考察得社会进化的公律，断定革命的进程是如此，所以先提出民治派各阶级的总利益以反对封建君主制度，而暂时不及于无产阶级的特别利益。马克思之所谓无产阶级赞助资产阶级革命，乃是利用时机推动资产阶级前进，即此突现革命运动中之最澈底最热烈的无产阶级及半无产阶级的份子。——资产阶级本来亦必定要提出普通平民的要求，而无产阶级的政党便当逼迫他实行到底，勿使中途让步。

所以无产阶级赞助资产阶级革命是为无产阶级自身的利益。可是这种赞助必定不能永久的。马克思以为"在某种程度之内各阶级的联合常常是革命所必要的先决条件"；然而等到革命开始进行，却亦就是阶级矛盾暴露的起点，革命进程愈速，阶级矛盾的爆发亦愈激厉。"共同的仇敌刚刚打倒，胜利的军营里，立刻就要分裂成几派，而重起相互的斗争。"(《德国之革命与反革命》)

所以等到革命的进行既已变动了局面，如一八四九年春天德国资产阶级的民治派已经不往前进而向后退，那时《新莱因新闻》也便变更其策略，马克思等也就退出莱因区民治委员会。于是开始预备革命行动的组织。结果反革命占胜利，《新莱因新闻》被封，而德国革命也就失败了。

再则像一八四八年的法国革命。二月革命①固然还是法国资产阶级革命，然而比起一七八九年及一八三〇年②来已经大不相同。那两次无产阶级的出发必定在革命已到高度发展的时候，而这一次却在革命的最初期，无产阶级的特殊利益不期然而然占了畸重的形势。六月之役③无产阶级失败，那时"国内的阶级战争"已经非常明显。然而一八五〇年春反革命地位渐稳而国内民治派各阶级——小资产阶级农民及一切中等阶级——又重新兴起要想与治者阶级反抗，而围拱[攻]"革命中心"的无产阶级。这一民治派的联盟反对那所谓"秩序党"④，居然在三月选举⑤时取得胜利。革命有重复

---

① 二月革命，指1848年的法国二月革命。

② 此处指1789年及1830年法国两次资产阶级革命。

③ 六月之役，指1848年6月巴黎无产阶级的武装起义。法国1848年二月革命后，资产阶级控制了临时政府，他们拒绝工人的政治、经济要求，并且开始向工人反攻，6月22日，巴黎无产阶级发动武装起义，因遭到资产阶级共和派政府的镇压而失败。

④ 秩序党，法国大资产阶级政党。1848年由波旁王朝的统治者正统派和七月王朝的拥护者奥尔良派组成，至1851年12月路易·波拿巴政变之前，该党在法兰西第二共和国的立法国民议会中一直占据多数席位。

⑤ 三月选举，指1830年3月法国立法国民议会补选。小资产阶级共和派新山岳派在补选的三十一席当选议员中获得了二十席，取得优势。

前进的形势。可是，这时的封建阶级已经很弱，耐不起战斗，他们宁可让步，于是高等阶级得到让步的利益而却退，革命大受打击。高等阶级不但退却，而且用种种卑劣的手段反对"红党"。

这种革命失败的原因乃在于经济的变动——一八四九年欧洲经济渐渐的兴盛起来，革命的潮流不期而缓和许多；其次，民众的政治智识虽经屡次的革命教育而还不能算成熟，所以那时国王背誓破坏普选而竟没有大反响。现时就大不同了！一九一七及一九一八年的俄德革命①尤其给了不少教训。现时德国法国无产阶级的政治程度，就是从那时参加普通的民治革命，经过长期的锻炼而得来的。可见虽失败而对于无产阶级还是有益的。

无产阶级方面固然受此训练，而资产阶级方面却亦有很大的影响。从一八四八年以来大致欧陆无产阶级的力量一天增加一天。即使君主政体还没推翻的地方，资产阶级亦已恐惧不宁，他们要革命，却又怕革命时政权被无产阶级夺去了。因此连资产阶级的革命都不能成功。然而无产阶级却利于这一革命早些爆发。社会结构进化的原则确要有资产阶级制度（民治主义）的发展，那是无产阶级斗争的完全正当发展之必要的前提。因此往往无产阶级在此等国家内反成资产阶级革命之组织者指导者。大资产阶级愈弄愈胆小，而同时就是大资产阶级变成君主封建制度之政治的附庸，这种情形愈过愈明显，那时一切反对旧统治的毒恨都转移到大资产阶级身上，而可以不用大资产阶级的掌握政权已经显然的暴露阶级矛盾。所以不论先进或落后的国家里，在封建军阀政治之下无产阶级必定参加或进行民治革命，可是愈落后的国家，他的无产阶级在民治革命中愈有势力，他的资产阶级革命的胜利，变成无产阶级革命的机会也愈多。

马克思说：

"数量多而且集中强大的有智识的无产阶级之存在条件常常和那多而且富又集中有力的资产阶级之存在条件同时并进的。资产阶级的各部分，尤其是他那进步的一部分，——假使还没有取得政权而改组国家制度以应其需要，那时的工人阶级运动无论如何还不能成为独立的，而且不能有纯粹无产阶级的性质。只有资产阶级式的政治制度成立之后，工人与企业家之间的冲突才大大的发现，那时已经不能再推动资产阶级前进；那时资产阶级亦不能再拿好话来骗工人，满口答应而不实行；那时无产阶级的解放问题才完全明晰的暴露于全世界。"

"无产阶级曾经参与这一反抗运动（一八四八年），他本来对于这一类的革命运动没有不参加的，他的希望：（一）不是这种运动能扫除行向社会革命及无产政权的道路中之几种障碍；（二）便是这种运动至少使势力较大而勇气较少的阶级行向更果决更革命的道路。工人拿着武器参加反抗运动的时候，明明白白的知道：这一次的斗争还不是为他自己的阶级利益；可是他在这时候唯一正当的策略，却是：假使高出于无

---

① 1917及1918年的俄德革命，指1917年在俄国爆发的二月革命和十月革命，以及1918年11月在俄国十月革命影响下发生的德国革命。

产者的任何阶级(如一八四八年的资产阶级)不能给工人阶级以'为他自己利益而斗争'的自由战场，那就无论如何不让这种阶级的统治得以稳固；并且无论如何都要引起政治危机，使全国非决然行向革命不可，否则索性回复旧统治的'不变状态'（Status quo），使新革命不能免。两种假设之中，工人阶级都是真正的全国利益的代表，——因为欧洲一切旧社会(各国)都应当及早革命，谁也不用想安安稳稳有条有理的发展自己的力量(假设真正如此，欧战便是梦中事了！——译者注)，而工人阶级却正是诚意的在可能范围内促进革命的阶级。"(《德国之革命及反革命》)

二

无产阶级对待民治主义运动的态度和参与民治革命的方法，大概在原则上是如此。

现在我们再取现实社会进化中的实例作更详尽的说明。欧洲落后国家，第一就算俄国，俄国一九○五年革命①时，离法德资产阶级的民治革命已经百年五十年。俄国那时已经有二百三十五万七千八百人的无产阶级(五十人以下的小工厂不算在内——见杜洛茨基之《一九○五年》)，而且有社会民主党，似乎可以直接行无产阶级革命了。何况实际上革命是社会民主党指导的，大多数罢工工人所参与的。然而列宁说："马克思主义者无条件的断定俄国革命是资产阶级的性质"(列宁之《两个策略》)②。这是什么意思？原来那时的俄国，已经有民主主义的政治上经济上的改造之必要。这种改造运动不但还不足以表明是资本主义的崩败，资产阶级统治的崩败；而恰恰相反，正要有这类民治主义的政治经济的改革，才能扫清障碍，让俄国的资本主义好好的发展，进于纯粹欧洲式资本主义的发展，而不永滞于亚洲式的半自给经济；有这种种改革才能使俄国有完全资产阶级式的统治。俄国社会革命党(Parti des Socialistes-revolutionnaires)，俄国的农民党，自称为最激急的社会党，其实不懂社会主义，当时就不明白这层道理。因为他们不懂得资本主义的"商品经济"是什么。他们决不知道：就算农民暴动得了完全的胜利，田地完全均分过，或者干什么"农村立国"③的鬼把戏，始终对于资本主义并无丝毫损伤，反而促动农村中的资本主义发展，而农民之间自己便要受"阶级的分化"。民主主义的改革必然引导资本主义的发展。既然如此，或者有人可以说，无产阶级很可不必帮助民主革命了。那却不然！

民主革命之社会及经济的内容，本来就是资产阶级的，然而并不因此而对于无产阶级没有很大的利益。民主革命在形式上可以有好几种：也许在这种形式的民主革命中，大资本家及财阀可以得到很多的利益；也许在那种形式的民主革命中，却是农工平民可以得到很多的利益。

民主革命表示资本主义发展的需要；虽然眼看得是革命，是暴动，反对上等人，反对资本家或帝国主义；然而这一革命不但不消灭资本主义的基础，而且扩充推广他

---

① 俄国1905年革命，指当时反对沙皇统治的俄国资产阶级民主革命。这次革命由于阶级力量悬殊和没有形成巩固的工农联盟而失败，但它成为十月革命的预演。

② 《两个策略》，全称《社会民主党在民主革命中的两种策略》。

③ 农业立国，是章士钊提出的改革中国社会的主张，鼓吹中国应当以农立国，实行均产主义。

的发展。民主革命不但代表劳工平民的利益，而且代表全资产阶级的利益。因此，既有资本主义，则资本主义之下，资产阶级之统治工人阶级是不可免的；所以可以说：民主革命代表资产阶级的利益多，而代表无产阶级的利益少。然而说民主革命绝对不代表工人阶级的利益，那却是蠢话。俄国社会思想发展的最早一期曾经有过这种论调，所谓"民粹派"（俄文 Narodnitchestvo），他们以为无产阶级用不着资产阶级的政治自由；这种思想，往往可以倾向于无政府主义，否认一切政治斗争，否认资产阶级的代议制，否认资产阶级的革命。这种思想根本与科学的经济学相冲突：商品经济的基础上资本主义的发展是不可免的，无论怎样不能禁止资产阶级的生长，要想跨过资产阶级立刻实现乌托邦是必不可能的事。马克思主义说：凡是一个社会，根据于商品经济而与文明的资本主义各国发生交易关系，到一定的程度他自己亦必定走上资本主义的道路。俄国当初是如此，中国现在亦是如此。马克思主义绝对与非科学的民粹派或无政府派不同，决不想：用什么手段跳过资本主义直接行社会主义；路只有一条——就在这一资本主义的基础上，就在这一资本主义的范围内，行阶级斗争。

马克思主义的这几层意思已经有一大部人类历史——如俄国如印度如埃及如土耳其——足以证明是科学的公律。所以假使有种学说，要除出"更加发展资本主义"之手段，而另求别法来救济工人，——这种思想，自不免是反动的。列宁说得好："像俄国这种国家里的工人阶级，受资本主义本身的苦，实在比受'资本主义发展不透'的苦少。"（《两个策略》）工人阶级确利于资本主义有狠广泛狠自由狠快的发展。工人阶级确利于很彻底的破坏一切旧制度旧习惯（如行会制度艺徒制度同乡观念门阀观念等），因为旧制度是资本主义自由发展的障碍。民主革命就是这种澈底的改革，应当扫除一切旧迹和那便于军阀官僚营私舞弊的制度。

所以资产阶级的革命对于无产阶级也是很有利的。资产阶级革命愈澈底愈普遍，那无产阶级为社会主义而与资产阶级争的奋斗也愈有保证愈易开展。只有那班根本不懂科学社会主义的人，才听着这一结论诧异呢。因此，有的时候由某一方面说来，资产阶级革命也许对于无产阶级比对于资产阶级的利益更大些。资产阶级有时候很可以靠旧制度旧习惯来抵制无产阶级（如西欧俄国当时的帝制政府，中国的军阀警察等）。资产阶级所以往往利于革命的不澈底，所谓："不为已甚，过犹不及"。向来欧美革命史里社会党和共产党往往论述到这类的事，习惯上总说：资产阶级自卖，他竟背弃"自由的原则"，或是：资产阶级不能行澈底的民主主义。事实上是一样的。资产阶级宁可使必须的资产民主主义的改革，也慢慢的进行，——小心谨慎的用改良的手段，而不用革命的手段。资产阶级很愿意这些改革不促进平民农工等阶级之革命的独立性及建议力；因为假使如此，正像法国人的俗语，平民"掉过枪来"也来得容易，于资产阶级自身先就不利。所谓"掉过枪来"便是：民主革命的成功，使那些自由民主的机关及舆论集会的权利等等，都可以用来反对资产阶级自身。

至于工人阶级呢，却正利于民主主义的改革不以改良的手段实现，而以革命的手段。因为改良手段是使社会的腐败部分慢慢的烂掉。无产阶级及农民阶级正是受这"腐败社会"的苦最利害的人，非得一刀把他割掉不可。革命的手段就是用果决的行动和群众的势力有组织有系统的努力扫除一切封建君主时代的遗迹。所以资产阶级革命的实现，若愈无组织系统愈不集中愈不澈底，则对于资产阶级的利益愈大；他若愈有组织系统愈集中愈澈底，则对于无产阶级及农民阶级，愈能多保证他们在民主革命中的利益。

马克思主义不是教无产阶级远避资产阶级革命或不参加资产阶级革命，不是教无产阶级："因为革命是资产阶级的就放任资产阶级，让他单独去干"。而是教无产阶级竭力引导革命到底并且全副精神的去参与，是教无产阶级："不要专守着经济斗争而要参加总的政治斗争，努力去争民主主义，争那最澈底的无产阶级的民主主义"。

俄国一九〇五年革命时，列宁说："我们不能跳出俄国革命之'资产阶级民主主义的范围'，可是我们能够竭力去扩大这个范围；我们能够并且应当在这范围之内争无产阶级的利益，争他们生活里迫切的需要，争他们预备将来再战而能澈底胜利的条件。"一九〇五年的革命固然结果为反动所摧残，然而俄国无产阶级在此中得了不少政治上的教训，——创立苏维埃制度。

无产阶级的政党因此必须参加民主革命的运动，当然要和资产阶级的政党发生关系；甚至于在革命潮流汹涌的时机，可以加入革命政府，在代议制范围扩大的时候，可以从事于选举运动。于是有些"洁身自好的社会改造家"，好一似黄花闺女柏舟孀妇①，要大叫起来："这不是要玷辱我们无产阶级的'家声'吗，抛头露面的像个什么样子！"其实大谬不然。现今时代开通，男女社交已经司空见惯，——难道社会改造家还做高节的隐士吗？无产阶级的参加民主革命，诚然有改良派化的危险，然而却并非不参加便能免祸的。

无产阶级政党参加民主革命运动能否不受资产阶级的恶化，并不在于某人某领袖要想投降资产阶级，亦并不在于党中某一派保存了形式上对于民主运动的"独立"。这种独立派，其实往往只是形式上的；不管他组织上怎么独立，而实际上因为政治标语落于实际生活之外：若不问政治便与群众脱离，若问政治往往又只是跟着群众已有的情绪移转，不能尽领导之责。因为若是当时社会只有民主革命的需要，那初入政治战场的群众，往往反而容易跟着"自由派"的模糊标语走；保持所谓"独立"的社会党尽着放空炮，实际上反使革命运动的领袖地位落于资产阶级之手。最后一着，这种独立派反而为资产阶级所恶化。所以这一问题的解决，完全在于各阶级之客观的现实的社会力之消长：当时社会中的各阶级，各以实力参加总的革命运动，暂时亦许力量大的得到最近的胜利，力量小的却仍旧继续着往自己的目标走。无产阶级政党的责任便在于指示劳动群众以一定的合于实际生活的标语，——实质上就已经决不会和资产阶级同化了。因为无产阶级和资产阶级的政治标语可以同是一"民主主义"的形式，而他的经济内容却决不会同的。这种"标语的阶级实质"，只要会运用，自然能引导民主革命到底，造成社会革命的一切可能的条件。很用不着拼命的直叫："我们要革

---

① 柏舟孀妇，见《诗经》《柏舟》篇。卫世子之妻共姜宁愿为丈夫守节，坚不改嫁，怕败坏了自家的声名。此处借以讽刺那些所谓的社会改造家。

命，不要改良；要社会主义，不要民主主义。"

譬如一九〇五年的俄国，那时的马克思主义者说：

"我们无论如何不应当只听好听的'革命'字眼。我们应当考察切实，究竟反抗俄皇政府的有那几个社会实力。……只有'平民'，便是劳工和农民，乡村的和城市的小资产阶级。至于革命，却并不因此而失其资产阶级性，民主主义的改革决跳不出资产阶级式的社会经济关系之范围，然而这一革命对于俄国及世界之将来的发展实有非常之重大的意义"。(《两个策略》)

无产阶级运动处于资产阶级民主革命期间，往往可以有两派似是而非倾向：一，乱叫社会革命；二，只管经济斗争。我们再举俄国的实例：

"一九〇一年至一九〇二年的运动离现在还不十分远呢，并不是什么古代神话（列宁写这段文章正在一九〇五年）。那时示威运动刚刚开始。'庸俗的革命主义派'（Rèvolution-arisme vulgaire）就大叫起'猛烈攻击'来，发布血色传单（《劳工事业报》，当时少数派的机关），骂那提议创办《全俄宣传日报》的人（列宁等），说他们是文字迷，学究派。而那所谓'尾巴主义派'（Khvostisme）——专门只跟着群众或别的政党后面叫，不是迁就庸众，就是迁就自由派——却又竭力主张：'经济斗争是政治宣传的最好的手段'。那时真正革命的社会民主党（多数派）怎样对待他们呢？他两方面都反对。他反对庸俗的革命主义派，因为这一派的确是轻躁妄动，——所谓'猛烈攻击'和群众的公开的出发明明还是将来的事。他亦反对'尾巴主义'，因为这一派确是假清高怕多事，喜欢在小范围内当领袖而实际上没有政治能力。他那时所决然提出的，就是全体平民暴动反抗的标语；可还不是直接号召行动的意思，而仅是宣传的意思，说明客观上必然的结论是要平民反抗。那时宣传和鼓动的确是第一等重要的责任，那时全俄的《政治评论周报》还算是很难能的事……""庸俗的革命主义派不懂得'文字'（宣传），也是'实事'。总观历史的全部都是如此，尤其是在公开的群众政治运动不可能的时代，——本来群众的政治运动不是人力可以任意制造的。'尾巴主义派'却又不懂得当革命时机临头，便不能再死守着旧'文字'，而应当有直接行向'实事'的标语。"(《两个策略》)这两派都是真革命运动的障碍。

再则，还有小资产阶级误解民主主义为放任主义的一派，亦很足以危及革命。凡是革命的成功，必不可少的革命的独裁制；——在无产阶级革命时是社会主义的独裁制，在无产阶级参加资产阶级革命时便是民主主义的独裁制。孙中山的"军政时期"确与此意有些暗合。然而革命的独裁必定要求社会某一方面的巨大牺牲，所以非有民众的实力后盾不可，不然就变成个人专制。无产阶级在资产阶级革命中正须得此政治机会，以促进自民主主义至社会主义的途程。

"平民之革命民主的独裁制"——是民主革命中最近的目标。或者，如香港《南华晨报》(英文)对于中国各公团(商会工会学生会)召集国民会议的提议之批评，说这是水与油混合的药方。固然！真可以说：所谓"独裁制"必须有"统一的意志"，而无产阶级和其他的平民不能有统一的意志。这一驳议其实并无价值，因为他抽象的形而上的来引用"马克思主义"。实际上有种种不同的"统一的意志"。可以有各方面完全相合的统一意志,亦可以有一方面统一而别方面不统一的。对于社会主义不能有同一的意向,而对于民主政权及共和主义却可以有统一的意志的。假使不记得这一层,那便是不明白民主革命与社会主义革命之间的逻辑上历史上的差别;那便是忘记了民主革命是有全民的意义的:革命既是"全民的",就有统一的意志在。民主主义的要求以外,当然无产阶级与农民资产阶级更不能有什么统一意志。所以无产阶级在革命期间,尽可以执此统一意志要求严厉的克服反革命——就是平民的革命独裁制。

无产阶级应当引导最大多数的农民小商,行民主革命到底,而以严厉手段镇服君主派或军阀派的反动,并且预防资产阶级的畏怯。无产阶级应当引导大多数半无产阶级的份子,成就社会主义革命的事业,而以严厉手段镇服资产阶级的反动,并且预防农民及小资产阶级的畏怯不前。

无产阶级的斗争是为着全体平民的。封建军阀之下首先要的是平民革命。马克思主义者反对资产阶级滥用"平民"一词,空泛的说平民而掩藏着平民里面的阶级对抗性。马克思主义断然的要求无产阶级政党之阶级的独立。然而他分"平民"为"阶级",并非为着使这先进阶级闭关自守只干工会运动,而让资产阶级的政治运动单独发展;而是为着要使无产阶级以最大的毅力为全体平民的事业而奋斗,领导全体平民。——当然不是在某某委员会里占着几把交椅,就算得了领导权;而要组织群众以实力表示无产阶级在政治中的影响。

民主主义革命是资产阶级的。俄国民粹派的"平民均分土地主义"(Tchern ey Peredel),中国国民党的所谓"民生主义"亦是资产阶级的。然而马克思主义者应当知道:没有别的途径可以使无产阶级得到真正的自由,只有经过资产阶级的自由和资产阶级的进步。我们应当知道:在封建军阀之下没有别的方法行近社会主义,只有完全的政治自由,民主主义的共和国,平民的革命独裁制。所以无产阶级在这种时代,当有正确的经济斗争与政治斗争之关系,这件事非常之重要;经济斗争的工会运动固然要紧,而尤其要注意民主主义的总的政治斗争,"我们应当做'平民使者'而不应当仅仅做'工会书记'"。必定要如此,方才能尽无产阶级的天责。无产阶级是资产阶级社会的产儿,亦就是颠覆资产阶级社会的健将;他的力量,正在他阶级意识明显,并且有组织有系统的奋起而为政治斗争之时:

"阶级的政治意识只能从外面输入工人阶级,就是在经济斗争之外,在工人对工厂主的关系之外。此种知识所由来的地方,乃是各阶级对于国家政府的关系,各阶级的相互关系。所以对于'怎样为工人求得政治知识'的问题,决不能像普通的实际运动家(更不用说偏向于'经济斗争主义'的实际运动家)永久只有一个答复:'往工人间去'。要与工人以政治知识,社会民主派(共产派)应当往各阶级间去,应当派遣自己军队到各方面去。……试举一个最近几年的社会民主派(共产派)的机关,看一看他的工作。他和'工人有连络',就此自以为满足了,只知道发发传单,专说工厂中的虐待,政府帮资本家,警察的凶横;和工人开会谈话,大致也不过谈这些事,几乎绝对不出此等范围;至于讨论研究革命运动史,俄国内政外交问题,俄国西欧各阶级在现代社会中之状况及现代社会的经济进化等,则可以算绝无仅有;更不用说有系统的实行扩充对于各阶级的联络关系，那更梦想也想不到。实际上大多数此等社会民主党的组织里的党员，只想着应当做一个工会书记，而并非一个社会党员——政治的领袖。其实英国的工会书记，亦在时时帮着工人行经济斗争，揭发工厂里的恶弊，解释一切法律规则的不公道，说明此等法律妨碍罢工自由及工人纠察队的职权，说穿罢工调和人的偏心等等。总之，凡是工会书记亦在帮助工人做'反对东家及政府的'经济斗争。可是这还不是社会民主主义（共产主义），理想的社会民主派不应当仅是'工会书记'而要是'平民使者'；——应当：对于一切压迫和专制，不论他是关于那一阶级的，都加以攻击；汇合一切现象而与人以警察政府富豪地主之残暴的总概念；利用每一件'小事'，证明自己的社会主义见解和民主主义要求之正确于人人之前；对于一切人和每个人解释明白无产阶级的解放斗争有世界的历史的意义……"

"'往各阶级间去'，我们是以理论家的资格，是以宣传鼓动家的资格，是以组织者的资格。自然，最重要的是平民的各阶级间的宣传和鼓动。……谁实际上忘了'共产主义派赞助一切革命运动'，谁忘了我们应当在全体平民之前，既不隐藏我们社会主义的见解，又要明白指出民主主义的总责任，——那人便不是社会民主党（共产党）。谁实际上忘了自己应当在人人之先提出激动并解决一切民主主义的总问题，——那人亦不是社会民主党（共产党）。"（列宁之《怎么办》，一九〇二年）

三

自民治主义至社会主义的革命策略应当如此的去实际应用。中国现时的状况究竟在社会进化史上占何等阶段，社会运动的趋势和民主革命的方向及两者之间的关系又怎样呢？

"中国十二年前的爆[暴]乱，近因起于国内两个新兴阶级，争取统治者的地位：一、军阀阶级（财阀政客附）。二、商业资产阶级。中国商人阶级不能如英法当年，由商业资本直进于工业资本以组织生产，为数不多，经济力为列强资本主义所掩；——所以辛亥革命时他刚一抬起头，就受北洋军阀的当头棒击。治者阶级实际上已是军阀；然而军阀一则始终见此隐隐中的资产阶级力量，二则内部之间无力统一，三则现代中国处于文明的外国人监视之下，四则'官僚资本家式'的军师（政客）要有新的运用方法，——所以必需国会，以便涂饰耳目巧于持[操]纵"；因而有此畸形的"民国"，其实还在封建宗法社会时代。

虽然，"中国经济生活的现状，却已经渐出于商业资本的阶段（欧战的影响很大）。所以近年来最大的现象：海员罢工，铁路罢工，矿山罢工，纺纱业罢工以及其他，罢工工人已渐团结积极组织；亦自然趋于运用自力争取立法权政治权要求最普遍的代议制"。资产阶级更大有进展，起而要求裁兵理财制宪，试组织"民治委员会"。可见"中国……政治运动之中已有资产阶级民主主义与社会主义的劳动运动混流并进的现象，——这是中国国际经济地位使然。中国工业发达的途径与欧美大异，政治运动也必不同，（民主与社会两革命间的进程紧凑得多）。中国资产阶级要自力发展，非去军阀不可，非去帝国主义不可。然欲去此二者，则必须借重中国的劳动平民及世界的无产阶级；——中国的资产阶级亦就非对社会主义让步不可"。（参看瞿秋白之

《现代中国的国会制与军阀》,《前锋》第一期)

　　虽然,我们考察中国经济政治现状所能下的断语,仅仅是:"中国已渐进于资本主义而需要民主主义的改革。"至于资本主义的程度,是否已经发达到成就社会革命的物质基础的阶段,那却还待考虑。并不因为中国革命运动或所谓新思想带着一些社会主义色彩,便足以证明现时所需要的革命是社会主义的。

　　中国实业虽受外国压迫,而五十年来确不能说没有进步。帝国主义当然要变中国成资本主义的而完全破灭中国原来的"半自然经济"。即使帝国主义能行妥协手段而缓和一部分大资产阶级的革命性和排外性,然而因此而实业又进一步;或者外资直接经营实业于中国境内,以至于和中国人合办,实际上夺去中国资产阶级的地位,然而实业因此亦有一更大的进步;在中国境内(在此一经济区域内)而有实业发展,则必要求更宽泛的市场,因此中国内地之资本主义化的速度愈增,外资愈侵入,中国资产阶级在此经济机体内愈膨胀愈深入,——外国对于中国资产阶级缓和了这一部分,又"培植"了那一部分,再缓和了那一部分,又激起了第三部分。帝国主义的经济上的让步是有限度的,若无限度他便不是帝国主义了。因此,中国资产阶级革命的需要,无论如何,确在一天紧迫一天。

　　譬如中国绸缎之输出,光绪二年(一八七六)为四百万余海关两,至民国九年(一九二〇)便已涨到二千八百万。中国矿产物之需要,在五十年前为二千五百余万两,至最近便已达二万二千八百万,差不多增加十倍。中国资本主义的发展是显而易见的。

　　然而这一发展前面有非常之巨大的障碍物。军阀制度沿袭皇帝对商人的政策而变本加厉:重征暴敛,"就地筹饷";更加以争城夺地,内乱不息。不但如此,更有类似于英法当年的"贵族与市侩"之争:"今之政客军人失势则办工厂,曰吾将以实业救国也,既办厂矣,朝开会暮投机,明日又为官,工厂遂为传舍。"(杨铨《五十年来中国之工业》)——这确是扰乱市场的大害,然而也是不可免的经济斗争,不可免的军阀官僚之资产阶级化。中国的市侩又怎么办呢?他们但"愿吾国之工业家专心本业,尤愿吾国军政界之伟人,勤修己职,勿污工业界之干净土。振兴工业之道亦至简:(一)政府与工业当合作,凡妨碍工业之法令制度当皆革除;(二)工业组织当大,则资本与人材皆可经济,而得多所制造之益;(三)当多设制造机械之厂;——机器为工业最要之资本,故孙中山有机器借款之议,然中国本有煤铁,与其仰人供给不如退而自造,仅购基本之机械,即可源源供给各业之需要"(同上)。这是中国资产阶级的梦想。理财制宪裁兵及民治委员会的尝试又是个什么味儿?哼!美国公使休门尚且教训你们说商人当自组政府。颠覆军阀的民治革命始终是不可免的。

　　复次,中国资产阶级的发展还有一种更大的障碍。我们看:(一)"一九一六年以后吾国之棉织业遂呈空前之活跃……至一九二一年底,全国共有纱锭三·二六六·六六六枚,计华商一百三十四万枚,日商八十六万七千枚,英商二十五万九千枚,其余未开车者一百三十万枚……"(穆湘玥之《中国棉织业发达史》)外国人在中国棉织业中占二分之一的势力。(二)最近几年(一九一八)中国铁的产额约共三五五〇〇〇吨;而日本之山东金岭镇铁矿,二十一条所要求的奉天海城等地铁矿,奉天庙儿沟中日

"合办"的铁矿,总共的产额就是三三六·五六一吨;简直是全数。——至于汉冶萍等的"官办""借款"式以及其他形式的铁矿,所产有限。(三)最近几年煤的产额约共二〇·〇〇〇·〇〇〇吨;而日本之奉天抚顺及山东淄川中英"合办"之开滦等煤矿,所产却有九·九一八·八六三吨;——几乎占二分之一。中国自己还打算制造机器,岂不是笑话!中国的资产阶级对这有什么办法?他只知道"今者,关税已有修改之机会,各国对于中国通商之待遇亦将渐趋平等;此正吾人发展国外贸易之日,工业革新不容更缓,自动发展时期之后若继之以通国合作,吾知中国工业史上之黄金时代,不难立致也。"(杨铨)唉!临城案①时留华美侨已经主张撤消华会优待条件;临城案后铁路共管问题已经紧迫万分;等到"中国各要地都驻外兵"(美侨主张),等到"美国派委员会来替中国组织政府"整理财政(《密勒评论》②),那时关税虽增加,于中国还有什么利益?那时难道还有中国?人家筷头子上落下来的骨头,不是好吃的;吃了就要套上嘴套系上链条的。独立自由平等,都要自己化[花]气力去争。那颠覆帝国主义的民族革命,实实在在是必须的。

中国的现状约略如此。解决这中国问题的主张,最近几年随欧战而兴的"新文化运动"里约略可以分为三派:一、资产阶级的民族主义;二、小资产阶级的浪漫革命主义;三、无产阶级的社会主义(共产派)。

虽然主张的人亦许事过遗忘,而我们研究的是社会现象,不管个人。现时明明还是可以看见社会之中隐隐有此三种心理。

第一派的心理,可以看两年前张东荪梁任公等人驳社会主义的论调。——当时虽是东荪发难,而实是任公综合这派的见解(一九二一年梁任公《复东荪书论社会主义》)。他的意思:一、"中国目前最迫切之问题在如何能使多数人民得以变为劳动者……盖我虽将国内资产均之又均,若五雀六燕铢黍罔失其平,而我社会向上之效终茫如捕风。……故吾以为在今日之中国而言社会主义运动,有一公例当严守焉,曰:在奖励生产的范围内为分配平均之运动。二、欲行社会主义必须先以国内有许多现行之生产机关为前提。三、中国生产事业若有一线之转机,则主其事者,什[十]九仍属于将本求利者流,吾辈若祝祷彼辈之失败耶?则无异自咀咒本国之生产事业以助外国资本家张目。四、惟当设法使彼辈(资本家)有深切著明之觉悟,知剩余利益断不容全部掠夺,掠夺太过必生反动,非彼辈之福。对于劳动者生计之培养,体力之爱惜,智识之给与,皆须十分注意。五、所以"第一灌输工人以相当之智识,第二助长其组织力。先向彼辈切身利害之事入手试办一两件(如疾病保险等),办有成效,彼辈自感觉相扶相助之有实益,感觉有团体的好处,则真正之工会,可以成立"。任公末后居然说:"谋劳动团体之产生发育强立,以为对全世界资本阶级最后决胜之准备"。然而他主张对于资本家之"取偿较优亦可姑容";他主张的社会政策,原是因为

---

① 临城案,1923年5月5日,山东土匪孙美瑶在津浦路临城劫持火车,掳去中外旅客百余人。帝国主义乘机要挟,甚至扬言要直接出兵干涉。这就是所谓山东临城案。

② 《密勒评论》,即《密勒士评论》。美国侨民在上海出版的英文周刊。

"生反动非彼辈（资本家）之福；他主张不要太逼中国资本家"助外国资本家张目"。可见他完全站在资产阶级观点上来论社会主义。他的社会政策以至于工会运动无非是喂猪的食料，人要吃猪，当然愿意喂肥再吃；他的意思是说："我只要你们工人容许这'在奖励生产范围内'一条件；我们资本家当然来行些社会政策，使国内有生产事业，将来可以交给你们（？），现在且慢；至于要国家来办亦可以，只求你们不助外国资本家张目，暂时让我们多剥削些罢。"而他偏要"冀普天下同主义之人有以教之"，——他实以分配平均为社会主义。不知道谁和他同主义！——他的平均分配及社会政策只可以算得"喂猪的社会主义"。梁任公以唤醒资产阶级觉悟自任，与我们劳动者或游民何与！无业的平民只知道自己组织起来，以革命的力量要求应得的权利；劳动没有生产机关，我们就要求他有，没收军阀来办工厂。无所谓奖励生产。我们穷无所之，奖励什么生产。关心奖励生产，自有人在，如梁任公——资产阶级的代表。劳动者和无产阶级只知道积极为群众的政治经济运动，——既然要我们做工，当然你们便该给我们优越的劳动条件，优越了再优越一直到政权交给我们。什么叫妨害中国生产？要赚钱的资本家为什么不看见军阀和帝国主义妨害中国生产？我们只知道以革命的手段逼得资本家推覆军阀等等，——劳动运动所取于资本家的，资本家当取偿于列强及军阀，不应当反来请我们姑容。我们无产者怎样有姑容你们大人的资格？罪过罪过了！

总之，中国的民主民族的革命运动（国民革命），万不是和平的"试办一二件"的方法所能了事。必须以革命的社会主义的见解及手段来行。中国资产阶级的觉悟亦要在这实际运动里才能发生。何况他非受无产阶级的促进，不能举步。中国军阀及列强存在一日，便一日不容你"试办"，资本主义都不能十分容你试办，何况社会主义。革命貌似破坏，而实是激底廓清旧社会，开新社会建设之门。英法资产阶级的革命如此，到一八四八年的德奥匈，一九〇五年的俄国革命亦是如此：革命之后即开一生产力发展之长时期。现代俄国的无产阶级革命更是如此。任公派的猥琐懦怯正足以证实中国资产阶级的无力。他的社会政策正是瞿秋白所谓对社会主义之让步，——对无产阶级的让步，目的仅在于保证资本主义的安全发展。——因为中国资产阶级之"社会的下意识"早已觉得：只有唐山矿工，太平洋中国海员，京汉路工，上海纺织工敢于直接行动，以及最近长沙之五六万劳动平民的国民外交委员会能外慑日本且内夺赵恒惕之胆；——只有真正的劳动平民能行国民革命。

虽然，中国的国民革命，却并不因此而失其资产阶级的性质，这一层应当非常之注意的。

现在要说那第二派的心理了。第二派的解决法，大致说中国要社会主义：从完全否认政治运动起到相对非难民主运动止，其中阶段非常之多。然而最主要的就是：现在社会主义时髦，是"理论上之极致"；或者是，宗教式的信仰抽象而不着边际的"无产阶级"。假使真正无产阶级的政党从精密的社会科学来运用他的策略——竭力参加民主革命并组织一切劳动者及平民，他们就说："那就要这些人都变成社会主义者才行"；或者简直说："那么，这一党是失节了"。其他种种无政府派的论调，大致相仿佛。那前一种的代表便是《努力》(六十六期时)的高一涵，后一种的代表可以随手推举《今日》(二卷四号时)的初民(虽然今日之初民已非那一《今日》之初民了，——他最近在《努力》六十六期已是另一主张。可是他个人不成问题。中国社会思想中现时确还存在这种心理)。这第二派的两种心理可以并合批评。如高一涵的意见是：国民运动是好的，可是必须是单纯的社会主义的国民运动。他说"要国民党自身完全变成社会主义的政党"。殊不知道，中国现时需要国民运动的真正国民党，正因为没有发生可以公开的社会党，——并不是说对政府不能公开，而是说对平民群众，甚至于工人，也不能公开。

中国资本主义发展的程度还很浅，当然没有大生产中之纯粹无产阶级(参看《前锋》杂志第一期瞿秋白及我的文章)。俄国发生小小的一个社会主义团体，——五六个人的劳动解放社(Grouppa Osvobojde'nya Lrouda)——朴练汉诺夫(Plekhanoff)乍苏黎池女士(Ve'ra Zasonlitch)等，时在十九世纪七十年代。那时俄国集中的工业资本已经有五万四千一百万卢布；他们那时的社会主义运动，尚且还只是参加民主运动，宣传学理和指导工会组织，绝不敢称政党。社会主义的政党，必定要能明显的拿着主义的旗帜走入劳动群众，而不为群众所诧怪；必定要能对于日常政治生活次次提出社会主义的解决法，而不为群众所不了解。而那时俄国并不单因为政府压迫，而因为资本主义改组社会生活的火候还没到：虽有许多工人，而都是刚从农村来的，或尚未完全失私产，或方失私产而求恢复之心甚殷；他们不诧怪而能了解社会主义的运动之心理的物质基础还没有筑就；——所以那时俄国社会运动发展之限度还只到民主主义之最左翼的地位(沃尔洛夫斯基 Orlovsky 之《俄国马克思主义史略》)。中国现时工业资本仅仅一〇八·九〇二·八一一元(一九一八年)，约比俄国当年少四万万元，仅有其五分之一。不但如此，俄国一八九七至一九〇五年间，资本主义发展已大进步，——纯粹工人有二百余万，工业资本已达十八万万一千六百万卢布，社会民主党(共产党)已经成立而稳固，那时列宁尚且说："往各阶级间去！……做总民主主义的革命运动"。中国现时真正的社会党(共产党)并非仅仅代表国内六十一万的工业无产阶级而存在的(这普通工人数是一九一五年的统计，现在至多不过一百二十三万)。假使仅仅有此，他早已不存在了。他的能存在，乃是因为中国无产阶级所处的时代是世界革命的时代，全世界无产阶级已经开始征[争]取政权，他不得不赞助各殖民地的国民运动，尤其是辅翼其幼稚的无产阶级，以行世界的扑灭帝国主义的总斗争。中国幼稚的无产阶级，在世界的斗争范围之中，与国际无产阶级同具最终的共产主义目的，所不同的是斗争方法：先进国是无产阶级统一战线以至于劳工独裁制，中国是国民运动统一战线以至于革命独裁制，然后再进；中国一千万人的手工业劳动者四千二百万户的农民劳动者之中的一百二十三万无产阶级，在中国的斗争范围中，与普通所谓"平民"同有民主革命的需要，所不同的是目标：资产阶级是要法律上的平等，无产阶级是要事实上的平等——最澈底的民主主义，所以中国有无产阶级政党的存在。并非采取了白字黑纸的理论，就算社会主义的政党；没有物质基础及实际运动是不能凭空造的。至于国民党尤其不能变成社会党；——真社会党在中国尚且只能以世界共产党支部的资格勉力栽培无产阶级之组织及训练的根本，而同时在总的民主运动中勉力做主干。何况国民党历史上就是纯粹的民族主义的政党，——那时的所谓民生民主主义都只是"富强"——资本主义发展——的手段，看孙文《建国方略》便可了然：他说的民主共和是他教小孩子似的教中国国民的功课（第一册第六十页），——原来并非中国平民真要民权而他代表这种心理来抗争，乃是因为要"富强"非共和不可。直到五四运动之后，国民党才渐渐接近民众，接近那真正要自由的学生会，真正要平等的海员工会等等。国民党到现今方才开始走上民主主义的路，渐渐想代表平民群众而抗争，行真革命；以前是浪漫的革命的政党，首领制个人主义的义侠策略——哥老同盟会的祖传，如此而已。现今国民党所以能有如此的大概的倾向，也只是因为社会中实际上有了学生工人商民等的运动，——"社会的物质"已经稍有端倪。然而至今他的根本观念还是在政治清明国家富强而已；同时一方面，宣誓"维世界之和平"，这不是对帝国主义畏怯，便是对社会主义让步；可见仍不离一种"民族的资产阶级"的意识，他的国家社会主义的价值，不过如此。

既然这样，国民革命的真国民党是现时实际生活所需要的，却还不是社会主义；然在此总运动中，只有以世界无产阶级的观点为根据的政党，才能用社会主义的见解及运动方法来促进这一国民运动，或者简直改造国民党；同时这亦是中国无产阶级的最正确的策略。

于是可以说第三派了，——就是无产阶级政党的策略。

中国客观的政治经济状况及其国际地位，实在要求资产阶级式的革命；同时此种绝对资产阶级性的所谓"民族民主革命"却非借重国际的及国内的无产阶级不可。独有无产阶级能为直接行动，能澈底革命，扫除中国资本主义的两大障碍；就是以劳工阶级的方法行国民革命。劳工阶级在国民革命的过程中因此日益取得重要的地位，以至于指导权。劳工阶级的最后目标在社会主义，那么，到国民革命的最高度，狠可以与世界革命合流而直达社会主义。然而现时真正共产派的运动在中国亦不过是"耶各宾"①——最澈底的最左的民主主义运动。大概而论，要劳工阶级真正澈底觉悟资产阶级假民主主义的不可信，决不是几本书可以办到，而必须实际普遍的政治经验——小孩子不烫手总是要弄火而且应当弄一弄火，至少也要远远的试一试火的热性，那时群众意识再能实实在在进而求无产阶级的独裁制。劳工群众应当参加国民革命，第一、就是要拿"耶各宾"的方法加速革命的过程；第二、就是实际上去感受感受资产阶级革命之不澈底（不完全反对列强及军阀到底）；第三、就是在这运动之中无产阶级能得必须的政治智识及经验，增高一般的程度。

---

① 耶各宾，今译雅各宾，指18世纪法国资产阶级革命时期的著名资产阶级民主派——雅各宾派。1793年6月，雅各宾派曾领导建立法国资产阶级革命民主专政，其首脑为罗伯斯比尔。1794年7月热月政变后政权被推翻。

所以参加并促进国民革命——是现在中国无产阶级的职任，——在原则上在实际应用上在国内政治经济上——都是绝无疑义的。既然应当促进国民革命，便当有国民革命的中心。——列宁说："我们应当组织反对政府的一切势力成一全民的运动。……这样去实行各方面的政治鼓动应当有一政党，能结合一切攻击政府的'军队'成一统一的集中的中心，以全体平民的名义去[进]行；再则，实行那无产阶级之革命的训练工夫，一方面严格的保存政治独立，并领导劳工阶级的经济斗争，别方面利用一切剥削者与受剥削者之自然冲突（剥削者本来日益替我们'拉拢'新的各种无产阶级份子）；凡是这些工作都要集中于不可分的统一行动。"（《怎么办》）——中国国民运动的主干，亦应当如此，并应当由此主干扩大国民运动的中心，那时势力才能凝聚。

然而要造成运动的中心，必定要用社会已经有的实[势]力。

我们理想一个乌托邦是幻想，理想一个"理想的国民党"亦是幻想。中国现存的国民党，因其宗法社会的出身，旧历史的关系，军事崇拜的习惯，中国旧式下等阶级的会党遗传等等，他所有不良的地方也是自然的现象。他当时亦确只能如此，而且正唯因为如此而能行一部分历史使命。——与他同时的其余一切维新派，却因完全是上等社会式的，而绝无革命性。只有国民党能秉此革命性而适应进化。可见中国现有的革命材料旧的只有国民党，新的尚未集中。所以只能，并且十分应当适合现时社会的动象，就现有的材料努力改造，——集中实际生活所涌出的一切新的革命派份子于此党。况且时过境迁，国民党以前的不纯分子，当然要在淘汰之列。不过应当就在集合新份子的过程中。——因为我们"年纪也大了"，既要组织政党也可以不像以前那样"儿戏"了，什么罚咒打手印等；我们现在必定要有明切的政治主张来号召，不纯份子的行动不能与之适合，就立刻请去。于是劳工派在国民运动之中的基础，亦就因此而凝聚起来。换句话说，便是根据于现时实际经济动象而改造国民党，使从模糊的革命主义进于真正的民主革命及民族革命主义。那时的国民党方才能做国民运动的中心。

如此的去造成国民运动的中心：正因我们参与其事，我们阶级的政治独立性便亦建立，而得日趋巩固。在这运动的急速的过程里和社会经济的动象中，"阶级利益"必定渐渐突显。到那个时候，即使仅仅是国民党左翼的份子，亦就很可以勇往直前，走上他们所应当走的路。何况无产阶级呢！

中国独立的无产阶级政党如此的去参加民主主义的群众政治总运动，并劳工阶级的经济运动，绝不使政治经济相离，他那时必定能成为群众的政党。那时简直实现对等的联合战线。可是这种群众党的基础，正要筑在国民运动中。

于这一过程中，世界的社会革命同时必努力提携中国的国民运动；中国国民运动里的最大多数的社会力量因之可以急速的长成，而与世界社会革命结合。

不论这中间要经多少波折，革命与反革命互相激荡，而结果那最终的胜利必定在世界及国内的无产阶级。

努力扩大国民党的组织于全中国，使中国革命份子集中于国民党，以应目前中国国民革命之需要。同时我们特别的工作，很努力促成全国总工会之独立的组织，从事于经济的及政治的斗争。我们需努力引导劳动群众由日常生活的斗争到战争的斗争。目前政治的斗争，自然是国民运动，——排除外力及军阀的运动；因此，在劳动群众中须有大规模的国民运动宣传，扩充国民革命的国民党。同时凡已了解国民革命之必要更进而有阶级觉悟的革命份子，当尽量加入我们自己的组织；并当于群众中普遍的宣传"国民革命里拥护劳动阶级利益的目的"。（陈独秀之论国民运动及国民党）

（《新青年》季刊第二期，1923年12月20日，署名 屈维它）

43. 《俄国的新经济政策》（《新青年》季刊第二期，1923年12月20日）

《新青年》季刊第二期刊登王国源译、山川均著《俄国的新经济政策》。

12月

44. 《俄罗斯之妇女》[著作（目录、小序），12月]

民智书局出版朱枕薪译的《俄罗斯之妇女》，共86页，定价大洋3角。目录：俄国参与欧洲的妇女——妣妲著；俄国革命中的女杰——妣妲著；苏维埃俄罗斯妇女底妇女——哥伦泰著；俄国东方的妇女——惠尔斯著。

小序：

俄国没有女权运动——单独的女性一阶级的运动。俄国的妇女，简直就是男子。伊们的事业，可说就是人类的事业。伊们作事的动机，原以人类全体的幸福为目标，非专为伊们自己一阶级计。

惟其如此，所以俄国的妇女，与世界其他各国的妇女不同。西欧妇女运动的先驱所做的事，伊们为之，都能胜任；伊们所做的事，不但西欧的妇女，我恐世界其他各国的妇女，都是望尘莫及的。

我要使中国人洞悉俄国的妇女能力之伟大与雄厚，我觉得有辑译此本小册子的必要。书中共有四篇短文。第一、第二两篇的作者，为美国妣妲女士（Miss. Bessie Beatty），伊是旧金山公报特派驻俄的战事通信员，这二文都从一九一八年出版的《俄罗斯之赤心》（The Red Heart of Russia）一书内译出。第三文则为俄国哥伦泰女士（Alexander Kollontai）所著，伊是俄国政府的委员长之一，此文为伊近著，我旅俄时曾读得一过，读后即行译成中文，无奈归途中诸多困难，被劫后复被捕，不得已，遂将译文弃之于路；回国后承谌小岑君送我原书，我得再行译出，这是我要特别感谢谌君的。最后一文为惠尔斯（Hulet M. Wells）所著，四文的原著者中，只有他一人是男子。

——译者

45.《俄罗斯之妇女》广告(《妇女问题》书末广告)

  此书是集四篇短文而成的。讲俄国妇女之参与欧战的,参与革命的,以及苏维埃俄罗斯的妇女,俄国东方的妇女,叙来很简洁有趣。我们要知道俄妇女能力之伟大与雄厚。不可不一看此书。定价三角。

(《妇女问题》书末广告)

46.《俄国大革命记略》[著作(目录),12月]

  上海商务印书馆出版,东方杂志社编纂,高劳、善斋合编的《俄国大革命记略》(东方文库第8种)。共82页,定价大洋1角。目录:一、三月革命;二、三月革命后之俄国政情;三、十一月大革命;四、大革命后劳农政府之施政;李宁略传;俄国社会主义运动之变迁。

12月

47.《劳农俄国之考察》[著作(目录),12月]

  上海商务印书馆出版,东方杂志20周年特刊,东方杂志编,朱枕薪著《劳农俄国之考察》(东方文库第9种)。共103页,定价大洋1角。目录:苏维埃俄罗斯的过去与现在;俄国为什么改行新经济政策;劳农俄国之面面观;劳农俄国之领袖人物;劳农俄国之外交关系;劳农政府之艺术施设;俄国之饥荒;劳农俄国之劳动军;俄国之宗教改革;劳农俄国之婚姻法;俄国之儿童殖民地。

一九二四年

1月
21日（星期一）

1. 共产国际致东方各国和殖民地的兄弟人民（文献，1月21日）

列宁在莫斯科逝世。共产国际致东方各国和殖民地的兄弟人民：

"列宁同志的逝世，使国际工人阶级深感悲痛，同时在农民东方各国被压迫的人民中间，也得到了极其同情的反响。

"你们举行了丧葬游行和群众集会来隆重悼念伊里奇，并用其它形式寄托你们的哀思。通过这一切你们表明，你们承认列宁是农民的领袖，而对于整个觉醒中的东方，他的名字已变成了一面旗帜。"

（《共产国际、联共（布）与中国革命文献资料选辑（1917—1925）》，北京：北京图书馆出版社，1997年，第590页）

22日（星期二）

2. 《悼列宁》（《向导周报》第五十二期，1月22日）

《向导周报》第五十二期①发表"仁静"的《悼列宁》，称列宁生平有三件事情值得我们永志不忘：第一，列宁是为人民奋斗的共产党的创始人。第二，列宁是主张西方社会革命和东方国民革命联合以推翻世界资本帝国主义的第一人。第三，列宁是中兴马克思主义之唯一思想家。

全文如下：

列宁逝世的噩耗传到中国来了。我们想像世界上凡是爱敬列宁的全世界被压迫阶级，此时是如何的哀悼，而痛恨他的全世界统治阶级对此耗是如何的喜悦了，但是列宁的死耗传出，全世界有知识的人没有不动他的感情的，这是我们可断言的。

列宁一身的事迹与其在世的丰功伟烈，上海的各报都称道过了，用不着我再说。不过列宁的生平有三件事值得我们永志不忘的，我现在举在下面：

---

① 此期《向导周报》发表时间是1924年1月20日，实际发行时间当在1月22日以后，因为1月21日列宁逝世，追悼此文不可能在1月21日前写出。

第一，列宁是为人民奋斗的共产党的创始者。俄国共产党的组织完备，纪律严明，是全世界所称赞的，但是此党的创造实始于列宁。我们看欧洲的各国社会党，将他们的党变成竞争选举，和辩论主义的机关时，唯有列宁在俄国独自训练真正与最下等的民众接触的，为他们利益奋斗的战士。惟有他不惜为组织上的细故与门雪维克分裂，在他的党中的每个党员必须加入一个秘密的组织。他的党员都是绝对相信民主集中制的，不顾人家如何攻击彼为少数专制，为牺牲个人的自由，但他只去模仿军队的组织。俄国革命的成功，纯赖此种政党参加在各种群众中煽动和领袖人民奋斗，有革命的意志，有一致的坚决的主张，有富于弹性的战术，有极严密的纪律，和能懂得群众的情感与其问题。俄国共产党的组织现在已为全世界的共产党和其他的革命团体所采用了。但是发明此种战斗的组织的，我们不能不感激列宁。

第二，列宁是主张西方社会革命和东方国民革命联合以推翻世界资本帝国主义的第一人。当西欧一般黄色的社会主义者眼光如豆，观察革命的实现只限于欧洲美洲资本主义已发达之国家，因而流于机会主义之时，唯有列宁能以超绝群伦的眼光，注意到帝国主义对殖民地的侵略和殖民地的民族革命运动。第二国际社会党的组织只限于欧美两洲，在他们的眼中有色人种只是等待白种人来解放和文明化的，何能为他们自身利益奋斗，以摇撼帝国主义的基础。唯有列宁所手创的第三国际共产党则不然。它是集合全世界被压迫阶级的势力的唯一组织，在西方鼓吹社会革命，在东方鼓吹国民革命，对帝国主义东西夹击。此种惊人的理想与行动无怪国际帝国主义者对他胆战心惊，认列宁为他们的生死对头了。

第三，列宁是中兴马克思主义之唯一思想家。欧洲的社会党在帝国主义发达至登峰造极时，他们的基础无形的移到代表劳动界的贵族的利益，赖帝国主义剥削殖民地所给予的残骨头以生存，与帝国主义的命运相终始。他们或"修正"，或曲解马克思主义，崇拜民主主义，和议会制度，行动日趋于改良，直至在欧洲大战时，最无耻的投票赞成预算案。惟有列宁对于马克思主义始终信守，发扬光大，巍然本其主义创造一新制度。他对于民主主义无情指斥其虚伪与欺骗性质（果然四五年之后连资本家也不相信，要提倡法西斯专政了）。而独倡无产阶级独裁。他不过是继承马克思的学说。现在此种学说在无产阶级中已如天经地义了，但是当初他是如何遭黄色的社会主义者的攻击呢？

以上三种不过是略举列宁平生的最伟大的理想与功业而又专为人所忽的。至于他如何在一九一七年排众议而主张无产阶级独裁，他如何与德国订《布勒斯特和约》，如何规画新经济政策，其识见超卓，在极危难的期间支持俄国革命与不坠，这是人人都知的，此地的也不重说了。

全世界的被压迫阶级的同胞们，你们在列宁逝世之日应当如何的哀悼，世界革命失去一伟大的领袖，你们更应如何的奋勉努力，继续列宁的事业以达到最后的解放的成功啊？

（《向导周报》第五十二期，1924年1月22日，署名 仁静）

24 日（星期四）

3. 《吊列宁》(《晨报》，1 月 24 日)

《晨报》刊登渊泉的《吊列宁》，全文如下：

列宁因操劳过度，卧病经年，危笃之报，已非一次，近日外电方谓其步履自如，不久即可复元，乃病势陡变，数小时之内，竟溘然长逝矣！吾侪得此噩耗，惘然若失，不知将以何辞以达深挚哀悼之意也。

列宁为人明敏果断，富于理想；又勇于实行。早岁失学，而勤于自修，故学识超驾时流，隐有硕儒之望。其感情之热烈，意力之坚强，过非常人所能比拟。凡思虑所及，必起而行之，纵有万千障碍，横梗其前，亦必奋身苦斗，达而后已。观其一生经历，艰难困苦，实非常人所能堪，而列宁处之泰然。挫折愈烈，而勇气愈励。十七岁时遭遇兄难，几被累，卒易名变姓。始幸免。二十五岁时，因案坐狱被放西比利亚，流连颠沛，屡濒于死，而列宁且藉此锻炼身心，潜修学问，在徒流期间，著述特富，此非有大过人之修养者，果能如是耶？

俄国□二月革命□克伦斯基柄政，克之主义与列宁相反，彼乃潜踪入国，纠合同志，反对克政府。攘臂一呼，而"十月革命"告成。列宁独握大权，实行理想。唯外受列强之封锁，内受皇党孟党（孟雪维克）之扰乱，所处之难，实为世界所未有。而列宁维持七年，卒由纷乱而日臻安定，内忧外患，俱告平息，夙昔主张，一一实现。是非得失，姑置弗论，而其为世界史上开未有之局，为平民阶级导新开之路，事属难能，功诚不朽。列宁之主义自有人反对，而列宁之事业，则无人可以追随矣。

列宁性微偏狭，故同党侪辈多难相容，而独对于比肩齐名之杜洛斯基，则始终信赖，未有间言。最近虽有列杜失欢之传，而考其来源，则多属谣言。非杜无以济列之美，非列无以展杜之长，相提相絜，乃能建此大业。七年以来俄国人民奉列如"国父"，国民委员会会长每次改选，列必当选，信望之厚，无与伦比，此列宁之死，所以为俄国无价之损失也。

或谓列宁以一人系全国之安危，则彼死后，俄国政局难保不发生变化。以吾侪揣之，近两年来苏维埃政府基础已臻巩固，大联合亦告成功，则国内当然不至发生问题。且俄国人民受苏维埃政府之教育感化甚深，其信奉共产主义之坚牢，犹今日美国人民之崇拜资本主义。因一人而摇动立国根基，恐无是事。唯党内丧失领袖人物，统一指挥上，发生多少困难，则保难其必无也。

(《晨报》，1924 年 1 月 24 日，署名 渊泉)

4. 《列宁略历》(《晨报》，1 月 24 日)

《晨报》刊登《列宁略历》，全文如下：

列宁（W. I. LENIN）于一八七〇年生于瓦尔加河（VOLGA）之新比尔司克市（SINBIRSK），原姓乌雅诺夫（UIYANOFF），因兄亚历山大于一八八七年密谋暗杀俄皇亚历山大三世，事泄被逮，处死刑，大索家族，列宁乃易名避难。时列宁方十七岁，受此深刻刺激，对时政益怀不平，居恒太息国民教育不发达，劳工阶级极贫困，而痛恨俄皇专制政治之念甚切。列宁家本贵族，其父为新比尔司克市某国民学校校长，颇有声誉。列宁夫人名克鲁士加雅（MADEJDA KRUPSKAYA）亦为负有时望之贤妇人。

列宁初毕业于新比尔司克市高等小学校，成绩甚优。旋入加簪（KAZAN）大学，因在同学中宣传社会主义被革。一八九一年入圣彼得堡大学法科为校外生，极力鼓吹社会主义，从事劳工运动，一八九四年普列哈诺夫派社会主义者组织"劳动者解放同盟"，列宁加入，为该团斗将之一。该团奉马克思主义为圭臬，其作战计划则力事纠举工厂弊害，描写工人惨状，冀可激动人心，实行革命。宣传奏效，一八九五年俄国劳工界第一次大罢工，未几果然实现，当局视该团为眼中钉，下令解散，列宁坐是下狱，旋被放逐西比利亚之银尼斯士克省。列宁在流所仍勤读不倦，为文甚富。其最著者为《俄国社会民主党之事业》，《俄国资本主义之发达》等篇。

一八九八年二月普列哈诺夫组织"社会民主党"，在西比利亚之敏士克地方举行成立会，当时社会主义名士加入者甚多，列宁又与普氏合作，协谋发展党之计划。是年夏间政府又下令解散该党，重要党员皆被逮捕或放逐。时列宁流刑满期，急逃往西欧，从事著述。寻与同志主办《火星报》，宣传马克思主义，厥功甚伟。关于经济学、农村问题等有极贵重之著述，而列宁之名遂为世界学者所注目矣。列宁声望日隆，大有驾普列哈诺夫而上之势，因是两雄之间渐生意见，而社会民主党之暗潮，亦兆于是矣。

一九〇二年列宁发表《当为何事？》一文，讨论当时政治运动中之重要问题，益为世所器重。翌年社会民主党开第二次大会，列宁与普列哈诺夫发生猛烈之冲突，唯多数党左列而右普，而党内遂分两派，一为布尔塞维克，一为孟雪维克，而形成今日之共产党与社会革命党焉。两派分立之后，列宁乃创办《前锋》，鼓吹布尔塞维克主义，攻击孟雪维克（即普列哈诺夫派）几无完肤。一九〇五年布尔塞维克派大会，列宁被举为中央委员会委员长。是年日俄战争勃发，列宁以时机已至，乃秘密回国运动革命，不幸失败。一九〇七年复亡命海外，继续其宣传运动。自是以后列宁入万国社会党，以世界的社会革命为职志，时在俄京发行之该党机关报《贫民报》，发表议论，时望益重。一九〇九年至一九一二年列宁侨居巴黎，时加里西亚工人运动甚盛，列宁乃潜赴该地，主持某报笔政，且指导各种团体，使为有系统之活动。一九一四年欧战发生，列宁对于各国温和派社会主义者赞成各该国政府宣战之态度，异常愤慨，痛骂"社会的爱国主义"。同时急召集各国同志，鼓吹"万国非战联盟运动"，因此瑞典、法、德各国同志咸仰慕其为人，而无形之中，已隐为举世劳工阶级之领袖矣。名誉愈大，嫉谤斯生。各国政府密探行踪，欲得而甘心，卒为奥国当局所困，幸伺机脱逃，始免于难。世界虽宽，而列宁则几无容身之地，乃赴瑞士暂避。时瑞士有所谓"社会保皇主义"者，列宁援助该国同志与其宣战。当时列宁所提倡之非战主义，乃以总同盟罢工为武器，消弭国际战争。以劳工为中心，实行社会革命，使帝国主义之战争，变为国内战争。列宁在海外奔走逾十载，一九一七年俄国"二月革命"发生，列宁乃潜踪归国，时克伦斯基【执】政，欲加逮捕，幸同志庇护，始免于难。

十月革命，列宁始于举国欢呼之中，执全俄之政权。一九一八年迁都莫斯科，是年八月三十日列宁遇狙击（凶手为社会革命党员），负重伤，幸获痊愈。近一年来因执政过劳，健康大损，英美资本家传其□□者，不止一次。去年冬间，一时有危□之说，未几平复，最近且有不久即可继视政之说，乃警电传来，而此伟大之人物竟于二十一日溘然长逝矣，享年五十四岁。

(《晨报》，1924年1月24日)

5.《世界平民革命前驱之列宁突于二十一日逝世》(《晨报》，1月24日)

《晨报》刊登《世界平民革命前驱之列宁突于二十一日逝世》，报道列宁逝世消息，如下：

> 莫思科一月二十二日特电，列宁已于一月二十一日下午六时五十分，在莫思科附近之哥尔基村（Gorky）逝世。
>
> ### 突然致死之原因
>
> 莫思科一月二十二日特电，列宁逝世后，医士发表报告如下："二十一日，列宁病势突然转剧，下午五时三十分，呼吸即有阻碍，旋即入于昏迷状态，全身痉挛，延至六时五十分，因呼吸中心停顿而逝。"
>
> 莫思科一月二十二日特电，列宁遗骸本日由哥尔基运至莫思科，将停放于职工会会所内，各界人士皆可入所致祭，二十六日安葬云。
>
> ### 遗骸解剖之报告
>
> 莫思科一月二十二日特电，诊视列宁各医士，本日发表列宁遗体检查报告如左："本月二十二日下午二时剖检列宁遗体，发见大脑输血管有重要变动，血液由脑膜血管流入脑髓中部，此乃致死之直接原因。"
>
> 上列报告由富尔斯塔、奥西浦夫、奥布里柯西夫、特斯金、布恩克等教授，高提尔、伊里斯特拉图夫、洛山诺夫、奥巴克、魏斯布洛提等医士，及苏联政府国民卫生委员长斯马士柯签字。
>
> ### 全俄苏维埃大会
>
> 莫斯科一月二十二日特电，一月二十二日上午十一时半，全俄苏维埃大会召集会议，历时约二十分，苏联中央执行委员长加李宁发表列宁死耗，事前多数代表皆未之知，久处西伯利亚狱中，发已斑白之男女代表，闻报咸为泪下。苏维埃大会已宣言，

一月二十一日为哀悼日,现莫思科各娱乐场所皆停业六日,以志哀痛云。

举国哀悼建国元勋

莫斯科一月二十二日特电,列宁病故,全城哀悼,人人均有愁容。公共场所,大街之上,三五成群,哀诵政府关于列宁死耗之传单。列宁系于星期一日晚逝世,惟星期日医士尚谓病势渐渐可望恢复,死耗传出,人人均惊骇不置,因列宁星期日曾在高克园中散步,其医士谓列宁自能行动,病势大退减,忽于星期一晚溘然长逝,殊出意外。政府遂即发出传单,报告此事。并谓政府对于列宁所抱劳农之志愿,仍奋往迈进,期达目的。其继任事宜,尚未定局。但望其后任者由劳农联合国会选出云云。

莫思科一月二十三日特电,列宁之尸,定于本日(二十三)午后一时,移出"联室"停柩。星期六日按照国葬出殡。其墓在克米林街,葬于史温尔洛夫之旁,一般舆论咸谓列宁之死,政治上并不生若何之变化,其继任问题亦不难解决云云。

全球劳工阶级之大损失

莫思科一月二十二日特电,列宁逝世后,苏联政府发表正式报告如左:"命运之终结殊难逆料,列宁健【康】原已进步,且可信其渐将恢复元气,不料二十一日突然转剧,不数小时即与世长辞。现正举行之全俄苏维埃大会及行将开幕之全苏联苏维埃大会,将有必要之决议,以确定苏维埃政府继□不停之事务……

自俄国工人农民取得政权以来,苏俄劳动者所遭之打击,以此为最。此不独苏联工人农民为之震动,全世界劳动者,对此伟大之领袖,亦为之哀悼者也。列宁已弃吾侪而去矣,但其伟业则永存不朽,苏联政府将代表劳动群众,依其所示之方法,继承其事业,苏维埃政府坚守其职责□以卫护无产阶级革命之成业。"

莫思科一月二十一日特电,第三国际主席金诺维夫氏,因列宁逝世,特向各部发表宣言如左:"列宁突于一月二十一日下午六时,因呼吸中心停顿而逝世。葬礼将于二十六日星期六举行。第三国际失其最伟大领袖与先师,全世界无产阶级,自马克思死后,以此次所损失者为最大。愿吾人皆俯首于此劳动阶级大师新墓之前。全世界劳动者对于列宁之为人□深之其所失者之为谁。第三国际特促全世界劳动者,依列宁所遗之精神,重整队伍协同从事工作。"

(《晨报》,1924年1月24日)

6.《苏俄领袖列宁逝世》(上海《民国日报》,1月24日)

《民国日报》报道《苏俄领袖列宁逝世》,如下:

全俄大会决定继续其事业
全俄国民将服丧五日志哀

俄罗斯苏维埃领袖尼古拉列宁。自俄国社会革命成功以来。久为世界资本国家所嫉视。一九二二年六月至今。数次电传。谓其已死。后皆证明为谣言。然列宁确因劳苦过甚。患病已久。最近半年。彼的职务已由其同志诸君分任。近传病势稍痊。昨晚忽同时有数种电讯。均谓彼已逝世。此说果确。则世界失一平民的伟人。俄罗斯苏维埃丧一建国元勋。良堪震悼。兹集录各种电讯于下方。

二十二日法国无线电云。据莫斯科电称。列宁死耗。已由加力宁在全俄苏维埃会议宣布。其致死原因。为心脏痿痹症。

二十三日路透伦敦电云。伦敦俄国电社宣称。列宁昨在莫斯科暴卒。

又电云。苏俄公报称。列宁死于莫斯科附近山中。其病体近已大健。昨日忽失知觉。乃昏沉气厥而死。全俄大会今在莫斯科集议。定继续列宁事业之必要决议。苏俄政府今坚持以静观劳工革命之胜利。列宁遗骸将陈于莫斯科。受公众之敬礼。定期一月二十六日举殡。

二十一日东方社莫斯科急电云。列宁氏于二十一日逝世。

二十三日东方社长春电云。某方接电。列宁突于二十一日晨五时起心脏麻痹而逝世。卞□纳夫氏在全俄大会中声言。全俄国民当服丧五日以志哀悼。

列宁氏之历史。稍注意世界大势社会问题者必已知之。但吾侪新闻家。对此世界伟人。丰宣珍惜此最后介绍之几行文字。今特将其生平历史简要叙述如下。

列宁氏以一八七〇年四月十日。生于窝瓦岸畔的西姆斯克省。先世业农。其父为一热心之教育家。又曾为西姆斯克政府参议官。列宁氏兄弟姊妹共五人。于音乐美术文学科学。各有专长。然在此甜蜜之家庭中。列宁与其兄亚历山大。皆能不忘救国。亚历山大于一八八七年三月七日。谋刺俄皇亚历山大三世。事泄，与其同志十四人被捕。至五月二十日。被处死刑。此事与列宁以甚深之印象。其一生行动。受此影响最大。是年。列宁在故乡中学毕业。入卡臣大学法科。甫一月。即因参加学生革命运动。被逐出校。越四年。方入彼得格勒大学。习法律经济。得法学士学位。为律师。但彼对律师无兴味。仅出席法庭一次。而酷信马克斯学说。以马克斯主义为根据。发表论文。不久。即集合少数劳动者和马克斯主义者。成一小团体。遂被俄吏目为危险人物。一八九七年一月。被流放于西伯利亚。在冰天雪地中。仍努力不辍。且读且作。发表许多关于主义的作品。刑期满后。亡命西欧。创办有名的《火花》杂志。最初的重要论文。为《应该从何着手》。即为后来俄国共产党纲领及战术之基础。不久。社会民主劳动党分裂。成为多数党少数党两派。《火花》杂志落于少数党手中。列宁乃又发行一种《前进》。为多数党机关。嗣后。列宁亡命欧西。转辗易地。而于宣传和实际组织。亦不稍懈。欧战既起。列宁痛心于德国社会党赞成军事费。谓第二国际已死。努力收集革命分子。创立第三国际。一九一七年三月俄国革命。克伦斯基政府成立。列宁以四月归国。即主张俄国应进于无产阶级的革命。为政府所忌。至十月革命成。而无产主义的俄国亦遂出现于世界。列宁被选为全俄大会的执行委员会会长。即用其权力。以驱除敌党。融合同派。其间对德媾和。采用新经济政策。皆其主持之力为多。列宁手创苏俄。与其它领袖相同。然其勇气毅力卓识。〈在在〉足为领袖之领袖。因此反革命党与外国帝国主义者。均欲□列宁于死地。一九一八年八月。遇刺中枪。几死。最终痊愈。其后苏俄势力日固。彼等忿无可泄。乃时时布列宁死耗以自欺。列宁亦未曾自惜其身。每日工作常自十五小时至十八小时。废寝忘食。以忠其主义。今即死。列宁无遗憾。忌嫉之者亦惟有眼看苏俄群众之能继续列宁事业而已。

（上海《民国日报》，1924年1月24日）

25日（星期五）

7. 关于列宁逝世的演说（报告，1月25日）

孙中山在中国国民党第一次全国代表大会上作《关于列宁逝世的演说》："大家都知道，俄国革命在中国之后，而成功却在中国之前，其奇功伟绩，真是世界革命史上前所未有。其所以能至此的缘故，实全由首领列宁先生个人之奋斗，及条理与组织之完善。故其为人，由革命观察点看起来，是一个革命之大成功者，是一个革命中之圣人，是一个革命中最好的模范。彼今已逝世，我们对之有何种感想和何种教训？我觉得于中国的革命党有很大的教训。什么教训呢？就是大家应把党基巩固起来，成为一有组织的、有力量的机关，和俄国的革命党一样。此次大会之目的也是如此。"孙中山还致电苏联驻华代表加拉罕哀悼列宁，称赞列宁的"名字和对他的纪念将永世长存，人们将继续珍视他那种造成最高度的政治家和有创造力的领袖的英雄品质。他的著作也将永存，因为他的著作是建立在一定会掌握和统治未来人类的思想和希望的这样的社会观念上的"。

8.《苏俄领袖列宁氏之略历》（上海《民国日报》，1月25日）

《民国日报》刊登《苏俄领袖列宁氏之略历》，全文如下：

世界人杰又弱一个

世界新闻社云。苏俄列宁氏突以逝世闻。俄人失一领袖。世界丧一怪杰。吾人对于氏之物化。诚不能不表恳挚之同情也。兹将氏之略历介绍[介绍]如左。

尼古来列宁（Nlcoiai Lenin）本名物来狄满勒区乌里诺夫（Vladin[a]rlylch Vli□nov），于一八七〇年四月十日生于兴般斯克省。其父为当地角力会主干。旋为该省小学视察员。盖俄皇政府之下一官僚。但其诸子均从事革命活动。列宁之长兄亚历山大。为学生时即投身革命团体名"人民意志"者之暗杀部为其一员。以图刺俄皇亚历山大第三。失败被逮。与同党数人均受绞刑。列宁初与其兄同为暗杀党员。旋抛弃暗杀主义。加入社会民主党。氏曾入卡臣大学肄业。因参预工团运动及学生运动。被校中斥退。复入圣彼得堡大学之法科肄业，于一八九五年毕业。在校时与同学组织学生马克斯主义团体，旋加入工党活动。毕业后。为彼所自组之圣彼得堡劳工解放协会代表。至国外继续活动。以期扩充几种组织。遂与瑞士劳动界之同样团体联络。并结识瑞士著名社会学者泊勒克哈诺夫氏。颇受其势力之支配。回俄后。屡次被捕入狱。卒被贬至西伯利亚。后由西伯利亚回。复往日内瓦及巴黎居住多年。境况奇窘。专事研究经济学。同时为新闻记者。仍经营革命事业。彼之更名列宁。为其"革命之名"。即在此时。当二十世纪初期。俄国革命党人分为两大派。即社会民主党与社会革命党。后者主张暗杀。实行恐怖主义。前者主张予劳动界人以教育。灌输革命智识。迨基础巩固。时机成熟。乃实行总革命。列宁即属此党。此党有精密组织之秘密之运动。其指挥机关半在俄国。半在瑞士。以外同样组织偏于欧美各国。一九〇五年。全俄各地叠起革命乱动。即社会民主党所为。最后莫思科一役。乃完全失败。于是社会民主党。分为两派。一为布尔雪维克派。以占有多数得名。一为孟雪维克派。以占有少数得名。此两派互相水火。布派主张绝对的实施共产主义。列宁即为其领袖。彼一方反抗俄皇之专制。一方又须与孟雪维克派奋斗。如是者历有年所。其精力之强固亦可惊已。氏于一八九五年间。即以有力之经济学社会学著作者闻于世。其出版物有《俄罗斯社会民主问题》及《俄罗斯中流社会文学中马克斯主义之反映》等。彼之经济学工作可以《十二年》一书包括之。遂放逐于西伯利亚时。著《俄罗斯资本主义之发展》一书。发挥马克斯主义。极为有力。自西伯利亚归后。曾为社会民主党在外国刊行之机关报□s. od主笔数年。欧战既起。列宁力劝欧洲劳动界反对战争。一九一七年三月间，俄国第一次革命发生后。氏潜谋归国。知联合国将不许其取道英法。乃请诸德当局。德人以氏果回俄。必于俄军间宣传非战主义。则于德国军事大有裨益。遂给予通行证。并以专车送氏及其同志由德返俄。氏回国数星期。即使新成立之温和社会主义派。政府大为扰乱。不得不下令逮捕。氏遂逃出彼得格洛。七月间主使同党起事。失败。又遁□芬兰。受庇于海尔新福司警察长。未几乔装铁路火夫。潜抵俄境。迨布党革命成功。于十一月七日复入彼得格洛。遂为劳农政府领袖。以迄于今。当一九一八年夏间。有社会革命派人番耐喀泊兰氏枪击列宁。中其颅。当时无法取出枪子。颇受痛苦。一九二二年春间始得取出。而健康迄未完全恢复。列宁逝后。何人继任。乃一问题。特罗斯基氏位望次于列宁。但近因与共产党行政委员会发生争端。有辞职之报。此外则莫思科苏维埃主席卞美纽甫氏与列宁共事多年。似最有继位希望耳。

（上海《民国日报》，1924年1月25日）

9. 褒义的"列宁主义"出现报章（广州《民国日报》，1月25日）

在国民党"一大"期间举行的追悼大会上，共产国际代表鲍罗廷在演讲中说："列宁虽死，列宁主义万岁。"次日广州《民国日报》刊登了鲍罗廷《列宁之为人》的演讲，褒义用法的"列宁主义"一词就这样首次出现在中国报刊上。

27日（星期日）

10.《各【界】昨日遥祭列宁》(《晨报》，1月27日)

《晨报》刊登《各【界】昨日遥祭列宁》，如下：

与祭者有千人之众
议请政府承认苏俄

　　北京学生联合会，国民青年俱乐部，马克思学说研究会，北大平民教育讲演团等四团体发起之列宁先生遥祭大会，昨日（二十六）下午二时，在北京大学第三院大礼堂开会。与祭者男女共有千人右左[左右]，尤以青年学生为多。驻京俄代表团亦派有代表到场致祭。场中悬挂列宁先生遗像一幅，又印列氏像片，分送与会者。开会时，由马叙伦主席，首致开会词：

　　略谓列宁先生是全世界劳动领袖，全世界平民革命的首领，全世界弱小民族的提携者，马克斯学说的大师，当此世界劳动主义萌芽时代，遽丧此明星，不但为俄国民族中失此中流砥柱，亦即全世界各国均失所遵循。今日为俄国国葬之期，同人等特举行今日之追悼会，遥祭列宁先生，藉伸吊唁，而表哀忱。现在请到会诸君，向列宁先生遗像，行三鞠躬礼。全体向列宁遗像行礼毕，由某君报告列宁生平略历，次加拉罕氏代表某氏演说，再次愿孟余演说，略谓我们中国向来有句老话说："盖棺论定。"此话依我看来不然，大凡功业伟大者，其功绩当然不仅在目前。若列宁之功绩之伟大，影响于全世界者正大，此后世界各国享受先生所赐之福利者，正无已时，所以我们今日开会，还须于哀痛之外，希望同人益加奋勉，努力前途，为社会谋福利，为国家放光明，则庶几先生之死，亦可以含笑九泉下矣。言毕，场下掌声震屋，次某君发言，谓我们对于列宁之死，抱绝大之哀痛，但应于追悼之外，还须有别所表示，因为我们素来对于苏俄政府革命，极表同情，以我个人意思，要求我国政府承认苏俄政府，如政府不肯承认时，可由国人自行向苏俄政府表示态度云云。旨言，众举手赞成，咸欢呼劳农政府万岁。又有某君发言，谓某君提议，我极端赞成，不过我个人对于某君提议，还有附带提议一件，即是就今日到会各团体作发起人，尽可联络各界加入，以雄厚我们之力量。众请主席付表决，全体赞成。旋又由某君发言，谓列宁先生系为无产阶级奋斗而死的，当华盛顿会议时，英日诸国借着谋东方和平的好招牌，来欺负中国，先生在会议席提出关于东方诸国有利益之议案不少，而尤以对于我们东方民主之中国所谋之利益为多。我们今日追悼先生，不过系一时哀痛的表现，究竟我们应如何感激列宁，如何祀会列宁，如何尊崇列宁，以我们人的意思，一面电告苏俄政府，报告遥祭情形，一面筹备在中央公园立纪念碑，以作尊崇列宁之表示，而为永久之纪念云云。最后议决四项：（一）请政府承认苏俄。（二）将今日开会情形，电达苏俄政府。（三）再于中央公园筹办一大规模之追悼会。（四）于中央公园建立一列宁先生纪念碑。

讨论完毕,主席宣告散会,摄影而散,时下午四点。

(《晨报》,1924年1月27日)

11.《全俄哀悼 列宁今日举行国葬》(《晨报》,1月27日)

《晨报》刊登《全俄哀悼 列宁今日举行国葬》,报道列宁国葬的消息,全文如下:

莫思科一月二十四日电,苏联各地人民及国外人士,纷纷要求列宁葬礼延期举行,故已将原定日期取消,改在一月二十七日,俾外国劳动代表及全国工人农民得赶至莫思科,向列宁之遗骸诀别云。又电,列宁将葬于莫思科之赤坪(Redsquare),在劳动大像石台之间,与一九一九年逝世之苏维埃会议中央执行委员会会长施维乐夫(Zverdlof)墓相向。现已在墓地建筑临时木制冢陵。作方锥形,墓顶略圆,上置小台,以备停放灵柩。棺上有玻璃小窗,棺旁四周筑有狭台,以便民众向其已故领袖尽最后之敬仪云。

第二国际之哀悼

莫思科一月二十四日电,第二国际首领亚德拉氏(Adler)代表该国际致电第三国际,表示深切之哀痛,就中一段云:"吾侪哀痛之余,深感在此悲惨之秋,应向第三国际下之无产阶级,表示吾侪虽与第三国际意见相歧,但永信列宁系藉深刻之信心而进行,盖其对于世界工人之大业,已尽极大之热诚。"

天主教会为列宁祈祷

莫思科一月二十四日电,俄国宗教总会会长尤铎斯迷大主教,致书苏联中央执行委员长加李宁,表示天主教会之同情,其中一段云:"祝此伟大战斗者之光辉——为被压迫者之牺牲精神,博大真诚友爱之理想——永存于列宁遗弃者之心中,吾侪深知人民感戴列宁之深远。祝列宁之威严将产生千万列宁,互相联合为一本,亲爱如兄弟亲族,世世代代,永为彼欲取得幸福者之讲坛!祝其荣誉永存不朽,牺牲的,仁慈的,基督似的灵魂永远安宁!"

德大使代表外交团致祭

莫思科一月二十四日电,驻莫思科各国代表,皆已接到政府训令,向苏联外交委员会吊唁,二十五日下午,德国大使兰德骚氏代表外交团,献花圈于列宁灵前云。

各国要人纷纷吊唁

莫思科一月二十四日电,内森博士,弃士枚将军,各欧美各国要人,已先后电达苏联外交委员长翟趣林,表示哀忱。土耳其总统基马尔将军,亦致电苏联中央政协委员长加李宁吊唁云。

外交部正式向俄代表团表示哀悼

京中各界人士,连日赴官场胡同苏联代表团吊唁者,络绎不绝。外部亦于日前正式致公函于苏联代表团,表示深挚之哀忱云。

(《晨报》,1924年1月27日)

29 日(星期二)

12.《纪北大遥祭列宁大会》(《晨报》,1月29日)

《晨报》刊登静观的《纪北大遥祭列宁大会》,如下:

二十六日北京学生联合会马克斯学说研究会等四团体、假北京大学第三院大礼堂、为俄国列宁举行遥祭大会、二时入场、座为之满、中间讲坛黑板上悬列宁氏画像、像下衬以松枝、挂以黑布、形式单简[简单]、凡入场者、皆赠列宁印像一纸、摇铃开会后、首由主席马夷[寅]初致开会词、略称世界革命首领列宁先生逝世、今日由四团体为列宁先生举行遥祭大会、先生的人格与事业、皆与世界文化大有关系、尤其是与中国文化发展、大有关系、列宁先生之死、实在是全世界人皆为之惋惜、为之悲哀、云云、语毕、由主席招呼全场人脱帽向列宁遗像行三鞠躬礼、次由高尚德叙述列宁生平事略、略谓列宁小史、前日已经在报纸上已经载过、综其一生行事、他是一个大学问家、大政治家、又是一个世界革命的首领、他本是马克斯派、而马克斯的学说、因为有了他可以格外使人明了、又他对于帝国主义的解释及革命学说、充分解释、亦可使人格外明白、所以他在学术一方面、真是有很大的贡献、再说到他的人格、更足以令人佩仰、他以行政首领、每日当作工十四小时、他的生活极单简(简单)、衣食皆不讲究、他的意志又是非常坚定、所以他的人格表现、足以为吾国青年的模范、他今日死了、是俄国极大的损失、也同时是世界极大的损失、他本是西方革命的指导者、同时又是帮助东方革命的指导者、不过列宁虽死、世界革命、绝不能因之停止、吾们相信绝不能如世界资本主义者所推测、更相信俄国政府、绝不会因他一人之死而倒、因为俄国政权、现正操之工人之手、所以我劝大家不必因之恐慌、再讲我们中国、外则受资本主义的国家压迫、内则受无礼的军阀蹂躏、非赖人民自觉、快快起来公[共]同组织不可、所以我们对于这一位帮助人类表现正义的先生、不能不特别注意、今日遥祭中华民国的最好朋友列宁先生、我想同人一定是抱着无限感慨、无限悲哀、次俄国代表用英语演说、大意谓列宁为人如何高尚、他对于世界文化有如何功勋、今日他虽然死了、后死者应该继承他的志向、仍然向前奋斗、次北大教授顾孟馀演说兼提议、略称中国有一句盖棺论定的话、但是列宁先生虽然死了、而论犹是未定、因为他的功劳太大、所以多数人还不能十分了解、今日开会遥祭、我们不能一次空祭即完、应该有一种表示、所以个人提议、应由今日这个团体公[共]同要求政府承认俄国政府、万一政府不能答应、我们也应该向俄国政府有一种表示、说毕、由主席付表决、一致通过、嗣又有人提议、不应只以今日到会四个团体、应以此四团体为发起人、再去联合其它团体、由主席付表决、亦通过、复有北大学生黄某登坛演说、并提议应在中央公园为列宁特建纪念碑、由主席付表决、亦通过、又有人主张将今日开会情形电告俄国政府及列宁家属、且谓今日之会、太草率、应该改日在中央公

园再开大遥祭会一次、众亦赞成、时已四时半、摄影即毕、遂由主席宣告散会、

(《晨报》，1924年1月29日，署名 静观)

13.《列宁虽死其成绩永存 国葬礼之伟大》(《晨报》，1月29日)

《晨报》刊登《列宁虽死其成绩永存 国葬礼之伟大》，全文如下：

列宁之脑与心永远保存

莫思科一月二十七日电，本日列宁出殡，送殡者异常众多，天气虽属奇寒，而羡慕列宁之人，执绋随行，仍系异常踊跃，竟不知寒。惟葬埋事毕人民因受严寒失却知觉者不知凡几。是日寒暑表在冰点以下零度，掘墓时田地坚硬，不能动工，只得施用炸药之力。安葬前夕，列宁挚友坐尸旁(在联室停枢时)看守通宵，翌晨即行参与土殡典礼。数十万之旁观者振臂而行，以保热度。殡礼系在商业联合会议事厅举行，礼毕即由农民男妇及共产党首领等将列宁灵柩舁至垒地葬埋，执绋之人，分班轮流，因天气奇冷，刹那之间即行更换，灵柩之前有军队护送，最前者为马队，其次为炮队，再次为步队，军队之后为各国代表及各党团代表，灵柩置于墓前时，有人朗诵祭文，读毕下葬，下葬时全俄停止营业数分钟，表示敬意，葬毕由俄国无线电向世界各国传达消息，该文曰"列宁虽死其成绩永存"等语，电毕鸣炮致敬云。

全苏联大会开会致祭

莫思科一月二十六日电，全苏联第二届苏维埃大会二十六日开幕，第一次会议纯为哀悼列宁。首由苏联中央执行委员长加李宁致开会词，详述列宁之创造苏联，并称其为国家自由之战士，工农联合论之创始者。列宁拟定新经济政策以联合工农，现已得良好之效果，此政策将继续存在，至国家物资力充足之日而止，亦即候此政策自然无须存在之日而止也。列宁所定之国际政策，乃"为反抗战争而战争为拥护和平被压迫民族之自由而战争"。苏联将确守此政策，当解决国际问题之际，苏联不惧作有价值之牺牲。全苏联人民将确守列宁之遗训，集全力以实现之云云。次由列宁夫人克鲁斯加耶演说。当克氏演说至"吾侪之亲爱者死矣！"时，多数代表为之泪下。克氏并详述列宁在九十个同志中，如何使劳动界了解其科学智识，直至辞去世界之日，工人皆视其为朋友与同志，而不视为骄傲之师长。最后结束其演说云："吾侪列宁已矣，扬此旗帜即爱列宁，朋友男女工人，男女农民，整伍集合于列宁旗帜之下！"会众大为感动。继由彼得格勒苏维埃主席金诺维夫演说，谓列宁为思想家、策士、首领、理论家、实行家、组织者、国民之爱友，实为有史以来未有之天才。继由斯塔林演说。金斯二氏，均宣言共产党。将保持党内之团结，继由布哈林演说，谓列宁深知群众心理，故其能领袖人群，同趋于其所择之大道。继由科学专门学校校长奥尔丹堡演说，谓列宁为科学与科学家之良友，及大思想家，解放俄国科学思想，指示并实现科学对于国家及国家对于科学之责任。旋复由列宁友人及工农代表相继演说。每人演说之间杂以殡葬音乐，大会旋通过世界劳动者之请愿书，书中称列宁为新人道之领袖，其结

论云,"吾侪已损失船主矣!此诚为吾侪之哀痛,但吾侪仍努力前进,毫无恐惧,盖列宁业使国家转危为安,使其入于正轨也。列宁之旗帜紧握于其万众信徒之手中,数百万人民皆集合于旗帜之下!继又通过议案如左:

(一)列宁灵柩暂存于地窖中,俾远道人民得赶至莫思科与其亲爱的领袖诀别。

(二)撰择列宁遗著之浅近易晓者,译成各国语言,而特别注意于东方各国者,刊印数百万本。以科学方法,编辑列宁全集。

(三)在苏联中央执行委员会中设"列宁金",专作养育儿童,救济兵灾天灾遭难者之用。

(四)彼得格勒为一九一七革命起义之地,改称"列宁格勒"。

(五)在莫斯[思]科,列宁格勒,塔斯干,加尔柯夫,替夫里斯,民斯克等城筑列宁纪念坊。

列宁之葬仪

莫思科一月二十七日电,二十七日上午九时开始运送列宁灵柩至赤坪。灵柩由列宁格勒(即彼得格勒)及莫思科工人六名与斯塔林金诺维夫等扛抬,途中由各工业中心工人代表共产党与苏联政府要人及农民代表苏维埃议会代表等轮流舁送。就中有加李宁,布哈林,沙普乐诺夫,翟趣林,克拉新苏鲁伯等。列宁亲族,卫队,共产党中央执行委员会,苏联中央执行委员会,苏俄中央执行委员会,各苏维埃议会代表,外交团及其他团体机关代随从灵柩,两旁为军队及俸持花圈之各地代表。队伍由殡乐前引,进行甚缓。抵赤坪后,灵柩及置诸冢陵附近台座上,覆以殡旗,高耸于数万群众之上。各种赤军队伍,行经灵前,均行敬礼,民众跟随队伍者无算,手持旗帜大书"列宁已死,列宁主义尚存","今日葬列宁明日吾侪将继续列宁之事业","列宁即在吾侪之中"。各苏维埃共和国,及外国政府与工人团体之花圈,布满冢陵台座及克林灵官围墙之上,多数花圈,皆由外国特电至莫斯科定制。临时冢陵系尽四日工程而成,方形,其顶为无尖锥体,陵前正向赤坪,上有墨书"列宁"墓志。灵柩将于午后四时安放地窖中。现灵前尚有无数民众经过,莫思科街中挤满人众,但甚有秩序,因天气寒至列氏表零下二十五度,故禁止儿童参与殡礼。街中散布列宁传,肖像及遗著,数以千万计云。

莫思科一月二十七日电,二十七日下午四时,斯塔林,金诺维夫,加米尼夫,布哈林,鲁苏塔克,塞尔金斯克等,将灵柩送入窖中,场中肃静,惟时有哭声。当灵柩停放于窖中之顷,全城炮声齐发,各工厂鸣号之谐音淼[弥]漫全城,延长三分钟,全苏联各地均举行敬礼,莫思科各种工作机关均停止五分钟,火车亦中止行驶。电报电话无线电在此五分钟内,同时发出"列宁死矣,列宁之伟业则永世不朽!""起立,同志,列宁遗体现正停诸墓中!"等电码。四时十五分,抬棺者离去墓地,群众同唱葬词,送殡队伍旗帜低落,寂然离场,唯留卫队在陵守卫,多数探望灯咸照射赤坪。夜间莫思科城中复举行提灯游行云。

各地农民要求保存遗体

莫思科一月二十五日电,苏联南北边境各地,以及布哈拉与柯里斯麦,接到列宁逝世消息后,均极哀痛。各地农民,纷纷要求当局将列宁遗体,用科学方法保存数载,置诸覆盖透明之棺中,俾千万农民有瞻仰遗容之机会。医士对于列宁遗体业从事解剖及保存尸体,据称血管虽有损坏,但尸体可保存一长时期云。

莫思科一月二十五日电,苏联各省代表纷纷赴莫思科,各戏场货栈皆已改为临时住所。静待行经列宁灵柩者,延长数俄里,气候寒至列氏二十度,民众毫不畏怯。职工联合会所出进口人民出入不绝,皆井然有序,三日来行经灵前者已逾六十万人,预料至该所掩闭日止,可达一百万人云。

列宁之脑与心将永远保存

莫思科一月二十五日电,列宁之脑髓与心脏,已决定用特制之瓶保存,置诸于一九二三年建设之列宁馆中云。

土耳其代表特祭列宁

莫思科一月二十六日电,驻俄土耳其代表,二十六日特别代表本国政府,献花圈于列宁灵前云。

国民党大会哀悼列宁

广州一月二十五日电,列宁逝世消息传至广州时,国民党大会正在开会,孙文与伍朝枢,立赴会场亲自报告惊耗,□容哀痛,全场为之震动,肃静无声。孙文报告毕,复作长时间演之说,最后并提议致电加拉罕,请其转达莫思科,表示深切之同情与哀悼,全场一致通过,提案大意谓列宁同志逝世,国民党全国大会深为哀痛,列宁建造新俄之伟业,此时方鼓励大会之意志,使其努力将国民党变为国家之利器,以统一中国,及增进中国国民在民治组织下之幸福,大会停会三日,以志哀悼,中山继复令全场代表起立行一鞠躬,尽毕复通过,(一)决定哀悼三日,大会亦停会志哀,(二)广□列宁之事迹及其伟业,(三)宣传国民党三民主义,孙文旋复致电各省区,宣布哀悼三日,并悬半旗志哀,政府机关停止办公一日云。

孙宝琦赴俄代表团吊唁

华俄通信社云,孙总理日前亲赴俄代表团访加拉罕,哀悼列宁逝世。熊希龄亦赴该国吊唁,并与加拉罕作长时期之谈话云。

(《晨报》,1924年1月29日)

14.《专件——加拉罕致列宁遥祭会书(译文)》(《北京大学日刊》第一三九八号,1月29日)

《北京大学日刊》第一三九八号刊登了《专件——加拉罕致列宁遥祭会书(译文)》,全文如下:

亲爱的朋友们,近数日中我们失掉了我们的领袖、大师、同志,被压迫的民众失掉了他们的为反抗压迫而战的首领、大师、战士,为一切被压迫被掠夺的民众谋解放而战的勇士——列宁大师死了!今天我们以最后的贡献,给与全人类的领袖之死。苏维埃大联合诸民族之悲伤与苦痛,正方与未受理,缅想在列宁大师的直接指导之下,所完成的最大的革命，其及于人类将来的发达所给与的力量和意义，为有史以来未之前闻。他们的感念，自然是与日俱深。我们这些个与列宁大师同时代的人和他的弟子，不能鉴赏这个大政治天才家的巨大影响与势力所已经，并将要及于基于新的磁石上的人类发达与世界改造，这种影响与势力，不会因他的死而停止的。时经百代，社会教导人类为解放运动而战，为全世界被压迫的民众的解放而战，为建立国际间的真正友好敦睦而战。在世界上，这几日内没有一个地方不谈到列宁大师的，这也难怪大师的逝世，会引起亚洲被压迫的民族的悲悼了。

我们的大师的旗帜上印了两句口号："劳苦群众解放"，"东方被压迫的民族解放"。在近几年，我们大师的思想，完全贯彻，萦绕于东方民族力争全人类解放之战上面，对于这种斗争，他以无边的□力加以注意，并常常昭示我们要加倍的同亚洲诸被压迫民族结牢不可解的关系——要是离了亚洲诸被压迫民族的力量，全人类绝对得不到完全的自由。

在从我们怀抱夺走我们大师的病魔间，我们大师写了一篇论文，这是他的最后的著作。在这篇论文里，他提示到人类将来的发达，他警告大家说，第一，东方民族必会从事于解放斗争的，并且估计重要的地位，他表示列强间胜负未判的冲突，即是向着诸大国间弱小与被压迫的民族之中而进行的，他指示出震撼东方千万劳苦群众的危机，这些人被驱逐到无可告语的苦境，并自觉处在精神、物质、武力，种种方面劣于西欧诸强万倍的境地，然而列宁大师，深信被压迫的世界民族，一定可以由这个斗争得到胜利，他由事实方面所引起的希望，就是于历史的长途中，已经昭示我们，世界民族的大多数正被帝国主义与资本主义之自身所勤劳、所训练，以从事于战争哩！无产阶级自身为甚么不能如此，列宁大师说，斗争的成绩，最终还是在于俄罗斯、印度、中国等等国家组织一个属于世界人类多数的联合。这些人在过去多少年中，已经用非常的速率，从事于他们的解放之战了，所以世界斗争必为吾辈所胜，是无可疑的，他始终相信这个胜负未明的斗争，一定是被压迫的民族估[战]胜，而此种见解此种笃信，自然是他所以致最高的希望于人类解放之战的了，列宁大师最大的天才，曾经表露了，尤其是在过去六年中，他那鉴赏与丰富历史势力与趋向的协调能力，以从事于有政，这对于我们是茫无所觉的，许多次当国难当前时，我们许多人困惑于出于意料之外的急剧的决议案，但是他的每件决议，只要在实际方面接触了以后，就会表示出来他是对的，无且证明他怎样的洞察历史的社会的势力之生长与成熟，这在我们这些茫无经验，更事甚少的人，决计不能立刻烛知一切的。

我们，是他的信徒，现在丧此元良，其痛苦固然甚于寻常人百倍，但是他是我们的大师，我们的同志，他常常教训我们，不要失掉勇气，要在奋斗最困苦的关头，保持冷静与强毅的精神；时至今日，他所遗留我们的，他的遗嘱所吩咐我们的。我们只有竭尽全力，准备牺牲，以承继他所教导我们的工作与奋斗，列宁大师只是他的躯壳死去，他的理想，他的工作，是与我们同在的，是不死的，他留下无价的遗产，他的理想，他的战略，他的主义，皆是——还有一件奇珍——苏维埃大联合。他的遗产，是我们为人类福利而斗争的根据地。我们十分相信，循着他的规矩，他的理想，他的战略，以及种种，换一句话说，就是所谓列宁主义进行，我们在将来不仅只是使苏维埃大联合一日兴盛一日,即是使解放全世界被压迫的人类的目的,也能达到的,亲爱的朋友——一致努力——加拉罕。

(《北京大学日刊》第一三九八号,1924年1月29日)

30日(星期三)

15.《遥祭列宁大会纪》(上海《民国日报》,1月30日)

上海《民国日报》刊登重远的《遥祭列宁大会纪》,如下:

到者五千人……主张即行承认苏俄……定期再开追悼大会……立纪念碑……电唁俄政府及列宁家属……电贺孙先生组政府

北京各界自列宁死耗传来。异常悲悼。即素来反对国民革命之晨报。亦大书特书。为列宁志哀。一般知识阶级。特别是各大学学生。尤深惊悼。该电二十三号到京。北京青年国民俱乐部。马克思学说研究会。北京学生联合会等。即发起遥祭大会。因列宁于二十六日出殡。故先行于是日开会遥祭。以后再行预备追悼大会。盖时间匆促。一时赶办不及也。二十六日下午二时。在北京大学第三院大礼堂举行。于前两日制就列宁大像。及印刷卡片多张。并登报通告。是日到会共五千余人。公推马叙伦教授主席。全场均呈一种悲壮严肃之象。主席宣告开会。略谓列宁先生为马克思学说大师。平民革命先驱。苏维埃创造的领袖。世界弱小民族的提携者。不幸于本月二十日逝世。中国失去一良友。尤其是我们主张国民革命者失去一良友。这一天恰好为英国劳工党领袖执政的一天。又为中国平民革命领袖的孙中山先生手创的中国国民党开全国大会的第一天。就是全国国民赞成广州组织国民政府的一天。这是表明列宁虽死。而在帝国主义及军阀压迫下的英国人民。中国人民。及全世界弱小民族。有麦克唐尔、孙中山两位先生承继这个打倒帝国主义推翻军阀政治的使命。所以我们今天开这个遥祭大会。以表哀悼。旋由主席宣告全体脱帽。向列宁遗像行三鞠躬礼。继由高君宇叙述列宁生平事实。关于列宁传略。大要不外举其生平意志坚定。辛苦耐劳。勇敢俭朴。才识超绝。在中国人中无出其右者。惟孙中山先生庶几近之。……继由北大教务长顾孟馀演说。并提议应由到会各团体。要求北京政府承认苏俄。如北京政府不承认。即联合北京市民。采用直接行动。正式向苏俄表示承认云。旋有多人演说。大都悲壮淋漓。最后提议三条。由主席逐条付表决。大多数通过如下:

(一)由发起遥祭大会之各团体为发起人。连络各团体。正式向北京政府要求承认苏俄。否则即采取直接行动。

(二)再订日期开追悼大会。并在中央公园。树立列宁纪念碑。

(三)电苏俄政府及列宁家属悼慰。

(四)用本会名义。电贺孙中山先生组织国民政府。并请其正式承认苏俄。

散会时已五时半矣。预料将来追悼大会。必有一番盛况。而素与列宁言行大致相合之孙中山先生。必正式承认苏俄。可预料也。

(上海《民国日报》,1924年1月30日,署名 重远)

16.《列宁死后之俄国共产党》(《晨报》,1月30日)

《晨报》刊登《列宁死后之俄国共产党》,如下:

俄当局谓将由此益臻团结

莫思科一月二十七日电,在全苏联共产党大会中颇负盛名之普流布拉莫斯基氏(Preobrjaemsky)著述论及俄国共产党内部团结问题,略谓若前此敌视共产党者曾论及俄共产党内争,在列宁病床前短兵相接,则彼辈现今所感之欣悦,可想而知,但白党幻梦之终结已指日可待,盖于敌视共产党者希冀揭露俄国共产党内部之纷纠之际,俄国共产党之团结一致正可在此时大白于世人也。俄国共产党之团结,其党员甚为了然,故此外已无须赘言,当列宁遗体入土之时,俄国共产党将团结如一人,默然宣誓将其若铁之结合变而为钢,倍增其结合者之努力云云。此文成于列宁国葬前一日,可视为俄国共产党之警语云。

(《晨报》,1924年1月30日)

2月
1日(星期五)

17.《全世界一致哀悼列宁》(《晨报》,2月1日)

《晨报》刊登《全世界一致哀悼列宁》,如下:

孙文与张作霖 莫思科一月二十九日电,苏联外交委员长翟趣林已接到孙文与张作霖吊唁列宁云。

英国独立劳动党 莫思科一月二十九日电,英国独立劳动党致电翟趣林,表示哀悼列宁,并称道列宁对于世界社会主义之功绩云。

德国总统 莫思科一月二十九日电,驻俄德国大使兰德骚氏,代表德国总统依布尔忒氏,向苏联中央执行委员长加李宁表示哀悼列宁之忱云。

阿富汗 莫思科一月二十九日电,驻俄阿富汗大使,代表政府鲜花圈于列宁冢前,并转交该国外部电于翟趣林,表示哀悼列宁,并希望促进两国邦交,以实现列宁之〈之〉员[愿],翟趣林覆电答谢,并表示列宁所立民族独立与自决之理论,将永为苏联与东方各国间邦交之基础,苏联与东方各国纯藉诚意无私之友谊以维系云云。

瑞典 莫思科一月二十九日电,瑞典共产党二十七日在瑞京举行遥祭大会,并列队赴俄国代表团吊唁云。

挪威 莫思科一月二十九日电,二十七日列宁举行葬仪时挪威全国工厂停止工作五分钟,克里斯田尼亚与布尔根两地举行遥祭大会云。

丹麦 莫思科一月二十九日电,丹麦各地举行追悼列宁大会,夜间举行提灯游行,参加者逾三万人云。

巴黎 莫思科一月二十九日电,巴黎丹尼斯街维理旅馆前举行遥祭大会,会众五万,全法各省皆举行集会云。

(《晨报》,1924年2月1日)

2日(星期六)

18. "列宁特号"(《中国青年》第十六期,2月2日)

《中国青年》第十六期,出版"列宁特号",刊发《列宁之死》(陈独秀)、《列宁之思想》(仲英)、《列宁的政治主张》(敬云)、《列宁与中国的革命》(代英)等文章。

19.《列宁之死》(《中国青年》第十六期,2月2日)

《中国青年》第十六期发表陈独秀的《列宁之死》(《共进》第五十六期转载①),如下:

> 列宁死后,世界新闻杂志都纷纷评论他的为人,我现在所要说的,不是评论他,乃是讨论他的存殁和俄罗斯革命之关系。这一点,在各报评论中,或不视为重要,或语焉不详;其实这种讨论,关系思想界甚大,在这篇短[短篇]中虽不能说得很详细,我觉得有略略说一下之必要。

---

① 在《共进》第五十六期上还加有记者的一段评论,并有一个列宁著作的目录,如下:列宁具有伟大的天才,是人类历史上空前的人物。他死后,大家都评论他,但没有一个人敢骂他,数他的罪恶。资本家军阀及共产党的仇敌虽反对列宁,痛恨列宁,就是不敢骂列宁,数列宁的罪恶。列宁生前可以指挥全世界的青年男女作战,作战而死;死后可以使全世界革命的青年男女闻报痛哭不已,可以使土耳其国令致极哀悼的电文,可以使久处西比利亚狱中发已颁[斑]白的青年男女受痛心的激刺;临葬时,可以使全世界的青年男女起立致敬而流涕——这样一个人,很值得我们研究他的历史,思想,主张和著作。我们除在这一期特别介绍这篇文章外,再介绍几种出版物以作读者诸君的参考:
(一)《中国青年的列宁特号》总发行所上海上海书店。
(二)《列宁传》日本有名的共产党山川均著 价二角
(三)《劳农会之建设》列宁著 价一角
(四)《劳农政府之成功与困难》列宁著 价一角二分
(五)《共产党礼拜六》列宁著 价一角二分
以上四种都是上海民智书局代售
(六)《劳农俄国研究》山川均著 李达译 商务印书馆出版
此外尚未译出者,因原文不易得到,暂不介绍。

关于这件事的讨论，有两方面之误解：（一）是唯心派之误解；（二）是机械的唯物论之误解。

唯心派素来把历史变动之唯一原动力归到个人意志之伟大，因此将俄罗斯革命事业，无论功罪是非，都当作列宁个人的事业；因此列宁死了，他们便以为俄罗斯革命随之寿终（即苏俄瓦解之意）。他们不明俄罗斯革命有历史的意义；他们不明白俄罗斯革命有农工大群众及组织坚强的党之拥护；他们不明白个人的主观意志无论如何伟大，决不能创造客观上绝对不可能的东西；他们不明白苏俄之政治军事经济及国际地位，已有不随列宁之死而动摇的程度；所以这派人的想象，是和事实不符的。

然同时我们也要明白：个人的意志固然不能创造客观上不可能的东西，而在客观上可能的范围以内，却有个人意志回旋的余地，并且必须有此个人的努力及天才的创见，这客观上的可能才能够适当的实现。人们的意志是人们物质的生活关系造成的；人们的历史是人们贪欲无厌的意志造成的：这是我们所相信之历史的唯物论和机械的唯物论不同之点。列宁生前在革命中的成绩，是我们所知道的；他死后，在新俄建设及世界革命的损失，也是我们所应该承认的。人造的历史和机械的影戏不同，我们决不可陷于机械的唯物论之误解，说列宁之生死存殁和俄罗斯革命事业绝无影响。

（《中国青年》第十六期，1924年2月2日，署名 独秀）

20.《列宁之思想》（《中国青年》第十六期，2月2日）

《中国青年》第十六期发表仲英的《列宁之思想》，如下：

列宁是一极狂热的马克思主义者，大凡马克思主义者的思想不外崇信唯物史观，而列宁的思想与政治主张则纯以唯物史观为骨干。所以我们介绍列宁思想之时常首先明白列宁所解释的唯物史观。

马克思在他的政治经济学批评的序言里，阐明唯物史观的精义说：

"人类因为以社会的生产，生产其生活资料时，造成或[某]种必然的离自己意志而独立的关系。这个关系，是适应于其社会物质的生产力发展程度上之生产关系。这生产关系的总和，为社会上经济的构造，是法律上政治上建筑物的真实基础。又是相应于社会的意识形态的真实基础。物质的生活之生产方法，可以决定社会政治的及精神的一切生活过程。不是人的意识决定人的生活，倒是人的社会生活决定人的意识。

"社会物质的生产力发展到一定的阶级，就与他从前在那里面活动当时的生产关系，及那不过是法制上所表现的所有关系冲突。这个关系，本是生产力发展的形式，这时候变作他的阻碍物，于是乎社会革命的时代来了。经济的基础发生变动，所以在这基础上面的建筑物，也要或徐或速变革起来。

"观察那样变革，我们要常把在科学有实证的经济生活条件之物质的变革，与人之意识这种冲突，而和他决战的法律上政治上宗教上艺术上的形态，简单的说，就是观念上的形态，善为区别。想把那样变革时代由其时代的意识来判断，恰如照着一个人怎样想他自己的事,以判断其人一样,必定无所得。时代的意识要就物质生活矛盾之中说明,即□就在社会的生产力,和生产关系两者之间的矛盾说明。"

"一社会的组织非到他的全生产力在其组织内更无发展之余地以后,决不能颠覆。这新的比从前还□的生产关系,在物质上的生存条件未全孵化□旧社会的母胎以前,决不能产生。人类是常只以自能解决的问题为问题的。因为拿极正确的眼光去看,就晓得一切成为问题的,必于其解决所必要的物质条件,已经存在,或至少也在成立过程中的时□才能发生的。"

"综其大体而论,我们得以亚细亚的,古代的,封建的,及现代资本家的生产方法,排列出社会之经济的进化阶级。而在这里面,资本家的生产关系,是社会的生活过程最后敌对的形态。——所谓敌对不是个人的敌对,是由各个人社会的生活条件生出来的敌对。——而在资本家社会母胎内所发展出来的生产力,同时又造成可使解决这种敌对之物质的条件。人类历史的前史,就和这种社会组织终结。"

这段话将社会的进化解释为物质的生产力发展到一定程度即与后来在里面活动的当时生产关系冲突。这在实际上是什么意义呢?我们当由此得着什么革命的结论呢?第一,唯物史观的好处在将人类的许多理想都解释为实际生活中所产生的东西,不是英雄的头脑中所凭空构造的。再进一步说,只有从实际生活中产生的理想才有实现的可能,从脑中凭空构造的,除了安慰自己外,别无用处。历来的历史家都崇拜英雄。崇拜拿破仑之征服全欧,崇拜俾斯马克之统一德国,崇拜加富尔之中兴意大利,都认为□他们个人的理想或能力征服人类,□不求此种理想的社会生活的背景,与一定的进化法则。由此种纯恃主观及理想的结果,是社会可以忽而黑暗,忽而光明。张勋康有为也可以忽而复辟,安邦其主义者也可以马上实现无政府。横竖头脑中既有如此的理想,他既可为那种思想奋斗,可以不估计他的成功与失败的瞎碰乱撞。我们试想如此空想的奋斗如何危险,如何能改造社会改变环境呢?

信奉唯物史观的人,他们不荣情于空想,只有他们才承认"人类是常只以自己能解决的问题为问题□的,换言之,只有那□把捉某一时期内可能实现的工作,为它努力,不为自己所'一想[厢]情愿'的事业奋斗的人,才能成为历史的人物。再换句话说,我们只为实际的理想——不论他是最低的理想是否——努力,不为渺茫的空想奋斗。空想要实现自由平等的社会是很容易的,要为工人奋斗增加一角钱的工钱和减少半点钟的工时就非常困难。我们由考查实际的群众的问题,归纳出几个奋斗的标语,再由此几种标语引导民众奋斗。唯物史观依照他的方法解释历史,叫人类根据已有的历史经验去观察和应用于未来。唯物史观能考查出社会的进化法则与物资生活的关系,能用自然科学的方法与准确,计算社会问题,他不为感情与幻想所惑,这便是他的超绝其他学说之点"。

唯物史观的第二点好处即在□认识群众在社会运动中的地位。以前改造社会的理论家,既然崇拜理想,自然随之以崇拜英雄,人民自己没有头脑与力量,只有靠英雄拯救他们。此种理论家不计较千千万万平民的生活及活动,他们不注意考查人群中各阶级的生活苦痛及其要求,而领之奋斗。他们最多不过利用群众以达到他们的理想,唯有唯物史观既看重生产关系及生产力之发展，自然注意到群众是如何生产，其受此生产所决定之关系，与在此等生活状况之下，必须如何奋斗。在它看来，一切主观思想都是无用，真实的理想都是可以在社会的生产力中寻出它的根据的。根据唯物史观的理论，凡是英雄即是能清楚认识社会的生产情形，认识民众的目前需要，而善为指导他们的奋斗的人。自有唯物史观，而社会中群与群的竞争（或在一民族之内，或在各民族间），及其相互间之平和，社会中的革命，反动，进步，退化，在常人看为混乱世界，莫名其妙的，在唯物史观者均可得一科学的解释，均可定其结果。由唯物史观的历史的研究，必然趋向于阶级斗争，由阶级斗争的实行，必然的趋于社会或国民革命，实现自由平等的社会，所以唯物史观正是平民的社会观，也是他们的奋斗哲学。

列宁的思想即以唯物史观为出发点。因此他极注重社会中事实的研究，和与群众直接的接触。他是第一个懂得俄国社会情形的。他不惟懂得，而且因为他在群众间的奋斗，他的五官四肢都能感觉着俄国的社会的实际了。列宁懂得俄国的实际，可以下面的几件事为证据：

"当列宁要决定一个重要问题的时候，他不去思想抽象的历史中的许多阶级，他也不去想许多土地的租金，剩余价值，专制主义和自由主义等名词，他只想德维里省之沙伯克维支、格逊、塞达尔（均人名），蒲□诺夫工厂的工人，街上的警察，等人。他想他的这种决定在乡下人塞达尔，和工人奥纳甫立埃身上要生如何的影响。因为这些人乃是为革命的努力者。"

"当我们在波兰战争中败退，磋商和议于里加的时候……我们对于与工会的关系起了许多不同的意见……党的会议上讨论工会在经济事业中所应尽的职务，工团主义者与折衷派都有不同的意见，但是列宁所看见的，是被宰割的工人，忍受着无人过问和不能形容的痛苦，现在要来重造经济事业……"以上均是见新青年第二期列宁论。

在一九〇五年革命之后，列宁观察当时的革命情形：

"列宁关于这次革命异常注意：他想把一切状况，一切技术上的详细，以至于极细小的事情，都算明白。他要想知道参加这次反乱一切人的传记。他又去质问同这次反乱有关系的一切军事上专门家。就是其他有关系的人，他也去请他解释，莫斯科的反乱，是怎样在劳动阶级和全社会之前准备，以怎样的理由，失败的。"

由以上的引证，我们知道列宁的思想是最尊重事实的，他的一切改造社会的理论都是由考查俄国实际社会情形，所得来的必然结论，他的结论不单是从书上得来的，所以适合国情而容易实行。他在青年求学时代即做劳动运动，洞悉社会的利病了，成年时得马克思学说的指导，更得益不少。在列宁的脑中，知识与经验二者是融化了的。唯物史观在他应用，不是解释过去的历史，而是在□它研究了历史之后，"使我们能够把我们的现状和过去时代我们阶级所经验的各种情形相比较，因此在各种危急之时，我们能认清我们的道路，看出将要临到的危险"。唯物史观在他应用，是求真理的工具。"真理对于许多人是死的，甚至对于许多阶级也是死的。若资产阶级领悟透彻了真理，资产阶级早就灭亡了，因为历史既告诉资产阶级，他不仅该定死刑，而且他们的死尸还应该被投入阴沟,假使他们明了他们是要被劳动阶级灭亡的,他还敢抵抗劳动阶级么?资本家对他的命运是盲然的。但是革命的阶级需要真理,因为真理是知道实际,而我们若不知道实际,是不能制胜它的。"我们看列宁今日的成功,纯由于他的思想正确,然则我们当怎样学他的思想方法呢?

怎样学他的思想方法?朋友,你须研究事实,明白实际情形。你先要晓得你家乡中农人与工人是怎样的心理,本国的政治经济是如何的状况。你要与群众接触,参加群众运动,能与群众一般样的呼吸,和真正感觉着他们的问题。再进一步,你同他一样的研究唯物史观和马克思主义,驾驭知识,使你的经验与知识融化。那么你才真正是列宁的门徒,改造社会的实行者了。

(《中国青年》第十六期,1924年2月2日,署名 仲英)

21.《列宁的政治主张》(《中国青年》第十六期,2月2日)

《中国青年》第十六期发表敬云的《列宁的政治主张》,如下:

列宁的政治主张是完全承继马克思的学说的,不过马克思的学说在他逝世以后,即有许多学者,教授,改良派,及反革命党的曲解和诬蔑,直至列宁出世始引用马氏著作,阐明他的学说真相。马克思的学说为列宁应用于政治及经济各方面,乃有苏俄革命之成功,今将他的政治主张全部系统述之于左:

国家论

许多人都当国家与政府是人民的机关与组织。或有以为国家机关是中立的,军阀当权即为军阀的国家,人民当权即为人民的国家。但是列宁的主张以为国家是压迫阶级的机关。原始时代没有阶级即没有国家。中世纪之封建诸侯,帝王朝廷,军队,即为封建阶级压迫人民的工具。近世纪之三权独立,议会,军队,警察,内阁,是资产阶级压迫平民的工具。俄国之苏维埃,红军,民团,亦为压迫资产阶级及反革命党的工具。等到自由社会实现,没有阶级,没有压迫,即没有国家。但在该社会没有实现以前,被压迫阶级要求解放,只有夺取国家的政权,照样压迫以前的压迫阶级,不能取不干涉政治的态度。

民主主义之欺骗性

民主主义是议会及政府由人民选举,官吏是人民的"公仆"。但是事实告诉我们,经济不平等,没有政治平等之可言。军阀和富人可以包办选举(无论在普通选举时也是一样),人民的公仆可以干涉人民的集会,压迫罢工,其强暴是专用以对付"主人翁"。议会中人民的代表较多时,军阀或者法西斯蒂(即欧洲资产阶级中的军阀的专名),可以随意解散国会。民主主义是军阀或资本家专政的别名,军阀和资本家不好意思说自己专政,因为他们总是人民中之少数,所以号称民主,拉人民遮掩以免他赤裸裸的被人看见。所以民主主义,议会,政府,是最欺骗虚伪不过的,只是统治者压迫者的最好工具。

一切阶级斗争都是政治的斗争

平民与军阀，资本家与劳动者，两阶级的利害不平等，自难免于冲突和斗争。譬如劳动者要加工钱和减少时间，资本家却要加时间和减少工钱。平民要少纳税，和废止战争，军阀要尽量的抽税收捐和不断的战争，工人和平民要反抗，即有牧帅，军队，警察，司法官，牢狱的制止，于是工人和平民才觉悟要夺取国家的政权。靠平民教育或普及教育促军阀或资本家改变心肠，宽仁厚德是不行的，因为没有傻资本家和军阀放着现成福不享，抛弃资本和指挥刀去做平民。所以一切阶级斗争，连最小的争工钱和争自由的斗争，最后都要变成政治的斗争。

帝国主义——资本主义的最后阶段[段]

资本主义发达到了某程度，资本集中到了极少数人的"托拉斯"，"加特尔"的手中，又因银行放款的原故，许多工厂也抵押到银行手中去了，所以在资本主义社会的最后时期，大资本吃小资本，直至各帝国主义国家的政权也随着落到几百银行家大工业家的手中。一方，技术进步，钢铁机器工业，军火工业发达，造出许多钢铁和军火没有地方销售。于是大资本家在本国剥削劳动者还不够赚钱，便要借钱，或卖军火，或卖机器及铁轨给弱小民族开发矿山和建设铁路了。弱小的国家的产业和土地，由借款和销纳机器军火的关系，或被逼迫的，或自己愿意的抵押到外人的手中，全国的城市也被关[变]为销外人商品的市场了。外人由经济的侵略进而为政治的侵略，乃欲共管财政，监督政府，于是弱小国家即变为列强的殖民地。此即资本的帝国主义之意义，与中国古代汉唐时的帝国主义，虽侵略之方法不同，而其志在灭人国家，则一资本主义发达到帝国主义，必然会酝酿列强间因争夺原料和市场而引起的战争，资本主义从此便分裂成敌视的好战的团体，再也不能恢复十九世纪的和平的通商的关系了。全世界的财富只集中到几百和几千人手中，国内的平民一日一日的无产阶级化，国外的殖民地一日一日的发生爱国的觉悟，反抗外人的管理，加之每次战争即破坏一次生产经济，使数百万人失业挨饿。有以上种种原因，所以帝国主义的统治，会引起全球的革命运动。几千人统治十余万万的平民，此种制度的崩坏，革命运动之加速与必然，再也没有方法可以避免了。

西方的社会革命和东方国民革命

帝国主义统治的最得意日，亦是他统治的末日。西方的有组织的无产阶级，当饥寒交迫之时自然奋不顾身的与帝国主义者算帐，将一切生产公具收归公有，而起社会革命。即在东方的国民，他们每日的血汗尽被收括在纽约和伦敦的跳舞会，晚餐会中豪奢的用，却还要制造无口舰来压平他们的反乱，他们自然要起国民的革命打倒外人的统治和侵略了。所以联合东方的国民革命运动与西方的社会革命运动在一起，是制帝国主义死命的唯一方法，如此可免列强雇印度兵和非洲人去压伏欧洲的社会革命，又可免欧洲的白人被运来当炮火压迫东方的平民。此种理论的最初发明者实为列宁。

革命党的组织与训练

列宁是〈组织〉真正能革命能战斗的政党的第一人。当全欧的社会党都堕落到成一官僚的组织，只是竞争选举，只是提倡和演说社会主义之时，列宁却在俄国孤单单的静悄悄的，创造一能革命能行动的政党，这党的党员如兵士一样的，绝对服从上级机关的命令。这党的党员完全献身给社会主义，牺牲个人的任何自由及物质享乐。这党的党员参加到各种劳动群众中，听党的命令，宣传党的主张。每个党员还要加入一个有危险的秘密组织。总之严密的组织与训练，一致的，坚决的革命主张与革命意志，对劳动阶级的声气息息相通，对劳动者的活动无孔不入，这些是俄国共产党的特色。这些特色在今日各国的革命党都纷纷摹仿了（中国国民党即是一例）。

劳动运动之统一

革命的势力宜不宜合分，敌人打击革命运动的最有效方法即是分裂革命运动，所谓"分裂而后统治"乃成为压迫阶级用来征服平民的不易格言。革命党的职任乃在牺牲革命阶级间的各种小的异见，以保存革命阶级势力之统一。列宁在俄国虽然与门雪维克及社会革命党仇深似海，然而在团结劳动运动之实力时，常与之合作，一致对外。此策略用之于革命运动中即为参加腐败工会，提倡与社会党或民主党泯除成见以合作，结成反帝国主义或反资本主义的联合战线。近来德国共产党之逐渐胜利，社会民主党之着着失败，完全为此策略之成功。

农民问题

在全世界从革命的立足点上，注意到农民问题，得着成功的解决的，当推列宁为第一人了。从来政府的机关都是拉一些农民中的富者和有材智者做官，农村的压迫即可照旧进行，但从来没有革命党注意如何正当的利用农民的革命势力的。只有列宁才发明城市的无产阶级引导乡村中的农民，工农联合，从事社会革命的计画，卒致一九一七年十一月革命之成功。自此以后，农民的潜伏的革命势力为各国的革命党认识，均争先在农村中去组织和运动，最近农民国际之成立，使革命的农民有国际的大联合，实为世界农民运动之大进步。

无产阶级专政苏维埃政治

欧洲的社会党自堕落以后，逐渐丧失革命的精神，醉心议会政治，迷信德莫克拉西，希望不劳而获，不流血，无代价的实现社会主义。只有列宁与少数的社会党才保存革命党的精神，主张阶级斗争到底。无产阶级专政即是阶级斗争最剧烈，最集中时的表现。那时只有拼一个你死我活，才能决最后的胜利。苏维埃的制度又是实现无产阶级专政的唯一政体。由各工厂，各农村，各兵营，推举代表，组织职业的行政团体，有产阶级既被剥夺了选举权，而苏维埃又兼立法与行政之权能，于是反革命党的有产阶级无捣乱之机会，而立法与行政之一体，专权集中，可免办事迟滞呼应不灵之病。

由新经济政策到共产主义的社会

俄国革命以后，工业凋零，工人国家的生产，不够交换农人的粮食。强迫农人行共产主义，交出粮食，是不行的，只有让他们经营小规模的工商业，销容他们的生产，并让出几块矿山给外人开采，限定若干年的开采权。外人在俄国经营租借权，不像在中国有什么特权，他们只是老老实实的，规规矩矩的做生意，分得若干成的红利，不敢存丝毫非分的觊觎政治特权及领土侵略的野心。总之开放国内市场自由贸易，允小工厂复活和出租土地给外人这是新经济政策的意义。新经济政策一方面是向农民退让，免被他们推翻政治地位，一方面是等世界革命爆发，工业先进国以机器援助俄国产业复兴。在此时间苏俄只有并力开发工业，国家世垄断对外贸易以维持自己地位，以等将来世界革命实现时，俄国的工人增多，工业发达，农业进步，世界资本主义灭亡，俄国才能实现真正的共产主义的，各尽所能各取所需的理想社会。新经济政策从头到尾都是列宁的计画与理想。以前的主张多有是列宁的主张，而在他生时已见诸实行且已成功的。唯有新经济政策列宁未能见其完全成功。苏俄及世界还留着许多问题，得他解决。此时物代，列宁亦难得瞑目，他今天的一死，也是世界的革命运动中的大不幸了。

（《中国青年》第十六期，1924年2月2日，署名 敬云）

22.《列宁与中国的革命》(《中国青年》第十六期，2月2日)

《中国青年》第十六期发表恽代英的《列宁与中国的革命》，如下：

出乎意料以外的，列宁竟如数年来咀咒他的人所愿望地，于一月二十一日病没了。列宁以刻苦勤奋，为俄国无产阶级夺取政权，而亦同时以指导世界被压迫阶级夺取政权自任。因此为全世界的资产家，或资产家所豢养的教师，神父，新闻记者等所嫉恶，这只是"盗憎主人"的常情，无足为怪的。然而因列宁的勇敢，因他的坚忍卓绝，因他的公正无私心；到今天他死的时候，无论甚么曲学阿世之徒，亦不便于言不由衷的任意讥议。他们纵然有时想在字里行间，稍表示他们不满的意思；然而他们推崇钦佩的诚意，已不知不觉的从笔端流露出来了。嗳！列宁是如何一个伟大的人物啊！

我们诚心的赞美列宁，不但因为他是有智识的，有能力的，有品格的；而且因为他的智识，能力，品格，使他成就了一个最有权威的革命领袖；使他成就了俄国无产阶级的革命领袖，而且亦成就了全世界被压迫阶级的革命领袖。

我们诚心的赞美列宁，不但因为他能够根据唯物史观，引导俄国的革命群众，从"沙"的政治与伪民主政治，以达到劳农专政的苏维埃政治；不但因为他能够很坚决地、很稳健地，使被压迫的被分裂的俄罗斯，从一切反动的势力，一切国外帝国资本主义的压迫中，拔救出来，而完成为平民自由的苏维埃俄罗斯联邦国；我还因为他是一个世界主义者，是一个为世界一切被压迫民族奋斗的人。他不但是俄国平民的英雄，亦是世界一切被压迫民族革命的前驱者。

他是一个革命家的好模范。他不曾因为失败而志气颓唐了，他亦不曾因为成功而精神懈弛了。他不曾怕讥诮(巴黎《滑稽》杂志说，找出第四个多数党，即赏与王国之半)，亦不曾怕诽谤(一九一七年归国时，发生了列宁是德探的风说)。他要捉取起事的机会，不曾怕人说他是风[疯]狂。他要镇压一切反革命的阴谋暴动，不曾怕人骂他是强暴。他要施行电气化政策，以促进农民的无产阶级化，不曾怕人议他是迂远。

他要施行新经济政策，以恢复国内的生产秩序，不曾怕人笑他是反复。他把一切虚伪的议论，统统置之脑后。他只注意俄国各方面的实际情形，平稳地引导着俄国政治的发展。他一点不怯懦，亦一点不刚愎。他一点不躁急，亦一点不疲缓。这使他成就为一个从来未有的革命伟人。

还有最值得我们注意的，他是一个学者，但他最注意的是俄国实际情形。他从唯物史观得着了俄国革命成功的关键；他亦从各种学术中，得着了俄国革命以后一切行政的方针。他不只是要得政权，他在未得政权以前，已经对于如何运用政权，有成熟的研究；而且他在得了政权以后，亦仍是继续不断的研究。他创造了苏维埃政体与赤卫军，他亦发明了新经济政策。他从惊涛骇浪的中间，把俄国安稳的渡过岸来。这自然不是他一个人的力量，但我们不能不诚心的赞美他。

我们亦预备做中国的革命家了。我们因为他的榜样与他的诏示，亦知道我们负了中国革命的历史使命。但是我们拿甚么地方比拟列宁呢？

我们亦能不怕艰苦，不贪安逸么？我们亦能不恤讥议，不顾怨谤么？我们的青年，想成功，想做领袖，但是怕穷，怕苦，怕费力，怕被人议论。我们的青年，想不受人压迫；但不曾预备一点反抗压迫的能力。他们所希冀的，是父兄的夸奖，教职员的宠爱，青年会洋人的好感，交际场中某女士的爱情。他们有时亦想着，他们要担负改造中国的大任；然而改造中国，岂是这种脆嫩骨头的青年所能胜任的事情么？

我们亦说要革命，要打倒军阀，要打倒国际资本主义；然而要怎样下手去革命，怎么去打倒军阀与国际势力，我们全没有一点的把握。我们亦说要夺取政权，然而从来不曾研究如何运用政权的问题。我们的青年，求学问是为的出风头，再下一等的，是为的抢饭碗。他们最高兴的，是吟两三句无聊的小诗，再不然，便谈一点甚么主义的玄学。他们便看了一两本甚么新文化的书籍，亦是只能将几个食而不化的新名词，生吞活剥的在无识者面前卖弄风骚。他们还很轻看中国的实际问题。他们还不认得究竟中国今天是如何受国际的盘剥；他们还要说兵匪流氓完全是中国的莠民。他们对于中国的将来，全没有一个明了的理想，所以他们对于中国革命的步骤，全没有一个正确的观念，因而他们对于革命的成功，亦全没有一个坚决的信仰。他们虚骄的自信，以为他们很纯洁，他们要成为未来的革命领袖，然而他们一天与有组织的旧势力相接触，便只有成为屈服的俘虏了。

从列宁所说的与列宁所做的都告诉了我们，我们若是有了一个有主义有纪律的党，我们若是用这个党去宣传与组织工人农人兵士革命的团结，我们可以成功革命。革命的同志，要集中力量，整齐步伐，而且要得着劳兵农的赞助拥护，然后才有真正的成功。我们不一定说，中国所需要的，是共产主义的革命；但是中国的革命，必须能保证劳兵农乃至一般被压迫阶级的利益，乃能得着他们的赞助拥护，而且革命以后，亦必须首先为他们谋得安居乐业的机会，乃能使他们不受反动派利用，以反叛革命的政府。

要为劳兵农乃至一般被压迫阶级谋利益，必须使矿山，土地，工厂，银行，逐渐收归国有，必须使不劳而获者(田主，房主，工厂主等)担负大量的租税，而废除厘金盐税等恶税制；必须使国家的收入，一大半用于人民的教化与其他利便生活的事业。下层阶级的利益，应当看为重于资产家的利益。资产家或者要说，中国的革命赤化了；然而这只是资产家不肯舍弃他们盗窃的特权，因而谋妨碍中国革命的藉口而已。

自然我们必须否认不义的庚子赔款，必须否认各种束缚我们的债款条约，必须课国内的外国工业商业家与本国的一样的负担，这是我们不可避免的奋斗。我的朋友汉俊告诉我："中国的革命，欲求免于日本的威劫；必与日本的革命同时爆发；欲求免于英国的强压，必须诱起印度的革命，乃至英国各殖民地的叛乱，以根本毁灭大英帝国。"这实在是耐人玩味的几句话。英国是一切弱小国家的仇敌，她的束缚中国，亦比任何国家都利害。日本的国运，其实亦常受英美的恫吓，中日的革命家，应当有协同努力的觉悟，而且应当促进英国殖民地的离叛，为世界一切弱小国家开一条新生路。中国亦将要靠这得着完全的自由。

东方殖民地与半殖民地国家的联合革命，以促成大英帝国的瓦解，以促成全世界被压迫国家与阶级的解放，这亦是列宁未竟之志呢！中国的青年，谁准备起来担负这样的工作？

（《中国青年》第十六期，1924年2月2日，署名 代英）

23.《列宁年谱》（《中国青年》第十六期，2月2日）

《中国青年》第十六期刊登邓中夏编《列宁年谱》，如下：

一八七〇年

四月十日，尼古拉列宁（Nikolai Lenin）生于俄之西姆比斯克省。他的父亲虽出自农家，然因做了西姆比斯克政厅的参议官，所以就得着贵族的称号。他有兄弟三人，姊妹二人。

一八八七年　十七岁

三月一日，他的长兄亚历山大是恐怖主义者的秘密结社"民意党"的一员，主谋暗杀俄皇亚历山大三世，未遂，被捕。五月二十日，处死刑。这一场大悲剧，给少年列宁一个很深的印象。

此年，列宁毕业于西姆比斯克中学。毕业后，进卡站大学法科。但他只一个月光景，就因参加学生的革命运动，被大学〈里〉开除了。开除之后，居在沙马拉地方，这时他已经感染着马克思主义。

一八九〇年　二十岁

被捕，禁于彼得格勒监狱甚久。

一八九一年　二十一岁

进彼得格勒大学，学习法律和经济。这时他的思想，是立在民众派的思想和马克思主义的新思想之境界上。民众派的思想，相信俄国不必经过像西欧诸国那样资本主义发达的残酷过程，只要爱护俄国农民间所遗存的原始土地共有制度，就能够在这制度上面建设起完全共产主义的社会。当时民众派与马克思派起了非常激烈的争论，列宁也卷入这旋涡中。但是他不久便和民众派立在完全相反的地位，发表了许多关于经济学和马克思主义的论文。普列哈诺夫，读了他的第一篇论文，便说："这位青年他日必为危险人物。"列宁从此就成为有名的人了。列宁思想后来虽与民众派相反，但对于民众派的实际运动者，却表示很大尊敬。他以为在俄罗斯变成了"国民监狱"时，在一切自由的朋友都被窒息，而俄罗斯劳动者才初成为一阶级时，他们敢于揭起反叛旗子，对皇帝投掷炸弹，开发手枪，这是灿烂辉煌，品格高尚的人。列宁自己却毫不客气的要做一革命的马克思主义者，继承他们革命的事业。列宁到了彼得格勒之后，立刻去找马克思主义者；然因当时还是民众派思想全盛时代，所以就一个同志也没有找到。过了不久，列宁的周围，才集着少数劳动者和马克思主义者，形成一个小团体。

后来列宁在彼得格勒大学得了法学士学位，做了律师，但是他只到过法庭一次。

一八九三年　二十三岁

列宁在彼得格勒组织成一个"劳动者解放斗争同盟"：他代表这个团体，组织起最初的劳动者的同盟罢工。做了不少的小册子，"罚金论"是其中最平易明白把马克思学说通俗化了的一本。这时，他已被警察注意了，无尽无夜地在劳动者窟里过活了。他对于有才干的劳动者，极其尊敬和亲爱。如巴布守金、舍尔诺夫都被他称为勇敢的战士，看待如兄弟一般。

一八九七年　二十七岁

一月二十九日，列宁由勅令被放逐于西伯利亚。他仍不稍减热烈的勇气，用种种变名发表了许多小著作。其中一本是《俄罗斯社会民主党诸问题》，论议俄国社会主义运动并应该采取的一般方针。当时俄国马克思派社会主义者之间，关于劳动者对于皇帝的"政治的斗争"，和无产阶级对于有产阶级的"经济的斗争"这两者应该立在怎样的关系这一个问题，很难给与一个决定的回答。列宁却主张如此：俄国无产阶级应该不待获得政治上的自由之日，就立刻起来组织劳动者独立的政党。同时和专制政治及资本制度斗战。还有一本"俄国资本主义的发展"，论证俄国社会，通过资本主义发达的经路，是一件不可避免的事实；这本书，一面巩固马克思派的立场，一面驳倒民众派的主张。

列宁一方面同民众派的思想论战，在别一方面又同所谓"合法的"马克思主义想利用马克思主义去掉革命精神以哄工人，使之帮助资本家的一派思想论战。

一九〇一年　三十一岁

西伯利亚刑期终了回来，官厅不许他住在大都会工业地或大学所在地，于是他亡命于西欧。

他在西欧最初的活动，是同一般亡命社会主义者创办有名的《火光》杂志。《火光》杂志，后来就成了通全俄国社会主义宣传的中心点及策源地。《火光》有普通版和特别版两种：普通版用普通纸印刷，专供欧洲各国的人阅览的；特别版用很薄的纸印刷，五十册一束，藏在皮箱的二层底板之下，秘密输入国内的。列宁在《火光》上发表的重要论文，是《应该从何着手？》这篇论文，已组成后来俄国共产党党纲及战术的基础。

一九〇二年　三十二岁

他把《应该从何处着手？》一文扩充，改题为《应该做什么？》印行公布。这本书中，根据革命的精神与当时运动上一切难问题，一一解决了。多年之间，这本书成为挑战的思想，争论的主题，最后社会民主党亦因此分裂为不可调和的二大阵营。

列宁发《火光》杂志，对社会革命党挑战，嘲笑他们是"革命的冒险者"。又对所谓"经济主义"挑战。经济主义，专重视劳动阶级的"经济的斗争"，把触及国家权力的"政治的斗争"，置之不问；这个思想，成为失了革命精神的组合运动或消费组合运动。列宁一点不狗[留]情地抨击他们。

列宁的妻克鲁普斯珈帮助他办《火光》杂志，伊当用尽精力，腾写那看不出的化学药水写的暗号通信，几至毁坏了伊的健康。

这时列宁，已为全欧警察所追逐了，迁移不常，没有安宁的日子。

一九〇三年　三十三岁

俄罗斯社会民主党，在不律塞及伦敦，开第二次大会，由此便分裂为多数党和少数党两派。分裂的原因，就是内部一派是排斥一切妥协，极力主张实行阶级斗争，一派实际上却实行阶级妥协，放弃社会主义。那时候许多为列宁亲爱的旧友，及为列宁所很尊敬的普列哈诺夫，都渐渐软化和放弃马克思主义，沾染投机主义，"合法的"马克思主义也重新抬头，这些形势，都非常明白了。在爱好明白的透明关系的列宁看来，是顶难堪的羁绊。乃断然决意道："纵使我一个人。我也决不卸下革命的马克思主义的旗子。"于是，他与普列哈诺夫，乘着仅少的多数（的确是一票或二票）决行分裂了。普列哈诺夫痛骂列宁，甚至于说："列宁对于我……也倡起叛旗了。但是，决不能成为敌手。他在离开劳动者解放同盟的指导者的我们的那一瞬间，已经是死了的人了。"季诺维埃夫听了普氏这一片话，一时颇为惶恐，转告列宁。列宁安慰他道："最后笑的人才算会笑的人。我们不可不从此奋斗。我们且看劳动者究竟服从谁？"

一九〇四年　三十四岁

列宁关于党的分裂问题，公布了一本《进一步，退两步》的小册子。少数党从纯经济运动主义变做《火花》一派的运动，是进一步；可是从《火花》运动再堕落到"合法的"马克思主义，自由主义的思想，就是退两步了。列宁对于这种堕落情形，毫不假借地加以攻击。党分裂后，《火花》及一切机关报等，都落于少数党的手里，列宁发行一种新闻式的小机关【报】，名曰《前进》。同少数党对抗，炮击他们的城垒。这时列宁公布了他的《经济论集》，幸而在本国销场很好，以其收入，充发刊《前进》的费用。

一九〇五年　三十五岁

这时无产阶级的活动分子。悉数加入多数党。

五月，多数党在伦敦开最初的大会。同时少数党也在日内瓦开协议会。多数党在开大会时坚决拒绝德国鼎鼎大名的社会党人伯伯尔写信给他们要他们与少数党讲和的提议。伯伯尔是劳动阶级的有天才的指导者，是列宁表示很大尊敬的一人，然列宁在此时却也坚决拒绝，不顾人家骂他："对于先辈的反叛，毕竟不过是个人的野心。"但是到后来才证明列宁的先见是不可及。

在这时，俄国刚起第一次革命，所以两大会对于这次革命的态度，使多数党和少数党的实际上的主张的差异，更加鲜明。列宁在这次大会里，把他后日做劳农政府的领袖时应该解决的一切问题都决定了。这些问题，就是无产阶级独裁，没收资本，做世界的社会革命等。列宁这时便不以实现资本家共和国为满足了，明说欧洲社会民主党的议会政策的腐败了，就已经取了将来的革命，是立在资本家的革命和社会主义的革命的境界上，也可以成为民主革命，也可以成为社会革命的见解了。

俄国革命起，列宁归国。这次革命最初的劳动代表委员会，虽然为主的是成于少数党，然而实际上的行动，反多从多数党的指导。故列宁这时虽未出头，却实在演了很重要的任务。革命运动一连高潮，劳动者就觉悟，组织"劳兵会"，在事实上就是为掌握国家权力而奋斗。革命失败之后，少数党归罪于"劳动者要求过大"，和"民众不该武装"这些事。总而言之，归罪于劳动者不该服从多数党的指挥；所以他们批评这次革命是误谬，混乱，疯狂。但是列宁却抱着完全同他们相反的见解，他明白看出莫斯科的反乱有历史的意义。所以他悉心的研究此次革命的前因后果及其经过。

他对于劳兵会制度尤其注意。他教导人说："劳兵会既不是今日出现明日消灭的那种暂时的组织，也不是有几分近于劳动组合的日常普通的组织，乃是万国无产阶级的历史上，在全人类的历史上，开一新页的东西。"革命失败，列宁又作亡命之客。

一九〇六年　三十六岁

亡命于芬兰。住在柯喀拉的地方，仍指挥数千里外，彼得格勒的劳农运动。

一九〇七年　三十七岁

亡命于瑞士。

一九〇八年　三十八岁

这时季诺维埃夫及其他同志出狱，来会。在日内瓦发行两种杂志，一名《社会民主党》，是宣传用的报纸；一名《无产阶级》，是稍带研究性质的杂志。迁居于巴黎。

一九〇五年失败之后，在亡的革命家当中，都是意气销沉，毫无振作，有些甚至于变节。当时列宁除了过非常穷迫的生活以外，又为疾病和营养不良所苦。但是他还是毅然勇敢守住他光荣的地位，苦心孤诣去征集有为的战士，安慰同志说："我们不可失望。这黑暗已过去了，浊浪已排去了。再过五六年，我们又可以趁着机会再起无产阶级革命了。"当时列宁等受少数党与巴黎社会的排斥及仇视，曾有一个滑稽杂志，登了一个滑稽的广告，说："有人能于列宁，季诺维埃夫，康米诺夫三人之外，找出第四个多数党，即赏与王国之半。"

此后两年，列宁差不多完全在图书馆里做研究学理的工夫。他关于马克思和恩格斯的著述研究得尤为精透。他能够发展马克思的学说，更加以新要素，使其适合于新时代的新状况。他从图书馆借来的书籍，是多得可惊的。关于经济，政治，哲学，历史，地理的书籍固都借来看，就是机械学，心理学，教育学，文学和关于朝鲜，中国，日本的书籍也是看的。所以非难列宁的哲学上的研究的绅士阀教授们，也说："仅仅两年之间，一人如何能够读这许多书？"列宁一面是热烈勇敢的战士，一面却又是冷静的学者。

一九一〇年　四十岁

两年努力研究的结束，又刊布了一本可惊的书，名叫《唯物哲学和经验的批评哲学——反动的哲学之批评》，同一切取最微妙的最狡猾的形式的资本家的影响斗争。因此唯物史观的拥护，就得着胜利，而共产主义的基础，也就随着唯物史观而确立了。

一九一一年　四十一岁

俄国的劳动运动，因去年莱□戈尔德裴茨工场罢工的影响，又很明显的复活起来。此时列宁一派，在彼得格勒有名叫《星》的公开报纸；在莫斯科有名叫《思想》的月刊杂志。就是在国会，也有劳动者议员为同志。这些劳动者议员到列宁那里说："我们想从此参与重要的立法上的事情。不论是预算，或各种议案，或立宪民主党提出的什么案，我们都要加以修正。我们特为此事来同你们商量。"列宁听到，从肚里笑出来了。他们看见，有点不爽快，再问"究竟怎么办"？于是列宁答道："先生！预算，修正，议案，这些东西是做什么的？你是劳动者呵！国会是为支配阶级而设的。你只要登上演坛，用容易懂得的话，把劳动阶级的生活及苦痛，告诉全俄就好了。你只要叙述资本家支配的横暴可怕，向劳动者鼓吹革命。在这反动的国会之前面，骂'议员们是恶棍是掠夺者'就好了。……你要提议案，可以提这种议案，即：我们从今日起以三年为期，把一切资本家及地主诸君，都捉来吊在往来的电报柱上。这就是真实的议案。"我们知道列宁的这席话是在全世界的社会党举国若狂的崇拜迷信议会政治万能，认其足以平和的实现社会主义之时说的。

一九一二年　四十二岁

这时他们的报纸能够在彼得格勒公然出版了。列宁等为接近群众起见，从巴黎移到与俄接近的嘉利奢之克拉科。一月，多数党在普拉格开协议会，严整本党阵容。列宁和季诺维埃夫在这里接待从彼得格勒莫斯科及其他都市来的同志，成了全俄通信联络的中枢。

列宁的论文和书信此时也可在《普拉达》机关报上登载了。列宁此后不仅是支配彼得格勒无产阶级的精神和多数党的运动；检[简]直支配全俄了。

一九一四年　四十四岁

世界最著名的欧洲资本主义自然产生的帝国主义战争开始了。列宁最初还不相信德国社会民主党堕落到会赞成帝国主义战争的军事费。但是列宁一生料事，只有这一回，是料错了。他原知道欧洲社会党的堕落，但他对于国际社会党却还有很大的信念的。但这个信念，同事实不对了。社会党赞成军事费的事实确实了，这时列宁冲口而出的话，就是"'第二国际社会党'死了"！这个死刑的宣告，真好像是预先料到了以后数年的"第二国际"的一切变节,堕落,灭亡的活动。

列宁为奥大利政府所捕,在嘉利奢留置监里坐两星期。

一九一五年　四十五岁

逃到瑞士,先住柏恩,后迁于尔利希。他是最初着手纠合[正]国际主义的人,所以他在这战争的热狂当中还是努力集合革命的分子。当时瑞士只有很少的劳动者绕着列宁。为了要组织十人或二十人青年劳动者团体,费了不少的时间和精力。仅仅得了七人时,就欢喜得了不得,写信告诉他的同志,如小孩子一样。

九月,各国的急进社会党开了一个有名的秦麦华德会议。这次会议,除了美英二国之外,其余各国社会党差不多都参加。列宁列席这次会议,托洛斯基后到。但其中分子很复杂,各派都有,而列宁则为其中的极左派。他在这会议里,极力主张把帝国主义战争变主产□战争;又极力说有宣告"第二国际"死灭,组织新"国际"的必要。但是列宁等极左派的决议案,以十九票对十二票失败了。

一九一六年　四十六岁

三月,又开了一次金塔尔会议,形式比秦麦华德进步得多了。声明反对"资本家的平和主义",以"夺政治权和资本公有"——"社会主义的胜利"为"平和"的唯一条件了。

他此时和他的爱妻在尔利希,租住一家靴匠的楼上,是一间很小的房子。房内除几件粗糙家具外,什么都没有。楼板的漆灰未扫,纸都没有糊,壁板突出,极其惨淡。质素的饭食,都是他的不断的伴侣,唯一的书记,很好的助手,便是他的妻君。

他每天在社会党图书部里化费午前两点钟和午后两点钟,以非常的兴味研究国际社会主义的文书。他研究的唯一目的,在于要对于政治上经济上的问题,决定明确的态度。

一九一七年　四十七岁

三月,俄国起了革命,产生了克伦斯基政府。瑞士社会主义团体(除了爱国社会主义者)筹集旅费,帮助俄国亡命者归国。并请求法英瑞士诸政府准允俄人通过,不许;于是向德国政府商议,结果以允许归还同数的在俄国做俘虏的德国非军事员为交换条件,承认他们通过德国国境。列宁于是坐"封印的客车"归回俄国了。因此,发生了一种列宁是德国侦探的风说。其实,为急于干故国的革命,通过帝国主义的德国和通过帝国主义的联合国,在列宁眼中是不成问题的。当通过德国的时候,谢致孟一派社会党名士,进列车里来表示欢迎之意。列宁对这些绅士们,很无礼地回答道:"我们不愿意和通敌者斗口。要接近我们的,请干净一点。"四月四日之夜,列宁同济季诺维埃夫回抵彼得格勒。不久,就开多数党和少数党的联合会议。列宁演说道:"抛弃欧洲的'德谟克拉西'那种污秽的衣服的时代已到了。"主张这次革命有进到无产阶级革命的必要;而且主张俄国起无产阶级革命,全欧都将起而响应的。这种议论,当时很使人家惊骇。就是许多多数党人,也把这次革命,看做单是有产阶级、于专制政治的政治革命,所以对于列宁的主张,也有非常的反对,传说只有一位郭伦泰夫人赞成。列宁这时对于在这次革命中无产阶级应否掌握权力的问题,早已没有一点踌踌，所踌躇未决的，只是一个这时机能否早一刻来到的问题。

七月十六日，民众的反乱发生了。克伦斯基政府实行多数党大检举，列宁和季诺维埃夫打算被捉去，因为党的中央委员不许，所以他们二人都躲避了，随后又只得再亡命于芬兰。自从七月反乱失败以来，尤其是从九月底起，列宁才对劳动者说"掌握权力"的必要。于是列宁从芬兰亡命地，寄急书到多数党中央委员会，主张现在已经到了不许一点犹豫的时期，应该决然包围全俄民主大会的会场，用"威力"扫荡一切妖气，即时掌握权力。可是这时多数党中央委员都还相信太早，没有采纳列宁的主张。列宁急不能待，匆匆忙忙从芬兰回归彼得格勒了。这时克伦斯基政府方面正着手做逮捕列宁的命状，列宁方面却躲在秘密人家，准备反乱，同踌躇未决的人争论，向逡巡不进的人叱咤，极力宣传应该立刻起事。

十月之末，彼得格勒自然的起了一大示威运动。于是多数党中央委员，就讨论"即时跃起"的问题了。二十三日之夜，继续开了彻宵的会议，党内一切智识分子，领袖，彼得格勒劳动代表者和卫戍代表者，都列席。智识分子当中，只列宁和托洛斯基赞成"武装的蹶起"，就是军人那时也还是反对的。投票表决，主张蹶起说者失败。这时有一个粗暴的劳动者突然站起来了，悠悠地叫道："我代表彼得格勒劳动者说话。我们赞成蹶起说，诸君可以随便做。可是诸君如果傍观劳兵会被破坏，则我们已用不着诸君了。"这样一说，就有几个兵士应和着。于是再投票了，结果，蹶起说得着胜利。列宁终究成功了。

十一月三日，多数党的领袖们，在一间锁闭的房子里开会。列宁在这会里这样说："十一月六日，嫌太早。我们的蹶起，不可没有全俄的基础。六日，全俄劳农大会的代表的代议员还没到齐。但是十一月八日，又嫌太迟，这个时候，大会已经组织好了，在包容多数人民的一大组织里，是难取神速，果断的手段的。我们不可不在开会的七日起事，我们不可不向大会说：'这里有权利。诸军对于他取怎样的态度？'……"

七日，多数党领导无产阶级崛起了，劳农政府成功了。列宁并不是不知道。当劳动者获得政权的时候，要遇得非常的困难。但他不管关于银行国有问题，土地问题，食粮问题，或是军事上的政策……在十一月七日以前，都详细做出了实际上的计划，明确，精密，而且具体，所以在执掌政权以后，毫不张皇。

十一月十一日，全俄罗斯苏维埃第二大会选举列宁为人民委员会委员长。以后每年连选连任。革命以后每日工作十二小时至十八小时。

一九一八年　四十八岁

三月与德国订布勒斯特和约，最初此为列宁一人的主张，全国反对。但终为列宁所战胜。

八月三十日列宁在工厂演说后，为社会革命党行刺，重伤。

一九二一年　五十一岁

三月废止军事共产主义，实行新经济政策。本年因积劳成病，自此两年未尝痊愈。

一九二四年　五十四岁

一月十一日病殁于莫斯科附近之哥尔基村。

(《中国青年》第十六期,1924年2月2日,署名 中夏)

8 日(星期五)

24.《北京人追悼列宁大会》(上海《民国日报》,2月8日)

《民国日报》发表《北京人追悼列宁大会》,如下:

加拉罕说:"愿中国青年努力奋斗"

二月三日上午北京民生周刊社、励志笃行社、民生主义同志会、法政学会四团体、在法政大学大礼堂开追悼列宁遥祭大会、到会千余人、江庸主席、首由民生周刊社某君报告开会追悼列宁之目的和希望、次报告列宁生平事略、旋由某君读哀词、读时动[恸]哭流涕、全场咸为之感动、由主席率同到会诸人向列宁遗像行脱帽三鞠躬礼、主席遂谓今日报载英国已正式承认苏俄政府、请同人一致鼓掌、以志庆祝【、】全体欢呼【、】士一致表鼓掌、旋请苏俄驻京代表加拉罕氏演说、略谓列宁逝世、承贵国各界人示[士]哀悼、鄙人代表敝国政府及人民全体表示谢忱、不过本人今日所说的话、只有一点、请到会同人注意、并请贵国人士一致注意、列宁曾为俄国社会主义的首领、其实他生平事业所及、实在可说是全世界无产阶级和弱小民族的一个大救主,即如欧洲之土耳其波斯等国、近年社会主义之运动、及其成功、无非列宁所赐、曾记得当列宁未死的时候、常说我现在的事业的成功、在俄国已算有了结果、还有东亚民主国家被资本主义摧残、被专制政治压迫的无产阶级弱小民族的中国、他们人民现正在水深火热的下面、挨痛受苦、今后我当极力提携他们、引导他们、使他脱出苦海拨开云雾、现出青天、同到这太平的极乐的自由新社会里、到时才算我的生平志愿、告一结局、不料先生在此志愿未了、力图奋斗的时期、遽然逝世、使全世界弱小民族、丧此明星、这是我们俄国的如何不幸、世界的如何不幸、尤其是你们弱小民族被压迫的同胞的如何不幸、但是列宁虽然已经死了、可是他的主义、仍然闪铄[烁]在世界上并没有死去、此后仍希望贵国同志的青年、努力奋斗、无忘列宁未了之志愿、则列宁虽死、亦当含笑于地下、祝诸君努力奋斗、祝贵国前路的光明、言毕、掌声震屋、有来宾演说甚多、至十二时三刻奏乐散会、

(《民国日报》,1924年2月8日)

10 日(星期日)

25.《国民党代表大会哀悼列宁纪详》(上海《民国日报》,2月10日)

上海《民国日报》发表《国民党代表大会哀悼列宁纪详》,如下:

孙总理谓列宁成功在努力造党……列宁虽死国基不至动摇

列宁死耗传至广州、适当国民党大会期内、二十五日上午十时开会、孙总理因事不能到会、由主席团公推胡汉民主席、照议事日程讨论、宣传及出版问题案审查报告、表决后、正讨论中国国民党章程、委员报告至四十条时、孙总理忽然出席、临时动议报告俄国代表加拉罕来电、俄国革命首领列宁逝世、并谓本党全体、对于此事、应该表决哀悼、在表决之先、尚有一种意见须待说明、即是俄国革命在我之后、而成功在我之先、在一般革命史中、可谓得空前成绩、所以得到此种成绩、惟列宁先生一人之功、此一人可谓系革命之最大成功者、列宁有此成功、即因其一生努力造党、彼之思想精神及主张、早已灌输于党内、故彼虽死、而俄国国基、决不至因此摇动、本总理系以三民主义五权宪法来主张革命、虽然有几次成功、但是因为吾党旧思想已失、新思想未成、虽人自为战、但总不能一致行动、在民国二年革命党失败、大众且并革命亦不肯讲、余以为要望成功、还须要讲革命、从前组织中国国民党、是由我一人主持、但是现在国民思想进步、人人均知要革命、故余现将总理制改为委员制、此次改组、亦为欲将党造成一坚固组织、俾余死后、革命还可进行、此为余对于本党之希望、现在余提议以本党全体名义、致电莫斯科哀悼列宁先生、在通行各行政机关、下旗哀悼三天、本代表大会亦停宴三天、在此三天中、余当讲演三民主义、更将演辞印为单行本、以为宣传底本云、次由俄国某君讲列宁先生之生平、由伍朝枢先生翻译、谓余讲此题很不容易、因为此题不但影响俄国很巨、即影响中国及世界之优秀分子者亦甚伟、诸君要知世界政潮之争斗、足以促青年同志之死亡、列宁先生、是吾等指导人、亦为世界上一般受利用受压迫者之朋友、并且为此种朋友而奋斗的一个人、彼之死、为众人的损失、不可量计、不可补救、余几十年来、在环球各地方、识人不少、依余之见地、列宁为人、心地慈善、比其他人俱胜、然而自一九一七年以来、世界上一切不好之名词、悉加于彼身、人之以卑劣手叚[攻]击列宁、实缘列宁把世界的人、分为两种、一种为二万五千万压迫人的人、一种为十二万五千万被压迫的人、因彼敢于公然作此话、所以受许多人的攻击、列宁在一九一九年、见世界上两种人、彼此恶斗、一方说系为公理为民族为正义而斗、实则绝非是事、争斗内容、很为不堪、列宁就说明这一点、将世界上一切的人都分开、揭穿此种内幕、谓彼等绝非为公理为民族为正义、一九一七年列宁发见社会实在情形、对他本国一万五千同胞说明真理、并且对世界说明真理、当时反对方面、一齐起来攻击、并且连类攻击许多俄人、用飞机、用汤[坦]克车、用新闻报纸、凡属金钱力量所能及者、无不为之、但其结果、列宁卒能做一个胜利者、使俄人做一战胜团体、诸君果能到列宁遗机[体]所在地方、一定能见俄国男女老少、都痛哭列宁、如果诸君能到德国或其他各国、亦必可见该处受压迫人、对列宁表示哀悼之诚、言列宁虽死、不失为一良友、且以为失去一帮助彼辈抵抗压迫之人物、一般人所谓伟大之人物、大概在图书馆内、有几本书、否则有孝子贤孙、化多少金钱、为之表扬、但吾人所谓伟人者、不如此、须其人思想、能感化多人、能实现其思想、纵然已死、其思想能输入于其门徒、再继续实现、并且发扬光大、较其在世时更盛、今天诸君对于列宁哀悼纪念、余非常感激、今东方受压迫民族之一良友死矣、但彼之主义尚在、东方被压迫民族的国民党之责任、从兹加重、国民党首领之责任、亦从此加重、吾仍望列宁主义万岁云云、演毕、中山将哀悼电报付表决、伍朝枢朗读电文、付表决、全场一致、主席继请全场起对俄代表行一鞠躬礼、以表哀悼、戴季陶主张、广州诸同志是晚请同志宴会、提议道谢停止、众赞成、乃散会、

（上海《民国日报》，1924年2月10日）

26.《李宁和威尔逊》（《东方杂志》第二十一卷第三号，2月10日）

《东方杂志》第二十一卷第三号出版，出版了一系列关于列宁的文章，集中宣传了列宁主义。发表化鲁的《李宁和威尔逊》，全文如下：

一九二四年大概是世界历史转变的一大关键罢。我们在这一年的初头，就遇到了许多的重要事端：英国第一届工党内阁告成；希腊和保加利亚革命开始；法捷订结同盟；英意两大国承认新俄；印度不合作党选举胜利，领袖甘地被释出狱；土耳其共和政府放逐回教主；日本元老内阁成立后，因在野人民反对，不安于位；墨西哥统一方成而内乱又起……全世界都在乱轰轰的闹着，几乎没有一片平和安宁的土地。而其中最足使我们感喟不止的，却是从东西方传来的悲哀的殡歌：新旧两大陆同时失去了两大伟人——李宁与威尔逊。

李宁与威尔逊同为二十世纪的大理想家，大政治家，但是这两大伟人的同时陨落，却使我们生无穷今昔之感。在五年以前威尔逊挟了他的著名十四条，到巴黎和会出席，那时是何等的风光，大家都在那里想，以为有了"摩西再世"，人类的平和幸福是不用忧了，欧战终了后，各民族都得享太平的福了。便是远在东方的我们中国人，也把威尔逊大捧而特捧。那时的李宁呢，还没有几个人知道他，便是知道的，也不过说他是"过激派乱党"的头领。许多报纸都把他当作毒蛇猛兽看待，以为把俄国弄成四分五裂的，都是这李宁。可是过了五年，只有五年，情形却已不大相同了。威尔逊死后的声明远不及以前的煊赫；世间再没有一个疯子，把他当作摩西看待了，他的十四条，毕竟还是骗人的，现在已没有人再上他的当了。便是他的同国人，评论威尔逊一生，也都以为功不敌罪，以为使美国加入欧战，驱数万千平民于西欧战壕，为无益的牺牲，这全然是书生总统的罪过。至于在我国追悼威尔逊，更远不及去年追悼哈定总统的热切，虽然哈定总统的华盛顿会议，对于我们所受的实惠，也未必比威尔逊总统的巴黎会议更多些。李宁呢，可就两样了：他现在成为无产阶级的救星，成为亿兆人民所膜拜的偶像。虽然仇恨李宁的人到处都有着，可是已没有一个人敢说李宁是乱党暴徒了。李宁的死是光荣的死，是被全世界所悲哀痛悼的死。

古人说，盖棺论定，那么李宁就是胜利者，而威尔逊却是失败者了。李宁和威尔逊是代表两个时代的英雄：威尔逊所代表的是自由主义的时代，而李宁所代表的是社

会主义的时代。自由主义在前世纪也曾风靡一时，在社会各阶级各民族尚不至相陷太甚时，德谟克拉西的温情政策，也未尝不可当做一时的缓术。无如到了今日，自由主义的时代已成为过去。在今日，帝国主义者资本主义者和世界平民阶级的斗争已愈迫愈紧，不是东风压倒了西风，便是西风压倒了东风，此外更没有调和妥协的余地。威尔逊总统高张自由主义的旗帜，力主协调解决，临了反为反动的帝国主义者所卖，而李宁以一往无前的精神，首倡世界革命，却赢得伟大的成功。观于这东西两大人物结局的互异，真使我们不胜其感慨！

英国选举结果，给予我们以同样的对比。在保守党灭落之后，本为自由党再起的绝好机会，而爱斯葵士派的自由主义者却一蹶不振，一降而成为国会中的第三党，结果却使麦唐纳得了现成的天下。不列颠民族本来是最富于妥协性的，现在却显然有急进的倾向，不是倾向于急进的反动主义，便是倾向于急进的革命主义，那么世界政治的大势所趋，也就可想而知了。

但是自由主义究竟是反动派的护身符，自由主义不见容于反动派，便是反动派自杀的前兆。现今世界的军阀，富人阶级，野心的政治外交家，都已剥下了假面目，大胆无忌的在那里干着掠夺侵占的勾当；而在一方面，世界的平民阶级也久已下了推翻全局的决心。这两方决没有调停的余地，无论东方或西方，更无论中国或外国，都显然有同样的倾向，威尔逊的死是表示最后的自由主义者的灭落，而李宁的死却是表示继李宁而起的新时代的开始。在全个地球上已播满了火种，有一触即发之势，以本年初头的情势看来，已显而易见。徘徊十字街头的中国人啊，你们的运命应该是在这时候定下了。

(《东方杂志》第二十一卷第三号，1924年2月10日，署名 化鲁)

27.《李宁及其后》(《东方杂志》第二十一卷第三号，2月10日)

《东方杂志》第二十一卷第三号发表化鲁《李宁及其后》，全文如下：

在他所首创的无产阶级大革命高奏凯歌的时候，在他所手造的俄罗斯社会主义共和联邦达于全盛期的时候，尼古拉，李宁竟奄忽长逝了。他的毕生事业，对于俄罗斯，对于全人类，为功为罪，暂且不必说，但是近代的人物对于世界及其将来影响最重大的，怕没有像李宁那样的了。没有李宁也许许没有俄国的大革命，即使发生大革命，也决不会达到今日的成功。俄国革命不成，世界的无产阶级至少要延迟到半世纪后才有扬眉吐气的一日，而巴黎和会及以后的欧洲政局，也一定要大变现时的面目。

李宁自革命成功后身体即失其健康，近一年半来，在莫斯科附近山中养病，除重大事端外。[，]不理政务，因此外间多误传其死耗。但在最近时期内，李宁的旧病已渐有起色，精神已完全复原。不料到二月二十二日在山中忽患痉中，竟不及医治而死。惊耗传出时，全世界为之震动，而俄国人民哀悼更切。遗尸裹以红旗，在莫斯科克里姆林宫陈列，任令人民参观。二十七日举行国葬，莫斯科全城人民尽出送殡，全世界无产阶级团体都发电吊唁，追悼的隆盛竟是历史上所少见的呢。

美国国民周刊的记者说："谁也不能选定一个比李宁更好的时候死了。"这话是千真万确的，李宁的死，不但是在他的荣誉达到顶峰时，在他受全俄的农民工人一致爱戴时，而且也在他的创业完全成功时。李宁真可以死了，可以死而瞑目了。俄国的共产主义虽不能说已完全实现，但是对于资产阶级的战争却已成为过去，现政府已立于不可动摇的地位。李宁的革命事业可以说已做到六七分，还剩着三四分，后人只消遵着李宁的遗规干去就是了。李宁举殡日，联邦苏维埃会议发出致"劳动民众"的宣言，向数十万的送殡人民朗诵着。其中最警辟的几句说，"李宁死了，但李宁不会死，李宁活在亿兆民众的心中；活在工人，农民，殖民奴隶大同盟的中间；活在共产党的集合的智能的中间，活在欧亚两大洲间他所建立的劳动专政的中间"。

李宁死后，许多仇视社会主义者自然不免散出了许多谣言，说是苏俄内部发生破裂，几个领袖正在互争政权，但谣言终于不过是谣言而已。就现在所知，俄国内部却不见有什么风潮发生。李宁虽死，政权却依然握在和李宁共事的几个老共产党手中，如咯美纳夫，如赖柯夫，如脱洛斯基，如卢那却尔斯基，如姬采林，如楚鲁巴，在革命中都是历尽艰难的创业元勋，我们深望他们能继承李宁的遗志，在已经奠定的社会主义同盟的基础上，建设经济改造的伟业。最近赖柯夫（Rykoff）已被选为人民委员长，继李宁之任。赖柯夫出生农民，是俄国革命的先驱之一，所以俄国政局一时决不至变动，最近英意两国又争先恐后的承认俄国，所以李宁所遗下的社会主义共和国，以后不但不会破裂，而且也许在最近的欧洲政局上大行活跃哩。（化鲁）

（《东方杂志》第二十一卷第三号，1924年2月10日，署名 化鲁）

28.《李宁的死与其事业》(《东方杂志》第二十一卷第三号，2月10日)

《东方杂志》第二十一卷第三号发表诵虞的《李宁的死与其事业》，全文如下：

震惊一世的伟大人物李宁死了！他病殁的消息喧传了多次，现在竟真的死了！然而这不过是李宁死去的一部分——他的肉体，若其精神事业，则是与世长存永古不磨的。

说起来他真是一个际会风云的幸运儿。但是他的一生，却是艰苦备尝，毫无幸福之可言。他怀抱主义，生死以之，卒成此不世的伟业，真不愧是盖世的英杰。今者虽撒手长逝，当亦无所遗憾了。

时势造英雄么？英雄造时势么？说到底李宁毕竟是时代的产物是应着俄国情状的要求而生的。当此俄国的情势，若不生李宁而为恺撒，华盛顿，拿破仑，格兰斯顿，他们虽怎样伟大，我敢决其不能成李宁的事业；反之，若李宁生当他们的地位也一定不能建那样轰轰烈烈的伟业。

俄国在现代的情状，实有大革命的必要。因之，也需要能热烈的守其主义，沈着的行其计画，意志坚固，行动勇敢，且富于实行精神的人。不过这种伟大人物的出现与其事业的成功，却还须有许多排除障碍确定基础的次等人物。那末事业才能照其预定的计画，按步就班的臻于成功。在俄国有像克伦斯基等那种不可少的排除障碍确立基础的人物，于是李宁这样的大人物才能克奏肤功。

但是，李宁虽然致了成功，言及他的事业，却不能说已尽他全部的计画。实际上其所成就者，恐不过其计画中的某一步骤罢了。如赴耶路撒冷的十字军其所至者不过君士但丁一样。不过以这样时代落伍的俄国，而能达到现在的地步，这仍不能不说是由于列宁的努力。犹如能够行到君士但丁亦可说是成功一样。

本来李宁的大志，在实现真正的共产主义。然而俄国现在之所成就者，则不过国家资本主义，至于国家社会主义，当然是不必说了。虽然，我们试思：在这二十世纪的时候，欧美各国都已走上了资本主义的全盛期，惟有俄国却还是旧式的农业国，并且还遗留着农奴的制度，尚未脱自给经济的状态。以这样的情状，一旦要超过资本主义——甚至社会主义而达于现代的共产主义，若非李宁，曷克臻此？

以现代的商工业尚未十分发达，而纯无产阶级化的劳动阶级，在数目上，在质量上，亦似稀少的俄国现状，要想确立完全受劳动者支配的自治产业制，并且还要将一切财产变为社会公有，生产事业变为社会公营，使财的分配成为社会的公共配给制度，禁止一切私人的交易，而实行废去赁银制所必要的共产原则：这是多少困难的事！故李宁虽具有怎样精敏的才干，骤然之间，要使愚蠢的农民，蒙昧的工业劳动者，认识现代意义完备的共产主义，到底是非咄嗟之间所能办到的。

克伦斯基以为要使俄国进而为现代的资本主义是不可能的，但是俄国现在竟进而为国家资本主义了：这不能不说是李宁的功力。固然，国家的资本主义似未能免资本主义制度的意味，不过比之欧美各国纯粹的私有企业制度，总较进一步了，这是一种到国家的社会主义之过渡状态，现在俄国就在这过程中。所以我们对于他的现状，虽不能十分满意，然和战前的俄国比较起来，却不能不叹为伟大的成功了。

虽然，现在俄国的所谓国家资本主义，一切资本，都非国有。如土地田亩，名虽国有，实则为农民所分有。他如工业，矿务以及交通事业，也非尽为国家所经营；私人的商业交易也并不禁止。但若与普通的资本主义比较起来，则其在产业上国家活动的范围非常广泛，而其在经济上的责任亦非常重大。如现在有许多大事业，如国家资本主义原则之所示，仍为国家直接管理。出乎例外的，只是些暂时为国家能力所不及，或比较不甚重要的与国家经营非常困难的事，现在暂由私家公司及私人经营罢了。故与社会主义比较起来，这虽是有愧勿如，然若与普通的资本主义一相对照，则已进步得多了。

故推厥首功，使现代的俄国得达到这地步者，殊不能不说是李宁的努力。固然，这非全为李宁一人所成的事业，如脱洛次基及其他诸人，亦有莫大的助力：这是谁都不能否定的。但是，李宁毕竟是这般人的中心人物，对于众人共通的事业常处于指导者的地位；故在这事业中亦以李宁之力为最多，这也是谁都不能否定的吧。

据有些含有派别的通信的传说，谓俄国情状就在现今也很混沌；然而我们反观真实地记述俄国情状的书报，和去倾听亲历俄国者的谈话，实大有蒸蒸日上的气象。不论行政方面，经济方面，其一般的机关莫不日臻完备，措置活动，莫不顺利有效；此实为不可掩没的事实。以素称时代落伍的俄国，在仅仅数年之间，有这样的设备，有这样的进步，宜乎世界人士俱视为至可惊异的事了。

又有一般憎恶李宁及现在的俄国者，谓李宁树立实行共产主义的大旗，干这惨酷残忍的大革命，牺牲虽大，然其结果所得，却仍与欧美的普通状态无殊。因为从事此等行动，实不必有偌大的牺牲；故质言之，俄国革命到底只是失败，俄国国民实并不曾得到什么实在利益，徒流了许多血，在俄国历史以及人类的历史上，形成一个不可磨灭的玷污；这真是不值得！

真的，李宁的事业，牺牲殊不能说不大。但是，无论什么事，只能为相对的观察，决不可以作绝对的论断。所以我们在批评李宁的事业的时候，同时不可不一察俄国先前宫廷的腐败，俄皇左右的横暴与夫军人的跋扈，官吏的专制，并且也不可不知当时俄国的经济状态，其所以有这次大革命的爆发，实非偶然，而为不可避免的事实。

但是，因那时代的俄国有这种势所必至的事情的发展，遂谓俄国所必然的，英国亦为必然，俄国须巨大的牺牲，美国亦须有巨大的牺牲，却是一种不合于理的话。所以我们观察俄国，当知其革命牺牲全为不得不如此，既不能以俄国例其余各国，也不能以各国来概俄国。

至于谓俄国出偌大的牺牲，实则仍毫无所获，这是完全错误的。俄国自革命以来，从前不能得到土地而衣食唯艰的在半奴隶状态的农民，现在都可以有生活劳作所必要的土地了。他们先前因为想获得土地，所以赞助革命；革命既成，他们便有了这种权利。故我们若以今昔的情状，询问他们的意见，他们莫不异口同声地说今胜于昔，而现在的状态实为他们始愿所期望的。

又如城市中的劳动者其勤劳所得的境遇与夫中等阶级以下者之一般的处境，则除向来无所事事为寄生虫生活的人以外，凡是真的从事劳作，藉正当的报酬而生活者，对于现状，莫不以为这是最合理的。只有从他人的劳动而自己垄断其利益及榨取他人的汗血以自肥的人，以为今不如昔，因为在目下的俄国，这些事已渐渐地成为不可能了。

又有一般反对者，以为俄国情状，革命以来虽不无改善之处，但就李宁的事业以观：他是想实行共产主义的，然而力有所不能，所谓共产主义只如昙花一现，便为资本主义所克服了。李宁毕竟只是一个败军之将罢了。且从其不能立即实现真正的共产主义而言，似亦不能不说是失败。虽然，在李宁之意，以为若只是按步就班地沿着正道前进，那末要使拙笨愚鲁的俄国与英美并驾齐驱，虽历二十年，五十年，恐仍不能望他们的项背。因为俄国虽是前进，同时他们也必须前进，故虽至百年，俄国仍旧落在他们的后面，望尘莫及。所以李宁的计划，要在即刻越过这段过程：就是即刻实现共产主义一脚跳到英美各国所没有到的前面，于是慢慢的停下步来，待整理预备好了，然后再开始前进。俄国现在所站定的地方——国家资本主义，比之欧美各国所走到的资本主义制度，实更前进。此后文明的先驱，便将非俄国莫属了。

我们批评一人的事业，似不应以其暂止的现状为对象，因为这种行行又止的情状，不过是系一种战略，我们当自其所趋向的目标而加以评骘。况且如李宁这样的大事业，岂能与一般可以目观其成，可以收效于旦夕之间的普通事业等量而齐观？我们要当着眼于未来。常言说，人生功过，须盖棺以后，才可论定，然而李宁的事业则非盖棺便可论定的。所以他的功过毁誉，现在似不能说，只有等待后日史家公允的论断了。

由上所述，我们对于李宁的死，殊可说是"创业未半，中道崩殂"。但是，若谓因李宁的死，所成的事业便将颠覆，这却是不至如此的。要是他的病没，系在三数年前，那末劳农俄国或者因而不能支持，也说不定。但是时至今日，俄国地位已根深蒂固，不易动摇，李宁虽没，方针固毫不变更，况且继其后者，如赖柯夫，凯末纳夫，嘉利宁，斯泰林，姬采林等，类皆一时之选，必能承其遗志，以抵成功。若是，李宁在天之灵，当亦无所遗憾了。

或有以为俄国对于李宁的死，必将如蜀汉之失孔明一般。劳农俄国从此便将立不住了，所谓主义也要消灭了，但这是不明时势者的见解。盖时势虽能由英雄的产生得以促进，然不必因失去英雄，时势便停顿不前，——凡进步的时势仍是要向前进的。况且现在的俄国，其前进方向业已确定，决不至因李宁之死，而踌躇莫决。反之，要是俄国前此所采的径路，是违逆时势的，那末或许因李宁之死而停顿退却，也说不定。然而俄国现在所取的方向，却是顺乎时势，领导时势的。若是则李宁虽死，其无关俄国大局，盖属甚明。不观李宁逝后，不旋踵间，而英而意，相继承认，俄国情势，反有开展之象？我们由此，对于李宁死后的俄国当能思过半了。

(《东方杂志》第二十一卷第三号，1924年2月10日，署名 诵虞)

29.《李宁死时》(《东方杂志》第二十一卷第三号，2月10日)

《东方杂志》第二十一卷第三号发表云的《李宁死时》，全文如下：

一月二十一日，李宁在距莫斯科二十哩郭尔基(Gorki)地方，骤然晕去，不省人事，历一个小时，乃卒。次日嘉利宁在议会中宣布其死耗几喑不能言，闻者莫不泪下。Lashevitch 称，此后当以一月二十一日为李宁纪念节云。

李宁虽是养病在外，但此次暴卒，实为人所不及料。因为他近来病已日有起色。初时，他只听人读新闻的标题；后来他能自己选择，叫人读那一段了，他麻木的右手，虽不能写字，但据侍从《人》说，他也能佐左手执笔了。到了圣诞节前，他还能出外到林中去行猎。故凯末纳夫在议会中有李宁病愈，不日即可复职之言，这还不过死前数日的事呢。

(《东方杂志》第二十一卷第三号，1924年2月10日，署名 云)

30.《李宁传略》(《东方杂志》第二十一卷第三号，2月10日)

《东方杂志》第二十一卷第三号发表幼雄的《李宁传略》，全文如下：

最初实行社会革命，创建劳农政府之俄罗斯联邦社会主义苏维埃共和国人民委员长尼古拉李宁（Nicolai Lenin）于本年一月二十一日因脑充血症死于莫斯科郊外的山中，用红柩盛殓，于二十五日举行国葬。不特俄国人民若丧考妣；全世界无产阶级也莫不同深哀悼。现在节录李宁一生事业作李宁传略以飨读者。

李宁的家庭

李宁，不是李宁的本名，乃是他在革命运动时为避免迫害而用的假名；他的本名实为佛拉第矛、伊立溪、乌利埃诺夫（Vladimir Tlyitsch Ulianoff）。一八七〇年四月十日生于窝瓦河（Volga）所流经的辛襄斯克（Simbirsk）。父出农家，为小学校的管理人，热心教育，声望很盛。又因为做过辛襄斯克市政府厅的参议官，得了贵族的称号。死于一八八七年，即当李宁中学毕业转入客桑（Kazan）大学之时。母在客桑有些少土地，但在夫死后更得有恩给金，足以维持生活。所生三个儿子两个女儿，各能专心致志，研究艺术，音乐，科学，文学。同时又鉴于专制政治下面民众的悲惨，起深切的同情，谋解放之途径。李宁一生的事业可说是已在家庭中埋下了根苗了。

一八八六年的五月，（李宁十六岁）起了一大悲剧，给与李宁以极深刻的印象，就是李宁之兄亚历山特尔（Alexander），因为主谋暗杀俄皇亚历山大第三，被处死刑。原来俄国早有一种秘密结社，名为民意党，于一八八一年三月一日暗杀了俄皇亚历山大第二，虽然他的结果反使政府的监视愈加严紧，党员或下狱或被杀，弄得烟消云散。但是他的精神却还存在当时智识阶级青年的脑里，便有一群人想在暗杀亚历山大第二之第十六年即一八八七年的同月同日暗杀亚历山大第三。不幸事机不密，同志十四人全数受缚，其中五人宣告死刑，而李宁之兄便是五人中的一个。这事对于李宁的刺激，如何深切！李宁的革命运动，也许是在此时下的决心罢。

亚历山特尔处刑后，李宁的母亲自然把全个的爱注于李宁身上，而李宁也同样的爱敬她。后来她移居瑞典，李宁虽在被俄皇追案，四处亡命之时，也常到瑞典去访问母亲，以娱乐其晚年，直至一九一三年她死。

少年时代

李宁在辛襄斯克中学毕业，因他是"大逆不道"者的兄弟，不得入俄京的大学，乃转入客桑大学的法科。但只有一个月，便因为加入学生革命运动的嫌疑，被命退学。

一八九一年李宁（二十一岁）始由乡间出至彼得格勒，在彼得格勒大学学习法律经济，得了法学士的学位，而为辩护士，但却没有出庭过一次，因为法律家的事务原和李宁的性格不能适合的。

李宁由客桑大学来彼得格勒之时，本已感染马克思主义，所以一到彼得格勒，便四处访求同志。但是当时的俄国实在[为]民众派思想全盛的时代(所谓民众派就是民意党党员一类的人物,以米哈罗夫斯基为代表。他们以为俄国不必定像西欧诸国须经过资本主义的发达,却可以直接达到共产主义的社会。他们反对马克思的唯物史观,排斥马克思派"农民的无产阶级化便是向社会主义的过程"的思想)。那里找得到一个同志。因此李宁觉有与民众派辩论的必要,先发表一篇关于马克思主义的论文。这篇文字,被称为俄国社会主义之父的勃莱哈诺夫读了,便说"这个青年,他日定是一个危险人物"。未几,更和民众派的健将米哈罗夫斯基在论坛上交锋,用衣林的假名,发表了许多经济学上的文字,都以马克思主义为根据,批评民众派。民众派的根基大被动摇。至此李宁才为一般人所崇敬,乃与白普许金及少数劳动者,马克思主义者,设起一个小小的团体。二年以后,他们更在彼得格拉立起一个"劳动者解放斗争同盟"。李宁代表这团体,发起最初的劳动者同盟罢工。同时,他著作一种小册子,题为《罚金论》,用最粗浅的文字,说明马克思学说,秘密出版。

西伯利亚流刑中的李宁

李宁这种举动,虽为劳动者所爱慕,但官厅则深忌之,况当时自命为革命分子的智识分子,又多数和李宁背道而驰,怀有敌意。于是李宁终于被捕了,终于下狱了,一八九七年(二十七岁)的一月二十九日,便受了敕令流放到西伯利亚去了。此后至于一九一七年的二十年间,李宁大半是继续逋逃的生活。

西伯利亚的荒野,在他人看来只是沈默,无聊,和积雪而已,但在李宁却正是他读书和著作的最好机会。在那里李宁以衣立溪,衣林,体林,李宁的种种变名,发表许多小著作。最初的,题为俄国社会民主主义者的诸问题,是论俄国社会主义运动所应取的方针的。他主张俄国无产阶级,不待获得政治上的自由,须直接组织劳动阶级的党派,在同一时间,和专制政治及资本制度两者奋斗。此书一出,当时的社会主义者无不深加赞许,视李宁为将来社会主义的明星。尚有一重要著作,就是俄国资本主义的发达,说明俄国社会必须通过资本主义发达的径路,攻破民众派的主张。这书连当时资本阶级的学者间,也都承认是学术上的最大成功。

在这时候,俄国另有所谓资本阶级的自由主义派,颇占势力。他们为和专制政治斗争,想在社会上占据一个地盘,利用一群人民。但是像否认资本主义发达的民众派他们是不能联络的,所以他们很着眼在马克思主义者,想借用马克思主义的美名,去其革命的精神,而领袖劳动阶级。这派以白赖洛夫斯基及塞尔回为代表,创所谓"合法的"马克思主义的思想。这种主张,和李宁的思想不相容,是不消说得的。所以李宁那时除了与民众派论争以外,还须和这一个"假马克思派"争辩。斥塞尔回"不但是资本主义的学徒,且更成为资本家的学徒"。说他将来是必将"与劳动阶级宣告别离"的。这话后来果然应验,不多几年,塞尔回就弃去社会主义而改从立宪民主党了。

火花运动

西伯利亚徒刑的期限既满,李宁即被释回,但仍禁住大都会和工业地等繁庶地方。李宁不愿,便去俄国而出游西欧。在西欧最初的活动,是有名的《火花》杂志的创刊。

《火花》是一九〇一年(三十一岁)李宁与白来哈诺夫，买而得夫，埃克舍尔洛特，薄克来沙夫等一班亡命者共同发行的。但因为李宁是中心人物，普通便称为李宁的《火花》。《火花》为社会民主劳动党的中央机关，为全俄社会主义宣传的中心，在俄国革命史上，实有最大的功勋。用极薄的纸张印刷，秘密输入俄国。

李宁在《火花》上最重要的论文《是从何处着手?》一篇，这实是俄国共产党纲领战术的基础，鲍尔希维主义的精髓。第二年又延长这篇论文，出了一部《当何为?》的小册子。在这一部书中，李宁本其革命的精神，把当时运动上一切的难题，论述解决。因他的态度是挑战的，热情的，丝毫不容妥协的，所以后来成为争论的主题，二年以后社会民主党有鲍尔希维克和门塞维克二派之分裂，十五年以后有无产阶级独裁主义和反革命主义的对立，实已肇端于此。

《火花》不但是思想上的战争主体，也是团体运动的中心机关。李宁等见俄国形势有组织劳动阶级党派之望，便特行组织委员会。李宁为《火花》杂志的主笔，同时又是组织委员会活动的中心人物。

在这里要补充数语，一述李宁之妻。李宁之妻名奈台奇达、康斯坦丁诺那、库鲁泼斯卡耶(Nadeshda Konstantinovna Krupskaia)，她也是《火花》的干事，和组织委员会的干事。她用化学方法制了一种墨水，创造一种暗号，和俄国全国的同志，秘密通信，替李宁分劳，李宁的同志徐诺维夫说："李宁的一切事业，得他的妻子的帮助，实不少呢!"

李宁在西欧的活动，自然免不了要被人视为危险人物，自然免不了要被驱逐，于是忽而门占，忽而不鲁日，忽而巴黎，伦敦，最后始在日内瓦觅得一所住处。

社会民主劳动党的分裂

一九〇三年(李宁三十三岁)俄国社会民主劳动党在不鲁日及伦敦开大会二次，其结果党人分裂而为二派。——鲍尔希维克(多数派)与门希维克(少数派)——分裂的原因不能详知，约而言之：门希维克主张缓进，鲍尔希维克主张急进，二者宗旨不同罢了。次年李宁著了《一步前进二步退却》一书，即是攻斥门希维克的。那时各种机关报连《火花》杂志在内，都不幸归于门塞[希]维克的掌中。于是李宁别刊一种新闻机关，名为《向前方》。这实是鲍尔希维克最初的机关。同时李宁发刊一种经济论集，销行甚广，以此收入充发刊向前方的费用。

第一次革命与李宁

在一九〇五年(三十五岁)俄国第一次革命起时，俄国社会民主劳动党正在伦敦开第三次大会，这也可说是鲍尔希维克的第一次大会。同时门希维克则在日内瓦开协议会。二大会对于革命的态度，显然不同。李宁在这会议中主张"革命不当仅以达到资本阶级共和国的出现为止"，而当实行社会主义革命。在那时他已把将来他为苏维埃政府领袖时所要解决的一切问题——如无产阶级的专政，没收资本，世界革命的计画等，全部决定了。

在这次革命中，表面上李宁虽未尝出头，但暗中却给与很大的援助。如彼得格勒劳动代表委员会，虽为门希维克所创立，而实际上却多赖鲍尔希维克的指导。故革命失败以后，门希维克便归罪于劳动者要求过大，换言之，即因劳动阶级听从鲍尔希维克指导。但是李宁则说："这实是伟大的革命，虽不成功，将来必更起一次革命。民众已苏醒了，胜利是可必须的。"

反动时代中的李宁

当革命起时，李宁因获大赦而归国，及其失败，反动时代复起，李宁又成为亡命之人。一九〇六年（三十六岁）在芬兰，一九〇七年（三十七岁）在瑞士，一九〇八年（三十八岁）往巴黎。

一九〇八年之秋，李宁的同志徐诺维夫等亦出监狱，与李宁聚集一处，便在日内瓦发行新闻《社会民主党》和杂志《无产阶级》。后来共同迁居巴黎，最后又移至加里细亚的山地克拉可作为定居。因为此地邻接俄国，和俄国革命运动容易联络。

在此亡命时期，李宁的生活，非常穷迫，时有疾病，营养又不充分，尤其是在巴黎的时候，生活极为悲惨。且当时同为亡命之徒的门希维克，又常常仇视李宁，甚至巴黎的一般社会也摈斥李宁。可见他那时的苦况了。

一九〇八年至十年（四十岁）是俄国革命运动最沈滞的时代，李宁除暗中宣传以外，又把他的精力，下在学理方面，向巴黎国立图书馆，借了很多的书籍，细细研究，在哲学上大有成就。一九一〇年遂有唯物哲学与经验批评——反动哲学的批评的著作。

社会主义运动的复活与李宁

一九一〇年，可说是俄国社会主义运动的新纪元，因为那年某工场发生罢工事件，劳动者被虐杀的颇多，第二年遂发生明显的劳动运动。李宁一派在彼得格勒公然发行名为《星》的新闻纸，在莫斯科又有名为《思想》的月刊杂志。在国会中也有极少数的一团劳动议员与李宁同志【交好】，李宁便教他们以革命的议会政策。

一九一二年（四十二岁）李宁的新生活开始了。因彼得格勒可以公然发行新闻，故李宁等乃自巴黎移住克拉可。是年一月，鲍尔希维克在柏拉格开协议会，新选出之中央委员会亦命李宁与徐诺维夫留住克拉可招集由彼得格勒莫斯科而来的同志。以克拉可为全俄国通信联络的中枢。这时李宁文字上的宣传运动，影响于后来的革命，殊属不少。

欧洲大战时的李宁

李宁留住克拉可，直到欧战勃发为止。在欧战发生以前，有所谓万国社会党者（即第二国际）曾于一九〇七年开大会于斯札得额特。通过一个重要议案，就是决定关于有国际战争时万国社会党所应取的态度的。开会时的俄国委员虽为罗撒卢森堡女士，但实和李宁协力。决议案的最后二节，最为重要，就是由李宁等所提出修正的。大致是"于开战危机切迫之时，用一切手段，尽力防止，乃是关系国的劳动阶级和议会中劳动代表者的义务。……既发生时，则当尽全力使其急速终止，并利用因战争而起的经济上政治上的危机，鼓吹民众，以促进资本制度的没落。"

但是大战开始了。各国社会党都中途变节，而协赞政府的军事费了。李宁在消息传到的时候，脱口悲呼道："第二国际死了！"此后李宁一听到第二国际一班领袖之名，直同资本家一样憎恶。

开战后的李宁(四十四岁)先居于瑞士，未几移住丘立虚。在各国战争的热狂中，他却静静地收集革命的分子。费了许多的时间和精神，在丘立虚创立了只有七人的青年劳动者团体。但当时瑞士的社会民主党，都不赞成李宁的活动，斥李宁破坏劳动阶级的一致。瑞士政府亦命李宁出境。幸李宁与徐诺维夫写了一封信，说"在瑞士时，决不放肆"，才得无事。这封信后来竟成为历史上的文书，在博物馆保存着呢。

第三国际组织的提唱[倡]

第二国际虽死，但国际社会主义的精神，却尚未死，各国社会党，虽因战争的潮流而破灭，但是少数的国际主义者，却渐渐恢复他的气力。而且各国社会党之中，也未必没有始终反对战争的人。所以开战的第二年，恢复国际社会主义的运动，渐次发芽。最初是意大利及瑞士社会党在卢格诺所开的协议会。其次是美国社会党在华盛顿大会的计画，和在哥本吟琴中立国社会党的会议。一九一五年三月又有库赖、诸得金女士所召集在贝伦开的国际妇人社会主义会议。

此种运动，其初多少和第二国际的国际事务局有点关联。到一九一五年九月，才完全脱离，发现而为反战争社会主义者的国际运动，那就是有名的哲姆美尔怀特的会议了。

这个会议各国社会党除英美外，大都参加李宁与埃克舍尔洛特，薄白罗夫共同列席，脱洛斯基最后一日亦赶到。李宁在会议中主张变帝国主义的战争为阶级战争，同时宣告第二国际的灭亡，有组织一新国际的必要。但是此时欧洲的社会主义尚在沈[沉]闭息时代，到会的人都没有奋斗的勇气，于是李宁等的提议卒以十九对十二票而失败。

哲姆美尔怀特会议之后，又有侃泰尔会议。在这会议中。[，]形式虽大有变化，即已由前会议所决定的平和的社会主义，进一步而为革命的社会主义，但李宁组织第三国际的主张，尚未能得多数赞同。直至一九一七年(四十七岁)九月的斯笃克疴姆会议才更进一步，而有创设新国际的决议，李宁乃得了最后的胜利。

复归俄都

一九一六年至一七年间李宁居于丘立虚，日在社会党图书部研读国际社会主义的书籍。至一九一七年(四十七岁)四月四日的夜间突然归国。李宁何以能归国呢？因为三月革命之结果，克伦斯基组织政府了，瑞士社会主义团体，特组织委员会，募集旅费，助俄国亡命者归国，先求法英瑞士政府许其通过埃尔汉格尔，不蒙允许，乃与德政府商妥以归还德国被虏在俄的非军事委员为交换条件，许通过德国的国境。于是李宁等得以归国了。有名的《被密闭的客车》即是李宁等回国时的故事。

李宁归国后，未几，鲍尔希维克与门希维克即开联席会议。李宁演说"此时我们应该弃去欧洲所谓民主主义的污物"。务使此次革命进为无产阶级的革命，若俄国起无产阶级的革命，全欧洲必能起而效之。但是当时鲍尔希维克的多数党员还视此次革命只为对于专制政治的革命，对于李宁的演说，大加反对，只有一个人——即郭冷苔夫人表示赞同。

大革命的成就

七月间临时政府决行对德总攻击。但因此时军队逐渐解散，民众要求面包和平和的声浪日高。七月之攻势终于失败。没多时彼得格勒又发生有名的七月革命，结果里伏夫辞职，克伦斯基继为首相。立宪民主党仍占优势，议会表决里内阁信任案，又竟与克伦斯基以无限的权力，而对德攻击失败的政府，至此一反而为对国外鲍尔希派克的攻击。十六日之夜，宪兵搜查真理的编辑所，十八日而有鲍尔希维克的大检举。李宁的背后，常跟随着反动主义者，屡欲谋刺，于是李宁又逃往芬兰。

但是当年九月科尼罗夫进军彼得格勒，这事暗中实有资本阶级为之主唆。而克伦斯基政府亦有参与隐谋的关系，卒至柯氏受缚，克伦斯基内阁因此瓦解。

那时的李宁，知时机已到，以为劳动者有掌握政权的必要。适值彼得格勒开民主大会，李宁急由芬兰寄书共产党(即鲍尔希维克的改称)中央委员会。陈说现今应该急速包围全俄民主大会的会场，即时收取政权。但中央委员犹以为尚早。李宁迫不及待，急行归国。与踌躇不决者相争辩。

十月之末，彼得格勒起了一个大示威运动。同时共产党的中央委员，讨议即时崛起的问题。全党中的智识分子，和彼得格勒的领袖劳动者，卫戍兵的代表者无不列席。智识分子中，只有李宁脱洛斯基二人赞成武装起事，票决结果，崛起说终于败北。但那时突有一劳动者以紧张的面色，锐利的语气，大声叫道："我敢代表彼得格勒的劳动者说，我们赞成起事，你们只图苟且，但若你们坐视大局的破坏，我们早不必仰赖了。"这样一呼，便有几个兵士，随声附和，乃再投票表决，起事说遂得胜利。

但是尚有一派人反对武装的革命，李宁即作书指摘他们的谬见。——"我们不是弃去'将全权收归苏维埃'的标语，便须立即起事。其中更没有妥协的余地。"于是群众异言，十一月三日开会决定，十一月七月而惊天动地的俄国社会主义大革命开始发作了。未几而苏维埃劳农俄国出现于世界上了。李宁被选为劳农政府的人民委员长了。

解散宪法会议

革命成就的这般迅速，是出于李宁计划的精密，革命以后劳农政府设施的完全，也是李宁事前早有成算。

李宁是崇奉马克思主义的人，他的治俄政策，自必取法于马克思可不待言。所以他自革命成功的第二日起，即陆续发布许多命令，如土地国有令，银行国有令，工业国营令，国债废弃令，银行存款征发令，继承权废止令，铁路船舶国有令，都市不动产征发令，和私有〈骨〉古董品征发令等，他又知俄国人民教育程度尚未增高，劳农政府建设方始，国内中产阶级——亦即俄国的智识分子——必然反对，所以他极力谋中央集权，创立无产阶级的独裁制。这只看他对付宪法会议的手段，即可明白。

宪法会议于一九一八年三月三日开幕。首由苏维埃执行委员长宣告"俄国为苏维埃共和国"，列举劳动阶级的利益，请会众承认。谁知当时反对派群起反对，说李宁举动不啻攘夺政权。虽李宁多方辨解，而投票表决的结果，此最重要的议案竟不能占得多数而遭否决。李宁见大势不利，乃于次日发表命令，说宪法会议中的议员，多属中产阶级，勒令解散。

对德媾和

李宁是素来主张变国际战争为国内阶级斗争的。革命成功以后，阶级斗争已告胜利，则其对于未了的大战，自必急行宣言脱离，所以李宁于十二月间委派脱洛斯基等为代表，往普莱斯里多伏夫和德奥土保单独媾和，未几休战条约告成，次年三月十八日而媾和条约签字。

媾和条件是俄国吃亏，德国大占便宜的。当时在苏维埃大会讨议批准之时，大多数人极力反对。但是李宁说："人说这个平和条约是灭亡的条约，我更说这是加倍的灭亡条约；人说这个平和条约为不名誉的条约，我更说这是加倍的不名誉条约。"但他所以甘受这不名誉条件的，是预料这个条件，不肯接受，后来的条件恐怕更要灭亡更要不名誉的缘故。李宁以为在这时拒绝批准或者能邀协约国的欢心，但绝不能获得协约国的帮助，所以倒不如在这时接受之为愈了。

李宁在劳农政府的地位

以后关于劳农俄国的内政外交政策，及其后来的转变，虽均出自李宁等的策画，但本志已有详载，本文为节省篇幅起见，不再叙述。现在所要述的是李宁在劳农俄国所处的地位到底是怎样；而要知李宁的地位，却不可不先将苏维埃俄国的组织，约略一述，因为他的组织是和各国都不同的。

俄国所行的是一种特别的政治组织，可称为苏维埃政治。俄罗斯共和国宪法第十二条规定，"共和国的主权，属于全俄罗斯苏维埃会议。休会时则属于全俄中央执行委员会。"苏维埃会议由全俄国劳动者，兵士及农民的代表组成，为俄国的最高权力机关。凡一切立法，司法，行政等均由这个会议决定。中央执行委员会，由苏维埃会议选出，为立法，行政及监督的最高机关，指导苏维埃政府及所有苏维埃机关执行事务，又监督苏维埃宪法及苏维埃会议决议的实施，并审议政府所提出的建议，且可以制定并发布政令，法规。

至于一切行政事务，则另设执行机关，那就是人民委员会议，人民委员由中央执行委员选任，施行各部政务，发布政令训令。有时，可以采行必要的措置，但须求中央执行委员会的追认。

由此观之，俄国的苏维埃会议中和中央执行委员会犹如立宪国的议会。而人民委员会则犹如政府。从外表看来，政府的权力似乎很小，而在中央执行委员会之下。但是按其实际，人民委员既多由中央执行委员选出。则中央执行委员的干部人物，自然多被选为人民委员。所以二个机关虽分而实合。政府所主张的，中央委员会无不许可，可称为异体同心。再进一层，便是苏维埃会议其实也是异体同心。又进一层，三者和共产党的一个政党，也是异体同心。因此，机关虽有种种，其实一切权力都在共产党领袖之下。而言共产党的领袖，自然就是李宁脱洛斯基等身经万难，首创革命的一班人物了。

李宁在俄国。[,]言其正式的职务，只有三个：一是人民委员会的议长，换一个名字便是俄国的内阁总理。一是苏维埃会议的名誉议长，一是劳动及国防会议的议长。好像没甚权力。但因为他是劳农俄国的开国元勋，故在共产党为领袖，出席苏维埃会议，即为支配会议的人物，在中央执行委员会为最高干部，入政府又为总理。正式的职衔虽只三个，实权却支配全俄罗斯，真和专制国家帝王相差不远呢。再加上一九二二年七个苏维埃共和国并入俄罗斯而成联邦，他的权力更为扩大了。

李宁近年之病

李宁自一九二一年以来，屡有疾病，病源是因为一九一八年八月所受的旧创复发，同时又因为事务繁多，精神过劳之故。原来李宁自任劳农政府领袖以后，反对派和外国帝国主义者，几次想暗杀李宁，但一次也不曾成功。只有一九一八年八月末日，李宁在某工场演说回来，方欲上车，突来一女子，手中握着一书，假作要上请愿书的样子。李宁伸手欲接，枪弹猝发，连中二弹，几至于死，后经医生取出一弹；尚有一弹未曾取出，遂成为近年的病源。

李宁病发后又经医生取出枪弹，但一时伤痕难愈，不得不丢开政治，托人代理，自己往乡间调养，到了本年，旧病本已就瘥，却不料忽起脑充血症，竟于一月二十一日在莫斯科郊外山中的调养处，与全世界的无产阶级永告别离了。

杂评

像李宁这样的人物，据平常推想，总该是威风凛凛气概不凡，却不知他的相貌并没有惊人的地方。他身材短小，头颅圆大，额高而发秃，口阔，眼小，须发蓬松，成茶褐色。面上多波纹，一望而知其是饱经风霜的人。但却不能发见他刚健的气质，倔强的精神，吸引民众的势力在于何处。

李宁的演说，并无美丽的语句，轻妙的说辞，只是用强烈的声调，谆谆然把现实的话敷陈一番罢了。但却彻头彻尾有论理的组织。所以李宁并不想感动人，而反能使劳动者爱听。埃尔达洛夫说："李宁不是雄辩家，他只是伟大的民众的理解者。"就是李宁的定评了。

李宁的文章也和演说一般是很平易的。埃尔达诺夫说："他的文章比喻陈腐，言辞通俗，形容平凡，对于敌人的攻击，只是粗暴，而缺才华。……他对于欧罗巴的文明，和俄罗斯的文明，完全是门外汉。在李宁，以为这些文明，不过他所最憎恶的资本主义世界的产物罢了。"

李宁是伟大的宣传家。勃拉安得说："高尔基评论李宁，说他是化学家，不过他不用化学药品而以人类为材料，他和化学家一般与人间生活脱离，只以冷静，公平，无私而行试验。凡拿破仑，威廉，彼得等人都是这一类化学家。李宁的为人，是勇往直前，不稍顾却，彻底的，而且顽固的。凡领袖人物的素质，他俱完备了。……"

李宁的生活，是实行适用于社会生活的严格规律的。野菜汤和黑面包，茶和粥，这是斯摩尔尼（共产党本部所在处）同侪的食物，同样也是李宁夫妻和他的妹子的食物。他和一般人民同受食粮的分配。虽其后受刺，医生劝令多食滋养品，而李宁决不肯在规定的食粮以外多食一些。李宁又和兵卒和将校同样，睡的都是粗劣的床子。他这样刻苦自甘，并不是禁欲的冲动，只是实行共产主义的原则罢了。

李宁每日作事的时间自十五小时至十八小时。他作一事时，他事便毫不记忆。作他事时亦然。其专心如此。这就是他所以能成功的原因了。

(《东方杂志》第二十一卷第三号,1924年2月10日,署名 幼雄)

31.《诸名家的李宁观》(《东方杂志》第二十一卷第三号,2月10日)

《东方杂志》第二十一卷第三号发表愈之的《诸名家的李宁观》,全文如下:

高尔基(Maxim Gorky)

高尔基为无产阶级出身之著名俄国小说家,其著作风行全世界,俄国革命后颇表同情于新政府,曾应政府之命,编刊《世界文学丛书》。

就李宁自己所主张所信仰的学说看来,个人的行动,对于文化进步,是没有多大干系的;可是照我的意见,李宁自身却已是一个旋乾转坤的人物,没有了他,俄国革命是不会走上现在这一条路的。

我曾经拿他和彼得大帝相比,于是就有人以为拟不于伦,但从许多条件上看来,这种比拟,断不能算是过分。因为李宁不单是一个俄国的社会改造家,而且是世界的革命家,他不单是以意志改变俄国局面的伟人,而且他的意志,竟像是一面不停地击着的大鼓,数千年来,西方资本家主义的坚壁,与东方奴隶政治的黑窟,因了这鼓声,都不免要震破呢。

在这两年以来,我是这样的想着:在李宁心目中,俄国不过是一种试验材料,他所要建造的是全宇宙全世界的伟业,而俄罗斯不过是一个雏形罢了。有的时候我偶然感到俄国人民的困穷,虽不免有些怨激,间亦不满于李宁所做的工作。但是俄国革命的发展,其结果足以激起并组成某种的势力,赖此种势力以破坏全世界的资本制度,从这一点看来,便是他们真拿俄国当作试验品,我也就不能因此归咎于他了……

我并不想替李宁辩护,我固然无替李宁辩护的必要,而李宁却也无待于辨护。可是我对于李宁亦略有所知。他们那些自命为"客观的思想清楚的人们"常诋责李宁,说他是凶残的内战,恐怖,罪恶的主犯,于是使我不能不想到路德乔治了。当一九一三——一四年那时,路德乔治对于游德的英国教师,和游英的德国教师发表了几次雄壮的演说,竭力恭维德意志人民,但在同时期他却在预备枪刺礮弹以攻打德国人了。凡是被称为"伟人"的,如那最无耻的克莱孟沙,那些向全欧屠夫投信任票的社会党员;发明毒气体的科学大家;在一九一四年咀咒德国,一九一八年咀咒英国的那些大诗人——他们那些人真不知制成了多少罪恶,造作了多少暴行,全欧的文化都受其荼毒,他们现在还在继续鼓动俄国内乱,还在用了封锁以困俄国,还在用了饥寒残杀小孩子哩。

过失算不得一件罪恶。李宁的过失是君子的过失;在历史上没一个改革家是没有过失的。至于路德乔治,克莱孟沙一辈子却又作别论了,他们所犯的不仅是过错,他们是职业的杀人犯,他们故意造成罪恶,使个全民族陷于饥寒,他们有意要促成俄国内讧,其实现在想把贫乏的俄国,重新振作,使恢复生产能力,除鲍尔希维克外,实在没有势力可以肩此重任了。

现在言归正传,再来讲一讲李宁:当我执笔为文的时候,我个人对于李宁的主观的同情心,绝不至影响及于此文。我作此文时和对于别的俄国人物一样只把他当作一种客观的研究的对象罢了。

先论李宁的演说。李宁在劳农会中的演说,措词很单纯而诚朴,格调很简练而论理很明晰。在他的严格的言语中,绝对找不出那种卑陋的煽动主义,和雄辩家惯有的那种无意味的美丽辞句。至演辞的主旨,更非常彻底,非把人类社会的种种不平等根本毁灭不可。凡引用古文字句,一到了他的唇边,也变成锐利的非妥协的调子,使听众感得他的信仰是颠扑不破的,是绝对安定,而无怀疑之余地——这种信仰虽带热狂的倾向,却又全是科学的,绝不是玄学的或神秘的。在我看来,他实不遑注意于人类中的各个人,他所虑及的只在于全部——政党,民众,以及国家等,而在这方面,他却具有幻觉的天禀,具有天才和一个经验的思想家的直觉力。他又具有异常清晰的思想,这种清晰的思想,只有从始终不息的紧张的工作中才能得到呢。

有一个法国人有一次问我道:"李宁是一架有思想的断头机,你想对吗?"我便回答道:"我把李宁的心,比之于大槌的一击,这一击可不是轻易的,所被击的定是那恰值得击毁的东西。"……

有的时候,我被一种文艺的想像力所驱使,便发一个疑问道:

"李宁所幻想的新世界,究竟是什么呢?"

于是在我的眼前就映现出一个美丽的幻想的地球来,这地球是用了许多自由人的劳力改琢成的一块庞大的绿玉。在这地球里,一切人们都是智慧的,无论谁都对于他所创造的以及在他周围的一切东西,存着责任心。世界各处全是美丽的花都,里面都是高大的建筑,一切自然力都被人力降服了,利用了,以谋人自己的幸福,人于是真成为万物的主人翁了。人们的体力,更不至耗费于粗蛮及秽污之工作。全人类共同协作,竭其精力,以研究人生的基本问题。……

李宁毕生的基本目的,在谋世界的福利,他将有一日得见他的大事业的完成。他是一个理想主义者,——要是我们以信奉一种理想的人为理想主义者。他所信奉的理想,便是全世界的福利。要是在宗教热的时代,李宁便是一个圣人了。……

我现在所说的那个人物,是怎样的呢?在农民占着百分之八十五的国家内,——这些农民又个个都想做一个安富的资产阶级,他却有胆量敢于开始全欧的社会革命。因了这极大胆无畏的举动,有许多人就要说他是发疯了。便是我,有见于俄国人民的流离失所,一时也承认李宁这种疯狂举动,差不多是犯罪的。可是现在呢,我看见这些人民虽因不安分而受苦,却比安分工作更好得多了。于是我不能不高歌以颂赞勇敢的疯狂的光荣。李宁真不愧为世界最伟大的疯子呢!

兰斯伯雷(George Lansbury)

兰斯伯雷一八五九年生,为英国第一流之著作家及社会主义者,现任伦敦《Daily Herald》主笔,俄国革命后,曾两次往游,著有《游俄见闻录》(What I Saw in Russia)颇传诵一时。

我认识各国的许多大政治家，而且和我国统治阶级中人，也多相交游。但讲到才干，知识，志趣，胆量，在他们中间却没有一个人能比得现在俄国人民的领袖与指导者——李宁。

我和李宁以前不曾会见过，但现在我们一见便莫逆于心，便成为旧相识了。他讲话彻底的很，对于一切公私政策，他都坦白地吐露出来，全没有什么掩盖和遮瞒。

平常政治家所有的态度，他半点都没有；他绝不愿意摆什么架子。他住在克里姆林官的一所大建筑中，在以前是设法庭的，房屋很壮丽，可是他的周围却非常俭朴，和平常商人的办事室一模一样。他不用仆役，只有几个书记和打字生帮着他在那里做事。

我可以说，他除了睡眠时间以外，几乎每分钟都做着工作。除在电话隔断的时间外，他是没有隔着两三分钟不听电话的。

他说话和平常职工一样的诚朴自然，当他说话时候，我却细心找寻他身上带着的金刚钻——许多资产阶级的报纸都这样说——可是竟没有找到。我在莫斯科住了多时，委实没有见过一颗钻石哩。

我从照片上所见过的李宁，和当面见着的李宁，颇不相同。他约有五十岁，中等身材，背略弯屈。双目炯然作光，当和人讲话时，常注视其人之面，仿佛想要发现出对方语言中所隐藏的秘密似的。可是在这注视当中，又带着一种慈祥的表情，他的对人的态度，仿佛和父母对儿子一般。

但是李宁的特异点，却并不在于体质上，而在于他的铁石般坚强的意志与其决断力，他对于一切主张妥洽的人都反对，只有那些敢作敢为，主张彻底的人，才能和他共事。

他相信达到国际社会主义的最有效又最迅速的方法，就是一切的人，都聚了全副精神，大家干着。李宁自己便是世间第一个说的出，做的到的人。无论遇着何事，他都很宁静，便是去赴死，他也和赴阁议时一般的宁静。可是宁静虽宁静，遇到某种时机，他却又会得突然震怒的……

李宁一生的大志，是在把全世界的劳动者，从奴隶制和资本主义，拯救出来，以建立大同社会。"世界是我们的祖国，全人类是我们的兄弟，行善是我们的宗教"，这几句著名的格言，就是李宁的座右铭了。所以把李宁当做一种铁石心肠的杀人凶犯，这未免太可笑了。

这两年半①以来，是俄国革命的奋斗时期，其间几个革命领袖，不知经历了几许的辛苦艰难，而尤以李宁为甚。别的不算，他身上至今还留着仇人所击入的两枚子弹，不曾取出哩。可是在饱经患难之后，他却依然很勇敢，而且和小孩子一样的嬉笑自如；一切困难阻障，在他是毫不为意的。……

李宁乃是世界上最受人恨的人，也是世界上最受人爱的人了。我现在才知道，俄国人忍受战乱，饥荒，疫疠，而毫不怨恨的缘故了。他们的领袖，和人民同甘共苦，

---

① 按：这一篇文字是一九二〇年初所作。

且在得到权力之后,却不愿作威作福,视物质利益如敝履,这是李宁一辈子得人民信仰的原因了。

我这样描写李宁,可不是因为我同意于他的一切主张,——有许多基本事情,我却不能同意——不过因为我知道他是一个好人,是一个言行相符的好人而已。

在前代,俄国的专制皇帝,都被称为"俄罗斯人民的小父亲"。现在李宁却成为俄国的新的精神的象征了,不是专制主义而是自由主义的象征了。无论男女都爱他,甚至于愿为李宁而死,这并不因为李宁是他们的统治者,——李宁绝对不是世间的那种统治主——而是因为李宁是他们的伙伴,是代他们争得社会的经济的自由的恩人,因为李宁为了他们竭尽精神与体力,替他们作战,而自己却不希望某种的权利和报酬。

沙列尔(Georges Sorel)

乔治沙列尔为法国著名工团主家之作家,著述颇为宏富。工团主义与马克思主义主张本相背驰,惟沙列尔则颇同情于俄国革命。一九二〇年瑞士某报记者赛贝尔(Paul Seippel)曾著论文攻击李宁及脱洛斯基,沙列尔特草此文,为李宁辩诬,原文刊于其所著《暴力论》中。

我并不想多嘴多舌,和赛贝尔一辈子争辩;现在像赛贝尔那样拾了资本家的唾余,咀咒鲍尔希维克的很多着,我实在无暇逐一辩论。而且我也并不敢说,李宁的思想是脱胎于我的著书的,要真是这样,我对于李宁——马克思以后最伟大的社会主义的理论家,同时又是功业和彼得大帝相并的伟大政治家——的思想的发展,真能有所供[贡]献,那我真将不胜其骄傲了。

当巴黎共产党政府推倒时,马克思曾手草国际《共产党宣言》,这宣言是现时一般社会主义者所奉为圭臬的。但是一九一八年五月李宁论劳农会权力的演说,其重要却不亚于马克思的共产党宣言。鲍尔希维克将来会被协约资本家所雇用的反革命军所击败而破灭,那也未可知,可是无产阶级国家的那种新观念,却永不会磨灭了,苏维埃国家与资本主义列强联军奋斗的历史,从此将永为人间所乐道,这是一定的。……

时常有人说,李宁和彼得大帝一般,是想用了自己的力量,硬把历史改造一下。他想在他的国家采行社会主义,可是他错了。许多批评李宁的说,照社会民主的原则,社会主义只有在资本主义发展到最高度之后,才能采行,而俄国的工业,则向来因为官营,警察干涉,技术不高明的缘故,至今还非常幼稚。有好多社会主义者都说李宁的计画太近于理想,因为在私人资本底下,一切都用了半盲目的机械主义来办理,只有在审定某种方法对某种方法不对时,才要用了智慧来判断。社会主义的经济制度可就不然,一切都解放而成为自动的,所以要不是社会各部的人们都具有智慧,便不易驾驭;许多反对李宁的都这么说。

想把俄国社会主义,按放在健全的基础上,便必需极伟大的智慧,这是不错的。苏维埃政府一方面必须指示工业革命的引导者以先进的资本主义的某种优越的法则,而一方面更必须施以道德的教训,使人类下劣之本能,不复至于猖獗。

李宁常说,使俄国社会主义制度立于稳固地位其难千倍于对外的军事作战。这句话不算说的过分。他又说一切的革命政府永不曾遇到像他所遇的难题,这一句话也是真的。向来从事改革的人只消把一切坏的制度尽量破坏,以后便可不管。可是鲍尔希维克则一方既要破坏,一方又要建设,一方固然要打破资本阶级,一方又要严重建设新社会,使寄生阶级无处安身。

工业的进步,非经过多次试验,是不能成功的。生产的指导者当改换一种生产方法的时候,中间不能不略略停顿,以找寻别种较为适宜的方法。这就叫"经验的多学的多"。李宁并不是那种专尚空论不顾实际的理想家;在革命以后,他从实际上所得来的经验,他都很愿意细心研究哩。

罗素(Beritrand Russell)

英国大著作家罗素于一九一九年游俄,归国后所作游记,曾于四年前揭载本志,现在再把中间访问李宁的一节重录于下,以见这一位哲学家对于劳农国家首领的意见怎样。

我到了莫斯科之后,就和李宁用英语谈了一个钟头。李宁的英语很不错,所以虽有一个翻译在旁,却用不着他。李宁的房间装饰很简朴【,】只有一张大案桌,壁上挂了些地图,两口书架,一把请客坐的安乐椅,此外便是两三把硬椅罢了。他不爱繁华,也不爱安适,这是显而易见的。他很和气而且很恬淡,全没傲慢的样子。要是有人遇见他,不知道他是谁,也不会想到他是一个握大权的人,而且再也不会想到他是个著名人物的。这种不摆架子的人物,我从来没有遇见过。他迫近身子瞧看来客,一只眼睛闭着,仿佛能够增进别一只的视力似的。他笑得很多,初笑好像是表示和好和欢悦,后来渐渐知道笑中是略有恶意的。他是很专断,很沉静,毫不畏惧,毫不为己;他实在可以代表理论的实体。[,]觉得唯物史观便是他命根。他好像一个大学教授,在一方面希望人家对于他的学说,能够了解,在一方面因为人家误解他的学说或反对他的学说,又非常愤恨;大学教授极喜欢向别人讲解学理,李宁却也是这样的。我觉得他对于大多数人都看不上眼,他简直是一个文化的贵族。

我对李宁的第一问,便是:他承认英国的经济政治情形有若干特点? 鼓动武力革命到底是不是加入第三国际的必要条件? 这是我所亟欲知道的;虽然因为别人已正式问过,我没有直接问他。他的回答不能使我满意。他说英国革命的时机还没有成熟,因为劳动者对于议会制度还不至于发生恶感。但他希望只要有了工党内阁便可以达到这种结果。他想假如叫韩徒生(工党领袖)去做首相,那么他一定干不成事,于是那班组合劳动者便会转到革命的路上去了。根据这种理由,所以他希望英国的同志竭尽能力,使工党得占议会的多数;他不主张脱离议会竞争,却主张加入议会,因为工党在议会得势之后,议会制度的坏处,便容易看出来了。我国多数人觉得在我国用武力革命既不必能而且也必不可的理由,在他以为毫不足重,以为只不过是资产阶级的私见。当我提出英国如何可以不流血而成功的话,他把这话完全撇去,以为这不过是一种妄想罢了。他关于英国的智识和心理想像,我领会得很少。马克斯主义的全体,委实是和心理想像相反,因为他是把政治上什么事情都归之于物质的原因的。……

我最后问他:要是和资本主义国恢复通商之后,也许造成资本势力的集中,共产制度的保存不免又加一层困难，这种事情一定不会有的吗？我觉得有许多热心的共产党也许有一种恐慌，以为对外通商之后，不免要把别种"邪道"引了进来，那时把现制硬做下去，便要不行了。我愿意知道李宁有没有想到这一层，他承认通商也许发生困难，但他说这种困难，比之于战争所生的困难，总要小些。他说，两年以前他和他的同党都想不到他们能够和全世界相敌一直到如今的。他们所以能够存立，他归功于各资本主义国的互相猜忌，互相离异，而且也归功于鲍尔希维党宣传的能力。他说，当时鲍尔希维党提议用传单去抵敌枪磅，德国人听了几乎笑死，可是后来才证明传单的力量确是不小呵。我看来他并不承认英国工党社会党干预过这件事。对俄大战不能发生多半是英国工党的功劳，因为工党抱反对的态度，所以英国政府不得不出于隐秘的行动，而且半吞半吐的否认对俄战争的事情；这一层他好像没有知道。

他对于北岩贵族（Lord Northcliffe）（《泰晤士报》《每日邮报》等的主人）的施行攻击，着实感激。他说要送一个勋章给他，因为他很有宣传鲍尔希维主义的功劳。他以为这种谩骂，在一方面使资产阶级听了害怕，至于劳动者方面呢，所得的却是反面的结果。

我想我要是不知道他是李宁，遇见的时候，绝不会当他大人物的；我觉得他太固执太褊狭了。据我猜想起来，他具有这般能力，是从诚实，勇敢，坚定的信仰——就是对于马克斯福音的信仰，这种福音很可以替代基督教殉道者对于极乐园的希望，不过利己观念比较少一点罢了——这几种好处得来的。他对于自由无所顾惜，也和饱受了笛阿克列辛（Diocletian）残虐之后一旦得势，便回报复的基督教徒一般；大概相信有一种万应良方可以医全人类疾病的人，和爱好自由总是不相容的。如果这话不错，那么我对于西欧各国人的怀疑态度，不能不深为庆幸了。我往俄国去的时候，自信以为是一个共产党；但一和那些绝不怀疑的共产党接触之后，却因此使我生了无限疑虑了，不单对于共产主义怀疑而已，凡坚信一种主义，甚至造成绝大苦痛而亦不恤的，我对这种主义也都怀疑。

赖柏巴尔德（Charles Rappaport）

赖柏巴尔德为著名之俄国社会主义者，现在侨居巴黎，此篇为其所著《Homage a la Republique Socialiste》——在巴黎出版——之一章。

这是一九〇二年的事情，他（李宁）的著书《当何为》落在我的手里。这一册《当何为》，其实不能算作一部著书，这实是一篇死刑判决书，——般斯泰因（Bernstein）所代表的"修正社会主义"和克里却甫斯奇（Boris Krichevsky）一派所宣传的工团派修正主义，都因这书出版而被宣告死刑了。

这一部小册子，把李宁的战略包括殆尽。李宁在这书里，和两派死战【,】一派是资本家的中产阶级；一派是机会主义者，凡披着社会主义或工团主义的服装的机会主义者都包括在内。

李宁的组织的才能，在这书里中也显而易见。李宁颇不满于时代的一般的倾向，当时俄国革命分子恐怖主义的战略失败之后，一时有昏睡的气象，李宁要把那些党人从昏睡中唤醒过来。他要求造成"职业的革命分子"，"职业的革命分子"就是专"为革命而生活，因革命而生活"的人们。他把当时的一切问题都详加分晰[析]，而最后则说明革命奋斗的必要。

农民问题是其中的一个急要问题。李宁以俄国君主专政是封建制度的遗迹。如欲使资本主义充分发展已筑成阶级斗争的基础，则必须先用了革命方法，推翻俄皇专政，因此李宁反对克里却甫斯基一派的"经济主义"，而主张政治的社会的革命战斗同时并进。他欲使农民同情于革命，所以主张增加农民的土地所有权。

《当何为》一书出版，在革命界中掀起了大波澜。许多革命的老前辈，对于李宁的主义，虽不能完全赞同，可是因为他们反对机会主义[，]所以都和李宁联络起来。

我和李宁相识是在巴黎会议时。当时我对于这位劳农政府领袖所得的最深的印象，是他的思想的清楚与坚定。那时李宁屡次说起"武装的叛乱"，从一个正统马克思主义者的口中，听得这一句话，在我生平还是第一次哩，旧派的马克思主义都已把革命看作陈腐的事情。

一九〇三年俄国社会民主党分裂而成二派，一派代表是马尔托夫(Martov)和亚克拉洛特(Alexrod)【，】一派便是李宁和他的朋友。李宁一派较略占多数——约多一二票[，]所以后来变便称为多数派——鲍尔希维克。我是主张合作的，所以既不加入多数派，也不加入少数派。在俄国社会党是不能公然露脸的，否则便立遭俄皇的毒手。要是党中再自行分裂，活动能力必大为减少。后来柏列克哈诺甫也和我提携，主张内部联合。

两派复合，表面虽告成功，而在事实上则内哄甚烈。凡遇党内报纸编辑会议时，李宁及徐诺维夫一派和马尔托夫及丹痕(Dan)一派往往互相争执，两不相下。彼时我和李宁渐成知交。他做事的本领真大。他是他的一派中第一个理论家，同时担任编辑，干事及演说。他的意志非常坚强，举一事为例：李宁一派中，有一部分人，如卢那却尔斯基薄格达诺夫(Bogdanov)等主张把马克思主义和麦赫(Ernest Mach)的教义参证一下。李宁深恐加入一种新义，会失去马克思学说的本质，而于战略上发生障碍。当时他已有四十岁了，却从新埋头于哲学的研究。他翻遍了各种重要哲学著作，最后发表一篇哲学论文，辨明他的友人的理论谬误，因此大为同党所敬服。以后李宁益趋急进，以为多数少数两派的联合是不可能的，遂又和少数派分裂。当时不但我个人反对，便是现在多数派政府中重要人物，如卢那却斯尔斯基，脱洛斯基等也很不赞同李宁的主张。但李宁以领袖地位，始终独断独行，决然与少数派分道扬镳，竟丝毫不肯退让。

但后来两派主张益走极端，无调和希望。多数派主张即实行阶级斗争，绝不留妥洽余地，而少数派则主阶级调和，暂与资产阶级携手。一九一七年克伦斯基革命既起，少数派便加入民主党，和克伦斯基一派合作。李宁则毫不改变主张，当时李宁派中，颇有因李宁主张过于操切，脱党而去的。甚至和李宁关系最深的友人们，如徐诺维夫，卢那却尔斯基，赖柯夫等，也因主张和别派左翼社会党合作，与李宁意见决裂，纷纷辞去党内中央委员职务。与李宁同一主张的，几乎一个没有。无论何人，无种意志如何坚强，到这时要想不调和，不妥洽，恐怕也不能够了。可是李宁却仍是不屈不挠，抱定主张，决不让步，当中略有异议的，都让他们脱离，绝不迁就，身受无数人的责难，亦毫不却步。这种非常坚决的精神，只有超人才能有罢！果然，到了不久，克伦斯基支持不下了，德军节节进攻了，协约将瓦解了。一切都出李宁所料，于是大家才佩服李宁的神智，脱党的从新回党了，反对派相继退下了。李宁才正式出场，以迅雷不及掩耳的手段，夺取政权，以快刀斩乱麻的手段，解决一切困难。具有这种旷古未有的大本领的人，我们无以名之，只能名之曰"Ecce homo"①。

现在我们还可再说几句话：李宁是民众的代表，他所代表的阶级，所失不过一锁链，而所得则天下。你能毁灭个人，却不能毁灭无产阶级，因为未来正属于他们呢。

(《东方杂志》第二十一卷第三号，1924年2月10日，署名 愈之)

32.《著作家的李宁》(《东方杂志》第二十一卷第三号，2月10日)

《东方杂志》第二十一卷第三号发表化鲁的《著作家的李宁》，全文如下：

像李宁那样伟大的天才，在近代历史中，委实没有第二个了。他是伟大的实际政治家，革命家，而又有辣手的外交家，但同时他又是学术界的明星，著作界的耆宿。他在社会科学方面，有不少创见，而尤于经济学上有绝大的贡献。李宁是祖述马克思的，马克思的学说因李宁而益光大。此外对于社会学，政治学都有不少的述作。再从他的一般著作中看来，李宁对于文学及科学也都有相当的研究。所以说李宁是世界的大学者，大著作家，实可以当之无愧。

李宁的著作时期从二十余岁起，直到五十岁止，中间产出不少的名著。但在革命未成功以前，李宁的著书多在国外出版，在俄国向被禁止发行，所以未为世人所注意，收集也颇不容易。革命以后的著述，多为报纸上的短篇论文及演说，散见各处，还不会收辑成集。因此我们只能把李宁一生的著述，择其最著名的几种，按照出版年代先后列举于下，此外李宁所作的宣传小册子，及杂志报章上的投搞论文，篇数过多，故不能列入表中。

一 李宁著作标目

（一）《俄罗斯社会民主主义者的诸问题》(The Problems of the Russian Social-Democrats) 一八九七年出版。

（二）《俄国资本主义之发达》(The Development of Capitalism in Russian) 一八九九年圣彼得堡 N. Vodovozova 出版。

（三）《经济论文集》(Economic Monographs and Articles) 一八九九年圣彼得堡"Obragovanye"出版。

（四）《当何为》(What Is to Be Done?) 一九〇二年德国斯比德额德 Dietz 出版。

---

① 意言荆冠的都督。

（五）《告贫农》(To The Peasant Poor) 此书发表社会民主党对于农民问题的主张的；一九〇三年，瑞士日内瓦俄罗斯革命社会民主同盟出版。

（六）《一步前进两步退却》(One Step Forward, Two Steps Backward) 这是讨论政党的内部危机的；一九〇〇年日内瓦出版。

（七）《民主革命时社会民主党的两种政策》(Two Policies of the Social-Democratic Revolution) 一九〇五年日内瓦俄罗斯社会民主工党出版。

（八）《社会民主党的农佃纲领变迁史之一页》(A Page from the History of the Social-Democratic Agrarian Program) 此系一九〇五年至一九〇六年间所发表的许多论文，一九一七年汇辑成书，由彼得堡 Zhizn i Znanye 公司出版。

（九）《俄国下院之解散与无产阶级之目的》(The Dissolution of the Duma and the Aims of the Proletariat) 一九〇六年，Novaya Volya 公司出版。

（十）《一九〇五年至一九〇七年俄国第一次革命时俄国社会民主党之农佃纲领》(The Agrarian Program of the Russian Social-Democrats During the First Russian Revolution, 1905—1907.) 一九〇七年著一九一七年彼得格勒 Zhizn i Znanye 公司重版。

（十一）《唯物哲学与经验批评》(The Materialistic Philosophy and Emperiocritreism) 对于反动哲学的批判；一九一〇年出版。

（十二）《帝国主义——资本主义之最后一幕》(Imperialism, the Latest Stage of Capitalism)；一九一五年作，一九一七年彼得格勒 Zhizn i Znanye 公司出版。

（十三）《俄国之政党及无产阶级之目的》(Political Parties in Russia and the Aims of the Proletariat)；一九一七年彼得格勒 Zhizn i Znanye 公司出版。

（十四）《论战术书函》(Letters on Tactics) 一九一七年彼得格勒出版。

（十五）《革命之教训》(The Lessons of the Revolution) 一九一七年彼得格勒出版。

（十六）《关于在农业中资本主义发展的法则的新事项。》(New Data Regarding the Law of Capitalist Development in Agriculture.) 第一卷系述合众国农业经济中之资本主义；一九一七年彼得格勒"Zhizn i Znanye"出版。

（十七）《国家与革命》(The Sate and Revolution) 一九一七年彼得格勒出版。

（十八）《苏维埃政府的急要问题》亦名《工作中的苏维埃》(The Immediate Problems of the Soviet Government or the Soviets Government or the Soviets at Work) 一九一八年彼得格勒出版。

（十九）《无产阶级革命与叛徒考茨基》(The Proletarian Revolution and the Renegade Kautsky) 一九一八年彼得格勒出版。

除此以外，李宁将英德各国经济学社会学名著各种译成俄文，其中尤以翻译英国韦白氏兄弟(Sydney and Beatrice Webb)所著《劳动组合的理论及实际》(The Theory and Practice of Trade Unionism) 一书为最著。

（《东方杂志》第二十一卷第三号，1924年2月10日，署名 化鲁）

33.《李宁在巴黎时》(《东方杂志》第二十一卷第三号,2月10日)

《东方杂志》第二十一卷第三号发表李劼人的《李宁在巴黎时》,全文如下:

>巴黎通信
>
>创设苏维埃制的李宁死了!在他生前,全世界的人有友之的,有仇之的,有怀疑之的;我相信到他盖棺之后,不管是那一派人恐怕都要长叹一声:"斯人其逝矣!"
>
>我们先不必拿事之成败来论人,先不必管他所笃信的主义对不对,我们但把李宁一生的行为,志趣,胸怀,言论,换言之,就是他平生的历史拿来统观一下,无论如何,我们都觉得这是一位世界的伟人,因为他的思想行动给与世界的影响委实不小,而且这影响是没有时间性的,便再过百年也有存在的价值。
>
>不错,李宁算得是世界的伟人。崇拜伟人,把伟人看作偶像,这又是人类不可免的通病;当李宁生时,为他作传,为他制造佚事的已经不少了,就是把他视为鼠疫的,也愿意听听他的故事,这又是人类好奇的本性,他如今死了,他的行为结束了,给他作传,收集他佚事的自然更多;我们就以法国人来说,法国人除少数表同情于红俄的社会党共产党无政府党而外,大都算得是李宁的仇敌,政治家如此,资本家如此,贵族绅士们如此,乃至平民也如此。平民为甚么也要仇视李宁?就因为苏维埃赖账不还,法国平民吃的亏不小!但是,李宁死耗传来,虽然法国尚未承认苏俄,政府没有表示公开的哀悼,而舆论界却一致尊崇李宁的为人,为苏俄悼其失此栋梁。全法国的报纸都连篇累牍的登载李宁的历史,多数党的学说与运动,好奇的新闻记者还不惮烦劳,在书籍以外来收求李宁的佚事以求餍足阅者的好奇心,如《巴黎每日报》(Le Guotidien)的记者就是一例。
>
>这一篇记事是《巴黎每日报》一月二十四日登载的,我觉得这种东西并不含时间性,虽然这篇译文在中国发表时尚需时日,但不嫌是"明日黄花",仍有一览的价值,所以就毅然的全译下来。
>
>但是读者诸君须先记得李宁是他的假名,他的真名姓叫作佛拉第矛,伊立溪,乌利埃诺夫(Vladimir Hitch Ulianov)。并须记得他是一八七〇年四月十日生于辛襄斯克(Simbirsk)【,】他于一九〇七年在巴黎旅居时已三十七岁。以下便是《【巴黎】每日报》的译文:
>
>在横贯巴黎色伦河左岸上的居民日昨〈昨日〉听见李宁死耗时,一定于无意之间就忆起乌里亚诺夫先生在巴黎作客时的情形。
>
>谁人曾说过李宁住的房子是没有看门人的?不对,我明明白白的记得李宁有一个看门女人就在这巨都中距闹市不远,孟苏利区内(Quartier de Montsouris),马利罗斯街(Rue Marie Rose)里。
>
>于是我就一直走到这街的第四号,但是李宁时代的看门人已不在那里。所幸那位后任看门人很和气,很热心,引着我去拜谒李宁的故居——此时住居其中的是一家贫

寒的店员。

这房子只有两间极小的寝室，一间极小的餐室。窗子外有一线天光，这一方是清静的街道，一直到现在犹未被巴黎的烦嚣所扰，那一方是一片小院子，其间晒满了衣服。

看门人向我说："李宁在这里住时，每年付房金七百佛郎，我知道人家从不曾叫他搬过家。现在已没有一个人认识他了。但你可以住德郎钵街（Rue Delambre）去访他的同乡哥罗尔哥夫（Korolkoff）【，】因为这个曾同他生活过。"

半小时后，哥罗尔哥夫先生就应我的请求，为我谈起李宁故居中的陈设来了，他说："乌里亚诺夫的动用东西是很简单的。两张铁床，一只立厨，几张白木桌子，几个用来堆书的家具，这房子里算来只有书多，到处都是。

"李宁生活在巴黎，全靠革命党中央委员会会长的一点薄俸，这是你可以相信的。

"他的穿着也随便得很。况这事又与他无甚重大关系。人家时常看见他戴的都是那一顶圆顶常礼帽，而他的外套他从没有更换过……

"说到这上面，我可以给你谈一件最足以见他性情的逸事。就是在一九〇七年之际，社会民主党人会议，决意向英国银行家借一笔大款来做宣传费。担任办这交涉的便是李宁与高尔基（Maxime Gorki）两人。及至他们把事办妥回来时，高尔基通身都换了新衣，而李宁不但没有换，并且裤子上还磨了一个大洞。

"李宁的饮食说起来也没有甚么，他用餐时许多朋友都常常走来碰见的。朋友们一来，他必先奉一杯茶，然后便欢然谈起他对于人事的种种观察和意见。

"他普通讨论的艺术，特别恨的是戏剧。他的妇人和他相反，偏偏最爱音乐。有一天，我们相约把他的书夺了，强迫着引他到一个音乐会去。他声言几乎厌倦死了。

"他喜欢的是工作。有几个月的光阴深居在家里做书。只有晚间十一点钟才出门往北车站把他逐日为《布纳乌达报》（Pravda）做的评论交到火车上去。早间他起的早，晚间他睡得晚。

"他是一个下将棋的高手，在他极稀少的闲暇时候，他就极喜欢拿这东西来消遣。他也喜欢独自一个人跨着脚踏车到巴黎四周的乡下去游行，回来时必为他丈母克鲁士卜喀夫人（Kroupska）采一束野花，其时他丈母也在巴黎，他很喜欢她……

"然而这并不是感情上的事，他所喜欢的人只是一般与他性情相合而能为之用的！……"

我别过哥罗尔哥夫之后，便唤了一辆摩托车坐上，一直走到孟巴纳士大街（Boulevard Montparnasse），与哈巴侬大街（Boulevard Raspail）交角处一家名叫罗东德（Rotonde）的咖啡店来。这里是一个艺术家与学生的会合处，而孟巴纳士一般留居的外国人都愿意于晚餐后到这里来相晤。大家相传说从前李宁与他的朋友和政敌辩论的地方就在这咖啡店内，不过总得寻一个实在才对。不幸，这地方从一九一〇年以来就变了样子。现在他已变成一个孟马尔特的时髦分店了（按：孟马尔特是巴黎欧场舞榭，酒食征逐的地方）。而色伦河右岸的繁华也涌到了这里。对于我，这里实在没有运气可以碰得见一位旧日的常客，因为他们早都迁往那比较清静的地方去了。

然而偶然却如了我的愿。

柜台上的管事向我说："这个人他就是罗东德的一位老主顾。"

说时，他便指了一位饮者给我。这人正坐在一张大理石面的桌前，看一本绿色封面的杂志。

这人便说："哈！我认识他。瞧，他从前总是坐在那边，就是在这柱头后面。这不是一个常客，他来的时候很少。我常会见的便是他的朋友脱洛斯基(Trotsky)喀美纳夫(Kameneff)克伦斯基(Kerensky)等。这般人每天下午从一个小餐馆内出来便在这里来渡他们的光阴的。

"他们又常下将棋……但是，他们辩论的时候最多。我只零零落落的听得一点。记得有一晚那辩论好生激烈；不过我所能听得入耳的，就只几个在政治上最为我注意的人名，因为俄国话太难懂……"

相传李宁又常在国立图书馆里看书，以及做他重要的作品，于是我又走往图书馆去。

果然有一位图书馆老助手尚记得有一位短小先生，名叫乌利埃诺夫的。他一来总是取许多的书而且要把书留着下次看，就因为这事，常与这助手多少口角。这助手还在墙孔中取出一大叠借书券来，都是李宁用过的。大概是社会学书，政治经济学书之类。

助手又说："他时常偏着沈思，也不写也不读，好像一位老年人。我那时还以为他也同有一辈子似的，到这里来只为的暖脚。"(按：凡图书馆冬日都备有热气管，巴黎与外省皆知此，有许多穷学生和穷人不能烧火的，便到图书馆借名看书，其实是取暖。)

《【巴黎】每日报》的记事只这一点，自然是不足以餍读者的所欲，我打算利用这机会再另外说一点有趣味的事给读者。这是法国巴黎大学教授，现代著名的社会学家季特先生(Charles Gide)于去年十一月游俄，正逢苏俄六周年国庆，给法国报纸寄的通信(按：季特先生的作品国内介绍翻译已有多种，想读者或能忆及这个人)。我觉得他这篇表示感想的文章写得生动详细，而且很诚实，借他来觇察俄人对于共产党政府的感情，以及最近的莫斯哥社会状况是不会有错的。况季特先生是社会学家，他说的话断不会像文人的矜夸，所以我极愿意把他介绍给读者看看。

季特先生的通信说："莫斯科正在大办佳节。明天十一月七日，是共产党革命的六周年纪念日——已经六年了！

"红旗遍街飘扬——在这中间我没有看见一面外国旗——街石上铺满了向日葵子的空壳，这都是贪嘴的俄国人吐弃的。

"典礼由莫斯科苏维埃在一所光华耀目的大厅里举行，以前这是"贵人厅"。

"而今日，他千盏电灯所照耀的并不是那剑履锵然的羽林骑士的制服，只照着一大群穿套衫，穿短上衣，穿各色衬衫，或是穿佛兰绒衬衫的人们。

"大家都站起来唱《国际歌》(L'Internationale)——须知这就是俄罗斯共和国公布的国歌。又站起来唱《改正歌》(Derechef)【,】这是赞美为革命而死者的国歌。

"跟着便是演说的人们：这是李宁的代理人喀美纳夫——我请你们看清楚演说者又上来了，这是共和国总统卡里宁（Kalenine）（法国人都以为李宁就是总统，其实错了，李宁只如国务总理而已）。

"苏维埃共和国的总统是一位工人，但他今天却穿的大礼服。他一面用着公共集合场中演说者的亲密样子在演说。一面就在高台上大步的走来走去。

"李宁不曾来：他病了。但是演说者每一提到他的名字，全体都站了起来又唱《国际歌》。这一场足有二十次，站起来，唱歌，坐下去。任凭甚么大弥撒都比不上。

"高台上又涌现出一个年青水手来，两旁辅着两个兵。一阵喝采声，众人都站起，又一次《国际歌》。

"我想起了。这水手便是朝光（Aurore）铁甲舰水兵的代表，这舰于一九一七年十一月七日驰入纳伐（Neva）河，炮击帝宫，与革命军以胜利之威的。

"这水兵声称海陆军都已准备着抵抗全世界来拥护革命。

"这真是大日子。天气晴明，据说前几个纪念日都如此——或者十一月的天气在俄罗斯是特别的好，就如维多利亚时代的英国人所说的'王后时'一样。

"全莫斯科的人都来到赤场（Place rouge）。拥在克郎兰墙（Les murs Kremlin）下，因为阅兵礼就在这里。好不容易，我们亏了共产党人的向导，才达到特为外国人设的棚下——在这里的外国人并不多。

"赤兵集合在那里——有人告诉我一共是三万零九人。说老实话，所谓赤兵不过帽上一片红布，灰色军装上一些隐秘的徽章罢了。

"这军装实在不好看：就是一件长至脚胫的宽便衣配着毛线冠，睡帽，长缨遮阳帽，倒搭在耳朵上的旅行帽等等。

"这自然由于天时使然；但是一看见他们整了队，密密的站成了一道墙，登时就威风八面的了。

"骑兵也一样，跨在他们鞑靼种的小马上，外帔飘着就和骑马女人的袍子似的，但也态度肃然。

"我在国内就是七月十四日的阅兵也没有看过（按：七月十四日是法国国庆日）【，】自然是不能判断一种任何军队的优劣的，不过我那位参与过若干军事行动的英国同伴却很为动容。

"一座演说台在军队的迎面立起。演说者差不多就是昨天那几位，错了，今天还多一位惹特金（Clara Zetkin）——革命党的老前辈。他们都陆续演说起来。

"每一场演说后，军队就发出一阵呼声，这呼声不是临时乱发的，是预先学会要依着音韵来的。每一大队里都有一种特别声音，但各队发声时总在前一队几秒钟之后，以致这喧声便从这一队到那一队绵延起来，渐喊渐大，缓缓的把这广场喊一周遭，喊到出发点上才止。这真是奇怪的举动。

"演说毕后就检阅全军队——只没有坦克炮车——于是每一大队走到总统座前时又发一次喊。其次就检阅服兵役的"青年共产党"，又次便是数不完的各种协会和国家工厂的工人们，他们肩上捐的不是枪，是他们的工具……

"景像又变了。各种队伍都回到他们的原住地方去了,现在这个城完全属了小孩子。街上的车马都停了,因为要把地方让给载小孩的摩托车:各学校都有他的摩托大车。

"只这一个俄国孩子便已美丽极了。他头上顶一片羊皮就如圣约翰巴底士特一样,况更有五十个堆在一辆无篷的大摩托车上,他们也一样的大喊着。

"我在俄罗斯受的最大的激刺——就如大家在报纸中看见把刀含在口中的暗示一样。——或者就是多数党给学校儿童们的这种过度的暗示了。

"戏院中最好的包厢是儿童们的!莫斯科收没的各大商人的大厦是儿童们的!海边大公爵们的府第也是特给与儿童们过暑假的!

"我深懂得这种暗示最有用:就是用来训养下一代的革命党。他们还有戏剧和电影的暗示,都是同一样的目的。这一定不是我们听惯的那种包含平常意思的学校:老实说这是赤学校。但是这般小人儿都带有满意的样子。

"奇怪的,就是在俄罗斯只看见小孩子和少年。老年人到那里去了?他们逃走了吗?他们枪毙了吗?他们饿死了吗?他们仿佛夜影一样【,】当看这新世界的朝阳便晕绝了吗?

"我现在还不知道,我只觉得我的白头发好生惊诧,我似乎就如老西欧的一个鬼魂似的。

"走了吧,不如归去!"

(《东方杂志》第二十一卷第三号,1924年2月10日,署名 李劼人)

34.《李宁轶事》(《东方杂志》第二十一卷第三号,2月10日)

《东方杂志》第二十一卷第三号发表幼雄和化鲁合著的《李宁轶事》,全文如下:

李宁之恋

劳农俄国之首领李宁于一月二十一日死了。他的一生作为,早已喧腾众口,不待在此处赘述。我们所欲知的李宁并不是他的真名,他的真名实为佛拉第矛,伊立溪,乌利埃诺夫(Vladimir Ilitch Ulianov)。他所以用李宁的假名,是和少年时代的一件恋爱事情有关。

李宁生于窝瓦河之旁的一个小村,家贫。幼时非常粗暴,十三岁的时候,因为殴打了一个富家子弟,被学校斥革。他的父亲不过是一个小学校长,不敢抵抗。因此李宁心中便怀着阶级不平之念,愤愤而去乡里。同他的长兄到诺洼秋格司克访问他的伯父。他的伯父名哥司太里夫,是哥萨克骑兵队里的将校,便把他留住。

那时他的伯父正在乡间召集马戏团。中有一位少女名为李宁亚(Lenia),幼年丧母,被父亲卖入马戏团。零丁孤苦,实使李宁一见生怜。因怜而爱,因爱而恋,当时他们二人是几于无日不相过从,于是就成为知交了。

一日李宁亚至李宁处,见李宁方撰一稿告成,署名"李宁"(Lenin),颇为讶异,便问"这名字什么和我的这般相似"。李宁说道,"正要表示不忘你啊!"这就是李宁的名字第一次出现于世上。

自此以后,李宁不幸父死,复归故里。未几入客桑大学(Kazan);但不久又因李宁之兄谋刺俄皇,被处死刑,李宁亦被大学革除。于是无意求学,开始热心于革命运动。

李宁因革命运动,饱尝了穷迫放逐的痛苦,但对于马戏团中的李宁亚却寤寐不忘。李宁亚自与李宁别后,跟了李宁的伯父到处卖艺,而在李宁被大学斥逐之时,马戏团因生意萧索,即被解放,李宁亚也便在那时返归故乡了。

李宁既知李宁亚归家,即自往访,一别六年,相见甚欢,谁知李宁亚父亲非常顽固,不准李宁亚留李宁在家。二人无奈,只得又告离别。

此后李宁又曾进圣彼得堡大学肄业,但终被驱逐,继续革命运动。其间曾下过牢狱,放逐至西伯利亚,也曾逃往外国,最后风云际会,卒得驱逐克伦斯基,一蹴而为劳农俄国之大执政官,以至于今。但他的恋人李宁亚则自李宁至西伯利亚后便断绝消息了。

革命成功后的第二年,共产党在彼得格勒大会,宴会正盛之际,突来一贫穷人入见李宁,极口谢罪,一面跪下,向李宁所着靴鞋接吻。一时众人都觉希奇。这人便是李宁最初的恋人李宁亚的亲父了。李宁因记念旧情,待他非常优厚。但李宁亚则已不知何处去矣。

莫泊三爱读者的李宁

李宁的前半生,流放在国外的时间最多。其间在瑞士日内瓦住了不少时日。日内瓦即现国际联盟所在,地处日内瓦湖上,为欧陆著名胜地,李宁居住在那里,除从事于宣传运动外,复自修学业,广读群书。自来伟人,其人格的修养才识的造就,得之于书本智识者为多。李宁后来得成为旋转乾坤的大人物,劳农政府的首创者,也未始非得力于幼年读书之勤。法人泡台尔(Guy de Pourtales)从前在一九〇五年至一九〇八年间曾担任过日内瓦巡回图书馆的馆员,据他说,那时李宁颇喜读文学一类的书,而莫泊三尤其是他所最爱读的。一九〇五年,他借读莫泊三的女之一生(Une Vie),"Bel Ami","La Maison Tellier","La Main Gauche","Le Horla","Yvette",一九〇八年他又借阅莫泊三的《月光》(Clairede Lune)。嚣俄的小说及长诗亦为李宁所尝读。至曹拉的作品,只有一九〇五年才借阅过一册"La Terre"。此外法国著名文家,如杜德康考尔,佛劳贝尔,鲍瑞鲍尔伐克,洛斯丹等的作品,几于无所不读,而对于文学评论,文学史等著作,亦浏览殆遍,可见李宁当时对于文学的倾心了。

至于德文书,除黑智尔的著作以外,李宁所读的,只那些政治书籍。又关于历史地理的书,他也读的不少,而所最注意的却是关于朝鲜,中国,日本的问题,以及十九世纪的政治外交史法国革命史等。在科学方面,关于机械及心理学等书也时常借阅。

泡台尔最后说,总之李宁最爱读的书,不外法国文学及关于法国革命的著作。也许李宁把文学和革命看作一件事情罢。莫泊三的作品的特长,是对于现实有深锐明晰的幻象,李宁后来首创社会革命领袖劳农政府,举一切天大的现实问题,应付裕如,略无难色,这未始不是得力于莫泊三了。

李宁的外国语研究法

李宁作事,首尾彻底,永没有中途停顿的。他以为虽是小事,苟不彻底的做去,终不能成就。反之虽是难事,只要彻底的做去,终能成就。一天,有一个美国新闻记者威廉姆斯,前去访问。但因为他的俄国语极不纯熟,非常困苦。李宁便道:"我教你外国语研究法好吗?第一步你先把名词一个不漏的记熟了,又其次把动词一个不漏的记熟了,又其次再把形容词,副词,一个不漏的也记熟了。在后再将文法,一条不漏的也记熟了。……这样学外国语,是没有不会的了。"

逮捕罗马尼亚国王的命令

当俄国讲和谈判进行的时候,在罗马尼亚南部地方,曾有一群奥地利人,强迫鲍尔希维军队,解除武装。因此脱洛斯基急从柏莱斯德电告李宁,请立即逮捕罗马尼亚的驻俄大使。逮捕大使,真是前古未有之奇事。于是彼得格勒的外交团,三十九人,忙于次日早晨往见李宁。李宁不料到他们是为这件事而来,只道列强已经允许承认劳农政府了,着实高兴。

一见以后,才知道是为逮捕大使一事,李宁立即答应释放,且和三十九人一一握手而别。外交团出来以后,大家围着食桌,正褒奖李宁和脱洛斯基还算晓事。忽然急使到来,告称大使已被释放,但同时下令逮捕罗马尼亚国王了。

原来驻外公使有要求外交上礼遇的权利,国王不是外交官,却没有这个权利,所以李宁借此和他们外交团开一个玩笑,气得外交团目瞪口呆,无话可说。这真是一桩笑话。

(《东方杂志》第二十一卷第三号,1924年2月10日,署名 幼雄 化鲁)

35.《十月革命的领导者——列宁》(《中国青年》第五十二期,2月10日)

《中国青年》第五十二期发表秋人的《十月革命的领导者——列宁》,全文如下:

我们提起俄罗斯的十月革命(俄国旧历十月二十五日即阳历十一月七日,所以人多称十月革命),就不得不联想到这革命中伟大的导师列宁。他和马克思一样的伟大;不过马克思时代社会底客观的条件没有实现社会主义的可能,所以他只能创立科学的社会主义的理论,列宁时代就不同了:帝国主义者互相竞争,资本主义呈出衰败的现象,世界的情形已含有社会革命的可能,所以他能顺着阶级争斗发展的趋势,根据历史的事实,深入群众的运动革命,以实行马克思底理论。倘若列宁生在别的时代,他也不能成为伟大的列宁的。但是,话虽如此,如果俄国底革命运动中没有列宁底指导,十一月七日怕不会成功吧,至少,也要延些时日。季诺维夫说得好:"倘若劳动阶级没有在列宁底指导下面于适当的时机夺得政权，则我们在一星期之后，一定□看见最残酷的和最暴虐的资产阶级专政出现……同志列宁实在正正确确地算定了这一刹那(指十一月七日起事的时候)……"

列宁明白俄国底革命必须要无产阶级来统率才会成功。要无产阶级统率革命，必须要有合于无产阶级统率革命的党的组织。这党的组织必须要同军队的组织一样，要有铁般的纪律。在一九○○年的时候，俄国底革命运动正在勃发，而统率这革命的党——社会民主党——的组织非常涣散，不配负担革命的工作，列宁看见这种情形，就竭力主张改造党的组织，使适合于负担革命。他说："我们底无产阶级的党落在运动的后面；我们将重新改造；我们将表示只有劳动阶级底党能够做群众的革命运动的领袖；我们将不扶助任何别的革命的和在野的党派，但我们要使他们不得不来扶助我们，并且要使他们来跟从我们无产阶级的'马首'。俄罗斯的社会主义底整个的将来都靠着这一点。我们要达到这一点，我们必须拿起一把铁帚，扫除我们党中的一切机会主义的色彩，我们必须忍心地不妥协的与深入我们党中的一切资产阶级的倾向——披着任何社会主义的□服的假革命者宣战。我们必须选择真正的革命者，我们必须在我们底党中采用铁一般的纪律。……人家指责我们是雅各布主义者(法国激烈党人)。诚然，我们是雅各布党人。雅各布党人同劳动阶级的组织联成一气，就是革命的社会民主党底理想呵！"当时有许多人反对他底主张，甚至在伦敦会议的时候，因此意见而分成少数党和多数党(即现在的共产党)。于是多数党在列宁底指导之下，建筑于独裁的□铁的纪律的基础上，肩起俄罗斯底革命的工作。如果列宁在九十年代(一八九○年至一八九九年)不采用这种严密的组织法来改造他□底党，如果列宁在社会民主党分裂之后和在后来的多数党中放弃了这种主张，他们底党决不能有勇气和能力领导十月革命和十月革命以后的工作。

列宁不是一个革命【的】冒险者，他处处按照客观的条件开拓革命的道路。当俄国第一次革命的时□(一九○五年)，列宁喊出"在我们资产阶级的革命中，农工专政"的口号。这口号对于多数党人好像是晴天霹雳，他们都非常惊疑，纷纷驳斥，他们以为俄国是经济落后的国家，正在过资产阶级革命的时期，需要资产阶级来发展资本主义。"农工专政"这口号是把资产阶级当反革命的群众看，而与他们宣战。这不但不能实现社会主义，而且使俄国濒于破产。列宁回答他们说："农工专政不是今天的工作……但在现在国际的和俄国的情形之下，历史的必然，督促我们现在就向农工专政的方向进行。我们有二种可能：我们可以因革命底错误，而归于同地主和君主妥协；或者我们底革命可以得胜到底，并且引导我们国家到有整千整万的农民扶助着的无产阶级统治的路上，那末，我们底革命自然引起这些阶级和反革命的资产阶级之间的不妥协的争斗了。谁否认农工专政，谁必须先否认革命的得胜……"一年后，第二国际底首领柯祖基(他那时还忠心于马克思主义)，因为朴赛克汉诺甫问"俄国底革命将是资产阶级的革命？还是社会主义的革命？"回答说："俄国底革命将不是资产阶级的革命，也不是社会主义的革命，是世界上从未见过的一种新式的革命，他适在过去的资产阶级革命和未来的社会主义革命之中间。在都市里，为社会革命的开端，在乡村里，则为资产阶级的革命。因为俄国还未成□到完全实现社会主义的时期，而资产阶级革命的时期是已过去了。所以，多数党和列宁所采取的农工间延长的联合(柯祖基那时还犹豫用'专政'的名词，所以说'联合')。以反对革命的资产阶级的政策，是对的。"这条路正是俄国十月革命所走的路。十月革命使都市大工业国家化，逐出乡村的地主，同时保持乡村的小农生产业的形式。列宁在此革命十五年前，已经想出无产阶级必胜的法子了。

一九一四年，世界帝国主义的大战开始，各国□会党人都成为卖劳动阶级的奸贼和资产阶级的走狗，用"保护祖国"的口号，骗整千整万的劳动者为资产阶级到前线去送死。只有列宁和他底几个同志反对战争。他以为帝国主义者互相仇杀的时候，正是无产阶级起事的日子。他就喊出"前线(指交战在前线的兵士)亲善"(F□aternisation at the fronts)，"要结束帝国主义者的战争，须把帝国主义者的战事变为国内战争——起事"。列宁在他亡命的奥大利和瑞士竭力宣传，并且努力吸收革命分子。直到一九一七年三月，俄国底革命起了，推倒俄皇，产出一个克伦斯基政府。列宁设法回到俄国。他那时演说中有一段说："我们必须丢了社会民主党这面破旗，我们必须竖起共产主义的大旗，我们在俄国必须主张社会革命，不要'德谟克拉西'的共和国，而要一个苏维埃的共和国，募仿巴黎共和国……"他这种主张不但使资产阶级和机会主义的社会党觉得惊奇，甚至多数党人也觉得惊奇，但历史告诉我们列宁又是不错的。七月，彼得格勒起了反乱，列宁以为时机未至，不主张即时夺得政权。不过列宁对于这次革命中无产阶级应否夺得政权的问题，早已没有一点踌躇了；他所踌躇未决的，只是时机能否早一刻到来的问题。

七月事件之后，克伦斯基政府越压迫多数党了，列宁逼得再亡命于芬兰。自此以后，他就喊出"夺得政权"的口号，向劳动群众宣传。后来他寄信到多数党中央委员会，主张包围全俄民主大会底会场，用威力扫荡一切妖氛，即时夺得政权。可是中央全体委员以为时机未到，没有赞成他底意见。但列宁以为一刻不容缓了，就秘密地回到彼得格勒。十月之末，彼得格勒自然地起了一个大示威运动，于是多数党中央委员会就讨论"立即起事"的问题了。有一天晚上开了一个会，把"立即武装起事"的问题付表决，只有列宁和托洛次基二人赞成。这时有一个粗暴的劳动者站起来说："我代表彼得格勒的劳动者说话，我们赞成'立即起事'，你们可以随你们的便。不过如果你们旁观着'苏维埃'被破坏，则我们已用不着你们了。"这样一说，就有几个兵士附和着，于是再付表决，结果，列宁得胜了。

但是哪一天起事呢？列宁在十一月三日多数党领袖们的会议席上说："十一月六日，嫌太早；因为全俄劳农大会的代表在六日还不能到齐。我们底起事，不可没有全俄的基础。八日，又嫌弃太迟；因为这个时候，大会已经组织好了，在一个包容许多人的大团体中，不易取神速果断的手段。我们不可不在开大会的那天——七日——起事。……"果然，七日那天无产阶级起事了，推倒克伦斯基政府，"一切政党归于'苏维埃'"，十月革命成功了！第二日——八日——他就出现在彼得格勒，向群众宣布同德国单独媾和，虽则有许多人反对，终于签订白莱斯德，列脱夫斯克和约。列宁所喊出的"要结束帝国主义者的战争,须把帝国主义者的战争变为国内战争——起事","劳工专政"等口号,从此都一一实现了。

法国大革命中雅各布党首领某常常说:"要革命得胜,必需三种资格:第一是勇敢,第二是勇敢,第三是勇敢!"列宁有此三种资格,而且没有人能敌得他过。他不顾同志反对,主张改造党底组织,扫除一切不革命的分子,甚至分裂亦所不惜;他不顾同志反对,提出"农工专政"的口号;他不顾同志反对,毅然反对世界大战,并叫国内国内乘机起事;他不顾同志反对,坚持"立即起事",他不顾同志反对,主张与德单独媾和。结果,他终是得着群众底赞成,群众跟着他进行,成功了惊天动地的十月革命。

列宁现在虽然死了,但列宁主义仍然活着,世界革命正因此而蓬蓬勃勃。我们中国底革命运动,也必须跟着列宁主义的灯,向革命的正轨上走啊!

中国革命运动的领袖们,你们要中国底革命成功,你们也该学点列宁底勇气,毫不顾惜地拿起铁帚,扫除一切不革命的,而且是反革命的分子;你们应该毅然决然地实行你们所标榜的口号——打倒一切帝国主义,打倒一切军阀!中国底革命运动方兴未艾,中国底"十月革命"快要来到,我们拿着列宁主义的灯前进啊!

(《中国青年》第五十二期,1924年2月10日,署名 秋人)

36.《列宁之死与中国青年》(《共进》第五十五期,2月10日)

《共进》第五十五期发表松的《列宁之死与中国青年》,全文如下:

"我们的最亲爱的死了!"

全世界仍旧被黑暗的势力包围着,而领导全世界的无产阶级和被压迫的民族解除资本主义,帝国主义的锁练的世界社会革命的指导者列宁先生死了!我们被人侮辱唾骂的人们失了这样一个空前的伟大天才的领袖,听到了Krnpskaya(列宁夫人)的"我们的最亲爱的死了"的话,岂只使我们痛哭啊!

我们中国青年处在这样寂寞荒凉的社会之中,机会又特别恶劣,而我们的责任十分重大,革命的需要如此的急切;我们正努力献身于革命的旗帜之下,突然失掉了这样一个空前的伟大天才的领袖,听到了Krnpskaya"我们的最亲爱的死了"的话,更岂只使我们痛苦啊!

"赤旗飞翔全世界的胜利之日",世界革命的指导已经见不了了!从前我们希望他能得到医生的诊治,能和我们一同到"应许地"("Promised land"),可恨的自然竟拒绝了我们的希望!

"赤旗飞翔全世界的胜利之日",我们相信不久即可到的。世界革命的指导者虽已逝世,他为全世界大革命已筹备好了巩固的基础与计划。最可伤心的是他不能和我们一同到"应许地"!

我们不该只是痛哭,我们该领悟列宁暗示我们的是什么,列宁暗示我们怎样做。

"列宁是深知俄国国情的",列宁是中兴的马克司主义的创建者。我们中国青年应认识真正的列宁,学列宁革命的方法。大家集合到革命的旗帜之下来!

(《共进》第五十五期,1924年2月10日,署名 松)

12日(星期二)

37.《列宁逝世后之俄国》(上海《民国日报》,2月12日)

上海《民国日报》报道《列宁逝世后之俄国》,如下:

> 劳农政府公布死耗……今后保障不绝活动……病原为脑充血猝剧……决定二十一日为国丧
>
> 东方社二十三日莫斯科电　劳农政府以公报报告李宁逝世。并声明现开之全俄苏维埃脱大会及近日将开之全联合国苏维埃脱大会。今后须为劳农政府。保障"不绝之活动"。当为必要之□定。又发表李宁之死因。解剖之结果。为脑猝剧。又加利尼在苏维埃脱会议演说曰。余以为现今横于吾人眼前之最重大问题。在保持革命之成果。李宁实其创设者也云云。该大会已传檄人民。决定以一月二十一日为国丧日。
>
> 路透社二十三日里加电　莫斯科消息。列宁死于一月二十一日。当道已决定每年以此日为全国哀悼日。并令剧场及其他游戏场闭门一星期。
>
> 路透社二十三日巴黎电　列宁之死。由于脑充血。业以证实。徐诺维夫氏已声明继续列宁事业之决心。

(上海《民国日报》,1924年2月12日)

13日(星期三)

38.《两个广东工界的大会》(上海《民国日报》,2月13日)

上海《民国日报》报道《两个广东工界的大会》,如下:

> 游艺大会　追悼大会
>
> 五六两日、乃旧历元旦、中国国民党广州市第三区党部、为筹备组织工人俱乐部、并欢送全国大会代表、特借高师学校大礼堂开工人游艺会、是日会场饰置、颇为整肃、堂中满布红旗、令人一见兴奋、正面挂一横二丈余之布帘、上书国民党全国代表大会新通过之政策、侧挂该区党部工人党员提议之劳工保护法、一时开会、由该区党部秘书张瑞成宣布开会、廖仲凯主席、宣布开会理由、其秩序如下、(一)第一师军乐队奏乐、(二)浙江代表沈玄尘直隶代表于树德演说希望工人团结、加入国民党、以促国民革命之成功、(三)公益女生跳舞、(四)妇孺医校女生诗歌、(五)精武体育

会打包工会、工人相继演技、(六)新广州剧社演《恭喜多贺》独幕剧、至五时散会、晚七时继续开会、先一女界联合会工读学校女生歌诗跳舞、继由新广州剧社演白话剧、描写金钱万恶、无微不至、全场为之感动、此第一日之情形也、第二日由时开会、先承武汉代表李能至演说、次保姆女生跳舞、再次则有建筑工人打包工人精武体育会演国技、复有李之龙鲁易二人演唱北腔双簧、历数外国帝国主义之侵略中国、好像一幅诉冤图、后由执信学校华社开演《开年》独幕剧、表露青年人之活泼气概、亦殊有趣、此第二日之情形也、两日皆天雨、而到会者，有千余人之多、且闻当堂签名加入俱乐部者、亦甚多、即此一端、亦可见工人之团结精神矣、

　　工人游艺会闭会后、七日又开悼追列宁、与纪念"二七"死难的京汉路工友、是日有社会主义青年团工会联合会新学生社传单、在场散发、该会是由工会联合会暨各属工会发起、一时由联合会执行委员张瑞成主席、宣布开会理由、后由劳动周报社冯菊坡报告列宁之一生事业、及帝国主义者压迫弱小民族之烈、新学生社阮啸仙报告"二七"前后事略、及军阀摧残工人之残酷、旋由李之龙演讲施洋律师、因帮助汉口人力车夫之罢工、致触某国马医生之怒、及"二七"惨剧发生前、马曾亲到洛阳见吴佩孚、证明"二七"事件、全由帝国主义者主使、适俄国代表鲍罗庭到会、随请演讲对于列宁之革命功绩及主张、所说甚详、后李守常廖仲恺沈玄尘李能至等相继演说、大都谓工人们追悼列宁、与纪念"二七"死难烈士、须继续列宁及"二七"死难的工友们未完之革命工作、努力奋斗、打倒军阀、打倒国际帝国主义、方能争得集会结社等自由、与民族独立、解除外国经济的压迫、五时散会、是日到会者千二百余人、工人居多、秩序甚佳、是晚由新广州剧社排演《可怜》悲剧、描出在私产制度宗法社会下工人与女子所受之痛苦、尤足以引起工人阶级之觉悟、与革新精神、到会者竟多至三千余人、座为之满、站立而观者、亦数百人、又同日佛山工人亦有同样之举动、到会者五百余人云。

(上海《民国日报》，1924年2月13日)

16日(星期六)

39. "纪念二七并追悼列宁号"刊发(《新学生》第十四期，2月16日)

《新学生》第十四期刊发"纪念二七并追悼列宁号"，发表了《列宁死后之世界》和《列宁传略》等文章。

40.《列宁死后之世界》(《新学生》第十四期，2月16日)

《新学生》第十四期刊登《列宁死后之世界》，如下：

列宁死了！今后我们与他永无见面之期了！这种哀音传播出来后，全世界同情于他之被压迫的无产阶级与弱小民族，固然要为他堕泪，同声一哭，即平素反对他的人们虽心里以为他死了之后，则苏俄与第三国际将不能继续他的政策，苏联的局面将从此不得维持，各国的无产阶级与各弱小民族的联合战线将从此破坏？暗自欢喜，但表面上也要称羡他的功绩，表示悼惜。假使列宁是个个人主义者，则他死了，不过影响于他的家人，何能使莫斯科的数万民众环哭于赤坪塚陵？更何能使全俄的人民停工志哀并在各处树纪念坊？假使列宁是个国家主义者，则他死了，不过影响于他的党与一部分俄民，何能使全俄农人工人为之哀悼？更何能使全世界的无产阶级都为之哀悼？假使列宁是个社会主义的空想家，何能引起全世界弱小民族的哀悼？更何能震动反对他的人们？从这些事实看来，列宁之能感动人们者，全在乎他的主义与政策。

他过了一生都是凄惨的革命生活。观他能始终为主义牺牲，为无产阶级奋斗，入狱，出亡，视为等闲，便可知道他是马克思主义的笃信者；观他于一九一七年十月革命之前，他的同志们尚属迟疑不决，他偏能坚决的主张无产阶级革命建设劳农政府，便可知道他不但是个信仰马克思主义者，而且是勇敢的实行家。当十月革命之后，俄国内有白党之反动与旱荒之交迫，外遭帝国主义国家之封锁与威迫，他独能领导他的同志们实行新经济政策，以联合全国农工，使俄国之经济的政治的基础，渐趋稳固与发展；他又能领导俄国共产党与国际共产党决定：在工业发达的国家以工人政府为口号，在工业落后的国家以国民运动相号召的政策；便可看出他运用唯物史观的独到之处。因为他笃信而又能实行马克思主义，因为他能实行新经济政策与国际政策，所以能感动全俄之农工与全世界之无产阶级与弱小民族，能给帝国主义的联合战线以大大的打击。

然而他现在死了，他的政策会不会变更？国际的无产阶级与弱小民族向帝国资本主义进攻的联合战线会不会摇动？我们知道：他的政策之产生是运用唯物史观根据实际情形之要求而决定的；他的政策之实行是靠有组织严密之共产党的。假使他的政策不是以唯物史观的眼光根据事实的要求而决定，则在他生前亦很易摇动；假使他的政策是以唯物史观的眼光根据事实的要求而决定，但没有组织严密的共产党，则他死后亦必摇动。惟他具有唯物史观的眼光，又有组织严密的共产党以继其后，则他虽死，他的政策必无变更。

我们看到苏俄人民送葬时手中所持的旗帜，大书"列宁已死，列宁主义尚存"，"今日葬列宁，明日吾侪将继续列宁之事业"。又看加列宁之演说："全苏联人民将确守列宁之遗训，集全力以实现之……"可知道俄国共产党之坚决精神。

我们又看看，近东病夫之土耳其，已经成功国民革命而脱离帝国主义者之羁绊，远东病夫之中国亦已露出一线生机，领导国民革命的中国国民党已经改组成功，宣言联合弱小民族向帝国主义进攻。则又可知道帝国主义在近东之榨取场固已失去，在远东之榨取场亦将不保。今后之弱小民族的联合战线必日见巩固与发展。

我们更看看英国工人政府之成功与英意之承认苏俄，更可知道在帝国主义底下之无产阶级的胜利与帝国主义国家内部之恐慌，便是列宁的国际政策之成功，今后帝国主义之联合战线必日见崩壤。

(《新学生》第十四期，1924年2月16日)

41.《列宁传略》(《新学生》第十四期，2月16日)

《新学生》第十四期发表《列宁传略》，如下：

伟大的无产阶级革命领袖和导师列宁，原名夫拉地米尔，伊里奇，乌里雅诺夫。他曾为工人阶级开创了消灭奴隶雇佣奴隶制的道路，曾指示给劳动人民怎样在无产阶级领导之下挣脱悲苦生活的枷锁。

列宁在一八七二[〇]年四月二十二日生于新姆比尔斯克城。父亲伊里雅·尼古拉也维皮·乌里雅诺夫是新姆比尔斯克城的督学。母亲名玛琍亚·亚历山大洛夫娜·白兰喀。列宁的哥哥亚历山大·伊里奇曾参加民粹派，因被控谋刺沙皇沙亚山大三世，一八八七年被杀。此事对列宁一生革命事业影响甚大，一反其兄的恐怖方法，而采取了马克思的科学的革命理论。列宁有两个妹妹阿娜，伊里奇娜·玛琍亚伊里奇□和他的弟弟狄米特里伊里奇都是波尔什维克党人。

一八八七年，列宁考进了喀山大学法科读书，因为参加学生运动被开除，被迫送到克库什金诺村居住。

从一八八八到一八八九年，列宁加入了马克斯资本论的秘密研究班，在一八八九年，列宁移居撒玛拉，一直在那里居住了四年半，从事研究马克思、恩格斯的学说，并读到波列哈诺夫和考茨基的著作。

在一八九五年，列宁为了和"劳动解放社"发生联系起见，游历了端[瑞]士，巴黎，柏林等地共四个月之久。

一八九五年十二月二十一日，列宁在圣彼得堡被捕。

一八九七年五月二十日，列宁被放逐到米努幸斯克县苏幸斯高伊村。一八九八年春，克鲁波斯喀雅来苏幸斯喀伊和列宁结了婚。从此她辅助列宁为终生的革命密友。

(1)

一九〇〇年，放逐期限居满。一九〇〇年七月二十九日，列宁出国卜居瑞士。一九〇〇年十二月创刊《火星报》。一九〇二年春，迁居伦敦。

在伦敦，列宁主持《火星报》的出版工作，并和国内的工人运动发生密切的联系。

在一九〇二年的社会民主党第二次代表大会上，列宁和机会主义者及少数派展开了斗争。

一九〇五年，列宁在日内瓦居住。同年四月二十五日，列宁去伦敦，制订了多数派的革命策略底纲领："由资产阶级民主革命转变为社会主义的革命是一条锁链的两个环节"及无产阶级联合农民的专政。

在一九〇七年，列宁参加了俄国社会民主党在伦敦召开的第五次代表大会。

在一九〇七年，列宁和抵制立宪会议派斗争。一九〇八年完成了他的《唯物论与经验批判论》的巨著。

真理报第一号在一九一二年五月五日出版。

从一九〇八年终到一九一二年，列宁在巴黎居住。一九一二年七月初，迁居科拉科夫，以便接近祖国。

一九一三年十月，列宁主持了中央"夏季"会议，并报告了民族问题。

一九一四年第一次大战爆发后，列宁在奥国加里西亚被捕。不久，因奥国社会党人证明其为反对沙皇最力者才获释放，于是列宁又迁居瑞士伯尔尼居住。

一九一五年二月，列宁又迁移到沮利赫城，在那里一直停留到俄国二月革命。

自从帝国主义战争爆发后，列宁即著论反对第二国际的社会国家主义，提出了"变帝国主义战争为内战"的口号。

在帝国主义战争时期，列宁写了一本叫做《帝国主义，资本主义的最高阶段》的一本书。

一九一七年三月，列宁会同其他俄侨从瑞士经过德国去斯托克赫尔姆，又从那里经过芬兰回彼得格勒。列宁经过德国时是坐着特备的车箱的，按照条件下得与德国政权机关发生关系——因此有"铅封车箱"的传说。

(2)

列宁一踏上俄国的土地，马上便从事波尔什维克口号的宣传工作；在"七月运动"时期，更从事准备大革命的工作。因此深遭资产阶级所忌，临时政府下令逮捕，得到史大林同志的帮助，才顺利地转入地下工作，经过几度迁移，最后住在芬兰的赫尔森福尔斯。

在秘密情况下，列宁完成了他的巨著《国家与革命》。

九月十七日，列宁秘密回到彼得格勒附近的维波尔格。

十月七日，列宁到达了彼得格勒城郊的乌接尔纳雅站。

十月十日，列宁主持了党中央的会议，报告了武装起义的问题。

在十月十六日中央会议上，列宁指出武装起义不可再事延缓并组织了以史大林为首的军事革命委员会。

十月二十四日，党中央发出了武装起义的信号。十月二十四日夜至十月二十五日，按照列宁的计划并由列宁直接指导的起义得到了胜利。

一九一八年一月十四日，列宁第一次遇刺。

一九一八年一月，列宁所集中注意的问题是怎样脱离战争的问题。但这遭到托罗茨基和"左派"共产党员（布哈林，比答可夫，狄拉克，波列奥勃拉任基思等）的捣乱。这逼得列宁不得不采用最后通牒的方式去克服这些反对分子。一九一八年二月二十三日，列宁在报纸上宣言并在党中央会议上声明如不迅速接受德国的和平条件，则他将退出政府和党中央，并将在党内和工人阶级内从事公开斗争。列宁得到了缔结和平的目的。

一九一八年八月三十日在离开米海尔逊工厂时被社会革命党员加波郎所刺，受伤甚重。

一九一九年三月二日至七日，列宁主持了第三国际大会的一切会议，他的议题"无产阶级专政"奠定了第三国际的主要的历史使命。

一九二〇年十二月，列宁制订了整个经济纲领，主要的电气化问题。

一九二一年三月，在列宁所主持的党第十次大会上，通过了解散派系小组的决议案。

(3)

在第十次大会上，在列宁的指导之下，通过了实施新经济政策的议案。

一九二一至一九二二年初，发现了列宁病重的征候。

从三月二十七日到四月二日，列宁指导了第十一次联共党代表大会，列宁作了一篇很长的演讲。这是列宁参加的最后一次代表大会。在他所作的《新经济政策第一年总结中》，他指出新经济政策的教训是在于"和劳动农民团结着前进，虽然速度比我们所希望的要慢了许多，但实际上是群众底整体和我们并肩前进的。当这一运动开始加速的时期降临的时候，这壮阔的远景，我们现在是无法想象的"。

联共党十一次代表大会后，列宁提出史大林为中央执行委员会总书记，主席团即全体选举了他。

一九二二年五月二十六日，列宁病势有沉重的现象。这年的夏天，在哥尔基乡间渡过。十月初，列宁恢复了工作。他主持人民委员会苏维埃会议，参加党中央执行委员会议，在全俄中央执行委员会议上发表讲演。十一月，他在第三国际代表大会上发表了伟大的无产阶级革命五年成绩的报告。这也是他参加共产国际代表大会的最后一次。在大会上，他提出了争取群众，争取工人阶级的多数，奠定了联合战线的策略的基础。

十一月二十日，列宁在莫斯科苏维埃发表演说。他的结语是："从新经济政策的俄国，将成为社会主义的俄国。"

十二月十六日，列宁发生身体右半瘫痪症。一九二三年三月九日，列宁病剧不能言语，乃又去哥尔基乡间居住。

一九二四年一月二十一日下午六时五十分，此一代伟人与世长辞。

史大林在列宁灵枢前，代表全党以坚决而明朗的语气作了如下的誓言："高高地举起并保持我们党员的称号"；"努力保持党的统一"；"保持并巩固无产阶级专政"；"全力巩固工农联盟"；"巩固并扩大全世界劳动者的联合——共产国际"。

(《新学生》第十四期，1924年2月16日)

20 日（星期三）

42.《威尔逊与列宁》(《向导周报》第五十三、五十四期，2月20日)

《向导周报》第五十三、五十四期合刊发表章龙的《威尔逊与列宁》，全文如下：

近日死的威尔逊与列宁，均为世人所悼惜！不过世人对于他们两人多有误解，其实威尔逊以一代表资本帝国主义的美国的资格，跑到欧洲的分赃和平会里去提出好听一时的十四条，结果，成立一侵略的《凡尔赛条约》，酿成出几年的纷争。十四条不但为那时的各国资本帝国主义者所拒绝，即美国的资本帝国主义者亦坚决表示反对。所谓十四条，不过藉以骗骗各弱小民族和威尔逊自己偷得一个虚名罢了！

列宁却能创造苏俄，推翻资本帝国主义，代表无产阶级号召世界被压迫的民族反抗世界资本帝国主义，在东方提倡国民革命，在西方则提倡社会革命，极忠实的扶弱抗强，决非威尔逊可与之比。

在欧战时，列宁是一极端反对战争的人，威尔逊却是一代表美国参加战争的人，于此是非已明，试问那崇拜威尔逊的人当作如何感想？

（《向导周报》第五十三、五十四期，1924年2月20日，署名 章龙）

43.《有诚意敬悼列宁吗？》(《向导周报》第五十三、五十四期，2月20日)

《向导周报》第五十三、五十四期发表德民的《有诚意敬悼列宁吗？》，全文如下：

在前几年，若高倡社会主义，欢迎列宁，一般反动派的人们以为这是大逆不道，危险分子。

到现在，列宁死了，哀悼列宁的学生们，工人们，革命党人，他们是列宁底朋友或是同志，以列宁底朋友或是同志去哀悼列宁，这是很平常的事。也是应当如此的事。可是我独不解有些无聊和最黑暗的旧官僚，至今也要敬悼列宁了！

我并不反对任何人敬悼列宁，由从前反对社会主义和排斥列宁派的人，至今进为敬悼列宁的人，不能不说是他们底进步！

不过，不能不使我有"有诚意敬悼列宁吗？"的疑问：

当此苏俄在国际上地位日益增高的时候，一些没有一定主张的人，至此不能不随风而转趋向于苏俄。

不然，难道在从前是没有了解列宁及苏俄吗？因为没有了解列宁及苏俄，所以才反对高倡社会主义及欢迎列宁吗？

如真因为没有了解列宁及苏俄，以致于完成他底反对行为，这还有可以原谅的地方。

可是敬悼列宁不是假意能够做得到的；必定要由敬悼他的诚意，进为他底真正朋友或同志，与他底真正朋友或同志去继续他底革命事业。

中俄邦交至今尚未恢复，民众中虽充满了承认苏俄的口号，可是卖国的北京政府始终仰从各国帝国主义者底意旨，破坏中俄感情，我们敬悼列宁的人们，应当扫除此种障碍。

由《苏俄宣言》归还的中东路，至今直接的操纵于旧俄白党，即间接的操纵于法国。此种事实，人皆明白，我们敬悼列宁的人们对此应当有切实的反对及办法。

苏俄全权代表加拉罕君来到北京、向我们已再三表示爱感，而北京政府对之冷谈已极，我们敬悼列宁的人们，应当联合全国人民直接与加拉罕君缔结最惠国的条约，彼此团结，共同解放东方哥各□弱小的民族。

不然，我们何必敬悼列宁？何必向工农的苏俄讨好？

德民寄自济南

（《向导周报》第五十三、五十四期，1924年2月20日，署名 德民）

44.《列宁碑》(《向导周报》第五十三、五十四期，2月20日)

《向导周报》第五十三、五十四期刊登陈独秀的《列宁碑》，如下：

列宁的伟大，我们本不能否认任何人有崇拜他的权利。但我们要知道列宁的伟大，乃在扶助劳苦平民，反抗一切帝国主义及军伐财阀；中国许多恭维帝国主义者或军阀财阀的人，以前极口毁谤过激派，现在也都伸出头来赴列宁追悼会，并且附和着要为列宁建纪念碑，这班人懂得列宁的伟大的在那里？他们难道忘记了列宁是过激派么？

（《向导周报》第五十三、五十四期，1924年2月20日，署名 独秀）

25日（星期一）

45.《追悼列宁详情》（广州《民国日报》，2月25日）

广州《民国日报》报道《追悼列宁详情》，如下：

昨二十四日正午十二时、中国国民党在第一公园开会追悼苏俄革命领袖列宁、军政工商学警各界人士均有到会致祭者、各界挽联祭文、琳琅满目、兹将追悼情形、汇述如左、（一）会场之布置、第一公园门首用缘松叶、砌结"中国国民党列宁追悼会"十字横额、园内遍插青天白日党旗、园中搭盖大棚厂为会场、两旁悬挂挽联祭幅、祭坛排列鲜花、悬挂列宁遗像、坛上横悬孙总理祭帐一幅、"国友人师"四字、园内由公安局长吴铁城派出游击队、及东路第一路警备大队兵士守卫、而大本营卫士队、东路军、西路军、湘军等、均派队站列会场保护、该会派员在园内散派传单、及列宁象［像］片、（二）赴会之人物、是日赴会追悼者为孙大元帅、李参谋长、杨总司令、刘总司令、林部长、廖省长、孙市长、吴局长、柏军长、邓支部长、各军代表、各区国民党分部、（三）开会之秩序、是日正午十二时四十分钟摇铃开会、其开会秩序表、（一）奏乐、（二）主席宣布开会理由、（三）主祭及祭者向列宁行三鞠躬礼、（四）宣读祭文、（五）奏乐、（六）演说、（七）俄代表鲍罗典答词、（八）奏乐、（九）拍照、

(十)散会、(十一)体团到会自由致祭、(四)开会之情形、孙大元帅列席、由廖仲恺主席、吴铁城赞礼、主席宣布开会理由、略谓今天是我们中国国民党追悼列宁先生、列宁为世界上一顶大的革命家、为被压迫的民族谋解放、故今日同人在此地开会追悼列宁先生、以志纪念、演毕、由大元帅主祭、齐向列宁遗像行三鞠躬礼毕、由□鲁宣读祭文、奏乐、林子超演说、俄代表答词、廖仲恺演说毕、奏乐、礼毕、余赴会各团体列队致祭、均向列宁遗像行三鞠躬礼、(五)大元帅之祭文、大元帅致祭列宁文云、中华民国十三年二月、俄国苏维埃政府领袖列宁先生之丧、孙文既与同人追悼、乃述哀词曰、茫茫五洲、芸芸众生、孰为先觉、以福齐民、伊古迄今、学者千百、空言无施、谁行其实、惟君特立、万夫之雄、建此新国、跻我大同、并世而生、同洲而国、相望有年、左提右挈、君遭千艰、我丁百厄、所冀与君、同轨并辙、敌则不乐、民乃大欢、邈焉万里、精神往还、天不假年、与君何说、亘古如生、永怀贤哲、(六)林森之演说辞、林部长子超演说词云、今天国民党党员及本党首领、开会追悼苏俄革命领袖列宁先生、大家要晓得我们有一很大感想、俄国从前是一个专制国家、现在变成为共和国家、是列宁先生手创的、所以对于列宁先生、举国皆崇慕景仰、从前李鸿章以俄国很有野心、多反对俄国、自从列宁先生创改俄国后、其主义儌明、是为世界被压迫民族谋解放、由本国做起、现在世界上差不多有思想的人、都崇佩列宁先生的主义、现在世界上不能无死、止有主义能解除人民痛苦、于世界上有辅助的、才是千古不死的人、他的主义是极好的、可行的、还须努力想法将他达到、才是今天开追悼会的意思、(七)俄国代表之答词、俄国代表鲍罗典、用英语致答词、由孙市长翻译、词云、国民党总理、国民党党员、军人、长官、我代表俄国对于今天亲热追悼列宁先生、是我很表示谢意、今天诸君追悼列宁先生、表示中国国民、对于我们伟大领袖列宁崇拜意思、列宁先生是领袖俄国、将俄国成为世界上自由独立的国家、今天诸君在这里崇拜列宁先生、做列宁先生的后盾、使中国成为独立自由的国家、今天追悼会在广州、因广州为三民主义的策源地、中国革命事业之成功、都在广州同志之奋斗、因此广州同志追悼列宁先生、是比其他地方更加慨痛的、今天我们同志是因为我们同心同德为主义而奋斗、今天在这里追悼我们领袖、希望我们主义可以达到目的、我今天来到此、中俄两国、是要一致努力奋斗、因为中俄两国同病相怜的国家、在俄国未革命以前、受外国帝国主义的压迫、中国亦然、俄国经六年奋斗、已将外国帝国主义打破、中国人民若能效俄国的奋斗、中国也可成为世界上自由独立的国家、列宁先生是你们总理最好的朋友、所以你们首领总理特来此地主祭、表示哀悼、列宁先生不但是中国最好的朋友、且是世界上被压迫民族的好朋友、所以世界上被压迫的民族、很信仰他的、将来国民党建国成功、中国统一之后、中国对于列宁先生的信仰、是更大的、诸君须天天在此奋斗出去做工夫襄助国民党、帮助你们总理、把中国统一、如不替汝们领袖努力、而徒知口说、今天是不配来追悼的、国民党总理、同志、国民诸君、我今朝对于诸君表示谢意、并希望诸君在这里下决心、为主义奋斗、为党为国努力、能使中国革命成功、这是我们对于诸君的表示谢意和希望的、(八)廖仲凯之演说、廖仲凯演说词云、今天俄国代表鲍先生、说我们要实行国党民主义而奋斗、使中国成为独立自由的国家、今日中国是何种感想、中国现在情形何若、白鹅潭兵舰几何、外国势力若何、中国自改元以来、至今十三年、乱事多少次、已经四五次了、此乱何来、大家都说第一次、是袁世凯、袁氏是借外国两万万借款、才可以乱中国、我们要知袁世凯如不得两万万借款、则中国乱从何来、第二次、是外国人劝袁世凯做皇帝、第三次是督军团造反、解散国会、督军团如不得日本借款、试问有何方法以捣乱、我们又知袁氏未做皇帝以前、外国人士都来劝他、他们以为不如此做法、则中国不乱、中国不乱、外国无利益、这就是外国帝国主义压迫之明证、故要将帝国主义打破、今天追悼列宁先生、列宁先生是打破帝国主义的实行革命家、六年以前、俄初革命、世界上帝国主义的国家、都骂他是强盗、来反对俄国、今日世界上如英美都来承认他、果何先倨后恭耶、因他们先欲压迫俄国、后至无力量、故乃承认俄国、现俄国已有地位、均是由奋斗得来、若止靠他人做便饭、是要饿死者、所以今日在此追悼、我们应受此最大的教训、

(广州《民国日报》，1924年2月25日)

3月
3日（星期一）

46.《世界与列宁及列宁主义》（上海《民国日报》副刊《觉悟》，3月3日）

上海《民国日报》副刊《觉悟》发表士炎（赵世炎）撰写的《世界与列宁及列宁主义》，全文如下：

在列宁未埋葬以前，苏联政府就纷纷接到各国工农或平民团体底吊唁电报。甚至第二国际底首领也拍电与第三国际底中央，对列宁之死致唁。这个电报且说：第二国际与第三国际底政策虽不同，且成仇对，但列宁始终为忠于工人阶级事业的伟大指导者，其死亡实是最大的损失。在全世界，自本月二十二日起列宁死耗公布后，一星期来，全球各处都有一个名字的震动，这个名字便是：列宁。

列宁底事业是不必说了，他底著作也极丰富。去年出版的列宁全集共有三十四册，现在苏联政府决定将重要的译成各种文字（特别是东方文字）传播，最近一星期中，在列宁未葬埋以前，著作家波波夫（popoff）和亚哥列夫（yakolt）两人于两日内编成"列宁底生活与列宁主义"一书，于一日内由印刷局印成出版，现在正译成各种文字不久就可陆续出版，俄国民众之爱戴列宁，于此可见一斑。然而列宁与马克思一样，他底著作固然非常丰富，他底事迹更浩如烟海，列宁死后，代替他的便是虽无躯壳而却有无穷生命的列宁主义。研究列宁主义与研究马克思主义一样，不是容易的事。实际上马克思主义与列宁主义本是不可分的，不过列宁主义底骨髓在实际的事迹，在争斗的战略。最近波波夫和亚哥列夫两人所著成的书可以做我们研究列宁的草

创的纲目,因为列宁既死,而列宁主义底研究,全待现在与将来人类底编纂与阐发!

"列宁底生活与列宁主义"底目次,附录如下:

第一部——列宁底生活与其事迹:(一)一八九〇年代的列宁;(二)火星报与经济主义底消灭;(三)社会民主工党底第二次会议;(四)一九〇五年与一九〇七年的革命;(五)反动底胜利,党底危机;(六)党底重造;(七)世界大战与二月革命;(八)十月革命与新经济政策。

第二部——列宁主义:(一)列宁主义底根本成分;(二)国际工人运动底开始;(三)无产阶级与农民阶级;(四)列宁与民族革命;(五)依里奇——党底建设者和创造者;(六)列宁底政策与战略;(七)列宁底政治替身;(八)没有依里奇的党。

"依里其",系列宁底名字;列宁原名依里奇,姓乌里扬诺夫,列宁乃是他底假名。

录自《国民日报》副刊《觉悟》,1924年3月3日。
(上海《民国日报》副刊《觉悟》,1924年3月3日,署名 士炎)

9日(星期日)

47.《列宁特刊》出版(《列宁特刊》,3月9日)

上海出版《列宁特刊》并发表系列纪念列宁的文章,有《历史的工具——列宁》《马克思主义者——列宁》《告今日追悼列宁者》《列宁与新经济政策》和《列宁略传》等文章。

48.《历史的工具——列宁》(《列宁特刊》,3月9日)

《列宁特刊》刊登瞿秋白的《历史的工具——列宁》,全文如下:

> 列宁不是英雄,不是伟人,而只是二十世纪世界无产阶级的工具。向来对于历史上的伟人,大家都竭力崇拜,以为他们有什么了不得的天才,神一般的奇智,能够斡旋天地,变更历史的趋向。其实每一个伟人不过是某一时代,某一地域里的历史工具。历史的演化有客观的社会关系,做他的原动力,——伟人不过在有意无意之间执行一部分的历史使命罢了。我们假使崇拜这种历史使命,我们方崇拜他这个人。
>
> 世界资本主义的发展,到二十世纪已经进了帝国主义的阶级。欧洲大战,是一个历史的必然,——英德法美的资产阶级,逼于客观的经济需要——不论他们口里说得是什么人道正义,国际和平,——始终免不了互相杀戮,争夺殖民地,却拿无产及农民阶级来做炮灰,无产阶级受资本主义的剥削,日益集中于城市,日益脱离私产之束缚,日益感觉阶级斗争之必要,日益了解国际团结阶级组织之急需,——要有怎么一个人,来做国际无产阶级的组织者,来做劳动者对资本家下总攻击的指挥者。一整个儿的世界帝国主义系统,到欧战之后,已经不能不开始破坏,世界的无产阶级也不能

不以强烈的手段攻破这一个铁纲而开始自己的建设事业。世界经济的发展和资本集中的程度已经到了社会革命的关头,于是无产阶级不期然而然挑着资产阶级最脆弱最愚蠢的俄国,挑着农民阶级最受压迫最想革命的俄国而发难。然而俄国的十月革命实在是世界革命的开始,所以世界无产阶级革命的潮流都集中于俄国——组成了共产国际,开始远大的革命计划。这种环境遂使俄国无产阶级的先锋——列宁,做成世界社会革命的总指挥者总组织者。不但如此,帝国主义的成立,全赖征服侵略殖民地的弱小民族——"东方病夫"。帝国主义的崩败,当然与各殖民地的国民运动的兴起同时实现。所以中国、印度、土耳其等的国民革命自然而然是世界社会革命的一部分,而且是必不可少的一部分。于是列宁的"东方革命政策"更使欧美各国无产阶级与亚非各洲的平民之间,找着了一个联合战线的方法,——列宁不但是无产阶级革命的指挥者,并且是一切平民受压迫者的革命运动之组织者。

列宁的伟大不仅在于他的共产主义理想,而在于他能明悉社会进化的趋向,振作自己的革命意志,指示出运用客观的环境以达人类的伟大的目的之方法。所以他是全世界受压迫的平民的一个狠好的工具。假使没有列宁,世界的帝国主义仍旧是在崩坏,国际的无产阶级仍旧要行社会革命,东方各国的平民仍旧是进行国民运动,——不过若是没有列宁,革命的正当方略,在斗争的过程里,或者还要受更多的苦痛,费更多的经验,方才能找着。如今我们有了列宁,全世界的平民便能自觉地,有组织地,有系统地进行革命的伟业。列宁现在死了,——在他身后留着伟大的俄国共产党,伟大的共产国际——革命平民的严密组织,照旧地进行他们的事业。他们固然现时感觉着丧失了一个好工具的痛苦,纪念他,哀悼他,感谢他,然而并不因此而停止他们的革命事业;因为组织已经成立,这列宁的精神并没有死。

这样看来,我们可以更进一步说,列宁不但是历史的工具,而且是革命组织的象征,他是革命组织里的要件。

我们平民曾经用列宁,当他是革命斗争的好工具。我们平民永久崇拜列宁,因为他是革命的象征。

(《列宁特刊》,1924 年 3 月 9 日,署名 瞿秋白)

49.《马克思主义者——列宁》(《列宁特刊》,3 月 9 日)

《列宁特刊》发表施存统的《马克思主义者——列宁》,全文如下:

列宁死了!全世界无产阶级和被压迫民族底最伟大的指导者列宁死了!这样一个人死了,全世界无论爱他的敬他的恶他的恨他的,没有一个人不能不因之震动:有的哀悼,有的高兴。这样的人,全部过去的历史中有过没有?是没有的!是空前的!

那么列宁是古今中外超群绝伦独一无二的"天纵之圣"吗?不是的,决不是的!列宁不过是一个平平常常的忠实的勇敢的理论与事实结成一气的马克思主义者!列宁不过是一种必要的"历史的工具"!

全部历史的演进,都有它必然的物质的原动力,人类底精神的力(智力)只能促进历史底必然的进程,绝不能自由回转历史的进程,即不能自由创造历史。这是社会进化底必然律,可以由过去社会全部的历史来证明。首先清楚认明此种社会进化必然律的,便是那建设科学的共产主义的学说的马克思。

列宁便是信奉马克思主义之一人。他之所以能尽其"历史的工具"的职责,促进无产阶级底"历史的使命"底完成,他之所以能做全世界无产阶级和被压迫民族底最大的指导者,领导全世界无产阶级和被压迫民族向解放的道路进行,完全因为他是一个马克思主义者。

但是全世界中,马克思主义者成千成万,不计其数,并不止列宁一人;为什么只有列宁一人能成功这样的伟大事业,这样的受人爱敬,这样的受人恶恨?这是因为:(一)列宁是马克思后第一个能了解马克思主义能应用马克思主义的人;(二)列宁是适逢国际资本主义发达到最后的阶段,而现出即将崩坏的命运的时候;(三)列宁是生在俄国,在俄国社会状况之下成长,而又熟悉俄国实况,并且适遇欧洲大战决定革命形势已成的时候。不然,即有千万个列宁的天才,也只是一个寂寂无闻罢了!

我们自然不能相信,全世界马克思主义者中便没有一个人有像列宁那样的天才。我们自然更不能相信,古今中外无量数已死未死的人也没有一个人有像列宁那样的天才。但只有列宁能成功这样的伟大事业,这岂不是"社会的环境""历史的条件"所造成的吗?

马克思主义底精髓:第一是,认明社会变动底原因由于客观的物质的条件底变动;第二是,在一定的客观的物质的条件之下,找出它必然的社会的变动的原因,按照其必然的道路进行。而在实际的变动的策略上,第二层尤其比第一层重要。列宁就是最明白这第二二层理论,最会运用这第二层理论的人。

马克思主义不是一个死板的方程式,不是到处拿着一个死板的方程式来硬套在各种实际问题上的。列宁就是最明白这一层道理的人,他遇着一个实际的问题,首先便调查那个问题有关的一切事实或材料,知道一切实际的情形。然后就那些事实中找出其因果关系,而立出最好的合于主义的对付方针和方法。他常常拿着他决定的方针和方法去问布哈林说:这是不是合于马克思主义的?他注重事实,他也注重理论。马克思主义底特色在于把理论与事实结成一气,列宁底特色也在于把理论与事实结成一气。每一个问题,有一定的事实,也有一定的理论。

这样把事实与理论结成一气的学说,在无产阶级完成其"历史的使命"上是必要的。这样能把理论与事实结成一气的人物,在无产阶级完成其"历史的使命"上也是必要的。在近世资本主义的物质的条件之下,必然要产生此种学说,也必然要产生此种人物。

所以在马克思的时代,有马克思所完成的"历史的任务";在列宁的时代,便有列宁所完成的"历史任务"。马克思之所以为马克思,列宁之所以为列宁,都是必然的历史的条件所造成的。马克思与列宁底伟大,也是一样的。

当马克思的时代,国际资本主义还正在盛期,尚未完全发达到最后的帝国主义的阶级，所以马克思只能在"第一国际"和初步的国际社会主义运动中尽其任务，而不能做列宁所做的事实。当列宁的时代，国际资本主义正在最后的崩坏过程中，又遇着世界大战和俄国当时的社会情形，所以列宁就能在俄国革命和"第三国际"的世界革命运动中尽其任务，其功业能比马克思伟大。

假使列宁不懂马克思主义，或者他生在马克思时代或马克思以前的时代，或者他生在中国或日本，三者有一，便不会成为现在这样伟大的列宁。这是显然的事，稍有历史眼光的人都能明白。

马克思主义是历史的产物，列宁也是历史的产物。列宁所成就的事业比马克思成就的事业还伟大，便是因为列宁时代底物质的条件与马克思时代底物质的条件不同。明白点说，列宁时代，资本主义的过程比前更近于末日，无产阶级革命的组织和势力比前更完密更壮大；所以列宁底伟大，好像还高出于马克思之上。这是当然的；历史是进步的，未来的总胜于过去。

列宁之所以能成为空前的历史的人物，也便是因为他是一个马克思主义者，为完成历史上空前的毁灭资本主义建设共产主义的社会大革命的工作，而做全世界无产阶级和被压迫阶级民族最伟大的指导者之故。因为他最精通马克思主义，又在历史的必然的形势之下，所以他才能认明历史的必然的形势，领导全世界无产阶级和被压迫民族一同做这历史的必然的工作。历史的形势容许他，所以他——这"历史的工具"，才能显其作用。列宁底伟大便在这里！

我们今天追悼列宁，第一便须认明列宁底伟大的意义。认明了列宁底伟大的意义，我们才能跟着列宁所信奉的主义（马克思主义），进行"历史的工作"，完成我们的"历史的使命"。

国际资本主义，已达到了它最后的帝国主义的一期。各弱小民族，已成了国际资本主义榨取的目的物。所以国际资本主义不仅是国际无产阶级底公敌，也是一切被压迫民族底公敌。

我们中国，自从雅片战争以后，早已成了国际资本主义底公共殖民地了！国际资本主义，不仅直接压迫我们榨取我们，并且还援助军阀扶植军阀间接地来压迫我们榨取我们。所以国际资本主义实为中国一切被压迫人民的最大的公敌。中国被压迫人民也应该一致团结起来与全世界无产阶级被压迫民族一同向国际资本主义作战，以求自己的解放。这是中国人民唯一的出路！

列宁便是指示我们走这唯一的出路的人。他不是随便胡乱指示我们走这条路，他是仔细研究过国际各种情形然后才指示我们走这条大路的，我们追悼列宁，第一固然要信列宁所信的主义（马克思主义），第二便是要走列宁所指示我们应走的这条大路。

在中国，目前担负此种"历史的使命"以求中国民族之完全解放的曙光已经发现了。这便是那信奉三民主义的中国国民党在这次广东大会中已很明白规定以实现打倒军阀和帝国主义的国民革命为已任了！但是这种打倒军阀和帝国主义的国民革命，决不是一部份人特有的工作，实是全中国被压迫人民共同的工作。所以全中国国民革命的分子，应该一律集中于国民革命的旗帜之下，以求革命势力的集中而期中国被压迫人民初步解放之实现!

全中国的革命分子呵?

我们要一致为列宁底主义和中国目前的国民革命而奋斗呵?

全中国被压迫的人民呵!

我们要一致为求解放而集中于中国国民党的国民革命旗帜之下呵!

(《列宁特刊》,1924年3月9日,署名 存统)

50.《告今日追悼列宁者》(《列宁特刊》,3月9日)

《列宁特刊》发表董亦湘的《告今日追悼列宁者》,全文如下:

自从"列宁死了"的哀耗传出以后,震动了全世界;尤其是表同情于他的学说和事业的人,没有不泫然陨涕望风远悼的。中国和俄国的关系,较世界任何各国都更密切,中国民族和劳农政府的感情,也自当更加一层。所以今天大家都到这里来开追悼列宁大会。

追悼会的本义,原是所追悼的人,其生平事业和人格,足以利济众人或感动众人,所以在他死后,众人想慕不忘,一面开会致哀,一面也藉以策厉后死者。我们今天追悼列宁,怕也只有这样的一种意义吧?可是我总觉得这样的一些意义,和别种普通的追悼会追悼所谓"名人"的无异:"致其哀思,藉勉后死",一回儿就完了。这总免不掉带着"崇拜伟人"的一种旧观念。我们对于列宁,只存这样的观念就算了吗?

现在一般普通的心理,或于奴隶的历史家谬误的叙述和说明,总以为有史以来一切光荣灿烂的历史,都是一二不世出的大英雄用自由意志造成的。他们对于英雄的自由意志,既以为绝对的没有必然性;而对于大英雄的产生,尤以为没有因果律可言。到了那一二大英雄死去以后,他的自由意志也就停止进行,于是光荣灿烂的历史,仅成陈迹,无有能继续的了。所以对于俄国被压迫阶级革命的成功,用新经济政策实现马克思主义的方法,都看做靠着列宁个人的力量得来;列宁一死,他底事业将尽付东流,俄国革命不久也就要失败。因此表同情于列宁的,心头上抱着不同的"杞忧";而向来畏憎列宁的,更乐不可支,以为"莫余毒也已"!

其实,这种心理是大错而特错,这样去解释历史,是违反事实,悖逆真理。旧历史学家总以为如中国的产生孔子,印度的产生佛祖,是天降哲人,绝无因果律可说,不受任何的物质影响。但我要反问一句:孔子和释迦,何以不产生于荒古的原始时代?我们要晓得,伟人的产生,必须具有物质的环境上种种适当的条件。在某种时代,有怎样的生产方法,经济制度,就有怎样的政治社会,也就自然有适合那种政治社会的道德和风习,而在那政治社会有变易的要求时,自易产生相当的伟人。华盛顿林肯决不产生于美洲未发见以前的印地安人中,孙中山决不产生于宋元时代,列宁决不产生于十八世纪的中叶。至于自由意志,在可能的范围内,唯物的历史家本亦容许其存在,但这个范围是被物质的环境所制限的,所以自由意志也决不能越出这个范围,只能在范围内运用他的天才而已。

现在我们可以明白,俄国的革命是由时势的要求,环境和机会的促醒,其间仗着列宁天才的助力固然不少,但列宁也只能助成这些有可能性的事实,而决不能违反事实,以卖弄他的天才;新经济政策似乎可说是列宁的自由意志,然而他也是要适应客观的事实上必然需求,而发明这不违背历史原则的一种方法。列宁死了,世界一切被压迫民族,失去了一个忠实的伟大的指导者,固属万分不幸!但是,世界上列宁的同志的数量,一定一天增加一天;一切被压迫民族的反抗潮流,一定愈激愈厉,因为我们深信最后的胜利者,一定在此不在彼,这也是因为客观的历史底必然规律,已经很明确地告诉我们了。我们又何忧何惧?如果我们今日世界上被侵略的民族,尚不能共同觉悟,联合战线,与侵略的国际帝国主义一决生死;这才叫是可怕,才叫是可忧!所以我们绝不能因为列宁的死,而咨嗟涕泪,自馁壮气;又决不能只知追悼列宁,而忘记后死者责任之重大。

我于此更作一郑重申明:如列宁那样并世不易数出的伟大的人物,我们怎能不起敬爱之心,他的逝世,怎能不引动我们深沉的哀思?不过我们于这些意义外,还应当明了从今以后列宁所遗留下来的全世界被压迫者底重大责任!

(《列宁特刊》,1924年3月9日,署名 董亦湘)

51.《列宁与新经济政策》(《列宁特刊》,3月9日)

《列宁特刊》发表恽代英的《列宁与新经济政策》,全文如下:

列宁在一九二一年全俄平定之后,宣布新经济政策,在某种程度中重建资本主义;这与他在一九一七年沙【俄】的时代与克伦斯基的时代,倡导无产阶级直接行动,一切权力归于苏维埃,是同样震耀全世界耳目的事情。自然在一般人想;列宁是伟大而不可测度,他真个能翻手为云,覆手为雨,把全俄罗斯运之于掌上。他们因为这,承认列宁是一个有魄力的伟人。

用这种神秘的眼光,去观察列宁,是不会真能了解列宁的,列宁对于俄国革命后应行的政策,始终并不会重大的改变他的意见。他并不会拿俄国做他冒昧的试验品,亦不会想在这种地方,使世人惊讶他的魄力,他只是就他所观察所研究的,谨慎而明确的指导俄国走它所应走的路。

实在所谓新经济政策,并不是甚么很新异的事情。这种的办法。[,]有些在一九一八年已经提议过,有些是一九一七年革命以前,及革命以后至一九一八年初期原来所规定的。一九一八年初期,会议决【定】禁止中央和地方任何机关,有将产业归为国有之权,只许人民委员会与最高经济委员会有此权柄。是年六月,又曾公告只有资金五十万卢布以上的产业才归为国有,手工业,家庭工业,以及各种小工业,在革命初年,无论法律上事实上都不曾有归为国有的事。国家的商业,照一九一八年十一月的公告,只限于经理国有工厂的出品,所以小商人与合作社并不曾受法令禁止。这年的十月间，亦曾布告取销征收农民谷物的办法，改为纳税制度。这以上所述的，都与今天所谓新经济政策，精神上没有甚么大的差别。

有些人误解了俄国共产党向来的政策，以为他们是主张（一）一般产业完全归为国有，（二）完全禁止私人交易与合作社交易，（三）农产品完全为国家独占。但我们稍一注意俄国一九一八年以前各种公告，已可显然知道这些都是无根的妄谈了。

俄国共产党的政府，在一九一九年以后，确实有些错误的地方。他们实在曾经将五人十人以上的工厂收为国有，亦实在曾经由国家直接料理各种产业与分配的工作。但这并不是他们所能预料的事。他们一则因为反革命的势力，还未平息，在军事紧急期间，不能不继续征发农民的谷物；再则因为一般城市的资产阶级拒绝担任通商及经营小工业，他们希望用这加增共产党的困难，以促成他的颠覆，所以使俄国政府不能不自己更进一步的干涉工商事务。亦可以说俄政府这种进一步的办法，是不曾经过审慎研究而后决定的；但在这种紧张的局面之下，有了这样的决定，是一件无可怪异的事。

列宁说："军事共产主义，无论过去或将来都不是解决无产阶级经济问题的政策；他只是因战争与破坏使我们不得不暂时取用的方法罢了。"他又说："在乡村中的征发，和在城市中企谋直接建造共产的社会，使我们生产力的发达受妨害，而且为一九二一年春季经济上政治上大危机的主要原因。"因此，列宁仍旧倡导回复到十月革命及共产党执政之第一年所公认的原定纲领来。这便是所谓新经济政策了。

列宁本是认定了在产业后进的国家不经过相当的资本主义的发展，是不能进于最低度的共产主义的。大产业的毁灭，工厂的停工，便使无产阶级不能存在。只有产业发达，无产阶级才发达，共产党的政府才有他的立脚点。因此，所以新经济政策为必要。

然而这不又回到资本主义来了么？没有这回事。俄国的政权，还是牢牢地握在共产党手里，他们不能让私人资本家像在别的资本主义国家中一样，无政府般生长发达；他随时可以干涉管理他们。他允许外国人有租借权，使本国私人资本家亦可以租赁，许农民自由享有纳税以外的谷物；但他仍旧不曾抛弃一丝一毫为无产阶级作战的精神。

在我们初看俄国的政象，是很奇幻的。新经济政策似乎是共产党已经回复到资本主义来了，然而共产党又始终与资本主义站在敌对的地位；他虽然站在敌对的地位，却又决然抛弃了军事共产主义，要采用新经济政策。这中间有甚么玄妙的道理呢？这中间并没有什么玄妙的道理呢，这只是产业后进国要实现共产主义的，所必然应采取的法则。

所以列宁并不曾想到一九一七年十月的革命成功，共产党的战斗便可以停止；他亦不曾想到一九二〇年内乱的温平，共产党的战斗便可以停止。共产党现在仍旧有他所要防御的仇敌，他必须酌量的重建资本主义，然而亦必须使资本主义的发展，只足以巩固无产阶级的政权，而不至于妨害他才好。

这是列宁在革命以前已经确见深信的事，因为这，列宁才相信产业后进的国家，可以倡导无产阶级的革命。列宁不是试验了许多错误的政策，才发现新经济政策；他只是在某一期间，因战争与破坏使他有了错误的处置，新经济政策只是回头到他原来的政策罢了。

列宁的伟大，是我们大家承认了的事情；他在宣布新经济政策的时候，亦曾坦白承认了他们以前采取政策的错误；然则我于此文必欲证明新经济政策是他原来的政策，有何必要呢？

第一我们以为这可以暗示产业后进国实现共产主义的方法。有些空想家不知道社会的进行，有他的一定的程叙，他们或者以为如俄国前两三年的军事共产主义，是最满意的方法；或者以为还有甚么比军事共产主义更高明的方法，可以一蹴而入于各尽所能各取所需的理想境界。倘若他们见到这是做不到了，又只知社会进行刻板的次第一落回到必须先让私人资本主义发达起来，才有共产主义可言的主张。列宁已经用他的行事告诉我们，两方面都是不对的；产业后进国家可以实现共产主义，但必须用新经济政策做他们中间一个长的阶梯。

第二我以为可以暗示凡一种革命，不是军事上得着胜利，便可以称为完全成功的。要改变社会的经济状况，军事胜利以后革命的党，还须靠合当的经济政策，以坚固新政府的基础，同时亦须预防旧势力的反动。俄共产党为要达到共产主义的目标，现在还准备用新经济政策作长时期的争斗。可知我们所谓"革命军起，革命党消"，简直是无稽之谈。

解决中国的问题，自然要根据中国的情形，以决定中国的办法；但是至少可以说，伟大的列宁，已经亲身给了我们许多好的暗示了，我们可以不注意他么！

(《列宁特刊》，1924 年 3 月 9 日，署名 代英)

52.《列宁略传》(《列宁特刊》，3 月 9 日)

《列宁特刊》发表李春蕃的《列宁略传》，全文如下：

尼古拉列宁死了！但他底主义，却永远不灭！列宁底一生，是"为被压迫的劳动阶级而奋斗"之记录，很可以增高我们底勇气，坚固我们底决心，和做我们底模范。所以，略述列宁底一生行为，并不是没有价值的虚文了！

尼古拉列宁(Nicolai Lenio)，原名依里依其，乌里亚诺夫(Vilyitch Ulianoff)，生于一八七〇年四月十号。他底父亲，出生农家，后为小学教导员和省政厅底参议官。他底哥哥亚历山大(Alexandor)，因谋刺俄皇，事泄被杀。

学生时代的列宁，是一个勤学和诚实的好学生。他在西比斯克中学(si i ir k Gymn siu n)读了八年书，常常得着第一。性很孤独，不喜交朋结友。毕业后入嘉菁大学(Kajio University)。他那爽直、沈静、和铁面无情的品性，已经在这个时候固定了。他当学生开会时，不争先发言，等那些少年气盛的说完之后，他才发表意见，说得又简洁又合乎逻辑。思想着实，不为外物所蔽，事事用冷静的眼光去观察。他底成功，就在这里！在大学读不上一个月，就因参加学生底革命运动，被逐出学。

列宁被嘉菁大学革出后，就跑到彼得格勒去。他在这时，已信奉马克思主义。不久，就联络了好几个马克思派的智识分子，组织"劳动解放奋斗同盟"。列宁做了许多经济论文，攻击那"主张俄国不必经过资本主义就可达到完全的达到共产主义社会"的民众派。此外又出版了《罚金论》，以平易的言词，来叙述马克思主义。他不论日夜，都在劳动阶级里，极力鼓动他们起来反抗罚金制度。虽那时所称为智识阶级的，大都仇视他，他还是不屈不挠地前进！

后来，他被政府捉去，禁了好久，在一八九七年，才放逐到西比利亚去。"俄国社会民主党问题"，就是在这三年的放逐生活中做的。他在这本小册子内，以马克思主义者底眼光，来解说无产阶级底政治运动和经济运动的关系，谓无产阶级应同时一面反抗专制政治，一面反抗有产阶级。列宁又著了《俄国资本主义底发达》，用许多统计，证明俄国自一八九〇年，已入资本主义时期，而痛驳民众派说俄国可以避免资本主义的主张。他对于"合法的"马克思主义者，也加以攻击。"合法的"马克思主义者，晓得要推倒俄皇政治，若劳动阶级不参预，是不能成功的。所以，戴着马克思的面具，舍弃了马克思底革命的精神，来哄骗劳动阶级，使他们帮有产阶级向俄皇政治作战。列宁读了他们底首领斯庐夫（Struve）所著的《杂评》，晓得他们是以劳动阶级为一种手段［叚］，而不是以劳动阶级为一种目的，他就说他们将来一定【出】卖劳动阶级，他为革命的马克思主义，向"合法的"马克思主义猛烈地进攻了！

刑期满后，他就离开西比利亚，亡命西欧。在一九〇一年，他与几位亡命国外的同志，印行《火花》（Iskra），列宁在《火花》的第一篇论文，是《从何处着手？》（Where to begin?）这篇论文，后来扩充为一本书，就是《要做什么？》（What to do?）。他在这书中，以革命的精神，解决那时运动之一切难题。列宁用这《火花》，一面攻击"主张劳动者只管经济战斗而不问政治战斗"的"经济主义"，一面攻击"小资产阶级底代表"的社会革命党。

俄国社会民主党，在一九〇三年开第二次大会时，已呈分裂的朕兆。列宁晓得劳动运动底一致之价值，极力防止分裂实现。可是，这"一致"是为社会主义而奋斗的"一致"，并不是妥协的"一致"。所以，后来他一看出他与普列哈诺夫（Plekhanoff）这派人底意见，不单是微小的差异，而他们简直是机会主义底复活，"合法的"马克思主义底重起，就决然与普氏等分裂，说："就是止有我一个人，也要拿着革命的马克思主义底旗子！"普氏一派为孟札维克，列宁一派则为布尔札维克。当时孟派底首领，以为列宁一定失败。就是社会主义者底老前辈伯伯尔（Bobol），也不同情于列宁此举。但列宁并不因之气馁，反说："我们看劳动者是要跟谁吧！"他又做了一本书，描写孟派底特质，就是《进一步退二步》（ne Steo Gorword Two Ste s Bokw id），从"经济主义"进为"火花"'主义，是进一步，但从"火花"主义，退到"合法的"马克思主义底自由学说，就是退二步了！

"火花"落于数派之手后，列宁就与同志发行《前进》（Vpericd），向孟派攻击。布派于一九〇五年，在伦敦开会。列宁在这大会中，定下了共产党底基础，谓革命是不能以创立一资产阶级的共和国为满足了！同年，俄国底革命暴起，彼得格勒底工人之苏维埃，虽是孟派主动的，但在实行上却跟从布派。观这事，就知劳动者是要跟谁呵！

革命失败后，反动的黑暗时代，继之而起。列宁就逃到芬兰，后来移居瑞士，当时亡命的革命者，都是暮气沉沉，丝毫不思振作；且大半为孟派。可是列宁一点也不灰心，与同志秘密出版二份杂志，《无产阶级》(Proletariat)和《社会民主党》(Social De□oorat)。他除了为布派奋斗外，还从事学理上的研究。对于马克思底学说，不单是研究得精透，并且能加进新的要素，使它与新时代的新状况适合。他努力研究后，著了一本书，《唯物哲学与经验的批评哲学》，攻击有产阶级的哲学，而拥护唯物史观。

劳动阶级运动在一九一一年就复活了！这时布派已有《明星》(Zvezda)这月刊，发行于彼得格勒，《思想》(Mysl)这日刊，发行于莫斯科。在国会中，也有劳动阶级的代表。布派于一九一二年普拉格(Preg□e)开会，列宁被选为中央委员会。彼得格勒和莫斯科的同志，不断地到克拉斯(Oraoow)那里去见列宁，问他各种活动底方法。列宁遂成为无产阶级的彼得格勒底灵魂，布派运动底指导者！那为无产阶级的共产主义机关报《普拉达》(Pravda)，差不多期期都有他底文字。

空前的欧战暴发于一九一四年。列宁是一澈底的国际主义者，对于帝国主义的战争，始终反对。当他晓得第二国际底首领，不愿斯特加德(Stuttgarr)底议案，谓帝国主义的战争一起，社会主义者就应在国里鼓起革命，以终止国际的战争；而反各服从他们底政府，及接到德国社会民主党□过战债这消息，就说："第二国际死了！"它现在真死了。而创设第三国际来代替它的，就是列宁！列宁在那时候，受很[多]人仇视。但他还是勇往直前，日日在瑞士底劳动者中，鼓吹以革命来终化欧战。此外，印行了几本德法文的非战小册子，和三期《服波》(Volrt)。

俄国孟派革命成功后，他就从德国返俄。他已主张无产阶级一定要夺取政权了！所未解决的，不过是革命迟早的问题。在七月十六日，因民众反乱发生，克伦斯基要捉他，他以为时候尚未成熟，故逃到芬兰去。列宁到九月，就极力鼓动工人起来夺取政权。从芬兰写一个封信来给布派中央执行委员会，主张现在已不能再迟，一定要围社会民主党底会场，用强力夺取政权。当时中央委员会大都还以为太早，反对此举，列宁乃逃回俄国，暗下鼓吹立刻革命，而布尔色维克革命，因之成功。这适当的时间，非有列宁那种天才，观察力、和决断力，是不能看得清楚啊！

布尔色维克革命成功后，列宁底第一大工作，就是进行《勃斯特和约》。他晓得人民蒙战争底痛苦太重，已不能再战，所以，不管人家怎样反对，他总进行和约，卒救无产阶级专政于灭亡。他底第二大工作，就是主张新经济政策。他看出无产阶级政府，若不废去武力的共产主义，而代以新经济政策，农民一定要起来革命，工人也必因食物缺乏而弃苏维埃政府，苏维埃政府必被推翻。为保持无产阶级专政计，唯有采用新经济政策。当时敢大胆主张的，不过是列宁一人！

列宁已于一九二四年一月二十一号因脑病骤剧而逝世了！他底身体虽死，而精神却永远不灭；他底主义，也历万世而不朽——青年们！快起来完成列宁所未竟的遗志吧！

列宁主义万岁！

共产主义革命万岁！

一九二四·三·三日做于沪江大学

（《列宁特刊》，1924年3月9日，署名 李春蕃）

10日（星期一）

53.《各公团追悼列宁大会纪》（上海《民国日报》，3月10日）

上海《民国日报》刊登《各公团追悼列宁大会纪》，如下：

上海各公团于昨日下午二时起、假小西门少年宣讲团举行追悼列宁大会、到会有国民党总部等三十余团体、（另录）代表约三百余人、主席胡汉民、司仪邓鹤鸣、先由主席宣布开会词、（词另录）次全体起向列宁遗像行三鞠躬礼、次瞿秋白报告列宁史略、次叶楚伧程锐生郭寄尘邓安石邵力子福郎（德人）倪端郭剑士严伯威徐翰臣等相继演说、（词另录）即奏乐散会、时已五时矣、是日有追悼会特刊及学生总会宣言等印刷品、在会场散发、兹录到会团体及演词如下、

到会之团体国民党总部及第一二三四区各分部、中国共产党上海执行部、社会主义青年团、新中国党、国民对日外交大会、绸染公所、广东自治会、山东河南天潼福德黄家阙等各路、商联会、牛羊肉业公会、西服业同志会、上海印刷工会、青年励志会、学生总会、工商友谊会、全国各界联合会、雕花工会、壬戌友谊社、青年学社、江西学会、江西旅沪同志会、浙江民生协进会、申江商业中学、琼崖学生革进会、暹罗华侨学生会等、

主席报告词 列宁不仅为无产阶级革命之领袖、且为世界被迫民族奋斗之先锋、其勋业之伟大、自有历史以来、几无人能及之、彼组苏维埃劳农政府、指导被迫民族与帝国主义奋斗之途径、其功尤不可没、今日追悼列宁、不仅吊此伟大之英雄、抑亦为被迫民族惋惜丧其良友云、

来宾之演说 叶楚伧谓、列宁主义始终不变、坚决之毅力、我人大可效法、邓安石谓、列宁为平氏争自由、推翻压迫群众之有产阶级、厥功甚伟、我国号称独立、而处处受人压迫、亦当师法列宁、努力奋斗、以图自存、邵力子谓、我国人应联合世界被压迫民族、努力与帝国主义者斗、此种运动、非破坏的、乃造成自由的大同世界之机关、故吾之反对帝国主义、决非排外可比、德国国民党代表福朗谓、俄国革命、予弱小民族以自决之权、俾脱强国之束缚、此皆列宁之赐、吾人谈革命、当从群众着手、到工人农民中去、若仅在城市间或学校里谈谈革命、恐千百年亦无济于事云云、

（上海《民国日报》，1924年3月10日）

54.《列宁追悼会纪》(《申报》,3月10日)

《申报》刊登《列宁追悼会纪》,如下:

上海各公团、于昨日下午二时起、假座小西门少年宣讲团举行追悼列宁大会、到会者计有国民党总部等三十余团体(另录)代表三百余人、主席胡汉民、司仪邓鹤鸣、招待童理璋、李士林、布置陶凤威、庶务赵醒侬、届时由主席宣布开会词(词另录)、次全体起向列宁遗像行三鞠躬礼、次瞿秋白报告列宁史略、次由叶楚伧、程锐生、郭寄尘、邓安石、邵力子、福朗(德人)、倪端、郭剑士、严伯威、徐翰臣、等相继演说(词另录)、次全体高呼"列宁主义万岁"即奏乐散会、时已五时矣、是日有追悼会特刊及学生总会宣言等印刷品、在会场散发、兹录到会团体及演词如下、

到会之团体 国民党总部及第一・二・三・四・区各分部、中国共产党上海执行部、社会主义青年团、新中国党、国民对日外交大会、绸染公所、广东自治会、山东・河南・天潼・福德・黄家阙・等各路商联会、牛羊肉业公会、西服业同志会、上海印刷工会、青年励志会、学生总会、工商友谊会、全国各界联合会、雕花工会、壬戌友谊社、青年学社、江西学社、江西旅沪同志会、浙江民生协进会、申江商业中学、琼崖学生革进会、暹罗华侨学生会等、

主席报告词 列宁不仅为无产阶级革命之领袖、且为世界被迫民族奋斗之先锋、其勋业之伟大、自有历史以来、几无人能及之、彼组苏维埃劳农政府、指导被迫民族与帝国主义奋斗之途径、其功尤不可没、今日追悼列宁、不仅吊此伟大之英雄、抑亦为被迫民族惋惜丧其良友云、

来宾之演说 叶楚伧谓列宁主义始终不变、坚决之毅力、我人大可效法、邓安石谓列宁为平民争自由、推翻压迫群众之有产阶级、厥功甚伟、我国号称独立、而处处受人压迫、亦当师法列宁、努力奋斗、以图自存、邵力子谓我国人应联合世界被压迫民族、努力与帝国主义者斗、此种运动、非破坏的、乃造成自由的大同世界之机会、德国国民党代表福朗谓、俄国革命、予弱小民族兹以自决之权、俾脱强国之束缚、此皆列宁之赐、吾人谈革命、当从群众着手、若筑室道□、恐千百年亦无济于事云云、

(《申报》,1924年3月10日)

55.《合作事业与新经济政策》(《东方杂志》第二十一卷第五号,3月10日)

《东方杂志》第二十一卷第五号发表诵虞译、列宁著《合作事业与新经济政策》,摘录如下:

一

　　我们对于合作运动殊未加注意，所以直到现在还都未能了解。溯自十月革命以来，合作运动因未受新经济政策的歧视——这点我们应感谢新经济政策的——在俄国达到了特立的地位。旧时合作事业的建设者只在他们的梦中幻想着，因为他们是可笑的好幻想的人。但是他们的梦，为什么只是一种幻想呢？这是全由于他们不了解劳工阶级推翻雇人阶级的政治斗争的根本要点的缘故。可是现在这种推翻雇人阶级的斗争是告成了，那旧时梦中的合作事业，只是一种幻想的，现在却变成事实了。

　　目下的俄国，一切权力都在劳工阶级的手中，一切生产机关都是国有的财产，我们唯一的事业，只在联合民众共同从事真正的合作。因为民众预先引起完全合作的必要，所以从来的社会主义乃能唤起一般知道阶级斗争——为政治权力的斗争——的必要的人们的同情，现在已显然达到这目的了。但是我们的同伴们对于这在俄国已有重大意义的合作事业似尚未加以充分的注意。不谓我们的采用新经济政策以特许农民，商人，以及私有营业的原理，竟会出乎意外，显然地使合作事业成为异常的重要。在目下新经济政策的统治下，我们所必要的是在广大的合作的基础上，联合全俄的民众。盖我们已达到私人商业利益的联合，以国家监察及管理他们，而将其利益次于公众利益之下的某种程度。从前为一般社会主义者的阻碍物的东西，我们现在可以说是已经实现了。这实在全由于国家的实力能统御一切重要的生产机关，而这国家权力乃在无产阶级的手中，以及这无产阶级与几百千万农民和小资主的联合，无产阶级关于农民阶级主要确定的任务等等——这些都是我们借合作的助力（这事我们从前视为一种小资事业，从一方面说来，在新经济政策下面，我们仍可以这样视之），以建立社会主义社会完全的组织所必要的。这不是说这种合作事业的自身就是社会主义社会的组织，乃是说这系现在建立这组织所需要的东西。

　　真的，一般实际的劳工对于这种情势多加蔑视，而我们对于合作事业也忽略不加注意，致其最重要之点未能了解第一是对于国有生产机关的关系，第二是以最简易的和最能到达的方法，至那新秩序的过程。还有一个重要之点，是我们逞各种意想于劳工团体以建立社会主义的组织，这是一桩事；至于实际上建立这社会主义使一切小资主都有参预的机会，这又是一桩事。我们现在固然已达到这地步了，但是还未能全尽其用，却是无疑的。

　　在这实行新经济政策的过程中，我们似未免过于急急。这不是说我们对于私人企业和自由贸易的原理过于退让，乃是说我们忘掉了合作运动，我们到了现在对于合作运动还加以蔑视，他的最重要之点，关于如上所说的问题的两面的，我们又在置之不问了。

　　现在我且和读者来讨论从这合作原理。我们实际上能够怎样做和应该怎样做？我们为发达合作原理使其社会主义者的特点为一般人所明了起见，我们应采何种方法而着手？

　　就政治上言，我们对于合作事业应当与以财政上的便利（如贴现的数目等），并且合作事业当由国家信用为之维持，这个维持的私人，至少当超过于私人企业和重要工业之上。盖一切社会事业，他的存在全恃某阶级经济的维持。譬如自由资本主义的产生，所费的卢布，就不知有几千百万。我们应紧记这事，而在真的实行上，我们尤当明白现今应与以超于平均率的助力的社会事业当为合作事业。并且我们更应实际上与以助力，就是我们由这种扶助而明白维持合作事业的事是不够的；一定要由这种扶助，知道所维持的合作事业是有真的民众团体参预其间的。至于分配红利给一般从事合作事业的农民，这当然是须有确实的方法的。不过他们的参预应该在其意识和性质上加以考察——这是问题中的要点。当合作会员在乡间开设合作商店的时候，严格的说起来，一般民众是未曾入股的。但是民众为自己的利益起见，自然能够亟亟的分□加入。

现在再来谈这问题的另一方面。从欧洲"文明"人（即一般能读能写的人）的眼光看来，则在能使人们不仅是被动的，并且是主动的参预合作事业，以前我们的所成殊属有限，但是实际上却只须更进一步：就是促进我们民众的"文明"，他们能了解个人对于合作事业的利益而实行参预——实在只有这一步。不过要实现这"只有的一步"，前面却包括一大段路，即教养全民众路上的一大段路程。由此，我们得一个进行的规律，勿为哲学的推究，勿为无益的举动。在这点上，那新经济政策就是一种进步的象征，因为这能与最低级的农民相适应，而所需求者也能确如其分。至于要利用这新经济政策，使全民众或一切个人都能从事于合作事业——这是要全历史的时期（whole historical epoch）的。我们也许能在这一二十年中经过这历史的时期。不过这仍旧是一个明白的历史时期，而且没有这个时期，一般人没有书写的能力，没有相当的识见，全民众的教育没有达到能应用书籍的程度，没有造成这事的实质的基础，没有确定的方法以保证岁歉或灾难，——没有这一切事物我们便不能达到目的。现在一切事物，实全恃我们能否用如有识见阅历的店主般活动的能力，以补充这革命时我们常致成功的热忱，因为这实是一个上等的合作者所必要的。我由商业能力明白这成为文明商人的事，这显明特殊之点，一般俄人之以为此乃从事商业者所应有的性质者，实最宜明白了解。因为那是完全错的，实在我们所应知的还是如何才能如欧人般从事于商业。

总之，许多给与合作事业的经济上，财政上，和银行上的特权，这就是社会主义国家能与新组织原理（new organisation principle）以助力的形式。现在我所述的不过是这事的一个大概，尚没有讲到这事实际的内容。——就是，我们应如何决定在合作事业上的红利——和所给与的条件，因为这红利可以帮助合作事业，使我们能教育合作团体中的高等团员。并且因这合作团体高等团员的组织，才能在无产阶级战胜有产阶级的基础上确立生产机关公有的事——这就是所谓社会化。

二

在我那《论新经济政策》的文字上，我常常引用一九一九年所作《论国家资本主义》一文上的语句，因而引起了许多少年党员的疑问，不过他们的怀疑却大都是限于政治的理想，没有到新经济政策的本身。他们以为这事的讨论，不应和国家资本主义——即一切生产机关都受支配全国的劳工阶级管理的制度一样。原来这种党员对于我使用"国家资本主义"——是我们的现政策与我立于反对左党社会主义者时地位间的一个历史的连结——的名辞，实未曾加以仔细的考察。盖国家资本主义比之现在我们的经济制度本较胜一筹。第一，这是维系普通国家资本主义与异常的国家资本主义间的重要居间物，第二，实际的目的固是重要的，可是我们的目的在能处置一切让步的特许，而由这种通行的情形之下，我们是一定会变成纯粹的国家资本主义的。这就是国家资本主义的观念使我了解的主要点。

此外还有另一方面，另一原动力的事，我们可借之以对抗国家资本主义的，就是合作事业。

合作团体在资本主义的国家中，真的是一种集产主义者的资本主义组织。至于我们，在现代经济状态下面，将私有资本的企业和社会公有的土地混合起来，而受在劳工阶级手中的国家的管理，乃是使生产机关及土地——实际就是那企业的全部都属于国家。成为一种完全如社会主义的情状。在这种情势之下，于是从前无重大意味的合作事业，现在却变成第三种企业的形式了。

在个人的资本主义下，合作事业之与资本主义的企业不同，大概因为他是集产主义者的缘故；在国家资本主义下，合作事业之与国家资本主义的企业不同，则因第一他是私有的，第二他又是集产主义的缘故。在我们现在的制度下，合作事业因为是集产主义的与仍旧存在的私有的资本主义企业固然不同，但是与根据于土地及生产机关国有——即在劳工阶级手中的社会主义的企业，是并无二致的。当讨论合作问题时，对于这些事实似尚未充分注意。其实合作事业之在我国，比诸其他国家更居重要的地位，除开特许的权利——渐次发达并不神速——而言，合作事业的扩张，应该与社会主义不相上下才好。

我现在再来简明的说一说。那末古来的合作主义者——包括欧文（Bobert Owen）而言，他们理想的计策到底是怎样呢？他们梦想着把现社会平平和和的改变为社会主义，但是对于阶级斗争的根本问题，如劳工阶级之获得政治势力，雇人阶级的被推翻等，他们却全没有顾及。所以我们称这种合作的社会主义为空想的，浪漫的，甚至于幻梦的并不算错。他们以为只要使一般民众都变为合作者，阶级的仇敌变为阶级的共事者，阶级战争化为阶级和平（即所谓内政的和平），他们的理想，就有实现之可能，其实只是一个幻梦罢了。而从现时根本问题的一点看来，我们之所以无误的也就在此，因为没有为政治势力的阶级斗争，社会主义终是不可能的。

现在一切势力都在劳工阶级的手中了，一切雇人阶级的势力是推翻了，一切生产机关也都在劳工阶级的手中了——除去劳工的国家暂时以谨慎的，有条件的许雇人者有或种形式的特权外，请你们考察这些事的变更！我们可以说在我们的国中，只有合作事业的成长能与社会主义的发达相一致。我们对于社会主义的根本改变本来是不得已的事。这根本的改变是我们从前是注重于政治的斗争，革命，及获得权力——这也是不得不如此的；——可是现在我们应当用力在和平的组织以及文化事业。或者我还要说，我们要是不被迫去从事于我们国际地位的奋斗，我们已用全力在文化事业了。这姑暂置不说，即就国内的经济关系而言，我们现在用力的主要事业，也已为文化的了。

我们在告成一切事务而那时期也将终结的时候，我们现在碰到了两种困难的重大事务。第一是改革我们绝对无用的政治机关。我们承前一时期之遗，在这五年中，我们在这方面的成就殊鲜效果，——并且也是力有所不能。第二是在农民中指导文化事业；这事的目的就是扩充合作事业。

要是合作事业能十分发达，那末我们一定也能稳立在社会主义的土地上安然无虞。不过合作事业这样的完全发达是包括农民教育及文化的发达而言，所以这事是有待于根本的文化革命的。

我们的敌人们常屡次说我们的种植社会主义在没有发达充分的国中是一种无意识的尝试。但是他们是误谬的。所以我们不顾那迂阔的论调，仍从他们的反对方面着手进行，先之以政治和社会的革命，接着便是文化革命——这就是我们现在当前的事。

因是，我们现在所最重要的就是实行文化革命，使我们的国家完全变为社会主义的。不过这是一种异常巨大的事，须有指导人物——因为我们是不学无术的——和物质要素——因为要教化一般人，我们须生产机关发达到某程度，俾有实质的基础。

(《东方杂志》第二十一卷第五号，1924年3月10日)

15 日（星期六）

56.《列宁氏之脑髓 致死病源之确状》(《医事月刊》第五期，3月15日)

《医事月刊》第五期发表文章《列宁氏之脑髓 致死病源之确状》，全文如下：

莫思科二十六日电 医士检查列宁脑髓，发见沟纹曲折甚富。亚布里柯索夫教授剖检尸体，确证病源为因血管组织耗消过早，以至脑动脉管硬化。苏联卫生委员长施马斯柯氏在政府公报中发表论文，略谓剖检之结果，是以证明此前国内外所播传之列宁疾病消息，多属不确云。

(《医事月刊》第五期，1924年3月15日)

23 日（星期日）

57.《军事共产与共产主义》(《中国青年》第二十三期，3月23日)

《中国青年》第二十三期刊登 CY 的《军事共产与共产主义》一文，如下：

我们说俄国是共产主义的国家，我们说俄国已经实行了共产主义，其实在这中间，我们实在不免有一些误解。

新经济政策只可以说是一种国家资本主义,原本不是甚么共产主义;即在颁布新经济政策以前,俄国所曾采用的军事共产政策,亦只是一种紧急行为,不能与共产主义混为一谈。

俄国在紧急的时候,采用军事共产主义政策是不足奇异的。我们但看俄国革命以后的历史,便知道俄国最初取缔私人的资产事业,并不像一九一九年以后的那样严厉。俄国所以必须采用那样严厉政策的,他只是因为要用这来对付一切反动派积极的纷扰,与消极的怠工的原故。俄国的成为这个样子,是丝毫不足奇异的。无论在甚么国家中,为对付奸宄,都有时会宣布限制自由的戒严令;在欧战中间,国家管理粮食支配,私人车马供国家征发的,更是极寻常的事情。俄国的所谓军事共产,实际亦不过是这样的一回事情罢了。

俄国到内乱平息了以后,这种戒严令自然应当取销[消]了才好。所以接着便宣布了新经济政策。所谓新经济政策,实在并不是甚么新的政策,亦不是像一般人所想像的回到了资本主义国家的新经济政策;他实在是俄国革命以来,原定的经济政策,因为那是最合俄国需要的东西。

……

马克思所说的共产主义,是资本主义发达完成以后,瓜熟蒂落的自然结果。这所谓共产,乃是原来无从而私有,故不得不共有;并不是可以私有而勉强他们共有的意思。例如说机器生产发达,而劳工势力雄厚,他们打倒了资本家,他们只能共有这种生产。倘若他们定要保存私产的生活呢,你拿了机输,我拿了皮带,他拿了汽锅,可以有甚么用处么?一切工业一切农业,都进步到这样不可私有的境地,共产主义便自然实现了。

但是产业后进的国家,可以坐候这样机器生产的发达么?决然是不可能的。西欧产业进步的国家,已经占了经济上的优势,他们遏制压抑后进国家的发展。后进的国家,只可以为他们供给原料,消售成品,自己的机器生产总发达不起来。在这样的国家中,岂但人民不能有实现共产主义的希望,而且他们的经济生活,永远受外国资本主义的侵略迫害。

后进国家决不能用私人资本主义与先进国家争衡。私人资本家的资本额太小了,而且不能免于国内资本家中间相互的倾陷,对于外国资本主义亦不能利用政权以对付他们,结果后进国家非失败不可。要想打倒外国资本主义,非采用国家资本主义永不能有成功的希望。国家必须要利用政权来帮助发达产业,国家必须要自己担负经营或管理大产业的责任,这是后进国家唯一的自救之道。

有人说,列宁曾经自己承【认】他们的军事共产是错了的,别的后进国家,还有采用军事共产政策的必要么?这是很难说的。军事共产是一种紧急的行为,用来对付一般反革命运动的,若在没有反革命运动的时候,仍然沿用他,那自然是错了。但是后进国家要采用国家资本主义,是不是仍可以有反革命运动将要发生呢?国家资本主义,是不利于外国资本家的,亦不利于国内的私人资本家,所以国家便站在外国资本家与国内私人资本家敌对的地位上。这敌对的方面,果然不曾唆诱激动起各种反革命运动么？倘若终究免不了反革命运动，为甚么别的后进国家不可以一样的采用军事共产的办法呢？

所以我们可以说，国家资本主义是俄国本意所要采取的东西；军事共产，只是一种镇压反动的方法罢了。我们误认了军事共产便是俄国所祈求的共产主义，简直是笑话。

不过俄国既只行了国家资本主义，何以要标榜他的共产主义呢？这是不足奇的。俄国是要用国家资本主义以达到共产主义；实际一切产业后进的国家，亦只有用国家资本主义才可以达到共产主义。俄国现在只是为共产主义，正在做那种唯一的酝酿工作罢了。

至于中国呢，若因为大家怕共产主义，便不提倡这一层也可以。不过中国人不要生存便罢了，要想生存便非打倒外资压迫不可；要想打倒外资便非采用国家资本主义不可，在这一点，还是与俄国不能有两样，所以俄国的政治经济，不由得我们不注意他。

而且采用国家资本主义，决不是官僚武人的政府所能够办到的事。官僚武人，是常与外国人妥协的。是常与本国私人资产家相结纳的。他们决不能有这种勇气，以代表国家作战。若让他们去做呢！他们至少只能利用政权，发达官僚资本事业，而结果仍会为外资所打倒。要救中国，必须有代表农人工人以行国家资本主义的政府。

(《中国青年》第二十三期，1924年3月23日，署名CY)

24日（星期一）

58.《列宁的精神——清扬在列宁追悼会中的讲演》(《妇女日报》，3月24—25日)

3月24日至25日，《妇女日报》刊登《列宁的精神——清扬在列宁追悼会中的讲演》，全文如下：

今天，吾们固然说是列宁追悼会，但是另就一方面说，也可说是列宁的祝贺会。列宁是世界共产革命的领袖，是各地被压迫的民众的好友，他现在死了，吾们再不能继续的受他的教导了，就这一点说，当然吾们是要哀悼他。不过他的精神，他的事业，他的主义，经这一次更要在世界上宣扬起来！光大起来！这乃是吾们很可以庆贺的！

列宁不但是一个实行家，不但是一个成功的实行家，并且是个学者，并且是个成功的学者。吾们从他所作的那本《国家与革命》是很可以晓得的！他研究马克思的学说，他批评各家的学说，是很有科学精神的！不过吾今天所要说的一点列宁的精神，还不是这个。

吾们晓得列宁主义，是由列宁的精神来的。列宁的精神是什么呢？吾觉着列宁的精神，可以拿两个字包括起来，就是"切实"！别的精神，都可以由这个推演出来。你看他，在什么时候主张民主政治，在什么时候主张无产阶级执政，在什么时候主张武力的共产主义，在什么时候主张实行新经济政策，在什么时候主张与各派联合，在什么时候与帝国主义者缔结合约，在什么时候主张党的分裂，在什么时候主张联合战线，以至于他主张俄国的劳动运动，与西欧的劳动运动要采取不同的形势；他又极力注重农工工人的联盟携手，在无产阶级专政以外，创出无产阶级与农民专政的口号。又看他临【终】两年的注重合作组社，吾可以说，这种种都是从他的切实的精神来的。

平常人信一种主义，信一种学说，常常不免为死版的格式所拘，因此忘了实在，列宁是最能免掉这种毛病的。今年立一个方式，明年如看着不合实际了，他立即就要改换，这种精神，可说是科学的精神，也可说是切实的精神，本来在马克思主义理论与实际，是一而二二而一的；列宁就最能够把这一点，实现出来。列宁主义，有人说就是实行的马克思主义，吾们觉着，如说是实行于当前的马克思主义，便更好！比如农工的关系，马克思与恩格斯，仅仅说了个大概，而列宁却能详细的计划出来，这就是因为当前的情形的原故。

列宁是能因时制宜，知经知权的。有一个中国同志总忘不了"抱定宗旨，不择手段"一句话，列宁就是最能如此。共产革命本是一种战争，所以在欧洲是一个共产主义者，都叫作战员。战争以成功为唯一的目的，凡是可以〈成功〉不妨碍成功的战略，都是可以采取，所以作一个共产主义者，并不怕变更手段，采取什么样手段，但以实在为标准。实在叫怎样便怎么样，但可以达到最后的目的，什么路都是可以走的。这种话有许多中国人，不大高兴听，不合中国人的脾胃。可是吾们要在今日的世界，谋最后的成功，非渐渐的养成这种精神不可。这种精神，便是脚踏实地的，是切实的，本着这种切实的精神，吾们才可以判断今日中国国民运动之是非，于中国的历史，于中国的经济发展，于中国的农工业的情形，于中国社会阶级的状况，于中国所受帝国主义的攻击。在这种情形之下，吾们怎样不认国民运动是切实的运动！本着列宁的精神，本着列宁的主义，吾们不论说今天是为列宁开追悼会还是为列宁开庆贺会，无论如何，吾们此后对于国民运动，自应更加积极的努力！吾们更应当把国民运动与共产运动联合在一起；吾们要晓得国民运动不是违背国际主义的，乃是可促帝国主义末期的资本主义的死命的！吾们从事这种运动，吾们努力于这种运动，正是继承列宁之志，发挥他的精神，光大他的事业。吾们能如此，乃算对得起列宁！

其次对于列宁的精神，还有几点可说：第一样就是他的敢于认错儿；平常人做错了事，往往不晓得，或者知道了还要固执，或者知道不改，反而文过。又有居的地位稍高一点的人，常常恐怕一把自己的过错表露出去就失去了大家的信仰心。列宁则大大不然！从来有过总是不怕说的，并且也更不怕改，而大家因此，却对他信仰的更坚！以前有一个瑙[挪]威工人，说他是从来无比的诚实人，一部分也是因为这个。吾们又可以说：这一点也是列宁的切实精神，也可说就是科学精神。吾们要效法他。在这个地方，也要特别注意。

第二吾们晓得列宁是个实行家。他的重视实行，吾们也是要念念不忘的。不论他是在国内从事运动,或是逃亡于外,总忘不了一件事,就是实行革命!你看他那样的勤奋,你看他那样的预备计划,那样的联络同志。一方面布置作战,一方面打奠理论的基础,对于有产阶级,既要以剑战;对于社会改良派变节的马克思主义者,又要以笔战。这样的富于精力,成功自是当然。劳动阶级得了他这样的利器,又怎能不庆贺!他的人虽死,他遗留下的东西,总是可以采取不尽的。

还有一层:是列宁的知人善任,便人人得皆当其职,各尽其才,所以俄国革命以后,显得人才这样的茂盛,也不过就是用的得其当罢了。世俗有一个很大的毛病,就是忌才,总怕别人比自己好一点,把自己压下去。所以如果要看见某人才高一点,总想法子把他抑制不使他发展。这种毛病大半由于重自己而不重事业,在革命事业上,是非常有防碍的!列宁之成功,也由最能免掉这个。因为他能容人,所以人都非常愿与他共事,你看支诺维埃夫、特洛斯基、加门诺夫、拉代克、布哈林、斯大林等与他那样的相得,真令人看着高兴。吾尝想着,如在稗史上找一个与列宁仿佛的人物,不能不想到宋江。宋江当时受绿林好汉的爱戴颇有些与今日列宁受世界革命人物下层民众的敬仰差不多。

再则列宁对于吾们女子也是有特别意义的。吾们今日当已十分相信,经济问题不解决,妇女问题也必不能彻底解决。俄国姊妹们因得了列宁这个武器,旧经济制度推翻,男女关系也随而改变了。你看俄国自革命以后,对于妇女的待遇、婚姻制度的变更、儿童的保育、性教育的实施,足给吾们妇女问题、男女问题的一个好榜样。吾很希望吾们稍有知识、稍有思想的女子,再别沉溺于欧美化表面儿的物质文明,更不可专意尊从那浓厚的资本制度所产生的美国出品新人物。吾们若真正觉悟,吾想要作个"人"!即是吾们应当第一先尽充分的力量去解决经济问题。

话已说的不少了。最后还有几句终结吾的意思:列宁乃是最简单、最谦虚、最超脱利害心的人,他一点也不想享受物质的安逸。再则,列宁有一次说,实行去革命,比讨论革命、述说革命还快活的多!这个活,吾们也是很表同情的。吾们现在追悼一个革命家、谈论一个革命家,更要自己去作一个革命家,那才更有意味!

(《妇女日报》,1924年3月24—25日)

25日(星期二)

59.《李宁与社会主义》(《东方杂志》第二十一卷第六号,3月25日)

《东方杂志》第二十一卷第六号刊登瞿秋白的《李宁与社会主义》,全文如下:

最难论的是历史的事实和历史的人物!中国人说:"盖棺论定。"其实历史的"棺"是永久不盖的。法国革命已经过去了一百多年,到如今提起耶各宾党还是有人笑骂有人赞颂,——阶级的偏见,在这阶级的社会里,是永久不能免的。耶各宾党的确已经成了历史的陈迹,尚且如此。何况李宁——他身后留下了偌大的新兴阶级的国家,纪律严整组织巩固的革命的俄共产党，努力斗争猛烈攻击世界资本帝国主义的共产国际，——这都是李宁的主义和精神的实现，李宁虽死，他们还是存在，发展，——世界上受他们攻击的人，那能不痛恨李宁。李宁的虽死犹生，并不仅仅因为他生前的思想或人格，却因为他的主义已经现实化而成社会的组织，永久没有死的团体。李宁虽死，李宁的革命事业还正在进行，——所以李宁还并不能算是过去的人物。恨他的仍是恨他，爱他的仍是爱他，——如何能有持平之论呢？虽然！恨他的不过极少数的资本家官僚军阀，政客以及不得志的改良派。李宁的事业就是世界大多数的民众的事业。爱他的是大多数民众。这样说来，究竟爱他的批评是偏见，还是恨他的批评是偏见？因此我们可以安安心心从爱他的观点上来立论，——从大多数受压迫的民众的观点上来立论。

李宁是社会主义者，这是人人都知道的。然而他比起其余的许多社会主义思想家来，却有几个特点。

第一便是他最能综合革命的理论和革命的实践。他不仅是坐言，并且还能起行——他有百折不挠的意志和极伟大的自信力。实在说起来，李宁在马克思主义的理论上，比起十九世纪末，二十世纪初的许多理论家来。——如考茨基（Kautsky），如基德（Gueds），如朴列汉诺夫（Plekhanoff），并无何等特长，——这是他自己所承认的。当时的马克思主义者，大家都承认无产阶级独裁制是将来革命中所必不可能免的阶级，而且必定成为"无产阶级里特出的人才之统治"（考茨基）。大家都承认社会党不免要用强力；大家都决然否认社会主义可以和资产阶级妥协而成。朴列汉诺夫在俄罗斯社会民主工党的第二次大会上说：对于马克思主义者，革命的胜利是根本大法，为着这种胜利起见，可以剥夺统治阶级的政权，可以解散仇视无产阶级的国会。考茨基在一九〇二年还说："世界的社会革命竟要在俄国开始呢。"当一九〇六年的俄国革命时，他说那次革命是资产阶级革命与社会主义革命之间的过渡。

当时的马克思主义理论家，对于无产阶级的斗争及马克思主义的职任，曾经有如此的观点。然而等到社会革命真正开始，要从坐言进于起行的时候，他们大家都手忙脚乱起来，所宣传的策略竟和自己前几年的主张大相刺谬。朴列汉诺夫如此，考茨基亦是如此。

只有一个李宁，——他在一千九百零几年的时候，初上政治舞台，完全和朴列汉诺夫及考茨基是一致的，他后来又和朴列汉诺夫及马尔托夫（Martoff）同办火星杂志，共同开始宣传后来的共产党的观点，——只有他一个人会联结革命的理论和实行的策略，毅然决然为革命的胜利而奋斗，不顾一切。

第二便是李宁最能觉察现实——他能在适当的时候考察出社会上政治上的变机，能预料事[时]势，政党，人物的变易。

李宁最善于运用革命的原则，能应用主义到每个实际的事[时]势上去，绝不死守着纸上的主义。譬如一九〇六年革命后，革命潮势虽然暂时被政府镇压下去，而还有复活的希望，所以俄皇政府召集第一次帝国议会的时候，李宁主张宣传反对，——这种宣传还可以唤起民家里的革命行动。等到一九〇七年客观上已绝无直接行动的可能，李宁便立即主张参加当时第三次帝国议会的选举运动，以便利用"合法的可能"，从议会的演说坛上引起民众间的革命情绪，——当时有许多多数派反对这种意见，以为李宁倾向于妥协，投机，少数主义。其实社会党的参加议会行动与否，并不是一个死原则，要看怎样便能领导当时当地的民众行向更革命的道路。所以等到一九一〇——一九一一年，俄国的群众重新兴起的时候，李宁便又主张用革命的方法。

当一九〇五年，李宁初回国，看见彼得堡苏维埃的组织，便说这是将来革命政府的新形式。欧战刚起时，李宁便预言这一帝国主义的战争一定要变成阶级的国内战争，早就宣传他后来在一九一七年所实行的策略。一九一七年四月他回国之后，就主张"俄国应当成为苏维埃的共和国，而不能有议会式的民国"。一九一七年六月，在第一次全俄苏维埃大会上，李宁就说多数派逼不得已时，必将独自组织政府，——当时会上多数派的人数极少，因此全会场都失笑。谁知道过了四个月，多数派居然革命成功。

十月革命胜利之后，李宁以为在俄国的经济现状之下要开始世界的经济改造事业，应当由大工业化的国家资本主义和小农经济的私人资本主义联合起来（就是后来的新经济政策），用无产独裁制的政权来逐步建设"有规画的经济"——社会主义。然而建设社会主义是阶级斗争的一种最激厉的形式。无产阶级的仇敌决不让革命政府安心从事建设。当时刚刚经过了四年的欧战，国内的经济能力很弱，若要打倒反革命派，非由工人农民中意志最坚强的一部分来厉行军事的集权主义不可。李宁就决然主张暂时禁止商业，行食粮征收法，集中全国经济力于军用以扑灭白党，——所以那时所行的经济政策，后来戏称之谓"军事的共产主义"。居然因此而革命政府完全胜利，得到实行合于俄国现状的"新"经济政策之可能。可见"小农国家里不能即刻消灭商业直达社会主义"的一原则，李宁并不当他是一个死的公式，而能随时觉察现实状况以运用之。

第三便是李宁的组织力和训练力。

一千九百〇几年的时候，他著一部《怎么办》（Tchto delat?），——就已经说：革命党应当有严格的集权主义和纪律，应当是一种"职业的革命者之组织"。实际上就是因此而分成多数派和少数派的。李宁竭力主张党里的集权：个个党员应当服从中央，——一个党像一队兵一个样：军官所下的号令没有不遵守的，全党通力合作，严密的分工，一致的进行，庶几可以举行革命事业。朴列汉诺夫在《火星》杂志第二期上就说到，将来世界革命里，不免要有急进的和温和的社会党之争，——所谓"社会主义的'山岳党'（Montagnards）或耶各宾党（Jacobins）与社会主义的'齐龙党'（Girondins）之争"。——可惜朴列汉诺夫晚年自己也变成了齐龙党了！李宁的主义正在于不怕这种分裂和争辩，而且有毅然决然和"温和派"决裂的决心，本来温和派往往因迷信形式上的德谟克拉西而惯于破坏党内纪律，主张自由行动，因此使党的政策不能一致，——这种份子对于革命有损无益。李宁对于"自由"及"自由讨论"的意见就是：

"自由——是极伟大的标语；然而以'工业自由'的名义，而公开的行强盗式的战争；以'劳动自由'的名义（不准工会干涉雇用工人的条件），而任意剥削工人。现在所谓'批评自由'亦有这样的黑幕在内。真正自信是促进科学进步的人，必定不要求新的学理和旧的学理并存，却应当要求新的学理推翻旧的。……我们是在极艰险的道路上，应当紧紧的揣手进行革命事业。我们的四围都是仇敌，我们差不多时时刻刻都在他们的炮火之下。我们的联合起来，绝对是自由的，——难道你不愿意进社会党，有人能斫你的头？然而我们联合起来，是为着要战胜仇敌，决不是为着要堕落到池沼里去（到那种不尴不尬的地方，持那种迟疑不决的态度，——译者注）。那池沼里的人，本来因为我们特别立异自成团体，偏要斗争而不肯调和，所以恨死了我们。如今我们自己内部的人，反而拼命的叫：'我们到池沼里去罢！'等到你笑骂他们几句的时候，他们却说：'你们怎么这样不开通，——现代是自由批评讨论的时代！怎么不让我们自由的劝你们同走到更好些的道路上去。'——是的，先生们，你们不但仅可以自由的劝，而且还可以自由的走路，——就算走到池沼里去也不要紧。我们看来，你们的适宜地方，正是池沼里。我们很愿意帮助你们下池沼里去。可是请你们放开了手，不要拉我们下水，不要玷辱了伟大的'自由'。可不是！我们亦是自由的，我们要往什么地方去，就往什么地方去；我们有反对'池沼派'的自由，我们并且有惩罚倾向于'池沼派'的党员的自由。"

一九○二年多数派与少数派分裂之时，李宁对于党内的政策，就是他们后来应付俄国全国的政策。

十月革命之后，李宁主张行耶各宾式的独裁制，这正是他的一贯的主张。他向来不自讳是表同情于耶各宾式的政策的。他曾经说过："谁拿'耶各宾式'来骂人，他自己就是机会主义者。耶各宾派么？这不是骂人的话。无产阶级组织里的人，既能有阶级的觉悟，又能有耶各宾派的精神，——是革命的社会民主党只想着大学教授和学生，怕那无产阶级独裁制，梦想德谟克拉西的绝对价值的人，真有齐龙党的色彩的，——便是机会主义派。"

这是李宁对于政党纪律及训练的观点。

第四便是李宁征取政权的决心和相反相成的政略的运用。李宁以为革命党对于政府的关系，绝对不仅止是一种极左的对抗派（Opposition）而已。——少数党却以为是如此。李宁的意思：革命党的第一大责便是征取政权，拿来实行自己的党纲。就是在一九○五年的革命的时候，李宁虽然认定那时的俄国革命还只是资产阶级的，然而他仍然决然的宣传参加革命的临时政府，——以实现一种"无产阶级与农民阶级合作式的独裁制"——就此引导资产阶级的革命到底（参看《新青年》季刊第二期自民主主义至社会主义篇）。他的意思：

"无产阶级应当引导最大多数的农民，行民主革命到底，而以严厉手段镇服君主派或军阀的反动，并且豫防资产阶级的畏怯妥协。无产阶级应当引导大多数半无产阶级的份子成就社会主义革命的事业，而以严厉手段镇服资产阶级的反动，并且豫防农民及小资产阶级的畏怯不前。"

十月革命之后，李宁亦是如此貌似矛盾而实一贯的。他绝不妥协，然而他竟能有党纲上的让步，——譬如采用社会革命党的"土地社会化"的政策；他竟能行新旧两种的经济政策；他竟能决然和阶级的政敌议和（白莱斯德和议）。这并不是矛盾。在一九〇四年的时候，李宁一方面在理论上决绝的反对社会革命党，反对少数派，反对一切他所认为不当的策略；然而别方面，在政治上，他提议可以和资产阶级的自由派结同盟："要与工人以政治智识，社会民主派应当往各阶级间去，应当派遣自己的军队到各方面去。"不但如此，李宁，一方面认定除工人阶级之外决没有别一阶级能完成社会主义，然而别方面他以为社会主义的理想却只能从工人阶级的外面输进去，——从一种抛弃资产阶级的智识阶级方面输入。而在一千九百零几年的时候，正是这一班以革命为职业的智识阶级组织的社会党。李宁关于这件事说："无产阶级的自起自灭的斗争，假使没有这种强固的革命党的指挥，也永久不能成为真正的阶级斗争的。"阶级社会的发展必然"泼出"一班"非阶级化的"（declasse）知识者来——一部分为资产阶级用来做阶级斗争的军师，一部分为无产阶级用来做阶级斗争做军师。——因为资产阶级社会里的斗争不能不是政治的；而政治斗争需有专门的人才，才能看到真正的阶级利益何在，而征取政权，尤其需要这样人才的组织。无产阶级处于资本主义压迫之下，无从取得这种专门的知识，社会的环境却能使一部分知识者不得不受无产阶级的利用。

这种活用阶级斗争理论的政略，根本上是因为政治运动生来便含有这种相反相成的互辩律性（dialectique）。

李宁是实行社会主义的第一人，正因为他有这四种特性：第一，能澈底实行；第二，觉察现实；第三，有组织力与训练力；第四，能活用相反相成的政略。李宁能以妥协的方法行不妥协的策略；能组织集中革命的实力；能观察客观的政治动象；能运用革命实力探悉对付客观环境的方法，去实行社会主义的目的；不但如此，他更能组织成广大的革命机关训练出适当的革命人才，来继续他进行伟大的长期的社会革命事业，——一直到共产的无政府社会之实现。

李宁因此虽死犹生！

李宁的"虽死犹生"与其他英雄伟人绝不相同。——他不仅留一个"名"，留一个"人格"，"道德""精神"与后人敬仰；他留下了一个无产阶级的革命党，无产阶级的新国家，无产阶级的国际组织。脑病可以摧残一个李宁，脑病却永世不能摧残几千万有组织的人的革命社会主义团体！何况脑病——人世间那一种力量是能摧残他的?！

（《东方杂志》第二十一卷第六号，1924年3月25日，署名 瞿秋白）

26 日（星期三）

60.《苏联宪法与共产主义》（《向导周报》第五十九期，3月26日）

《向导周报》第五十九期发表瞿秋白的《苏联宪法与共产主义》，全文如下：

1 驳心史之俄国宪法上共产主义之变化（申报）

俄罗斯社会主义苏维埃联邦共和国（苏俄）于一九二二年十二月联合各苏维埃共和国组成苏维埃社会主义共和国大联盟（苏联）。这是世界史上狠重大的一件事情，——在帝国主义时代之反帝国主义联合战线里，苏联要算是最密切的形式。苏联的成立，就是由各国订一联盟条约，作为大联盟的根本方法（宪法）。苏联之中，苏俄当然是中坚份子；然而苏俄在苏联里，也和其他各国一样，仍旧有自己的宪法，因为苏联是一种邦联的国家，各国自有对内的统治权。所以苏俄的宪法（一九一八年的）仍旧有效力，并不因为和各国订了联盟条约便取消了自己的宪法，亦无所谓新宪法与旧宪法。

心史（三月十四五日申报）说："俄自我民国六年革命，七年七月宣布宪法，纯为共产主义，至十一年十二月再宣布大联合新宪法则为新经济主义。"

心史的第一个错误，便是以为联盟条约是苏俄的新宪法，第二个错误是以为代所谓旧宪法是纯为共产主义的，其实共产主义，照经济学上的严格定义，决不能与宪法并存。苏俄无产阶级最高的目的固然在于世界的共产主义，换言之即无政府无法律之世界共产社会；——可是，现在世界上还有资产阶级的列强，俄国内还有资产阶级的反革命份子，——客观上非有国家不可，即非有法律不可。所以既然称为某某共和国，既然有宪法，便还决不是共产社会。况且俄国现称社会主义共和国，亦仅仅因为俄国是无产阶级执政的国家，以社会主义为目的；并不是说十一月七日后俄罗斯，便能突然变成了纯纯粹粹的社会主义的经济制度。共产主义的实现，必须经过这种社会主义国家多年的奋斗（永久的破坏与建设并进），方才可能，苏俄的宪法（一九一八年）仅仅是无产阶级革命胜利的政治上的表现：剥夺资产阶级的政权，——从此才能着手于社会主义的建设。可是仅剥夺资产阶级的政权还并不就是共产主义。心史却以为他所谓"旧宪法"的共产主义就在于此。

心史说："……劳动者皆为公民，限制可谓宽矣，其所限制……足为主义之标帜者则有四项：'一、雇佣他人以谋利者；二、恃产业以为生者；三、商人之代理人，中间贩卖者；四、教士。'然则伙伴可雇，劳工不可为，直接之商贩可为，间接之商贩不可为；是驱一国而止为小农小工小商，不容大农大工大商之发生也。"

（案）苏俄宪法第六十五条原文是：

"（一）以营利为目的，用雇佣劳动者；（二）以非劳动的收入为生者；如坐食资本之利息，企业之收入，产业之进益等；（三）私人商贩，商业的中间人；（四）僧侣及教会或各种宗教团体中之教士；（五）旧帝国时代之警察包探宪兵及俄皇家族不得被选，亦无选举权。

这种宪法上的表现，显然是在资产阶级及无产阶级并存的社会里的现象：假使已经没有资产阶级，已经没有利息制度，已经没有私人企业家（承租国家企业的私人），已经绝对没有私人商业，——何必又在宪法上定出坐食此等利息的人没有政权呢？宪法上规定此等人没有选举权，并不曾用刑律禁止人民做这些事，——心史却说"伙伴可雇，而劳工不可雇"。他不知道这几条选举权的规定刚刚适用于新经济政策，并不是什么共产主义。他不知道现在莫斯科许多商店主人，私人企业家睁着眼看自己的工人或伙友在苏维埃里选举议事，——他们自己却已经不得不服从这几项规定，俯首帖耳的只求赚钱，不敢过问政治了。至于他所谓"驱一国而止为小农小工小商，不容大农大工大商之发生"，尤其荒谬绝伦。他这个市侩，只知道商店老班，工厂总经理或是地主乡绅才会经营大农大工大商。社会主义的无产阶级政府难道不能经营吗？无产阶级政府之法律的限制使私人的资本主义不能凭藉政权剥削多数民众，而政治的运用正在努力经营大工大农（在最初一期还有大商），以此建筑社会主义之基础，以便多数民家渐渐脱离私产之束缚，共同生产，共同消费。那时才有共产主义，——而心史却以为共产主义就是中国古代道家之高论，说什么"剖斗折衡，民自不争"等的谬论！

苏俄社会主义的建设既在大工大农，在最初一期还有大商，那么，经济生活里所应用的度量衡以及货币，愈有规律愈有系统则愈便利，以至于内外公债及信托事业，在一定的场合里，都有必须之处。无产阶级的国家已经宣告一切生产资料如土地工厂铁道银行等为国有，并非没收之后都关上大门，停止进行，——而是要运用这些国有大企业去和那些还没有能消灭净尽的资产阶级竞争：一方面暂时利用出租的小企业补充国有企业生产之不足，以应现时国民之需要；别方面规画全国经济财政租税运输等政策，使国有企业渐渐发展，以至于完全独占消费之市场，——即消灭市场消灭商业，而行社【会】主义的共同分配，——以直达共产主义。

心史说"尤可骇者为宪法之规定财政，第七十九条：——'在平民独裁政治之过渡时代所采财政政策，专在没收资本家之财产，使全国人民生产分配平等，国民代表认为关于特定情形，或全国公益应侵犯私有财产之权利，本共和国当竭全力助成之'（此段译文几乎完全谬误。）——是为举一国而仇少数资本家……凡私有财产皆以国力助其侵犯。其他别见于宪法宣言中者第三条——'一、土地宣告公产，对原地主不给价；二、森林矿产水道六畜及田地附属品，宣告为公产；三、工厂铁道及生产交通之具已批准收为公产之法案（译文不通！）；四、取消债务（译文太略）；五、一切银行收为国有'……其行政机关所谓中央执行委员会者，宪法所定职权，则又有制定度量衡及币制之权。又有发行公债之权。度量衡及货币其用固微（奇怪！），又人无余资，私人间不准举债（何所据而云然！），又何能应公债之募（俄国募公债的成绩比中国好得多呢），则岂非公债即外债之谓耶。一时大败决裂之效，盖有可观（不通之至！）"。

（案）苏俄宪法第七十九条原文：

"苏俄之财政政策，在现今劳动独裁之过渡时期，以符合没收资产阶级及准备国民生产与分配普通平等之根本目的为标准。因欲达此等目的，苏维埃政府机关当能处置一切必要的资财，以应苏维埃共和国全国或地方之需；即欲侵犯私有财产权，亦所不顾。此则国家之职任也。"

苏俄宪法前文之宣言第三条关于债务之规定，原文是：

"(4)第三次苏维埃大会对于苏维埃政府以法令取消俄皇地主及资产阶级之政府所订借之债款，认为是对国际，银行，财政资本主义之第一次打击，深信苏维埃政府能坚持到底，直至国际劳工革命反抗资本压迫完全胜利之时。"

此处所谓取消债务，指明俄皇（即地主及资产阶级）之政府所订借款而言。心史如何能断定劳农政府之下不准私人借债。况且革命政府取消旧俄政府的债务，没收资本家的生产工具及地主的田地，乃是革命胜利之结果。苏俄宪法的第一部（宣言），形式上是第三次全俄苏维埃大会（国会）追认苏维埃政府（内阁）的革命行政，——是合于劳动民众的意志的，在精神上是俄国劳农取得政权，着手于经济建设（没收资产阶级）及反抗国外资本家（否认债务）的表示，这宣言不但是苏俄宪法形式上的绪言，而且是全世界社会主义实现之精神上的先声。革命是实力的斗争，实力的衡比。所以俄国劳农（第三次苏维埃大会）虽然主观上希望"深信"政府能完全否认列强旧债，与以财政上之打。然而客观上世界无产阶级一时不能完成革命，与之相应；——因此，苏俄政府不得不暂时承认一部分旧债。亦就因为这个原因，所以俄国劳农既然克服国内资产阶级及地主阶级，没收他们的财产来用于全国经济之社会主义的建设，实际上的能力确能维持自己的政府及其财政政策（强制资产阶级出重税）；——因此，苏俄政府至今还是全国土地及工厂铁道银行等的主人，在可能的范围内进行社会主义的建设。新经济政策的所以能够施行，正因为有过那宣言上所说的一番没收的事实。现在苏维埃政府能以小工厂出租于私人。假使当时没有没收：工厂仍是资本家的，资本家又何必出钱来向劳农政府承租呢？

总之，心史所谓"旧宪法"，——苏俄宪法，并不是共产主义的宪法，仅仅是无产阶级国家的宪法，——一切选举权及预算权等一仍其旧，虽有新经济政策，而决没有丝毫变更，苏俄以及其他一切苏维埃国家里，资产阶级仍旧是没有选举权；预算及财政的总计画仍旧以发展无产阶级国有农工业而逐渐扫除私人资本主义为原则；田地工厂铁道银行信托事业等，仍旧完全在无产阶级政府手里，完全归他自由处置：或出租，或自办，或征重税，或征轻税。可见宪法上并无所谓共产主义的变化。现在中国人往往以为俄国行新经济政策便是废弃共产主义，重新收回没收政策（如东方杂志第二十一卷第一号第十八页上说："工厂公有，矿山公有，银行公有，赤俄固尝行之，然自新经济政策颁布以来，列宁亦自认以前措施未尽妥当。"），其实没收政策是实行共产主义的第一步，新经济政策是实行共产主义的第二步。没有第一步便不能有第二步。至于宪法，却是包括这两步骤，以及以后许多步骤的法律上的表现而已。等到经过许多经济阶级，而实际上能实现纯粹的共产主义之时，那国家和宪法便要消灭了。

这样的国家——劳农专有选举权，一切生产工具国有的国家，就叫做苏维埃社会主义共和国。许多这样的国家联合起来便是邦联式的苏维埃社会主义共和国大联盟（苏联）。俄罗斯，乌克兰，后高加索等，已经成立这样的国家，有的已经五六年，有的只有一二年；这些国内革命早已成功，各有各的宪法，选举权及国家组织等早已规定，如今联合起来，只要互订盟约，——所以宪法本文叫做条约。这种条约上面，自然不必重复载及各国内的选举限制及选举手续等；只要规定这邦联政府怎样组织，规定那几种是邦联政府的职权，那几种是各邦政府的职权。这些国家既然都以社会主义为目的，他们的大联盟当然要定一总的经济计画；各国所有大企业需用外资者，当然要由邦联政府代表全体，对外订立借租借条约，以谋社会主义的逐步建设。

心史对于这几项的意见，以为："……第八项至少可知其没收之工厂，非复以国家为厂主……（第十二项）信托制度既开，则纯乎代理人之行为……其为提倡大农大工大商可知。至第十三次[项]，规定大联合全境土地之分配及矿产森林水道之开采各原则，则语意含浑，不甚露重租资本之意。但要非前宪法截然收为国有之意"。

（案）苏联宪法第一条规定邦联政府之职权的第八项："规定联邦内国民经济之基本的及共同的计划，确定实业之种类，即确定与联邦有关之各种实业之种类，缔结各种租借条约（关于联邦者，或代表联邦中数共和国者）"。

同条的第十二项及第十三项原文：

"统一币制暨信托制度之规定"。

"苏联境内所有关于土地建筑，土地享用暨地下富源，森林，饮水等享用之规定"。

于此可见：一，确定实业之种类及缔结租借条约之权，在于邦联政府；与心史所说"国家非复厂主"实风马牛不相及。况且，假使心史该有房屋，出租给房客，——依他自己的逻辑，——出租之后，他便不是房主了，岂非千古奇谈。二，信托制度之规定，权在邦联政府；亦与心史所谓"提倡大农大工大商"了不相关。银行完全国有，信托制度，当然依无产阶级国家的利益而规定，务使便于发展国有的大工，大农，大商，心史以为大工，大农，大商，便一定要大资本家才能干，也是奇事！三，规定享用国有的土地森林等之权，在邦联政府；与心史所谓"已非前宪法截然收为国有之意"，恰恰相反。假使没有前宪法的宣言，就是没有收归国有，那些土地森林等，都属于大地主，如何容得劳农政府来规定享用他们的办法！

总之，苏联宪法的意义，是各苏维埃国家（乌克兰，白俄，后高加索，俄罗斯等）之大联盟的条约。各国同是一社会主义的国家，大家联合起来，共同努力于经济改造，反抗世界的帝国主义，——是世界史上一件极重大的事实。那宪法的宣言里说得明明白白，——是社会主义的国际主义实现的第一步。心史先生把他弄得一塌糊涂。（甚至于苏联的国徽本系：一镰一锤交叉于地球之上，因围绕以禾穗，上书六种文字"各国无产阶级联合起来！"的题词，并有五角星一枚。——心史却说是：地球形上插镰刀与军旗，架以谷穗"，还要附会些什么以农立国的谬论。这点小事都弄不清楚，心史先生真可以算是社论界里的草包）。

心史对于苏联宣言的意见是："……和平经济政策，目为建设之工作，是其先固纯然破坏耳。……非承认债务不能加入国际，不曰屈从，而曰公共防御，抵抗包围，立言固可以如是。又曰"最后，苏维埃权利上之组织，因受迫于苏维埃之劳动群众，遂按联合之途径而有一社会主义团体之结合"。然则长此共产，其劳动群众，已足使权利之上组织受迫，是明言群众之不可久久放任矣"（什么话！真正不可解）。

新阶级兴起，第一步建设，便是破坏旧阶级的政治经济制度。难道不破〈境〉旧的，能容得新的建设么？劳农平民的国家，受外国资本主义国家的压迫，当然要联合反抗。难道联合团结以备反抗，便实际上是"屈从，不过立言如此吗？至于承认债务，完全与此不相关涉。所谓国际主义是社会主义的要求，决不是承认了债务来哀求加入英美列强的'国际'"。我真不知道心史怎样的胡牵乱说的!

苏联的真意义是:

"苏维埃政治,于其阶级之天性上,系属国际性质;一经组织,自能使就其联合之道,而成为一社会主义之家庭"。

(《向导周报》第59期,1924年3月26日,署名 瞿秋白)

30日(星期日)

61.《列宁纪念册》(《列宁纪念册》,3月30日)

北京等地举行"国民追悼列宁大会",发行《列宁纪念册》,出版、发行者:国民追悼列宁大会,共116页。目录有:列宁造像、列宁小传、宣言、列宁死后之世界的哀悼、列宁不死、同志列宁、马克斯主义者——列宁、读列宁传、列宁哀歌、悼列宁、歌列宁、敬告追悼列宁者、列宁与世界、列宁与苏俄、苏俄革命的特质、共产主义社会底进化、农税底意义、列宁评传

纪念册指出:"列宁一生最伟大的事业,就是把马克斯主义现实为无产阶级革命底战略。""列宁不特是共产主义底实现之向导者,列宁且尤是我东方诸被压迫民族解放之指导者。"在他的晚年,"所最倾心注意力者,尤其是指引诸被压迫民族进于自行解放之路"。

62.《列宁小传》(《列宁纪念册》,3月30日)

《列宁纪念册》刊登《列宁小传》,如下:

列宁(N. Lenin)生于一八七〇年四月十日,死于今年(一九二四年)一月二十一日。他是一个现实的马克斯主义者。他一生最伟大的事业,就是把马克斯主义现实为无产阶级革命底战略。

列宁是俄罗斯人,俄罗斯是经济发展落后的国家。凡后进国的变革常急激:故列宁主张俄罗斯无产阶级是要同时一面实现民主主义革命一面实现社会主义革命。结果,遂实现了一九一七年十一月七日底社会主义的政治革命。

由资本主义社会推移于共产主义社会间底过渡期,非实行无产阶级专政,则不能意识的完成共产主义。故十一月革命成功之后,列宁遂极力促成"苏维埃"制之实现。

又因为现代资本主义之世界化;[,]非促使社会主义革命亦成世界化,则未由根绝资本主义以完成共产主义。于是,列宁遂果于一九一九年在莫斯科创设第三共产国际,开始实行世界革命。

要之,列宁一生最伟大的事业,就是把马克思主义现实为无产阶级革命底战略。

(《列宁纪念册》,1924年3月30日)

63.《宣言》(《列宁纪念册》，3月30日)

《列宁纪念册》发表《宣言》，如下：

外受国际资本帝国主义压迫内受军阀财阀官僚政客掠夺的中华民国国民，谨于开会追悼列宁之日，宣言如次：

吾中华民国国民今日所最苦闷而急待解决之唯一重大问题，即何以免去国际资本帝国主义之压迫，及何以免去军阀财阀官僚政客之掠夺。而最能示与吾人以解决此重大问题之唯一方法者，实为列宁，实为列宁所遗留与吾人的教训——即列宁主义。列宁不特是共产主义的实现之向引者；列宁且尤是我东方诸被压迫民族底解放之指导者。人但知列宁是共产党的领袖；实则列宁近五六年来，所最倾心注力者，尤其是指引诸被压迫民族进于自行解放之路。

资本主义发达至最近代，遂急由"国家资本主义"猛进为"世界资本主义"。世界资本主义下之资本家的榨取，已不限于本国劳动者，而且榨及于国外劳动者，尤其是产业幼稚的后进国劳动者，有如今日中国一般劳动者。同时，世界资本主义下一般无产者所受之压迫，已不限于本国资本家，而且遍受压迫于外国资本家，尤其是受压迫于产业发达的先进国资本家，例如现代英日美法等国资本家。今日中国，虽亦有少数资本家；然而，类皆仰息偷活于外国资本家势力之下。今日中国，固甚多富有劳动力的劳动者；然而类皆被强制失业而变成兵匪等非生产的游民。故中国今日，当先求免去国际资本帝国主义之压迫，然后方有发展之希望。抑反抗国际资本帝国主义的压迫之结果，社会亦遂得渐进于共产主义之境域。列宁主义明教吾人：反抗国际资本帝国主义的压迫，即弱小民族自行解放之唯一途径。全是指此。

更近，当知现代的战争，早已不是"纵的战争"，即国家对国家的战争；而全是"横的战争"，即阶级对阶级的战争。故在现代，无论何国国民，苟欲反抗国际资本帝国主义的压迫，同时，必先联络他国之被压迫阶级；同时，尤必先行推翻本国国内之压迫阶级。因为：他国之被压迫阶级，其受压迫，全与我同。又因为：本国国内之压迫阶级，其压迫我，有时且苟于国外之压迫阶级，有时且竟协同国外压迫阶级肆行摧残踩躏。是故：阶级斗争之究极，常先发为对内的政治革命。马克斯说："无产者无祖国。"列宁于一九一七年俄国社会主义的政治革命成功之后，不恤屈辱与德媾和而先尽全力以扑灭国内之压迫阶级。亦正为此。

最后，吾人可概括为下列数语，曰：当吾人追悼列宁时，吾人当联想及列宁主义，联想及列宁主义如何指导被压迫民族反抗国际资本帝国主义的压迫；尤当联想及列宁主义如何指导被压迫民族，必先推翻国内压迫阶级，而后联合国内全被压迫阶级，拼力打破国际资本帝国主义，以完成——为达到共产社会的唯一途径之——世界革命！

诸君！愿诸君勿忘列宁！勿忘列宁主义！

(《列宁纪念册》，1924年3月30日)

64. 《列宁死后之世界的哀悼》(《列宁纪念册》, 3月30日)

《列宁纪念册》刊登《列宁死后之世界的哀悼》, 如下:

莫斯科一月二十二日特电, 列宁已于一月二十一日下午六时五十分, 在莫斯科附近哥尔基村逝世。

又同日特电, 列宁逝世后, 医士发表报告如下: "二十一日, 列宁病势突然转剧, 下午五时三十分, 呼吸即有阻碍, 旋即入于昏迷状态, 全身痉挛, 延至六时五十分, 因呼吸中心停顿而逝。"

又同日特电, 一月二十二日上午十一时半, 全俄苏维埃大会召集会议, 历时约二十分, 苏联执行委员会长李宁发表列宁死耗, 事前多位代表皆未之知。久处西伯利亚狱中, 发已斑白之男女代表, 闻报成为泪下。苏维埃大会已宣言一月二十一日为哀悼日。

又同日特电, 列宁逝世后, 苏联政府发表正式报告如左: "命运之终结, 殊难逆料。列宁健康原有进步, 且可信其渐将恢复元气, 不料二十一日突然转剧, 不数小时即与世长辞。现正举行全俄苏维埃大会及行将开幕之全苏联大会, 将有必要之决议, 以确定苏维埃政府继续不停之事务。自俄国工人农民取得政权以来, 苏联劳动者所遭之打击, 以此为最大。此不独苏维埃工人为之震动, 全世界劳动者, 对此伟大之领袖, 亦为之哀悼者也。列宁已弃吾侪而去矣, 但其伟业则永存不朽。苏联政府将代表劳动群众, 依其所示之方法, 继承其事业。苏维埃政府必坚守其职责, 以护卫无产阶级革命之成业。"

又同日特电, 第三国际主席季诺维埃夫氏, 因列宁逝世, 特向各部发表宣言如下: "列宁突于一月二十一日下午六时, 因呼吸中心停顿而逝世。葬礼将于二十六日星期六日举行。第三国际失最伟大之领袖与先师, 全世界无产阶级自马克思死后, 以此次所损失者为最大。愿吾人皆俯首于此劳动阶级大师新墓之前, 全世界劳动者对于列宁之为人, 深知其所失者之为谁。第三国际特促全世界劳动者, 依列宁所遗之精神, 重整队伍协同从事工作。"

莫斯科一月二十三日电, 全俄苏维埃大会干事部, 因列宁逝世, 发表宣言, 其中一段云: "十月革命之首功, 才智超越, 选择适当的历史时期, 使劳动者取得政权, 知道劳农共和国为空前之试验, 发展苏维埃制之伟大领袖, 在人类史中已遗留最深之痕迹。列宁教吾人以各民族友爱联合之宏旨, 苏维埃大联合及其宪法, 实以此为基础。苏联宪法甫经实现, 苏维埃政权因而骤然进步, 国内日行团结, 对外劳力增加, 列宁适于此时溘然长逝。全苏联苏维埃大会将正式完成苏维埃大联合。劳农共和国已成立于不可动摇基础之上。"云云。宣言中并表示苏联国际地位之增进, 多数强国已准备正式承认苏联。但前途事业正多, 苏联国民将本列宁之遗策, 打破一切困难。列宁未理国政者而已逾一载, 苏联之敌人引之为庆事, 希望领袖一倒, 苏维埃政权将随之而落，现已可信彼辈希望之毫无所据。全俄苏维埃大会特令苏维埃政府"注意工农联合，对此根本问题，应绝对依列宁之政策进行，以谋工农联合之坚固与强大云"。

又同日电，已故列宁之灵柩本日由高尔克装入殓车共七辆运至莫斯科。路旁参观之人，多属农夫，异常拥挤。灵柩由列宁家中运至火车时，蒙以红黑色布。由其挚友加列宁，杜洛斯基齐捷林等执绋护送。灵车系于本日午后一时到莫斯科由车站至"聊室"约三英里之遥。灵柩系由政界人员及各党首领轮流舁送。每班抬十分，即行易换。俄国国会议员，各团体代表，外交人员及新闻记者均可前往"聊室"参观列宁尸体，由星期早七点至葬埋时"聊室"尽夜开放任人往观云云。又莫斯科一月二十三日电，列宁将葬于克列姆林宫（旧王宫）云。

又同日电，苏联全国各政府机关，职工联合会组织，军队，共产党及无党籍劳动者各种集会，已纷纷致函政府及共产党最高机关，表示极深切之哀痛，同时并表示坚决实行列宁之教训云。

莫斯科一月二十三日电，俄国共产党中央执行委员会，已通告各党员，详述列宁事绩，尊为领袖指导者及思想家，并谓"吾人奋斗中之最大同伴永弃吾人而去矣，但吾人仍毫无畏怯，继续前进。吾侪敌人对于吾党之实情绝不明了，希望吾党崩裂，而引吾侪之损失为庆幸，此种希望，不成事实。俄国共产党，受列宁之训育，具奋斗之决心，承继领袖之意志而勇往直前"云云。

莫斯科一月二十四日电，第三国际执行委员长季诺维埃夫氏，在其"李宁之死与李宁主义者之事业"一文中，曾以李宁与马克斯两伟大人物之死相比较，并举出马克斯列宁主义者今后之事业。对于两者之死，曾引恩格尔（Engles）当马克斯死时致索尔慈（sorge）书中之一段，大意谓"医术或可延长其生命，使其再存数载，但我马克斯不能容忍此种生命也。在一人事业未了之前，忍受未能了其事业之缺憾，而苟延残生，其痛苦远甚于死"。继谓列宁若严密休养，停止一切著述谈话及领导群众奋斗之事业，即伟大之革命家思想家所忍受之痛苦，宁可思议。一八八三年马克斯死后之马克斯主义者，较诸一九二四年列宁死后之马克斯列宁主义者（Marxists-Leninists），后者之责任，其复杂，其困难，远甚于前者。最要之理想事业，如马克斯所遗之理想，接近于劳动运动之群众。现则世界革命业经开始，且已在世界最大之国中取得第一次之胜利也矣。但时至今日，国际劳动运动尚正脱出恐怖时期。而第二国际复从中破坏，前途艰难，正未可量〈可〉。马克斯列宁主义者今后之事业正多，最重要之理想的及国际的政治问题，如（一）努力助列宁主义之基础臻于强大，即使工人及农民之联合越为强大巩固，俾万众之俄国农民皆知列宁虽死，但列宁党众在俄国革命之主要问题中，对于工农紧相结合政策，将越使其强固。（二）使共产党与无党籍工人之团结越臻巩固，俾无党籍工人咸知列宁虽死，但其党众决不妄为，且将与无党籍工人越行团结，以增高其文化及促进其教育。（三）列宁［首］创共产党，视此党为联合劳动阶级良好分子之中流砥柱，故马克斯列宁主义者应努力保存共产党之团结，视一党如一人，协力抵御外来之破坏。（四）共产党仍为战斗的布尔塞维克主义之团体，在敌人四布中作战，视形势之必要而暂退，视形势之必要而猛进。（五）尤要者，对于列宁主义之悖逆者，以及资产阶级之退化主义者，不论其出自何方，皆努力予以打击，万勿姑容。结论则谓列宁所遗之主要具体产物，为苏维埃大联合，第三国际其作其前卫之共产党。列宁之死，必可使列宁主义者集合。马克斯列宁主义者应藉普通之工作，起而代替列宁，将列宁之热诚，谨慎镇静，魄力勤勉，及其他精锐之才力，注入于列宁所遗之伟大事业中云云。

又同日电，本月二十二日，杜洛斯基途次[经]高加索之替甫里斯城在站中作哀词如左："列宁已矣！医术不能应万众衷心之希望。愿豪然滴尽血液已救吾侪唯一无二之伟大领袖者虽大有其人，但医药罔效，此术不售矣！敌人尚强，前程尚远，列宁为劳动阶级所需，乃有史以来所未有，全世界万众工作者之元良，决不容此死亡。列宁之病，原可望其痊愈，但亦可料其终至不起。吾侪所望者为痊愈，但竟至不起矣！呼吸中心停顿，天才之脑髓中心遂毁，吾党及劳动阶级遂失去其领袖。列宁已矣！但列宁主义则永存；其教训，其事业，其方法，其模范尚永存，永存于其创造之党与国中之吾侪之间。吾侪心中充满无边之悲哀，盖吾侪巧与列宁生于同时，与之共事，受其教导也。吾党即实际上之列宁主义，即万众工作者之集合首领。吾侪每人皆具列宁之一部，此亦即为吾侪最善之部。吾侪其手执列宁主义之光，勇往前进。吾侪其藉集合意志与集合思想，寻党吾侪之前途。一日之后，两日之后，一周之后，一月之后，吾侪将以'列宁竟已矣耶？'而自问。盖列宁之死，吾侪殊以为不可能也。愿'列宁已矣'之哀痛，永远予吾侪每人以'汝之责任已增加。其力谋有以对汝之先师领袖。在悲痛中，在哀悼中，在忧伤中，集合吾侪之队伍与心志。以自警惕'。"

又同日电，第三国际发表宣言，宣言前冠以"列宁——吾侪之不朽领袖"。宣言全文如左："劳动运动最伟大之首领列宁业已与世长辞，全世界革命工人皆深具哀痛，但吾侪切勿因哀痛而动摇心志也。试永志列宁所予世界劳动运动之不朽事业，藉其庄严模范之鼓励，努力实现其历史的意志。列宁一若马克斯，将永为吾侪之领袖。马克斯教吾侪以无产阶级解放，列宁则引无产阶级入胜利之大道，而实现马克斯之遗训。胜利的革命工人团体共产党为列宁所首创。藉对于革命威力的信仰与劳动阶级的将来之鼓舞。列宁在左抵俄皇暴政，右御所谓工人领袖之奸徒，危险艰难之中，尽心竭力，创造此党，经数年之奋斗，创立革命的马克斯主义战略，使共产主义运动成为党之形式。在世界劳动史之中，列宁划出另一新章。在其活动之始，即与第二国际中为资本主义所毒之奸徒奋斗。帝国主义战争爆发，此辈奸徒不顾廉耻，甘为掠夺的资本主义政府之仆役。列宁斯时藉其超越之天才，发出世界无产阶级革命之历史的口号"帝国主义战争当变为国内战争"。一九一七年，列宁以绝大之革命的勇气与战胜之铁石意志，率俄国无产阶级，推到资本主义政府。在劳动运动各领袖中，列宁为首先了解农民政治能力薄弱之历史的代表者，并首提倡工人与农民联合，由工人从中指挥。在各领袖中，列宁为首先认定无产阶级在工人农民苏维埃中实行专政之将来者，并集合无产阶级者于"各种权限尽归苏维埃"口号之下。苏维埃成立后，列宁遂以之抵御各方敌人之凶暴侵略。一九一八年，奸徒谋杀列宁。此次重创，吾侪永不能忘。彼售卖劳动阶级者，欲以炸弹杀吾可爱之领袖，吾侪在奋斗之中，永不能忘。五年前，列宁组织第三国际，指定第三国际之工作为实现劳动运动之无穷的社会主义理想，此为列宁之第一重大事业。其对于劳动群众为自由而奋斗之庄严理想所尽之心力，为有史以来所未见，实现此种理想，更无人出于其上者。列宁以第三国际领袖之资格，为各国革命的劳动运动设置巩固之基础，其基础即首先为国家及革命的马克斯主义教训，无产阶级专政，以及对于资产阶级民治主义之分析。其在一九〇三年，其为革命事业组织所定之民治的集中主义及才智的运用之思想，至今对于吾侪之工作仍有极大之价值。其在第三国际第四次大会中所述之预言，及其最后之论文，论及世界革命者，亦有同样之伟大价值。列宁指示集合劳动运动各派中之革命势力于第三国际旗帜之下，在最重要之时期中，予吾侪以准备争夺政权及无产阶级专政为群众操胜之口号，德国革命之进展，列宁亦始终予以极大之注意。列宁已为无产阶级革命之不朽领袖。列宁以其过人之天才与远大之眼光，注意及于东方民族反抗资本帝国主义之国家觉悟与革命精神之重大价值，深知东方各国革命有世界的重要，努力集合东方革命势力于第三国际之下，其实现由第三国际救护人类，或即其最大之功绩，对于少年及妇女共产主义运动亦具锐敏之观察，认此两运动〈感〉将予群众之愚钝与忍耐以最后之打击，世界无产阶级革命之急进，列宁已豫为料及。吾侪应本列宁之遗言，努力与资本主义奋斗。全世界劳动，其准备革命战争！吾侪仇视共产主义敌人之心，应与爱列宁之心同其猛烈！努力前进，完全实现列宁之意志！第三国际执行委员会促其各友部同起奋斗！全世界万众之同志，追随列宁之教训极其一生所创之一切！汝等应作若列宁之奋斗，汝等将得若列宁之胜利！"

广东一月二十五日电，本地政府对于列宁逝世，于本日发布命令，三日间下半旗，表示哀悼友邦首领逝世之意。

又同日电，国民党代表大会，议决休会三日，表示哀悼之意。

一月二十六日，北京学生联合会国民青年俱乐部马克斯学说研究会北大平民教育讲演团四团体在北京大学第三院大礼堂开列宁遥祭会。随场分送列宁像片。

二月三日，法大法政学报社民治主义同志会民生周刊励志笃行社四团体在法政大学开列宁追悼会。民生周刊社刊行之民生周刊(列宁号)，随场分送，

三月九日，上海开列宁追悼大会，并随场分送列宁特刊。

三月二十日，中华民国国民追悼列宁大会在北京中央公园举行，并随场分送宣言，列宁像片附小传暨列宁纪念册。是日，各团体亦随场发布各种传单。

此外关于列宁出版物，除上举外，有社会问题什志社出版之列宁纪念号(平民大学出版部发行)，内载有列宁著作年表列宁传暨介绍列宁学说，颇详备。

(《列宁纪念册》，1924年3月30日)

65.《列宁不死》(《列宁纪念册》，3月30日)

《列宁纪念册》刊登《列宁不死》，如下：

列宁逝世，全人类〈对〉的损失，真不在小：[，]尤其是我们中华民族损失了一个这样重要的朋友，更使我们感伤无已！

列宁的功业，在人已如日月炳天，江河行地。他的主义，亦经体现于全人类。革命的组织，日在发扬滋长中，以完成人类在历史上重大的使命，故列宁的躯干虽死，列宁的精神不死。

列宁是弱小民族的良朋，是被压迫者的忠仆，是献身于世界革命的一个仁勇的战士。他曾说过："苟能成就世界革命，即使俄罗斯民族蒙莫大的牺牲，所不敢辞！"从这句话可以看出列宁的精神气魄，何等仁勇！何等悲壮！

这样一位仁慈忠勇献身于全人类的人，在他的生前不知蒙了多少怨谤，被看多少恶名；直到死后，大家才渐渐的认清了他的为人。可见：说出真理者之遗世僇辱，自古已然；而真理之终能昭著于人间，必恒在说出真理者之为举世所谤毁以后，亦几为人类历史上的常例。

列宁为主义而遭狙击，连年卧病，其薪酬之薄，至不足以维持他的病中的生活。国家虽屡为增加，而迄死之日，每日薪俸，终不过二百元左右。就此一点，已足使我们惭愧无地。

(《列宁纪念册》，1924年3月30日)

66. 《同志列宁》(《列宁纪念册》，3月30日)

《列宁纪念册》刊登片山潜著、杜守素译《同志列宁》，如下：

同志列宁——马克斯主义的最大指导者列宁——一月二十一日在莫斯科死了。我在一九二一年十二月全俄罗斯苏维埃大会开会那天，才在会场莫斯科大戏院底演说台上，和他见面。那时，大戏院挤满了苏维埃俄罗斯的代表们。由各地到来的代表们，皆有简单的演说。我亦演说了数分钟，由同志柯伦台给我翻译。我自一九二〇年一月二—三日受亚美利加政府取缔以来，这回算是初次演说。受欢迎是不待言的。同志柯伦台译完之后，听众果全体起立，大加喝采。其次，是德国底同志演说。一同志刚给他翻译。这时候，同志列宁静静地进入议场，就他底坐席。那位翻译，就简单地结束。议长康明冷夫，给同志列宁介绍过后，列宁就走上演说台。听众大鼓掌，全体起立，不断地欢呼了好一会。这场热烈的欢呼，真像不知要到甚么时候，才会停止。在这中间，列宁却手拿着演稿，静立在演说台上。

稍停，听众静肃了。列宁才用镇静的语调，一句一句说了出来。这密集在莫斯科大戏院的听众，无论坐在甚么地方，都能豁明了地听懂。

列宁底演说，声调虽不高，却很明快巧妙。他亦不和多数人们一样地，用夸张的语句和故意抑扬的滥调。当他说到扼要处，对于英法底政治家常加以嘲笑，巧妙地引起听众底兴味。因为他所说的，全是含着深刻的思想。而全俄苏维埃大会底委员，又差不多大部分都是农民和劳动者。演说底要点，是关于华盛顿会议问题，因而并讨论及国际平和和战争问题,他底演说底后半,很受喝采。演说完了,议长刚在宣告闭会的时候,他少为在椅上坐一坐,就立起来,将离开演台。彼时,坐在他傍边的人,都去和他握手。当我和他握手的时候,他呼了我底名,和我寒暄。他丝毫没有托大的地方。他确是和蔼可亲,令人一见倾慕。

极东会议开会底时候,曾请列宁出席指导。他虽不能到会,却请了各国许多代表到他住的克列姆宁宫里去。当时,我们约莫有三十名委员,在夜里九点钟左右,去访问他。列宁非常郑重地迎接我们,一一介绍握手,各各归了坐。他依着顺次和我们交谈,使人人都感到很镇肃;他亦无论谁说的话,都亲密地静听。中间,他也陈述他对于极东问题的见解,给我们以有益的劝告。最后,他复简单地说明极东诸国底革命力确有结合的必要。他操着英语说话,很流畅,明了。他底住室,虽不广大,却很潇洒;藏书甚多,也略有绘画。室中陈列的棹子颇大,傍有许多大沙发椅。壁间挂一幅农民革命者底肖像。约一时间过后,我们告辞,他送到室门口,一一握手道别。我祝他快愈;因为听说他次日将往某保养地静养。据他说,不久就回来办事。

我最初了解他的时候,是在读了他底著书,尤其是读了有名的《国家与革命》一书之后。我由此书,了解了无产阶级专政底意义〈和其反讨论〉。这部书可说是包含着俄罗斯布尔什维克革命底基本原理,给无产阶级专政最初最好的说明。马克斯和恩格尔虽也抱有无产阶级专政底观念;但是普通读者不易明白的确地了解。而给与明确的说明,开发无产阶级革命所以必要无产阶级专政的,就是列宁。

列宁复实际把它适用于俄罗斯革命,来证实无产阶级专政底理论。他对于马克斯主义底确实理解底伟大处,亦正在此。但并不主张自己是无产阶级专政理论之创说者,而以马克斯,恩格尔为创始之人;他不过用他自己底言语,明快的逻辑的哲学的样式来说明它罢了。

列宁底伟大处,是在对于马克斯主义底知识底精深和理解底彻底。当其适用它时,他绝不逸出鹄的之外。他底革命的行动,从未尝闹过错误,这是布尔什维克党人所常说的,就是他底敌人,多也是承认的。同志苏菲亚昂着拉斯加亚——是一位同志,革命中彼得格勒底组合员,在外国受过共产主义教育的移民革命家,且曾在瑞士法国美国英国与俄国共产主义指导者往来之人——去年夏天尝对我说过:列宁甚么时候都对;议论起来,他总得胜。别人谁都闹过错误,只有列宁未尝错过一次。他无论是主张或是攻击论敌,论锋都极锐利;坚持不动的地方,尤其是他底特色。例如在决定彼得格勒起事时日的会议中,他极顽强地固执己说,终竟征服了一切反对,定为十一月七日,就是一例。后来,果然证实他是对的。

列宁很喜欢小孩,但是自己却没有孩子。最近卧病期间,他很爱惜他底宿舍阍人他底小孩。布哈林也极喜欢小孩,也是没有儿女。列宁和布哈林都是很爽快而喜狎戏;布哈林尤甚,有一天,执行委员会开会的时候,布哈林跑上棹子上,演了一回蝎子爬,列宁却像小孩子一样,站在傍边拍掌大笑,并叫许多人来看。……

列宁没有甚么娱乐。他底唯一的消遣就是打猎。暇时,就执枪牵狗,独自一人,向着莫斯科近郊底森林去。但是当局却常静静地派遣便衣赤军,给他沿途警备。列宁和布哈林都是过纯洁的家庭生活的人。我并不说别人不纯洁，只是说他二人都很爱他们底夫人，未尝有爱过别个女人的意思。他们就是选用书记，也未尝特别注意其面貌！他们无论在理论方面抑在日常生活方面，都是真正的共产主义者。

列宁是雄辩家最高模范。某次全俄苏维埃开大会，农民代表们大反对政府底政策，议决政府委员底演说无论谁的都不愿听。就是托洛茨基也不能使他们倾听。末后，还是列宁起来说。他站起来，开口便责备他们那时农民底呼颧是因为重税结果底饥饿和贫困；实在，他们底东西都被政府拿了去。列宁却简单地继续着说："饥饿？你们何以不作工！请回去拼命作工罢！光说着是不济事的！工作罢！"列宁就是用这种调子向农民代表说。农民代表们，静肃地，顺良倾听着；很满足他说的话结局，满场一致，信任政府。那天他是用雄辩博得胜利。听众的背后都隐着贫困和饥饿底可怕的压力。说服听众底先例是很罕有的，然而列宁终归说服他们。据我所晓得的范围，用演说转换舆论底方向底实例，在世界史上极其稀罕。德莫西宁斯曾用其雄辩力，使希腊人反对亚历山大大帝，希腊人民好几次为大帝底权势所屈服，德莫西宁斯在这种时候，就出来唤醒民众，使他们都觉得必须振起独立的勇气……佛兰克林说过：真正的雄辩家就是说出真理底人。德莫西宁斯和列宁这样人是极罕有的。列宁之所以伟【大】是因为他能说出崭新的真理。

列宁是世界史上最大的革命指导者。他底伟大处，无论在战争或平和的时候，都是为将帅的将帅。他熟悉过去，熟悉现在——自己为革命军的指导者而活动的现在，并且知道未来。他底论文《苏维埃之现在》，是指陈无产阶级专政实现后底俄国革命史底计画。他又树立了新经济政策。这种政策，虽采用不过数年，现在已证实是种很适合于苏维埃俄罗斯底政策。他是最知道俄罗斯的；而且是最知道完成俄罗斯革命底最善的方法的。果然其后的发展都给与充分的证明。

他对反对派的态度，极其严峻，对于考茨基和他底徒党，尤其是这样。但是他对于同志却是十分温和。他最伟大的地方，是为无产阶级底良友，把他底灵魂，生命，一切东西都贡献给俄罗斯和全世界底无产阶级。而全世界底无产阶级都知道他底为人，就中俄国底农民，尤相信他是他们底真挚勇敢的指导和保护者。这层尤其是他底伟大。俄国革命底成功其主因也正在此。

列宁是真正的革命指导者；他知道怎样达成革命。他不单通晓哲学，历史，科学，经济学和其他一切事情，而且善于知人。他能引致很多大指导人物为自己的同志——就中，最伟大的人物，是编练赤卫军来和全世界底帝国主义国家对抗的同志托洛茨基。托洛茨基也是历史上所罕见的革命指导者。他是一位受过多方面的教养而极有才干的人，不特长于文学，能够批评艺术，文学，戏曲，音乐，和精通古典，且对于近代文学，哲学都有很深的造诣，而于马克斯主义和马克斯主义战术尤其精通。又看他在共产国际第三次大会尝亘三时间的大演说，就可知他关于国际关系的知识很丰富。但他最伟大点，还在于创设赤卫军，这确是示给我们以未来劳资底革命军的一个模范。

老实说：托洛茨基可以说是将帅的将帅；列宁可以说是指导者的指导者。列宁能够罗致托洛茨基翟趣林克阑辛诸人合作于共同目的底下，确是他底最伟大处。托洛茨基虽说是伟大的将帅及战士，但当他攻击波兰时，却尝犯下了大错误。至列宁做事，就没有犯过这样错误了，所以才能够指引托洛茨基使益发挥他的能力，以成就那样伟大的事业。故在俄罗斯革命的创始，列宁和托洛茨基底携手，就是俄罗斯革命成功的【关键】。但这二大伟人的互相提携，都是列宁底努力及其才能。最知道托洛茨基的就是列宁。即托洛茨基也觉得列宁能知道他了。这就是惟英雄能识英雄了。季诺维埃夫在他所著列宁传里，叙述列宁被刺重伤时，托洛茨基对列宁说了很多恳挚的话。可见托洛茨基爱敬列宁，全是出于肺腑。这一点全是俄罗斯革命成功的秘鑰[决]。

列宁是全俄罗斯中声望最好的人。现在这样，将来也定着这样。他最受劳动者及农民的敬爱，他的著作差不多和圣经一样，全俄人民中没有不阅读的。最近学者和科学者以及一般知识分子所称述底列宁主义之一名词，就是把列宁对于科学哲学历史上分野底贡献使化成一种公式。列宁主义的中心，不待言说，可知是对于马克斯主义和马克斯主义战术底伟大贡献。他底著作全集，现已印出十七八种，售价极廉，谁也能够买阅。他所说底片言只字，人们都忠实研究，到处引用。但是，列宁一生所最努力的地方，尤其是使劳动者和农民完全的结合以发达俄罗斯的生产力。

自新经济政策实施以来，更开了工业商业农业底发展的途径，近且着着奏效。列宁所著论文，对全俄民众，确有伟大的感化力和支配力。最近在报纸上尝发表一篇。关于消费组合事业的论文，即时全俄遂起一大消费组合运动；俄民对消费组合事业的兴味，因此倍加浓厚。又列宁尝发表一篇《革命运动之未来》底论文，预断苟非印度和中国革命化，则世界革命必无从完成；所以他极希望扩张东方大学和增收极东诸国留学生。于是苏维埃政府果增加东方大学底预算至三倍以上，年约二百万金卢布。结果现在该校收容东方学生约有千人以上。其中日本学生亦颇不少，学生相互间的感情亦佳。预料日本学生必能逐渐增加。就是其他大学，于学生的待遇也极优渥，凡食物衣服及一切必要品，皆由学校供给，极予学生研究上生活上种种便宜。这样看来，凡列宁影响所到处，无不表现为问题为政策为战术。在时时刻刻飞涨成高潮底革命战场里，这样的最大指导者思想家斗士——列宁，今竟死去！彼在近数月来，日苦病魔，缠绵榻褥；幸因体质强壮，调养得法，中间虽经过二次危机，却能渐次恢复健康。数礼拜前，尚听说他能为长时间底散步和乘马。不料今竟弃我们无产阶级而去！综他一生，无论在平和底时候，或战争底时候，皆极长于与奋斗。就是睡在病床的时候，犹是不屈不挠的勇战。他的病源，无非因为操劳过度，至酿成剧烈的脑病。他这回逝去，世界无产阶级，确蒙了莫大的损失和不幸。他这回逝去，世界无产阶级，却不胜悲恸和哀悼。但是他的革命和事业，终是永远存在。他的学说事业，确时时在鼓舞世界革命。他印在俄罗斯革命史上底精神和模范，确时时在指导世界无产阶级。

同志列宁，今竟与世界长辞！他在公【开】的聚会最后底出席，是去年冬天赴莫斯科金属劳动组合底大会。我与他最后的会面，是在克列姆林开会的共产国际第四次大会席上。他当时演说世界底形势约费一时间，演完之后，坐在坛上底椅子和大会底干事们谈话。我就在那时和他谈话，握手，道别。这是最末次的。莫斯科底多数同志们亦是如此,因为自此以后,他就得病。病的时候,由德国聘到有名的医生五人。我从德国回莫斯科的归途,正和医生们同坐一车。我们这数个月来都很担心,天天唯等着看报纸上所登载的病状报告书。近来时时听到他已渐愈且能散步。我们也见过他那时候摄照的像片。虽然老了一点,但是我们看着他那坚实的样子,以为他已恢复到这样了,都非常欢喜。现在他竟弃我们而长逝,共产国际已不能再见他的英姿了。可是,他底生涯中所遗留的精神和事业,已足引导我们追随他的人,完成他所欲为的世界革命。

世界之共产主义者,不可不铭记他底精神和事业,像他生涯中所做过的一样地努力,去完成他所指示的世界革命。惟必这样,才是我们对于他底尊贵的人格生命和事业之真正的纪念。而且是我们所能做底最善的事。

(《列宁纪念册》,1924年3月30日)

67.《马克思主义者——列宁》(《列宁纪念册》,3月30日)

《列宁纪念册》刊登施存统的《马克思主义者——列宁》,如下:

列宁死了!全世界无产阶级和被压迫民族底最伟大的指导者列宁死了!这样一个人死了,世界无论爱他的敬他的恶他的恨他的,没有一个人不能不因之震动:有的哀悼,有的高兴。这样的人,全部过去的历史中有过没有?是没有的!是空前的!

那么列宁是古今中外超群绝伦独一无二的"天纵之圣"吗?不是的,决不是的!列宁不过是一个平平常常的忠实的勇敢的理论与事实结成一气的马克思主义者!列宁不过是一种必要的"历史的工具"!

全部历史的演进,都有它必然的物质的原动力,人类底精神的力(智力)只能促进历史底必然的进程,绝不能自由回转历史的进程,即不能自由创造历史。这是社会进化底必然律,可以由过去社会全部的历史来证明。首先清楚认明此种社会进化必然律的,便是那建设科学的共产主义的学说的马克思。

列宁便是信奉马克思主义之一人。他之所以能尽其"历史的工具"的职责,促进无产阶级的"历史的使命"底完成,他之所以能做〈能〉世界无产阶级和被压迫民族底最大的指导者,领导全世界无产阶级和被压迫民族向解放的道路进行,完全因为他是一个马克思主义者。

但是全世界中,马克思主义者成千成万,不计其数,并不止列宁一人;为什么只有列宁一人能成功这样的伟大事业,这样的受人爱敬,这样的受人恶狠?这是因为:(一)列宁是马克思后第一个能了解马克思主义能应用马克思主义的人;(二)列宁是适逢国际资本主义发达到最后的阶级,而现出即将崩坏的运命的时候。

列宁之所以能成为空前的历史的人物,也便是因为他是一个马克思主义者,为完成历史上空前的毁灭资本主义建设共产主义的社会大革命的工作,而做全世界无产阶级和被压迫民族最伟大的指导者之故。因为他最精通马克思主义,又在历史的必然的形势之下，所以他才能认明历史的必然的形式，领导全世界无产阶级和被压迫民族一同做这历史的必然的工作。历史的形势容许他，所以他——这"历史的工具"，才能显其作用。列宁底伟大便在这里！

我们今天追悼列宁，第一便须认明列宁底伟大的意义。认明了列宁底伟大的意义，我们才能跟着列宁所信奉的主义（马克思主义），进行"历史的工作"，完成我们的"历史的使命"。

国际资本主义，已达到了它最后的帝国主义的一期。各弱小民族，已成了国际资本主义榨取的目的物。所以国际资本主义不仅是国际无产阶级底公敌，也是一切被压迫民族底公敌。

我们中国，自从雅片战争以后，早已成了国际资本主义底公共殖民地了！国际资本主义，不仅直接压迫我们榨取我们，并且还援助军阀扶植军阀间接地来压迫我们榨取我们。所以国际资本主义实为中国一切被压迫人民的最大的公敌。中国被压迫人民也应该一致团结起来与全世界无产阶级被压迫民族一同向国际资本主义作战，以求自己的解放。这是中国人民唯一的出路！

列宁便是指示我们走这唯一的出路的人。他不是随便胡乱指示我们走这条路，他是仔细研究过国际各种情形然后才指示我们走这条大路的。我们追悼列宁，第一固然要信列宁所信的主义（马克思主义）。第二便是要走列宁所指示我们应走的这条大路。

（《列宁纪念册》，1924年3月30日，署名 施存统）

68.《读列宁传》（《列宁纪念册》，3月30日）

《列宁纪念册》刊登李春涛著、赭庐译《读列宁传》，如下：

唯物史观与个人底努力之关系——

在列宁逝世的消息传到中国后，无论素来赞成他或反对他的人们，都委实地说他是一个伟大的人物，或竟说他是一个怪杰，换一句说，就是把列宁当做一个崇拜的偶像。

其实，这也难怪。就是唯物史观，亦是相当地承认个人底努力；何况在这个英雄史观的现代社会思想底下的我们，忽地碰见这位伟大的人物，怎么不钦仰！怎么不崇拜！所以列宁的老友季诺维埃夫（Zinovieff）在他的《列宁传》里，亦说：

"如果在革命底时候，也能够承认一个人底作用，——实际上是不能不承认的，——在这种承认一个人底作用的范围里，则十一月革命，十分之九是列宁底事业。"

俄国文学家哥尔基（Maxim Gorki）亦说：

"严格的现实主义者和锐敏的政治家列宁，已渐变成了传说上的人物。但这全属应该的。在印度穷乡僻壤中居住而久苦于英国官吏压制的许多弱者，都越山穿林冒险徒行数百里道路来喀布尔（Kabul）问俄国底牧师道：'列宁究竟是怎样的人？'那［挪］

威的劳动者，也都向着冷淡的俄罗斯人说：'像列宁这样正直的怪物，真是从古昔到当今所罕有的。'"

可是，我们如若细心一读列宁传记，——虽然我们现在尚未得有关于列宁一生事实详细记载的书籍，——终局，他实是一个时势所造的英雄（实在他并不是英雄，但又苦无适当的名称。若必欲明白一点说，只能说是"非英雄的英雄"），而不是一般人所说的"英雄造时势"的英雄。

哥尔基说："观列宁在劳动者的集会演说，纯是说着出人意料的简单语句，用着铁似的坚决语，明明白白申说他的理论。在他这种严整的句调中，实在看不出他带有类似现代粗野的煽动家或浮夸的雄辩家底坏气质。他演说底基调，无论何时，都是力说'根绝人类不平等之必要及其手段'。这种滥调，一上了他的唇舌和表现在他锐利而动听的声调的时候：我们就可以知道他底信念是不可移动的；他的信念是极坚强的；还且可以知道他底信念，并不是热狂的信念，亦不是神秘的迷信，而全是科学的信仰。他对各个人的人们，毫无兴味；他只惟埋头研究关于党派群众或国家的事。所以他在这方面，的确是一个富有'先见之明'及'天才底直觉'的思想家兼实行家。但这全是因为他能热心无间的劳作，才得养成这种特别地精明的头脑。"

马克蒲拉得说："列宁在伯尔尼（Bern）时，这些人们（一般劳动者）当中，没有一个人想过列宁是自己以上的伟大人物。他们都以为列宁是他们同辈底一人。"又说："苏黎支（Juerich）地方知道列宁的许多人，都对我这样说：'列宁好像只愿意同劳动阶级底人接触。他底亡命的朋友们，以列宁决不同知识阶级底改良论者空费时间这件事为非常可夸示的事。'他底时间大部分都费在瑞士劳动者底聚会里。他不肯随便同人谈话，演说尤少。可是俄罗斯人在苏黎支所开的会，他就常常演说了。"

维尔科克斯（Wilcox）说："他（伦敦亡命中的列宁）同马克斯一样，以英国博物院探检宝物为幸福。他狠热心赏赞这个图书馆。一谈到这个图书馆，他便眼光四射，兴致勃勃。住在这博物馆底附近，是他最快乐的梦。他求精神上的休息，就是这个地方。"

季诺维埃夫说："列宁在巴黎底国立图书馆过了二年。他从这里借出的书，是多得可惊的。就是非难列宁底哲学上底研究的资产阶级教授们，也都惊异地说：仅仅两年之间，一人如何能够读许多书！"

列宁是能这样努力的研究，及能那样平凡的生活，所以才能成为"一个富有'先见之明'及'天才底直觉'的思想家及实行家"。季诺维埃夫说："列宁是一个能够发展马克斯底学说且更加上新要素使得适合于新时代底状况的极少数人中之一人。"又说"同志列宁，的确能够做一个很好的大学教授。可是，现在却已做了劳动者共产社会底指导者了。我想，这个总比有才能的大学教授中底最有才能者，还更伟大。"

我们试再细读俄国革命史。当十一月七日革命前十余日，即十月末，共产党中央委员会正继续开会讨论"即时起事"的问题。在二十三夜彻宵的会议场上，党内一切智识分子，领袖，彼得格勒劳动者代表和卫戍兵卒代表，列席会议。智识分子当中，只有列宁和托洛茨基两个人赞成"武装的即起"。就是军人，那时也还有反对的。到了投票表决的时候，主张"即起说"者失败。

依列德(john Reed)所纪:"这时有一个鲁莽的劳动者,突然站起来了。他底面孔,异常愤激。他用很锐利的语调,这样叫道:'我代表彼得格勒劳动者说话。我们赞成即起说。诸君不妨随便做。可是,诸君如果傍观劳兵会被破坏,则我们已用不着诸君了。'这样一说,就有几个兵士应和着。于是,就再投票了。投票的结果,武装的即起说得着胜利了。列宁终究成功了。"

后来,季诺维埃夫回顾当时的事,说道:

"到了现在,谁也承认列宁所主张的确是正当的了。而且是很简单明了的问题。如果那时我们不掌握权力,则我们一定为苏英科夫及巴尔庆斯基所粉碎了。历史已经明明白白而且一点不暧昧地把这个问题提示于我们面前了。不是我们这样干,就是他们这样干。不是对劳动者恐怖憎恶的有产阶级专政,就是毫无假借地扫荡有产阶级的无产阶级专政。"

"现在固然大家都明白了。可是那个时候,卷入事件底漩涡当中底时候,主张'不能等一星期!现在动手,还是永久不动手?'那样的事,实在需要列宁底精确的眼光和他底天才及直觉力。同时,为冲破一切障碍物,在预定底一时期开始实行空前的大革命,尤必要有列宁底不可屈的意志力。"

"如果劳动阶级没有在列宁底指导下面于适当的时机掌握权力,则我们在一星期之后,一定就看见最残虐最狂暴的有产阶级专政出现。这件事情,现在已如青天白日般地明白了。……同志列宁,实在正正确确地得算定了这一瞬间。……"

这样看来,一九一七年十一月七日的俄罗斯革命,乃是时代的要求,和历史的必然。那个时候,彼得格勒底劳动者一定蹶起。成败固无把握;但维持劳兵会的权力,确是当时彼得格勒底劳动者所要求。列宁只是眼明手快地捉住这个机会罢了。然列宁何以能够如此?这正是前头所说的"因为他能热心无间的劳作,才得养成这种特别地精明的头脑"。推之,列宁执政后所实施底一切制度,亦不是列宁所发明,而全是他从学问中努力出来的发见。——发见这种制度全是适应于这时代底必然的必要。

末后,我们可以朗诵巫丹(Boudin)底著书中所征引普列哈诺夫(Plechanolf)底一段文字,以为列宁一生底赞美和他最后的挽歌:

"伟大人物底伟大,不是因他个人底特征能给一种别的色彩于历史中底大事件上;而是因他所有底特征最能宣力于他那时代底社会底要求——在一般的或特种的诸原因底影响下所发达的要求。加莱尔(Carlyle)在他所著书《英雄及英雄崇拜》(Heroes and Hero Worship)中,称伟人做'创始者'(Beginner)。这个称呼,真正恰当。伟人底眼光,总比别人伟大;伟人底欲求,总比别人热烈:就这一点,伟人的确定'创使者'。他能依着前代社会之智的发达以解决当代科学上的问题;他能发见因着前代社会关系底发达而生之新的社会底要求;他更能负担关于满足这种要求的创始事业:所以他的确是一个英雄。但这不是说'他对于事件之自然进行能够抑制或能够左右';而单是说'他底活动,乃事件之必然的和无意识的进行中之一种意识的及自由的表现'。这一点,正是他底'重要',正是他底'力'——而且是非常的'重要',且是非常的'力'。"

若就社会主义之发展史说：马克斯既是科学的社会主义之创始者；那末，列宁就是行动的社会主义之创始者。

我们为豫祝世界全人类幸福底实现起见，不可不感谢这位伟大人物——行动的社会主义之创始者——列宁。

一九二四·一·二十五·赭庐
(《列宁纪念册》，1924 年 3 月 30 日)

69.《列宁哀歌》(《列宁纪念册》，3 月 30 日)

《列宁纪念册》刊登吴天放的《列宁哀歌》，如下：

我吊列宁，
我不吊列宁！
谁有火般的血潮，
在他的脉管里怒鸣？
谁有创造的源泉，
在他指端飞涌？
谁有物胞勇果的燃焰，
在他的毛孔里四迸？
谁把天般的责任，
放在双肩上担行？
我吊列宁，
我不吊列宁！

我不吊列宁，
我吊列宁！
北冰洋之怒潮，汹涌！
北冰洋之潜流，鸣喑！
金字塔上之夕阳，嶙峋！
喜马拉雅之朝气，如蒸！
克鲁伯工厂之铁锤，飞动！
神圣罗马帝国之冠冕，灰烬！
全世界"自食其力"之劳动，神圣！

我不吊列宁，
我吊列宁！

(《列宁纪念册》，1924 年 3 月 30 日，署名 吴天放)

70.《悼列宁》(《列宁纪念册》，3月30日)

《列宁纪念册》刊登胡南湖的《悼列宁》，如下：

> 我们的星
> 我们唯一的星，
> 忽然隐匿起来。
> 在黑暗的夜里，
> 我们没有了光明，
> 在凄凉的郊野
> 我们没有了救主，
> 在赤色的战线上
> 我们没有了首领。
> 我们要我们的光明，救主，首领
> 但是他去了，他竟去了，
> ——光明去了，
> ——救主去了，
> ——首领去了，
>
> 我们至上的生命去了。
> 沉沉的夜色拥抱着，
> 怒号的北风吹着，
> 我们弱小的灵魂抖着。
> 于沉寂的黑暗中
> 我们的星，唯一的星，
> 他忽然弃我们去了，
> 他竟弃我们去了。
> 我们的四周布满着恐怖，
> 我们的敌人更加紧的包围。
> 我们暗中摸索的前进，
> 我们需要光明
> 需要我们唯一的星；
> 但是他不再出现了。
>
> 我们更加奋勇的战斗，
> 要战胜我们的敌人。

虽然在夜里失了光明，
虽然在恐怖中失了救主，
虽然在战线上失了首领。
我们至诚的心地
还深印着光明，救主，首领，
他还在抚爱我们，
帮助我们，
指挥我们，
虽然我们总觉他是去了，
但他的未死之心
还燃着炽热的火焰。
他最后的昭示：
"我不过是一个星
——一个小小的星，
用我微弱的光
指示你们进攻的途径，
你们要努力进攻敌人！
穿过了前面的大山，
你们可以看见很多的星；
——很多的光辉。
如果穿过了那个大洋，
你们可以得到你们需要的光明，
那光明是太阳赐给你们的！"

神圣的士兵，
亲爱的朋友，
我们努力进攻，进攻，进攻，
我们看过天上的繁星，
我们再看太阳在大洋里出来。
当赤色的阳光照耀的时候，
我们要高声欢呼，
告诉我们的光明，救主，首领，
"我们已竟胜利了，
全世界各处都耀着赤色的光！"

（《列宁纪念册》，1924年3月30日，署名 胡南湖）

71.《歌列宁》(《列宁纪念册》，3 月 30 日)

《列宁纪念册》刊登林孔昭《歌列宁》，如下：

> 世界出现一怪物，
> 就是尼古拉列宁。
> 马克斯主义健将，
> 实行阶级的斗争。
> 社会革命轰烈起，
> 阿鸡阿狗都大惊。
> 富人骂他做强盗；
> 贫民拜之如神明。
> 共产主义行实现，
> 列宁虽死实永生！

一九二四，二，二四。

(《列宁纪念册》，1924 年 3 月 30 日，署名 林孔昭)

72.《列宁与世界》(《列宁纪念册》，3 月 30 日)

《列宁纪念册》刊登邝摩汉的《列宁与世界》，如下：

列宁自一九一六年在金多尔(Kiental)开万国社会党大会之后，就知道世界共产主义革命，各国同时举行，是万不可能的。因之他就决定归国，把俄国资本主义国家，先行推翻，做一个社会主义的地盘。再行世界革命。同时对于俄国革命，也就预定了三个步骤：即第一信服俄罗斯，第二夺取俄罗斯，第三经营俄罗斯。现在第三步的事业，虽未完全成功，而第一第二两步的工作，也就早算做完了。

自马克斯《共产党宣言》发表之后，国际的社会主义(International Socialism)，就算已经确立，因之世界的社会主义者，就扩大他的眼界，奉行共产党宣言上所说："劳动者无国家无国界亦无祖国"的格言。并且第一国际，第二国际，第三国际，以及第四国际，就继续接替的组织，成了现在一个不可磨灭的新势力和世界革命的总机关。

列宁自组织苏维埃政府之后，就用共产党宣言上"世界劳动者团结啊"最末一句话，为他对外政策旗上的口号。他的意思，就是打破从来国家割据的因袭，扫除从来权利争斗的观念，单依阶级的利害，以连系世界的无产阶级。换句话说，从纵方面，分旧国家而为有产与无产二阶级，从横方面，有狭隘的国家主义而移到新国际的共产主义。这种运动的机关，就是第三国际。而第三国际的成就，也就是俄国共产党和列宁及其同志努力的结果。

我们还记得前几年"世界赤化运动""过激主义宣传"的呼声，几乎震破人的耳膜。因为俄国革命之后，同时就想乘着资本主义国家战后的疲弊，进行赤化世界的政策。故列宁当时第一注目的，就是德国和波兰。因为波兰是欧洲资本主义国家的缓动国，也是俄德联合的隔断线，俄国若不把这缓动国打破而与德国联成一气，那欧洲资本主义的地盘，决不能有丝毫的动扰。故攻打波兰和援助德国斯巴达团的革命，就是他这种政策的表征。其他匈牙利苏维埃政府的成立，及和兰，丹麦，挪威，瑞典，瑞士等国的赤化宣传，和英，法，意，比等国社会的骚扰都是他赤化运动的现象。

到了欧洲方面破坏的革命运动没有达到之后，列宁和第三国际的同志，就一变方法，即专注力在亚洲方面，尤其用全副精神注重在土耳其，波斯，阿富汗，印度等国。就是我们中国及日本，朝鲜等，也已列在他革命运动之内。现在土耳其革命，算已略略告成，和略略脱弃资本主义国家的羁□。其他波斯，印度及菲利滨的独立运动，也不外共产党员暗中的指导。且不但埃及的内乱和缅索颇达的暴动，是赤化宣传的影响；而美国 IWW 及共产党的革命运动，也算是第三国际的促使和鼓励。资本主义势力，既早带有国际的连锁；而共产主义的革命，也就和资本主义那样达打破国界的进步。换句话说，资本主义者，既连合世界有产阶级，作一个协同的要塞；而共产主义者，也就团结世界无产阶级，作一个协同的火线。简单的说，就是世界的无产阶级，下总动员令，向世界有产阶级的战斗。

现下的俄国正在整军经武，并与各国谋通商，以坚固他共产主义的经济基础。到了武力精强经济坚实之后，他们一定再严行他赤化世界的政策。那时在西欧固然仍注意波兰和德国，在东亚恐怕要注意到中国及日本了。不知所谓中国的社会运动者，现在要怎样的准备。

(《列宁纪念册》，1924年3月30日，署名 邝摩汉)

73.《列宁与苏俄》(《列宁纪念册》，3月30日)

《列宁纪念册》刊登《列宁与苏俄》，如下：

列宁是马克斯主义实行的导师，是全世界无产阶级解放的先驱，是全世界被压迫弱小民族的保护者。论他的功业奇绩，不但对于劳动群众为自由而奋斗的庄严理想所尽的心力，是有历史以来为我们所没有见过的；就是他指导第三国际去实现国际的劳动运动，也是没有一个可以与他并驾齐驱的。这个，我想世界上只要对于他的历史稍许留心的任，没有不景仰他那种革命精神的。

马克斯是科学社会主义的开创者，列宁是导引马克斯学说的实行家。他对于马克斯的学说，不但有精深的理解力，而且对于马克斯的遗训，还能加以新要素，以成"马克斯—列宁主义"。马克斯认定无产阶级专政，是社会革命过渡期的政治组织状态。而他则竟引伸出欲实现世界无产阶级革命"当使帝国主义战争变为国内战争"的口号。当他开始活动的时候,就与第二国际党中之资本主义所毒害的奸徒们奋斗。依第二国际党党员所说,都以为劳动阶级的解放斗争,不是争夺阶级特权和阶级专政的意思,乃是为了平等的权利和平等的义务,以渐废除一切阶级统治而斗争的。所以他们说,劳动阶级之经济的解放,是个个政治运动所必当奉守的大目标。然而照列宁的学说讲来:"劳动阶级要谋经济的解放,单靠现成的国家政治机关,来达到自己的目的,那时做不到的。"就是马克斯也是这样说道:"从资本主义社会到共产主义社会的中间,有一个革命的过渡期,即是无产阶级之革命的专政。"所以列宁本着这教训,在一千九百十九年三月六日所提出于莫斯科万国共产党大会的有名恶二十二条纲领中,曾经宣示了下列的一种称述:"绝灭一切国家的权力,就是社会主义的目的,马克斯是第一个人首先这样的。这种目的若是不实现,那就不能达到真正的共产主义。但是这个目的,只有依赖劳农会制度,才能够达到的。这是什么意思呢?因为劳农制度,足使劳动者群众的组织,继续的而且绝对的参与国家行政,他的第一步,就是准备要把以前一切形态底国家都归消灭的。"由列宁这个说法看起来,现世界各种存在的政治制度,只有劳农政治制度能与马克斯在四五十年前所预想的无产阶级之革命的专政组织相当。列宁又说道:"巴黎自治团,已经向着这个方向,踏进了历史的第一步,劳农制度则踏进了第二步。"列宁因为有以上种种的精密理想和学说,于是无产阶级国家特有的政治组织一个新模型,才由他首先一手创造出来。

马克斯以唯物史观说明经济阶段的进化,是必然的演进,而列宁便以他这种遗训,作成一种实际的无产阶级专政制度——所谓"马克斯—列宁主义",就是此种意义。一千九百十七年,列宁以绝大的革命的勇敢和战胜的铁石意志,统率俄国的无产阶级,推倒俄国的资本主义政府,建设劳农政府,并且极端的了解农民政治能力的薄弱,以为必使农民与工人联合,由工人从中指挥。所以我们考察他所手创的苏维埃劳农政府的实质,可以分作两种来讲:一种苏维埃,专管政治方面的事情,如组织红卫军以防卫反革命及敌对的外国战争等事。一种苏维埃,专管经济方面的事情,如管理工厂,供给原料,垦殖土地等事。前者名为政治苏维埃,后者名为经济苏维埃。政治苏维埃的行政机关,就是各种行政委员会,委员会中的委员,可以随时撤销他的委员资格。经济苏维埃的行政机关,就是最高国民经济委员会。最高国民经济委员会,又分有二大支部:即工人部和产业部。工人部管理劳工报酬,工作时间,工人教育,工厂供食和调查等事。产业部管理供给原料,生产财货,和各种关于产业方面的事务,所以最高国民经济委员会,是俄国经济界的神经中枢。

但是俄国自组织劳农政府以来,并不是平平安安的到了现在。由一千九百十九年起,中间所经过的难关有种种的不同,最初的就遭着站在共产主义的敌党的反对,如社会民主党,第二国际党,二个半国际党,常在他们能力之内,作了种种的反抗事业,以维持中产阶级。然而到了一千九百二十一年引起他们第三次会议,采取新战略,才把那些站在共产主义的反对者完全征服扫灭。站在共产主义的反对者可算征服了,而那些在以前和帝国俄罗斯联合的各种国家,同时对于苏维埃俄国,都先后加以种种的攻击。那些帝国主义的国家,当时就限定期间来和苏俄作战,并且把金钱,军需，和其他种种的劝告，支持一般反对苏俄政府的军队，这个时候，苏维埃俄国没有什么军队，竟被迫而创造一种红军。这种红军，系单纯以防卫为目的的。可是在这个时候，苏维埃俄国，有个唯一的喜欢，就是国内国外的反劳农政府的仇敌，都没有来归红军。于是苏俄政府就派遣他们去从事关于经济的组织，以代替他们委身于军队的组织。所以不到几个礼拜的光景，世界劳动者都明白了〈解〉推翻苏维埃俄罗斯，即是推翻自己。同时各国的无产阶级，都自动的起而反抗他们那般阴谋攻击苏维埃俄国的主人翁。因此，世界各资本主义的敌国，才知道俄国是不可向尔的了。不幸那个时候，他们的国内，又被着奇荒了，于是那般潜伏的仇敌，又想对于苏维埃俄国加以攻击。如法国因为不能忘情于取得承认支付他帝国时代，所借贷底利息的一种恨事，时时用那些冷评和讥刺的语调，劝告像他们奴隶的波兰及罗马尼亚，去利用俄国的困难地位，对于这些患饥饿的苏维埃俄国劳动者和农民，加以致命的攻击。波兰因为得了英国的赞助，曾经发出兵来，施以抵抗的破坏。罗马尼亚也保护反对苏维埃俄党积极的对俄战争。匈牙利也乘着适宜便利的时机，拔起利剑来对付俄国，他的剑是溅着好几万劳动者底血的。苏维埃俄罗斯因为有以上的种种困难，就迫得列宁不得不筹谋一种消灭的方法了；他所取用的方法，一方面固然必须训练劳动军养成武力抵抗的新战略，一方面还是侧重从经济基础上采取调剂的方策。因此他的新经济政策，才从这个时候公布于苏俄了。他这个新经济政策，是于一千九百二十年公布于俄国的。他的重要理由，以为俄国一般共产党最初的理论，都误把中等阶级的农民，也是共产党的敌人，到这个时候，列宁才将这个错误解释清楚了，以为站在中等阶级地位的农民，不是共产党的敌人，若是认他为仇敌，那么与革命的原理就相反的。所以政治苏维埃中共产阶级的同志，应该设法与站在中等阶级地位的农民携手，通力合作；并且必须禁止各种反对"站在中等阶级地位的，非是侵略者而是小生产者的农民"底运动。自从他这种理论公布于俄国后，于是一般共产党，就公认中等阶级农民所盘踞在农村的合作社会，是为农村中公共的分配机关。农村中的分配合作社与城市的合作社连合为一，共同举了三个代表，加入最高国民经济委员会，这个国民经济委员会，就特别的设一个"消费者分配部"。苏维埃经济的短处，本是在使人民尽成为生产者这一点上，直到最高国民经济委员会设立消费者分配部后，这种缺点，就能够弥补无余了。所以他这种新经济政策到了近年，农业生产已经比战争前增加到百分之七十五。一千九百二十三年，农业生产价值，直达到二十四万万金卢布，比较一千九百二十二年的十九万金卢布，及一千九百二十一年的十一万金卢布，他的进步，可称是极其迅速了。所以苏维埃俄国历年以来，虽外有强敌，内被奇荒，而他们的首领列宁，毕竟能够忍着刚毅不屈不挠的精神，打退外敌的侵略，镇定垂危的经济基础，而达到苏维埃大联邦的目的，这若是不有列宁奋斗的精神，超越的天才，远大的计画，精密底革命的马克斯主义战略，那何能够引导无产阶级入于胜利的大道，而使苏维埃俄罗斯达到今日巩固的地位呢？由此看来，马克斯的唯物史观告诉我们道：打倒封建制度，是资本主义的有产者，他的结果便产生资本主义的经济及政治的制度。打倒资本制度，是共产主义的无产者，他的结果，也应当成就一种共产主义的经济的及政治的制度。资本主义的经济的及政治的制度,是由英国首先实现的,已经成为世界历史上必然的一种过去的陈迹。而共产主义的经济的及政治的制度,到现在已经由俄国首先实现了。那末,俄国的这种共产主义的经济的及政治的制度,也就如那英国首先实现资本主义的经济的及政治的制度似的成为未来的历史上必然的一种事实,这是无容疑义的。所以列宁这种实现共产主义于俄国的伟大功业,就是他认定社会历史是必然的趋进于马克斯所发见底历史法则,故而去努力完成人类历史上的任务。

苏俄今日的地位,世界上都知道是列宁所手创的。不幸列宁最近逝世,就有一般反对苏维埃政府的分子,造出苏维埃当局内部分裂种种的谣言,如谣传杜洛斯基辞职,苏维埃政府发生变故等事;并且推论及他的国家不久就要倾倒,这些愚怜的谣传,实在不能动撼俄国国民坚固的意志,停止努力进行列宁未竟的遗业?我们不信,试看列宁在养病的时候,已经一年有半年没有亲政了,而俄国的国内现状,也没有受着何种的影响。这就是一个实证。并且还有许多富于天才的同志,正在那里继续他的工作,他们的前途,不但不因列宁之死而发生变故,且反会因之而竟使俄国万众的同志,一致团结,齐集起来作出一种抵抗反动运动,和努力实现列宁所未完成的遗业,现英意等国,已无条件的承认他的国家,使俄国取得国际上的地位,而使俄国国基更加稳固了。

总之,列宁虽已逝世,却只是他的肉体逝世,而他的精神、理想、工作、遗业、主义,都还永远的遗留于世界的。列宁是我们的导师,是全世界无产者解放的领袖,他常常告诉我们,当完成阶级的意志,保持冷静强毅的精神,竭尽全力,准备牺牲,打破最困苦的难关,以继续他所教导我们的工作与奋斗。他的遗产——苏维埃大联合,是为俄国万众的劳动者,全世界的无产阶级,全世界被压迫的弱小民族,所争斗而得之福利的根据地。我现在极诚恳的告诉我们罢,列宁的意志,固然实现于俄国了,而离共产主义底完成期,还相差甚远。这时候的俄国,不过入于要达于共产主义底过渡期罢了。我们十分相信现在俄国本着列宁主义进行,到将来不仅使苏维埃大联合一日兴盛一日,就是全世界被压迫的人类,也可以跟着解放,使全世界的国家,尽成为苏俄埃式的国家。并且使全世界的国家,达到马克斯主义最后的完成期的共产主义社会。到那时,马克斯的理想,列宁的遗训,才可以说是完成实现了。俄国万众的劳动者啊!全世界的无产阶级啊!全世界被压迫的弱小民族啊!大家努力奋斗罢!我们全人类的幸福就在我们奋斗的前途哩!

(《列宁纪念册》,1924年3月30日)

74.《苏俄革命的特质》(《列宁纪念册》,3月30日)

《列宁纪念册》刊登邝摩汉的《苏俄革命的特质》,如下:

列宁在他《共产主义进化》书内,曾列举如下共产党的三种过程,即共产主义革命的三个阶段。

第一　使多数国民信服共产主义的纲领和政策。

第二　依无产阶级掌握政权而抑压有产阶级的反抗。

第三　建设共产主义的产业组织。

由编年的说来，列宁一派，自前世纪末叶以来的运动，全为革命主义的宣传，到了一九一七年秋季，推倒克伦斯基政府和台尼金及哥萨克等势力，而建设苏维埃政府，是他第二层的阶段。现在入了第三阶段而着手共产的产业组织了。例如（一）土地国有，（二）工场及各建筑物国有，（三）闭锁银行禁止商业等。

这是所谓单一的经济政策，即依国家而行生产分配及消费的政策。

在叙述此等事实之前，先述他一般的政策。苏俄革命，唯军队尽了最大的职务。比方彼得格勒卫戍兵，克伦斯达的海军，及劳动者所组织的红军（红军内含有许多中国及拉特岛亚人），都是革命的先驱。此等革命军，比较法兰西革命的一般市民，迥然不同。即法兰西革命，如乔列斯所说系市民的事，而俄罗斯革命，放号炮的，一概为克伦斯达的海军。

发起俄国社会民主党普列哈诺夫（Plechanovs），一八八九年，在巴黎万国社会党大会演说云"俄国革命运动，由劳动运动而成，要是不然，绝无成功的希望"。到了他晚年归到俄国的时候（普氏一九一八年死），回忆从前的预言，全与事实相反。所以俄国革命的特色，全在浓厚的武人的色彩之点。

假使一九一七年革命当时，多数兵士，若不希望战争中止平和促进，那末，尼古拉的政府，不难同第一回革命运动（即一九〇五年【至】一九〇六年彼得格勒劳动运动）一朝镇定。现在苏俄武人的色彩，还是非常浓厚，这是甚可注意的。

苏俄革命第二种的特质，就是农民运动，因为多数兵卒是农民，农民运动，就是前述武人色彩的反映。所以想得土地的农民运动，是苏俄革命成功的最大贡献。

上述二种要素，都是俄罗斯革命最大的特色。其他对于专制主义之有识阶级的反感，对于资本家之劳动者的反对，对于国民主义及中央集权主义之少数民族的反抗等，虽为不可侮的势力，但比之前述二要素，其影响遥小。"俄国政权是在得农民欢心者之手。农民目下所要求的，是平和，土地，秩序。不过所成为问题的，就是此种要求，由何人之手得到的一点。"这是亚尔达诺夫氏洞察当时时势而喝破的。

在克伦斯基政府，无论何种要求，都不能得着。并因协约国的条约关系，仍决定继续战争，拥护加特和埃尔，土地政策又不能解决，结果只有日【复】一日造成列宁执权有利的形势。至于列宁到十一月初旬革命告成的时候。就把地主的土地，完全分给农民，并结利多斯克条约，使德俄讲和成立。

到一九二一年，因为资本主义国家的封锁，在产业幼稚的俄国，经济上当然要生一种恐慌和困难。于是苏俄在共产的产业组织上，又开一新纪元而实行所谓新经济政策。这种新经济政策，是俄国幼稚经济状态上一个不可少的过程。也是俄国到达共产主义一条应该循的径路。

（《列宁纪念册》，1924年3月30日，署名 邝摩汉）

75.《共产主义社会底进化》(《列宁纪念册》，3月30日)

《列宁纪念册》刊登李春蕃译的《共产主义社会底进化》，如下：

(一) 从资本主义到共产主义的过渡时期

"资本主义的社会与共产主义的社会间，有一个从前者推移到后者之革命的变形的时期。政治上也随着有一个过渡时期。政府在这过渡时期，只能为无产阶级底革命的独裁政治。"

马克斯根据了无产阶级在近代资本主义社会所占的地位底分析，现在社会底发达事实，和无产阶级与资本阶级底冲突利益之不能调和，才下这一个结论。

从前是说：要达到无产阶级底解放，一定要推翻资本阶级，夺得政权，而设立自己的革命的独裁政治。现在所说的，有点不同，是：从资本主义的社会向共产主义方面发展成为共产主义的社会之过渡时期，不能没有一个政治上的过渡时期；而政府在这过渡时期中，只能为无产阶级底革命的独裁政治。

这样，独裁政治和德谟克拉西有什么关系呢？

《共产党宣言》将这二个观念并列："无产阶级变为支配阶级"和"征服德谟克拉西"。我们若参看上几章所已经讨论过的话，那么，对于德谟克拉西在资本主义到共产主义的过渡时期中，将要怎样改变，就一定明了得更确切。

德谟克拉西在资本主义社会中，在顶好的情形下，发达为德谟克拉西的共和政体，可是，这德谟克拉西常为资本家的掠夺这狭小的体制所束缚。结果，在实际上，常成为少数人的，占有阶级的，和富人的德谟克拉西。自由在资本主义社会中，总多少像在古代希腊共和国的自由，就是：拥有奴隶者的自由。近代工钱奴隶，由于受资本家掠夺，至为饥饿贫乏所困，甚至于"不能顾及德谟克拉西"，"没有时间可干预政治"。这就是说，在和平无事的时候，人民多数不能参预公众的政治生活。

马克斯这主张，证出彼底真确，最明瞭的，大约是德国。因为宪法在德国很久没有变动，差不多存在有五十年(一八七一——一九一四)之久，社会民主党这时，能够比别国好一点，利用这法制，将劳动阶级底一部分人，组成一政党。劳动阶级加入这政党的，其占全数的分数，比世界各处都大。

在资本主义社会中，有政治觉悟的，和活动的工钱奴隶底最高分数，是怎样的呢？一千五百万工钱工人中，入社会民主党的，不过一百万！一千五百万工人中，在工业上有组织的，不过是三百万！

为极微的少数人的德谟克拉西，为富人的德谟克拉西——这就是资本主义社会德谟克拉西，我们若再详密地观察资本主义德谟克拉西底构造，不论在什么地方：在参政底细则(居住年数的限制，妇女底除外)，代议制度底方法，集会权利底实在阻碍(公众建筑不是为贫人用的)，纯粹为资本家所组织的报纸……中，从各方面，都可看出在德谟克拉西底限制上的限制。这些对于贫人的限制，例外，除外，和阻碍，看起来像煞是很轻。有产阶级的法学家和政治家，这样看的，若不是百分之九十九，也有十分之九。但这些限制，联加起来，就将贫人推出于政治之外，而不能在德谟克拉西中，占一活动的部分了。马克斯分析法国自治国底试验时，他谓被压迫阶级，每几年有一次被许去决定那一个压迫阶级底代表，去在国会中代表他们，和压迫他们，马克斯这种握住资本主义的德谟克拉西底要点，是何等地有见识！

但这资本主义的德谟克拉西，并不如自由派学者和低下中等阶级的机会主义者所要使我们相信的一样，循一简单，平坦，和直接的路，向"逐渐扩大的德谟克拉西"前进。否！进步的发展，即向共产主义的发展，只有经过无产阶级底独裁政治；因为除了无产阶级之外，没有一人能毁去掠夺的资本［产］阶级底阻力，并且除了无产阶级底独裁政治之外，没有什么别的方法。

并且，无产阶级底独裁政治——就是被压迫底阶级先锋，组成支配阶级，以强力压制压迫者——不能单使德谟克拉西扩大。和德谟克拉西扩大——德谟克拉西之为贫人，为人民，和是不为富人，是破头儿第一遭——并行的，就是无产阶级底独裁政治，对于压迫者，掠夺者，和资本家底自由，加以限制，我们要使人类脱离了工钱奴隶制度，一定要压迫他们：他们底阻力，一定要用强力来破毁，有了压迫，就常有暴力。那里就不能为自由的或德谟克拉西的了。

恩格尔在他写给倍倍尔（Bebel）的信中说得很好。他说："无产阶级需着政府，不是为自由，而是要压制他底敌人。并且，政府当他能谈自由的时候，就不再存在。"

德谟克拉西为国家底大多数人，而以武力来压制——就是排于德谟克拉西之外——国里掠夺者和压迫者。这就是德谟克拉西在资本主义到共产主义之过渡时期的变更。

单在共产主义社会，当资本家底阻力完全破毁，资本家已经消灭，没有阶级（就是社会底人民，在生活手段，没有差异）的时候，"国家才消灭"，自由方能谈到，单在这时，才能实现一真实完满的德谟克拉西，一没有例外的德谟克拉西。单在这时，因人民脱离资本主义的奴隶制度，脱离了无数的资本掠夺底恐怖，野蛮，背理，和丑秽，而逐渐惯守"晓得很早和几千年来各教义所说了再说"的社会生活底要则，德谟克拉西也就消灭。人民就将习惯于没有强力，抑制，统辖，称为政治的强制底特殊机关，而能遵守这些社会生活底要则。

"政治消灭"这句话，是用得很好的。因为这句话，表示这行程底逐渐的和自然的特质。单是习惯便能够（一定）有这么的结果。若没有掠夺，没有引起忿怒的事，没有使抗议，反抗，和必要压止发生的事，那么，人民对于公共生活底要律，其惯于遵守，要快过现在几千万倍。

这样看起来，我们在资本主义社会，所有的德谟克拉西，是一个断截的，卑贱的，虚伪的，单为富人和少数人的德谟克拉西。无产阶级底独裁政治，共产主义的过渡时期，将破头儿第一遭产生一个为人民的，为多数人的德谟克拉西；而同时，对于掠夺者这少数人，施以必要的压迫。单共产主义能产出真实完满的德谟克拉西，彼越完满,越快变为不需要而消灭。换一句话说,在资本主义下,我们有一名副其实的政府;就是:一阶级用来压迫他阶级,少数人用来压迫多数人的特别工具。少数压迫者,有系统地压迫多数被压迫者这工作,若要执行得有成效,一定需要着压制和极残忍底野蛮手段,必有流血。由之,人类就一直向奴隶,田奴,和工钱劳动这些情形的绝路跑了。

还有,在资本主义到共产主义的过渡时期中,压迫依旧是必要的,但这时是多数被掠夺者压迫少数掠夺者。特别的工具,特别的压迫的机器——就是政府——是必要。但现在是一个过渡的政府,不是平常所说的政府。那些昨日为工钱奴隶的多数人,压迫掠夺的少数人是一比较容易的事。流血自然是比那压迫奴隶,田奴,和工钱劳动底反抗少,人类所牺牲的,也少得多。德谟克拉西一散开于国家底大多数人,那么,不论那种压迫的特殊机器,其需要就将逐渐消灭。掠夺者没有一复杂的机器,以执行这目的,自然不能压迫人民。但人民虽用这极简单的机关,没有特殊的工具,单由武装人民底团体,就能够压制掠夺者。

末了,政府单在共产主义下才成为完全不需要的;因为那里没有人好压制。"没有人"是照阶级的意义说的,是照与一部分人民作有统系的奋斗这意义说的。我们不是梦想家,不否认个人底过度的可能和必有,与压迫这些过度的需要。但是,第一,用不着什么特别机关,特殊工具。武装国家自身,就去做这事。其简单敏捷,与一群文明人民——虽在近代社会——分开二个格斗的人,和不许一个妇女被辱一样。第二,"破坏社会生活底规律"的过度之根本社会原因,是人民底掠夺,饥饿,和贫乏。这主要的原因一除去,过度就一定开始消灭。我们不晓得消灭有何几快,和在那地步消灭;但我们晓得彼等将消灭。彼等一消灭,国家也就将消灭。马克斯不陷入梦想,对于将来时代,照现在所能断定而说得很完满的,就是:共产主义社会底高期和初期之差异。

(二)共产主义社会底初期

马克斯在哥达纲领批评【中】,对于拉塞尔所说工人在社会主义下,收得不减少报酬或"他们劳动生产品底全体"这观念,驳斥得很详细。马克斯证明社会劳动底生产品全体中,一定要减出一笔款来,以为扩张工业,充补旧机器等之用。还有,从这生产品全体,也要拿出一笔款,做管理底费用,学校,医院,养老院,这些事情。

"平等"是至高。拉塞尔眼中有了这种社会制度,——普通称为"社会主义",而马克斯则谓之为共产主义底初期——而说"平等"是"公正的分配"和"个人有各取所值的平等权利"。拉塞尔是误解了"平等"。解释出他底错误的,是马克斯主义。

"在这时候,平等权利已有了。但依旧是有产者的权利。这有产者的权利,与一切权利一样,其前提就是不平等。一切'权利',是以同一的标准,用于不同的人民,这些人民,在事实上,是不会一样的,相等的。"所以,"平等权利",实在是"违背平等"和"非正义"。每人做相等的社会劳动,而得相等的社会生产品,但这差异的人民,并不相等:有的强壮,有的软弱;有的已婚,有的未婚;有的儿童多于别人。

"所以,大家纵然做同一劳动,和各取所值的社会底消费品,在事实上,也将发生一人所得的东西，比别人多和比别人富，这类的事情。要避免这弊害，权利就不应平等，而应为不平等的了。"

拉塞尔这暧昧晦涩广泛的话——"工人得他劳动底生产品全体"，一到马克斯就换做了一个谨慎的预料，预言社会主义社会对于彼底事务将怎样处置。马克斯具体地分析无资本主义的社会底生活情形说："我们在这里所要解决的，并不是一个从自己基础发长出来的共产主义社会，而是一'刚才确从资本主义产出，在经济的，道德的，和智识的各方面，都依旧有那生彼的旧祁[社]会的遗风'的共产主义社会。"这共产主义社会——才从资本主义的母胎产出，在各方面都有旧社会遗风的社会——就是马克斯所说的共产主义社会底初期或低期。

生产底手段，现在不再为个人的私产，而是属于社会全体，社会每人，做某种社会必要劳动，而取得一证券，证明他已做了这样和这么多的工作。他拿了这证券，到消费品公店，取得和这证券相适应的分量之消费品。每个工人，除了减去那变为公款的一部分劳动之外，他所得的，和他所做的一样。

所以，共产主义的初期，还不能够产出正义和平等。在财富上，依旧有不公正的差异。可是，许多人压迫一人，是不可能的了；因为生产底手段，工厂，机器，土地这些东西，不能拥为私产。马克斯将拉塞尔派小资本阶级，对于"平等""正义"二名词的混杂，撕得粉碎，而同时证出共产主义社会的发展方面，最先时止能破灭这"生产手段为人所私有"的不正义。彼并不能一时就破灭那照所做工作(不照需要)的消费品底分配所造成的不正义。

普通的经济学者——包括那有产阶级的教授，不断地指摘社会主义者忘记了人类底不平等，和梦想要将这不平等毁灭。这种指摘，不过是证出有产阶级的思想家之不学无术吧。

马克斯是极小心，不但顾及人类底不能免的不平等，并且承受单将生产手段变为社会全体底公产——就是普通所承认的社会主义——并不全除去分配底缺点和"有产者的正义"底不平等。生产品底分配，若一天是照所做的工作，这些缺点，就一天存在。

"但是这些弊害，在共产主义社会底第一期，在那经了久产才从资本主义社会产出来的社会中，是不能避免的。正义决不能超过彼底经济发展底时期和那为经济发达所限制的社会底文化发展底时期。"

所以，在共产主义社会底初期，有产者的正义，不是完全废去；所废去的，不过是一部分，单为经济变更所已达到的那部分；就是：单关于生产手段这方面。有产者的规律，承认生产手段是个人私产。社会主义将彼等变为公共财产。有产者的规律，所消灭的，是到这范围，和单到这范围，但彼在别处，在管理，调剂分工，和分配生产品于社会底会员，依然继续存在。

"不做工者不得食"这社会主义原理已实现了，"各取所需"这社会主义原理，也实现了。可是，这还不就是共产主义，并未废除那"给不平等的个人，做不平等的工作，而报偿分量不平等的生产品"的有产者的定律。

马克斯说这是一种弊害，但在共产主义底初期，是不能避去的；因为我们若不陷入理想，就不能一幻想推翻资本主义，人民即刻就会没有什么规律底管理，而为社会工作。实在说起来，废除资本主义，并不立时就安下这种变更之经济基础。

并且，除了"有产者的规律"之外，没有别种标准。所以，在这范围，一种政府，依然必要，以维持生产手段底共有，保存劳动底平等，生产品分配底平等。政府到了没有什么资本家，没有什么阶级，和没有好被压制的阶级时，将就消灭。但现在政府并不全亡；因有还要保护那实质不平等的"有产者的规律"。政府要完全消灭，必要有完满的共产主义。

（三）共产主义社会底最高期

马克斯又说："在共产主义社会底最初期，在由服从分工原理所生之人类底奴隶消灭之后；劳心与劳力间的对立消灭之后；劳动不再单为维持生活的手段，而劳动成为生活第一需要之后；生产力随个人底各方面发展而长到极点，和一切社会财富底力量，不断地滔滔流出来之后；——到了这个时候，社会才能越过'有产者的规律'底狭小地平线，和单到了这个时候，社会才能在彼底旗帜上，写着：'各尽所能，各取所需'。"

单在这个时候，我们才能辨别恩格尔[斯]对于将"自由"和"政府"并起来这谬误，加以无情的讥笑，是很公正的。政府存在的时候，就不能有自由；有自由时，就没有政府。

政府完全消灭之经济基础，就是共产主义底最高期。当那个时候，劳心和劳力间的分别消灭，结果，近代社会不平等底主要起源，就少了一个。这种起源，并不是单将生产手段变为公众财产，没收资本家底财产之后，就能即时除去的。

没收资本家底财产，能够使生产力发达得很可惊。看看资本主义阻碍这生产力发达，看看现在所已达到的水平线的近代技能底基础上，能造出几何进步，我们就能自信到十二分地说没收资本家底财产，一定使人类底社会生产力发展得极可惊人。但这生产力底发展有几何快，彼"达到脱离分工，除去劳心与劳力间矛盾，工作成为生活第一需要"有几何速，这是我们所不晓得和不能晓得的。

所以，我们说政府必消灭是对的。重视政府消灭这行程底延长性，和说是靠着共产主义底最高期底发达速度是对的。对于时间底长度这问题，对于消灭底具体形式的问题，因为得不到解决这些问题的资料，就置之不问，也是对的。

社会已实现"各尽所能，各取所需"这公式，换一句话说，人民已惯于服从社会生活底根本原理，他们底劳动，是这样有生产力的，他们自动地照他们底能力去工作，这时，政府就完全消灭，"有产者的规律这狭小地平线"，使人锱铢计算这人是否比别人多做半点钟工作，而这人是否比别人少得些偿付的，就将没有。社会就用不着详确地计算分配给各人的生产品底分量；而个人将自由地"各取所需"了！

是篇是译列宁（Lenin）名著《政府与革命》（The State and Revolution）第五章第二，三，和四节之一部而成。文中所引用马克斯底话，都引自马氏底哥达纲领批评（Criticism of the Gotha Programme），译文如有错误，望诸位指正。（春蕃附注）

（《列宁纪念册》，1924年3月30日）

76.《敬告追悼列宁者》(《列宁纪念册》,3月30日)

《列宁纪念册》刊登白经天的《敬告追悼列宁者》,如下:

我亲爱的列席诸君!

我现在想对于诸君稍为说几句话,请诸君暂为静听。列宁君的过去,有学者诸君替他赞扬;列宁君的事功,有列宁崇拜者替他夸张;列宁君的死,有一般共产主义者替他哀悼:通用不着我再为之画蛇添足,徒事絮聒。我打算借今天这个机会,陈述我的意见。

诸君!多数君来这里参加此会,我斗胆把诸君的心理状态解剖分析出来,给诸君看看。大约不外这么五种。

第一种,是至诚忧国的心。以为中国现状,已经遭到无可救药,想要打破现状,杀开一条血路,或者步武苏俄的后尘,可以再造一个新中国。死所以励生,希望中国也出这么一个豪杰,替濒死的中国,预先开这么一个追悼会。

第二种,是信仰社会主义的心。以为借此可以鼓吹他们的主义,去收一种宣传的效果。

第三种,是政治家利用机会的心。以为这是一种中俄亲善的好机会,借此可以讨好苏俄,一则可以为自己本身将来活动之计,次则可以为国民外交的表示,作政府的指针,

第四种,是藉此出出风头,使人家认识他是个漂亮的人物,识时务的过激派。

第五种,是顺便来逛街,随随便便地看看热闹开开心。以上所列举的心理状态,虽不能断定就可以包括一切,分析得很清楚;然而反躬自问,似乎总逃不出这个范围。对与不对,只好请诸君自己去想一想罢。

第一种的心理状态,他的动机固不失为善;可是想学俄国,岂是开一个追悼列宁的大会就能壳[有]收效的吗?我以为这种人在今日之中国,固属难得;但是只能消极的去做工夫,不能积极的去干事业,又和中国的将来有什么影响?与其去追悼人家——追悼不认识的外国人,反不如回过头来去追悼自己——追悼遍中国的贫民还好些呢。

第二种心理状态,其动机之善恶,虽不能判定;要不失为一种肯干的朋友。只是无论为善为恶,单靠着鼓吹和宣传是不行的,还得去着实准备你们的实力,切切实实地往死路上去猛干!

第三种心理状态,其动机之恶,心地之陋劣,不待烦言。这种人还脱不了英美式的捧和舔的外交手段,曹陆已失败于前,顾主将倒毙于后,我劝你们及早回头罢!天下那里有侥侥成功,不花工本就能成功之理!

第四种心理状态,也出于一种很不好的动机。这种人物,只可以捧捧场,收些小利益,不独于社会无益;就是对于自己,也断难卒收大利,算了罢!

第五种心理状态，其动机无所谓善恶，所谓也不会烧香媚佛也不会放屁惊人的脚色，其数太众，可以不必深论。诸君！贤明的诸君！诸君如果想切切实实诚心诚意的追悼这位弱小民族有识无产阶级的好朋友，就得把上头所说的（一）（二）（三）（四）（五）的心用纯净无垢的血洗干净才好。否则不成为消极的好人；便是一种消极的坏人。不但于你们的国家社会无益；而且于你们的子孙也没有丝毫遗惠；就是于你们本身也决不能在瞑目之前享受成功的荣誉。极而言之：就使你们闹来闹去一世也是空的，假的，错的。

　　我的结论是与其追悼列宁；不如追悼你们的同胞；追悼你们自己；追悼你们的子孙。倘若是想把这追悼的晦气变为改革的福地心田，那么，还得要洗过心肠，打起精神，锻炼身体，向积极的社会革命的大道上（The road of the social-revolution）杀将前去！

（《列宁纪念册》，1924年3月30日）

77.《农税的意义》（《列宁纪念册》，3月30日）

《列宁纪念册》刊登列宁著、李春蕃译《农税的意义》，如下：

　　现在很引起人注意和讨论的，就是农税这个问题。但是这问题为什么会引起人这样注意和讨论呢？原因是很容易晓得的；因为这实在是现在我们政策底最紧要问题。

　　我们研究这个问题，要使所得的较有用处，就不从它底"日常方面"来观察，而从原理这一方面来研究了。换一句话说，我们是要研究造成我们现在政策之精密实用的方法底背景。

　　我既然是要试从它底背景，来研究它，所以，先引我在一九一八年所出版的一本小册子的话。

　　这本小册子，有许多争辩的地方，现在已用不着，所以删去。所留下的，单是论及国家资本主义和论及现在从资本主义到社会主义过渡时期之经济底基本要素的地方。

　　我所写的是：

　　我国底现代经济的地位。

　　"照我们苏维埃共和国底现在情形来说，国家资本主义，是前进一步。设若国家资本主义，能在六个月里建立起来，是一件最好的事情，而且是担保社会主义在一年里就将建立得坚坚固固的最稳的保证。"

　　我晓得一定有人很动气地说："什么话！在苏维埃社会主义共和国中，过渡到资本主义是前进一步吗？这难道不是卖社会主义的吗？"我们所应详细研究的，就是这一点。

　　我以为研究俄国经济的人，没有一人会否认俄国经济底过渡特质。我以为没有一个共产主义者，会否认"社会主义苏维埃共和国"这个名词，是说苏维埃政府决心去实现到社会主义的过渡,而并不是说现在经济制度,已经是社会主义的。"过渡"这两个字,是什么意思呢?这两个字,应用于经济,岂不是说在现代制度的里面,所有的要素,一半是资本主义的,一半是社会主义的吗?人人都承认这样说法。但是,晓得这样说法的人,并不个个想到俄国所具有的各种要素,各种社会经济的层次。而这问题的难点,就在这里。

这些要素是:

一、家长的生产(大都是原始的农人生产)。

二、小商品生产(大部分售谷的农人,也包括在内)。

三、私有的资本主义。

四、国家的资本主义。

五、社会主义。

俄国底土地极广,各处情形也极差异。这几种社会经济的层次,都包罗在里面。俄国现代经济的地位之特别。[,]的确就是在这个地方。

现在的问题〈,〉是:哪种要素是最主要的?在小农人的社会,所有的观念。[,]不过是小资产阶级的观念。那是很显明的。农人极大部分是生产小商品的人。我们底国家资本主义——五谷专利,管理工业,和支配商人的和有产阶级的合作社会——底外壳,为投机的人所破。他们有时打破这个地方,有时打破那个地方。而投机底主要物品,却就是五谷。

主要的战斗,就确生在这里。这种战斗,是谁对谁的战斗呢?是国家资本主义与社会主义的战斗吗?一定不是。这战斗并不是国家资本主义与社会主义间的战斗,而是小资产阶级加私有的资本主义反抗国家资本主义和社会主义的战斗。小资产阶级,对于国家的干涉和管理,不管是国家资本主义或是国家社会主义,都一致加以反抗。这是一种绝对不能再有什么争辩的事实。若不能瞭解这事实,许多关于经济的错误就从之而生了。

(以下略)……

列宁这篇《农税底意义》,可说是新经济政策底经典,现在国人谈新经济政策的渐多,故译出来贡献给国人。本来,我打算要与布哈林底《苏俄新经济政策》和卢洛底《智识阶级与俄国革命》,合成为一部《苏俄底新政策》印行。但我译毕后的隔日,阅民国日报,知列宁已于我方在抄这译稿的时候逝世了!所以,改变我原来的计画,将这一篇单独发表,作为列宁底纪念。

(春蕃附记)

(《列宁纪念册》,1924年3月30日)

78.《列宁评传》(《列宁纪念册》,3月30日)

《列宁纪念册》刊登吴隼、徐芳合编的《列宁评传》,如下:

卷头语

　　列宁所给与我们的，不仅是他伟大的人格和主义，还有一颗赤裸裸的心，印在人人的心田里。

　　我们追悼列宁，不应该只用眼泪去洗他的灵魂，用鲜花慰藉他的灵魂，用挽歌颂赞他的灵魂；应该把他所存储在我们各个人心里的灵魂，拿出来散在世界上。

　　火花的光，一天天的向上发炎炎之焰啊！

　　赤色的旗，一天天飞散在凡有人的所在。

　　最后胜利的无产阶级朋友们！你们不必仅仅为列宁垂泪罢！他是不死的，他永远是不死的！

　　永生的列宁！

第一章　列宁的家庭与学校生活

　　世界上的春雷……融融的家庭……人溺己溺……破坏的精神……长兄颈上的鲜血……学生生活……自奉的刻苦，庄严的河山，分出了畛域，亲爱的兄弟，判出了阶级；这是一个怎样自私的世界！

　　富者连阡陌，贫者无立锥，天下早没有什么公理可说了。魔鬼们还都在那里得寸进寸，得尺进尺的计画着，要把血泪模糊的朋友们压迫到死。

　　看呀！那不是一个活泼有为的健者，在那里为人们摇着血红的大旗，引领人们走向平等的大道吗？齐唱凯旋之歌罢：

　　血红的赤光，

　　鲜艳的朝阳；

　　照彻了四方，

　　无限辉煌！

世界上的春雷

　　一八七〇年四月十日，俄国西姆比斯克（Simbirsk）地方，新产生一个婴儿，在这极普遍而没有什么差异的呱呱声中，便造成了世界极大的变动；这声音无异于四动的春雷，世界一切的灿烂之花，都被这雷声震开了，宇宙布满了赤光，天地也都为之变色，这便是不世的豪杰——不是偶像式的豪杰，是多数人拿他看作慈母般的人——尼古拉列宁（Nikolai Lenin）降生的那一天。

　　列宁的原名是乌拉地弭尔意里乌里诺夫（Uladimir Ilyich Ulianov），后来才改了今名，他的父亲，是务农的人，母亲也是无异于别人母亲的慈爱和和蔼，共有姊妹兄弟五人，各人都有他们专门的学校。他父亲后来又在故乡里作了有名的教育家和参议官，因此还攫得了贵族阶级的地位。

　　多幸的列宁，有这样一个和蔼的家庭，白发的父亲，负了极高尚而纯洁的名望，慈爱的老母，又片刻不离的用那温和的怀抱，去亲近她自己的儿子，兄弟姊妹又都有相当的学识，一家人住在西姆比斯克地方，在雪地冰天的俄境里，享受这样融融春光一般的快乐，列宁也可以满足了啊？

人溺己溺

列宁不是自己温饱了便满足的人，不是少数人温饱了便满足的人，却是大家温饱，要一齐温饱，大家不温饱，便一齐不温饱倒可以满足的人。列宁更不是愿意自去享受有产阶级威权的人，同时愿意大家都享受一体待遇的人，分不出什么有产无产来。他觉得吃糠的人同吃肉的人，正是一样的尊贵可敬，或者吃糠的人，比吃肉的人，还要尊敬些，他对于人世间的尊荣，早已敝屣般的鄙弃了。

美满的境遇里，更容易感觉到不美满的苦痛和悲哀，列宁处在温和的家庭里，自身有了他的享乐，但是四周包围着他的，便是些诅咒和喟叹啼泣的声响。不能有享乐的朋友们，村头上，白雪里，作牛作马的农夫，北风吹着他的脸，苍白的胡子上，结满了冰花，工厂里，黑暗中，劳手劳脚的工人，烟气把他们都熏黑了！还要为了明天的面包卖死力，脸上都苦锁着愁眉泪眼，肢体上不免斑斑的血痕，他们只有永远喟叹着，哭泣着哀号着罢了！他们所得的，都供给到深居简出虎狼猛兽般的有产人的身上或口袋里去了！列宁对于这些感触，他觉得这不是有耳目口鼻的人应作的事。

富贵人口里的膏粱，
　身上的文缲，
　那里来的？
还不是劳动者的那：
点点淋漓的热汗，
鸡皮叠皱的双手！
脸上愁眉紧锁，
泪向腹中流；
受人鞭笞作牛马，
窶人何敢傲王侯！
千般烦恼万般愁，
早为无产的朋友备就。
劳动者的朋友们呀！
大家起来着手，
停止了他们口里的膏粱，
撕毁了他们身上的文缲！
无上的神圣，
便在劳动者的斧头锄头上啊！

破坏精神

列宁受了那样深刻的印象,自然感得着到这样自然的公平解决,是刻不容缓的事;又因为他内在的富于热烈的同情,便决定了他一生的方向,要消耗了所有的精神,喊破了他的喉咙,为一般深陷在地下的苦朋友们呼喊了。他在俄国那样死气沉沉,阶级制度最森严的所在,要作这样伟大的事业,硬想领着一切的——不仅是俄国的——劳动者,举起无数的斧头,要把一切的灿烂的王冠,都轻轻的捣毁了,这是多样伟大的破坏呀!

破坏是人们所最怕的事,其实没有破坏,便没有建设,破坏便是建设的先驱。

要怎样收获,
先怎样耕耘,
抢过恶魔手里盛血的金盏罢!
我们再没有什么血液,
可以供给你了!

长兄颈上的鲜血

列宁的长兄,亚历山大(Alexander)在一八八七年的时候,和一团恐怖主义的人,在内斯基的街上,要想去暗杀俄皇亚历山大三世,极不幸的没有成功,反被张牙舞爪的武士们,拘入狞尔塞尔布格(Schlvseelbvrg)的牢狱里去享受那铁窗风味,同时被拘的十四个人,以此殉命的五个,列宁的长兄,便在其内。从这里看来,列宁的长兄,也是富有革命精神的人物,不能战胜了恶魔,自然是为恶魔所战胜;列宁对于他这可爱的长兄,又眼睁睁的被那阴险的恶魔,生吞活剥下去,这幅殷有血迹的画片更促起了他战胜恶魔的决心。

慈爱的母亲,因为长子死了,自然对于次子的感情,又增加了许多,列宁的母亲,看见孩子们的为人间努力,她并不顾惜他们流血,只要这血是流的正当,她照旧是展她的笑容,并且她很表同情于她的儿子,肯为一切的人去牺牲,列宁的这样坚决作去,恐怕生前就受了伟大的爱的遗传,生后又得了一些正当的人的教育;因此他对于人们的努力,人们对于他的渴望,有不可解的形势呢!

赤色大旗下的健者,
你只是人间的爱人啊!
泪眼纵横,
血迹模糊的苦人,
那一个不在你温和的怀抱里呢!

学生生活

列宁入过西姆比尔斯克中学,一八八七年毕业的,毕业后入卡站大学——这也便是他感觉着阶级制度的地方,因为他的长兄犯了国法,他是大逆不道人的兄弟,便失却入首府入学的资格——只读了一个月功夫的书,因为参加了学生革命的运动,便开除出来，这是列宁生平表示他革命精神的第一次，实际上就受了这么大的牺牲，别的人或者便可息心了，只是非所论于列宁，他是抱革命主义的，将来是要以革命的生活的，休学的牺牲，这才是牺牲的起点，还有无限的牺牲，在后头咧！惟肯牺牲的人，才可以作大事；惟作大事的人，才可以够得上说牺牲。

最后列宁入了彼得格勒大学，学习经济法律，毕业之后，得了法学士和律师的职业；在学业已经告了一段结束的时候，自然他一生的事业，便到了发纵的时候了。

自奉的刻苦

列宁处在春风和煦的家庭，又有了相当的学业，他对于个人私德的修养，自不必说了。自奉俭约，自然是应有的文章，并且早已养之有素；所以到后来，才衣不解带，食不甘味的为多数人去谋幸福。当他作劳农政府领袖时节，每天工作十五小时，至十八小时，每月的收入，只六百卢布，因为工资都增加的时机，才增添到两百美金；更可宝贵的，就是别人面包起了恐慌，他也是不肯自己吃的，这位先天下之忧而忧的人间慈母，他的自奉，原是这样从俭呀！

人生最宝贵的时间，便是少年作预备功夫的时代，列宁既然自动的，都把预备的功夫作好，再进一步，且看他怎样实现他的理想罢！

稳稳的站在起足点罢！

但听枪声一响，

你便努力的跑去！

风飘着的锦标，

正是为你这健儿预备的咧！

第二章 列宁的思想与著作

马克斯主义者……灿烂的火花……隐名的著作家……前进……彻底改造精神……图书馆中的学者生活。

"星星之火，可以燎原"。伟大的光辉，都蕴藏在萤光点点火星里，渐渐的射放，以至于四极，以至于万世，永照在人间。

笔墨生活，是代人的喉舌；是作人的耳目。悲壮的呼唤；热烈的血泪。都在纸上浮动，也便是恶魔的拘命符！

马克斯主义者

列宁在彼得格勒大学得了法学士的学位，和律师的职业之后，但都不为他所满足；时时刻刻不能忘怀的，还是那革命的事业。这时列宁的思想，是建筑在马克斯主义的上面。

爱护劳动者

列宁对于工人们，早有极热烈的爱护和景仰。当时有一个叫哈尔起林的人，

〈在〉同他是极好的朋友。他常说:"像哈尔起林那样的劳动者,已经不是对付一个一个的怪物,而用炸弹,或手枪去对付的孤立的斗士了。这种人作多数劳动者先锋的时候,就是皇帝支配灭亡的时候,也就是有产者支配灭亡的时候。"一个比较上活动的工人,在别人的眼里,以为他是不安本分了;在列宁的眼里,却是这样的惊讶而赞羡,其实灿烂的世界,又那里不是劳动者的汗珠一滴滴的集成的呢?什么是皇帝?是有产阶级?你们一切的生命,都在那些骨瘦如柴人的手里咧!他们说不听你的支配,也就不听你的支配了!

灿烂的火花

当列宁亡命西欧的时候,并不颓唐他的意气,他鼓舞勇气,尽力的贯澈初衷,著手于文字上的宣传,最初活动的表现,就是创办了《火花》杂志(Iskia)。

在黑暗的洞窟里讨生活的人们,都在那里呼喊着自身的悲哀,希望的只有那灿烂的幸福之烛。把她那炎炎之光,由黑暗里指示出光明来。人们心田的光明,宇宙的一切光明啊!惟有《火花》负着这种使命,一星一点的火光,照彻人们的心田,照彻全俄的国境,照彻宇宙的一切,这是多么伟大的事业啊!

黑暗的所在,满生着荆棘,满藏着狼虎,谁肯,并且谁敢去燃放这世界上从来未有的火花呢?然而列宁却大胆的来燃放这个花火,他对于多数的可怜人,有热烈的同情,他并不觉得这是什么危险,火花终久是爆发了,可敬【可】爱的火花呵!

火花!
你是人间的矢的,
宇宙的木铎,
农夫的汗珠,
工人的血泪,
劳动者的凄楚
都在你的光芒中啊!
辉煌的皇冕,
庄严的权贵,
一切狞笑的魔鬼,
也都在你们的光芒中啊,
点点的火花,
炎炎的光芒,
渐渐的,
渐渐的,
终于爆发了!
毁灭了一切狞笑的群魔,
忠实的劳动者,都拍手呼喊:
"最后的胜利,

终久入了我们的掌握!"

列宁心弦之音,当然都含蓄在火花里面,他要把他心泉里的热血,像火花般喷到人们的心田中;拿他那赤淋淋的心房,去融化一切的不平等,所以《火花》杂志有普通版特别版两种,普通版专备瑞士及其他欧洲人的流览。特别版用很薄的纸印刷,五十册捆作一束,夹藏在皮箱的二层底板上,秘密的输入俄国。封面上还写了鲜明的标语:(火花)的焰,正在炎炎向上了!诚然,火花的焰,是永远不灭的炎炎向上,而且要普遍的射在世间。且看他一星星,一点点,一步步,由近及远的射去罢!一切的人们,都在那里引领张望咧!

在俄国革命史上,演了极重任务的火花,其中最重要的论文就是:应该作什么,这篇文字,便是共产党党纲的定局,也就是多数主义的精髓。

一八九〇年,作研究杂志《察尔雅》的主笔。一八九一年,在彼得格勒城,又发表了极著名的《罚金论》,至于那本《俄国资本主义之发达》,那更是有名的著作。

隐名的著作家

一九一〇年,列宁被逐在斯神斯科地方,屡次更易名字叫:意利起(Liyich),意灵(Ilin),提林(Tylino),……努力文化上的鼓吹,在那里宣传劳动者对于皇帝,要有政治的斗争;无产阶级对于有产阶级,要有社会的经济主义的斗争,在学术界上,实在可以算得异彩了。

在别人看来,现在的列宁,却是日暮途穷了罢?不是心灰意冷,望洋兴叹,便要挺[铤]而走险孤注一掷。列宁却既不这样,又不那样。宁可屡次更改姓名,努力他最终的目的。前途的绚烂之花,晶莹之果,期待着他,不容他不奋勉啊!我相信列宁要是投身资本主义之下,又何尝不是可以肥马轻裘,左拥右抱,享那所谓的甜蜜幸福呢?然而他澈底的自信,那残忍的制度,不合于人生的,他负着改造这种制度的责任,立定了目标,向前走去,纵是牺牲,也是香甜而和煦的哟,此时不容他拿着枪炮去上马杀贼,便退回来从事笔墨生活,他未尝休息他的工作,不过换换工具罢了。原来挑动人的脑筋,震荡人的心弦,只在这笔的一转啊!

一九三〇年,社会民主党开第二次大会,分多数党和少数党。为了党纲的问题,列宁费了二日的口舌,两年的笔墨,他对于这些人,认为是应该去破坏他,是毫无所顾惜的。

前进

一九〇四年,列宁关于党的分裂问题,公布了一本题为进一步退两步的小册子。他以为从纯经济运动主义,变作火花一派的运动,是进一步;可是从火花运动,再堕落到合法的马克斯主义,及自由主义的思想,就是退两步了。这种堕落态度,列宁是毫不假借的加以攻击。其后《火花》杂志。[,]转入少数党手中,列宁就另外刊行了一种刊物,叫做《前进》。《前进》,《前进》,便是列宁的精神寄托的所在呀!当时又著了一本经济论集【,】售书的收入,作刊行《前进》的费用。

一九〇八年，列宁在日内瓦，发行了两种新的杂志：宣布他自己主义的，叫作社会民主党。研究学理的，叫作无产阶级。他对于马克思学说，很有发展，他增加上许多要素，使他适合于新状况中的需求。从这点可以看出他对于思想上的集思广益，虚怀若谷，去探讨学说上的精髓。而另一方面，又有他很明确的主张和意见，去补充前人的不足。

一九〇八——九一〇年，列宁过着他纯粹的生活，潜心研究哲学，著《唯物哲学和经验哲学批评》。

澈底改造精神

列宁很自负要继续柴果仆夫，苏斐亚那些从事劳动，揭起反叛旗子，对于皇帝投掷炸弹，开放手枪的运动者，认为灿烂辉煌，品格高尚的人，挺身的来继承他们的遗业。列宁说："这个遗业，是我们的东西，也就是我们专有的东西。我们的任务，是要扩张柴氏的主义，做一个革命的马克斯主义者。"他这样的毅力，真足以令人倾倒。他要拿柴氏的精神，当自己的精神，并且希望人人，都有像柴氏的精神，[。]

列宁以为讲经济主义者，专重视劳动阶级的经济斗争，对于触及国家权利的政治斗争，闲置不问的思想，是谬误的，是失了革命精神的组合运动，或消费的组合运动，依他主张改造社会，要澈底澄清的。要不然，最低限度的希望，也是不容得你如愿的。

列宁的著作思想，在欧洲各国，都洪水猛兽般的防范他。他为全欧所不容，四方颠沛，并不停止他的工作。优闲的湖山，晴朗的日星，那里能牵动他的情绪？他思念中依旧是黎庶的哀号，农民的哭喊，那一颗赤心，永远的牢系在烟囱旁，锄头上了啊【。】

一九一〇年，列宁曾在《星报》，《普拉达报》主笔。每期有他的论文发表，因之该报名震遐迩，价值一天天增高，也可见人们对于列宁的钦仰了。

图书馆中的学者

一九一六——九一七，列宁住在瑞士齿利希社会党图书部的时候，每天抽出四小时的功夫，用非常兴味，去研究国际社会主义的文书。他的目的，是要在政治上，经济上，种种问题，决心去研求明确的观念，知具体的解决，他在研究学问的时候，十二分的缜密，一丝不苟。惟其能把自己的学识，一天天涵养起来，所以他事业的成功，如操左[在]券。

第三章　列宁二十年亡命的流浪

劳动者解放同盟……铁窗风味……流放北荒……仆仆亡命……第二次的流离……匿迹销声……清况……同情的援助……重见故乡……不白之冤……到沙场去！

劳动者解放同盟

列宁在学校生活里，为了鼓吹革命，牺牲了自己的学业，离开彼得格勒，到沙马拉地方去，自动的研究马克斯主义；寻找马克斯主义者，不久的时候，他就得到了许多热烈而富于同情心的马克斯主义者和工人们，作他的朋友。在那里组成"劳动【者】解放同盟"。

当时列宁自然很庆幸自己的进一步成功，由鼓吹时代，而进于实行时代；至于受什么样的牺牲，在他是没有什么顾虑的，觉得锁链和流血，是无上的光荣，只要是值得的。鼓吹学说，发行出版物之不足，还在那里脚踏实地的作，不期然而然的，要被官厅看作危险人物了！

可怜手无寸铁的列宁，怎敌起虎狼爪牙的武士们，他所有的朋友，不是管机器的匠人，便是耕田的农夫，并且不多，谁又能助他？他们的呼喊，官府是听不见的，他们的血泪，官府是看不见的；官府所能听见和看见的，只有这些危险人物罢了！他们不愿意有人捣毁了灿烂的王冠，撕毁了堂皇的华衣，所以只要遇到这样的人，他只能屏诸四夷的推出社会以外去，庶几免去了他们所感觉的危险。

铁窗风味

一八九〇列宁算已备具了危险人物的资格，就下在彼得格勒的监狱里了！□□中，铁窗里，是困顿不了英雄的！他或者以为这样的待遇，正足以磨炼他的精神哩！这样一个肯为人谋幸福的人，竟同盗贼凶犯去一齐过生活，这便是光天化日么？其实监狱里的人，正未必是正真[真正]有罪的人，盗贼何尝愿作盗贼，凶犯何尝愿意作凶犯，还不都是为了自己理想中的幸福的原故。如果大家平分了宇宙间所有的幸福，都可以满足自己的欲望，天地间不许有任何的阶级和威权，谁肯去作盗贼凶犯呢！谁又有捕人入狱的威权呢！有产阶级的人们，设成了种种陷阱，引人作恶，一旦形成了他们的罪名，那里早已经为他们预了囚牢【，】这是多样一个惨酷的世界呢！

带锁链的朋友！
是你自己的罪恶替你带上的呢？
还是那些狞笑的人们送你的礼物呢？
牢门外，
幢幢往来的人们，
他们都没有罪恶的吗？
或是是这样罢！
还是抱头酣睡在牢狱里罢！
受你为罪恶应受的牺牲；
一步跨出牢门，
更感觉到无处不是罪恶了呀！

流放北荒

列宁受了这种待遇，已经算是优待有加了，也是列宁的厄运，终久还要再到社会上来呼吸这些恶浊的空气；因为这时所定的罪，还不及死刑，所以在一八九七年一月廿九日，无上尊严的敕令下来了，要追放他到西伯利亚去，从这到一九一七年，二十年之间，他所过的生活，都是亡命生活。

这倒又是给列宁一个绝好的机会了，在一般人想来：西伯利亚地方，冰天雪地，草木不生，荒茫茫大野无际，百里少人烟，如果一个人流放在那里，是要怎样的思家怀国呢！诚然列宁忘不了他的家国，然而他所谓家，并不只仅他慈爱的老母，多情的爱妻；所谓国，更并不是灿烂的朝堂，华富的爵禄。他不忘怀的，只是那些可爱的朋友，天天以血汗生命换生活的人，那些可怜的朋友，天天在虎狼群里过日子的朋友，不知什么时候，便要断绝了生活的境域，便走入了罪恶的陷阱。在他自己是不成问题的，天天同些共患难前进的朋友们，谈他所有的抱负，凭他没有折断的手腕，发表他所有的著作，他依旧是努力的。他看到这冷酷已极的北荒，比那风光明媚的南欧，并没有什么分别；因为他的心，依旧向外喷放着热烈的血沫。

仆仆亡命

在西伯利亚受完了他那应受的牺牲回来，官府里依旧拿他作一个炸弹看待，认为是一个极危险而含有爆发性的人物，他所恢复的自由，仍是局部的，大都会是绝不许他居留的，这事的苦痛，实在比坐牢流放利害多了；因为他不能亲近他所要亲近的人，两手上比[都]上了锁镣，嘴里比塞了棉花还难过；他立时决心了，离去了他的故乡，到西欧当亡命客去了！

西欧是山水明秀的所在，却容纳了这披发狂走的亡命客，他时常走进穷山大谷，发出悲壮的狂歌，向那流水落花滴几点凄怆的泪，他心境并没有什么更移，恰同在西伯利亚时期一样，心血天天的高涌，热情是压制不住的。他生平著作中，极得意的《火花》杂志，就是在这里刊行的。

一九〇二年，到一九〇三年之间，列宁占据了《火花》杂志作思想上的竞争，又同同志们设置了一个组织委员会，作团体运动的中心；因此又为全欧的警察所注意了。无论那里都好像不容他栖身，有时迁到茂尼希，有时迁到不律塞，有时迁到巴黎伦敦，四方颠沛流离的活着，最后幸而寻到了日内瓦，还算是他比较上久居之地了。

第二次的流离

一九〇五年的革命之后，这日夜翘盼着他的故乡的列宁，亦就趁此时转回俄罗斯来。但是受挫折的人，终久是要受挫折的，不久的功夫，革命又遭失败，同时又起了反动，不用说，俄罗斯境内，自然没了列宁立足的地方，又重新去作他那亡命生活去了。一九〇六年，到芬兰，一九〇七年往瑞士，第二年又住在巴黎，席不暇暖的东西奔驰着，昼夜不分的深谋远虑着，这样的人，茫茫世界里，全没有地方可以容纳他，上帝也未免太忍心了呢【。】

匿迹销声

一九一二年，列宁的一派，可以在彼得格勒出报的时候，列宁就搬到嘉利奢的克拉利（Cralow）去，从一九一五年到一九一七年，他完全住在瑞士，作避隐的生活，表面极其消沉，当时的人，或者竟有人说他是颓靡了，其实他那里会颓靡，在不动声色之间正不知作了多少事业，从这些地方，正可以看出列宁的坚毅和沉着。

鼓吹和实行伟大事业的人，并不只是能发扬蹈厉，便可成功的，有时，诚然也要用悬河之口，倚马之笔；但是要求事业的成功，并不只是快活自己的口舌和笔墨，便可成功的，一定要有敏锐的眼光，深沉的忍力，和确切不疑的学识。所以列宁在这时期，他知自己出马是无〈，〉利恐怕还有害，倒不如简直就隐藏起来，暗地里作他实在的功夫，奋勉他的著作和学说，把他的观念，深深的印到民众的脑筋里去。

清况

他一面读书，一面著作，瑞士〈民〉社会党的图书部，便是他游息之地，这时他所住的房子，是在一个鞋匠的楼上，简陋不堪，他的爱妻，这时伴着他过活，或者可以安慰他的岑寂吧。他们的生活，自然苦到了十二万分，日常的生活，只凭着些须的稿费，形容枯槁的样子，可以从想像中得来，他同她都是甘之如饴的。他们何苦自寻这样的苦恼呢？还不是为了多数的人吗！

同情的援助

三月革命的结果，产生了克伦斯基政府，瑞士一般讲社会主义的人，为了要扶助这些无罪向背井离乡的这些俄国可怜的朋友，特地组织了一个委员会；并且替他们募集了路费，送他们回去看看那迴绕梦魂的故乡，先向英法瑞各政府，要求假道，叫他们回去，谁知联合政府没有允许他们的要求。这都是他们的火花太亮了！恐怕散放到各处；炸弹的名太高了，恐怕炸毁了世界的缘故罢！

不能已，他们又去同德国商议，他们的条件：是交还同数的非军事员的德俘给德国，德国便要允许俄国的亡命客，通过他的国境，于是三百个俄罗斯人，便安然的通过德境，而回到俄国了。列宁便在其内，海外流浪了廿年的他，在一九一七年四月四日的深夜里，又回到了彼得格勒。

重见故乡

这年七月，又有三百人还俄，亡命海外的人，都又重见天日的见到自己的故乡，他们所坐的火车，外面都是密密层层的贴了封印。啊！这是多样可怕的些违禁品啊！在列宁这些人们看起来，才真是无上的光荣哩！

故乡啊！故乡！
我当年和你离别时节，
日星黯淡，
风雨凄凉，
随尘飞赤血斑斑，
热泪行行；

是怎堪回想！
故乡啊！故乡！
我今宵和你重晤，
河山无恙，
天地重光；
愧飞萍天涯流浪，
回想时无限思量。
怀往事儿悠悠，
思前途儿茫茫，
前进前进莫停留！
张灿烂之巨□，
燃伟大之光明。

不幸的列宁，好像上天生了他下来，是专为坐牢一样的，受了本国的铁窗风味，和全欧警察的驱逐还不足与，在开战时期，又曾受奥国政府的逮捕，在嘉利奢地方的监里，又坐了半个月的功夫，人生辛苦的味儿，他总算备尝了吧！

不白之冤

列宁为了要去解决他故国里的澈底革命，通过那些帝国主义的国家，如德国和各联合国，是算不了什么的；但是外国因为列宁通过了德境，便发生了列宁是德探的风声，幸而德国的派尔汉茨泰，法国的安利，波兰的布龙斯基，瑞士的哈雷丁，有共同署名的辨明发表，后来又由六位著名的社会主义者的署名证实，这才算免去了一层不白之冤。所谓危险人物，处处都有人用危险的眼光去看他，这真是如何的危险啊！

列宁含辛茹苦的为了他的故国，海外奔驰二十年，受了人间说不尽的苦恼，含了人间说不尽的辛酸，在三年革命的后一月内，就回国来了。在这尘嚣甚上的革命烟尘中，正有许多没有澈底解决的事等他呢！

向沙场去

他最幼时代，所受的思想，亡命时代，所得的观念，二十年来胸中的积闷，和始终贯澈的主张，同敏锐的眼光，都倾向那里去呢？那是不用问的，自然还要向前作最大的努力，实现他的理想啊！

我们以前所认识的列宁，只是学者，亡命客，纵横家，思想家的列宁，且看这革命家的列宁，又是具一付怎样的身手呢？

热血的健儿：[，]
鼓起了勇气，
磨好了工具，
放开了眼光，
脚踏了实地，

努力向沙场去罢!

第四章　列宁与第二国际及第三国际

世界第一次大流血……倒戈……国际社会党第七次大会……第二国际之销沉……欧战后的社会主义者……秦麦华德会议……金塔尔会议……斯脱克霍姆会议……有志竟成。

泣风哭雨；赤日为晦。哀柳无情，牵征人而西去，背乡离井；掩泪吞声。妻子故为壮言，以傲健儿，曷胜怆惜！

黩武穷兵，独夫何心！涂炭亿兆生灵，血流漂杵，沟壑哀鸿，悠悠天地，惟此浩劫！战魔，死神，齐来索命，水深火热之中，谁来援手！一将功成万骨枯，忍莫逾是。

舌焦唇敝，声嘶力竭，惟有志者事竟成，形见南亩农夫，荷锄携笠，蹈歌归去，只觉春风和煦，击坏盈途，能不令人肃然而歌：

洗尽了污血，

熄灭了烽烟：

流水悠悠，

落花片片；

处处是桃源。

世界第一次大流血

当世界最大的爆烈——欧战——发作的时候，德国唯一要解决的问题，便是军费问题。他要想由日耳曼民族，来征服一切其他民族，抱了囊括四海，并吞八荒的野心。这种主义，只要少有人心，一定是痛心疾首的非难她，社会民主党，是要剧除了这种思想，当然更不能容她成为事实，那么列宁还在克拉科地方，他想德国的社会民主党，一定是要极力反抗这种战争，而且要反对军事费的；然而他是失望了！社会党竟赞成了这议案，说到始终贯澈自己的主义，百折不挠的前进，何尝是容易的事？列宁所以和别人的不同，也就在这里罢！可怜他还拿自己的心，去测度他的同志，以为是和他一样。人间那有许多列宁啊！欧洲社会民主主义的堕落，已经很可以使列宁伤心；而不想他十分信任的国际主义者，也会来通过这种杀人的军事费，不禁使他凄惨的说道：第二国际死了【。】

倒戈

自此以后，列宁得到很大的教训，就是看透了层层黑幕，揭穿了种种面具，才看清楚他们魑魅魍魉的面目。所以第二国际领袖的名字，传到列宁耳朵里来，他的憎恶，和听到资本家是一样的。可怕的不是资本家；而是假的社会主义者。因为当年他也是劳动队里的人，深知他们胼手裂指的苦痛，现在倒戈相向，是多样的危险啊【。】

那有许多赤红的肺腑；

那有许多真挚的胸臆。
人间的相处，
只是乔装作战！
庄严的容貌，
隐藏着奸诈；
含笑声中，
包含了杀气，
揭不穿的层层面具啊【,】
可怜的朋友，
你为劳动者奔命，
又为资本家驰驱。
你是为人谋生，
还是替人送死？
险□的人间，
那里有庐山真面啊！

国际社会党第七次大会

现在俄国劳农政府所采取的使国际间资本主义的战争，变成国内阶级战争的政策，当一九〇七年，列宁在国际社会党开第七次大会时，已经很坚决的这样主张了。所以当时同卢森堡协力，为了使大会采取在帝国主义之战争发生时，可以拿革命来对付的议案，很费了些气力。他们两人又联络了马托夫，提议对于国际战争态度的重要议案，加了修正，比从前伯伯尔所订的，更加明确了。

社会党对于军国主义，和军国主义战争的见解，究竟觉得避免不了资本制度。伯伯尔的议案，只是说明了原则，并没有谈到实际运动。从列宁修正之后，才确立了具体行动的纲领，终究使伯伯尔容纳了他的意见。列宁以为并不十二分满意，不过他不愿意作出激烈的条文，轰动世界人的耳目。

由这里可以使人十分相信社会主义，并不是危险的东西。它的目的，是要求世界永久的和平，和最大的幸福。列宁要想达到这种目的，未尝不可急骤的作去；然而他决不肯作盲目的运动，并且他是肯守秩序的人，决不是要紊乱秩序的人。有了他这样很有秩序的脑筋，才可以来担当天下的大事呢！

但是帝国主义的战争，终于发生了！也就是资本主义的罪恶，更加显著，几乎要到破产的地步。这时候列宁就把伯伯尔的议案，提到第二国际，请他们贯澈当年议决的主张；但是这些人们，并不去睬他，依旧为虎作伥，去赞助政府的军事费，供给他们杀人流血的资本，什么主义，早抛在云霄之外了。列宁对于这般人，并没有什么怜惜，只觉到这是没有预料到的事，加以喟叹罢了。一面他更觉得庆幸，因为他又增添了一番学识，茫茫宇宙，无处不是带着鬼脸的人，真个神妙不测咧！冒名的社会主义者，只是这些口头的社会主义者罢了。真诚而刚毅的社会主义者，都是那些说不出什么话，作不出什么文，四壁萧然，一锄新月的老农，和黑烟缕缕，荷斧披星的工人罢了。那才是列宁的同志，人间的朋友。

第二国际的消沉

在欧战之前，资本家和政府，听到国际社会党的名词，还免不了惊恐；然而欧战开始之后，万国社会党的精神，却扫地无余了，好像西风卷着尘芥，不知那里是它的归宿？这便是第二国际，对于世界，自己宣布了死刑。

列宁从前对于资本家之厌恶，已经很深，自从经过欧战，造成世界莫大的悲剧，种种刺激，也不容得他的印象不更加深刻，他素来对于有产阶级不十二分怀恨的态度，现在也渐渐的转到冷酷方面去了。

当欧战期间，列宁住在瑞士。那时候瑞士的社会民主党，正浸染在投机主义，和爱国主义之间；但是他却极力的集合革命分子，虽只仅仅二十个人左右，他也很高兴的，替他们组织。有时少到七个人，他照旧不因为人少，退却了他的大志。他觉得世界上只要有人和他表绝对的同情，便是他的慰安[安慰]。少数的真实者，比起多数蒙黑面具的东西，好得多呢！

欧战后的社会主义者

第二国际，虽然已经死了；但是国际运动的精神，还不能尽情的灭却。各国的社会党人，虽然也是卷在风云变幻的欧战中，但是少数革命的国际主义者，在这时期中，都渐渐的要恢复各人的元气。在开战的翌年，这种恢复战前国际关系的运动，就已经春笋般的萌芽了。除却俄，意，美，以及塞尔维亚，匈牙利，罗马尼亚等国社会党，原来反对战争的不计外，意大利，瑞士的社会党，在罗加诺开的协议会，美国社会党华盛顿大会的计画，中立的社会党，在科伯哈格开的会议等，都包含着这样的希望。但这些会议，还多少和第二国际有关系，色彩依旧是不显明的。

秦麦华德会议

一九一五年九月，便是那有名的秦麦华德会议的时候，这个会议，就完全脱离了旧第二国际关系而全为反战争社会主义的国际运动，这便也是国际运动的复活的第一声。诚然这次的会议，不过是反战争社会主义者的广义的会议，还算不了纯粹革命分子的会议；但是已经有了那样的趋势，这难道就是英雄造时势吗？

列宁在会议席上，极力主张把帝国主义战争，变成阶级战争。他看到第二国际的沉滞和停顿，就感觉到有新国际组织的必要。当时欧洲社会主义者，非常闭息，习于合法主义，和议会政策的空气里，听这样的主张，自然是不能入耳的；偏偏列宁又不容得他们不入耳，所以在会议席上，便掉其三寸不烂之舌去鼓吹。他和莱得普尔，起过很大的冲突，莱得普尔嘲笑他，他也很冷静的忍受着，觉得他们可笑，可怜。在这次会议里，列宁到底是失败了。

金塔尔会议

六月后开的金塔尔会议,形势就大转变了。这次的会议,革命的社会主义者,比前次的宣言更进一步,而主张以社会主义的胜利为唯一的条件。又竭力的非难第二国际。此时列宁虽然渐成了胜利者,可是赞成组织第三国际的人,仍旧是不多。

斯脱克霍姆会议

一九一七年,斯脱克霍姆会议,形势又为之一变。这会议决定创立了新国际,就是后来成立的第三国际。

有志竟成

列宁终于胜利了。他那刚毅不拔的精神,再接再励,勇往直前,第三国际终于实现了。它的使命,是要采取革命的手段,颠覆帝国主义,实行所谓无产阶级专政,以谋共产主义的实现。这便是列宁最后的希望。"有志者事竟成",毕竟是不假啊!

第五章　列宁的革命事业

澈底的革命……出走芬兰……揭竿而起……无产阶级专政……女刺客

专以杀人流血为快乐的魔鬼,他手里握住了无上的威权,又养着许多爪牙,专为剥削人的膏血,供他的吮吸,他带着巍巍的王冠,垂着长长的大绅[辫],自命是人间的王者,其实便是杀人不眨眼的凶神啊。劳动者是不愿和人较长短的,一朝挺而走险,斩木揭竿,便可以踢倒了王位,踏碎了皇宫。雪色的莫斯科城中,鲜红旗帜下的成功者,到底把那些杀人的魔鬼逐跑了。

魔鬼们!
你不要狞笑了吧!
请你远离一切,
我已经看清楚你那些杀人的利器了!

澈底的革命

列宁独具双眼,在烟雾弥漫的革命空气中,能看到别人所看不到的东西,便是无产阶级的革命。从瑞士回来不久,他就联合了多数党和少数党,开联合会议,他便主张要抛弃了欧洲所谓的民治主义,而入于社会革命;诚然前次的一切革命,无论是在俄国或者别的国家里,都是主张资本主义的,不叫你来作威【作】福,我来替你作威【作】福,不叫一二人去蛮横,却换上比较多一些的人去蛮横;这只是少数人有产阶级的攘夺,算不了什么澈底的革命。澈底的革命,在那里呢?世界上还没见到过,这样的火光,只是在列宁的心里吧!

列宁所主张的革命,是澈底的,是解放完全人类而不赞成为我独尊的君主独裁。也不赞成智识阶级的国会立宪,他是要踏平了一切阶级,作无产阶级革命的人,想把自有宇宙以来的世界,重新另行改造一番,这样的人,才可以说他是革命的实行家。

多数党人在一九一七年的春天，也认为当时的革命，看做了是有产阶级的政治革命；所以听了列宁的演说，也很有些人反对；同情于列宁的，只有一位叫郭伦泰夫人的。但是列宁依旧是作他的，虽然本党的人都批评他。

出走芬兰

　　三月革命成功之后，克伦斯基政府的反动政策，也随着时刻〈间〉而增加；俄罗斯境内，又没有他安身的所在，革命前的不自由，同革命后的不自由，恰恰是类似的，又何贵乎其革命呢！列宁在不得已中，照旧要保存他自己的躯壳，不断的努力。又跑到芬兰去，到九月时节，列宁又折回来，鼓动他那三寸不烂之口，谈论无产阶级掌握政权之必要。

　　这时的少数党和社会革命党，还都占据着优势，所以共产党的委员会，和全体党员们，都说这样的主张，未免失之过早。只是列宁自己却没有丝毫的犹豫了，立刻不辞风尘跋涉的劳苦，从芬兰转回了彼得格勒，向那样不坚决的朋友们鼓吹着，怂恿着，要立刻起事。同时克伦斯基，已经在那里草写文书，要逮捕他去替世上销毁了这颗炸弹咧！他那里又理会这个，住在一个秘密人家，秘密了自己的姓名，作自己秘密的事业。

揭竿而起

　　十月之末，彼得格勒的共产党委员会，正在那里讨论要立时起事的问题，劳工同军人有许多在坐的，列宁出席，也便是赞成立时武装蹶起的健者。初次的投票，起事的遭了失败，可喜有一位在场的劳动者，起立发言：绝对的赞成起事，话里含了极浓重的刺激和同情，因而另行投票，起事的占了胜利，列宁的主张，到今天总算是达到了！这便是惊天动地的一次大示威运动，是世界上无产阶级对有产阶级下攻击令的第一步，也就是所谓十月革命。

　　实行这十月革命的人，既不是完全的智识阶级，也并不是完全的共产党，都是些无产业的劳动者，这样的社会革命，智识阶级是没有资格可以参加的。他们有所依恋，有所顾惜，不能而且不敢作这样伟大的事，有的为功利所惑，有的被理智所迷，只有赤裸裸坦白白的劳动者，肯这样的工作罢！

　　南亩里的朋友！
　　掀起你的锄头，
　　锄平了横竖的阡陌，
　　不作人间的马牛！
　　血为自己流
　　汗不为人流；
　　自耕自食，
　　是应该享受！
　　黑烟里的朋友！

舞起你的斧头，
夺过了工头的鞭笞，
斩断了资本家的头颅！
莫再心枯炉里火，
莫再血染机上油。
作息有时，
是应该享受！
角鼓声中的朋友！
磨好了你的枪头，
不受资本者指使；
避却野心家的阴谋。
枪斩辉煌的华衣；
剑削灿烂的王旒，
扫却风云开宇宙，
是应该享受！
农人的斧头，
工人的锄头，
军人的枪头，
满染有产阶级的黑血，
黑血呀！
与草木同腐。
这些须的血迹，
不知当年失却了多少头颅，
而今何如？
光芒万丈的赤色旗下，
万众高呼："列宁啊！
是人间的恋者；
是世界的慈母！"

无产阶级专政

压在不啻于十八层地狱下的无产阶级，平日所受的待遇，真也不啻于牛马，在资本主义底下，可怜那里又有说话做事的机会，一切的人生事业，那里敢不去顺承资本家的意旨，劳动一生，只是为人家作了走狗，作了机械，真不值得；但是在相安既久，安之若素的理想里，也好像是应该似的，若不是列宁来，这样脚踏实地的工作社会主义，恐怕社会主义也只是学者的一种理想，劳动的人们，自己恐怕还未必能想到，更未必敢想到。人心无论如何，总是相同的，他们所身受的苦痛，难道自己没有感觉，他们所耳闻的学说，难道没有判断吗？所以经过了列宁的这一番呼喊，全俄的劳动者，都起了响应，都从十八层地狱下要跑到地平线上来。和资本主义者，要并一并肩，在他们是如何的幸运，这诚然是应该的事呀！

俄国的无产者，都具了诚实和勇敢的特性，又因为黑暗的势力，一天天紧紧的压迫着，当时政府当局，在那里痛杀犹太人，商店主及社会党的指导者，罪及无辜，滥用刑罚，压迫的势力越大，反动势力自然也越大，风发水涌的，这社会革命，实在没有法子，可以阻止他，只好由他斩木揭竿的挺而走险了。

促成这十月革命的两种原因：一种是因为欧战，欧战的结果，更显露了资本主义的罪恶，血流成河；骨堆如山。所谓的公理在那里？在宇宙弥漫着的，那里不是强权，依旧是一将功臣万骨枯呀！第二种就是三月革命，当时政府宣布共和，恢复一切自由，共产党便乘机活动，终底于成，十月里便在昏沉沉的世界，放起了火光，照耀在世界上，又重开了一个新纪元，这开新纪元的元动，自然列宁是不能推辞，没有列宁精神确的眼光，便没有十月革命的先锋，没有十月革命，那来的什么新纪元呢？我们对于列宁的尊敬，也只有这一点为最利害。

这时列宁，已经指导着劳动者，握了政权了，因为这时若不把政权拿了过来，一定就又为残忍不仁的有产阶级攫去了。这是很容易看得出来的，不是有产阶级专政，便是无产阶级专政，终于后者胜了。

列宁既然作了劳农政府的领袖，自然更要进一步的实行他的主义，一切的食用供给，都和常人一样。同时他的命运，却也进一步的危险了，有产阶级的刺客，左右不离的随着他，只要有相当的机会，他们便要置之于死地。其实列宁一生，没有一天没有人想害他，在他是已经"司空见惯"了。

女刺客

反对革命和外国的帝国主义者，谋杀列宁，也不知经过多少次，始终没有成功。一九一八年八月三十一日的这一天，列宁正在弥赫儿孙工厂里演讲，听众有一万五千人的劳动者，演讲完了之后，出门时节，恰巧碰见两个姣好的女子：一个在那里假作是呈递愿书，同时另一个女子，便突如其来的连响了三枪。列宁中了两弹，便昏睡到石阶上去，流血很多，最后还是别人送他回去克列姆露官，列宁处在这杀机四伏的社会里，不知什么时候，便要失却了自己的生命，危险呀！

列宁的创伤好了，一直到一九二四年一月二十一日，始终不断的在为无产阶级规画着。一生中经过多少人的谋害，始终保全了他的首领，终久是抱病以终，也总算是上帝爱护他了罢？

本章至此告了结束，最后的几页，便是大家都不愿意听见的一个消息，原来是寒峭的北风，从俄境传来一个凶信说："列宁死了！"

第六章　列宁的最后

病乡里……野村养疴……瘥后……重入山林……回光……最后的礼物……身后的荣哀……最大的工人……列宁不死

病乡里

列宁为无产阶级的朋友们,争他们应得的幸福,他是不惜他的脑筋和血液的。他很愿意这样,把脑髓化作粉一般的碎,平铺在自由的园中,血液泌作露一般的露珠,滴在平等的花上,只要世界上,能开那真正的灿烂之花,他并没有什么舍不了的牺牲啊!

可怜一个人的精神有多少!列宁并不是什么特殊构造的人;上天对于那肯为人生尽力谋幸福的人,并没有多给他些脑筋和血液。自然了,疲倦和劳顿,时常要来侵犯他的;但是他又决不肯为了他们的侵犯,便不去工作,工作不肯减少,侵犯日日的增加。丰润而强壮的健者,一天天骨瘦形销的走进病乡里去。

野村养疴

列宁病的远源,是在一九二一年的冬末,一直到一九二二年的三月,当时神经系【统】和脏器,还没有什么实在病症;但是因为操劳过度,已经有些不能支持下去,就到莫斯科的哥尔基村去养病。

离去了头绪纷繁的行政机关,走进山水清幽的野村里去,这里所见的,没有什么足以劳形的案牍了!所听的,不过是些松风竹雨,报晓的晨鸡,躁晚的暮鸦;所见的,也不过是一幅洁白水晶画片,上面嵌着几片绯红的晚霞,弥罩着渺茫烟雾罢了!开了起来,在风光晴明时节,扫雪的村叟,曝日的老妪,一个个都是他的良朋好友。在这里给他几日的余暇,也算不了厚待他啊!

其实关心人间疾苦的人,那里是这些山水自然便可使他优游的呢?他日夜所不能忘的,所不肯忘的,依旧是一幅幅的流民图,在他脑膜上活动,他时时看见他们流泪,他时时听见他们叹气,他更时时觉察到他们的不平等。他的躯壳虽然在野村头,他的精神,却依旧在无产阶级的王国里,他的心灵,更时时在平民的队里!

瘥后

一九二二年五月以后三个月里,曾经遇过许多次危险病期。这时全俄的人,是在为他提心吊胆的,他们几乎要天天向着碧海般的青天祈祷,惟愿他们的慈母不至于失去,恋人不至于走掉啊!

好了!人们的担心,都磐石一般的落在地下,人们的希望,又都烈火一般的燃起了。这年七月,病症渐渐好了;十月,列宁已经可以回任办公了;十一月还作过三次的长演讲:列宁这时的高兴,实在比起在云烟山水里的生活还适意的多咧!

列宁的学识,是极优长的,难道他不晓得应该自己保护自己吗?新瘥的人,去作长演讲,是怎样危险呢!然而他是始终努力的人,绝不肯停歇的人,世界上正预备了些非他自己作不可的事,他那里又不能不作呢!

重入山林

十二月右部肢体发了病症,一天天的危险起来了!一九二三年又经过了屡次的危险；在二三月之交，右半体的病症，已经证实了。因为乡间空气，较好的原故，照旧到哥尔基去养病。第一次负病来的列宁，还是一个静养失调的人；这次却几乎病入膏肓了！明月依旧是随着清风，朝阳依旧是偎着绯霞；人儿却更加消瘦了！只是哥尔基这地方，未免大可庆幸，为世界谋幸福的人，两次在这里静养沉疴，湖光山色，又添了几许价值呢！

　　雪山之阴，
　　花气袭人；
　　朋友们去采撷些罢！
　　采撷些来慰藉病人的苦心。
　　水溪之头，
　　短水东流，
　　被东风吹皱；
　　朋友们汲引些罢！
　　汲引来洗刷病人的积愁。
　　慰藉了他的苦心，
　　洗慰了他的积愁；
　　朋友们希望着罢！
　　依旧，要点起光明之烛，
　　引领我们走向光明之路啊！

回光

在哥尔基住了两三个月的功夫，受了大自然的涵育，沈重的病体，渐渐复原起来。渐渐的能藉著梯栏自由上下，渐渐的可以在室中移动，以至于去到林中驰马。一九二三冬季，他的口胃和精神，都完全健全了，言语同著作，也都恢复了，这伟大的人，又从死神手里争回了他的生命，这真是世界的庆幸；然而这庆幸，只是昙花一现的可幸啊！

最后的礼物

一九二三年的圣诞节，在这小村养病的地方，【他】还为孩子们扎了圣诞树，烛光中的这颗可爱的圣诞树，已经有了他永久的价值，和蔼而近于人人的世界的恋者列宁，终生所给予孩子们的礼物，也就是给与世界上的礼物；这颗美丽的小树，便算是终结了！

在扎了圣诞树不满一月的时光，在一九二四年的一月二十一日午后六时五十分；他一面含笑，自幸他已经为世人创开了一道光明的前途，一面含泪可怜世上还有许多在泥淖的人，没有被他救起来；两手空空，在世界上，并没有攫到过什么权利，双目瞑合，也只有舍却了他作而未完的工程，似残忍而其实悲哀到无限的，便和这世界上的一切兄弟姐妹永别了！

死后的荣哀

这样一个凶耗,引起了全世界人们的怅惘,都感受到失却了好友,在俄国赤坪地方替他举行了国葬,全世界的人,都函电交驰的去吊唁他;这些,诚然不足以报他的大功,纪念他的勋绩,但是人们对于他的渴想和怀念,也只有这样的表示了。

列宁!
亲爱的朋友!
你的泪都流尽了,
你的血都流完了,
你的脑髓都砸碎了,
你的躯体都干枯了;
只好由你撒手西去了!
列宁!
亲爱的朋友!
你的泪洗净了农夫的锄头,
你的血染满了工人的机械,
你的脑髓涂遍了不平的阶级,
你的躯体毁作了赤色的帜旗;
怎能不由你撒手西去呢!
列宁!
亲爱的朋友!
你稳稳的睡在地下罢!
雪山之背,
赤坪之西,
白石墓中,
青松林里;
容你休息休息罢!
也应该让你撒手西去了!
列宁!
亲爱的朋友!
你的精神,
永留在宇宙;
你的容貌,
永不会消毁。
不必为你举奠,
人人都服了心丧;
不必为你铸像,

处处都有你的遗迹。

情愿你撒手西去了！

列宁的为人一生，便如上面所诉的，从他的历史看来，实在是世界上和历史上不可多得的人物。我们对于他【自】然要有一种相当的崇拜和尊敬；但是同时我们不应该以英雄眼光看列宁，却应该以常人的眼光看列宁。

列宁并不是什么天生的英雄，他尤其不愿人拿英雄的眼光去看他；在资本制度下所崇拜的英雄，并不见得有什么真实的价值，这尤其是列宁所不主张的，也不是我们所应该主张的。

最大的工人

我们所崇拜的，是列宁的人。平常人能作出不平常的事来，这便是列宁之所以为列宁处。列宁作事处处坚决而刚毅，富有责任心和牺牲力；肯造真正的幸福，为一切人类，这才真正是我们所应该崇拜的哩！与其说列宁是英雄，莫若说他是有一个有耐性的最大劳工——为世人谋幸福的工人，还恰当些。

我们不拿英雄的眼光看列宁，同时我们也不能自己放弃了常人的资格，列宁也是常人之一，我们只要努力奋斗，便可继续他那最大而未了的工作，这并不是什么难事呀！

列宁！

亲爱的朋友！

你的精神弥漫了宇宙，

你的灵魂包围了天地；

浓浓地射上神经膜上，

深深地种在心田里。

你是我们，

我们也便是你；

列宁虽死，

我便是列宁，

了你生前未了的功绩。

你又何曾撒手西去呢！

列宁不死

朋友们！列宁何曾死来！赤坪一带的人们，葬的是他的躯壳。活泼泼的列宁，依旧在人们的心弦上跳动咧！正同他新病初愈，冬郊驰马时一样的快乐！

列宁虽死，列宁主义不死！

十二，三，十三，北京。

（《列宁纪念册》，1924年3月30日）

4月

25日(星期五)

79.《阶级斗争和阶级意识》(《共进》第六十期,4月25日)

《共进》第六十期刊登哈雷的《阶级斗争和阶级意识》,全文如下:

从事劳动运动者,常引他们老前辈一句名言:"一部人类的历史,只是'阶级斗争'的历史。"这句话,在相当的程度以内,尤其是设想用一只可以看得很大很远,不见得十分清楚的眼睛来看,说得不算过分。

用这句话,来估量中国近代的时局,看看是不是阶级斗争历史中的一章或是一页阶级斗争?在某种范围以内,我们也可以慨然的答道"是的"!现在中国的时局,正是军阀恶焰,如日中天的时候,而在同时,仍还不断的听道什么"革命"一类的莫气力而很悲哀的呼号。在文人的笔尖上,又时时带出时髦的"有枪阶级""无枪阶级""知识阶级"……一大堆名词来。这样不实在的情形,如还用那一付看得大而又远的眼睛来看,仿佛中国今日的五花八门,真是阶级斗争的历史中最精采的一章了。

但是我们仔细一看,有枪的一方面,果然形成了他们的阶级,而且还有许多人,替他捧场,但和这个阶级要斗争的一方面,找来找去,终找不出可以配称"阶级"的民众团体。这样的单方面的掠夺,而被掠夺方面,无充足势力以与之抗——或可简直说无充足资格——的惨象,我们将何能慨然不自羞的叫作阶级斗争呢?

我想这是一定的,会有人以为我的说话的过分。但我并不急于要伸辩,我只诚意的说了我所想说的话。何以和军阀作战的团体,莫有一个配叫作阶级的呢?因为莫有一个自称为阶级的团体,具有阶级的意识。我这里莫有把现在国内进步的团体,一一作例证而详细说明的必要,然而我希望朋友们仔细把各方情形认识一下。或许慨然承认我这句话说的并不过分。

一个人若是莫他自己的意识,可以在社会上照常的生活么?可以有抵抗万恶社会的能力,不至于失败么?一个团体也是这样。谁也不会承认任何团体,分子复杂,同床异梦,而可以做出任何成绩。可是莫有这毛病的团体,而俱有何军阀作战的实力,在今之国内,竟几乎找不到。

"阶级意识",这里可以再注释一下,姑且叫他为"共同利害的感觉"。虽然不大恰当,而可以藉以说明许多他点上的困难。这共同利害的感觉,须有两步工夫做到,而后对于阶级斗争,才可操胜算。第一步功夫:首先感觉到有和恶势力斗争必要的人,站在共同利害一样的意识上。第二步功夫:使此等共同利害的意识,增大到可以增大的程度,形成一普遍阶级的共同意识。莫有第一步功夫,不特不能使一般民众自己觉悟,而这一小部分的人,亦将自己倾轧,此猜彼忌,不能有所作为。莫有第二步功夫,不特势力薄弱,不足与对手抗,而且只少数人操纵时局,并非阶级斗争的初意。

中国今日之时局呢？虽然报纸上材料很多，而不令我们痛心者有几？虽然进步的团体很多，而能令我们付讬此等大任的有几？若不说"阶级"这个名词，听其自然的演化，还则罢了。既然叫出口来，而自己又不形成了阶级而努力作此，反倒成对于阶级意识的坚固更增力了莫大的阻力。这个罪过，将由谁负责呢？

我敢大胆的声言：莫有共同阶级意识，好阶级斗争，将永远不会有成功的一天。时论上大家常说到的一句时髦话："为减轻长期的麻木的痛苦，只有出于干脆的革命的一途。"这话诚然不错，然而若莫有阶级意识的革命，其结果将和这话相反，就是不特不能减轻痛苦，还要延长。

辛亥前多年，老同盟会造成一致的"誓灭胡虏"的意识；而忽略了别的。一到辛亥革命，果然二百六十多年清室江山，被这四个字铲掉，然而从事革命，不知下文该怎么，糊里糊涂，丢掉政权，是潜伏在清家江山底下的北洋系，渐渐蔚成他们的意识，以儿戏民国，摧残人民涌现于最近的现在了。

大半最常用的定理，不容易发见例外的！今之时局，无异重新再干，虽是重新干，而老定理并不因你重新干而失其效能。老定理是什么？

"欲完成某一段阶级斗争，当先造成某一种阶级意识。"

十三，三，二十七。
(《共进》第六十期，1924年4月25日，署名 哈雷)

5月
9日(星期五)

80.《列宁的精神——青年们！你有没有?》(《少年新塍》第八期，5月9日)

嘉兴新塍镇的进步刊物《少年新塍》发表沈选千的《列宁的精神——青年们！你有没有?》，全文如下：

我们如果仿照曹操刘备那样，煮酒以论当世的英雄，那么我们便不能不首举那为全俄全世界被压迫阶级奋斗的尼古拉列宁了。列宁底学问，思想，主张，功业等等，都可算是第一等的。若使我们要问问他底精神如何，那更足使我们震惊了；他底精神的伟大，是空前的，是并世无双的。有人说他是"千古一人""万世师表"，委实不是过誉的话。本期记述栏，既介绍他一些事迹，我现在再来介绍他那伟大的精【神】底大概贡献给我们青年界诸君。

(一) 列宁底不怕孤立的精神。如果我们要做一件较大的事业，要大家帮忙合作是不消说的，既是鼓励诱掖等等也是少不来的。一个人到了孤立无助的时候，往往容易要灰心丧气，要为人屈服；尤其是在我们平时所亲爱的尊敬的朋友也不赞成我底主张,相率割席以去的时候。一九〇三年,俄罗斯社会民主党,开第二次大会,列宁始终主张实行阶级斗争,反对妥协;另有许多人却实行阶级妥协,暗地里放弃社会主义。甚至于列宁平时很尊敬的普列哈诺夫,也渐渐变节,不赞成列宁的主张。列宁却断然决然道:"纵使我一个人,我也决不卸下革命的马克思主义的旗子!"于是他斩钉截铁的和普氏等分裂了。普氏骂他"列宁在离开我们的那一瞬间,已经是死了的人了。"他亦不顾。青年们!这便是列宁底不怕孤立的精神,你有没有?

(二)列宁底不怕笑骂的精神。一个特立独行站在群众前面的先觉者的言论行动,在初时一定不能够得大多数人的同情;人们对他,不是加以强力的压迫,便是加以尖刻的笑骂。意志不强固的人,即不致因此倒退,丧气是免不了的。列宁不然。一九〇五年,俄国第一次革命失败;他们亡命在巴黎,大都意气消沉;甚至于有变节叛去的。曾有一个反对他们的杂志,登了一个滑稽的广告,说:"有人能于列宁、季诺维埃夫,康米诺夫三人之外,找出第四个多数党,即赏与王国之半。"这样笑骂,何等难堪!但是列宁并不以为意。他会对他的同志们说:"最后笑的人,才算会笑的人。"青年们!这便是列宁底不怕笑骂的精神,你有没有?

(三)列银[宁]底不嫌穷困的精神。一个人要改造社会,要反抗推倒已成势力和旧有制度,那穷困两字是他们的分内事。自来大革命家,大都有一箪字一瓢饮不改其乐的精神的;像马克思侨居伦敦时,便是如此。列〈银〉银[宁]亦然。当一九一六年时,他和他底夫人在瑞士底齿利希,寄居在一家靴匠底楼上底一间小房间内。房内除几件粗造家具外,什么都没有。楼板底漆灰未扫,纸都没有糊,壁板突出,极其惨淡。他俩唯一的滋养料,是质素的饭食。青年们!这便是列宁底不嫌穷困的精神,你有没有?

(四)列宁底不怕强力的精神。列宁他是不怕强力的,强力的压迫对于他,正是家常便饭。他自十七岁时眼见他长兄为俄皇处死,他就把生死放在度外。他二十七时被政府流放于西伯利亚。三十一岁,由西伯利亚回来,官厅不许他在大都会内,他亡命西欧;因为他言论激烈,为全欧警察所追逐,居无定所。一九一七年七月十六日,民众反乱,克伦斯基政府实行多数党大检举,列宁和季诺维埃夫打算被捉去,因为党的中央委员不许,所以他们二人才躲避了。一九一八年,他已是人民委员长了,一天,他在工厂演说,为反对【者】刺伤,但他毫不为意。青年们!这便是列银[宁]底不怕强力的精神,你有没有?

(五)律银[宁]底不肯妥协的精神。律银[宁]的主张,是富贵不能淫(虽然他根本不承认有富贵),贫贱不能移,威武不能屈的。他自二十一岁时立志要做一个革命的马克斯主义者以后,三十多年中,未尝有一事让步过,调和过。他和民众派的思想论战,和"合法的马克斯主义"者论战。社会党前辈伯伯尔写信给他,要他和少数派讲和,他也丝毫不犹豫地拒绝。他反对那班劳动者议员说:"先生!预算,修正,议案,这些东西是做什么的!你是劳动者啊!国会是支配阶级而设的!"青年们!这便是律银[列宁]的不肯妥协的精神,你有没有?

（六）律银[列宁]的鞠躬尽瘁的精神。诸葛亮说他自己的精神道："鞠躬尽瘁，死而后已！"这是何等负责任！如果把这两句话移赠律银[列宁]，再确切也没有的了。俄国自劳农政府成立后，他被选为人民委员长。当是时，内有旧党的反动，外有强力的压迫，而破坏之后，百事待举；他独任艰巨，每日工作十二小时至十八小时。卒至积劳成病（他病中仍无时不为全俄及全世界被压迫阶级谋利益，工作并不减少），一病不起。青年们！这便是律银[列宁]底鞠躬尽瘁的精神，你有没有？

青年们！这便是我们底先党者律银[列宁]底伟大的精神！这便是我们底先觉者律银[列宁]告诉预备改造世界的应具的精神！青年们！我们当如何养成这种伟大的精神！

(律银[列宁]殁后百日作)

(《少年新塍》第八期，1924年5月9日，署名 沈选千)

27日（星期二）

81.《全俄共产党大会中之报告》(《晨报》，1924年5月27日)

《晨报》刊登《全俄共产党大会中之报告》，如下：

> 金诺维夫报告内政外交
> 施塔林报告党之组织
> 莫斯科五月二十四日电，金诺维夫氏代表俄共产党中央委员会在全俄共产党十三届大会中，报告政治情形，略谓俄共产党对内外政局甚抱乐观，原因□多。此一年间之外交爪克进氏对俄最后通牒始，以正式承认苏联终，目前伦敦会议，以麦多那氏是赖，其结果如何，虽难预为逆料，但苏联□望其臻于成。固属事实而□郑重声明者也。欧洲各国对俄政策，多□□国际密切相关，尤以英国为然，但第二第三两国际，在主义虽愿著不同，仅于英俄会议无伤，德国搜查俄代表署事件，乃德国社会民主党所为，同时该党并欲冒险牺牲其与苏联之关系，以博得法□之欢心。此项纠纷，徒使德国在苏维埃租借政策中留一枝节而已，苏维埃政府应和平谨慎，一如以往之态度。此一年间之内政若分别言之，民族问题已解决，经济有相当进步，工农结合已成功，加入共产党之工人逾二十万，目前农务情况以达战前百分之七十八，工业百分之四十八。国内贸易百分之二十，工资百分之六十，市面危险已消灭。今后之要务，乃振兴大工业，整顿市面，促进合作事业，对于新经济政策约束方法之注意。抵抗私资，须依促进合作运动以进行，改良币制，现已完全实行，此乃苏维埃经济恢复之表征，约言之，苏联内政外交均有显著进步，前此反对现行政策主张之谬误，已可□然证实云云。
> 莫斯科同日电，金诺维夫于俄国共产党大会演说：略谓彼等对苏俄外交内务，应抱乐观。多数国之承认，确已巩固苏俄于国际之地位，但债务及赔偿问题，殊为困

难，苏俄迫切希望与英国通好，整理国内商务及促进通力合作，为政府之要旨，至于限制新经济政策或取消私人贸易两事，实无问题，惟增加各合作社会之实力，即为打破私人资本之惟一方法，金氏又称私人资本，于国内贸易现已占百分之六十四，而国家资本，仅占百分之三十六，俄国于本通商年内，仅出口五谷二万万普特，但来年当能出口四万万，查欧战以前出口之数，计一十万万云。

利牙五月二十五日电，加米诺夫谈论俄国共产党大会之事绩，略谓理想家之活动及其意义之宣传，并无危害于共产党，至共产党在平民中之奋斗，已收效颇伟，实无□再□任何特别办法，以对待理想家，况非共产党各份子，业经归附，据彼得格勒方面最近报告云，苏俄各当局不但禁止理想家入□等□校，而剥夺其享受高等教育之各种便利，且驱逐凡向反共产党意义之平民派学生，希冀由此即可预防反□共产党之理想，不至发展普及云。

莫斯科五月二十四日电，施塔林氏在全俄共产党大会中报告党组织概况，大要谓一年前党员有四十八万五千人，现已增至六十万人，其中百分之五十五为工人，百分之二十为农民，百分之二十一为政府人员及各界职员。俄国少年共产党一年前有党员三十万七千人，现已增至五十七万人，职工联合会已由四百二十万人增至五百一十万，消费组合运动由四百万人增至七百万人云云。

(《晨报》，1924 年 5 月 27 日)

6 月
8 日（星期日）

82.《列宁》（上海《民国日报》副刊《觉悟》，6 月 8—12 日）

6 月 8 日至 12 日，上海《民国日报》副刊《觉悟》发表士炎（赵世炎）撰写的《列宁》，全文如下：

一

当一八八三年马克思死后，马克思主义者的责任便十分困难繁重，但一九二四年列宁的死，马克思主义者，同时也就是列宁主义者，其责任更是如何加重！在理论之境域以内于行动上努力，这是马克思死后马克思主义者应有的责任。而列宁死后，便是如何承继列宁的行动，以达到行动的最后成功——世界革命的实现。一八八三年三月四日，马克思没去之日，恩格斯曾写有这样几句话：

"无产阶级的运动仍然依着路线前进。然而在这样一个紧急时代，法兰西，俄罗斯，美利坚，德意志等地的同志所仰望的中心，指导的总枢，常常可领受的清晰而决断的教导者，一个惟一的天才，完备的群众导师，现在是没有了……"

马克思主义者同时即列宁主义者责任之所以繁重，一方面因为无产阶级革命已经起了，并且得了第一次胜利于世界最大国之一俄罗斯；而另一方面，革命还在战斗中，国际无产阶级奋斗的困难，还摆在我们面前。第二国际的各国社会党现在还把毒药往工人群众中注射。列强的争攘又明显暴露，帝国主义的再战终不可幸免。所以由列宁手创的第三国际之工作是日益加多，同时由列宁所发现的这一条人类发展的红色之路也就愈更森严。

列宁把历史武装了，这一副武装不是别的，就是历史的最高文化和武器，科学的社会主义——马克思主义。列宁死而马克思主义的武装就成为列宁主义，替代列宁活于人世，如不朽的马克思主义替代躯壳已腐的马克思一样。所以列宁主义不是别的，就是马克思主义在行动上，其骨髓充满了战略，也充满了科学的社会主义理论。我们还应该说，列宁的工作，既预备了革命，又保卫了革命，且努力做成环绕革命四周的未来胜利，实是马克思主义凯旋。

二

在变动与扰乱不息的时代里生长，同时由这个时代必须渡到革命——世界革命。列宁成为时代的结晶，引导了千百万人走入向自由的奋斗之路。所以世界和历史有列宁，不是偶然而是必然。列宁是劳动阶级的天才，然而天才不是玄学式的神秘，是时代的产物，是经济的变动与革命的必然。人类社会产生天才，是用了很昂贵的历史价值换来的。

我们一面也可以说，俄国的历史换了一个列宁。俄国的历史〈重价〉是什么呢？在十月革命以前，俄国有两条战线。一面要解脱亚洲式的君主的专制，一面要防卫欧洲式的资本主义制度之侵略；这两条战线同时就是两种担负，其来源是世界问题的总汇，是欧洲历史与亚洲历史在俄罗斯会合的现象。结果，有了列宁，便有了十月革命的指导者；有了十月革命的完成，便有了世界革命的进程。于是列宁又变为世界的。所以欧美工业的无产阶级运动与亚洲的中国、印度被压迫民众的革命，是否可以成功，事[时]势是否必然，先昭示在欧亚接境快变为殖民地而经革命挽救的俄罗斯疆域内。这个昭示是已经被列宁及其所创造的党证实了，社会主义苏维埃共和联邦已经建成。这个联邦跨于欧亚两洲之间，只待欧美无产阶级与中国印度的农民如何先联接起来。

然而列宁怎样地做成这种伟大的工作？

这就是他的战术，他的战术的主要成分就是以无产阶级为主体的阶级争斗，而平列于此的有工农联盟的政策。在十月革命中，在十月革命前，以及十月革命后五年内从列宁所写的著作里，都可以找出他的战术的应用与解释。

站在阶级争斗的出发点上，头一件事就是需要一个铁的纪律的无产阶级政党，阶级争斗必须划分阶级界限，决定社会战线。无产阶级政党的基础建立在无产阶级科学的理论上，而政策在于指明争斗的形式和群众应战的方略。敌人势力的估量，与自己势力的比较，都用极精细的方法，而方略变动全以社会【变】动的势力为转移。势力的集中在战斗上比什么还重要，姑息一部分的反革命的势力便是增长多部分的反动，行动上失掉勇气，同时便是理论的失败。对于机会主义与改良派应当痛击，与对资产阶级一样，因为在阶级内的敌人其危险百倍于在阶级以外。在相当的时期转变行动的方向，必求不失其目标，口号深入群众时，便是行动，且有更进一步口号的必要。无产阶级由组织而革命，由革命而建立无产阶级专政。专政是为指挥革命的进程，防止反革命的骚动，运用国家的机能，渡过到社会主义之路。这是无产阶级的理论，列宁是这样想的，他为这个而生存，为这个而工作，以至于死！

三

读俄国共产党的历史，我们但见列宁的先觉智慧表出一根直线贯穿在那上面。无论是革命前或革命后，在几个重要的关键上，俄罗斯共产党历史的光荣，都是列宁的功绩。

在俄罗斯必然的有资本主义的发展，这固然不是列宁一人单独见到的，然而《俄国资本主义的发展》一书是他被放逐于西伯利亚时的著作，且相信与资本主义同时发展的有无产阶级，更是"不合法"的马克思派——列宁派的先见。列宁自一八九五年入狱，继被放逐，到一九〇〇年才放回，在这中间仍做了许多宣传和指导的工作，西伯利亚放回以后，列宁便往国外，但列宁自己常说，去外国的生活是与入监狱相等，因为他不忘俄国革命，不忘投身群众。火星报于日内瓦组织以后，列宁的工作愈趋积极，继以资本主义之必然的发展与俄国工人阶级革命性的增高，事实上使经济派失败，而革命的火星派战胜了。一九〇三年社会民主工党第三次大会中关于章程问题之争，召起多数党与少数党的分裂原流，乃俄罗斯共产党史中头一个关键；列宁当时所持的争点，就在主张除承认纲领，缴纳党费外，必须参加党中某机关一种实际工作者才能算为党员。这个有名的争点，是列宁分析社会阶级界限的结果，无产阶级森严组织必备的条件，否则照少数派马尔多夫的主张，当时一般偶然同情于革命的小资产阶级自由派，与知识阶级如大学教授等，都会跑到党里来。

当一九〇五第一次革命时，多数党与少数党对于革命势力之估计是歧异的。少数党以为资产阶级是革命的，无产阶级应该扶助他，而多数党以为资产阶级虽革命而结果是妥协的、改良的，无产阶级另外有真实的朋友，这个朋友就是大多数的贫农阶级。第一次革命失败后，列宁与"取消派"及"召还派"的错误趋向搏战，主张保存秘密的组织以继续革命事业的进行。从此以后，少数党愈自离于群众，愈趋于反革命，而多数党愈密接于群众，仍保持"民主共和"，"八小时工作"及"没收地主土地"的口号。大战爆发，列宁向工人阶级发出的口号是：转变帝国主义的战争为国内的阶级争斗。二月革命是大战在俄国开的第一朵花，而二月革命后，列宁向工农兵士发出的口号是：一切政权归苏维埃。列宁的搏战，一直到十月革命的成功。

十月革命以后，俄国共产党历史上也有几个大关键。头一个便是与德国单独讲和的问题，列宁独排众议而订成条约，虽条约十分苛刻亦所不惜，因为革命后的俄国人民，没有继续战争的义务，而德国的革命，事实上必然爆发。第二个便是由军事共产主义移变为新经济政策的实施。这个有名的新经济政策是列宁的特见，也就是"极端"的共产主义者（或者就是无政府党吧？）与反革命派联合对于苏俄讥诮的焦点。第三个关键是职工会问题，即革命后职工会之机能与职务的规定，这个争论比较小。而结果是列宁的意见为决定。但自一九一八年列宁就被刺，更积以三四十年的劳瘁，以后便至于病。

去年年底俄国共产党关于"经济"与"工人德谟克拉西"两问题的讨论也是一个重大关键，然而列宁已不能参加了。

四

一九一四年到一九一八年的大屠杀，全世界人所聚讼不息的战争责任问题，终究弄不清楚。有的说是塞尔维亚的人不该杀了奥皇太子，有的说是德国不应进兵侵占比利时。轰动一时讲正义人道厚脸的威尔逊，只把大战的责任轻轻推到德国及其同盟国少数的贵族武人身上。大战的真因便是这样么？第一个把大战之真因告诉我们的，不是别人，就是列宁。

列宁在《帝国主义——资本主义之最后阶段》书中，为帝国主义下了一个定义："帝国主义是资本主义在其发展上的一段形像：其时资本垄断与财政资本的统治已经形成了；资本的输出已占极重要的地位了，国际大托拉斯瓜分世界局势已开始了；资本主义瓜分地球上领土的局势已完成了。"

我们先懂得了帝国主义是什么，再看一九一四年十一月一日列宁在"社会民主党"报上说：

"这回战争是帝国主义的战争，换言之就是资本主义最发展时期的，资本主义结果时期的战争，……战争不是偶然，也不是如基督教徒所想的那样'罪过'；战争只是资本主义不可免的阶段，也同和平一样成为资本主义生活的规律形式。"

这个真相只有列宁告诉了我们。帝国主义列强的政权，实际上没有不操于其资本家之手；财政资本为要输出资本，寻找市场，汲取原料，当然要继以武力的后备。一九○八年各国军备的消费占岁入的半数，与三十年前国家支出比较且超出一倍有奇，一九一七年八月大战的爆发岂是偶然的？

列宁见到这个了，同时他就见到国际工人阶级的责任。劳动者在大战中不自卫而反助资产阶级作战是没有比这再蠢的事情。所以有名的转变国际战争为国内内乱的口号经列宁发出，而第二国际各国社会党反炫迷于工人本来就没有的"祖国"，赞助资产阶级作战。列宁目击这种事实，所以断定地说"第二国际是死了！"，世界革命今后向导的责任是由列宁所手创的第三国际担负着。

五

列宁又深知道中国，且评论中国的时事，十分中肯的。日俄之战是俄国第一次革命之远因，甲午中日之役也是辛亥革命远的民众反响之一部。在俄国第一次革命之后，在一九一一年中国革命之后，列宁曾在多数党报纸上屡次发表批评中国时事的论文。他于一九一二年十月《正义报》上发表《改革后的中国》一篇短文中，他说"中国人的沉睡已醒了"；他批评当时法国还不承认中华民国是欧洲资产阶级只把中国看成一块肥肉，而这一块肥肉，自从被俄国亲热地拥抱一下之后，现在要被日本美国等撕碎。嗣后于一九一三年五月《亚洲的觉醒》论文中,他说革命的运动已及于亚洲,如土耳其、波斯、中国、甚至英属的印度。本篇论文开头一句就问的是:"中国是否永远以沉睡不醒的国家之代表而著名?"他认为辛亥革命后的【中】国的变迁表示中国人政治生活的沸腾。当时袁世凯正大借款以压迫第二次革命,列宁于另一篇《落后的欧洲与先进的亚洲》文中攻击欧洲资产阶级的侵略"帮助预备实行军事专政的袁世凯,掠夺中国,欧洲资产阶级帮助的是中国德谟克拉西的仇人,中国自由的仇人"。接着便说:

"但是假使中国人民不承认这笔债呢?中国是共和国,假使国会大多数也不承认呢?啊!那时候'先进的欧洲'就要大声疾呼什么'文明'、'秩序'、'文化'及'祖国'了!那时候欧洲就要装大炮与野心家黑暗势力的好友袁世凯联合去压迫这'落后的亚洲'的共和国了!"

列宁对于欧洲于亚洲的见解,特别是列宁与中国这个问题,我们还值得评论;列宁所说关于中国的话也很多,此处不能多述,便是平时列宁也是爱谈中国的。尤其于谈俄国时事时他爱以中国为例证;他对于辩论者之反驳中常爱用:你看看中国,你看中国还如此如此等等几句话。俄国民粹派是不相信俄国有资本主义的发展,而断定俄国是所谓农业立国的,列宁在《改革后的中国》那篇文中分析中国的政党时说到国民党。他说,这一党在中国第一次国会内占多数,其首领就是著名的孙逸仙博士,现在他正筹备扩张中国的铁路。接着便在这一段话后面用括号注一句说:"俄国的民粹派须知:孙逸仙所以有此计划就是要叫中国经过资本主义的命运。"这是列宁爱引用中国事的例证之一。

列宁对于中国——亚洲之一部——解放的意见,可引用《落后的欧洲与先进的亚洲》一文最末一段来说明:

"不过整个幼稚的亚洲,换言之,即亚洲几万万的劳动者,也有最可靠的帮手,这就是一切文明国家的无产阶级,世界上没有一种势力能抑止他的胜利,这胜利把欧洲与亚洲的人民都要解放出来。"

(上海《民国日报》副刊《觉悟》,1924年6月8—12日,署名 士炎)

29日(星期日)

83.《苏俄现状之一斑》(《政治生活》第六期,6月29日)

《政治生活》第六期刊登《苏俄现状之一斑》,全文如下:

一个新由苏俄回国的中国驻俄代表团的委员,邓立钢君在报上发表了一篇谈片,纪述苏俄最近之情形。此种叙述,本不足奇。但以一中国官僚而能表同情于苏俄的现状,不造谎言诬蔑苏俄,却老实的说出苏俄的真实状况来,由此点论,颇有值得转载之价值。兹录其三段[段]于后：

"记者询苏联近来商务如何，吾国商民极欲知其底蕴。邓君答谓，苏联商号分若干等，与中国之营业牌照同，但等级大小，与纳税之多少，适与中国相反。如一等商号，为一般手提卖货之最小商贩，纳税亦最少。二等商号，为一般手提卖货之小商贩，纳税亦最少。三等商号，为落地摆摊之小商贩，纳税为次少数。能估半间小房，出售各种零星物品者，为二等商号，纳税为又次少数。其能占二三五六间房屋之商号，则列为四五六七八等，纳税依次递重。质言之，商号之资本越多，营业范围愈广，而税捐之担负愈重。不特此也，各商号之记账员，皆由官署指派，但不经管钱财。此记账员，一面为该商号服务，一面作官署之特派员，随时监察该商之营业。即摆摊床之小商，亦有官署之巡逻，随地视查。买卖皆由官署定价，不得任意涨落，稍有出乎苏联商法之行为，非勒令歇业，即加重罚。盖以新变法建设之国家，不得不严厉对待也。苏俄之资本家大商号，以及各工厂，十有八九，皆归国有。苏联政府，以财产共有，劳工为重，夫人皆知之矣。"

"其在政府服务人员，多非有政治学识经验之专家。劳工出身者，实居多数？昔日之皇亲贵族，以及知识阶级，居高位，食厚禄，养尊处优者，皆黜为平民，甚欲求为平民而不得，昔日之平民苦力，终日勤劳，仍不得一饱者，今则皆有面包可食。其政柄全握于平民之手，而平民又乏政治之学识与经验，故自表面观之，不免有凌杂错乱无头无尾之象。又该处之共产党，势力最大，如头戴绒帽人，如中国之假帽头，上有长头曲垂，皆共产之标识也。此劳工之苦力，已入共产党者，即有干犯其主人之行为，亦不得自由斥退。须向该党或该工会告发，审查结果，确有违背该党或该公会订章之行为始能解除其职务。凡忠于共产党，至后而脱离党籍者，即以犯罪待之。昔日之王公贵族，及富商大户之男女几为变尽作劳工苦力，每日生活，至为穷窘，行卖淫者，无处无知。"

"莫斯科现时除中国代表外，尚有英意两国已设公使。而英意两国人民经商此处则甚少也。英公使尚能活动处理外交一切事务。意国公使，近以苏联与意国会议，不慎接近，故一意公使在莫斯科，亦较淡然无事。凡世界各弱小民族，如波斯朝鲜印度等被列强压迫之人民，苏联对之，尚有好感。若美日法等国人民，苏联对之□敌，间有远犯苏联之法令者，重惩不贷，无稍顾恤。检验旅客，极为严厉，有带现金银出境者，查出没收并治罪。其带金银入俄境者，则不然，无论任何强暴国家之人民，入其地者，必须守其法，听其检验。此与半殖民地之中国畏视外人者，过不相同也。

我们由此三点可以知道中国与俄国的不同。第一，俄国资本家的资本愈多，则税捐负担越重，中国则一切税捐通统压在工人，商人，农民的肩上（办预征田赋，重征消费税，使物价昂贵等），资本家军阀官僚，坐拥千万财产没有一点财产税的负担。中国的租界更是窝聚着许多富户，不纳一点财产税。第二，俄国是平民都有面包食，以前的军阀官僚挨饿苦寒，贵族妇女流为娼妓，中国是军阀官僚资本家有饭吃，平民妇女流为娼妓。第三，是俄国专门欺辱英美人，对朝鲜印度人有好感，中国人只怕洋人，都很轻视红头阿三。我们由此三点可看出，中俄虽土地相接数万里，然而我们疑惑，两国人民几乎住在两个不同的世界了。

(《政治生活》第六期，1924年6月29日)

6月

84.《赤都心史》[著作(目录)，6月]

作为《晨报》记者，瞿秋白访苏期间所写的散文集《赤都心史》出版，由商务印书馆出版，为"新文学研究会丛书"之一，定价5角。全书包括《序》和引言以及有标题的正文共51篇，记载作者在莫斯科一年来的杂记，描绘苏俄的"社会画稿"和作者的"心弦的乐谱"两大部分，成为我国新文学史上最早介绍和宣传世界上第一个社会主义国家情况的作品。

7月

85.《列宁经济学》[著作(目录，编者序)，7月]

社会调查部出版杜夫莱斯基的《列宁经济学》，正文369页。目录：马克思主义的本质，前资本主义的经营形态与资本主义的经营形态，工业上的资本主义，农业上的资本主义的发达，市场论，绝对地代论，帝国主义，从资本主义到社会主义的过渡时代。

编者序：

佛拉德米尔·伊立契(Vladimir Ilych Ulianov，是列宁的本名。)的一切著作，把他在人格中的理论与实践的融合，都表现出来了。这种表现，不但在他分析无产阶级战术指令党员作战的著述中，可以看见，并且在他对于理论经济学的最抽象问题所致力的劳作中，也可以看见。

研究资本主义的(就广义说——交换的)社会上一般法则与进展的这种理论经济学的抽象问题，有时似乎与无产阶级的实地斗争，漠不相关。但在实际上，却是不然，因为由抽象或分析所得的资本主义的一切法则，就是照引无产阶级进入胜利之途的灯塔。然而佛拉德米尔·伊立契是常把理论经济学的问题，放在与——俄国或国际的——历史环境所生的密切关系之中，所以我们对于他在经济学上的劳作，实无须用上面的解释来做辩护。

例如：绝对地代论，是纯然属于理论经济学中最抽象的方面的。然而列宁对此，却极其注意。因为他首先就看出了革命斗争与这理论的关系。换句话说，就是：被许多修正主义者所否认的那个绝对地代的实存，纵令在资产阶级的组织上，还是把完成土地国有的任务，放在无产阶级的面前了。又如市场论这样更抽象的问题，也是佛拉德米尔·伊立契最喜欢研究的要项之一。在前世纪一八九〇年代的初叶（或竟至其中叶）为止。小资产阶级的理论家等，由他们在市场论上的错误理论，下手去研究，得着一种结论，说在俄国资本主义是无发达的可能性。这个结论如果是对的，那末，无产党及其革命，在俄国的质地上，是不会有的了。佛拉德米尔·伊立契对于这要项，当然是立即加以研究。他用抽象的或分析的方法，把马克思的市场论考察得十分精到，并详细分析俄国实际上的具体资料，来打定了市场论的基础。

经济学者列宁的这些特征，都由其科学的与著述的工作全部中，显然的流露出来。在他三十年前最初所作——《何谓人民之友》——的书中，把这特征，化为如下的定式，恰像日后劳作的程序单一样。

他在科学的及政治的活动初期所写的是："社会主义的智识阶级，只要他脱离幻影，不在俄国将来会有的发达之中，而在其现实之中，不在应该会有的社会经济关系之中，而在其现实的关系之中，去求把柄的时候，才能够有成功的劳作。此时，这种理论的劳作，就不得不具体的去研究俄国一切经济的对立，去研究此等相互的关系与继起的发达了。这个对立，是被政治史，被法律秩序的特殊性，被从前理论的偏见所遮蔽了的，实非用劳作来把它尽行揭破不可。必须以生产关系的一定体系，举出俄国现实的全景，显示这体系上的勤劳者的榨取与收夺的必然性，又须明示经济发展所表现的此等秩序上的出路。"

佛拉德米尔·伊立契的经济劳作的对象与方法，就由这些话中表示出来。他的任务，是在于具体的研究俄国经济的现实，研究现有的实况，不是要研究将来会有的或应该会有的情形的（佛拉德米尔·伊立契的说明，纵蹈干燥无味之嫌，而不愿引起读者去揣测他的见解是依据《资本论》中的文句而未依据俄国的实际研究的），他是以分析经济上的一切对立形态为目的。他是想举出俄国现实的全景的。这些事在佛拉德米尔·伊立契的唯物辩证法中，添加了异彩，同时又在他认为经济研究的对象的各种问题上，规定了范围。

佛拉德米尔·伊立契是最严密的正统的马克思主义者。他在一切地方，即令在细微末节的地方，也未曾由科学的共产主义创始者的理论退后一步。而这种迈进，不是因为他对于伟大导师的权威仅只一味的（就一般说，完全是当然的）服从所致，实是因为他洞彻了那些经济理论的奥蕴的缘故。至于引用前贤文句以凭作证的方法，在佛拉德米尔·伊立契的立场上，是无切要的。他固然喜欢引用马克思的原文，但是常把他被很正统的马克思主义精神所陶冶的自己的见解展布出来了。

佛拉德米尔·伊立契又把俄国资本主义在工农业上的发达，详加分析。在列宁以前，本来也有某某俄国马克思主义者，把俄国的实况，由各种具体的复杂性，去观察过，把历史所致的衰落原因与新发展阶段的诸现象，加了区别。但是，这些研究，多少总带有偶然的性质。惟独列宁才把俄国资本主义的发达过程，整个的概括的分析了。在一切马克思主义的典籍中——这不是夸张的话——能与佛拉德米尔·伊立契的基础的经济劳作相匹敌的,这种国民的资本主义动力学的研究,却是找不出来。

列宁的著作,是对于研究马克思主义经济学体系的时候,供给我们唯一无二的资料的。

但是这些资料,都散见于列宁全集的各卷中,而最主要的理论经济学诸问题,有时却罗列在大部的劳作里面,[。]换句话说,不过是他在记述的便中有所分析罢了。尤其关于郡县党校学生问题的时候,若用列宁的著作做参考,更是困难。党部中央委员会宣传部,经过考虑的结果,委托同志亚力山大罗夫,卡加诺威契,塞格诺威契与我,担任选编列宁劳作的这部经济文集。

我们在选编时,把两件事作为任务,就是:一方面,为读者能了解列宁起见,把这经济学各种问题,都照他的本色而编列,[;]他方面,为便于研究马克思主义经济学的体系起见,把这资料编成一种参考书的性质。我们以为后者是根本的任务,于是把各个概论与选录,不照列宁的著作年次,特按照经济学研究的普通纲目,分别配置起来了。

但是,编选这经济文集的时候,不得不遇着一种很显著的困难,现须把这情形记述如下。就我们所知,列宁的一切经济劳作中,含有争论的特质,他本是勇敢的实践家革命家,而在理论的领域上,又是一位勇敢的斗士。他是连守带攻既攻且守的。并且,他所著成的各种劳作,往往都是因为对于反对论者(即民众派或各种倾向的修正主义者等)的见解而发的。所以,佛拉德米尔·伊立契的最精彩的页内,都引用着反对派的文句,这种文句,既无兴味,甚至有一部分已无人过问,然而列宁的页面却被这些引用文溅污了。我们为减省文集的分量与细密的注释起见——在可能的范围内——把争论的要素,极力删去。因此,只得把文中的项目与注解都割爱,有时候还须删节语句。我们在选编上,这样的力求简约,是因为要把这文集编成参考书的性质的缘故。(下略)

一九二四年七月夏·杜夫莱斯基

7月

86.《少年共产国际》(目录)(《少年共产国际》创刊号,7月)

青年共产国际执行委员会创办的《少年共产国际》(中文版)创刊号出版。目录:一、发刊词,二、列宁之死,三、没有列宁了,四、改造世界的伟大人物,五、列宁与中国,六、东方被压迫者之哀悼,七、德国之无产阶级革命,八、革命的第六年,九、共产主义教育,十、中国青年工人运动问题,十一、中国社会主义青年团与中国学生,十二、少年共产国际是什么,十三、六个月的进步,十四、美国少年共产主义的运动,十五、少年共产国际前队中的德国共产主义青年团,十六、安南的少年,十七、远东少年共产主义运动。

87.《少年共产国际》(发刊辞)(《少年共产国际》创刊号,7月)

发刊辞:

少年国际是一个真正的世界的组织;非特西欧各国的少年共产团代表在里面,就是在远东,近东以及非洲亦都有他的分部。他固然在俄,德,捷克斯拉伐克,瑞典【,】挪威,法,意,等国有数千到数十万的团员,他现在在东方的中国亦已有了数千的团员了。

少年国际成立以来【,】为给他旗子之下的各国团员指导和训练起见,出版了一种《少年[共产]国际》杂志,用俄,德,英,法,和瑞典【,】挪威文同时出版。少年国际执行委员会见于现在他的中国分部的发达和中国青年运动的重要,议决出版中文版的《少年【共产】国际》杂志。

中文版的《少年【共产】国际》的责任是很明显的,就是给中国少年共产团团员以主义上的,组织上的和行动上的指导。

共产主义青年运动是一种国际的运动;所以每个少年共产团团员必需知道各国的共产主义青年运动的状况。这杂志的第二种责任就是供给中国少年共产团团员以世界各国少年共产主义运动的状况。

少年国际执行委员会正在计划出版这中文版的《少年【共产】国际》的时候,我们的唯一的领袖列宁死了,他的死的损失只有我们加倍努力宣传和实践他的主义才能够相补;所以这杂志的责任更需尽力传播列宁主义于中国的一般青年工人和农民群众。我们希望中文版的《少年【共产】国际》将成为列宁主义在中国的大旗。

(《少年共产国际》创刊号,1924年7月)

88.《列宁之死》(《少年共产国际》创刊号,7月)

《少年共产国际》创刊号发表《列宁之死》,全文如下:

(前文缺)事实。黑暗的非洲被鞭笞而工作之黑人群众里,列宁这个名字成为一种亲切的福音,正如在被罗时开(Noske)蛇客提(Seeckt),德国的野蛮将军炮弹下之工人,与在宾革东(Pinkertons)虐待下受苦的美国工人中一样。实际上,恰好像北京的学生叫他为世界的伟人,非洲的黑奴,印度与中国的苦力,亚洲,澳洲,欧洲,美洲的一切被压迫的民众承认他为领袖。列宁确已经预备下一条道路——从奴役与痛苦到自由与幸福,从野蛮的世界到极乐的世界之路。

——在每一个【穷】苦人〈穷〉所住的小茅屋里,在每一个工钱奴隶销[消]耗劳动为资本家制造剩余价值的工厂里,在地球上每一个国家里,从北冰岛到南非洲,从伦敦到上海与东京,从柏林到罗马,从巴黎到纽约与墨西哥,从君士坦丁堡到布里诺斯亚利斯，——到处，凡是被压迫被奴使者之所在列宁的名字都在他们的脑中。

列宁是俄罗斯农民的圣人

我们很难于有一个最好的方法来说明列宁是怎样被俄国农民所尊敬。直而言之，列宁对于他们，是一个"圣人"（A Saint）。他们把列宁叫着"父亲列宁"，与俄国的工人叫列宁的小名"依里依奇"，或"道哇里徐（同志之意）依里依奇"一样亲昵。然而伊里依奇现在没有了，千百万的农人都嚎声大哭！这些千百万曾被压迫被剥削的农民都追问："列宁，我们的列宁，真是死了吗？"他们还不敢相信，他们好像不懂得这个恐怖消息。可等到[的]消息证实以后，大家都说列宁确是死了，确是死了。"现在呢？现在我们的领袖没有了，我们将怎样呢？"

俄国工人和农人的群众都很容易地答复了这个问题——"让我们承继列宁的精神而继续工作！让我们广布列宁主义的精神于世界。现在，此后，比以前还要更加努力！"我们此后到要看看全世界的资产阶级，怎样胜利！他们的走狗，社会民主党徒们，怎样背地里摩拳擦掌乘机陷害工人！注意这般东西！与这般东西奋斗，叫他们在我们面前发抖！

列宁死而列宁主义活着

列宁死而列宁主义永远活着，这是人人都知道的！

列宁主义的生命就是千百万革命工农人的生命。可怜的第二国际内的动物，他们曾说列宁的生命与工作是恶魔，而当列宁死后，又拍电吊唁，惺惺作态，他们此后应该看见世界的工农继续列宁之工作，信奉列宁主义以作战，直到最后的胜利……

一切的文字都觉得太软弱了，不够描写列宁之死所加于工农群众的打击，同时这个打击便已变为一种新的力量，储蓄在广大的男，女，老，少，乃至疾病残废的群众中。这个，曾在遍【及】全世界许多的游行队、示威运动，及追悼会里表现出来。这种表现对于第二国际的首领们，是一个很响的巴掌，这个巴掌之响声波动全世界；叫那些以为列宁死了，列宁主义也没有了的人，惊骇失措。资产阶级与社会民主党徒们相信列宁死而他们的日子到了的，完全是幻想。他们虽□没有听着，现在，此后，还要更加努力！无论如何我们必得胜利！我们对于为自由而争斗之牺牲要更加预备。只有列宁主义能够拯救我们！

列宁主义坚固了俄国共产党

莫斯科怎么样？俄国共产党在列宁死后不会瓦解了么？绝对没有这回[事]！各地的社会民主党与门失维克党人们听着：列宁之死反倒使俄国群众凝固变成了铁一样。俄国共产党里，目下只有一个共同的倾向——列宁主义。党里的反对派现在已宣言，从此后只有一个新的中央局的主张，这个中央局便是列宁的。托落次基说："列宁之死使我们成为整齐一致的党，再没有辩论了；因为，从今以后党里只有列宁主义者。"

在摄氏表零下三十度的莫斯科的雪的街道里,千百万群众游行,白雪飘在身上,脚踏在雪中,大家结队到工会大厅里与依里依奇辞别去。雪夜的风拂着,然而从工厂里、学校里、兵营里,只看见人们走出来;结着队,没有旗帜,也没有叫口令的,只见大家陆陆续续的往前走。他们之中的每一个都是想最后一次见见列宁。并没有什么好奇心驱使他们到工会大厅去,只是一种对于列宁的诚实的爱与敬,他们要表现的是对于列宁主义的忠诚。

工人的领袖与大不列颠的皇帝

我于此不免想起我曾经死了的大英国皇帝——他同时也就是几万万被压迫的印度人与黑人的皇帝——葬仪的事,无妨拿来比较一下。一九一一年夏日伦敦城里"振天动地"的事件发生了。皇帝的御棺出葬,奢丽万状的仪仗摆满了全城,空前无比。葬仪所经之处,到处都筑起新的台站,为供一般"好奇家"赏玩的需要,且可以使他们较为看得舒服。这些台站上最便宜的座位是价值十磅!有些临街的窗门,只要稍微能够看见葬仪经道[过]的都在内,可以租借与人,价值从一千磅到三千磅以上!这样昂贵的代价,只为的是要看看所谓的御棺,一件没有用的东西,睡在里面的是一个暴君,几万万英国与印度工农之压迫者,围在前后的是他的待[侍]臣、卫队、牧师、皇族铁甲军、贵族地主,以及金子的马车、与棺材一般的华丽……所有的活人都与棺材里那东西一样——死尸!

一九二四年一月的莫斯科却正相反:列宁的尸身从车站里迎了出来,没有金子的马车,更没有黄衣绿袍的执事,只简简单单的一批工人和农人,穿着俄国式的长靴,披着牛革或羊皮的短衣,把列宁的棺材捧在手里。我还记得在我旁边走的一个农人,伊穿的是一双短面的皮鞋(读者要记着:这时候是零下二十余度),跛脚的人,也扶着杖在队伍里蹒跚的走。列宁的棺材上面覆的是一幅红布,大家用手掩着,没用□杆,也没用绳索,用的只是几件工人农人的外衣系着,他们用他们的外衣,护着他们的"人民委员",护着他们的领袖。

大街上站满了民众(读者要记着:这是零下二十余度的雪地里),拥挤成群;穿着污秽工衣的工人,从工厂里站出来,奏追悼歌。徐徐的,沉默的,把我们的领袖送到坟地去了……〈。〉

没有激烈的演说,也没有虚浮感情的言论,只在盖满了雪的大坪里,四邻的街巷中,乃至高高的屋脊上,站满了民众,默默地低着头,唏嘘地哭。周围临街的窗里,小孩子们贴紧他们的小鼻子在冰冻的玻璃片上,往外窥看。少妇和少女们,静静地低着头啼哭。从少年共产团的俱乐部里,远远送来追悼歌的哀音,时时可以听着……〈。〉

这里并没有三列直接以划分平民与贵族路线的骑兵。这里只有工人,农夫,红军,很自然的裂成了途中的路线。一个工厂里的工人走了出来,参杂在另一个工人的队里,而自然保守着秩序。彼此都是同志一般,没有争的嚷的。彼此都是要去送列宁,没有一个在队外不加入行伍的。这时候没有礼拜堂的钟声,只有共厂汽笛的号鸣。这种号筒是表示召集工人为生产努力以代替对于死的领袖之悲痛。这是一种最好的葬仪音乐,对于把我们从工钱奴隶而解放得自由的领袖,只有这种音乐是适用的。

没有激烈的演说,也没有虚浮感情的言论,但有战斗的口号,从依里依奇为我们遗留下的他的门徒们口中发出。没有装腔作势的伪哭泣仪式在礼拜堂里,但有强大的群众示威运动,布满了全城。在千万柄的红旗上,没有一句祷告的文词、书,都是勉励的句语——像这样,便时列宁的简单葬仪,便是苏维埃联邦无产阶级对领袖祭吊的形式。

我们不是感情主义者,但乍闻列宁之死也不免堕泪:这种泪不过是列宁之死的大损失的一点最小表示罢了。在列宁养病的村中住居且常与列宁见面的农人们,一听列宁的死,便立刻失声大哭。有一位久经战斗的红军中的高级军官,接到政府公报时,不能卒读,眼里注满了泪,呜咽不能成声。然而我们并不是感情主义者,这些只不过是对列宁的爱与敬的一个证明。

我们给列宁的死纪念碑

既然他现在是死了。既然他的精神又永远在我们之中活着。我们全世界无产阶级一定要给他树一块纪念碑,这块纪念牌必须是要能够经久不坏,胜过一切的岩石,这块纪念碑不是别的,就是⟨:⟩——世界革命!这块碑要从痛苦与奴役里把人类解放出来,绝不是一切岩石的碑坊所能及的。

在他的坟前,我们立誓从此更艰辛的工作。如此,他的生命的目的与他所创始的工作才能够赶早的成就。

这是我们唯一要努力的。我们必须要努力,必须在列宁主义旗帜之下努力,直到最后,把红插遍了全世界,插遍在所有资本社会暴厉恣睢的土地里!

(《少年共产国际》创刊号,1924年7月)

89.《没有列宁了!》(《少年共产国际》创刊号,7月)

《少年共产国际》创刊号刊登 Trotsky 的《没有列宁了!》,全文如下:

没有列宁了!再也找不着列宁了!管理血脉管动作之黑暗的法则竟断绝了这个生命。医药表示出自己的无力,不能完成无数万万人们的心对于他的要求。在这些无数万万人们之中,有一些人们,倘若能恢复伟大的,唯一无二的首领列宁的血脉管的动作,就是把自己的血贡献出来到最后的一滴,也是愿意的。但是在科学无能为力的地方,怪事是不会完成的。

于是没有列宁了!

这个消息触到我们的意识上,好像海中间高峻的绝壁一样。

可否相信这个消息?承认这个消息有意义么?

全世界劳动阶级的意识不愿领受这个事实,因为敌人还强,道路还长,历史过程中伟大的工作还未完竣;因为世界的劳动阶级需要列宁,或者在人类历史上再没有别人比列宁还有用。

第二次病势的发作延长了十个月之久，比〈较〉第一次病势重得多。照着医生的酸言，血气管时时刻刻地"玩耍"。这真是伊里伊奇(列宁的名字)生命之最恐怖的玩耍！由这种玩耍可以等得完全的复原，但是也可以等得发生突变的震动。

我们大家等待列宁的康健，却来了恐怖的灾祸。脑髓之呼吸的中心停止动作——绝顶睿智思想的中心窒息了。

啊！伊里伊奇死了！共产党亡了考妣。劳动阶级亡了考妣。先生，首领之死的消息引起了这一种最深刻的感觉。

我们怎么样前进？寻得着道路么？能不互相推挤么？同志们，列宁再也不能同我们一块做事了。

没有了列宁，还有"列宁主义"。列宁之不死的东西——他的学说、工作、方法、榜样——永远在我们【心】中活着，永远在他所创造的党内活着，永远在他所指导的劳动国家中活着。

我们的心内充满了悲哀。我们受历史伟大的恩惠，生为列宁同时代的人，而且同他一块儿工作。他教授了我们。我们的党是见之于实行列宁主义，我们的党是劳动阶级之集体的首领。在我们每一个人中活着列宁的一小部份，这一小部份是构成我们每一个人之最好的一部份。

我们怎么样前进呢？——拿着列宁主义的亮灯在手里——

我们寻得着道路么？——我们用集体的思想，集体的意志去寻觅！

明日，后日，经过一星期，再经过一个月，我们要询问自己，当真没有列宁了么？因为他的死总还似乎是自然界的不真确的，不可能的，奇怪的任意。

让我们所感觉着的针尖每次刺我们的心，使我们思想没有列宁了，做我们的记忆，警戒与响铃：

——你的责任高悬着。应步随你的首领的，先生的后尘。在悲哀与愁闷之中，我们好好地团结我们的队伍与我们的心，团结他们为着新的争战。

同志们——兄弟们！我们没有列宁了！别了！伊里伊奇！别了！首领！

(《少年共产国际》创刊号，1924年7月，署名Trotsky)

90.《改造世界的伟大人物》(《少年共产国际》创刊号，7月)

《少年共产国际》创刊号刊登Kmenef的《改造世界的伟大人物》，全文如下：

列宁生长在"大变""扰动""世界革命"的时代，他就在这时代中，引导了千百万人向前奋斗！

他出世于欧亚交界处的复嘉尔河畔。好似预知了"世界大变""战争""革命"，所以生此首领，抱着一腔革命的热血，认定阶级的趋向(这个阶级除了怕失掉锁着自己的锁链以外，一无所失)！必能战胜全世界！

"历史"以世界最高深的文化和武器,武装了列宁!此武器非他,即经过几百年的时间,许多人的创造的——科学的社会主义,马克思主义。

"历史"又以"扰动""奋起",培养了列宁的感觉!凡工厂作坊中工人所忍受的痛苦,穷乡僻壤里农民所领略的凄惨,以及殖民地奴隶被压迫的沉痛,总之,隐积于下层人类中的"痛苦"和"不平",即是列宁心头上的感觉,亦即是指挥列宁铁似的意志的东西!

追溯历史,总无非是惊动社会的"暴动""奋起"而已,然其结果,总不出乎奴隶形式的变相!

但是这些流血的失败,可比薄暮彩霞,照耀了人类的道路,即所谓人类发展的"红色之路"。这条"红色之路"对于列宁,不如考祖基,朴列哈诺夫辈,仅为认历史研究的对象,否,否!自从巴黎公社失败以后,只有列宁,唯一的只有他,很恳切的把世界史"红色之路"底理论和实践,向着千百万万被压迫的群众中,继续之,提高起来。

列宁从未轻忽小事,从未推辞艰辛的工作;他能等待相当的时机,他能冒险实行客观上的要求;他是有系统的、奋勇的、坚忍的,预备着千百万群众的起来,反抗世界的压迫暴力。

可是列宁不仅继续暴动和奋起而已,他并且引着暴动的无产阶级去夺取政权。

所以暴动是求胜利,胜利是执掌政权,执掌政权,是使铁似的无产阶级(执政的),能和全世界被压迫者联合,而改造世界。一般工人,却是如此的议论了。列宁也是这样的议论了,并且他为此而生存、工作,以至于死。

"专政"应当是保证暴动,没有群众"专政"以为保障的暴动,即使在很好的机会中,也不过是走向胜利的第一步,而决不是胜利。这是由历史中劳动者解放运动失败的种种经验,锻炼成了列宁这样的思想。

反对少数专政——多数专政;反对"上官"专政——"小民"专政;其他一切欺骗人民,卖弄人民,愚惑人民,宗教主义,托尔斯泰主义等,均须反对。这是列宁教训我们的。这也是整千百万人的经验,历史的教训,用很贵的代价换来的。

从此可知,生此人类而奋斗的伟大首领于俄国,不是偶然的一回事!

因为俄国有欧亚两大历史的汇合,人类社会最大的矛盾,也就容[融]汇于此。几千百万的工人农民,因为受此矛盾点之赐,备尝了被剥削的穷苦和穷凶极恶的残暴,所以一方面须脱离亚洲式底君主制的虐待,同时他一方面,又须推翻欧洲式底资本制的剥削。只有在这样的社会基础之上,才能生长伟大的首领;而工人阶级受了他的指挥,才能超过重重难关,一直到新时代!

即此,又锻炼成了无产阶级政治上的思想,能够集合环着无产阶级周围的农民,对资本家下最后的攻击——工农联盟。列宁以此思想,作为解放世界的工具,好比硕大无朋的炸弹,不久将霹震一声,毁灭全世界帝国主义的建筑。

这样的思想,把欧洲强有力的无产阶级运动,和印度底乡村,中国底农民的革命运动,打成一片!使共产主义的势大,成为从未曾有的大而广,其势将不至于全世界革命,不止!

全世界的劳动者,握着如火如炬的列宁主义在手中,必能从逐渐的,离散的解放运动的时期,进而至于工人阶级专政的兴起,进而至于完全胜利的时期!

(《少年共产国际》创刊号,1924年7月,署名 Kmenef)

91.《列宁与中国》(《少年共产国际》创刊号,7月)

《少年共产国际》创刊号刊登 Hodoroff 的《列宁与中国》,全文如下:

就是在他生存的时候,历史已经记载了这位工人阶级国际的领袖在东方被压迫人民的门[斗]争中所占的重大地位。同志列宁的名字成为东方民族从世界帝国主义紧握中解放之记号。同志列宁的名字对于东方的千百万的工人是亲爱而耳熟,因为同志列宁告诉他们脱去他们的桎梏。

佛拉其米尔伊利齐 Vladimir Ilyitch (即列宁)创设包括被压迫的东方民族在社会革命里的理论。这理论是根据于在欧美之资本主义发展的程序中所生之经济状况的极细研究。佛拉其米尔伊利齐之研究资本主义国的帝国主义政策使他得着于关东方民族的革命的地位之无可争辩的结论。

在共产国际的第二次大会的时候,列宁代表委员会报告民族和殖民地问题,说,"在帝国主义现时期,对无产阶级和共产国际特别重要的就是详叙经济的事实,而殖民地和民族问题的解决不要根据抽象的原则,要在这些具体的经济的事实上面。近代帝国主义的特殊点就是世界分成一方。而极大多数的被压迫民族而他方极少数的压迫民族。而后者管有极大的富源和强大的军力。人类的绝大多数,差不多有十兆之多,占世界人口(约十五兆)百分之七十,是属于前一项,见着自己是被压迫的人民,他们或完全是殖民地,或是半殖民地如波斯、土尔其、中国,或曾被某大帝国主义国的军队所战败而因此由条约而成为一种附庸于后者的关系"。

这正当苏俄同帝国主义国家苦斗恶战的时候,他们想用铁桶似的围困来压碎苏俄。这些特点是列宁当崩坏中的资本主义和幼稚的社会主义之两个世界战争的时候指出来的。

列宁关于帝国主义和殖民政策的本质之现点,他在廿年以前当他在一九〇〇年十二月《火星报》第一期中做的一篇文章,题目叫做《中国之战》之中已经表示出来,这篇文章是一篇卓绝的社会主义之帝国主义的分析。著这篇文章的时候正是俄国的贵族和大资本家梦想在满洲设立"黄色俄罗斯",在所谓有平定中国拳匪之乱的必要上找着一个很好的借口。

同志列宁的这篇文章是在当资本主义的列强和绝大的俄皇政府正活动瓜分中国的时期中著的。德国占据胶州;英国占据卫海威;法国,广州湾;日本,台湾;俄国,旅顺,并在实际上,满洲全部。

列宁以革命的领袖的判词驳倒资产阶级和改良派报纸的新发明,说,中国人民群众的起事,是由于仇视白种,或敌视欧洲的文化和发明。

"中国人民并不仇恨欧洲的人民,他们对于他们没有什么反对,然而他们确恨欧洲的资本家,和欧洲的为资本家用的政府。他们到中国去只是为获利。他们用了他们矜夸的文明去欺骗,去抢掠和压迫,他们同他开战强迫他承认输入鸦片之权,鸦片使中国人民愚蠢(一八五六英法联军),他们用传教遮掩他们的活动,对于这些人们除掉仇恨之〈之〉外还有什么呢?"

列宁把俄皇政府的强权政策,和普通资本主义政府所采用的方法给一个很好的概要。"他们并不〈不〉分开地动手瓜分,但是像偷贼在夜间里,他们抢掠中国像掘坟墓一样,但是如果假尸[使]要想抗拒的时候,他们就像野兽一样对着他们,把树林亦烧了,屠杀没有武装的人民。

列宁这篇论拳匪起义的文章,在他的帝国主义绝妙的分析,几乎在全世界社会主义书文中,找不出同样的来。尤其要记住的,就是在这个时候披露帝国主义对于东方各国政策的重要性质,指出那个政策只"有益于一部分同中国行商的资本家,有益于一部分为亚洲市场生产货物的厂主,有益于一部分从紧急军事的定货获得厚利的店铺。俄皇政府牺牲全人民为这般少数资本家和高尚的欺骗者"。

用他观察一个问题的核心的奇才来披露俄皇政府想从中国群众的流血中救自己于破产,并消灭俄国工人和农民的不满意之企图。列宁这些话的真正价值是在他的话能先见这事实,现在已经有丰富历史的材料如许多"人道的"公文,俄皇的臣仆、卫德、克洛巴金等的"笔录",这些公文完全证实列宁的话,这些话并非只是理论的公式,并非纯粹以抽象,而是实在的事实。

列宁不仅给这帝国主义的政策的分析,他更近一层,他把对垒交绥的口号给广大的平民群众,"起来用全力反对那些人们,他们想制造成民族的仇恨;并因此想从劳动人民对他们的真正仇敌的注意转移过来,这是一切有阶级觉悟的工人要注意的。俄国政府在中国的政策是一个万恶的政策,这政策将完成人民的毁灭,使他的做奴隶更确定和他的痛苦更大。俄皇政府不仅奴隶我们自己的人民,并且他利用他们来奴隶别人的人民"。

根据于帝国主义性质和由帝国主义所造成的经济状况之深刻分析的公式,和俄国无产阶级和农民,同中国和东方的劳农阶级反对世界资本主义的共同战争之口号,都是同志列宁的赠赐,这些赠赐在俄国无产阶级征服政权的那一刻能够行之于事实。

苏俄把俄皇在东方的政策的一页黑暗史从俄国的历史上撕去,而开启一个俄国工人阶级和□一被压迫人民间亲实的友谊之新纪元以代之。

(《少年共产国际》创刊号,1924年7月,署名 Hodoroff)

92.《东方被压迫者之哀悼》(《少年共产国际》创刊号,7月)

《少年共产国际》创刊号刊登 Velensky 的《东方被压迫者之哀悼》,全文如下:

列宁之死——不仅是俄罗斯的工人与农民之不幸,而是全世界被压迫者之不幸;因为列宁是全世界无产阶级的首领。

两年前在中国中部一个极荒僻的地方,有个"苦力",他知道我是俄国人,他很亲切地微笑,向我表示他对于俄罗斯革命及其首领——列宁的满意。

——"他从那里知道列宁?"——我问我的翻译。

——"列宁谁都知道"——中国苦力答——"从前有个孔夫子,现在就是列宁"。中国苦力说得很对。列宁的名字确是全地球的人民都知道的。这个名字不问语言和文字怎样不同,他的发音差不多一样。

列宁已成了社会改革的广告,在中国人的意识里,列宁的名字与那个中国四万万人民的伟大的哲学家首领——孔夫子对立,也没有什么奇怪。

列宁对于东西半球的一切民众已经成了一个新世界的标识。他的名字是东方被压迫者的一张旗帜,这些被压迫者现在正从酣睡里惊醒来,开始与资本世界为着解放的名义争斗。

列宁说:"东方民众是世界社会革命的后备军。"

如此,我们可以了解列宁与东方,即列宁与一切殖民地(被压迫民众的地方不仅亚洲,还有非洲、南美洲,总之即被欧美资本家所剥削一切地方)相互间的意义了。

列宁死了。无线电把这个哀痛的消息传播到全世界,全世界的劳苦群众对他们首领灭亡的哀痛从此深深印在心灵里。

从中国中部得到那个中国苦力样子的深刻印象,还在前面。我想他现在一定已听到列宁的死,他的悲痛也一定与全世界千百万黄,黑,白,色的无产阶级一样。

他们悲痛他们首领的死。

首领是死了,然而革命的事实还是长留天地间。

世界劳苦群众对于列宁最好的纪念,只有群起以实现他底革命的光明。

(《少年共产国际》创刊号,1924年7月,署名Velensky)

93.《德国之无产阶级革命》(《少年共产国际》创刊号,7月)

《少年共产国际》创刊号刊登Offounger的《德国之无产阶级革命》,全文如下:

(一)绪论

一九二三年一月中旬,普恩莱派他的军队到德国工业中心借此——如他所说——以得未付赔款的担保。他宣言:占据区域绝不撤兵,除非德国声明,自己无保留地和诚意地愿意付给凡尔赛条约所决定德国赔款的总数,并担保将来的付款。鲁尔的占据是德国经济瓦解,并且因此阶级斗争增盛的时期的开始。这在一九二三年中已完全明显了。古诺(Cuno)政府宣告消极抵抗的"神圣战争",要求一切国家机关和铁路工人,雇佣者和职员应拒绝在法国军事占领中做工,致使法国可以在该区域获利。自然这些工人须得供养,国家势必担负这几百万的人为的失业者,因此从国库中开支了很大的数目。但是据说：养于占据区域的工人和他们家庭的数目不过消极抵抗的总数的极小部分。资产阶级和工厂主人自然是不愿做无利益的事，正相反，他们以为获厚利的时机到了，犹如他们在欧战时所做的一样。在这篇文章的范围内当然不能来描写古诺政府如何尽量滥费德国国家财产以援助鲁尔的资产阶级。德国历史上从未有过这样情形，一个德谟克拉西的政府，重要工业收买的奴仆，把大部分国家财产来饱他们主人的腰包。这种无耻的掠夺政策的结果就是德国的破产和从未有过的马克的跌落，随之以一切货价的狂妄的增高和粮食的缺乏，这些都牵引到最无耻的剥削劳动阶级【的】资产阶级和小中农阶级。

这些事件酿成阶级冲突的增厉，这些冲突的增厉都表现于高度的罢工运动中，从鲁尔，上西利西亚和柏林的工资斗争起到一九二三年八月推倒古诺政府之有力的总同盟罢工止。这阶级斗争的激厉根由阶级势力的变更。在一方面大资产阶级和大地主以浪费国家财产的结果而大大地增加了他们的权力，而在他方面德谟克西派，直到那时是形式上执掌政权，就是中级资产阶级，小资产阶级和劳动阶级中的社会民主派，他们因为摇动的政府政策和中产阶级和劳动阶级的贫穷化之进行的速度已经大大地衰弱了。劳动阶级的左翼在共产党领导之下日渐吸收更大的群众到他的旗子之下。民主主义在鲁尔事件中格外表现他是大工业的妾滕，因此日渐在小资产阶级和劳动阶级的队伍中失去他的拥护者。

这种民主主义拥护的衰减，对于左右两极端派是极有利的。小资产阶级和工人之饥饿的和被压的群众，多少年信仰了民主主义，现在迅速地失去他们的信仰而又成为法西斯的欺骗者的捕获物。德国的法西斯主义像他的意大利兄弟一样是反对劳动阶级的武装军，他们得着中产阶级之失意的和贫穷化的群众的拥护，法西斯党所教出的激烈的口号常用社会主义词语出之，所以亦有时得着一部【分】工人阶级的拥护。

但是中产阶级和工人中未有诱惑的部分，趋向于左派共产党一边。共产党靠他在职工会里的工作，靠他不断地参加群众的日常奋斗和他的明了群众的需要，能阻止这般未有诱惑的群众带入国家主义的社会主义派，德国的法西斯党的营垒里以供重工业的使用。这种势力的增加并不只在党员人数增加中表现出来，并在工厂委员会，在职工会，管理委员会，共产百人团中的势力的比较上表现出来。工厂委员会(是依照一九一九年社会民主党通过的工厂委员法而组织的，其目的就在得掌握革命的劳动阶级的机关)在初起完全在改良派的工会官僚手中。共产党因他在工厂内活动，对于工厂委员会获得极大的势力并在有些工厂委员会得着大多数。这个在柏林八月间当两万个工厂委员会违抗职工会和社会民主党的官僚的联合阻止罢工，而投票赞成总同盟罢工这件事上，表现得特别的明显。

职工会会员的大部分宣称赞成共产党，虽然职工会的官僚因为他们掌管全部机关，自然可以一再地阻止共产党能在这里面有强大势力。然而有许多表现已经证明共产党渐渐得着德国职工会会员的大多数，职工会的会员在一九二三年有八百万。这个在选举代表到德国五金工会和纺织工会的大会这件事上见得很明了。在五金工会中共产党占大多数的票，在纺织工会中差不多有半数。

管理委员会是那些在共产党指导下的工厂委员会所设立的机关。他们的职务就是干涉市场上和商店中有时粮食和其他商品的价格过高。他们实行这□用宣告抵制某一店铺，或同店主谈判，或将他交给警署。他还有防止绝粮的责任，常常当货价对于店主和农民儿太低了，或当马克跌价，危险性太大，店主和农夫藏匿他们的货物不卖，那时管理委员会的负[责]任就是领导搜查货□的店铺和货栈，找出他们所藏匿的粮食。许多管理委员会因为他们努力的活动，在国内各地颇得着工人阶级甚至中产阶级的同情。常常有小资产阶级见着没有方法可以免掉政府的破产，一日之所得不能买次日之所需，都来到管理委员会，愿意帮助反对大农的投机赢利，反对政府的经济政策。我们应该明白：这些管理委员会是法律上所禁止的，他们受官厅和警署多次的审判，并常是严重地受罚。所以，他们格外可以看作广大群众对于自救的观念和共产党表同情的准绳。

共产党的口号，组织无产阶级工厂百人团，是在各地很发达的。当初设立百人团的意思是为防范法西斯党的时常攻击。共产党曾向社会民主党力争过，最先是要得工人赞成工厂百人团的意见，对于这意见社会民主党是最反对；至后，等社会民主党明白组织百人团的必要了，又须反对社会民主党组织工厂百人团只包涵自己党员，而提倡组织包涵一切政党团体的工人甚至于无党派的工人，联合的工厂百人团。社会民主党组织的工厂百人团在决胜负的时候天然不是反对法西斯党，而是反对工人□□特别是反对共产党。这个在各地都证实是这样，而尤其在柏林，汉堡，法郎克福脱。在会场上，就是职工会场上，社会民主党的百人团（呼会场卫队）到场上把反对派撵出会所。

社会民主党的全力终于不能阻止工人赞成工厂百人团的意见，在国内各地都已成立了此团，他们能武装他们起来，虽然还只是部分的。

无产阶级百人团很快地超过他们原来的目的。原来只为防御法西斯的攻击，他们渐渐在工人心目中成为反对统治阶级和设立劳农共和的武力战争的工具了。如果我们说工人全体都赞成这意见，自然是过分之言，不过已经起了头了，当工人阶级反对他们阶级仇敌的时候，那时无产阶级工厂百人团将成为德国苏维埃共和红卫军的核心。

（二）从八月总罢工到十月的退守

在一九二三年七月间，德国经济的崩坏进行得十分的快，马克跌落得极底，渐入破产之境。劳动阶级和中产阶级的地位一天一天地可怜起来，古诺政府，他极知道如何用鲁尔债权和维持马克的行动来帮助重工业家（因为要阻止马克的跌落，德国国家银行卖出几百万外国金币以得马克兑换的定价。这种手续非特不能阻止马克的跌落，反使德国资本家能收买便宜的外国币而使德国国家受其损失）。已绝对不能免掉里外两方给他的打击。工人阶级中已怒气勃发，就是社会民主党党员，自然他们的领袖要除外，亦觉着古诺政府不能再继续下去，不能找着一个出路。在这种状况之下，共产党就在八月初号召一个总同盟大罢工，这是第一项表示给外面的世界知道：德国已进入一个新的革命形势。社会民主党极力想使群众安靖，替古诺政府出力到底。但是工人不受引诱。他们的口号是："古诺滚蛋"，他们用总罢工来实现这口号，来强迫社会民主党叫古诺政府辞职。

总罢工虽然没有能一致举行，然而已经很明白地表显出来共产党的权力的增大，和群众对于欺他们卖他们的领袖之缺乏信任，并给民治主义的拥护者（从社会民主党一直到史丁纳史止），一个大打击。社会民主主义，比从前格外地忠心于奴仆的职司，无视无产阶级群众的革命意志，而加入所谓大联合政府。以前的独立社会民主党黑儿佛丁（Hilberding），同着史德来史门（Stressemann），□甘损失德国劳动者阶级来救德国的资产阶级。我们只好说：黑儿佛丁和他的朋党狠好达到了目的，已经替现时统治德国之资产阶级专政做了预备的工作。自然史德来史门的政府无力阻止德国的破产，德国的破产是已经差不多完成了。假使他愿意这样做，他应被迫而要求资产阶级多出租税并担任财政的负担。资产阶级固然不愿意这样做，黑儿佛丁，他惧怕用百万的劳动群众的权力来救国，因为他自己亦怕工人，无用地费了许多他的劝告的才技来促醒那些人们，在他们的手中在这一年中积聚了德国国家的财产。

大联合政府的失败是明显的。群众，保存他们旧的错误观念，对于这政府怀着新的希望，然而他们起始渐渐地不耐烦了，末了，要求已经见得着了结果。马克继续着跌落，稳固的工资没有定，于是劳动阶级和中产阶级的情形一天比一天坏下去。因为群众的不能忍耐日益增长，因为共产党渐渐成为劳动阶级的领袖，政府现在只有一条出路，就是消灭民主主义和议会而宣告戒严令。

资产阶级演了一出绝妙的趣剧。在巴伐利亚半法西斯的右党政府宣告戒严，公然恐吓同德国其余部分脱离并要向柏林进兵。这个就成为中央政府宣告全德国的戒严令之藉口。反对右党的戒严令的宣告和他的应用于反对劳动阶级——是资产阶级多年所玩的旧把戏，在这把戏中间社会民主党常是主要的丑角。在巴伐利亚行专政的时候，共产党进了索克逊政府，为了要使索克逊的势力一致，索克逊遂最受巴伐利亚反动的恐吓。索克逊的社会民主党的党员亦强迫他们的右派领袖同共产党合作。当在德国的阶级冲突的增厉日益进步的时候——索克逊的社会民主党工人渐次格外果断地站在同旧社会民主党决战之纲领上，要求同资产阶级绝对破裂无顾惜地同劳动阶级的仇敌奋斗。甚至有许多索克逊社会民主党的地方组织公然宣言他们赞成无产阶级专政。

索克逊工人政府是真正民主主义的一个可得教训的榜样。中央政府宣告德国全部戒严，表明是反对反动的巴伐利亚的手段。爱白脱（Ebert）"同志"，德国共和的总统把行政权交给陆军总长格斯雷（Gessler）的手中，他又把他交给驻在德国各部的国防军的七位将军。披格斯雷指定驻巴伐利亚的洛沙将军（General Lossow）公然走到反动的巴伐利亚专政的一边，而当格斯雷把他解职了，他强迫驻在巴伐利亚的国防军对巴伐利亚的专政尽忠而不对全德国尽忠。德国共和的中央政府当然对于法西斯的巴伐利亚没有采【取】什么对待的方法，然而骤然派了六万兵到索克逊来，藉口于防卫索克逊受巴伐利亚攻击的危险，而实则是为倾覆索科逊政府，这政府完全是由严格地民主主义原则所选出的，而建设中央政府都要另外一个来伐□。社会民主党公然地赞助攻击他们高唱的民主主义的人。第一，三位社会民主党在中央政府服务，就使那个中央政府对于索克逊政府下最后通牒，要他立刻辞职，如不辞职即用武力手段对付。第二，社会民主党歇佛尔（Scheffel）是铁路工会的会长，下命令给有组织的铁路工人，禁止他们阻碍运兵到索克逊去。第三，在索克逊的所谓"左派"的社会民主党得了中央政府的代表的同意，组织了一个新社会民主党政府。这代表就是资产阶级的黑慈（Heintse），他从柏林被派到特来斯敦（Dresdon）（索克逊京城）竟在美乱（Mveller）将军之先，他做了德国中央政府派到索克逊去的总司令，他同军队占据索克逊政府的房屋。在这样情况之中，劳农阶级和中产阶级中那些仍旧保留着民主主义的错误观念之部分，得到绝好的客观的教训了。

自从一个新的革命潮流的〈之〉发展在德国已经明显可见后，德国的共产党就集中他的一切势力预备作夺取政权的最后奋斗。他的各个地方组织猛烈进行工作，国内战争的预备已成为党的中心活动。全党里都存着：几星期之内党就要对付夺取政权的决战。党的领袖已完成举行这战争的计划。一切手续都办好，甚至暴教的实在日期都定了。特别的训令都已发给各组织。但是，等到最后的一刻，德国共产党的中央执行委员会为势所逼收回决战的命令而另发退守的训令给各组织。因为种种不幸的情形，这个退守的训令没有能及时到汉堡阻止起事，十月二十三日早晨汉堡共产党进攻警察署。汉堡所发动的勇猛的争斗，在开始时期很得胜利，后来只好解放；因为别处的共产党服从了退守的训令没有起事。

人人很容易明白：共产党这次的退守生出许多严重影响。在党中发生神气阻[沮]丧的情形，党员中的大部分对党的革命性和他们领袖失掉他们的信任，再者党的活动以前在劳动阶级和中产阶级中狠有利并很有成效，现在都减少了，在劳动阶级自己的队伍中，这种神气阻[沮]丧的情形亦已广播，群众已没有从前那样相信共产党是他们的领袖的同样程度了。这对于共产党造成一个极难的地位，这地位格外弄得坏了，因为资产阶级现在开始进攻劳动阶级，为了要更易于攻击起见。资产阶级禁止劳动阶级的革命的先锋，共产党和少年共产党，以严重惩罚一切属于或赞助这两个团体的人来恐吓。共产党和少年共产党被迫为秘密的团体以致共产党暂时同广大的劳动群众分隔，在目前共产党不能再像十月退守以前那样是劳动阶级斗争中的重要成分。

资产阶级对劳动阶级所有的总攻击目的在废除八小时工作，废除一九一八年十一月革命在社会上政治上所得的权利，而且减低工资。如果工人拒绝承受长时间的工作时，工厂工场只关起门就是了。在十一月初德国的失业者的人数超过英国，职工会，社会民主党（虽然后者又假装他自己是反对派），用他们的全力使资产阶级的近况成功。共产党的秘密的地位，和因为十月退守在党中所起的混乱，阻止共产党在反对资产阶级攻击的战斗中成为重要的份子，因此在许多区域里资产阶级得达到废除八小时工作和订立九小时以至十小时的工作。这些胜利因为表面上的工资的增加，因为德国工人更甚的贫穷化，因为职工会的卖阶级，因为马克的价格固定而是容易得着。德国经济状况的稍稍固结使劳动阶级安靖下来，而是使他们怀着新的错误观念，因此只有劳动阶级具有觉悟的部分，还有真正的决心去维持八小时的工作。

(三) 经验和教训

德国劳动阶级秋季的斗争告诉各国的共产党许多重要的教训，这些教训可以适用到远出于德国境界之外。

这些教训中最重要之一就是反对法西斯主义的斗争。第一，德国党的经验证明共产党国际在去年暑中扩大执行委员会上所议决反对法西斯的策略之真确。在实施这些策略时，德国党能得到中产阶级和小农的大部分脱离大资本家和法西斯主义的影响，虽然党不能做到使他们成为劳动阶级的事业，他至少达到使他中立。

在德国这时期中的第二个重要教训就是反对资产阶级的战争中之策略，不要太建筑在存在于法西斯主义的大体之各种倾向间的不相合的上面。法西斯主义是一种小资产阶级的运动，因为小资产阶级没有一致的阶级利益，因为它的经济基础不一致，所以很明了在他的队伍中发生各种不同的倾向。法西斯主义是一个小资产阶级的群众运动，所以在这运动中小资产阶级的各种不同的倾向表现出来，是很合逻辑的。这样而存在的冲突，可使共产党明白，不可把他们反法西斯主义的策略来建筑在这些冲突上面。

反对法西斯主义的斗争分为政治的和军事的战斗。政治战斗就是暴露法西斯主义对于大工业家所服的务，暴露法西斯主义财政上的依靠重工业，和使小资产阶级群众同法西斯主义分离，证明给小资产阶级看：小资产阶级和小农的地位只有劳动阶级战胜了重工业和大地主才能改善，人民的国家利益完全被资产阶级所骗卖，这些利益只有劳动阶级能确实代表他等等。军事战斗大旨就是组成无产阶级自卫的组织，以防法西斯党的攻击。德国近几月来证明这些方法的真确。

更有重要教训要学的就是关于联合战线和工人政府的策略。事实表显出来：工人政府的策略被许多共产党员所根本地误解，这不仅在德国是这样，在其他各国的党内亦是如此。共产国际执行委员近来又重新确定他关于这问题的态度，并很明白地和断然地排斥要把联合战线的策略误解为同社会民主主义结成永久的联盟之一切倾向。"联合战线的策略是革命的煽动和号召之一种方法"。谁以为或希望这策略更多过于这个，就同共产国际的原理背驰了，共产国际的执行委员会在讨论德国问题的会议上把他设得很明白和确定。如果共产党把这联合战线的策略引用确当，他们一定能成功，工人阶级的最大仇敌，社会民主党领袖们，一定会被劳动群众所抛弃而来服从共产党。假使共产党员以为联合战线的策略是一个同社会民主党组织上的联合，并固这种联合的结果而没有能完全披露社会民主党左派的卖阶级的行动，他们将使社会民主党的工人不能明白社会民主党领袖的卖阶级的行为，他们将阻止资本主义社会的最强藩篱，社会民主党的崩溃。只有当社会民主党组织变成弱而无关重要的时候□劳动阶级才能得到胜利，这是显而易见的。所以联合战线策略的错误应用，以致无产阶级革命不可能或至使他格外困难。对于工人政府的策略亦是如此。那些相信工人政府是资产阶级民主主义和无产阶级间的过渡期之人们，现在可以从索克逊政府的经验看出这种观念是根本不对的。共产党所明白的工人政府，不是议会商议的结果，若他是这样地决不能存在很久。假使我们免掉仿照德国五年来所经验的社会民主党的榜样。只有社会民主党的这种政府被资产阶级所允许。如在别种工人政府资产阶级立刻就要用武力反对。索克逊的经验明显地证明工人政府如不根据于武装劳动阶级，如不立刻开始压迫资产阶级的武力组织，如不廓清反对劳动阶级的政府机关，他一定是断定在短期间中要毁灭的。所以工人政府决不是一种议会的过渡期间，议会的过渡期间既不是建设无产阶级专政,亦不能避免国内战争。工人政府的第一条件就是猛烈地向资产阶级进攻,武装劳动阶级,于是【开展】国内战争。

从德国党在这几月来的经验中更可得一个教训,就是关于国内战争的预备。已经很明【了】：一个群众的党在争政权的前几星期才开始预备武装是不足的。无产阶级胜利的战争是一件艰难的工作。他要求每个党员预备对付最大危难,要牺牲,并要能在长期间中忍受失败和失望。他要求个个党员,就是在一个群众的党之中,要脑筋中存在无产阶级革命的使命的伟大。然而这样的觉悟在一个群众的党里决不能在几星期内就发达的,这个只能是长期的坚持和广治的教育工作的结果,这一种工作决不是华美的文章和演说,而是在日常奋斗中党内的一致,和国内战争的预备,甚至于就在国内战争没有立刻可希望到的时间中。这种教训是各国共产党所要记住的。

同这个相关连的还有德国党关于党的组织之经验。党的被迫而退守是因为对于广大的群众还没有很大的影响,因为社会民主党对中立无党派的工人还有很大的势力,就是这事实是主要由于党的工厂小组组织的缺乏。德国共产党照了德国少年共产党的样在去年的夏天开始组织工厂小组,然而他们没有进行组织得充分,使能在决战时十分地使用这些小组。工厂小组的组织和全党建筑在工厂小组的基础上的改组,开始得太晚了。□□党方面的□误在十月时很觉懊悔,这些教训现在已都记在心胸,党的改组已完全举行了。德国党的利害经验在这一点总算没有白空。

(四)德国革命将来

上面已经谈过十月失败后德国共产党中发现一种极大的阻[沮]丧失望,这种阻[沮]丧失望表显在这样的话中："我们失去了机会","现在德国的革命至终失败了"。这种估计情形是错误的。党失去了机会是不错。在十月间国内国外的政治情形是从来没有的顺利,这是不错。资产阶级的在外面的政治情形是不好,他刚在鲁尔失败下来。至于国内的情形,他的地位不能乐观。完全的国家机关崩坏了,劳动阶级是在运动中,社会民主党的阻碍的势力很快减低。然而这个不能改变共产党自身没有充分预备应付情形,和做了许多的政治的错误之实事,因此如果他要免掉完全的失败只好被迫而退守。

然而我们怎样对那班说德国革命已确定地失败了的人们说呢？他们是完全错了。客观的状况并没有很更变。现在同以前一样德国在一个革命的潮流中。德国内部外方的政治上的固结能有长久的期间是不可能的。劳动阶级和中产阶级的贫穷化和德国经济的崩坏不能够延迟得很久,现在的问题就是是否德国的共产党能起来对抗德国资产阶级劳动阶级的进攻,即就是召集群众到共产主义旗子之下来的工作的开始。德国共产党在最近的几月中将有极大的责任和极大的可能。

德国资产阶级想使德国劳动阶级失掉德国领袖之企图已经失败了,他想使劳动阶级的胜利不可能之企图亦将失败,而德国革命潮流的涌起同时将是世界革命的潮流的涌起。

有了这种确信各国的少年共产党员,青年工人和农民应努力进行他们的工作。召集青年工人和农民来帮助全国无产阶级的革命,现在像以前,仍留着全世界少年共产党的伟大的工作。

(《少年共产国际》创刊号，1924年7月，署名 Offounger)

94.《革命的第六年》(《少年共产国际》创刊号，7月)

《少年共产国际》创刊号刊登 Wasjutin 的《革命的第六年》，如下：

"全世界资产阶级将不能重新巩固他那被全世界帝国主义的罪恶所破坏了的地位"；"全世界战争的结果将产生出全世界的破裂以引导工人阶级到胜利的地方去"——这是俄罗斯共产党底首领们在十月革命以前的宣言。欧西诸国底现状逐渐更明显地证实这些宣言了。罢工，禁锢，整百万的失业者，民族间的冲突，殖民地反抗宗主国的扰乱和暴动，这充满了法兰西、英吉利等的国家生活。

经济的全部破产，饥荒，缺乏，扰乱及对于来日的恐怖，这统治了德意志的生活。

工人阶级方面不遮饰的玩笑以及法西士鞭笞西方无产阶级的野蛮舞，这都是资本家因尽力恢复战争所损坏地域的结果。

饥饿和缺乏，压迫和虐待工人群众，政府会议中产的恶感以及社会民主党首领们政策的失望，都足以催促群众走入积极争斗的道路去。工人群众变成革命者。共产主义的运动逐渐扩张。德意志已是处于为实现无产阶级专政的革命斗争之前夜了。在别国国家里共产党人亦逐渐取得群众的同情。共产党成了唯一的势力能够联合工人群众做反对法西士主义的斗争与实现无产阶级专政。我们正处在大破坏的前夜，这个破坏将就是无产阶级的胜利了。

苏维埃共和国联邦的作用及其重要，在工人阶级反对资本阶级的辛苦斗争的基础上，表现得特别明显。苏维埃俄罗斯共和国自从成立到今，已是西方工人群众的一个革命原动力。他们相信苏俄是他们未来的道路，照苏俄的经验，他们知道工人阶级应当如何斗争以构造生命。工人群众知道苏维埃共和国权力的增加就是全世界资本的危险，就是俄罗斯工人群众协助他们西方兄弟决战时的势力增长。因为这个，所以自从成立以来，苏维埃共和国就成了各国资本家无穷仇恨的焦点。他们在第一个苏维埃共和国成立时期方感觉着他们命运的危险。差不多所有帝国主义国家都勾结俄国白党攻击劳农政府，这并不是一个偶然的现象。但是，在饥寒中，俄国工人阶级虽然处于难堪的地位，为历史上绝无仅有的缺乏所疲累了，他们仍然拥护着他们在革命中所获得的地位。

资产阶级用武力推翻苏维埃共和国的计划虽然继续失败，他们仍然不肯放弃这种计划，不过改变了斗争的形式罢了。在热纳(Genes)，海牙(La Haye)，洛森(Sausanne)以及其他无数的会议中，资产阶级用外交手腕打算实现其俄罗斯殖民地化的政策。这种计划已经从西西西尔(S，S，S，R)(即社会主义苏维埃共和国联邦的简称)劳动者方面得到一个有意义的答覆了。"没有奴隶制度！切勿让步于资本阶级，我们不任第一个苏维埃共和国成了西方帝国主义者的殖民地！我们不是印度，不是中国！你们果真不来帮助我们，我们自己将来恢复我们的国家，我们自己损坏了的国家"。这些就是俄罗斯无产阶级答覆资本家想推翻苏俄的第二个计画的宣言。

现在已到革命的第六年了。我们可以向全世界宣言,说:统有无数不识字人民的饥饿国家,受了屡次战争损伤之后,已经用无比的速度恢复他的权力;这个恢复全不依靠外国资本,只是倚靠工人阶级的毅力。当西方国家正在一个一个地渡过纷扰与恐慌之时,当他们正在失却他们的平衡之时,苏维埃共和国一天一天地强大起来。没有人能指示我们一个资产阶级的国家,像俄国一个样,能有一个政党,始终如一的博得群众无比的同情,总揽国家大政整整六年之久。资产阶级的政府不敢决定将来,不敢说来日的状况;而苏维埃俄罗斯则知道未来的日子是新胜利的日子,是恢复国家与增加权力的新成功日子。在西西西尔的领域内没有一个头脑清晰的人能够否认苏维埃政府是唯一可以恢复国家的势力,别的政府是不能够的。这不但是我们的朋友看得出来,即是苏维埃的最激烈的仇人的意见亦是这样。详细读过俄白党在外国所办的报纸的人,就可以看出他失望的声气。他们事实上承认国家恢复起来了,权力增加,反对苏维埃政府的斗争差不多是不可能的了,这个政府是根深蒂固的长成在工人和农人群众中间了。一步一步的,缓缓的,但是不可免的,我们所有的仇人终究承认苏维埃的政府。社会革命党的右翼与少数派已完全解体了;工人和农民的群众确定地打败了叛徒所领率的积年盗伙。就是资产阶级的智识阶级团体"新探队"也承认了苏维埃政府,以为这是帮助苏俄政府恢复已坏国家的责任。就是在教会中,在苏维埃政府的激烈仇人中,也因为承认这个政府的倾向,起了极大的变化;在承认劳农政府的原则上,于俄罗斯教会中起了空前的分化,旧教会与新教会中间起了斗争;这个斗争告诉整个工农群众以宗教成见的无意义。

一九二三年春天俄国共产党会议能于工农群众中得到一个大胜利,并非一件偶然的事。整千整万的无党工人与农民联合起来在广大的苏维埃俄罗斯的领域中,庆祝党的大会并承认这个党确能在五年的革命之中,领导工农的斗争,整千万的旗帜送来大会中以表示他们和党取一致的行动。无党工人宣誓,情愿在这旗帜下斗争,为苏维埃俄罗斯而死,这个就是他们忠心于俄罗斯革命与共产党之证据。

无产工人群众在革命的第六年所表示出来的志愿并非一件偶然的事。他们从实际斗争及日常生活中知道苏维埃政府能够创造新的好的生活。常[在]西欧无产阶级的地位日坏一日之时,俄国的工人阶级正在感觉他们的地位日有改良,虽然迟缓,但从无间断的。工人的中等工资于1962年之末在莫斯科为战前(1913)之79.7%,在彼得城则为27.5%。各种生产事业中工人的工资与1913年比较:

	五金业工人	纺织工人	仕学工业工人	食粮工人	皮革业工人	印刷工人
莫斯科	67.7%	72.4%	80%	115.6%	115.6%	71.7%
彼得城	53.3%	70%	76.9%	83.8%	68.1%	68.8%

拿来和1918—1921年内乱期中工人几天不食一块黑面包时节的地位比较起来，现在的地位可以称为工人阶级生活改善的一个大进步。

然而自从1922年年底以来，又过去了几个月了，工人阶级的地位在这几个月中更得到大改善。

国家的恢复得到工农群众的直接参加，为众目所共见。今天的苏维埃共和国已经不是1918—1919年的国家，内乱难堪的国家了，现在全国都充满了积极恢复的思想。

群众以最大毅力从事这个大工作。"恢复"这个名词已经成了俄国全国中最通俗的和普遍的名词了。制造场与工厂的恢复将达到战前的水平线或将过之。铁路，火车头，列车，轮船的恢复也于短时间得到伟大效果。我们希望我们的列车能与西欧作准确的交易，在一年或二年前我们自问怎么能达到这个希望呢！而今因工人阶级的尽力已经把这个希望实现了。自然要完全恢复，还有许多生产事业急待去做，但由劳动的进步看来，成功是可保障的了，毁坏了的桥梁，缩短了的电报线与电话线，正在恢复之中。你试看都会中的街道，就可知道生活是积极的，就可发现每条街道都有修理马路的机器。这些都足以以证明"恢复"已经统治了整个西西西尔了。

新时代的特质，电器与飞行机，在苏维埃俄罗斯的领域中得到巨大的应用。以蒸汽机来发展工业已经是太□了。应用电气潮流普遍到指挥工业的都会。苏维埃共和国用近年所得成绩在这个恢复的范围内。第八次苏维埃会议采取的全国十年电气化的计画，已经以热烈的毅力实施起来。苏维埃俄罗斯经济上强有力的发动力——电气工业——已经先后共筑起来。在计划中的二十七个企业已有八个做工了。组织这种企业的款项已经逐年扩大起来。我们统计如下：

1920	460,000金罗布
1921	330,000……
1922	4,590,0000……
1923	25,000,00……

除此以外还有五百万金罗布价值的物品贮为这个事业之用。

航空队的建筑也是政府特别注意之事。苏维埃共和国的劳动群众很明了航空事业在劳农国家中的重要。在长距离的国家中，交通路线与人口比较起来是极短的，而乡村与都会的联络又极困难，足以阻止经济与文化的迅速发展，在这个状况之下，每个飞行机之构成即足以表示向前进了一步。我们不要忘记了，资本主义国家消耗巨大款项去建筑军用的航空队。他们在军事的战线上和外交的战线上都遭了失败，于是改变方针想以航空队扼苏维埃国家的咽喉。

苏俄全国都看清这个危险而且预备自卫了。大多数工业群众参加红色航空队的建筑工作。我们将很难找得一个工人或一个农民来加入"航空队朋友俱乐部"，这个团体并不是资产阶级因无聊〈以主意〉而设立的航空问题的俱乐部，这乃是工人阶级的组织利用飞行机于工行[人]阶级〈阶〉事业。除了恢复国家经济的一个职务之外，还有提高工农群众文化水平线的一个职务。不能读书，不知写字的工人和农民已经有恒心有毅力的去学习了。我们胜利的保证就是开化的工人和农民。大家都明白了这一回事。读书的需要统治了青年的工农。在工厂做工的，晚间不赶跳舞会及同类的游戏机关，而来学校读书。农村的青年也不辞劳苦远来都会希望得进学校。苏维埃俄罗斯现方感着有从完全觉悟的青年工农队伍中养成工程师，专门家，苏维埃中办事人员的必要。人民教育委员会，工会，各工厂，各苏维埃或各农村团体都从事于教育工作的组织。中等和初等的教育机关包容不下所有渴望智识的工农青年。在这个难堪的物质条件底下缺乏必须的教育工具，自然而然的就产生新式的无产阶级职业的苏维埃学校。人们以无数的社会文化组织去补救学校的缺乏，譬如青年团，工人俱乐部，工会，儿童共产团，育婴堂之类。在整百万的劳动者当中，这些团体舒展他们【的】文化活动力。

恢复工作不仅实施于都会及工业品，即是革命中担受苦痛的乡村也开始恢复他的经济了。经过内乱的痛苦以后，经过好几地方的饥荒以后，农民从经济上得到收益的增加了。到今年，我们不但能够自养，而且有余额输出国外，输出大数量的农产品于世界市场；我们农产品的质量等于美国的农产品，而价格则比他便宜多了。西西西尔以输出农产品及原料资格而出现于世界市场，这一回事足以完全改变了在西方诸国中西西西尔的地位。从前，在封锁的时候我们没有特别利益给资本主义国家，因为我们没有国际关系的强大弹性之原料。在那个时候资本主义国家不需要我们，他们很可以佯为不知世间上有个苏维埃俄罗斯存在。但是一经石油或农产品发现了，情形就大大不同了。一直到现在，我们与西方诸国的关系【有】很缓的发展。1922年承认苏俄的国家！

法律上的	事实上的
1. 阿富汗	1. 英吉利
2. 奥大利	2. 意大利
3. 保加利	3. 挪威
4. 德意志	4. 捷克斯洛伐克
5. 列多尼	5. 瑞典
6. 立陶宛	6. 中国
7. 蒙古	
8. 波斯	
9. 土耳其	
10. 芬兰	
11. 爱斯多尼	

在1923年中，外交上的承认又向前进了一步，许多国家虽然还未正式承认却已派了工业团体的代表团，上议院议员，下议院议员来考察波尔塞维克国家的状况。全世界最惊奇的就是这般贵客不但没有被食人的波尔塞维克所生吞了，而且安然回到本国，即刻变为接近苏俄的热烈的同情者，大称赞西西西尔恢复工作的恒心与毅力起来了。这样我们可以看出农产品与石油是联络欧洲的最大原动力，而获得这些生产品的志愿终胜过攻击波尔塞维克的仇恨。俄罗斯不顺西方资本国的志愿，自己安心向应得的地位走去。我们将无须乎要求承认，国家的恢复与对外贸易之可能自然迫逼资本主义列强法律上的或事实上的来承认西西西尔。

西方资本家的失败与苏维埃共和国的巩固是一种事实，足以鼓舞全世界无产阶级做反对资本阶级的战争。苏维埃俄罗斯是一个有用的榜样，世界的青年工人都应研究他。获得俄罗斯工人斗争的经验和他们的助力，才能够一劳永逸的脱离了资本主义的枷锁。

(《少年共产国际》创刊号，1924年7月，署名 Wasjuti)

95.《共产主义教育》(《少年共产国际》创刊号，7月)

《少年共产国际》创刊号刊登 L Trotsky 的《共产主义教育》，全文如下：

(一)"新人"与革命者

不是组成苏维埃同盟(不要忘记我们是一个同盟)的个个苏维埃国家年纪的长大，足以庆祝五周纪念。至于我自己，我须说自从我过了我的四十岁后，我已起始对于生这话太笼统，太感情了。固然，凡在纪念的时候，感情的表示不特是允可的而且是必需的。然而我们要留意不要让我们承受"新人"或共产主义教育职务之任何模糊的人道主义的观念。将来的人，共产社会里的新公民，将是绝顶有趣和动人的人，而且他的心理(请未来派恕我，我假想将来的人将有一种心理)将与我们的十分不同，这是没有疑义的。但是不幸我们现时的职务不是教育将来的人们。乌托邦和人道主义的亲点是先须造成"新人"，然后再创造新环境。我们不能承受这个。我们知道人是社会环境之产物。但是我们还知道在人们和社会环境中间有一种复杂而活动的相互关系。人自己是历史发展之一种工具(不是轻微的工具)。在环境对于活动的人们的这种复杂的，历史上的反影作用之中，我们不会造成共产日失掉兴趣了。然而共产主义大学，施佛特洛夫大学，替我们预备青年同志的学校之五周纪念，对于我们大家是一个欢乐的机遇。

同志们：常常听说共产主义教育就是教育"新人"。社会里的绝对调和而完全的公民(就在施佛特洛夫大学里亦不会)；但是我们教育我们时代的人们，他们还须奋斗着去创造环境，从这环境中可以产生这种□□而完全的公民。这是十分不同的一件事，因为这简单的理由，就是我们的子孙，共产社会里的公民，将不是革命者。

起初看这个似乎是侮辱，或至少要惹起惊异。"革命者"这意思起于我们的思想和愿望，起于我们最高志望和希求之总和，而革命党这字代表我们从一切先代之文化进化所承继的最高思想和道德。于是，对于我们似乎是我们加后人以诽谤，如我们不以为他们是革命者。然而我们须不忘记革命者是一定的历史上的情形之一种产物，是阶级的社会之产物。革命在他本身不是一种抽象的原理，革命者亦不是一种心理上的抽象。他们是物质的，实在的，历史上的事实，这种事实从阶级冲突生出来的，从一阶级被别阶级的猛烈压迫生出来的。因此革命者是一种具体的，历史上的形象，而亦是一种暂时的形象。我们很骄傲属于这种形象，然而我们的工作是创造一社会制度，在这社会制度中阶级冲突不存在，无需乎革命，所以将没有革命者。

自然不错，我们可以把人的一切那些用于征服自然界和用向增加生产，补充技术的和文化的成功之精力都包括在革命和革命者名字之下。但是我们没有权利在现时来造成这样的一种抽象品，因为我们目前的历史上的职务——阶级社会之推倒，还没有完成。所以还无需我们（并且我相信在庆祝施佛特洛夫大学时无需注意这个）用试验室的手续去教育共产社会里的一致整齐的公民，在一个社会之过渡时代中，这社会自身还离开调和很远。固然，我们已经比资本奴隶制有了极大的进步，但是我们还没有造成一个共产主义的调和。我们甚至还没有开始这个。因此，我们所要教育的是革命者，战斗员，他们将承继和完成我们的历史上的任务，根据于历史的遗传。

(二)新经济政策

假使我们从实际上，从历史的观点来考究这事实，我们就不至对于我们有些可否我说太人道主义的？——共产党同志所表示的恐怖而惊恐。我是指新经济政策的"危险"。他们问："在新经济政策之下教育'新人'是否可能？"然而同志们，在什么情形之下我们会教育我们自己的人呢？我们的一辈，已经过了他的四十周年了，我们党的全体是在资本主义状况之中教育成的。我可以说他不会成一个革命党：他不会成为像铁打的一样，无〈抵〉敌的，没有别的党在世界历史上能及他的，如果他不是在一个无产阶级政治与皇室专制的状况之下发展出来。虽然新经济政策存在就有他的商品市场；虽然有资本主义恢复的可能——是的，同志们，一个理论的和历史的可能——假使我们这一个党疏忽我们的责任，然而就是这样我们可以回答这些同志所问的问题："那末，如何我们教育为共产主义的战斗员呢？"我们问这些同志："在那种样式之下这种战争中逼得我们采用的新经济政策，能阻止年轻一辈中间之猛烈的不断的奋斗之心理的发达？"在斯巴达，常把醉酒的奴隶给青年们看，所以唤起他们憎恶酒的心理。我全不相信施佛特洛夫的学生，在这特别的一点上需要这样猛烈的教训方法，但是他们在社会方面，确需要，如果不要他们变成满足和不活动，以为我们已经跨过了社会主义的门限了。

历史给我们看资本主义的商业之酒醉的奴隶和酒醉者——有时甚至于给我们看新经济政策的酒醉的奴隶。今天他不过是一种现象，明日我们可以有资本的恢复，如果我们的党对于我们时代的历史进化之困难屈服了。新经济政策不能妨碍或阻止革命的奋斗者的发展。他只把我们历史上的职务呈示一种具体的形式，并且他确是教育革命的劳动阶级和农民的青年之最重要的方法之一，因为他表示与我们的最后目的之相反。

但是新经济政策不是唯一的提醒物,提醒我们还没有建设光亮的,幸福的共产社会的世界。在我们国外还有某种酒醉的奴隶占很高的地位;他们被历史这样的醉倒了,以致送外交通牒给我们来提醒我们说,资本制度和私有财产还是极端有势力的成分。我不愿提起他们的名字,因为国际礼貌之显著理由;然而在今天的《真理报》上有一篇文章指明他们——这□先生们永远地提醒我们说,阶级斗争现时同我们取一种军事的和外交的形式,因为我们是照恩格尔斯所说,"组织在国家里面的无产阶级"。我们是被有组织的资产阶级的国家所环绕,我们同他们的关系确是阶级斗争,这阶级斗争有时取公开地革命的,就是,军事的形式;然而有时又取改良的,就是,外交的形式。

这个不知是一种枝词。这是实在的历史的事实之陈述。用外交的手段,用国外的贸易,用军事的防御我们进行不断的阶级斗争——绕我们边疆五万俄里的战争——长过地球的圆周。这事实扫除一切人道主义的抽象而强迫我们,凶恶地强迫我们,集中我们的注意于教育实在的,实际的,革命的战斗员。

当我们在我们国内战争的前敌战争的时候,我们在无论何处多有我们的朋友——工人和农民——帮助我们。我们在工人和农民中有朋友从后方攻击我们的敌人,而在国际的战线,这五万俄里的海陆边疆的战线上,我们亦有从后方攻打我们仇敌的朋友世界的——劳动运动。把我们同这劳动运动连结起来的绳索是我们革命的青年之共产主义教育之根本的基础。不错,马克思,恩格尔斯,列宁是我们的理论之基础和磉杜;然而生存在书本上的理论的人只是一个酸儒而已。革命的战斗员只有以根据他的研究于理论的磐石之上,而严密地和不可分解地同世界之革命的阶级斗争之经验连合起来,才能发展。注意的观察战斗,研究他的道理,明白他的深的法则,是在这一时期中教育我们青年革命者的重要条件,在这时期内世界各国之完全的政策,完全的文化,甚至于凶恶的仇恨和嫉忌都渐渐成为格外的国际性。

(三)革命者和神秘之义

施佛特洛夫大学他的目的就在教育革命者。那末,什么是一个革命者的主要特性呢?第一,我们不能把他从他所自出的和使他成为现在的他的阶级基础之分开。如此,我们时代的革命者只能同劳动阶级联合起来。他有他的特别的心理的特性,在他的智识和他的意志中。如果是必须而可能的时候,革命者捣碎站在他和他的目标之间的历史上的阻碍,用武力来达到这目的。假使他不能破坏,他绕一个弯,他忍耐地和坚持地在暗地做工作,损害敌人的力量。他是一个革命者因为他不怕捣碎阻碍,不怕暴烈地用武力。他的永久的企图就是维持他的破坏的和他的创造的工作到活动的最高点,就是要从某种历史的情形中得到他们所能允许于革命的阶级运动的前进之最大□。

革命者只承认外部的阻碍:他自己内部是没有的。他在他自己之中发展能用完全真实来考量他的活动的范围之能力;他观察和计算范围的正面和反面形势;他有清晰和正确的政治眼光。但是一个人若被内部主观的阻碍行动所困;他缺乏明见和意志力,他被内部的冲突,被宗教的,民权的,职业的偏见所碍;他只有一半是革命者。在客观的情形已经有大多的阻碍。真正的革命者不能容许他自己再有增加主观的阻碍之奢侈。所以教育革命者第一必须解放他于那种愚暗和迷信的余孽,这种愚暗和迷信常在一个"极有感情的"天性中找得着。因为这缘故,我们对于无论那个敢主张神秘主义或宗教思想是适合于共产主义的,采一种极端不调和的态度。你们知道重要的瑞典同志居然亲近做了一篇文章,讲宗教的人生观,不但同共产党党员资格并且亦同马克思主义的观点有连合之"可能"。我们相信无神论是马克思主义观点的不可分的成分,是革命者的理论教育的一个重要条件。相信别有一世界的人不能集中他的热烈的精力于这个世界的变革。

(四)达尔文主义和马克思主义

因此在施佛特洛夫大学对于自然科学加以极力的注重。没有达尔文就没有前进的可能。同志们,我记得当我差不多在三十年前在瓦特沙监狱里读了达尔文的《人种起源》和《天演论》。我永远不忘记我读这些书时候的非常的感触。当达尔文描写雄孔雀和其他华丽颜色的雄鸟的毛的进化,并表示出来从起先难察觉的颜色的不同,结果生出最不同的和华美的羽毛,我须说当从我读这个时候的那一刻我觉着我已是一个无神论者。因为如果自然能够用他自己的"盲目的"方法成就这样伟大的工作,那末又何须更有什么超自然的力呢?几个月之后囗当我读达尔文的自传时,在自传中他有下面的话:"虽然我已抛弃了圣经上所说的宇宙论,我仍旧保存我对上帝的信仰。"我受了感触,但是我自己的态度没有变更。我至今不知道是否这位老科学家,人类历史上最大天才中之一个的这句话是一种遵从习俗的谎话,所以对待世上最虚伪的民意(英国资产阶级的意见);还是在他的脑筋中留有想造成他为一位牧师,而灌注旧宗教信仰之细胞,科学没有完全侵入的细胞。我不能解决这个心理上的问题,但是这没有什么重要。就是达尔文保有他对于上帝的信仰,他的学说同他这种宗教信仰完全不相合。

在这一方面和其他方面,达尔文是马克思的先驱。在一种广泛的唯物主义的和辩论学的意思之中,马克思主义是达尔文主义对人类社会应用。孟乞斯特派的自由主义曾想把达尔文机械的〈地〉适合于社会学。这样企图只弄成稚气的类推,这种类推遮掩恶意的资产阶级的辩护。马克思的斗争说被解释为生存竞争的"永久"律——这种企图完全可笑。只是达尔文主义和马克思主义间之内部的连接使能懂得生类的活流,在他同无机物的自然界之原始关系;在他的进步的特殊和进化;在动物和植物世界的最初简单的种类之间的生命需要之分化和差别;在他的争斗;在"第一个"人或应用第一工具的类似人的动物的出现;在使用联合的机体的原始的协作的发展;在由于生产方法——就是,自然的征服的发达之社会的更分为层级;在阶级的战争;末了在为阶级的隆起的争斗。

从这样广大的观点来懂得世界,表示人的知觉从神秘主义的残演和剩余中之第一次解放。这就是说第一稳当的立足之地。这个就表示这点至终明了了——对于斗争没有内部主观的阻碍。剩下唯一的阻碍和反动就是外部的,而必须依照冲突的情形,用各种方法来征服他。

(五)革命行动的理论

我们怎样时常说着:"实行至终得胜。"这个在那一个阶级和人类全体的集合的经验上渐次扫除根据于急躁的推论的幻想和虚伪的理论之意思上是对的。然而我们可以同样对的说:"理论至终得胜";假使我们明白:理论实在就是人类的全部经验。从这个观点上理论同实行间之冲突消灭了,因为理论并没有什么,就是适当考虑过的和推论出来的实行。理论并不使实行失败,然而理论确实使对于实行之未经思索的,毛躁的,不根基于理论的态度失败。我们可以完全的对他说:"武装你自己以理论,因为理论至终得胜。"如果我们要适当考量战斗的情形和我们自己阶级的状况,我们必须有一个指导政治上的和历史上的方向之可靠方法。这个就是马克思主义,或在我们最近时代的列宁主义。

马克思和列宁——这是我们两个在社会研究的范围中最高的指导者。就是这两个名字代表了那施佛特洛夫大学所根据之纲领的唯物主义的和辩论的观点。马克思——列宁!这两个名字排斥一切以保存在我们学校里和后来移到我们党报栏里之学院的讨论。学院主义,以有独立价值和重要的理论之意义来说,对于我们革命者毫无意思。理论是为集合的人类用的。他是为革命用的。不错,在我们社会的发展的某时期中,曾有想把马克思主义同革命的行动分离之企图。这就是所谓"合法的"马克思主义的时期。在那时期之中发生一种合法的马克思主义之特殊形式,约在前世纪九十多年时。在那时候俄国的马克思主义者分成两个营垒;彼得格勒和莫斯哥的报馆里和时髦社会里合法的马克思主义者;和秘密行动的马克思主义者,在监狱里的,充军在西比利亚,或流亡在外国的马克思主义者——不合法的马克思主义者。大概说起来,合法的马克思主义者都比我们这班年幼的马克思主义者多受些教育。实则那时亦有一部分受极深教育的革命的马克思主义者,不过只是极小的一部分,而我们合成大多数的青年是——老实说——颇无智识。对于我们,读达尔文的书是一件最有铭[敏]感的经验。事实上我们中间没有多少能有机会甚至上进到达尔文。然而,虽然这样我能十分真确地告诉你们:假使这样一个不合法的青年马克思主义者在十五或二十年以前同一个合法的马克思主义者起冲突,这青年总有这种感想——"然而还是我们比你们更有智识一点"。这并不只是青年的自傲。这种感想的根据是在马克思主义完全不能同化于一个没有为革命行动的意志之人。只有革命的思想联合着要战胜阻碍和当时环境的意志,马克思主义的武器才能刺入和破坏这些阻碍和环境。如果这种实行的革命的意志缺乏,那末马克思主义就变成虚伪的马克思主义,成为一把不能割东西的木头刀。在我们的合法马克思主义者手中的就是这木头刀,他们渐渐成为自由主义者。要知革命行动的意志是了解马克思主义的辩论学的不可移的条件。他们不能互相独立生存的。马克思主义不能成为一种学院的理论而不失掉自己为马克思主义,就是说,不成为革命行动之理论的武器。施佛特洛夫大学不致走入学院派的歧路,因为他是一个党的机关,党现在仍旧是一个被围困于革命堡垒里的驻防军。

(六)施佛特洛夫的纪念

同志们,你们的大学题名为施佛特洛夫并不是没有意义的。我们敬爱甲壳白密爱洛费去(Gaeol Miohailouitoh，即施佛特洛夫)不因为他是一理论家——他并不是理论家——而因为他是一位革命家，熟练于马克思主义的方法以供革命行动的要求。像我们中间的大多数，他并没有独立地把马克思主义的理论更扩充和发展一点；他并没有使马克思主义得着新的科学的发明；然而他确使用马克思主义的方法给资产阶级一个重大的打击。我们知道他就是如此。当他盖棺的时候他是如此。他的最特殊点就是他的活动，刚毅和勇敢；同志们，没有勇敢就没有并且不能有革命家的资格。我并不只指一位革命家不会是一个胆小者——如讲勇敢是指他的物质的主义，那就太瘠薄和单简了。革命家必须更有高些的，须有精神的勇敢；有行动和采取历史上唯有先例的，没有由经验所证明的，并因此种种理由而似乎是过分的，方法和步骤之毅勇和决心。十一月革命的大观念，在革命前完全同十一月后的观念不同。无论那个大事业，在某种意义中，是出于意外的。十一月革命这意见刚在革命发生前——甚至有许多马克思主义者见了革命，惶恐而退缩，因为这似乎是不可能的——而他们明明费了几多年的功夫想走近他！历史在那时秤阶级，党派和个人的重量，觉着他们太轻，就明显了。施佛特洛夫没有属于那些被抛弃者之中。他是一个真正的战斗员，他使用了马克思主义的武器很得法，使他能有决心和限定通过十一月革命。我们看见他在各种不同的情形中——在大的群众集会上，在党执行会开会时，在恐慌的时候，在委员会中，在革命军事委员会中，在全俄苏维埃大会上。我听见他对群众演说——用他的铜锣响的声音，我听见他在党执行会上的沈[沉]静的声音，我不能想到他会有一次觉着不自在，或不知所措，惊恐这话更说不着了。在他最严重的时候算他总是一样——头上戴了一顶皮帽子，口里嘟了一枝烟，笑着，他的小而瘦的模样总是活泼和激发，但是总是果断和严重。在一九一七年七月在彼得格勒我看见他是这样，当白党正猛烈攻城时，他是同样。当确确在十一月革命前的紧急的时候，他仍旧如此，在白来斯脱立笃夫斯克会议后德国进攻的日子，在左派社会革命党七月起事的日子，——当人民委员会一部分(少数之左派社会革命党)围攻皇城里的多数之布尔希维克的日子，我记得他总是戴着皮帽，笑着，说："现在我们恐怕要把人民委员会重新回复到革命军事委员会了吧？"甚至当捷克斯洛伐克将攻热泥拿夫郭洛特时，当同志列宁被社会革命党的枪子打到的时候，施佛特洛夫没有震摇一点。他的镇静的和果决的自信，没有离开他一刻。同志们，这个就是一个革命者最可贵的品质。我们不能知道什么日子和钟点在我们前面，什么奋斗仍旧等着我们，什么敌垒我们仍须征服或者须暂时屈服。我们已经征服了许多情境，屈服于他们又重新征服了他们。革命发展的路线是绝对复杂的。我们对于无论何事对于一切事情必须预备着。施佛特洛夫的勇气必能鼓励施佛特洛夫大学——然后我能安心地靠得住我们党里的战斗的精神之维持。

(七)东方的党

同志们，我前面说过：神秘主义和宗教是不能同共产党员资格融合的。这个不是一种确切的表意，就是我现在所要更正的，并不因为抽象的理由，而是因为对于我们、对于苏维埃联邦共和的共产党，这问题有极大的实际的【需】要。莫斯哥自然是联邦所无可争议的中心，然而我们四重周围还住着以前被压迫的民族，住着并不由于他们自己的过处[法]而退化的人民,在这些国家中之共产党的组织和发展,是现时我们最重要的最复杂的工作之一,这就是施佛特洛夫大学学生的首要的责任。我们是向外面的世界相接触。为革命的专政的缘故我们在联邦的各国中用法律禁止无论何种公然或暗中代表资产阶级利益的党派的发展。换句话来说,就是只有共产党在过渡时期有掌权的权利。所以我们,在土耳其斯坦,亚普白仁,乔治亚,亚米英和联邦中的其他各国,把领袖的权利在过渡时代只给与共产党,共产党是有人民中劳动部分的拥戴。然而,我们党在奋斗中把自己强盛起来之社会基础,在城市中还非常微弱。无产阶级在那里还没有十分充足的强大。这些国甚至没有屑微政治的革命前期的历史,如我们在莫斯哥和彼得格勒所有的。在这些国里只是十一月革命才鼓舞起这些受过最重压迫约[欲]退化的农民到一种自觉的或半自觉的政治生活。当这些农民的群众被警醒之后他们走向共产党,如他们的救命者;他们把他们的最好份子加入共产党——这些份子就是忠实,诚恳和革命的份子,不过在阶级斗争中没有经验,他们没有经过罢工,暴动,巷战,没有受过宣传训练,他们不懂得有他们自己的报纸更不必说外国报纸了——这些份子是半游牧的野蛮人的极近的后裔,他们是各种不同的佛教徒和回教徒,现在他们来叩共产党的大门了。我们把我们党的门开了迎接这些退化人民的优秀份子,所以并没有奇异的;我们在土耳其斯坦和几个别的共和国内有很大的百分数——有时百分之十五之多——的党员是属于不同的宗教。这个有没有什么同我们的几个领袖所想创设的马克思主义同宗教是相融的理论相同的地方?【丝】毫没有一点。当有几个开明的智识阶级偶然在共产党里面觉得不十分满意起来了,或受了某种思想上的反动,或心中的不消受,于是想到只有某种神秘的药石能医治他——那就应另当别说。那是矫矜的小资产阶级的自傲,求才学出名的企图,而实在是最普通的希求资产阶级的营业。然则土耳其斯坦,亚著白仁的革命的原料,他还没有经过历史的各种不同的程序,是完全不同的一回事。当他到我们的门口我们必须承受他而教育他。最好自然是我们能够在那里有无产阶级,我们已经经过罢工,他们同教堂起过冲突,已经抛弃了他们旧的偏见,然后到共产主义来。这种程序现在还在欧洲进行,并还在我们莫斯哥进行。但是在东方还缺乏这一切预备的训练。我们的党是那里的第一个学校,他必须完满他的责任,尽他的义务,自己同环境适合。我们接受还没有同宗教割绝的同志,到我们的队伍里来——然而我们可以担保说,不是要把佛教同马克思主义结合起来的。我们这样做,是要缓曲地,但是坚持地解放他们于迷信,迷信是共产主义的仇敌。我们必须用我们的全力来帮助他们,在各方面和各范围中去增加他们的智识,去得到一个一致的,活动的,唯物主义的观点。施佛特洛夫大学的同志们!深固西方同东方的结合,将是你们最重要的工作之一。

时常记住在胸中:我们是全亚洲大陆的文化的启发者和负责者。我们对东方的使命必须在我们苏维埃联邦中先完成和发展。灌注一个新的观点到一个已成年的土耳其斯坦人和吉尔吉斯人固然是很艰难的,然而对于青年是可能的。这个特别是我们施佛特洛夫大学的少年共产党的职务。革命的进行须费年月,只在几十年之后才能发达和成功。我不知道当最后的胜利来时你们大家还是否活着,然而同志们,这是你们的极大幸福,来参加革命,不断地进行革命,学习斗争理论的武器,使用他们于日益广大的地域。施佛特洛夫大学的主要职务就是这装束青年的代表以适当的武器。同志们,不要忘记理论至终将得胜利!

(八)施佛特洛夫大学和列宁

我完全确信;一年一年地过去,施佛特洛夫同列宁学院和马克思大学中间之关系将日益巩固。到马克思的道路——对于年轻的世代——是经由列宁。直接的道路是日渐的艰难,因为青年被日益增长的时期间隔于马克思和恩格斯,创造科学的马克思主义的天才。在资产阶级社会的帝国主义时代,列宁主义是马克思主义之最强度的集中于现时的革命的行动,莫斯哥的列宁学院必须成为革命战略的最高学院。施佛特洛夫大学和这学院间的结合须创立于先,能发达和强固于后。

同志们,在这施佛特洛夫大学五周年纪念中,没有如我们的名誉校长列宁的不到,使我们再难受。他的长而严重的疾病,没有一刻离远我们的脑海。然而我们的忧虑可以稍减,因为决信共产党,和他的施佛特洛夫大学,这是他的最重要的原子,是坚固而强盛地装满着列宁的精神。这样讲起来我们可以说:即使我们的领袖和教师今天没有实在同我们在一起,而他的才智是在这庆祝中同着我们。我们在此地呼吸着人类脑力的发达所从未能创造之最好和最高原则的空气。所以我们对于目前将来的确信是牢固而不摇。同志们,我不能以代表我们党的执行委员会庆祝你们就算完结,还须对于我们的教师,列宁,表示我们学生之联合的亲密的敬意和热忱的爱。

(《少年共产国际》创刊号,1924年7月,署名 L Trotsky)

96.《对于中国社会主义青年团的意见》(《少年共产国际》创刊号,7月)

《少年共产国际》创刊号刊登 D□in 的《对于中国社会主义青年团的意见》,如下:

草拟扩大执行委员会青年工人与农民议决案的说明书

我起草的这个议案,其中包括的问题很详细,而且很实际。现在为简略起见,我只说一说其中的几个重要原则,其他各问题暂置不论。

我们社会主义青年团已有四年的历史了;在这四年之中,我们奋斗的成绩有胜有败。现时中国正当着经济和政治的恐慌时期,一切社会运动都现沉寂之象。我们当借此时期,总结以前工作,并确定将来运动之新道路。

我们团体虽有四年奋斗的历史,然始终尚未成为一群众的组织。团体中固然不少勇敢的革命的份子,他们的天性绝对仇视封建制度,外国帝国主义,甚至于资本主义;不过这些份子之中大多数是智识阶级。这是什么缘故呢?我以为根本原因是在我们的组织是一共产主义的组织:以阶级斗争的观点,以推倒资本主义制度,建设一社会主义的社会为目的。但同时,中国的社会情形一方面尚在从封建制度过渡到资本主义;他方面又受外国帝国主义的压迫,外国帝国主义把中国政治和经济的发展阻滞住了。因此，中国目前劳动群众运动之目标，是在推翻帝国主义，打倒封建遗迹。此等责任，当然并不是纯粹阶级的，亦并不是纯粹社会主义的，而是中国大多数民族的。即此问题对于中国的大多数人民自工人农民算起，一直到资产阶级止，都有利害的关系，洋资本家的竞争及国内军阀的纷扰，对于资产阶级很是不利。

由上面的情形看来，我们的目的似乎有些自相矛盾。何以呢？因为我们的目的是在建设一社会主义的社会制度，而按中国的现状，都只要求资产阶级的国民革命。所以纯粹社会主义，纯粹阶级斗争，纯粹无产阶级专政的等等口号，一时都用不着，因为劳动群众与青年们都不了解他们。因之本团的运动不能成为普通的群众运动。而加入本团组织的大多数是智识阶级的份子，这些份子不但懂得社会主义，并且懂得社会主义要怎样在中国实行。这样情形的结果，使本团的团员大多数非农工青年，而是学生。本团是一阶级的组织，是以无产阶级为立脚点。他当教育无产阶级，并为他们的利益而奋斗，既是这样，我们的组织，应当以农工青年为主要份子；但在事实上却不然，其根本原因就是中国政治经济情形处于停滞状态之结果，关于这点，我在上面已经说了。因为现时群众对于国民革命的口号比较社会主义的口号要易于明白些，所以本团不能成为一群众的组织。但是我们的责任，无论如何也要使群众参加政治运动（国民革命运动），并且无论如何，也要在农工之间多介绍有觉悟的青年加入本团。然而我们若是为了要达到上种目的，而不去组织一适合于中国目前政治经济情形的团体，不用那些农工青年比较容易了解的革命口号，那么，我们的团体，还是始终不能成为一群众的团体。

我说必需要按中国的现状，组织一青年农工的国民革命团体，然而不愿意确定这种团体最后的形式，我以为说到这层还太早，因为只有活动的经验与实际的情形能够告诉我们应当采取何种形式。在数星期之前，我曾与几位同志谈到这个问题。我当时对他们表示的意见是组织——"农工青年联合会"。有几位同志主张组织一"国民党青年联合会"。我现在不愿意讨论，此二种组织之中，那一种是比较合于实际生活的；但我可以说：在现时政治恐慌的时期之中组织"国民党青年联合会"，未免先把政治的色彩确定了，其结果，仍不能使多数农工青年群众加入这种组织。因此，我更进一步主张，不将我们现在预计要组织的青年农工团体，立刻确定其带有任何政治色彩的形式：因其结果，仍不能将我们为了国民革命要拉拢的青年群众，联合在一个旗帜下。这是证明，若是凭我们所想，由上而下的马上规定这种组织的形式，结果是艺术的，不与实际生活相符。这种组织最后的形式之规定，我以为只有从下而上所得的经验可以告诉我们。因为我们现在还没有经验，所以暂时不能规定这种组织的名称。

现在我们只要问：哪些份子为这个集中的国民革命的青年团体底基本团员？中国的人民，农民居其百分之八十（甚至要多），既如此，我们晓得中国的一切革命（国民革命也在内），首当以能否满足此大多数农民的经济要求为中心问题。但要使国民革命能满足农民的利益，必需要农民亲身参加国民革命才有可能。从此我们可以得个结论，就是我们那预计的国民革命的青年团体当以青年农工为基础。

与上面这层有关系的问题：就是我们要想想，到底这种青年农工组织的形式是怎样?我想以一种不致于引起多大反感的形式为原则,如俱乐部,工人的"结社"(研究会)等是最好没有的,他们却能把许多青年农工联合在一块儿。俱乐部比"结社"还好些,只要我们会组织他,一般的青年工人,不但不害怕,而且能引起他们加入的热心。

至于青年农民方面,我以为要组织以"青年农民联合会",因为这种组织就名义上看来是不带半点政治色彩的,甚至连经济奋斗的色彩也没有;所以他能不引起任何方面的反感,可以包括或联络一很广泛的青年农民群众。

同志们要注意,名称是不关重要的,重要的是在实际工作,只要那些青年工人俱乐部和青年农民联合会在实际上能够活动,能够工作,我们的目的便算是达到。怎样工作呢?我以为我们很要学一学基督教青年会的方法。青年会固然是我们的仇敌,然而他的工作方法我们实在可以佩服,他曾迎合青年们的心理。这个组织是我们很有力量的一个仇敌,也是我们要尽力去反对的一个仇敌。我们去反对他,固然要想出好的办法,但亦可以利用他的方法去反对。我们还要注意,就是这个资本帝国主义的政治组织,很有与中国青年群众接近的经验,他怎样能使青年群众相信他、笼罩在他势力范围里之内,这是很值得我们考察的一件事。基督教青年会最重要的工作是文化运动,而中国的文化程度很落后,一般青年对于提高文化程度的运动也很渴望,于是什么地方有这种运动,他们便到什么地方去参加,并恭受那种奴隶文化的影响,因此,一般青年不期然而然的便堕入那青年会势力范围之中了。我们对此当注意!

我们现在是经过一很厉害的工人运动恐慌时期。中国的工人阶级在去年"二七"时所受的创痕到现在还未痊愈。我们应当明白,若是我们现在用政治或经济的激烈口号去做青年工人运动,即使他们赞成了,他们也没有力量去作。所以我们应该换一方面去活动,就是应该从文化运动方面去活动。固然我们在这方面也曾下过工夫,开过工人子弟学校,但总把他当作了一种附带的工作,至于工人运动兴盛时,没有时间去做这种工作,也是一个重要原因。但我们今后切不可如此了,我们要大大地注意文化运动起来,如开设平民学校,注重普通常识,提倡自习会,研究会,以及校外的演讲等等。

然而我们晓得,政治以外的文化运动是没有的。资产阶级往往冒充伪善,来办所谓"离开政治"的文化运动;基督教青年会自称为"非政治的组织",口口声声是爱中华民族,爱中华民族的青年,所以开学校,建教堂,办理政府所不能替人民做的许多公益事情。因为(政府拿了人民的钱只去做于自己有利益的事情)他们总把文明当作与政治无关的一种高尚物件。但实际上,凡是进过他们的学校和教堂的人,结果,非平民的良友,即不为平民的利益奋斗,而变成外国帝国主义的走狗了。帝国主义其所以在中国能横冲直撞,无忌惮的实行其侵略政策,正是这班东西在其中作怪!这样看来,基督教青年会是否真为"非政治的组织",可不言而喻了。

我们现在也用不着从资产阶级的科学里面找出许多证据来,说明资本主义社会的文化是与资本主义制度本身(奴隶制度)有密切的关系的,只是我们自己切不可做那所谓"纯粹文化"的附和者,也切不可把这种观念打入劳动青年的脑里去。他们尽可很老实,很公开的说:我们向青年群众要宣传的文化是含有政治性质的文化,不过我们与基督教青年会要严厉的分清楚，就是我们的那种政治性质是指出劳动青年受苦的原因，给他们说真话，而不像青年会一样只骗人，只宣传帝国主义者的诡计。

我们应当处处指明科学文明与政治的关系，我们应当指出科学的发明即物理化学（如炮飞机等物之造成），都是资产阶级用以作为压迫劳动群众的利器了，何况其他？我们又□当指明中国社会文化程度落后的原因，因我们由此可以渐渐使我们的文化工作与政治运动紧相接合起来。这就是我们做文化运动的重要原则。

还有一种工作是于青年工人利益最有关系的，而我们一直到现在很少注意他，就是青年工人的政治经济奋斗。关于这个问题我已经在本团第六期团刊上将我的意见发挥尽致，现在不再多说，请同志们平心静气地读他一遍，自然了解其中意义。我现在还要补说一句，就是他们假设不注意这种工作，结果，无异自己刺毙我们的青年运动，连从到与去年工人已经有的关系都会切断。

我已经证明在去年工人之中有作文化运动的必要，在青年农民之中无待证明，想同志们也会明了。不过我以为第一期在青年农民中间做文化运动，一定比与在青年工人之中做文化运动有稍为不同的地方，就是在青年农民中做文化运动的政治性质，当比在青年工人中做文化运动的政治性质带得少点。因为那些纯粹关于原则上的问题，说与他们听，他们一点也不懂。我们必需好好的先用文化工作去与青年农民发生密切关系，研究他们的风俗，习惯，希望，要求等，然后从土地问题，田租问题，赋税问题，□金问题等等引导他们到政治问题上去。

现在我说一说组织上的原则。我们应当组织青年农工群众从下而上。于每一城，每一区，甚至于每一工厂中渐渐组织俱乐部。在乡村中组织青年农民联合会，也应当如此下手，因为我们不必急求有集中的组织，就是不必急求将各处所有的组织马上统一起来。我们此时只要研究，怎样在青年群众中活动，怎样与他们接近；就是这些组织完全彼此不相关连都不要紧，只要我们自己知道，什么地方有这种组织，他们的工作进行如何……能用集中的方法去指挥他们的工作，但不必即将这些组织的本身集中联合起来。等到我们进行这种工作有经验了，那些俱乐部和青年农民联合会已暗中稍有线索了，我们在一年之后（或者早点，或者迟点——完全要看我们工作的努力与否和进步的快或慢），召集俱乐部和青年农民联合会的全国大会，决定这个组织的政治面目及其最后的名称。但是现在关于这层不要急，也不必急。

我们自己对于这种工作的态度是怎样呢？第一要创造这些组织（就自[是]俱乐部与联合会），第二要做文化上和经济上的工作，第三要暗中做政治奋斗。但最重要的还在能领导一切实际工作及政治活动。我们要占得这种地位也不难，只要自己能做这种组织的最积极的份子，使群众渐渐地相信我们，而至于他们自然推我们为指导者。我们的工作在这些组织之中愈集中，影响愈大得到群众的同情也愈快。为了要达到这个目的的起见，他们必需在每个俱乐部和每个青年农民联合会中组织秘密的小组，本团的小组。

亦许有青年工人俱乐部青年农民联合会的地方，连我们的同志一个也没有，但当有这种事情时，我们不必着急，亦可以与其中的积极份子联络，使他们与我们合作，受我们的指导,以至于引他们加入我们的团体。

总之,我们现在是设法使青年农工参入政治的奋斗,这是我们的根本责任,同志们对于这点应澈底的明了。我们以前的工作,多只注重学生方面,我固然不反对做学生运动(也不能反对),但我们做学生运动的方针,必需与上述组织青年农工团体的策略精神上要一致。学生运动固然要分出我们一部分工作的力量;但是要明白,我们工作的中心点不在学生们,而在大多数青年农工群众。个个团员应常明白这种意思,个个团员应当了解这种责任,庶几全团才能开始群众间的工作,集全力于根本活动,和教育青年农工,引其参入政治奋斗。唯如此我们方可于不久的将来,得到一大批青年农工群众的团体,以此而参加国民革命,乃真能促进国民革命之发展与实现,望同志们大家努力!

(《少年共产国际》创刊号,1924年7月,署名 Dllin)

97.《中国社会主义青年团和中国的学生》(《少年共产国际》创刊号,7月)

《少年共产国际》创刊号刊登 Chanatly 的《中国社会主义青年团和中国的学生》,全文如下:

一

智识阶级,因为他没有独立的经济基础,并且因为统治阶级需要他做压迫他阶级的工具,他很有钻到统治阶级里去的机会——所以常常是一个反革命的。不过青年学生,他是青年,总比较富有革命性一点,其中往往有少数参加革命运动而为无产阶级服务。在历史上青年学生尽力于无产阶级运动之先例很多;俄国的学生在俄国的农民和工人中很做了一些宣传和组织的工夫。而尤其是殖民地上的青年学生,格外地趋向于革命。因为他们是小资产阶级家庭的子弟,殖民地上的小资产阶级因受帝国主义之经济侵略已渐次贫困,以致青年学生在学校里读书常觉得经济的压迫;而一方面又因为本国的经济不发展,青年学生对于他们将来卒业后的社会地位不由得不起恐慌,——有这些原由足使殖民地上的学生渐趋于革命的道路。不过;不管他是殖民地的学生或是资本主义国的学生——终归是智识阶级,这阶级终是摇动的,如果有机会去依附统治阶级,他们就立刻揭下了他们的革命面具。如俄国二月革命后的俄国学生,和中国五四运动后的学生领袖;或因达到了他们自身的目的而满足,或因防卫自身优越的地位,而甘做反革命运动。这是个个无产阶级革命者所应当记住的。

证之各国先例,在无产阶级运动刚开始的时候,青年学生常常在其中占重要的地位。他们到无产阶级和农民中间去唤醒他们起来奋斗和组织。在无产阶级革命运动中是一件很重大的事。中国无产阶级运动正在起头,并且中国农民的觉悟还等于零,所以能够得到一班中国智识阶级来做"往民间去"的运动,如俄国智识阶级以前做的一样,对于中国将来的无产阶级革命一定大有补益。因此缘由,中国社会主义青年团在学生中有尽力吸收他们来替中国无产阶级和农民服务之责任。

二

凡成为一个革命党,必是能脱离一切旧的因袭的社会观念。所以我们在学生中第一步的宣传工夫,就是要扫除学生的旧社会观念。这种工夫在五四学生运动中曾经做了一点,但是可惜这种工夫只做了一点,没有能普遍,就终止了;在五四运动之后,这种对旧社会思想的攻击几乎完全停顿,一切新出版物都换了战斗的方面。因此,如果我们要使学生革命化,必须重做一番新工夫。尤其在现时,有一班提倡东方文化者,他们将成一种青年脱离旧思想的更利害的障碍。我们要攻击他们这种东方精神文明和西方物质文明的对峙区别,我们应指出"精神"没有独立的可能,而是跟着物质的,应指出世界的文化是整个的,虽然东方的主义现时同西方的不同,然而西方的是更进步的而东方的文化是一天一天的进步,要赶上西方的渐趋于世界文化的一致前进;则保守这种东方文化,阻止东方文化的这种进步的趋向,乃是反革命的。我们要给中国青年学生一种世界的科学的人生观,使他们知道世界是整个的是进步的。

有一班青年他们能脱离中国的旧思想,但是因为他们没有能扫除他们固有的个人主义的根性,仍旧不能走到革命的一方面来,虽然他们有革命的热忱,然事与愿违,常常做的是反革命的事业。我们应当指出社会的改革和人类的进化是靠人们集合的努力,个人的行动非但是无济于事并且往往有相反的结果,以免青年脱离了旧思想又走入了个人主义的无政府主义。脱离旧思想的学生,更容易走到资产阶级的自由主义。我们应当说明这种自由主义的虚伪和现时他在欧美各国的破产而更在中国没有立足的可能。基督教的宣传在中国青年学生中是最危险的东西。虽然在以前中国社会主义青年团做过了一点反基督教宣传功夫而给他一种打击,中国青年学生仍旧有许多受他的影响。只有继续的有统系的宣传,指出教会帝国主义侵略的背景和基督教现在在欧美的破产,才能打破他在中国青年中的势力。

只有把青年的一切旧思想和迷信打破了,才能把我们的主义灌注给他们,使他们到革命的旗子下来。我们在每一种攻击之中,我们须给青年学生明白我们所主张的社会主义是什么,使不致无所适从。只有以各种他们能见得到的事实,来证明我们的主张,才能使他们明白我们的主义。我们应当证明给他们看:达到人类的自由和世界的和平只有推倒世界资本主义,和建设无产阶级专政之世界的社会革命这一条路,而中国民族的完全解放亦就靠在这唯一的世界社会革命。所以中国青年学生的责任,就在集合在指导世界革命的第三国际和少年共产国际之下,来做唤醒和组织中国的劳动民众以助成世界的革命,和达到中国完全解放的目的。

我们对于学生的宣传,不仅是在自己的出版物上,并要利用学生团体的各种出版物来发表我们的意见;而且不仅是用文字来宣传,并须利用一切讨论会,演讲会和一切学生的集会来做我们的宣传。我们宣传最容易收效的时机,就在学生对学校反抗的时候,和他们其他一切革命的政治运动的时候。因为事实是放在他们的前面,容易把我们的主义来证明给他们看,又因为在那时学生的革命精神特别表露,所以容易接受革命的社会主义的宣传。

三

现今中国目前的政治运动还是反对帝国主义和军阀的运动；所以中国社会主义青年团有极力领导中国学生参加这运动的必要。我们在过去的历史和现时各殖民地上的国民运动，看见：贫困的小资产阶级的学生，常常积极地参加这种运动，并且他们亦是这运动所不可少的份子；他们并且是常居领导这种运动的地位。关于这种运动的必要，我们在学生界中已经稍许做了一点宣传工夫并且已得到一般有革命性学生参加这运动。不过我们还只做了第一步的工夫，留下我们所要做的还多着呢！

我们领导他们做国民运动，要使他们知道没有农民工人的参加国民运动是没有希望的。因此我们有指示给他们怎样到农民和工人中间去宣传和组织的责任。近工业区域的学生应设立劳动补习学校以帮助失学的成年工人和青年工人。一切游艺会，体育运动会和政治讨论，学生应邀请工人参加以增长他们的政治兴趣和建立学生和工人间的团结。工人罢工时学生能代找外面的声援和实际募款帮助罢工者将使相互间的关系亲密，因此在国民运动中可得合同[活动]进行的可能。暑假中学生组织乡间的旅行应到农民中用喜剧演说等做一种唤醒他们的功夫。对于农村间的运动，我们尤当注重于初级师范的学生，他们大半是将来的农村小学的教师；所以他们在农民中很有接近的机会，尤其是他们对于青年农民的影响。

要学生做国民运动，首先还是要学生自己有群众的组织。在五四运动的时候，学生会的群众据说有六十万；虽然没有好的组织，总算是有群众。而自从五四以后的学生会就毫无群众可言（除掉一二处以外）。所以现在最紧的问题，就是如何能把学生会实在能组织在群众的基础上。学生的组织并须注意到各内地的中小学校，这是以前所没有注意到的。

学生会常常只能在一种运动时有此群众参加，而等到这运动过后即失了实际的存在，而成为一种空壳的团体，一切活动亦都停止了。原由固然很多，而其中最要的就是学生会没有一种事业，使他引起学生群众的兴趣来参加。

学生会报是一种对于学生的宣传品，更是一种团结学生的工具。除掉政治的批评和关于思想理论的文章之外，尤应注重于学生日常的生活，如此才能引起学生对于会报的兴趣，并应极力鼓励和引诱学生在会报发表意见，这是领导学生参加学生会活动的最好步骤。

学生会应时常举行演讲大会。演讲会一定要有事前极好预备，讲题应择选能惹起学生兴趣和切实际的并在演讲完后听讲者得自由发问。演讲会完后，并应布置一点□。

学生会应把体育运动事业当作自己的工作。普通这种工作的领导都在教会的青年会中，这是一件最可担心的事；不知中国多少青年因此而受教会的影响。

俱乐部，音乐会，戏剧团，等等都是引诱学生集合到学生会来的妙法。

以上都是对于如何能使学生集合于学生会中而参加他的活动；我们社会主义青年团的同志应注意并极力提倡。我们知道如果学生会没有群众，他不能有力量地参加国民运动，并且在学生中的宣传亦就难于收效，因为学生会是对于学生最接近，而且是最有机会,宣传学生的机关。

四

当现时资本主义到了他的末期的时候,当他猛烈地趋向于崩溃的时候,非特一方面在殖民地上和新被征服的中欧各国使一般小资产阶级智识阶级无产阶级化,并且一方面使资本主义发达的各国,包括英美在内的小资产阶级智识阶级亦渐次摇动,呈一种不安分的现象——这都是资本主义的狂妄的极端集中的结果。这种智识阶级的渐次无产阶级比,因而趋于革命的道路上来之现象,已经惹起世界革命运动的指导者,第三国际和少年共产国际的注意。因为即使不能使这般无产阶级化的智识阶级来帮助无产阶级革命,亦至少可以使他不到反革命旗子之下去。

这亦可以知道中国社会主义青年团除掉他的基本工作——青年工人和农民中的工作——之外。更有注意于学生运动的必要。

(《少年共产国际》创刊号,1924年7月,署名 Chanatly)

98.《少年共产国际是什么》(《少年共产国际》创刊号,7月)

《少年共产国际》创刊号刊登 S. Bamatter 的《少年共产国际是什么》,全文如下:

提出这个问题,意思就是要回答他。少年【共产】国际杂志用中文出版,只因为我们在中国已有一个革命的青年组织才可能,这就已经回答了一半这个问题了。少年共产国际是一个世界的组织,他不仅是限于欧美并几遍及全球;从德国至墨西哥,从英国至澳大利亚洲,从巴黎至南非洲,末了从欧洲至亚洲。

黄色第二国际〈的汉门〉"骂"第三国际许多事情中之一,就是他是一个"有亚洲思想的团体"。我们不知道怎样这能对于我们共产党是一种耻辱,因为并没有所谓"亚洲思想"这东西之存在。虽然奴隶思想倒有这个东西的!所以黄色国际这班先生们,资本家和帝国主义者的走狗的评叫,并没有难倒我们一点。这些人们还在说他们是"社会主义者",显然已经忘了"我们的"这个世界之大部分是居住着他们以为应称为"亚洲思想的"人民。至于这个确实是什么意思,他们没有说,然则或者他们以为东方这些人民是比允许加入第二国际的标准程度要低些。

我们共产党会常常主张,并将一直主张,在一个真正的国际里面,不能有种族的分别,只能有阶级的分别。我们的国际(第三国际和少年国际)是全世界的被压迫者,不分种族和颜色之组织。

因为,我们表白很明显,在我们的国际中没有那些人的地位,他们以为白色基督教的种族高于那些异端的黄、黑,红色皮肤的无产阶级,而因此以为是可尊的白种的责任去"拯救"可怜的"无智识的"——"无文化的"——"异端的""亚洲人和非洲人"。

我们把东方的劳工和农民(被外国帝国主义和本国的主人翁双层地压迫着)与"文明的"西方资本主义世界之被奴隶的劳工和农民放在同等的地位。

说了这些话我们要给一个少年共产国际的大意。就如前面所说我们是一个世界的团体。不但是因为我们在理论上不分白种和有颜色种族——并亦因为在实际上我们已经有组织在东方(中国,日本,高丽,蒙古),在南非洲和在澳洲。少年共产国际的真义,使他能成为一个世界的组织且与黄色国际分别,就是他不但使阶级分别不成为理论的,并确实能召集东方的青年革命工人到他的旗子之下来。

黄色社会主义者的大会呈示一种怎样可怜的景象,除掉几个"老而智慧"的青年顾问之外,不能找着一个青年的工人。在他们的大会你们可以找着在大战时卖过工人阶级,并在现时仍正在卖工人阶级的人们。你们可以找着从德,奥,捷克,比,挪威,瑞典(那里并没有什么社会主义的青年团体)来的几个代表,并且不得不找一个乔治亚的代表装点一下社会民主主义的青年大会。这个不过是一种中部欧洲的几个"老而智慧"的青年领袖(?)和教师之□亲会。他们的议决自然亦是属于同样的性质。没有提及反对军国主义和帝国主义,更没提及反对压迫东方的民族。

少年共产国际则不然,会证明他是为东方被压迫的民族的利益奋斗。在我们的大会上,反对帝国主义的问题常放在前面,为各国青年的利益和地位的改善而奋斗的问题,常是大会上的主要题目。再者,我们的大会代表各国的青年工人。是的,就是黄色"国际"的人们所讲到就震恐的"亚洲心理"的青年亦来赴我们的大会。而这个是我们所最以为光荣的。

社会民主党人自然哂笑这个,并说在某某共产党大会有几个"真的",有几个假的亚洲人到会。这班蠢货,这班乡愿。他们自己拉了几个"乔治亚的"侨民到会,叫他们以乔治亚人民名义发言,他们没有权利把我们勇敢的东方同志拉入他们的污秽的辩论中,我们勇敢的东方同志经过几多艰难,把革命的青年工人和农民集合在少年共产国际的旗子之下。社会民主党人没有权利来怀疑赴我们的大会的代表——他们(西方的和东方的代表)不是已经有【上】千的团员的团体的代表么?

不但我们在各国都有团体,并且他们还实实在在依照着少年共产国际的主义进行他们的工作。他们把自己当作那在世界广大的组织——少年共产国际的一部分。他们并且明白:因为是一个集中的统一的国际之一部分,他们须严格地依照他们所协同通过的决议的指导。他们知道这些议决应把他们当做在各国的活动之总结起来的经验,所以这些决议一种决定,国际的各部分就有依照施行的责任,在一个有纪律的团体如少年共产国际,这个是很自然的。然而黄色的社会主义党则不然。他们自然不明白这个。第二国际的一班大人先生们把这个叫做"遵行莫斯哥的命令"。我们只要听见这忠心总长们的国际,叫着东方压迫民族滚开,和骂第三国际是一个"亚洲心理的"团体,因为第三国际把东方有色人种放在平等的地位,——我们东方的各国的同志对于这种"莫斯哥的命令"的叫喊只付之一笑,将继续依照少年共产国际的精神主义去工作。

因为我们是一个行动的国际,不是只是一句空话!我们用不着第二国际的方法,他们相信各个加入的部分,可以自由不做什么工,而只发许多空论。

我们都记着这个"国际"在一九一四年的可耻的失败。大战破裂的两年前在白什尔(Basel)大会通过了一个极漂亮的反对战争的议决,但是社会民主党绝对没有做一点去阻止这战争。反而他们(各国的社会民主党)用全力去维护这战争。大家宣言："他们的"祖国被攻击,"别"国的军国主义和帝国主义须用流血来打倒之。

只有左派——共产派(列宁,李卜克内西,等)实行反对战争,揭露社会民主党的欺骗工人阶级的假面具,尽力为终结大战和推倒资本主义而奋斗。

在这个反对战争的奋斗中,青年是站在前线。

少年国际亦稍为被社会民主党人的欺骗而受摇动,他们在大半国内(德,奥法等国)把持全部机关,并用这机关来传播他们的狭义爱国主义的毒药,然而不久又能重新站起来。在一九一五年已经有各革命的青年团体的代表集合在瑞士的伯恩(Berne)开会。那里就留下现在少年共产国际的基础,少年共产国际的确定的存在,是在一九一九年十一月在柏林。

我们此地应该说明:就是这左派(李卜克内西,卢森堡,赤得金,列宁,罗兰霍尔斯脱等)他们对于少年国际的成立有极大的功劳。在一九〇七年哥本黑格(Copenhagne)大会上极力争青年的组织的便是这班左派。第二国际的"老而智慧的"领袖们常常对于青年毫不关心并十分鄙视青年,犹如他们对东方被压迫的人民一样。就像他们以为有色人种是卑下而不配加入忠臣奸贼的骗卖工人阶级者的黄色国际,他们常以为青年必须受鞭策和"教育",以为他们必须长成后才能明了事情是怎样做的。

但是虽然这样,青年在我们不能忘记的青年工人的领袖和倡导者李卜内西领导之下,脱离欺卖工人阶级者的保护;在李卜内西指导之下反对战争的运动——这运动使革命的青年行动——开始了。

在伯恩会议之后动作的号召传遍各国。秘密的宣传,越过瑞士的边境而达于各国,尤其是德,法,奥,和意大利。青年社会主义团体的国际联合的中央局(就是以后的少年共产国际)在瑞士徐理黑(Zurich)出版一种杂志叫做少年国际,一共出了十一期。这杂志马上就成为社会主义的革命派的发言机关,最积极投稿的有列宁,杜洛次基,拉笛克,李卜克西内。后来这报,就被瑞士的警察封闭(一九一八年春);然在俄国革命以后在瑞士还出上一期,叫做:面色,和平与自由。一年多,少年国际杂志只好停版,一直等到一九一九年七月在德国皇族推倒后这杂志又在柏林出世。

这少年国际杂志是战时产生的婴孩。他是一个召集各地散漫的革命势力来聚集在一起(虽然还是没有一定的行动)的号筒。

在伯恩会议并亦决定下每年九月内第一个星期日为少年的[共产]国际的纪念日而举行庆祝。这个在一九一六年在瑞士,瑞典挪威第一次举行。许多大群众的集会反对帝国主义的战争,催促各国的劳工赶快去结束这个为资本家利益而互相仇杀的战争,"并要把这个帝国主义的战争变成国内战争和起事"(列宁发明的口号)。

自此以后,这国际少年纪念日一年一年地扩大范围,直到后来甚至于推及战争国里,如德,意等国。

经过许多艰难,如秘密地偷过国境,经过几星期的秘密会议预备少年共产国际第一次大会,直到一九一九年十一月三十日这个会居然能在柏林乡野的一个黑暗烟薰而污秽的工人家里开成了。可靠的同志在通道口守着,因为那时白卫军的拿斯克

(Noske)("社会党")正搜杀柏林的革命党，街中站着全部武装的军队和警察，并有机关枪队巡查街道。在这种状况之下少年共产国际成立了。他是一个真正的革命团体，是在反抗强权的战场上生长的。

在第一次大会只有十四国的代表到会。这不能不算是一件极大的成功，只要想一想那时情形代表须很秘密地越过国境，并且在会期中须躲藏起来。在这次大会上新改的少年共产国际的基本工作已经惨淡经营的成功了。

第二次大会是在赤色莫斯哥举行的。从世界各部到了一百三十五个代表，他们代表四十八个团体！这个大会首要的工作就是要很明晰地决定怎样能使少年共产国际成为群众组织之方法。这大会并指出□去的短处和错误和确定少年共产国际将来的工作。如果少年共产国际要成为各国青年工人群众的领袖，他必须努力去得到工厂中的劳动青年而尤其是大工业中的青年企业工人。所以极力注重于工厂的活动。在这个大会上"小团体"式的组织第一次讨论，不过直等到一九二二年第三次大会上"小团体"的问题才有具体的讨论。在第三次大会以前召集了一个东方革命青年的大会，这就表显[现]他非特为保护西方白色工人的利益，并亦拥护东方被压迫青年工人，无分种族或颜色。少年共产国际更宣言：在世界劳动阶级解放运动之中，东方和其他在帝国主义下的几万万被压人民将占最重要的部分。

共产主义者常常主张：攻打帝国主义最好在他的家乡下手。少年共产国际在种种行动上证明他在无论何时无论何处总挺身同帝国主义奋斗。

我们的勇敢的法国部分在鲁尔占领时证明少年共产团的反对军国主义不是一句空话。别国的少年共产团亦证明他们的价值。不过还有许多留下的须努力去做的——在英美的团体的前面关于反抗帝国主义还有极大的责任。

少年共产国际知道在他的前面还有许多的阻碍和责任。但是像在以前一样，各种斗争，我们都预备好在这里。少年共产国际是一个坚固的团结，是全世界由一个意志结合的权力，少年共产国际是一个各国和各民族的被压迫者反对世界压迫者和资本家而联合的一个强固组织之国际团体。

在东方和西方让我们有一个口号：集合在少年共产国际之下，他是反对军国主义和帝国主义的战士！

在反对同样压迫西方和东方的资本制度的战争中，东方西方之联合万岁！

于是，任他怎样，世界将是我们的。

(《少年共产国际》创刊号，1924年7月，署名 S. Bamatter)

99.《六个月的进步》(《少年共产国际》创刊号，7月)

《少年共产国际》创刊号刊登 Carlson 的《六个月的进步》，全文如下：

——英国共产主义青年团的发展——

大不列颠共产主义青年运动的历史可以分作三个时期，第一个时期从共产主义青年团之成立到一九二三年七月止。第二个时期到同年十月二十七八第二次大会止；第三[个]时期便是从那次大会采用议决案与纲领后直到现在。在这篇文章里，我便是想来专说从七月到今年一月这六个月的时期。在"少年国际"中，我上次有一篇文章曾叙述青年团的发展直到委员会开会时（七月二十二至二十三）为止，并且论及对于以后的观察。因此读者看了那篇文字后，或可更明了于这六个月时期内大不列颠共产主义青年团状况的变迁；而在此关于当时的状况，只说一个大略。

过去的概况

共产主义青年团组织以前，大不列颠向来没有什么革命的青年运动。仅仅数得出的如社会主义星期日学校，与其说他是青年工人的运动，无宁说只是儿童的运动。此外虽有些弱小的青年组织如青年社会主义同盟，青年劳动同盟，青年工人同盟等，但在青年工人的经济与政治生活上，并没有什么关系。这些组织中有一部份是学校的幼年男女学生，他们的情感虽带有革命性，但是不定而且混乱，并且带着非常浪漫的色彩。然而便从这些分子里面，产出现在的青年团。自然我们要批评起来，也不能过于苛刻。因为在共产党队伍中，很少有对于青年运动有经验，或曾亲身参加过的。

一九二二年八月共产主义青年团第一次大会后，我们的运动便正式产生。有很多的重要的议案从大会中产出，并选举了执行委员会，其余可以不详说。大会后负责办事的同志固然都是很忠实的，不幸他们缺乏共产主义的知识，不知道共产主义青年运动之历史及其意义，并且没有领导运动的经验。开了一次的会，热心就减下一次，这些同志也不知道想操作，怎样下手才好。于是渐渐都退出执行委员会，并且一同退出团体。后来委员会里又拉入别的同志去继续，然而结果又是一样。

这是很明显的，委员会里的情形既然是这样，在团体本身就表现瓦解而丧失各地同志的信用。许多的好同志有希望的，都脱离团体了。那时在党里同志看来，简直像闹玩意一般。

最后少年共产国际因为觉得在没有完全瓦解时还有立刻干预的必要，于是训命本团体当注意。后来就召集了一次讨论委员会议仔细审查全部的情形。结果推出几位青年的共产党员加入执行委员会，并商定了一个为三四月内工作的固定纲领。从此以后，不能只以革命为口头禅，但求努力做到使本团能吸收多数团员，并训练他们成为共产主义者，特别是要使团员知道什么有本团的责任。

从委员会议到大会

自从委员会议以后，工作就开始了，虽较迟慢，但颇坚固。在委员会议与大会间四个月的时期中，本团组织愈趋坚固，能够认清目的与方略，一般共产党员及真正革命同志都对本团增加信用，又渐渐进行共产主义孩童运动，并使他的组织与青年问题连接。

这次组织的执行委员会成立，当然很严重地努力工作，以求达到委员会议的决议。孩童星期队的组织差不多在当时是第一件事业。这种组织后来成为新的小组织之动力，并打破了向来认为孩童工作被别人垄断的观察。

不久，本团派出组织员到处巡行，报告少年国际中央局七月间在莫斯科的决议，并指导各地团员实际的工作。其余执行委员也短期地分赴各地，组织新的支部，并参加各地工作计划。

在八月间，我们举行一种加入工会的运动，虽然没有很大的效果，但已使团员能够认识这种重要运动的意义，譬如，在工会中提出为青年工人要求的活动就是一个例证。

少年国际纪念日的运动，是号召青年在本团旗帜下的最好方法。这一次纪念日我们组织了很多的纪念会，特别是在伦敦，突那发尔加的广场上，浩大的公开纪念会，到者有数千人。恰好在那时候（九月），工厂支部（Shop nuolei）的组织正打算进行，应该有一番积极努力以普遍这个计划。同时对于将开的第二次大会也预备妥帖，而在大会中本团以工厂支部为新基础的改组问题将是各种问题讨论之中心。但理论的研究总不如有实际工作的例证重要。于是我们就在伦敦着手进行。结果不料只组成了一个支部，团员只有两个人，但这个支部是直接隶属于执行委员会的。

嗣后本团书记往苏格兰各分部巡行了一趟，报告他们以本团内部的情形，通知在未来大会中一切的问题，特别是关于工厂支部问题的讨论。又在 Kirkaldy，Greenock，Glasgow 及 Blautyre 等地组织了新团体，还有些地方组织，也都联接起来。

因为团员教育的需要，于是有本团训练计划的预备。在伦敦特别设立了一班来指导，而实验的结果，知道应当预备一种新的计划以推行于全国各处。

在九月间工会开大会时，执行委员会发表了一封公开的信与他，提出了很多关于青年工人经济奋斗的注意。我们在铁锅匠学徒中，曾做了一番好工作。后来伦敦海员罢工时，我们也参加活动。

总之，在将开大会的四个月时期中，本团里状况很表现一点改进。许多新的有希望的同志都入团了，团与党的关系也非常好，概况起来讲，本团在具体的环境中各种向上，都表示了一些活动。

第二次大会

本次大会到者有英格兰，苏格兰，威尔斯诸处分部代表三十五人，此外还有共产党的代表，执行委员会全体委员及其他与本团友谊团体代表数人。各处代表都是青年工人，有些是矿工，有些是船工，有些是丝业童工，有些是成衣业学徒，还有些是漆匠，及建筑业的工人。这确是真正的无产阶级青年的聚集。这个并且表明本团已在青年工人中立起基础，又证实大不列颠共产主义青年运动之可能。

大会中关于政治状况及党与团职务之报告非常精确，结果一致采纳。决议案中的一部分说——"现在环境使我们有可能在本国努力一番革命的群众运动，而在群众中也有及时煽动的可能，使他们知道需要一个工人阶级全体之战斗的联合的战线，以对付本国及外国资本主义反动政局的残暴行为。"

执行委员会的报告详细说明在执行委员会任期中本团活动所起的各种问题，与其过去的进步，又述及将来的观察。关于成绩方面，我在本文前面既已说过，现在不必重说。总计起来，本团在各省有七个新支部，伦敦有六个，此外还有几个正在组织中。团员的数目是五百，但当初委员会议时，按缴团费者计算，不过一百人。

对于执行委员会的报告会引起些讨论。主要的【是】对于执行委员会的批评，是对于地方委员会的忽略。结果报告经大会接受了，并表决承认执行委员会的工作，只有三票的反对。

接着便是关于工厂支部问题的报告。当报告时，主要的报告者提出工厂支部工作的要点，并请大会注意静听已经组成工厂支部地方两位同志的报告。

这两位同志的报告引起非常大的兴趣。伦敦区同志的报告说，他个人当初既反对工厂支部的设立，又反对工厂支部报纸的出版，然而事实上在短时间中竟有很大的成功，支部本身的工作竟超过于在团分部中心的工作。因此，他现在坚决承认工厂支部组织的形式，确是最好的方法。他说："许多新的同志都加入了，不属于同志的工厂青年工人都肯来买报纸，为关于反抗工厂虐待的煽动，许多不属于同志的青年工人也加入援助，结果使我们的支部在工厂中成为活动的中心势力。"

爱丁堡区代表同志的报告也是很可乐观的。该处已成立有五个工厂支部，在船工学徒中有很好的工作。本团对于团员之加入既很慎重，所以新团员必须是经过支部的中心从工作上吸收得的同志。

后来本问题经过长时间的讨论，然同时便可证明大家对于本问题之兴趣。在决议案报告时没有一个反对的，大家的讨论惟集中于在各地实行的困难及支部的详细工作计划问题。

通过的决议案中之一部份说：

"共产主义青年团的目的是在使本团成为群众的组织，必如此才能够完成本团在阶级斗争中的历史作用——青年工人阶级的革命领袖。

"一个群众的组织不只在组织本身数量的强大，并且要能被没有阶级觉悟不能加入团体的更广大的群众承认为其指导者。

"本国现在内部的组织还不合乎我们的目的与方略。各边境分部我们运动的基本单位还是一种战前的□传（A hang-over from pre-war days）。事实上只有些俱乐部，一种鄙俗的团体，里面只有些有选举权者在那里谈天，在那里讲社交，在那里做'幽会'。像这样，各分部离开日常的斗争自然很远。会员的数目是常有限制的，而在青年工人的群众便全不知道有这个团体。离开斗争之境既然远了，其势力自然是比较的小。……

"……我们必须于凡有青年工人所在的每一个地方都组织起来，如作坊，工厂，磨坊等。便是在这些地方，我们的工作才能收效。便是在这些地方我们青年共产主义者应该为我们的运动做真实工作。我们必须做到那样的程度，能够取得工人的信用，引导他们与我们一块〈完〉争斗，无论是单纯的属于目前的地域的事务，或是较大的普遍的革命的工作，到那样的程度，我们可以得许多新同志在我们队伍中，添加我们运动的帮助，到那样的程度，我们才算是在成群众组织的真正方向上。"

"完全改善的工作自然不能于一朝一夕就完成。然而凡有两个团员以上的地方就应该马上组织工厂支部。总之，工厂支部的观念应该坚确地印于每个同志的脑中，我们全体团员，无论是否独居一地，都应该把自己当作工厂支部的起点，而努力去活动组织，愈快愈好。"

次之，关于青年工人经济奋斗的决议也有一番有趣的讨论。关于此事，可以另篇详说。我们可以满意的说，我们已有了一个严整的计划以应付事实，已定出为青年工人团结的纲领。

反对军国主义的宣传，教育工作，殖民地工作，出版工作，孩童运动，都是决定的计划，并且拟出在这些工作中的大纲。关于这些，因篇幅关系，不能尽量详述，可以在另篇文字中再说。

本团并于此次大会议出了一个纲领草案，并订出一份新章程。

大会中举出执行委员会委员十人（党的代表在外）及本团员顾问员（Councillors）八人。

大会以后

在大会以后，执行委员会立刻开会分出两个副委员会：组织委员会与教育及宣传委员会。同志鲁时题（Bust）被举为本团书记，同志李来（Lyue）为青年工人报的编辑员，同志杨和拿时（Horace young）为组织委员。执行委员会各委员都有一定的工作，都受委员会的指导。

在大会决议案的基础上，由委员会定出六个月内的实际工作计划，但是这个计划未能依原定时间工作，因为鲍尔温（Baldwin）内阁普通选举的命令发表了，而本团应该要以全力帮助共产党参加选举的运动。当时本团发表了一个《告大不列颠无选举的青年工人》的宣告，很有好的效果。在选举运动中，不仅本团，便是孩童团也参加。他们的参加非常努力，在街市中整队执旗示威游行，售卖报纸，发散传单。

大会后本团又成立几处新分部，如旁提浦，南威尔斯及布茨茅斯，都是沿海商埠的中心地。工厂支部也成立了数处，至一九二四年一月一日共有十四个支部组成。有些支部已经组织后又分散了，但若执行委员能注意于组织人问题，立刻便可恢复。

在去年底以前于伦敦外各大城市设立了好些教育班。又在好些地方有工人游艺团体的发动。这都是我们团员的努力。

对于格勒斯哥地方，本团曾派组织员前去，据报告前途很有希望，此外执行委员会又曾派往 Uewcastle，结果于该地布置了青年运动的基础。

将来的希望

现在真实的工作发端是已有了，我们对于将来的发展之观察如何？实际的状况是很可爱的。英国的劳动党政府已成立了。在这个政府之下，有千百万的下人竟存了经济与政治援助的希望。然而老的，少的，男的，女的，已经自陷于贫困不可思议的状况中。失业者已有二百万人。在这个劳动军里面，每年还加上千百个男孩女孩，他们刚在初级小学毕业，就送到劳动市场里去了。房租问题也愈趋严重。已建成的房子只是些官房或商店。不久房租涨价而人口又加增，被驱逐出室外人的更多。青年的雇用□□大而学徒更变为贱价劳动的利用功具。物价是涨的，然而工价却低落。

当劳动党与旧政府处在反对地位及选举运动时，他们□工人说得个天花乱坠。这个靠得住么？我们看看劳动党诸阁员的力量，知道绝对做不出什么事情来。何况劳动党必须依靠自由党才能保得住位置；因此，若说到工人状况的改良（这个改良是必须从资本家的衣袋里拿出来的）与保守党或自由党执政时一样无希望。惟有一件事是可能的，这就是麦克唐纳与其随臣阁员决定竭力占据在内阁席上，希望不致动摇，为避免保守与自由两资产阶级政党之乘□才注意于无产阶级的问题来。

本团现在的地位，不仅是在未组织的青年中，且在劳动党与工联之幼年队伍中作广大的运动，促使劳动党政府对于工人的生存机关的问题，劳动党领袖向来所夸耀允许的，能够实行。

本团是很弱小。团员还没有经验，各组织中都常发现缺乏纪律的训练。但是，开端已经有了，我们也可以断定大不列颠的青年同志们正在努力，前途无量。至少现在各大工业中心已有我们的坚固支部组织之成立，必能够变为被剥削被压迫青年群众之主要势力，号召起有力的运动，揭穿劳动党对工人不能有利的真情。

总之，在过去的六个月中，本团只做了为真实工作的预备。在以后，本团就必须在大不列颠青年工人之前表明怎样才是青年的先锋。在我，我相信本团必能前进，吸收许多新份子，增加许多新影响，成为少年国际的一个有力的支部。

(《少年共产国际》创刊号，1924年7月，署名Carlson)

100.《美国少年共产主义的运动》(《少年共产国际》创刊号，7月)

《少年共产国际》创刊号刊登S Bamatter的《美国少年共产主义的运动》，全文如下：

美国青年（共产主义的）工人联合会于一千九百二十二年五月在纽约开第一次正式大会，宣布成立了。一个非法的联合会直到现在还存在，但在群众上没有势力。青年工人联合会是由各种社会主义青年团体产生的，快发展成为一个包括全国的组织了。在大会前，已经发行一种杂志（青年），以联合一切同情于共产主义的纲领的势力。大会为真正共产主义的组织布置了基础，使这种组织公开地作工，做群众的工作，这是非法的组织（C，Y，F，共产主义青年联合会）所不能做的，并是大部分完全在美国改良主义的社会党势力之下的社会主义的团体所愿意做的，因为他们只是些研究会底学会。

青年工人联合会在他底多数中这样的份子还不发达，或者我们可以说，担任指导的青年同志还没有经过社会主义青年组织底学校。

当第一次大会时，联合会已经将近有二千会员，并有组织在五十一个城市中。虽然以美国这样大的国家比起来，这个数目还是小的，但开始能有这样很不错了。

从第一次至第二次大会联合会做了良好的进步，在第二次大会中布置了一个青年工人群众组织的基础。

在第二次大会中的中心问题是我们怎样变成一个群众组织？大会回答了这个问题决定联合会应当建筑在工厂"小组"底基础上。这就是说，不当再设立以居住地方为基础的小组，但由小组底工作在工厂中取得会员，并由工厂内创立团体。

美国是大工业底国家。差不多所有工业工人之一半都在大工厂作工，即是一百以上的工人底工厂中，有时有两万工人在一个工厂。立足在大工厂上是美国联合会底主要问题。基本的工业在美国将来革命的争斗中操持最大的工作；恰好有十万百万外国的（非美国的）工人被雇用在这些工业中（煤，铁，与铜矿），他们必须生活于特别的困苦的条件之下。

第二次大会树立了一个行动纲领包括许多经济范围的要求。为开始一种大范围的行动，联合会在大会后寄了一封公开的信给美国改良派的黄色的劳动联合会 American Federation of Laour。这封信是请求各工团消除反对青年进工团的障碍，并请求美国劳动联合会应当为青年工人联合会底要求从事争斗。第一要求从事一种大运动以反对美国非常流行的儿童工作。

Sammy Gompers（刚伯斯，劳动协会的书记）也回了信，但是毫不是有所动作。因为这个原故，青年工人联合会为大会所树立的要求应自身从事争斗，这正是他底责任所在。这正是联合会的机会。使他吸引青年工人群众，而指示他们，唯一地只有紧结行列，联合于青年工人联合会与共产青年国际底旗帜之下，才能改良他们底地位。

但我们不仅仅只联合工业底工人，青年工人联合会还当联合乡村被压迫的青年群众。

恰好美国农民在过去几个月更加贫困了，共产主义者的责任要给他们说明并指示，只有与工业的工人联合，而唯一地在反对共同的敌人的共同争斗中，才能救济他们。

联合会已经能够利用乡村而建立青年农民底团体了。

联合会还有一种未来的责任，注意吸收有色人种底青年。在美国将近有一千万黑人和几百万亚洲人。联合会也应当吸收这些生活于最可怜的条件之下的被压迫的工钱奴隶。与此相连结的，还必须说，美国联合会有狠特的责任，在他底本国打倒帝国主义，因为在美国与在东方（中国）一样，帝国主义压抑几百万工人和农民在他底羁轭之下。于此，美国与中国的青年联合会之间应当构成一种密切的联络，以讨论反对美国帝国主义底宣传（即在 Y，M，C，A，—基督教青年会底假面具之下，实行帝国主义底宣传）所应取的方法专途径。

在第二次大会后，联合会开始完成这些计画，并已得到些好结果。

有些工厂小组已经建立了，并成就了好些良好的工作，战胜了一般迟疑不相信的同志们，他们从此都知道工厂小组制度是组织群众底工作底锁轮。自第二次大会以来，成立了二十多个组织而会员数目过了四千。联合会底机关报（从前每月刊行）改为一种群众底报，每十五天出版一次，他在青年工人群众中已得到良好的回声了。

联合会并创设了一种儿童报,发行六千份。这是联合会很知道了在儿童团体范围内开始工作的一个表征。

儿童团体底工作有极特别重要意义,因为美国有二百多万在十四岁以内的儿童必须作工,虽有所谓"法律"的禁止他们亦必得如此。现在联合会从事和反对儿童工作的争斗,与反对反动学校的争斗的连结。在许多学校中已有表现一种好工作的小组。没有好久以前一个十一岁的儿童,儿童团体底会员,为反对政府的阴谋……被警察拘留了。这件事是为我们共产主义儿童团体一个良好的宣传。我们得了几百新会员。

我们联合会希望到下次大会可有一万个会员。纵有一切压迫手段,美国共产主义的运动还是向前进行。

(《少年共产国际》创刊号,1924年7月,署名 S Bamatter)

101.《少年共产国际前队中的德国的共产主义青年团》(《少年共产国际》创刊号,7月)

《少年共产国际》创刊号刊登 Ott Unger 的《少年共产国际前队中的德国的共产主义青年团》,全文如下:

(一)历史上的回顾

德国共产主义青年团的历史是德国青年无产阶级为德国工人阶级的解放而奋斗的光荣历史。我们计算德国无产青年的运动,知道它已有一十六年的生存了。德国生产形式迅速发展,是小手工业盛极而衰的一个原因!一般小手工业者,因欲保持他们有与大工业竞争的可能,遂不得不使用那最廉价的劳动力而且加以残忍的剥削。他们于学徒中寻得了这样的劳动力。他们雇用大批学徒代替工人。学徒的劳力既贱,则一般小手工业者自能以高价畅销商品而获得较好的利润。所以学徒的雇用就渐渐扩张起来了。实在说来,现世纪的初期,全工人阶级中,受剥削最厉害的就是这一部份作学徒的青年工人。无怪那无产青年的运动正是从这般青年工人中产生出来的。一个柏林的青年学徒受了主人的无限制的剥削和不良的待遇之后而自杀,因是引起了德国北部青年工人的组织的创立。差不多同时,德国南部中也形成了一些青年学徒的集会,而这些集会渐渐也变成青年工人的组织了。这些组织的目的是反抗对于青年的剥削,是要得着他们为无产阶级奋斗的教育和反抗军国主义(这是德国南部的组织的特长)。

加尔李卜克内西(Karl Liebknecht)认识了这种运动的大意义,他引起社会民主党的注意到那上面去,要求社会民主党承认这种运动并且扶助这运动奋斗,使这运动成为一种社会主义青年的运动。社会民主党迟疑了许久才答应了加尔李卜克内西及其同派者的要求。最初它还是草率从事,等到这青年运动渐渐地在党中变成一个反抗的中心点时,它才开始郑重地工作,并且存着决心要把那个有意扰乱该党方针的安宁的危险头□打破。在行动上,它假借了帝国主义政府的一条法律,说:十八岁以下的青年学徒是禁止属于任何政治组织的。此时(一九〇八年)它开始改变这还未完备且有许多弱点和缺处的幼稚的青年运动为青年的管导者的社会民主运动。经过长期的奋斗，它才把这样的存心弄到实现了。然而它却没有摧残着那深伏在这运动的内部的青年工人的革命精神。这般青年工人总常常是更坚固地聚集在党的左派的周围。受了几年社会改良派的教育以及那安排得很好的官僚派的机关的作用，这种青年的组织，当大战爆发时，除去打着飘荡的旗帜加入那国家主义派和社会爱国派的营里外，自然是不能旁有所为的。一九一四年八月，在那普遍的爱国主义的烟雾中，青年团里那一小部份反抗的呼声已被压住，不能提高起来。然而逐渐地，尤其是当加尔李卜克内西把他否决新军事经费那个坚定的"不"字宣说出来的时候，那些立在反抗地位的青年分子都更有声响地组织起来，并且开始在国际的阶级斗争的精神中从事一种伟大的工作。一九一四年白尔仑(Berne)会议中，德国南部的团体曾举代表参加，而这次的会议，我们可以当作少年国际成立的主要出发点。战争中，出了不可思议的牺牲的代价，把那革命的文字和那唯一的国际杂志——我们的《少年国际》——从瑞士带到德国，也是德国南部的组织干的，并且它们负了使命把这些宣传品散布到其余各地。在一九一六年里，这运动已经是很强盛的了，因此引起社会民主党驱逐，且毫不退缩。他向警察厅告发他们，希图把这种运动从根本上砍断，到处，在德纳司德(Dresde)，在莱普茨(Liepzig)，在柏林(Berlin)，在汉堡(Hambourg)，在德国南部中，在莱因河(Rhine)流域内，许多青年工人都被拖到审判堂前，因为他们曾散布了《少年国际》和斯巴达卜团(Spartnkus)的小册子及其他文字。所有这些事不惟没有把这般青年工人吓着，而且反转使他们渐渐地看出了劳动阶级的仇敌们在社会民主党的营中竟也寻得了一个位置。

一九一六年，青年的组织中的反抗派的团体曾聚集于耶纳(Fena)反抗会议中，并讨论了共同工作机关的形式和最近的直接任务。加尔李卜克内西，爱德文火莱(EDwin Horule)，及党中一些旁的反抗派的同志都很活动[激动]地参与这次的会议，并且帮助这般青年工人去布置为日后反对战争和军国主义的非法奋斗的活动的基础，及为创立一种无产青年的革命运动的基础。

此后的几年都依着少年共产国际的口号的，精神在那反对帝国主义，反对战争的秘密而不倦息的工作中过去了。在这段时间内，德国的青年工人受了不少的牺牲。他们中间有许多人曾继续不断地在逃亡和非法里过生活，并且在那些极艰难的情形下都布了国际无产阶级奋斗的思想。那一小部份的反抗派，虽经受种种的凌虐，其数目仍不断地扩大了，那些青年工人想尽了所有的方法去掩饰他们的活动，使他们的活动因此成为可能的。一些无妨碍的集会，一些足球队，唱歌团，于礼拜日的早晨出发到乡间去，停止在树林里游人少至的路上或在已经颓坏了的石桥下，而在那里举行他们的会议。他们把一些反抗军国主义的号召贴在军营的墙上，并且散布他们的关于解告的文字于请假退休的兵所乘的火车中和新征的兵的群里。警察虽用了种种的恶辣手段也没有能摧毁这种运动。那些青年工人不曾让过谁去扰乱他们为国际劳动阶级的神圣利益的奋斗。

当[在]十一月的革命爆发之前不多久(在一九一八年十月里)曾举行了"德国社会主义自由青年团"的组织会议。重新得着加尔李卜克内西的协助,他是刚从会集营里释放出来的,这团的组成大部分是由那些在战时并且有一部份已在战前与那"德国劳动青年的中央委员"的改良主义的政治立在反抗地位的团体。(按:"德国劳动青年的中央委员会"是社会民主党的委员组织的机关,其目的在改变青年反抗派的组织为社会民主党青年的管导者。)

这个新的组织既由一些反抗的分子所组成,所以它们根本地而且枢要地联结在打倒帝国主义战争和社会民主党的国家社会主义的政治的目标上。但是关于争斗的策略方面已有一些不同而且彼此仇视的见解发生了。在一九一九年中已凝成三种倾向:一派人是倾向"将来的德国工人共产党"(P, C, O, A,)的,一派人是倾向"德国独立社会民主党"(P, S, I, A,)的,一派人是倾向"德国共产党"(P, E, A, 或 Ligue le Spartakus 斯巴达卡团)的。在关于这运动的原则和战术上的长期讨论中,那些倾向独立社会民主党的分子便与这运动离开了。青年团诚笃地表示出来与斯巴达卡团(即德国共产党)一致。当那些拒绝共产党人享有加入议会权并且要共产党人出工会的所谓左派分子离去而组织"德国工人共产党"以后,在青年团中重起了剧烈的讨论。这讨论的结果是把那些要求青年团仍认"德国工人共产党"的原则的分子除名了。而从此一个在"德国共产党"旗帜下为征获青年工人大群众的根本的统一的基础建筑成了。在青年团内大家开始注意青年的特别的工作的实际形式。这工作是同着第二次少年共产党的世界大会告竣的。第二次大会,依着它的决议,办到了把少年国际安置在共产国际的政治指挥下,造成了那自由的路以开始一个在无产青年运动的特别工作范围中的伟大的工作(反抗青年工人的经济贫困的奋斗,反抗资产阶级的军国主义的奋斗,为共产主义教育的奋斗)。德国共产主义青年团(青年团从一九二〇年起所用的名称),根据少年国际第二次世界大会的决议,取了一条向着那无产青年运动的主要职务的完成的【正】确的行程。在与社会民主党青年的组织激烈争斗中,青年团已起首把它的影响打入青年工人的大群众里了。这个职务是艰难的,而青年团只一点一点地才成功把那些受工会和二个社会民主党的有力的官僚机关的保护而用诡计引青年工人离开阶级争斗的改良派打败。(在德国革命失败的时期内,特别是一九二一年三月的举事失败以后,改良派引青年工人离开阶级争斗实是得着了大好的成功。)

德国共产主义青年团仅仅是等到得着第三次少年国际世界大会的决议的扶助时才有了能力在一个无产青年群众的组织的基础上开始把青年团建筑起来。青年团于工厂中安定了它的根基并组织成了工厂小组。我们实不能在少年共产国际中举出一个如像德国共产主义青年做成了的那样浩大的例。自从青年团起首创设工厂小组,自从它由此得势把所有的力量安置到工厂中的无产青年中迅速而不断地工作以后,它成功了使它的团员从二万八千增加到八万。而且这党只是六个月的功夫,没有多的。在这六个月的过程中,青年团简直变成了德国青年无产阶级的领导者,而此时社会民主青年的组织里发生了剧烈的争论,因这个理由,并且因它不断地懈怠青年男女劳动者的争斗事渐次失了它的影响,而它的分子的数目便减少了三万,由原有的十万减到七万。在被禁止前不久，青年团在全德国中所举行的那些青年工人的会议，对于青年团的影响，只能说是在一小小的范围里。例如在柏林的会议中，被代表的青年工人有五万。在这个时候，青年团的柏林区部的团员的数目高至九万或十万。我们能够证明差不多所有其他的区部的情形也是这样。我们并且可以说，在德国青年共产主义者的后面，约有半百万的青年工人，他们都预备停妥了去从事奋斗，为保护他们的法权和利益的奋斗，为德国无产阶级革命的实现的奋斗。

(二) 德国无产阶级革命的新波涛和青年团的参与

当去年八月的罢工期间，所有的共产党人都明白地看见，在革命奋斗的进行中，一种新的为无产阶级解放的奋斗已预备好要起来了，德国的共产青年在那时已经开始集合它所有的力量于那些期待中的解放的争斗的新的远[愿]景上。在他们所有的工作的势力范围里，他们的实力已经是增长了。大家的工作是特别加紧去吸收工厂中的无产青年，使他们与我们的组织更为接近。工厂小组都热烈地工作。到处创设了新的工厂小组。到处每天获得为这运动的新分子。第二个重要的职务是从事一种伟大的启导工作以反对在那些中等阶级的青年(学生，办事人，等等)中的法西司蒂主义而使他们及一部分为这主义的运动供给新职员的无产青年离开这主义的束缚，并且为他们揭出那法西司蒂人民的欺骗者。还有一个同样的职务，而这职务是应当用一种特别的力量去做成功的，即是获得农村的青年。这般青年也给与法西司蒂主义一个便利的招兵场。此外还有一个马上就从事经营了的比较更重要的职务是男工人和女工人们的军事的预备〈到〉处，青年团的团员加入了无产百人队和"Ordnerdienst"(服务保安团)，并且在那里接受一种特别的训练。

一个很值得详细讨论的活动范围是那反军国主义的工作，这工作是德国共产主义青年团协同法国共产主义青年团随着少年共产国际的指导在鲁尔内实行的。虽然有德国警察和法国警察的一切狂暴的搜索，德国共产主义青年团和法国共产主义青年团至今仍不倦地实行这工作且没有变疲弱。德国的共产主义青年团和法国的共产主义青年团可以自豪，因为它们在这世界上第一次，在战争状况的条件中，实行了共同行动，向资本主义社会的最易受影响的地方和它的军事势力下攻击，并且这行动会得着的结果必是推翻欧洲资本主义统治。据此，这个行动已可以算得是在从事经营并且开始以实现我们的死了的，不能忘的教师和首领，我们的同志列宁的誓愿了。据此，这个行动已表示出来它配作我们的大教师的学生了。同志列宁于一九一七年在《少年国际》，的战争专号中给与我们些教训，反对混沌的，平和的，和中立的意见的教训，要以资本主义社会的军国主义的武器攻打它自己：使那些枪和炮"发生思想"，使携带枪和炮的人变成无产的革命阶级军士，所有这些，在一年来都由德国和法国的共产青年于实际上做出了。还有什么比这样不顾一切的牺牲和痛苦以实现我们的大首领的誓愿更好的榜样，我们中的人能够举出来给他国的共产青年？一个也没有。自从一年以来，鲁尔这个区域简直是法国兵，世上最骄而最强的兵〈，受薰染的居停处〉。共产主义的毒从他们散布到法兰西帝国主义的要塞去，这就使法兰西帝国主义动摇而变成无力的。具着对于共产主义的稳定的信心，视线注于明白地认识了的目标上，这就是那些在鲁尔内的共产青年作工时情况，而且他们将要做到令法国军队变为帮无产阶级的解放奋斗的最强的团体之一的地步。

由于努力的工作，俄国共产青年曾坚固了他们的行列，扩张了他们的影响到青年工人的行列中，并且为德国无产阶级的奋斗遣调了一个热烈的，忠实的，勇敢的战队。

德国无产阶级的奋斗，在变成一个坚决的奋斗以前，想不到还应该经一次的破裂。由此显明了德国无产阶级的力量，已经预备好了去与资产阶级和那无耻地抬起头来的法西司蒂主义反抗，竟不足避免一场确定的失败（失败的原因将于另一文中详细说明）。这是能够明白的，在青年团——它已经在理论上和实际上完全安排好了要去作那些坚决的奋斗——的行列中，党的十月的退步总是有了一些是失败的结果。在热心和预备决斗的地位上，初时竟有一种大的失意，而部份内且有一种惰性。此时自然需要团体的指挥机关的力量去对付那大部份由未受教育的青年工人所组成的团员群众，去战胜他们的失意和轻燥而把他们安置在一个谨慎的，有统系的预备时期里，以便重作德国无产阶级的奋斗。然而这也并不见得是容易的，因为德国资产阶级同时向所有一切的共产主义的运动下攻击。所有一切的共产主义的运动，青年团也在内，都被西克特（Seeokt）将军下命令禁止和解散了；德国的"德谟克拉西"曾把权力交付在西克特的手里。凡属于这些组织的事实。凡为它们活动或散布它们的文字都要受最严重的惩罚。所有的小孩子，就是西克特将军自己，都知道一个有五十万党员并且在那无产阶级〈阶级〉里有好几百万附从者的党是禁止不了的。同样也不能禁止一个有差不多一百万团员并且有好几百万表同情的青年工人的青年团。但是我们的敌人打算至少要把这种组织迫到法律以外去，使它不置工作，断绝它与工人阶级大群众的联结，由此制止它的势力的将来的坚固和发展。在这一点上，对资产阶级一方面，那骤然来的禁止自然是再好不过的了，但对共产主义的运动一方面，实是最不利的。我们在前面已经说过了那从十月的退步以后盘据在共产党员和共产青年团员的行列中的失意，并且也说过了共产主义的组织的指导中心所用以制止这失意使它不会变成一种恐惧而由是变成运动的分化的那些惊人的力量。这个工作被禁令弄得更见不容易。那些刻不容缓把青年团员引进一个实际工作的新时期内的艰难仍然是增长。然而西克特将军所期望的结果竟未得着。困难自然是大的。战胜失意和惰性的倾向的必要之外，又添加了非法运动的必要。照着西克特将军所期望的，非法运动可以使青年团离开了青年工人大群众，且缩减了它的实力。

若是我们今天抽取德国共产主义青年团在那禁令以后做成了的工作的结论，我们可以杨杨[扬扬]得意地看出它已经好好地把列在它前面的那些职务解决了，并且有力地把它们实现了，虽然不免有点小的遗漏和错误。团员们没有许多的时间去哭那些失掉了的希望和长久地因那些落了空的期待而自愤恨。关于重新组织上的那些职务已得着了各种的力量。根据少年国际的指导，青年团将认定聚集一些团员于工厂小组的基础上为最好的非法的形式。少年国际，虽是它的分子散处在各资本主义的国家里，曾认明了那立在工厂小组的基础上的组织是使我们的运动变成一个真正无产青年群众的运动的最好的保证：德国青年团既是全少年国际中最好的青年团，它于禁令以后的几个月后由它的经验上证实了工厂小组是保护共产主义青年的运动使它避免反动派的搜索的唯一的可能，并且不顾一切地给它一个在青年工人的大群众中的大工作的基础，德国共产主义青年团于近几月中由它的经验上所得来教训对于全少年国际都是很□有价值的，而少年国际定要重视它们。

我们若是过许德国共产主义青年团的现在的工作的可能，这必会成为一个错处，如像我们把它的真正情形，对于好的方面或是坏的方面，说得太重一样。无疑的，德国青年团，当禁令后的初期，曾受了一种打击，令它的行列成为薄弱。并且在某程度，〈那些青年〉那些青年工人的大群众从它离开了。但是假使我们拿这些现象与那资产阶级协同法西司蒂党人和法西司蒂的社会民主党向共产主义运动所下的攻击的力量相比较，我们也可看出，自然保存有各种的凭据，德国的青年团在这里也能抵御反对派的攻击。我们还应当注意德国内那个浩大的财政的恐慌。物价可怕地加高使青年团内的财政也变到危急的地位，而这件事自然会影响于它的活动里去。当时骤然有需款的事临到了，但它无能应付。共产主义的运动，当它在不为法律所许的时期内，既然特别地，严重地受压迫，只能行使写的说话，由是需要许多印刷材料。这是很容易明白的，在这类材料的缺乏后面，同时也因经济的缺乏，德国青年团就缺乏了一个重要的方法以传递它的口号与青年工人的大群众而与这群众而联成一气。我们的德国同志们虽经受了种种的牺牲，可是他们努力工作的热情和他们巧合各种具体地位的能力使大家勉强可以地把最初的时间过去了。我们今天能够看出，虽然法律不许它，虽然有反动派的那些严刻的凌虐，德国的青年团现在是在那里比从前还更巩固了。它与各地方小组是密接的，它的刊行物非法地出版，虽然这样，却是有定期的。工厂小组和地方小组不间断地在城市和乡里，工厂里和矿山里工作。那位西克特将军和他的仆从等都已经充分地瞥见了，把禁令写在纸上自然容易，但要把这禁令用到实行上就很难了，并且简直可以说是不可能的。在这运动的重新组成后不多久，青年团在无产青年中又经营一种有力的群众的工作，目前达到了的成功已足使我们相信，若是在德国的事变——工人阶级和资产阶级新的坚决斗争上的事变——已经废利了，它必会在不多的时间内预备停妥，并且必会遣调于它的后面，不止是五十万青年劳动者，而且是工人阶级的后备兵的好几百万的青年，如像那最忠实，最热烈的战斗队一样。

德国的共产党主义青年团，自从它的生存的开始以来，就是国际的豪迈的魁首，也就是它的最成熟而最有勇气的战队，它曾在最近几个艰难的月里尽其所能以保御它的荣名。它的经验，它的成功，它的错误，它的失败，以及它的才和它的所有一切在奋斗中的劳动者的大目的而牺牲的热情，渐渐会变成共产青年及全世界的青年工人和农人的誓愿的实现了。他们正预备着到工人和农人阶级反抗剥削阶级的争斗的前敌上去。

一九二四年，三月。

（《少年共产国际》创刊号，1924年七月，署名 Ott Unger）

102.《安南的少年》(《少年共产国际》创刊号,7月)

《少年共产国际》创刊号刊登阮爱国的《安南的少年》,全文如下:

在法兰西人还没有来到安南以前,最大的城市以至最小的村落,无处不有学校存在。富有的家庭以能替他们各自的子弟,私延一教师为荣;寒苦家庭,则集合几家子弟共延一个教师。省,府,县的学校属之政府。一切男女的儿童,随着他们父母的景况,而受不同程度的教育,然而至少都能自署其名,几没有目不识丁者。

这种教育在乎学习了许多中国字,读了许多古书籍,写了许多美丽的辞句。除了一些道德的,哲学的,文学的理论之外,一切对于实际生活的实际需要则缺而不具。前人确曾遗留下来一个教育的纲领,详详细细的,从教人怎么读"是"和"非"二个字,一直到怎么组织和统治一个大同世界。这个好看的纲领只好作修辞上的装饰品用,而离开了应用的领域,这个乃是因为安南王国,为便利于管理起见,需要一般浅学而怯懦的少年。

这个错误和浅薄的教育,无论如何无益,如何陈腐,却能给少年人一个很可钦敬的道德价值。安南国民的支柱也就是从这种学校出来的智识阶级所组成的。法国侵略安南时节,最勇敢和坚决的安南民族独立拥护者也是从这个阶级出来。竭力反抗外国帝国主义的积极的革命党人也产生于这个阶级。

但征服国仍然忧虑于陶养在这个教育中的少年能为他招致一个危险。自从最近二十余年以来,这个危险果然逐渐加增起来了。日本对于"沙"的俄罗斯的胜利和那引起中国少年做改造运动的沸腾〈腾〉潮流都足使这个教育破产和安南少年的觉悟日渐加增。法兰西帝国主义者是不会忽略了这一点的。1908年的命令逼迫所有藏有中文日报与杂志的人交出这些书报与法国官府。期限也规定了。过了这个期限,再查出这些书报的时节,藏有者就受逮捕及受革命煽动者的罪名。智识封锁的界限如是之周密,谁愿意在外国求得一线光明的,就碰着出国的禁令,谁愿意讨论问题的,就被禁止集会,结社的法律所包围,谁愿意讲演,或作文的,就受禁止土人出版报章的法律所限制。永久的,检察,烟酒的流行,终于葬送安南少年在无知的深渊中了。

陶养于法兰西学校的少年

暴发户,普通[遍]是外国权力的助手,他们不但有钱,而且有他们的主人!法兰西官僚的保护,他们时常派遣子弟到法兰西去。这类子弟是委托于"保护者"——殖民地的旧官僚,安南家庭和殖民部的朋友。这些"保护者"遂做出矛盾而又于己有利的勾当。他们一方面接受安南家庭的馈赠,求其注意子弟的幸福与良好教育,他方面又得政府的津贴,求其不要以太良好教育给了这些子弟。他们果然尽他们的责任了,他们永能达到造成一些"怀恋与忠诚于母国法兰西的臣民"。他们安置安南少年于天主教学校,学学祈祷,唱唱圣歌,称赞法兰西国王之伟大,歌颂共和国大元帅们的功德。这些少年们经过了这一番陶冶以后,自信可以自己学习于光华的都会中了,于是他们很殷勤的逛跳舞场及台球的学院。他们读的是巴黎回声报和小巴黎报。大学和图书馆的户限是不怕被安南人鞋底所踏穿的。他们十分知道带硬领与领带的最近时髦样式,而他们的社会与政治智识则差不多等于零。经过了五六年的宗主国逗留之后,这般少年们完全改变了。他们变成了希奇的怪物,他们不是法国人,因为他们只学会了法国人的缺点,他们又不是安南人,因为他们忘记了安南人的美质。他们唯一的目标,最高的希望就是得入法国籍,得做一个小官。他们有时达到第一个目的了,第二个目的自然是容易的,因为我们的统治者需要一般忠实而可靠的官僚。

马夫没有拖车的马,猎人没有打猎的狗,是不成功的,同样,法国人如果不得能说法国话的土人为其助手或居间者,将一件事都作不成功。因此,开放学校,培养通译人材,抄写生,及各类服役人,是必要的。本地的工业,商业,及其余一切产业既然不能供给少年人的衣食,城市的少年自然而然的想当一个翻译或走卒,这些青年们就走进法国学校去。

然而法国先生在学校的窗眼里看出二个矛盾点,二种危险,伴着未来的通译人材一起来到课堂内:

(A)如果这类人材[才]培养太多了,就可以廉价雇用他们,不过这样,就造成了许多的阶级落伍者,失意者和"革命党人"。

(B)如果安南少年知道读法西斯历史,社会主义的著作,法文报纸中的辩论与批评,如果他们晓得法国与其余各国内部的政治与社会斗争,如果他们知道究竟甚么是资产阶级的文明,那么征服者与"高等人种"的声势就下台了。

为着补救这危险,他们就采用了愚民政策。学生在学校的数目是有限制的,教授材料只选择那些必要的。虞骚与嚣俄的著作被屏于安南学校之外。历史上,革命一部分删去了,进步的法文报纸被禁止了。实行闭塞头脑政策,限制学校数目。

有5,731,189 居民的安南只有118 学校和20,52 学生。有2,00,000 居民的坎蒲塞只有60 学校,和4,000 学生。酒和鸦片烟发售处的数目高于学校数目一百倍。

少年农民与少年工人

生活一天一天的困难,负担与租税一天一天的加重。贫农(安南农人差不多都是贫农)与工人无力遂他们的子弟入学。他们的子弟们只要可用了,都要作工。农村的小孩如牧童或奴隶一般雇佣于人,在十六,十七岁前,他们虽然得到衣食,但没有得过或很少得过报酬。城市中工人的小孩则充当欧洲人的仆役和工厂中的童工;他们只能避免饿死,他们工作钟点是没有限制的,星期的休息,他们是不知道的。雇用矿山内的童工,尤其可怜,人们时常看见八岁至十二岁的小孩匍匐在狭隘的游栏中,用牙齿提起满篮的煤炭。他们为几个铜片在这个难堪景况中做了整日的工。

少年女子

远东的女子教育从来没有发展过,印度支那自然也逃不了这条旧著法则。现在日本，中国及其余各邻国都扩张了女子教育范围，差不多与男子教育一个样，而在这个时节印度支那却不随远东的通则，仍旧处在旧条件之内。不过我们应该知道法国官府曾经尽力提起女子，像男子一样的，去受文明的光辉。安南于是就有了一个女子学校，有289个学生。在交趾支那和东京也有了女子学校。自然是有特殊地位的女子才有进学之可能。贫苦人家的女子只好帮人理家，管小孩，在市场或工厂里做工，或者当人家的婢女。

观察这类女子学校所得结果是极有趣的。人们不敢教男子或女子自己思想，自己推论。这些少年自然招着人们给他们的高尚与德性的模型去仿效。人们把男孩造成鹦鹉，把女孩造成小说中的人物。这些女孩子们读侦探小说，崇拜歌底（Coty）的香，穿最时髦的皮鞋，写爱情的信。在未进学校之先，他们固然一字不识，但她们还是女孩子，还有几点好处；到了从学校出来之后，她们就成为一无是处的女博士了。她们同男孩子这样地失去安南人本性，而又未曾经过法国化。

以上种种将跟着帝国枷销[锁]的延续而延续下去，安南少年可以比之一朵好花，窒息在殖民主义底不透明的大钟内面失去了光和热。革命风潮与思想春气传达到安南少年之日，他们将复活了，将奋发了，将破开了现在囚锢他们的窒息机了。

（《少年共产国际》创刊号，1924年7月，署名 阮爱国）

103.《远东少年共产主义运动》(《少年共产国际》创刊号，7月)

《少年共产国际》创刊号刊登 Dallin 的《远东少年共产主义运动》，全文如下：

1. 日本的白色恐慌

去年十月间，传来一件很不幸的消息。这件消息，就是日本的少年共产党团中央执行委员会的书记河合义虎同志被日本的宪兵所害。这个少年那时候的年龄虽只有二十二岁，但是他的历史，和日本的少年革命运动及一般的工人运动，俱有很密切的关系。

河合义虎同志是一个矿山工人，他在好几年以前，已经注意与日本工人阶级的状况，后来他以为无产阶级只有推翻了资产阶级才能得到最后的自由。他于是就投身于日本工人运动的波涛里去。他在足尾很积极的参加矿山工人联合会的组织事业，并且就是这个联合会几个支会的组织人。后来又做这个区域内矿工大罢工的首领，矿山的管理者因此很恨他，于一九二〇年就把他开除了。但河合义虎同志并不因此而灰心，他从开除以后就到东京去，加入一个学生的革命团体，他在那边很热心的研究共产主义的理论和经验。那时所创立的革命团体，叫做"社会主义同盟"的，他也是那一个组织人，但是他的积极精神遂引起警察老爷们的注意，不久就被拘留，以"反对强力政府，组织革命团体"的罪名，在监狱内坐了六个月，出狱以后，他又从事于职工运动，且开始特别注意于少年无产阶级的组织。

一九二一年十月，日本政府实行大军国主义的组织，又用各处阅兵的方法在国内鼓励军国主义的精神。义虎同志就作些传单且亲到外面去分发。□后来又鼓吹从西比利亚撤退日兵，因此日本政府又将他捉起来，用了长期的监禁报酬他。但是他后来更用积极的精神到少年里去组织和宣传。他在许多文章中及在各处的革命组织内，发表了少年反对军阀主义的责任和目的，及少年工人为改善自己的经济状况而奋斗的言论。所以他不但是日本少年革命运动中的组织员，还是各种工作中的指导员。

一九二三年之初，日本资产阶级的议院开第四十六次会议的时候，曾有要求封建阶级缩减军队及军费支出以增加辅助工业餐的呼声。但是日本的参谋本部对于他们的要求是这样的回答：待日本一切学校的军国主义化，达到一定程度、才可以讲到一定程度，才可以讲到缩减军备，但现在他们还很幼稚。故缩减军备，现在尚非其时，自然日本政府不肯将军备缩减，并且还极力使学校军国主义化。

一九二三年五月，革命的少年学生在最高大学实行军国主义化的庆祝会里，会不准任何将军来演说，且占据了讲台，使这个要实行军国主义化的庆祝变为反对军国主义的示威场所。义虎同志是少年学生反对军主义积极的组织者和指挥者，因此警察拘禁了我们的同志数百人。

九月二日是少年国际第九次的纪念日（在日本还算是第一次），日本的少年共产团和各国先进的少年在八月就预备庆祝这个少年国际纪念日，这个纪念日完全含有全世界少年无产阶级联合起来作示威运动的性质。

日本的刽子手就决定用武装的铁腕以破坏革命的少年示威运动。防卫队就雇佣了窃贼，刺客及一切犯罪的分子，他们俱受积犯山口的指挥，且照日本政府的策略及所谓"社会的意志"得用武装办理。同时日本政府的机关报又污造些关于少年国际在日本的阴谋，及预备在九月二日实行要推翻现政府等动听的，煽惑的消息。于是任职于政府的武士，子爵，男爵和浪人共同安排了屠杀少年工人的计划。

九月二日，日本适发生了空前的大地震，死了几十万的工人和农人，失了许多的食物和家畜。日本政府在这个恐慌的时间，用极野蛮的手段消灭日本的革命运动以代替扶救牺牲者及苏维埃的轮船"列宁号"载食物去赈济劳动者。

到了十月十日，才知道大佐甘粕，于地震时杀害了工人运动首领大杉荣和堺利彦（注），他于九月四日在□井户的警察署里又惨害了河合义虎同志，同时受难者又有山叶吉（二十二岁），北岛（二十一岁），铃木直（二十二岁），近藤广藤（二十岁）和佐藤（二十二岁）五位同志。义虎同志当时的情形很惨，但是他当时还很勇敢的发出革命的呼声。这个少年运动的首领，就这样的死于"东方的普鲁士"。其实日本的政府，贵族和资产阶级，虽然惨害了革命运动的首领，但日本的革命潮流未必就因此而平服。这种野蛮的，兽性的惨杀，只有更惹起日本的少年工人对于资产阶级的仇恨心。且必有新首领出来，引导了少年群众和资产阶级急烈的奋斗，得到了最后的胜利。

（注：堺利彦当时实未被害现在尚在监狱中。）

2. 蒙古革命少年团的情形

蒙古革命少年团于最近会开第二次会。在第一次和第二次大会之间，团员数目增加了两千人，现在总计团员是三千五百人。

本次大会的经过，完全依照少年共产国际的训令，在其精神领导之下，完成工作。这次大会的结果使原有的右派,完全失败。

本次大会的议决案件,最重要的,是关于团内的刷新。会议决【定】排除团内的贵族与障碍组织工作的份子。那般被排除的份子,想另建设一个新的少年团,但没有一点结果。

大会中讨论,很注重到少年团须踊跃加入国家政治实际的工作的问题。到了选举的时候,少年团与国民党联合,加入国会和市民自治团内去,并且预备提出候补员。

少年团在国民党已有了公开的势力;在民党开会时多数代表,是少年团的团员,并且把团内重要的职员,都被选到民党中央执行委员会去了。

蒙古少年团与西方无产阶级少年的组织已有接近联合的表示。蒙古少年团这次大会议决,赠送大旗一面到少年共产团,有少年团特派代表到莫斯科递送。

3. 高丽

一九二三年中,日本警察又给了高丽青年共产主义组织一个很大的打击,但是在这个打击之后他的组织很快的恢复起来了。在原有的高丽共产主义青年团现有十二个支部在各种公开的青年组织中。共产主义青年团在这些组织中的影响非常之大,我们在事实上可以看出,譬如在国际少年纪念日的那天这些组织都很踊跃的来参加。

此次在高丽庆祝国际少年纪念日还是第一次举行,在高丽革命运动史上是有很大的意义的。这是高丽群众自一九一九年的暴动被日本残暴的压溃后,革命力量集中的实际表现。

此次高丽庆祝国际少年纪念一切的举行都很有兴趣;在汉城庆祝国际少年纪念那天,是在公开组织的汉城青年团指导之下联络旁的青年组织举行的。朝鲜日报登载:汉城一般无产青年从清早起拿的旗子,领着音乐队参加示威游街运动。在示威游街运动中,有两辆汽车参加,在汽车上散发传单,高呼"向人类解放奋斗",传单末尾写着,第一次庆祝国际少年纪念,还是一九一五年在柏林举行过的,现在已是第九遍了,但是在高丽还是第一次。全世界的青年联合起来呵!在晚间召集了一个群众的会议,讲演题目为"无产阶级青年的状况,无产青年运动与阶级争斗"。

除汉城在这天全城庆祝国际少年纪念外,旁的地方也有很热烈的庆祝。

(《少年共产国际》创刊号,1924 年 7 月,署名 Dallin)

8月
1日(星期五)

104.《唯物史观对于人类社会历史发展的解释》(《新青年》季刊第三期,8月1日)

《新青年》季刊第三期,发表蒋侠僧(蒋光赤)的《唯物史观对于人类社会历史发展的解释》,全文如下:

一九二四年

一 绪言

——倘若说，世界是上帝创造的，
那末，我就要问，上帝由何而产生？
可笑！人类自己创造了上帝，
而反以上帝为万能。——

旧经典对于世界之解释，以为世界为神意所创造，生于无有，乃千古不变者，——这一种愚笨而幼稚的思想，不能满足现代人类求知的欲望了。几千年人类所积聚的观察及所经过的事实，皆与此类谬误的观念不能相容。现代的科学已发达到较高的一点，凡往昔所不能解释者，现在皆能穷究精微，不遗余地。地质学对于地质的分析，生物学对于动植物界的研究，——皆显明地指示我们，世界上没有永远不变之物。一切自然界都在不断的发展中，亦即都在不断的变动中。日球也罢，行星也罢，一切无机体也罢，一切有机体也罢，皆非忽然一时发生者，今日他们在吾人前呈如此的现象，也不知道经过几许的变动而来。

自从达尔文学说出世以来，物竞天择，适者生存，这两句话成了生物界一个定案。人们既知物种的由来及其演变，自然把神意创造宇宙之说抛入天外云边，不复相信。哥白尼发明地球绕日而行，久已规定对于宇宙的法则之科学的唯物的观念。我们现在可以说此二人给了人类解释自然界发展的锁钥。

自然界既如此，人类为自然界之一部分，能否逃出自然界的范围？人们说，人类为万物之灵，其发展演进当然非自然界所可拟比，我们可以用科学的唯物的眼光观察自然界，绝不可以用科学的唯物的眼光观察人类的自身。倘若这一句话是对的，那末，人类的历史茫茫，我们将无从研究起；人类社会发展的方向，我们也无从而认识；我们是组成人类社会的分子，我们的行为又应以何为标准呢？

不！人类既为自然界的一部分，当然逃不出自然界范围以外，——人类社会的变动为人类社会生活之物质的基础之变动的结果，若把人类社会生活之物质的基础之变动的线索，考得清清楚楚，则知人类社会的发展原有一定的规律，并非没有认识的可能。

马克斯以前，唯物史观 Histarieal ［Historical］ materialism 未成为一科学之时，学者总未寻出人类社会发展的原则，因之，我们也就寻不得一个圆满对于人类社会发展的解释。法国大革命的代表，十八世纪的唯物论者一方面创立唯物的世界观之坚固的根基，解释自然界的真相；但是一涉及人类的历史，他们完全陷于唯心论的幽谷。他们说思想支配世界，理性有管理人类社会的本能。凡一切不合于理性的，皆不宜存在；封建制度不合于理性，当然无长久存在的必要。他们高唱平等、自由及博爱的美歌，咒骂不合理性的遗物。但到大革命以后，社会中矛盾的现象不但未减少，并且因之而剧烈；不合理性的事实，不但没有消灭，并且因之而增加；所谓平等、自由及博爱到什么地【方】去了呢？革命前理性被视为神圣的万能，革命后理性不禁蒙了无限的羞辱！社会中自然有一种潜势力规定社会前进的方向，不与理性的愿望相符合。也好！有了此一番历史的大经验之后，在永远的利益斗争之中，人们不得不另寻社会发展之内部的规律，——不依赖单独个人的意志与理性的规律。

这个社会发展的规律被科学的社会主义之创始人马克斯寻将出来。马克斯首先使历史成为真正的科学，规定一严密的规律，而以唯物的观点解释一切过去历史的事实及现在的现象，预言将来的趋向。马克斯指示我们研究人类社会真正的方法，他虽然没有解释唯物史观的专书，但是我们可以在他《经济学批评》的序书中，已可以得到唯物史观之真确的概念。

稀奇！达尔文《物种由来》出世的一年（一八五九年）也就是马克斯《经济学批评》出世的一年。一个探得生物界的隐密，一个发明人类历史的真像。两位伟大的学者给了我们对于世界及人类社会之一明了的概念。

二 生产力发展为人类社会发展的动力

人类离开动物界，能开始创造自己人类的历史，仅仅从他会利用工具，并且会制造工具的时候始。寻找食物或与仇敌奋斗，也有许多高等动物会利用工具，如猿猴抛石打敌手与用树枝砌穴或打果实等。但是他们所利用的是现成的工具，而不知改变工具以适应自己的需要。唯一的会制作工具的动物即为人。因此，人能使自然界适应自己，而自己很少的时候适应自然界。一切动物只能适应自然界的环境以图生存，否则无生存的可能，而人则逃出此法则以外。一切动物种类的进化仅表现在自身自然的机官（角、牙、爪……）之改良，而人的进化则表现在改良人为的工具，发明人为的工具上面，而非自身的机官。工具成为人手的使徒及人与自然界的中间物。人有了此中间物之后，在生存竞争之中，超出于他动物界，他动物界适应自然的环境为消极的、肉体的，而人适应自然的环境为积极的、技术的。

但是，人与他动物异者，不仅仅在于能使用工具，采取现成自然界的物品（如植物的果子、生肉……），并且有了工具之后，人能开始生产物品——使自然界所有的一切物料成为更有益的，更便利的。人开始种有用的一切植物及制造这些植物的果实豢养有用的动物，采取植物的纤微织成衣服，剥取动物的皮毛……这些都为他动物所不能。

利用工具经营生产的事业，人能创造给自己某种程度之生产力的积蓄。生产力发展之后，人类能在劳动的过程中积聚种种的经验，养成种种精神上的习惯、技术的才能，——换言之，生产力为人类文化的根本，也就是人类异于他动物之唯一的原因。

因此，唯物史观的第一个原则：生产力发展为人类历史发展的第一要素，或者说，生产力发展为人类历史发展之唯一的动力。

三 人类社会发展与地理环境

马克斯说："人类改变围绕自己的自然界，同时也改变自己私有的特性。"这个意思就是，环绕人类的自然界对于人类的文化及生产力的发展，当然有巨大的影响。人类不能离开自然界而生存，人类劳动的对象亦超不出自然界的范围，人类受自然环境的影响乃为不可免的事实。

大家久已知道，落居于某一地理环境之中，人不得不将自己的机体与社会的生活适应此地理环境，——这是必然的事情。在热带之下，因为太阳逼射的原故，人们的面貌及皮肤不得不变为黑色。因此，人类的种族就发生区别，我们照着皮肤颜色区分五大人种的差别。并且气候对于人类文化发展的程度及形式，亦有非常大的影响：——处在热带的居民，因为自然界的供给已经充足，无再须人工探讨的必要，生活条件毫不发生问题。生活条件既然充足，当然没有鼓起人们勉力劳动，趋向发展的激力。因此，生产力凝滞不进；生产力既不前进，文化自然无发展的可能。在极寒带的地方，自然界枯寂而严寒，居民以最大限度的劳力获得最低限度的生活品；终日奔波于为生活而奋斗之中，没有些许的余时发展自己生产力的可能，生活无成为更富足更变动的机会。他们的文化又从何而发展起呢？所以我们在最热的地带与最寒的地带，都找不出高度的文化来。人类高度文化发展的地方都处在温带之下，因为温带地方，一方面天然物不十分的充足，还须要人们勤勉的劳动，而别一方面，人们的劳动皆可以得着实效，不致于空费精力。人们除了每日探求生活品之外，还有一部分的余时，在此余时之中，有了发展文化的机会。

至于地面是高原或是平地，河流之多寡，海岸之曲折等等，对于人类文化的发展亦有相当的影响。倘若某民族落居于高原之地、丛山深谷之中，与别民族无交通往来的机会，其文化的发展，当然亦随之而局促。倘若某民族落居于海岸曲折之域，或河流交叉之间，交通既然便利，文化的发展当然有更多的机会。

最后，地土[土地]与埋伏在地土[土地]下财富的性质，对于生产工具与文化的形式，亦有不可忽视的影响。如某地适于牧畜，某地适于农业，某地适于工业，皆为显然的事实，我们绝不能把适于牧畜的地方变为适于农业的地方（指古代人类社会而言）。

因此，人类社会文化的发展，及此发展的方向、形式、速度，在最初期已为外界物质的势力、自然界的条件、地理的环境所规定，完全不依赖于人类的意志。然而此种发展到了某一方向之后，就要受内部原因最大的影响，生产力要占第一个位置。生产力越发展，则地理环境的影响越减少，人类越能征服外界的条件。现在的欧洲人或美国人无论到某一地方，皆能安然生活，而使自然界屈为己用。

四　生产力与生产关系

人类非唯一的社会动物，但是人类是唯一的达到社会共同利用工具的动物。因为人类能共同利用生产的工具，所以除了自然界的环境而外，同时又创造了社会的环境。这个意思就是，人类既然共同向自然界奋斗，在此奋斗的过程中，人与人之间，必相互发生一种关系。这种相互的关系以生产力的状况而定，当生产力变动之时，此种相互的关系亦必随之而变动。马克斯称此相互的关系为生产关系。某一时代的生产关系，必与其生产力的状况相符合。马克斯主义当研究社会生活与社会发展的过程时，必以此生产力的分析为出发点。马克斯在《经济学批评》的序言中说：

"人们加入一定的，不可免的，不依赖人们意志的关系——生产关系，此种生产关系一定与物质的生产力发展的程度相符合。"

在《哲学之贫困》一书中，马克斯又说：

"某一定的社会关系，如麻、布一样，为人们的产品〈品〉。社会关系与生产力的状况有密切的关系。发明新生产力，人们改变生产的工具；而改变生产工具，供给生活的工具，——同时人们亦改变一切自己的社会关系。"

我们在以上所引证的话之中，已得到唯物史观真确的概念。唯物史观以生产力为人类社会之唯一的、物质的、变动的要素，因为生产工具改变，社会关系亦随之而改变；我们若欲研究历史的过程，不得不先自研究生产力始。

为明了此义起见，我们可以说出来几条例证。

人类社会生产力的发展可以分为以下的阶级：一、渔猎时及采取植物的果实；二、游牧；三、农业，此时期生活已经固定了；四、最后，各种工业，从手工业到现代机器的生产为止。每一阶级有与生产力相符合的特殊的社会关系——特殊的社会生活的条件。如在原始共产主义时代（渔猎及采取植物果实时代），每一家族采取生活的物品，皆取共同的形式——共同劳动，共同分配，谁个也不能说某一兽为他单独所击杀的；所得的物品既然是共同的结果，当分配物品的时候，当然分不出差别来。在此种制度之下，人们间的关系——亲爱自己的家族，仇视其他的家族与部落。此时代完全为共产主义的，没有私有财产的存在、阶级的区分及贫富的差别。

当渔猎不能供给某一部落的生活之时，于是转而为游牧。人们豢养某种禽兽，食其血肉，衣其皮毛。人们随畜队而飘流，此牧场无用时，则转移于彼牧场。比较起来，游牧比渔猎的生产力高得多了。游牧不需要集体的工作，每人皆知自己所领有的畜队，私有财产遂因之而产生。人们开始制做剩余的物品。从前这一部落从彼一部落所捕获的浮虏十九皆被屠杀，到了现在，此种浮虏不必屠杀，而可以强迫之工作，对于主人供献利益。于是奴隶制度因之而生。

这一种奴隶与主人的关系之发展，在游牧转而为农业的时候更甚。当人口增多，牧场不足的时候，人们不得不固居某一地方耕种可供食的植物，农业遂因之而发生。私有财产的制度更加巩固，奴隶制度更加发展。大家族分散为小家族，每一小家族耕种自己一片土。于是起了阶级的分化，发生了贫与富，压迫者与被压迫者的斗争。阶级斗争既非常严厉，于是阶级统治的组织——国家因之而发生，且保护富人、反对贫人的法律也因之而出现了。

固定农业的经济为自然的经济，每一家族制造自己所需要的生活品。至生产力更加发展之后，交易的行为因之而起，商业日发展不已，自然的经济不得不破坏了。工业随着商业亦日渐发展起来，直到现代大工业的机器生产。在机器工业时代，人们间的关系与自然经济时代大相悬隔。自然经济时代，封建阶级统治农民阶级；现代资本经济之下，资产阶级统治雇佣的无产阶级。若当封建时代，阶级斗争尚未十分剧烈，则现代无产阶级与有产阶级间斗争已达到极高点。现代一切国家的、社会的生活，可以说与封建时代大不相同。

综观以上，某时代生产力之发展的程度规定某时代生产关系——人与人的关系。有了固定的农业，地主与农奴的关系成立；有了大工业的生产，资产阶级与无产阶级的关系成立。此种生产的关系，完全不依赖人们的意志，因为每人所参与的生产关系已经是现成的，农奴的儿子生下来即为奴农[农奴]，绝不能转变为地主；在资本主义社会之中，没有生产工具的人当然要卖自己劳力于资本家，为资本家的雇佣工人。地主非某一农奴所创造的，资本家非某一工人所创造的，乃历史的结果。若某一工人不愿卖劳力于资本家即刻就要挨饿。

生产过程中人们相互间的关系构成经济的结构——社会的基础。一切社会的筑物：国家的组织、法律、道德的观念，科学的与哲学的思想，都建筑在这个基础的上面。每一社会的经济组织与生产力发展的阶级相符合，而某一社会的政治、思想，又依赖此经济组织而立脚。因此，社会生活的变动，政治的、思想的演进，其根本的原因埋伏在经济的组织中，而不应向哲学中、宗教中或文学中去搜寻。

生产力为唯物史观研究社会发展的出发点，非常重要。若不明了生产力的意义，则研究人类的历史将无从入门。我今因限于时间，不能详述。为使读者更为明了生产力发展与生产关系变动起见，特列一表如下：

生产力发展表

生产力	生产的性质	劳动的生产率	社会的组织	群居的范围
人们自己	最原始的技术，采取现成的生活品	无剩余的生产品	原始的宗族共产主义，剥削无存在的可能	不很大的群队，每一队的人约40—50
人+牲畜（马、牛）	原始的农业游牧	剩余的生产品开始发现	宗族的共产主义破坏家族的共产主义奴隶为家族中的一员	公产社人数为300—500
人+牲畜+开始利用风力、水力	较进步的农业及牧业 手工业的技术发展 奴隶与农奴的苦役	有剩余的生产品	农奴制度 阶级： 武士 神甫 农奴 奴隶 商人	诸侯的采邑有时包括数千人
手工业	在城市中开始发展很高度的手工业的技术	同上	小资产阶级交易的制度 自由的手工业者 自由的农民	城市公社与其周围包括数千人以上
人+牲畜+蒸气的发动机，复杂的机械机器的、煤气的生产。此世纪之末，人与牲畜的作用，肉体的力量没有需要，人仅为重要的指导者	技术非常发展 农村经济 大工业	剩余的生产品的数量甚大	资本主义制度阶级： 大资产阶级， 中资产阶级， 小资产阶级， 无产阶级。 贵族变化为资产阶级，农民破产	社会间关系包括无数千万人，起初以一民族的国家为范围，然后推至于全世界的市场
机械的发动机（电气化），人仅为一指导者而已	工业与农业联合一起，脑力劳动与体力劳动联合一起 自由的合作	社会必需的劳动减至极低限度 生产率非常的高	将来的共产主义的制度	全人类在一个经济的组织中过生活

五 筑物与基础

——我旅行在这广漠的空间里，
无意地吃了许多花果；
我那知道花果的蜜汁【，】
会变成了我的心灵呢？
我逗遛在绵延的时间里，
无意地听了许多哭笑；
我那知道哭笑的音流。[，]
会变成了我的心灵呢？——
——侠僧《我的心灵诗》二节——

倘若我没有吃过花果，我一定不知道花果蜜汁的味美，倘若我没有听过哭笑，我一定不知道哭笑音流的感力。倘若我不旅行在这广漠的空间里，我将无从而吃花果；倘若我不逗遛在这绵延的时间里，我将无从面听哭笑。呃！我之所以有心灵，原来是吃来的，听来的，旅行来的，逗遛来的！倘若没先有一个物质的我，则这个心灵的我亦将无从而存在。

哲学上唯心论与唯物论的争点是：先物质而后精神呢？还是先精神而后物质呢？还是精神与物质是并立的呢？——生活规定意识呢？还是意识规定生活呢？关系精神与物质间的关系之规定，不在于抽象的争论，而在于具体的实际的明证。数千年人类实际的经验，近代发展极高度的科学指示我们，精神不过是物质的一个特性，离开物质，精神无存的可能。当你活着的时候，你能思想，你有无数量的情绪，但当你一死的时候，你将同别的无机体一样，不能起一点作用了。——此完全属于哲学范围，现在且不多论。现在且说一说意识与生活的关系。原来意识与生活是精神与物质的变称，不过意义比较宽泛一点。在社会学上，讨论的是生活与意识的问题，而非物质与精神的问题。唯物史观是马克斯主义的社会学，当然负有解决此问题——生活与意识的关系——的职任。

"非人们的意识规定社会生活的形式，乃社会生活规定人们意识的形式。"这是马克斯对于生活与意识的关系之公式。此公式并非武断的，乃从历史过程中寻出来的；我们执此公式对证历史的过程，方不致神昏目乱，无所适从。

原始共产社会之风俗，道德的观念，丑美的观念，绝对与农奴社会或小资产阶级社会不同。若把现代资本主义社会的人们同原始共产社会的人们聚起来讨论道德的观念，必定大家莫明其妙，互不了解所说的是什么。在有阶级的社会中，阶级斗争规定阶级的意识，创造出来特别的阶级的心理；此一阶级对于世界的观念，绝不与彼阶级相同。若资产阶级的代表辨护现代社会制度之正当，则无产阶级的代表积力企图推翻现代社会不公道的、非正谊[义]的制度。因此，在现代的社会中，科学也罢，哲学也罢，艺术也罢，宗教也罢，没有不带阶级性的。

我们可以下一定案——意识是生活的反映。意识的形式一定与社会生活相符合；社会生活是变动的，所以意识的形式也是变动的。

我们再举一个例：中国社会数千年生产力凝滞不进，农业与小手工业为社会经济生活的中心，封建制度非常坚固，一切社会思想都是封建式的。但是自从门户开放以来，欧洲资本主义侵入内地，农业的小手工业的生产不能敌抗大工业机器的生产，经济基础起非常大的变动，社会生活日形不安，骚乱已极；而同时思想界也随之变动，什么自由、平等、德谟克拉西、民主共和国，闹个不了；若比之海禁未开以前，真有天壤之别罢。

社会经济生活变动，意识的形式当然亦随之而变动。意识的形式包括宗教、国家、哲学、艺术、法律，为社会经济生活的反映，而非社会经济生活的基础。社会经济生活——人们在生产过程中之相互的关系，社会的结构——为一切意识的形式之基础，在此基础之上，建立一切科学、法律、道德、艺术等等的筑物。

现在就要发生问题了：既然一切意识的形式是社会生活的反映，则筑物对于基础是否有反感的作用？一切哲学、法律、艺术发生后，对于社会生活能无影响么？无产阶级独裁制之政治的形式能否将资产阶级的生产制度变为社会主义的？社会主义思想是否形成一种力量？倘某种艺术是社会关系的产物，然而此种艺术既成之后，对此社会关系能无反感的作用么？

对于此问题，我们可以肯定地给一答案：筑物对于基础有相当的反感的作用。我们现在可以举几个例子：

中国虽经过一度民主革命，然而经济落后，国际地位底下，中国资产阶级不能完成民主革命的事业，致政权落于封建阶级——军阀之手；一方面帝国主义者，因欲陷中国于殖民地的地位，不辞积力帮助军阀，剥削中国的人民。因此，中国的生产力发展非常之慢，不但无产阶级少发展的机会，即资产阶级亦还未伸起臂来。谁个能否认现在中国军阀与世界帝国主义者合作的政治形式，对于社会的经济生活没有巨大的影响呢？

十月革命成功，俄国无产阶级建设苏维埃共和国，惟劳动者有选举权及被选举权，资产阶级在法律上毫无地位。在思想方面，政府积极建设社会主义的文化，分谢旧制度的遗物。在经济方面，积极扩张国有工业，树立社会主义的根基。谁个能否认无产阶级独裁制对于共产主义社会的建设不有促进呢？

就道德方面说。俄国劳动阶级现在差不多大半都明了自己阶级的地位。当工人在工厂做工的时候，以为自己的义务，不仅多尽一点力强固苏维埃俄国，并且多做一点工要帮助全世界的无产阶级革命的成功；因此，怠工、罢工的思念总算减少到最底度。红军为什么这般勇敢呢？因为他们都知道自己是共产主义的战将，是劳动阶级利益的保护者。他们对于苏维埃国家的忠心，实与苏维埃经济建设不小的帮助。

就宗教方面说。在东方——土耳其、波斯、阿富汗诸国，本地资产阶级利用宗教号召国民反对帝国主义对于殖民地的生产关系，莫哈默德的徽名大有功能。中世纪欧洲的执权者垂涎亚洲的财富，组织红十字军东征，一般愚蠢的国民为着要夺回"圣尸"，于是也就不辞辛苦艰难，做宗教的忠仆。结果，从亚洲所〈刼〉夺的财富，助长欧洲资本主义的发展，历史给我们的例——宗教对于生产力的影响——非常之多，现在可以不必多举。

综观以上，筑物对于基础有反感的作用，毫无疑义。但是此种反感的作用有没有一定的界限呢？

马克斯说："随着经济基础变动，一切巨大的筑物迟早都是要崩坏的。"这一句话有两层意思：一，筑物的崩坏并不是即刻同基础的变动一起，或者基础变动了，筑物因为习惯、传袭，固泥太深，一时不能崩坏净尽；二，基础变动了，筑物虽快或慢一定是要崩坏的。——由此我们可以说，筑物对于基础是有反感的作用的，但是此种反感的作用有一定的界限。

法国大革命前，封建制度妨碍生产力发展，但到十八世纪之末，生产力已发达到某一程度，资产阶级不得不推翻封建阶级而代之，于是革命爆发，封建制度崩坏。当资产阶级初得势之后，一切资产阶级制度实助长生产力发展，但是到了现在，生产力的发展已与资本私有制度相冲突，无产阶级又不得不取资产阶级的产物而代之。但是当无产阶级革命初成功之时，无产阶级独裁制虽能助长生产力发展，然而有一定的界限，不能即刻创造成一个完美的共产主义社会，必定又要经过许多时期。——倘若筑物能根本地更变基础，则历史发展的过程，我们又无从研究起了。筑物当未影响基础之时，先为基础所创造；当筑物发生后，其对于基础的影响，亦只能到某一定的程度，而不能超过范围。

六　个人在历史过程中的作用

人们说：历史是几个"个人"所造成的，若把历史过程中几个伟大的人物除去，还有什么历史之可言呢？没有拿破仑，还有谁个能领率大军横扫欧洲？没有华盛顿，地球上将无合众国之名。没有列宁、脱洛斯基，俄国亦将不致有十月革命之发生。总而言之，历史是几个伟大人物所造成的，无伟大人物，也就没有历史了。

这种见解不仅是一般普通人的，差不多为历史学家所公认（除了马克斯主义派的历史学家）。倘若这种见解是对的，我们又将无从研究历史发展的规律了。我们上头已经说过，历史的发展原有一定的规律，此规律并不为个人的意志所转移。现在说历史是个人所造成的，换言之，历史是个人意志的产物；那末，个人的意志是无定的，我们能不能在此不定的意志中找出历史发展的规律呢？

我们并不否认拿破仑是一个伟大的个人，但是说领率大军横扫欧洲是拿破仑一个人的事情则未免是谬误了。法国大革命之后，新兴的资产阶级精强力壮，乘着推倒本国封建阶级之余锐，极力反对自己的敌人与竞争者（如美国），企图占领欧洲之第一把交椅，掌握世界的霸权，自然趋向征服异地，以扩张自己的势力。当时欧洲各封建制度半崩坏的国家，当然敌不过新兴资产阶级的法国军队。拿破仑不过是一个新兴资产阶级意志的执行者，一个统率军队的大将而已。拿破仑的行动并不为拿破仑意志所指使。倘若没有当时新兴资产阶级的推力，拿破仑能够横扫欧洲么？即使拿破仑有横扫欧洲的伟志，结果也不过是一种幻想，并无实现的可能。拿破仑是一个伟大的个人，但是他的伟大的地方是在于他能执行当时法国资产阶级的意志，适应时代的要求，完成法国大革命的事业。

没有华盛顿，便没有合众国么？笑话！当美国未独立以前，英国以美国为榨取财富的源泉，横征暴敛，无所不至。美国人民（包括各阶级）欲图经济的解放，不得不先求政治的独立。英国虽为美国人民的祖国，但因实际利益的冲突，美国人民不得不脱离英国的羁绊。因此，美国独立的要求久已坚固，并非一二人的意志。恰好华盛顿出而任执行的职务，为群众的领导，以建此伟大的功业。假若没有华盛顿，必定另有别一人出来，不过名字不叫华盛顿罢了。

　　现在我们再看一看十月革命。俄国无产阶级在一九〇五年已经表现过自己伟大的革命的力量。虽然俄国的资产阶级在最后时期已发展到很高度，使俄国变成为资本主义的帝国，然而因一方面受地主阶级（贵族阶级）的压迫，总不能昂起头来与西欧各国资产阶级相并立。但是俄国的无产阶级虽较西欧无产阶级为幼稚，而革命性与觉悟的程度却高出西欧的无产阶级，已具有推翻资本制度的力量。欧战发生后，俄国损失最多，因之俄国无产阶级亦最受苦，至一九一七年无产阶级差不多连面包也没有吃了，不得不起而革命。十月革命完全是解决面包问题的革命，并非一二人意志的产物。列宁、脱洛斯基，能适应无产阶级的要求，献身于无产阶级的利益，所以才能为十月革命的指导者。他俩对于十月革命的助力是非常伟大的，谁也不能够否认。或者也可以说，假若没有他俩，或者无产阶级革命之成功没有这般地顺适。但是我们不能说，没有列宁、脱洛斯基，即没有十月革命。十月革命是俄国无产阶级的革命，而非列宁、脱洛斯基二人的产物。

　　总观以上，个人在历史过程中的作用是伟大的，马克斯主义并不否认。不过我们要确定地说：个人不能转移历史发展的规律。倘若某个个人能认明历史的道路，适应社会的要求，出来执行某一进步阶级的意志，才能成其伟大。否则，某个个人欲倒转历史的轮关，违背时代的潮流，即使有天大的能力，亦是徒劳无功，莫得效果。即使某个个人一时地妨阻历史的发展，反背时代的潮流，在历史上也只落得一个反动的罪名，没有"伟大"之可言。如十月革命后的田尼庚、蓝格尔，中国辛亥革命后的袁世凯、张勋、曹锟一些混帐东西有什么"伟大"之可言呢？倘若我们要为人类社会做一点事业，而不愿空费工夫，则应认明历史的道路，群众的要求，而为此要求的执行者。我们绝对不要以为自己如何想，就如何去做；而应考察群众的心理，作此心理的指导员。例如现在中国社会内因于军阀之专横，外迫于帝国主义之侵略，倘若我们能领导群众为民族解放运动，我们一定可以收得很好的效果。

　　我们可以不做伟大的人物，但是我们要认清历史发展的道路！

七　结论

　　人类社会的历史绝不允许某一民族或某一国家另走别一个道路，而与其他民族及国家所走的道路不同。也许所走的迟快不同，第一个国家在第一个阶级走着，第二个国家在第二个阶级走着，而第三个国家已经走到了第五个阶级。但是所走的道路一定是同一的，例如美国资本主义发达最早，法国次之，俄国尤次之。但是无论英国也罢，法国也罢，俄国也罢，社会的发展都一定要经过资本主义的阶级。既然有了资本主义，于是在资本主义的腹内一定生存着共产主义的胚胎，也就如在封建制度下萌芽了资本主义一样。

俄国七十年代及八十年代，民粹派说：俄国所走的道路不应如西欧一样，因为俄国的国情与西欧不同。西欧的资本主义为害甚大，不适合于俄国，俄国无避免资本主义的可能。俄国建国基于农民，农民有"密尔"的制度，可为社会主义的根基。俄国农民有实现社会主义的能力。但是八十年代后，普列哈诺夫由民粹派转而为马克斯主义者的时候，于是马克斯派认明在俄国一定要发展资本主义，一定要走西欧所走的道路。马克斯派很确定地说，俄国避不了资本主义，在俄国实现社会主义的是将来的无产阶级，而非现在的农民。这两种意见的争辨，孰是孰非，俄国历史已经明明白白指示出来了。现在，十月革命成功之后，我们更有趣味地问一声：究竟俄国的无产阶级实现社会主义，还是农民呢？呸！俄国不但经过了资本主义，而且现在走到了社会主义的开始！俄国无产阶级正在做建设共产主义社会的事业！

现在在中国或者也有人们说：中国的国情是特殊的，中国不应走欧美所走过的道路。欧美资本主义发达，致有劳资阶级斗争的惨状，故在中国应免去阶级斗争，而另走别一幸福的道路。中国社会无阶级的分化，没有劳动阶级与资本阶级的分别，故共产主义学说不适于中国。……这种愿望或者是很好的，但是中国近数年来的历史，已经说明这种愿望或主张是荒谬的。谁个还能说，现在中国没有资本主义，或是中国资本主义不正在发达呢？谁个能说，现在中国没有劳动阶级呢？香港水手的大罢工，京沪铁路大罢工，湖南纱厂的惨杀案，……岂不是都足证明中国一定要走欧美所走的路之证据么？我可下一定案：中国有资本主义的存在，中国有劳资阶级的斗争，中国将来一定有无产阶级革命。这并非我一个人的愿望，乃是客观的物质的趋势。

生产力为人类社会发展的动力，但是因为生产力未发展到极高度以前的时候，在生产过程中不得不形成阶级的差别。有了阶级就有了阶级斗争，阶级斗争之最后一步为阶级的消灭——无产阶级战胜资产阶级消灭私有制度，建设共产社会。——这是人类社会发展的规律，无论那一部分社会都逃不出此规律的范围。

我们且看中国社会的将来！

(《新青年》季刊第三期，1924年8月1日，署名 蒋侠僧)

105.《马克思与俄国共产党》(《新青年》季刊第三期，1924年8月1日)

《新青年》季刊第三期刊登罗忍译、梨亚荫诺夫(Riozanov)著《马克思与俄国共产党》。

106.《社会主义苏维埃共和国联邦条约及宣言》(《新青年》季刊第三期，1924年8月1日)

《新青年》季刊第三期刊登《社会主义苏维埃共和国联邦条约及宣言》。

3 日（星期日）

107.《列宁的智慧》(《政治生活》第十一、十二期,8月3日、10日)

8月3日至10日,《政治生活》第十一期、十二期,刊登子云的《列宁的智慧(一)》《列宁的智慧(二)》。如下:

列宁之智慧(一)

记者按:世界革命的领袖列宁已于今年一月溘然长逝。但列宁虽死,其为人类奋斗之主义,当永垂千古,光照宇宙,为被压迫阶级谋解放的必由之路。以列宁宏富的学识与经验,其可供吾人取法者,吾人正取之不尽,用之不竭。此篇系摘译欧美名人研究列宁所得结果,或可为今日投身革命运动的中国青年之一助也。

要明了列宁的伟大,当先知道列宁以前的人物,"人民之友"一派的思想。当马克斯主义,初输入俄国之时,它受很强烈的反对,即因他们说它不看重"人物"的重要。它好像否认人在历史上有任何作用似的。拉夫诺夫为"人民之友"的思想界的领袖,他在下一段[段]文中,表示他的历史进化方法的意见说:

"进步的原因是因为理想的发展,虽然此理想不是神秘的。理想先由一人的脑中产生,发达,以后由一人的脑中渐传入别人的脑中,在质与量上它不断的扩充,因为信它的人日益增加,而且信它的人的道德日益提高。当信仰它的人觉得他们一致,而且决定共同行动之时,于是理想变成社会的势力;当这些人已贯彻理想施之实行时,于是理想才胜利了。"

此种重视理想的观点,为拉夫诺夫的后继者,米海洛夫斯基应用发展,成为一社会学的体系。米氏说在自然界的进化及人类的历史上,进步的意义是在发达"个性"。所以拉夫诺夫认为有道德的个人(即革命的知识阶级),乃是进步的动力,是推理想向前进的实力。

马克斯对理想与进步的关系的意见适与此相反,他说"不是人的意识决定他们的生活,乃是人的社会生活,决定人的意识。社会生产力发达到某一阶段[段]时与以前的财产关系发生冲突。此等财产关系最先是促进生产力的发展,至此一变而为其束缚,于是社会革命的时期到来。经济的基础变动,则其表层的全部亦或急或徐的随着变动。在此等变动中,生产状况的物质变动(可用自然科学的精确决定的),与一切法律的,政治的,哲学的,宗教的,美术的,总之一切思想上的形式,(人由此等形式感觉着冲突,才想去奋斗)必得分别出来。"

这两种观念的相反是很显然的。以前的俄国革命运动,看重个人,所以不乏个人牺牲爱情,到群众间去,牺牲生命,刺杀暴主的事迹。他们以为俄国的农民,得理想的感化,进而革命,可避免资本主义,与工人阶级的发生,可以直接达到理想的极乐世界。但是马克斯主义却说,你们对革命的理想与热诚,是无用的,只有资本主义发达，工人阶级自会推倒专制，建设社会的正义。

在此种思想界热烈冲突之时，列宁锻炼他的俄国马克斯主义的武器。他尊重被剥削的农民在革命中的地位，他也解释知识阶级的任务，由此等解释，演绎实际的结论。他知道他的活动是为客观的经济的环境所限制的，但他也知道他的活动是创造的活动。他知道他的活动的创造性，是由所具的经济的环境与限度等知识的多寡而增加的。他从不忘掉此事实。他不忽视"人物"在历史中的重要。是的，他们是很重要的，但他们只有在变成马克斯主义的工匠时，在脱离了一切空想时，才有一种成功的使命。他回答"民众之友"一派人说：

"历史的必然这句话，一点也不轻视人在历史上的重要。本来历史是人的活动做成的。不过，在估量人的社会活动之价值时，要发生一真正问题，就是：在什么条件之下，这些活动有成功的把握呢？怎样可以担保此活动，不是像一件事沉在无数件相反的事的大海中去呢？这是使俄国的社会民主党与社会党分歧的一问题——为实现社会主义的社会的活动，如何可以吸引群众，产生重要的结果呢？"

"民众之友"一派的人，回答不了解决不了这问题。他们不能吸引住农民，代表社会主义理想做出重要一点的行为和组织。所以他们内部起了纷争：为民众的利益奋斗，民众的意见是反对它，或是认为应该停止之时，我们应否继续奋斗。"民众之友"一派都赞成奋斗人应该不得民众的同意，献身于社会主义，甚至与民众的愿望相反，亦所不惜，总之，群众的意见是不甚重要的。

这是俄国知识阶级忠心于主义，当时所得的悲观的结论。而马克斯主义——虽然穿上一身黑格尔的机械论的衣服，轻视他们神圣的人物——实在贡献给他们一最同情的解决方案，指示他们的道路。马克斯主义说：若是你们离开农民，——他的经济状况养成他个人主义的心理，不能组织在一块——向工业的无产阶级去——他们的劳动已是社会化了的，私有财产制在他们已算废除，他们已渐能组织——你即看出一种不同的反应了。你会看出群众的意见，与群众的利益不是一般知识者脑中所想象的那么悬隔。他们可以用宣传与煽动使之逐渐归于一致。在这儿，若是你心中有为群众献身的热情，若是你脑中有为主义牺牲的理解，若是你灵敏而坚毅[毅]，你即可以与群众联合而又忠心于你的主义了。这是十九世纪末年马克斯主义向一般失望气泪的革命家的提议，这是列宁所躬亲做到的。

列宁既看重人力在历史上的地位，所以他不仅认革命理想的重要，而且他知道，有此种理想做高尚的动机的人实居少数。他承认在两阶级争斗时，另有一第三个独立的原素即一般革命家，他们懂得那种斗争，他们要求工人阶级的胜利。所以无产阶级专政必须由这些引导无产阶级达到胜利的一些革命的先锋，来实现，而不是个个劳动者专政。这是很明显的。所以有人骂马克斯主义为机械论的历史观，忽视人在历史上的实力，以为人只是由历史的推移，即可达到社会主义，这般人可惜对列宁与马克斯平日奋斗的功业，全不了解。列宁与马克斯不过同时，是很渊博的经济学者，他们会利用其学识为武器，将客观的情形考查得最真确，引导工人奋斗的战略应用得最娴熟罢了。

列宁之智慧（二）

列宁之能成功的秘密在什么地方呢？我以为他有二点过人的特长，值得人们的崇拜。第一是他对社会主义与工人专政的笃信，第二，他在任何时，任何地，都与群众接触，熟悉一切群众心理，所以他能领导群众达到胜利。

他自己说过，世界上有十二万万五千万人是被压迫者，有二万万五千万人是压迫者。他代表十二万万五千万人向二万万五千万人奋斗，所以他相信最后的胜利是属于他的。这是他的极粗浅的信仰。然而他又相信近代工人是被压迫阶级解放运动的先锋。工厂工人得着完全解放，即是社会上阶级消灭，压迫制度废除之日。所以他三十年来，努力于劳动运动如一日。他说：

"要工人们不看见资本压制他，要他不与资产阶级争斗，是绝对不能的事。而这种争斗，本为满足他们目前的经济要求，增进他们的生活状况，却必然要变成不仅攻击一人而是攻击一阶级的战斗。工人所攻击的正是任何方面，任何地方，不仅在工厂中，压迫屈服他们的那一阶级(译者按：工人们不仅在工厂中受压迫，而且各方面都受压迫，这句话真说得不差。试看工人们在社会上受人鄙夷轻视，无受教育机会；经济上劳动终身，不能温饱；政治上被剥夺一切集会结社及其他政治权利受警察及军队的践踏；随地皆是极刺目的例子)。所以工厂工人是全体被剥夺的人类的前锋。若是他要在一种有组织和坚持到底的争斗中做这种前锋时，他须要简单明了他的地位，要明了压迫他的那种政治与经济的制度，须明了阶级冲突的必然与不可避免。【"】

"工厂工人在资本主义制下的地位，使他变成解放劳动阶级的唯一先锋。因为，只有在资本主义发达到最高的阶殿[段]，达到机器工业之时，方将这种斗争的物质条件与社会实力准备好了。在资本主义不发达的国家，此等物质条件还不具备，生产事业是分散在千千万万的小手工人那里。此等被剥削者，同时又是一切小财产的所有者，他们正属于他们应该反对的资产阶级之内。这些散漫的与单独的剥削，将工人们束缚在一个地方，□□□互相□□，禁止他们有阶级团结的感觉；也不□□他们联合起来□□他们受压迫的原因(他们受压迫的原因，不是这人，或那人，而是全部的经济制度)。然而在资本集中时代则不然，资本集中将被剥削者与旧社会的关系，与某固定地方，某个压迫者的关系，都一齐毁坏掉了。它团结着被剥削者，教他们如何思想，创造了一种环境，使一种有组织的斗争变为可能。若此等工人浸润于科学的社会主义，若此等理想广播在他们中间，而且又有稳固的工人组织将散漫的经济斗争团结而成有意识的阶级斗争，于是俄国工人，即可为俄国一切民主分子的领袖，推翻专制主义，引导着俄国的无产阶级(与各国无产阶级联合)，直上政治斗争的道路，直至无产主义的革命胜利为止。"

这些话在今日看来，自然是极平常肤浅的话，可是在一八九四年时，整整的三十年以前，能认识革命的道路如此清楚，能预言三十年后的胜利的，此非对社会主义有绝对信仰，有真知灼见的不能为此言。而此言在现在看来亦毫不见其陈腐，正如昨日给我们的教训一样新鲜。

我们由列宁的这种教训，知道他也引导工人做过民主主义的斗争。但是俄国的工人参加民主主义争斗，是在有了稳固的工人组织和经过科学的社会主义之宣传以后，所以他"可为俄国一切民主分子的领袖，推翻专制主义，……直至共产主义的革命胜利为止"。俄国今日能得着光荣的胜利,全仗着这种观念的引导,使工人们不为资产阶级所利用,而能独立的达到自己目的。中国的现状与昔时的俄国大致相同,此时工人参加国民革命,应先谋工人之组织,及经济利益之奋斗,次当受科学的社会主义之教育,必以阶级自觉的意识参加国民革命。这正是列宁所垂训千古的不朽之言,亦是列宁一生功业所寄托。凡是中国的革命家应当奉为金科玉律,在这种意义之下,宣传工人加入国民革命,才是忠心于中国平民的解放啊!

(《政治生活》第十一、十二期,1924年8月3日、10日,署名 子云)

10日(星期日)

108.《"帝国主义"的意义》(《共进》第六十七期,8月10日)

《共进》第六十七期,刊登《"帝国主义"的意义》,如下:

"帝国主义"的列强在中国形式上所作出的横行暴举,骨子里所进行的"经济侵略",到今日可谓至于登峰造极之境。中国一般民众因帝国主义的层层压迫,节节进攻,乃有进一步明了的认识;——并且开始义愤填胸施之以猛烈的攻击。

近年来——尤其是近几个月——反帝国主义运动,轰轰烈烈的风起云涌于全中国,便是明证!

自海禁大开到现在,中国完【全】在帝国主义列强极惨酷极毒辣的统治之下,而今日中国军阀之横行,民生之涂炭,土匪之遍地,生活之日高……全是帝国主义列强直接或间接所促成。故帝国主义的列强,是中国民众的死敌!

列强所依以侵略中国的"帝国主义",究竟是个什么东西?何种性质?我们都不能不有一番明确的了解,使我们痛悉"帝国主义"的惨毒,以引起我国民众的觉悟而大相团结以谋反抗——并且也可解答:"我们为什么要反对帝国主义?"

"帝国主义"在现刻是一个极抽象的名词,与从前所用的"帝国主义"是大不相同。从前的"帝国主义"是"武力的帝国主义",现刻却变成的"经济的帝国主义"了。

"武力的帝国主义"是政治的,拿兵力来征服弱小的国家,使其成为自己的藩服;在弱小国家得到最高的统治权,这便是它——武力的帝国主义——最后的目的—罗马大帝国,臣服数十小国,行使统治权,便是"武力的帝国主义"的明例。

"经济的帝国主义"是极其抽象的;她的侵略方式是四面八方的,而最后的目的,乃是"经济的"。就是拿"经济的毒针"插入于经济落后国家的血液中,一点一点的吸得干干净净,这种方略是极其惨虐,凶辣的!因为"经济的帝国主义"在同等的国家间,可以引起"国际的战争"——欧战便是明例——在"经济落后的国家"内,便使其弱小国家至于本国互相惨杀,土匪蜂起,灾乱相循……的危状——中国日下状况便是。

"经济的帝国主义"侵略弱小国家的步骤,是极其复杂而令人惊心动魄的。她最初是用基督教以打先锋,和缓被侵略国家对于"外国人"的反抗,并拿她—基督教—

作一种根本上毒杀的双重"文化","精神"的侵略,其后再继之以"兵",以为之辅。

所以中国与列强交通,以基督教为导火线;海禁未开之前利马窦,汤若望等来中国很有方法的借传教与中国官员,人民接洽。第二步便用兵力,"鸦片之战","南京条约","庚子之役"……都是昭昭若揭的事实。

"经济的帝国主义",正如水银泻地,无孔不入。其浸入之深之毒,使经济落后的国家麻木,衰颓,无丝毫能力以抵御。譬如一家之中,强盗也不用挪人,杀害,的法子,只把你们的血管割开,一点一滴的吸出,一方面还要暂用作奴隶,一方面给一个根本送终,这便是"经济的帝国主义"的毒计——受了数十年而仍继续受着的中国同胞——还不觉醒么?

由以上观察,吾人可知"经济的帝国主义"是资本主义的国家侵略经济义后的国家一种极惨刻毒辣的方式。我们把"经济的帝国主义"简括其性质如下:

"经济的帝国主义",是资本主义的国家用以侵略经济落后国家的方式,她以扩充吸收地盘,施其经济毒杀,使被吸收的民众永为她们的经济奴隶而不得翻身为目的。

由此可知"经济的帝国主义"是怎样毒辣!怎样的可怕呀!中国目下已被"帝国主义"所蹂躏而成为她们的"半殖民地"了——中国民族此后能否翻身,成为独立民族的国家,全在民众对于"帝国主义"的认识如何,进攻如何为断!

一九二四于北京。

(《共进》第六十七期,1924年8月10日)

109.《各地蜂起之反"帝国主义文化侵略"实际运动》(《共进》第六十七期,8月10日)

《共进》第六十七期刊登《各地蜂起之反"帝国主义文化侵略"实际运动》,如下:

"帝国主义"者在中国设立教会学校,其目的原欲作一种"文化侵略",这是凡有眼睛的人看得出的——近年来因帝国主义在中国之剧烈压迫,始为一般民众所感觉其暴横。教会学生受之愈深——故自奉天"故回教育权"案发生后,受"文化侵略"最深之广东教会学生乃纷纷揭干[竿]而起——雪片似的宣布"文化侵略"的实况电报,不停的由敌人营垒中纷纷飞出——并且作进一步的实际运动而退学,而作"收回教育权"的大规谋[模]的团体了。这种可爱的民族革命运动,实是中国民族革命史上一件威壮的盛举!

揭起反叛之旗,下"文化侵略"教会学校以首先之攻击者,当算广东圣三一学校的可爱学生;他们奋斗到底,将"文化侵略"之事实,宣布于全国,终至全体退学。于是广东的圣心学校,建道学校,培心学校;上海的三育大学,济南中西中学校……等不能受着"文化侵略"下奴隶式教会的学生相继而起作"反帝国主义文化侵略"了!

他们虽受了最大的牺牲,帝国主义者的压迫,但他们丝毫也不灰心——尽量的将

"帝国主义文化侵略"的阴谋宣布于全国,更使国人进一层的认识和反抗——如此大的壮举丰功,我们当如何的敬佩继起呢!从此后广州有"收回教育权运动会"的组织,专由实际上取缔"文化侵略"的运动,更有"反抗文化侵略青年团"的组织;今年全国教育改进社也有"收回教育权"的议决案……于此可见中国民众觉悟之一般!

"帝国主义文化侵略"之教会学校遍于全国,我们诚恳的希望这被压迫在奴隶式的教会学校下学生速起来,作"反抗文化侵略"运动!

陕西虽鄙在边陲,但是"帝国主义文化侵略之教会学校遍地皆是,不知毁坏了多少青年——这些青年应速起来,退出那种奴隶式的学校——我不禁大呼:

反抗"帝国主义"的"文化侵略"!收回教育权!

(《共进》第六十七期,1924年8月10日)

110.《"反帝国主义"和"义和团"》(《共进》第六十七期,8月10日)

《共进》第六十七期刊登齐的《"反帝国主义"和"义和团"》,如下:

帝国主义列强因近来中国民众痛恶帝国主义的压迫而作反抗运动,大发了慌恐,千方百计的诬为"排外",并有直指为"义和团"之复生。

这次广东沙面华工因沙面帝国主义的英国苛待,侮辱,不得已忍饿以争人格而罢工,退出租界,秩序非常整齐,对待外人亦极文明,这是极应该的事——但帝国主义者却大张其放屁不臭的污嘴,到处宣扬工人将施外人以枪炮的攻击。广州领事团居然发出"荡妇强污被奸,像是煞有介事"的通告如下:

"沙面如受攻击,发生战争时,炮火流弹所及,不负危害责任……"(见民国日报七月二十八号的专电。)

这样不值一笑的无的之矢,在狡猾,贪,卑鄙,下流……的"帝国主义者",原是一件极平易而又常得利的买卖,我们也不必深责。

沙面工人罢工之正当和对外人之文明,中外各报已载其详,不须我们辩护,更不怕他们强污!

所怕的是一般民众被其蒙蔽——现在帝国主义者的走狗机关:基督教会,基督教学校,亲美派团体……还有那些走狗教徒,留美学生……都各处宣使"反帝国主义"如"义和团",企图阻止反帝国主义的运动,所以我们不能不解释一下。

"义和团"发起之动机,是千对万对的——不过方法用错了。自鸦片战后,洋大人挟着精锐的兵力,待中国人如狗马,一般民众实在忍受不住了,才起而作排外运动。凡是个有血气的人,都不能如此!这种"排外",是很对的——是中国反帝国主义运动史上一件该□□□□的事。

不过他们——义和团——不认得列强更有最深一层的"帝国主义",列强是国际的结合……所以攻击的方法也错了。但是那种全国一致,义愤填胸的丈夫之气,真令我们钦佩呢!

"人如刀俎""我如鱼肉",难道只有延颈以待死么?不!不!我们是人!我们是有血气的人!我们当挺起赤裸裸的身来,与帝国主义者拼一个死活!

"反帝国主义"的动机,也是我们被宰割的民众,受帝国主义的压迫惨害,使我们忍无可忍,才起来作一个要求"民众平等,解放"的大运动。为了我们自己的生命,为了中国民族的独立,凡属中国国民的都当团结起来,作大规谋[模]有系统有组织的反帝国主义运动。

我们——反帝主义运动——是由"学理上""事实上"研究出列强迫害中国的毒计;我们反帝国主义的方法是有组织有系统而且极文明的,这点是和"义和团"不同的。至于这种方法,见山水君文。

帝国主义的列强,压迫得中国至于此极,我们不是生成的奴隶,当然要攘臂而起以反抗之——但我们决不用"义和团"那种无意识的迷信和无步骤的攻击方法是了。

总之:"反帝国主义者"和"义和团",皆因不堪列强之压迫而反抗是相同的;他们所用以反抗的方法,就相差太远了:"义和团"的方法是浪漫的,非科学的;"反帝国主义"乃是"有系统的","科学的"了。

站在反帝国主义战线上的同志和在后边观望的同胞!睁起眼来,认清这一点!

(《共进》第六十七期,1924年8月10日,署名 齐)

111.《"反抗帝国主义"·当从何处下手》(《共进》第六十七期,8月10日)

《共进》第六十七期刊登哲玉女士的《"反抗帝国主义"·当从何处下手——科学的反帝国主义运动——》,如下:

△加入为中国民族独立而奋斗的国民党;
△与以"反帝国主义"为职志的苏俄作亲密的结合,并和东方弱小民族相携手;
△宣传其罪恶,挽回教育权,及打倒各国在中国所设立之教会。

"帝国主义"在中国表面上所作出的蛮行暴举,骨子里所进行的经济侵略,前数文已说得清清楚楚,凡是有血气的人,当不能不承认并且热烈的赞助"反帝国主义"是中国目下一件刻不容缓的急务!

"帝国主义"是要反抗了,但是我们当采何种的方式以反抗呢?我们决不是盲目的情感冲动者,因一时热血的沸腾而作快一时无意识的胡闹;我们要作一个大规谋[模]的"科学的反帝国主义运动",这种运动是有系统有规律由事实上考察出最收效的一种方法。我们若真能照这种"科学的反帝国主义"运动方法做去,"打倒帝国主义"的成功,真是一件摧枯拉朽的事!

怎样叫做"科学的反帝国主义运动"呢?"科学的反帝国主义"是有组织的有规律的:"反帝国主义"是一件革命的工作,这是很明显的。革命的工作,必须有组织的规律，始能步伐一致，势力集中。怎样才能有组织有规律呢？自然非齐集于一个"反帝国主义"的大政党下不可——中国目下的政党，除过"共产党""国民党"外，都是些乞丐团。

"共产党"是一个极完善极猛烈的政党，较之国民党当更进一层。不过在国民革命方式内的"反帝国主义运动"，还是国民党比较的广宽，易于接近民众，能使革命的势力集中而浓厚——我们如促"反帝国主义运动"早日成功起见，觉得加入国民党是合乎中国目下情形的。

"科学的反帝国主义"是照帝国主义事实上侵略的方式而施之以攻击的：帝国主义事实上侵略中国的方式，分为"政治上"，"经济上"，"精神上及文化上"——见帝国主义侵略中国之方式。

在政治方面，帝国主义者扶助北洋军阀，直接或间接行使北京假政府的职权。从这件事实上，可知加入与北洋军阀奋斗十数年如一日的"国民党"，是一件极正确的方法。全国感觉得须"反帝国主义"的革命分子，如能加入国民党，一方面可使革命势力集中而浓厚；一方面可使国民党于短期间握得中国政权，帝国主义自然必倒，因为帝国主义与北洋军阀是一而二，二而一的。

……

在经济上我们须知帝国主义是国际的，侵略经济落后的国家，是用资本阶级协同的方式。那就是说经济的战事，不是某国与某国的事，乃是一阶级对于一阶级的侵略。显明的说，是资本阶级与其被压迫阶级——劳动阶级与经济落后国家的民族——的"阶级争斗"！

因此我们要联合东方被压迫的民族和帝国主义国家下的劳动阶级，作一个大规谋[模]国际间的阶级争斗，这样才能速促帝国主义的颠覆！

苏维埃联邦俄罗斯是劳动阶级的国家，她是以"反帝国主义"为职志的——当苏俄政府初成立时，帝国主义的列强即明了苏俄将要扶助全世界被经济压迫民族而与帝国主义死战，故帝国主义者的军队进攻到莫斯科，幸共产党员奋斗到底，卒打退帝国主义。帝国主义者的巧计百出，一方用封锁政策三年，企图困死苏俄政府，一方面帮助白党，作反革命运动。可是这样煞费苦心的毒计，莫奈何我最亲爱的苏俄一点。

苏俄是以"反帝国主义""拯救弱小民族"为职志的！她正精密的计画世界革命——即颠覆帝国主义——的步骤，并自己吃苦的以全力扶助弱小民族向帝国主义下总攻击！

所以中国目下当与苏俄作极亲密的结合并与弱小民族携手，形成国际间的"阶级争斗"。否则国民党也决不会成功，因为帮助北洋军阀是帝国主义呀！认识这一点，便是中国民主革命的成功！

在"文化""精神"方面，我们要知这是帝国主义国家侵略弱小民族一种极毒辣极惨酷的根本方法。我们不怕敌人是如何的凶顽，侵入之深是如何的利害，只要我们一般被压迫的民众，"不忘自己的祖国"，"有海潮般反抗的精神"，我们历尽千难万苦总是可以恢复的！

所怕的就是:"忘了自己的祖国","丧失了海潮般反抗的精神",如此便成了"木偶""石像"任人压迫而永无见天之一日!

帝国主义者在中国所设立遍地皆有的青年会,教会学校,还有一般吃教的饭桶和大部分受洋毒最深的留洋学生——留美最甚——这些都是进行侵略的大营精将。

我们应尽量的将基督教罪恶撒遍于一般民众,并将青年会等教会的黑幕尽量宣布。尤当宣传以我们能力所到的勿使青年人教会学校,最好拿教会学校种种不合教育原理腐败情形,逢人便讲。"吃教的饭桶","帝国主义的走狗留洋学生";当无情的施之以剧烈的指责!

为了我们民族独立的基本,非凶猛的攻击基督教及教会学校不可。

总以上诸点,我们反帝国主义的方法是:

一加入国民党,促国民革命的成功;

二与苏俄结合和弱小民族携手,实行攻击的"阶级斗争";

三宣传帝国主义的罪恶,并指斥基督教会及学校的"文化""精神"的侵略,使全国革命份子齐集于【反】〈的〉帝国主义",旗帜之下。

末了,我不禁大呼:

中国民党万岁!

苏维埃俄罗斯万岁!

"反抗帝国主义的民族团结一致"万万岁!

(《共进》第六十七期,1924年8月10日,署名 哲玉女士)

112.《帝国主义侵略中国的方式》(《共进》第六十七期,8月10日)

《共进》第六十七期刊登的《帝国主义侵略中国的方式——政治上—经济上—文化上—精神上——》,如下:

"帝国主义"是资本主义国家发达到最高的一种形式,他的性质是对于经济落后的国家,猛烈的,多方面的作一个永久的经济剥削和占取。

从经济上研究,可知资本主义社会的目的在榨取劳动者血汗所换来的"剩余价值"。但因为资本家想得更大的剩余价值,拼死赶造,于是弄出"生产过剩"的现象;资本主义国家为救自国颠覆计,不得不取"帝国主义"一法,以消[销]售"过剩生产"于经济落后的国家,可知"帝国主义"是救济资本主义一时的方法,但现时却是资本主义大颠覆之最后一幕。

为了这种原故,资本主义所用以救济本身的"帝国主义",正如资本主义社会内之工厂,国家,一样的严密和精锐。帝国主义的侵略方式是极其有系统有步骤【,】四面八方而极易收效的。

中国是经济落后的国家,也就是帝国主义最深入的国家;"帝国主义"侵略的方式当然是极严密有系统有步骤的。我们为一般民众对于"帝国主义"恶毒明了起见,把"帝国主义"在中国作出的各方事实,明显的写出来,先对彼有一番明确的认识,然后再由其来攻击的方向痛击之——方法见哲玉文—

方法分四:政治上,"经济上","文化上","精神上"。

政治上:"帝国主义"利用他国的军事势力,在中国占据了优盛的地位。一方面勾结国内的军阀,使军阀在政治上得有固定的势位,"帝国主义"在后台则任所欲为。日之助袁,美之助直,英之助陈——炯明——都是目所共睹的事实。又运大批军火于军阀,使其互相屠戮,得其渔人之利。哄动全国的意械案,法械案,英械案……便是事实!又帮助吴佩孚打广东革命政府,俾中国永无清明之一日。

再一方面则勾结中国官僚卖国,把中国重要的财源尽行攫入他们的手中,如中国的重要铁路——京浦,京奉,陇海……矿山如开平,萍乡,山西煤田……参战借款,善后借款,金佛郎案,以及近来的德发债票……无一不为"帝国主义者"所攫取。

"帝国主义"东交民巷领事馆,便是中国的"太上政府",北京伪政府直接或间接接受其指挥。如前之临城通牒,阻止中俄交涉……便是证明。

北京伪政府所以敢残民掊鬼,完全因"帝国主义"在后台作助手。"帝国主义"在中国的"治外法权",已使中国扰攘无日了,更要组织"长江联合舰队",以期政治势力更深入一层。

经济上:经济上的侵略,是"政治","文化","精神"侵略的最后目标。侵略的最著方法,一是"协定关税",一是掠夺中国财源。

经济落后的国家,全赖"关税政策"以发展本国的实业,使外货不得以廉税输入与本国工业竞争,即现在工业发达的国家也是如此的。中国则不然,"关税"为外人所协定,在欧西外货以百分之七十五关税,方能输入,中国由外人定为百分之五。

因此外货如海潮般的输入,洋货充斥于穷乡鄙野,中国成为"帝国主义"国家的消[销]售场所。本国货物因厘卡的种种敲剥苛敛,不能与外货竞争,亦不能发达。"帝国主义"完全制中国的死命。

更有要者,便是掠夺中国的财源,以吸收原料。中国的大铁路□京奉,京浦,陇海……〈一〉大矿山如开□矿,福中公司,陕西的石油,山西的煤田……别样的原料如棉,丝,茶,米,豆油,森林……完全为帝国主义以廉价吸取,制成物品再以重价卖给中国,如此把中国的精血吸得干干净净一滴不漏。

不但如此,"帝国主义"在中国设立的银行遍地,操纵中国的金融,使中国一举一动皆得受其牵扯。如德华,道胜,汇丰,中法,美华等银行,便是样子。

在文化上使其教人战栗而惊怕!她借在中国办教育的美名,蒙蔽一般青年使其忘中国,好使其作永久毫无反阻的侵略。所以外国人所设立的学校,其内容的腐败,令人痛心!

帝国主义者在中国设立学校,原是一种文化侵略政策。如英在印度,日在朝鲜,美在菲律滨……设学校一样的用心——所以教会学生不许学生爱国吗,不注重本国文,提倡旧礼教……务使学生忘其祖国,俾永如其奴仆方才甘心——卖国之曹汝霖,章宗祥，以及目下给美国作买卖中国经手的顾维钧，颜惠庆……等，便是文化侵略上的果实。

这样毒狠惨酷的手腕，我们除过热血沸腾与之决一死战外，再无别法！

中国学生觉悟了，"收回教育权"的呼声由奉天打起到广东，于是血气尚未死的青年在敌人的营垒里，高揭其反抗之旗；如"圣三一"，"圣心"，"建道""三育大学"……等学校的学生因反抗文化侵略而退学了。

文化侵略是帝国主义一种侵略最高的形式，我们当□□死力反抗之。

在精神上，帝国主义借基督教的势力，以大宗金钱设立教会于中国大都鄙野。一方面使中国人的精神麻木，只知服从迷信，不知真理，一方面把中国人的可爱的热血化作冬冰般的冷，永久服首帖耳为人奴仆而不反抗。

"帝国主义"真聪明，□如"政治""经济"略侵［侵略］虽利，但终灭绝不了人家的良心和反抗精神，有时人家得揭干［竿］而起，所以想出这样妙绝的奇策！我们看说鬼话的《圣经》上说：

有人打你的右颊，你把左颊也给他；

贫穷之人有福了，富人进天国等于骆驼进针眼！（还有无数这类的话。）

这些话，不啻说：

受罪的穷奴才！平心静气的受罪吧！现在虽受罪，将来是要入天国的！

如此，压迫人者愈横行，被压迫者愈服首帖耳了！这样的假面具，只要我们眼〈精〉睛没瞎还看不出来么？

精神侵略的结局，使人如木偶石像一样！任凭人怎样的宰割，怎样的虐待，丝毫也不知反抗！这样完善的不费力的精神侵略，胜于帝国主义一百万精兵！

好个良心丧尽不要脸的教徒！还日日宣传耶稣的被人利用之教呢！起！起！先杀这些贼！

○　　○　　○

归结起来，帝国主义侵略中国的方式，是积［极］其可怕而令人惊心动魄的——她的方法是有系统有步骤而且也极其完密的——我们若真欲使中国民族独立，成如一个不受任何国家侵略的国家，当今日"帝国主义"长驱直入于中国内地之时，应速团结于正从事于民族革命的中国国民党并与苏俄及东方弱小民族团结，作一个：

反帝国主义大运动！

打倒帝国主义！使其灭绝于全世界！

（《共进》第六十七期，1924年8月10日）

8月

113.《社会进化史》［著作（目录），8月］

上海民智书局出版蔡和森著的《社会进化史》。这是蔡和森在上海大学的讲稿。全书

15万字，应用恩格斯的《家庭、私有制和国家的起源》、列宁的《国家与革命》的观点，阐释社会发展史。全书15万字，目录：绪论、三篇。绪论、第一篇 家族之起源与进化：第一章 原始家族史之概要、第二章 家族发生之理由、第三章 家族形式与亲族制度、第四章 血统家族、第五章 伙伴家族、第六章 对偶家族、第七章 一夫一妻的家族、第八章 宗法家族、第九章 三大时代之三大婚制、第十章 母权与父权之争斗、第十一章 一夫一妻之实质；第二篇 财产之起源与进化：第一章 个人财产之起源、第二章 氏族共产制、第三章 共产社会之风俗、第四章 土地财产最初之形态、第五章 村落集产制、第六章 秘鲁及印度之村落社会、第七章 村落社会在中国之遗迹、第八章 宗法家族与集合财产之性质、第九章 土地所有财产之起源、第十章 集合财产之分裂、第十一章 动产之发达、第十二章 封建财产之起源及其性质、第十三章 商业之起源及小工商业之发展、第十四章 近世资产阶级财产之发达；第三篇 国家之起源与进化：第一章 伊洛葛人之氏族社会、第二章 希腊人之氏族、第三章 雅典之国家、第四章 罗马之氏族与国家、第五章 克尔特与日耳曼的氏族、第六章 日耳曼国家之形成、第七章 由封建制到近世代议制的国家、第八章 氏族与国家之兴替、第九章 各种政治状态与经济状态之关系、第十章 近世社会之必然崩溃。讲义通过对人类社会发展的演绎，得出"资本主义必然崩溃，世界无产阶级革命必然成功"的结论。

9月

3日（星期三）

114.《列宁与义和团》(《向导周报》第八十一期，9月3日)

《向导周报》第八十一期刊登大雷的《列宁与义和团》，全文如下：

在一九〇〇年藉口于义和团事件而实行侵掠中国的列强中，要算俄皇的俄国最利害；俄国得赔款独多，并欲强占东三省全土。待俄皇政□倒后，苏俄政府成立以来，他在一九一九年以后累次单独宣言放弃辛丑条约上俄国所得的特权。这种在俄国方面的剧烈变更，并不是一件偶然的事。因为旧俄皇政府的性质与苏俄政府的完全相反，因之而他们对华的政策亦绝对不相同。

俄皇政府是一个代表俄国贵族，地主，商人，实业家的利益之政府，他的政策是帝国主义的政策，口号是"大俄罗斯"。在他□迫之下不知有多少小民族。当俄皇屡次想在欧洲波罗的海或地中海求一出口而终被英国等所阻止，不得逞其志，因此有向东方发展的计画，想设立"黄色俄罗斯"。在辛丑以前虽已占领海参崴，然不能厌工欲，义和团事件因此【是】给俄皇政府建立"黄色俄罗斯"的一个好机会。

苏俄政府的性质则完全不同，他是代表俄国被压迫的无产阶级和各小民族的政府，他的政策是联合世界的无产阶级和被压迫民族，来推倒帝国主义来建设共产主义的社会。自苏俄政府成立以来的短期的历史已证明他解放国内的弱小民族，曾援土耳其建设□立政府，曾放弃他在波斯的权利。宣言放弃辛丑条约，亦是苏俄政府照他的主义上的必然政策。

要知道苏俄所奉的主义就是列宁的主义。列宁主义 Lininism 中最重要成份之一，就是对于民族问题的主张。列宁这种主张并不是到他做了苏俄人民委员会之后而是在廿多年前即是这样主张，当一九〇〇年义和团事件发生时，列宁在《火星报》第一期上做了一篇论《中国之战》，他分析帝国主义和暴露俄皇的阴谋。

各国政府，俄国政府同样，宣传中国义和团的野蛮，说他们是仇视白种和西欧的"文明"；想因此可以得到人民□帮助来满足少数人的利益。

列宁回答说："中国人民并不仇恨欧洲的人民，他们对于他们没有什么反对，然而他们确仇恨欧洲的资本家，和为资本家用□欧洲的政府。他们到中国去只为求利，他们用了他们所矜夸的文明去欺骗，去抢掠和压迫，他们同他开战，强迫他承认输入使中国人民愚蠢的鸦片之权（一八五六英法联军），他们用传教遮掩他们的活动，对于这些人们除掉仇恨〈之〉之外还有什么呢？"

中国人有许多像外国帝国主义者的口吻一样说义和团事是野蛮的排外，仇视西欧文明因此是不对的，看了列宁的话亦可稍明白了。

列宁又说："他们'帝国主义者'并不公开地动手瓜分，而像夜间的偷贼，他们抢掠中国像掘坟墓一样，但是如果假尸要想抗拒的时候，他们又像野兽一样对着他，把树林亦烧了，屠杀没有武装的人民。"列宁这种描写真把当时帝国主义国对中国的形态完全表露出来了。可惜在我们中国的凤毛麟角的外交史上只看见把惨杀少数教士描写得十二分惨酷，而于八国联军屠杀没有武装的人民就几句话轻轻放过；真是一件可耻之事。

列宁并披露俄皇这种帝国主义的政策和唤起群众来反对这种政策。

他说："这种政策"只有益于一部分同中国行商的资本家，有益于一部分为亚洲市场生产货物的厂主，有益于一部分从紧急军事的定货而获得厚利的店铺。俄皇政府牺牲全人民为这班少数资本家和高尚的欺骗者。

他用极明白的口号来唤起民众反对这种政策，他说："起来用全力反对那些人们，他们想制造成民族的仇恨；并因此想从劳动人民对他们的真正仇敌的注意转移过来，这是一切有阶级的觉悟的工人所要注意的。俄政府在中国的政策是一个万恶的政策，这政策将完成人民的毁灭，使他的做奴隶更确定和他的痛苦更大。俄皇政府不仅奴隶我们自己的人民，并且他利用他们来奴隶别的人民。"

列宁对于帝国主义和被人压迫民族的这种见解在廿年前既已成熟，到廿年以后在他的领导之下居然实行，这就是苏俄之所以成为反对帝国主义之殖民地的良友而列宁之所以成为民族解放的〈为〉记号。

（《向导周报》第八十一期，1924 年 9 月 3 日，署名 大雷）

11月
7日(星期五)

115.《十月革命》(《政治生活》第二十期,11月7日)

《政治生活》第二十期刊登赵世炎的《十月革命》,全文如下:

一 列宁的纲领与历史的教训

当十月革命之前不久,列宁曾起草一篇预备暴动举行革命的纲领,题目叫做"革命之目的"。这篇有名的历史稿件,与列宁表[写]社会民主工党中央局及彼得堡与莫斯科执行委员会几次专门讨论暴动问题的信是同样可贵的,成为十月革命发动时战术的底稿。在这篇稿件里面,我们细读一遍,便可知十月革命的发动与结果,皆在列宁先知之中,而正是在这些地方,我们志愿作列宁主义者的,要深刻学习,因以得出十月革命的教训。

在这篇稿件中开始分析当时的时局,俄国经济政治状况与当时各政党,各种舆论的呼声,农民反对战争的激烈,以及四周环境与革命运动之关系。嗣后分条的列出七个大纲,决定革命之原则与目的。这七条大纲是当时革命行动的指针同时又是十分清显的民众之口号:

(一)宣告与资本主义妥协政策的死刑(即对临时政府代表资产阶级继续参加欧战及其他种种政策);

(二)一切政权归苏维埃;

(三)给人民以和平;

(四)还土地与农人;

(五)建立工人自己的生产与消费管理,救济灾荒;

(六)武装无产阶级,攻打大地主与资产阶级的反革命;

(七)发展革命的势力,建立革命的政治。

我们知道紧接十月革命产生了三个结果:工厂给了工人;土地还了农人;组织了红军,保护革命。但十月革命的本质是无产阶级的革命,十月革命的总结果是无产阶级专政。这个无产阶级专政的原则,是革命后一切政治设施的总枢纽。俄罗斯无产阶级于现在已有七个周年的成绩中,又有两个大结果:一是领导世界的革命运动;第三国际的组织包有全世界过半数的工人与被压民族;一是建立了苏维埃社会主义共和国联邦,弱小民族都闻风兴起,各资本主义国亦不得不予以承认,根基日益巩固。

二、暴动是一种艺术

在十月革命快要暴发以前,有一个关系马克思主义本质和原则问题发生了,这个问题就是:是否暴动?历来革命运动中的机会主义派,对于暴动是根本否认的:他们痛恨暴动,屡次控告马克思的暴动学说,常常宣言"没有暴动也可以革命!"这个革命时机的根本命脉问题,往往被一般改良派社会主义者所侮辱,惟有列宁,在十月革命之前，甚至在芬兰未归俄境之前屡次写信与社会民主工党（布尔塞维克）中央局，说暴动是必须的，而且暴动是一种艺术。

当时中央局惑疑大多数的人民还没有站在布尔塞维克旗帜之下，以为在宪法会议或者有贡激主张的可能，又以为反对的空气十分紧张，孟什维克国际主义派，社会革命党左派，新生活报纸派，都反对有一个暴动。而列宁却明显地回答了这些问题，并且坚决地说：没有暴动，就没有"一切政权归苏维埃"这个口号。在九月（俄旧历）底列宁写与中央局的信中，早就肯定地说：

"等一等这句话简直是一种罪恶。等一等的结果证明是对于四周环境愿意放弃，换言之就是背叛革命。

倘若要夺取政权，暴动就是不可免的，那么，就应该马上动手。……政权到手了，银行、工厂都收回了，苏维埃机关就要站稳脚步做广大的煽动，我们马上提出：明天就要和平，土地给农民，铁道给工人，面包给灾民。……我们的胜利是占十分之九的……"

在另一封信中又说：

"倘若我们把暴动合于马克思主义，这就是说，把暴动当作一种艺术，同时我们应该，一分钟也不要失去，马上组织暴动工作的大本营。集中我们一切的力量，汇合一切重要问题在几个显明的口号上。……对武装的无产阶级下动员令，号召起最激烈的争斗，占据电话电报各机关，设立暴动大本营的交通总站，与各工厂，各区域，以及所有巷战或有武装的地方联接。……"

"所有这些，诚然，一时还说不尽，但是我坚决证明：在现在这个时机，我们将至于不忠于马克思主义，不忠于革命，倘若我们不把暴动看作一种艺术。"

三、七年来我们的中国

俄罗斯无产阶级与苏维埃社会主义联邦占世界面积六分之一土地上的广大民众，已经庆祝十月革命的完成，唱七週年纪念的凯歌了。"我们怎么样呢？"——这个问题固然时时在中国革命党，特别是马克思列宁主义者的心中。但是大家亦曾知道，在十月革命时列宁于千头万绪中还说到中国么？在列宁的生平，本来常爱谈中国的时事，便是对于谈俄国问题时，也爱引举中国的时局作例证。而在"革命之目的"一篇纲领中，因说明需要和平，遂剖析帝国主义战争之内容与其必然结果，在最后提起亚洲又特别提起中国时，竟是七年来我们中国受列强帝国主义宰割之预言：

"……说到结果当然是很明显的，我们敢于假设，法国人和意大利人，首先，将军力与德国联接以宣告对俄国的攻击。因为俄国公然倡和平之故。至于英国、美国与日本呢，我们也明知道他们将是同样的态度。然而我们知道，在不久的将来，在他们之间也有十分困难产生而免不掉又要战争啊！这〈期〉就是他们将瓜分亚洲，特别是先要抢劫中国，其利益将冲突不已。……"

七年来我们的中国不是这样？较为觉醒的中国民众在近两年来已经知道中国的病根是由于国际帝国主义之侵略。这般国际帝国主义者就是当初造成四年多的欧战大屠杀而结果引出十月革命的原动力。中国鸦片之战到临城案件乃至最近之指挥两派军阀的屠杀，帝国主义的侵略、侮辱、抢劫，岂不够使中国民众急起直追俄国十月革命的伟功，而图谋一次真正解放中国民族的革命运动么？

(《政治生活》第二十期，1924年11月7日，署名 士炎)

116.《一九二四年的苏维埃俄罗斯》(《政治生活》第二十期，11月7日)

《政治生活》第二十期为"十月革命第七周年纪念"刊登一鸿的《一九二四年的苏维埃俄罗斯》，全文如下：

苏维埃共和国大联合（Tho Wnion of Soviet Socialisf Ropublion）的真相在中国人的眼里，□是渺渺茫茫的莫明其妙，虽说她革命成功已经有了七年，建设事业一年比一年进步。更有一班自命为"俄国通"以及厌憎俄国为宗旨的人，往往□□革命时代或是前三四年大破坏！反对贵族，反对资产阶级，反对帝国主义的压迫与封锁的大破坏——时代的种种现象与事实——天灾流行，饥馑时至，战后企业一齐毁损，外国资本主义者更结合军阀与贵族内外夹攻，因此而生的种种惨状与经济枯竭，百业无序的现象——半怒□半造谣的在今年——一九二四年——报告于国人之前（像北京某系报纸所大登的抱朴游俄记）以淆惑视听。而不知道他们所说的俄国乱象我们觉得不□在什么地方，革命之后，一时期的乱象是会有的，俄国当然不能例外，不过他们收拾得快罢了！有一半，至少有一半，是偶然的现象，不能以一例全体，有一半是他们的捏造，用来污损人家的。即退一百步说俄国果然是那们[么]混乱，但是那只是前几年的现象，在现在已是历史上的事实。报告一国一地情况，若不是供给史料，无论如何，总应该报告现时事实，拿旧闻来冒充新闻，以泄一己私愤，于被污蔑的国家固毫无所损，可是自己却要发生人格了，好在无政府主义者是□究绝对的自由的，道德不道德当然不成问题。

我们现在乘十月革命七週的日子，直率地报告一年以来的俄国状况：十月革命第六个週年到第七个週年苏维埃俄罗斯的内政外交情形。

立国的要素，在经济状况的安定，经济的情形要是紊乱无序，疲弊不堪，不是外国的帝国主义与资本主义趁虚而入以宰制一切，就是国内的各阶级因生活不安与失业事件而起扰乱与骚动，甚至于并二者而有之，中国就是一个好例。每当一次革命之后，旧的经济组织多半崩坏，生产机关与转运机关或至毁灭□馀，【经】济的建【设】又不易立时收效。因此全国人民都感受难忍的生活不安与失业，而一方国内国外的杀人又不断的与以严重的打击。这种时代最难度过，六年内的俄国尤其困难。可是只在这六年之内，他们排万难的成就了前无古人的大□业！苏维埃共和国大联合完全成立，本年的经济状况已恢复战前一半的规模了。□□国际在莫斯科举行的全世界第五次大会，俄国人民委员会委员长罗可夫□出席□□□年俄国经济情形，其大略如下：

"在第四次第三次国际大会，列宁曾经说过：想一步跨到纯粹的社会主义制度与纯粹的社会主义分配，我们现在的力量还做不到，所以应该按步而走，且从事于迫切有动【力】的工作。因此新经济政策不得不实行了。"

"列宁的主张如此。□察俄国现在的经济地位，自然只有就前三年以来施行新经济政策的结果加以分析。新经济政策底下经济活动力的主要范围为(一)实业与劳动阶级的地位，(二)农业，(三)商品与货币的流通。为比较起见，且取用战前百业的统计表。因为我们虽然知道将来我们的农工业一定会比现在发达但是发达到甚么程度我们却不知其确数，所以不能不以战前的统计表作为比较的标准。"

"以全俄国的实业论起来现时的情形已恢复战前百分之四十五。这种状况当然比不上其他各资本主义国家。可是只就实业的进展而□，其速率却比西欧的任何国家为大。一九二〇年时俄国的实业只及战前百分之十五，现在呢？已达到百分之四十五了。三年之间加增了三倍，这不是比任何有产阶级执政的国家都发展的快么？如此一年一年的下去，不上十年实业的发展当超过一切的国家了。"

"轻工业的发展比重工业来得快。许多已经是恢复战前的原状，就全部□已超过百分之五十。比如电□工程已达到百分之九十，□布业已达到百分之百。纺纱业在一九二〇年为今年的五分之一，今年的总数达到五百万□(□合英国三十六□多)。重工业就□有这样快。第一年新经济政策实行只生铁一项加增了三百万□，第二年加增了八百万□，本年可加增二千万□。石油与煤的采掘也卓著成效。俄国现在已无燃料荒了。木材已经不在燃料里占重要的地位，而煤油输出的总数已恢复战前的原状。"

"在各种企业中的收益也是一年比一年加多。一九二二年一九二三的贸易年度政府的收入约近二千万金卢布。今年大约可以收到四千万金卢布。前次列宁在第四次大会报告之时曾提到□□□外贸易银行的收入，合之各种企业共计得二千万金卢布。可是今年的收入只实业一项已经是四千万金卢布了。大部分的收入仍然投到种种企业中以加厚资力。收入与输出之差额政府□一万万金卢布，银行业之利□可想共额之巨了。"

"工人的情形呢？实业的发达自然会影响到工人生活的问题上。三年以来工人生活臻臻[蒸蒸]日胜，自然直到现在政府还是觉得他们的生活与理想所有的相距尚远，不过一年比一年进步，这是□而有效的。因实业的膨胀工人的数目也与时俱增。一九二二年的中间工人数目止[只]一百二十六万人，现在是一百六十万人了。此中不包含一百万的铁路工人，不包含贸易机关与官府办事的职员，教员，伐木及采泥炭的种种工人。一九二二年十一月至一九二四年二月间燃料业工人从十五万加增到二十多万，采□业工人从二十四万增加到二十八万，纺织业工人从三十一万增加到三十七万。至今有加无已，此十五月间纺织业增加了百分之三十，纺业工人也加增了同样的百分率。而从事于政府企业的工人在此十五月内加增了百分之二十，即五分之一。"

"伴着工人数目加多而起的有失业问题。据劳动介绍所(□□)声称，到该所注册的失业工人有百万之多。其中四分之一为熟练工人。其余为智□阶级，职业及艺术家，官吏及不熟练工人。不过其间有许多是因为不想做工，只图享受失业者的特权与豁免的，如艺术家，歌者以及所谓：苏维埃姑娘皆是。失业的人数所以加多的原因，不外乡村移居城市的人民太多,赤军退伍的士兵甚多,以及各机关用人太少。革命时从城市逃避到乡村的工人因为城里的工人生活甚好,大家又想回到原来的职业了。"

"解决失业问题的最好方法当然是使实业更快速的发展,这个问题是俄国当前的大问题。中央及各地方的苏维埃正极力□法解决。暂时接济的办法一方面是用保险资金□□法律工资的百分之十八缴纳为保险费来□动他们,一方而由各共和国政府提出特别费来组织种种公共事业以容纳他们。"

"失业的工人□□□之多,在资本主义的国家,□主正□□□□□□来减低□业工人的工资了。工人若要罢工,立刻□走另召失业的工人来补充。俄国的情形却是两样。劳工保护与工作时间的问题早已解决过了,现在政府所觉得不满意的只是工资问题。工人的工资在现时不过如战前的百分之六十五到七十。这些当然不含着政府旧工人所经营的种种有利的设□以及给工人的种种□□工资的数目距政府的理想虽然太远,但是二年以来却加了二倍半。这几月来工资的加增比从前慢,因为工人为□□政府固定金融起见,情愿在数月内不加工资,政府自己为此种事业曾经想出种种方法以节省经费而完成固定金融的大业谢谢群众的努力,这种大业在今年告成了。"

"劳动生产力的加增也是一件极可喜的事。实业生产力的膨胀量远过于从事生产的劳动者的增加量,这在资本主义的国家无论如何是办不到的。"

"有人过虑到因施行新经济政策的结果,私人的企业怕有勃□之象。其实□是杞忧。私人的企业现时只占政府的百分之□。而河道,海洋以及铁道等种种运输业完全在政府手里。"

"以上的种种进步完全是立基于社会主义的企图之上,国营事业的成功,丝毫没有得外国的功力。"

"有一□无论如何不可不说是俄国实业的弱点的,即是器械厂宇之损坏甚巨。所有各工厂的器具房屋等都是前帝国遗留下来的,直至现在,政府才有能力建立新的工厂如玻璃,化学用品等制造业。"

"电气化自然是政府所认为改进实业的第一种利器。可是这种事业的进展并没有如所计划的那么快。下年下列的发电站可以成立:弗克火弗□发电站有五万五千欧□瓦特的电力,雪陶□□有三万二千欧□瓦特,此外还有许多小站。本年政府能预备五千一百万卢布以从事电气化事业。"

"俄国的种种复兴事业完全供赖自己的力量,外国不独没有加以□□,想在俄国投资开发实业以□获利的□□有人。在互利的情形之下,利权的让与俄国是无所惜的。不过投资的外国人对于俄国国营业的影响不过像私人企业在现时俄国的情形罢了。"

"至于农业与农人,其情形也很值得注意。因为俄国是世界上的大农业国,一万【万】三千万人口中农民就占了一万万口。不过俄国的农业是小农制,没有整个的大庄地苗圃和畜场。自十月革命川地没收归政府以来,其数目差不多是三千万德士亚丁(□每一德士亚丁合二英镑又五分之一),差不多全分配给农民去了。"

"政府留下二百万德士亚丁的良田和劣田用科学的方法经营一切,使之成为农庄,苗圃,畜场的模范。这种模范田庄的主要目的和职务就在教导村氓怎样采用农事的改进方法,怎样帮助农人改进他们的田庄,并送给他们良品的种子,优生的牲畜种等等。"

"有一千八百万到六千万独立的农业小组——农家——营商品自由交换的生活。在革命与内战时农田几乎摧毁干净,而且政府独占谷[谷]物的贸易并□□□收谷[谷]物。农人须得将所胜[剩]余的收种除了自给和备种以外□给政府。同时农民多数被征入伍。内战时差不多有五百万红军是农民和从事农田的劳动者组织起来的。当然向□同时也在所估□的地方□募农人。一方面农人减少了劳动力,一方面军事当局又征发许许多多的牲畜和谷物。因为征发的缘故,农民绝不愿意在够自己的消费以外多产生一点东西,坐便田地荒芜不□。固此新经济政策才改为农民可以□有他所有的生产品,对于政府纳一定的税□。"

"现在的耕地约合战前百分之八十五至九十,因农业重兴的结果,生产品激增起来,农人还有所谓秋季危机 Autumn □ 的恐慌。这危机就是谷[谷]物价钱。所以价贱的原因就是因为农人的生产过剩品的产额超过城市与工人的需要。比如除掉一切的需用,还净□着二万万□的谷[谷]物。□□农人多耕地多采用新的方法只有寻死[找]□外市场才是正办。所以政府的工作不是仅仅将工农二业成一交总使她们尽量发展就够了,将国外贸易加入到里头去成一个正三角形才是持平的办法。一九二三年秋收□农输出欧西的农产品有一万一千八百万□。因此价□涨了百分之方十。"

"只就棉田一项说本年就有四十万德士亚丁,在一九二二年只五万五千德士亚丁。然而因纺……的需要,还得从外国输入同□产额的棉花。"

"本年的收获与去年不相上下,虽说田地的耕植比去年多。今年也就有二万万□的谷[谷]物向外国输送了。"

"荒歉的地方政府自信已有了极良善的方法可以阻止天灾的再来,而且决不让有一□地因为歉收的缘故而使□地荒芜着。在救荒与复兴计划的种种方面政府绰有余力,无需外国的助力。今年秋天有二千万□的种子运到荒歉的地带为冬日下种之用。已经下了命令分散谷[谷]物与农民了。八月之末有撒种竞争的举行以鼓励农人。"

"现在还有一样要紧的事就是政府□行国家贸易与鼓□民间的消费合作社。政府已设立了内国贸易委员会,其职务为组织市场研究市场,并竭全力于国营及合作社的贸易之发展。合作的组织决不能推翻有产阶级的经济状况,但是它却是社会主义政府底下社会改造中最重要的组织的原素。政府对此极为注意,消费合作社极为发达。以贱价从国家贸易局买入种种需要品以公配于社员,所以私人的贸易不能与之竞争了。"

"再说财政的情形。从前俄国的纸币因滥发的缘故价格低落到了不可救治的地位。现在可不然了。货币已经固定。经济的情形因而固定。"

"所以俄国的情形正是向经济制度完成的方面走去,一年比一年境况佳胜。"

以上是赖可夫所报告的大要。我们觉得他没有一句话是溢美的。

俄国经济状况既有如此的进步，她的社会秩序与教育不问可知其有进步。至于她在外交方面的形势，无庸我们来说大家早已知道了。现在世界的大国只有美国关起大门不迎新客，其余的国家差不多都予以承认了。

革命之火光□万丈，七年来拼万难冒万险的俄国可以说是危难纷扰的时期已经过去，光华璀璨的未来正等着她哩！

(《政治生活》第二十期，1924年11月7日，署名 一鸿)

8日（星期六）

117.《苏俄与世界革命》(《中国青年》第五十二期，11月8日)

《中国青年》第五十二期发表恽代英的《苏俄与世界革命》，全文如下：

苏俄是全世界资本帝国主义国家的仇人，因为他是全世界无产阶级革命的第一个成功者，而且领导着未来的全世界革命。

苏俄的国家，是为了全世界革命而存的。只有经过了世界革命，苏俄的革命事业才可以终止；而且亦只有这样，苏俄的革命势力才可以不为反动势力所扫灭。所以苏俄与世界革命，是有相互的密切关系的。

有人说，苏俄仍旧是讲国家主义，他们想用他们的理想征服全世界的国家，这是何等不顾事实之谈呢？苏俄在本国以内，很公开的承认国家是一阶级（无产阶级）压伏其他阶级的政治工具，他对于残留的白党，决不会因为他们是俄国的血种，而认他们亦是苏俄的人民。在本国以外，他极力反对各国的资产阶级，然而他又极力帮助各国的无产阶级。在他的眼中，只知有阶级，不知有国家，这不是显然的事么？苏俄是一个（而且现在还是惟一的）无产阶级的国家；他代表无产阶级的利益，与本国的资产阶级经过了五年的奋斗，与各国的资产阶级还须经过更长久的奋斗。他知道靠他一国的无产阶级与各国的资产阶级奋斗，是很艰难不易得胜利的；他相信任何一国的无产者起来，都要是他的向资产阶级作战的伴侣；全世界无产阶级都能起来，无产阶级的革命势力才更加雄厚，只有这样，他的胜利，而且亦便是全世界无产阶级的胜利，才是更有把握的事情。

苏俄对于东方民族，是极力希望他们的国民革命成功的。这样的民族国家，每是产业落后，完全在帝国主义经济势力压迫之下。在这样的国家里，自然亦有各种压迫阶级与被压迫阶级；但是说到他们所受国外帝国主义经济势力的压迫，那便他们国内一切的阶级都只是被压迫者；所以，在这样国家里，除了国内阶级间的争斗以外，联合国内一切的阶级以打倒一个最大的压迫阶级——国外帝国主义的经济势力——这仍是与苏俄只认得阶级不认得国家的态度相合的。苏俄自己不讲国家主义，亦不是要鼓励东方民族讲国家主义；但他是要极力促进东方民族打倒帝国主义运动的。他这样做,亦不是要自命为东方民族的救主;正如他极力促进世界无产阶级革命,决不是要自命为世界无产阶级的救主一样。苏俄与资本帝国主义是势不两立的。他要全世界无产阶级与被压迫民族起来打倒资本帝国主义,这是救全世界,亦便是救他自己。在反对资本帝国主义的战线中,世界的革命势力要互相倚[依]赖,互相协助。所以不仅是苏俄的革命势力可以帮助东方民族;东方民族的革命势力,亦是苏俄所急迫需要的帮助。

苏俄的革命,自始便是与世界革命运动有密切关系的。列宁是苏俄革命的总指挥,亦便是世界革命的参谋部——第三国际的发起人。他在欧战时间,眼看见一般第二国际的社会民主党卖了劳动阶级,为资产阶级的利益而参加战争;所以他说,第二国际死了。列宁回到俄国,因为要改变国际的帝国主义的战争为国内的阶级的战争,于是驱逐了俄皇,打倒了伪民主的克伦斯基政府,停止了对德战争,成就了第一次无产阶级专政的苏维埃政治。在这以后,他召集了第三国际大会。第三国际的成立,到现在五年了;五年之间,列宁曾经提出几种重要的文件,(如关于迪克推多和德谟克拉西的说明书,对于农民问题和殖民地问题之议案)苏俄共产党要人亦多负第三国际的重要职务(如季诺维夫任总书记,布哈林任中央委员),这可见苏俄把世界革命运动看做很重要的事了。

在第三国际初成立的时候,许多国家的共产党,还只能算是一种宣传主义的会社,不能有行动的实力;到现在有些已长成为一个行动的党了,有些竟已成群众的党。第三国际的分子,因为有一部分是由第二国际来的,他们常不免右倾(对旧势力妥协)的弊病;同时,有一部分是战争及其以后所养成的劳工分子,又因为犯了列宁所说的幼稚病,而陷于过分左倾(急进)的邪路。列宁和他的拥护者在大会中,屡次与右派同时亦与左派开战,而打败他们。右派是易于把英国工党的组阁,美国第三党的发生等事,过于看重要了的;他们在与他党结成联合战线的时候,每把联合战线看成了与他党在政治上组织上的联合。左派根本反对利用一切旧有的组织,他们不愿加入社会民主党的职工会,或加入工党,不愿在政治上与他党实行联合战线的政策。这都是有害于世界革命正当的发展的。列宁主义者一方反对机会主义的右派,一方亦反对空言激烈的左派,他们像是在藏埋鱼雷的地域驾驶战舰的舵工,他们的目的地便是世界革命。

世界革命的策略,在今年第三国际第五次大会所重新决定的,有下述几项事:

(一)要造成群众的共产党。他们以为右派所谓必须获得工人阶级全体百分之九十九才可谈到革命,这固然是错的;然而左派不知"到群众去",以为共产党以无产阶级少数人的秘密组织,便可以领导群众斗争,这亦是错的。他们造群众党的方法,第一要建筑产业机关(机器工厂,矿山等)中的共产党小组,以谋领导无产阶级最重要的部分。第二要在职工会里组织共产党支部,决不因社会民主党的挑拨而分裂职工会,须百折不挠的以达到能领导职工会。第三要注意因大战后的恐慌而容易接受革命宣传的农民,派遣工人去与他们发生密切关系,使他们一部分被吸收于无产阶级,一部分被无产阶级革命严守中立。第四要注意被压迫各民族,他们从大战后,已成为推倒资本主义的革命势力了。第五要设立工厂委员会，谋创造真正的革命的工会。他们说，世界资产阶级在大战后本来便应被推倒的；但因没有群众的共产党，因而不能胜组织领导革命之任，所以不曾将他们推倒。我们要预备，不要失了第二次的机会。

（二）要遵行与社会民主党等的联合战线。这是因为共产党还未得工人群众，社会民主党还很有势力，而且敌人是进攻的而他们是保守的，今天还不是他们与社会民主党最后决战的日子。联合战线决不是合并于社会民主党的意思，他是意在煽动工人间反对社会民主党的反革命的领袖，而解放社会民主党的工人于卖阶级者的影响。从下面联合战线，无论何时都是必须要的。除掉革命时万不得已的时候，对于反革命方面的工人总不应当舍弃，这不是说与反革命方面应当妥协，要认定这是一种煽动和集合群众的方法。

（三）要鼓吹建设工农政府，这便是无产阶级专政通俗的别名。但这决不是在资产阶级民治的躯壳中，与社会民主党的一种联合政府；他的根本责任是武装无产阶级，解除资产阶级反革命团体的武装，设立生产的管理，把赋税大部分放在有产阶级的身上。他们反对说英国工党政府是工人政府，工党与社会民主党现在只可说是资产阶级的左党（甚至不配称为无产阶级的右党了），正如法西斯蒂党是资产阶级的右党一样。现在信从他们的工人日益穷苦，共产党应当揭破他们的假面具，使革命的工人都集合于共产党旗子[帜]之下。

（四）局部改革的要求是不可反对的；不过改良派把局部的要求认为目的而否认革命，共产党则须选能于某时迎合群众，而又与革命的预备有关系的事，以局部的要求引起一般人革命的愿望。

（五）共产党无论在公开或秘密时，必须与工人群众□密切关系，代表他们的需要和志愿。他们的策略不可死板，必须能利用各种战略以攻击敌人，而同时不失马克思主义的面目，百折不挠的达到无产阶级战胜。党中必须禁止□别或私自结合，他要成为整个的一个。国际各支部都要能这样，便可以成就一个列宁主义的世界共产党。

（六）殖民地共产党对于国民革命运动，不可畏缩不前，失掉了无产阶级势力发展的机会。同时，亦不可堕落在国民运动中，忘了做共产主义宣传，教育，和组织工人的运动，失掉了自己的阶级性。

从这，我们可以知道苏俄是正在积极的领导世界革命运动了。苏俄是全世界资产阶级恐怖的对象；他对于无论是本国和外国的资产阶级，很显然是不怀好意的。他要实现马克思所倡导的"全世界无产阶级联合起来啊！"的口号，为世界得着一个最后的解决。

中国热心国民革命的青年，每震慑于帝国主义势力的伟大，他们怀疑收回海关，取消赔款，撤废租界，审查外债，改订一切不平等的条约，这都是□必做得到的事情。他们不知道中国的国民革命，只是今天全世界革命潮流中间的一部分；资本帝国主义是世界的公敌，全世界我们革命的同志们都正在努力的设法推翻他。所以苏俄与各国的无产阶级都站在我们这一方面，我们要因为他们的协助，而得着我们的胜利。我们并不是应当倚[依]赖苏俄与各国的无产阶级，今天我们都是相互不可分离的作战伴侣,我们革命的成功,一定可以使全世界革命的同志都振奋起来;全世界革命同志的振奋,亦要更加壮我们革命军的声势。

现在在世界革命运动中最有成功希望的,在西欧便是德国的无产阶级革命,在东方便是中国的国民革命。任何一国革命的成功,都可以扰乱资本帝国主义的统治势力,所以亦都于别一国的革命有很大的便利,而且亦于其他有革命预备的国家的革命有很大的便利。所以我们努力罢!我们能促成中国的革命,不但解放了中国的全民族,而且能解放全世界被压迫的无产阶级。

这是一个怎样光荣,怎样伟大的使命啊!起来!捉住这样个必然胜利的机会,与全世界革命的同志一同前进,全世界热诚渴望于我们的同志多着呢!

(《中国青年》第五十二期,1924年11月8日,署名 代英)

118.《列宁与十月革命》(《中国青年》第五十二期,11月8日)

《中国青年》第五十二期发表任弼时的《列宁与十月革命》,全文如下:

十月革命成功,已有七年,七年中劳农政府之成绩,已成为全世界无产阶级革命所依据之主脑。考十月革命之经过,则我们可以知列宁在十月革命暴动时,所采用策略之合于当时实际环境,尤显见列宁之干练和精明,实不愧为全世界革命之唯一首领。

当一九一七年二月革命之后,少数派与社会革命党得有政权,然当时尚待无产阶级与资产阶级决胜,全国农工界群众,富有革命之热潮。在圣彼得堡城召集之民主会议,由少数派主持,协议时局解决方法。那时列宁知道少数派及社会革命党没有真诚革命之牺牲精神,乃致书多数党部中央述明自己的计划,信中有一段说"再不能稍迟滞,须立刻包围亚立山大宫,(时民主会议在此开会),驱除一切无□之徒,而握取政权"。当时中央尚不能立定主张,总以为少数派或社会革命党,自可应付革命之前程。列宁因避当局□缉捕,本留居芬兰,闻中央不能下一决定,恐失良机招致失败,乃不顾一切危险,由芬兰来彼得城,并立时在中央提出主张暴动。在是年九月列宁自己也以为可用和平方略而成功革命的。在"革命问题"一文中,他们议的革命纲领上曾说:"我们不得与资本家妥协,只要给苏维埃以政权,给民众以和平,给劳动者以土地,防止一切饥馑,反对一切地主和资本家的反革命行为,那便革命可由和平方式而自形发展。"在这纲领中,并说明俄国革命的实力乃小资产阶级之农民和无产阶级团结而构成的:俄国为小资产阶级发达的国家,全国人民之最大多数,乃属于此阶级。因之,这种份子在资产阶级及无产阶级中不得不有动摇之倾向。如他与无产阶级结合为伍,即为革命之胜利,亦即为和平自由之实现,劳动者由是亦可取得土地。这种胜利是可靠的,并很和平安宁且迅速的容易成功。

所以,那时列宁尚以为苏维埃能和平的得有政权,成功革命,在苏维埃内取得胜利而达到实行纲领之最后目的。

随后列宁考察外围的实力，乃感觉和平方法恐难生效，革命前途将遇有大的困难发生，他当时对于革命，乃有下面之主张：

"如若这种可能已经失望，则革命的前途，免不了有资产阶级与无产阶级间的国内战争。照形势观察起来，这种战争已快要发作了，一班贫农都有出力帮助无产阶级方面之趋向。我们的想像，好似这次战争，工人阶级可以得到胜利而能实行其所计画的纲领。这次战争，恐不能免除有极大的流血；不过无产阶级为实现其纲领，虽有牺牲亦所不避。自然苏维埃倘若真正能够以和平方法达到革命目的，工人还是愿意帮助的。"

时适值德军进攻彼得城，克伦斯基政府亦已经预备退让彼德城于德入之际，在这种危急万状中，列宁乃完全觉悟时机已变，布尔色维克非亲自夺取政权不可，他又修书中央及彼得堡和莫斯哥省委员会，信中说："为何现在我们——布尔色维克——要夺取政权呢？因为彼得堡城〈存〉如若断送了给德人，则我们的革命前途将不堪设想。现在的人民，都已不信仰少数派和社会革命党了，倘若我们能在京都取得政权——胜利，则农民自必容易与我们同情。我们现在不仅有何日暴动的问题，而且有谁去接触工人；谁去带领农民；谁去引导群众以夺取政权的问题了。换言之，现在的问题。就是要在彼得城及莫斯哥怎样武装暴动，取得政权，推倒政府；如何赶紧去实际向民众宣传，不仅在纸上空谈了。人人当记着马克思所说的暴动'暴动是艺术的——人造的'。"

"从速努力于彼得堡与莫斯科政权之夺取（不论何地都要开始夺取政权）。就是莫斯科先开□夺取也好。我们这次总是可以得胜利，这是无疑的。"

列宁在十月初间曾说：资产阶级的恐慌成熟了。他当时就已计算农民为克伦斯基政府之压迫，定是日趋于革命的，军队久受战争之痛苦，亦已抱怨当局，而趋近革命之队伍。

十月初间各大城市居民，均渐与少数派及社会革命党疏远了，昔日莫斯科省议会决议时，少数派及社会革命党占全票数百分之七十者，九月底减至百分之十八。当时列宁说："恐慌成熟了，俄国社会革命快要现诸事实，这即是全世界社会革命快现诸事实了。"

那时党部中央主张尚不一致，列宁特致书于二大党部机关——彼得堡及莫斯科——云："如再迟缓动手，则为革命之罪犯。如待苏维埃大会之解决，这是一种过重形式的儿戏，这是最危险的儿戏，这也是革命的仇敌。现在倘不能不以暴动取得政权，则须立刻准备暴动。提出：一切政权均归【工】人苏维埃，一切土地均属农人所有，给人民以真正的和平，给饥饿者以面包，去激动群众。我们这次的胜利□十有九成是可靠无疑的，谁若主张不流血以静待革命，那便是革命之罪人！"虽然中央有一部份不主张一时夺取政权，反对流血的暴动，卒为列宁所激动，而得一致的主张。列宁在事前对于这次革命已有精密计划，知道布尔色维克确有把持政权之实力，对于无产阶级把持政权之方式，久有《国家与革命》一书说明于前了。列宁有这种果断和英干的精材，所以使十月革命成功，且使他成为实行世界革命之第一人，为世人不可不敬仰者。

倘若全党在危急存亡时机，主张不能一致，则俄国无产阶级必将受一次极大之打击和损失。列宁□此危急存亡之际，能一眼看清大局，十天之内依环境而屡次变更其政策，以促革命于成功。列宁的精算机运，能以自己的毅勇刚强制驭群众之心力，可谓大了。

俄国无产阶级得列宁之恩惠，在一九一七年十月二十五日（俄历，即阳历十一月七日），正式宣布握有政权，成为统治阶级，组织了无产阶级专政的国家。

俄国革命快将十年了，全世界无产阶级革命的怒潮已经日渐澎湃，只可惜无如列宁之首领以指导，所以多失败而不能立时成功。现在俄国无产阶级的首领已辞世去了，他的成绩千万年不□磨灭；他的主义——列宁主义——更亿兆年也不会被人忘记。全世界无产阶级还只有本着列宁主义，方可像俄国无产阶级一样的得着最后的胜利。全世界被压迫的无产者民众！大家起来研究列宁主义！

（《中国青年》第五十二期，1924年11月8日，署名 弼时）

119.《苏俄与中国革命运动》（《中国青年》第五十二期，11月8日）

《中国青年》第五十二期刊登但一（恽代英）的《苏俄与中国革命运动》，全文如下：

十一月七日，是苏俄革命的第七周（年）纪念日。苏俄在此七年中，由战乱而归于太平，由分裂而归于统一，金融既已确定，产业日见发展，农产品的出口亦恢复战前情形，全世界帝国主义的国家，都十分嫌忌而无可奈何他。

为甚么我们的革命经过了十三年，不曾看见有一点好的成绩；俄国革命才经七年，却能有这样煊赫的成功呢？

很简单的说，苏俄革命的成功，是因为有了一个像铁般坚固的共产党，他有很严密的组织，抱持着一种很明确的纲领，引导着一般农工群众，为他们自身的利益而奋斗。苏俄的革命，是列宁所领导的，然而苏俄并不是专门要倚[依]赖列宁。在列宁背后，有一个伟大的革命党；在革命党背后，有成千成万为自己利益拥护革命党的农工群众。苏俄的革命家，决不会梦想到与反动的白党妥协，决不会梦想到与反动的国外帝国主义妥协；他们纵然为了战略的关系，要与英意日法等国恢复国交，但他们决不会把这国家当作"友邦"，他们政府的要人，特别是他们在第三国际或苏俄共产党中的要人，攻击英总【理】麦多那，法总理赫利欧等，不曾稍为他们留点情面。他们已经有了很有力的民众的军队，他们便靠这种军队的作战精神以与全世界的反动势力相周旋，所以他们便成功了。

我们呢？我们一直到了现在，还没有一个强固的大党。我们有许多自命为革命的青年，不愿意加入党派，加入党派了的，又每忽视党的组织与党的纲领，不知道接近农工群众，引起他们为他们自身的利益而奋斗。代表国民革命的国民党，是在那些堕落了的革命前辈，与那些投（靠）无耻的南方的军阀政客手中，弄得一塌糊涂了的。

在此次改组以后，本来立定了很好的规模；对于旧党员本来是要他们接受了这次改组的宣言，才许他们登记的。然而改组以后，许多不曾登记的旧党员，根本蔑视此次改组的宣言，（他们一向看孙中山先生的三民主义是等于废话的）反对一切依据此次宣言的行动与言论。他们根本是不愿有一个真正的革命党的，更不愿有许多农工群众来拥护革命党。他们根本便是希望与反动的军阀与帝国主义相妥协。所以有时看那些反动的军阀与帝国主义，比自己的国民党还重要。

他们自居为一个国民党员，并不是因为他们要革命；他们只是要挟持着一个国民党，特别是要挟持着倡导三民主义的孙中山先生；这样，他们与军阀帝国主义妥协的时候，才可以开盘讲价钱。他们说，改组以后有亡党之痛，他们要护党；倘若他们的"党"真个变成了一个革命党，真个变成了农工群众拥护的革命党，他们再用甚么与军阀帝国主义做买卖？这怎怪他们有亡党之痛？这怎怪他们要护党？然而革命的党，永远给他们作成做买卖的东西，中国从甚么地方可以希望革命的成功呢？

苏俄为了反抗帝国主义的原[缘]故，很诚意的愿意与东方民族相联合，很诚意的愿意与中国国民革命的势力相提携，很诚意的希望中国国民党的改良进步。然而这样的意思，终不能为那些根本不要革命的所谓国民党员所了解，如同不能为那些不懂得革命的人所了解一样。他们已经很安心的拥戴帝国主义，他们绝对不信中国会有能打倒帝国主义的一日，他们总疑惑苏俄是比英美日本更为可怕的国家，而且他们根本反对苏俄对于中国革命运动的帮助。这样的所谓"国民党员"，这样的帝国主义天生的奴隶，拿甚么资格谈革命的运动呢？

苏俄的人民亦并不是先天的优秀于中国的人民。只是他们真正"要"革命，所以革命便成功了！中国的青年，你们是不是真正的"要"革命呢？你们若是"要"革命，为甚么让那些根本"不要"革命的人们，盘踞着你们的革命党呢？

中国的青年，努力罢！我们像苏俄革命家一样的努力，自能有像他们一样的成功。

（《中国青年》第五十二期，1924年11月8日，署名 但一）

16日（星期日）

120.《覆友人孙中山与列宁比较的信》(《共进》第七十期，11月16日）

《共进》第七十期，刊登连瑞琦的《覆友人孙中山与列宁比较的信》，如下：

（前略）先生对于南北军阀痛心疾首；仁静之言，佩慰曷极！国民党前此党纲不严，及中山先生昔者所取政治手腕，均诚如先生所言，"结果反为人所利用"，瑞琦亦尝思之熟矣。然而一国之政治，无论取渐进主义，或急进主义，其途径皆曲而非直，吾人理想之境，皆不能一蹴而跻。盖同处于一国之内，其历史，习惯，政教，风俗，尤其是经济生活，在在足以锢蔽人心，故吾人不但对于主义须有光明正大，坚确不移的信仰，尤贵有忍小就大，旋乾转坤的伟略，以实行其主义。譬之赤俄，以共产主义为其最终之目的者也。所谓共产主义，要而言之，即无国家，无贵贱，无竞争，人人皆得各尽所能，各取所需之理想社会也。然而共产党人绝不徒抱此空想，故以劳农专政为共产社会之过渡工具，准此理也，欲解除俄国经济危机，故有新经济政策，欲实行社会革命，推翻世界帝国资本主义，故第三国际决定在东方实行民族革命，在西方实行社会革命；以共产主义者之眼光，其视曹琨狗彘不如，必也，然而为联络东方民族，打通中国道路起见，且不惜与之雍容坛坫，使节互通，盖其所见者远，不拘拘于书生之论也。即如中国国民党，以主义言之，与共产党可谓水火不相容，然俄国且极力与之接近，并辅助提携之以抗英美帝国主义，国人不察，或谓中国国民党已赤化，或谓中国共产党加入国民党为有心捣乱，皆不瞭然共产主义之内容。马克思之言曰：

"……总而言之，凡有反对现存社会制度，及政治状况之革命运动，共产党皆援助之。"

其意盖在推移运会，使历史途径，渐与彼辈所□向之目的接近，故国民革命亦彼辈所谓革命中之一种历史的使命。共产党不惜与国民党合作，犹之中山先生之联合奉张浙卢。盖政治如剥蕉然，层层剥落，待至中心，其肉乃见。故赤心谋国者，择其劣之未甚著者与之合作，以抗最劣者；迨最劣者去，而彼劣之未甚著者，如能服从主义，屈己奉公，自无异言，不然，申国法以张挞伐，不患无辞。中山先生，屡次宣言曰：张作霖，卢永祥服从三民主义，段芝泉赞成西南主张，中山胸中雪亮，何尝不知彼辈之口是心非，然而即此亦足表示此种联合，非国民党投降彼辈，实彼辈投降国民党，他日玉帛干戈，进退均极裕如，而目前一方减少直派军势，一方使做我之疑兵，此实此老政治家不得已之苦衷，而亦谋国者所不能不由之途径也。至"结果反为人所利用"，亦不尽然。安福部本无存在余地，然国民党两面受敌，不能再与彼辈争执，势也，彼辈之意，当势穷力屈之时，宣言与中山合作，借以对抗曹吴，然国民党因此可以在其辖境自由作政治活动，以深植其势力，待三民主义，印入人心，四面楚歌，彼将奈何，此种明验，或将不远，国民党是否"为人所利用"，先生尔时必高咏唐人诗曰："惟觉良工心独苦"矣！赤俄革命之后，波兰，黎陶宛，芬兰，德意志攻于外，各处反革命党攻于内，情势危极，于是而有布莱斯特，黎陶宛条约，又与德国为城下之盟，忍辱言和，其时多数共产党人，皆欲背城藉一，独列宁力排万难，签字和约，于是与德国交换俘虏，而德意志之革命以起；俄乃急组红军以抗列强进攻之军而内以镇服反叛，乃能保此新生之婴儿赤俄苏维埃于不坠。中山先生之用心，或亦与之后先辉映。且国民党改组以后，中山已再四宣言，悔悟从前之非，谓革命势力在群众，不在军队；现在军人只知升官发财，不明主义实不可靠等等。且告诫党员，须力反前此行为，而以俄国革命为师。即此一端，已足为中国革命史开一新纪元。欧美列强，心惊胆裂，故力助北洋军阀，以冀摧残此革命势力。彼辈深知国民党政府成立，外国侵略势力，定被驱除，而世界帝国资本主义之运命，亦将不可终日。居今日中国，而欲于无可救药之中，谋起死回生之道，舍全国各阶级群集于国民革命旗帜之下，宁有他途？先生不赞成中山的行动，而赞成中山先生的宗旨即此端在中国政治家中已为绝无仅有。两善从长两害取轻，老成谋国，当知所从事矣。

中山先生与列宁先生之人格，本不必较短量长，中山欲推行三民主义于世界，列宁则欲以苏维埃制度代帝国主义的民主政治而兴，其眼光均注在全世界，同也，然而中山的理想，仅在限制资本主义，调和劳资两阶级的冲突。列宁则代表全世界无产阶级，向世界帝国主义的资产阶级的壁垒进攻，俄国苏维埃，只是他对世界魔王交锋的一支尖兵——列宁的大本营在世界的无产阶级，全俄国的无产阶级；中山的主力军则为利益各殊的各阶级，战士则为升官发财的军人！故列宁能以同心一志，战胜内外敌人，而中山则血战经年，内困于陈逆，外疲于曹吴，此其根本不同，而成败则钝之所以悬殊也。然而中国政治现象，尚未脱离封建时代，一般民众，除少数军阀及依附军阀之寄生虫外，皆为被压迫阶级合全国被压迫阶级以革封建军阀之命。内仆强权，外抗侵略，此国民党之政纲之所以应运而生也。

国民党自改租[组]后，极力从事于军事改革，最近在广州设立军官学校，其内容完全效法红军。军事教育，尤注重下级干部的政治常识，主义训练，以为党军之基础。一年而后，此等人材均入部伍。异军特起，必有惊人之举。至曹琨目不识丁，其盗窃国权，实为全国国民之羞，我实不忍以之与中山相提并论，已污我神圣庄严之革命领袖。先生爱国心赤忧民念切，每当倚剑钱塘，极目梅岭之时，其亦拊脾与欢，怦然心动否耶！时事已如飚风骤雨。绝不容我辈身在局中者，徘徊观望，临岐旁皇。权利害，审是非。为大局计，为令名计，鲲鹏背天，鹰准搏空，惟先生图之。

9月8日于德国

（《共进》第七十期，1924年11月16日，署名 连瑞琦）

27日（星期四）

121.《十月革命与列宁主义》（《向导周报》第九十期，11月27日）

《向导周报》第九十期刊登了一系列与列宁主义相关的文章：《十月革命与列宁主义》《俄罗斯十月革命与中国最大多数人民》《十月革命第七周年之苏俄与资本主义世界》《十月革命与弱小民族》等文。

现刊登彭述之的《十月革命与列宁主义》，全文如下：

"谁是马克思？马克思是《资本论》的著作者。谁是列宁？列宁是'十月革命'的著作者。"这是托罗茨基轰动一时之名言。现在若有人问："什么是十月革命"？我便回答说："十月革命就是列宁主义的产品。"

谁也知道十月革命是一个无产阶级的革命，是俄罗斯的无产阶级对于其资产阶级之革命；可是同时它又包含着一个农民革命和一个被压迫民族的革命，就是俄罗斯的农民对于其地主封建阶级之革命，俄罗斯的许多弱小被压迫民族对于帝国主义的大俄罗斯压迫民族之革命。所以在十月革命里，不但八百万纯粹的俄罗斯无产阶级得从俄罗斯资产阶级之铁锁底下解放出来，而俄罗斯之一万一千万农民和六千万弱小被压迫民族，也从这个革命里得到新的生命，从这个革命里脱离了地主封建阶级和大俄罗斯压迫民族之千年勒索。打倒俄罗斯之一切资产阶级，一切地主封建阶级和帝国主义的大俄罗斯压迫民族，解放俄罗斯之八百万无产阶级，一万八千万农民，六千万弱小民族；总言之即消灭俄罗斯之一切压迫阶级，解放俄罗斯之一切被压迫阶级，把这一切被压迫的阶级团结在一个社会主义的苏维埃联邦里，共享人类真正自由平等之幸福，这就是十月革命之总成绩，这就是十月革命之真正意义。

十月革命的著作者是列宁，十月革命是列宁指导俄罗斯的工人，农民，和被压迫民族所创造出来的创作，所以十月革命即是"列宁主义"的具体表现。因此我们知道列宁主义所包含之根本点就是解放无产阶级，解放农民，和解放被压迫民族之理论与策略。换言之，即无产阶级革命，农民革命和被压迫民族革命之理论与策略，——实验过的理论与策略。

现在俄罗斯的工人们，农民们和被压迫民族已经从十月革命中解放出来了，已经摆脱了他们之牛马奴隶的生活了；可是全世界——俄罗斯以外——的工人，农民和被压迫民族，还是依然被压迫在全世界的资产阶级，地主，和帝国主义的压迫民族之铁锁下，还依然是资产阶级，地主和帝国主义的压迫民族之牛马奴隶！这样，所以俄罗斯的十月革命，还不过只解放了全世界之一部分——俄罗斯——的被压迫阶级，俄罗斯的十月革命还不过是全世界的"十月革命"之开端。

现在摆在我们面前的是全世界的"十月革命"，继续俄罗斯十月革命之伟大的使命——解放全世界之被压迫的工人们，农人们和被压迫的民族。要完成俄罗斯十月革命之伟大使命，成功世界的十月革命，只有列宁主义，只有著作十月革命的列宁主义。

现在著作十月革命的著作者列宁是死了！可是"十月革命"的精神——列宁主义，还是依然存在，并且永久存在。

全世界的工人们，农人们，和被压迫民族！你们要想解放你们自己，消灭你们的仇敌，只有起来研究列宁主义，实行列宁主义，努力继续十月革命的工作！

被压迫在双重压迫之下的中国工人们，农人们，和一切民众，国际帝国主义与封建军阀的牛马奴隶！起来！"列宁主义"是我们的武器，"十月革命"是我们的大道，我们来练习我们的武器——列宁主义，我们来走向我们的大道——十月革命！

(《向导周报》第九十期，1924年11月27日，署名述之)

122.《俄罗斯十月革命与中国最大多数人民》(《向导周报》第九十期，11月27日)

《向导周报》第九十期刊登陈独秀的《俄罗斯十月革命与中国最大多数人民》，全文如下：

自俄罗斯十月革命一直到现在，在中国也和其他资本主义的国家一样，有许多人把他看做洪水猛兽。他们为什么有这样的误解呢？一般的总原因，是观察力薄弱的人们误信了各帝国主义者的通信社新闻纸之造谣诬蔑及反革命的白党（旧俄之贵族大地主军人官僚社会革命党少数党无政府党等）之奔走呼号；其次乃是布尔什维克党人加旧俄皇室以重创，此事大伤了宗法社会里人们的感情；再其次则是新俄宪法，剥夺了以资本生息者及私人商贩之参政权。在第一个原因，本来毫不足怪，因为新俄一面自己放弃了旧俄的帝国主义，一面拒绝其他帝国主义的势力之侵入，帝国主义者自然要造谣诬蔑他，可是我们被帝国主义者欺压得不成话说的中国人，也竟然误信帝国主义者的谣言来攻击反帝国主义的新俄，未免认不清敌与友了。旧俄贵族失了特权，大地主失了土地，军人官僚失了权位，社会革命党少数党无政府党失了和资产阶级苟合的可能，他们奔走呼号也是应有的事，可是特权阶级以外的中国最大多数人民，却没有同情于他们的必要。

在第二个原因，像张勋章鸿铭康有为这等复辟保皇的人们，自然应该太息痛恨俄之布尔什维克党人悖伦灭理，而稍有进步思想的人，却应该承认俄人取法于法人处置路易者处置尼哥拉士，断绝后患，善于中国人之处置清室。只有第三个原因，自有史以来是俄罗斯十月革命之特色，这个特色自然为任何国家的资产阶级所不喜；然而在资产阶级幼稚的中国，大一点的资本家与地主在国民中真是少数又少数，小资产阶级若手工业家小商人自耕农，都被英美日法等资本帝国主义之工商业挤得濒于破产，生活艰难，也应该行向革命才是生路。

再由积极方面，说到十月革命的俄罗斯之真情实况，因革命而得救的，第一是占国民十分之八的农民得着了土地，其次是工人得着了政治上教育上的优越权力，再其次是科学者技术家得着了最优的待遇，就是小工业家小商人亦因受国家企业之雇佣，免了被大资本企业压迫的忧危，吃亏的只有贵族大地主大资本家等最少数的人；因此我们可以说：俄罗斯十月革命是真有利于最大数人民——农民工人小工商业家——的革命。俄罗斯十月革命，更有一个重要的主义是：在国内保障全俄人民经济生活脱离外国帝国主义的宰制而独立，在世界给一切被压迫民族反抗帝国主义之一个有力的暗示。

中国的贵族大地主大资本家，比俄罗斯更是少数，其余最大多数的人民——农民工人小工商业家——所受国际资本帝国主义的欺压，比十月革命前俄罗斯人民所受的更是厉害多少倍；因此，我们以为中国最大多数的人民，应该接受俄罗斯十月革命的精神，而不应该误信谣言把他看做洪水猛兽！即令他对于帝国主义者贵族大地主大资本家是洪水猛兽，而俄罗斯最大多数人民却已由他而得救了！

（《向导周报》第九十期，1924年11月27日，署名 独秀）

123.《十月革命第七周年之苏俄与资本主义世界》(《向导周报》第九十期，11月27日)

《向导周报》第九十期刊登彭述之的《十月革命第七周年之苏俄与资本主义世界》，全文如下：

自从资本主义变成了一副铁网似的帝国主义，把普天下人——工人，农民和经济落后的民众，——都笼罩在这一副无情的铁网之下，任凭几个帝国主义者宰割鱼肉；全世界都染遍了被宰割者的腥血，全世界都充满了被宰割者的冤气。俄罗斯一九一七年之"十月革命"，就是由这些腥血和冤气的积累中爆发出来的。

"十月革命"已将帝国主义之整个的铁网撕毁了一大块，——俄罗斯，它并且把这撕毁的铁网改铸成为一个专门破坏其余尚未撕毁的铁网之最利害的工具，它并且把从前在铁网底下被宰割过的人们——工人，农民和被压迫民众，训练成为一些使用这个工具之最机巧的技师。现在已经过七週年了，我们来看看这个工具——苏俄的本身，铸造的怎样，坚固到什么地步？使用这个工具的技师——苏俄工农……训练得怎样？机巧到什么地步？其余尚未撕毁的铁网——资本主义世界，如何？铁网底下的被宰割者——工，农与被压迫民族是否还是束手待毙，任其宰割？

（一）苏俄之经济政治现状。

由十月革命改铸出来的苏俄，它的进步，它现时地位之巩固，由事实上表现出来，谁也不能否认。我们现在再请些铁面无私的统计先生来作见证，更可显出它的实际情形。

苏俄在经济方面，承受帝国主义大战时破产之遗业，再经过反革命党之四年破坏，本已苍痍满地，不堪寓目。当新经济政策施行之前日，国内一切工业生产机关几全损坏，未损坏者亦几全停顿，其当时之生产力几等于零。如五金工业在一九二○年与一九一三年比较从百分之百减到百分之六·七，纺织业亦从百分之百减到百分之六·二。农业生产亦破坏非常，如战前每一乡民能得二六——二七普德（一普德约中国三十斤）面包，而到一九二○年仅能得十三——十四普德了。由此可以推想在行新经济政策前之苏俄经济情形的危险。现在我们且看从新经济政策施行以来之经济的进步如何，即现时之苏俄经济情形如何。

在工业经济方面，一九二三年四月份的统计，工业生产总计起来与战前比较已增到百分之四八——五十。现在且拿几项重要的工业生产品之增加来看看：炭数较战前为百分之六十，石油百分之六五，织布业百分之四九，毛织百分之五十八，与一九二○年比较其进步总算已出预料之外了。乡村经济更是恢复得快，现在已到百分之九一，与战前相差无几。其余如电气业不但恢复到战前，并且已前进了。商业经济从新经济政策后更是突进。我们只拿对外贸易一项来看，在一九二○年时，俄国还须从外国买面包几千万普德进来，现在公然已运出大批的面包到西欧市场，与美国之面包称雄对峙。自去年下半期到今年上半期已连出国二万万普德面包，仅法国已买去一千三百万普德，英国则亦买去九百金卢布。在财政经济上，苏俄更已得了惊人的效果。我们大家知道去年以前德国之马克与苏俄之卢布，其跌落之迅速，其纸面数目与硬货相差之离远，同是世界上一种神奇的现象。今年三月间五〇，〇〇〇，〇〇〇，〇〇〇个苏维埃纸卢布，才可换一金卢布，并且在十日之间差不多要跌价一倍。由此国家的预算，商业的恐慌，都弄得一塌糊涂，使国家与人民都感莫大之困难。可是现在苏维埃旧纸币已完全废除，另行一种"车罗汪子"（Chervoneo）在国内纯然与现金一致，在国外比卢布还高百分之十至二十，在西欧与美金和英镑齐名。苏俄因此种货币之成功，不独在国内一切预算上，于一切发展产业上，得了根据，尤其在对外贸易上有了发展之武器。

苏俄自行新经济政策后到去年，因农业与工业恢复之距离太远（一九二三年农业恢复到百分之七十五，而工业仅百分之二十二至二十四），于是就发生了经济恐慌，所谓有名的"剪力[刀]"问题。这个就是农产品价格太低，工业品价格太高，结果乡村农民无力购买城市工业品，以致发生城市生产过剩之恐慌。（其实不是生产过剩而是生产的价格太高，无人能买）。可是现在这把剪[刀]，两边的刀口已渐渐接近了。我们可以抄一表来看看：

国家统计局批卖表：

	1923【年】四月	1924【年】三月	1924【年】四月	1924【年】五月
农业产品	0.54	0.95	0.92	0.93
工业产品	1.72	1.30	1.31	1.31

从上表可以看出从去年十月以来，农业生产品的价格日往上涨，工业生产品的价格日往下降，到今年五月一日，相差已很微，这就是证明剪刀两方刀口之接近，也就是城市工业经济与乡村农民经济之接近。在人的方面即工人与农民群众之接近。

苏俄的经济之恢复，经济之巩固既如上述，现在看政治一方面。苏俄在内部本无何等特别政治问题；因为它的政治与经济是一致的，不像资产阶级国家里之政治与经济的矛盾，而发生种种不宁之政治现象。现在它内国的反革命党已完全消灭，国家机关一天一天地巩固而完密，保卫国家的红军一天一天地改良而扩大。从前比较纷乱的是民族问题，从共产党十二次大会后，此问题亦已完全解决了。所以现在所谓苏俄之政治，唯一的就是外交。可是苏俄外交之胜利，谁也看得见。在两年前欧美日本各资本主义国之对苏俄态度是怎样。可是现在呢，一个一个地跪倒苏俄面前去承认它，自今年最老奸巨猾的英国资产阶级御用的"工人政府"承认苏俄之后，接着最反动的意大利法西斯蒂莫索里尼政府也承认了，被国际帝国主义强奸的中国北京政府也接着承认，在欧洲最反动的，死顽强的资产阶级之法兰西，现在也不得不承认（固然是因为小资产阶级性的赫里欧政府上台，但是赫里欧不上台，法国的资产阶级终究憋不住要承认的),小日本的资产阶级现在虽然表面上还是顽强,其实在骨子里是很软弱的,承认之时期当不在远。所剩下来的只有一个与苏俄相距太远之美国。本来资本主义国家之承认与不承认苏俄,只是一个法律问题,在事实上久已承认了,其实资产阶级之法律,苏俄久已视之无甚价值,所以要经过此种无价值的法律手续,不过藉此可以公开地与各国民众接近,并可藉此得种种机会以发展和巩固其经济。可是承认苏俄,在资产阶级看来已经是奇耻大辱,万莫奈何之事。在这一点上实足证明苏俄在世界上之地位的巩固,及其对于资本主义国之威权的仲[伸]张。

我们上边说过,苏俄是一个专门破坏世界资本主义国之最利害的工具,现在这一个工具已铸造得如此坚固,并且还一天一天地坚固下去。现在再看运用这工具之技师如何?即苏俄之工人,农民和以前曾经被压迫过之民众的组织力与觉悟力如何。苏俄以前之被压迫民族,因民族问题解决之适当,久已不成问题,现在的"苏联"更是铁铸一般,这其中自然是工人与贫农为其连锁和骨干。现在且把工人与农民组织数量之增加数目举几个出来,以表现此种连锁与骨干之进步。职工会会员现有五百万,在去年还只四百三十万,若按十二个主要生产,以在其中工作之工人和有组织的数额计算起来,已有组织的工人占百分之九十二,农业工人亦多加入职工会。协作社亦是一种工农的有力之组织,在一九二三年,全俄协作社员已有五百万人,而农民占多数。职工会与协作社是工人与农民之根本组织,此种组织数量之增加即足以证明苏俄工农团结力之日益雄厚。其余还有关于工农及普通民众的组织甚多,如体育会,农人通信社,农民互助社等,姑且不提。现在我们要来一看俄国工农组织中最有力量,曾经指挥十月革命,现在指挥苏维埃一切政治经济机关之共产党,即代表俄国工农阶级之共产党——波尔塞维克。共产党是运用苏俄这个工具之真正的技师。现在苏俄共产党是怎样呢?在其数量上,据一九二三年四月的统计四十八万五千党员,到今年五月一号止,已经增至六十八万,少年共产党之数目亦由三十一万七千人增至五十七万人。这一年之间共产党员增了二十万人,(最近之数目恐不止此)少年共产党增加了十八万人。这个伟大的数量之增加,是因为列宁之死。就是由所谓"列宁的征集"中增加的。"列宁的征集"是俄国共产党一件极重要的事,也就是苏俄更加巩固之一个特别表现。以上不过数量的增多,还有质量的改善。在本年三月洗党中许多坏的党员都淘汰去了,另一方面,所加入的新党员都是站在生产上的真正工人,很真诚而奋勇的工人。党的内部经过从去年十一月到今年二月三个月间之大辩论会的结果,更加表现党的精神,与党的纪律之严厉。现在的苏俄共产党可谓真是铁铸的党。苏俄共产党员真是铁甲将军。他们只知有阶级的利益,他们只知有世界革命的伟大责任,这个我们可以从他们一切对内与对外的活动上可以看得出来的。

(二)资本主义世界。

自十月革命把帝国主义之整个的铁网撕毁一块,从那时起,世界的资本主义就入了末运。世界资本主义整个的经济系统从此破坏而不可收拾,资产阶级的政治从此坠入五里云雾中而莫知所向,世界革命的潮流从此日涌日高。

现在且看资本主义世界的经济方面。从大战后到一九二一年为世界资本主义之最厄运的时期,自一九二二年至二三上半年,似乎又有了一点起色,可是一九二三年上半期以来,欧洲的经济状况又到了不可收拾的地步了。虽然有几个国度,似还保持原状,但是实际是摇动的。在工业生产方面,德,奥,波兰等国,到了绝对破产的地位,再也没有恢复之可能。即如在一九二三年大走红运的美国,现在亦已逐渐往下降,单就熔铁炉来看,在去年开头四百二十五座熔炉中有二百七十座开工,到五月仅有二百三十座,到现在至多不过二百座工作了。在英国亦是如此,当去年初四百五十七座熔炉中仅一百九十四座工作。这种熔炉之逐渐停顿的现众[象],很可以表示英美两国重工业之衰落。在法国仿佛工业尤其是重工业有些进步的样子,可是这完全是夺取德国人的,德国工业之完全破产,也就为此。这真所谓剜他人之肉以医自己之疮。农业生产的减低,也与工业并称难兄难弟,尤其是德国。因工业的停顿,在欧洲已发生了一个更严重的问题,就是失业工人之增多。现在失业工人已到七百万,在德国与英国都成了决无办法之难题;同时工人的工作时间加长,所谓八小时制已成空话,在实际上都是从九时至十一时,而工钱却减少了,(如德国国家企业的熟练工人现在所将工资较前少得百分之四十至四十四,非熟练工人少得百分之二十三)这个自然要引起工人之反抗,为助长工人革命之最好资料。

在苏俄城市与乡村之间有把"剪[刀]",但是现在剪[刀]已变成了世界的现象了。譬如在德国一九二三年麦子价格与机器价格之比为一〇〇与一〇〇,到今年四月则为六〇与一〇〇了。这是证明农产品的价格在这一年来几乎低了一倍。在这种工业品价格抬高与农产品价格减低的形势之下,佃农固已不能维持其最低生活,就是许多小生产的自耕农民也都破产而贫农化了。这种现象在美国更显得明白。美国近来农业恐慌更是扩大,百分之三十八的农民已变成了佃户,在一九二三年农民所负债额共有千五百万美金之重。这种农民破产的倾向还正在继续下去。这是资本主义破产逼迫着农民走向革命之必然的趋势。

其余还有赔债问题,货币摇动问题,都是助乱欧洲经济之媒介物。

无产阶级与农民甚至小资产阶级处在这样的经济状况之下,自然要蠢动起来,去年保加利亚之革命,德国之十月革命,波兰之大暴动都是如此起来的,现在工人与农民的暴动虽然停息,但这不过是一时之停息而已。

资本主义的经济基础既是如此,建筑在这个基础上之政治是怎样呢?资产阶级的政治在最近两年来已换了两种方式,现在又[有]产阶级快要进到第三种方式了。当一九二三年革命潮流极紧急之时,资产阶级极力组织法西斯蒂,利用法西斯蒂之最卑污凶恶手段来镇压无【产阶级】,来统治国家。到了去年之末资产阶级觉得法西斯特[蒂]有许多问题不能解决,资产阶级国家相互之间也有许多不能解决的冲突,于是妙想天开,德谟克拉西的和平主义又起来了。这是资产阶级利用卖工人阶级的第二国际党与一部分小资产阶级的领袖,一以和缓工人之革命,一以解决它自己间之冲突。这种德模[谟]克拉西和平主义之具体的表现,就是麦克唐纳尔的英国工人政府和赫里欧的法国左派联合政府,这两个政府果然替英法的资产阶级服了不少的务,它们用"和平"方法,道威斯的计画把德国勉强割分清白了,它们又恢复已死的国际联盟,企图解决东欧问题，近东问题，远东问题，总之即分割殖民地问题。麦克唐纳尔并且还替英国资产阶级用最巧妙的方法压服了英国许多罢工，征服了苏丹。可是麦克唐纳尔之与苏俄订约不免疏忽失了英国地主资产阶级的意旨，现在英国的地主阶级——保守党，和资产阶级——自由党，正已起来要赶走麦克唐纳尔，麦克唐纳尔的工人政府之命运自然是完了；但是不久我们还要看见普恩赉请赫里欧滚蛋呢。这个将就是欧洲资产阶级之德模[谟]克拉西的和平主义之结局，这也是必然要如此结局的。这样资产阶级之新政治局面快又要开幕了。

在另一方面资产阶级之间为了殖民地的分割，在东欧，在近东，在非洲，英国与法国处处是死敌。在远东，日美又是绝不能调和的对头。然而殖民地的被压迫民族在他们这种争相剥削与压迫之下，也容易觉悟，现已继续不断地反抗起来。这就是目前资本主义世界之局面。

（三）世界革命之前途。

我们看了苏俄的经济政治状况，我们可以断定苏俄之巩固与发展是蒸蒸日上的，是往前进的，可是资本主义的世界是怎样呢？资本主义的经济绝没有兴复之可能；只日向崩坏的方向跑；资产阶级的政治已到了穷途，现在只好向死的方面去了。如果欧洲德模[谟]克拉西的和平主义告终，自然欧洲必将成一个更反动的局面，在这个更反动局面之下，欧洲的无产阶级，第三国际指导之下的无产阶级，能容忍吗？

如果德模[谟]克拉西的和平主义告终，欧美的帝国主义必然要向东方殖民地和半殖民的被压迫民族猛烈地侵掠，但是受过十月革命后影响的东方被压迫民族，受过列宁主义暗示后的东方被压迫民族，又能任其侵掠吗？如果帝国再要瓜分东方，再要继续处分德国，帝国主义之间能够免除第二次的世界大战吗？如果世界的资产阶级，世界的帝国主义者，再要更严重的压迫西欧无产阶级，再要更残酷的侵掠被压迫民族，再要造成更凶恶的帝国主义大战，以解放全世界的民众为己任，以完成世界的十月革命为己任的苏俄，能不起来吗？

从十月革命里涌现出来的苏俄，专门准备着撕毁帝国主义的铁网之工具，现在已铸造得很坚固了；使用这工具的技师波尔塞维克派已练习的很机巧了；铁网自己腐败了；看！世界革命之前途！

（《向导周报》第九十期，1924年11月27日，署名 述之）

124.《十月革命与弱小民族》（《向导周报》第九十期，11月27日）

《向导周报》第九十期刊登瞿秋白的《十月革命与弱小民族》，全文如下：

资本主义的发展，一开始便趋于生产及交易方法之国际化，而消灭各民族的闭关主义，资本主义发达之后，交通进步，资本流通，经济日益成为世界的而非民族的。这种过程表现世界生产力的开展，各民族因之而日益趋于同化各自消灭他的特殊性；

这种过程实足以造成将来世界社会主义经济之物质上的前提，他本身确是社会的一种进步。这是第一种趋势。可是各民族之互相依赖及各地域之经济统一的过程，在资本主义之下，却不是各民族的合作，而是先进民族压迫剥削弱小民族。各先进民族之间如有互争殖民地的必然现象——即所谓帝国主义。因此，各强大民族的资产阶级以强力阻止弱小民族的互助结合，往往用极狠辣残暴的手段封锁已经制服的弱小民族，隔离他们，离间他们，以逐其一民族同化其他小民族之阴谋，以求垄断这些小民族地域里的经济政治势力。这一趋势刚刚和上面说的相反，然而实际上这种帝国主义的侵略行为，使弱小民族的敌气日益增加，民族精神日益准确，互相联合的必要，愈益显露；——所以这第二种趋势，也是社会进步的一种动力，他造成将来世界社会主义经济之精神上的前提。

这两种趋势的互斗实是近三十年世界史的线索。一方面，资本主义及生产力日益发达，经济日趋于大同；别方面，经济力强的国家与经济力弱的民族，其利益日益矛盾。所谓"有殖民地的"资产阶级国家内部，必然隐伏分崩的趋势；而且各"有殖地的"资产阶级国家之间，必然互相争夺，以至于战争，割地，分裂。如是循环不已，直到资本主义的末日：分裂战争之后，旧的强国消灭，新的强国又在造成。弱小民族时属于甲，时属于乙。（如旧俄，匈奥，土耳其；又如英国及战前之德国等的历史都是如此）所以资产阶级的多民族的即有殖民地的国家，决没有稳固而不分裂之可能。资产阶级的国家内，也永久没有解决民族问题的时候。

俄国的十月革命方始得着解决民族问题的道路。十月革命之指导者——俄国共产党，在一八九八年成立大会时，便已经见到民族问题的真义，主张民族自决及其自行分立国家之权。帝国主义的欧战及随后各小民族之革命运动，适足证实俄国社会民主工党（多数派）对于民族问题的观察及政策之确当。十月革命前，多数派的民族政策便是：（一）绝对否认对于弱小民族的强迫政策；（二）主张各民族实际上的平等及主权；（三）断定只有自愿的合作方能巩固各民族之真正结合；（四）说明只有资本家的政权彻底推翻之后，这种互助的结合，方有可能。

十月革命成功，便使以前的政策得以实现。革命推翻地主资本主义之政权，而树立无产阶级的独裁制。资本家地主的政权不倒，连小资产阶级及农民，都习于民族的自大性，根本上决不能免民族间的压迫和剥削；一切民族间的恶感都是当初俄皇的地主资本家政府统治敲剥弱小民族时所必需的工具。所以这一政权既然颠覆，无产阶级革命一起，各弱小民族的奋起相助，是必然的事；——不然，哥尔察克，田尼庚，犹干尼次，蓝格尔等白党反革命军，如何能如此容易镇服呢？只有无产阶级独裁制有了保证之后，民族间的欢喜及自由才能算有保证，——因为无产阶级独裁制若有动摇，那利于压迫弱小民族的地主资本家必然要后辟，民族自由仍旧要受摧残，所以苏维埃制度的胜利，是各民族自由合作而成联合国家的基础。

十月革命的结果，当然也不是霹雳一声地解决民族问题，不过是造成各民族真正自由结合的基础罢了。十月革命的发展中，并且经验到解放弱小民族并组织被压民族以抗帝国主义之具体方针。十月革命后的第一期，各弱小民族的劳动民众生平第一次自己感觉到他的民族身分[份]。当时欧美帝国主义之武力的经济的干涉俄国内政，还不十分紧迫危急，所以俄国内各民族之间的合作，还没有确定的形式。

第二期——列强干涉及国内战争期，各民族因为自卫紧急，所以合作便带着军事同盟的性质。第三期——战争终了之后，恢复残破的生产，实行经济改造，成了狠紧急的问题；所以各民族的合作便进一步而成经济联盟。苏维埃社会主义共和联盟国就是这种合作的方式——使各民族之平民阶级，得有现实的军事上政治上经济上的结合。——这便是无产阶级解决民族问题的道路。

然而得到解决民族问题的道路，并不就等于完全解决民族问题；还要有长期的工作，处处找那具体的实际的方法，以实现十月革命——共产党对民族问题的党纲。这是因为旧俄封建农奴资本制度的遗毒，决不能扫除于一旦。这种流毒，第一，便是大俄罗斯的自大的狭义的民族主义。往往大俄罗斯人对于异族的事，有轻忽漠视，居高临下的态度。譬如乌克兰，白俄罗斯，土耳其斯坦，亚奏倍裳等地方，农民大半是异族，工人大半是大俄罗斯人。这种农工之间的结合，至今还是因为异族恶感而不能十分顺手。只有这种妄想以一民族同化其他民族的野心——旧俄帝国之流毒，完全去尽之后，苏联各民族的结合才能稳因[固]。因此，苏联各国的共产党竭力设法扫除这种流毒呢。第二虽不能说尽是流毒，却也一半是俄国资产阶级的政策的结果。这便是各小民族经济及文化程度的落后。经济的现实基础中，各民族并不平等——往往有简直没有无产阶级的民族，工业几等于零，文化低得不堪，他们不会享用他们所有的自由权。所以大俄罗斯人应当竭全力帮助他们发达经济及文化，如此方是真正消灭民族不平等的正当道路。第三便是各小民族历史上的仇视大俄罗斯人，各民族相互问[间]的恶感，以及各小民族自大的民族主义。这当然也是旧时俄皇政府的政策所致。对于大俄罗斯人及其他异族的仇视，固然也是小民族的自卫精神——然而疑忌过甚，反而进于进攻态度。譬如乔治亚的民族自大主义简直反对甚至于压迫当地的亚尔美亚尼人，亚杂尔人，亚孛哈滋人；亚奏倍裳的民族自大主义——反对亚尔美尼亚人；岛滋白克(蒲哈尔，哈莱滋地方)——反对亚尔及滋人等等。必需设法消灭这种民族自大主义。

因此种种，所以十月革命对于弱小民族的意义便是：因无产阶级革命而世界各地被压迫民族得到强有力的友军，帝国主义的铁网已经打开一面，各民族的自由合作已经开始；可是帝国主义——以及资本主义，封建制度等的铁网还有三面没有打开，不但列强帝国主义还占有世界六分之五的面积，而且在苏联之中还有帝国主义等的流毒足以妨害民族自由联合的前途。各地一切弱小民族应当急起直追，联合已得胜利的苏联各民族，合力彻底颠覆世界上一切帝国主义及其走狗，——各强国里的假社会党(英国工党等)，各殖民地及弱小民族里的军阀民贼及国民革命中的调和派。苏联各民族，尤其注重扫除一切帝国主义的流毒，而竭力巩固发展各民族间的自由合作及自由结合。

苏联共产党一九二四年对于民族问题的议决案里说：

"……民族问题现在的具体办法便是：

一、设立苏联中央机关之时保证各共和国(民族)的平等权力及平等义务,各共和国相互关系如此,其对于中央机关亦是如此。

二、苏联中央机关中里设民族院,苏联各共和国以及各国内之各民族皆有代表,派遣方法绝对平等。

三、苏联之各执行机关内保证各共和国代表皆能实际参与,务使适合于各该国之需求。

四、各共和国皆有极为广泛之财政权及一部分之预算权,任各国得自由充分发展其行政经济,及文化事业。

五、各国执行机关中,当令本地人,知悉言语,风俗习惯等者,占大多数,或尽数由彼等充任。

六、明令保证与各民族有关机关得用各该民族之语言文字。明定法律,惩戒侵犯民族自由权的人,尤其注重在某地占少数的民族之权利。

七、赤军中格外努力宣传,"共同保证苏联各民族。"且组织各民族之民族军,使各族皆有守卫之能力。

(《向导周报》第九十期,1924年11月27日,署名 瞿秋白)

125.《马克思主义与暴动》(《向导周报》第九十期,11月27日)

《向导周报》第九十期刊登发表列宁(超麟译)的《马克思主义与暴动》,全文如下:

——给俄罗斯社会民主工党(波尔札维克)中央执行委员会的一封信——

属于统治的"社会"党对于马克思主义之最恶毒的也可说是最流行的附会之数中,有一种机会主义的错误,以为凡属预备暴动,甚至是,凡把暴动看成一种艺术的,都是白郎起主义(Blankisme)。

机会主义领袖,伯因斯坦(Bernstein),已经于诬告马克思主义为白朗起主义之中,取得他可怜的光荣;现在的机会主义者,实质上,一点也不能多发挥,一点也不能多扩大伯因斯坦的可怜"见解",然而他们还正在诬告人【家】是白朗起主义。

以白朗起主义诬告马克思主义者,因为他们把暴动看成一种艺术!马克思自身已经以最确定的,最恰切的,最无可反驳的态度说明这个问题,他确会以艺术的名字加在暴动头上,他确会说应该以艺术看待暴动,应该取得开端的胜利,在势如破竹的胜利中,应该利用敌人之涣散,而不应停止向敌人之进攻等……

要暴动能成功,必须依靠在先进的阶级上,而非在阴谋上,政党上:这是第一个条件。暴动必须靠在民众革命潮流之澎涨[膨胀]:这是第二个条件。暴动必须靠在革命进行之历史的转湾[弯]点,那时民众先进队伍之活动力必是最大的,那时敌人队伍中和同情于革命的柔弱,观望而又摇动的分子队伍中之犹豫不决亦是最显的:这是第三个条件。提出了这三个暴动条件,就是马克思主义与白朗起主义区别之点。但一旦这三个条件都有了,还不把暴动看成一种艺术,那就是背叛马克思主义,那就是背叛革命。

我们现在所处的时机正使党务必承认客观事变的步骤已经把暴动列入议事日程之内，务必把暴动看成一种艺术。要证明这个。最好应用比较法，拿九月之日去比较七月三—四日。

七月三—四日之事可以一点都不违背事实地这样说：那时夺取政权是比较对的，因为不如此，敌人仍然诬告我们暴动，仍然以处理暴动者手段，来解散我们；但不能因此就以为那时绝对应该夺取政权，因为暴动胜利的客观条件那时还没有。

（一）革命前锋的阶级那时还不在我们一边。京内工人和兵士中我们还未取得多数。这个多数现在在工兵苏维埃中已经有了，这仅仅是七八两个月之历史，波尔扎维克党人受"裁判"之经验，及哥尔尼洛夫（Cornilov）事件之经验所造成的。

（二）全民众革命潮流之澎涨[膨胀]那时还没有。自从哥尔尼洛夫事件之后，现在已经有了，各行省发动及许多地方苏维埃取得政权就是证据。

（三）那时在真正的社会政治范围，我们的敌人队伍中，和观望的小资产阶级队伍中，还不见有犹豫不决。现在犹豫不决已是很显然了：我们最大的敌人，同盟的和全世界的帝国主义，——因为"协约国"正站在全世界帝国主义前面——已摇动徘徊于务必战胜和分别讲和以反对俄国之二种计划中间。我们的小资产阶级的民主主义者，在民众中失却多数之后，已摇动起来，拒绝联合，就是说拒绝和宪政民主党人之联合。

（四）因此七月三—四日暴动是错误的：我们在物质上，政治上都维持不了政权。在物质上，——姑无论彼得城暂时在我们手里——因为我们的工人和兵士那时还不能为占领彼得城奋斗和赴死：他们对于克伦斯基（Kerensky），对于齐勒德里，赤尔奴夫（Tsereteli-Tchernov）还没有那样仇视，那样怨恨，我们的人也未得在社会革命党和孟雪维克参加之政府下能拘捕虐待波尔札维克党人之经验。在政治上，七月三—四日我们也维持不了政权，因为军队和行省在哥尔尼洛夫事件之前能够而且必要反攻彼得城。

可是现在另又是一幅画图了。

阶级的多数，革命前锋，能领率群众的民众前锋，在我们一边。

民众的多数在我们一边，因为赤尔奴夫之出走逃绝不是唯一的征兆，然而却是显明的征兆证明农民从社会革命党时候之政府（而且从社会革命党本身）得不着土地这里就是"革命"的全民众性质之标记。

占得优势之党，固定知道自己道路之党，在我们一边，而此时正是一切帝国主义之空前的犹豫不决，一切孟雪维克与社会革命党联合之空前的犹豫不决。

真正的胜利在我们一边，因为民众已差不多完全走入失望状态，我们以真正的出路给了全民众，在哥尔尼洛夫事件中，我们向全民众说明我们指导之意义，其后我们又向联立派提议妥协，被他们拒绝，而其时正是他们无法终止犹豫不决之条件底下。

最大的错误乃在当时以为我们的妥协提议，还未被拒绝，以为"德谟克拉西会议"还可接受这个提议。妥协是党向别党提议的；不然就无从提出。别党已拒绝这个提议了。德谟克拉西会议只是一个会议,别没有甚么。不应忘记了一件事:在这个会议中并无代表革命民众之多数,贫苦和破产的农民。这是民众少数的会议,——不应忘记了这个显明的真理。我们方面把德谟克拉西会议看成一种议会,这是一件大错特错的事,这是过于信任议会制度所致,因为纵然这个会议宣言自认为议会,为革命的至高议会,也解决不了甚么:决议是在这个会议之外的,是在彼得城,莫斯科工人中间的。

在我们面前发现了暴动成功之一切客观前提。在我们面前发现了异常优越的地位,此时唯有我们暴动的胜利能够终止了那骚扰民众的犹豫不决状态,这个是世上最苦痛事件;此时唯有我们暴动的胜利能够揭穿分别的讲和反对革命之把戏,——由我们提议一个更完满的,更公平的,更接近的公开和平,便宜于革命的和平。

唯有我们的党结果在暴动中取得胜利才能救起彼得城,因为如果我们的和平提议被拒绝了,连停战也得不到了,那时我们将变成"保护祖国者",将站在主战党的前面,成了极力"主战"的政党,那时我们真正为革命作战了。我们在资本家们家中取出所有的面包与皮鞋。我们只留一些面包皮给他们吃,一些破布给他们穿。我们将所有的面包和衣服送给前敌。

那时我们就保护彼得城了。

真正革命战争之军需,物资与精神二方面,在俄国现还异常之多;百分之九十九可以希望德国人最少要给我们一种停战。现在取得停战,即等于已经战胜了全世界。

既然知道彼得城和莫斯科工人们为救护革命,为抵制二派帝国主义"分别"地瓜分俄国而起暴动是无条件的必要,我们就应该首先确定对德谟克拉西会议之政策以适合风起云拥[涌]之暴动条件,其次声明我们不仅口头上承认马克思之思想以为必须把暴动看成一种艺术。我们应该在德谟克拉西会议中从速固结波尔札维克党人小团,不必多增数量,不要恐怕在犹豫不决的国家中做出犹豫不决的事件:须知他们对于革命事业在此地是比较在坚决的战士之国家中更加有用。

我们应该作一简单的波尔札维克宣言,很严厉地提醒长篇演说之无用,一般"演说"之无用,从速行动救护革命之必要,完全与资产阶级断绝关系之绝对必要,现在所有的政府之毫无区别,英法帝国主义预备瓜分俄国计划之切勿参与,一切政权迅速交给革命无产阶级所要求的革命德谟克拉西。

我们的宣言应该是最短的,内容必须适合于党纲草案:和平给民众,土地给农民,没收可耻的利润,取缔资本家在生产中的作恶。

这个宣言愈简短愈厉害,愈好。其中还要明显地再说明二点:民众受了犹豫不决所骚扰,民众受了社会革命党和孟雪维克之无果断力所贻误:我们和这些政党从今根本断绝关系。因为他们背叛革命。

别一点,即刻提议无割地之和平,即刻和同盟的帝国主义断绝关系和一切帝国主义断绝关系,我们迅速或取得停战,或使整个革命的无产阶级到保护祖国的方面,采用革命的德谟克拉西,在其指导之下,做真正正义的,真正革命的战争。

读完了这篇宣言,即请决定。而【不】多谈,即请行动,而非成立决议案,我们应该迁移我们整个的小团到工厂和兵营去,那里就是小团的位置,那里就是生命的神经,那里就是革命救护之泉源,那里就是德谟克拉西会议之发动机。

那里我们应该用热烈的,感情的演说解释我们的党纲而这样提出问题:德谟克拉西会议完全接受我们的党纲,不然就是革命。中立是没有的。等待不可能。革命破产了。

提出问题这样,集中整个小团到工厂和兵营去,我们就准确地计算暴动开始之时机。

为要以马克思主义者眼光对待暴动。换一句话说就是把暴动看成一种艺术,我们在这个时候就一分钟也不失去,我们就应组织暴动队伍之大本营,分配力量,调动可靠军队把守儿最重要地点,围攻亚列山德林卡(Alexandrinka),占领彼得保罗(Pierreet Paul),拘捕大本营和政府,派遣那些宁死不放仇人来城中心之队伍去对付士官学生和负固兵队;我们应该调动武装的工人使他们做决死的,最后的战争,突然占领电线与电话,将我们暴动的大本营移到电话总局去,将所有工厂的,兵队的,武装斗争的要隘的……电话与大本营联络起来。

这不过是举例,自然只为形容目前所处时机,如果还要真正的马克思主义,如果还要真正的革命。那就非把暴动看成一种艺术不可。

这封信是一九一七年九月,正当德谟克拉西会议开会之际写的,原信现藏在俄罗斯共产党中央执行委员会文库。原文见《列宁全集》第十四卷第二本的一三五页至第一四〇页(译者)。

(《向导周报》第九十期,1924年11月27日)

12月
20日(星期四)

126.《中国战争》(《新青年》季刊第四期,12月20日)

《新青年》季刊第四期出版,刊登列宁的《民族与殖民地问题》、《中国战争》(今译名《中国的战争》)、《亚洲的醒悟》(今译名《亚洲的觉醒》)、《革命后的中国》、《落后的欧洲与先进的亚洲》(今译名《落后的欧洲和先进的亚洲》)等文,第一次在媒体上刊登了斯大林的《列宁主义之民族问题的原理》,以及托洛斯基的《东方革命之意义与东方大学的职任》、《第三国际第二次大会关于民族与殖民地问题的议案》。这是中国共产党在刊物上最密集地一次传播列宁的东方革命理论。

现刊登列宁著、任弼时译《中国战争》,全文如下:

俄罗斯与中国战争,已告结束,为这次战争,调动了许多的军队,消耗了几百万金卢布,运送了整千累万的军队到中国内地,经过了许多的血战,得到许多的胜利,——这种胜利,对于加入战斗的兵士,固然是没有甚么称快的地方,更是对那班暴动的中国人,尤是对于那些没有武器的中国人民,加以剿灭、弹击,无量的妇女儿童,都被惨杀、残戮,其苦何堪!至若农村、居民、商店之被蹂躏、抢掠的状况,更是不言可喻了。在这种惨淡情景之中,俄罗斯□政府和政府所维持及靠政府以存在的各种报纸,还是无量的庆贺,并鼓吹这次战争的胜利,奖励这次军队勇敢的勋功,咸以这次欧洲文化战胜了中国野蛮民族为快,无不谓俄国"文明教化"在远东另开天地胜利之为愉。

几千百万先进的工人群众里面,于这庆贺喜悦愉快声浪中,曾未听有一个工人代表出头说话的声息。而何况这次出征所费的一切,都是为工人民众自己所负担的:从工人队伍中拿去许多任务人,送到万里以外的疆场上,由工人群众中,增收赋税,以弥补整千累万无意识的消费。现在我们也不妨将这问题来详细剖晰[析]一下:社会主义者对此次战争应取如何态度?这种战争确是有利于谁?俄国政府所施行的政策有何种真确的意义?

政府方面还辩明自己,并没有与中国作何战争:不过是帮助合法政府、平定暴动、镇压逆叛、恢复治安而已。政府虽辩护没有战争,然事实上战争是已发生,而不能否认。到底中国人为何要排挤欧洲人呢?为何这个为英法德俄日……所平定的暴动,这样嫉妒欧洲人呢?加入战团的人说,是因为"黄种要仇视白种",或是"中国人看不起欧洲文明的文化"之所致。中国人即许看不起欧洲人,但是他们所看不起的,只是某一种欧洲人,因为就太看起这班人们也没有多大益处。在实际上看来,并不是中国人普通的看不起欧洲人——他们中间并没有何种冲突而是看不起欧洲的资本家和为资本家所豢养的欧洲各国政府。那些榨取人家血汗,或者虚张自己文明的招牌去欺骗、抢掠、刮削人民,或者为着自己得到贩卖毒人鸦片的特权而与中国挑战(一八五六年英法与中国之战),或者借宣传基督教义,暗中达到抢夺的强盗政策而到中国去的欧洲人,能使中国人看得他们起么?这种侵略中国的政策,欧洲各国资产阶级政府久已采行,现在俄国帝国政府,竟亦与他们同流合污起来了。这种侵略形式已变为殖民政策,即是工业发展很快的国家,因环境关系不得不向国外寻找工业不发展而仍处于宗法社会状况中的国家,可以消[销]售大批工业生产品,而能取得丰厚利润的殖民地。资产阶级的政府,为使国内资本家的顺利,宁使兵士在酷热地带去受饥饿,不惜民间集来百万的财富,不顾及民众的饥寒交迫而致于暴动之如何,只拼命的与各国尽量的挑拨战□。我们犹记着印度土人反对英国的暴动以致印度大起饥荒和现在英人与蒲纳(非洲南部)民族所起战事之惨耗。

今日欧洲资本家贪欲的利爪,又伸入中国了,且现在力求满足私欲的俄罗斯,亦转入这个漩涡之中,并已割据中国的旅顺口,由俄兵保护,在满州里公然建筑铁路,同时欧洲各国政府,相继而起,大家都热心来做抢掠中国的事,冲动了他们"分据中国"的观念,由是将中国的土地,或割据或租借起来,事实上就等于欧洲各国政府(俄国居其首位)已开始瓜分中国,可是他们瓜分中国不是用一种公开的形式,而是暗中作鬼鬼小偷一样。换言之,就如同偷窃人家坟墓中的死人一样。假若这被看做死的人,稍有反抗的表示,他们就如待猛兽一般,烧毁其村落,驱逐于海洋,或将赤手空拳的居民和其妻子,弹射刀杀,毫不加以姑息。倒反还声称是应基督教的使命,来平服那些冒险来反对欧人的中国野蛮民族。占据了牛庄，屯兵满州里，而俄政府于一九〇〇年八月十二日致外国的通牒上面，还声称不过是临时的行动而已！"这不过是防备暴动的中国人复来侵略的对付方法而已。完全不是想图谋私欲的计画，图谋私欲，绝对非我帝国政府所采纳的政策。"

帝国政府真是可怜的很！他那样表白自己，是依教义毫无贪欲之念，而人家偏要没良心的侮辱他。他几年前那样没有贪欲心的割据旅顺，现在他又没有贪欲心而来霸占满州里，他还想要无贪欲心的侵入中俄交界的中国地方，派许多工程师、武官和执事人，到中国内地，耀武扬威的压服中国人民，骚扰他们安全的生活，他们对于建筑铁路的工人，每天仅付给工资十哥比（等【于】中国钱一角），——这不都是俄皇政府无贪欲心的表现么？

为何俄国政府对于中国采行这样神筋过敏的政策呢？这种政策到底是有利于谁？我们看得很明白的。这种政策仅有利益于少数与中国贸易的资本家绅士和为亚洲商场而生产的工厂主，以及最少数靠贩卖军器而能榨取厚利之军需上的执事人（现在几家制造军器和能藏军用品的工厂各处都加工制造）和在军民署内有高位的贵族；他们时常希望有政变扰乱的机会，庶可乘机取利，或可借机以贪功而高其禄位荣誉。只要是对于这班少数的资本家官僚和奸人能得到利益的事，政府总丝毫不惜人民的生命财产，去替他们成美。所以现在的俄皇政府，不过是屈服于贵族资本家绅士阶级前之无声价的官僚政府而已。

俄国工人阶级及全体人民，从这次征服中国的战争中，得到了甚么益处呢？无数的家户，均已破产，并将其担负家庭生活的男子，都强送到战场上去备战，国家消费及借债无限的增加，田税骤加几倍，同时使资本家及压迫工人的权威更加巩固，工人生活状况日形困苦，更以那些农民的惨死，及西伯利亚之饥馑之事实，——都是这次中国战争对人民所造的福利！现在一切俄文出版品，报纸、杂志，均处于奴役状况中，没有政府里面官僚的准许，不能印刷各种真正的消息和写实的论文，因此我们也无从得到这次战争惨祸人民的真像[相]。但是我们能预料得到的，就是此次战争是消耗了亿万数人民所集来的财富，这是无疑义的，曾稍有露出来的消息，说有一次政府就提出一五〇·〇〇〇·〇〇〇卢布，而这种提出并没有公开报销的，此外平均日常消耗的战费在三四日内，约在百万金卢布左右。政府将大宗金币消耗于战事，对于饥馑农民的补恤，当然只好减少，使农民一个哥比都难得着，对于国民教育的经费，亦无款以维持，而政府反尽量剥削国立工厂工人的所得和邮局以及各国立机关的办事人的薪金，以补其不足。财政总长喻德说：在一九〇〇年正月间，在国库还存有现金二五〇·〇〇〇·〇〇〇卢布，现在均消耗于战争了，政府除所有的财富均消耗外，并已向外国借来大批债务，增加租税，而对于建筑铁路所需要区区不足之数还不能支出，则可见国家之财政了。快要破产的俄皇政府，他还公然取占领的政策，——这种政策不仅是需要许多钱财，而有酝酿更大的世界战争的危险，已插足中国之各帝国主义，为分赃中国已开始冲突，谁也不能预料这种冲突的前途和结果。

俄皇政府对于中国所采行政策的内容，不仅止剥夺民众的财产，而且可以用此以迷惑民众的政治观念。

一切依赖军力维持的政府，时刻离不了要用武力去阻止或抑制民众的反动，有时他们自己也明白这种反抗的民气，是不能以武力平定的，乃不得不想如何能用别的软和方法来抑消民众对于政府的不平，而激动民众向别一个对象去注意。如俄国政府激动人民仇视犹太人，即其例证：或用报纸上的鼓吹，以侮辱犹太人，或是说犹太人在同一政府之下，并没有觉得如俄国人这样了不起的压迫。……以激动俄人。如现在报纸又鼓吹，兴兵反对中国。加上中国人是"野蛮黄种""仇视文明"的罪名。或是登载些什么"俄国的文化问题"，或是说些"俄国军队猛勇战斗"，以惑民众。那班无廉耻的新闻记者，屈服于政府及金钱目的之前，乃故意无中生有，造谣惑众，鼓励民众，轻视中国。事实上中国国民，对于俄国人民，从来也没有何种不好的表示或排斥。他们同样也是受本国政府压迫的痛苦，中国的政府，也是同样从农民中榨取赋税，用武力平定一切求解放的行动。换言之，中国国民，也同样受中华帝国内资本势力压迫的。

俄国工人阶级，已开始脱除这种民众共载的政治□□及隔膜，现在各个有觉悟的工人身上的责任，就是要以全力一齐起来，反对一切提倡"轻视他种民族"的思想，攻击愚昧工人自觉的敌人。俄皇政府对中国所采行的政策，是无人道的，是只顾欺骗、压迫贫苦民众的政策，俄皇政府现在不仅奴隶本国人民，而并且对于反对奴隶生活的被压迫民族，还要派人去加上他们一种压迫（如一八四九年俄政府干涉匈牙利革命）。俄政府不仅帮助资本家去压迫工人，束缚工人的手足，使他们不能自己为自卫而团结，而并且派送军队为少数富人贵族的利益，去抢掠别的民众。为使战争不致再爆发而复来侵略工人阶级，使工人阶级脱除将来的困苦，则惟有一法：集合国民代表，由真正国民代表去革除政府的权力，而另造一真正为全体国民谋利益的新政府。

弼时译自一九〇〇，一二，《火星》。
(《新青年》季刊第四期，1924年12月20日)

127.《亚洲的醒悟》(《新青年》季刊第四期，12月20日)

《新青年》季刊第四期刊登列宁著、仲武译《亚洲的醒悟》，全文如下：

中国是否早就以整世纪沉睡不醒的国家之代表而著名？但是现在中国的政治生活却沸腾起来了，社会运动及德谟克拉西的兴起，好似大海波浪有一日千里之势。随着一九〇五年俄国运动之后，德谟克拉西的革命马上遍于全亚洲，如土耳其、波斯、中国等，甚至连在英属印度这种趋势也一天比一天增长起来。

革命的德谟克拉西运动，现在又行到荷属印度、爪哇及有四千万人口的荷兰的其他殖民地内，这到[倒]是很有意思的。

担负德谟克拉西运动使命的，第一，是爪哇的国民群众，因为他们在回教旗帜之下已经组织国民运动了。第二，资本主义从气候化的欧洲人中创出一个本地的智识阶级，他们都力争荷属印度之独立。第三，许多在爪哇及别的岛的中国人从本国带了革命的运动来。

荷兰马克斯主义者王拿味·斯坦对于荷属印度之悟醒,曾说荷兰政府之专制现在正受本国群众之反抗。

因此在革命未到以前,这个时期的普遍现象就开始了:联合会及政党极快的产生出来,政府禁止他们,因此反抗愈烈,甚至发生新的运动。荷兰政府因见"印度党"的章程及党纲中都有独立的话,所以在过去不久把他就解散。荷兰的"Dergimord"(顺便说一句,宗教派及自由派都是赞成他们的:欧洲自由主义腐朽了!)在这里看出这是脱离荷兰的罪恶了!解散后的政党,自然改一个名称又复活起来。

爪哇也组织得有一种土人的国民联合会,有会员八万人,并常常招集群众会议,德谟克拉西运动之增长是不能抑止的。

世界资本主义及一九〇五年的俄国运动把亚洲完全摇动了。几万万沉睡的人民醒悟过来了。他们从新生活的路上,从[向]争人的第一步权利及德谟克拉西奋斗的路上走去。

世界各先进国家的工人应很有兴趣的很有精神的注意全球的及各种形式的世界解放运动之增长。欧洲的资产阶级因为惧怕工人运动的力量,于是与军阀、神父黑暗势力拥抱在一块,替代这腐败的资产阶级而起的就是欧洲的无产阶级及亚洲各国的幼稚的却自信有力取得群众信仰的德谟克拉西。

亚洲的觉悟及欧洲有觉悟的无产阶级夺取政权的奋斗之开始,要占二十世纪初世界历史的一个新篇幅。

仲武译自一九一三、五,七,《真理》。
(《新青年》季刊第四期,1924年12月20日)

128.《革命后的中国》(《新青年》季刊第四期,12月20日)

《新青年》季刊第四期刊登仲武译列宁遗著《革命后的中国》,全文如下:

先进的和文明的欧洲对于中国的改革是无兴趣的。四万万落后的亚洲人得到自由了,对于政治生活已经有觉悟了。可以说,地球上全人口四分之一已经由沈[沉]睡转到光明、活动、奋斗的路上了。

此事对于文明的欧洲是不发生关系的。甚至法国至今还未正式承认中华民国!法国议员快要到国会去提出质问了。

欧洲这种冷淡的态度,用甚么可以去解释呢?原来在西方各处都受帝国主义的资产阶级之统治,这资产阶级四分之三已经腐朽,对于任何一个野心家,只要争得反对工人"严厉"的方法及一个卢布有五个戈壁的利息,都愿把自己所有的"文化"卖掉出去。这个资产阶级把中国只不过看成一块肥肉;这块肥肉自从被俄国"亲热的拥抱"一下之后,现在也许要被日本、英国、法国等撕碎了罢。

但是中国的改革却日见进步。现时正在开始选举国会议员,——这是从前帝制时的第一个国会。众议院议员共六百人,参议院二百七十四人。

选举权非普通的,亦非直接的。凡在二十一岁以上曾在该选举区内居住二年以上,或缴两个卢布以上的直接税,或有财产五百卢布者,均有被选举权。初选完后,再由当选者复选。

在没有无产阶级或无产阶级极幼稚的状况之下,这种选举已经表示出农民与资产阶级的联合。

中国政党的性质恰好也表示这同样的情形。最重要的政党有三:

第一是"激进的社会主义党"——这个党实际上就和我们的"国民社会党"(及十分之九的"社会革命党")一样,一点甚么社会主义也没有的。

这是小资产阶级的德谟克拉西党。最主要的要求是:中国政治上的统一,"向社会方面"发展工商业(这也就和我们的民粹派和社会革命党所说的"劳动的开端"及"平均"一样的是空话);和平的保障。

第二个党就是自由派。他们与"激进的社会主义党"联合起来组织成"国民党"。大约这一党在中国的第一次国会内占大多数。其首领就是著名的孙逸仙博士,现在他正筹画扩张中国铁路(俄国民粹派须知:孙逸仙所以有此计画就是要叫中国"经过"资本主义的命运)。

第三个党是"共和党"——这是在政治上作骗人招牌的一个好标[榜]样。实际上这是一个守旧党,完全只拥护中国北部,即中国最落后一部分的官僚、地主及资产阶级。而国民党却是工业比较发达的、比较先进的中国南部的一个党。

国民党最重要的分子是广大的农民群众,其首领是在外国受过教育的知识阶级。

中国的自由是由农民的德谟克拉西及自由主义的资产阶级之联合争得来的。不受无产阶级的党的指挥之农民,能否保持其德谟克拉西的地位去反抗那待有机会就偏向右边的自由派?这在最近的将来我们就可以看出的。

仲武译至一九一二,一一,八,《真理》。
(《新青年》季刊第四期,1924年12月20日)

129.《落后的欧洲与先进的亚洲》(《新青年》季刊第四期,12月20日)

《新青年》季刊第四期刊登列宁著、仲武译《落后的欧洲与先进的亚洲》,全文如下:

这几个字〈对〉看起来彷佛[仿佛]是不合理的。谁不知道这欧洲是先进的,亚洲是落后的?但是在这题目的几个字里却含有苦的真理。

在文明的先进的欧洲,有极发展的技术,有极丰富的各方面的文化及宪法,现在却到了一种历史的时期,使资产阶级因惧怕那渐渐增长和巩固的无产阶级,不得不拥护一切落后的、死了的中世纪的遗物;停滞不前进的资产阶级与一切停滞不前进的势力联合起来,以保存那动摇不定的雇佣奴隶。

在先进的欧洲,是拥护一切落后的东西的资产阶级在那里横行。欧洲并不【是】因为资产阶级才是先进的,而实在是因为反对资产阶级才是先进的。原来只有一个无产阶级在那里为争未来的幸福而奋斗,只有他在那里对于落后、野蛮、特权、奴隶以及以人消灭人的兽行保存并且扩充其仇视的对抗。

在先进的欧洲只有无产阶级是先进的阶级。活着的资产阶级预备拥护一切兽行,罪恶,想借此逃避快要灭亡的资产阶级的末运。

也许还可以举一个比较显著的例来证明欧洲资产阶级之腐败,如为了财政的分割及资本家利益的关系,欧洲资产阶级居然拥护亚洲的黑暗势力。

亚洲各处现在都发生了德谟克拉西运动,并且日见扩大,日见巩固,那里资产阶级还与人民携手去反抗黑暗势力。几万万的人们都醒悟到新生活、光明、自由的路上去了,这个世界运动,使那懂得要到集合主义只有经过德谟克拉西的一般觉悟的工人们心中多么愉快呵!所有诚实的民主派对于幼稚的亚洲多表同情呵!

但是,先进的欧洲呢?掠夺中国,帮助德谟克拉西的仇人,中国自由的仇人。

这里有一篇简单的却又极有教训的小账。中国的新外债是反抗中国德谟克拉西的,因为欧洲帮助袁世凯,他原来是预备实行军事专政的一个人。欧洲为甚么帮助他?就是因为可以分点利润。中国借了二万五千万卢布的债,然而却按照八十四卢布为一百卢布计算,这就是告诉我们"欧洲"资产阶级给中国人二万一千万卢布而从中国那里却要拿二万五千万卢布,你看在一个星期内就可以得到一千五百万的纯利,实际上,这是甚么"纯"利呢?

但是假使中国人民不承认这笔债呢?中国是共和国,假使国会大多数也不承认呢?

呵,那时候先进的欧洲就要大声急呼甚么"文明""秩序""文化"及"祖国"了!那时候他就要装着大炮,与野心家、黑暗势力的好友袁世凯联合去压迫这"落后亚洲"的共和国了!整个统治的欧洲,整个欧洲的资产阶级都与中国的一切黑暗势力、复古势力联合。

不过整个幼稚的亚洲,换言之,即亚洲几万万的劳动者也有最可靠的帮手,这就是一切文明国家的无产阶级。世界上没有一种力量能抑止他的胜利,这胜利将把欧洲亚洲的人民都要解放的。

仲武译自一九一三,五,一八,《真理》
(《新青年》季刊第四期,1924年12月20日)

130.《列宁主义之民族问题的原理》(《新青年》季刊第四期,12月20日)

《新青年》季刊第四期刊登蒋光赤译自俄国斯大林所著《列宁主义》的《列宁主义之民族

问题的原理》，全文如下：

从这个题目，我提出两个重要问题：一、设问，二、被压迫民族之解放运动与无产阶级革命。

一、设问。最近二十年来，民族问题曾有过许多更变。民族问题在第二国际时代与民族问题在列宁主义时代，并不是一样的。这两时代间民族问题之差别，不但【存】在范围之狭广，而且【存】在内部的性质之异同。

从前，民族问题普通牵连到所谓"开化民族"的一切问题。爱尔兰人，匈牙利人，波兰人，芬兰人及其他欧洲的一些小民族，——一切无全权的民族，第二国际对之很注意。至于几百万万之亚洲人与非洲人，虽然忍受民族的压迫在极惨酷的形式，也不值得一顾。白种人与黑种人，开化人与非开化人，不准列作一排。做出三个或两个宽泛的、又苦又甜的议决案，极力避去殖民地解放的问题，——这就是第二国际行动家所能做的勾当。现在这种两面圆的、半截的态度，在民族问题上，可以说取消了。列宁主义揭破这种不合宜的差别，破坏白种人与黑种人及亚洲人与欧洲人中间之隔壁，取消开化人与不开化人之界限，而把民族问题与殖民地问题合在一起。并且因此，民族问题从局部的、国家以内的问题，转为共同的、国际的问题——转为被压迫国家与殖民地解放运动反对帝国主义的问题。

从前，民族自决的原则，时常被附会为民族自治的意义。许多第二国际的首领，居然把民族自决权改为文化自治权，就是被压迫的民族有权设立文化的机关，而把一切政权放在统治的民族之手。在这种状况之下，民族自决的思想，从为反对割地的工具一变而为保证割地的工具。现在应当把这种纷乱算为已经被清理了。列宁主义扩张了民族自决的观念，以民族自决权为被压迫国家与殖民地的民族之完全分立权。换言之，为民族有设立自己的国家权。如此，才免除纷乱的观念——把民族自决权与民族自治权相混，或藉民族的自治为割地的保证。如此，民族自决的原则，从为欺骗群众的工具(当帝国主义战争时代社会爱国派以之为欺骗群众的工具)，变为揭破帝国主义黑幕的工具，变为以国际主义的精神启发群众的工具。

从前，普通视被压迫民族问题，为一纯粹的法律问题。高呼"民族平权"，宣言"民族平等"，——这就是第二国际政党的能事！当在帝国主义之下，少数民族剥削其他多数民族而吸其血液，若高呼什么"民族平权""民族平等"，这简直无异于对于被压迫民族之讥笑！现在这一种资产阶级的法律观点之谬误，在民族问题中，可以说被揭露了。列宁主义把民族问题从天上拿到地下，以为仅宣言"民族平等"，而无产阶级政党不实际帮助被压迫民族之解放运动，那末，这种宣言简直是空话。因此，把被压迫民族问题转为实际帮助被压迫民族解放运动、反抗帝国主义、争夺民族之真正平等与真正独立的问题。

从前，视民族问题，用改良主义的眼光，为单个的，独立的问题，而与资本统治、推翻帝国主义、无产阶级革命，一切总问题不发生关系。似乎都默认：欧洲无产阶级之胜利无须直接与殖民地之解放运动联合，而解决殖民地与民族问题，可以慢慢地，自然地，而不必经过无产阶级革命的道路与对于帝国主义的奋斗。现在这一种非革命的观念之不当，又可以说被揭露了。列宁主义指示我们：帝国主义的战争与俄国的革命已经肯定了，就是民族问题之能解决，只有与无产阶级革命发生关系，而西欧革命之胜利，一定要藉助殖民地之革命的解放运动，被压迫民族对于帝国主义的奋斗。民族问题是无产阶级革命的总问题之一部分，是无产阶级独裁制之一部分。

现在的问题是如此的：在被压迫民族之解放运动中，所有的革命的可能性已经消失了没有？倘若未消失，则是否还有希望利用这些可能性为着无产阶级革命，而把殖民地与一切被压迫的国家，从帝国主义资产阶级的预备军，转为无产阶级的预备军、为无产阶级革命的同盟者？

列宁主义对于这个问题的答案是肯定的，承认在民族解放运动之腹中，有革命的能力，并且可以利用这种能力推翻共同的敌人——帝国主义。帝国主义发展的枢纽，帝国主义的战争与俄国的革命，完全肯定列宁主义的这个结论是不错的。

因此，无产阶级对于民族解放运动，应有实际的积极的帮助，是很重要而且是必要的事情。

这并不是说，无产阶级无论在什么状况之下，在什么时候，一定要帮助一切的民族运动。我们现在所说的帮助，是帮助反对帝国主义的民族运动，而非巩固或保守帝国主义的运动。当某一个被压迫国家之民族运动与无产阶级的利益发生冲突时，当然说不上帮助。所谓民族平权问题，非单独的、隔离的问题，而是总问题无产阶级革命之一部分。马克斯在过去世纪之四十年代时，主张帮助波兰人与匈牙利人之民族运动，而反对南斯拉夫人与捷克人之运动。何故呢？因为捷克族与南斯拉夫族在当时为反动的民族，而波兰族与匈牙利族为革命的民族。倘若帮助当时捷克人与南斯拉夫人之民族运动，则无异于间接帮助俄国君主独裁政体，使其益形扩张；而俄国之君主独裁政体为欧洲革命之一大障碍、一大仇敌。

列宁说："德谟克拉西之部分的要求，如民族的自决，非是一个孤另的绝对，而是全世界德谟克拉西运动之一小部分。或者在某种状况之下，部分与总体相矛盾，则此时只可将此一部分牺牲去。"——录自列宁文集之十九卷中《讨论的总束》。

我们对于各个的民族运动之态度是如此的。各个的民族运动中有带有反动性的可能。我们估量这些民族运动的价值，应以其对于革命运动之利益为标准，而不要在形式上去观察它们。

我们对于普通民族运动之革命性，也要仔细地考察一下。自然多数民族运动各有自己的特殊的、相对的革命性，也就如有些民族运动含有自己的特殊的、反动的趋向。在帝国主义压迫之环境中，民族运动之革命性不一定先要有无产阶级的分子，革命的或民主的党纲及德谟克拉西的基础。阿富汗皇帝极力图谋阿富汗的独立，在客观上是革命的现象，因为他的这一种运动能减弱帝国主义的势力，虽然他与他的属下的观念还是君主式的。如在帝国主义的战争时，一些"民主派"、"社会主义者"、"革命党人"及"共和主义者"——例如克伦斯基、雪德曼、亨德逊、乔尔诺夫——的奋斗（!）却为一种反动的行为，因为他们粉饰了、巩固了帝国主义的胜利。埃及的商人与资产阶级的知识阶级为埃及独立而奋斗，照着我们以上所说的原因，在客观上是一种革命的奋斗，虽然在埃及民族运动中，一切首领都是资产阶级的出身，虽然他们反对社会主义；可是同时英国的工人政府为保留埃及的不独立而奋斗，这一种奋斗却为反动的，我们莫要以为工人政府的阁员是社会主义者，是"赞成"社会主义的。我不愿再说别的一切比较大的民族运动，如印度的、中国的民族运动；这些民族运动是向着解放的路上走的，就使它们有时【采用】破坏形式的德谟克拉西制度，可是它们对于帝国主义如一大蒸气铁斧，能劈破帝国主义的头脑。

列宁的话自然是不错的。他说，估量被压迫国家之民族运动的价值，应以在反对帝国主义之过程中所得的实际的结果做观点，应视民族运动为世界革命运动之一部分。

二、被压迫民族之解放运动与无产阶级革命。解决民族问题，列宁主义【以】以下几种情势为出发点：

A、世界分成两个营寨：（1）所谓开化的民族，占有财政资本，剥削地球上之大多数人民；（2）被压迫的国家与殖民地之大多数人民。

B、殖民地与一切依赖国，为财政资本所压迫、所剥削的，构成帝国主义势力的大来源。

C、殖民地与一切被压迫国家的民族之反对帝国主义的奋斗，是它们从压迫下解放出来的惟一道路。

D、最重要的殖民地与依赖国，现在都已走向民族解放的道路，不得不使世界的资本主义趋于恐慌。

E、先进国之无产阶级运动与殖民地民族解放运动的利益，要求这两种革命运动的形式联合起来，共同向着共同的仇敌——帝国主义，奋斗。

F、先进国之劳动阶级的胜利与被压迫民族从帝国主义下的解放，若无共同的联合革命战线，是不可能的。

G、联合革命战线，若无先进无产阶级之极力的帮助——反对自己祖国的帝国主义，则也无可能的希望。

H、无产阶级对于民族解放运动的帮助，意思就是要保障"民族有分立权"、"民族有自建国家权"一切口号无够实现。

I、这个口号不实现，则民族在统一的世界经济（构成社会主义的物质基础）上面之协作是不可能的。

J、这一种民族的联合，仅仅能在各民族间相互友爱的关系上面发生。

因此，民族运动有两方面，有两种倾向：（1）在政治上，脱离帝国主义的压迫，建设完全独立的民族的国家；（2）在经济上，民族间实现经济的接近，构成统一的世界经济。

列宁说："发展的资本主义知道民族问题之两个历史的趋向。第一——民族生活与民族运动之惊醒，反对任何一种民族的压迫，建设民族的国家。第二——民族间关系之日趋接近，消弭民族间的隔膜，建设国际的经济，政治与科学生活之统一。这两种趋势是资本主义发展的世界公律。第一种趋势已经在资本主义发展之初就甚明显，第二种趋势则表示成熟的资本主义之转变，走向社会主义的社会。"

对于帝国主义，这两种趋势是不可调和的矛盾，因为若不剥削、压迫殖民地，则帝国主义不能生存，因为帝国主义之使民族接近，只有用割地或霸占殖民地的方法，若非如是，则帝国主义没有意思了。

对于共产主义，则这种趋势为一件事之两面，为殖民地解放运动反对帝国主义之必然。共产主义知道：在统一的世界经济上面之民族联合，仅仅在民族之互相信仰、互相调和时，才有可能。建设民族自由的联合之方法，只有经过殖民地脱离帝国主义的统治，而成为独立的国家。

因此，我们必需极力向一切强大民族（英、法、美、意大利……）中之"社会主义者"的狭义爱国主义奋斗，他们不愿意反对自己的帝国主义的政府，不愿意帮助被压迫民族之解放运动，不愿意殖民地分立成为独立的国家。

若无此种奋斗，则所谓训练先进国的劳动阶级，使之具为国际主义者，使之与殖民地的劳动群众接近，使之真正为无产革命的预备，都简直是没有意思了。倘若俄国的无产阶级从旧俄帝国所属之殖民地中得不到帮助与同情，则十月革命将不能成功，哥恰克与田尼庚等将不至于失败。但是欲得到这些被压迫民族的帮助与同情，则俄国的无产阶级必先打碎俄国帝国主义的枷锁，把他们从民族的压迫下解放出来。若非如此，则也就不可能巩固苏维埃政权，实行真正的国际主义，建设民族协作之最好的机关——所谓苏维埃社会主义共和国联合，为将来世界真正民族统一的活形。

所以我们要反对民族的闭关主义与被压迫国家的社会主义者之孤单主张，使他们要举起民族运动的钟，明了自己[己]国家的解放运动与先进国无产阶级运动有什么关系。若非如此，则所谓被压迫民族之无产阶级政策及它与先进国无产阶级之阶级的团结、反对帝国主义……毫无意思。至于国际主义的实现也是不可能的。

训练压迫民族与被压迫民族之劳动群众，使之为真正国际主义者，惟有用这个方法。

列宁关于训练工人，使之为国际主义者的工作，说："这一种训练能在大民族中和小民族中，压迫民族中和被压迫民族中，都具体的是一样的么？"

"很显明地，不是一样的。到一个目的去，使民族间完全平权，完全亲近，应当要走种种不同的具体的道路。如一点在中间，大家向这一点走，无论从那一方面开步，都是一样。倘若某一个强大民族的社会主义者宣传民之联合，而忘却了他的尼古拉第二、威廉第二或普恩宝也想同小民族联合起来，用割据的方法，则这么一个社会主义者却变成了帝国主义的走狗。

"在压迫国家中对于工人之国际主义的训练，其重心在于坚持被压迫国家之分立。无此，则无国际主义。我们有权力说，倘若压迫民族中之某一社会主义若不如此宣传，则为一帝国主义者，一恶物。这是一种无条件的要求，虽然在未实现社会主义以前，这种分立的情形是很少可能的。

"反之，小民族中之社会主义者应把宣传的重心放在'民族自由结合'口号上面，他能不抛却自己国际主义者的义务，而主张自己民族之政治的独立，或主张加入任何一个国家。但是在一切情形之下,他应当反对小民族的闭关主义、孤独主义,应当主张部分的利益要服从全部的利益。

"或者有一些人们,毫不对问题想一想,而以为大民族中的社会主义者主张'自由分立',小民族中社会主义者主张'自由联合',这是一种矛盾的现象。但是倘若我们略想一想,达到国际主义和民族联合,除开以上所说的,还有什么道路可走呢?"

(《新青年》季刊第四期,1924年12月20日)

131.《东方革命之意义与东方大学的职任》(《新青年》季刊第四期,12月20日)

《新青年》季刊第四期刊登郑超麟译托洛茨基在"东大"第三周年纪念会上之演说辞《东方革命之意义与东方大学的职任》,全文如下:

现在所有政治的、文化的运动,都是与资本主义有关的,都从资本主义因缘产生出来的。但所谓资本主义,浅显地、斩截地说,是有二种不同的面貌:宗主国的资本主义和殖民地的资本主义。英吉利算是宗主国的模范形式,它在某种时期能成功其所谓"工人政府";东方诸国则难找得一个国家做殖民地的模型,形式上举出印度来代表殖民地罢,但如中国,虽外貌还保存自由,然其国际地位与发展步骤仍然属于殖民地之国家。英国是资本主义的模范国家。马克思的《资本论》是在伦敦观察了最先进国家资本主义的发展然后著成的。资本主义在殖民地也一样地发展,但那里不是从自己的萌芽里开放出来的,而为外国资本之侵入。因此就造成了二种不同的资本主义发展模型。为什么麦克唐纳尔那样顽钝,那样保守,那样狭镒[隘]呢?因为英国是资本主义的模范国家,因为资本主义在英国是有机地、一步一步地,从手工业,按照进化道路,经过手工工场,才发展到当代工业,所以昨日的成见,前日的成见,过去一世纪、二世纪的成见:这些世纪的楂样[渣滓],我们都可在麦克唐纳尔的天灵盖中寻得出来。

这里就有一个矛盾现象出现,即马克思为何产生在十九世纪上半期欧洲较落后的国家——德国,列宁何以产生在十九、二十两世纪之交欧洲较落后的国家——俄国?这的确是个矛盾。这个矛盾不是偶然,是可用历史发展之辩证法来说明的。英国的机器是历史创造出来最强大的发展动力,但这种机器在英国是在长而缓的历史过渡中,一步一步制成的、创造的。人的意识普通异常之保守,发展太缓,进步的印象就很难映进人的天灵盖里去。这是事实。主观主义者如社会革命党人,以为人的意识,批评的精神以及其他动力能够推动整个历史。这个是不对的。我们,马克思主义者,我们知道历史动力是生产力,如果发展是和缓的、有机的、不大感觉得到的,那么在人脊背后的生产力,就很难映进人的保守的天灵盖里,使之发生政治观念之火花;但如果宗主国的生产力,资本主义模范国家的生产力(譬如英国)侵入较落后的国家了(譬如十九世纪上半期的德国，十九、二十两世纪之交的俄国，特别是现在的亚洲），如果革命动力侵入和破坏旧制度了，如果发展不是和缓的、有机的，而为怪异的经济震动，怪异的旧社会层次破坏【,】那么批评的精神就随着国中理论上必要的先进者而尽量发泻[泄]出来：这就是马克思所以产生在十九世纪上半期的德国，列宁所以产生在十九、二十两世纪之交的俄国之故，这也就是我们所以在资本主义发展最高、历史最长的国家中，看见最保守的、最顽钝的工党这个怪现状之故。同样在欧洲范围里，经济上、文化上最落后的俄国，而有世上最优良的共产党之事实也可说明。

俄国在经济发展上，正处在资本主义模范国家（譬如英国）和殖民地国家（譬如印度或中国）之中间地位：东方诸国发展与英国之比较，较之俄国和苏联全体与英国之比较，其差别更加明显。资本主义是以外国财政资本形式侵入殖民地的，它摇动了、消灭了殖民地的旧经济基础，一下建筑起新经济的巴比仑塔，因此资本主义于东方诸国之影响映进入的智识，将不是和缓的、进化的，而为突变的，在许多情形之下，其突变且更甚于苏联。

估量东方诸国在最近几年或几十年的政治地位，应该用这个观点。请拿英美银行家的一九二一、二二、二三年账簿来看，你们在伦敦、纽约银行结算的数目中，就可推算出东方诸国未来的革命命运。英国已恢复其为世界债权国资格了；美国积累无数的金子，在其中央银行储藏室中，堆着值三十万万美金的金子。请问英美将这些款项借给谁呢？给苏联吗？你们知道资本家们是不肯的。德国？人[家]也不给。法国？只给一点救济佛郎跌价。究竟给谁呢？

英美资本家们是拿来借给殖民地国家的，他们将东方诸国工业的发展都财政化了。帝国主义战争之先，殖民地和半殖民地国家所得于英美比较资本主义发展国家所得于英美要少一倍至二倍，而现在情形则恰相反，东方诸国所负债务已超过，且多量超过旧资本主义国家所负担的了。为什么？原因很多：一方面不信任破产的、贫血的欧洲，有疯狂的、将引起新战争的法国军国主义为其心腹大患；他方面，殖民地和半殖民地国家能供给原料、购买机器和制造品，又是英美所需要。所以大战中以及现在，我们看见殖民地和半殖民地国家之狂热的工业化，如日本、印度、南非、南美等；如果中国的德谟克拉西政党（国民党）成功，将中国统一起来在民族德谟克拉西制度之下，那么中国资本主义发展将雷厉风行，也是毫无疑义的。所有这些就是预备下无数无产阶级群众之动员令；他们突然从有史前的半野蛮生活蜕化出来，而钻进工业的热水瓶里；往时积累下来的世纪楂梓[渣滓]、腐旧成见和信仰，已在断头台上斩断，而现在他们的意识已迫得他们去找寻新的思想、新的形式、新的道路了，而日本、中国、土耳其、印度等共产党已发现，存在，且将尽量地发达了。

东方诸国劳动者同志们呵！你们记得俄国革命前辈于一八八三年组织了一个"劳动解放社"。这桩[件]事现在回忆起来觉是很久的；自一八八三年到一九〇〇年是十七年，自一九〇〇年到一九一七年又是十七年，一共三十四年，居然是一世纪之三分之一了。自第一个宣传马克思主义的小团体成立到无产阶级取得"沙尔"制度的俄国政权，中间整整过去一世纪之三分之一；生活在这个时代的人觉得很长久,但在历史观点上看,这只是一瞬间罢了!而在东方诸国,发展的步骤,比这段时间更要快些。你们的东方劳动者共产主义大学,就是东方诸国"劳动解放社"之栽培者呵!

不错,东方马克思主义者面前,青年马克思主义者面前,是有大的危险,不应闭目放过的。十九世纪九十年代,俄国有一派冒牌的马克思主义者——资产阶级的智识者、学生,——他们随后变成资产阶级政治上的走狗,宪政民主党人,且有许多走入十月党或更右的政党。俄国那时在政治思想上还未分化;马克思主义证明资本主义发达之不可免,于是一些为资本主义去欢迎资本主义的人,都拿马克思主义做招牌,而将马克思主义的革命性抛弃。这种情况在罗马尼亚也有,现在罗马尼亚的支配人物大半经过马克思主义学派。塞尔维亚也有许多保守派、反动派政治家,当其少年时代信仰过马克思主义;保加利亚也有同样情形,不过比较的少罢。总而言之,这可算是俄国和欧洲东南诸国的共同现象。这个危险将恐吓东方的马克思主义么?是有一部分的。为什么?因为东方的民族运动虽是历史的进步动力,譬如印度独立斗争是很进步的斗争,但这种斗争终限于民族资产阶级范围里;又如中国解放战争,孙文思想也是德谟克拉西的,进步的斗争,但这种斗争也终是资产阶级的。我们主张共产党人拥护中国国民党,推动它向前进步。这个是必要的,但此地就有民族德谟克拉西思想复活之危险。同样东方无产阶级在那还在进步动力的民族斗争条件底下之国家里,对于这种进步动力自然应加以援助,但东方每个马克思主义者在此都有脱离"劳动解放社"之危险,都有流于民族思想之危险。然而你们究竟占得便宜的,你们比较过去的俄罗斯、罗马尼亚及其他各国马克思主义者多得一点便宜,——即你们生活和工作不仅在马克思时代之后,而且在列宁时代之后了!

你们的便宜在乎你们的青春期是从那正走入历史去的一个时代——列宁时代——生活和长大起来。你们在校报上有关于马克思和列宁之辩论:一派以为马克思是一位纯粹的理论家,而别一派则反对之,以为马克思也是一位革命的政治家,正和列宁一样,理论与实行相辅而行的。后一派意见自是不错,但这二位历史人物中间却因时代不同而有差别。马克思主义不是学院派学说,而是革命行动的骨干,马克思□告诉我们说:"学说只好解释宇宙,我们应该改造宇宙。"但第一国际时代马克思的马克思主义□为劳动运动利用之可能么,马克思能将他的主义一滴不漏地用在行动上头么?马克思有可能和幸[行]动彻底实行他的革命理论么?自然是不能的。马克思自己也知道,他不是一位学院派学者,他完全从革命长大起来,他在一八四八年著成有名的《共产党宣言》,那时他就说破了资产阶级的德谟克拉西,预见和预言这种德谟克拉西之破产,他在伦敦著成《资本论》,他又是第一国际的手[首]创者,各国工人阶级先进团体的策略之指导人。我们简单地自问:"谁是马克思?",我们可以答:"马克思是《资本论》之著作者";我们自问:"谁是列宁?",我们也可以答:"列宁是十月革命之著作者"。列宁比谁都知道他不是修正马克思,都知道马克思定出规律,而他降生(借用《圣经》上语来说)不是为修正规律,而是为执行规律而来的。他比谁都知道这个;然而亏得他能够从生活在马克思与他中间一辈人的作伪底下,从麦克唐纳尔一派人的作伪底下,从高等工人保守性、官僚性的作伪底下,将马克思拯救出来,亏得他能够将洗清了作伪和冒一[牌]的真正马克思主义的工具,完完全全应用在行动上头。你们一辈的最大便宜就在你们都直接地或间接地参加了这个工作,就在你们看见这个工作之完成,而又在东方大学中从容研究这个理论。这是个巨大的便宜,因为马克思在其理论中虽能解释十年和百年的发展步骤,但他的学说随后已部分的变了态,到了列宁才将他的学说整理起来,应用在广大历史范围的行动上。你们已看过这个行动了,东方劳动者共产主义大学就是建设在这行动上头的。

根据以上所说,所以我以为民族德谟克拉西思想复活之危险虽然存在,且能陷入,但已不如前此之甚,这是马克思思想之历史的证实。东方大学出来的学生在东方诸国无产阶级运动中将占阶级发酵的、马克思主义发酵的、列宁主义发酵的地位。革命对于你们的要求是很大,这个要求之发现不是按步[部]就班的,不是进化的,而是突如其来的。你们试读列宁近著之一:《好的必是少的,我们总要好的》。这篇文章讨论专门问题,但也论及东方诸国发展前途与欧洲发展之关系。文中根本思想在乎[于]:西方革命发展或至留滞不前,其原因乃麦克唐纳尔一流人之抵抗革命,因为他们是欧洲最保守的势力——土耳其废教皇,麦克唐纳尔反恢复教皇旧位,这岂不是一个明显的例【子】证明西方孟雪维克主义与东方民族德谟克拉西运动之冲突?

这二种势力中究竟谁是反动的?自然是麦克唐纳尔。资产阶级德谟克拉西的土耳其现正尽它的进步的历史任务。再举阿富汗为例:英国在阿富汗推翻那些要欧洲化阿富汗国家之民族资产阶级左派势力,而恢复最黑暗的、生于成见的回教及教皇信仰等等。我们看见欧洲发展怎样为高等工人阶级之怪物的保守主义所包办,欧洲经济怎样逐渐坠落与解体。欧洲寻不见出路:一方面美国不信任,不允借款,他方面英美都需要将殖民地国家的经济发展来财政化,同时就催促这些国家狂热地走上革命道路。如果欧洲长远为行会式的工人贵族,为孟雪维克的麦克唐纳尔派所把持,革命运动重心就将完全移向东方去;从前需要英国资本主义几十年的发展,借着资本主义革命动力之帮助,才将旧俄国和旧东方提高起来,将来则需要东方革命,才能钻进英国,破坏或扩大顽钝的天灵盖,灌输革命冲动了。

我在你们校报中,看见一段消息,即在你们大学听讲的土耳其女生回到卡站去,有许多老的、不识字的妇女围绕着她探询新闻等等。这是一件小事,然而这是有世界历史的意义的。波尔扎维克主议[义]之思想、势力及实质乃在这个主义并非向高等工人阶级说话,而是向更广大的、全体的、下层的、百万人的被压迫中之被压迫的群众说话。所以波尔扎维克主义成了东方诸国所爱的学说。你们的校报又说,列宁名字不仅传播到高加索山上,且及于印度;我们也知道中国的劳动者虽然一生无机会得读列宁一篇论文,但能猜想到列宁学说是为奴隶、为被压迫者谋利益的。列宁主义又特别为劳动妇女所欢迎,因为世界上再没有比劳动妇女更受压迫的阶级啊!我看见校报上这个女生消息之后,引起我【子】前在巴库短期逗留中之一段回忆。我看见和听见土耳其女共产党员,我在会场中也看见她们,看见和听见她们发出来的热忱:她们昨日做过奴隶之奴隶，今日听见解放新论，其欢呼自不待言了。那时我第一次很明了地想而且自己告诉自己说：妇女将在东方民族运动中比欧洲、俄国更有伟大的作用啊！为什么？因为东方妇女受压迫、受成见包围，要比男子加万倍；新的历史吹嘘，新的经济关系，以比解放男子更大的力量，更突变的形势，将妇女从旧习惯底下解放出来。我们现在东方看见回教的统治，旧成见旧信仰之统治，但这些现在已逐渐化成灰尘，——譬如一匹腐化的纱布，外观还是完好，各种花纹也很明晰，但只要经手一动，微风一吹，整匹纱布都四散纷飞化为灰尘了。即如此次回教皇之废除，在古董的东方似乎是一件大逆不道的事，然而废除教皇者竟毫发未伤，于此可见东方的旧信仰是已经腐化的了，可见一旦劳动群众革命运动兴起，这些旧信仰将顷刻灰飞不能为革命障碍了，同时又可见生活最受摧残、创造〈才〉最受抑制之东方妇女——奴隶之奴隶——一旦揭开几重面幕，她们的旧信仰尽数动摇，她们必有狂热的渴望与需要一个新的思想、一种新的意识能够提高她们的社会地位，是于乎东方再没有更良好的创作者，更良好的替革命思想，替共产主义思想奋斗的战士，能够超过于觉悟转来的妇女——东方的女劳动者了！

总而言之，东方大学是出产世界历史酵母的。英美财政资本摇动东方经济基础，鉴[戳]穿了这个基础，一层层地拆开，将旧的破坏了同时又引起向新的需要，——你们就是共产主义思想之新种子的播种者，你们工作的成效将无限地超过前辈马克思主义者工作的成效了！

然而我是不愿意以任何东方式夸大的态度做出这个结论的。我希望你们决不至于误会我的意思，因为如果存了这种教士式的思想，存了这种轻蔑西方的心理，就将迅速地流入民族德谟克拉西思想里面。共产主义者，东方民族革命者不应这样，你们在东方大学中应该懂得阶级思想与势力之世界运动是向着一个伟大目的走去的，你们应该懂得联络印度人暴动，中国苦力运动，国民党资产阶级德谟克拉西的政治宣传，朝鲜人独立奋斗，土耳其资产阶级德谟克拉西复兴，高加索文化运动等等，他们应该懂得将这些势力联合于第三国际在英国工作与斗争之上，——固然那里工作进行极为迟缓，且出于我们希望之外，然而共产主义蝎子终究要钻穿麦克唐纳尔顽固的天灵盖啊！这种理论的和政治的训练，你们应该在东方大学内取得，这个大学将变成由莫斯科联络西方无产阶级革命与东方被压迫民族运动种种线索之总汇。

你们的第三週年纪念自然是个小的纪念。你们之中许多人才到马克思主义的门限，这个我在校报上看你们的辩论就可知道。但我敢说，你们究竟多占得一点便宜，即你们已经不是在小研究社中，在资本主义统治的国家里研究马克思主义入门，列宁主义入门，而是在列宁主义灌溉的地域内，在列宁主义空气充满的地域内研究了！你们已经不仅在书本上研究列宁主义而兼有可能在这个国家的政治空气中学习列宁主义了！这个不仅指苏联领土内的东方民族而言，从其他东方诸国来的也是一样。帝国主义统治亚洲之最后一页开始了么？它的统治将于一年、二年、三年或五年内完毕了么？这个我们不能知道。我们所能知道的就是每年从东方劳动者共产主义大学一批一批地送出共产主义者，送出列宁主义者，他们都学过列宁主义初步，而且能应用这个初步到实际上去。经过了一年我们就有一批学生，经过了二年我们就有二批学生，经过了三年我们就有三批学生：如此类推下去，到事变严重爆发的那一天，东方劳动者共产主义大学出来的学生众口同声说："我们在此地！我们已经学会了一点啊！你们——东方的奴隶们，听着！我们会将马克思主义、列宁主义的国际思想译成中国文、印度文、土耳其文、朝鲜文，我们也会将东方劳动群众的痛苦、感情、要求、希望译成马克思主义的文字，译成革命科学的文字啊！"

"谁教你们这个？""我们在东方劳动者共产主义大学学来的啊！"同志们！在你们的第三週年纪念日子，我结束我的演说辞："敬祝你们的大学：光荣！光荣！光荣！"

一九二四，三，二一。

(《新青年》季刊第四期，1924年12月20日)

132.《第三国际第二次大会关于民族与殖民地问题的议案》(《新青年》季刊第四期，12月20日)

《新青年》季刊第四期刊登《第三国际第二次大会关于民族与殖民地问题的议案》，全文如下：

1. 资产阶级德谟克拉西，照着它的本性，对于一切平等的问题，惯抱着抽象的或形式的态度。对于民族平等的问题也是如此。在人类个性平等一标语之下，资产阶级德谟克拉西声言无产阶级者与私有财产者、被压迫者与压迫者在法律上一律平等，而暗地却以此欺骗被压迫的阶级。平等的思想本身是商品生产的关系之反映，它被资产阶级变为反对消灭阶级的工具，以人类个性绝对平等做借口。平等的要求之实际的意思，是在于阶级之消灭。

2. 为着符合我们根本的职任——反对资产阶级德谟克拉西，揭破它虚伪的假面具，代表无产阶级反对而且企图推翻资产阶级的压迫的共产党，应当对于民族问题，第一，不以抽象的或形式的原则为观点，而以历史的具体的，尤其是经济的情势为观点；第二、[,]要把被压迫阶级的利益从普通全国民的利益的观念分将出来；第三，把被压迫的民族，不独立的，无法律平等的民族，同压迫的民族分开，而与资产阶级德谟拉西的虚诈相反，——我们要知道这一种资产阶级的虚诈本是财政资本与帝国主义时代的特性，资产阶级扰乱民族平等的观念，掩饰殖民地的受压迫。

3. 一九一四至一九一八年之帝国主义战争，在各民族与全世界被压迫阶级的面前，非常地明显把资产阶级德谟克拉西的虚诈揭露出来。这一次战争因布列斯立脱瓦和约与凡尔赛和约，指示了我们，胜利的资产阶级如何主张民族解放与民族自治，如何照着自己经济的方便规定民族的界限。对于资产阶级，民族的界限也成为贸易的对象了。所谓国际联盟——不过是一个保险证，胜利的资产阶级用之以为相互巩固在战争中的所得；恢复民族的统一及联合已经被让业的地域之趋向，照着资产阶级的意思,仅是战败的民族对于新战争之企图而已。被破坏的民族之用人为的联合,一部分当然于无产阶级也有利益;但是无产阶级仅仅用革命奋斗的方法,将资产阶级推翻,才能达到真正的民族的自由与统一。国际联盟及一切战争后帝国主义协约国的政策,更揭露了这一种真理,促进各国的,无论是先进国家的或是殖民地的劳动群众之革命的斗争,加速破坏了市侩式的民族幻想——以为在资本主义下,民族的平等与协作是可能的。

4. 从以上所解释的根本的原理,可以确定共产国际对于民族与殖民地问题的政策,——要使各国家与各民族的无产阶级、劳动群众联合起来,共同做革命的斗争,推翻地主与资产阶级。因为只有这个联合,才能保障对于资本主义的胜利;若不推翻资本主义,则一切民族的平等与阶级的消灭是不可能的。

5. 世界政治的的环境现在将无产阶级专政放在议事日程上面,一切世界政治的状况都集中于中央的一点:全世界资产阶级□对苏维埃俄罗斯共和国,而苏维埃俄罗斯共和国应当将全世界先进的工人的苏维埃运动及被压迫的殖民地的民族□信非与革命的无产阶级联合反对帝国主义不可之解放的运动□统都拉在身边而指挥之。

6. 因此,在现在的时候,不可仅限于承认或宣言各民族劳动者间的接近,而必须使一切民族与殖民地解放运动同苏维埃俄罗斯结一很坚固的同盟,且照着每一个国家之无产阶级运动发展的程度或每一个落后的国家之资产阶级解放运动发展的程度,而规定这一种同盟的形式。

7. 联邦制度是到各国家劳动者完全统一之过渡的形式。联邦制度在事实上已经表示出自己的适宜,如在俄罗斯社会主义联邦苏维埃共和国对于其他苏维埃共和国的关系及对于内部各民族的关系。

8. 共产国际的职任在这一方面,是要在发展的过程中,用经验来研究、审查建筑在苏维埃制度上面之初生的苏维埃联邦运动。承认联邦制度为达到完全统一之一个过渡的形式,必须趋向最密切的同盟,同时又要注意:第一,无苏维埃共和国家之坚固的同盟,则被全世界帝国主义列强所围绕的苏维埃共和国家是不能保持存在的;第二,苏维埃共和国家间应有很坚固的经济同盟,否则为帝国主义所破坏的生产力与劳动阶级生活的改进是不能实现的;第三,建设全世界经济统一的趋向,在资本主义下已经表露出来,而惟有到了社会主义时代,此趋向才能完成。

9. 在国家内部的关系之范围内,共产国际之民族政策,不能仅限于形式的,毫无实际上的价值的承认——一切民族皆是平权的;惟有资产阶级的民主派为这样形式上的承认,仅限于形式上的承认;无论他们承认自己是否如此,或称自己为社会主义者,第二国际的社会主义者,总不能做到民族间的实际平权。

不但在共产党的宣传中——在议会内或在议会外——要极力揭破资本国家破坏民族平权压迫弱小民族的黑幕,指示资产阶级德谟克拉西的宪法之无用;而且要:第一,向群众解释只有苏维埃制度能真正地给民族的平权,开始组织无产阶级,然后团结一般劳动群众与资产阶级奋斗;第二,一切共产党直接帮助殖民地民族及一切被压迫民族的革命运动。若不如此,则反对殖民地民族之受压迫,或承认一切民族皆有自治权，不过是虚话而已，这也就是第二国际政党的政策。

10. 口头承认国际主义，而在宣传鼓动的时候，则暗代之以市侩的民族主义与和平主义，——这不但是第二国际政党中之普遍的现象，就是从第二国际退出的或自称为共产主义的政党，也有很多是这样的行为。与小资产阶级的民族成见（这种成见在种种形式上表现出来，如人种的仇恨，民族的诬谤，反犹太主义）奋斗，且使之为重要的行动，则将一国家的无产阶级专政（不能支配世界的政治）改为国际的无产阶级专政（至少也为许多先进国家的无产阶级专政能够支配世界的政治）之职任更迫切而重大了。小资产阶级的民族主义宣布承认民族平权为国际主义，而保留着（现在且不必说这种承认是口头的）神圣不可侵犯的民族自利主义；可是无产阶级的国际主义则要求：A、一国家的无产阶级的奋斗要以国际无产阶级的利益为标准；B、无产阶级已得胜利，资产阶级已被推翻的民族，为着消灭国际的资本主义，要能有巨大的牺牲。

因此，在完全资本主义而有工人政党（的确是无产阶级先锋队）的国家中，与投机主义的、市侩平和主义的虚伪（它们将国际主义的观念混乱了）实行奋斗，实为现在第一重要的职任。

11. 对于封建的宗法的关系还巩固之落后的国家及民族，便特别谨记以下之数点：

A. 一切共产党应在事实上帮助这些国家之革命的解放运动，帮助的形式应以该国家的共产党之力量为转移。压迫的国家之工人应当为积极的帮助，因为殖民地依赖压迫的国家之工人处甚多，关系也较密切。

B. 应极力与反动的、中世纪的神权阶级的影响（如传教会……）奋斗。

C. 特别要帮助落后的国家中之农民运动，反对一切封建制度的统治及遗迹；务使农民运动带有更革命的性质，将农民与一切被压迫群众联合起来，组织苏维埃，同时实现欧洲共产主义的无产阶级同东方的、一切落后的、殖民地的农民革命运动之大团结。

D. 反对一方面反对欧美的帝国主义，而同时增加土耳其与日本帝国主义的势力之大回教主义与大亚细亚主义。

E. 在落后的国家中，应极力免除非真正共产主义革命的解放运动纠染着共产主义的色彩；共产国际要帮助殖民地与落后的国家之革命运动，是欲使落后的国家之将来无产阶级政党的分子，在自己特别职任的意识上，有所团结，有所训练；这一种特别职任是在本民族中与资本阶级德谟克拉西运动奋斗。共产国际在落后的国家中，应有时要暂时地与资产阶级民主派妥协或协作，但是绝不能与他们混合，而要保存无产阶级运动之独立性，虽然这种无产阶级运动或尚在萌芽的形式。

F. 在一切落后的国家之劳动群众中间，应极力说明，揭破帝国主义国家的虚诈——帝国主义国家利用被压迫国家中之特权阶级，表面上建设政治独立的国家，而在实际上，在经济、财政与军事方面，则全为依赖帝国主义国家的国家。协约国的帝国主义与犹太的资产阶级勾结，主张光复犹太的故土，在巴列斯廷建设犹太国家,——照表面上是很正大的,其实在巴列斯廷犹太人犹占很小的少数,若犹太国家建立了,不过是把亚拉伯人给英国剥削罢了,牺牲罢了;这实在欺瞒被压迫民族的劳动阶级之最好的一个例证。在现在国际环境之下,除了苏联而外,是没有什么救星的。

12. 帝国主义列强对于弱小殖民地之时间很久的压迫,使被压迫民族中的劳动群众,不但对于压迫他们的帝国主义资产阶级怀着仇视,就是对于压迫他们的国家中之无产阶级也没有信任。在一九一四年至一九一九年,各国社会主义首领之叛变,在"保护祖国"一个口号中,极力为自己国家中的资产阶级出力,压迫弱小民族,强掠殖民地,自然要增加被压迫的民族中之劳动群众对于压迫他们的民族中之无产阶级的不信任。消灭此种不信任与民族的成见,仅仅在先进国家里帝国主义与资本主义消灭后,而且在落后国家里经济起了变动之后,才可以达到;否则,这种不信任及成见,是不会很快地就消灭了。因此,一切有觉悟的共产主义的无产阶级,对于落后的民族间之民族的感情,特别要十分注意、谨慎,有时为着要消灭这种不信任,应当在可能的范围让让步。若全世界无产阶级及一切落后国家中之劳动群众没有自由统一的趋向,则对于资本主义之胜利,绝不能很迅速地完成。

附加议案

1. 规定共产国际与被压迫而有资本主义制度统治的国家(例如中国与印度)中的革命运动之相互间的关系,这是在共产国际第二次大会前之一个最重要的问题。世界革命史现在正在经过这个时期,就是正确明了这个相互间的关系,成为一定的必要了。欧洲大战及其结果很明显地指示了我们:被压迫国家的群众与欧洲的无产阶级运动有很密切的关系;世界的资本主义集中化了,例如大批的殖民地的军队与工人发送战场,参加战事,这实与欧洲无产阶级运动有重要的关系。

2. 欧洲的资本主义吸聚自己的力量,最大部分是自殖民地的领土,而非自欧洲工业的国家。为着保存资本主义的存在,则必须要有宽大的剥削的来源;凡对于殖民地的市场加以监督或管理,美国——帝国主义的首领,感觉生产过剩的痛苦已经有了一世纪了。倘若没有宽大的领土做销售商品的市场与供给原料的来源,则美国的资本主义将久已消灭了。一方面把持非洲、亚洲无数万万的居民处于奴隶地位,而同时英国帝国主义也就把持住自己国家中的无产阶级,使之服从资产阶级的统治。

3. 从殖民地所取得的额外利润,是现代资本主义之最重要的来源。欧洲的无产阶级仅仅在这种源泉完全消灭之后,才能推翻资本主义的制度。

欧洲资本主义的国家企图恢复自己原有的状况,极力剥削殖民地的天然财富与人的劳动。因为剥削殖民地的居民,欧洲的帝国主义才能给与欧洲的工人中的贵族许多礼物,贿买他们。同时欧洲的帝国主义用输入自殖民地来的贱价货品的方法,减低无产阶级的生活费;资产阶级预备情愿牺牲在本国内所得的额外利润,而保存着从剥削殖民地所得的额外利润。

4. 一方面使殖民地分立,一方面在本国内起无产阶级革命,如此才能推翻欧洲资本主义的制度。因此,共产国际应当扩张自己活动的范围。共产国际应当与在被压迫的国家中之参加反帝国主义的革命势力有密切的联络。为着世界革命之早日成功,则必须此两种势力为共同的行动。

5. 共产国际是世界革命的无产阶级之集合的意志。他的使命是组织全世界工人阶级推翻资本主义制度而实现共产主义。共产国际是一军事的主体，应当团结全世界革命的势力。

为资产阶级文化所浸润的第二国际，却未度量到殖民地问题之重要。对于第二国际，则欧洲而外无世界。欧洲的革命运动与其他非欧洲的革命运动有相互提携的需要，对于第二国际是不明了的。第二国际的人物不但不与殖民地革命运动以精神上和物质上的帮助，而且自己成了帝国主义者。

6. 压迫东方民族的帝国主义自然阻止了他们的社会与经济的发展，取消他们达到如欧美一样水平线的可能；帝国主义的政策，总是趋向于把持住殖民地的工业之发展；所谓土著的无产阶级（工业的无产阶级）之存在并不久。

土著、地方的小手工业生产将位置让与帝国主义国家之集中的大工业，结果使大部分的人民迫不得已从事农业，而输出原料到国外去。在别一方面，我们看出土地很快地集中于少数资本家地主之手，使失去土地的农民的数目日见增加。这些殖民地中之大部分人民，都处于被压迫的状态之下，这种政策的结果，群众反抗的精神仅经过很少数中等阶级的知识阶级表现出来。国外的压迫是妨碍社会生活之自由的发展之一个大势力，所以革命之第一步，应推翻国外的压力。因此，我们帮助殖民地推翻帝国主义的统治，并不是赞成土著的资产阶级之民族主义的趋向，而是开关殖民地的无产阶级之一条解放的道路。

7. 我们可以看出日离日远的两种运动：一，资产阶级德谟克拉西的爱国主义运动，徒欲在资本主义制度之下，实现政治的独立；二，贫苦的农工群众为着自己解放的运动，否认一切剥削与压迫。第一种运动企图管理第二种运动，并且已很有成效；但是共产国际应极力反对这一类的管理，而促进殖民地工人群众之阶级的觉悟。因此，殖民地革命之第一步为推翻外来的势力，但是最重要而且必要的职任，是建设农工之共产主义的组织，使他们能够随手建设苏维埃共和国。因此，在落后的国家中，民众之到共产主义，并不经过资本主义之发展，而只要受先进国有觉悟的无产阶级之指导，发展阶级的觉悟就可以了。

8. 实际的力量，殖民地解放运动之基础，并不囿于很狭的资产阶级德谟克拉西之民族主义派。在殖民地中已经存在许多有组织的革命的政党，并且与工人群众有密切的关连。共产党欲与殖民地革命运动有关联，应经过这些政党或团体，因为他们是工人阶级的先锋。在现在的时候，它们的数量还不多，但是他们是群众意志的表现，引导群众向革命的道上走。一切帝国主义国家的共产党对于殖民地中无产阶级的政党，应当有密切的关连，可以经过它们与一切革命运动以物质的、精神的帮助。

9. 殖民地的革命在初时不能成为共产主义的，但是当革命的开始，共产主义的先锋就占在领导的地位，则革命的群众可以因渐渐所得着的革命的经验，而走上达到目的之正确的道路。倘若完全用共产主义的原则解决农民问题，则将成为很大的错误。在发展的第一阶级，殖民地中之革命应适用小资产阶级改良主义的党纲，如瓜分土地等。但是这并不是说,革命的指导应当放在资产阶级民主派的手里。无产阶级的政党应当在最初的可能时,极力宣传共产主义的思想,建设农工的苏维埃。这些苏维埃之工作,应当如先进的资本主义的国家中之苏维埃共和国的工作一样,好为着绝对地推翻全世界资本主义的制度。

(《新青年》季刊第四期,1924年12月20日)

133.《民族与殖民地问题——列宁在第二次国际大会之演说》
(《新青年》季刊第四期,12月20日)

《新青年》季刊第四期刊登蒋光赤译的《民族与殖民地问题——列宁在第二次国际大会之演说》。全文如下:

同志们,我现在要说的仅限于很简括的导言,然后同志马林详细向大家报告我们在草案中所更改的一切。他报告了之后,做附加草案的同志罗易演说。我们的委员会安全核准了略更改的原有草案及附加草案。因此,我们对于一切重要问题的意见都能够一致。现在我且略指出几点来,使大家注意。

第一,什么是我们草案中根本的、重要的思想?这是被压迫的与压迫的民族间之差别。我们特别提出这个差别来——与第二国际及资产阶级的德谟克拉西相反。在帝国主义时代规定具体的经济的事实,解决一切民族与殖民地问题,不以抽象的理论而以具体的实际现象作出发点——这对于无产阶级与共产国际非常重要。帝国主义时代之特点,在现在的时候,在于全世界分成两部分:一大部分被压迫的民族,一小部分压迫的民族——占有巨大的财富与武力。差不多全世界上四分之三的民族屈服于压迫之下,波斯、土耳其及中国虽然非完全殖民地,但为帝国主义的武力所征服,遂成依赖的国家。这一种被压迫的与压迫的民族间之差别的观念,不但在从前我所署名印出的草案上面,而且在同志罗易的草案上面处处标出。同志罗易的草案是以印度及受英国压迫的各大民族立论的,所以对于我们特别有意义。

第二个重要的思想:在现在的——帝国主义战争后的〈,〉世界状况之下,各民族间的关系,国际间的情[形]势,是以一小部分与苏维埃运动和苏维埃国家的奋斗而规定的。倘若我们把这个忘却了,则我们将不能认清民族与殖民地问题,虽然我们把话说得很远很大。只有把此点认清之后,共产党才能解决一切强国与弱国之间的政治问题。在第三层,我想特别将落后的国家中之资产阶级德谟克拉西运动提出一下。因为这个问题引起了许多争论。我们争论的是:共产国际与共产党应当帮助落后的国家中之资产阶级德谟但[克]拉西运动,在原则上是否是对的;在这种争论的结果,我们一致地把"资产阶级德谟克拉西运动"改说为爱国主义的革命运动。每一爱国主义的运动只能是资产阶级德谟克拉西的,这是毫无可疑的事情,因为在落后的国家中之大部分的人民是农民,而农民是资产阶级资本主义的关系之代表。若以为落后的国家中之无资产阶级政党,对于农民运动不抱一定的态度,不实际地帮助它,而能实行共产主义的政策,——这实在是空想了。但是,若此处我们仅说资产阶级德谟克拉西运动,则将扰乱改良的与革命的运动之分别。在近几年来,在落后的与殖民地的国家中,这一种分别非常明显,因为帝国主义的资产阶级用尽力量,企图在被压迫的民族中,发展改良主义的运动。在压迫与被压迫国家的资产阶级之间,已经表现出亲近的现象,或者在多数的情形之下,被压迫国家的资产阶级一方面虽然帮助民族运动,而同时却与帝国主义的资产阶级妥协,共同压迫革命运动与革命阶级。在我们的委员会之中,我们详细地指明,并且以为注意这种差别,而将"资产阶级德谟克拉西"的语意改为"民族主义革命的"。这个改变的意思是:我们共产主义者帮助殖民地的资产阶级的解放运动,仅仅当这种运动真正是革命的,且运动的代表者不阻碍我们组织农民和被压迫群众的时候。倘若没有这种条件,则我们共产主义者应当奋斗,反对改良主义的资产阶级及附属于资产阶级的第二国际的首领。在殖民地国家之中,已经存在改良主义的政党,他们自称为社会民主党或社会主义者。在我们的草案中,这种差别表白得很详细,我以为我们的观点现在应当比从前真[正]确些。

此外,我还想将农民苏维埃提出一下。俄国共产党在过去属于俄皇下的殖民地中之工作(如在落后的土耳其斯坦),在我们面前放一问题:如何在资本主义前的条件之下,施行共产主义的策略;因为这些落后的国家之特点,就是在它们中还是资本主义前的关系统治一切,而绝对没有纯粹无产阶级运动的可能。在这些国家之中,差不多没有工业的无产阶级。虽然如此,我们还是在这些国家之中拿了并且应当拿着指导者的地位。我们的工作指明我们,在这些国家之中,要征服许多巨大的困难,然而工作的结果也指明了我们,虽然有许多困难,而还不能在群众中鼓起独立政治运动的趋向,虽然没有无产阶级。这种工作对于我们比较对于欧西的同志更难,因为俄国的无产阶级已经指挥国家的工作。很明显地,在半封建制度下的农民能够领会苏维埃组织的思想,而且实现之于事实。也很明显地,被压迫的群众,不仅受商业资本的剥削,而且受诸侯、国家的剥削,自然在自己的条件之下,也能适用这种工具——苏维埃组织的形式。苏维埃组织的思想非常简单,不但能适用于无产阶级的关系,而且能适用于农民的封建的或半封建的关系上面。我们在这个范会[围]之内的经验还不大,但是当委员会讨论之时,参加了许多殖民地的代表,他们指示了我们:共产国际应当注意农民的苏维埃,因为农民的苏维埃不仅对于资本主义国家是一种工具,而且对于落后的、留存着资本主义前的关系的国家亦然。共产党及与共产党接近的分子,应当宣传农民苏维埃的思想在落后的国家与殖民地的群众里。共产党应当在可能的范围内,竭力建设劳动群众的苏维埃。

此地[时]在我们面前,有很有趣味的而且重要的实际工作。现在我们关于这一方面的经验虽还不大,然而我们渐渐积聚了许多资料。先进国的无产阶级应当帮助后进国的劳动群众,——这件事情是无可争论的。落后的国家之发展能跳出现在的状况,仅仅在胜利的苏维埃国家的无产阶级与这些被压迫的民众以实际的帮助之时。

关于这个问题,我们的委员会曾作很兴奋的讨论,不但由我签名的草案而起,而且更由于同志罗易的草案。罗易此地将辨护自己的草案，可是对于他的草案已一致地改正了几点。

我们的设问：国民经济的发展之资本主义的阶段，对于战争后现在的落后的民族（正在解放的而且进步的）是否是不可免的？我们对于这个问题的回答是否定的。倘若革命胜利的无产阶级，在落后的民族中实行有统系的宣传，而苏维埃国家又用所有的力量与[予]以帮助，则以为经济发展之资本主义阶段对于落后的民族是不可免的意见，当然是错误的。在一切殖民地与落后的国家之中，我们不仅要组织先锋队的中心，党的团体，不仅宣传农民苏维埃组织的思想、趋向将它适用于资本主义前的条件，而且共产国际要规定一理论的原则——落后的国家因先进国无产阶级的帮助，能转入苏维埃的制度，经过一定的发展的阶段到共产主义，避免资本主义发展的阶段。

对此有些什么方法是必要的，——提前指明是不可能的。自有实际的经验将此说与我们。但是这是规定的——最远的落后的民族中之劳动群众与苏维埃的思想很接近；而且苏维埃组织应当适应资本主义前的社会关系；在这一种方向，共产党的工作应当赶快开始。

我还想指出共产党的革命工作之意义，不仅仅在于自己的国家中，而且在于被压迫的民族用以管辖殖民地的军队中之工作。

同志克维哥，英国社会党的代表，在委员会中曾说及此。他向我们说，普通工人以为帮助殖民地的被压迫的民众反对英国的主权，是叛逆，是卖国。不错，被狭义的爱国主义所鼓动的英美的工人贵族，对于社会主义为一巨大的危险，他们是第二国际的柱石；我们在此地见[现]出附属于资产阶级国际的首领和工人方面的叛逆。第二国际的政党口头允许要革命行动，但是实际上帮助被压迫的民众反对压迫者的行动，我们却看不见。这不但第二国际的政党是如此，就是有些已退出第二国际而愿加入第三国际的政党也是如此。我们关于这一点应高声地声明，并且不能为人所否认。我们看一看，将来有不有否认这种声明的尝试？这一切所说的都伏在我们决议案的原理上，我们的决议案虽然很长，但是我相信，它是有益的，而且在民族与殖民地问题中，它能促进革命工作的组织与发展。

(《新青年》季刊第四期，1924年12月20日)